吉林大學圖書館古籍普查登記目録

（下）

附索引

全國古籍普查登記目録

國家圖書館出版社
National Library of China Publishing House

220000－0841－0010013　善 0922
楚辭十七卷　(漢)王逸章句　(宋)洪興祖補注　明刻本　六冊

220000－0841－0010014　善 0951
楚辭十七卷附録一卷　(漢)王逸章句　(明)陳深批點　明吳興凌毓枏刻套印本　四冊

220000－0841－0010015　善 3392
楚辭十七卷　(漢)王逸章句　(宋)洪興祖補注　清毛氏汲古閣刻吳郡寶翰樓印本　六冊

220000－0841－0010016　集 9105K
楚辭十七卷　(戰國)屈原等撰　(漢)王逸章句　清四川成都存古書局刻本　四冊

220000－0841－0010017　集 0029K
楚辭十七卷　(戰國)屈原等撰　(漢)王逸注　(宋)洪興祖補註　清同治十一年(1872)金陵書局刻本　四冊

220000－0841－0010018　集 10053K
楚辭七卷首一卷末一卷　(戰國)屈原撰　清光緒二年(1876)端木氏刻本　一冊

220000－0841－0010019　善 0920
楚辭章句十七卷　(漢)王逸撰　明正德十三年(1518)黄省曾高第刻本　六冊

220000－0841－0010020　善 0923
楚辭章句十七卷疑字直音補一卷　(漢)王逸撰　明隆慶五年(1571)豫章夫容館刻本　六冊

220000－0841－0010021　善 0924
楚辭章句十七卷　(漢)王逸撰　明萬曆十四年(1586)馮紹祖觀妙齋刻本　八冊

220000－0841－0010022　善 2304
楚辭章句十七卷　(漢)王逸撰　明三樂齋刻馮紹祖刻本　六冊

220000－0841－0010023　善 0949
楚辭章句十七卷　(漢)王逸撰　清翼聖堂刻明正德黄省曾本　二冊

220000－0841－0010024　集 0026
楚辭章句十七卷　(漢)王逸章句　(宋)洪興祖補注　清毛氏汲古閣刻本　四冊

220000－0841－0010025　集 0065F
楚辭補註十七卷　(漢)劉向集　(漢)王逸章句　(宋)洪興祖補註　清道光二十六年(1846)刻惜陰軒叢書本　六冊

220000－0841－0010026　善 0939
楚辭集注八卷　(宋)朱熹撰　明成化十一年(1475)吳原明刻本　八冊

220000－0841－0010027　善 2313
楚辭集注八卷後語六卷辯證二卷　(宋)朱熹撰　明萬曆朱崇沐刻本　四冊

220000－0841－0010028　善 2459
楚辭集注八卷後語六卷　(宋)朱熹撰　明萬曆楊鶴刻本　四冊

220000－0841－0010029　善 0948
楚辭集注八卷辯證二卷後語八卷附覽二卷總評一卷　(宋)朱熹撰　(明)蔣之翹輯　明天啓六年(1626)蔣之翹刻本　四冊

220000－0841－0010030　集 0014
楚辭集注八卷首一卷　(宋)朱熹撰　清乾隆聽雨樓刻朱墨套印本　八冊

220000－0841－0010031　集 11143F
楚辭集注八卷辯證二卷後語六卷　(宋)朱熹撰　清光緒黎庶昌日本影元刻古逸叢書本　三冊

220000－0841－0010032　集 0023F
楚辭集注八卷辯證二卷　(宋)朱熹撰　清光緒三年(1877)湖北崇文書局刻崇文書局彙刻書本　二冊

220000－0841－0010033　集 0068K
楚辭集注八卷辯證二卷後語六卷　(宋)朱熹撰　清光緒八年(1882)江蘇書局刻本　四冊

220000－0841－0010034　集 0040K
楚辭集注八卷辯證二卷　(宋)朱熹撰　清光緒二十二年(1896)湖南新化三昧堂刻本　一冊

220000－0841－0010035　集 0015F

楚辭辯證二卷　(宋)朱熹撰　清光緒三年(1877)湖北崇文書局刻本　一冊

220000－0841－0010036　集7788
楚辭疏十九卷讀楚辭語一卷楚辭雜論一卷　(明)陸時雍撰　明緝柳齋刻本　六冊

220000－0841－0010037　集4848
楚辭韻解八卷　(清)邱仰文撰　清乾隆三十七年(1772)碩松堂刻本　二冊

220000－0841－0010038　集0050
楚辭燈四卷楚懷襄王在位事蹟考一卷　(清)林雲銘撰　清康熙三十六年(1697)挹奎樓刻本　二冊

220000－0841－0010039　集4853F
離騷草木疏四卷　(宋)吳仁傑撰　清光緒三年(1877)湖北崇文書局刻崇文書局彙刻書本　一冊

220000－0841－0010040　集0017F
離騷集傳一卷　(宋)錢杲之撰　清光緒三年(1877)刻崇文書局彙刻書本　一冊

220000－0841－0010041　集0024F
離騷集傳一卷　(宋)錢杲之撰　清光緒三十年(1904)南陵徐乃昌影宋刻隨庵徐氏叢書本　一冊

220000－0841－0010042　善0651
離騷節解一卷離騷正音一卷離騷本韻一卷離騷節指一卷　(清)張德純撰　清乾隆五十年(1785)張松孫梓州郡署刻套印本　一冊

220000－0841－0010043　善0918
山帶閣注楚辭六卷首一卷餘論二卷說韻一卷　(清)蔣驥撰　清雍正五年(1727)蔣氏山帶閣刻本　四冊

220000－0841－0010044　集4847
楚辭疏八卷　(清)吳世尚撰　清雍正五年(1727)尚友堂刻本　一冊

220000－0841－0010045　集0052K
楚辭疏十九卷讀楚辭語一卷楚辭雜論一卷　(明)陸時雍撰　清光緒十四年(1888)上海鴻寶齋石印本　二冊

220000－0841－0010046　集0041
楚辭新集注八卷末一卷　(清)屈復撰　清乾隆二年(1737)刻本　二冊

220000－0841－0010047　善0992
楚辭新集注八卷末一卷　(清)屈復撰　清乾隆二年(1737)居易堂刻本　六冊

220000－0841－0010048　集4843K
楚辭燈四卷　(清)林雲銘撰　清經國堂刻本　四冊

220000－0841－0010049　集4850F
離騷箋二卷　(清)龔景瀚撰　清同治八年(1869)龔易圖刻澹靜齋全集本　一冊

220000－0841－0010050　集4852F
離騷箋二卷　(清)龔景瀚撰　清光緒三年(1877)湖北崇文書局彙刻書本　一冊

220000－0841－0010051　集4844K
楚辭新註求確十卷　(清)胡濬源撰　清嘉慶二十五年(1820)務本堂刻本　四冊

220000－0841－0010052　集0035K
楚辭釋十卷楚辭釋高唐賦一卷　王闓運撰　清光緒十二年(1886)成都尊經書院刻本　二冊

220000－0841－0010053　集0008K
楚辭釋十卷楚辭釋高唐賦一卷　王闓運撰　清光緒二十七年(1901)衡陽刻湘綺樓全書本　一冊

220000－0841－0010054　善0921
屈子七卷　(戰國)屈原撰　**屈子評一卷**　(明)毛晉輯　**楚釋二卷疑一卷**　(明)毛晉參定　明萬曆四十六年(1618)毛氏綠君亭刻屈陶合刻本　二冊

220000－0841－0010055　集8394K
屈原賦二十五篇　(戰國)屈原撰　(清)王仁堪等七人書　清光緒十六年(1890)上海同文書局石印本　二冊

220000－0841－0010056　善0919

屈原賦戴氏注七卷通釋二卷音義三卷 （清）戴震撰 （清）汪梧鳳撰音義 清乾隆二十五年（1760）汪梧鳳刻本 一册

220000－0841－0010057 集 0025
屈子章句七卷 （清）劉夢鵬撰 清乾隆二十五年（1760）藜青堂刻本 二册

220000－0841－0010058 集 4845
屈子正音三卷 （清）方績撰 清道光七年（1827）鄧廷楨刻本 一册

220000－0841－0010059 集 10827
天問補注一卷 （清）毛奇齡撰 清康熙刻西河合集本 一册

220000－0841－0010060 善 0972
漢蔡中郎集六卷 （漢）蔡邕撰 明嘉靖二十七年（1548）楊賢刻本 四册

220000－0841－0010061 善 0933
漢蔡中郎集十一卷 （漢）蔡邕撰 明萬曆八年（1580）茅一相文霞閣刻本 四册

220000－0841－0010062 善 0929
蔡中郎集八卷 （漢）蔡邕撰 明萬曆、天啓新安汪氏刻漢魏諸名家集本 四册

220000－0841－0010063 善 2746
蔡中郎集二卷 （漢）蔡邕撰 清木活字印本 二册

220000－0841－0010064 善 0931
蔡中郎集十卷外紀一卷外集四卷末一卷 （漢）蔡邕撰 清咸豐二年（1852）楊氏海源閣刻本 四册

220000－0841－0010065 集 0090K
蔡中郎集十卷蔡中郎外紀一卷蔡中郎外集四卷列傳年表一卷 （漢）蔡邕撰 （清）高均儒校 清光緒十六年（1890）番禺陶氏愛廬刻本 三册

220000－0841－0010066 善 0950
曹子建集十卷 （三國魏）曹植撰 明萬曆六年（1578）蓮溪周氏刻本 四册

220000－0841－0010067 善 0954
曹子建集十卷 （三國魏）曹植撰 明天啓元年（1621）凌性德刻朱墨套印本 六册

220000－0841－0010068 善 2373
曹子建集十卷 （三國魏）曹植撰 明刻漢魏六朝諸家文集本 二册

220000－0841－0010069 集 0092K
曹集銓評十卷逸文一卷年譜一卷附錄一卷 （三國魏）曹植撰 （清）丁晏纂輯 清同治十一年（1872）金陵書局刻本 四册

220000－0841－0010070 善 0936
嵇中散集十卷 （三國魏）嵇康撰 明程榮刻本 二册

220000－0841－0010071 集 0071
諸葛丞相集四卷 （三國蜀）諸葛亮撰 （清）朱璘輯 清康熙三十七年（1698）萬卷樓刻本 二册

220000－0841－0010072 集 0075K
諸葛忠武侯文集四卷附錄二卷首一卷故事五卷 （三國蜀）諸葛亮撰 （清）張澍輯 清嘉慶十七年（1812）刻本 四册

220000－0841－0010073 善 2372
潘黃門集六卷附錄一卷 （晉）潘岳撰 明天啓、崇禎張燮刻七十二家集本 一册

220000－0841－0010074 善 0941
陶靖節集十卷 （晉）陶潛撰 （明）何孟春注 明正德十五年（1520）刻本 四册

220000－0841－0010075 善 0943
陶靖節集十卷總論一卷 （晉）陶潛撰 （宋）湯漢等箋注 明嘉靖刻本 四册

220000－0841－0010076 善 2274
陶靖節集十卷總論一卷 （晉）陶潛撰 （宋）湯漢等箋注 明萬曆七年（1579）華亭蔡汝賢刻本 四册

220000－0841－0010077 善 2388
陶靖節集十卷總論一卷 （晉）陶潛撰 （宋）湯漢等箋注 明萬曆七年（1579）華亭蔡汝賢刻藍印本 四册

220000－0841－0010078　善0930
陶靖節集十卷總論一卷　（晉）陶潛撰　（宋）湯漢等箋注　明萬曆十五年(1587)休陽程氏刻本　四册

220000－0841－0010079　善0961
陶靖節集二卷　（晉）陶潛撰　明萬曆四十六年(1618)汝南李胤華刻本　二册

220000－0841－0010080　集8274K
陶淵明文集十卷　（晉）陶潛撰　清同治二年(1863)何氏篤慶堂刻本　二册

220000－0841－0010081　集0121K
陶淵明文集十卷　（晉）陶潛撰　清光緒摹刻汲古閣影宋本　二册

220000－0841－0010082　集0117K
陶淵明文集不分卷　（晉）陶潛撰　清光緒元年(1875)影刻宋本　二册

220000－0841－0010083　集0154
陶淵明集十卷　（晉）陶潛撰　清光緒二年(1876)桐城徐氏刻本　二册

220000－0841－0010084　善0932
靖節先生集十卷首一卷　（晉）陶潛撰　（清）陶澍集注　**靖節先生年譜考異二卷**　（清）陶澍撰　清道光二十年(1840)惜陰書舍刻本　二册

220000－0841－0010085　集0109K
靖節先生集十卷首一卷末一卷　（晉）陶潛撰　（清）陶澍注　清光緒九年(1883)江蘇書局刻本　四册

220000－0841－0010086　集11274K
箋注陶淵明集十卷　（晉）陶潛撰　清宣統三年(1911)貴池劉氏玉海堂景宋刻本　四册

220000－0841－0010087　善2293
陶靖節集八卷附録一卷總論一卷　（晉）陶潛撰　明刻本　一册

220000－0841－0010088　善0942
陶靖節集八卷總論一卷　（晉）陶潛撰　（宋）湯漢等箋注　明淩濛初刻朱墨套印本　四册

220000－0841－0010089　善2279
陶淵明集八卷首一卷末一卷　（晉）陶潛撰　（宋）湯漢等箋注　清同治十三年(1874)欒山莫鳴歧刻藍印本　二册

220000－0841－0010090　集0115
陶淵明集八卷首一卷末一卷　（晉）陶潛撰　清光緒坊刻四色套印本　四册

220000－0841－0010091　集0114
陶淵明集八卷首一卷末一卷　（晉）陶潛撰　清光緒五年(1879)廣州翰墨園刻朱墨套印本　二册

220000－0841－0010092　集7861
陶淵明集八卷首一卷末一卷　（晉）陶潛撰　清光緒六年(1880)三色套印本　四册

220000－0841－0010093　善2296
陶元亮詩四卷　（晉）陶潛撰　（明）黄文焕析義　明刻本　二册

220000－0841－0010094　善2465
陶靖節詩集四卷　（晉）陶潛撰　（清）蔣薰評　**敦好齋律陶纂一卷**　（明）黄槐開輯　**東坡和陶詩一卷**　（宋）蘇軾撰　**律陶一卷**　（明）王思任輯　清康熙周文焜刻本　二册

220000－0841－0010095　集0113K
陶靖節詩四卷　（晉）陶潛撰　（清）蔣薰評　**附東坡和陶詩一卷**　（宋）蘇軾撰　**律陶一卷**　（明）王思任撰　**敦好齋律陶纂一卷**　（明）黄槐開輯　**陶靖節詩話一卷陶淵明詩集考異一卷**　（清）胡鳳丹撰　清同文山房刻本　四册

220000－0841－0010096　集8395K
陶元亮詩四卷　（晉）陶潛撰　（明）黄文焕析義　清光緒二年(1876)黄倬昭刻本　二册

220000－0841－0010097　集2404K
陶靖節先生詩四卷　（晉）陶潛撰　（宋）湯漢注　清光緒十一年(1885)丁艮善陳州刻本　一册

220000－0841－0010098　善3176:1

陶詩集注四卷 （晉）陶潛撰 （清）詹夔錫輯 **東坡和陶詩一卷** （宋）蘇軾撰 清康熙三十三年(1694)詹氏寶墨堂刻本 四冊

220000－0841－0010099 善3037
陶詩彙注四卷首一卷末一卷 （晉）陶潛撰 （清）吳瞻泰輯 **論陶一卷** （清）吳菘撰 清康熙四十四年(1705)程崟刻本 二冊

220000－0841－0010100 集7698K
陶詩彙注四卷首一卷末一卷 （晉）陶潛撰 （清）吳瞻泰注 （清）許印芳增訂 清光緒二十二年(1896)許印芳刻本 二冊

220000－0841－0010101 善2294
陶集六卷 （晉）陶潛撰 （清）方熊誦説 清康熙方氏侑靜齋刻本 一冊

220000－0841－0010102 集4851
蘇若蘭織錦回文天文璇機圖詩暨諸讀法合刻卷 （前秦）蘇蕙撰 （明）釋起宗分讀 （明）康萬民增讀 清沈華刻本 二冊

220000－0841－0010103 善3176:2
東坡和陶詩一卷 （宋）蘇軾撰 清康熙三十三年(1694)詹氏寶墨堂刻本 四冊

220000－0841－0010104 善0938
謝康樂集四卷 （南朝宋）謝靈運撰 明萬曆刻本 二冊 存二卷(一至二)

220000－0841－0010105 集4936K
傅光禄集二卷首一卷末一卷 （南朝宋）傅亮撰 清光緒十九年(1893)演慎齊刻本 一冊

220000－0841－0010106 善0937
謝宣城集五卷 （南朝齊）謝眺撰 明萬曆、天啓新安汪氏刻漢魏六朝二十一名家集本 二冊

220000－0841－0010107 善2305
沈隱侯集十六卷附錄一卷 （南朝梁）沈約撰 （明）阮元聲評 明崇禎五年(1632)刻劉沈合集本 二冊

220000－0841－0010108 善0989
江文通集四卷 （南朝梁）江淹撰 清乾隆二十四年(1759)安愚堂刻本 四冊

220000－0841－0010109 善0993
何水部集二卷 （南朝梁）何遜撰 清乾隆十九年(1754)江昉貽清堂刻本 一冊

220000－0841－0010110 善0968
徐孝穆全集六卷 （南朝陳）徐陵撰 （清）吳兆宜箋注 **徐孝穆備考一卷** （清）徐文炳撰 清雍正刻本 二冊

220000－0841－0010111 集0130
徐孝穆全集六卷備考一卷 （南朝陳）徐陵撰 （清）吳兆宜箋注 清揚州藝古堂刻本 六冊

220000－0841－0010112 集10030K
徐孝穆全集六卷 （南朝陳）徐陵撰 （清）吳兆宜注 清光緒二年(1876)翰墨園刻本 三冊

220000－0841－0010113 集0125
庾子山全集十卷 （北周）庾信撰 （清）吳兆宜箋注 清康熙吳郡寶朝樓刻本 八冊

220000－0841－0010114 集0127
庾子山全集十六卷 （北周）庾信撰 （清）倪璠注 **總釋一卷庾子山年譜一卷** （清）倪璠撰 清康熙刻本 十二冊

220000－0841－0010115 集4980
庾子山集十六卷 （北周）庾信撰 （清）倪璠注 **總釋一卷庾子山年譜一卷** （清）倪璠撰 清康熙篤慶堂刻本 十二冊

220000－0841－0010116 集0133K
庾子山集十六卷 （北周）庾信撰 （清）倪璠注 **總釋一卷庾子山年譜一卷** （清）倪璠撰 清道光十九年(1839)同文堂刻本 八冊

220000－0841－0010117 集0132K
庾子山全集十六卷 （北周）庾信撰 （清）倪璠注 **總釋一卷庾子山年譜一卷** （清）倪璠撰 清同治八年(1869)刻本 十冊

220000－0841－0010118 集10117K
庾子山集十六卷 （北周）庾信撰 （清）倪璠

注　**總釋一卷庾子山年譜一卷**　（清）倪璠撰　清光緒二年（1876）儒雅堂刻本　十二册

220000－0841－0010119　集4942
庾開府哀江南賦注一卷　（北周）庾信撰　（清）徐樹穀　（清）徐炯輯　清康熙二十一年（1682）刻本　一册

220000－0841－0010120　集4917K
王無功集三卷補遺二卷校勘記一卷　（唐）王績撰　（清）孫星衍輯　清光緒三十年（1904）羅氏唐風樓刻朱印本　一册

220000－0841－0010121　集0088K
駱侍御全集四卷　（唐）駱賓王撰　（明）顏文原注　（清）陳坡節　清道光二十九年（1849）滋德堂刻本　四册

220000－0841－0010122　善0967
唐駱先生集八卷附録一卷　（唐）駱賓王撰　（明）王衡等評釋　明凌毓枏刻朱墨套印本　四册

220000－0841－0010123　善0645
駱臨海集十卷　（唐）駱賓王撰　清康熙刻乾隆印本　六册

220000－0841－0010124　集10664K
駱臨海集十卷　（唐）駱賓王撰　清嘉慶二十五年（1820）刻本　二册

220000－0841－0010125　善1022
唐駱先生文集六卷　（唐）駱賓王撰　（明）虞九章等注釋　明萬曆十九年（1591）虞九章刻本　四册

220000－0841－0010126　集0089
唐右丞相義烏公詩集二卷附錄一卷續錄一卷　（唐）駱賓王撰　（清）駱友麟輯　清乾隆七年（1742）駱琚刻本　二册

220000－0841－0010127　善0644
靈隱子六卷　（唐）駱賓王撰　明萬曆二十四年（1596）陳大科刻本　六册

220000－0841－0010128　集0083K
王子安集注二十卷首一卷末一卷　（唐）王勃撰　（清）蔣清翊注　清光緒九年（1883）蔣氏雙唐碑館刻本　四册

220000－0841－0010129　集0067K
陳伯玉集文集三卷詩集二卷附錄一卷　（唐）陳子昂撰　（清）楊國楨輯　清道光十七年（1837）尊德堂刻本　四册

220000－0841－0010130　集4888K
吳文惠公遺集一卷　（唐）吳少微撰　清光緒二十二年（1896）揚州吳引孫刻本　一册

220000－0841－0010131　善0965
張燕公集二十五卷　（唐）張説撰　清乾隆三十九年（1774）武英殿聚珍版印本　八册

220000－0841－0010132　集8090F
張説之文集二十五卷補遺五卷　（唐）張説撰　清光緒三十年（1904）仁和朱氏刻結一廬朱氏賸餘叢書本　四册

220000－0841－0010133　集0142
唐丞相曲江張文獻公集十二卷　（唐）張九齡撰　清雍正十三年（1735）張世緯刻本　六册

220000－0841－0010134　集0143K
曲江集二卷序跋像傳附録首一卷金鑑録五卷校勘記三卷年譜一卷新舊唐書傳一卷補遺一卷曲江紀略一卷外編一卷附錄二卷　（唐）張九齡撰　清光緒十六年（1890）曲江張曉如刻本　十册

220000－0841－0010135　集9585K
孟浩然詩集二卷　（唐）孟浩然撰　（宋）劉長翁評　清光緒六年（1880）碧琳琅館刻本　二册

220000－0841－0010136　善2346
寒山子詩集一卷　（唐）釋寒山子撰　明萬曆刻本　一册

220000－0841－0010137　集0084K
御選妙覺普度和聖寒山大士詩一卷　（唐）釋寒山子撰　**御選圓覺慈度合聖拾得大士詩一卷**　（唐）釋拾得撰　**中峰淨土詩一卷**　（元）釋明本撰　清刻本　一册

220000－0841－0010138　善 0969
高常侍集二卷　(唐)高適撰　明嘉靖三十一年(1552)江都黄埻東壁圖書府刻十二家唐詩本　二册

220000－0841－0010139　善 3196
王右丞集二十八卷首一卷末一卷　(唐)王維撰　(清)趙殿成箋注　清乾隆元年(1736)趙氏刻本　五册

220000－0841－0010140　善 1029
類箋唐王右丞詩集十卷文集四卷外編一卷　(唐)王維撰　**年譜一卷**　(明)顧起經撰　**唐諸家同詠集一卷贈題集一卷歷朝諸家評王右丞詩畫抄一卷**　(明)顧起經輯　明嘉靖三十五年(1556)顧氏奇字齋刻本　六册

220000－0841－0010141　善 1044
王摩詰詩集七卷　(唐)王維撰　(宋)劉長翁評　明凌刻朱墨套印本　三册

220000－0841－0010142　集 0170K
李翰林集三十卷　(唐)李白撰　(清)王琦輯　清光緒三十二年(1906)杭州西泠印社影宋刻本　六册

220000－0841－0010143　善 1006
李太白文集三十卷　(唐)李白撰　清康熙五十六年(1717)吳門繆日芑雙泉草堂刻本　八册

220000－0841－0010144　集 0150
李太白文集三十六卷　(唐)李白撰　(清)王琦輯注　清乾隆二十五年(1760)寶笏樓刻本　十四册

220000－0841－0010145　集 10007K
李太白文集三十卷附録六卷　(唐)李白撰　(清)王琦輯　清道光聚錦堂刻本　十六册

220000－0841－0010146　集 0205K
李太白文集三十卷附録六卷　(唐)李白撰　(清)王琦輯　清光緒三十四年(1908)上海掃葉山房石印本　二十册

220000－0841－0010147　善 1001
李翰林分類詩八卷賦一卷　(唐)李白撰　(明)李齊芳分類　明萬曆二年(1574)李齊芳潘應詔刻李杜詩合刻本　四册

220000－0841－0010148　善 2338
分類補注李太白詩二十五卷　(唐)李白撰　(宋)楊齊賢注　(元)蕭士贇補注　**分類編次李太白文五卷**　(明)郭雲鵬編　明嘉靖二十二年(1543)郭雲鵬寶善堂刻本　十二册

220000－0841－0010149　善 0999
分類補注李太白詩二十五卷年譜一卷　(唐)李白撰　(宋)楊齊賢注　(元)蕭士贇補注　明嘉靖二十五年(1546)玉幾山人刻本　三十二册

220000－0841－0010150　善 1004
分類補注李太白詩二十五卷年譜一卷　(唐)李白撰　(宋)楊齊賢注　(元)蕭士贇補注　明六經堂刻明嘉靖二十五年(1546)玉幾山人本　二十册

220000－0841－0010151　善 1002
分類補注李太白詩二十五卷　(唐)李白撰　(宋)楊齊賢注　(元)蕭士贇補注　明季刻萬曆許自昌李杜合刻本　八册

220000－0841－0010152　善 2068
唐李白詩十二卷　(唐)李白撰　明嘉靖刻本　一册

220000－0841－0010153　善 0970
文忠集十六卷　(唐)顏真卿撰　清乾隆四十一年(1776)武英殿聚珍版印本　四册

220000－0841－0010154　集 0220K
文忠集十六卷文忠公拾遺四卷　(唐)顏真卿撰　清光緒二十五年(1899)廣雅書局刻武英殿聚珍版書本　三册

220000－0841－0010155　集 7758K
顏魯公文集十五卷補遺一卷年譜一卷附録一卷　(唐)顏真卿撰　(宋)沈氏輯　(宋)留元剛輯　清嘉慶七年(1802)曲阜顏氏刻本　二册

220000－0841－0010156　集 9697K
魯公文集十五卷　(唐)顔真卿撰　清宣統二年(1910)木活字印本　四册

220000－0841－0010157　集 11231K
魯公文集十五卷　(唐)顔真卿撰　清宣統木活字印本　六册

220000－0841－0010158　集 7814
杜工部集二十卷諸家詩話一卷唱酬題詠附録一卷年譜一卷　(唐)杜甫撰　(清)錢謙益箋注　清康熙六年(1667)季氏靜思堂刻本　四册

220000－0841－0010159　善 1008
杜工部集二十卷諸家詩話一卷附録一卷唱酬題詠附録一卷年譜一卷　(唐)杜甫撰　(清)錢謙益箋注　清康熙六年(1667)季氏靜思堂刻本　十六册

220000－0841－0010160　善 1868
杜工部集二十卷諸家詩話一卷附録一卷唱酬題詠附録一卷年譜一卷　(唐)杜甫撰　(清)錢謙益箋注　清康熙六年(1667)季氏靜思堂刻本　八册

220000－0841－0010161　善 1007
杜工部集二十卷　(唐)杜甫撰　(清)錢謙益箋注　清康熙六年(1667)季氏靜思堂刻本　八册

220000－0841－0010162　善 1015
杜工部集二十卷首一卷　(唐)杜甫撰　(明)王世貞　(清)王士禛等評　清道光十四年(1834)芸葉盦盧氏刻五色套印本　十册

220000－0841－0010163　集 6526K
杜工部集二十卷　(唐)杜甫撰　(明)王世禎評　清道光十四年(1834)芸葉盦盧氏刻五色套印本　八册

220000－0841－0010164　集 0168K
杜工部集二十卷　(唐)杜甫撰　(清)鄭沄校　清同治十一年(1872)致一齋刻玉勾草堂本　十册

220000－0841－0010165　集 0191K
杜工部集二十卷　(唐)杜甫撰　(明)王世禎評　清光緒元年(1875)粤東翰墨園刻本　十册

220000－0841－0010166　集 0176K
杜工部集二十卷年譜一卷附録一卷　(唐)杜甫撰　(清)錢謙益注　清宣統三年(1911)上海時中書局石印本　八册

220000－0841－0010167　善 1013
杜工部詩集二十卷集外詩一卷文集二卷　(唐)杜甫撰　(清)朱鶴齡輯注　**年譜一卷**　(清)朱鶴齡撰　清康熙刻本　六册

220000－0841－0010168　善 1023
集千家注杜工部詩集二十卷文集二卷附録一卷　(唐)杜甫撰　(宋)黄鶴補注　明嘉靖十五年(1536)玉幾山人刻本　九册　存八卷(詩集一至三、十六至二十)

220000－0841－0010169　善 1027
集千家注杜工部詩集二十卷文集二卷附録一卷　(唐)杜甫撰　(宋)黄鶴補注　明嘉靖十五年(1536)玉幾山人刻明易山人印本　十二册

220000－0841－0010170　集 0193
杜工部詩説十二卷　(唐)杜甫撰　(清)黄生説　清康熙三十五年(1696)一本堂刻本　八册　存十卷(一至十)

220000－0841－0010171　善 1028
讀書堂杜工部詩集注解二十卷文集注解二卷　(唐)杜甫撰　(清)張溍注　**杜工部編年詩史譜目一卷**　清康熙三十七年(1698)張氏讀書堂刻本　十二册

220000－0841－0010172　善 1714
九家集注杜詩三十六卷　(唐)杜甫撰　(宋)郭知達集注　清乾隆内府刻本　十六册

220000－0841－0010173　善 1012
趙子常選杜律五言注三卷　(唐)杜甫撰　(元)趙汸注　(清)查弘道　(清)金集補注　**虞伯生選杜律七言注三卷**　(唐)杜甫撰

（元）虞集注　（清）查弘道　（清）金集補注　清康熙查氏刻本　二冊

220000－0841－0010174　善 1026
杜律單注十卷　（唐）杜甫撰　（明）單復注　（明）陳明輯　明嘉靖濮州景姚堂刻本　五冊

220000－0841－0010175　善 0956
杜工部七言律詩四卷　（唐）杜甫撰　（明）張綖本義　明隆慶六年（1572）張守中刻本　四冊

220000－0841－0010176　集 0178K
杜詩詳注二十五卷附編二卷　（唐）杜甫撰　（清）仇兆鼇注　清道光大文堂刻本　二十四冊

220000－0841－0010177　集 0177K
杜詩詳注二十五卷首一卷附編二卷　（唐）杜甫撰　（清）仇兆鼇注　清道光芸生堂刻本　二十四冊

220000－0841－0010178　集 0201K
杜詩鏡銓二十卷錄一卷年譜一卷讀書堂杜工部文集注解二卷　（清）楊倫撰　（清）張溍評注　（清）張溍編　清同治十一年（1872）吳氏望三益齋刻本　十冊

220000－0841－0010179　集 0179K
杜工部草堂詩箋二十二卷　（唐）杜甫撰　（宋）魯訔編　**草堂詩話二卷年譜二卷**　（宋）蔡夢弼　（宋）趙子傑撰　清光緒元年（1875）方氏碧琳琅館刻本　五冊

220000－0841－0010180　集 9415F
杜工部草堂詩箋四十卷外集一卷補遺十卷年譜二卷詩話二卷　（唐）杜甫撰　（宋）魯訔編　清光緒遵義黎氏日本東京使署影印古逸叢書本　八冊

220000－0841－0010181　集 0330K
杜工部集箋注二十卷略例一卷唱酬題詠一卷諸家詩話一卷附錄一卷　（唐）杜甫撰　（清）錢謙益注　清宣統二年（1910）上海國光印刷所鉛活字印本　八冊

220000－0841－0010182　集 0187
杜詩詳注二十五卷首一卷附編二卷　（唐）杜甫撰　（清）仇兆鰲輯注　清康熙刻本　二十四冊

220000－0841－0010183　集 0188
杜詩論文五十六卷　（唐）杜甫撰　（清）吳見思注　清康熙十一年（1672）常州岱淵堂刻本　十冊

220000－0841－0010184　集 0186
杜律通解四卷　（唐）杜甫撰　（清）李文煒箋釋　清康熙六十年（1721）李文煒刻本　四冊

220000－0841－0010185　集 0194
讀杜心解六卷首二卷　（唐）杜甫撰　（清）浦起龍解　清雍正二年（1724）浦氏寧我齋刻本　八冊

220000－0841－0010186　集 4973K
讀杜小箋三卷讀杜二箋二卷　（清）錢謙益撰　清宣統三年（1911）上海國學扶輪社石印本　一冊

220000－0841－0010187　集 0147
杜工部五言詩選直解三卷七言詩選直解二卷年譜一卷　（唐）杜甫撰　（清）范廷謀注釋　清雍正范氏稼石堂刻本　五冊

220000－0841－0010188　善 2295
杜詩偶評四卷　（唐）杜甫撰　（清）沈德潛評　清乾隆十二年（1747）潘承松賦閒草堂刻本　二冊

220000－0841－0010189　集 0144
杜詩偶評四卷　（唐）杜甫撰　（清）沈德潛評　清乾隆十二年（1747）潘承松賦閒草堂刻本　四冊

220000－0841－0010190　善 0446
杜詩雙聲疊韻譜括略八卷　（清）周春撰　清乾隆五十四年（1789）刻本　一冊

220000－0841－0010191　善 1009
杜詩鏡銓二十卷年譜一卷附錄一卷　（唐）杜甫撰　（清）楊倫輯　清乾隆九柏山房刻本

十二册

220000－0841－0010192　集7727K

趙子常選杜律五言注三卷　（唐）杜甫撰　（明）趙汸注　**唐伯生選杜律七言注三卷**　（唐）杜甫撰　（元）虞集注　清嘉慶十四年（1809）澄江水心齋刻本　二册

220000－0841－0010193　集1098K

讀書堂杜工部文集注解二十卷文集注解二卷　（唐）杜甫撰　（清）張溍評　清道光二十二年（1842）張箋刻本　十二册

220000－0841－0010194　集0166K

杜詩百篇二卷　（唐）杜甫撰　（清）張燮承集解　清咸豐九年（1859）古汲郡賀氏刻張師筠著述本　二册

220000－0841－0010195　集4975

辟疆園杜詩注解五言律十二卷　（唐）杜甫撰　（清）顧宸注　清康熙二年（1663）顧氏辟疆園吳門書林刻本　六册

220000－0841－0010196　集8042K

碧玉壺纂杜詩鈔二卷　（清）金元思撰　清道光二十二年（1842）惇大堂刻本　一册

220000－0841－0010197　集0128K

歲寒堂讀杜二十卷　（清）范輦雲撰　清道光二十四年（1844）蘇州范氏家祠後樂堂刻本　八册

220000－0841－0010198　善3143

元次山集十二卷　（唐）元結撰　清康熙淮南黄又刻本　二册

220000－0841－0010199　善0945

毗陵集二十卷補遺一卷附録一卷　（唐）獨孤及撰　清乾隆五十六年（1791）武進趙懷玉亦有生齋刻本　四册

220000－0841－0010200　善0971

唐劉隋州詩集十一卷外集一卷　（唐）劉長卿撰　明刻本　四册

220000－0841－0010201　集0319K

顧華陽集三卷補遺一卷　（唐）顧況撰　**顧非熊詩一卷**　（唐）顧非熊撰　清同治元年（1862）顧氏雙峯堂刻本　二册

220000－0841－0010202　史5909K

制詔集二十卷　（唐）常衮撰　清光緒七年（1881）郭柏蒼沁泉山館刻本　四册

220000－0841－0010203　善1054

韋蘇州集十卷拾遺一卷　（唐）韋應物撰　（宋）劉長翁　（明）高棟等評　明凌濛初朱墨套印陶韋合集本　四册

220000－0841－0010204　集4970K

韋蘇州集十卷　（唐）韋應物撰　清刻本　二册

220000－0841－0010205　集0211K

韋蘇州集十卷　（唐）韋應物撰　清宣統三年（1911）上海自強書局影印康熙項氏玉淵堂刻清黄丕烈批點本　六册

220000－0841－0010206　集0212K

孟東野詩集十卷　（唐）孟郊撰　清道光刻本　四册

220000－0841－0010207　善2548

唐陸宣公集二十二卷　（唐）陸贄撰　明萬曆九年（1581）葉逢春刻本　四册

220000－0841－0010208　善2331

唐陸宣公集二十二卷　（唐）陸贄撰　清雍正元年（1723）年羹堯刻本　六册

220000－0841－0010209　史2384K

陸宣公集二十二卷年譜一卷　（唐）陸贄撰　清同治善化楊岳斌刻本　六册

220000－0841－0010210　史2381K

陸宣公集二十二卷首二卷　（唐）陸贄撰　清光緒二年（1876）江蘇書局刻本　六册

220000－0841－0010211　善2342

唐陸宣公集二十四卷　（唐）陸贄撰　明嘉靖刻本　六册

220000－0841－0010212　史2393

唐陸宣公翰苑集二十四卷　（唐）陸贄撰　（清）張佩芳注　清乾隆三十三年（1768）希音

堂刻本　八冊

220000－0841－0010213　史2392K
陸宣公全集二十四卷　(唐)陸贄撰　(清)耆英增輯　清道光二十七年(1847)刻本　八冊

220000－0841－0010214　善0964
陸宣公文選十五卷　(唐)陸贄撰　(明)葉秉敬評　明萬曆三十八年(1610)刻本　八冊

220000－0841－0010215　集0072K
權載之集五十集　(唐)權德興撰　清嘉慶十一年(1806)大興朱珪刻本　六冊

220000－0841－0010216　善0966
王建詩集十卷　(唐)王建撰　清康熙四十一年(1702)洞庭席氏刻唐詩百名家全集本　一冊

220000－0841－0010217　善0866
朱文公校昌黎先生集四十卷　(唐)韓愈撰　(宋)朱熹考異　(宋)王伯大音釋　元刻本　二冊　存四卷(六至七、二十一至二十二)

220000－0841－0010218　善0865
朱文公校昌黎先生文集四十卷外集十卷遺文一卷　(唐)韓愈撰　(宋)朱熹考異　(宋)王伯大音釋　元刻本　八冊　缺三卷(文集三十一至三十三)

220000－0841－0010219　善0874
朱文公校昌黎先生集四十卷外集十卷　(唐)韓愈撰　(宋)朱熹考異　(宋)王伯大音釋　元刻明印本　六冊　存二十九卷(二十至四十、外集二至九)

220000－0841－0010220　善0860
昌黎先生集四十卷外集十卷遺文一卷朱子校昌黎先生集傳一卷　(唐)韓愈撰　(宋)廖瑩中校正　明東吳徐氏東雅堂刻本　三十二冊

220000－0841－0010221　善0867
昌黎先生集四十卷外集十卷遺文一卷朱子校昌黎先生集傳一卷　(唐)韓愈撰　(宋)廖瑩中校正　明東吳徐氏東雅堂刻本　二十四冊

220000－0841－0010222　善0873
昌黎先生集四十卷外集十卷遺文一卷朱子校昌黎先生集傳一卷　(唐)韓愈撰　(宋)廖瑩中校正　明東吳徐氏東雅堂刻本　二十八冊

220000－0841－0010223　善2163
韓文四十卷外集十卷遺集一卷韓文集傳一卷　(唐)韓愈撰　明嘉靖十六年(1537)南平游氏刻韓柳文本　六冊

220000－0841－0010224　集0244
唐韓昌黎集四十卷附錄一卷外集十卷遺文一卷　(唐)韓愈撰　(明)蔣之翹輯注　明崇禎六年(1633)蔣氏三經草堂刻韓柳合集本　十六冊

220000－0841－0010225　集8174
昌黎先生全集四十卷外集十卷遺文一卷集傳一卷　(唐)韓愈撰　(清)葛鼒校　明葛氏永懷堂刻清乾隆六年(1741)重修本　六冊

220000－0841－0010226　集0216K
昌黎先生集四十卷外集十卷遺文一卷傳一卷　(唐)韓愈撰　(宋)廖瑩中注　**韓集點勘四卷**　(清)陳景雲撰　清同治八年(1869)江蘇書局刻本　十一冊

220000－0841－0010227　集8505K
昌黎先生集四十卷遺文一卷　(唐)韓愈撰　(唐)李漢編　清光緒十五年(1889)萃文堂刻本　八冊

220000－0841－0010228　集0225K
昌黎先生集四十卷外集十卷遺集一卷　(唐)韓愈撰　(唐)李漢編　清光緒十九年(1893)慈利吳公亭刻本　八冊

220000－0841－0010229　集0234K
昌黎先生集四十卷外集十卷遺文一卷　(唐)韓愈撰　(宋)廖瑩中注　**韓集點勘四卷**　(清)陳景雲撰　清宣統三年(1911)上海書坊石印本　十冊

220000－0841－0010230　集10633F
昌黎先生集考異十卷　(唐)韓愈撰　(宋)朱熹　(宋)方崧卿校定　清光緒十一年(1885)新陽趙元益刻新陽趙氏叢刻本　二冊

220000－0841－0010231　集0217K

五百家注音辯昌黎先生文集四十集　（唐）韓愈撰　（宋）魏仲舉編　清經綸堂書坊刻本　十冊

220000－0841－0010232　善2839

韓文公文抄十六卷　（唐）韓愈撰　（明）茅坤評　明閔刻朱墨套印本　八冊

220000－0841－0010233　善3560

韓子文抄十卷　（唐）韓愈撰　（清）林明倫注　清乾隆二十一年（1756）文起堂刻本　四冊

220000－0841－0010234　集8491

唐韓文公文十二卷　（唐）韓愈撰　（清）沈闇論述　清乾隆四年（1739）刻本　一冊

220000－0841－0010235　集0227K

韓文故十三卷首一卷　（清）高澍然撰　清道光十六年（1836）刻本　十冊

220000－0841－0010236　集9225K

昌黎詩集注十一卷年譜一卷　（唐）韓愈撰　（清）顧嗣立刪補　（清）朱彝尊　（清）何焯評　清道光十六年（1836）膺德堂刻本　四冊

220000－0841－0010237　善0861

昌黎先生詩集注十一卷年譜一卷　（唐）韓愈撰　（清）顧嗣立刪補　清康熙顧嗣立秀野草堂刻本　二冊

220000－0841－0010238　善0862

昌黎先生詩集注十一卷年譜一卷　（唐）韓愈撰　（清）顧嗣立刪補　清康熙三十八年（1699）顧氏秀野草堂刻本　六冊

220000－0841－0010239　善2444

昌黎先生詩集注十一卷年譜一卷　（唐）韓愈撰　（清）顧嗣立注　（清）朱彝尊　（清）何焯評　清道光十六年（1836）膺德堂刻朱墨套印本　四冊

220000－0841－0010240　善0864

昌黎先生詩增注證訛十一卷年譜一卷　（唐）韓愈撰　（清）黄鉞增注證訛　清道光二十八年（1848）黄中民刻本　二冊

220000－0841－0010241　集0242K

昌黎先生詩增注証訛十一卷　（唐）韓愈撰　（清）顧嗣立刪補　（清）黄鉞增注証訛　清咸豐七年（1857）四明鮑代刻本　四冊

220000－0841－0010242　集0240

韓昌黎詩集編年箋注十二卷　（唐）韓愈撰　（清）方世舉輯注　清乾隆二十三年（1758）盧見曾雅雨堂刻本　六冊

220000－0841－0010243　集0239

昌黎詩抄八卷　（唐）韓愈撰　（清）姚培謙訂　清雍正六年（1728）遂安堂刻唐宋八家詩本　一冊

220000－0841－0010244　集0243

韓筆酌蠡三十卷　（清）盧軒撰　清雍正八年（1730）程釜刻本　十二冊

220000－0841－0010245　集8795K

洪度集一卷　（唐）薛濤撰　清光緒三十二年（1906）塞峯草堂刻本　一冊

220000－0841－0010246　善1043

白氏長慶集七十一卷目錄二卷附錄四卷　（唐）白居易撰　明萬曆三十四年（1606）馬元調刻元白長慶集本　十冊

220000－0841－0010247　善1049

白香山詩長慶集二十卷後集十七卷别集一卷補遺一卷　（唐）白居易撰　**白香山年譜一卷**　（清）汪立名撰　**白香山年譜舊本一卷**　（宋）陳振孫撰　清康熙四十一年至四十二年（1702－1703）汪氏一隅草堂刻本　十冊

220000－0841－0010248　集10947

白香山詩長慶集二十卷後集十七卷别集一卷補遺二卷　（唐）白居易撰　（清）汪立名編訂　**白香山年譜一卷年譜舊本一卷**　（清）汪立名撰　清宣統三年（1911）影印汪氏一隅草堂刻本　六冊　缺三卷（十八至二十）

220000－0841－0010249　集8492F

劉賓客文集三十卷外集十卷　（唐）劉禹錫撰　**司空表聖文集十卷**　（唐）司空圖撰　清光緒三十年（1904）仁和朱氏刻結一廬朱氏賸餘

叢書本　六冊

220000－0841－0010250　善 1014
劉賓客詩集九卷　(唐)劉禹錫撰　清雍正元年(1723)華亭趙氏涵碧齋刻本　二冊

220000－0841－0010251　集 0259F
河東先生全集錄六卷　(唐)柳宗元撰　(清)儲欣錄　清光緒八年(1882)江蘇書局刻唐宋十大家全集錄本　六冊

220000－0841－0010252　集 248K
河東先生全集錄六卷　(唐)柳宗元撰　清宣統二年(1910)上海會文堂石印本　六冊

220000－0841－0010253　善 0900
增廣注釋音辨唐柳先生集四十三卷　(唐)柳宗元撰　(宋)童宗說注　(宋)張敦頤音辨　(宋)潘緯音義　元刻本　九冊　缺五卷(九至十一、四十二至四十三)

220000－0841－0010254　善 0870
增廣注釋音辨唐柳先生集四十三卷附錄一卷外集二卷別集二卷　(唐)柳宗元撰　(宋)童宗說注　(宋)張敦頤音辨　(宋)潘緯音義　明刻本　十二冊

220000－0841－0010255　善 0928
河東先生集四十五卷外集二卷龍城錄二卷附錄二卷集傳一卷　(唐)柳宗元撰　(宋)廖瑩中校正　明嘉靖雲鵬濟美堂刻本　四十冊

220000－0841－0010256　集 0260
唐柳河東集四十五卷外集五卷遺文一卷附錄一卷　(唐)柳宗元撰　(明)蔣之翹輯注　明崇禎六年(1633)蔣氏三經草堂刻韓柳合集本　十二冊

220000－0841－0010257　集 0268K
柳文四十八卷文集四十三卷別集二卷外集二卷錄一卷年譜一卷　(唐)柳宗元撰　(宋)文安禮撰　清同治七年(1868)永州知府廷桂刻本　八冊

220000－0841－0010258　善 0872
柳文七卷　(唐)柳宗元撰　(明)茅坤評　明閔刻朱墨套印本　六冊

220000－0841－0010259　集 0120F
李文公集十八卷補遺一卷附錄一卷　(唐)李翺撰　清光緒元年(1875)南海馮焌光校刻三唐人集本　四冊

220000－0841－0010260　集 0293K
習之先生文集二卷　(唐)李翺撰　清宣統三年(1911)上海會文堂圈點石印本　二冊

220000－0841－0010261　集 9920F
皇甫持正文集六卷補遺一卷　(唐)皇甫湜撰　清光緒二年(1876)南海馮氏讀有用書齋三唐人集本　一冊

220000－0841－0010262　善 2145
元氏長慶集六十卷　(唐)元稹撰　明華堅蘭雪堂銅活字印本　一冊　存四卷(十六至十九)

220000－0841－0010263　集 0267K
李衛公文集二十卷別集十卷外集四卷補遺一卷　(唐)李德裕撰　清光緒十六年(1890)常慊齋刻本　六冊

220000－0841－0010264　善 1016
李長吉歌詩四卷外集一卷首一卷　(唐)李賀撰　(清)王琦彙解　清乾隆王氏寶笏樓刻本　二冊

220000－0841－0010265　集 7838K
李長吉歌詩四卷外集一卷首一卷　(唐)李賀撰　(清)王琦彙解　清光緒四年(1878)宏達堂刻本　四冊

220000－0841－0010266　善 4292
李長吉集四卷外集一卷　(唐)李賀撰　(明)黃淳耀評點　清雍正九年(1731)金淮駿漁書樓刻本　二冊

220000－0841－0010267　善 1021
李長吉集四卷外集一卷　(唐)李賀撰　(明)黃淳耀評點　(清)黎簡批點　清光緒十八年(1892)羊城葉衍蘭刻朱墨套印本　一冊

220000－0841－0010268　善 2275

昌谷集四卷　(唐)李賀撰　(明)曾益釋　明刻本　二册

220000－0841－0010269　集0312

李長吉昌谷集句解定本四卷　(唐)李賀撰　(清)姚佺箋　(清)丘象隨等辨證　清刻本　二册

220000－0841－0010270　集0314

昌谷詩解正謬四卷　(唐)李賀撰　(清)董期生箋　清康熙刻本　四册

220000－0841－0010271　集0299K

樊川文集二十卷外集一卷　(唐)杜牧撰　清光緒二十二年(1896)景蘇園影印宋本　四册

220000－0841－0010272　集0297K

樊川詩集四卷别集一卷外集一卷補遺一卷　(唐)杜牧撰　(清)馮集梧注　清嘉慶六年(1801)德裕堂刻本　三册

220000－0841－0010273　善1025

溫飛卿詩集七卷别集一卷集外詩一卷諸家詩評一卷附錄一卷　(唐)溫庭筠撰　(明)曾益注　(清)顧予咸補注　(清)顧嗣立續注　清康熙三十六年(1697)長洲顧氏秀野草堂刻本　四册

220000－0841－0010274　善3364

溫庭筠詩集七卷别集一卷集外詩一卷　(唐)溫庭筠撰　清康熙四十一年(1702)洞庭席氏刻唐詩百名家全集本　四册

220000－0841－0010275　集0232K

溫飛卿詩集九卷　(唐)溫庭筠撰　(明)曾益原註　(明)顧予咸補註　(明)顧嗣立續註重校　清光緒八年(1882)錢塘汪氏刻本　二册

220000－0841－0010276　集0289K

溫飛卿詩集九卷　(唐)溫庭筠撰　(明)曾益註　(明)顧予咸補註　(明)顧嗣立重校　清宣統二年(1910)上海國學扶輪社石印本　四册

220000－0841－0010277　集0290K

溫飛卿詩集九卷　(唐)溫庭筠撰　(明)曾益原註　(明)顧予咸補註　(明)顧嗣立續註重校　清宣統二年(1910)上海掃葉山房石印本　四册

220000－0841－0010278　善1024

李義山文集十卷　(唐)李商隱撰　(清)徐樹穀箋　(清)徐炯注　清康熙四十七年(1708)徐氏刻本　二册

220000－0841－0010279　集0282K

樊南文集補編十二卷附錄一卷　(唐)李商隱撰　(清)錢振倫箋　(清)錢振常注　清同治五年(1866)望三益齋刻本　四册

220000－0841－0010280　集0305

樊南文集箋注八卷　(唐)李商隱撰　(清)馮浩箋注　清嘉慶元年(1796)刻本　四册

220000－0841－0010281　善1019

李義山詩集三卷李義山詩譜一卷諸家詩評一卷　(唐)李商隱撰　(清)朱鶴齡箋注　清順治十六年(1659)葉永茹刻本　八册

220000－0841－0010282　善1018

李義山詩集三卷李義山年譜一卷諸家詩評一卷　(唐)李商隱撰　清順治十六年(1659)刻本　二册

220000－0841－0010283　集0415

李義山詩集三卷李義山詩譜一卷諸家詩評一卷　(唐)李商隱撰　(清)朱鶴齡箋注　清順治十六年(1659)刻本　二册

220000－0841－0010284　集0308K

李義山詩集三卷　(唐)李商隱撰　(清)朱鶴齡箋注　清同治九年(1870)廣州倅署刻三色套印本　四册

220000－0841－0010285　集0277K

李義山詩集三卷　(唐)李商隱撰　(清)錢謙益校　清宣統元年(1909)神州國光社影印本　二册

220000－0841－0010286　集0278

重訂李義山詩集箋注三卷集外詩箋注一卷年譜一卷詩話一卷　(唐)李商隱撰　(清)朱鶴

齡箋注　(清)程夢星刪補　清乾隆十一年(1746)東柯草堂刻本　四册

220000－0841－0010287　善3473
玉谿生詩箋注三卷樊南文集箋注八卷　(唐)李商隱撰　(清)馮浩箋注　清乾隆德聚堂刻本　八册

220000－0841－0010288　集0300
玉谿生詩箋注三卷首一卷　(唐)李商隱撰　(清)馮浩箋注　清嘉慶元年(1796)刻本　四册

220000－0841－0010289　集0304K
玉谿生詩詳注三卷首一卷　(唐)李商隱撰　(清)馮浩編訂　清同治七年(1868)修補本　八册

220000－0841－0010290　集0280
李義山詩集十六卷　(唐)李商隱撰　(清)姚培謙注　清乾隆五年(1740)松桂讀書堂刻本　四册

220000－0841－0010291　集8458
玉溪生詩意八卷　(唐)李商隱撰　(清)屈復詩意　清乾隆四年(1739)刻本　四册

220000－0841－0010292　集0306K
樊南文集詳注八卷首一卷　(唐)李商隱撰　(清)馮浩注　清同治七年(1868)馮寶圻刻本　四册

220000－0841－0010293　集9129F
經緯集三卷　(唐)孫樵撰　清光緒八年(1882)安越堂刻葛園叢書本　一册

220000－0841－0010294　集0296K
孫可之文集二卷　(唐)孫樵撰　(清)儲欣錄　清宣統二年(1910)守政書局印本　二册

220000－0841－0010295　善1020
羅昭諫集八卷　(唐)羅隱撰　清康熙九年(1670)張瓚瑞榴堂刻本　二册

220000－0841－0010296　集0237
羅昭諫集八卷　(唐)羅隱撰　清康熙刻道光四年(1824)補版印本　二册

220000－0841－0010297　善0908
莆陽黃御史集二卷　(唐)黃滔撰　明萬曆十二年(1584)黃廷良等刻本　二册

220000－0841－0010298　善2919
唐黃先生文集八卷附錄一卷　(唐)黃滔撰　明萬曆三十四年(1606)侯官曹學佺刻本　四册

220000－0841－0010299　集8590F
莆陽黃御史集二秩附錄一卷別錄一卷　(唐)黃滔撰　清光緒十年(1884)福山王氏天壤閣叢書本　二册

220000－0841－0010300　集2401
豐溪存稿一卷　(唐)呂從慶撰　清嘉慶七年(1802)呂璽培刻本　一册

220000－0841－0010301　集0123
韓內翰香奩集三卷　(唐)韓偓撰　清康熙四十一年(1702)席氏刻清補版唐詩百名家全集本　一册

220000－0841－0010302　集4878K
王貞白詩一卷補遺一卷　(唐)王貞白撰　清宣統元年(1909)餘姚邵啓賢刻本　一册

220000－0841－0010303　集9748K
周太樸詩一卷周太樸詩話一卷　(唐)周樸撰　清道光二十四年(1844)瞻石樓刻本　一册

220000－0841－0010304　集10590K
唐求詩集一卷附錄一卷　(唐)唐求撰　清光緒二十年(1894)聊城楊氏海源閣刻本　一册

220000－0841－0010305　集0354K
徐騎省集三十卷補遺一卷校勘記一卷　(宋)徐鉉撰　(清)李英元撰校勘記　清光緒十九年(1893)黟南李氏刻本　八册

220000－0841－0010306　集8483F
徐騎省集校勘記一卷　(清)李英元纂　清光緒刻本　一册

220000－0841－0010307　集8660
河東先生集十五卷　(宋)柳開撰　**柳公行狀一卷**　(宋)張景撰　清乾隆六十年(1795)蘭

谿文印堂刻本　二册

220000－0841－0010308　善1106
宋王黄州小畜集三十卷　（宋）王禹偁撰　清乾隆二十五年（1760）愛日堂刻本　六册

220000－0841－0010309　集0377K
小畜集三十卷外集殘七卷拾遺一卷　（宋）王禹偁撰　（清）勞格輯目　（清）孫星華錄文　清光緒廣雅書局刻武英殿聚珍版書本　七册

220000－0841－0010310　善4290
寇忠愍公詩集三卷　（宋）寇準撰　清康熙聖香樓刻本　一册

220000－0841－0010311　集10472F
南陽集六卷　（宋）趙湘撰　清乾隆武英殿聚珍版書本　二册

220000－0841－0010312　集0410K
林和靖詩集四卷拾遺一卷　（宋）林逋撰　清同治十二年（1873）長洲朱氏刻本　二册

220000－0841－0010313　善0977
楊大年先生武夷新集二十卷　（宋）楊億撰　清康熙四十四年（1705）陳璋刻本　六册

220000－0841－0010314　集0403F
武夷新集二十卷楊文公逸詩文一卷　（宋）楊億撰　清嘉慶浦城祝昌泰留香刻浦城遺書本　六册

220000－0841－0010315　集0349F
范文正公文集九卷　（宋）范仲淹撰　清同治八年（1869）福州正誼書院刻正誼堂全書本　二册

220000－0841－0010316　集4920K
孫明復小集三卷　（宋）孫復撰　清光緒十五年（1889）滎成孫葆田刻本　一册

220000－0841－0010317　集0353F
文恭集四十卷　（宋）胡宿撰　清同治十三年（1874）江西書局刻武英殿聚珍版書本　八册

220000－0841－0010318　集0350K
河南先生文集二十七卷附錄一卷　（宋）尹洙撰　清嘉慶十三年（1808）胥臺陳氏刻本　二册

220000－0841－0010319　善1128
宛陵先生集六十卷拾遺一卷　（宋）梅堯臣撰　明萬曆四年（1576）姜奇方刻清重修本　十册

220000－0841－0010320　集4981
宛陵先生集六十卷拾遺一卷　（宋）梅堯臣撰　清康熙四十一年（1702）徐惇復白華書屋刻本　十二册

220000－0841－0010321　集0365K
宛陵先生文集六十卷　（宋）梅堯臣撰　清宣統二年（1910）滬上影印康熙四十一年（1702）吳趨徐氏刻本　六册

220000－0841－0010322　善2069
歐陽文忠公集一百五十三卷　（宋）歐陽修撰　明天順程宗刻本　一册　存二卷（五十一至五十二）

220000－0841－0010323　集8758
歐陽文忠公全集一百五十三卷首一卷附錄一卷　（宋）歐陽修撰　清乾隆五十七年（1792）惇叙堂刻本　三十二册

220000－0841－0010324　善1069
歐陽先生文粹二十卷　（宋）歐陽修撰　（明）敦亮輯　**遺粹十卷**　（宋）歐陽修撰　（明）郭雲鵬輯　明嘉靖二十六年（1547）郭雲鵬寶善堂刻本　十册

220000－0841－0010325　善1066
歐陽文忠公文抄十卷　（宋）歐陽修撰　（明）茅坤評　明刻朱墨套印本　五册

220000－0841－0010326　善1113
歐陽文忠公文抄十卷　（宋）歐陽修撰　（明）茅坤評　明凌濛初刻朱墨套印本　四册

220000－0841－0010327　集0475K
鐔津文集十九卷首一卷　（宋）釋契嵩撰　清光緒二十八年（1902）揚州藏經院刻本　四册

220000－0841－0010328　善1055
安陽集五十卷　（宋）韓琦撰　明正德九年（1514）安陽張士隆刻本　八册

220000－0841－0010329　善2286
安陽集五十卷　(宋)韓琦撰　明萬曆十五年(1587)郭樸刻本　八册

220000－0841－0010330　善1130
韓魏公集三十八卷　(宋)韓琦撰　**忠獻韓魏王別錄一卷**　(宋)王巖叟撰　**忠獻韓魏王家傳十卷**　(宋)強至撰　明萬曆三十六年(1608)康丕揚刻三十七年(1609)重修本　十册

220000－0841－0010331　集0341K
蘇子美文集六卷詩集四卷　(宋)蘇舜欽撰　清同治六年(1867)刻本　四册

220000－0841－0010332　善1048
蘇學士文集十六卷　(宋)蘇舜欽撰　清康熙三十七年(1698)震澤徐惇孝、徐惇復白華書屋刻本　二册

220000－0841－0010333　善0974
趙清獻文集十卷附錄一卷　(宋)趙抃撰　明嘉靖四十一年(1562)汪旦刻本　四册

220000－0841－0010334　善1119
趙清獻文集十卷　(宋)趙抃撰　**趙清獻公年譜一卷**　(清)羅以智編　明嘉靖四十一年(1562)汪旦刻本(年譜配清抄本)　五册

220000－0841－0010335　善1074
蘇老泉文集十二卷詩集一卷　(宋)蘇洵撰　(明)茅坤等評　明凌濛初刻朱墨套印本　六册

220000－0841－0010336　善1086
蘇老泉先生全集二十卷附錄二卷　(宋)蘇洵撰　(宋)沈斐撰附錄　清康熙三十七年(1698)邵仁弘刻本　六册

220000－0841－0010337　善1078
蘇文嗜六卷　(宋)蘇洵撰　(明)茅坤等評　明吳興凌雲刻三色套印本　六册

220000－0841－0010338　集0462K
盱江先生全集三十七卷　(宋)李覯撰　清光緒十九年(1893)盱江書院刻本　八册

220000－0841－0010339　善0976
宋邵康節先生伊川擊壤集十卷　(宋)邵雍撰　(明)吳瀚　(明)吳泰注　明萬曆三十三年(1605)吳元維刻本　六册

220000－0841－0010340　集0334
伊川擊壤集二十卷　(宋)邵雍撰　明文靖書院刻本　三册

220000－0841－0010341　善2755
宋端明殿學士蔡忠惠公文集四十卷　(宋)蔡襄撰　**蔡端明別紀十卷**　(明)徐㶿輯　明萬曆陳一元刻四十三年(1615)朱謀□重修本　十四册

220000－0841－0010342　善1042
蔡忠惠詩集全編二卷　(宋)蔡襄撰　(明)宋珏輯　**蔡忠惠別紀補遺二卷**　(明)徐㶿編　(明)宋珏增補　明天啓二年(1622)顏繼祖刻本　六册

220000－0841－0010343　善1126
新刻石室先生丹淵集四十卷拾遺二卷續編諸公書翰詩文一卷石室先生雜記一卷　(宋)文同撰　**年譜一卷**　(宋)家誠之撰　明萬曆四十年(1612)莆以懌刻本　八册

220000－0841－0010344　集0323
曾文定公全集二十卷首一卷末一卷　(宋)曾鞏撰　清康熙三十二年(1693)彭期刻本　十四册

220000－0841－0010345　善1030
南豐先生元豐類稿五十卷　(宋)曾鞏撰　明嘉靖四十一年(1562)黃希憲刻本　十二册

220000－0841－0010346　集4906K
元豐類稿五十卷首一卷　(宋)曾鞏撰　清光緒十六年(1890)慈利漁浦書院刻本　十册

220000－0841－0010347　善3312
司馬溫文集八十二卷目錄一卷　(宋)司馬光撰　明崇禎吳時亮刻本　十二册　存四十五卷(三十八至八十二)

220000－0841－0010348　集5603

司馬文正公傳家集八十卷附錄一卷　(宋)司馬光撰　清乾隆六年(1741)陳宏謀培遠堂刻本　二十四册

220000－0841－0010349　集8060

司馬文公集八十二卷目錄二卷首一卷　(宋)司馬光撰　清乾隆九年(1744)百祿堂刻本　二十四册

220000－0841－0010350　善2732

重刻伐檀集二卷　(宋)黄庶撰　明萬曆四十二年(1614)陳以志刻本　二册

220000－0841－0010351　集4686

黄青社先生伐檀集二卷　(宋)黄庶撰　清乾隆緝香堂刻本　一册

220000－0841－0010352　善0991

臨川先生文集一百卷目錄二卷　(宋)王安石撰　明嘉靖三十九年(1560)刻本　二十册

220000－0841－0010353　善1096

新刻臨川王介甫先生詩文集一百卷目錄二卷　(宋)王安石撰　明萬曆四十年(1612)王鳳翔光启堂刻本　二十四册

220000－0841－0010354　集0376K

王臨川全集一百卷目錄二卷　(宋)王安石撰　清光緒九年(1883)聽香館刻本　十六册

220000－0841－0010355　集0370K

王臨川全集一百卷目錄二卷　(宋)王安石撰　清光緒九年(1883)溧陽繆德棻小山舘刻本　十六册

220000－0841－0010356　集0374K

王臨川全集二十四卷　(宋)王安石撰　清宣統三年(1911)上海掃葉山房刻本　十二册

220000－0841－0010357　善1092

王荆文公詩五十卷　(宋)王安石撰　(宋)李壁箋注　清乾隆六年(1741)張宗松清綺齋刻本　六册

220000－0841－0010358　集7976

王荆文公詩五十卷　(宋)王安石撰　(宋)李壁箋注　清乾隆六年(1741)清綺齋刻四十一年(1776)張廷一補刻本　十二册

220000－0841－0010359　善3472

祠部集三十五卷　(宋)強至撰　清乾隆武英殿聚珍版叢書本　四册　缺十九卷(六至二十四)

220000－0841－0010360　集03934

東坡七集一百一十卷　(宋)蘇軾撰　清宣統二年(1910)浭陽端方實華盦刻本　四十册

220000－0841－0010361　善1065

東坡先生全集七十五卷　(宋)蘇軾撰　明萬曆刻本　二十册

220000－0841－0010362　善1073

東坡文選二十卷　(宋)蘇軾撰　(明)鍾惺評選　明萬曆四十八年(1620)閔刻朱墨套印本　十六册

220000－0841－0010363　善1070

東坡文選二十卷　(宋)蘇軾撰　(明)鍾惺評選　明刻本　十二册

220000－0841－0010364　善1072

蘇文六卷　(宋)蘇軾撰　(明)閔爾容評輯　明閔爾容三色套印本　六册

220000－0841－0010365　善1077

東坡禪喜集十四卷　(宋)蘇軾撰　明刻本　四册

220000－0841－0010366　善1083

坡仙集十六卷　(宋)蘇軾撰　(明)李贄評輯　明萬曆二十八年(1600)繼志齋刻本　十六册

220000－0841－0010367　善1090

訂補坡仙集鈔三十八卷　(宋)蘇軾撰　(明)李贄評輯　(明)陳繼儒訂補　明萬曆刻本　二十册

220000－0841－0010368　集0416

東坡先生編年詩五十卷年表一卷　(宋)蘇軾撰　(清)查慎行補注　清乾隆二十六年(1761)查開香雨齋刻本　二十册

220000－0841－0010369　集9241

東坡先生編年詩五十卷 (宋)蘇軾撰 (清)查慎行補注 清乾隆二十六年(1761)查開香雨齋刻本 十六册

220000－0841－0010370 善1085
東坡先生編年詩五十卷 (宋)蘇軾撰 (清)查慎行補注 清乾隆二十六年(1761)查開香雨齋刻本 十册

220000－0841－0010371 善1082
蘇文忠公詩集五十卷 (宋)蘇軾撰 (清)紀昀評 清道光十四年(1834)兩廣節署朱墨套印本 六册

220000－0841－0010372 集0386K
蘇文忠公詩集五十卷 (宋)蘇軾撰 (清)紀昀評註 清同治八年(1869)韞玉山房刻朱墨套印本 十二册

220000－0841－0010373 善1132
蘇詩補注八卷 (宋)蘇軾撰 (清)翁方綱注 **志道集一卷** (宋)顧禧撰 清乾隆四十七年(1782)蘇齋叢書本 一册

220000－0841－0010374 集0399
施注蘇詩四十二卷 (宋)蘇軾撰 (宋)施元之注 (清)邵長蘅 (清)顧嗣立補刪 **蘇詩續補遺二卷** (清)馮景補注 **王注正僞一卷** (清)邵長蘅撰 **東坡先生年譜一卷** (宋)王宗稷撰 清康熙三十八年(1699)宋犖刻本 十六册

220000－0841－0010375 善3390
施注蘇詩四十二卷總目二卷 (宋)蘇軾撰 (宋)施元之注 (清)邵長蘅 (清)顧嗣立補刪 **蘇詩續補遺二卷** (清)馮景補注 **王注正僞一卷** (清)邵長蘅撰 **東坡先生年譜一卷** (宋)王宗稷撰 清康熙三十八年(1699)宋犖刻本 十二册

220000－0841－0010376 集9259
施注蘇詩四十二卷總目二卷 (宋)蘇軾撰 (宋)施元之注 (清)邵長蘅 (清)顧嗣立補刪 **蘇詩續補遺二卷** (清)馮景補注 **王注正僞一卷** (清)邵長蘅撰 **東坡先生年譜一卷** (宋)王宗稷撰 清康熙三十八年(1699)宋犖刻本 十四册

220000－0841－0010377 集4990
古香齋鑒賞袖珍施注蘇詩四十二卷 (宋)蘇軾撰 (清)邵長蘅等刪補 清乾隆內府古香齋叢書十種本 十册 存三卷(一至三)

220000－0841－0010378 善2787
東坡先生詩集注三十二卷 (宋)蘇軾撰 (宋)王十朋纂集 **東坡紀年錄一卷** (宋)傅藻撰 明萬曆茅維刻本 十八册

220000－0841－0010379 善1075
蘇文忠先生寓惠全集四卷 (宋)蘇軾撰 明崇禎四年(1631)惠州黎遵指刻本 八册

220000－0841－0010380 善1088
蘇文忠公寓惠集四卷 (宋)蘇軾撰 (清)鄭欽階輯 清順治十五年(1658)刻本 六册

220000－0841－0010381 善1081
蘇東坡詩集注三十二卷 (宋)蘇軾撰 (宋)王十朋輯 (宋)呂祖謙編 清康熙三十七年(1698)朱從延文尉堂刻本 二十三册

220000－0841－0010382 集10405
蘇文忠詩合注五十卷首一卷 (宋)蘇軾撰 (清)馮應榴注 清乾隆五十八年(1793)惇裕堂刻本 二十册

220000－0841－0010383 集0401K
蘇文忠詩合注五十卷首一卷 (宋)蘇軾撰 (清)馮應榴輯訂 清同治九年(1870)息踵齋刻本 二十册

220000－0841－0010384 集0389K
蘇詩評注彙鈔二十卷附錄三卷 (宋)蘇軾撰 (清)趙元宣輯訂 清咸豐二年(1852)刻本 十二册

220000－0841－0010385 集4901K
蘇文忠公詩編注集成編年總案四十五卷編年古今體詩四十五卷帖子口號詞一卷諸家並言一卷王施注諸家姓氏考一卷墓志銘註一卷本傳註一卷恭錄御評一卷詩目一卷真像考一卷

兩宋雜綴一卷蘇海識餘四卷牋詩圖一卷 （宋）蘇軾撰 （清）王文誥編 清光緒十四年(1888)浙江書局刻本 二十四册

220000－0841－0010386 善2236
東坡尺牘□□卷 （宋）蘇軾撰 明刻本 一册

220000－0841－0010387 集4912K
蘇東坡尺牘八卷 （宋）蘇軾撰 清宣統元年(1909)掃葉山房石印本 四册

220000－0841－0010388 善2498
蘇東坡先生上神宗皇帝書一卷 （宋）蘇軾撰 （清）蔡焯注 清乾隆十一年(1746)錫山蔡氏刻本 一册

220000－0841－0010389 善1080
蘇長公合作八卷補二卷 （宋）蘇軾撰 （明）高啓等批點 明萬曆四十八年(1620)凌啓康刻三色套印本 十四册

220000－0841－0010390 集4900
蘇長公密語十六卷首一卷 （宋）蘇軾撰 （明）吳京纂輯 明天啓四年(1624)朱墨套印本 六册

220000－0841－0010391 善1071
蘇長公小品四卷 （宋）蘇軾撰 （明）王納諫評選 明吳興凌啓康刻朱墨套印本 四册

220000－0841－0010392 善1084
欒城後集二十四卷 （宋）蘇轍撰 明聶紹昌清夢軒刻本 四册

220000－0841－0010393 善1087
宋大家蘇文定公文抄二十卷 （宋）蘇轍撰 （明）茅坤評選 明崇禎刻唐宋八大家文抄本 八册

220000－0841－0010394 善1032
西塘先生文集十卷 （宋）鄭俠撰 明萬曆三十七年(1609)葉向高刻本 四册

220000－0841－0010395 集9586K
西塘先生文集九卷 （宋）鄭俠撰 清光緒十年(1884)涇縣刻洪氏公善堂叢書本 四册

220000－0841－0010396 集4896F
陶山集十六卷 （宋）陸佃撰 清同治江西書局刻本 六册

220000－0841－0010397 集0333K
陶山集十六卷 （宋）陸佃撰 清福建刻武英殿聚珍本 二册

220000－0841－0010398 善1121
重刻黄文節山谷先生文集三十卷 （宋）黄庭堅撰 明萬曆三十二年(1604)方沆、周希令刻本 八册

220000－0841－0010399 善2281
重刻黄文節山谷先生文集三十卷 （宋）黄庭堅撰 明萬曆王鳳翔先啓堂刻本 六册

220000－0841－0010400 善1062
豫章先生遺文十二卷 （宋）黄庭堅撰 清乾隆四十五年(1780)婺源汪大本倣宋刻本 四册

220000－0841－0010401 集0335K
豫章先生遺文十二卷 （宋）黄庭堅撰 清同治元年(1862)如皋祝氏刻本 六册

220000－0841－0010402 善4203
黄太史精華錄八卷 （宋）黄庭堅撰 （宋）任淵選 明弘治十六年(1503)朱承爵刻本 四册

220000－0841－0010403 集9328
黄詩全集五十八卷 （宋）黄庭堅撰 清乾隆五十四年(1789)樹經堂刻本 二十册

220000－0841－0010404 集10368K
山谷外集詩註十七卷 （宋）黄庭堅撰 （宋）史容註 **山谷别集詩註二卷** （宋）黄庭堅撰 （宋）史季溫註 清宣統二年(1910)影印本 八册

220000－0841－0010405 集4911K
黄峪尺牘十卷 （宋）黄庭堅撰 清宣統元年(1909)掃葉山房石印本 四册

220000－0841－0010406 善0690
山谷老人刀筆二十卷 （宋）黄庭堅撰 明弘治十二年(1499)刻本 八册

220000－0841－0010407　集 4884F
山谷老人刀筆二十卷　(宋)黄庭堅撰　清道光浦江周氏刻紛欣閣叢書本　四冊

220000－0841－0010408　集 0352F
學易集八卷　(宋)劉跂撰　清同治十三年(1874)江西書局刻武英殿聚珍版書本　四冊

220000－0841－0010409　善 4294
淮海集四十卷後集六卷長短句三卷　(宋)秦觀撰　明嘉靖二十四年(1545)胡民表刻本　五冊

220000－0841－0010410　善 3182
淮海集四十卷後集六卷長短句三卷詩餘一卷　(宋)秦觀撰　(明)徐渭評　明段之錦刻本　四冊

220000－0841－0010411　集 11358
淮海集四十卷後集二卷詞一卷補遺一卷　(宋)秦觀撰　**重編淮海先生年譜節要一卷**　(清)秦瀛撰　清道光十七年(1837)王敬之刻本　六冊

220000－0841－0010412　集 0473K
淮海集四十卷後集六卷長短句三卷年譜一卷　(宋)秦觀撰　(明)徐渭評　(清)秦瀛重編　**本集失載詩餘一卷**　(明)鄧章漢撰　清同治十二年(1873)秦元慶刻本　六冊

220000－0841－0010413　善 1061
濟北晁先生雞肋集七十卷　(宋)晁補之撰　明崇禎八年(1635)吳郡顧氏詩瘦閣刻本　十冊

220000－0841－0010414　善 1063
貝茨晁先生詩集一卷　(宋)晁沖之撰　清刻本　一冊

220000－0841－0010415　集 0468K
後山先生集二十四卷　(宋)陳師道撰　清光緒十一年(1885)番禺陶福祥刻本　四冊

220000－0841－0010416　集 0478K
後山詩十二卷　(宋)陳師道撰　(宋)任淵註　清光緒二十五年(1899)刻廣州武英殿聚珍版書本　四冊

220000－0841－0010417　善 1033
龜山先生集三十五卷附錄一卷　(宋)楊時撰　**年譜一卷**　(宋)黄去疾撰　明正德十二年(1517)沈暉刻本　四冊

220000－0841－0010418　集 0550K
楊龜山先生集四十二卷首一卷　(宋)楊時撰　清光緒七年(1881)固陵汪保駒刻本　十冊

220000－0841－0010419　集 8100
游廌山先生集首一卷前集一卷外集一卷　(宋)游酢撰　清乾隆游氏刻本　六冊

220000－0841－0010420　集 4890
宋宗忠簡公集八卷　(宋)宗澤撰　清乾隆二十六年(1761)刻本　二冊

220000－0841－0010421　善 2292
道鄉先生鄒忠公文集四十卷外紀一卷　(宋)鄒浩撰　明萬曆四十六年(1618)鄒忠胤刻本　八冊

220000－0841－0010422　集 6882K
道鄉先生文集四十卷補遺一卷附錄一卷　(宋)鄒浩撰　清光緒二十五年(1899)湖北刻本　六冊

220000－0841－0010423　集 10672F
倚松老人詩集二卷　(宋)饒節撰　清宣統二年(1910)姚埭沈氏江西詩派韓饒二集本　一冊

220000－0841－0010424　善 1094
斜川集六卷附錄一卷　(宋)蘇過撰　清乾隆五十三年(1788)趙懷玉亦有生齋刻本　四冊

220000－0841－0010425　善 1093
斜川詩集十卷　題(宋)蘇過撰　清木活字印本　二冊

220000－0841－0010426　集 0474K
苕溪集五十五卷　(宋)劉一止撰　清宣統二年(1910)朱祖謀無著盦刻本　四冊　缺二卷(十六至十七)

220000－0841－0010427　集 4687F

陵陽先生詩四卷 (宋)韓駒撰 清宣統二年(1910)姚埭沈氏江西詩派韓鏡二集本 一冊

220000－0841－0010428 善1129
宋李忠定公文集選二十九卷首四卷奏議十五卷 (宋)李綱撰 (明)左光先等輯 明崇禎刻本 十六冊

220000－0841－0010429 集0430
宋李忠定公文集選二十九卷首一卷奏議十五卷 (宋)李綱撰 明崇禎刻清康熙、乾隆修補印本 十六冊

220000－0841－0010430 集0541K
李忠定文集三十九卷 (宋)李綱撰 清光緒二十四年(1898)湘鄉愛日堂刻本 八冊

220000－0841－0010431 集10374K
胡少師總集六卷首一卷附録一卷 (宋)胡舜陟撰 清同治二年(1863)胡肇智刻本 二冊

220000－0841－0010432 集0351K
忠正德文集十卷附録一卷 (宋)趙鼎撰 清道光十一年(1831)會稽吴傑刻本 二冊

220000－0841－0010433 集0433K
鄱陽集四卷首一卷拾遺一卷 (宋)洪皓撰 清同治九年(1870)刻洪氏晦木齋叢書本 一冊

220000－0841－0010434 集0420K
山谷詩集註二十卷 (宋)任淵撰 **山谷外集詩註十七卷** (宋)史容撰 **山谷别集詩註二卷** (宋)黄庭堅撰 (宋)史季溫註 清光緒二十一年至二十五年(1895－1899)宜都楊守敬刻本 二十冊

220000－0841－0010435 集7890K
毘陵集十六卷補遺一卷附録一卷 (宋)張守撰 清光緒二十一年(1895)武進盛氏刻常州先哲遺書本 四冊

220000－0841－0010436 集0451F
竹軒録著六卷 (宋)林季仲撰 清光緒二年(1876)瑞安孫氏詒善堂祠塾刻永嘉叢書本 一冊

220000－0841－0010437 集8095K
栟桐先生文集廿五卷 (宋)鄧肅撰 清道光三年(1823)鄧廷楨萬竹園刻本 四冊

220000－0841－0010438 集0452
韋齋集十二卷首一卷 (宋)朱松撰 **玉瀾集一卷** (宋)朱□棹撰 清雍正六年(1728)朱玉刻本 四冊

220000－0841－0010439 集11177K
高東溪先生集二卷附録一卷 (宋)高登撰 清咸豐二年(1852)刻本 一冊

220000－0841－0010440 集11357
屏山全集二十卷 (宋)劉子翬撰 清道光十八年(1838)李廷鈺秋柯草堂刻本 十冊

220000－0841－0010441 集0463K
屏山全集二十卷 (宋)劉子翬撰 清道光十八年(1838)溫陵李廷鈺秋柯草堂刻本 六冊

220000－0841－0010442 集7922K
岳忠武王文集八卷首一卷末二卷 (宋)岳飛撰 清光緒八年(1882)木活字印本 一冊

220000－0841－0010443 集4905K
岳忠武王文集八卷首一卷末一卷 (宋)岳飛撰 (清)黄邦寧編 清光緒十二年(1886)上海簡玉山房刻本 四冊

220000－0841－0010444 集0483K
岳忠武王文集八卷首一卷末一卷 (宋)岳飛撰 清道光二十七年(1847)揚州刻本 四冊

220000－0841－0010445 集0482K
岳忠武王文集八卷首一卷末一卷 (宋)岳飛撰 (清)黄邦寧編 清師長怡河南刻本 一冊

220000－0841－0010446 善0947
莆陽知稼翁集二卷 (宋)黄公度撰 明天啓五年(1625)黄宗翰刻本 二冊

220000－0841－0010447 集0337
莆陽知稼翁集二卷 (宋)黄公度撰 明天啓五年(1625)刻清道光九年(1829)重修本 二冊

220000－0841－0010448　善 1059

梅溪先生廷試策一卷奏議四卷文集二十卷後集二十九卷附錄一卷　(宋)王十朋撰　明正統五年(1440)何文淵劉謙刻天順六年(1462)重修本　十二冊

220000－0841－0010449　集 0470

宋王忠文公文集五十卷　(宋)王十朋撰　清雍正六年(1728)楚南唐傳鉎刻本　十冊

220000－0841－0010450　集 0466K

宋王忠文公文集五十卷　(宋)王十朋撰　(清)唐傳鉎重編　清光緒二年(1876)梅溪分院刻本　十二冊

220000－0841－0010451　善 0997

渭南文集五十二卷　(宋)陸游撰　明正德八年(1513)梁喬刻本　十冊

220000－0841－0010452　善 2222

放翁逸稿二卷家世舊聞一卷老學庵筆記十卷　(宋)陸游撰　明海虞毛氏汲古閣刻陸放翁全集本　二冊

220000－0841－0010453　集 5915K

周益國文忠公集二百卷首一卷附錄五卷　(宋)周必大撰　清道光、咸豐廬陵歐陽棨刻本　四十冊

220000－0841－0010454　集 4904

范石湖詩集二十卷　(宋)范成大撰　清康熙二十七年(1688)黄昌衢刻本　四冊

220000－0841－0010455　善 0672

批點分類誠齋先生文膾前集十二卷後集十二卷　(宋)楊萬里撰　明隆慶刻本　十二冊

220000－0841－0010456　集 11248

梁溪遺稾詩鈔一卷文鈔一卷　(宋)尤袤撰　清道光元年(1821)刻本　一冊

220000－0841－0010457　子 4075K

朱文公文集一百卷續集十一卷別集十卷目錄二卷　(宋)朱熹撰　清同治十二年(1873)六安涂氏求我齋仿制明嘉靖壬辰本　四冊　存十六卷(一至十六)

220000－0841－0010458　善 0911

晦菴先生文公文集一百卷目錄二卷續集十一卷別集十卷　(宋)朱熹撰　明嘉靖十一年(1532)張大輪、胡岳等刻本　四十八冊

220000－0841－0010459　集 10370

朱子文集大全類編一百十一卷首一卷　(宋)朱熹撰　(清)朱玉輯　清雍正八年(1730)朱玉刻本　四十二冊　缺十五卷(詩詞七至十、對事奏劄一至二、政蹟經筵一至九)

220000－0841－0010460　善 0903

晦菴文抄十卷　(宋)朱熹撰　(明)吳訥　(明)崔銑輯　明嘉靖十九年(1540)張光祖刻本　四冊

220000－0841－0010461　集 0502K

朱子古文讀本六卷續編一卷　(宋)朱熹撰　(清)周大璋編　清道光二十四年(1844)四印堂刻本　十冊

220000－0841－0010462　集 10514K

朱文公類編全集不分卷　(宋)朱熹撰　清道光二十年(1840)考亭書院刻本　八冊　存一集(一)

220000－0841－0010463　集 0372K

南軒文集四十四卷　(宋)張栻撰　清道光二十九年(1849)緜邑洗墨池刻張宣公全集本　六冊

220000－0841－0010464　史 7659K

紹先集不分卷　(清)張敬效輯　清光緒二十九年(1903)刻本　二冊

220000－0841－0010465　善 1064

江湖長翁文集四十卷　(宋)陳造撰　明萬曆四十六年(1618)李之藻刻本　二十冊

220000－0841－0010466　集 4899K

民齋先生薛常州浪語集三十五卷　(宋)薛季宣撰　清同治六年(1867)金陵書局刻本　六冊

220000－0841－0010467　集 4898F

民齋先生薛常州浪語集三十五卷　(宋)薛季

宣撰　清同治十年(1871)瑞安孫氏詒善祠塾刻永嘉叢書本　六冊

220000－0841－0010468　善3171
毘陵集十六卷　(宋)張守撰　清乾隆武英殿聚珍版叢書本　四冊

220000－0841－0010469　善1114
校注橘山四六二十卷　(宋)李廷忠撰　(明)孫雲翼注　明萬曆三十五年(1607)刻本　四冊

220000－0841－0010470　集4938
竹齋先生詩集四卷　(宋)裘萬頃撰　清康熙四十八年(1709)裘奏刻本　一冊

220000－0841－0010471　集4943
劍南詩鈔一卷七言律分上下卷　(宋)陸洲撰　(清)楊大鶴選　清光緒三十三年(1907)味青齋鉛活字印本　六冊

220000－0841－0010472　集0481K
羅鄂州小集六卷遺文一卷　(宋)羅願　(宋)羅頌撰　清光緒十九年(1893)黟縣李氏刻本　二冊

220000－0841－0010473　集4959K
舒文靖集二卷附錄三卷校勘記三卷事實冊一卷　(宋)舒璘撰　**舒文靖集附錄**　(清)徐時棟撰　**校勘記事實冊**　(清)孫鏘撰　清光緒二十二年(1896)七千卷樓刻本　四冊

220000－0841－0010474　集8592K
舒文靖公類稿四卷附錄三卷　(宋)舒璘　(清)徐時棟撰　清同治十一年(1872)會稽孫氏刻本　二冊

220000－0841－0010475　集0413F
止齋先生文集五十二卷附錄一卷　(宋)陳傅良撰　清光緒五年(1879)瑞安孫氏詒善祠塾刻永嘉叢書本　八冊

220000－0841－0010476　集0331F
東萊集二十卷首一卷　(宋)呂祖謙撰　清同治七年(1868)永康胡氏退補齋刻金華叢書本　十冊

220000－0841－0010477　集0332
呂東萊先生文集二十卷首一卷　(宋)呂祖謙撰　清雍正金華陳思臚敬勝堂刻本　八冊

220000－0841－0010478　集0450K
呂東萊先生文集四卷　(宋)呂祖謙撰　(清)張伯行訂　清道光二十六年(1846)洪錫謙刻洪刻五種本　二冊

220000－0841－0010479　集0479
雙溪集十二卷　(宋)王炎撰　清康熙五十七年(1718)王德淇等刻本　六冊

220000－0841－0010480　集0355K
象山先生全集三十六卷　(宋)陸九淵撰　(清)李紱評　清道光三年(1823)金谿槐堂書屋陸邦瑞刻本　六冊

220000－0841－0010481　集0379K
象山先生全集三十六卷　(宋)陸九淵撰　清上海江左書林石印本　八冊

220000－0841－0010482　善3320
象山先生文集二十八卷外集四卷語錄四卷(宋)陸九淵撰　明正德十六年(1521)李茂元刻本　六冊

220000－0841－0010483　集0477K
崔舍人玉堂類稾二十卷　(宋)崔敦詩撰　清光緒八年(1882)滬氏木活字印佚存叢書本　四冊

220000－0841－0010484　集8014K
緣督集十二卷　(宋)曾豐撰　清咸豐元年(1851)鄒嶧賢善和里之培德堂刻本　八冊

220000－0841－0010485　集11103K
樂軒先生集八卷　(宋)陳藻撰　清抄本　二冊

220000－0841－0010486　集9557
陳同甫集三十卷　(宋)陳亮撰　清木活字印本　八冊

220000－0841－0010487　集0444K
龍川文集三十卷附錄二卷　(宋)陳亮撰　**辯訛考異二卷**　(清)胡鳳丹撰　清光緒元年

(1875)湖北崇文書局刻本　十冊

220000－0841－0010488　集8091F

龍川文集三十卷首一卷附錄一卷辯訛考異二卷　(宋)陳亮撰　**龍川文集辯考二卷**　(清)胡鳳丹撰　清同治七年(1868)永康胡氏退補齋刻金華叢書本　八冊

220000－0841－0010489　集10843K

龍川文集三十卷補遺一卷附錄二卷札記一卷　(宋)陳亮撰　清同治八年(1869)永康應氏刻本　六冊

220000－0841－0010490　善1104

淳熙稿二十卷章泉稿五卷　(宋)趙蕃撰　清乾隆刻武英殿聚珍版叢書本　七冊

220000－0841－0010491　集8597K

方泉先生詩集三卷　(宋)周文璞撰　清宣統元年(1909)國光社影印清朱彝尊手抄本　一冊

220000－0841－0010492　集0400K

雲莊先生劉文簡公十二卷首一卷　(宋)劉爚撰　清光緒刻本　四冊

220000－0841－0010493　集0338:1

絜齋集二十四卷　(宋)袁燮撰　清光緒二年(1876)鄞縣袁振德刻本　八冊

220000－0841－0010494　集0338:2

附宋儒袁正獻公從紀錄六卷　(宋)袁燮撰　清同治十年(1871)袁氏進修堂刻本　八冊

220000－0841－0010495　集0435K

鄮峯真隱漫錄(史忠定王集)五十卷　(宋)史浩撰　清光緒二十六年(1900)木活字印本　九冊

220000－0841－0010496　集0455F

水心文集二十九卷補遺一卷水心別集十六卷　(宋)葉適撰　清光緒八年(1882)瑞安孫衣言詒善祠塾刻永嘉叢書本　十六冊

220000－0841－0010497　集4903

水心文抄十卷　(宋)葉適撰　清乾隆五十五年(1790)希古堂刻本　四冊

220000－0841－0010498　集0454K

黃勉齋先生文集八卷　(宋)黃榦撰　(清)張伯行編　清道光二十六年(1846)洪錫謙刻洪刻五種本　二冊

220000－0841－0010499　集0453K

燭湖集二十卷編二卷　(宋)孫應時撰　清嘉慶八年(1803)靜遠軒孫景洛刻本　十二冊

220000－0841－0010500　集6570

白石詩抄一卷詞抄一卷　(宋)姜夔撰　(清)吳淳還編　清康熙俞蘭刻本　二冊

220000－0841－0010501　集6790F

白石道人詩集二卷集外詩一卷附錄一卷附錄補遺一卷附詩說一卷白石道人歌曲四卷別集一卷　(宋)姜夔撰　**附白石詩詞評論一卷補遺一卷**　(清)許增輯　**白石道人逸事一卷逸事補遺一卷**　(清)□□輯　清光緒十年(1884)許氏娛園刻榆園叢刻本　四冊

220000－0841－0010502　集0460K

平齋文集三十二卷拾遺一卷附錄一卷空同詞一卷　(宋)洪咨夔撰　清同治十一年(1872)刻洪氏晦木齋叢書本　四冊

220000－0841－0010503　集0480K

後樂集二十卷　(宋)衛涇撰　清光緒八年(1882)友順堂木活字印本　十冊

220000－0841－0010504　集0476F

石屏詩集十卷　(宋)戴復古撰　清嘉慶二十二年(1817)臨海宋氏刻台州叢書本　三冊

220000－0841－0010505　集9227

箋釋梅亭先生四六標准四十卷　(宋)李劉撰　(明)孫雲翼箋　明萬曆四十四年(1616)、清乾隆六年(1741)刻本　二十冊

220000－0841－0010506　集8325K

魏鶴山先生渠陽詩一卷　(宋)魏了翁撰　清光緒二十八年(1902)影宋刻本　一冊

220000－0841－0010507　善0984

鶴山題跋七卷　(宋)魏了翁撰　明崇禎毛氏汲古閣刻津逮秘書本　二冊

220000－0841－0010508　集 0436
西山先生真文忠公文集五十五卷補遺一卷目錄二卷　（宋）真德秀撰　**年譜一卷**　（清）真采撰　明萬曆二十六年（1598）金學曾刻崇禎、清康熙遞修同治彙印真西山全集本　二十八冊

220000－0841－0010509　善 0985
後村居士詩集二十卷　（宋）劉克莊撰　清康熙五十九年（1720）姚廷謙刻本　四冊

220000－0841－0010510　善 2777
海瓊玉蟾先生文集六卷　（宋）葛長庚撰　明新安劉懋賢刻本　六冊

220000－0841－0010511　集 8563
秋崖先生小稿文四十五卷詩三十八卷　（宋）方岳撰　明嘉靖五年（1526）祁門方氏刻清乾隆三十五年（1770）重修本　十冊

220000－0841－0010512　善 0975
秋崖先生小稿三十八卷　（宋）方岳撰　清乾隆、嘉慶木活字印本　二冊

220000－0841－0010513　集 4962K
本堂先生文集九十四卷佚文詩一卷附錄二卷校錄二卷　（宋）陳著撰　清光緒十九年（1893）四明陳氏刻本　十二冊

220000－0841－0010514　善 1099
疊山集十六卷　（宋）謝枋得撰　明景泰五年（1454）黃溥刻本　四冊

220000－0841－0010515　善 2431
仁山金先生文集四卷附錄一卷　（元）金履祥撰　清雍正三年（1725）金弘勳刻本　一冊

220000－0841－0010516　集 0411
仁山金先生金文安公文集五卷　（元）金履祥撰　清雍正九年（1731）金律刻本　二冊

220000－0841－0010517　善 0990
文山先生全集二十八卷　（宋）文天祥撰　明嘉靖三十一年（1552）鄢懋卿甯寵刻本　十冊

220000－0841－0010518　善 0973
文山先生全集二十卷　（宋）文天祥撰　明嘉靖三十九年（1560）張元論刻本　二十冊　缺二卷（十九至二十）

220000－0841－0010519　善 0980
文山先生全集二十卷　（宋）文天祥撰　明嘉靖三十九年（1560）張元論刻本　八冊

220000－0841－0010520　善 0983
文山先生全集十七卷　（宋）文天祥撰　明正德九年（1514）張祥刻本　四冊

220000－0841－0010521　集 10745K
宋少保集國公文文山先生全集十六集　（宋）文天祥撰　（清）文光裕等編輯　清道光刻本　六冊

220000－0841－0010522　集 0429K
廬陵宋丞相信國公文忠烈先生全集文忠烈公從祀原案錄一卷　（宋）文天祥撰　清道光廬陵文氏刻本　八冊

220000－0841－0010523　集 11096F
湖山類稿五卷附錄一卷水雲集一卷附錄三卷　（宋）汪元量撰　清光緒二十三年（1897）錢塘丁氏嘉忠堂刻武林往哲遺著本　一冊

220000－0841－0010524　善 4251
水雲集一卷附錄三卷　（宋）汪元量撰　清乾隆三十年（1765）鮑廷博知不足齋刻本　一冊

220000－0841－0010525　善 1117
心史七卷　（宋）鄭思肖撰　明崇禎十二年（1639）張國維刻本　二冊

220000－0841－0010526　集 11181K
心史二卷　（宋）鄭思肖撰　清刻本　四冊

220000－0841－0010527　集 4668F
晞髮集十卷晞髮遺集二卷補一卷天地間集一卷　（宋）謝翺撰　**西台慟哭記注一卷附錄一卷**　（宋）謝翺撰　（明）張丁註　**冬青樹引注一卷附錄一卷**　（宋）謝翺撰　（明）張丁註　**謝翺先生年譜一卷**　（清）徐沁撰　**金葉遊錄注二錄**　（清）徐沁撰　**西臺慟哭記注一卷**　（清）黃宗羲撰　**謝翺墓錄一卷**　（清）丁立輯　清光緒三十年（1904）國學保學會影印兼鉛

印國粹叢書本　四册

220000－0841－0010528　集11079K
登西臺慟哭記一卷詠梅軒類編　（宋）謝翺撰　（清）謝蘭生輯註　清同治木活字印本　一册

220000－0841－0010529　集9599F
真山民集一卷　（宋）真山民撰　清嘉慶十七年（1812）祝氏留香室刻浦城遺書本　一册

220000－0841－0010530　集0214K
目心堂存稿八卷　（宋）高斯得撰　清福建刻武英殿聚珍本　三册

220000－0841－0010531　集0493K
月硐詩集二卷　（宋）王鎡撰　清光緒十三年（1887）王人泰刻本　二册

220000－0841－0010532　集9390K
柳塘集四卷　（宋）釋道燦撰　清抄本　一册

220000－0841－0010533　集0537
拙軒集六卷　（金）王寂撰　清乾隆江寧蘇州刻聚珍本　二册

220000－0841－0010534　集0533K
閑閑老人詩集十卷年譜二卷　（金）趙秉文撰　王樹枏輯　清光緒十三年（1887）新城王氏刻陶廬叢刻本　四册

220000－0841－0010535　集0534F
閑閑老人滏水文集二十卷附錄一卷札記二卷　（金）趙秉文撰　清光緒二十九年（1903）海豐吳氏刻石運龕彙刻九金人集本　七册

220000－0841－0010536　集0517F
滹南遺老集四十五卷詩集一卷續編詩集一卷　（金）王若虛撰　清光緒五年（1879）定州王氏謙德堂刻畿輔叢書本　四册

220000－0841－0010537　集8390F
莊靖先生遺集十卷　（金）李俊民撰　清光緒刻石運龕彙刻九金人集本　六册

220000－0841－0010538　集9368K
中州樂府一卷　（金）元好問撰　清光緒七年（1881）讀書山房刻元遺山先生全集本　一册

220000－0841－0010539　集9031K
中州樂府一卷　（金）元好問撰　清光緒二十年（1894）鍾氏影印汲古本刻藍印本　一册

220000－0841－0010540　集0531K
元遺山詩集箋注十四卷附錄一卷　（金）元好問撰　（清）施國祁箋註　（清）華希閔增　**元遺山詩集補載一卷附年譜一卷**　（清）施國祁撰　清道光二年（1822）烏程南潯蔣氏瑞松堂刻本　四册

220000－0841－0010541　集9478
遺山先生文集四十卷附錄一卷　（金）元好問撰　清康熙四十六年（1707）錫山華希閔刻本　四册

220000－0841－0010542　善1122
遺山先生詩集二十卷　（金）元好問撰　明崇禎十一年（1638）海虞毛氏汲古閣刻元人十種詩本　四册

220000－0841－0010543　集0523K
遺山先生詩集二十卷考異一卷　（金）元好問撰　（清）黎維樅輯　清南海黎維樅刻明汲古閣本　十二册

220000－0841－0010544　集8588
元遺山詩集八卷　（金）元好問撰　清乾隆四十三年（1778）南昌萬廷蘭刻本　二册

220000－0841－0010545　善1125
元遺山詩集箋注十四卷首一卷末一卷　（金）元好問撰　（清）施國祁箋　清道光二年（1822）南潯蔣氏瑞松堂刻本　二册

220000－0841－0010546　集9064K
梅花字字香前集一卷後集一卷　（元）郭豫亨撰　清帶經堂抄本　一册

220000－0841－0010547　集9173K
張淮陽集一卷　（元）張弘範撰　清光緒二十二年（1896）定興鹿氏刻本　一册

220000－0841－0010548　集0519F
牧庵文集三十六卷附錄年譜一卷　（元）姚燧撰　清光緒二十五年（1899）刻廣州武英殿聚

珍版書本　八冊

220000－0841－0010549　集 4978K
水雲邨十二卷首一卷末一卷　（元）劉壎撰　（清）劉冠寰輯　清道光十年（1830）劉氏刻本　四冊

220000－0841－0010550　集 0553K
剡源文抄四卷佚文一卷　（元）戴表元撰　（清）黄宗羲選定　清光緒十五年（1889）奉化孫氏刻本　二冊

220000－0841－0010551　集 8829K
剡源佚文二卷佚詩六卷　（元）戴表元撰　清光緒二十一年（1895）奉化孫氏刻本　一冊

220000－0841－0010552　善 3803
仇山村遺集一卷附録一卷　（元）仇遠撰　清乾隆五年（1740）項夢昶古香齋書屋刻本　一冊

220000－0841－0010553　善 0995
金淵集六卷　（元）仇遠撰　清乾隆武英殿聚珍版叢書本　一冊

220000－0841－0010554　善 2121
靜修先生遺詩六卷　（元）劉因撰　明弘治刻本　一冊

220000－0841－0010555　集 0549K
楚國文憲公雪樓程先生文集三十卷　（元）程鉅夫撰　清宣統二年至民國十四年（1910－1925）武進陶氏涉園覆刻明洪武本　十冊

220000－0841－0010556　善 1116
陳定宇先生文集十七卷　（元）陳櫟撰　清康熙三十四年（1695）陳嘉基刻本　六冊

220000－0841－0010557　集 0555K
松鄉先生文集十卷　（元）任士林撰　清光緒十六年（1890）奉化孫氏刻本　四冊

220000－0841－0010558　善 0987
松雪齋集十卷外集一卷趙公行狀　（元）趙孟頫撰　清康熙清德堂刻本　二冊

220000－0841－0010559　集 0336K
苔石效顰集一卷附一卷　（元）繆鑑撰　清光緒十七年（1891）江陰繆氏刻雲自在龕叢書石印本　一冊

220000－0841－0010560　集 0357K
鄧文肅公巴西集二卷　（元）鄧文原撰　清光緒二十五年（1899）綿州吴氏刻本　二冊

220000－0841－0010561　集 10400F
清容居士集五十卷杞記一卷　（元）袁桷撰　**附湛園題跋一卷**　（清）姜宸英撰　**義門題跋一卷**　（清）何焯撰　**山家清供一卷**　（宋）林洪撰　清道光二十年（1840）上海郁氏刻宜稼堂叢書本　十七冊

220000－0841－0010562　集 0515
白雲先生許文懿公傳集四卷附録一卷　（元）許謙撰　清雍正十年（1732）婺州金律刻本　一冊

220000－0841－0010563　集 0516F
白雲集四卷首一卷附録一卷　（元）許謙撰　清同治、光緒永康胡氏退補齋刻金華叢書本　二冊

220000－0841－0010564　善 1109
柳待制文集二十卷附録一卷　（元）柳贯撰　清順治十年（1653）馮如京等刻本　八冊

220000－0841－0010565　集 0536K
雁門集十四卷倡和録一卷別録一卷　（元）薩都剌撰　（清）薩龍光輯註　清嘉慶十二年（1807）榕城施志實坊刻本　六冊

220000－0841－0010566　集 0532K
雁門集六卷附録一卷補遺一卷倡和録一卷別録一卷　（元）薩都剌撰　清宣統二年（1910）薩氏刻本　五冊

220000－0841－0010567　善 1133
薩天錫詩集八卷　（元）薩都剌撰　明萬曆四十三年（1615）潘是仁刻宋元詩六十一種本　一冊

220000－0841－0010568　善 1107
道園集附虞道園類稿不分卷　（元）虞集撰　清康熙四十九年（1710）刻本　八冊

220000－0841－0010569 集 10232F
揭文安公文粹二卷元史列傳 （元）揭傒斯撰 清咸豐元年（1851）南海伍氏刻粵雅堂叢書本 一冊

220000－0841－0010570 集 0356K
文獻公全集十卷補遺附錄共一卷日損齋筆記一卷 （元）黄溍撰 （明）宋濂 （明）王褘同輯 清咸豐元年（1851）義烏陳氏刻本 十冊

220000－0841－0010571 集 8975
句曲外史集補遺三卷附錄一卷張伯雨集外詩一卷 （元）張雨撰 明崇禎海虞汲古閣刻元人十種詩本 一冊

220000－0841－0010572 集 0514F
鹿皮子集四卷 （元）陳樵撰 清光緒元年（1875）永康胡氏退補齋刻金華叢書本 二冊

220000－0841－0010573 集 8026K
所安遺集一卷附錄一卷 （元）陳泰撰 清光緒六年（1880）武林節署刻本 一冊

220000－0841－0010574 集 0371K
續軒渠集十卷附錄一卷補一卷 （元）洪希文撰 **附杏庭摘稾一卷** （元）洪焱祖撰 清光緒六年（1880）洪氏晦木齋叢書本 二冊

220000－0841－0010575 集 0557K
歐陽文公圭齋集十五卷錄一卷 （元）歐陽玄撰 清道光十四年（1834）廬陵歐陽傑刻本 五冊

220000－0841－0010576 集 8364K
丹邱生集五卷附錄一卷 （元）柯九思撰 清光緒三十四年（1908）息園刻本 一冊

220000－0841－0010577 善 1101
鐵崖文集五卷 （元）楊維禎撰 明弘治十四年（1501）馮充中刻本 二冊

220000－0841－0010578 善 0986
楊鐵崖先生文集十一卷 （元）楊維禎撰 明萬曆四十三年（1615）陳善學刻本 四冊

220000－0841－0010579 善 3521
鐵厓樂府注十卷鐵厓詠史注八卷 （元）楊維禎撰 （清）樓卜瀍注 清乾隆三十九年（1774）聊桂堂刻本 四冊

220000－0841－0010580 集 0558K
鐵崖樂府注十卷首一卷詠八卷逸編注八卷 （元）楊維禎撰 （清）樓卜瀍註 清光緒十四年（1888）諸暨樓氏崇德堂刻本 十冊

220000－0841－0010581 善 1097
淵穎吳先生集十二卷附錄一卷 （元）吳萊撰 明嘉靖元年（1522）祝鑾刻本 二冊

220000－0841－0010582 善 0979
吳淵穎先生集十二卷 （元）吳萊撰 （清）王邦采 （清）王繩曽箋 清康熙六十年（1721）刻同治九年（1870）永康應氏重印本 六冊

220000－0841－0010583 集 0556K
吳淵穎先生集十二卷 （元）吳萊撰 （清）王邦采 （清）王繩曽箋 清同治九年（1870）永康應氏刻本 六冊

220000－0841－0010584 善 0988
存心堂遺集十二卷附錄一卷 （元）吳萊撰 明萬曆四十年（1612）吳邦彥刻本 二冊

220000－0841－0010585 善 1098
師山先生文集八卷遺文五卷附錄五卷 （元）鄭玉撰 明嘉靖刻本 二冊

220000－0841－0010586 善 3162
詠物詩二卷 （元）謝宗可撰 清乾隆五十六年（1791）冰絲館刻本 二冊

220000－0841－0010587 集 9706K
雲松巢詩集五卷 （元）朱希晦撰 清同治十年（1871）東甌師古齋朱氏刻本 一冊

220000－0841－0010588 善 0876
清閟閣全集十二卷 （元）倪瓚撰 清康熙五十二年（1713）城書室刻本 四冊

220000－0841－0010589 善 1111
倪雲林先生詩集六卷附錄一卷 （元）倪瓚撰 明崇禎十一年（1638）海虞毛氏汲古閣刻元人十種詩本 四冊

220000－0841－0010590　集 0545
新喻梁石門先生集十卷首一卷　（元）梁寅撰　清乾隆十五年（1750）暨用其刻本　六冊

220000－0841－0010591　集 0543K
新喻梁石門先生集十卷首一卷末一卷　（元）梁寅撰　清光緒十五年（1889）新喻縣知縣射洪鍾體志刻本　六冊

220000－0841－0010592　集 0521
木訥齋文集五卷附錄一卷　（元）王毅撰　清乾隆二十七年（1762）蘇遇龍刻本　二冊

220000－0841－0010593　集 0586K
余忠宣公青陽集五卷　（元）余闕撰　清道光元年（1821）溫陵張氏刻本　四冊

220000－0841－0010594　集 4897K
余忠宣公青陽集五卷附錄一卷　（元）余闕撰　清光緒六年（1880）合肥張氏毓秀堂刻廬陽三賢集本　一冊

220000－0841－0010595　集 0526K
栖碧先生黃楊集三卷補遺一卷附錄一卷　（元）華幼武撰　清同治十三年（1874）華氏刻本　二冊

220000－0841－0010596　集 4883K
黃楊集三卷　（元）華幼武撰　清存裕堂木活字印本　二冊

220000－0841－0010597　善 1127
經濟文集六卷附錄一卷　（元）李士瞻撰　明天順三年（1459）江浦張瑄刻本　二冊

220000－0841－0010598　集 11247
竹齋詩集四卷附錄一卷　（元）王冕撰　清嘉慶三年（1798）刻本　二冊

220000－0841－0010599　集 583K
竹齋詩集四卷　（元）王冕撰　清嘉慶四年（1799）王佩蘭刻本　二冊

220000－0841－0010600　善 0878
九靈山房三十卷補遺二卷　（元）戴良撰　清乾隆三十七年（1772）戴氏刻本　八冊

220000－0841－0010601　集 9333
趙徵君東山先生存稿七卷　（元）趙汸撰　清康熙刻本　四冊

220000－0841－0010602　集 0539K
梧溪集七卷補遺一卷　（元）王逢撰　**困學齋雜錄一卷**　（元）鮮於樞撰　清同治十三年（1874）武進盛康思補樓木活字印本　八冊

220000－0841－0010603　集 8132
朱風林集十卷　（明）朱升撰　明萬曆刻本　四冊

220000－0841－0010604　集 0848
陳聘君海桑先生集十卷通傳一卷　（明）陳謨撰　清康熙十九年（1680）陳邦祥刻本　四冊

220000－0841－0010605　善 1143
宋學士全集三十二卷　（明）宋濂撰　清康熙四十八年（1709）彭始搏刻本　八冊

220000－0841－0010606　集 0717K
宋文憲公全集五十三卷首四卷　（明）宋濂撰　清道光二十二年（1842）刻本　二十冊

220000－0841－0010607　善 1135
劉文成公全集十二卷　（明）劉基撰　（明）鍾惺評　明刻本　三冊

220000－0841－0010608　善 1142
誠意伯劉先生文集二十卷　（明）劉基撰　明正德十四年（1519）林富刻嘉靖七年（1528）方遠宜增修本　十冊

220000－0841－0010609　集 0673F
太師誠意伯劉文成公集二十卷首一卷　（明）劉基撰　清光緒二十六年（1900）浙江書局刻本　十冊

220000－0841－0010610　善 1146
清江貝先生詩集十卷文集三十卷　（明）貝瓊撰　清康熙五十八年（1719）金檀燕翼堂刻本　十二冊

220000－0841－0010611　集 9751
清江貝先生詩集十卷　（明）貝瓊撰　清康熙五十八年（1719）燕翼堂刻乾隆汪垕補刻本　二冊

220000－0841－0010612　善1140
陶學士先生文集二十卷事蹟一卷　(明)陶安撰　明弘治十三年(1500)刻本　十二册

220000－0841－0010613　集0736K
陶學士先生文集二十卷年譜一卷　(明)陶安撰　清同治六年(1867)永寧官廨刻本　八册

220000－0841－0010614　善1150
高皇帝御製文集二十卷　(明)太祖朱元璋撰　明嘉靖十四年(1535)徐九皋、王惟賢刻本　十二册

220000－0841－0010615　善1822
高皇帝御製文集二十卷　(明)太祖朱元璋撰　明萬曆刻本　五册

220000－0841－0010616　集0580
西菴集九卷　(明)孫蕡撰　清乾隆三十五年(1770)孫士斗刻本　四册

220000－0841－0010617　善1249
高太史大全集十八卷　(明)高啓撰　明嘉靖刻本　六册

220000－0841－0010618　善2584
重刻高太史大全集十八卷　(明)高啓撰　(明)陳邦瞻輯　明萬曆三十七年(1609)汪汝淳刻四家詩本　六册

220000－0841－0010619　善2769
高季迪先生大全集十八卷　(明)高啓撰　清康熙許氏竹素園刻本　四册

220000－0841－0010620　善1147
青邱高季迪先生詩集十八卷遺詩一卷扣舷集一卷鳧藻集五卷附録一卷　(明)高啓撰　**年譜一卷**　(清)金檀撰　清雍正六年(1728)文瑞樓刻文瑞樓叢刻本　十册

220000－0841－0010621　善1145
青邱高季迪先生詩集十八卷遺詩一卷扣舷集一卷鳧藻集五卷附録一卷　(明)高啓撰　**年譜一卷**　(清)金檀撰　清雍正六年(1728)文瑞樓刻本　十册

220000－0841－0010622　善2504
缶鳴集十二卷　(明)高啓撰　明嘉靖刻本　四册

220000－0841－0010623　集7994
缶鳴集十二卷　(明)高啓撰　明介石堂刻本　二册

220000－0841－0010624　集8007
覆瓿集八卷　(明)朱同撰　明萬曆四十四年(1616)刻本　二册

220000－0841－0010625　集7712
春草齋文集選六卷詩集選一卷附録一卷　(明)烏斯道撰　(清)熊伯龍輯　(清)黄敬修評　清康熙烏震刻本　四册

220000－0841－0010626　善1210
巽隱程先生詩集二卷文集二卷　(明)程本立撰　清康熙五十八年(1719)燕翼堂刻本　四册

220000－0841－0010627　集4937
海叟詩集四卷集外詩一卷附録一卷　(明)袁凱撰　清康熙六十一年(1722)曹炳曾城書室刻本　二册

220000－0841－0010628　集4892K
白石山房逸稿四卷首一卷　(明)張孟兼撰　清道光十四年(1834)浦江黄氏慎德堂木活字印本　二册

220000－0841－0010629　善1315
滄螺集六卷　(明)孫作撰　明毛氏汲古閣刻本　四册

220000－0841－0010630　集0799K
易齋劉先生遺集二卷　(明)劉璟撰　清光緒二十七年(1901)刻本　二册

220000－0841－0010631　善1303
練中丞金川集二卷遺事錄一卷　(明)練子寧撰　清康熙二年(1663)高檠刻雍正刻本　三册

220000－0841－0010632　集0820
趙考古先生遺集六卷續集一卷首一卷　(明)趙撝謙撰　清乾隆三十八年(1773)刻四十年

(1775)續刻本　二冊　缺三卷(四至六)

220000－0841－0010633　集0686
方正學先生遜志齋集二十四卷外紀一卷拾遺一卷年譜一卷　(明)方孝孺撰　明崇禎十六年(1643)張紹謙刻本　十四冊

220000－0841－0010634　集0727
方正學集十三卷　(明)方孝孺撰　(清)張汝瑚選　清康熙溫陵書林刻明八大家文集本　四冊

220000－0841－0010635　集0641K
明遼府左長史程節愍公貞白遺稾十卷　(明)程通撰　**顯忠錄二卷**　(明)程樞撰　**續顯忠錄一卷**　(清)程邦瑞撰　清嘉慶十一年(1806)刻光緒十四年(1888)修補重印本　四冊

220000－0841－0010636　善3513
孫貞媛詩四卷附錄一卷　(明)孫貞媛撰　清乾隆刻本　一冊

220000－0841－0010637　集0846K
重刻秫坡先生詩集三卷詞賦一卷文集三卷附錄一卷首一卷　(明)黎貞撰　清光緒元年(1875)新會黎氏刻本　四冊

220000－0841－0010638　集4859K
希董先生文集一卷詩集一卷首一卷末一卷　(明)茅大方撰　(清)張且猷輯　清道光十三年(1833)泰興儒學尊經閣刻本　二冊

220000－0841－0010639　善1191
東里文集二十五卷　(明)楊士奇撰　明萬曆四十六年(1618)刻本　五冊

220000－0841－0010640　集0829K
東里文集二十五卷別集三卷　(明)楊士奇撰　清光緒二年(1876)西昌楊敦本堂刻本　八冊

220000－0841－0010641　集0883
泊菴先生文集十六卷附錄一卷　(明)梁潛撰　清刻本　六冊

220000－0841－0010642　集4879
金文靖公集十卷　(明)金幼孜撰　清木活字印本　七冊

220000－0841－0010643　集0740
解文毅公集十六卷後集六卷首一卷附錄一卷　(明)解縉撰　清乾隆三十二年(1767)敦仁堂刻本　十冊

220000－0841－0010644　集4931K
雙崖文集四卷首一卷附錄一卷詩集六卷　(明)周忱撰　清光緒四年(1878)周繼魁山前崇恩堂刻本　八冊

220000－0841－0010645　集8610K
野古集五卷　(明)龔詡撰　清道光元年(1821)貽安堂刻本　二冊

220000－0841－0010646　集0875K
龔安節公野古集三集附錄一卷　(明)龔詡撰　清光緒二十八年(1902)新楊趙氏刻本　一冊

220000－0841－0010647　善2774
芳洲文集十卷附錄一卷芳洲詩集四卷　(明)陳循撰　明萬曆二十一年(1593)陳以躍刻本　六冊　缺二卷(文集七至八)

220000－0841－0010648　集11311K
明況太守龍岡公治蘇政續全集十六卷首一卷　(明)況鍾撰　(清)況廷秀輯　清道光六年(1826)刻本　六冊

220000－0841－0010649　善1295
石溪周先生文集八卷　(明)周敘撰　明萬曆二十三年(1595)周承超等刻本　六冊

220000－0841－0010650　集4860K
溪園遺稿五卷詩稿九卷梅花百詠一卷　(明)駱則民撰　清嘉慶十年(1805)木活字印本　六冊

220000－0841－0010651　集4869K
嚴氏蕉窗文集一卷　(明)嚴貞撰　清木活字印本　一冊

220000－0841－0010652　集0723K
兩溪文集二十四卷　(明)劉球撰　清宣統二

年(1910)守政書局木活字印本　四冊

220000－0841－0010653　善 1166
于忠肅公集十二卷附錄四卷　(明)于謙撰　明天啓元年(1621)孫昌裔刻本　十六冊

220000－0841－0010654　善 1176
徐文長評選于節闇奏疏四卷文集一卷詩集三卷　(明)于謙撰　(明)徐謂評　明刻三異人文集本　四冊

220000－0841－0010655　集 9365
忠肅公和梅花百詠一卷　(明)于謙撰　清康熙六十年(1721)于繼先刻本　一冊

220000－0841－0010656　善 1710
新刻古今名儒黼藻三塲百段文錦五卷　(宋)方頤孫輯　(清)陳棟編　明隆慶元年(1567)金陵書林唐廷瑞刻本　五冊

220000－0841－0010657　史 9221
十科策略箋釋十卷年譜一卷　(明)劉定之撰　清雍正七年(1729)劉氏積秀堂刻本　六冊

220000－0841－0010658　集 9708
劉文安公呆齋先生策略十卷年譜一卷　(明)劉定之撰　(明)劉稼等注　清乾隆十三年(1748)劉世選刻本　六冊

220000－0841－0010659　集 0680K
布衣陳先生遺集四卷　(明)陳真晟撰　清道光六年(1826)龍氏刻本　二冊

220000－0841－0010660　善 1279
商文毅公集十卷　(明)商輅撰　明萬曆三十年(1602)劉體元刻本　八冊

220000－0841－0010661　集 0667
商文毅公集六卷　(明)商輅撰　清順治十四年(1657)商德協刻本　四冊

220000－0841－0010662　善 1180
瓊臺詩文會稿重編二十四卷　(明)邱濬撰　清康熙佟湘年刻本　十冊　缺四卷(二十一至二十四)

220000－0841－0010663　集 0630K
邱文莊公集十卷　(明)邱濬撰　清乾隆刻同治十年(1871)重修上海二公文集合編本　六冊

220000－0841－0010664　善 1205
張東海全集八卷附錄不分卷　(明)張弼撰　清康熙張世綬刻本　一冊　缺二卷(詩集三至四)

220000－0841－0010665　集 4867K
謙齋文錄四卷　(明)徐溥撰　清道光木活字印本　六冊

220000－0841－0010666　集 0852K
謙齋文錄八卷　(明)徐溥撰　清道光十一年(1831)看梅花所刻本　四冊

220000－0841－0010667　善 0008
白沙先生全集三十一卷　(明)陳獻章撰　明嘉靖三十年(1551)刻萬曆許欽賦重修本　二十冊

220000－0841－0010668　集 0739
白沙子全集六卷首一卷附錄一卷　(明)陳獻章撰　清康熙四十九年(1710)理堂刻本　六冊

220000－0841－0010669　善 1178
重校一峯先生集十卷　(明)羅倫撰　明萬曆吳期炤刻本　五冊　存八卷(一至八)

220000－0841－0010670　善 1341
西村集八卷　(明)史鑑撰　清乾隆十二年(1747)史開基刻本　八冊

220000－0841－0010671　善 4306
匏翁家藏集七十七卷補遺一卷　(明)吳寬撰　明正德三年(1508)吳爽刻本　八冊

220000－0841－0010672　善 0013
楓山章先生文集四卷　(明)章懋撰　明嘉靖二十一年(1542)義烏虞守愚刻本　八冊

220000－0841－0010673　善 1181
馬東田漫稿六卷　(明)馬中錫撰　(明)孫緒評　明嘉靖十七年(1538)文三畏刻本　五冊　缺二卷(四至五)

220000－0841－0010674　善 1276

文肅公圭峰羅先生文集三十七卷附録一卷 (明)羅玘撰　明崇禎七年(1634)羅氏代文堂刻本　十二册

220000－0841－0010675　善1182
羅圭峯先生文集三十卷 (明)羅玘撰　明崇禎黄端伯、吳兆刻本　十二册

220000－0841－0010676　集0597
懷麓堂全集一百卷 (明)李東陽撰　清康熙二十年(1681)廖方達刻本　二十册

220000－0841－0010677　善1173
空同集六十三卷 (明)李夢陽撰　明嘉靖十一年(1532)曹嘉刻本　十册

220000－0841－0010678　善1172
空同先生集六十三卷 (明)李夢陽撰　明嘉靖刻本　十二册

220000－0841－0010679　善1174
崆峒集六十六卷目録三卷 (明)李夢陽撰　明刻曹六章刻本　十二册

220000－0841－0010680　集0664K
空同詩鈔十六卷附録一卷 (明)李夢陽撰　(清)桑調元編　清道光二十九年(1849)李氏修補乾隆版刻本　六册

220000－0841－0010681　善3367
西涯先生擬古樂府二卷本傳一卷 (明)李東陽撰　(明)何孟春音注　(明)石瀌汕訂　(明)黄鶴巖辨注　清康熙刻本　二册

220000－0841－0010682　集4947K
擬古樂府二卷 (明)李東陽撰　清抄本　二册

220000－0841－0010683　善1168
震澤先生集三十六卷 (明)王鏊撰　明嘉靖十五年(1536)刻本　八册

220000－0841－0010684　善1167
王文恪公集三十六卷名公筆記一卷 (明)王鏊撰　**鶡音一卷白社詩草一卷** (明)王禹聲撰　明萬曆震澤王氏三槐堂刻清重修本　八册

220000－0841－0010685　善1296
見素集二十八卷奏議七卷素翁續集十二卷編年紀略一卷墓志銘一卷 (明)林俊撰　明萬曆十三年(1585)林及祖、林大黼刻本　十五册　缺五卷(見素集十三至十七)

220000－0841－0010686　善1138
見素詩集十四卷 (明)林俊撰　明嘉靖元年(1522)林有年刻本　六册

220000－0841－0010687　集9705K
蕩南集四卷蕩南李詩注摭遺一卷 (明)朱諫撰　清同治十三年(1874)甌城梅師古齋刻本　二册

220000－0841－0010688　善1151
柴墟文集十五卷附録一卷 (明)儲巏撰　明萬曆儲巏刻清康熙印本　六册

220000－0841－0010689　集0565K
懷星堂全集三十卷 (明)祝允明撰　清宣統二年(1910)鉛活字印本　八册

220000－0841－0010690　集0868K
枝山文集四卷 (明)祝允明撰　清同治十三年(1874)元和祝氏刻本　二册

220000－0841－0010691　集0867K
學古齋集三卷雜文一卷 (明)瞿俊撰　清宣統二年(1910)鐵琴銅劍樓瞿氏刻本　一册

220000－0841－0010692　集0851K
王孚齋文集六卷詩集二卷 (明)王升撰　清同治二年(1863)一枝窠木活字印本　四册

220000－0841－0010693　善1201
洨濱蔡先生文集十二卷 (明)蔡靉撰　清順治蔡含靈刻本　四册

220000－0841－0010694　集0620K
洨濱察先生文集十卷首一卷語錄二十卷 (明)蔡靉撰　清光緒四年(1878)江陰夏氏刻本　四册

220000－0841－0010695　善1183
草窻梅花集句三卷附録一卷 (明)童琥集　明崇禎七年(1634)新安汪戴德刻本　三册

220000－0841－0010696　善 1144
渼陂集十六卷　(明)王九思撰　明嘉靖十二年(1533)王獻刻本　八册

220000－0841－0010697　善 1310
袁中郎先生批評唐伯虎彙集四卷　(明)唐寅撰　(明)袁宏道評　**唐六如先生畫譜三卷**　(明)唐寅輯　**袁中郎先生批評唐伯虎外集一卷紀事一卷傳贊一卷**　(明)祝允明撰　明萬曆刻本　二册

220000－0841－0010698　善 1212
甫田集三十六卷　(明)文徵明撰　明刻本　十二册

220000－0841－0010699　善 1209
甫田集三十六卷　(明)文徵明撰　明刻清修本　八册

220000－0841－0010700　善 1269
甫田集三十六卷　(明)文徵明撰　明刻本　四册

220000－0841－0010701　集 0623
王陽明先生全集二十二卷　(明)王守仁撰　清康熙十二年(1673)刻本　二十册

220000－0841－0010702　集 0624K
王陽明先生全集十六卷　(明)王守仁撰　(清)王貽樂編　清道光六年(1826)麗順宗氏刻本　十六册

220000－0841－0010703　善 1883
陽明先生文録五卷外集九卷别録十四卷　(明)王守仁撰　明嘉靖二十九年(1550)閭東天水刻本　二十四册

220000－0841－0010704　善 2079
王陽明遺書七卷　(明)王守仁撰　明刻本　二册　存三卷(五至七)

220000－0841－0010705　善 1245
賁感録二卷遺録一卷　(明)徐經撰　明嘉靖二十九年(1550)刻本　一册

220000－0841－0010706　善 1291
何文定公文集十一卷　(明)何瑭撰　明萬曆四年(1576)賈待問等刻本　六册

220000－0841－0010707　集 0676
康對山先生文集十卷　(明)康海撰　清乾隆二十六年(1761)瑪星阿武功縣刻本　十册

220000－0841－0010708　善 1141
邊華泉集八卷　(明)邊貢撰　明嘉靖十七年(1538)同馬魯瞻刻本　二册

220000－0841－0010709　善 1190
唐漁石集四卷　(明)唐龍撰　明嘉靖十一年(1532)王惟賢刻本　四册

220000－0841－0010710　集 0731K
凌谿先生集十八卷　(明)朱應登撰　清道光十五年(1835)朱氏宜禄堂刻本　二册

220000－0841－0010711　集 4915
蒼谷全集十二卷附録一卷　(明)王尚絅撰　清乾隆二十三年(1758)王氏密止堂刻本　六册

220000－0841－0010712　善 1217
洹詞十二卷序目一卷　(明)崔銑撰　明趙府味經堂刻本　十册　缺三卷(十一至十二、序目一卷)

220000－0841－0010713　善 2284
王鶴山集四卷　(明)王激撰　明隆慶刻本　六册

220000－0841－0010714　集 0860
苑洛集二十二卷　(明)韓邦奇撰　清乾隆十六年(1751)成氏刻本　十册

220000－0841－0010715　善 1179
崔東洲集二十卷　(明)崔桐撰　明嘉靖二十九年(1550)曹金刻本　八册

220000－0841－0010716　善 1213
鳥鼠山人小集十六卷　(明)胡纘宗撰　明嘉靖刻本　八册　缺四卷(十三至十六)

220000－0841－0010717　善 1187
鳥鼠山人小集十六卷後集二卷近取編二卷願學編二卷可泉擬涯翁擬古樂府二卷擬漢樂府八卷雍音四卷廣雅八卷　(明)胡纘宗撰　明

嘉靖刻本　二十八冊

220000－0841－0010718　善2319
擬漢樂府八卷補遺一卷可泉擬涯翁擬古樂府二卷　(明)胡纘宗撰　明嘉靖刻本　六冊

220000－0841－0010719　集0621
鈐山堂集四十卷　(明)嚴嵩撰　清乾隆二十三年(1758)萬松樓刻本　八冊

220000－0841－0010720　集0618K
鈐山堂集四十卷　(明)嚴嵩撰　清嘉慶十一年(1806)刻本　十冊

220000－0841－0010721　集0835
同安林次崖先生文集十八卷　(明)林希元撰　清乾隆十七年(1752)詒燕堂刻本　八冊

220000－0841－0010722　善1188
夏桂洲先生文集十八卷年譜一卷　(明)夏言撰　明崇禎十年(1637)吳一璘刻清康熙五十八年(1719)吳檣重修本　十九冊

220000－0841－0010723　集0843
明華西樓處士遺稿一卷群賢餘韻一卷湖橋題詠一卷　(明)華世禎撰　清康熙華毓棻刻本　一冊

220000－0841－0010724　善1339
何氏集二十六卷　(明)何景明撰　明嘉靖沈氏野竹齋刻本(卷二十二至二十六抄配)　五冊

220000－0841－0010725　善1153
何大復先生集三十八卷附錄一卷　(明)何景明撰　明萬曆五年(1577)陳堂胡秉性刻本　八冊

220000－0841－0010726　集0866
何大復先生集三十八卷附錄一卷　(明)何景明撰　清乾隆十五年(1750)何輝少刻本　八冊

220000－0841－0010727　善1224
陳白陽集十卷附錄四卷　(明)陳淳撰　明萬曆四十三年(1615)陳仁錫閱帆堂刻本　二冊

220000－0841－0010728　善1227
梓溪文抄内集八卷外集十卷　(明)舒芬撰　明萬曆四十八年(1620)舒璉刻本　八冊

220000－0841－0010729　善1246
容菴集十卷周易傳義存疑一卷書一卷　(明)胡大猷撰　清乾隆四十三年(1778)木活字印本　十二冊

220000－0841－0010730　善1219
太史升菴文集八十一卷　(明)楊慎撰　明萬曆十年(1582)刻本　十五冊　缺六卷(四至六、七十三至七十五)

220000－0841－0010731　善1221
太史升菴文集八十一卷　(明)楊慎撰　明萬曆陳大科刻宮偉鏐重修本　十六冊

220000－0841－0010732　善1280
升菴外集一百卷　(明)楊慎撰　(明)焦竑輯並評　明萬曆四十四年(1616)刻本　十六冊

220000－0841－0010733　善0839
李卓吾先生讀升菴集二十卷　(明)楊慎撰　(明)李贄輯並評　明刻本　四冊

220000－0841－0010734　善1286
張龍湖先生文集十五卷　(明)張治撰　清雍正四年(1726)彭思眷刻本　六冊

220000－0841－0010735　集0807K
承庵先生集七卷補遺二卷附錄二卷首一卷　(明)胡松撰　清道光二十七年(1847)續谿胡氏光啓堂刻本　四冊

220000－0841－0010736　善1294
蘇原先生詩集二卷文集二卷吉齋漫錄二卷櫝記二卷湖山小稿三卷　(明)吳廷翰撰　明萬曆二十九年(1601)吳國寅刻本　六冊

220000－0841－0010737　集0554K
兩厓文集十一卷首一卷　(明)朱廷立撰　清道光元年(1821)通山朱氏刻本　八冊

220000－0841－0010738　善4249
楊忠介公集十三卷附錄五卷　(明)楊爵撰　清順治楊紹武刻重修本　六冊

220000－0841－0010739　善1148

斛山楊先生遺稿五卷　(明)楊爵撰　明萬曆十六年(1588)聶世潤刻萬曆、天啓增修本　六冊

220000－0841－0010740　集 0632K
忠介公集十三卷附録五卷末一卷　(明)楊爵撰　清光緒十九年(1893)張履誠堂刻本　六冊

220000－0841－0010741　集 0862
陳明水先生存集十二卷　(明)陳九川撰　**年譜一卷**　(明)伍定相等編　清雍正六年(1728)陳告楫刻本　五冊

220000－0841－0010742　善 1252
陸子餘集八卷　(明)陸粲撰　明嘉靖四十三年(1564)陸廷枝刻本　四冊

220000－0841－0010743　善 2457
屠漸山蘭暉堂集十二卷　(明)屠應埈撰　明嘉靖刻本　一冊　存四卷(五至八)

220000－0841－0010744　善 1226
筆山崔先生文集十卷　(明)崔涯撰　明萬曆三十六年(1608)崔廷健修刻本　四冊

220000－0841－0010745　善 1218
四溟山人全集二十四卷　(明)謝榛撰　明萬曆二十四年(1596)趙府冰玉堂刻重修本　十冊

220000－0841－0010746　集 0591K
四溟山人詩集十卷　(明)謝榛撰　(明)盛以進選　清宣統元年(1909)新昌胡氏鉛印問影樓叢刻初編本　六冊

220000－0841－0010747　集 0753K
歐陽南野先生文集三卷文選二卷　(明)歐陽德撰　(明)李春芳選編　清道光十五年(1835)刻民國六年(1917)印本　四冊

220000－0841－0010748　集 9194K
錫山攬袂集二卷首一卷　(明)王問撰　清道光七年(1827)木活字印本　一冊

220000－0841－0010749　集 9131
任少海先生文集不分卷　(明)任瀚撰　明天啓七年(1627)王振奇刻本　一冊

220000－0841－0010750　善 1329
陳後岡詩集一卷文集一卷　(明)陳束撰　(明)林可成校疏　明萬曆十九年(1591)林可成刻本　二冊

220000－0841－0010751　集 0839
海石先生文集二十八卷目録二卷　(明)錢薇撰　**侍御公奏疏一卷遺詩一卷**　(明)錢嘉徵撰　明萬曆四十一年至四十二年(1613－1614)、清乾隆刻本　十冊

220000－0841－0010752　善 1849
青城先生詩選五卷　(明)朱應鍾撰　明刻本　二冊

220000－0841－0010753　善 1255
山帶閣集三十三卷　(明)朱曰藩撰　明萬曆刻本　十二冊

220000－0841－0010754　集 4950
羅司勳文集八卷外集一卷　(明)羅虞臣撰　清乾隆刻本　三冊

220000－0841－0010755　集 0823
葛端肅公文集十八卷　(明)葛守禮撰　清乾隆五十六年(1791)鍾大受刻本　八冊

220000－0841－0010756　集 0822K
葛端肅公集十八卷識闕一卷家訓二卷　(明)葛守禮撰　清嘉慶七年(1802)葛氏刻本　八冊

220000－0841－0010757　善 1193
少村漫稿四卷　(明)黄廷用撰　明萬曆刻本　二冊

220000－0841－0010758　善 1202
歸先生文集三十二卷附録一卷　(明)歸有光撰　明萬曆四年(1576)翁良瑜雨金堂刻本　四冊

220000－0841－0010759　集 0578
震川先生集三十卷別集十卷附録一卷　(明)歸有光撰　清康熙十年至十四年(1671－1675)歸莊、歸玠等刻歸景灝、歸景泙重修本

十二冊

220000－0841－0010760　集574K
震川先生集三十卷別集十卷　(明)歸有光撰　清光緒六年(1880)常熟歸氏刻本　十二冊

220000－0841－0010761　集0710K
震川大全集五十八卷　(明)歸有光撰　清宣統二年(1910)國學扶輪社影印歸氏嘉慶刻本　十二冊

220000－0841－0010762　集8565K
增刻震川大全集八卷　(明)歸有光撰　清嘉慶歸氏刻本　二冊

220000－0841－0010763　善0177
荆川先生右編四十卷　(明)唐順之輯　(明)劉曰寧補遺　明萬曆三十三年(1605)南京國子監刻本　三十二冊

220000－0841－0010764　集0732
唐荆川集六卷　(明)唐順之撰　清康熙郢雪書林刻明八大家文集本　四冊

220000－0841－0010765　善1215
重刊荆川先生文集十七卷外集三卷附錄一卷　(明)唐順之撰　明萬曆元年(1573)純白齋刻本　十冊

220000－0841－0010766　集0668
荆川文集十八卷　(明)唐順之撰　清康熙五十一年(1712)唐執玉刻本　八冊

220000－0841－0010767　集0669K
重刊校正唐荆川先生文集十二卷補遺五卷外集三卷附錄一卷　(明)唐順之撰　清光緒三十年(1904)江陰繆荃孫校江南書局刻本　十冊

220000－0841－0010768　集0728
王遵巖集十卷　(明)王慎中撰　(清)張汝瑚選　清康熙二十一年(1682)郢雪書林刻明八大家文集本　四冊

220000－0841－0010769　善1268
遵巖先生文集四十二卷　(明)王慎中撰　清康熙五十年(1711)李光墺、李光型刻本　二十冊

220000－0841－0010770　集0698
李文定公貽安堂集十卷　(明)李春芳撰　明萬曆刻清乾隆十六年(1751)李可年修補印本　八冊

220000－0841－0010771　善1304
劉子威集三十二卷　(明)劉鳳撰　明萬曆刻本(卷十七至二十抄配)　十二冊

220000－0841－0010772　集10584K
俟後編六卷末一卷　(明)王敬臣撰　清光緒元年(1875)刻本　一冊

220000－0841－0010773　集0880
海忠介公全集十二卷　(明)海瑞撰　明天啓五年(1625)梁子璠刻本　二十冊

220000－0841－0010774　集0766
海剛峰先生文集二卷　(明)海瑞撰　清康熙四十九年(1710)張氏正誼堂刻本　四冊

220000－0841－0010775　善1275
夢山存家詩稿八卷　(明)楊巍撰　明萬曆三十年(1602)楊岑刻本　二冊

220000－0841－0010776　集0808
楊忠愍公全集四卷　(明)楊繼盛撰　清康熙三十七年(1698)章鈺刻本　四冊

220000－0841－0010777　集7877
楊椒山先生集四卷自著年譜一卷　(明)楊繼盛撰　清康熙三十七年(1698)刻本　二冊

220000－0841－0010778　善2789
刻毅齋查先生闡道集十卷附錄一卷　(明)查鐸撰　明萬曆三十七年(1609)查一訓等刻本　十冊

220000－0841－0010779　集0833
皇明史惺堂先生遺稿十二卷附錄二卷　(明)史桂芳撰　清順治刻本　四冊　缺一卷(十二)

220000－0841－0010780　善2384
徐文長三集二十九卷　(明)徐渭撰　明萬曆二十八年(1600)商濬刻本　十六冊　存二十

五卷(一至二十五)

220000－0841－0010781　善1197
徐文長三集三十卷　(明)徐渭撰　(明)袁宏道評點　明萬曆四十二年(1614)刻本　十册

220000－0841－0010782　善1287
徐文長公文集三十卷四聲猿一卷　(明)徐渭撰　(明)袁宏道評點　明刻本　七册　缺一卷(三十)

220000－0841－0010783　善1285
徐文長逸稿二十四卷畸譜一卷　(明)徐渭撰　明天啓張維城刻本　八册

220000－0841－0010784　善3057
翠娱閣評選徐文長文集二卷　(明)徐渭撰　(明)陸雲龍評選　明崇禎刻本　一册

220000－0841－0010785　集8679K
南沙先生文集八卷　(明)熊過撰　清同治十二年(1873)富邑書局刻本　四册

220000－0841－0010786　集0879K
二穀山人近稿十卷　(明)侯一元撰　清光緒十八年(1892)甌城梅師古齋侯氏刻本　六册

220000－0841－0010787　集0590F
奚囊蠹餘二十卷補遺一卷附錄二卷　(明)張瀚撰　(清)張景雲輯　清光緒二十一年(1895)丁氏嘉惠堂刻武林往哲遺著本　六册

220000－0841－0010788　善1225
白華樓吟稿十卷　(明)茅坤撰　明萬曆刻本　四册

220000－0841－0010789　善1155
白華樓續稿十五卷　(明)茅坤撰　明萬曆刻本　九册　缺一卷(一)

220000－0841－0010790　善1158
茅鹿門先生文集三十六卷　(明)茅坤撰　明萬曆刻本　八册

220000－0841－0010791　集0729
茅鹿門集八卷　(明)茅坤撰　(清)張汝瑚選　清康熙二十一年(1682)郢雪樓刻本　四册

220000－0841－0010792　集0689
蠛蠓集五卷　(明)盧柟撰　明萬曆刻清同治、光緒遞修本　五册

220000－0841－0010793　集0763
馬文莊公文集選十五卷附錄一卷　(明)馬自強撰　清道光二十六年(1846)馬氏刻本　四册

220000－0841－0010794　善1256
滄溟先生集三十卷附錄一卷　(明)李攀龍撰　明刻本　八册

220000－0841－0010795　集0665K
滄溟先生集三十卷附錄一卷　(明)李攀龍撰　清道光二十七年(1847)李氏泉福堂刻本　八册

220000－0841－0010796　善1243
白雪樓詩集十卷　(明)李攀龍撰　明刻本　四册

220000－0841－0010797　集0663K
滄溟先生詩集十四卷　(明)李攀龍撰　清光緒二十一年(1895)長沙張氏湘雨樓刻本　四册

220000－0841－0010798　集8125K
楊忠愍公集四卷　(明)楊繼盛撰　清道光二十三年(1843)思補堂楊氏刻本　四册

220000－0841－0010799　集0741K
楊椒山先生集四卷　(明)楊繼盛撰　清同治五年(1866)張氏刻本　二册

220000－0841－0010800　集0804K
楊忠愍公集五卷首一卷末一卷　(明)楊繼盛撰　清同治十一年(1872)永康胡氏退補齋刻本　三册

220000－0841－0010801　集0797K
楊忠愍公集不分卷　(明)楊繼盛撰　清咸豐二年(1852)秀義齋刻本　一册

220000－0841－0010802　集10016K
楊忠愍公遺書不分卷　(明)楊繼盛撰　清光緒七年(1881)聚德堂刻本　一册

220000－0841－0010803　集0873K
譚襄敏公遺集三卷首一卷末一卷　(明)譚綸撰　清嘉慶二十四年(1819)木活字印本　四冊

220000－0841－0010804　集0542K
鯤溟先生詩集四卷奏疏二篇　(明)郭諫臣撰　清嘉慶七年(1802)蠡溪草堂刻本　二冊

220000－0841－0010805　善1259
甔甀洞藁五十四卷目錄二卷　(明)吴國倫撰　明萬曆刻本　二十冊

220000－0841－0010806　善1251
甔甀洞藁五十四卷目錄二卷　(明)吴國倫撰　清乾隆二十九年(1764)吴騰、吴棟元刻本　十冊

220000－0841－0010807　善1189
宗子相集十五卷　(明)宗臣撰　明林朝聘、黄中等刻本　十七冊

220000－0841－0010808　善1220
太函集一百二十卷目錄六卷　(明)汪道昆撰　明天啓汪宗文刻本　三十二冊

220000－0841－0010809　集0682K
張文忠公全集四十六卷附錄二卷奏疏十三卷書牘十五卷文集十一卷詩集六卷女誡直解一卷　(明)張居正撰　(清)田楨重編　清光緒二十七年(1901)紅藤碧樹山館刻本　十六冊

220000－0841－0010810　集9767
張文忠公全集二十九卷附錄二卷　(明)張居正撰　清光緒二十七年(1901)紅藤碧樹山館刻本　十一冊

220000－0841－0010811　集0644
新刻張太岳先生詩集六卷文集四十卷行實一卷　(明)張居正撰　明萬曆刻清後印本　十六冊

220000－0841－0010812　集0642K
重刻張太岳先生文集四十八卷浩氣吟一卷　(明)張居正撰　清道光八年(1828)安化陶氏刻本　二十四冊

220000－0841－0010813　集7921K
孫山甫督學文集四卷　(明)孫應鼇撰　清光緒十九年(1893)遵義黎庶昌刻本　二冊

220000－0841－0010814　善1234
李氏焚書六卷　(明)李贄撰　明萬曆、天啓朱墨套印本　六冊

220000－0841－0010815　善1236
李氏焚書六卷　(明)李贄撰　明刻本　六冊

220000－0841－0010816　善1248
李氏文集十八卷　(明)李贄撰　(明)顧大韶校　明刻本　二冊　存九卷(一至九)

220000－0841－0010817　善1204
弇州山人四部稿一百八十卷目錄十二卷　(明)王世貞撰　明萬曆五年(1577)王氏世經堂刻本　九十六冊

220000－0841－0010818　善1300
弇州山人續稿二百七卷目錄十卷　(明)王世貞撰　明嘉靖十九年(1540)魏希明刻本　四十冊

220000－0841－0010819　善1299
弇州山人四部稿選十六卷　(明)王世貞撰　(明)沈一贯輯　明浙人余繼山刻本　三十冊

220000－0841－0010820　集0572K
弇州山人詩集五十二卷　(明)王世貞撰　清光緒三十三年(1907)渭南嚴氏刻明四子詩集本　十四冊

220000－0841－0010821　集0691K
止止堂集五卷橫槊稿三卷詩一卷文二卷愚愚稿二卷　(明)戚繼光撰　清光緒十四年(1888)刻本　四冊

220000－0841－0010822　善0620
劍江錄稿二卷附錄一卷虔州錄稿三卷附錄一卷　(明)徐用檢撰　(明)馬允登校　明萬曆刻本　三冊　存六卷(劍江錄稿二卷,虔州錄稿三卷、附錄一卷)

220000－0841－0010823　善1302
正始堂詩集二十六卷　(明)陸君弼撰　明萬

曆三十九年(1611)潘三恒刻本　一册　存四卷(一至四)

220000－0841－0010824　善 2312
潛學稿十九卷　(明)鄧元錫撰　明崇禎十二年(1639)刻清乾隆八年(1743)重修本　八册

220000－0841－0010825　善 1347
亦玉堂稿十卷　(明)沈鯉撰　清康熙二十九年(1690)劉榛刻本　八册

220000－0841－0010826　善 1257
逍遙園集十卷　(明)穆文熙撰　(明)石星(明)劉懷恕批　明萬曆劉懷恕刻本　二十册

220000－0841－0010827　集 0577K
山帶閣集三十三卷附録一卷　(明)朱曰藩撰　清道光十五年(1835)朱氏宜祿堂刻本　八册

220000－0841－0010828　集 10781K
松石齋詩集六卷　(明)趙用賢撰　清光緒二十二年(1896)常熟趙氏承啓堂刻本　一册

220000－0841－0010829　善 1263
屠先生評釋謀野集四卷　(明)王稺登撰(明)屠隆評釋　明萬曆程德符刻本　四册

220000－0841－0010830　善 1290
謀野集十卷　(明)王稺登撰　明萬曆江陰郁氏刻本　八册　存八卷(一至八)

220000－0841－0010831　善 1254
賜閒堂集四十卷　(明)申時行撰　明萬曆刻本　十一册　存二十七卷(一至二十七)

220000－0841－0010832　善 2792
雲棲法彙三輯六十六卷　(明)釋袾宏撰　明崇禎十二年(1639)刻清嘉慶十九年(1814)增訂重修本　十三册　存一輯(三)

220000－0841－0010833　子 4035K
雲棲法彙三十一種　(明)釋袾宏撰　清光緒二十三年(1897)金陵刻經處刻本　三十四册

220000－0841－0010834　集 0584
呂新吾先生去僞齋文集十卷　(明)呂坤撰清康熙十三年(1674)呂慎多刻本　十册

220000－0841－0010835　善 3003
陽秋館集二十三卷　(明)帥機撰　清乾隆三年(1738)刻本　八册

220000－0841－0010836　善 1337
王文端公詩集二卷奏疏四卷尺牘八卷　(明)王家屏撰　明萬曆四十年至四十五年(1612－1617)刻本　十四册

220000－0841－0010837　善 1164
環碧齋尺牘五卷　(明)祝世祿撰　明萬曆刻環碧齋集本　二册　存一卷(一)

220000－0841－0010838　善 1338
白水集六卷　(明)徐榜撰　清乾隆四十年(1775)徐必敬刻本　四册

220000－0841－0010839　善 2310
五嶽遊草七卷　(明)陳第撰　明萬曆四十四年(1616)刻一齋集本　二册

220000－0841－0010840　善 1262
焦氏澹園集四十九卷　(明)焦竑撰　明萬曆三十四年(1606)黄雲蛟刻本　十册　存三十五卷(一至三十五)

220000－0841－0010841　善 1231
方初菴先生集十六卷　(明)方揚撰　明萬曆刻本　六册　缺二卷(十五至十六)

220000－0841－0010842　善 1184
由拳集二十三卷　(明)屠隆撰　明刻本　六册

220000－0841－0010843　善 2526
紫栢老人集十五卷首一卷　(明)釋真可撰明崇禎四年(1631)刻本　十二册

220000－0841－0010844　善 1935
穀城山館文集四十三卷　(明)于慎行撰　明萬曆三十五年(1607)周時泰刻本　十六册

220000－0841－0010845　善 1250
由庚堂集三十八卷　(明)鄭汝璧撰　明萬曆三十三年(1605)刻本　十册

220000－0841－0010846　善 2077
虎林稿四卷　(明)喻均撰　明刻本　一册

存一卷(一)

220000－0841－0010847　集 0646
中寰集十一卷　(明)何出光撰　清乾隆二十八年至二十九年(1763－1764)何功璜刻本　十二冊

220000－0841－0010848　集 9013
憨山老人夢遊集四十卷　(明)釋德清撰　清順治十七年(1660)毛褒刻本　十五冊　缺四卷(三十三、三十四下至三十六)

220000－0841－0010849　善 1298
大泌山房集一百三十四卷目錄二卷　(明)李維楨撰　明萬曆刻本　八十冊

220000－0841－0010850　集 11105K
嚴氏詩詞綜□□卷　(明)嚴徵撰　清大雅堂木活字印本　一冊　存一卷(一)

220000－0841－0010851　集 0841
玉茗堂全集四十六卷　(明)湯顯祖撰　清康熙阮氏刻本　十二冊　缺二卷(詩集十七至十八)

220000－0841－0010852　集 0622K
涇皋藏稿二十二卷　(明)顧憲成撰　清光緒二年(1876)涇里祠刻顧端文公遺書本　六冊

220000－0841－0010853　集 0692K
味櫱齋文集十五卷　(明)趙南星撰　清光緒五年(1879)定州王氏謙德堂刻畿輔叢書本　九冊

220000－0841－0010854　集 0842K
孫宗伯集十卷首一卷　(明)孫繼臯撰　清光緒十八年(1892)鼎元堂木活字印本　十二冊

220000－0841－0010855　集 0738K
雪鴻堂詩蒐逸三卷附錄一卷　(明)謝三秀撰　清咸豐元年(1851)山陰王氏遵義刻本　一冊

220000－0841－0010856　善 2088
檀心館集十二卷　(明)張灝撰　明萬曆刻本　一冊　存二卷(一至二)

220000－0841－0010857　善 1270
三易集二十卷　(明)唐時升撰　清康熙二十八年(1689)嘉定陸氏刻嘉定四先生集本　六冊

220000－0841－0010858　集 0769
來禽館集二十九卷　(明)邢侗撰　清道光八年(1828)觀城張夢麒刻本　十二冊

220000－0841－0010859　集 0770
來禽館集二十九卷　(明)邢侗撰　明萬曆刻清康熙、道光、光緒遞修本　十二冊

220000－0841－0010860　善 1157
鄒南臯集選七卷　(明)鄒元標撰　明萬曆刻本　五冊　存五卷(一至五)

220000－0841－0010861　善 1281
鄒子願學集八卷　(明)鄒元標撰　明萬曆四十七年(1619)龍遇奇刻本　五冊　存六卷(一至六)

220000－0841－0010862　善 2771
鐫黃離草十卷　(明)郭正域撰　明萬曆刻本　八冊

220000－0841－0010863　善 2277
梅花草堂集十六卷　(明)張大復撰　明崇禎刻本　八冊

220000－0841－0010864　集 8275K
小辨齋偶存八卷　(明)顧允成撰　清光緒十二年(1886)涇里宗祠刻顧端文公遺書本　二冊

220000－0841－0010865　善 1163
容臺文集九卷詩集四卷別集四卷　(明)董其昌撰　明崇禎三年(1630)刻本　十二冊

220000－0841－0010866　善 1198
馮少墟集二十二卷　(明)馮從吾撰　明萬曆四十年(1612)畢懋康刻本　二十四冊

220000－0841－0010867　善 1185
天谷山人集十卷　(明)薛三省撰　明崇禎刻本　二冊

220000－0841－0010868　善 1222
宗伯集八十一卷　(明)馮琦撰　明萬曆三十

五年(1607)刻本　十六册　存四十四卷(一至四十四)

220000－0841－0010869　善1175
馮用韞先生北海集四十六卷　(明)馮琦撰　明萬曆林有麟刻本　十六册

220000－0841－0010870　善1292
周季平先生文集三十二卷　(明)周如砥撰　明天啓刻本　六册　存十六卷(一至十六)

220000－0841－0010871　善1314
陳眉公集十七卷　(明)陳繼儒撰　明萬曆四十三年(1615)史兆斗刻本　四册

220000－0841－0010872　善1242
眉公詩鈔八卷　(明)陳繼儒撰　明崇禎刻眉公十種藏書本　四册

220000－0841－0010873　善1267
晚香堂集十卷　(明)陳繼儒撰　明崇禎刻眉公十種藏書本　六册

220000－0841－0010874　善1235
眉公先生晚香堂小品二十四卷　(明)陳繼儒撰　明湯大節簡綠居刻本　十二册

220000－0841－0010875　善2299
賜閑堂集四卷　(明)王象晉撰　清順治王與敕等刻本　四册

220000－0841－0010876　善1239
緱山先生集二十七卷　(明)王衡撰　明萬曆四十四年(1616)王時敏刻本　十册

220000－0841－0010877　善1233
歇菴集十六卷　(明)陶望齡撰　明萬曆三十九年(1611)王應麟刻本　十六册

220000－0841－0010878　善1325
歇菴集二十卷　(明)陶望齡撰　明萬曆喬時敏刻本　十册

220000－0841－0010879　集0751
高陽集二十卷　(明)孫承宗撰　清順治十二年(1655)孫之澇刻本　十二册

220000－0841－0010880　集0752
高陽集二十卷　(明)孫承宗撰　清順治刻嘉慶十二年(1807)重印本　十二册

220000－0841－0010881　集4922
香奩詩草二卷　(明)桑貞白撰　明萬曆刻夷門廣牘本　一册

220000－0841－0010882　集8008
天全堂集四卷續編二卷附錄一卷　(明)安希範撰　清乾隆四十六年(1781)安吉刻本　二册

220000－0841－0010883　善1266
松圓浪淘集十八卷　(明)程嘉燧撰　明崇禎刻本　六册

220000－0841－0010884　善1264
學古緒言二十五卷補遺一卷　(明)婁堅撰　明崇禎刻本　五册

220000－0841－0010885　善3824
吴歈小草十卷補遺一卷　(明)婁堅撰　明崇禎刻本　四册

220000－0841－0010886　善1265
吴歈小草十卷補遺一卷　(明)婁堅撰　清康熙二十八年(1689)嘉定陸氏刻嘉定四先生集本　二册

220000－0841－0010887　善1228
睡庵稿文集二十五卷詩集十一卷視草十六卷　(明)湯賓尹撰　明萬曆刻崇禎印本　八册　存二十六卷(文集十三至二十五、視草一至十三)

220000－0841－0010888　善1206
龍谿王先生全集二十二卷　(明)王畿撰　明萬曆四十三年(1615)丁賓、張汝霈刻本　二十册

220000－0841－0010889　集7845K
嶼浮閣賦集十四卷　(明)溫日知撰　清咸豐七年(1857)源李氏刻本　二册

220000－0841－0010890　集4871K
掩關集二卷　(明)劉繼善撰　清道光十九年(1839)刻本　一册

220000－0841－0010891　集0713K

正志稿九卷附錄一卷　（明）林貴兆撰　清宣統二年（1910）太平陳氏木活字印本　二册

220000－0841－0010892　集4873K

華豫庵先生集不分卷　（明）華啓直撰　清宣統三年（1911）存裕堂木活字印本　四册

220000－0841－0010893　集0796K

崇雅堂集十五集　（明）鍾羽正撰　清光緒三十三年（1907）鍾氏家塾刻本　四册

220000－0841－0010894　集0830K

重刻綸灑文集二十七卷詩集十九卷首一卷先集搜遺二卷外集三卷　（明）龍膺撰　清光緒十三年（1887）龍氏刻本　十四册

220000－0841－0010895　集11061K

高子別集□□卷　（明）高攀龍撰　清光緒刻本　一册　存三卷（三至五）

220000－0841－0010896　集0762K

高子遺書十二卷附錄一卷　（明）高攀龍撰　清光緒二年（1876）無錫東林書院刻本　十三册

220000－0841－0010897　集0764K

高子遺書十二卷附錄一卷　（明）高攀龍撰　**高忠憲公年譜一卷**　（明）華允誠撰　清光緒二年（1876）無錫東林書院刻本　八册

220000－0841－0010898　集9356K

從野堂存稿八卷首一卷末一卷　（明）繆昌期撰　清同治十三年（1874）刻本　二册

220000－0841－0010899　集0687F

從野堂存稿八卷補遺一卷附錄一卷　（明）繆昌期撰　**附文貞公［繆昌期］年譜一卷**　（清）繆之鎔撰　清光緒二十一年（1895）武進盛氏刻常州先遺書朱印本　四册

220000－0841－0010900　集10972

竹懶畫媵一卷續畫媵一卷　（明）李日華撰　清光緒八年（1882）武林高邕刻本　二册

220000－0841－0010901　善3062

袁中郎全集四十卷　（明）袁宏道撰　明崇禎二年（1629）武林佩蘭居刻本　十六册

220000－0841－0010902　善1271

瓶花齋集十卷　（明）袁宏道撰　明萬曆三十六年（1608）勾吳袁氏書種堂刻本　四册

220000－0841－0010903　集0773K

瓶花齋集十卷　（明）袁宏道撰　清宣統三年（1911）抱殘守缺齋影印本　四册

220000－0841－0010904　善1196

袁石公六函十二卷　（明）袁宏道撰　明萬曆三十年（1602）袁氏書種堂刻本　六册

220000－0841－0010905　善1162

袁中郎十集十六卷　（明）袁宏道撰　明萬曆刻本　六册　存六集九卷（袁中郎廣莊一、桃源詠一、華嵩游草一至三、廣陵集一、敝篋集一至二、破研齋存一）

220000－0841－0010906　善1272

袁中郎破研齋集三卷廣陵集一卷　（明）袁宏道撰　明刻袁中郎集本　一册

220000－0841－0010907　善1274：2

瀟碧堂集二十卷　（明）袁宏道撰　明萬曆三十六年（1608）勾吳袁氏書種堂刻本　十册

220000－0841－0010908　善1274：1

瀟碧堂續集十卷　（明）袁宏道撰　明刻本　四册

220000－0841－0010909　集0791K

熊襄愍公集十卷末一卷　（明）熊廷弼撰　（清）徐文檢輯　清嘉慶十七年（1812）熊氏刻本　十册

220000－0841－0010910　集0795K

熊襄愍公集十卷首一卷末一卷　（明）熊廷弼撰　清同治三年（1864）刻本　十册

220000－0841－0010911　集9378K

熊襄愍公尺牘四卷　（明）熊廷弼撰　清光緒三十四年（1908）洪良品湖北武昌刻本　四册

220000－0841－0010912　叢1158K

劉練江先生集八卷雜騷經纂注一卷　（明）劉永澄撰　**四朝大政錄二卷**　（明）劉心學撰

清道光刻本　六冊

220000－0841－0010913　集 8296

花王閣賸稿一卷　(明)紀坤撰　清嘉慶四年(1799)紀氏閱微草堂刻本　一冊

220000－0841－0010914　集 4881K

花王閣賸稿一卷　(明)紀坤撰　清光緒順德龍氏刻朱印本　一冊

220000－0841－0010915　集 2402K

花王閣稿一卷　(明)紀坤撰　清嘉慶九年(1804)樂敘堂刻本　一冊

220000－0841－0010916　善 1139

眭東蓀先生集十六卷　(明)眭石撰　明萬曆四十六年(1618)刻本　四冊

220000－0841－0010917　善 2172

許鍾斗文集五卷　(明)許獬撰　明萬曆洪夢錫等刻本　一冊　存二卷(一至二)

220000－0841－0010918　集 0834

楊忠烈公文集六卷　(明)楊漣撰　清順治十七年(1660)李贊元刻本　二冊　存三卷(一至三)

220000－0841－0010919　善 1214

楊忠烈公文集三卷補遺一卷　(明)楊漣撰　清順治十八年(1661)楊苞刻康熙四年(1665)印本　七冊

220000－0841－0010920　集 0633K

楊忠烈公文集十卷末一卷　(明)楊漣撰　清道光十三年(1833)楊氏刻本　十冊

220000－0841－0010921　集 4949

蘭雪堂集八卷　(明)王心一撰　清乾隆刻本　二冊

220000－0841－0010922　集 0582

蟋蟀軒草不分卷　(明)劉士驥撰　明泰昌元年(1620)刻清嘉慶七年(1802)修補本　四冊

220000－0841－0010923　善 1192

王惺所先生文集十卷　(明)王以悟撰　明天啓二年(1622)刻本　四冊

220000－0841－0010924　集 0828K

□山集十二集　(明)趙秉忠撰　清光緒九年(1883)李氏刻本　五冊

220000－0841－0010925　集 0599K

李文莊公全集十卷　(明)李騰芳撰　清光緒二年(1876)湘潭李氏刻本　十冊

220000－0841－0010926　集 0850K

駱先生文集八卷　(明)駱日升撰　清光緒十三年(1887)刻本　四冊

220000－0841－0010927　善 1240

王季重集　(明)王思任撰　明刻本　五冊　存七種七卷

220000－0841－0010928　善 1283

釋義鴈字詩二卷釋義弔遼詩十律一卷　(明)孫繼統撰並注　明天啓刻本　二冊

220000－0841－0010929　善 1282

景瞻論草不分卷　(明)賀仲軾撰　清賀萬來刻本　二冊

220000－0841－0010930　善 3519

墨花館遺稿一卷　(明)周埏撰　清乾隆五十一年(1786)周光鏞刻本　一冊

220000－0841－0010931　集 8574

左忠毅公集三卷　(明)左光斗撰　**左忠毅公年譜二卷**　(清)左宰撰　清乾隆刻本　四冊

220000－0841－0010932　集 0881K

左忠毅公集二卷　(明)左光斗撰　清道光二十五年(1845)姚瑩刻左輝春增刻本　二冊

220000－0841－0010933　集 10423K

左忠毅公集五卷附一卷　(明)左光斗撰　清道光二十六年(1846)湘鄉左氏詠史齋刻左氏忠集本　四冊

220000－0841－0010934　集 0869

鹿忠節公集二十一卷　(明)鹿善繼撰　清乾隆刻本　六冊

220000－0841－0010935　集 2403K

無欲齋詩鈔一卷　(明)鹿善繼撰　清道光四年(1824)鹿氏刻本　一冊

220000－0841－0010936　善1211
藏密齋集二十四卷　(明)魏大中撰　明崇禎刻本　十冊

220000－0841－0010937　善0994
轉情集二卷　(明)費元祿撰　清康熙刻本　四冊

220000－0841－0010938　集4927K
靜倫堂集十卷首一卷　(明)熊化撰　清刻本　六冊

220000－0841－0010939　集0688K
劉文烈公全集十二卷　(明)劉理順撰　清光緒元年(1875)刻本　六冊

220000－0841－0010940　集0859K
重刻天傭子錄十卷首一卷末一卷　(明)艾南英撰　清道光十六年(1836)孫氏刻本　十冊

220000－0841－0010941　集0885K
周忠介公燼餘集三卷周吏部年譜一卷　(明)周順昌　(明)殷獻臣撰　**周忠介遺事一卷**　(清)彭定求撰　清光緒二十九年(1903)太倉唐氏刻本　三冊

220000－0841－0010942　集0685K
螢芝全集十八卷　(明)張明弼撰　清光緒二十四年(1898)金壇文燡杏林書屋刻本　八冊

220000－0841－0010943　善1943
琴張子螢芝集七卷　(明)張明弼撰　**評琴張子禪粟粖二卷**　(明)張明弼撰　(明)周鑣評　明天啓五年(1625)書林段君定刻本　四冊

220000－0841－0010944　集4861
澹寧居詩集三卷　(明)馬世奇撰　**澹寧居山香集一卷**　(清)馬壬玉撰　清刻本　十冊

220000－0841－0010945　集8094K
汲古堂集二十八卷　(明)何白撰　清道光十六年(1836)董氏刻本　十冊

220000－0841－0010946　善1253
駢枝別集二十卷　(明)黄道周撰　明大來堂刻本　四冊

220000－0841－0010947　集0575K
方孩未先生集十六卷　(清)方震孺撰　清同治七年(1868)方氏刻本　六冊

220000－0841－0010948　集7702
瑶光閣集十二卷　(明)黄端伯撰　清乾隆四年(1739)黄祐刻本　六冊

220000－0841－0010949　善1199
新刻譚友夏合集二十三卷　(明)譚元春撰　**旨齋詩草一卷**　(明)張澤撰　明崇禎六年(1633)張澤刻本　十冊

220000－0841－0010950　集4846
簡齋先生文選四卷　(明)劉榮嗣撰　清康熙元年(1662)劉佑刻本　八冊

220000－0841－0010951　集0840K
賀文忠公遺集四卷末一卷　(明)賀逢聖撰　清同治八年(1869)錦樹山房刻本　二冊

220000－0841－0010952　善1165
明德先生文集二十六卷制藝一卷　(明)吕維祺撰　**新安定變全城記一卷**　(清)張鼎延撰　清康熙二年(1663)吕兆璜等刻本　六冊

220000－0841－0010953　善2379
金正希先生文集輯略九卷　(明)金聲撰　清刻本　四冊

220000－0841－0010954　集0758K
金忠節公文集八卷　(明)金聲撰　清光緒十四年(1888)黟縣李氏刻本　四冊

220000－0841－0010955　集0757K
金忠節公文集八卷　(明)金聲撰　清道光七年(1827)嘉魚官署刻本　八冊

220000－0841－0010956　集0601
此觀堂集十二卷遺編一卷　(明)羅萬藻撰　清乾隆刻本　五冊　缺一卷(遺編一卷)

220000－0841－0010957　集0777K
月鹿堂文集八卷　(明)張師繹撰　清道光六年(1826)張湄刻本　四冊

220000－0841－0010958　集0794K
石臼前集九卷後集七卷　(明)邢昉撰　清光緒十八年(1892)會稽陶氏翻刻康熙宋刻本

六冊

220000－0841－0010959　集0626K
瞿忠宣公集十卷　(明)瞿式耜撰　清光緒十三年(1887)常熟瞿氏刻本　四冊

220000－0841－0010960　集4923
凌忠清公詩集四卷　(明)凌義渠撰　清順治刻本　二冊

220000－0841－0010961　集0640
疑雨集二卷　(明)王彦泓撰　清康熙侯文燦亦園刻本　四冊

220000－0841－0010962　善1326
白谷山人詩鈔二卷　(明)孫傳庭撰　清順治刻本　一冊

220000－0841－0010963　善1307
吳忠節公遺集四卷　(明)吳麟徵撰　明弘光刻本　二冊

220000－0841－0010964　集8178K
擔公遺詩不分卷　(明)釋普荷撰　清宣統二年(1910)騰越李氏鉛活字印本　一冊

220000－0841－0010965　集0746K
樓山堂集二十七卷熹朝忠節死臣傳一卷　(明)吳應箕撰　**附次尾先生譜一卷樓山遺事一卷**　(清)夏燮撰　清同治六年(1867)當塗夏氏刻樓山堂遺書本　七冊

220000－0841－0010966　集0742K
張忠敏公遺集九卷首一卷年譜一卷附錄六卷　(明)張國維撰　清光緒五年(1879)江蘇書局刻本　四冊

220000－0841－0010967　集0743F
張忠敏公遺集十卷附錄六卷首一卷　(明)張國維撰　清光緒五年(1879)江蘇書局刻本　六冊

220000－0841－0010968　集4960K
張忠敏遺集十卷首一卷附錄六卷　(明)張國維撰　清咸豐七年(1857)張氏刻本　四冊　缺六卷(附錄六卷)

220000－0841－0010969　集8504K
覲復堂稿略一卷　(明)朱集璜撰　清光緒二十六年(1900)玉山書院刻玉山朱氏遺書本　一冊

220000－0841－0010970　集0612K
覲復堂稿略一卷　(明)朱集璜撰　清光緒六年(1880)嘉興金氏刻本　一冊

220000－0841－0010971　集5104K
留庵島噫詩集一卷　(明)盧若騰撰　清道光十二年(1832)林樹梅木活字印本　一冊

220000－0841－0010972　集4929K
保堂集二十六卷　(明)趙士春撰　清光緒九年(1883)常熟趙氏木活字印本　四冊　缺一卷(二十六)

220000－0841－0010973　集9060
盧忠烈公集三卷　(明)盧象昇撰　清乾隆刻本　一冊

220000－0841－0010974　集0593K
盧忠肅公集十卷附錄一卷　(明)盧象昇撰　(清)盧安節輯　清嘉慶十八年(1813)木活字印本　八冊

220000－0841－0010975　集0596K
明大司馬盧公奏議十卷文集二卷首一卷　(明)盧象昇撰　清光緒元年(1875)會稽施氏翻印刻乾隆盧氏本　八冊

220000－0841－0010976　集0592K
明大司馬盧公奏議十卷文集二卷首一卷燬玉雙印記一卷　(明)盧象昇撰　清光緒三十四年(1908)施氏刻本　七冊　缺一卷(奏議一)

220000－0841－0010977　集8474
甌香館遺文二卷遺詩二卷　(明)郝焜　(明)郝綱撰　清乾隆刻本　一冊

220000－0841－0010978　集10740K
葛中翰遺集十二卷首一卷　(明)葛麟撰　清光緒十六年(1890)湘鄉葛氏刻本　六冊

220000－0841－0010979　集9268
史忠正公集四卷首一卷末一卷　(明)史可法撰　清乾隆四十九年(1784)史開純刻本

二冊

220000－0841－0010980　集0750
史忠正公集四卷首一卷末一卷　(明)史可法撰　清道光、咸豐木活字印本　二冊

220000－0841－0010981　集0749K
史忠正公集四卷首一卷末一卷　(明)史可法撰　清咸豐六年(1856)甘泉史氏刻本　六冊

220000－0841－0010982　集0748K
史忠正公集四卷首一卷末一卷　(明)史可法撰　清同治七年(1868)楚醴景萊書室刻本　三冊

220000－0841－0010983　集0720K
堵文忠公集十卷附年譜一卷附錄一卷　(明)堵允錫撰　清光緒十三年(1887)刻本　六冊

220000－0841－0010984　集8838
蘿石山房文鈔四卷梅花屋詩稿一卷　(明)左懋第撰　清乾隆四十六年(1781)刻本　五冊

220000－0841－0010985　集0111K
祁忠惠公遺集十卷附編三卷　(明)祁彪佳撰　**商夫人祁昭華**　(明)祁奕喜撰　清道光十五年(1835)刻本　四冊

220000－0841－0010986　集0645K
申端愍公詩文全集十三卷　(明)申佳胤撰　清道光二十二年(1842)申氏忠裕堂重補舊版印本　四冊

220000－0841－0010987　集0836
江止庵遺集八卷　(明)江天一撰　清康熙祭書草堂刻本　八冊

220000－0841－0010988　集0837
江止庵遺集八卷　(明)江天一撰　清康熙祭書草堂刻嘉慶五年(1800)江士相重印本　四冊

220000－0841－0010989　集0761K
鄺海雪集箋十二卷　(明)邝露撰　(清)邝廷瑤箋　清咸豐元年(1851)綺錯樓刻本　四冊

220000－0841－0010990　善1194
陶菴文集七卷詩集八卷吾師錄一卷　(明)黃淳耀撰　清康熙十五年(1676)張懿實刻本　三冊

220000－0841－0010991　集8113
陶菴全集二十四卷　(明)黃淳耀撰　**偉恭詩一卷**　(明)黃淵耀撰　清乾隆二十六年(1761)陶應鯤刻本　六冊

220000－0841－0010992　集7964K
陶庵集二十二卷首一卷穀簾學吟一卷　(明)黃淳耀　(明)黃淵耀撰　清光緒五年(1879)刻本　八冊

220000－0841－0010993　集0693K
陶庵集二十二卷首一卷穀簾學吟一卷　(明)黃淳耀　(明)黃淵耀撰　清光緒七年(1881)刻本　八冊

220000－0841－0010994　集8073
揭蒿菴先生詩集七卷遺集三卷附錄一卷　(明)揭重熙撰　清乾隆三十四年(1769)揭世忠刻本　二冊

220000－0841－0010995　集0872K
敬亭集十卷補遺一卷附錄一卷　(明)姜埰撰　清光緒十五年(1889)山東書局刻本　四冊

220000－0841－0010996　善3131
陳大樽先生全稿不分卷　(明)陳子龍撰　(清)呂留良評點　清康熙二十一年(1682)秦葆中刻本　十二冊

220000－0841－0010997　集0778
陳忠裕全集三十卷年譜三卷首一卷末一卷　(明)陳子龍撰　清嘉慶八年(1803)簳山草堂刻本　十六冊

220000－0841－0010998　集0702
陳忠裕全集三十卷年譜三卷首一卷末一卷　(明)陳子龍撰　清嘉慶八年(1803)簳山草堂刻同治八年(1869)重修本　十冊

220000－0841－0010999　集10222K
陳卧子先生安雅堂稿十五卷　(明)陳子龍撰　清宣統元年(1909)上海時中書局鉛活字印本　六冊

220000－0841－0011000　集0503F
中洲草堂遺集二十三卷首一卷末一卷　(明)陳子升撰　清道光二十年(1840)南海伍氏詩雪軒刻粵十三家集本　四册

220000－0841－0011001　集0760K
碩邁圖集十卷　(明)蒲秉權撰　清光緒元年(1875)蒲氏刻本　八册

220000－0841－0011002　集4932K
萬忠貞公遺集三卷首一卷　(明)萬爆撰　清道光十七年(1837)春暉樓刻本　二册

220000－0841－0011003　集0806K
陶元暉中丞遺集二卷首一卷　(明)陶朗先撰　清光緒二十四年(1898)陶氏蘭州鉛活字印本　一册

220000－0841－0011004　集8208K
鄭文恪公賸稿一卷　(明)鄭以偉撰　清同治十二年(1873)刻本　一册

220000－0841－0011005　集0858K
汪忠烈火文行錄二卷　(明)汪喬年撰　(清)丁樾編　清光緒十四年(1888)刻本　四册

220000－0841－0011006　集0831K
清水篇四卷　(明)王玉鉉撰　清咸豐七年(1857)王氏刻本　四册　存二卷(一至二)

220000－0841－0011007　集8510K
晚聞堂集十六卷　(明)余紹祉撰　清道光十七年(1837)和源單氏刻本　五册

220000－0841－0011008　集10735K
晚聞堂集十六卷　(明)余紹祉撰　清道光十七年(1837)和源單氏刻本　五册

220000－0841－0011009　集0790K
達觀樓集二十四卷　(明)鄒維璉撰　清道光二十六年(1846)四始堂鄒氏刻本　十册

220000－0841－0011010　集0725K
王太史遺稿十卷　(明)王邵撰　清刻本　二册

220000－0841－0011011　集10546K
毅齋查先生闡道集十卷末一卷　(明)查鐸撰　清光緒十六年(1890)查氏家塾刻本　四册

220000－0841－0011012　集4969F
吴長興伯集五卷　(明)吴易撰　**唱酬餘響**　(明)史玄　(明)趙渙撰　**袍澤遺音**　陳去病輯　清光緒三十三年(1907)鉛印國粹叢書本　一册

220000－0841－0011013　集8119K
碧天吟稿一卷　(明)潘氏撰　清光緒十五年(1889)臨海葉氏木活字印本　一册

220000－0841－0011014　集8730K
蔡忠烈公遺集二卷續編二卷　(明)蔡道憲撰　(清)鄧顯鶴編　清道光十一年(1831)趙氏刻本　四册

220000－0841－0011015　集0884K
遍行堂集十六卷　(明)金堡撰　清宣統三年(1911)上海國學扶輪社鉛活字印本　八册

220000－0841－0011016　集0719K
蔡忠烈公遺集一卷首一卷　(明)蔡道憲撰　清道光十三年(1833)長沙刻本　一册

220000－0841－0011017　集11269K
返生香一卷集一卷窃聞一卷續一卷　(明)葉小鸞　(明)葉紹袁撰　清光緒二十二年(1896)羊城秋夢盦刻本　一册

220000－0841－0011018　集10221K
疑雨集四卷　(明)王彦泓撰　清宣統元年(1909)上海著易堂石印本　二册

220000－0841－0011019　集0817F
張蒼水全集十二卷補遺一卷附錄四卷題詠二卷冰槎集題中人物考略一卷傳略補一卷　(明)張煌言撰　(明)黄節輯校　清宣統元年(1909)國粹叢編社鉛印國粹叢書本　三册

220000－0841－0011020　集8591K
張忠烈公采薇吟殘稿一卷附錄一卷　(明)張煌言撰　清光緒十二年(1886)山陰平氏安越堂刻易園叢書本　一册

220000－0841－0011021　集4946
湘中草六卷　(明)湯傳楹撰　清康熙二十四

年(1685)尤侗刻本　二册

220000－0841－0011022　集0703
夏節愍全集十卷補遺一卷續補遺一卷首一卷末一卷　(明)夏完淳撰　清嘉慶十二年(1807)刻同治八年(1869)增修本　二册

220000－0841－0011023　集0705K
夏節愍全集十卷補遺二卷首一卷末一卷　(明)夏完淳撰　(清)莊師洛輯　清光緒二十九年(1903)成都刻本　四册

220000－0841－0011024　集0887K
聖雨齋詩文集十卷問漁篇二卷附録一卷　(明)周拱辰撰　清道光二十七年(1847)刻光緒補版周孟侯先生全書本　八册

220000－0841－0011025　集0888K
聖雨齋詩文集十卷南華真經影史九卷　(明)周拱辰撰　清道光二十七年(1847)刻光緒元年(1875)補版周孟侯先生全書本　六册

220000－0841－0011026　集0889K
聖雨齋詩文集十卷詩四卷賦二卷文四卷　(明)周拱辰撰　清道光二十七年(1847)刻光緒元年(1875)補版周孟侯先生全書本　四册

220000－0841－0011027　善0116:1
碧漸堂詩草一卷　(明)王光魯撰　清順治十三年(1656)刻本　一册

220000－0841－0011028　善2786
辟塵集二卷小物二卷　(明)陸寶撰　明崇禎刻本　一册

220000－0841－0011029　集0735K
熊魚山先生文集二卷首一卷末一卷　(明)熊開元撰　清光緒二十一年(1895)泠然閣刻本　二册

220000－0841－0011030　集0716K
熊魚山文集二卷　(明)熊開元撰　清光緒十年(1884)鉛活字印本　二册

220000－0841－0011031　集8457K
咸陟堂二集六卷　(明)釋迹删(成鷲)撰　清道光二十五年(1845)刻本　四册

220000－0841－0011032　集8857K
不二歌集四卷　(明)張泰宇撰　清道光二十八年(1848)張氏刻本　二册

220000－0841－0011033　集8656K
天然和尚梅花詩一卷　題學人古鍵録　清刻本　一册

220000－0841－0011034　集2405K
西樓遺稿詩一卷群賢餘韻一卷湖橋題詠一卷　(明)華世楨撰　清嘉慶二十四年(1819)小緑天刻本　一册

220000－0841－0011035　集8273K
西因記事詩一卷　(明)童正中撰　清抄本　一册

220000－0841－0011036　集4948
影園詩稿文稿一卷　(明)鄭元勳撰　清乾隆二十七年(1762)鄭開基拜影樓刻本　一册

220000－0841－0011037　集1322
林茂之詩選二卷　(清)林古度撰　清康熙七略書堂刻本　一册

220000－0841－0011038　集10789K
錢牧齋尺牘三卷補遺一卷　(清)錢謙益撰　清宣統二年(1910)鄧氏風雨樓鉛活字印本　三册

220000－0841－0011039　善1261
牧齋初學集一百十卷　(清)錢謙益撰　明崇禎十六年(1643)瞿式耜刻本　二十册

220000－0841－0011040　集0956K
初學集一百一十卷　(清)錢謙益撰　(清)錢曾箋註　清宣統二年(1910)上海邃漢齋鉛活字印本　二十四册

220000－0841－0011041　集0955K
有學集五十卷補遺二卷投筆集一卷　(清)錢謙益撰　清宣統二年(1910)鉛活字印本　十六册

220000－0841－0011042　善1384
牧齋初學集詩註二十卷牧齋有學集詩註十四卷　(清)錢謙益撰　(清)錢曾箋註　清雍正

春暉堂刻本　十六冊

220000－0841－0011043　集 1276K
夏峯先生集十四卷補遺二卷首一卷　（清）孫奇逢撰　清道光二十五年(1845)大梁書院刻孫夏峯全集本　十二冊

220000－0841－0011044　集 5092
尊水園集畧十二卷　（清）盧世㴶撰　清順治刻十七年(1660)盧孝餘增修本　六冊

220000－0841－0011045　集 0747
尊水園集畧十二卷補遺二卷　（清）盧世㴶撰　清順治十七年(1660)刻清重修本　八冊

220000－0841－0011046　善 1376
壺山集三卷　（清）陳孝威撰　清順治刻本　一冊

220000－0841－0011047　善 2759
石臼前集九卷後集七卷　（清）邢昉撰　清康熙刻本　三冊

220000－0841－0011048　集 2410
吾丘詩二卷　（清）徐籀撰　（清）徐波選　清刻本　一冊

220000－0841－0011049　集 5008K
匽園詩前集五卷詩餘　（清）李天植撰　清道光十六年(1836)盛氏拜石山房刻本　二冊

220000－0841－0011050　善 1335
逌齋詩集四卷二集二卷又二卷　（清）劉正宗撰　清順治刻本　九冊

220000－0841－0011051　集 5122
御墨樓詩四卷二集二卷　（清）劉正宗撰　清順治刻本　四冊

220000－0841－0011052　集 0768K
桐菴文稿一卷　（清）鄭敷教撰　清光緒十三年(1887)新陽趙元益刻本　一冊

220000－0841－0011053　善 1186
布水臺集二十卷　（清）釋道忞撰　清刻徑山藏本　三冊

220000－0841－0011054　集 0897K
天愚山人詩集十二卷文集十六卷　（清）謝泰宗撰　清光緒六年(1880)靈蕤館刻本　八冊

220000－0841－0011055　集 0940K
寶綸堂集十卷首一卷拾遺一卷　（清）陳洪綬撰　清光緒十四年(1888)取斯堂木活字印本　八冊

220000－0841－0011056　善 1417
陳士業先生集十六卷　（清）陳弘緒撰　清康熙陳玟刻本　八冊　存五種十卷

220000－0841－0011057　集 1217
秋水集十六卷　（清）馮如京撰　清乾隆五年(1740)清暉堂刻本　六冊

220000－0841－0011058　集 1102K
蓮山詩集十九卷　（清）陳衍虞撰　清道光十九年(1839)修補印本　四冊

220000－0841－0011059　集 1225
野漁小稿一卷出塞吟一卷　（清）樊瑩撰　清乾隆刻本　一冊

220000－0841－0011060　集 1029
鈍吟全集二十三卷　（清）馮班撰　清毛氏汲古閣康熙陸貽典遞刻本　二冊

220000－0841－0011061　善 3378
東齋別集一卷　題(清)愚翁和尚撰　清康熙刻本　一冊

220000－0841－0011062　集 1051K
寒支初集十卷二集四卷首一卷　（清）李世熊撰　清同治十三年(1874)刻本　十四冊

220000－0841－0011063　集 1363F
止谿文鈔一卷詩鈔一卷　（清）朱嘉徵撰　清光緒十三年(1887)刻海昌叢載本　一冊

220000－0841－0011064　集 1254K
用六集十二卷　（清）刁包撰　清道光二十三年(1843)順積樓刻用六居士所著書本　六冊

220000－0841－0011065　集 1329
青巖集十二卷　（清）許楚撰　清康熙五十年(1711)刻本　六冊

220000－0841－0011066　善 2741
愚菴小集十五卷附錄一卷　(清)朱鶴齡撰　清康熙金閶童晉之刻本　三册　存十一卷(一至十一)

220000－0841－0011067　集 0991
榆墩集選詩二卷文九卷榆溪詩鈔二卷　(清)徐世溥撰　清康熙刻本　四册

220000－0841－0011068　集 1196
芝在堂文集十五卷　(清)劉醇驥撰　清康熙刻本　四册

220000－0841－0011069　集 0999K
霜紅龕集四十卷附錄三卷年譜一卷　(清)傅山撰　清宣統三年(1911)山陽丁寶銓刻本　十二册

220000－0841－0011070　集 5148
傅徵君霜紅龕詩鈔不分卷　(清)傅山撰　清乾隆三十二年(1767)刻本　二册

220000－0841－0011071　集 5163
瞎堂詩集二十卷　(清)釋函昰撰　清康熙刻清修補本　四册

220000－0841－0011072　集 5093
屺思堂詩集八卷　(清)劉子壯撰　清康熙刻本　一册

220000－0841－0011073　善 1402
佳山堂詩集十卷二集九卷　(清)馮溥撰　清康熙刻本　三册

220000－0841－0011074　集 5123
謙齋文集十二卷詩集八卷　(清)蔡仲光撰　清咸豐四年(1854)刻本　十册

220000－0841－0011075　集 1056K
馬太史匡庵詩前集六卷　(清)馬世俊撰　清光緒二十一年(1895)錫成公司鉛活字印本　二册

220000－0841－0011076　集 8888
梅村先生詩集十卷　(清)吴偉業撰　清順治刻本　二册

220000－0841－0011077　善 2966
吴詩集覽二十卷　(清)吳偉業撰　**談藪二卷拾遺一卷**　(清)靳榮藩輯　清乾隆四十年(1775)凌雲亭刻本　十二册

220000－0841－0011078　善 3163
吴詩集覽二十卷補註二十卷　(清)吳偉業撰　**談藪二卷拾遺一卷**　(清)靳榮藩輯　清乾隆四十年(1775)凌雲亭刻本　十四册

220000－0841－0011079　集 7915K
梅村詩集箋注十八卷　(清)吳偉業撰　(清)吳翌鳳注　清嘉慶十九年(1814)滄浪吟榭刻本　十二册

220000－0841－0011080　集 0974K
梅村詩集箋注十八卷　(清)吳偉業撰　(清)吳翌鳳撰　清嘉慶書坊刻本　十二册

220000－0841－0011081　集 0922K
梅村詩集箋注十八卷　(清)吳偉業撰　(清)吳翌鳳注　清光緒十年(1884)湖北書局刻本　十二册

220000－0841－0011082　集 7711K
梅村集二十卷　(清)吳偉業撰　(清)任光奇辨正　清光緒二十五年(1899)弁山鐸署刻本　四册

220000－0841－0011083　集 0921K
吴詩集覽二十卷　(清)吳偉業撰　(清)靳榮藩輯　清道光七年(1827)刻本　十册

220000－0841－0011084　集 1000
南雷文定十一卷後集四卷　(清)黄宗羲撰　**附錄一卷**　清康熙二十七年(1688)靳治荆刻本　六册

220000－0841－0011085　善 3172
黄梨洲先生南雷文約四卷　(清)黄宗羲撰　清乾隆七年(1742)鄭性刻本　四册

220000－0841－0011086　集 0920
松壺集二十卷　(清)程雲撰　清康熙刻本　一册

220000－0841－0011087　集 1137K
恥躬堂文鈔十卷詩鈔十六卷　(清)彭士望撰

清道光四年至咸豐元年(1824－1851)刻本　八册

220000－0841－0011088　集 1101K
變雅堂文集四卷　(清)杜濬撰　清咸豐十年(1860)江夏彭崧毓刻本　四册

220000－0841－0011089　集 1089K
變雅堂文集四卷詩集十卷遺集附錄一卷　(清)杜濬撰　清同治九年(1870)鄂垣刻本　八册

220000－0841－0011090　集 1094K
變雅堂遺集二十卷　(清)杜濬撰　清光緒二十年(1894)黄崗沈氏刻本　六册

220000－0841－0011091　集 9552K
樸巢詩選二卷　(清)冒襄撰　(清)張明弼等評選　清光緒二十年(1894)刻本　二册

220000－0841－0011092　善 2738
竹笑軒吟草一卷續集一卷　(清)李因撰　明崇禎十六年(1643)刻本　一册

220000－0841－0011093　集 1273
笠翁一家言全集十六卷　(清)李漁撰　清雍正芥子園刻本　十六册

220000－0841－0011094　叢 1157
笠翁一家言全集十六卷　(清)李漁撰　清世德堂刻芥子園本　六册

220000－0841－0011095　集 1274K
笠翁一家言全集十六卷　(清)李漁撰　清刻本　十六册

220000－0841－0011096　集 7912K
笠翁一家言全集十六卷　(清)李漁撰　清刻本　二十册

220000－0841－0011097　集 9412K
笠翁詩選一卷　(清)李漁撰　清抄本　一册

220000－0841－0011098　集 5151K
蘭雪堂詩稿七卷　(清)王廣心撰　清道光二十七年(1847)刻本　二册

220000－0841－0011099　集 8445K
周九煙集三卷外集三卷　(清)黄周星撰　清咸豐三年(1853)刻本　二册

220000－0841－0011100　集 9843K
九煙先生别集二卷　(清)黄周星撰　清光緒二十五年(1899)静諳家塾刻本　一册

220000－0841－0011101　善 2371
夏為堂詩略刻十一卷　(清)黄周星撰　清順治十三年(1656)刻本　二册

220000－0841－0011102　集 7956
西北文集四卷　(清)畢振姬撰　清康熙刻本　一册　存二卷(一至二)

220000－0841－0011103　善 3228
栖雲閣文集十五卷附録一卷詩集十六卷拾遺三卷　(清)高珩撰　**留耕堂遺詩四卷**　(清)高瑋撰　清乾隆四十四年(1779)高貽榮等刻本　十二册　缺四卷(留耕堂遺詩四卷)

220000－0841－0011104　集 8498
蒿菴集三卷　(清)張爾岐撰　**附録一卷**　清乾隆三十八年(1773)胡德林刻本　一册

220000－0841－0011105　集 1047K
蒿盦集三卷拾遺一卷蒿盦閒話二卷　(清)張爾岐撰　**附録一卷**　清光緒十五年(1889)山東書局刻本　三册

220000－0841－0011106　集 0906
青箱堂詩三十三卷　(清)王崇簡撰　清康熙刻本　六册

220000－0841－0011107　集 1064
賴古堂詩集二十四卷附録一卷　(清)周亮工撰　清康熙十四年(1675)周在浚刻本　六册

220000－0841－0011108　集 1185
賴古堂詩集四卷　(清)周亮工撰　清康熙刻本　二册

220000－0841－0011109　集 1272
愛日堂文集八卷詩集二卷外集一卷　(清)孫宗彝撰　**吏部考功司郎中孫公墓志銘一卷**　(清)錢陸燦撰　**年譜一卷**　(清)孫弓安撰　清康熙四十二年(1703)、道光二十年(1840)

刻本　六冊

220000－0841－0011110　集10488K
感物吟五卷　(清)張亨梧撰　清張度禮刻本　一冊

220000－0841－0011111　集1042
江園集十五卷紀事一卷江園尺牘一卷　(清)陳常夏撰　清康熙二十五年(1686)刻本　十冊

220000－0841－0011112　善1407
薪齋初集八卷二集八卷三集八卷　(清)呂陽撰　清順治至康熙刻本　十二冊

220000－0841－0011113　集1193
黃山詩留十六卷　(清)法若真撰　清康熙刻本　十六冊

220000－0841－0011114　善1312
靜惕堂詩集四十四卷　(清)曹溶撰　清雍正刻本　八冊

220000－0841－0011115　集1177K
靜惕堂詩八卷　(清)曹溶撰　清道光信茅閣木活字印本　六冊

220000－0841－0011116　集7749
倦圃曹先生尺牘二卷　(清)曹溶撰　(清)胡泰選　清康熙含暉閣刻本　二冊

220000－0841－0011117　子6052K
水田居激書二卷　(清)賀貽孫撰　清抄本　二冊

220000－0841－0011118　集1099K
亭林詩集五卷文集六卷餘集一卷　(清)顧炎武撰　清宣統元年(1909)上海掃葉山房石印本　四冊

220000－0841－0011119　集1006K
顧亭林先生詩箋注十七卷首一卷箋注校補一卷　(清)顧炎武撰　(清)徐嘉箋注　清光緒二十七年(1901)徐氏味靜齋刻本　六冊

220000－0841－0011120　集0934F
歸元恭先生文續鈔七卷附錄一卷　(清)歸莊撰　清光緒三十四年(1908)上海國學保存會鉛印國粹叢書本　二冊

220000－0841－0011121　集1020K
邱邦士文集十八卷　(清)邱維屏撰　清光緒元年(1875)刻本　八冊

220000－0841－0011122　集8690K
定山堂古文小品二卷　(清)龔鼎孶撰　清光緒十年(1884)龔氏刻本　二冊

220000－0841－0011123　集8588K
定山堂詩集四十三卷詩餘四卷　(清)龔鼎孶撰　清光緒九年(1883)聖彝書屋刻本　十六冊

220000－0841－0011124　集10773K
定山堂古文補遺三卷古文小品續集一卷　(清)龔鼎孶撰　清光緒十二年(1886)刻本　四冊

220000－0841－0011125　集1141K
兼濟堂文集二十四卷　(清)魏裔介撰　清光緒十年(1884)刻本　二十四冊

220000－0841－0011126　集1180
兼濟堂文集選二十卷　(清)魏裔介撰　(清)詹明章選　清康熙龍江書院刻本　六冊

220000－0841－0011127　集1351
嶼舫近草二卷　(清)魏裔介撰　清康熙十一年(1672)刻本　二冊

220000－0841－0011128　集5061
晴鶴堂詩鈔十六卷　(清)周體觀撰　清康熙十八年(1679)晴鶴山房刻本　六冊

220000－0841－0011129　集1109K
寒松堂全集十二卷年譜一卷　(清)魏象樞撰　清嘉慶十六年(1811)刻本　十三冊

220000－0841－0011130　集1206
于清端公集四卷附刻一卷　(清)于成龍撰　清康熙刻本　二冊

220000－0841－0011131　善1392
寒松堂詩藁初集不分卷　(清)張嘉撰　清順治十三年(1656)刻本　四冊

220000－0841－0011132　集 5184
侯朝宗文鈔八卷　(清)侯方域撰　清康熙三十三年(1694)刻國朝三家文抄本　四冊

220000－0841－0011133　集 8087
壯悔堂文集十卷遺稿一卷　(清)侯方域撰　清順治刻清修補印本　四冊

220000－0841－0011134　集 1332
壯悔堂文集十卷遺稿一卷四憶堂詩集六卷　(清)侯方域撰　清乾隆刻本　八冊

220000－0841－0011135　集 0904
壯悔堂文集十卷遺稿一卷　(清)侯方域撰　清乾隆二十三年(1758)刻本　四冊

220000－0841－0011136　善 2974
四憶堂詩集六卷遺稿一卷　(清)侯方域撰　清乾隆刻本　一冊

220000－0841－0011137　集 0943K
四憶堂詩集六卷遺稿一卷　(清)侯方域撰　清同治十三年(1874)刻本　二冊

220000－0841－0011138　集 1357
看雲草堂集八卷　(清)尤侗撰　清康熙刻西堂全集本　四冊

220000－0841－0011139　善 3550
外國竹枝詞一卷百末詞五卷詞餘一卷　(清)尤侗撰　清刻西堂全集本　一冊

220000－0841－0011140　善 2224
寵壽堂詩集二十四卷　(清)張競光撰　清康熙二年(1663)石鏡山房刻本　一冊　存四卷(一至四)

220000－0841－0011141　善 1322
磊園留草二卷　(清)王道直撰　清康熙五十六年(1717)王居養性堂刻本　四冊

220000－0841－0011142　集 1156
七頌堂詩集九卷文集四卷　(清)劉體仁撰　清康熙刻本　四冊

220000－0841－0011143　善 2300
託素齋詩集四卷文集六卷　(清)黎士弘撰　**行述一卷**　(清)劉元慧撰　清雍正二年(1724)黎致遠刻本　十冊

220000－0841－0011144　集 1040K
託素齋詩集四卷文集六卷　(清)黎士弘撰　**行述一卷**　(清)劉元慧撰　清刻本　十冊

220000－0841－0011145　集 5137K
託素齋詩集四卷　(清)黎士弘撰　清刻雍正本　四冊

220000－0841－0011146　集 9602K
鳴鶴堂詩十一卷　(清)任源祥撰　清光緒十五年(1889)刻本　二冊

220000－0841－0011147　善 2743
陋軒詩六卷　(清)吳嘉紀撰　清康熙刻本　二冊

220000－0841－0011148　集 1198K
陋軒詩集十二卷陋軒詩續二卷　(清)吳嘉紀撰　清道光二十年(1840)泰州夏氏修補重印嘉慶本　五冊

220000－0841－0011149　集 1201K
鳴鶴堂文集十卷詩集十一卷　(清)任源祥撰　清光緒十五年(1889)刻本　六冊

220000－0841－0011150　集 0933
林蕙堂全集二十六卷　(清)吳綺撰　清乾隆三十九年(1774)、四十一年(1776)刻本　十冊

220000－0841－0011151　集 1240
熊學士詩文集三卷　(清)熊伯龍撰　清康熙九年(1670)刻乾隆五十一年(1786)熊光補修本　六冊

220000－0841－0011152　集 0990K
施愚山先生別集(蠖齋詩話)二卷　(清)施閏章撰　**愚山先生年譜四卷**　(清)施念孫撰　清木活字印本　二冊

220000－0841－0011153　集 0944F
虛直軒文集十卷首一卷外集六卷　(清)姚文然撰　清光緒十三年(1887)津河廣仁堂刻津河廣仁堂所刻書本　六冊

220000－0841－0011154　集 8379

槐蔭堂詩一卷 （清）王梓撰 （清）胡在恪選 清康熙三十六年（1697）刻本 一册

220000－0841－0011155 集 4935
豐草菴詩集十一卷禪樂府一卷 （清）董説撰 清刻本 四册

220000－0841－0011156 集 1058
蕉林詩集十八卷 （清）梁清標撰 清康熙十七年（1678）梁允植刻本 八册

220000－0841－0011157 集 1039
溉堂前集九卷續集六卷後集六卷文集五卷 （清）孫枝蔚撰 清康熙六十年（1721）刻本 八册

220000－0841－0011158 集 9141
東苑詩鈔一卷文鈔二卷蕊雲集一卷晚唱一卷 （清）毛先舒撰 清康熙刻思古堂十四種書本 三册

220000－0841－0011159 集 1605
白雲集十七卷 （清）張賁撰 清乾隆十七年（1752）不惑堂刻本 四册

220000－0841－0011160 集 1245
白茅堂集四十六卷 （清）顧景星撰 **耳提錄一卷** （清）顧景星論 （清）顧昌述 清康熙四十三年（1704）刻乾隆二十年（1755）續刻本 二十册

220000－0841－0011161 集 1298
白茅堂集四十六卷 （清）顧景星撰 **耳提錄一卷** （清）顧景星論 （清）顧昌述 清康熙四十三年（1704）刻光緒二十八年（1902）修版印本 二十册

220000－0841－0011162 集 1145K
獨善堂文集八卷 （清）王大經撰 清嘉慶二十二年（1817）春暉堂刻本 四册

220000－0841－0011163 集 0918K
直木齋全集十二卷 （清）任繩隗撰 清道光七年（1827）香蔭樓刻本 二册

220000－0841－0011164 集 5172K
直木齋全集十二卷 （清）任繩隗撰 清同治十三年（1874）宜興任道鎔刻本 三册

220000－0841－0011165 集 7800
居易堂集二十卷 （清）徐枋撰 清康熙刻本 十八册

220000－0841－0011166 集 1210
雪鴻堂文集十八卷 （清）李蕃撰 **又四卷** （清）李鍾璧撰 **又二卷** （清）李鍾峩撰 清康熙五十八年（1719）刻本 六册

220000－0841－0011167 集 1356
湄湖吟十一卷聽松軒遺文一卷 （清）杜漺撰 清康熙刻道光九年（1829）杜堮增修本 四册

220000－0841－0011168 集 5060
山東乙酉科鄉試硃卷一卷順治四年丁亥科春秋房會試硃卷一卷 （清）杜漺撰 清順治朱印本 一册

220000－0841－0011169 集 0981
中山文鈔四卷 （清）郝浴撰 清康熙刻中山全集本 二册

220000－0841－0011170 集 10833K
北行日札一卷 （清）王弘撰撰 清乾隆刻本 一册

220000－0841－0011171 集 5127
敬恕堂文集紀年十卷紀事略一卷 （清）耿介撰 清康熙四十八年（1709）竇氏刻光緒四年（1878）修補印本 十册

220000－0841－0011172 集 1323F
采山堂詩八卷 （清）周篔撰 清道光十年（1830）信芳閣木活字印國初十家詩抄本 二册

220000－0841－0011173 集 1220
庸書二十卷 （清）張貞生撰 清康熙十八年（1679）張世坤刻本 十册

220000－0841－0011174 集 9376
毛翰林集□□卷 （清）毛奇齡撰 清康熙刻本 二册 存十四卷（墓表二卷、墓碑一卷、墓志銘十卷、塔志銘一卷）

220000－0841－0011175　善 2386
集慶堂詩艸一卷　(清)蔣龍光撰　清康熙十九年(1680)刻本　一冊

220000－0841－0011176　集 5056
魏叔子文鈔十二卷　(清)魏禧撰　清康熙三十三年(1694)刻國朝三家文抄本　二冊

220000－0841－0011177　集 1126
范忠貞公集十卷　(清)范承謨撰　(清)劉可書編　清康熙刻本　四冊

220000－0841－0011178　善 1351
修吉堂文稿八卷　(清)徐倬撰　清康熙四十七年(1708)刻本　四冊

220000－0841－0011179　善 3071
寓園小草一卷　(清)徐倬撰　清康熙刻道貴堂類稿本　一冊

220000－0841－0011180　集 5161K
南邨詩稿二十四卷　(清)潘高撰　清鶴江草堂木活字印本　四冊

220000－0841－0011181　集 1155K
七頌堂詩集十卷文集二卷　(清)劉體仁撰　清同治九年(1870)劉瓚刻本　四冊

220000－0841－0011182　集 1256K
醉白堂文集四卷續集一卷　(清)謝良琦撰　清光緒十九年(1893)王鵬運刻本　二冊

220000－0841－0011183　集 7902K
鈍翁文錄十六卷　(清)汪琬撰　(清)金吳瀾錄　清光緒十三年(1887)木活字印本　六冊

220000－0841－0011184　集 1147K
海日堂詩集五卷文集二卷　(清)程可則撰　清道光五年(1825)刻本　四冊

220000－0841－0011185　集 1124
蓮龕集十六卷首一卷　(清)李來泰撰　清雍正十三年(1735)李轍等刻本　四冊

220000－0841－0011186　集 1125
蓮龕集十六卷首一卷　(清)李來泰撰　清雍正十三年(1735)刻乾隆八年(1743)重印本　六冊　缺一卷(首一卷)

220000－0841－0011187　集 1344
蓮龕集十六卷　(清)李來泰撰　清雍正十三年(1735)李氏刻本　八冊

220000－0841－0011188　集 1066
鈍翁前後類藳六十二卷　(清)汪琬撰　清康熙十四年(1675)刻本　十冊

220000－0841－0011189　善 1371
堯峰文鈔四十卷　(清)汪琬撰　清康熙三十二年(1693)林佶刻本　六冊

220000－0841－0011190　集 5763
繡虎軒尺牘八卷二集八卷三集八卷　(清)曹煜撰　清康熙傳萬堂刻本　十二冊

220000－0841－0011191　善 1415
石松堂集八卷　(清)余為霖撰　清康熙刻本　八冊

220000－0841－0011192　集 5204
蔚菴嫁衣集八卷葉子詩六卷詩餘一卷　(清)葉鳴鸞撰　清康熙刻本　六冊

220000－0841－0011193　集 7871K
張亟齋遺集不分卷　(清)張招撰　清同治三年(1864)望三益齋刻本　二冊

220000－0841－0011194　集 1022
改亭文集十六卷詩集六卷　(清)計東撰　清乾隆十三年(1748)計瑸刻本　六冊

220000－0841－0011195　集 0966
陳迦陵文集六卷儷體文集十卷湖海樓詩集八卷迦陵詞全集三十卷　(清)陳維崧撰　清康熙陳宗石患立堂刻本　十冊

220000－0841－0011196　集 0961
陳迦陵文集六卷儷體文集十卷迦陵詞全集三十卷　(清)陳維崧撰　**山陽錄一卷秋園雜佩一卷**　(清)陳貞慧撰　清康熙陳宗石患立堂刻本　八冊　缺十二卷(詞全集十九至三十)

220000－0841－0011197　集 0969
陳迦陵儷體文集十卷　(清)陳維崧撰　清康熙患立堂刻本　六冊

220000－0841－0011198　集 0963

湖海樓全集五十一卷　(清)陳維崧撰　清乾隆六十年(1795)浩然堂刻本　二十四冊

220000－0841－0011199　集0968K
湖海樓全集五十一卷　(清)陳維崧撰　清光緒十七年(1891)宜興任光奇刻本　十六冊

220000－0841－0011200　集0960F
湖海樓文集六卷　(清)陳維崧撰　清光緒十七年(1891)宜興任光奇刻本　二冊

220000－0841－0011201　集0898
陳檢討四六二十卷　(清)陳維崧撰　(清)程師恭註　清乾隆三十五年(1770)武進陳明善刻本　六冊

220000－0841－0011202　集0895K
陳檢討四六註二十卷　(清)陳維崧撰　(清)程師恭註　清乾隆三十五年(1770)刻本　四冊　缺四卷(十七至二十)

220000－0841－0011203　集0964
陳檢討詩鈔十卷詞鈔十二卷　(清)陳維崧撰　清康熙天藜閣刻本　四冊

220000－0841－0011204　集0959
湖海樓詩藁十二卷　(清)陳維崧撰　清康熙六十年(1721)陳履端刻本　四冊

220000－0841－0011205　集1055
幽蘭山房藏稿二十六卷　(清)張�光撰　清康熙二十五年(1686)刻本　四冊

220000－0841－0011206　集5145K
鷗迹集二十一卷　(清)蔡受撰　清刻本　四冊

220000－0841－0011207　集7899
定峰文選二卷　(清)沙張白撰　(清)王家枚選　清光緒二十四年(1898)江陰王氏刻重思齋叢書本　二冊

220000－0841－0011208　集5016K
定峰樂府十卷附刊一卷　(清)沙張白撰　(清)曾禾評　清光緒二十四年(1898)刻本　二冊

220000－0841－0011209　集5143
息軒草一卷　(清)王樛撰　清刻本　一冊

220000－0841－0011210　善1342:2
阮亭還志壑堂詩十五卷　(清)唐夢賚撰　(清)王士禎選並評　清康熙刻本　二冊

220000－0841－0011211　集10275K
二曲全集二十六卷歷年紀略一卷　(清)李顒撰　清同治十二年(1873)刻本　八冊

220000－0841－0011212　集5126K
二曲集二十六卷　(清)李顒撰　清道光八年(1828)毘陵惲氏刻本　八冊

220000－0841－0011213　集8013K
二曲集四十六卷　(清)李顒撰　清光緒三年(1877)信述堂刻本　十六冊

220000－0841－0011214　集5129K
山詩集十卷文集八卷紫雲詞一卷　(清)丁煒撰　清咸豐四年(1854)刻本　五冊

220000－0841－0011215　集0916
遙擲稿二十卷　(清)馮武撰　清康熙寶稼堂刻本　八冊

220000－0841－0011216　集1106
抱犢山房集五卷　(清)嵇永仁撰　同難二先生詩文一卷　(清)王龍光　(清)沈上章撰　清雍正嵇曾筠刻本　四冊

220000－0841－0011217　集7852
湯子遺書十卷　(清)湯斌撰　附錄一卷年譜一卷　清康熙四十二年(1703)王廷燦刻本　十冊

220000－0841－0011218　集1255
湯子遺書十四卷　(清)湯斌撰　清乾隆二年(1737)樹德堂刻本　十二冊

220000－0841－0011219　善1342:1
志壑堂詩集十二卷後集五卷文集十二卷後集三卷辛酉同遊倡和詩餘後集二卷　(清)唐夢賚撰　清康熙刻本　十八冊

220000－0841－0011220　集5162
問山詩集二卷文集六卷　(清)丁煒撰　清康熙刻本　四冊

220000－0841－0011221　集 1342
靜園僅稿八卷　(清)萬任撰　**未學齋稿一卷**　(清)萬象厚撰　清康熙刻本　四冊

220000－0841－0011222　集 7748
靜中吟一卷　(清)梁顯祖撰　清康熙刻本　一冊

220000－0841－0011223　善 2427
林臥遙集二卷千疊波餘一卷　(清)趙吉士撰　清康熙刻本　六冊

220000－0841－0011224　集 8684
千疊波餘續編一卷補編一卷　(清)趙吉士撰　清康熙刻本　二冊

220000－0841－0011225　集 1188
柯郇遺稿八卷　(清)丘元武撰　清康熙刻本　六冊　存六卷(一至六)

220000－0841－0011226　集 0988
湛園未定稿六卷　(清)姜宸英撰　清康熙二老閣刻本　四冊

220000－0841－0011227　集 9692K
葦間詩集五卷　(清)姜宸英撰　清道光四年(1824)慈溪葉氏睿吾樓刻本　五冊

220000－0841－0011228　集 10954K
葦間詩集五卷　(清)姜宸英撰　清道光四年(1824)葉元堦木活字印本　六冊

220000－0841－0011229　集 5139
挹奎樓選稿十二卷　(清)林雲銘撰　清康熙三十五年(1696)陳一夔刻多文閣本　四冊

220000－0841－0011230　集 9778K
小傳我詩十卷　(清)傳眉撰　**白測魚詩一卷**　(清)白孕彩撰　**胡畸人詩一卷**　(清)胡庭撰　清咸豐三年(1853)刻本　二冊

220000－0841－0011231　集 8932K
曉庵先生文集三卷詩集二卷　(清)王錫闡撰　清光緒九年(1883)修補道光元年(1821)刻本　三冊

220000－0841－0011232　集 5006K
曉庵先生詩集二卷　(清)王錫闡撰　清光緒九年(1883)修補重印道光刻本　一冊

220000－0841－0011233　集 2409
石堂近稿一卷金臺隨筆一卷　(清)釋元玉撰　清康熙刻本　一冊

220000－0841－0011234　集 5055
靜中吟一卷雜著一卷　(清)梁顯祖撰　清康熙三十年(1691)刻本　一冊

220000－0841－0011235　集 1034
尺五堂詩刪初刻六卷近刻四卷　(清)嚴我斯撰　清康熙二十七年(1688)刻本　十冊

220000－0841－0011236　集 1343K
讀書堂綵衣集四十六卷　(清)趙士麟撰　清光緒十九年(1893)浙江書局刻本　十二冊

220000－0841－0011237　集 0938
竹垞文類二十六卷　(清)朱彝尊撰　清康熙二十一年(1682)刻增修本　二冊

220000－0841－0011238　集 0951
曝書亭集八十卷附錄一卷　(清)朱彝尊撰　**笛漁小藁十卷**　(清)朱昆田撰　清康熙五十三年(1714)朱稻孫刻本　十六冊

220000－0841－0011239　集 0948K
曝書亭集詩注二十二卷年譜一卷　(清)朱彝尊撰　(清)楊謙註　清乾隆、嘉慶木山閣刻本　五冊

220000－0841－0011240　集 0953K
曝書亭集箋注二十三卷　(清)朱彝尊撰　(清)孫銀槎注　清嘉慶九年(1804)刻本　十冊

220000－0841－0011241　集 7729K
曝書亭集外詩五卷詞一卷文二卷　(清)朱彝尊撰　(清)馮登府　(清)朱墨林同輯　清嘉慶二十二年至道光二年(1817－1822)刻本　二冊

220000－0841－0011242　集 11242K
南車草一卷薇堂和章一卷　(清)朱彝尊撰　清嘉慶二十三年(1818)蔣楷刻本　一冊

220000－0841－0011243　集 9835K

唐風不分卷 （清）梁佩蘭撰 清抄本 一册

220000－0841－0011244 集 8612K

石堂集十卷近稿一卷金臺隨筆一卷 （清）釋元玉撰 清光緒七年（1881）刻本 四册

220000－0841－0011245 集 5035

漣漪堂遺稿文一卷詩一卷理言一卷 （清）沈峻曾撰 清康熙刻本 二册

220000－0841－0011246 集 1306

居業齋文稿二十卷 （清）金德嘉撰 清康熙刻本 四册

220000－0841－0011247 集 5174

合組集偶體八卷 （清）林之枚撰 清康熙攬秀堂刻本 二册

220000－0841－0011248 集 1004K

正誼堂詩集二十卷蓉渡詞三卷正誼堂文集不分卷 （清）董以寧撰 清康熙三十九年（1700）刻本 八册

220000－0841－0011249 集 1260

翁山文外十七卷 （清）屈大均撰 清康熙刻本 五册

220000－0841－0011250 集 1262K

翁山文外十六卷 （清）屈大均撰 清宣統二年（1910）上海國學扶輪社鉛活字印本 五册

220000－0841－0011251 善 1305

屈翁山詩集八卷附詞一卷 （清）屈大均撰 清康熙徐肇元刻本 四册

220000－0841－0011252 集 5198K

道授堂詩集十二卷詞一卷 （清）屈大均撰 清道光刻本 八册

220000－0841－0011253 集 1263K

翁山詩外二十卷 （清）屈大均撰 清宣統二年（1910）鉛活字印本 十二册

220000－0841－0011254 子 3609K

璇璣碎錦二卷 （清）萬樹撰 清光緒十四年（1888）似靜齋刻本 二册

220000－0841－0011255 集 1311K

唐魏子集四卷補遺一卷玉山縣唐侯紀事錄一卷 （清）唐世徵撰 **惺菴詩存一卷** （清）唐昭淳撰 清道光十九年（1839）刻本 二册

220000－0841－0011256 集 1337

太白山人槲葉集五卷南遊草一卷 （清）李柏撰 清康熙三十四年（1695）刻本 五册

220000－0841－0011257 集 5146K

太白山人槲葉集五卷南遊草一卷補遺刊一卷 （清）李柏撰 清光緒郿縣刻本 六册

220000－0841－0011258 集 1182

三魚堂文集十二卷外集六卷附錄一卷 （清）陸隴其撰 清康熙四十年（1701）刻琴川書屋本 六册

220000－0841－0011259 集 9998K

三魚堂文集十二卷外集六卷附錄一卷 （清）陸隴其撰 清光緒十五年（1889）柏經正堂刻西京清麓叢書本 七册

220000－0841－0011260 集 0903

秋笳集八卷 （清）吴兆騫撰 清康熙徐乾學刻雍正四年（1726）吴振臣增修本 六册

220000－0841－0011261 集 1143

松桂堂全集三十七卷 （清）彭孫遹撰 清乾隆八年（1743）彭景曾刻本 六册

220000－0841－0011262 集 8028K

朱秋厓詩集四卷 （清）朱克生撰 清同治四年（1865）刻本 二册

220000－0841－0011263 集 1325K

朱秋厓詩集四卷文集不分卷 （清）朱克生撰 清同治五年至光緒六年（1866－1880）刻本 四册

220000－0841－0011264 集 1157K

彭羡門全集四十三卷 （清）彭孫遹撰 清宣統三年（1911）上海掃葉山房石印本 十二册

220000－0841－0011265 集 1257

在陸草堂文集六卷 （清）儲欣撰 清雍正元年（1723）吴之彦刻本 三册

220000－0841－0011266 集 1310K

在陸草堂文集六卷　(清)儲欣撰　清光緒十七年(1891)刻本　二冊

220000－0841－0011267　善1330
憺園文集三十六卷　(清)徐乾學撰　清康熙二十六年(1687)冠山堂刻本　十六冊　存三十三卷(一至三十三)

220000－0841－0011268　集10148K
憺園全集三十六卷　(清)徐乾學撰　清光緒九年(1883)金吳瀾刻本　十二冊

220000－0841－0011269　集1138
薇水亭懷古吟二卷　(清)王澐撰　清康熙刻本　四冊

220000－0841－0011270　集1017
受祺堂詩三十五卷　(清)李因篤撰　清康熙三十八年(1699)田少華刻本　十冊

220000－0841－0011271　集1018K
受祺堂文集四卷　(清)李因篤撰　清道光七年(1827)刻本　四冊

220000－0841－0011272　集8128
獨漉堂稿七卷　(清)陳恭尹撰　清康熙刻本　一冊　存四卷(賦一卷、詩一至三)

220000－0841－0011273　集1267K
甌香館集十二卷補遺詩一卷補遺書跋一卷附錄二卷　(清)惲格撰　(清)蔣光煦輯　清光緒七年(1881)刻本　四冊

220000－0841－0011274　集1308K
遯菴文集十二卷墓志銘一卷　(清)儲方慶撰　清光緒二年(1876)刻本　四冊

220000－0841－0011275　善1397
尋壑外言五卷　(清)李繩遠撰　清乾隆刻本　一冊

220000－0841－0011276　集5079
安序堂文鈔三十卷　(清)毛際可撰　清康熙刻本　八冊

220000－0841－0011277　集0905
西齋集十八卷　(清)王仲儒撰　清康熙三十九年(1700)夢華山房刻本　四冊

220000－0841－0011278　集0930
蠶尾集十卷　(清)王士禎撰　清康熙三十五年(1696)刻本　六冊

220000－0841－0011279　善1414
帶經堂集九十二卷　(清)王士禎撰　清康熙五十年(1711)程哲七略書堂刻本　二十冊

220000－0841－0011280　集0931
漁洋山人文略十四卷詩集十六卷　(清)王士禎撰　清康熙刻本　十二冊

220000－0841－0011281　集0914
漁洋山人文略十四卷　(清)王士禎撰　清康熙刻本　四冊　缺二卷(一至二)

220000－0841－0011282　集0908
漁洋山人精華錄十卷　(清)王士禛撰　清康熙三十九年(1700)林佶刻本　四冊

220000－0841－0011283　集0909
漁洋山人精華錄訓纂十卷年譜註補二卷　(清)王士禛撰　(清)惠棟訓纂　清乾隆惠氏紅豆齋刻本　六冊

220000－0841－0011284　善1461
漁洋山人精華錄訓纂十卷目錄二卷自撰年譜註補二卷金氏精華錄箋注辯訛一卷　(清)王士禛撰　(清)惠棟訓纂　清乾隆惠氏紅豆齋刻本　十二冊

220000－0841－0011285　集0929
漁洋山人精華錄箋注十二卷補一卷年譜一卷附錄一卷　(清)王士禛撰　清乾隆鳳翽堂刻本　六冊

220000－0841－0011286　集0441K
漁洋山人精華錄訓纂十卷目錄二卷附錄一卷金氏箋注辯訛一卷年譜二卷　(清)王士禛撰　(清)惠棟訓纂　清光緒十七年(1891)南皮裴氏刻本　十二冊

220000－0841－0011287　集8040K
漁洋山人精華錄訓纂十卷目錄二卷自撰年譜二卷金氏精華錄箋注辯訛一卷訓纂補十卷　(清)王士禎撰　(清)惠棟訓纂　清光緒十七

年(1891)會稽徐氏述史樓刻本　十四冊

220000－0841－0011288　善1409
漁洋山人詩集二十二卷　(清)王士禛撰　清康熙八年(1669)吳郡沂詠堂刻本　六冊

220000－0841－0011289　善1387
西陂類稿五十卷　(清)宋犖撰　清康熙五十年(1711)刻本　八冊

220000－0841－0011290　善3371
筠廊偶筆二卷　(清)宋犖撰　清康熙刻本　二冊

220000－0841－0011291　集0911
綿津山人詩集十八卷楓香詞一卷　(清)宋犖撰　**緯蕭草堂詩一卷**　(清)宋至撰　清康熙刻本　六冊

220000－0841－0011292　集0915
宋氏綿津詩鈔八卷　(清)宋犖撰　(清)邵長蘅選輯　清康熙三十四年(1695)刻二家詩抄本　四冊

220000－0841－0011293　集1477
欣然堂集十卷　(清)陶孚尹撰　清康熙五十一年(1712)陶士銓刻本　四冊　存六卷(詩集一至六)

220000－0841－0011294　集0899
秋錦山房集二十二卷外集三卷　(清)李良年撰　清康熙三十五年(1696)刻乾隆續刻本　七冊

220000－0841－0011295　集1355
秋錦山房集十卷　(清)李良年撰　清康熙三十五年(1696)李潮偕刻本　三冊

220000－0841－0011296　善1370
秋錦山房外集三卷　(清)李良年撰　清乾隆刻本　一冊

220000－0841－0011297　集1317
但吟草八卷　(清)蕭惟豫撰　清康熙五十年(1711)刻本　二冊

220000－0841－0011298　集5181
虛直堂文集二十四卷　(清)劉棨撰　清康熙刻本　六冊

220000－0841－0011299　集1163
古歡堂集三十六卷　(清)田雯撰　清康熙刻德州田氏叢書本　四冊

220000－0841－0011300　善1363
經義齋集十八卷　(清)熊賜履撰　清刻本　十冊

220000－0841－0011301　集7982
南州草堂集三十卷首一卷續集四卷　(清)徐釚撰　清康熙三十四年(1695)刻四十四年(1705)續刻本　六冊

220000－0841－0011302　善3415
贏隱初集不分卷二集不分卷　(清)李國宋撰　清康熙二十八年(1689)刻本　四冊

220000－0841－0011303　集5165
馬太史匡菴詩集六卷　(清)馬世俊撰　清康熙刻本　二冊

220000－0841－0011304　集1280
存誠堂詩集二十五卷應制五卷　(清)張英撰　清乾隆刻本　十二冊

220000－0841－0011305　集5027
蒼峴山人集五卷微雲集詩餘一卷　(清)秦松齡撰　清康熙刻本　二冊

220000－0841－0011306　集0994
有懷堂文稿二十二卷詩稿六卷　(清)韓菼撰　清康熙四十二年(1703)刻本　二十冊

220000－0841－0011307　集1227
寒村詩文選三十六卷　(清)鄭梁撰　清康熙紫蟾山房刻本　十四冊

220000－0841－0011308　集1226
寒村詩文選三十六卷　(清)鄭梁撰　清康熙二老閣刻本　十六冊

220000－0841－0011309　集1214K
容齋千首詩不分卷　(清)李天馥撰　清光緒十二年(1886)鉛活字印本　六冊

220000－0841－0011310　集7739K

纑塘集一卷 （清）顧貞觀撰 清光緒六年(1880)枕經葄史齋刻本 一冊

220000－0841－0011311 善 3350
邵子湘全集三十卷邵氏家錄二卷 （清）邵長蘅撰 清康熙刻本 八冊

220000－0841－0011312 集 1115
邵子湘全集三十卷 （清）邵長蘅撰 清康熙邵氏青門草堂刻光緒二十二年(1896)李超瓊重印本 十二冊

220000－0841－0011313 集 10399K
邵子湘全集三十卷 （清）邵長蘅撰 清光緒二十二年(1896)重印康熙刻本 十二冊

220000－0841－0011314 集 1116
邵子湘文集二十二卷 （清）邵長蘅撰 清康熙三十二年(1693)邵氏青門草堂刻本 六冊

220000－0841－0011315 善 3361
青門旅稾六卷詩餘一卷 （清）邵長蘅撰 清康熙刻邵子湘全集本 六冊

220000－0841－0011316 集 1312K
保素堂稿十卷 （清）錢金甫撰 清嘉慶六年(1801)刻本 二冊

220000－0841－0011317 集 5187
北黟山人詩十卷 （清）吳苑撰 清康熙四十一年(1702)吳瞻泰等刻本 二冊

220000－0841－0011318 集 1389K
四明萬季野先生新樂府詞二卷 （清）萬斯同撰 清同治七年(1868)刻本 二冊

220000－0841－0011319 集 5176
茶山詩集十二卷別集一卷 （清）于梅撰 清康熙刻本 四冊

220000－0841－0011320 集 1338K
中江紀年詩集四卷 （清）袁啓旭撰 清光緒十七年(1891)木活字印本 四冊

220000－0841－0011321 善 3061
或語集不分卷 （清）張貞撰 清康熙刻渠亭山人半部稿本 一冊

220000－0841－0011322 善 3053
潛州集不分卷 （清）張貞撰 清康熙刻渠亭山人半部稿本 一冊

220000－0841－0011323 善 1343
午亭集八十卷 （清）陳廷敬撰 清康熙刻本 十二冊

220000－0841－0011324 善 1346
午亭文編五十卷 （清）陳廷敬撰 清康熙四十七年(1708)林佶刻本 十六冊

220000－0841－0011325 集 1049
午亭文編五十卷 （清）陳廷敬撰 清康熙四十七年(1708)刻乾隆四十三年(1778)重印本 二十四冊

220000－0841－0011326 集 1291
柳村詩集十二卷 （清）董訥撰 清康熙五十年(1711)刻本 四冊

220000－0841－0011327 集 7972
凝翠樓集四卷 （清）王慧撰 清康熙四十七年(1708)刻光緒二十三年(1897)重印本 一冊

220000－0841－0011328 集 1041
香草居集七卷 （清）李符撰 清乾隆刻本 二冊

220000－0841－0011329 集 1381
黃湄詩選十卷 （清）王又旦撰 清康熙刻本 四冊

220000－0841－0011330 集 1072
黃葉邨莊詩集十卷 （清）吳之振撰 清康熙刻本 八冊

220000－0841－0011331 集 0902K
黃葉村莊詩集八卷續集一卷後集一卷 （清）吳之振撰 清光緒四年(1878)刻本 四冊

220000－0841－0011332 集 1358K
聊齋文集二卷 （清）蒲松齡撰 清宣統元年(1909)上海國學扶輪社鉛活字印本 二冊

220000－0841－0011333 集 1441
擔峯詩四卷 （清）孫洤撰 清康熙刻本

四册

220000－0841－0011334　集 5173
慎修堂詩集八卷　(清)廖騰煃撰　清康熙五十五年(1716)刻本　四冊

220000－0841－0011335　集 8084
突星閣詩鈔十五卷　(清)王戩撰　清康熙刻乾隆重修本　六冊

220000－0841－0011336　集 5053
甓湖草堂文集六卷賦一卷近詩二卷　(清)吴世傑撰　清康熙刻本　二冊

220000－0841－0011337　集 7725
甓湖草堂文集六卷賦一卷近詩二卷近集四卷　(清)吴世傑撰　清康熙刻嘉慶殖學堂重修本　四冊

220000－0841－0011338　集 8039
懷葛堂文集不分卷　(清)梁份撰　清康熙四十六年(1707)刻本　六冊

220000－0841－0011339　集 1200
葉忠節公遺稿十二卷　(清)葉映榴撰　清康熙刻本　六冊

220000－0841－0011340　善 1420
葉忠節公遺稿十二卷　(清)葉映榴撰　清乾隆十年(1745)葉芳刻本　四冊

220000－0841－0011341　集 5164
水明樓詩六卷　(清)顔光猷撰　清康熙刻本　四冊

220000－0841－0011342　集 1795
歸宫詹集四卷　(清)歸允肅撰　清嘉慶十年(1805)玉鑰堂刻本　四冊

220000－0841－0011343　集 1796K
歸宫詹集四卷　(清)歸允肅撰　清光緒十三年(1887)刻本　四冊

220000－0841－0011344　善 3153
直廬集不分卷　(清)喬萊撰　清康熙刻本　四冊

220000－0841－0011345　集 1468
文貞公集十二卷　(清)張玉書撰　清乾隆五十七年(1792)松蔭堂刻本　六冊

220000－0841－0011346　集 1467K
文貞公集十二卷　(清)張玉書撰　清光緒二十七年(1901)木活字印本　十二冊

220000－0841－0011347　集 1171
蓮洋集選十二卷　(清)吴雯撰　清乾隆十五年(1750)劉組曾刻本　六冊

220000－0841－0011348　集 1173
蓮洋集十二卷補遺一卷　(清)吴雯撰　清乾隆十五年(1750)劉組曾刻十六年(1751)宋弼補刻本　六冊

220000－0841－0011349　集 1174
蓮洋集二十卷年譜一卷附錄一卷　(清)吴雯撰　清乾隆三十九年(1774)荆圃草堂刻本　八冊

220000－0841－0011350　史 2297
趙恭毅公剩藁八卷　(清)趙申喬撰　**趙裘萼公剩藁四卷**　(清)趙熊詔撰　清乾隆二年(1737)趙侗斆刻本　十冊

220000－0841－0011351　集 1297
横山詩文鈔二十二卷　(清)裘璉撰　清康熙裘氏絳雲居刻本　八冊

220000－0841－0011352　善 1406
臨野堂詩集十三卷詩餘二卷　(清)鈕琇撰　清康熙刻本　六冊

220000－0841－0011353　善 3139
隨輦集十卷續集一卷　(清)高士奇撰　清康熙刻清吟堂全集本　二冊

220000－0841－0011354　善 3138
經進文稾六卷　(清)高士奇撰　清康熙刻清吟堂全集本　一冊

220000－0841－0011355　善 1502
樓邨詩集二十五卷　(清)王式丹撰　清雍正四年(1726)王懋訥刻本　四冊

220000－0841－0011356　善 2287
白漊集十卷　(清)沈受宏撰　清康熙四十四

年(1705)刻本　一冊　存六卷(一至六)

220000－0841－0011357　集5152
冰菴詩鈔八卷　(清)王吉武撰　清乾隆五年(1740)穀詒堂刻本　二冊

220000－0841－0011358　集1178K
南畇文稿十二卷姚江釋毀錄一卷　(清)彭定求撰　清光緒七年(1881)彭氏刻長洲彭氏家集本　六冊

220000－0841－0011359　善1490
南崖集四卷　(清)陶元淳撰　清乾隆貽清堂刻本　二冊

220000－0841－0011360　善1380
遂初堂詩集十六卷文集二十卷別集四卷　(清)潘耒撰　清康熙刻本　十二冊

220000－0841－0011361　集1305
臨野堂文集十卷詩集十三卷詩餘二卷尺牘四卷觚賸八卷觚賸續編四卷　(清)鈕琇撰　清康熙刻本　八冊

220000－0841－0011362　集7766
臨野堂尺牘四卷　(清)鈕琇撰　清康熙刻本　二冊

220000－0841－0011363　集5188
篷窩雜稿不分卷　(清)溫棐忱撰　清康熙刻本　二冊

220000－0841－0011364　集1025
曹江集十卷　(清)曹恒吉撰　清康熙三十五年(1696)願學堂刻本　二冊

220000－0841－0011365　集7953K
習是堂文集二卷自序年譜一卷　(清)曾倬撰　清光緒二十年(1894)曾氏木活字印本　一冊

220000－0841－0011366　集1302
真志堂詩集五卷　(清)仝軌撰　清乾隆十一年(1746)尊經閣刻本　五冊

220000－0841－0011367　善1379
湖海集十三卷　(清)孔尚任撰　清康熙二十七年(1688)介安堂刻本　四冊

220000－0841－0011368　善2927
樸村文集二十四卷詩集十三卷　(清)張雲章撰　清康熙五十三年(1714)刻本　六冊

220000－0841－0011369　善1450
馮舍人遺詩六卷　(清)馮廷櫆撰　清雍正十一年(1733)刻本　一冊

220000－0841－0011370　集1223
不遮山閣詩鈔前集六卷後集十二卷詩餘二卷　(清)沈朝初撰　清康熙懷雲亭刻本　三冊　缺二卷(後集十一至十二)

220000－0841－0011371　集5052
漱玉亭詩集六卷　(清)釋超淵撰　清康熙十笏堂刻本　二冊

220000－0841－0011372　集0979
固哉叟詩鈔八卷　(清)高孝本撰　清乾隆三十年(1765)刻本　二冊

220000－0841－0011373　集8796K
固哉叟詩鈔八卷　(清)高孝本撰　清乾隆刻本　一冊　存四卷(一至三、八)

220000－0841－0011374　集5101K
績谿雜感詩一卷附錄一卷　(清)高孝本撰　(清)汪澤注釋　清同治刻本　一冊

220000－0841－0011375　善1372
蓄齋集十六卷　(清)黃中堅撰　清康熙五十年(1711)黃會刻五十三年(1714)增修本　四冊

220000－0841－0011376　集1295
奚囊寸錦　(清)張潮撰　清乾隆刻本　二冊

220000－0841－0011377　集5138K
奚囊寸錦　(清)張潮撰　清嘉慶二十五年(1820)刻本　二冊

220000－0841－0011378　集8397K
尺牘偶存十卷　(清)張潮撰　清乾隆刻本　四冊　存九卷(一至九)

220000－0841－0011379　集5046F
廣居樓詩集六卷　(清)沈廷文撰　清道光十年(1830)沈昭興刻本　二冊

220000－0841－0011380　集 5156K
嚴太僕先生集十二卷　(清)嚴虞惇撰　清光緒十年(1884)常熟嚴氏刻本　二册

220000－0841－0011381　善 1365
夢月巖詩集二十卷詩餘一卷　(清)吕履恒撰　清雍正三年(1725)刻本　四册

220000－0841－0011382　善 3236
敬業堂詩集四十八卷　(清)查慎行撰　清康熙五十八年(1719)刻本　八册

220000－0841－0011383　善 3351
敬業堂詩集五十卷　(清)查慎行撰　清康熙五十八年(1719)刻雍正增修本　十册

220000－0841－0011384　集 1088
敬業堂詩集五十卷續集六卷　(清)查慎行撰　清康熙刻雍正增修本　十二册

220000－0841－0011385　集 1168
嚴太僕先生集十二卷　(清)嚴虞惇撰　清乾隆元年(1736)嚴有禧刻本　四册

220000－0841－0011386　集 5175K
善卷堂四六注十卷拾遺一卷　(清)陸繁弨撰　(清)吳自高注　清同治十二年(1873)濟經堂刻本　四册　存七卷(一至七)

220000－0841－0011387　集 8831K
徐烈婦詩鈔二卷同心梔子圖讀法一卷桃溪雪二卷　(清)吳宗愛　(清)黃燮清撰　清光緒十年(1884)成都刻本　二册

220000－0841－0011388　集 5013K
徐烈婦詩鈔二卷附同心梔子圖讀法一卷附桃溪雪二卷　(清)吳宗愛　(清)黃燮清撰　清光緒元年(1875)雲鶴僊館刻本　四册

220000－0841－0011389　集 5012K
徐烈婦詩鈔二卷梔子同心圖讀法一卷　(清)吳宗愛　(清)應瑩撰　清光緒元年(1875)刻本　二册

220000－0841－0011390　集 1231
正誼堂文集十二卷　(清)張伯行撰　清乾隆刻本　六册

220000－0841－0011391　善 1328
查浦詩鈔十二卷　(清)查嗣瑮撰　清乾隆刻本　四册

220000－0841－0011392　善 3379
笛漁小藁十卷　(清)朱昆田撰　清康熙五十三年(1714)朱稻孫刻曝書亭集附刻本　一册

220000－0841－0011393　集 1142
退谷文集二十二卷　(清)黃越撰　清雍正五年(1727)光裕堂刻本　十六册

220000－0841－0011394　集 1288
秀野山房雜著一卷　(清)張世煒撰　清康熙三十三年(1694)刻本　一册

220000－0841－0011395　集 7880
小方壺文鈔六卷　(清)汪森撰　清康熙五十六年(1717)刻本　三册

220000－0841－0011396　集 5125
漁山詩草二卷　(清)邊汝元撰　清乾隆四十年(1775)刻本　二册

220000－0841－0011397　集 1114
葛莊詩鈔二十五卷　(清)劉廷璣撰　清康熙四十年(1701)刻增修本　六册

220000－0841－0011398　集 1112
葛莊編年詩三十六卷補遺一卷　(清)劉廷璣撰　清康熙刻本　十二册

220000－0841－0011399　集 1111
葛莊分體詩鈔十二卷補遺一卷　(清)劉廷璣撰　清康熙六十年(1721)劉永錫刻本　十二册

220000－0841－0011400　集 1123K
南山全集十六卷　(清)戴名世撰　清光緒十六年(1890)木活字印本　八册

220000－0841－0011401　集 1120K
南山全集十六卷　(清)戴名世撰　清宣統二年(1910)秀野軒木活字印本　八册

220000－0841－0011402　集 10314K
南山集十六卷　(清)戴名世撰　清道光三十年(1850)木活字印本　四册

220000－0841－0011403　集1122K

南山集十四卷補遺三卷　(清)戴名世撰　清光緒二十六年(1900)桐城張氏木活字印本　八冊

220000－0841－0011404　集1118K

潛虛先生文集十四卷補遺一卷年譜一卷　(清)戴名世撰　清光緒十八年(1892)木活字印本　八冊

220000－0841－0011405　集1117F

戴褐夫集一卷續補遺一卷紀行一卷紀略一卷　(清)戴名世撰　清宣統元年(1909)上海國粹叢書社鉛印國粹叢書本　二冊

220000－0841－0011406　善1865

御製文集四十卷總目五卷二集五十卷總目六卷三集五十卷總目六卷　(清)聖祖玄燁撰　清康熙五十三年(1714)内府刻本　七十八冊

220000－0841－0011407　善1864

御製詩集十卷二集十卷　(清)聖祖玄燁撰　清康熙四十二年(1703)宋犖刻本　四冊

220000－0841－0011408　善1866

御製避暑山莊三十六景詩二卷　(清)聖祖玄燁撰　清康熙五十一年(1712)内府刻墨套印本　一冊

220000－0841－0011409　集8211

苔牕拾稾二卷　(清)吳永和撰　清康熙五十七年(1718)孫讜刻雍正三年(1725)印本　二冊

220000－0841－0011410　集1258

禮山園文集八卷詩集十卷後編五卷續集四卷　(清)李來章撰　清康熙刻乾隆重印禮山園全集本　十五冊

220000－0841－0011411　集1299

蓴江集一卷　(清)張尚瑗撰　清康熙刻本　一冊

220000－0841－0011412　集7734

野航詩集二卷　(清)王丹林撰　清康熙刻本　二冊

220000－0841－0011413　集5034

修吉堂遺稿二卷　(清)徐元正撰　清乾隆四年(1739)刻修吉堂文稿本　一冊

220000－0841－0011414　集1335

秀濯詩六卷遊上方山記一卷　(清)吳啓元撰　清康熙刻本　一冊

220000－0841－0011415　集5136

緯蕭草堂詩六卷　(清)宋至撰　清康熙刻本　六冊

220000－0841－0011416　集8632

緯蕭草堂詩六卷　(清)宋至撰　清乾隆刻本　二冊

220000－0841－0011417　集1054

思綺堂文集十卷　(清)章藻功撰注　清康熙六十一年(1722)凌雲書屋刻本　十冊

220000－0841－0011418　集1053

思綺堂文集十卷　(清)章藻功撰注　清聚錦堂刻本　十冊

220000－0841－0011419　集5022K

恕堂詩七卷　(清)宫鴻曆撰　清嘉慶二十一年(1816)刻本　二冊

220000－0841－0011420　集5026K

海康陳清端公詩集十卷　(清)陳瓊撰　清道光六年(1826)不負齋刻本　二冊

220000－0841－0011421　集1152K

陳清端公文集十卷　(清)陳瓊撰　清同治七年(1868)刻本　四冊

220000－0841－0011422　集10890F

大山詩集二卷　(清)劉巖撰　清宣統二年(1910)鉛印寂園叢書本　二冊

220000－0841－0011423　善1355

懷清堂集二十卷首一卷　(清)湯右曾撰　清乾隆十一年(1746)湯學基等刻本　八冊

220000－0841－0011424　集1293

素賞樓稾八卷　(清)陳皖永撰　清康熙五十六年(1717)楊大成刻本　四冊

220000－0841－0011425　集 1234
叢碧山房文集八卷雜著三卷詩初集十四卷詩二集六卷詩三集十一卷詩四集十卷詩五集五卷　(清)龐塏撰　清康熙刻本　十冊

220000－0841－0011426　集 1236
叢碧山房詩鈔六卷　(清)龐塏撰　清康熙六十年(1721)王企埥刻本　三冊

220000－0841－0011427　集 1235
叢碧山房詩五集建州稿六卷　(清)龐塏撰　清康熙刻本　二冊

220000－0841－0011428　集 1359
秋泉居士集十七卷　(清)汪士鋐撰　清乾隆十三年(1748)清蔭堂刻本　八冊

220000－0841－0011429　集 1229
楝亭詩鈔八卷詞鈔一卷　(清)曹寅撰　清康熙刻本　二冊

220000－0841－0011430　集 8359
楝亭詩別集四卷　(清)曹寅撰　清康熙刻本　一冊

220000－0841－0011431　集 8029
貯月軒詩六卷　(清)章漢撰　清康熙四十年(1701)刻本　二冊

220000－0841－0011432　集 1176
匡山集六卷　(清)王沛恂撰　清雍正十一年(1733)刻本　四冊

220000－0841－0011433　集 0998
空明子詩集十卷詩餘二卷　(清)張榮撰　清康熙五十五年(1716)謙益堂刻本　四冊

220000－0841－0011434　集 1340
柯庭餘習十二卷　(清)汪文柏撰　清康熙四十四年(1705)汪氏古香樓刻本　六冊

220000－0841－0011435　善 1403
嘯竹堂集十六卷　(清)王錫撰　清康熙刻本　八冊

220000－0841－0011436　集 1170
湖光山色集一卷　(清)許志進撰　清康熙刻本　一冊

220000－0841－0011437　集 9326
謹齋詩稿二十卷　(清)許志進撰　清康熙刻本　二冊　存四卷(辛卯年稿一至二、乙丑年稿一卷、庚寅年稿一卷)

220000－0841－0011438　集 8837K
讀晉書絕句二卷　(清)張霔撰　清光緒十二年(1886)蝶園刻本　一冊

220000－0841－0011439　集 1348K
二水樓詩集十八卷文集二十卷　(清)李茹旻撰　清光緒十七年(1891)味憩廬刻本　十冊

220000－0841－0011440　集 1349
湖山堂集十六卷　(清)干建邦撰　清康熙刻本　六冊

220000－0841－0011441　集 8669
適可軒詩草一卷　(清)胡德邁撰　清康熙二十七年(1688)刻本　一冊

220000－0841－0011442　集 5159
慎獨軒文集八卷　(清)劉青霞撰　清乾隆刻劉氏傳家集本　四冊

220000－0841－0011443　集 5020K
樊桐詩選不分卷　(清)殷嶧撰　清嘉慶十三年(1808)夏氏刻本　一冊

220000－0841－0011444　集 1314
匠門書屋文集三十卷　(清)張大受撰　清雍正七年(1729)顧詒禄刻本　四冊

220000－0841－0011445　集 4998K
義門先生集十二卷　(清)何焯撰　(清)吳雲輯　清宣統三年(1911)中華圖書館影印本　四冊

220000－0841－0011446　集 1187K
何義門集十二卷附錄一卷家書四卷　(清)何焯撰　清宣統元年(1909)平江吳蔭培廣州刻本　六冊

220000－0841－0011447　集 1167
二十四泉草堂集十二卷　(清)王苹撰　清康熙刻本　六冊

220000－0841－0011448　集 1067

過江集四卷 (清)史申義撰 清康熙刻本 二册

220000－0841－0011449 集 1033

飴山詩集二十卷談龍録一卷 (清)趙執信撰 清乾隆十七年(1752)因園刻本 四册

220000－0841－0011450 集 5047

丙寅集一卷伊想集一卷 (清)陶爾穟撰 清康熙刻本 二册

220000－0841－0011451 集 1036

恒齋詩集十六卷 (清)周龍藻撰 清乾隆刻本 四册

220000－0841－0011452 集 1165

攄梧詩集十五卷 (清)管棆撰 清康熙刻本 四册

220000－0841－0011453 善 1327

攄梧詩集十五卷小遊僊集一卷 (清)管棆撰 清康熙刻本 四册

220000－0841－0011454 集 1028

道榮堂文集六卷首一卷 (清)陳鵬年撰 清乾隆二十七年(1762)刻本 八册

220000－0841－0011455 集 1077

陳恪勤公詩集三十九集 (清)陳鵬年撰 清康熙陳氏道榮堂刻本 八册

220000－0841－0011456 集 1327

滄洲先生詩鈔十卷補遺一卷 (清)陳鵬年撰 清雍正四年(1726)潘尚仁刻本 四册

220000－0841－0011457 集 1076

滄洲近詩十卷道榮堂文集六卷首一卷 (清)陳鵬年撰 清乾隆二十七年(1762)刻本 十四册

220000－0841－0011458 集 1078

滄洲近詩十卷 (清)陳鵬年撰 清乾隆二十七年(1762)刻本 六册

220000－0841－0011459 集 1133

蓬亭偶存詩草十五卷詩餘草一卷 (清)陳王猷撰 清道光二十六年(1846)陳廣澤刻本 四册

220000－0841－0011460 集 1328

陸堂詩集十六卷 (清)陸奎勲撰 清雍正刻本 二册 存八卷(一至八)

220000－0841－0011461 集 2145

西谿遺草三卷 (清)陶煓撰 清乾隆十一年(1746)刻本 一册

220000－0841－0011462 集 1211

高陽山人詩集二十卷補遺一卷文集十二卷 (清)劉青藜撰 清康熙四十九年(1710)傳經堂刻本 六册

220000－0841－0011463 集 1219

盤隱山樵詩集八卷 (清)李孚青撰 清康熙刻本 二册

220000－0841－0011464 集 1218

野香亭集十三卷 (清)李孚青撰 清康熙刻本 四册

220000－0841－0011465 集 5135

鬳珠堂詩集二卷 (清)侯京曾撰 清乾隆六年(1741)最可軒刻本 二册

220000－0841－0011466 集 8734

後村詩集四卷文一卷 (清)王文治撰 清康熙刻本 四册 缺一卷(文一卷)

220000－0841－0011467 集 1330

沙盱江遺稿四卷黔滇解餉紀略一卷 (清)沙鼎撰 清康熙幻影廬刻本 四册

220000－0841－0011468 集 1336

適齋詩草一卷 (清)蔣作梅撰 清雍正元年(1723)蔣弘住刻本 一册

220000－0841－0011469 集 8173

蔚園詩不分卷 (清)劉宗霈撰 清乾隆八年(1743)刻本 一册

220000－0841－0011470 集 5033

酒民詩鈔五卷 (清)胡士註撰 清康熙五十四年(1715)刻本 一册

220000－0841－0011471 集 1339F

掔鯨堂詩集九卷 (清)費錫璜撰 清道光鵝溪孫氏刻古棠書屋叢書本 一册

220000－0841－0011472　集5193K
桐埜詩集四卷　(清)周起渭撰　清咸豐二年(1852)山陰陳煥煃世恩堂貴陽刻本　二冊

220000－0841－0011473　集1380
存硯樓文集十六卷　(清)儲大文撰　清乾隆九年(1744)刻本　八冊

220000－0841－0011474　集1678K
存硯樓文集十六卷　(清)儲大文撰　清光緒元年(1875)刻本　八冊

220000－0841－0011475　集1153
朱文端公文集四卷　(清)朱軾撰　清乾隆刻本　六冊

220000－0841－0011476　集1093K
四餘堂遺稿二卷　(清)朱軾撰　清道光十三年(1833)刻本　二冊

220000－0841－0011477　善1373
吹釖集一卷　(清)吴士玉撰　清康熙四十一年(1702)刻本　一冊

220000－0841－0011478　集8233
適閒草一卷適閒詩草不分卷　(清)楊祖齡撰　清乾隆十年(1745)吹中堂刻本　一冊

220000－0841－0011479　集7857
適閒詩草不分卷　(清)楊祖齡撰　清乾隆四年(1739)吹中堂刻本　一冊

220000－0841－0011480　集1769
竹香詩集選四卷　(清)席鏊撰　清乾隆光大堂刻本　二冊

220000－0841－0011481　集7869
續鴛鴦湖櫂歌一卷　(清)朱麟應撰　清乾隆九年(1744)刻本　一冊

220000－0841－0011482　集7726
式馨堂文集十五卷詩前集十二卷詩後集十六卷詩餘偶存一卷蛻窩集一卷　(清)魯之裕撰　清康熙、雍正刻本　二冊　存十二卷(詩前集七至十二、詩後集一至六)

220000－0841－0011483　集5021K
樗巢詩選五卷　(清)李必恒撰　清嘉慶十四年(1809)刻本　一冊

220000－0841－0011484　善3483
朱止泉先生文集八卷　(清)朱澤澐撰　**止泉先生朱公行狀一卷**　(清)王箴傳撰　清乾隆四年(1739)朱氏顧天齋刻本　四冊

220000－0841－0011485　集1632K
朱止泉先生文集八卷行狀一卷　(清)朱澤澐撰　清光緒二十七年(1901)朱壽鏞刻本　四冊

220000－0841－0011486　善1400
槐江詩鈔四卷　(清)程瑞祊撰　清乾隆二年(1737)刻本　四冊

220000－0841－0011487　集1391
舒嘯閣詩集十二卷補遺一卷　(清)李兆齡撰　清乾隆刻本　四冊

220000－0841－0011488　集5082
玉屏山樵吟五卷陸巢雲先生驗封礦洞紀略一卷巢雲陸公行狀一卷　(清)陸師撰　清乾隆八年(1743)刻本　二冊

220000－0841－0011489　集5048
叱馭集一卷　(清)朱樟撰　清康熙刻本　一冊

220000－0841－0011490　集1738
志寧堂稿不分卷　(清)徐文靖撰　清雍正刻徐位山六種本　一冊

220000－0841－0011491　集1166
寤硯齋集不分卷　(清)戴晟撰　清乾隆刻本　四冊

220000－0841－0011492　集1564
望溪集不分卷　(清)方苞撰　清乾隆十二年(1747)刻本　十冊

220000－0841－0011493　集10434K
望溪先生文集十八卷集外文十卷補遺二卷　(清)方苞撰　(清)戴鈞衡編　**年譜二卷**　(清)蘇惇元輯　清咸豐元年(1851)刻本　十六冊

220000－0841－0011494　集5543:2
賞靜軒詩鈔一卷　(清)楊恒撰　清康熙刻本

一册

220000－0841－0011495　善 1418
香屑集十八卷首一卷末一卷　(清)黄之雋撰　清雍正十二年(1734)陳邦直刻本　六册

220000－0841－0011496　集 1251K
香屑集十八卷首一卷末一卷　(清)黄之雋撰　清同治、光緒廣州書坊翻印本　六册

220000－0841－0011497　善 1348
唐堂集五十卷冬錄一卷　(清)黄之雋撰　清乾隆六年(1741)刻本　十册

220000－0841－0011498　集 8124
弱水集二十二卷　(清)屈復撰　清乾隆七年(1742)刻本　四册

220000－0841－0011499　集 11108K
百硯銘一卷弱水集對聯一卷王漁洋秋柳詩四首解附徵刻國朝詩啓　(清)屈復撰　清乾隆九年(1744)刻本　一册　缺一卷(百硯銘一卷)

220000－0841－0011500　集 1521
白田草堂存稿二十四卷行狀一卷　(清)王懋竑撰　清乾隆刻本　八册

220000－0841－0011501　集 1523
白田草堂存稿二十四卷附錄一卷　(清)王懋竑撰　清乾隆刻本　六册

220000－0841－0011502　集 1449
樗莊文稿十卷尺牘一卷詩稿二卷　(清)沈維材撰　清雍正刻本　三册

220000－0841－0011503　集 1557
藍戸部集二十六卷　(清)藍千秋撰　清乾隆十二年(1747)刻本　十六册

220000－0841－0011504　集 5077K
牡丹百詠一卷　(清)蔣廷錫撰　清嘉慶十五年(1810)刻本　一册

220000－0841－0011505　集 2408
玉池生稿十卷　(清)岳端撰　清康熙三十五年(1696)、四十三年(1704)刻本　一册　存二卷(就樹堂集一、題畫絶句一)

220000－0841－0011506　集 1222
懷舫詩六卷懷舫詞一卷　(清)魏荔彤撰　清康熙刻本　二册

220000－0841－0011507　集 1724K
陳學士文鈔一卷　(清)陳儀撰　清道光刻本　一册

220000－0841－0011508　集 0992F
陳學士文集十五卷　(清)陳儀撰　清光緒五年(1879)定州王氏謙德堂刻畿輔叢書本　六册

220000－0841－0011509　集 1700K
清芬樓遺稿四卷　(清)任啓運撰　清光緒十四年(1888)家塾刻本　二册

220000－0841－0011510　集 8088K
天鑒堂一集二卷首一卷　(清)沈近思撰　清光緒二十五年(1899)刻本　一册

220000－0841－0011511　集 1208
秋影樓詩集九卷　(清)汪繹撰　清康熙五十二年(1713)查慎行刻本　一册

220000－0841－0011512　集 1677K
秋影樓詩集九卷　(清)汪繹撰　清光緒二十三年(1897)瞿氏刻鐵琴銅劍樓本　一册

220000－0841－0011513　集 1289
餘園詩鈔六卷　(清)繆沅撰　清乾隆十年(1745)刻本　四册

220000－0841－0011514　集 1313
餘園古今體詩精選四卷　(清)繆沅撰　清乾隆三十八年(1773)刻本　四册

220000－0841－0011515　善 1463
澄懷園載賡集六卷　(清)張廷玉撰　清乾隆十三年(1748)刻本　二册

220000－0841－0011516　集 1635K
澄懷文存十五卷　(清)張廷玉撰　清光緒十七年(1891)張紹文刻本　八册

220000－0841－0011517　集 8058
綠筠軒詩四卷　(清)張元撰　清乾隆四十二年(1777)刻本　二册

220000－0841－0011518　集1186
心孺詩選二十四卷　(清)傅仲辰撰　清雍正刻本　十冊

220000－0841－0011519　善2226
一鶴庵詩二刻五卷　(清)郭元釪撰　清康熙四十四年(1705)刻本　一冊

220000－0841－0011520　集5155
荼坪詩鈔十卷　(清)徐永宣撰　清康熙刻本　六冊

220000－0841－0011521　集1287
綠楊紅杏軒詩集四卷續集六卷　(清)蔣仁錫撰　(清)王士禎批點　清康熙刻本　二冊

220000－0841－0011522　集1555
王已山文集十卷別集四卷　(清)王步青撰　清乾隆十七年(1752)敦復堂刻本　八冊

220000－0841－0011523　集1679
晚香詩鈔二卷　(清)黃上林撰　清乾隆黃維玉等刻本　二冊

220000－0841－0011524　集5130
歸愚全集七十五卷　(清)沈德潛撰　清乾隆刻本　二十八冊　存十四種

220000－0841－0011525　集1704
沈歸愚全集七十五卷　(清)沈德潛撰　清乾隆刻本　二十四冊　存十一種

220000－0841－0011526　善1498
沈歸愚全集七十五卷　(清)沈德潛撰　清乾隆教忠堂刻本　三十二冊　存十四種

220000－0841－0011527　集1708
沈歸愚全集七十五卷　(清)沈德潛撰　清乾隆刻本　十三冊　存八種

220000－0841－0011528　集1705
沈歸愚全集七十五卷　(清)沈德潛撰　清乾隆刻本　十冊　存七種

220000－0841－0011529　集1709
歸愚文鈔十二卷　(清)沈德潛撰　清乾隆刻本　四冊

220000－0841－0011530　善3481
矢音集四卷　(清)沈德潛撰　清乾隆十八年(1753)刻沈歸愚詩文全集本　一冊

220000－0841－0011531　集1382
竹嘯軒詩鈔十八卷說詩晬語二卷歸愚詩鈔二十卷　(清)沈德潛撰　清雍正、乾隆刻本　四冊　缺十四卷(歸愚詩鈔七至二十)

220000－0841－0011532　集1710
竹嘯軒詩鈔十八卷　(清)沈德潛撰　清雍正刻本　四冊

220000－0841－0011533　集1238
小山詩初藁二卷詩餘四卷　(清)王時翔撰　清乾隆十一年(1746)王景元刻本　四冊

220000－0841－0011534　集0939
珠鳳閣詩草六卷　(清)查曦撰　清雍正五年(1727)刻本　三冊

220000－0841－0011535　集1588
南陔堂詩集十二卷　(清)徐以升撰　清乾隆二十六年(1761)刻本　八冊

220000－0841－0011536　集5116K
穆堂初稿五十卷別稿五十卷　(清)李紱撰　清道光十一年(1831)珊城阜祺堂刻本　三十六冊

220000－0841－0011537　集5067
藥園詩藁二卷　(清)吳焯撰　清康熙四十九年(1710)刻本　二冊

220000－0841－0011538　集1739
味和堂詩集六卷　(清)高其倬撰　清乾隆刻本　二冊

220000－0841－0011539　集1757
司業詩集四卷　(清)陳祖範撰　清乾隆十七年(1752)刻本　二冊

220000－0841－0011540　集1285K
味和堂詩集六卷　(清)高其倬撰　清道光高舒敏刻本　四冊

220000－0841－0011541　集9257
香岊詩稿一卷　(清)周鉞撰　清乾隆刻本

一冊

220000－0841－0011542　集1370
集虛齋學古文十二卷離騷經解略一卷　(清)方埜如撰　清乾隆十九年(1754)佩古堂刻本　四冊

220000－0841－0011543　集10634
曉亭詩鈔四卷　(清)塞爾赫撰　清乾隆十四年(1749)刻本　一冊　存一卷(一)

220000－0841－0011544　集5025K
香嵒室詩集一卷　(清)釋超源撰　**枯木禪七十倡和詩一卷**　(清)釋空塵撰　(清)時賢屬和　清宣統元年(1909)上海存古學社木活字印本　一冊

220000－0841－0011545　集1179K
留輿集十卷首一卷末一卷　(清)史周沅撰　清光緒十七年(1891)璞堂刻本　二冊

220000－0841－0011546　集1334
篁邨詩集二卷　(清)吳曜撰　清乾隆刻本　二冊

220000－0841－0011547　集8212
詠歸亭詩鈔八卷　(清)李果撰　清乾隆十七年(1752)養雲亭刻本　二冊

220000－0841－0011548　集1044
四焉齋全集十四卷　(清)曹一士撰　**梯仙閣詩一卷**　(清)陸鳳池撰　清乾隆十四年(1749)刻本　十二冊

220000－0841－0011549　集1007
四焉齋詩集六卷　(清)曹一士撰　**梯仙閣餘課一卷**　(清)陸鳳池撰　清乾隆十四年(1749)曹錫黻等刻本　四冊

220000－0841－0011550　善1891
世宗憲皇帝御製文集三十卷總目四卷　(清)世宗胤禛撰　**交輝園遺稿一卷**　(清)允祥撰　清乾隆三年(1738)內府刻本　十七冊

220000－0841－0011551　集5113
抱桐軒文集三卷　(清)顧陳垿撰　清乾隆刻本　三冊

220000－0841－0011552　集1244
紫幢軒詩集三十二卷　(清)文昭撰　清康熙、雍正刻本　四冊　存六種九卷

220000－0841－0011553　集8121
使黔草不分卷　(清)呂耀曾撰　清雍正十三年(1735)刻本　一冊

220000－0841－0011554　集8651
弇山集杜四卷　(清)王霖撰　清乾隆二年(1737)刻本　一冊

220000－0841－0011555　集7671K
弇山詩鈔二十二卷首二卷末二卷歸田集二卷　(清)王霖撰　清道光五年(1825)、七年(1827)刻本　十六冊

220000－0841－0011556　集1882
杜工部詩集句四卷　(清)王霖撰　清乾隆刻本　二冊

220000－0841－0011557　集1639K
墨香閣文集十三卷首一卷末一卷　(清)彭維新撰　清道光二年(1822)彭氏刻本　四冊

220000－0841－0011558　集5042
一瓢齋詩存六卷　(清)薛雪撰　清乾隆五十九年(1794)刻本　一冊

220000－0841－0011559　集1909
逍遙廬詩集四卷詩餘一卷　(清)應振聲撰　清乾隆刻本　一冊

220000－0841－0011560　集5014F
後甲集二卷　(清)章大來撰　清光緒會稽章氏刻式訓堂叢書本　一冊

220000－0841－0011561　集1919K
醖蜜集四卷　(清)浦起龍撰　清光緒二十七年(1901)靜寄軒刻本　四冊

220000－0841－0011562　集1526
詩禮堂古文五卷　(清)王又樸撰　清乾隆刻本　四冊

220000－0841－0011563　集1283
二希堂文集十二卷　(清)蔡世遠撰　清乾隆刻本　四冊

220000－0841－0011564　集 1282K
二希堂文集十一卷首一卷　(清)蔡世遠撰　清道光十七年(1837)刻本　八册

220000－0841－0011565　集 1941
連林草堂近稿一卷　(清)易祖愉撰　清乾隆刻本　二册

220000－0841－0011566　集 1315K
知稼軒詩鈔不分卷詩餘賦　(清)王泰甡撰　清道光十九年(1839)刻本　三册

220000－0841－0011567　集 8332:2
樓山詩集六卷　(清)王恕撰　清光緒二十年(1894)京師刻本　二册

220000－0841－0011568　集 1134K
離垢集五卷　(清)華嵒撰　清光緒十五年(1889)鉛活字印本　一册　存二卷(一至二)

220000－0841－0011569　集 1488
貞一齋集十卷　(清)李重華撰　清乾隆刻本　二册

220000－0841－0011570　集 1688
半霞樓近稿文四卷首一卷詩四卷　(清)易宗涒撰　清康熙刻本　二册

220000－0841－0011571　集 8790K
柳南詩鈔十卷文鈔六卷　(清)王應奎撰　清乾隆刻本　二册

220000－0841－0011572　集 1929K
删後文集十六卷詩存十卷　(清)陳梓撰　清嘉慶二十年(1815)胡敬義堂刻陳一齋全集本　六册

220000－0841－0011573　集 9271
秋江集六卷　(清)黄任撰　清乾隆二十一年(1756)刻本　三册

220000－0841－0011574　集 1465
秋江集六卷　(清)黄任撰　清乾隆二十一年(1756)刻本　二册

220000－0841－0011575　集 1463K
秋江集注六卷　(清)黄任撰　(清)王元麟注　清道光二十三年(1843)刻本　六册

220000－0841－0011576　集 8253K
香草箋偶註二卷　(清)黄任撰　清嘉慶十三年(1808)刻本　一册

220000－0841－0011577　集 1462K
香草齋詩註六卷　(清)黄任撰　(清)陳應魁註　清嘉慶十九年(1814)刻本　六册

220000－0841－0011578　善 1515
南阜山人詩集類稿七卷　(清)高鳳翰撰　清乾隆二十七年(1762)高元質刻本　二册

220000－0841－0011579　集 1481K
南阜山人詩集類稿七卷　(清)高鳳翰撰　(清)宋弼選　清同治元年(1862)修補乾隆刻本　二册

220000－0841－0011580　善 1468
固哉草堂詩集四卷文集二卷　(清)高斌撰　清乾隆二十四年(1759)刻本　四册

220000－0841－0011581　集 1683
夢墨軒詩鈔八卷　(清)馮樽撰　清嘉慶十四年(1809)刻本　四册

220000－0841－0011582　集 1982
甘莊恪公全集十六卷　(清)甘汝來撰　清乾隆五十六年(1791)刻本　四册

220000－0841－0011583　集 1506
青立軒詩稾八卷　(清)宋華金撰　清乾隆刻本　二册

220000－0841－0011584　集 5072K
葦老人題書集一卷　(清)邊壽民撰　清光緒二十五年(1899)邱崧生容書樓刻本　一册

220000－0841－0011585　集 1379K
德蔭堂集十六卷　(清)阿克敦撰　清嘉慶二十一年(1816)那彦成刻本　四册

220000－0841－0011586　集 7706K
南園詩文鈔十一卷　(清)李紘撰　清嘉慶二十五年(1820)李友樋刻本　六册

220000－0841－0011587　集 1430K
秋水堂遺集十二卷餘集一卷歷法問答一卷　(清)莊亨陽撰　清光緒十五年(1889)刻本

七冊

220000－0841－0011588　集 11119K
巢林集七卷　(清)汪士慎撰　清道光十三年(1833)聚好齋刻本　一冊

220000－0841－0011589　集 1548
眺秋樓詩八卷　(清)高岑撰　清乾隆二十二年(1757)刻本　三冊

220000－0841－0011590　集 1450
東武山房文集八卷　(清)余懋杞撰　清乾隆三十八年(1773)刻本　六冊

220000－0841－0011591　集 7967
力本文集十三卷　(清)馬榮祖撰　清乾隆刻本　四冊

220000－0841－0011592　集 1673
睫巢集六卷　(清)李鍇撰　清乾隆六年(1741)刻本　四冊

220000－0841－0011593　集 1493
香樹齋集文集二十八卷文續鈔五卷詩集十八卷詩續集三十六卷　(清)錢陳群撰　清乾隆刻本　十六冊

220000－0841－0011594　集 1495
香樹齋集文集二十八卷文續鈔五卷詩集十八卷詩續集三十六卷　(清)錢陳群撰　清乾隆二十九年(1764)刻本　二十冊　缺十八卷(詩集十八卷)

220000－0841－0011595　集 1393
香樹齋詩集十八卷　(清)錢陳群撰　清乾隆十六年(1751)刻本　六冊

220000－0841－0011596　集 1752
秋塍文鈔十二卷　(清)魯曾煜撰　清乾隆九年(1744)鳴野山房刻本　四冊

220000－0841－0011597　集 10835K
威信公詩集四卷　(清)岳鍾琪撰　清光緒十年(1884)岳維世廣州刻本　二冊

220000－0841－0011598　善 1388
冬心先生集四卷　(清)金農撰　清雍正十一年(1733)廣陵般若菴刻本　二冊

220000－0841－0011599　集 9286K
冬心先生集四卷　(清)金農撰　清宣統二年(1910)上海掃葉山房石印本　四冊

220000－0841－0011600　集 1412K
綠蘿山莊文集二十四卷　(清)胡浚撰注　清嘉慶元年(1796)刻本　十二冊

220000－0841－0011601　集 8657
綠蘿山莊詩集三十二卷　(清)胡浚撰　清乾隆二十七年(1762)刻本　八冊

220000－0841－0011602　集 1690
果堂集十二卷　(清)沈彤撰　清乾隆十九年(1754)刻本　四冊

220000－0841－0011603　集 1544
南華山房詩鈔六卷賦一卷南華山人詩鈔十六卷　(清)張鵬翀撰　清乾隆刻本　四冊

220000－0841－0011604　集 1748
春鳧小稿不分卷　(清)符曾撰　清乾隆刻本　二冊

220000－0841－0011605　善 1838
柳村集二卷　(清)陸朝璣撰　清雍正十一年(1733)刻本　一冊

220000－0841－0011606　史 11356F
春草園小記不分卷　(清)趙昱撰　清光緒七年(1881)錢塘丁氏正修堂刻武林掌故叢編本　一冊

220000－0841－0011607　集 8287K
愛日堂吟稿十四卷　(清)趙昱撰　清抄本　二冊

220000－0841－0011608　集 5019K
香涇仙吏遺集一卷　(清)殷再巡撰　清光緒二十五年(1899)刻本　一冊

220000－0841－0011609　集 5080K
鏡閣詩一卷　(清)劉第五撰　清道光二十八年(1848)刻本　一冊

220000－0841－0011610　集 1622K
謝梅莊先生遺集八卷西北域記一卷　(清)謝濟世撰　清光緒三十四年(1908)趙炳麟鉛活

字印本　二册

220000－0841－0011611　集1610K
梅莊雜著四卷　(清)謝濟世撰　清道光五年(1825)刻傳抄本　四册

220000－0841－0011612　集1726K
慕陵詩稿二卷補遺一卷　(清)陳榮傑撰　**大嚴賸草一卷**　(清)陳松齡撰　清嘉慶八年(1803)刻光緒二十三年(1897)續刻本　二册

220000－0841－0011613　善1332
著老書堂集八卷詞一卷　(清)張世進撰　清乾隆刻本　四册

220000－0841－0011614　集11207K
突星閣詩鈔十五卷目録一卷　(清)王戩撰　清抄本　一册　存一卷(目録一卷)

220000－0841－0011615　集1270K
鐵莊文集八卷疏快軒詩二卷疏快軒詞一卷　(清)陸楣撰　清光緒二十一年(1895)無錫曹氏樂善堂木活字印本　四册

220000－0841－0011616　集1759K
紫竹山房遺稿一卷　(清)朱承勳撰　清同治五年(1866)朱蘭皖城使院刻本　一册

220000－0841－0011617　集8546K
栢蔭堂詩鈔一卷　(清)馮文炌撰　清乾隆二十四年(1759)刻本　一册

220000－0841－0011618　集8167K
蔗翁詩稿四卷　(清)范炳撰　清乾隆二十一年(1756)刻本　一册　存二卷(一至二)

220000－0841－0011619　集9216K
天台遊草一卷　(清)張廷俊撰　清乾隆刻本　一册

220000－0841－0011620　集1479K
菜根堂文集十卷菜根精舍詩草十六卷論文一卷讀杜筆記一卷原理一卷　(清)夏力恕撰　清道光刻本　七册

220000－0841－0011621　集1571K
雅雨堂詩集三卷文集四卷　(清)盧見曾撰　清道光二十年(1840)刻本　四册

220000－0841－0011622　善1460
道腴堂詩編二十九卷　(清)鮑鉁撰　清乾隆刻本　六册

220000－0841－0011623　集1589
洗桐居士文集四卷　(清)王瑋撰　清乾隆刻本　一册

220000－0841－0011624　集1656K
得天居士集六卷　(清)張照撰　**得天居士集六卷**　(清)張祥河撰　清道光二十八年(1848)刻本　四册

220000－0841－0011625　集1483
芙航詩襭十二卷　(清)楊士凝撰　清康熙六十一年(1722)刻本　四册

220000－0841－0011626　善2549
宙亭詩集二十八卷　(清)釋紀蔭撰　清康熙刻本　三册

220000－0841－0011627　善1425
百可堂詩集不分卷　(清)溫養度撰　清康熙二十五年(1686)陳康侯刻本　一册

220000－0841－0011628　集1301
荀莊詩鈔四卷　(清)孟騤撰　清康熙邵嘉孫刻本　四册

220000－0841－0011629　集8794
晴空閣集四卷　(清)釋行昱撰　清康熙五十一年(1712)六一堂刻本　一册

220000－0841－0011630　集8203
歸雅山房近詩三卷　(清)葉彥撰　清康熙五十一年(1712)刻本　一册

220000－0841－0011631　集4991
今詩才調集一卷　題(清)戴星樓主人撰　**邵氏飛飛詩集一卷**　(清)邵宜梅撰　清雍正刻本　二册

220000－0841－0011632　善1297
松泉詩集二十六卷文集二十四卷　(清)汪由敦撰　清乾隆四十三年(1778)汪承霈刻本　八册

220000－0841－0011633　集1491

松泉文集二十卷　(清)汪由敦撰　清乾隆刻本　六册

220000－0841－0011634　集1489
松泉詩集二十六卷文集二十卷　(清)汪由敦撰　清乾隆刻本　十二册

220000－0841－0011635　善0014
松泉詩集二十六卷文集二十卷　(清)汪由敦撰　清乾隆刻本　十二册

220000－0841－0011636　集8780
樊榭山房集十卷　(清)厲鶚撰　清乾隆四年(1739)刻本　二册

220000－0841－0011637　集1320
樊榭山房集十卷文集八卷續集十卷　(清)厲鶚撰　清乾隆四十三年(1778)刻本　六册

220000－0841－0011638　集1321K
樊榭山房集二十八卷　(清)厲鶚撰　清光緒七年(1881)廣州刻本　六册

220000－0841－0011639　集10908K
樊榭山房集三十九卷　(清)厲鶚撰　清光緒十年(1884)錢塘汪氏振綺堂刻本　十册

220000－0841－0011640　集1712K
定齋先生猶存集八卷　(清)陳法撰　(清)陳若疇編　清道光十六年(1836)刻本　四册

220000－0841－0011641　集10205K
華陽散稿二卷　(清)史震林撰　清光緒九年(1883)弢園老民香海刻本　十册

220000－0841－0011642　集1861K
小蓬亭詩草六卷　(清)陳學典撰　清道光二十九年(1849)刻本　一册

220000－0841－0011643　集10381K
與舍弟書十六通一卷　(清)鄭燮撰　清刻本　一册

220000－0841－0011644　集10432F
與舍弟書十六通一卷　(清)鄭燮撰　清同治五年(1866)郭蔭之刻本　一册

220000－0841－0011645　集1897
孟亭編年詩不分卷　(清)王箴輿撰　清乾隆刻本　四册

220000－0841－0011646　集1744
夕陽書屋詩初編四卷　(清)程盛修撰　清乾隆三十八年(1773)刻本　二册

220000－0841－0011647　善1367
蔗塘未定稿九卷　(清)查為仁撰　清乾隆刻本　二册

220000－0841－0011648　集1286
蔗塘未定稿九卷　(清)查為仁撰　清乾隆刻本　二册　存五卷(花影菴集二卷、無題詩二卷、是夢集一卷)

220000－0841－0011649　集1701
墨麟詩卷十二卷　(清)馬維翰撰　清雍正刻本　四册

220000－0841－0011650　善1429
松桂讀書堂集八卷讀經史七卷　(清)姚培謙撰　清乾隆刻本　二册

220000－0841－0011651　集8928
良夜吟一卷近體一卷續草一卷邗江十景一卷餘杭道中一卷　(清)程梁撰　清雍正刻本　三册

220000－0841－0011652　集1918F
王文肅公遺文一卷　(清)王安國撰　清咸豐七年(1857)刻高郵王氏家集本　一册

220000－0841－0011653　善1353
王艮齋文集四卷　(清)王峻撰　清乾隆蔣棨刻本　一册

220000－0841－0011654　集1540
王艮齋詩集十卷文集四卷　(清)王峻撰　清乾隆十八年(1753)長州蔣棨刻本　三册

220000－0841－0011655　集5087
養雲詩刪二卷　(清)嚴民法撰　清康熙六十一年(1722)刻本　一册

220000－0841－0011656　集1751
明史雜詠四卷　(清)嚴遂成撰　清乾隆刻本　一册

220000－0841－0011657　集 1872
硯林詩集四卷金麴農遺集一卷　（清）丁敬撰　**附録**　（清）金淳撰　清嘉慶十二年（1807）刻本　一册

220000－0841－0011658　集 1578
尹文瑞公詩集十卷　（清）尹繼善撰　清乾隆刻本　五册

220000－0841－0011659　集 1616F
硯林詩集四卷　（清）丁敬撰　清同治十年（1871）錢塘丁丙正修堂刻西泠五布衣遺著本　二册

220000－0841－0011660　集 1537
道古堂文集四十八卷　（清）杭世駿撰　清乾隆四十一年（1776）刻本　十六册

220000－0841－0011661　集 5002K
道古堂集外詩二卷附録一卷　（清）杭世駿撰　清光緒十三年（1887）錢塘丁氏刻本　一册

220000－0841－0011662　集 1536K
道古堂集七十七卷　（清）杭世駿撰　清光緒十四年（1888）汪氏刻本　二十四册

220000－0841－0011663　集 1719
生香書屋文集四卷詩集七卷　（清）陳浩撰　清乾隆刻本　六册

220000－0841－0011664　集 1362
生香書屋詩集六卷恩光集一卷　（清）陳浩撰　清乾隆刻本　四册

220000－0841－0011665　集 1406
弢甫集十四卷續集二十卷　（清）桑調元撰　清乾隆七年（1742）、三十二年（1767）刻本　十二册

220000－0841－0011666　集 1405
恒山集七卷　（清）桑調元撰　清乾隆刻本　一册　存四卷（一至四）

220000－0841－0011667　集 1402
弢甫五岳集二十一卷　（清）桑調元撰　清乾隆二十一年（1756）修汲堂刻本　六册

220000－0841－0011668　集 1403
弢甫五岳集二十卷弢甫集三十卷　（清）桑調元撰　清乾隆修汲堂刻本　十六册

220000－0841－0011669　集 1576
柏巖詩集十卷　（清）吕宣曾撰　清乾隆五十年（1785）望柏堂刻本　四册

220000－0841－0011670　集 5106
東谿詩草三卷　（清）朱琪撰　清雍正十三年（1735）刻本　一册

220000－0841－0011671　集 7850
張六湖先生遺集十二卷　（清）張文瑞撰　清乾隆九年（1744）刻本　二册

220000－0841－0011672　集 1574K
石笥山房文集六卷補遺一卷詩集十一卷詩餘一卷詩集補遺二卷詩集續補遺二卷　（清）胡天游撰　清咸豐二年（1852）刻本　十册

220000－0841－0011673　集 1638K
石笥山房文集六卷補遺一卷詩集十一卷詩餘一卷補遺二卷續補遺二卷　（清）胡天游撰　清咸豐二年（1852）刻本　十册

220000－0841－0011674　集 1674
緑杉野屋集四卷　（清）徐以泰撰　清乾隆刻本　二册

220000－0841－0011675　集 1318
培遠堂偶存稿十卷手札節要三卷　（清）陳宏謀撰　清乾隆吴門穆大展局刻本　十册

220000－0841－0011676　集 5085K
陳文恭公手札節要三卷　（清）陳宏謀撰　清同治七年（1868）湖北崇文書局刻本　一册

220000－0841－0011677　集 1431K
培遠堂手札節存三卷　（清）陳宏謀撰　清同治十三年（1874）唐濟浙江仙居刻本　三册

220000－0841－0011678　集 10620K
培遠堂手札節存三卷　（清）陳宏謀撰　（清）劉樹堂評　清光緒十七年（1891）閩藩署刻本　一册

220000－0841－0011679　集 1407
賜書堂詩鈔八卷　（清）周長發撰　清乾隆刻

本　四册

220000－0841－0011680　集5131
絳跗閣詩稿十一卷　(清)諸錦撰　清乾隆二十七年(1762)刻本　十册

220000－0841－0011681　集1383
矢音集十卷　(清)梁詩正撰　清乾隆二十年(1755)刻本　六册

220000－0841－0011682　集1662
半舫齋古文八卷　(清)夏之蓉撰　清乾隆三十六年(1771)刻本　四册

220000－0841－0011683　集1706
香雪文鈔十二卷　(清)曹學詩撰　清乾隆十六年(1751)刻本　十二册

220000－0841－0011684　集1517K
經笥堂文鈔二卷　(清)雷鋐撰　清嘉慶十六年(1811)廣州刻本　四册

220000－0841－0011685　集11123K
王立父遺文五卷　(清)王豫撰　清乾隆四年(1739)刻本　一册

220000－0841－0011686　集1731K
寄素堂詩稿二卷雜著二卷附録一卷　(清)李永標撰　清道光二十五年(1845)刻本　四册

220000－0841－0011687　集7957K
石嶺詩集一卷唐石嶺集一卷　(清)唐焕撰　清乾隆刻本　一册

220000－0841－0011688　善1518
海峯文集八卷　(清)劉大櫆撰　清乾隆醒園刻本　六册

220000－0841－0011689　集1501K
海峯先生文集十卷詩集六卷　(清)劉大櫆撰　清同治十三年(1874)刻本　六册

220000－0841－0011690　善1517
海峰詩集十一卷　(清)劉大櫆撰　清乾隆刻本　四册

220000－0841－0011691　集1505
海峰詩集十一卷　(清)劉大櫆撰　清乾隆縹碧軒刻本　四册

220000－0841－0011692　集1746
看山閣集八卷　(清)黄圖珌撰　清乾隆刻本　二册

220000－0841－0011693　善2362
西村詩草一卷　(清)蔡奕璘撰　清乾隆二十七年(1762)寧儉堂刻本　一册

220000－0841－0011694　集1606
迂齋學古編四卷春秋取義測十二卷　(清)法坤宏撰　清乾隆三十九年(1774)海上廬刻本　二册　存十二卷(春秋取義測十二卷)

220000－0841－0011695　集1595
迂齋學古編四卷春秋取義測十二卷　(清)法坤宏撰　清乾隆三十九年(1774)刻本　四册　存十二卷(春秋取義測十二卷)

220000－0841－0011696　集1749
清毖堂集十卷　(清)周宗旦撰　清乾隆刻本　二册

220000－0841－0011697　集10624K
存吾春軒集十卷附録一卷　(清)周大樞撰　清光緒十八年(1892)陶閬刻本　五册

220000－0841－0011698　集8659K
海桐書屋詩鈔四卷　(清)岳夢淵撰　清乾隆刻本　一册　存三卷(一至三)

220000－0841－0011699　集10712
拙圃詩草初集一卷二集一卷　(清)崔應階撰　清雍正刻本　一册　存一卷(初集一卷)

220000－0841－0011700　集5074
拙圃詩草初集一卷二集一卷　(清)崔應階撰　清雍正刻本　二册

220000－0841－0011701　善1356
隨園詩草八卷禪家公案頌一卷　(清)邊連寶撰　清乾隆四十年(1775)刻本　八册

220000－0841－0011702　集9174
產鶴亭詩十稾十卷　(清)曹庭棟撰　清乾隆遞刻本　一册　存二卷(一至二)

220000－0841－0011703　集 9634
峋嶁刪餘詩草五卷文草六卷仿古吟五卷（清）曠敏本撰　清乾隆定性山房刻嘉慶十六年（1811）增修本　九冊

220000－0841－0011704　集 1684
樗亭詩稿十四卷　（清）薩哈岱撰　清乾隆七年（1742）刻本　四冊

220000－0841－0011705　集 1659
南莊類稿八卷奉使集一卷靜子日記一卷白雲詩鈔二卷匡遊草一卷　（清）黄永年撰　清乾隆刻本　六冊

220000－0841－0011706　集 7735
南莊類稿八卷　（清）黄永年撰　清乾隆十八年（1753）集思堂刻本　四冊

220000－0841－0011707　集 1883
退谷詩鈔二十四卷　（清）張九鎰撰　清乾隆刻本　六冊

220000－0841－0011708　善 1491
百梅一韻詩一卷　（清）查嗣萇撰　清雍正元年（1723）刻本　一冊

220000－0841－0011709　集 1826
小停雲詩集四卷　（清）王廷魁撰　清乾隆刻本　一冊

220000－0841－0011710　集 1590K
四知堂文集三十六卷崇祀錄一卷　（清）楊錫紱撰　清嘉慶刻本　十六冊

220000－0841－0011711　集 1418
紫竹山房詩集十二卷文集二十卷　（清）陳兆崙撰　清乾隆刻本　七冊

220000－0841－0011712　集 1586
樵隱詩集五卷　（清）張賡謨撰　清乾隆三十一年（1766）刻本　六冊

220000－0841－0011713　集 1543
蘭藻堂集八卷　（清）舒瞻撰　清乾隆刻本　四冊

220000－0841－0011714　集 1592K
晝溪詩集一卷家傳一卷　（清）徐崑撰　清光緒六年（1880）昆陵徐氏家集本　一冊

220000－0841－0011715　善 1362
詩存四卷　（清）金德瑛撰　清乾隆三十三年（1768）金氏秀州刻本　二冊

220000－0841－0011716　集 1579K
芝庭先生集十八卷附錄一卷　（清）彭啓豐撰　清光緒二年（1876）元孫彭祖賢刻長洲彭氏家集本　六冊

220000－0841－0011717　集 8575K
素堂詩稿一卷　（清）黄祐撰　清嘉慶十六年（1811）刻本　二冊

220000－0841－0011718　集 1691
質園詩集三十二卷　（清）商盤撰　清乾隆刻本　六冊

220000－0841－0011719　集 1862
澂潭山房古文存稿四卷澂潭山房詩集十七卷　（清）程襄龍撰　清乾隆刻本　五冊

220000－0841－0011720　集 1764
澂潭山房古文存稿四卷詩集十七卷附刻一卷　（清）程襄龍撰　清嘉慶刻本　六冊

220000－0841－0011721　集 1520
漱芳居文鈔八卷二集八卷　（清）趙青藜撰　清漱芳居刻本　八冊

220000－0841－0011722　集 1434
葉鶴塗文集二卷　（清）葉溶撰　清乾隆四十八年（1783）刻本　一冊

220000－0841－0011723　集 1753
擬古草堂詩鈔二卷　（清）王佑撰　清乾隆刻本　二冊

220000－0841－0011724　集 1565
隱拙齋集五十卷　（清）沈廷芳撰　清乾隆二十二年（1757）則經堂刻本　十二冊

220000－0841－0011725　集 1617F
臨江鄉人詩四卷　（清）吳穎芳撰　清同治十年（1871）錢塘丁丙刻西泠五布衣遺著本　一冊

220000－0841－0011726　集 1438
雲逗樓集二卷　(清)楊度汪撰　清乾隆三十二年(1767)容與堂刻本　四冊

220000－0841－0011727　集 1755
舊雨齋集八卷　(清)施安撰　清乾隆十八年(1753)刻本　二冊

220000－0841－0011728　集 8242
大俞山房詩藁六卷　(清)黄璋撰　清乾隆刻本　二冊

220000－0841－0011729　集 9528
桑阿吟屋稾四卷　(清)宋景關撰　清乾隆二十二年(1757)精刻乍川文獻本　一冊　存二卷(一至二)

220000－0841－0011730　集 1550
古漁詩概六卷　(清)陳毅撰　清乾隆二十五年(1760)眠雲草堂刻本　二冊

220000－0841－0011731　集 1917
羨門山人詩鈔十一卷　(清)孫霖撰　清乾隆三十三年(1768)刻本　二冊

220000－0841－0011732　集 1547F
慎餘堂文稿四卷　(清)許雨田撰　清光緒許鑾鉛印二許先生集本　二冊

220000－0841－0011733　集 1703
藥堂詩鈔不分卷　(清)陳浦撰　清乾隆刻本　二冊

220000－0841－0011734　集 1942K
援鶉堂詩集七卷　(清)姚範撰　清嘉慶十七年(1812)刻本　二冊

220000－0841－0011735　集 1881K
援鶉堂文集六卷　(清)姚範撰　清嘉慶十九年(1814)刻本　二冊

220000－0841－0011736　集 9934K
寶綸堂集古錄十二卷　(清)齊召南撰　清光緒十四年(1888)研古齋木活字印本　二冊

220000－0841－0011737　集 1825K
寶綸堂詩鈔六卷文鈔八卷　(清)齊召南撰　清嘉慶二年(1797)秦氏刻文鈔十三年(1808)戴殿海刻詩抄本　十四冊

220000－0841－0011738　集 1492K
翊翊齋筆記二卷詩鈔一卷文鈔一卷　(清)馬翮飛撰　清道光十八年(1838)刻本　二冊

220000－0841－0011739　集 1529
槐塘詩稿十六卷　(清)汪沆撰　清乾隆五十一年(1786)刻本　六冊

220000－0841－0011740　集 2143
蘭玉堂文集二十卷詩集十二卷詩續集十一卷　(清)張雲錦撰　清乾隆刻本　四冊　缺十二卷(詩集十二卷)

220000－0841－0011741　集 8469K
說雲詩鈔五卷首一卷　(清)袁守定撰　清光緒十三年(1887)袁氏家塾刻本　二冊

220000－0841－0011742　集 1471K
鮚埼亭集三十八卷經史問答十卷　(清)全祖望撰　**世譜一卷年譜一卷**　(清)董秉純撰　清嘉慶九年(1804)餘姚史夢蛟借樹山房刻本　十六冊

220000－0841－0011743　善 1455
鮚埼亭集外編五十卷　(清)全祖望撰　清乾隆刻本　十六冊

220000－0841－0011744　集 1472K
全謝山文鈔十六卷　(清)全祖望撰　清宣統二年(1910)上海國學扶輪社鉛活字印本　八冊

220000－0841－0011745　集 1470K
鮚埼亭集外編五十卷　(清)全祖望撰　清嘉慶刻本　十二冊

220000－0841－0011746　集 1618K
浣玉軒集四卷　(清)夏敬渠撰　清光緒十六年(1890)刻本　二冊

220000－0841－0011747　集 1670K
字雲巢文稿二十卷　(清)盛大謨撰　清同治二年(1863)刻本　四冊

220000－0841－0011748　集 1611K
柏香書屋詩鈔二十四卷　(清)張鳳孫撰　清

道光二十年(1840)廣州刻本　六册

220000－0841－0011749　集1508
敬齋集十二卷　(清)吴高增撰　清乾隆凝秀堂刻本　六册

220000－0841－0011750　集1530
野客齋詩集四卷　(清)毛曙撰　清乾隆二十二年(1757)刻本　四册

220000－0841－0011751　集7825
寶閒齋詩集四卷賦鈔一卷　(清)張仁美撰　清嘉慶二十一年(1816)刻本　一册

220000－0841－0011752　善1471
上湖紀歲詩編四卷上湖詩紀續編一卷上湖分類文編十卷　(清)汪師韓撰　清乾隆刻上湖遺集本　五册

220000－0841－0011753　集1333
丹橘林詩二卷　(清)吴楷撰　清乾隆刻本　二册

220000－0841－0011754　集1866
戢思堂詩鈔二卷　(清)李宏撰　清乾隆三十八年(1773)刻本　一册

220000－0841－0011755　善1505
玉幾山房吟卷三卷　(清)陳撰撰　清康熙五十五年(1716)刻本　一册

220000－0841－0011756　集1512
介石堂集古文十卷　(清)郭起元撰　清乾隆刻本　二册

220000－0841－0011757　集1518
介石堂集詩十卷文十卷　(清)郭起元撰　清乾隆十一年(1746)刻本　十二册

220000－0841－0011758　集1361
凝齋遺集八卷凝齋先生制義二卷末一卷　(清)陳道撰　清乾隆二十七年(1762)集思堂刻本　四册

220000－0841－0011759　集1509K
夢堂詩稿十五卷　(清)英廉撰　清嘉慶刻本　四册

220000－0841－0011760　集11180K
壽藤齋詩三十五卷　(清)鮑倚雲撰　清嘉慶十三年(1808)刻本　十二册

220000－0841－0011761　集1516K
攈石齋文集二十六卷十國詞箋略一卷　(清)錢載撰　清光緒四年(1878)蘇州刻本　四册

220000－0841－0011762　集1515
攈石齋詩集四十九卷　(清)錢載撰　清乾隆刻本　六册

220000－0841－0011763　集1478
十誦齋詩集四卷雜文一卷詞一卷　(清)周天度撰　清乾隆四十八年(1783)刻本　二册

220000－0841－0011764　集1760
海門初集十卷首一卷　(清)鮑皋撰　清乾隆刻本　二册　缺一卷(十)

220000－0841－0011765　集8611
雪屋偶存六卷　(清)俞鴻慶撰　清乾隆二十六年(1761)刻本　一册

220000－0841－0011766　集8331
谿音十卷　(清)朱仕玠撰　清乾隆二十四年(1759)松谷刻本　二册

220000－0841－0011767　集1575
舊雨草堂詩八卷詩餘一卷　(清)董元度撰　清乾隆四十三年(1778)刻本　四册

220000－0841－0011768　集1484
澄碧齋詩鈔十二卷别集二卷　(清)錢琦撰　清乾隆四十三年(1778)刻本　八册

220000－0841－0011769　集1373K
謙受堂集十五卷　(清)邵大業撰　清嘉慶二年(1797)刻本　四册

220000－0841－0011770　集1584
緝齋文集八卷詩集八卷附録二卷首一卷　(清)蔡新撰　清乾隆刻本　六册

220000－0841－0011771　集1771K
文靖先生詩鈔十三卷　(清)孫世儀撰　清道光六年(1826)寶晉堂刻本　六册

220000－0841－0011772　集5154
花堂詩鈔不分卷　(清)允禧撰　清乾隆刻本　二册

220000－0841－0011773　集1413
寶閑堂集四卷　(清)張四科撰　清乾隆二十四年(1759)刻本　二册

220000－0841－0011774　善1345
稽古齋全集八卷　(清)弘晝撰　清乾隆十一年(1746)内府刻本　十册

220000－0841－0011775　集1264
繩庵内集十六卷外集八卷　(清)劉綸撰　清乾隆用拙堂刻本　六册

220000－0841－0011776　集1368K
裘文達公文集六卷補遺一卷奏議一卷詩集十二卷恭和御製詩六卷　(清)裘日修撰　清嘉慶七年至八年(1802－1803)刻本　十八册

220000－0841－0011777　集1369K
裘文達公文集六卷補遺一卷奏議一卷詩集十二卷恭和御製詩六卷　(清)裘日修撰　清嘉慶七年(1802)刻同治十一年(1872)重修本　六册

220000－0841－0011778　善1873
清高宗純皇帝御製文初集三十卷　(清)高宗弘曆撰　清乾隆元年至二十八年(1736－1763)内府刻本　十六册

220000－0841－0011779　集7380
清高宗純皇帝御製文初集三十卷　(清)高宗弘曆撰　清乾隆二十九年(1764)内府刻本　八册

220000－0841－0011780　集7381
清高宗純皇帝御製文二集四十四卷　(清)高宗弘曆撰　清乾隆五十一年(1786)内府刻本　二十四册

220000－0841－0011781　善1848
清高宗純皇帝樂善堂全集四十卷　(清)高宗弘曆撰　清乾隆二年(1737)内府刻本　二十四册

220000－0841－0011782　善3167
樂善堂全集定本三十卷目錄一卷　(清)高宗弘曆撰　清乾隆二十四年(1759)内府刻本　十册

220000－0841－0011783　善1875
乾隆御製古稀説不分卷彭元瑞古稀頌九章　(清)高宗弘曆撰　清乾隆四十五年(1780)刻本　一册

220000－0841－0011784　善1876
清高宗御製詩初集四十四卷　(清)高宗弘曆撰　清乾隆元年至十二年(1736－1747)内府刻本　二十四册

220000－0841－0011785　集7382
清高宗純皇帝御製詩初集四十四卷目錄四卷　(清)高宗弘曆撰　(清)蔣溥等編　清乾隆十四年(1749)内府刻本　二十四册

220000－0841－0011786　集7625
清高宗純皇帝御製詩二集九十卷目錄十卷　(清)高宗弘曆撰　(清)蔣溥等編　清乾隆内府刻本　三十四册

220000－0841－0011787　善4211
御製詩三集一百卷目錄十二卷　(清)高宗弘曆撰　清乾隆四十二年(1777)浙江刻本　十五册　存五十二卷(四十一至六十、八十一至一百,目錄十二卷)

220000－0841－0011788　集7628
清高宗純皇帝御製詩四集一百卷目錄十二卷　(清)高宗弘曆撰　(清)梁國治等編　清乾隆内府刻本　十七册　存三十二卷(六十九至一百)

220000－0841－0011789　集7629
清高宗純皇帝御製詩五集一百卷目錄十二卷　(清)高宗弘曆撰　(清)王傑等編　清乾隆六十年(1795)内府刻本　十六册　存三十八卷(六十三至一百)

220000－0841－0011790　集7620
清高宗純皇帝御製新樂府五十章　(清)高宗弘曆撰　清乾隆刻本　二册

220000－0841－0011791　集 4966
御製全韻詩五卷　(清)高宗弘曆撰　清乾隆劉墉刻本　五册

220000－0841－0011792　集 4965
御製全韻詩五卷　(清)高宗弘曆撰　清翻乾隆刻本　五册

220000－0841－0011793　善 2908
御製盛京賦一卷　(清)高宗弘曆撰　清乾隆武英殿刻本　一册

220000－0841－0011794　集 7633
御製盛京賦一卷　(清)高宗弘曆撰　(清)鄂爾泰等注　清乾隆朱墨套印本　一册

220000－0841－0011795　善 2936
御製盛京賦三十二卷篆書緣起一卷　(清)傅恒　(清)汪由敦輯　清乾隆十三年(1748)武英殿刻本　三十二册

220000－0841－0011796　集 8579
御製圓明園詩詞一卷　(清)高宗弘曆撰　(清)鄂爾泰等注　清乾隆刻本　一册

220000－0841－0011797　集 1675
竹巖詩草　(清)邊中寶撰　清乾隆四十年(1775)刻本　二册

220000－0841－0011798　集 1865
笠亭詩集十二卷　(清)朱琰撰　清乾隆三十八年(1773)刻本　二册

220000－0841－0011799　集 1680
南垞詩稿六卷　(清)馬位撰　清乾隆六年(1741)疎雨書堂刻本　一册

220000－0841－0011800　集 1740K
八松庵詩集九卷　(清)李御撰　清光緒二十五年(1899)刻本　二册

220000－0841－0011801　集 5180K
約六齋制義不分卷　(清)潘相撰　清乾隆刻本　四册

220000－0841－0011802　集 1735
覞園詩鈔八卷　(清)徐堅撰　清乾隆五十九年(1794)刻本　八册

220000－0841－0011803　集 1747
萬善堂集十卷李石亭文集六卷　(清)李化楠撰　清乾隆刻本　一册

220000－0841－0011804　集 7971
桐陰書屋詩二卷　(清)朱崇勳撰　**湖上草堂詩一卷附録**　(清)朱崇道撰　清乾隆二十五年(1760)刻本　一册

220000－0841－0011805　集 11048K
雪船吟初稿六卷　(清)謝秀嵐撰　清乾隆刻本　一册　存四卷(一至四)

220000－0841－0011806　集 1528K
卓山詩集十六卷　(清)帥家相撰　清嘉慶二年(1797)刻本　八册

220000－0841－0011807　集 10732F
橘香堂存稿二卷　(清)王澄撰　**清閟遺稿一卷**　(清)吴宗憲撰　**絜華樓存稿三卷**　(清)王楨撰　清咸豐五年(1855)褧之刻繡水王氏家集本　一册

220000－0841－0011808　集 1886K
蕉園古今詩六卷　(清)王鴻宇撰　清乾隆刻本　一册

220000－0841－0011809　集 1707
王布政集二卷　(清)王顯緒撰　清光緒八年(1882)福山王氏刻天壤閣叢書本　一册

220000－0841－0011810　集 1873K
玉鎮山房近體賸稿一卷　(清)吴一嵩撰　清道光八年(1828)刻本　一册

220000－0841－0011811　集 1657K
冰雪堂詩一卷　(清)陳□□撰　清道光二十年(1840)刻本　二册

220000－0841－0011812　集 11066K
陳卧子先生安雅堂稿十五卷　(清)陳忠裕撰　(清)高燮等校訂　清宣統元年(1909)上海時中書局鉛活字印本　六册

220000－0841－0011813　集 2155
平園雜著内編十二卷　(清)林有席撰　清道光六年(1826)刻本　六册

220000－0841－0011814　集11039
魚亭詩鈔八卷　(清)汪韌撰　清乾隆刻本　一册

220000－0841－0011815　集1734
海山存稿二十卷　(清)周煌撰　清乾隆五十八年(1793)葆素家塾刻本　八册

220000－0841－0011816　集1887
塔射園詩鈔三卷　(清)張夢喈撰　清乾隆刻本　一册

220000－0841－0011817　集1531
銅鼓書堂遺稿三十二卷　(清)查禮撰　清乾隆五十三年(1788)刻本　四册

220000－0841－0011818　集1581
梅崖居士文集三十八卷外集二卷　(清)朱仕琇撰　清乾隆二十四年(1759)松谷刻本　四册

220000－0841－0011819　集1583
梅崖居士文集三十卷外集八卷　(清)朱仕琇撰　清乾隆四十七年(1782)松谷刻本　十二册

220000－0841－0011820　集11206K
清白士集二十八集　(清)梁玉繩撰　清嘉慶五年(1800)刻本　十册

220000－0841－0011821　集1457K
滑疑集八卷　(清)韓錫胙撰　清同治十三年(1874)刻本　四册

220000－0841－0011822　集1458K
滑疑集八卷　(清)韓錫胙撰　清咸豐五年(1855)刻本　四册

220000－0841－0011823　集1604
正頤堂文集六卷　(清)江權撰　清乾隆刻本　二册

220000－0841－0011824　集1775
沈西村詩選六卷　(清)沈翼天撰　清乾隆三十三年(1768)刻越中七子詩抄本　二册

220000－0841－0011825　善3529
小倉山房文集三十一卷詩集三十二卷補遺三卷　(清)袁枚撰　清乾隆刻本　二十四册

220000－0841－0011826　集1715
小倉山房文集三十五卷　(清)袁枚撰　清乾隆隨園刻本　八册

220000－0841－0011827　集1623K
小倉山房詩集三十七卷補遺二卷　(清)袁枚撰　清中華圖書館鉛活字印本　八册

220000－0841－0011828　集1385K
袁文合箋十六卷　(清)袁枚撰　(清)王廣業合箋　清光緒八年(1882)青箱塾刻本　十二册

220000－0841－0011829　集1387K
袁文箋正十六卷　(清)袁枚撰　(清)石韞玉箋正　清嘉慶十七年(1812)鶴壽山堂刻本　八册

220000－0841－0011830　集1386K
袁文箋正十六卷補注一卷　(清)袁枚撰　(清)石韞玉箋正　清步月山房刻本　六册

220000－0841－0011831　集1384K
袁文箋正十六卷　(清)袁枚撰　(清)石韞玉箋正並補注　**增訂袁文箋正四卷**　(清)魏大縉撰　清光緒十四年(1888)上海蜚英館石印本　五册

220000－0841－0011832　集8440K
袁簡齋時文一卷　(清)袁枚撰　清光緒二十六年(1900)蘇山草堂刻本　一册

220000－0841－0011833　集8096
泊鷗山房集三十八卷　(清)陶元藻撰　清乾隆刻本　十册

220000－0841－0011834　集1601K
愛荆堂詩草二卷　(清)吳自強撰　清道光三年(1823)刻本　一册

220000－0841－0011835　集1944K
一松齋集八卷　(清)孫擴圖撰　清同治十一年(1872)刻本　六册

220000－0841－0011836　集5057
花語山房詩文小鈔一卷三重賦一卷燕京賦一

卷 (清)顧成天撰 清雍正刻本 一冊 缺一卷(燕京賦一卷)

220000－0841－0011837 集1425K
玉芝堂文集六卷詩集三卷 (清)邵齊燾撰
昭文邵氏聯珠集五卷 (清)邵齊烈等撰 清光緒五年(1879)湘南刻本 四冊

220000－0841－0011838 集10319K
玉芝堂文集六卷 (清)邵齊燾撰 清光緒八年(1882)寧波羣玉山房刻本 一冊

220000－0841－0011839 集10419K
思補齋文集四卷 (清)劉星煒撰 清光緒二十年(1894)刻本 四冊

220000－0841－0011840 集1681K
國子先生全集四十三卷 (清)金兆燕撰 清光緒二年(1876)刻本 八冊

220000－0841－0011841 集2026K
勉行堂詩集二十四卷文集六卷 (清)程晉芳撰 清嘉慶二十二年至二十五年(1817－1820)刻本 八冊

220000－0841－0011842 集2027K
勉行堂詩集二十四卷 (清)程晉芳撰 清嘉慶二十二年(1817)刻本 十二冊

220000－0841－0011843 集1658
畫莊類稿十四卷 (清)朱雲駿撰 清乾隆三十六年(1771)思補堂刻本 四冊

220000－0841－0011844 集1420
玉芝堂詩集三卷文集六卷 (清)邵齊燾撰 清乾隆刻本 三冊

220000－0841－0011845 善3031
止齋尺牘十卷 (清)朱靖撰 清嘉慶十一年(1806)朱氏家塾刻本 四冊

220000－0841－0011846 集1290
燕川集六卷 (清)范泰恒撰 清乾隆二十一年(1756)刻本 二冊

220000－0841－0011847 集1687
筠園稿三卷筠園刪稿三卷 (清)朱仕玠撰 清乾隆刻本 二冊

220000－0841－0011848 集1442K
顧雙溪集九卷 (清)顧奎光撰 清光緒二十一年(1895)顧森書木活字印本 二冊

220000－0841－0011849 集1475K
洛山人詩鈔十二卷 (清)薛寧廷撰 清嘉慶十五年(1810)樂陵王所擢刻本 四冊

220000－0841－0011850 集1689K
紫雲山房文鈔一卷 (清)曹學閔撰 清嘉慶十四年(1809)刻本 二冊

220000－0841－0011851 集1591
傳經堂詩鈔十二卷 (清)韋謙恒撰 清乾隆五十五年(1790)刻本 四冊

220000－0841－0011852 集5186
靜娱集二卷 (清)毛序撰 清乾隆十一年(1746)刻本 二冊

220000－0841－0011853 集5183
腰雪堂詩集六卷 (清)釋德溥撰 清雍正刻本 一冊

220000－0841－0011854 集1400K
劉文清公遺集十七卷應制集三卷 (清)劉墉撰 清道光六年(1826)刻本 四冊

220000－0841－0011855 集1863K
懷經堂詩存四卷文存一卷 (清)吳繩基撰 清嘉慶八年(1803)刻本 一冊

220000－0841－0011856 集1932K
陰靜夫先生遺文二卷 (清)陰承方撰 清嘉慶十二年(1807)揚州郡齋刻本 二冊

220000－0841－0011857 集8012K
省吾齋詩賦集十二卷 (清)竇光鼐撰 清嘉慶六年(1801)竇汝瑄刻本 二冊

220000－0841－0011858 集5112
偕存集□□卷 (清)戈守智撰 清乾隆刻本 一冊

220000－0841－0011859 集8045K
振綺堂詩存一卷 (清)汪憲撰 清光緒十五年(1889)刻本 一冊

220000－0841－0011860　集 1972K
陶園詩集二十二卷詩餘一卷文集八卷　(清)張九鉞撰　清嘉慶二十年(1815)刻二十三年(1818)續刻本　十冊

220000－0841－0011861　集 2144K
陶園詩集二十四卷詩餘二卷文集十二卷六如亭傳奇二卷　(清)張九鉞撰　清道光二十三年(1843)刻本　十二冊

220000－0841－0011862　集 1960K
笙雅堂文集四卷　(清)張九鐔撰　清嘉慶十七年(1812)刻本　四冊

220000－0841－0011863　集 1655K
松花庵全集二十三種三十一卷附二種二卷　(清)吳鎮撰　清乾隆刻嘉慶補刻本　六冊　存九種

220000－0841－0011864　善 3185
蘭山課業松厓詩録二卷　(清)吳鎮撰　清乾隆五十七年(1792)刻本　二冊

220000－0841－0011865　集 7914
厚石齋詩集十二卷　(清)汪孟鋗撰　清刻本　一冊

220000－0841－0011866　善 3556
傳書樓詩稿一卷　(清)金順撰　清乾隆五十八年(1793)四勿齋刻本　一冊

220000－0841－0011867　集 1607
遠香亭詩鈔四卷　(清)楊有涵撰　清乾隆五十九年(1794)刻本　一冊

220000－0841－0011868　集 1741
杖鄉集四卷　(清)汪偉撰　清乾隆三十八年(1773)刻本　四冊

220000－0841－0011869　集 1770
桐石草堂集九卷　(清)汪仲鈖撰　清乾隆二十年(1755)刻本　二冊

220000－0841－0011870　集 9369
硯山堂詩集八卷　(清)吳泰來撰　清嘉慶刻本　一冊　存四卷(一至四)

220000－0841－0011871　集 1910K
耻夫詩鈔二卷　(清)楊垕撰　清嘉慶八年(1803)刻本　二冊

220000－0841－0011872　集 1725K
青虛山房集十一卷　(清)王太岳撰　清光緒十九年(1893)定興鹿傳霖刻本　六冊

220000－0841－0011873　善 1462
戴東原集十二卷　(清)戴震撰　清乾隆五十七年(1792)刻本　一冊

220000－0841－0011874　集 1561
戴東原集十二卷　(清)戴震撰　清乾隆五十七年(1792)經韻樓刻本　六冊

220000－0841－0011875　集 1562K
戴東原集十二卷札記一卷　(清)戴震撰　**年譜一卷**　(清)段玉裁撰　清宣統二年(1910)渭南嚴氏刻本　六冊

220000－0841－0011876　集 2025K
頻羅庵遺集十六卷　(清)梁同書撰　清嘉慶二十二年(1817)刻本　十二冊

220000－0841－0011877　集 1761
切問齋集十六卷　(清)陸燿撰　清乾隆五十七年(1792)暉吉堂刻本　八冊

220000－0841－0011878　集 1593K
切問齋集十二卷　(清)陸燿撰　清光緒十八年(1892)江蘇書局刻本　四冊

220000－0841－0011879　集 1936
紉芳齋詩集六卷　(清)譚尚忠撰　清乾隆五十三年(1788)刻本　一冊

220000－0841－0011880　集 1672
述菴詩鈔十二卷　(清)王昶撰　清乾隆刻本　四冊

220000－0841－0011881　集 1964
紀文達公遺集三十二卷　(清)紀昀撰　清嘉慶刻本　十六冊

220000－0841－0011882　集 10276K
紀文達公文集十六卷詩集十六卷　(清)紀昀撰　(清)孫樹馨編校　清道光三十年(1850)刻本　十六冊

220000－0841－0011883　集 8140
我法集二卷　（清）紀昀撰　清乾隆六十年(1795)刻本　二册

220000－0841－0011884　集 10350K
紀文達公詩集十六卷　（清）紀昀撰　（清）孫樹馨編校　清嘉慶五年(1800)樹馨刻本　七册

220000－0841－0011885　集 1569
小桐廬詩草十卷　（清）袁景輅撰　清乾隆三十二年(1767)愛唫齋刻本　二册

220000－0841－0011886　集 1902K
染學齋詩集十卷　（清）佘元遴撰　清咸豐二年(1852)露蕭草堂刻本　四册

220000－0841－0011887　集 1519K
春融堂集六十八卷　（清）王昶撰　清光緒十八年(1892)刻本　十七册

220000－0841－0011888　集 1510K
忠雅堂文集十二卷詩集二十七卷詩集補遺二卷銅絃詞南北曲二卷　（清）蔣士銓撰　清道光廣州刻本　十四册

220000－0841－0011889　集 1514F
忠雅堂文集十二卷詩集二十七卷詩集補遺二卷銅絃詞附南北曲二卷　（清）蔣士銓撰　清同治十年(1871)刻蔣氏四種本　十二册

220000－0841－0011890　集 1720
忠雅堂詩詞曲集三十卷　（清）蔣士銓撰　清乾隆、嘉慶書坊刻本　十二册

220000－0841－0011891　集 1602K
果齋詩鈔二卷　（清）陸芳槐撰　清道光二十五年(1845)務本堂刻本　一册

220000－0841－0011892　集 2618K
壹齋詩集三十六卷　（清）黄鉞撰　清道光十年(1830)刻本　六册

220000－0841－0011893　集 2653K
壹齋集四十卷　（清）黄鉞撰　清咸豐九年(1859)蕪湖許氏刻黄勤敏公全集本　八册

220000－0841－0011894　集 1718
媕雅堂集三十六卷　（清）趙文哲撰　**退密刪存稿二卷**　（清）趙秉淵撰　清嘉慶十六年(1811)刻本　十册

220000－0841－0011895　集 1669
白蒓詩集十六卷附錄一卷　（清）張開東撰　清乾隆五十四年(1789)張兆騫棗存園刻本　八册

220000－0841－0011896　集 1693
守坡居士詩集十二卷　（清）宫去矜撰　清乾隆三十三年(1768)頤志堂刻本　二册

220000－0841－0011897　善 2981
守坡居士詩錄五卷　（清）宫去矜撰　清乾隆四十一年(1776)刻本　五册

220000－0841－0011898　集 1354
白鹿山房詩集五卷　（清）張若驌撰　清乾隆刻本　二册

220000－0841－0011899　集 1444
天台遊草一卷　（清）張廷俊撰　清乾隆刻本　一册

220000－0841－0011900　集 1388
紅豆村人詩稿十四卷　（清）袁樹撰　清乾隆、嘉慶刻隨園三十種本　四册

220000－0841－0011901　集 1608
潭影軒詩鈔二卷　（清）王恭撰　清乾隆刻本　二册

220000－0841－0011902　集 1694
綠溪詩四卷　（清）靳榮藩撰　清乾隆刻本　二册

220000－0841－0011903　集 1414
敦拙堂詩集十三卷　（清）陳奉兹撰　清乾隆六十年(1795)刻本　六册

220000－0841－0011904　集 8856
韋玉山房詩鈔二卷詞鈔二卷　（清）朱廷鍾撰　清乾隆四十四年(1779)刻本　三册

220000－0841－0011905　集 1567
松溪文集　（清）汪梧鳳撰　清乾隆不疎園刻本　二册

220000－0841－0011906　集 7866K
松溪集不分卷　(清)汪梧鳳撰　清同治十二年(1873)刻本　一册

220000－0841－0011907　集 2028K
春畬草堂詩鈔二卷　(清)李世望撰　清嘉慶十二年(1807)刻本　二册

220000－0841－0011908　集 1745
黄琢山房集十卷　(清)吳璜撰　清乾隆刻本　六册

220000－0841－0011909　集 1730K
弢菴詩鈔六卷詩餘一卷　(清)曾煜撰　清嘉慶九年(1804)刻本　一册

220000－0841－0011910　集 1549K
古漁詩槩六卷　(清)陳毅撰　清光緒二十四年(1898)木活字印本　二册

220000－0841－0011911　集 2141F
憺園草二卷補遺一卷外集一卷　(清)王錚撰　清道光八年(1828)刻繡水王氏家藏集本　一册

220000－0841－0011912　善 1440
甌北集二十四卷　(清)趙翼撰　清乾隆五十年(1785)祝德麟刻本　四册

220000－0841－0011913　集 1496
甌北集五十三卷　(清)趙翼撰　清嘉慶十七年(1812)湛貽堂刻本　十二册

220000－0841－0011914　集 1497
甌北詩鈔十五卷　(清)趙翼撰　清乾隆湛貽堂刻本　四册

220000－0841－0011915　集 2100K
蘇園仲文集二卷補遺一卷詩集六卷　(清)蘇去疾撰　清嘉慶刻本　二册

220000－0841－0011916　集 2604K
次立齋詩集四卷文集二卷　(清)袁知撰　清嘉慶刻本　六册

220000－0841－0011917　集 1848K
霞蔭堂文集不分卷　(清)康基田撰　清道光刻本　一册

220000－0841－0011918　史 9015K
選拔貢卷一卷　(清)陳孚恩撰　清道光刻本　一册

220000－0841－0011919　集 11171K
潛研堂文集五十卷　(清)錢大昕撰　清嘉慶十一年(1806)刻本　二册　存十一卷(一至十一)

220000－0841－0011920　集 2089K
立厓詩鈔六卷　(清)蔣業晉撰　清嘉慶三年(1798)交翠堂刻本　五册

220000－0841－0011921　集 1600
夜識軒和陶詩四卷集陶詩一卷　(清)朱森桂撰　清乾隆刻本　一册

220000－0841－0011922　集 1609
在璞堂續稿一卷　(清)方芳佩撰　清乾隆刻本　二册

220000－0841－0011923　集 1808
葆淳閣集二十四卷易説二卷　(清)王傑撰　清嘉慶刻本　十二册

220000－0841－0011924　集 1794
石鼓硯齋文鈔二十卷詩鈔三十二卷直廬集八卷　(清)曹文埴撰　清嘉慶刻本　十四册

220000－0841－0011925　集 1793
石鼓硯齋文鈔二十卷　(清)曹文埴撰　清嘉慶刻本　六册

220000－0841－0011926　集 1804K
理堂文集十卷外集一卷錄傳墓表祭文一卷詩集四卷日記八卷　(清)韓夢周撰　清道光三年至四年(1823－1824)刻本　八册

220000－0841－0011927　集 1396
白華前稿六十卷　(清)吳省欽撰　清乾隆刻本　十册

220000－0841－0011928　集 1395K
白華前稿六十卷後稿四十卷年譜一卷　(清)吳省欽撰　清乾隆四十八年至嘉慶十五年(1783－1810)刻本　十六册

220000－0841－0011929　集 2263K

東目館詩集二十卷　(清)胡壽芝撰　清道光二十二年(1842)刻本　四册

220000－0841－0011930　集2042K
晚翠樓詩草二卷　(清)吳霽撰　清道光元年(1821)刻本　一册

220000－0841－0011931　集2134K
喬羽書巢詩内集六卷外集四卷　(清)金士松撰　清嘉慶七年(1802)刻本　四册

220000－0841－0011932　善1447
笥河文鈔二卷　(清)朱筠撰　清乾隆朱珪刻本　一册

220000－0841－0011933　集1411
笥河文鈔二卷　(清)朱筠撰　清乾隆刻本　二册

220000－0841－0011934　集1410K
笥河詩集二十卷　(清)朱筠撰　清嘉慶九年(1804)朱珪刻本　八册

220000－0841－0011935　集2329K
賜硯齋詩鈔四卷　(清)伊朝棟撰　清嘉慶十二年(1807)刻本　四册

220000－0841－0011936　集5089F
南澗文集二卷　(清)李文藻撰　清光緒吳縣潘氏刻功順堂叢書本　一册

220000－0841－0011937　集2037
嶺南詩集八卷　(清)李文藻撰　清乾隆刻本　二册

220000－0841－0011938　善1309
夢樓詩集二十四卷　(清)王文治撰　清乾隆六十年(1795)食舊堂刻本　八册

220000－0841－0011939　集4951K
吳越遊草一卷　(清)王文治撰　清宣統二年(1910)石印本　一册

220000－0841－0011940　集1847K
研漁莊詩稿二卷　(清)顧汝敬撰　清嘉慶刻本　一册

220000－0841－0011941　集2095K
新語草堂詩鈔四卷　(清)陸新撰　清嘉慶刻本　一册

220000－0841－0011942　集2003K
惜抱軒文集十六卷　(清)姚鼐撰　清嘉慶六年(1801)刻本　二册

220000－0841－0011943　集8751K
惜抱軒先生尺牘八卷　(清)姚鼐撰　清咸豐九年(1859)海源閣刻本　二册

220000－0841－0011944　集1996K
惜抱軒尺牘一卷　(清)姚鼐撰　清同治十二年(1873)桐城方龍光刻本　一册

220000－0841－0011945　集10174K
惜抱軒尺牘八卷　(清)姚鼐撰　清宣統三年(1911)上海商務印書館鉛活字印本　二册

220000－0841－0011946　善2986
侯鯖集十卷　(清)李友棠撰　清乾隆静香閣刻本　四册　存八卷(一至八)

220000－0841－0011947　集1714
侯鯖集十卷賞番圖百韻詩一卷　(清)李友棠撰　清乾隆静香閣刻本　四册

220000－0841－0011948　集1541
薇郎集二卷　(清)秦知域撰　清乾隆四樂草堂刻本　一册

220000－0841－0011949　集1443
春柳草堂集四卷　(清)陳澤泰撰　清乾隆五十八年(1793)刻本　四册

220000－0841－0011950　集1896K
樗菴存稿八卷　(清)蔣學鏞撰　清嘉慶十八年(1813)刻本　一册　存三卷(一至三)

220000－0841－0011951　集8360F
知足齋進呈文稿二卷　(清)朱珪撰　清光緒五年(1879)定州王氏謙德堂刻畿輔叢書本　一册

220000－0841－0011952　集1857K
知足齋詩集二十卷詩續集四卷文集六卷進呈文稿二卷　(清)朱珪撰　清光緒刻本　十四册

220000－0841－0011953　集 2160K
素菴吟稿二卷　(清)鄔熊卜撰　清嘉慶八年(1803)雙桂書屋刻本　一册

220000－0841－0011954　善 1386
竹葉庵文集三十三卷　(清)張塤撰　清乾隆五十一年(1786)刻本　四册

220000－0841－0011955　集 1558
響泉集二十八卷　(清)顧光旭撰　清乾隆四十一年(1776)刻本　六册

220000－0841－0011956　集 1556K
響泉集二十卷　(清)顧光旭撰　清宣統二年(1910)無錫顧鳴鳳木活字印本　四册

220000－0841－0011957　集 1374K
恩餘堂經進稿初稿十二卷續稿二十二卷三稿十一卷策問存課二卷知聖道齋讀書跋尾二卷　(清)彭元瑞撰　清嘉慶刻本　九册

220000－0841－0011958　集 2349K
效顰草六卷　(清)高峻撰　清道光五年(1825)刻本　二册

220000－0841－0011959　集 1772
燈庵遺詩三卷補遺一卷　(清)吳文暉撰　**匏齋詩鈔一卷補編一卷**　(清)吳以敬撰　清乾隆刻本　四册

220000－0841－0011960　集 1573
笑竹集十卷　(清)秦武域撰　清乾隆三十六年(1771)四樂草堂刻本　四册

220000－0841－0011961　集 1961K
蘭雪集八卷　(清)柯振嶽撰　清嘉慶二十二年(1817)藏修齋刻本　六册

220000－0841－0011962　集 1864K
一枝山房詩鈔一卷文鈔一卷　(清)楊三鼎撰　**華庭詩鈔一卷賦鈔一卷夏蟲自語一卷**　(清)楊德榮撰　清光緒七年(1881)會稽楊德熙刻本　二册

220000－0841－0011963　集 1812
梓廬舊稿一卷壺山自吟稿三卷俟寧居偶詠二卷　(清)朱休度撰　清嘉慶刻小木子詩三刻本　六册

220000－0841－0011964　集 8169K
梓廬舊稿一卷　(清)朱休度撰　清嘉慶十七年(1812)刻本　一册

220000－0841－0011965　集 8641K
俟寧居偶詠二卷　(清)朱休度撰　清嘉慶十六年(1811)刻本　一册

220000－0841－0011966　集 1527
香亭文稿十二卷　(清)吳玉綸撰　清乾隆六十年(1795)滋德堂刻本　四册

220000－0841－0011967　集 2044K
味燈書屋詩集八卷　(清)沈業富撰　清道光刻本　二册

220000－0841－0011968　集 2065K
湘城草存一卷都門草存一卷　(清)秦敬衡撰　清嘉慶刻本　二册

220000－0841－0011969　集 1551K
尊聞居士集八卷遺稿一卷　(清)羅有高撰　清光緒七年(1881)韓氏刻道光十八年(1838)陳氏刻本　四册

220000－0841－0011970　集 1538K
尊聞居士集八卷　(清)羅有高撰　清光緒八年(1882)長洲彭祖賢刻本　四册

220000－0841－0011971　集 1409F
南雲書屋文鈔一卷　(清)廖鴻章撰　清光緒永定廖氏刻求可堂兩世遺書本　一册

220000－0841－0011972　集 10723K
爨餘詩鈔四卷　(清)徐步雲撰　清嘉慶二十二年(1817)刻本　一册

220000－0841－0011973　集 11186K
鹿山老屋詩集十六卷　(清)錢世錫撰　清刻本　四册

220000－0841－0011974　集 1777K
復初齋文集三十五卷　(清)翁方綱撰　清光緒四年(1878)刻本　八册

220000－0841－0011975　集 1780K

復初齋詩集六十六卷時文一卷試詩稿一卷 （清）翁方綱撰　清嘉慶刻本　三十二册

220000－0841－0011976　集 1778K
復初齋詩集七十卷　（清）翁方綱撰　清道光二十五年（1845）漢陽葉志詵刻本　三十二册

220000－0841－0011977　集 8712K
嵐漪小草一卷　（清）翁方綱撰　清嘉慶刻蘇齋叢書本　一册

220000－0841－0011978　集 11173F
愚谷文存十四卷續編二卷　（清）吴騫撰　清嘉慶十二年（1807）刻拜經樓叢書本　六册

220000－0841－0011979　集 11172F
拜經樓詩集十二卷續編四卷萬花漁唱一卷 （清）吴騫撰　**珠樓遺稿一卷**　（清）徐貞撰　清嘉慶七年至十七年（1802－1812）刻拜經樓叢書本　六册

220000－0841－0011980　集 2153K
蠡塘漁乃一卷　（清）吴騫撰　清抄本　一册

220000－0841－0011981　集 2110K
俟菴賸藁二卷補編一卷續編二卷　（清）毛琛撰　清道光十八年（1838）静觀齋刻本　一册

220000－0841－0011982　集 9745K
未谷詩集四卷　（清）桂馥輯　清嘉慶刻本　一册

220000－0841－0011983　集 2666
晚學集八卷　（清）桂馥撰　清道光二十一年（1841）刻本　二册

220000－0841－0011984　集 2667F
晚學集八卷　（清）桂馥撰　**無魏滎陽鄭文公摩崖碑跋一卷**　（清）諸可寶撰　清光緒會稽章氏刻式訓堂叢書本　一册

220000－0841－0011985　集 7954
香葉草堂詩存一卷　（清）羅聘撰　清嘉慶元年（1796）刻道光十四年（1834）金楷重印本　一册

220000－0841－0011986　集 2128K
樗雲詩鈔五卷　（清）鄭琮撰　清道光四年（1824）刻本　一册

220000－0841－0011987　集 2175K
西倉遺稿七卷　（清）趙蕙荼撰　清道光十四年（1834）趙榮恩刻本　二册

220000－0841－0011988　集 8682K
童山文集二十卷補遺一卷詩集四十二卷蠢翁詞二卷　（清）李調元撰　清嘉慶刻本　六册

220000－0841－0011989　集 1843K
容齋文鈔八卷詩集二十六卷詞一卷　（清）茹綸常撰　清乾隆至嘉慶刻本　八册

220000－0841－0011990　集 9404K
香聞遺集四卷附錄一卷　（清）薛起鳳撰　清乾隆刻本　一册　存二卷（一至二）

220000－0841－0011991　集 1566K
篁村集十二卷　（清）陸錫熊撰　清道光二十九年（1849）刻本　四册

220000－0841－0011992　集 1435K
寶奎堂文集十二卷篁村詩集十二卷　（清）陸錫熊撰　清道光二十九年（1849）刻本　八册

220000－0841－0011993　集 1603K
寶奎堂文集十二卷篁村詩集十二卷　（清）陸錫熊撰　清嘉慶十三年至十五年（1808－1810）松江刻本　十二册

220000－0841－0011994　集 2094K
還雲堂詩集十二卷　（清）姚繼祖撰　清道光六年（1826）刻本　四册

220000－0841－0011995　集 1811F
經韻樓集十二卷　（清）段玉裁撰　清光緒十年（1884）刻戴段合刻本　六册

220000－0841－0011996　集 1877
蘭韻堂詩集十二卷御覽集六卷文集五卷經進文稿二卷　（清）沈初撰　清乾隆五十九年（1794）刻本　九册

220000－0841－0011997　集 1930K
蘭韻堂詩集十二卷詩續集一卷御覽集六卷文集五卷文續集一卷經進文稿二卷西清筆記二卷　（清）沈初撰　清乾隆五十九年至嘉慶二

十五年(1794－1820)刻本　六冊

220000－0841－0011998　善3011
御覽集四卷　(清)沈初撰　清乾隆刻本　一冊

220000－0841－0011999　善3478
直廬集八卷　(清)曹文埴撰　清嘉慶五年(1800)刻石鼓硯瓮全集本　一冊

220000－0841－0012000　集8950
擬古樂府應絃集一卷　(清)沈榮錯撰　清乾隆三十年(1765)刻本　一冊

220000－0841－0012001　集2173K
聽鐘樓詩稿十卷補遺一卷　(清)韓是升撰　清嘉慶刻本　五冊

220000－0841－0012002　集10661K
小樓詩集八卷　(清)王嵩高撰　清道光十六年(1836)刻本　二冊

220000－0841－0012003　善1399
海愚詩鈔十三卷　(清)朱孝純撰　清乾隆五十九年(1794)刻本　二冊

220000－0841－0012004　集2062K
立崖先生文集七卷詩集一卷　(清)宋華國撰　清道光刻本　四冊

220000－0841－0012005　集1791K
雙琴堂詩集六卷文集三卷　(清)趙春熙撰　清道光三年(1823)刻本　四冊

220000－0841－0012006　集9996K
頤綵堂詩鈔十卷文集十六卷劍舟律賦二卷　(清)沈叔埏撰　**聖禾鄉農詩鈔四卷**　(清)沈珏撰　清光緒九年(1883)刻本　十冊

220000－0841－0012007　集1660
播琴堂詩集十二卷文集五卷　(清)金學詩撰　清乾隆五十一年(1786)刻本　八冊

220000－0841－0012008　集2108K
芸莾詩集八卷　(清)劉開兆撰　清嘉慶二十三年(1818)刻本　一冊

220000－0841－0012009　集2142K
高東井先生詩選四卷附錄一卷　(清)高文照撰　清道光十二年(1832)刻本　二冊

220000－0841－0012010　集1807K
鶴半巢詩存十卷續鈔五卷　(清)馮培撰　清嘉慶三年至八年(1798－1803)刻本　六冊

220000－0841－0012011　集0629K
閏榻先生集三十卷外集八卷鯢花岡集八卷　(清)張望撰　清同治三年(1864)刻本　十六冊

220000－0841－0012012　集1869K
賜墨齋詩二卷詞一卷　(清)姚念曾撰　清光緒八年(1882)金山程氏補讀書齋刻十六年(1890)重印本　一冊

220000－0841－0012013　集8130
石桐先生詩鈔十六卷　(清)李懷民撰　清光緒十二年(1886)李氏西安郡齋刻李氏三先生詩抄本　一冊

220000－0841－0012014　子5867K
秋槎雜記一卷義迹山房詩稿一卷行畧一卷　(清)劉履恂撰　清道光元年(1821)興義堂刻本　一冊

220000－0841－0012015　集2102K
韞山堂詩集十六卷文集八卷　(清)管世銘撰　**祇可軒刪餘稿二卷**　(清)管學銘撰　清嘉慶六年(1801)刻道光七年(1827)續刻本　七冊

220000－0841－0012016　集1440K
韞山堂文集八卷　(清)管世銘撰　清光緒十九年(1893)大鄖山館童氏刻本　二冊

220000－0841－0012017　集1439K
韞山堂文集八卷詩集十六卷　(清)管世銘撰　清光緒二十年(1894)刻本　五冊

220000－0841－0012018　集2121K
寶廉堂詩鈔一卷詩餘一卷　(清)戴潤撰　清嘉慶十三年(1808)刻本　一冊

220000－0841－0012019　集6202
石桐先生詩鈔不分卷　(清)李憲噩撰　清乾

隆、嘉慶刻本　四册

220000－0841－0012020　集 1728
惜分軒詩鈔四卷　(清)顧葵撰　清乾隆五十八年(1793)刻本　二册

220000－0841－0012021　集 1928
匪莪草一卷　(清)寧錡撰　清乾隆刻本　一册

220000－0841－0012022　集 2187K
剩存詩草一卷詩續草一卷四書題時文四篇　(清)劉權之撰　清刻本　二册

220000－0841－0012023　集 2086K
竹初文鈔六卷　(清)錢維喬撰　清嘉慶十三年(1808)刻本　二册

220000－0841－0012024　集 7784
浣青詩草四卷　(清)錢孟鈿撰　清乾隆四十一年(1776)刻本　二册　存三卷(一至三)

220000－0841－0012025　集 2157
銀花藤館詩集十卷　(清)黃仙根撰　清嘉慶九年(1804)刻本　二册

220000－0841－0012026　集 5133
測海集六卷　(清)彭紹升撰　清嘉慶二十四年(1819)、同治四年(1865)刻本　四册

220000－0841－0012027　集 5132
測海集六卷　(清)彭紹升撰　清嘉慶二十四年(1819)刻本　四册

220000－0841－0012028　集 1560K
二林居集二十四卷　(清)彭紹升撰　清嘉慶四年(1799)刻本　六册

220000－0841－0012029　集 1534K
二林居集二十四卷　(清)彭紹升撰　清光緒七年(1881)王祖賢刻長洲彭氏家集本　六册

220000－0841－0012030　集 8139K
觀河集四卷　(清)彭紹升撰　清同治元年(1862)合肥劉朝侍刻本　一册

220000－0841－0012031　集 1580K
一行居集八卷附錄一卷　(清)彭紹升撰　清道光五年(1825)刻本　四册

220000－0841－0012032　集 1404K
一行居集八卷附錄一卷　(清)彭紹升撰　清道光五年(1825)刻民國八年(1919)朱印本　四册

220000－0841－0012033　子 5224K
一行居集八卷附錄一卷　(清)彭紹升撰　清同治十二年(1873)刻本　四册

220000－0841－0012034　集 1696K
錢南園先生遺集五卷　(清)錢澧撰　清同治十一年(1872)湖南書局刻本　二册

220000－0841－0012035　集 1697K
錢南園先生遺集五卷　(清)錢澧撰　(清)郭嵩燾編　清光緒十九年(1893)浙江書局刻本　二册

220000－0841－0012036　集 10542K
錢南園先生遺集五卷首一卷　(清)錢澧撰　清光緒二十一年(1895)刻本　二册

220000－0841－0012037　集 1698K
南園詩存二卷　(清)錢澧撰　清嘉慶七年(1802)趙州師範木活字印本　一册

220000－0841－0012038　集 2113K
思亭詩鈔八卷文鈔二卷賦鈔二卷　(清)顧堃撰　清同治九年(1870)刻本　四册

220000－0841－0012039　集 2533K
三松堂詩集二十卷續集六卷文集四卷自訂年譜一卷　(清)潘奕雋撰　清同治十一年(1872)刻本　十册

220000－0841－0012040　集 5134
邗江三百吟十卷　(清)林蘇門撰　清嘉慶十三年(1808)刻本　六册

220000－0841－0012041　集 1445K
女史百詠不分卷　(清)周日灝撰　清嘉慶十三年(1808)醉吟書屋刻本　三册

220000－0841－0012042　集 1858K
錦江集五卷　(清)李萬青撰　清嘉慶十二年(1807)刻本　二册

220000－0841－0012043　集1598K
筠心書屋詩鈔十二卷　(清)褚廷璋撰　清嘉慶十一年(1806)刻本　六册

220000－0841－0012044　集5024
吟碧軒遊草三卷　(清)湯惟鏡撰　清乾隆四十二年(1777)刻本　一册

220000－0841－0012045　集7948
南野堂詩集六卷　(清)吴文溥撰　清乾隆五十九年(1794)刻本　一册

220000－0841－0012046　集7903
南野堂詩集七卷　(清)吴文溥撰　清乾隆五十九年至嘉慶四年(1794－1799)刻本　二册

220000－0841－0012047　集8332:1
銅梁山人詩集二十五卷詞四卷芸簏偶存二卷　(清)王汝璧撰　清光緒二十年(1894)京師刻本　六册

220000－0841－0012048　集1931K
羣玉山房詩集八卷詞二卷　(清)余旻撰　清乾隆五十九年(1794)刻本　二册

220000－0841－0012049　集8142K
午風堂集六卷　(清)鄒炳泰撰　清嘉慶四年(1799)刻午風堂全集本　二册

220000－0841－0012050　集1868K
稼門文鈔七卷詩鈔十卷奏議十二卷　(清)汪志伊撰　清嘉慶十五年(1810)刻本　一册　存三卷(詩鈔一至三)

220000－0841－0012051　善1393
雙佩齋詩集八卷補梅書屋詩草一卷雙佩齋文集四卷駢體文集一卷金陵雜詠一卷　(清)王友亮撰　清嘉慶刻本　五册

220000－0841－0012052　集1392K
雙佩齋詩集八卷　(清)王友亮撰　**補梅書屋詩草一卷**　(清)王麟生撰　清嘉慶十年(1805)刻本　四册

220000－0841－0012053　集9322
金陵雜詠不分卷　(清)王友亮撰　清嘉慶十四年(1809)刻本　二册

220000－0841－0012054　集1597K
百美新詠不分卷　(清)顔希源撰　清嘉慶十年(1805)刻本　四册

220000－0841－0012055　集1613K
沈氏羣峰集六卷韓詩故二卷　(清)沈清瑞撰　清光緒五年(1879)刻本　三册

220000－0841－0012056　集1870K
秋士先生遺集六卷　(清)彭績撰　清光緒七年(1881)刻長洲彭氏家集本　二册

220000－0841－0012057　集1619K
退滋堂詩鈔八卷補遺一卷　(清)謝登雋撰　清道光十一年(1831)滋蘭堂刻本　二册

220000－0841－0012058　集2123K
藕頤外集五卷　(清)熊寶泰撰　**畹香詩鈔一卷**　(清)張淑撰　清嘉慶刻賜墨堂家集合編本　一册

220000－0841－0012059　集8269K
吉石齋集二卷　(清)汪彝銘撰　清嘉慶九年(1804)刻本　一册

220000－0841－0012060　集2550K
亦廬餘事一卷　(清)湯徽典撰　清道光二十四年(1844)刻本　一册

220000－0841－0012061　集2059K
景文堂詩集十三卷　(清)戚學標撰　(清)王期煜等注釋　清嘉慶刻本　四册

220000－0841－0012062　集9244F
鶴泉集唐三卷鶴泉集唐初編一卷　(清)戚學標撰　清嘉慶十年(1805)涉縣署刻戚鶴唐所著書本　二册

220000－0841－0012063　集2588K
遂園詩鈔六卷　(清)夏味堂撰　清咸豐元年(1851)刻本　二册

220000－0841－0012064　集1729K
南江文鈔十二卷詩鈔四卷札記四卷　(清)邵晉涵撰　清嘉道刻本　十二册

220000－0841－0012065　集7798K
竹外山房集二卷　(清)秦潮撰　清乾隆六十

年(1795)刻本　一册

220000－0841－0012066　集2574K
未學堂集八卷　(清)鮑份撰　清道光十八年(1838)刻本　二册

220000－0841－0012067　集1907K
小峴山人文集六卷詩集六卷　(清)秦瀛撰　清嘉慶刻本　六册

220000－0841－0012068　集1992K
秋槎政本一卷　(清)鄭兆龍撰　清道光十五年(1835)鎮海李恭渭刻本　一册

220000－0841－0012069　集9791K
述古堂文集十二卷　(清)錢兆鵬撰　清光緒七年(1881)刻本　四册

220000－0841－0012070　集1850K
素脩堂詩集二十四卷後集六卷補遺一卷　(清)吴蔚光撰　清嘉慶十六年(1811)刻本　六册

220000－0841－0012071　集1903K
秋盦詩草一卷詞草一卷題跋一卷　(清)黄易撰　清宣統二年(1910)濟寧李汝謙影印本　一册

220000－0841－0012072　集2015K
諸華香處詩集十三卷　(清)邱璋撰　清嘉慶二十年(1815)刻本　五册

220000－0841－0012073　史11752K
黄太史朝考卷式不分卷　(清)黄家傑撰　清光緒刻本　一册

220000－0841－0012074　集2373K
古愚軒詩集二卷　(清)吴魯撰　清道光二十八年(1848)刻本　一册

220000－0841－0012075　集2437K
雞肋内編四卷　(清)婁承澐撰　清道光元年(1821)刻本　四册

220000－0841－0012076　集7984K
聰訓堂文集四卷　(清)陳師濂撰　清道光二十七年(1847)刻本　一册

220000－0841－0012077　集2251K
柳渠文集六卷詩集六卷　(清)胡豹變撰　清同治七年(1868)榆次懷仁鎮燕翼樓刻本　四册

220000－0841－0012078　集1937K
竹佃閒話錄三卷　(清)林芳撰　清乾隆刻本　一册

220000－0841－0012079　集2305K
小石山房文集一刻一卷　(清)武億撰　清乾隆刻本　一册

220000－0841－0012080　集1856K
授堂文鈔八卷　(清)武億撰　清嘉慶六年(1801)刻本　四册

220000－0841－0012081　集1871K
述學内篇三卷外篇一卷補遺一卷别錄一卷　(清)汪中撰　清道光汪喜孫刻本　一册

220000－0841－0012082　集1427K
述學内篇三卷外篇一卷補遺一卷别錄一卷春秋述義一卷　(清)汪中撰　**校勘記一卷**　(清)方濬頤撰　清同治八年(1869)揚州書局刻本　三册

220000－0841－0012083　集1599K
容甫先生遺詩五卷補遺一卷　(清)汪中撰　清光緒十一年(1885)述古齋木活字印本　一册

220000－0841－0012084　集1433K
容甫先生遺詩五卷補遺一卷附錄一卷　(清)汪中撰　清光緒二十六年(1900)建德胡念修刻鵠齋刻本　一册

220000－0841－0012085　集1446K
容甫先生遺詩五卷補遺一卷附朋舊贈答詩一卷　(清)汪中撰　清宣統元年(1909)正誼書局鉛活字印本　一册

220000－0841－0012086　集2165K
菰蘆吟八卷　(清)顧錦春撰　清嘉慶十三年(1808)刻本　二册

220000－0841－0012087　集2140K

紫石泉山房文集十二卷　(清)吴定撰　清光緒十三年(1887)黟縣李宗煝刻本　四册

220000－0841－0012088　集1790K
紅蕉山館文鈔八卷　(清)喻文鏊撰　(清)李祖陶評點　清光緒三年(1877)刻本　四册

220000－0841－0012089　集2097K
小海自定詩一卷黟山紀游一卷　(清)汪淮撰　清嘉慶九年(1804)刻本　一册

220000－0841－0012090　集2541K
萴蘿山房文集五卷　(清)魏瀚撰　清同治刻本　一册

220000－0841－0012091　集8810K
奏御稿存不分卷　(清)吴省蘭撰　清嘉慶南匯吴氏刻聽彝堂偶存稿本　一册

220000－0841－0012092　集8044K
松聲池館詩存四卷　(清)汪璐撰　清光緒十五年(1889)振綺堂刻本　一册

220000－0841－0012093　集8763F
冬花庵燼餘稿三卷　(清)奚岡撰　清同治十一年(1872)當歸草堂刻西泠五布衣遺著本　一册

220000－0841－0012094　集5592K
蘭修館賦稿一卷　(清)顧元熙撰　清光緒元年(1875)刻本　一册

220000－0841－0012095　集8658K
退思齋詩鈔四卷　(清)伯麟撰　清嘉慶二十一年(1816)倚松書屋刻本　四册

220000－0841－0012096　集2088K
霽春堂集十四卷　(清)吴樹萱撰　清道光八年(1828)刻本　四册

220000－0841－0012097　集1971F
卷施閣文甲集十卷續一卷補遺一卷乙集八卷續編一卷施閣詩二十卷　(清)洪亮吉撰　**洪北江先生年譜一卷**　(清)吕培等撰　清光緒三年(1877)陽湖洪用懃刻洪北江全集本　十二册

220000－0841－0012098　集2174
擬兩晉南北史樂府二卷　(清)洪亮吉撰　清乾隆三十六年(1771)刻本　一册

220000－0841－0012099　集1970K
有正味齋全集七十三卷　(清)吴錫麒撰　清嘉慶刻本　十册

220000－0841－0012100　集1968K
有正味齋全集七十三卷　(清)吴錫麒撰　清湖南書坊刻本　十六册　缺八卷(一至八)

220000－0841－0012101　集7542K
有正味齋詩帖詳註四卷　(清)吴錫麒撰　清嘉慶八年(1803)一經堂刻本　四册

220000－0841－0012102　集1969F
有正味齋駢體文二十四卷　(清)吴錫麒撰　清嘉慶刻本　八册

220000－0841－0012103　集1967K
有正味齋駢體文二十四卷　(清)吴錫麒撰　(清)王廣業箋　清咸豐九年(1859)刻本　八册

220000－0841－0012104　集9786K
二坨詩稿四卷詞稿一卷　(清)朱棟撰　清嘉慶十一年(1806)刻本　一册

220000－0841－0012105　集2523K
風希堂詩文集十卷　(清)戴殿泗撰　清道光八年(1828)刻本　四册

220000－0841－0012106　集2452K
東井文鈔二卷詩鈔四卷　(清)黄定文撰　清道光元年(1821)刻本　二册

220000－0841－0012107　集8947
秋藥庵詩集四卷　(清)馬履泰撰　清乾隆五十九年(1794)刻本　一册

220000－0841－0012108　善1377
學古集一卷詩論一卷牧牛村舍外集四卷　(清)宋大樽撰　清嘉慶刻本　一册

220000－0841－0012109　集7817
滇中吟一卷　(清)徐鐸撰　清乾隆十四年(1749)刻本　一册

220000－0841－0012110　集 8955
粲花軒詩藁二卷　(清)陸建撰　清乾隆刻隨園三十種本　一册

220000－0841－0012111　集 1908K
天海樓古文鈔四卷　(清)李懿曾撰　清嘉慶二年(1797)刻本　二册

220000－0841－0012112　集 1788F
澹靜齋文鈔八卷詩鈔六卷　(清)龔景瀚撰　清同治八年(1869)龔易圖刻澹靜齋全集本　八册

220000－0841－0012113　集 2126K
亦有生齋文集二十卷　(清)趙懷玉撰　清嘉慶二十二年(1817)刻本　七册

220000－0841－0012114　集 2490K
拙存居詩稿一卷　(清)金聞鶴撰　清道光十二年(1832)頤園刻本　一册

220000－0841－0012115　集 1742K
逃虚閣詩集六卷　(清)張錦芳撰　清嘉慶六年(1801)刻本　二册

220000－0841－0012116　集 1630K
石蘭堂詩稿九卷　(清)張德懋撰　清道光七年(1827)刻本　八册

220000－0841－0012117　集 1842K
九柏山房詩十六卷　(清)楊倫撰　清嘉慶十七年(1812)刻本　四册

220000－0841－0012118　集 2456K
五百四峯堂詩鈔二十五卷　(清)黎簡撰　清嘉慶衆香亭刻本　八册

220000－0841－0012119　集 2109K
德芬堂詩鈔十二卷　(清)邱岡撰　清嘉慶十年(1805)刻本　二册

220000－0841－0012120　集 2679
寄菴詩鈔十三卷補遺一卷　(清)劉大紳撰
龍山詩草一卷　(清)沈彬撰　清嘉慶六年(1801)朱寧刻增修本　五册

220000－0841－0012121　集 10014K
寄菴詩鈔十七卷　(清)劉大紳撰　清嘉慶六年(1801)刻道光二十八年(1848)補刻本　六册

220000－0841－0012122　集 6123K
遂初堂集一卷　(清)何青撰　清道光刻本　一册

220000－0841－0012123　善 2357
江行紀程一卷楚遊草一卷倦遊吟一卷　(清)范來芝撰　清道光二年(1822)一經書屋刻本　一册

220000－0841－0012124　善 3555
繡餘吟六卷詩餘一卷　(清)馮思慧撰　清乾隆四十九年(1784)刻本　四册

220000－0841－0012125　善 1487
聽泉遺詩三卷　(清)李菖撰　清嘉慶元年(1796)刻本　一册

220000－0841－0012126　集 2167K
偶仙詩鈔四卷　(清)祝懷真撰　清同治十一年(1872)刻本　二册

220000－0841－0012127　集 8701F
聖禾鄉農詩鈔四卷　(清)沈珏撰　清光緒九年(1883)刻本　一册

220000－0841－0012128　集 1880K
雙樓詩鈔二卷　(清)夏振采撰　清道光二十七年(1847)竹巷故園刻本　一册

220000－0841－0012129　集 1976K
大桴山人偶存集三卷　(清)陳詩撰　清光緒四年(1878)蘄州夏允升三餘堂刻本　一册

220000－0841－0012130　集 2396K
蘭圃詩鈔八卷續鈔二卷補遺一卷　(清)武廷選撰　清道光二年(1822)刻本　四册

220000－0841－0012131　集 2200K
竹所詩鈔四卷　(清)吳會撰　清道光七年(1827)刻本　四册

220000－0841－0012132　集 2662K
韋廬詩内集四卷外集四卷賸稿一卷　(清)李秉禮撰　清嘉慶二十四年至道光二年(1819－1822)刻本　五册

220000－0841－0012133　集2368K
韋廬詩内集四卷外集四卷　(清)李秉禮撰　清光緒十三年(1887)刻本　四册

220000－0841－0012134　集1954K
商於吟稿二卷清風涇枝詞一卷蘭行草一卷從戎草一卷南園雜詠一卷　(清)陳祁撰　清嘉慶九年至十年(1804－1805)刻本　六册

220000－0841－0012135　集1665K
兩當軒集二十卷考異二卷附録六卷　(清)黄景仁撰　清同治十二年(1873)集珍齋木活字印本　八册

220000－0841－0012136　集1666K
兩當軒集二十二卷附録四卷攷異二卷　(清)黄景仁撰　清光緒二年(1876)黄氏家塾刻本　六册

220000－0841－0012137　集10085K
兩當軒詩鈔十四卷悔存詞鈔二卷　(清)黄景仁撰　清嘉慶二十二年(1817)刻本　一册

220000－0841－0012138　集1668K
兩當軒詩鈔十四卷悔存詞鈔二卷　(清)黄景仁撰　清嘉慶二十二年(1817)刻本　二册

220000－0841－0012139　集1667K
悔存詩鈔八卷　(清)黄景仁撰　清嘉慶元年(1796)丘縣劉大觀刻本　四册

220000－0841－0012140　集8030K
得閒山館集八卷曉園吟一卷　(清)鄭佶撰　清道光七年(1827)刻本　二册

220000－0841－0012141　集2045
逸亭詩草七卷　(清)宋鳴軔撰　清嘉慶十五年(1810)木活字印本　四册

220000－0841－0012142　集7935K
復齋文集二十一卷詩集四卷末一卷　(清)曾鏞撰　清嘉慶二十五年(1820)刻本　十四册

220000－0841－0012143　集1991K
澤古齋文鈔三卷補遺一卷詩鈔一卷語録一卷四書文鈔四卷賸稿一卷續編一卷　(清)吴士模撰　清光緒十九年(1893)刻本　四册

220000－0841－0012144　集2093
師竹齋集十四卷　(清)李鼎元撰　清嘉慶刻本　四册

220000－0841－0012145　集7968K
夢餘詩鈔二卷　(清)邵颿撰　清光緒三年(1877)刻本　一册

220000－0841－0012146　集2176K
古香樓遺稿十卷　(清)沈長春撰　清嘉慶二十五年(1820)刻本　四册

220000－0841－0012147　集7816K
瞻衮堂文集十卷　(清)袁鈞撰　清光緒三十三年(1907)刻本　二册

220000－0841－0012148　善3014
心止居詩集四卷文集二卷　(清)楊夢符撰　清嘉慶十四年(1809)刻本　二册

220000－0841－0012149　集2074K
二餘堂文稿一卷詩稿一卷鷓鴣吟一卷吴船卧餘録一卷吾亦愛吾廬寤語一卷　(清)師範撰　清嘉慶刻本　四册

220000－0841－0012150　集2106K
金華山樵詩後集六卷嘉慶選人後集二卷汎舟吟摘鈔二卷泛舟集一卷春帆集一卷前懷人詩一卷後懷人詩一卷除夕紀懷詩一卷　(清)師範撰　清嘉慶九年(1804)二餘堂刻本　十二册

220000－0841－0012151　集7705K
教經堂詩集十四卷詩餘一卷文集十卷談藪六卷　(清)徐書受撰　清嘉慶刻本　八册

220000－0841－0012152　集2166
廬谿詩草一卷　(清)臧法高撰　清嘉慶九年(1804)刻本　一册

220000－0841－0012153　集2150K
悔生詩鈔六卷諸家評跋一卷　(清)王灼撰　清嘉慶十三年(1808)刻本　二册

220000－0841－0012154　集8439K
荷莊檢存稿六卷　(清)李大成撰　清嘉慶二十四年(1819)刻本　三册

220000－0841－0012155　集8404K
梅庵詩鈔五卷　(清)鐵保撰　清嘉慶十年(1805)刻本　二册

220000－0841－0012156　集1767
存素堂文集四卷　(清)法式善撰　清嘉慶十二年(1807)程氏揚州刻本　四册

220000－0841－0012157　集1765K
存素堂詩初集録存二十四卷詠物詩稿二卷存素堂詩二集八卷續集一卷　(清)法式善撰　清嘉慶十二年至十七年(1807－1812)刻本　八册

220000－0841－0012158　集1766F
存素堂詩二集八卷續編一卷　(清)法式善撰　清嘉慶十七年(1812)刻本　二册

220000－0841－0012159　集2149K
思不辱齋詩集四卷文集四卷外集三卷　(清)萬承風撰　清嘉慶二十一年(1816)刻本　八册

220000－0841－0012160　集2343K
青墅詩稿十卷　(清)李燧撰　清道光十三年(1833)河南府署刻本　四册

220000－0841－0012161　集2915K
擁書堂詩集四卷　(清)張璿華撰　**傳硯堂詩存一卷**　(清)張允垂撰　清光緒十四年至十五年(1888－1889)刻本　一册

220000－0841－0012162　集2436K
怡雲山館詩鈔八卷　(清)陳榕撰　清道光十二年(1832)刻本　二册

220000－0841－0012163　集2283F
第六絃溪文鈔四卷　(清)黄廷鑑撰　清光緒常熟鮑氏刻後知不足齋叢書本　二册

220000－0841－0012164　集2101
經遺堂全集二十六卷　(清)韋佩金撰　清道光二十一年(1841)丁光煦刻本　四册

220000－0841－0012165　集1841K
陶山詩録二十四卷陶山詩前録二卷露蟬吟詞鈔一卷續鈔一卷　(清)唐仲冕撰　清嘉慶十六年(1811)刻本　六册

220000－0841－0012166　集2382K
遊道堂集四卷　(清)朱彬撰　清同治七年(1868)刻本　二册

220000－0841－0012167　集2381K
遊道堂集四卷　(清)朱彬撰　清同治七年(1868)刻光緒二年(1876)印本　二册

220000－0841－0012168　集8215K
雲樵詩箋四卷　(清)吴芳培撰　(清)戴袓注　清嘉慶四年(1799)刻本　二册

220000－0841－0012169　集2014K
吴雲樵先生詩集四卷　(清)吴芳培撰　清同治四年(1865)茂林吴氏刻本　二册

220000－0841－0012170　集1816
芙蓉山館全集二十卷　(清)楊芳燦撰　清光緒十七年(1891)無錫劉繼曾木活字印本　八册

220000－0841－0012171　集1817K
芙蓉山館文鈔不分卷雕蟲樂府一卷　(清)楊芳燦撰　清乾隆五十六年(1791)松花菴刻本　一册

220000－0841－0012172　集1815K
芙蓉山館詩鈔八卷補鈔一卷詞鈔二卷拗華詞一卷移箏詞一卷　(清)楊芳燦撰　清嘉慶刻道光修版印本　六册

220000－0841－0012173　集7779K
務滋堂集五十卷　(清)金文城撰　清嘉慶二十二年(1817)刻本　四册

220000－0841－0012174　集2177
唾餘草二卷　(清)黄作求撰　清嘉慶十二年(1807)木活字印本　二册

220000－0841－0012175　集1813K
嶺南集六卷　(清)羅含章撰　清嘉慶刻本　四册

220000－0841－0012176　集1888
孫淵如先生全集二十三卷　(清)孫星衍撰　清光緒十一年(1885)白堤八字橋朱氏刻本

十册

220000－0841－0012177　集 8427K

孫淵如先生全集二十三卷　(清)孫星衍撰　清光緒刻本　十册

220000－0841－0012178　集 1876K

問字堂集六卷贈言一卷　(清)孫星衍撰　清光緒十年(1884)刻本　二册

220000－0841－0012179　集 1823K

嘉穀堂集一卷　(清)孫星衍撰　清嘉慶刻岱南閣叢書本　一册

220000－0841－0012180　集 11251F

芳茂山人詩錄九卷　(清)孫星衍撰　清嘉慶二十三年(1818)刻平津館叢書本　二册

220000－0841－0012181　集 9787K

玉磬山房詩十三卷文一卷　(清)劉大觀撰　清嘉慶十五年(1810)刻本　六册

220000－0841－0012182　集 1799F

簡莊文鈔六卷續編二卷詩鈔一卷　(清)陳鱣撰　清光緒十四年(1888)海昌羊氏刻海昌叢載本　二册

220000－0841－0012183　集 1906K

稻香吟館詩稿六卷文稿一卷　(清)李賡芸撰　清道光四年(1824)刻本　四册

220000－0841－0012184　集 1814K

白湖文藁八卷　(清)葉燕撰　清嘉慶二十三年(1818)又次居刻本　二册

220000－0841－0012185　集 8034K

賜葛堂文集六卷遺藁一卷　(清)岳震川撰　清光緒五年(1879)刻本　四册

220000－0841－0012186　集 1926F

秋室集十卷　(清)楊鳳苞撰　清光緒五年(1879)湖州陸氏刻湖州叢書本　二册　存五卷(一至五)

220000－0841－0012187　集 2066K

西湖秋柳詞一卷　(清)楊鳳苞撰　(清)楊知新注　清光緒十年(1884)湖州楊氏春及軒刻本　一册

220000－0841－0012188　集 2168F

西湖秋柳詞一卷　(清)楊鳳苞撰　(清)楊知新注　清光緒錢塘丁氏嘉惠堂刻武林掌故叢編本　一册

220000－0841－0012189　集 2116K

留春草堂詩鈔七卷　(清)伊秉綬撰　清光緒二十三年(1897)刻本　二册

220000－0841－0012190　集 2367K

小眉山館初稿四卷酬和詩二卷　(清)洪光垕撰　清道光三年(1823)木活字印本　三册

220000－0841－0012191　集 2115K

思誠堂文集六卷詩集二卷　(清)張鏞撰　清光緒十三年(1887)刻本　四册

220000－0841－0012192　集 11195K

淵雅堂全集四十一卷　(清)王芑孫撰　**寫韻軒小藁一卷**　(清)曹貞秀撰　**波餘遺稿二卷首一卷**　(清)王翼孫撰　清嘉慶刻本　十六册

220000－0841－0012193　集 1416K

波餘遺稿一卷首一卷附錄一卷　(清)王翼孫撰　清嘉慶九年(1804)刻本　四册

220000－0841－0012194　集 2018K

吴學士文集四卷詩集五卷　(清)吴鼒撰　清光緒八年(1882)刻本　四册

220000－0841－0012195　集 2580K

西河草堂詩賸六卷續六卷　(清)葉兆蘭撰　清道光四年至七年(1824－1827)刻本　二册

220000－0841－0012196　集 2162K

鵠山小隱詩集十卷　(清)熊士鵬撰　清嘉慶十五年(1810)刻本　四册　存五卷(一至五)

220000－0841－0012197　集 2217K

畬香草存三卷續刻一卷　(清)倪元坦撰　清嘉慶、道光刻本　四册

220000－0841－0012198　集 11202K

晚聞居士遺集九卷首一卷　(清)王宗炎撰　清道光十一年(1831)刻本　三册

220000－0841－0012199　集 2345K

退思粗訂稿二卷　(清)朱文翰撰　清道光刻本　一册

220000－0841－0012200　集1810K
校禮堂詩集十四卷文集三十六卷　(清)凌廷堪撰　清嘉慶十八年(1813)、道光六年(1826)刻本　十册　缺十卷(二十七至三十六)

220000－0841－0012201　集2071K
校禮堂詩集十四卷　(清)凌廷堪撰　清道光六年(1826)刻校禮堂全集本　三册

220000－0841－0012202　集2036K
大雲山房文稿初集四卷二集四卷言事二卷　(清)惲敬撰　清同治二年(1863)惲世臨湖南刻本　十册

220000－0841－0012203　集8118K
大雲山房文稿初集四卷二集四卷言事二卷　(清)惲敬撰　清同治二年(1863)刻本　八册

220000－0841－0012204　集2030K
大雲山房文稿初集四卷二集四卷　(清)惲敬撰　清光緒十四年(1888)刻本　八册

220000－0841－0012205　集2029K
惲子居文鈔四卷　(清)惲敬撰　清宣統二年(1910)上海國學扶輪社石印本　四册

220000－0841－0012206　集10663K
聽雨齋詩集二十六卷别集一卷補編一卷　(清)吳照撰　清嘉慶刻本　四册

220000－0841－0012207　集1855K
長春草廬學詩十卷　(清)邱罊撰　清嘉慶十八年(1813)刻本　五册

220000－0841－0012208　集2084K
嘉樹山房集二十卷外集二卷續集二卷　(清)張士元撰　清嘉慶、道光刻同治修補光緒四年(1878)後印本　六册

220000－0841－0012209　集10503F
敬堂文稿二卷　(清)辛紹業撰　清嘉慶刻敬堂遺書本　二册

220000－0841－0012210　集2313
詒晋齋集八卷後集一卷隨筆一卷　(清)永瑆撰　清道光二十八年(1848)載鋭刻本　四册

220000－0841－0012211　集2388
獨學廬初稿十三卷　(清)石韞玉撰　清乾隆刻本　三册　存四種

220000－0841－0012212　善1510
獨學廬初稿詩八卷文三卷附刊二卷獨學廬二稿詩三卷文四卷獨學廬三稿詩六卷文五卷獨學廬外集二卷　(清)石韞玉撰　清乾隆六十年(1795)至嘉慶刻本　十二册

220000－0841－0012213　善2983
獨學廬二稿詩三卷詞二卷文四卷外集二卷　(清)石韞玉撰　清嘉慶十年(1805)重慶官舍刻本　五册

220000－0841－0012214　集1844
凝緒堂詩稿八卷　(清)孔憲培撰　清嘉慶刻本　四册

220000－0841－0012215　集10952K
不易居齋集一卷漢書摘詠一卷後漢書摘詠一卷同館賦鈔一卷　(清)宋湘撰　清嘉慶七年(1802)刻本　一册

220000－0841－0012216　集2303K
紅杏山房詩鈔五卷　(清)宋湘撰　清嘉慶二十五年至道光三年(1820－1823)刻綿紙印本　二册

220000－0841－0012217　集2571K
紅杏山房詩鈔十一種十三卷　(清)宋湘撰　清同治刻本　四册

220000－0841－0012218　集2206K
清愛堂集二十三集自訂年譜一卷　(清)魏成憲撰　清道光八年(1828)刻本　四册

220000－0841－0012219　集2628K
六觀樓文集拾遺一卷　(清)許鴻磐撰　清同治九年(1870)粤東刻本　一册

220000－0841－0012220　集8226K
題蘭槀一卷　(清)繆公恩撰　清光緒十二年(1886)刻本　一册

220000－0841－0012221　集 2131K
飲綠山堂詩集十六卷　(清)張鉉撰　清嘉慶刻本　二册

220000－0841－0012222　集 1956K
有竹居集十六卷　(清)任兆麟撰　清嘉慶二十四年(1819)刻本　八册

220000－0841－0012223　集 1935K
虚谷文集三卷拾遺一卷　(清)王錫聆撰　清道光二十六年(1846)刻本　二册

220000－0841－0012224　集 5032K
頌詩堂詩稿一卷海棠集詞稿一卷　(清)周藹聯撰　清道光刻本　一册

220000－0841－0012225　集 2566K
唫香書屋遺藁一卷　(清)吳周鈐撰　清道光十二年(1832)刻本　一册

220000－0841－0012226　集 1736K
藿田集十三卷首一卷末二卷　(清)范駒撰　**岳班集二卷**　(清)范日覲撰　清道光十二年(1832)刻本　四册

220000－0841－0012227　集 9758K
瓊樓吟稿一卷後錄一卷　(清)陶善撰　**璞完詩草一卷**　(清)盛鈺撰　清同治十年(1871)刻本　一册

220000－0841－0012228　集 1732K
雪杖山人詩集八卷　(清)鄭炎撰　**友陶居士詩集**　(清)鄭典撰　**秦濤居士詩集**　(清)鄭挺撰　清嘉慶七年(1802)刻本　八册

220000－0841－0012229　集 2139K
疎影軒遺草二卷　(清)何玉瑛撰　清嘉慶十七年(1812)睫巢書屋刻本　二册

220000－0841－0012230　集 8689K
碧珊詩草不分卷　(清)王德和撰　清抄本　二册

220000－0841－0012231　集 2079K
清娛閣吟稿六卷　(清)鮑之蕙撰　清嘉慶十六年(1811)刻本　二册

220000－0841－0012232　集 2665K
清娛閣詩鈔六卷　(清)鮑之蕙撰　清光緒八年(1882)丹徒戴氏嘉禾刻京江鮑氏三女史詩鈔合刻本　二册

220000－0841－0012233　集 2581K
問花水榭稿一卷　(清)別文樑撰　清道光九年(1829)刻本　一册

220000－0841－0012234　集 2656K
實事求是齋遺藁四卷　(清)汪廷珍撰　清道光二十九年(1849)刻本　四册

220000－0841－0012235　集 2561F
曬書堂文集十二卷外集二卷別集一卷閨中文存一卷筆記二卷　(清)郝懿行撰　清光緒十年(1884)東路廳署刻郝氏遺書本　八册

220000－0841－0012236　集 2211K
借菴詩文遺稿三卷　(清)釋清恒撰　清道光十九年(1839)刻本　一册

220000－0841－0012237　集 11185F
邃雅堂集十卷　(清)姚文田撰　清道光元年(1821)江陰學使者署刻邃雅堂全書本　四册

220000－0841－0012238　集 2196K
口頭吟二卷　(清)釋嘯溪撰　(清)張吉安選　清道光刻本　二册

220000－0841－0012239　集 2385K
還讀齋詩稿二十卷　(清)韓崶撰　清道光七年(1827)刻本　六册

220000－0841－0012240　集 1875K
隨俟書屋詩集十一卷　(清)劉錫五撰　清嘉慶二十三年(1818)刻本　六册

220000－0841－0012241　集 2105K
堅白石齋詩集十六卷　(清)李鑾宣撰　清嘉慶二十四年(1819)刻本　四册

220000－0841－0012242　集 2122K
玉山閣詩選八卷　(清)徐鏴慶撰　**荔子丹房詩選一卷**　(清)徐濤撰　**梅墅詩選一卷**　(清)徐潢撰　清道光十年(1830)刻本　二册

220000－0841－0012243　集 2133K
簡緣詩草一卷　(清)彭希洛撰　清光緒九年

(1883)刻本　一册

220000－0841－0012244　集2120K
秋士詩鈔一卷　(清)汝增玉撰　清嘉慶十五年(1810)刻本　一册

220000－0841－0012245　集1916K
白華樓詩鈔四卷焚餘稿一卷　(清)蔭玉衡撰　清光緒二十九年(1903)刻本　三册

220000－0841－0012246　集10802K
浮槎山館詩集三卷　(清)史臺懋撰　清嘉慶二十三年(1818)江寧刻本　一册

220000－0841－0012247　集1994K
吉堂詩稿八卷文稿十二卷　(清)欽善撰　清嘉慶二十五年(1820)刻本　六册

220000－0841－0012248　集1914K
勤襄公詩稿遺存二卷詞稿遺存一卷　(清)方維甸撰　清道光十三年(1833)刻本　一册

220000－0841－0012249　集1934K
嘯竹詩鈔四卷　(清)袁承福撰　清嘉慶刻本　二册

220000－0841－0012250　集2300K
樂園文鈔八卷首一卷　(清)嚴如熤撰　清道光刻本　四册

220000－0841－0012251　集1676K
等閒集詩鈔一卷　(清)張敬謂撰　清光緒十九年(1893)長沙學院刻本　一册

220000－0841－0012252　集2020K
賞雨茅屋詩集八卷外集一卷　(清)曾燠撰　清嘉慶九年(1804)刻本　三册

220000－0841－0012253　集2647K
賞雨茅屋詩集二十二卷外集一卷　(清)曾燠撰　清道光刻本　八册

220000－0841－0012254　集2019K
賞雨茅屋詩集十二卷　(清)曾燠撰　清嘉慶十五年(1810)刻本　四册

220000－0841－0012255　集7744K
觀齋集十六卷　(清)王澤撰　清咸豐四年(1854)廣州刻本　二册

220000－0841－0012256　集2230K
梅花溪詩草四卷續三卷　(清)錢泳撰　**蔗軒遺稿一卷**　(清)錢有穀撰　清嘉慶二十四年(1819)履國刻本　四册

220000－0841－0012257　集2517K
香草堂集十卷試帖一卷詞一卷　(清)陳廷桂撰　清嘉慶十六年(1811)刻本　六册

220000－0841－0012258　集9107K
邗江遊草三卷　(清)楊禾撰　清乾隆三十七年(1772)刻本　一册　存一卷(一)

220000－0841－0012259　集5103
集杜詩草一卷春吟回文一卷　(清)李暘撰　清嘉慶二十五年(1820)存守堂刻本　二册

220000－0841－0012260　集1756K
綠疇吟草六卷　(清)戴高撰　清乾隆刻本　二册

220000－0841－0012261　集1192K
東山草堂文集二十卷　(清)邱嘉穗撰　清道光八年(1828)漢陽邱氏刻本　八册

220000－0841－0012262　集2146K
菉邨文集六卷　(清)計默撰　清咸豐九年(1859)刻本　四册

220000－0841－0012263　集1432K
在山堂集三十卷　(清)程大中撰　清道光十四年(1834)忠耿堂刻本　八册

220000－0841－0012264　集2063K
竹香詩鈔一卷　(清)吳肇璒撰　清嘉慶十二年(1807)刻本　一册

220000－0841－0012265　集2047K
額粉盦集六卷　(清)高第撰　清嘉慶刻本　一册

220000－0841－0012266　集1878K
遊仙詩一卷　(清)吳顥撰　清嘉慶十六年(1811)刻錢塘吳氏合集本　一册

220000－0841－0012267　集1889K

依綠園詩鈔二卷 （清）吳兆萱撰 清同治刻本 一册

220000－0841－0012268 集1933K

溪□詩稿六卷 （清）龔理身撰 清道光刻本 二册

220000－0841－0012269 集2114K

槃溪詩草二卷 （清）錢鋒撰 清嘉慶九年(1804)刻本 一册

220000－0841－0012270 集2379K

香杜草二卷二集四卷三集一卷靜讀齋詩話一卷 （清）任昌運撰 清嘉慶刻本 四册

220000－0841－0012271 集8419K

裕文樓集一卷 （清）徐中運撰 清乾隆四十七年(1782)槐蔭堂徐氏刻本 一册

220000－0841－0012272 集2245K

易簡齋詩鈔四卷 （清）和瑛撰 清道光三年(1823)刻本 四册

220000－0841－0012273 集1957K

半隱園詩集一卷 （清）董芸撰 清嘉慶刻本 一册

220000－0841－0012274 集2178K

金源紀事詩八卷 （清）湯運泰撰 清同治十二年(1873)淮南書局刻本 四册

220000－0841－0012275 集8059K

集聖教序詩四卷續四卷 （清）馬慧裕撰 清嘉慶刻本 二册

220000－0841－0012276 集1686K

經稼堂詩六卷 （清）徐長發撰 清乾隆刻本 一册

220000－0841－0012277 集1859K

梅賓詩鈔六卷 （清）江紹蓮撰 清嘉慶十七年(1812)刻本 四册

220000－0841－0012278 集1995K

東園詩集十二卷 （清）鄭成基撰 清嘉慶十四年(1809)刻本 四册

220000－0841－0012279 集1820K

餘蔭堂詩稿二卷 （清）玉德撰 清嘉慶四年(1799)刻本 一册

220000－0841－0012280 集2151K

記存草節錄一卷 （清）湯鐘撰 清嘉慶十九年(1814)刻本 一册

220000－0841－0012281 集9832K

證嚮齋詩集八卷 （清）蔡鑾楊撰 清光緒六年(1880)刻本 四册

220000－0841－0012282 集8609K

春巢詩鈔七卷 （清）何承燕撰 清嘉慶二年(1797)刻本 六册

220000－0841－0012283 集2104K

嬰山小園詩集十六卷 （清）張諴撰 清嘉慶二十一年(1816)今文閣刻本 二册

220000－0841－0012284 集2138K

默齋詩鈔五卷默齋詩餘鈔一卷 （清）陸敬撰 清嘉慶刻本 二册

220000－0841－0012285 集2081K

琴海集二卷 （清）陳玉鄰撰 清光緒二十一年(1895)刻本 一册

220000－0841－0012286 集1792K

紹德堂詩鈔八卷試帖四卷 （清）施騰輝撰 清嘉慶十八年(1813)刻本 六册

220000－0841－0012287 集6087K

古壁叢鈔一卷 （清）溫日鑑撰 清道光二十六年(1846)刻本 一册

220000－0841－0012288 集2112

史抽一卷 （清）袁惟清撰 清嘉慶八年(1803)刻本 一册

220000－0841－0012289 集2169K

海門詩鈔十六卷 （清）李符清撰 清嘉慶刻本 二册

220000－0841－0012290 集2596K

盥白齋詩鈔四卷 （清）劉永標撰 清道光刻本 四册

220000－0841－0012291 集10445K

養雲軒詩稿一卷重訂長春閣詩鈔一卷半帆亭稿一卷無倦書屋吟稿一卷 （清）周寶生撰 清嘉慶、道光刻本 三冊

220000－0841－0012292 集7849K
硯壽堂詩鈔八卷詩餘一卷 （清）吳存楷撰 清嘉慶二十三年（1818）刻錢塘吳氏合集本 四冊

220000－0841－0012293 集2127K
寄閒小草二卷 （清）王清蘭撰 清嘉慶刻本 一冊

220000－0841－0012294 集2117K
於斯閣詩鈔六卷 （清）陸素生撰 清嘉慶二十三年（1818）守約堂刻本 四冊

220000－0841－0012295 集8363K
栖飲草堂詩鈔六卷 （清）湯禮祥撰 清嘉慶二十年（1815）刻本 一冊

220000－0841－0012296 集2179K
若汀自定吟草四卷 （清）沈雲尊撰 清嘉慶十八年（1813）刻本 二冊

220000－0841－0012297 集11102K
妙吉祥室詩鈔六卷 （清）蔣知讓撰 清道光四年（1824）刻本 二冊

220000－0841－0012298 集2085K
粵遊詩鈔四卷 （清）蒯嘉珍撰 清嘉慶十五年（1810）刻本 四冊

220000－0841－0012299 集9473K
亦是詩一卷附刻一卷再附一卷 （清）汪榛槎撰 清嘉慶十七年（1812）刻本 一冊

220000－0841－0012300 集2083K
玉山閣古文選四卷詩選八卷 （清）徐鑠慶撰 **荔子丹房詩選一卷** （清）徐濤撰 **梅墅詩選一卷** （清）徐潢撰 清道光十年（1830）刻本 四冊

220000－0841－0012301 集7383
味餘書屋全集定本四十卷 （清）仁宗顒琰撰 清嘉慶內府刻本 十一冊 存十九卷（一至十九）

220000－0841－0012302 善1872
御製詩餘集六卷御製文餘集二卷 （清）仁宗顒琰撰 清道光內府刻本 六冊

220000－0841－0012303 集7634
清仁宗睿皇帝御製文餘集二卷 （清）仁宗顒琰撰 清嘉慶刻本 二冊

220000－0841－0012304 善1878
御製詩初集四十八卷目錄六卷御製詩二集六十四卷目錄八卷 （清）仁宗顒琰撰 清嘉慶八年至十六年（1803－1811）內府刻本 六十二冊

220000－0841－0012305 善3564
御製詩二集六十四卷目錄八卷 （清）仁宗顒琰撰 清嘉慶十六年（1811）內府刻本 四十冊

220000－0841－0012306 善4210
御製詩二集六十四卷目錄八卷 （清）仁宗顒琰撰 清嘉慶十六年（1811）內府刻本 十冊

220000－0841－0012307 集7627
御製詩三集六十四卷目錄四卷 （清）仁宗顒琰撰 清嘉慶二十四年（1819）內府刻本 四十冊

220000－0841－0012308 善1874
皇考聖德神功全韻詩四卷 （清）仁宗顒琰撰 清嘉慶內府刻本 四冊

220000－0841－0012309 集7631K
御製嗣統述聖詩二卷 （清）仁宗顒琰撰 （清）余正煥錄 清嘉慶刻本 二冊

220000－0841－0012310 集10525
御製嗣統述聖詩二卷 （清）仁宗顒琰撰 清嘉慶內府刻本 六冊

220000－0841－0012311 集4989K
煙霞萬古樓文集六卷 （清）王曇撰 清道光二十年（1840）刻本 二冊

220000－0841－0012312 集2545K
天美遺集一卷 （清）汪方鍾撰 清道光刻本 一冊

220000－0841－0012313　集 2221K
樗壽山房輯稿六卷　(清)史致儼撰　清道光二十七年(1847)刻本　四冊

220000－0841－0012314　集 2576K
徐石渠文鈔四卷　(清)徐校撰　清道光十三年(1833)刻本　一冊

220000－0841－0012315　集 7936K
椒園居士集六卷　(清)王定柱撰　清光緒三十二年(1906)刻本　二冊

220000－0841－0012316　集 2380K
賜綺堂集十五卷續集四卷　(清)詹應甲撰　清嘉慶十年(1805)、十九年(1814)刻本　五冊

220000－0841－0012317　集 2378K
賜綺堂外編六卷　(清)詹應甲撰　清道光八年(1828)止園刻本　二冊

220000－0841－0012318　集 1837K
青墅詩鈔十卷青墅讀史雜感十三卷　(清)鄭大謨撰　清嘉慶二十二年(1817)刻本　十冊

220000－0841－0012319　集 2129K
恒春吟館詩集二卷　(清)趙佩湘撰　清道光十四年(1834)刻本　二冊

220000－0841－0012320　集 2486K
小瓊海詩初集三卷二集六卷三集八卷四集四卷　(清)陳赫撰　清道光刻本　八冊

220000－0841－0012321　集 2444
樗壽山房輯稿六卷　(清)史致儼撰　清光緒十二年(1886)刻本　四冊

220000－0841－0012322　集 2492K
蘗洲花農詩略六卷　(清)凌揚藻撰　清道光十年(1830)狎鷗亭刻海雅堂全集本　二冊

220000－0841－0012323　集 1822K
天真閣集三十二卷　(清)孫原湘撰　**長真閣集七卷**　(清)席佩蘭撰　清嘉慶五年(1800)刻本　十冊

220000－0841－0012324　集 1821K
天真閣詩集三十二卷　(清)孫原湘撰　清嘉慶刻光緒印本　八冊

220000－0841－0012325　集 1824K
天真閣集五十四卷外集六卷　(清)孫原湘撰　**長真閣集七卷**　(清)席佩蘭撰　清光緒十七年(1891)昭文強至善南阜草廬刻本　十二冊

220000－0841－0012326　集 1913K
雙紅豆齋詩錄四卷　(清)孫原湘撰　**長春閣詩鈔二卷**　(清)席佩蘭撰　清宣統二年(1910)油印本　一冊

220000－0841－0012327　集 8282K
賜綺堂集二十八卷　(清)詹應甲撰　清道光刻本　十冊

220000－0841－0012328　集 1839K
繞竹山房詩稿十卷詩餘一卷　(清)朱文治撰　清嘉慶二十三年(1818)刻本　二冊

220000－0841－0012329　善 1516
煙霞萬古樓文集六卷　(清)王曇撰　清嘉慶二十一年(1816)虎丘東山廟刻本　二冊

220000－0841－0012330　集 10365K
煙霞萬古樓文集六卷　(清)王曇撰　清道光二十年(1840)刻本　二冊

220000－0841－0012331　集 2118K
煙霞萬古樓詩殘稿一卷　(清)王曇撰　清光緒二十六年(1900)寒松閣刻本　一冊

220000－0841－0012332　集 7965K
空山齋文集詩賸不分卷　(清)汪國撰　清道光二年(1822)少白山房刻本　五冊

220000－0841－0012333　集 2426K
思無邪齋詩鈔十卷　(清)蔣浩撰　清道光刻本　二冊

220000－0841－0012334　集 1867K
思無邪齋詩鈔八卷　(清)蔣浩撰　清嘉慶二十四年(1819)刻本　四冊

220000－0841－0012335　集 2465K
晚香書屋詩存二卷　(清)蔡九齡撰　清道光刻本　二冊

220000－0841－0012336　集2152K
石柏山房詩存八卷首一卷　(清)趙文楷撰　清咸豐七年(1857)刻本　四冊

220000－0841－0012337　集8634K
松溪詩草八卷　(清)吳臺撰　清嘉慶二十四年(1819)刻本　三冊

220000－0841－0012338　集11314K
百繪詩箋不分卷　(清)吳臺撰　(清)吳世德　(清)吳錫章同註　清嘉慶二年(1797)刻本　二冊

220000－0841－0012339　集4819K
存悔齋集杜注三卷　(清)劉鳳誥集　(清)黃奭注　清道光十九年(1839)刻本　一冊

220000－0841－0012340　集2468K
秋叟詩懷四卷　(清)徐畹撰　清道光元年(1821)刻本　二冊

220000－0841－0012341　集2397K
娟風軒遺稿三卷　(清)屠湘之撰　清咸豐六年(1856)刻本　一冊

220000－0841－0012342　集2205K
存悔齋集二十八卷外集四卷　(清)劉鳳誥撰　清道光十年(1830)刻本　八冊

220000－0841－0012343　集2340F
鐵橋漫稿八卷　(清)嚴可均撰　清光緒十一年(1885)蔣氏刻心矩齋叢書本　四冊

220000－0841－0012344　集2434K
牧庵雜記六卷　(清)徐一麟撰　清同治七年(1868)刻本　四冊

220000－0841－0012345　集1836
簣山堂詩鈔二十一卷　(清)王賡言撰　清嘉慶十六年(1811)刻本　八冊

220000－0841－0012346　集1981K
茗柯文初編一卷二編二卷三編一卷四編一卷　(清)張惠言撰　(清)惲敬評　清光緒七年(1881)刻本　二冊

220000－0841－0012347　集8049K
茗柯文稿一卷　(清)張惠言撰　清宣統至民國鄧氏風雨樓影印風雨樓秘笈留真本　一冊

220000－0841－0012348　集2543K
佚老巢遺稿二卷　(清)翁元圻撰　清同治五年(1866)翁學涵刻本　四冊

220000－0841－0012349　集2147K
金粟影菴存稿　(清)顧澍撰　清嘉慶二十二年(1817)刻本　六冊

220000－0841－0012350　集1895K
白鵠山房詩鈔三卷風鷗集一卷　(清)徐熊飛撰　清嘉慶刻本　一冊

220000－0841－0012351　集9917K
晉齋詩存二卷　(清)昇寅撰　清咸豐四年(1854)刻本　二冊

220000－0841－0012352　集2448K
集陶詩一卷　(清)吳永和撰　**集陶詩注一卷**　(清)吳傑　(清)黃奭同注　清道光刻本　一冊

220000－0841－0012353　集2219K
借菴詩鈔六卷　(清)釋清恒撰　清道光九年(1829)刻本　四冊

220000－0841－0012354　集2446K
漸齋詩鈔三卷　(清)董史撰　清道光刻本　一冊

220000－0841－0012355　集2012K
尚絅堂集五十六卷　(清)劉嗣綰撰　清同治八年(1869)刻本　十二冊

220000－0841－0012356　集2099K
聲玉山齋詩集十卷　(清)鄒熊撰　清嘉慶刻本　二冊　存八卷(一至八)

220000－0841－0012357　集1415K
寫韻軒小稿二卷　(清)曹貞秀撰　清嘉慶九年(1804)刻本　二冊

220000－0841－0012358　集11260K
試畯堂文鈔一卷　(清)王蘇撰　清道光二十六年(1846)太平院刻本　一冊

220000－0841－0012359　集1894K

試晙堂詩集十二卷　(清)王蘇撰　清道光二年(1822)刻本　六冊

220000－0841－0012360　集 7833K

西磧山房詩錄二卷文錄二卷　(清)蔡復午撰　清光緒二十八年(1902)蔡桐珍石印本　一冊

220000－0841－0012361　集 3713K

汲綆書屋詩鈔一卷淮黃策略兼濟運五議一卷汲綆圖題跋一卷　(清)潘慶齡撰　清道光十八年至十九年(1838－1839)刻本　二冊

220000－0841－0012362　集 2323K

桃花山館吟稿十四卷　(清)郎葆辰撰　清道光刻本　四冊

220000－0841－0012363　集 8906K

陶情集一卷詩餘一卷賦一卷城陽孜一卷　(清)張鴻猷撰　清道光十二年(1832)刻本　一冊

220000－0841－0012364　集 2107K

種蕉館詩集六卷補遺一卷附錄一卷　(清)郭堃撰　清光緒二十一年(1895)刻本　二冊

220000－0841－0012365　集 8105K

蘊真居詩集六卷詩餘一卷　(清)陸學欽撰　清嘉慶十二年(1807)刻本　一冊

220000－0841－0012366　集 1849K

□琈山房詩稿八卷補遺一卷　(清)王志湉撰　清道光七年(1827)刻本　四冊

220000－0841－0012367　集 8455K

無聞集一卷　(清)丁芸芳撰　清道光八年(1828)刻本　一冊

220000－0841－0012368　集 2273K

壽雪山房詩稿四卷　(清)陳廣寧撰　清嘉慶刻本　一冊

220000－0841－0012369　集 2515K

薌林草堂詩鈔八卷文鈔四卷　(清)王玉樹撰　清道光十五年至十七年(1835－1837)刻本　三冊

220000－0841－0012370　集 2514K

酌雅齋文集一卷　(清)彭希鄭撰　清道光二十二年(1842)刻本　一冊

220000－0841－0012371　集 2559K

政餘書屋文集二十卷　(清)王泉之撰　清道光十年(1830)刻本　十冊

220000－0841－0012372　集 2633K

都是春齋文集八卷　(清)張佑撰　清道光刻本　四冊

220000－0841－0012373　集 2664K

春池文鈔十卷　(清)許鯉躍撰　清道光二十六年(1846)刻本　四冊

220000－0841－0012374　集 10388K

移華館駢體文二卷　(清)董基誠撰　清咸豐九年(1859)刻本　二冊

220000－0841－0012375　集 2325K

校經廎文稿十八卷　(清)李富孫撰　清道光元年(1821)刻本　八冊

220000－0841－0012376　集 2260K

揅經室一集十四卷二集八卷三集五卷四集十三卷續集十一卷再續集六卷外集五卷　(清)阮元撰　清道光刻本　二十四冊

220000－0841－0012377　集 11188

揅經室一集十四卷二集八卷三集五卷四集二卷四集詩十一卷續集九卷外集五卷　(清)阮元撰　清道光刻本　十八冊

220000－0841－0012378　集 2265F

揅經室一集十四卷二集八卷三集五卷四集十三卷外集五卷　(清)阮元撰　清道光刻本　十八冊

220000－0841－0012379　集 8405

揅經室文集十八卷　(清)阮元撰　清嘉慶十二年(1807)刻本　八冊

220000－0841－0012380　集 2322K

楚中文筆二卷附錄一卷　(清)阮元撰　(清)阮福摘錄　清同治四年(1865)刻本　一冊

220000－0841－0012381　集 2460K

宛陵文二卷宛陵詩二卷湯孺人行略　(清)張

琦撰　**蓬室偶吟一卷**　(清)湯瑤鄉撰　**先府君行述**　(清)張曜孫撰　清光緒十七年(1891)鉛活字印本　二冊

220000－0841－0012382　集2254K
敦艮齋遺書十七卷　(清)徐潤第撰　清道光二十八年(1848)刻本　五冊

220000－0841－0012383　集9108K
密齋文集不分卷　(清)程周文撰　清嘉慶刻本　一冊

220000－0841－0012384　集1925K
吳歈百絕一卷　(清)蔡雲撰　清同治十一年(1872)刻本　一冊

220000－0841－0012385　集3400K
吳歈百絕一卷　(清)蔡雲撰　清光緒姚孟起楷書石印本　一冊

220000－0841－0012386　集2053K
船山詩草二十卷　(清)張問陶撰　清嘉慶二十年(1815)刻本　八冊

220000－0841－0012387　集1953K
船山詩註二十卷　(清)張問陶撰　(清)李岑註　(清)江海清增註　清同治九年(1870)席珍山館刻本　十冊

220000－0841－0012388　集2170K
不櫛吟二卷　(清)潘素心撰　清嘉慶六年(1801)刻本　一冊

220000－0841－0012389　集2352K
覺生詩鈔十卷詠物詩鈔四卷詠史詩鈔三卷感舊詩鈔二卷　(清)鮑桂星撰　清嘉慶二十五年(1820)刻本　六冊

220000－0841－0012390　集2124K
韻山堂詩集七卷　(清)王文誥撰　清光緒十四年(1888)浙江書局刻本　一冊

220000－0841－0012391　集3276K
小隱山房詩鈔一卷　(清)吳經世撰　**大能寒軒詩鈔八卷前一卷後一卷**　(清)吳為楫撰　清同治四年(1865)大能寒軒刻本　四冊

220000－0841－0012392　集8642K
節安堂遺詩六卷　(清)汪廷楷撰　**景鄦齋詩錄二卷**　(清)汪獻玗撰　清同治元年(1862)定州官廨刻本　一冊

220000－0841－0012393　集7959K
藏書樓駢體文鈔二卷　(清)鮑桂生撰　清咸豐二年(1852)刻本　四冊

220000－0841－0012394　集2451K
忍樓詩鈔二卷　(清)潘一心撰　清道光十九年(1839)刻本　一冊

220000－0841－0012395　集2346K
野雲詩鈔十二卷　(清)鮑文逵撰　清道光十九年(1839)澹存堂刻本　四冊

220000－0841－0012396　集2466K
玉蘭山房詩鈔四卷　(清)朱臨撰　清道光三年(1823)刻本　一冊

220000－0841－0012397　集7797K
說文堂詩集八卷　(清)許之翰撰　清道光十八年(1838)刻本　四冊

220000－0841－0012398　集2447F
三十六灣草廬稿十卷　(清)黃本騏撰　清道光二十七年(1847)穀詒堂刻三長物齋叢書本　四冊

220000－0841－0012399　集1852K
瓶水齋詩集十七卷別集二卷詩話一卷附錄一卷　(清)舒位撰　清光緒十二年(1886)刻十七年(1891)續刻本　八冊

220000－0841－0012400　集9373K
皋橋今雨集二卷　(清)舒位撰　清嘉慶八年(1803)紅杏齋刻本　一冊

220000－0841－0012401　集2361K
掃紅亭吟稿十四卷題詞一卷　(清)馮雲鵬撰　清道光九年(1829)刻本　八冊

220000－0841－0012402　集1743
野雲居詩稿二卷文稿一卷　(清)鄭竺撰　**雪橋遺稿一卷**　(清)鄭甲撰　清嘉慶十二年(1807)刻本　二冊

220000－0841－0012403　集8567K

雪鴻紀蹟一卷 (清)蔣攸銛撰 清道光五年(1825)刻本 一册

220000-0841-0012404 集2496K

石林草堂詩存一卷 (清)葉舟撰 清道光刻本 一册

220000-0841-0012405 集2624K

香蘇山館古體詩鈔十七卷今體詩鈔十九卷 (清)吴嵩梁撰 清光緒二十三年(1897)刻本 八册

220000-0841-0012406 集2318K

姚鏡塘全集十卷 (清)姚學塽撰 清光緒九年(1883)刻本 六册

220000-0841-0012407 集2249K

此君園文集三十卷 (清)吴名鳳撰 清道光二十一年(1841)刻本 十册

220000-0841-0012408 集2292F

思適齋集十八卷 (清)顧廣圻撰 清道光二十九年(1849)上海徐氏刻春暉堂叢書本 四册

220000-0841-0012409 集2291K

思適齋集十八卷 (清)顧廣圻撰 清光緒湖南書坊刻本 四册

220000-0841-0012410 集2999K

五石瓠齋遺稿二卷 (清)胡世敦撰 清同治十一年(1872)涇縣丹溪胡氏刻本 一册

220000-0841-0012411 集2593F

初月樓文鈔十卷文續鈔八卷詩鈔四卷古文續論一卷 (清)吴德旋撰 **程子香文鈔二卷** (清)程德賚撰 清光緒九年(1883)蛟川張氏刻花雨樓叢抄本 十六册

220000-0841-0012412 集2587K

初月樓文鈔十卷詩鈔四卷 (清)吴德旋撰 清光緒十年(1884)宜興周家楣刻本 四册

220000-0841-0012413 集2266K

秋水軒尺牘二卷 (清)許思湄撰 清同治十年(1871)刻本 二册

220000-0841-0012414 集2454K

七峯詩稿二卷續編一卷 (清)江爾維撰 清同治二年(1863)刻本 一册

220000-0841-0012415 集2461K

磵東詩鈔二卷 (清)歐陽輅撰 王先謙選 清光緒十五年(1889)長沙王氏刻本 一册

220000-0841-0012416 集2495K

烏目山房詩存六卷 (清)蔣因培撰 清道光刻本 二册

220000-0841-0012417 集9037K

震庵詩鈔二卷 (清)阿勒精阿撰 清道光二年(1822)刻本 二册

220000-0841-0012418 集9321K

春柳湖莊二集一卷 (清)周長泰撰 清乾隆刻本 一册

220000-0841-0012419 集1846K

憶園詩鈔六卷 (清)陳燮撰 清嘉慶三年(1798)聽雨樓刻本 二册

220000-0841-0012420 集1891K

鞠花百詠一卷 (清)陸日壽撰 清嘉慶八年(1803)刻本 一册

220000-0841-0012421 集2033K

賜錦堂詩鈔八卷定陽投贈集四卷清溪投贈集四卷送行圖詩一卷 (清)陳珄撰 清嘉慶刻本 四册

220000-0841-0012422 集9626K

抱月樓小律一卷 (清)胡相端撰 清嘉慶十九年(1814)刻本 一册

220000-0841-0012423 集8382K

雙藤書屋詩集十二卷詩課題目一卷試帖二卷 (清)何道生撰 清道光刻本 六册

220000-0841-0012424 集9935K

月山遺書七卷首一卷末一卷 (清)梁彣撰 清道光二十八年(1848)二樂堂刻本 四册

220000-0841-0012425 集2453K

艮山文集八卷續集二卷 (清)賈聲槐撰 清道光七年至十年(1827-1830)刻本 四册

220000－0841－0012426　集2796K
含薰室詩集二卷文集五卷　(清)吉鍾穎撰
附録一卷　(清)江順治撰　清同治六年(1867)刻本　四册

220000－0841－0012427　集10722K
享帚集鈔一卷外集鈔一卷永安耆獻狀一卷耆老答客問一卷　(清)屈軼撰　清道光十三年至十七年(1833－1837)壽萱堂刻本　二册

220000－0841－0012428　集2372F
確山駢體文四卷　(清)宋世犖撰　清光緒九年(1883)蛟川張氏花雨樓刻花雨樓叢鈔本　二册

220000－0841－0012429　集2321K
太乙舟文集八卷　(清)陳用光撰　清道光十七年(1837)刻清頌堂叢書本　六册

220000－0841－0012430　集2319K
太乙舟文集八卷　(清)陳用光撰　清道光二十三年(1843)孝友堂刻本　四册

220000－0841－0012431　集2333K
利於不息齋初集不分卷　(清)孔昭焜撰　清道光刻本　四册

220000－0841－0012432　集2691K
槐軒雜著四卷　(清)劉沅撰　清道光、咸豐刻本　四册

220000－0841－0012433　集1893K
求當集十二卷補一卷　(清)張鏐撰　清嘉慶二十年(1815)刻本　四册

220000－0841－0012434　集1987K
鐵船詩鈔二十卷　(清)方元鵾撰　清道光十六年(1836)刻本　六册

220000－0841－0012435　集2225
戴簡恪公遺集八卷　(清)戴敦元撰　清道光二十六年(1846)吴鍾駿刻本　八册

220000－0841－0012436　集2010K
鑑止水齋集二十卷　(清)許宗彦撰　清咸豐八年(1858)許延穀刻本　六册

220000－0841－0012437　集2488K
遂初齋文集四卷　(清)劉邦鼎撰　清道光二十年(1840)刻本　一册

220000－0841－0012438　集2688K
桐閣文鈔十二卷　(清)李元春撰　(清)賀瑞麟輯　清光緒十年(1884)同義文會刻本　十二册

220000－0841－0012439　集1901K
三畝草堂詩鈔五卷　(清)邱光華撰　清嘉慶二十年(1815)刻本　二册

220000－0841－0012440　集1819K
小謨觴館詩集八卷詩餘二卷文集四卷詩續集二卷詩餘一卷文續集二卷　(清)彭兆蓀撰　清嘉慶刻本　三册

220000－0841－0012441　集1827K
小謨觴館文注四卷文續注二卷　(清)彭兆蓀撰　(清)孫元培　(清)孫長熙注　清光緒二十年(1894)長洲黄氏木活字印本　三册

220000－0841－0012442　集1829K
小謨觴館詩集注八卷詩餘注一卷詩續集注二卷續集詩餘注一卷文集注四卷文續集注二卷　(清)彭兆蓀撰　(清)孫元培　(清)孫長熙注　清光緒二十年(1894)泉塘汪氏合刻本　八册

220000－0841－0012443　集1830K
小謨觴館詩集注八卷詩續集注二卷詩餘注一卷文集注四卷文續集注二卷懺摩録一卷潘瀾筆記二卷附録四卷　(清)彭兆蓀撰　(清)孫元培　(清)孫長熙注　清光緒三十年(1904)繆朝荃刻民國重印本　十二册

220000－0841－0012444　集1834F
小謨觴館詩集八卷詩餘一卷續集二卷續一卷文集四卷續二卷　(清)彭兆蓀撰　清同治十三年(1874)吴縣潘氏刻小謨觴館全集本　四册

220000－0841－0012445　集10900K
求當續集二卷　(清)張鏐撰　清道光二年(1822)刻本　一册

220000－0841－0012446　集 2090K
蕉影齋詩集四卷補遺一卷　(清)謝照撰　清光緒二年(1876)刻本　四册

220000－0841－0012447　集 2286K
冰壺山館詩鈔六十四卷　(清)王夢庚撰　清道光刻本　十六册

220000－0841－0012448　集 2309K
小萬卷齋經進稿四卷詩稿三十二卷續稿十二卷　(清)朱琦撰　清道光刻本　三册　存九卷(經進稿四、詩稿一至四、續稿一至四)

220000－0841－0012449　集 2534K
小萬卷齋文稿二十四卷經進稿四卷詩稿三十二卷續稿十二卷　(清)朱琦撰　清光緒十一年(1885)刻本　二十四册

220000－0841－0012450　集 2532K
小萬卷齋詩稿二十四卷　(清)朱琦撰　清道光九年(1829)刻本　七册

220000－0841－0012451　集 1983F
秋樹讀書樓遺集十六卷　(清)史善長撰　清道光十五年(1835)吴江柳樹芳勝谿草堂校刻養餘齋全集本　四册

220000－0841－0012452　集 2612F
味根山房詩鈔九卷文集一卷　(清)史善長撰　清光緒番禺史氏刻味根山房全集本　五册

220000－0841－0012453　集 8172K
有真意齋文集一卷　(清)潘世恩撰　清道光十八年(1838)刻本　一册

220000－0841－0012454　集 2430K
思補齋詩集六卷　(清)潘世恩撰　清道光三十年(1850)刻本　二册

220000－0841－0012455　集 2277K
思補齋詩集六卷　(清)潘世恩撰　清鉛活字印本　二册

220000－0841－0012456　集 2201K
卓廬初草不分卷　(清)陳墉撰　清道光十四年(1834)刻本　二册

220000－0841－0012457　史 7388K
眉山詩案廣證六卷　(清)張鑑撰　清光緒十年(1884)江蘇書局刻本　二册

220000－0841－0012458　集 2280K
養一齋文集二十卷詩集四卷賦一卷詩餘一卷　(清)李兆洛撰　清光緒四年(1878)、八年(1882)刻本　十册

220000－0841－0012459　集 2487K
茹古室文集三卷　(清)曹應樞撰　清咸豐五年(1855)刻本　一册

220000－0841－0012460　集 2255K
泰雲堂文集二卷駢體文集二卷詩集十八卷詞集三卷　(清)孫爾準撰　清道光十三年(1833)刻本　十册

220000－0841－0012461　集 2213K
泰雲堂文集二卷駢體文集二卷詩集十八卷詞集三卷　(清)孫爾準撰　清同治九年(1870)刻本　四册

220000－0841－0012462　集 10486K
士竹尺牘二卷　(清)嚴籀撰　清道光二十四年(1844)刻本　二册

220000－0841－0012463　集 2220K
篔穀詩鈔二十卷文鈔十二卷　(清)查揆撰
如是齋吟草一卷　(清)查端撰　清道光十五年(1835)菽原堂刻本　十册

220000－0841－0012464　集 2429
研秋齋詩略一卷文略一卷筆記二卷　(清)劉彦矩撰　清道光十八年(1838)五之堂刻本　一册

220000－0841－0012465　集 5044K
南宋樂府一卷　(清)章季英撰　(清)趙葆燧註　清光緒二年(1876)成都刻本　一册

220000－0841－0012466　集 2386K
靜娱室偶存稿二卷　(清)李宗瀚撰　清道光十六年(1836)思養堂刻本　二册

220000－0841－0012467　集 1938K
歐可雜著六卷　(清)龔鉽撰　清道光七年(1827)刻本　四册

220000－0841－0012468　集 2092K
萬葉堂詩鈔二卷　(清)李會恩撰　清道光二年(1822)青來草堂刻本　一冊

220000－0841－0012469　集 2445K
種瑤草堂詩鈔二卷　(清)文元星撰　清道光四年(1824)刻本　一冊

220000－0841－0012470　集 2353K
倚桐閣詩集一卷　(清)釋碧溪性恬撰　清道光刻本　一冊

220000－0841－0012471　集 2623
石蘿山房詩鈔八卷　(清)張維楨撰　清道光十年(1830)刻本　二冊

220000－0841－0012472　集 2051K
菽原堂初集八卷　(清)查初揆撰　清嘉慶八年(1803)刻本　四冊

220000－0841－0012473　集 2050K
菽原堂初集十卷　(清)查初揆撰　清道光刻本　六冊

220000－0841－0012474　集 5189K
菊潭詩鈔八卷　(清)沙增齡撰　清咸豐十年(1860)木活字印本　四冊

220000－0841－0012475　集 2648K
蘊愫閣詩集十二卷詩續集二卷琴竹山莊樂府二卷文集八卷　(清)盛大士撰　清道光刻本　八冊

220000－0841－0012476　集 2324K
蕉聲館文集八卷詩集二十卷補遺四卷續補一卷　(清)朱為弼撰　清咸豐二年(1852)刻本　十冊

220000－0841－0012477　集 2645K
茮聲館集八卷首一卷　(清)朱為弼撰　清咸豐二年(1852)刻本　四冊

220000－0841－0012478　集 2567K
雙白燕堂文集二卷外集八卷　(清)陸耀遹撰　清光緒四年(1878)刻本　四冊

220000－0841－0012479　集 11277K
夢陔堂詩集五十卷　(清)黃承吉撰　清道光十二年(1832)刻本　八冊　存三十五卷(一至三十五)

220000－0841－0012480　集 9103K
恩福堂詩鈔一卷　(清)英和撰　清道光十一年(1831)刻本　一冊

220000－0841－0012481　集 2654K
古春軒詩鈔二卷　(清)梁德繩撰　清咸豐二年(1852)刻本　一冊

220000－0841－0012482　集 2261K
辛卯生詩四卷　(清)吳衡照撰　清道光九年(1829)刻本　二冊

220000－0841－0012483　集 2637K
鴻桷齋初刻詩集二卷　(清)李圖撰　清道光七年(1827)刻本　一冊

220000－0841－0012484　集 8342K
甌隱芻言二卷　(清)金衍宗撰　清咸豐五年(1855)刻本　一冊

220000－0841－0012485　集 8388K
秣陵集六卷金陵歷代紀年事表一卷秣陵集圖考一卷　(清)陳文述撰　清道光二年(1822)刻本　四冊

220000－0841－0012486　集 2270K
頤道堂詩選三十卷文鈔十三卷詩外集十三卷　(清)陳文述撰　清道光刻本　二十冊

220000－0841－0012487　集 2643K
秣陵集六卷　(清)陳文述撰　清光緒十年(1884)淮南書局刻本　三冊

220000－0841－0012488　集 2268K
頤道堂詩選二十八卷外集十卷　(清)陳文述撰　清道光刻本　二十四冊　存二十卷(一至五、九至十四、十六至十九、二十二至二十五、二十八)

220000－0841－0012489　集 11184K
碧城仙館詩鈔八卷　(清)陳文述撰　清嘉慶十年(1805)刻本　四冊

220000－0841－0012490　集 2296K
碧城仙館詩鈔八卷　(清)陳文述撰　清同治

十一年(1872)刻本　四冊

220000－0841－0012491　集2341K
碧城仙館詩鈔十卷　(清)陳文述撰　清嘉慶十一年(1806)刻本　二冊

220000－0841－0012492　集2135K
敬儀堂經進文稿一卷詩稿一卷詩存一卷文一卷詩一卷　(清)桂芳撰　清道光十三年(1833)刻本　一冊

220000－0841－0012493　集2172K
二思齋文存六卷詩鈔六卷　(清)何文明撰　清光緒七年(1881)刻本　四冊

220000－0841－0012494　集2529K
崇百藥齋文集二十卷集四卷三集十二卷合肥學舍札記十二卷　(清)陸繼輅撰　**五真閣遺稿一卷**　(清)陸錢惠尊撰　清光緒四年(1878)興國州署刻本　十六冊

220000－0841－0012495　集2808K
紅豆樹館詩稿十四卷詞八卷詞補遺一卷逸稿一卷　(清)陶樑撰　清咸豐七年(1857)刻本　十二冊

220000－0841－0012496　集2809F
紅豆樹館詩稿十四卷　(清)陶樑撰　清咸豐七年(1857)刻本　一冊

220000－0841－0012497　集2639K
儀衛軒文集十二卷外集一卷詩集五卷　(清)方東樹撰　**方儀衛先生年譜一卷**　(清)鄭福照輯　清同治七年(1868)刻本　六冊

220000－0841－0012498　集2542K
考槃集文錄十二卷　(清)方東樹撰　清光緒二十年(1894)刻本　八冊

220000－0841－0012499　集9137K
考槃集三卷　(清)方東樹撰　清刻本　一冊

220000－0841－0012500　集10801K
周文忠公尺牘二卷雜文附錄一卷　(清)周天爵撰　清同治七年(1868)蘇松太道署刻本　一冊

220000－0841－0012501　集2657K
筠心堂詩集四卷文集十卷外集三卷　(清)張嶽崧撰　清道光二十四年(1844)刻本　六冊

220000－0841－0012502　集1899K
青埵山人詩十卷行略傳志碑　(清)洪飴孫撰　清光緒十年(1884)閩縣陳寶琛西江使廨刻本　二冊

220000－0841－0012503　集1905K
柯家山館遺詩六卷詞三卷　(清)嚴元照撰　清嘉慶十八年至二十二年(1813－1817)德清徐球刻本　四冊

220000－0841－0012504　集9336K
太鶴山人集十三卷　(清)端木國瑚撰　清道光二十年(1840)瑞安洪氏刻本　六冊

220000－0841－0012505　集8418K
銅似軒詩五卷拜雲閣樂府二卷　(清)吳震撰　清道光二十七年(1847)清瘦閣刻本　一冊

220000－0841－0012506　集10262K
詠花山人性影三卷續刻一卷　(清)欒希顏撰　清道光七年至十七年(1827－1837)刻本　三冊

220000－0841－0012507　集2316K
蠊廬詩集八卷　(清)夏翼朝撰　清道光二十三年(1843)刻本　二冊

220000－0841－0012508　集2061K
枕善堂詩鈔二卷雜著二卷　(清)陳大溶撰　清道光六年(1826)刻本　四冊

220000－0841－0012509　集8913F
枕善堂詩鈔二卷　(清)陳大溶撰　清道光六年(1826)刻本　二冊

220000－0841－0012510　集10046K
枕善堂尺牘一隅二十卷　(清)陳大溶撰　清道光十六年(1836)台州府署刻本　十冊

220000－0841－0012511　集9789K
聽雲樓詩鈔四卷　(清)譚敬昭撰　清嘉慶刻本　一冊

220000－0841－0012512　集2641K
弇榆山房詩略十卷　(清)許喬林撰　清道光

二十四年(1844)刻本　二册

220000－0841－0012513　集2119K
松籟閣詩鈔六卷　(清)陳均撰　清嘉慶刻本　一册

220000－0841－0012514　集2148K
竹隣遺稿二卷　(清)金式玉撰　清道光刻授經堂彙稿本　一册

220000－0841－0012515　集2582K
商芝山館詩鈔四卷　(清)周瀛撰　清道光八年(1828)瀹古堂刻本　四册

220000－0841－0012516　集9320K
梅麓詩鈔四卷　(清)齊彦槐撰　清道光二十五年(1845)刻本　二册

220000－0841－0012517　集2359K
梅麓詩鈔不分卷　(清)齊彦槐撰　清光緒元年(1875)刻本　六册

220000－0841－0012518　集2394K
挹青閣詩集六卷　(清)茅潤之撰　清道光九年(1829)刻本　二册

220000－0841－0012519　集2421K
紘詩塾詩六卷　(清)姚清華撰　清光緒七年(1881)金山程國嘉刻本　二册

220000－0841－0012520　集10072K
自知室吟草九卷首一卷　(清)董桂敷撰　清道光十六年(1836)刻本　二册

220000－0841－0012521　集2469K
梅丞詩存一卷　(清)譚錫洪撰　清同治十三年(1874)刻本　一册

220000－0841－0012522　集2420K
藤花吟館詩鈔十卷　(清)梁章鉅撰　清道光五年(1825)刻本　二册

220000－0841－0012523　集7813K
退菴詩存二十五卷　(清)梁章鉅撰　清道光十二年(1832)刻本　六册

220000－0841－0012524　集2617
幼學堂詩稿十七卷文稿八卷　(清)沈欽韓撰　清嘉慶刻本　二册　存五卷(詩稿一至五)

220000－0841－0012525　集8909K
范石湖詩集注三卷　(清)沈欽韓撰　清光緒刻朱印本　一册

220000－0841－0012526　集2635K
題蕉館集八卷　(清)周賡盛撰　清道光二十九年(1849)崇儉堂刻本　二册

220000－0841－0012527　集8508K
尺雲軒詩略五卷　(清)朱寶發撰　清道光六年(1826)刻本　一册

220000－0841－0012528　集2304K
尺雲軒詩集四卷尺雲軒秋窗疊韻詩一卷　(清)朱寶發撰　清道光十四年(1834)刻本　二册

220000－0841－0012529　集8789K
海雲堂文鈔一卷　(清)嚴學淦撰　清道光二十六年(1846)刻本　一册

220000－0841－0012530　集1818K
海雲堂詩鈔十四卷詞二卷文鈔二卷　(清)嚴學淦撰　清光緒十八年(1892)刻本　六册

220000－0841－0012531　集2056K
鴻桷齋文集初刻一卷　(清)李圖撰　清道光二十七年(1847)刻本　一册

220000－0841－0012532　集3085K
未灰齋文集八卷外集一卷自撰年譜一卷年譜補一卷　(清)徐鼒撰　清咸豐十一年(1861)刻本　五册

220000－0841－0012533　集3086F
未灰齋文集八卷外集一卷　(清)徐鼒撰　清咸豐十一年(1861)刻本　四册

220000－0841－0012534　善1484
何氏學四卷　(清)何治運撰　清嘉慶二十四年(1819)刻本　二册

220000－0841－0012535　集11221K
東里生爐餘集三卷　(清)汪家禧撰　**王木齋遺文一卷**　(清)王述曾撰　清嘉慶二十五年(1820)胡書農刻本　一册

220000－0841－0012536　集 2584K
東園詩鈔四卷　(清)張世銑撰　清道光三十年(1850)刻本　一册

220000－0841－0012537　善 1496
劉禮部集十二卷　(清)劉逢禄撰　清道光十年(1830)思誤齋刻本　六册

220000－0841－0012538　集 2568K
悟雪樓詩存三十四卷　(清)徐謙撰　清道光二十九年(1849)刻本　八册

220000－0841－0012539　集 2573K
綠雪堂遺集二十卷補編一卷　(清)王衍梅撰　清道光二十九年(1849)刻本　十册

220000－0841－0012540　集 2503K
綠雪堂遺集二十卷　(清)王衍梅撰　清道光二十年(1840)刻本　六册

220000－0841－0012541　集 2387K
學讀書齋詩三卷　(清)喬載繇撰　清道光二十六年(1846)刻本　一册

220000－0841－0012542　集 5177
妙華僊館詩二卷　(清)喬載繇撰　清道光二十六年(1846)刻本　一册

220000－0841－0012543　集 8777K
心知堂詩稿十八卷　(清)汪仲洋撰　清道光六年(1826)刻本　二册

220000－0841－0012544　集 2627K
心知堂詩稿十八卷　(清)汪仲洋撰　清咸豐三年(1853)綿州熊文華刻本　四册

220000－0841－0012545　集 5064K
劉書樵先生硃卷一卷　(清)劉汲撰　清嘉慶刻本　一册

220000－0841－0012546　集 2463K
也居山房文集八卷　(清)魏承柷撰　清同治九年(1870)慶餘堂刻本　三册

220000－0841－0012547　集 8661K
南村草堂文鈔二十卷詩鈔二十四卷　(清)鄧顯鶴撰　清道光九年至咸豐元年(1829－1851)刻本　十二册

220000－0841－0012548　集 2594K
南村草堂詩鈔二十四卷　(清)鄧顯鶴撰　清道光九年(1829)刻本　六册

220000－0841－0012549　集 2832K
通藝閣詩錄八卷續錄八卷三錄八卷　(清)姚椿撰　清咸豐二年(1852)刻本　七册

220000－0841－0012550　集 2494K
靜香樓詩草二卷　(清)吴蕙撰　清道光十二年(1832)刻本　一册

220000－0841－0012551　集 2078K
晚香堂詩鈔二卷續鈔二卷　(清)俞蘭臺撰　清嘉慶十六年(1811)刻本　四册

220000－0841－0012552　集 10739K
適齋居士集四卷　(清)愛新覺羅舒敏撰　**石舫府君行述一卷**　(清)愛新覺羅崇恩撰　清道光二十二年(1842)吴門縣署刻本　二册

220000－0841－0012553　集 2229K
寶書堂遺稿二卷　(清)張翀撰　清道光二十七年(1847)刻本　二册

220000－0841－0012554　集 2489K
冬巢詩集四卷詞集四卷　(清)汪潮生撰　清道光十七年(1837)江都黄承吉刻本　二册

220000－0841－0012555　集 9762K
息耕草堂詩集十六卷　(清)黄安濤撰　清道光二十三年至二十四年(1843－1844)刻本　六册

220000－0841－0012556　集 2471K
海紅華館詩鈔十卷詞鈔二卷　(清)鄭璜撰　清道光十五年(1835)刻本　六册

220000－0841－0012557　集 8152K
夫椒山館詩集二十一卷補遺一卷　(清)周儀暐撰　清道光二十七年(1847)刻本　四册

220000－0841－0012558　集 2577K
臥雲軒詩稿二卷　(清)周煊撰　清道光二十二年(1842)刻本　二册

220000－0841－0012559　集 2829K
通藝閣詩錄八卷續錄八卷三錄八卷晚學齋文

集十二卷樗寮詩話三卷和陶詩三卷 （清）姚椿撰 白石鈍樵禊帖詩一卷 （清）姚楗撰 清道光、咸豐刻本 十二册

220000－0841－0012560 集 2765K
唐確慎公集十卷首一卷末一卷 （清）唐鑑撰 清光緒元年（1875）刻本 六册

220000－0841－0012561 集 9372K
寶研齋試帖詩鈔二卷 （清）花傑撰 清咸豐元年（1851）刻本 一册

220000－0841－0012562 集 8653K
寶研齋試帖詩鈔四卷 （清）花傑撰 清咸豐二年（1852）刻本 一册

220000－0841－0012563 集 9826K
印心石屋詩鈔初集四卷二集三卷 （清）陶澍撰 清道光刻本 四册

220000－0841－0012564 集 8968F
印心石屋詩鈔二集三卷 （清）陶澍撰 清道光刻陶萸江先生全集本 一册

220000－0841－0012565 集 5076K
撫吴草四卷 （清）陶澍撰 清道光刻本 一册

220000－0841－0012566 集 2328K
讀騷樓詩初集四卷 （清）陳逢衡撰 清道光九年（1829）刻江都陳氏叢書本 一册

220000－0841－0012567 集 2555K
紅蝠山房詩鈔九卷試帖一卷 （清）王乃斌撰 清道光七年（1827）刻本 四册

220000－0841－0012568 集 2236K
吟香館詩草十四卷 （清）謝聘撰 清道光七年（1827）石竹山房刻本 四册

220000－0841－0012569 集 2677K
仙崖詩草二卷 （清）黄金鼎撰 清道光七年（1827）刻本 四册

220000－0841－0012570 集 8473K
米村詩鈔二卷 （清）張澐撰 清道光二十八年（1848）刻本 一册

220000－0841－0012571 集 2621K
皖遊草四卷 （清）胡元煒撰 清道光二十八年（1848）刻本 二册

220000－0841－0012572 集 2450K
倚石吟一卷 （清）吴浩撰 清道光刻本 一册

220000－0841－0012573 集 10612K
閩歸集二卷 （清）曹文漢撰 清光緒石印本 一册 存一卷（一）

220000－0841－0012574 集 2603K
小言集十二卷三十六湖漁唱三卷漁唱乙稿一卷宜略識字齋雜著九卷 （清）王敬之撰 清道光二十八年至咸豐五年（1848－1855）刻本 八册

220000－0841－0012575 集 8122F
小言集十二卷三十六湖漁唱三卷 （清）王敬之撰 清道光二十八年（1848）刻本 五册 缺一卷（所宜軒詩一卷）

220000－0841－0012576 集 2825K
琴隱園詩集三十六卷詞四卷 （清）湯貽汾撰 清光緒元年（1875）刻本 八册

220000－0841－0012577 集 2986F
今白華堂詩錄八卷 （清）童槐撰 清同治八年（1869）刻今白華堂集本 二册

220000－0841－0012578 集 9589K
岑華居士蘭鯨錄八卷 （清）吴慈鶴撰 清嘉慶十五年（1810）刻本 四册

220000－0841－0012579 集 8676K
吴巢松詩文全集二十三卷 （清）吴慈鶴撰 清道光七年（1827）刻本 八册

220000－0841－0012580 集 8894K
綠梅影樓詩存一卷詞存一卷 （清）顧翎撰 清光緒十四年（1888）刻本 一册

220000－0841－0012581 集 2189K
賜硯齋集十二卷 （清）龍汝言撰 清道光十六年（1836）刻本 六册

220000－0841－0012582 集 8378K

詅癡小草四卷 (清)張焜揚撰 清道光十八年(1838)刻本 二冊 缺一卷(三)

220000－0841－0012583 集2418K
自春堂詩十二卷 (清)楊鑄撰 清道光九年(1829)石瓢僊館刻本 二冊

220000－0841－0012584 集1911K
薌圃詩草六卷 (清)陶譽相撰 清嘉慶刻本 二冊

220000－0841－0012585 善2973
澫唐詩集十四卷 (清)王瑋慶撰 清嘉慶二十五年(1820)刻道光續刻本 四冊

220000－0841－0012586 善1385
聞妙香室詩十二卷文十九卷 (清)李宗昉撰 清道光十五年(1835)山陽李氏刻本 八冊

220000－0841－0012587 集2226K
友竹山房詩草七卷補遺一卷 (清)蘇履吉撰 清道光十年(1830)刻本 四冊

220000－0841－0012588 集9003K
樂潛堂詩初集二卷二集六卷菊潛庵賸稿三卷飛鴻閣琴意二卷 (清)趙函撰 清同治七年(1868)刻本 四冊

220000－0841－0012589 集9270K
補讀書齋遺稿十卷外稿一卷年譜一卷 (清)沈維鐈撰 清光緒元年(1875)廣州刻本 五冊

220000－0841－0012590 集2528K
印心石屋文鈔□□卷 (清)陶澍撰 清道光刻本 三冊

220000－0841－0012591 集2527K
陶文毅公集六十四卷首一卷末一卷 (清)陶澍撰 清道光二十年(1840)淮北士民公刻本 二十四冊

220000－0841－0012592 集5178K
蠡測彙鈔一卷 (清)鄧傳安撰 清道光十年(1830)有本堂刻本 一冊

220000－0841－0012593 集2055K
內自訟齋文集十卷自撰年譜一卷 (清)周凱撰 清道光二十年(1840)愛吾廬刻本 四冊 存六卷(一至六)

220000－0841－0012594 集2334K
綠野齋文集四卷 (清)劉鴻翱撰 清道光七年(1827)同懷堂刻本 四冊

220000－0841－0012595 集7822
亦政堂詩集十二卷 (清)劉珊撰 清嘉慶二十三年(1818)刻本 三冊

220000－0841－0012596 集9975K
詩品百首一卷 (清)侯桐撰 清木活字印本 一冊

220000－0841－0012597 集8246K
瘦碧軒吟草一卷 (清)談安愷撰 清道光瑞雲書屋刻本 一冊

220000－0841－0012598 集2416K
留耕書屋詩草十二卷 (清)沈惇彝撰 清道光十二年(1832)苕上世承堂刻本 四冊

220000－0841－0012599 集2714K
小雲廬晚學文稿八卷 (清)朱壬林撰 清光緒二十六年(1900)朱仁積刻本 二冊

220000－0841－0012600 集2715K
小雲廬詩稿刪存五卷晚學文稿八卷 (清)朱壬林撰 清咸豐五年至七年(1855－1857)刻本 三冊

220000－0841－0012601 集11074K
一粟齋文鈔二卷 (清)易本烺撰 清光緒元年(1875)恩餘堂刻本 二冊

220000－0841－0012602 集2636K
藏密廬文稿四卷 (清)鄭喬遷撰 清道光刻本 四冊

220000－0841－0012603 集2595K
雲中集六卷 (清)劉淳撰 清光緒七年(1881)刻本 六冊

220000－0841－0012604 集2057K
醉吟草六卷 (清)劉大容撰 清咸豐元年(1851)刻本 一冊

220000－0841－0012605　集11262K
因寄軒文初集十卷二集六卷補遺一卷　(清)管同撰　清道光十三年(1833)管氏刻本　二册

220000－0841－0012606　集2598K
因寄軒文初集十卷二集六卷補遺一卷　(清)管同撰　**小異遺文一卷**　(清)管嗣復撰　清光緒五年(1879)刻本　四册

220000－0841－0012607　集2243K
潛吉堂詩錄二卷詞錄一卷雜著一卷　(清)楊秉桂撰　清道光二十五年(1845)刻本　二册

220000－0841－0012608　集11197K
是程堂初集四卷二集四卷　(清)屠倬撰　清嘉慶、道光刻本　二册

220000－0841－0012609　集11205K
是程堂集十四卷　(清)屠倬撰　清嘉慶十九年(1814)真州官舍刻本　四册

220000－0841－0012610　集2285
是程堂集十四卷　(清)屠倬撰　清嘉慶十九年(1814)刻本　四册

220000－0841－0012611　集2284K
是程堂二集八卷　(清)屠倬撰　清嘉慶二十五年(1820)刻本　二册

220000－0841－0012612　集2284
是程堂二集八卷　(清)屠倬撰　清道光元年(1821)刻本　二册

220000－0841－0012613　集2331K
聽松廬詩鈔十六卷　(清)張維屏撰　清嘉慶十八年(1813)刻本　四册

220000－0841－0012614　史7138K
花甲閒談十六卷圖三十二幅　(清)張維屏撰　(清)葉夢草繪圖　清光緒十年(1884)上海同文書局石印本　四册

220000－0841－0012615　史4089K
花甲閒談十六卷圖三十二幅　(清)張維屏撰　(清)葉夢草繪圖　清道光十九年(1839)刻本　四册

220000－0841－0012616　集10254K
有竹居詩鈔二卷二集二卷　(清)言啓方撰　**芝香吟草一卷**　(清)言雅撰　清光緒二年(1876)、五年(1879)刻本　四册

220000－0841－0012617　集2629K
印雪軒詩鈔十六卷　(清)俞鴻漸撰　清道光二十七年(1847)刻本　四册

220000－0841－0012618　集9594K
篴樓詩選一卷　(清)李鎮撰　清道光十五年(1835)刻本　一册

220000－0841－0012619　集9971K
醉蘭居詩鈔四卷　(清)裘裼美撰　清道光九年(1829)刻本　二册

220000－0841－0012620　集2312K
妙吉祥室詩鈔十三卷詩餘一卷雜存一卷壽閒齋吟草八卷　(清)朱葵之撰　清光緒十年(1884)刻本　八册

220000－0841－0012621　集6157F
真松閣集二卷　(清)楊夔生撰　清道光九年(1829)刻同岑五家詩抄本　一册

220000－0841－0012622　集2344K
稼墨軒詩集九卷文集一卷外集二卷　(清)光聰諧撰　清道光七年(1827)刻本　四册

220000－0841－0012623　集2622K
小東山草堂駢體文鈔十卷　(清)張泰青撰　清道光十五年(1835)溫州張氏刻本　四册

220000－0841－0012624　集11196K
養素堂文集十五卷　(清)張澍撰　清道光十七年(1837)刻本　十二册

220000－0841－0012625　集2428
介存齋詩六卷　(清)周濟撰　清道光三年(1823)刻本　二册

220000－0841－0012626　集1840
拜石山房詩鈔十卷補遺一卷詞鈔四卷　(清)顧翰撰　清道光刻本　四册

220000－0841－0012627　善3634
養正書屋全集定本四十卷目錄四卷　(清)宣

宗旻寧撰　清道光二年(1822)内府刻本　二十四册

220000－0841－0012628　集7618
御製詩初集二十四卷目錄四卷　(清)宣宗旻寧撰　清道光九年(1829)内府刻本　十六册

220000－0841－0012629　集7632
御製巡幸盛京詩不分卷　(清)宣宗旻寧撰　清道光内府刻本　一册

220000－0841－0012630　集8068K
小安樂窩文集四卷詩存一卷南池唱和詩存一卷　(清)張海珊撰　清道光十一年(1831)刻本　二册

220000－0841－0012631　善1437
研六室文鈔十卷　(清)胡培翬撰　清道光十七年(1837)泾川書院刻本　四册

220000－0841－0012632　集2384K
研六室文鈔十卷　(清)胡培翬撰　清光緒四年(1878)刻績溪胡氏叢書本　四册

220000－0841－0012633　集2440K
澄懷書屋詩草四卷　(清)穆彰阿撰　清道光二十七年(1847)刻本　一册

220000－0841－0012634　集2776K
程德潤詩集四卷　(清)程德潤撰　清咸豐刻本　二册

220000－0841－0012635　集10830F
齊物論齋賦一卷詞一卷　(清)董士錫撰　清道光三年(1823)刻授經堂彙稿本　二册

220000－0841－0012636　集11234K
紅葉山房集十二卷　(清)鄭祖球撰　清道光八年(1828)寶研齋刻本　四册

220000－0841－0012637　集2739K
蓉湖詩鈔二卷續存一卷補遺一卷　(清)汪瓊撰　清咸豐四年至九年(1854－1859)刻本　一册

220000－0841－0012638　集2362K
慎其餘齋文集二十卷　(清)王贈芳撰　清咸豐四年(1854)留香書屋刻本　六册

220000－0841－0012639　集2438K
赤霞吟草二卷　(清)王鉅撰　清同治九年(1870)刻本　二册

220000－0841－0012640　集7830K
茹古齋文鈔二卷補遺一卷詩鈔一卷　(清)張復撰　清道光二十三年(1843)刻本　一册

220000－0841－0012641　集9663K
寶研堂集四卷　(清)舒化民撰　清同治三年(1864)刻本　四册

220000－0841－0012642　集2195K
花農詩鈔六卷　(清)查林撰　清道光十二年(1832)雲南通志局刻本　二册

220000－0841－0012643　集2046K
貽硯齋詩稾四卷衍波詞二卷貽硯齋駢體文一卷尺牘一卷　(清)孫蓀意撰　清嘉慶十二年(1807)刻本　二册

220000－0841－0012644　集2208K
過學齋詩鈔六卷　(清)王蔭槐撰　清道光十一年(1831)刻本　二册

220000－0841－0012645　集2252K
蠙廬詩鈔十卷　(清)王蔭槐撰　清光緒七年(1881)刻本　二册

220000－0841－0012646　集5075K
梅花集古詩二卷　(清)潘恕撰　**樓母李太宜人家傳題辭一卷**　(清)樓壽康輯　清咸豐三年(1853)刻本　一册

220000－0841－0012647　集10009K
蜀遊草一卷　(清)汪應鏞撰　清道光刻本　一册

220000－0841－0012648　集8383K
百三名花詩稿一卷　(清)汪全泰撰　清嘉慶十八年(1813)刻本　一册

220000－0841－0012649　集2443K
鐵盂居士詩鈔五卷　(清)汪全泰撰　清光緒二十一年(1895)石印本　四册

220000－0841－0012650　集9305
藤阿吟藁四卷　(清)陳鴻熙撰　清嘉慶二十

五年(1820)刻本　一册　存二卷(一至二)

220000－0841－0012651　集2369K
小粟山房詩鈔十卷花鄔樵唱一卷　(清)殳慶源撰　清道光十二年(1832)刻本　四册

220000－0841－0012652　集8357
石經閣詩略五卷　(清)馮登府撰　清道光元年(1821)刻本　一册

220000－0841－0012653　集5109K
拜竹詩龕詩存二卷釣船笛譜一卷　(清)馮登府撰　清道光九年(1829)閩中刻本　一册

220000－0841－0012654　集2210K
拜竹詩龕詩存六卷釣船笛譜一卷　(清)馮登府撰　清道光十七年(1837)刻本　二册

220000－0841－0012655　集8051K
乙齋詩鈔三卷續鈔三卷　(清)蕭煒撰　清道光十一年(1831)刻本　二册

220000－0841－0012656　集2185K
潑墨軒詩草三卷詞三卷　(清)戴鑑撰　清道光二十三年(1843)慎餘堂刻本　二册

220000－0841－0012657　集11201K
衎石齋記事稾十卷　(清)錢儀吉撰　清道光十四年(1834)刻本　三册

220000－0841－0012658　集11187K
衎石齋記事續稿十卷　(清)錢儀吉撰　清咸豐四年(1854)海昌蔣光焴刻本　五册

220000－0841－0012659　集2060K
衎石齋記事稿十卷續稿十卷刻楮集四卷旅逸小稿二卷　(清)錢儀吉撰　清光緒六年至七年(1880－1881)錢彝甫刻本　十二册

220000－0841－0012660　集9675F
刻楮集四卷　(清)錢儀吉撰　清光緒七年(1881)錢彝甫刻本　一册

220000－0841－0012661　集11243K
旅逸小稾二卷　(清)錢儀吉撰　清光緒六年(1880)錢彝甫刻本　一册

220000－0841－0012662　集5009K
澹靚廬詩存一卷　(清)張樹寶撰　清道光八年(1828)刻本　一册

220000－0841－0012663　集7768K
東園詩鈔十二卷　(清)凌泰封撰　清光緒十六年(1890)刻本　二册

220000－0841－0012664　集2199K
愈愚集六卷　(清)孫爕撰　清道光十一年(1831)刻本　六册

220000－0841－0012665　集3094K
絳雪山房詩鈔二十卷續鈔六卷試帖三卷　(清)楊慶琛撰　清道光、同治刻本　十册

220000－0841－0012666　集2964F
邠農偶吟稿一卷　(清)錢炳森撰　**警石府君年譜一卷**　(清)錢應溥撰　清同治十一年(1872)刻本　一册

220000－0841－0012667　集2682K
初日芙蓉榭詩二卷　(清)謝承和撰　清道光十三年(1833)刻本　二册

220000－0841－0012668　集2364K
養默山房詩稿十八卷　(清)謝元淮撰　清嘉慶二十五年(1820)刻本　四册

220000－0841－0012669　集2363K
養默山房詩錄九卷　(清)謝元淮撰　清道光十九年(1839)刻本　四册

220000－0841－0012670　集2569K
養默山房詩錄續存三卷　(清)謝元淮撰　清道光二十八年(1848)刻本　一册

220000－0841－0012671　集2531K
孟塗前集十卷後集二十二卷文集十卷駢體文二卷　(清)劉開撰　清道光六年(1826)桐城姚氏檗山草堂刻本　八册

220000－0841－0012672　集2535K
孟塗初集十卷　(清)劉開撰　清道光刻本　二册

220000－0841－0012673　集8067K
洗桐軒文集八卷詩集六卷　(清)李周南撰　清嘉慶二十五年(1820)刻本　四册

220000－0841－0012674　集 2040K
洗桐軒詩集六卷　(清)李周南撰　清嘉慶二十五年(1820)刻本　二册

220000－0841－0012675　集 10408K
青箱塾詩集一卷　(清)王熙業撰　清道光四年(1824)刻本　一册

220000－0841－0012676　集 8138K
青山堂詩選六卷　(清)桂超萬撰　清同治十三年(1874)皖城刻本　二册

220000－0841－0012677　集 2540K
抱沖齋詩集三十六集七十一卷眠琴館詞一卷　(清)瓜爾佳氏斌良撰　**年譜一卷**　(清)法良撰　清光緒五年(1879)湘南薇署刻本　十二册

220000－0841－0012678　集 9673K
萬緑草堂詩二十卷　(清)管繩萊撰　清光緒十二年(1886)徑北書屋刻本　四册

220000－0841－0012679　集 2228K
古伴柳亭初稿四卷　(清)田秝撰　清道光二十二年(1842)刻本　四册

220000－0841－0012680　集 2774K
一經堂詩録二卷　(清)楊廷撰撰　清咸豐三年至四年(1853－1854)刻本　二册

220000－0841－0012681　集 3073K
真息齋詩鈔四卷續鈔一卷　(清)陸費瑔撰　清同治九年(1870)履厚堂刻本　二册

220000－0841－0012682　集 2536K
百一山房集十卷　(清)應時良撰　清光緒十八年(1892)刻本　四册

220000－0841－0012683　集 8686K
寶日軒附詩存四卷　(清)王筠撰　清嘉慶四年(1799)刻本　一册

220000－0841－0012684　集 2693K
樫華館全集十二卷　(清)路德撰　清光緒七年(1881)刻本　十册

220000－0841－0012685　集 2395:1
小重山房初稿詩二卷詞二卷賦二卷　(清)張公璠撰　清嘉慶十八年(1813)刻本　一册

220000－0841－0012686　集 2395:2
小重山房初稿詞三卷賦二卷　(清)張祥河撰　**霞閣小稿一卷**　(清)張昌緒撰　清道光刻本　一册

220000－0841－0012687　集 10088K
六半樓詩鈔四卷　(清)蔡鵬飛撰　**文杏堂詩賸一卷**　(清)趙青士撰　清光緒十年(1884)刻本　一册

220000－0841－0012688　集 10397K
偶山遺稿一卷　(清)錢塘撰　清光緒二十五年(1899)刻本　一册

220000－0841－0012689　集 2455K
郭大理遺稿八卷　(清)郭尚先撰　清道光二十四年(1844)刻本　二册

220000－0841－0012690　集 7879K
海陀華館文集一卷　(清)何若瑤撰　清同治、光緒刻本　一册

220000－0841－0012691　集 2214K
耐庵詩存三卷文存六卷　(清)賀長齡撰　清咸豐十一年(1861)刻本　四册

220000－0841－0012692　集 2275K
養一齋集二十六卷養一齋試帖一卷詞三卷　(清)潘德輿撰　清道光二十九年(1849)刻咸豐、同治續刻本　十册

220000－0841－0012693　集 2276F
養一齋集二十五卷　(清)潘德輿撰　清道光二十九年(1849)刻本　六册

220000－0841－0012694　集 2274F
養一齋集二十六卷　(清)潘德輿撰　清道光二十九年(1849)刻本　七册　存二十三卷(一至二十三)

220000－0841－0012695　集 11229K
程侍郎遺集初編十卷　(清)程恩澤撰　清道光二十六年(1846)登喜齋刻本　四册

220000－0841－0012696　集 2562K
求友編二卷附録一卷　(清)黎樹培撰　清道

光二十一年(1841)刻本　一册

220000－0841－0012697　集 2207K
無近名齋文鈔四卷雜著二卷　(清)彭翊撰　清道光刻本　一册

220000－0841－0012698　集 2565K
無近名齋文鈔四卷雜著二卷文鈔二編二卷外編一卷　(清)彭翊撰　清光緒十年(1884)刻本　四册

220000－0841－0012699　集 5372K
簡學齋詩存四卷詩删四卷試律一卷試律存一卷試律續鈔一卷賦存一卷賦續鈔不分卷　(清)陳沆撰　清咸豐二年(1852)刻光緒九年(1883)彭祖賢武昌重印本　六册

220000－0841－0012700　集 2412F
簡學齋詩存四卷詩删四卷　(清)陳沆撰　清咸豐刻本　二册

220000－0841－0012701　集 2287K
瑞芍軒詩鈔四卷詞稿一卷　(清)許乃穀撰　清同治七年(1868)許氏刻本　二册

220000－0841－0012702　集 2547K
雲左山房詩鈔八卷詩餘二卷　(清)林則徐撰　清光緒十二年(1886)刻本　二册

220000－0841－0012703　集 8112K
剖瓠存稿二十卷樂府三種　(清)蕭重撰　清道光十二年(1832)刻本　三册

220000－0841－0012704　集 8716K
聽松樓道稿四卷附錄一卷　(清)陳爾士撰　清道光元年(1821)刻本　一册

220000－0841－0012705　集 5149K
隨緣集四卷　(清)釋慈海撰　清道光刻本　四册

220000－0841－0012706　集 10080K
天籟堂秋蛩吟三刻不分卷詩餘一卷　(清)郭盤石撰　清道光二十六年(1846)刻本　一册

220000－0841－0012707　集 2355K
笏庵詩鈔二十四卷笏庵試帖詩鈔一卷　(清)吳清鵬撰　清道光刻本　五册

220000－0841－0012708　集 3065K
柏梘山房全集三十一卷　(清)梅曾亮撰　清咸豐六年(1856)刻本　六册

220000－0841－0012709　集 3067K
柏梘山房全集三十一卷　(清)梅曾亮撰　清咸豐六年(1856)刻民國十三年(1924)上元蔣國榜補版印本　八册

220000－0841－0012710　集 3064K
柏梘山房全集三十一卷　(清)梅曾亮撰　清光緒二十七年(1901)鉛活字印本　六册

220000－0841－0012711　集 8915K
繡墨軒遺稿一卷　(清)董國容撰　清嘉慶八年(1803)刻本　一册

220000－0841－0012712　集 2076K
碧香閣遺稿一卷　(清)單茝樓撰　清嘉慶刻本　一册

220000－0841－0012713　集 2069K
石壁遺稿一卷　(清)張傳鈺撰　清嘉慶十三年(1808)刻本　一册

220000－0841－0012714　集 9318K
心安隱室詩集九卷詞四卷　(清)詹肇堂撰　清道光二十三年(1843)刻本　三册　存六卷(一至六)

220000－0841－0012715　集 2198K
梅坪詩鈔六卷楳坪詠物詩鈔一卷　(清)周思兼撰　清道光五年(1825)刻本　二册

220000－0841－0012716　集 2374K
吟香閣詩鈔二卷　(清)殷月樓撰　清道光二十六年(1846)刻本　二册

220000－0841－0012717　集 7981K
壑舟園文稿二卷初稿一卷次稿一卷　(清)王瑬撰　清光緒三年(1877)刻本　一册

220000－0841－0012718　集 10561
織簾書屋詩鈔十二卷　(清)沈北澐撰　清咸豐二年(1852)刻本　四册

220000－0841－0012719　集 2821K
曇雲閣詩集六卷詞鈔一卷外集一卷音匏隨筆

一卷　（清）曹懋堅撰　清道光二十三年(1843)刻本　五册

220000－0841－0012720　集2823K

曇雲閣詩集八卷附錄一卷外集一卷詞鈔一卷　（清）曹懋堅撰　清光緒三年(1877)曼陀羅館刻本　四册

220000－0841－0012721　集2505K

豹斑集四卷　（清）楊國泰撰　清咸豐二年(1852)刻本　四册

220000－0841－0012722　集3201

菜根軒詩鈔十四卷續集一卷　（清）王省山撰　清咸豐四年(1854)吳門刻本　四册

220000－0841－0012723　集7987K

惜味齋存稿十四卷　（清）楊炳撰　清道光三十年(1850)刻本　四册

220000－0841－0012724　集2497K

盟山堂詩初集四卷　（清）屠秉撰　清道光刻本　一册

220000－0841－0012725　集8197K

柴辟亭詩集四卷　（清）沈濤撰　清道光二十二年(1842)刻本　二册

220000－0841－0012726　集2064K

挹青草堂詩鈔四卷　（清）竇國華撰　清嘉慶十六年(1811)刻本　四册

220000－0841－0012727　集2130K

漁邱草堂詩稿二卷　（清）姚汝頌撰　清嘉慶刻本　一册

220000－0841－0012728　集2098K

一尊酒軒詩鈔八卷　（清）涂日燿撰　清嘉慶二十三年(1818)刻本　二册　存四卷(一至四)

220000－0841－0012729　集5070K

稡擷堂小詩一卷　（清）楊世英撰　清嘉慶刻本　一册

220000－0841－0012730　集8407

古雪詩鈔一卷續鈔一卷詩餘一卷　（清）楊繼端撰　清嘉慶十四年(1809)刻本　二册

220000－0841－0012731　集2554K

鐵山園詩集七卷　（清）孔慶鎔撰　清道光十年(1830)刻本　四册

220000－0841－0012732　集2354K

大小雅堂詩鈔十卷文鈔二卷　（清）邵堂撰　清道光十年(1830)刻本　六册

220000－0841－0012733　集2673K

九水山房文存二卷　（清）畢亨撰　清咸豐二年(1852)聊城楊氏海源閣刻本　二册

220000－0841－0012734　集2579K

樂山堂詩鈔六卷文鈔八卷版輿迎養圖詩一卷家慶圖詩一卷　（清）曾興仁撰　清道光曾氏刻羅卷彙編本　八册

220000－0841－0012735　集8946K

慎餘書屋文集五卷　（清）陳池養撰　清同治九年(1870)刻本　五册

220000－0841－0012736　集2685K

式訓集十六卷　（清）張柏恒撰　清道光二十一年(1841)式訓堂刻本　四册

220000－0841－0012737　集11043K

小酉山房外集一卷　（清）常增撰　清道光刻本　一册

220000－0841－0012738　集9931F

養餘齋初集四卷二集四卷三集六卷　（清）柳樹芳撰　清道光二十七年(1847)勝谿草堂刻養餘齋全集本　四册

220000－0841－0012739　集9681F

養餘齋初集四卷　（清）柳樹芳撰　清道光二十七年(1847)勝谿草堂刻養餘齋全集本　一册

220000－0841－0012740　集2601K

養餘齋詩初刻八卷　（清）柳樹芳撰　清道光十二年(1832)勝谿草堂刻本　二册

220000－0841－0012741　集2650K

知守齋詩初集六卷二集四卷別集一卷　（清）鄭開禧撰　清道光六年至十二年(1826－1832)刻本　四册

220000－0841－0012742 集2560K
求志居集三十六卷外集一卷 (清)陳世鎔撰 清道光二十五年(1845)刻本 八册

220000－0841－0012743 集2301K
荔門前集四卷外編一卷 (清)張式撰 清道光十二年(1832)刻本 一册

220000－0841－0012744 集3032K
恩暉堂詩集六卷帖體詩三卷律賦一卷 (清)王藻撰 清咸豐三年(1853)刻本 三册

220000－0841－0012745 集2849K
退室詩稿一卷 (清)王桊華撰 清同治刻本 一册

220000－0841－0012746 集2646K
繼雅堂詩集三十四卷 (清)陳僅撰 清道光二十七年(1847)刻本 六册

220000－0841－0012747 集8921K
蜨庵詩鈔八卷 (清)楊棨撰 清道光十年(1830)刻本 二册

220000－0841－0012748 集2878K
蜨庵詩鈔八卷賦鈔二卷 (清)楊棨撰 清咸豐十年至同治二年(1860－1863)刻本 四册

220000－0841－0012749 集2522K
還印廬遺集六卷 (清)徐球撰 清道光九年(1829)德清徐氏道貴堂刻本 一册

220000－0841－0012750 集2298K
常惺惺齋文集十卷 (清)錢世瑞撰 清道光三十年(1850)刻本 十册

220000－0841－0012751 集8385K
知止堂詩錄十二卷 (清)朱綬撰 清道光二十年(1840)刻本 六册

220000－0841－0012752 集8123F
小海山房詩集一卷 (清)康發祥撰 清咸豐十一年(1861)刻伯山全集本 一册

220000－0841－0012753 集2473F
無止境初存稿六卷集外詩一卷 (清)王相撰 清道光八年(1828)自刻繡水王氏家藏集本 二册

220000－0841－0012754 集2267K
桂留山房詩集十二卷詞集一卷 (清)沈學淵撰 清道光二十四年(1844)刻本 四册

220000－0841－0012755 集2763K
丹魁堂詩集七卷外集四卷自訂年譜一卷感遇錄一卷 (清)季芝昌撰 **茗韻軒遺詩一卷** (清)王堋稙撰 清咸豐、同治刻本 六册

220000－0841－0012756 集2782F
丹魁堂詩集七卷 (清)季芝昌撰 **茗韻軒遺詩一卷** (清)王堋稙撰 清同治四年(1865)刻本 六册

220000－0841－0012757 集2415K
還珠堂詩鈔六卷 (清)厲同勳撰 清道光刻本 三册 存四卷(寄蠡詩鈔一卷、還珠堂和陶百詩鈔一卷、斷梗吟一卷、栖塵集一卷)

220000－0841－0012758 集10951K
幸存稿二卷衡遊草一卷 (清)厲同勳撰 清咸豐元年(1851)刻本 一册

220000－0841－0012759 集2738K
重訂厲廉州先生詩全集八卷 (清)厲同勳撰 清同治三年(1864)刻本 六册

220000－0841－0012760 集2851K
木雞書屋文鈔四卷二集六卷三集八卷四集六卷五集六卷 (清)黄金臺撰 清道光六年至咸豐八年(1826－1858)心腮樓刻本 八册

220000－0841－0012761 集2711K
北山文鈔四卷 (清)姜文衡撰 清咸豐四年(1854)刻本 一册

220000－0841－0012762 集11199K
青谿舊書文集十一卷 (清)劉文淇撰 清光緒九年(1883)刻本 二册

220000－0841－0012763 集3087F
邃懷堂文集四卷 (清)袁翼撰 清光緒十三年(1887)刻本 四册

220000－0841－0012764 集3091K
邃懷堂詩鈔前編五卷 (清)袁翼撰 清咸豐七年(1857)木活字印本 二册

220000－0841－0012765　集3070K
寄菴雜著二卷　（清）張應昌撰　清同治二年（1863）刻本　一册

220000－0841－0012766　集2762K
筠綠山房詩草四卷詞草一卷　（清）湯建中撰　清光緒十九年（1893）刻本　二册

220000－0841－0012767　集3046K
彝壽軒詩鈔十二卷寄庵雜著二卷煙波漁唱四卷　（清）張應昌撰　**聞妙香室詞一卷**　（清）陸珊撰　**青藜精舍詩鈔一卷**　（清）張應鼎撰　**話雨齋詩鈔一卷**　（清）張興仁撰　清同治二年（1863）西昌旅舍刻本　六册

220000－0841－0012768　集5166K
浩然堂詩集六卷雙忠研齋詩餘一卷　（清）江開撰　清咸豐刻本　二册

220000－0841－0012769　集9349K
綠天蘭若詩鈔一卷　（清）釋含澈撰　清咸豐刻本　一册

220000－0841－0012770　子4779
綠天蘭若詩稿三卷　（清）釋含澈撰　清咸豐刻本　一册

220000－0841－0012771　集3036K
杉蔭橋邊舊草堂詩鈔二卷　（清）翁壽麐撰　清咸豐三年（1853）刻本　二册

220000－0841－0012772　集2760K
通隱堂詩存四卷梵隱堂詩存十卷　（清）張京度撰　清同治五年（1866）刻本　三册

220000－0841－0012773　集2802K
瓶隱山房詩鈔十二卷詞鈔八卷　（清）黄曾撰　清道光、咸豐刻本　十册

220000－0841－0012774　集2771K
扶雅堂詩集十四卷　（清）楊炳春撰　清同治、光緒刻本　四册

220000－0841－0012775　集2879K
好深湛思室詩存二十二卷　（清）孫義鈞撰　清同治十二年（1873）刻本　四册

220000－0841－0012776　集2903K
健脩堂詩集二十二卷空青館詞三卷　（清）任邱邊撰　清咸豐十一年（1861）刻本　八册

220000－0841－0012777　集5049K
間氣集一卷　（清）莊慶椿撰　**吟秋館詩草一卷**　（清）周元圭撰　清光緒刻震澤莊氏家集本　一册

220000－0841－0012778　集2424K
詒清堂稿一卷　（清）譚祖同撰　清道光刻本　一册

220000－0841－0012779　集8150K
悔初廬詩稿二卷　（清）柴文傑撰　清同治八年（1869）刻本　一册

220000－0841－0012780　集8053K
悔初廬詩稿十一卷　（清）柴文傑撰　清光緒二十一年（1895）刻本　二册

220000－0841－0012781　集10103K
片雲行草不分卷　題（清）釋純謙撰　清道光二十七年（1847）刻本　一册

220000－0841－0012782　集2375K
西園詩鈔四卷文集一卷詩鈔遺編四卷文集遺編一卷　（清）張擴庭撰　**墨花軒詩詞刪存不分卷**　（清）張葆謙撰　清同治四年（1865）張葆謙刻本　四册

220000－0841－0012783　集2501K
小蓬海遺詩一卷屑屑集一卷　（清）翁雒撰　清道光二十九年（1849）海昌蔣光煦刻本　二册

220000－0841－0012784　集2491K
白雲洞天詩稿一卷　（清）沈穀撰　清道光三十年（1850）錢塘祝躍雲揚州刻本　一册

220000－0841－0012785　集2500F
萬善花室文稿六卷續編一卷附錄一卷　（清）方履籛撰　清光緒九年（1883）江陰繆氏刻雲自在龕叢書本　三册

220000－0841－0012786　集2383K
萬善花室文稿六卷詩集四卷詞稿一卷　（清）方履籛撰　清道光十一年（1831）永定巫宜刻

文稿十二年(1832)青浦陸我嵩刻詩詞本　三冊

220000－0841－0012787　集2578K
萬善花室文稿六卷續編一卷附錄一卷　(清)方履籛撰　清光緒十二年(1886)溧陽德菜小峌山館刻本　四冊

220000－0841－0012788　集2988K
漱潤齋詩存二卷　(清)汪榮撰　清光緒二年(1876)刻本　一冊

220000－0841－0012789　集8786K
紅雪山峰詩鈔六卷　(清)唐千鷺撰　清道光二十三年(1843)刻本　六冊

220000－0841－0012790　集3062K
浣花閣詩草一卷詞續鈔一卷蜀遊近草一卷魯遊續草一卷詞鈔二卷續二卷　(清)熊裕棠撰　清道光至同治刻本　六冊

220000－0841－0012791　集8961F
浣花閣詩草一卷詞續鈔一卷　(清)熊裕棠撰　清道光二十二年(1842)刻本　一冊

220000－0841－0012792　集2339K
喝月樓詩錄二十一卷　(清)王鴻撰　清道光十九年(1839)刻本　四冊　缺一卷(二十一)

220000－0841－0012793　集2575K
怡亭文集二十卷　(清)張紳撰　清道光十三年(1833)建寧廖定掄刻本　四冊

220000－0841－0012794　集2610K
壺園全集二十一卷　(清)徐寶善撰　清道光刻本　六冊

220000－0841－0012795　集2651F
壺園雜著一卷　(清)徐寶善撰　清道光刻本　一冊

220000－0841－0012796　集2400K
城北草堂詩鈔四卷詩餘二卷詞餘一卷　(清)顧夔撰　**小鄉嬛室詩餘殘稿一卷**　(清)王清霞撰　清光緒十四年(1888)刻本　二冊

220000－0841－0012797　集5000K
蠹餘集二卷　(清)朱士龍撰　清道光、咸豐刻本　二冊

220000－0841－0012798　集3281F
奉萱草堂詩集二卷文續集一卷　(清)單為鏓撰　清同治七年(1868)刻單氏全書本　二冊

220000－0841－0012799　集3562K
南蘭文集六卷　(清)張恕撰　清光緒五年(1879)刻本　二冊

220000－0841－0012800　集8260K
儀宋堂文二集十卷　(清)吳嘉淦撰　清光緒五年(1879)刻本。二冊

220000－0841－0012801　集7678K
姚正甫文集十卷　(清)姚承輿撰　清咸豐十一年(1861)刻姚正父集本　四冊

220000－0841－0012802　集3000
經濟要略六卷　(清)姚承輿撰　清同治三年(1864)刻本　四冊

220000－0841－0012803　集3191K
後湖草堂詩鈔三十一卷試帖詩鈔一卷賦鈔一卷　(清)王守毅撰　清咸豐四年(1854)刻本　六冊

220000－0841－0012804　集7757K
菘耘文鈔四卷　(清)季錫疇撰　清光緒五年(1879)刻本　一冊

220000－0841－0012805　集2886K
意苕山館詩稿十六卷　(清)陸嵩撰　清光緒十八年(1892)京師刻本　四冊

220000－0841－0012806　集2611K
綠蘿書屋遺集四卷附錄一卷　(清)羅文俊撰　**誦芬堂詩草一卷**　(清)羅廷琛撰　清光緒二十三年(1897)刻本　四冊

220000－0841－0012807　集2572K
小松石齋文集五卷詩集五卷　(清)趙允懷撰　清光緒十五年(1889)刻本　四冊

220000－0841－0012808　集2506K
傲霜園詩鈔二卷　(清)薄承硯撰　清咸豐九年(1859)刻本　一冊

220000－0841－0012809　集 2732K
湖東集四卷　(清)范淩鼇撰　清咸豐十一年(1861)刻本　四冊

220000－0841－0012810　集 3034K
古藤書屋詩存一卷　(清)吳以諴撰　清咸豐九年(1859)刻本　一冊

220000－0841－0012811　集 2931K
甘泉鄉人稿二十四卷餘稿二卷　(清)錢泰吉撰　**年譜一卷**　(清)錢應溥撰　**四水子遺著一卷**　(清)錢有泗撰　**郊農偶吟一卷**　(清)錢炳森撰　清同治、光緒刻本　七冊

220000－0841－0012812　善 1452
休復居文集六卷附錄一卷　(清)毛嶽生撰　清道光二十四年(1844)嘉定黄氏刻本　二冊

220000－0841－0012813　集 2520K
漱芳閣集十卷　(清)徐士芬撰　清咸豐二年(1852)刻本　二冊

220000－0841－0012814　集 2519K
漱芳閣集十卷　(清)徐士芬撰　清同治十一年(1872)刻本　二冊

220000－0841－0012815　集 3219K
淳則齋駢體文一卷　(清)洪惠方撰　清光緒五年(1879)授經堂刻本　一冊

220000－0841－0012816　集 5760K
憩雲山房試帖初編二卷　(清)周鎮南撰　清咸豐元年(1851)刻本　二冊

220000－0841－0012817　集 2202K
積石詩存四卷南池唱和詩存一卷鱠魚編一卷積石文稿十八卷　(清)張履撰　清光緒二十年(1894)刻本　八冊

220000－0841－0012818　集 9055K
靜觀齋文一卷　(清)張履撰　清道光十七年(1837)刻本　一冊

220000－0841－0012819　集 2675K
吳文節公集八十卷　(清)吳文鎔撰　**吳文節公年譜一卷**　(清)吳養原撰　清咸豐七年(1857)刻本　十七冊

220000－0841－0012820　集 2954K
味真閣詩鈔十二卷　(清)張安保撰　清道光二十七年(1847)刻本　二冊

220000－0841－0012821　集 2917K
石樵先生遺詩四卷　(清)張安保撰　清光緒七年至二十五年(1881－1899)刻本　四冊

220000－0841－0012822　集 7992K
懷古田舍詩節鈔六卷附傳略　(清)徐榮撰　清同治三年(1864)刻本　六冊

220000－0841－0012823　集 2764K
懷古田舍詩節鈔六卷　(清)徐榮撰　清光緒十四年(1888)徐受廉刻本　六冊

220000－0841－0012824　集 2269K
且甌集九卷　(清)項霽撰　清咸豐刻本　六冊

220000－0841－0012825　集 7747K
蟲鳥吟八卷　(清)蕭德宣撰　清道光刻本　四冊

220000－0841－0012826　集 7913K
蟲鳥吟十卷　(清)蕭德宣撰　清同治五年(1866)刻本　八冊

220000－0841－0012827　集 2585K
種玉堂詩稿四卷詞稿一卷雜文一卷　(清)張爾旦撰　清道光二十二年(1842)刻本　二冊

220000－0841－0012828　集 2597K
種玉堂集六卷　(清)張爾旦撰　**冬心閣遺詩一卷**　(清)張翊興撰　清咸豐五年(1855)鐵如意齋刻本　二冊

220000－0841－0012829　集 2192K
聽松濤館詩鈔十一卷　(清)阮文藻撰　清道光刻本　八冊

220000－0841－0012830　集 2218K
留餘堂詩鈔八卷二集八卷新安行草一卷　(清)夏之盛撰　清道光二十六年(1846)錢塘夏氏刻本　四冊

220000－0841－0012831　集 2237K
定盦文集三卷續集四卷文集補六卷　(清)龔

自珍撰　清同治七年(1868)刻本　六冊

220000－0841－0012832　集2241K
定盦全集十七卷　(清)龔自珍撰　清光緒二十三年(1897)廣州萬本書堂刻本　六冊

220000－0841－0012833　集2235K
校訂定盦全集十卷年譜一卷　(清)龔自珍撰　(清)薛鳳昌校訂　**附年譜一卷**　(清)黄守恒撰　清宣統元年(1909)邃漢齋鉛活字印本　六冊

220000－0841－0012834　集2233K
定盦文集三卷續集四卷補編四卷文集補五卷　(清)龔自珍撰　清宣統二年(1910)上海掃葉山房石印本　六冊

220000－0841－0012835　集2780K
放猿集一卷桐江集一卷江山風月集一卷船庵詞一卷　(清)潘曾沂撰　清咸豐二年(1852)刻本　一冊

220000－0841－0012836　集10637K
功甫小集十一卷　(清)潘曾沂撰　清咸豐四年(1854)刻本　二冊

220000－0841－0012837　集2052K
功甫小集十一卷　(清)潘曾沂撰　清同治八年(1869)潘儀鳳刻本　六冊

220000－0841－0012838　集2910K
澗東集三卷　(清)彭藴章撰　清道光六年(1826)刻本　一冊

220000－0841－0012839　集2907K
歸樸龕叢稿十二卷　(清)彭藴章撰　清道光二十九年(1849)刻本　六冊

220000－0841－0012840　集3287K
歸樸龕叢稿十二卷　(清)彭藴章撰　清同治七年(1868)刻本　三冊

220000－0841－0012841　集2908K
松風閣詩鈔二十六卷　(清)彭藴章撰　清同治三年(1864)刻本　八冊

220000－0841－0012842　集2516K
硯隱詩存四卷　(清)楊羲撰　清道光二十五年(1845)刻本　一冊

220000－0841－0012843　集8481K
花宜館詩鈔十六卷續存一卷無腔村笛二卷文略一卷　(清)吴振棫撰　清同治四年(1865)刻本　七冊

220000－0841－0012844　集3220K
粲花佩葉山房詩稿六集　(清)陳鼎雯撰　清光緒十七年(1891)刻本　四冊

220000－0841－0012845　集3105K
省齋全集十二卷　(清)牛樹梅撰　清同治十三年(1874)刻本　六冊

220000－0841－0012846　集3072K
躬恥齋文鈔二十卷後編六卷　(清)宗稷辰撰　清咸豐元年(1851)越峴山館刻本　十六冊

220000－0841－0012847　集2871K
拙修集十卷　(清)吳廷棟撰　清同治十年(1871)六安涂氏求我齋刻洪氏唐石經館叢書本　四冊

220000－0841－0012848　集2868K
拙修集續編四卷　(清)吳廷棟撰　清光緒九年(1883)六安涂氏求我齋刻洪氏唐石經館叢書本　四冊

220000－0841－0012849　集3095K
䙴䡄亭集三十二卷後集十二卷　(清)祁寯藻撰　清咸豐六年至七年(1856－1857)刻本　六冊

220000－0841－0012850　集2839K
世忠堂文集六卷守城善後紀略一卷鄒氏家傳一卷　(清)鄒鳴鶴撰　清同治二年(1863)刻本　八冊

220000－0841－0012851　集2480K
自然好學齋詩鈔十卷　(清)汪端撰　清同治十三年(1874)刻本　三冊

220000－0841－0012852　善4209
仙屏書屋初集詩錄十六卷後錄二卷　(清)黄爵滋撰　清道光二十七年(1847)翟金生泥活字印本　十冊

220000－0841－0012853　集 9665K
己酉北行草一卷　(清)黄爵滋撰　清刻本　一册

220000－0841－0012854　集 2778K
僊屏書屋初集詩錄十六卷詩後錄二卷　(清)黄爵滋撰　清道光二十六年(1846)刻本　五册

220000－0841－0012855　集 7979K
二如居贈答詩二卷贈答詞一卷　(清)汪鉽撰　清光緒十七年(1891)刻本　一册

220000－0841－0012856　集 2709K
夢研齋遺稿八卷昭忠錄一卷　(清)唐樹義撰　清同治四年(1865)刻本　四册

220000－0841－0012857　集 10551F
滬月軒詩集二卷詩續集二卷文集一卷文續集一卷詩餘一卷　(清)趙棻撰　**荔牆詞一卷**　(清)汪曰楨撰　清同治十二年(1873)烏程汪氏刻荔牆叢刻本　二册

220000－0841－0012858　集 2834K
鳫華堂文鈔二十卷　(清)金應麟撰　清光緒元年(1875)刻本　六册

220000－0841－0012859　集 2544K
彊恕堂文稿一卷　(清)李道融撰　清道光二十二年(1842)刻本　一册

220000－0841－0012860　集 2431K
懷古堂詩前六卷　(清)經濟撰　清道光刻本　一册

220000－0841－0012861　集 10087K
小滄洲詩草不分卷　(清)朱澇撰　清道光二十四年(1844)刻本　一册

220000－0841－0012862　集 3002K
春雨樓詩集四卷文集四卷　(清)殷壽彭撰　清同治五年(1866)殷三省堂刻本　二册

220000－0841－0012863　集 9933K
倚雲山房文集二卷　(清)王發越撰　(清)黄琮評選　清咸豐三年(1853)刻本　一册

220000－0841－0012864　集 8655K
洛川詩略二卷詞略一卷　(清)杜游撰　清道光三十年(1850)刻本　二册

220000－0841－0012865　集 2710K
噴飯集一卷　(清)姚清如撰　清光緒鉛活字印本　一册

220000－0841－0012866　集 10824K
澄懷堂詩外五卷　(清)陳裴之撰　清嘉慶二十五年(1820)刻本　二册

220000－0841－0012867　集 2686K
古微堂内集三卷外集七卷　(清)魏源撰　清光緒四年(1878)淮南書局刻本　四册

220000－0841－0012868　集 2989K
古微堂内集二卷外集八卷　(清)魏源撰　清宣統三年(1911)上海國學扶輪社鉛活字印本　六册

220000－0841－0012869　集 2684K
古微堂詩集十卷　(清)魏源撰　清同治九年(1870)長沙寶慶郡館刻本　四册

220000－0841－0012870　集 2411
嵇庵詩集十卷　(清)梅植之撰　清道光二十四年(1844)刻本　三册

220000－0841－0012871　集 3166K
讀書延年堂文鈔十卷詩鈔三十卷詩餘一卷賦存一卷駢體文存二卷　(清)熊少牧撰　清咸豐、同治刻本　十六册

220000－0841－0012872　集 7946K
自鳴稿二卷　(清)王壽康撰　清咸豐八年(1858)刻本　一册

220000－0841－0012873　集 2417K
緯青遺稿一卷　(清)張絪英撰　清道光九年(1829)陽湖張氏宛鄰書屋刻宛鄰書屋叢書本　一册

220000－0841－0012874　集 8472K
紅蕉吟館詩存六卷　(清)嚴廷中撰　清道光十六年(1836)刻本　二册

220000－0841－0012875　善 1456
籀經堂集十四卷補遺二卷　(清)陳慶鏞撰

清同治十三年(1874)木活字印本　四冊

220000－0841－0012876　集 2721K
籀經堂類稿二十四卷齊陳氏韶舞樂疊通釋二卷　(清)陳慶鏞撰　清光緒九年(1883)刻本　十二冊

220000－0841－0012877　集 7736K
紅粟山莊詩六卷詩續六卷詩餘一卷詩補遺一卷　(清)朱寶善撰　清同治九年(1870)刻民國十四年(1925)續刻本　四冊

220000－0841－0012878　集 2472K
夢鷗閣詩鈔一卷題詞一卷　(清)許銓撰　清道光二十六年(1846)刻民國九年(1920)重印本　一冊

220000－0841－0012879　集 2713K
黛方山莊詩集六卷　(清)黎吉雲撰　清同治五年(1866)刻本　二冊

220000－0841－0012880　集 8141K
重桂堂集十一卷　(清)許正綬撰　清光緒十年(1884)刻本　二冊

220000－0841－0012881　集 2887K
禮部遺集七種九卷　(清)黄富民撰　清同治九年(1870)刻本　四冊

220000－0841－0012882　集 3135K
瑤華閣詩草一卷閩南雜詠一卷詞一卷詞補遺一卷　(清)袁綬撰　清同治六年(1867)刻本　四冊

220000－0841－0012883　集 2264K
聽秋軒詩鈔二卷　(清)朱部撰　清道光二十六年(1846)刻本　二冊

220000－0841－0012884　集 2998K
味雪齋詩鈔八卷文鈔甲集十卷文鈔乙集八卷　(清)戴絅孫撰　清道光二十七年至二十九年(1847－1849)京師刻本　六冊

220000－0841－0012885　集 2937K
卓峯草堂詩鈔二十卷外編四卷詩續鈔四卷文鈔一卷　(清)符兆綸撰　清同治刻本　八冊

220000－0841－0012886　集 7724K
斯未信齋詩錄十六卷　(清)徐宗幹撰　清咸豐刻本　四冊

220000－0841－0012887　集 2965K
東山詩草二卷　(清)徐麐撰　清同治六年(1867)刻本　二冊

220000－0841－0012888　集 2775K
海鷗廬詩鈔九卷　(清)張應雲撰　清咸豐五年(1855)刻本　二冊

220000－0841－0012889　集 2513K
坐花書屋詩錄二卷行狀一卷　(清)諸鎮撰　清光緒十六年(1890)刻本　一冊

220000－0841－0012890　集 2422K
益神智室詩二卷　(清)程秉格撰　清光緒七年(1881)程氏刻本　一冊

220000－0841－0012891　集 1993K
翏莫子集四卷雜識一卷　(清)俞興瑞撰　清咸豐六年(1856)平江三德堂刻海昌俞氏叢刻本　三冊

220000－0841－0012892　集 2067K
肄堂詩集五卷　(清)鄭啓業撰　清嘉慶十三年(1808)刻本　一冊

220000－0841－0012893　集 3088K
享帚集四卷　(清)楊豫成撰　清同治三年(1864)臥雲書屋刻本　四冊

220000－0841－0012894　集 3386K
晚香亭詩鈔不分卷　(清)蔡邦甸撰　清光緒十八年(1892)天津石印本　四冊

220000－0841－0012895　集 3318K
存吾春齋文鈔十卷續鈔二卷　(清)劉繹撰　清光緒六年(1880)刻本　八冊

220000－0841－0012896　集 3900K
燼餘詩草四卷　(清)張景渠撰　清光緒十七年(1891)刻本　二冊

220000－0841－0012897　集 8788K
且巢詩存四卷　(清)周葆濂撰　清光緒十六年(1890)刻本　一冊　存二卷(一至二)

220000－0841－0012898　集 8358K

安素軒詩草二卷　(清)儲憲良撰　清道光十四年(1834)刻本　一册

220000－0841－0012899　集 2289K

簡松草堂詩集二十卷三影閣筝語四卷　(清)張雲璈撰　清嘉慶十六年(1811)刻本　八册

220000－0841－0012900　集 2470K

墨蕉館詩鈔一卷　(清)徐學濤撰　清光緒七年(1881)刻本　一册

220000－0841－0012901　集 10567K

雪嶠外集一卷　(清)王培荀撰　清道光二十七年(1847)刻本　一册

220000－0841－0012902　集 8878K

子良詩録二卷　(清)馮詢撰　清同治元年(1862)刻本　二册

220000－0841－0012903　集 3006K

子良詩餘二卷摘句一卷　(清)馮詢撰　清同治二年(1863)刻本　二册

220000－0841－0012904　集 2625K

悔廬文鈔五卷首一卷　(清)張崇蘭撰　清道光刻本　四册

220000－0841－0012905　集 2749F

悔廬文鈔五卷首一卷文補一卷　(清)張崇蘭撰　清光緒二十三年(1897)刻悔廬全集本　三册

220000－0841－0012906　集 3395K

養和堂遺集八卷　(清)陳光亨撰　清光緒十九年(1893)刻本　四册

220000－0841－0012907　集 2936F

邁堂文略四卷　(清)李祖陶撰　清同治七年(1868)敖陽李氏刻國朝文録本　四册

220000－0841－0012908　集 2215K

梅氏遺書四卷附録三卷　(清)梅鍾澍撰　清宣統三年(1911)梅氏編刻本　三册

220000－0841－0012909　集 4971K

養志居僅存稿十八卷首一卷　(清)陳宗起撰　清光緒十一年(1885)刻本　八册

220000－0841－0012910　集 2439K

撼山草堂遺稿二卷補録一卷　(清)陳起書撰　清同治五年(1866)刻本　一册

220000－0841－0012911　集 2869K

敦教堂詩鈔六卷續刻二卷　(清)官文撰　清同治二年(1863)刻本　八册

220000－0841－0012912　集 2873K

適園叢稿十二卷　(清)袁學瀾撰　清同治十一年(1872)序香溪草堂刻本　六册

220000－0841－0012913　集 2971K

薛箖吟館鈔存詩六卷賦二卷　(清)柏葰撰　清咸豐刻本　八册

220000－0841－0012914　集 2311F

止齋文鈔二卷　(清)馬福安撰　清同治七年(1868)刻學海堂叢刻本　四册

220000－0841－0012915　集 2939K

介軒文鈔八卷詩鈔十卷外集二卷　(清)張振夔撰　清同治九年(1870)刻本　八册

220000－0841－0012916　集 2288K

小羅浮館詩八卷詞四卷雜典一卷别録四卷　(清)趙對澂撰　**延秋閣賸稿一卷**　(清)趙景淑撰　清道光二十四年(1844)刻本　五册

220000－0841－0012917　集 3208K

緑槐書屋詩稿三卷　(清)張綸英撰　清同治七年(1868)刻本　一册

220000－0841－0012918　集 3024K

榆石山樵詩草四卷　(清)甯述俞撰　清光緒十一年(1885)刻本　四册

220000－0841－0012919　集 2848K

東洲草堂文鈔二十卷詩鈔三十卷詩餘一卷　(清)何紹基撰　**眠琴閣遺文一卷詩二卷**　(清)何慶涵撰　**浣月樓遺詩二卷**　(清)李楣撰　清同治、光緒長沙無園刻本　十二册

220000－0841－0012920　集 3084K

百柱堂詩稿□□卷　(清)王柏心撰　清同治刻本　二册　存七卷(一至七)

220000－0841－0012921　集 2935K

百柱堂全集五十三卷内集三十四卷外集十九卷　(清)王柏心撰　**彤雲閣遺稿二卷**　(清)王家仕撰　清光緒二十四年(1898)成山唐炯遺陽刻本　十六册

220000－0841－0012922　集2997K
漆室吟八卷　(清)王柏心撰　清咸豐刻本　二册

220000－0841－0012923　集3053F
借閒生詩三卷借閒生詞一卷　(清)汪遠孫撰　清道光二十年(1840)錢塘振綺堂精刻振綺堂遺書本　二册

220000－0841－0012924　集2256K
張亨甫全集二十七卷首一卷文集六卷　(清)張際亮撰　清同治六年(1867)福州刻本　二十册

220000－0841－0012925　集2247K
思伯子堂詩集三十二卷　(清)張際亮撰　清同治八年(1869)姚昌濬刻本　十册

220000－0841－0012926　集2216K
亨甫詩選八卷　(清)張際亮撰　(清)徐幹選　清光緒刻本　八册

220000－0841－0012927　集3724K
東夫山堂詩選八卷三橿老屋詞選一卷　(清)許棫撰　清光緒十三年(1887)木活字印本　二册

220000－0841－0012928　集2449K
綠筠閣詩鈔九卷詩餘一卷　(清)何珮芬撰　清道光二十年(1840)刻本　二册

220000－0841－0012929　集2498K
春星閣詩鈔十六卷　(清)楊季鸞撰　清道光五年(1825)刻本　二册

220000－0841－0012930　集3030K
西雲文鈔二卷　(清)李枝青撰　清咸豐刻本　一册

220000－0841－0012931　集2742K
冬生草堂文錄四卷詩錄八卷詞錄四卷山右金石錄一卷跋尾一卷　(清)夏寶晉撰　清咸豐元年至四年(1851－1854)刻本　十二册

220000－0841－0012932　集8183K
西廬文集四卷　(清)張雋撰　清宣統二年(1910)上海國學扶輪社鉛活字印本　二册

220000－0841－0012933　集8650K
津雲小草二卷梨花夢五卷　(清)何佩珠撰　清道光二十年(1840)刻本　一册

220000－0841－0012934　集2507K
棲心庵遺稿一卷　(清)曹原撰　清道光刻本　一册

220000－0841－0012935　集8577K
詠古試帖詩一卷皋蘭行役草一卷　(清)沈鑣撰　清道光二十四年(1844)刻本　一册

220000－0841－0012936　集2161K
香雪山莊詩中集十一卷　(清)吳文炳撰　清嘉慶二十五年(1820)刻本　四册

220000－0841－0012937　集9146K
竹瑞堂詩鈔十八卷　(清)黄德華撰　清同治三年(1864)刻本　四册

220000－0841－0012938　集2949K
悔過齋未定稿七卷　(清)顧廣譽撰　清咸豐七年(1857)刻本　二册

220000－0841－0012939　集2948F
悔過齋文集七卷劄記一卷　(清)顧廣譽撰　清光緒三年(1877)平湖顧氏遺書本　二册

220000－0841－0012940　集3076K
樂志堂文集十八卷續集二卷詩集十二卷　(清)譚瑩撰　清咸豐九年(1859)吏隱園刻本　十二册

220000－0841－0012941　集2731K
聽竹山房詩錄三卷續錄一卷補遺一卷　(清)戴德洽撰　清咸豐元年(1851)刻本　二册

220000－0841－0012942　集2474K
疏野堂集十卷　(清)歸令瑜撰　清咸豐六年(1856)刻本　二册

220000－0841－0012943　集8924K

焚餘草一卷 (清)張琚撰 清同治二年(1863)刻民國十五年(1926)重印本 一册

220000－0841－0012944 集2525K
舍是集十卷 (清)王翼鳳撰 清道光二十四年(1844)刻本 二册

220000－0841－0012945 集3336K
含清堂詩存十卷 (清)徐光第撰 清同治三年(1864)汴城刻本 四册

220000－0841－0012946 集2883K
知止堂集十三卷續集六卷外集六卷飛鴻集詩四卷飛鴻餘集詩一卷秋聲詞一卷飛鴻集文一卷 (清)黄恩彤撰 清光緒六年(1880)刻本 六册

220000－0841－0012947 集7894K
半溪草堂文稿二卷詩稿四卷附錄一卷 (清)傅卓然撰 **青陔遺稿一卷** (清)傅衡撰 清光緒十三年(1887)刻本 四册

220000－0841－0012948 集7998K
寫韻樓詩鈔一卷 (清)王瑤芬撰 清同治十年(1871)刻本 一册

220000－0841－0012949 集3008K
養志書屋詩存二卷 (清)崇祐撰 清同治刻本 一册

220000－0841－0012950 集2968K
輟耕吟稿五卷 (清)倪偉人撰 清光緒十六年(1890)刻本 二册

220000－0841－0012951 集4985F
六梅書屋尺牘四卷 (清)凌丹陛撰 清光緒三年(1877)申報館鉛印申報館叢書本 二册

220000－0841－0012952 集7812K
城北草堂詩稿二卷 (清)徐甲榮撰 清光緒二十四年(1898)刻本 一册

220000－0841－0012953 集3412K
天風佩韻軒草二卷詩餘一卷 (清)許嘉儀撰 清光緒十三年(1887)木活字印本 一册

220000－0841－0012954 集7839
芸香館遺詩二卷 (清)那遜蘭保撰 清同治十三年(1874)盛昱刻本 一册

220000－0841－0012955 集3441K
讀雪齋詩集九卷 (清)孫文川撰 清光緒八年(1882)刻本 二册

220000－0841－0012956 善1483
桐華舸明季詠史詩鈔一卷 (清)鮑瑞駿撰 清同治三年(1864)刻本 一册

220000－0841－0012957 集2895K
覺華龕詩存一卷 (清)王蔭祐撰 清光緒二十年(1894)刻本 一册

220000－0841－0012958 集8876K
東行雜詠一卷 (清)趙霖撰 清道光二十八年(1848)刻本 一册

220000－0841－0012959 集2484K
藻香館古體詩鈔二卷近體詩鈔四卷 (清)鄧承宗撰 清道光二十七年(1847)刻本 一册

220000－0841－0012960 集2476K
享帚齋詩鈔四卷詞鈔二卷 (清)周恩綬撰 清同治十三年(1874)刻本 二册

220000－0841－0012961 集8511K
李光祿公遺集八卷 (清)李文安撰 清光緒三十年(1904)合肥李氏三世遺集本 四册

220000－0841－0012962 集7975K
意山園詩鈔四卷續鈔一卷 (清)周元輔撰 (清)吳坤修選 清同治八年(1869)半畝園刻本 二册

220000－0841－0012963 集2900K
沈文忠公集十卷自訂年譜一卷 (清)沈兆霖撰 清同治八年(1869)刻本 四册

220000－0841－0012964 集2828K
習苦齋詩集八卷古文二卷 (清)戴熙撰 清同治五年(1866)刻本 五册

220000－0841－0012965 集2539K
海秋詩集二十六卷 (清)湯鵬撰 清道光十八年(1838)刻本 八册

220000－0841－0012966 集2467K

恬齋存稿一卷 （清）韋坦撰 清同治十三年（1874）刻本 一冊

220000－0841－0012967 集 2863K

補學軒文甲集四卷文乙集二卷詩集八卷 （清）鄭獻甫撰 清咸豐十一年（1861）刻本 十冊

220000－0841－0012968 集 2864K

補學軒詩集八卷 （清）鄭獻甫撰 清咸豐十一年（1861）刻本 四冊

220000－0841－0012969 集 2867K

補學軒詩集十二集 （清）鄭獻甫撰 清光緒五年（1879）刻本 四冊

220000－0841－0012970 集 2744K

石泉集四卷 （清）郭柏蔭撰 清刻本 二冊

220000－0841－0012971 集 2820K

求自得之室文鈔十二卷尚絅廬詩存二卷 （清）吳嘉賓撰 清同治五年（1866）刻本 六冊

220000－0841－0012972 集 10485K

惢峯樵者集二卷 （清）李翰穎撰 清同治六年（1867）刻本 二冊

220000－0841－0012973 集 2928K

萬壑松風樓詩集十四卷 （清）王吉人撰 清同治九年（1870）刻本 四冊

220000－0841－0012974 集 3886F

屺雲樓詩初集八卷詩二集四卷詩三集十二卷詞一卷 （清）劉存仁撰 清咸豐至光緒刻屺雲樓集本 五冊

220000－0841－0012975 集 3885F

屺雲樓文鈔十二卷 （清）劉存仁撰 清光緒四年（1878）鉛印屺雲樓集本 六冊

220000－0841－0012976 集 3016K

榴實山莊文稿一卷詩鈔六卷詞鈔一卷試律二卷 （清）吳存義撰 清同治十年（1871）刻本 六冊

220000－0841－0012977 史 2407：2

水流雲在館詩鈔六卷 （清）宋晉撰 清光緒十二年（1886）刻本 四冊

220000－0841－0012978 集 3004K

水流雲在館詩鈔六卷 （清）宋晉撰 清抄本 二冊

220000－0841－0012979 集 2570K

依舊草堂遺稿一卷 （清）費丹旭撰 清同治七年（1868）錢塘汪氏振綺堂刻本 一冊

220000－0841－0012980 集 11252K

汪梅村先生集十二集外集一卷 （清）汪士鐸撰 清光緒七年（1881）刻本 二冊

220000－0841－0012981 集 11183K

悔翁詩鈔十五卷補遺一卷詩餘五卷 （清）汪士鐸撰 清光緒九年（1883）合肥張氏味古齋刻本 十冊

220000－0841－0012982 集 3452K

盾頭草一卷蓬轉草一卷符水公餘草一卷 （清）王績康撰 清同治刻本 一冊

220000－0841－0012983 集 7886K

小南海集詩鈔二卷 （清）徐同善撰 清同治五年（1866）刻本 二冊

220000－0841－0012984 集 2737K

指所齋文集四卷駢體文一卷 （清）高錫基撰 清刻本 三冊 缺一卷（文集一）

220000－0841－0012985 集 10233K

少喦賦草四卷續集一卷 （清）夏思沺撰 清同治六年（1867）掃葉山房刻本 四冊

220000－0841－0012986 集 3202K

養拙齋詩鈔四卷 （清）孫汝霖撰 清同治刻本 二冊

220000－0841－0012987 集 3419K

讀秋水齋詩十六卷 （清）陸黻恩撰 清同治七年（1868）刻本 二冊

220000－0841－0012988 集 2855K

怡志堂詩初稿八卷怡志堂文初編六卷 （清）朱琦撰 清咸豐七年（1857）、同治三年（1864）運甓軒刻本 四冊

220000－0841－0012989　集 8433K
金陵張炳垣先生舉義文存一卷　（清）張繼庚撰　清同治十一年（1872）金陵同人刻本　一册

220000－0841－0012990　集 2816K
四持軒詩鈔二卷試帖二卷　（清）方士鼐撰　清同治八年（1869）肇羅道署刻本　三册

220000－0841－0012991　叢 1662K
曝書樓隨筆一卷　（清）羅上楨撰　清咸豐刻本　一册

220000－0841－0012992　集 9275K
南園集二卷　（清）李光榮撰　清咸豐十一年（1861）刻本　一册

220000－0841－0012993　集 2773K
南園集二卷　（清）李光榮撰　清同治元年（1862）刻本　一册

220000－0841－0012994　集 5029K
聽雲僊館西遊感懷吟草一卷　（清）湯成彥撰　清咸豐三年（1853）刻本　一册

220000－0841－0012995　集 2209K
赤堇遺稿六卷　（清）葉元堦撰　清道光二十五年（1845）退一居刻本　二册

220000－0841－0012996　集 2391K
秋蟬吟偶存一卷　（清）帶髮僧自在撰　清道光二十七年（1847）五羊城刻本　一册

220000－0841－0012997　集 2222K
倚雲樓遺草一卷詞草一卷　（清）朱美英撰　清道光二十二年（1842）刻本　一册

220000－0841－0012998　集 2761K
靜觀書屋詩集七卷　（清）章鶴齡撰　清同治十二年（1873）刻本　二册

220000－0841－0012999　集 2872K
香南居士集十九卷　（清）羅崇恩撰　清同治刻本　八册

220000－0841－0013000　集 3108K
綠漪草堂三十卷外集二卷別集二卷詩集二十卷研華館詞三卷　（清）羅汝懷撰　清光緒九年（1883）刻本　十八册

220000－0841－0013001　集 9583K
清白士集校補四卷　（清）蔡雲撰　清光緒十八年（1892）寒梅館刻本　一册

220000－0841－0013002　集 8159K
運甓齋文稾六卷續編六卷　（清）陳勱撰　清光緒二十年（1894）刻本　二册

220000－0841－0013003　集 7842K
運甓齋文稾六卷詩稿續編六卷　（清）陳勱撰　清光緒二十年（1894）刻本　二册

220000－0841－0013004　集 9765K
龍溪草堂詩鈔十卷　（清）張日崙撰　清光緒八年（1882）刻本　十册

220000－0841－0013005　集 5097K
草木評一卷竹軒詩鈔二卷　題（清）竹軒先生撰　清光緒刻本　一册

220000－0841－0013006　集 2700K
抱真書屋詩鈔十一卷詩餘一卷　（清）陸應穀撰　**鄧虹橋孝廉遺詩一卷**　（清）鄧學先撰　清道光二十四年至三十年（1844－1850）刻本　四册

220000－0841－0013007　集 7989K
蓮溪吟稿八卷續刻三卷試帖一卷　（清）沈濂撰　清咸豐四年（1854）刻六年（1856）續刻沈蓮溪全集本　四册

220000－0841－0013008　集 5185K
小滄溟館初集六卷二集九卷三集十二卷　（清）朱瀚撰　清道光十三年至咸豐元年（1833－1851）刻本　四册

220000－0841－0013009　集 7823K
友石齋詩集八卷　（清）高錫恩撰　**我盦遺稿二卷**　（清）高炳麟撰　清光緒十五年（1889）刻本　四册

220000－0841－0013010　集 2881K
詠梅軒稿六卷　（清）謝蘭生撰　清同治八年（1869）木活字印本　二册

220000－0841－0013011　叢 1249K

倭文端公遺書八卷首二卷末一卷續四卷　(清)倭仁撰　清光緒元年(1875)六安涂宗瀛求我齋刻十年(1884)續刻本　六册

220000－0841－0013012　叢 1248K
倭文端公遺書十卷首二卷　(清)倭仁撰　清光緒三年(1877)粤東翰元樓刻本　六册

220000－0841－0013013　叢 1250K
倭文端公遺書十一卷首二卷　(清)倭仁撰　清刻本　八册

220000－0841－0013014　集 8648K
王武愍公遺文不分卷忠孝録一卷　(清)王恩綬撰　清同治七年(1868)刻本　四册

220000－0841－0013015　集 3131K
慎盦文鈔二卷詩鈔二卷　(清)左宗植撰　清光緒元年(1875)鄂中刻本　四册

220000－0841－0013016　集 2718K
一規八棱硯齋集十卷　(清)徐廷華撰　清光緒九年(1883)武昌刻本　四册

220000－0841－0013017　集 2769K
養和齋古作録四卷　(清)彭兆松撰　清咸豐十一年(1861)刻本　四册

220000－0841－0013018　集 10426K
竹南精舍駢儷文稿一卷　(清)朱泰修撰　清同治十一年(1872)刻本　一册

220000－0841－0013019　集 9182K
敦復齋文集八卷　(清)陳世恩撰　清光緒三十一年(1905)刻本　二册

220000－0841－0013020　集 2921K
求是齋文存二卷詩存二卷　(清)彭崧毓撰　清同治十一年(1872)養園刻本　五册

220000－0841－0013021　集 6941K
運甓齋詩稿八卷續編六卷贈言録四卷玉堂楷則一卷　(清)陳勱撰　清同治十三年至光緒二十年(1874－1894)刻本　四册

220000－0841－0013022　集 3043K
大梅山館集五十五卷　(清)姚燮撰　清道光、咸豐鎮海姚氏刻本　二十四册

220000－0841－0013023　集 2884F
復莊詩問三十四卷　(清)姚燮撰　清道光二十六年(1846)刻本　八册

220000－0841－0013024　集 2943K
柈湖文集十二卷　(清)吴毓樹撰　清光緒十九年(1893)長沙思賢講舍刻本　四册

220000－0841－0013025　集 2702K
躬厚堂雜文八卷　(清)張金鏞撰　清光緒四年(1878)刻本　二册

220000－0841－0013026　集 2058K
味塵軒詩集十卷　(清)李文翰撰　清咸豐六年(1856)木活字印本　四册

220000－0841－0013027　集 2257K
月齋詩集四卷文集八卷　(清)張穆撰　清咸豐八年(1858)刻本　四册

220000－0841－0013028　集 3614K
寶德堂詩鈔十卷附存二卷　(清)周衡撰　清光緒二年(1876)刻本　六册

220000－0841－0013029　集 2940K
柈湖詩録六卷　(清)吴敏樹撰　清同治八年(1869)刻本　四册

220000－0841－0013030　集 2844F
通甫類稿四卷詩存四卷詩存之餘二卷類稿續編二卷　(清)魯一同撰　清咸豐九年(1859)刻魯氏遺著本　六册

220000－0841－0013031　集 4968K
通甫類稿四卷　(清)魯一同撰　清光緒三年(1877)鉛活字印本　一册

220000－0841－0013032　集 1900F
磨甋齋文存一卷　(清)張杓撰　清光緒十二年(1886)刻學海堂叢書本　一册

220000－0841－0013033　集 2399K
熙齋詩鈔一卷　(清)祝琳撰　清道光二十三年(1843)刻本　一册

220000－0841－0013034　集 2676K
倩梅簃遺稿一卷　(清)戴小玉撰　清道光十年(1830)傳硯齋刻本　一册

220000－0841－0013035　集8216K
訪粵集一卷白雲倡和詩一卷　(清)戴熙撰　清道光二十年(1840)刻本　一冊

220000－0841－0013036　集2358K
曇香精舍詩草四卷　(清)釋宏度撰　清道光十七年(1837)刻本　三冊　存二卷(一至二)

220000－0841－0013037　集2947K
觀香室遺稿四卷　(清)李星漁撰　清同治十三年(1874)刻本　一冊

220000－0841－0013038　集3017K
如舟吟館詩鈔一卷　(清)瑞常撰　清同治刻本　一冊

220000－0841－0013039　集3026K
知悔齋詩稿八卷續稿一卷　(清)張士寬撰　清咸豐七年(1857)刻同治三年(1864)續刻本　一冊

220000－0841－0013040　集3622K
湘穀初稿八卷吟稿四卷續稿六卷　(清)謝庭蘭撰　清光緒七年至十五年(1881－1889)刻本　六冊

220000－0841－0013041　集3650K
後永州集八卷　(清)黃文琛撰　清同治九年(1870)刻本　三冊

220000－0841－0013042　集8804K
石頑書屋文鈔六卷來燕集一卷春暉志實一卷　(清)楊福祺撰　清光緒二十年(1894)木活字印本　四冊

220000－0841－0013043　集2389K
端園詩草四卷　(清)錢照撰　清道光八年(1828)刻本　一冊

220000－0841－0013044　集2767K
暫留軒詩鈔八卷尹氏歷代詩草二卷　(清)尹繼隆撰　清咸豐三年至四年(1853－1854)刻本　四冊

220000－0841－0013045　集2722K
雙桂堂詩存四卷　(清)支清彥撰　清光緒二十四年(1898)刻本　四冊

220000－0841－0013046　集2510K
六行堂詩鈔三卷　(清)朱山撰　清道光刻本　二冊

220000－0841－0013047　集4108K
古月軒詩存五卷文存二卷西江泛宅集三卷試帖偶存一卷清芬宛在錄一卷吹篪集一卷車笠同盟集一卷過庭集一卷　(清)朱伸林撰　清光緒十年(1884)刻本　六冊

220000－0841－0013048　集3625K
齊莊中正堂詩鈔十五卷　(清)殷兆鏞撰　清光緒五年(1879)刻本　四冊

220000－0841－0013049　集2615K
角山樓詩鈔十五卷　(清)趙克宜撰　清道光刻本　二冊

220000－0841－0013050　集2614F
角山樓詩鈔十卷　(清)趙克宜撰　清道光刻本　二冊

220000－0841－0013051　集2793K
江上吟一卷遺詩一卷　(清)黃典五撰　清光緒二年(1876)刻本　一冊

220000－0841－0013052　集7826K
味無味齋駢文二卷　(清)董兆熊撰　清同治十三年(1874)刻本　一冊

220000－0841－0013053　集3104K
佩蘅詩鈔八卷　(清)寶鋆撰　清咸豐九年(1859)刻本　四冊

220000－0841－0013054　集3817K
文靖公詩鈔八卷　(清)寶鋆撰　清光緒三十四年(1908)廣州刻本　四冊

220000－0841－0013055　集11189K
儷白妃黃冊八卷　(清)董恂撰　清同治十三年(1874)刻本　一冊

220000－0841－0013056　集5873K
石泉書屋尺牘二卷　(清)李佐賢撰　清同治十年(1871)刻石泉書屋全集本　一冊

220000－0841－0013057　集8465K
知足知不足齋遺詩二卷雜著一卷　(清)宋人

傑撰　清咸豐元年(1851)刻本　一冊

220000－0841－0013058　集2787K
逸子詩集八卷　(清)唐員撰　清同治二年(1863)刻本　二冊

220000－0841－0013059　集2927K
晉甎室詩存四卷爨餘集一卷晉甎室詩存續一卷　(清)趙瑜撰　清同治刻本　二冊

220000－0841－0013060　集2933K
移芝室文集二卷詩集二卷　(清)楊彝珍撰　清同治刻本　四冊

220000－0841－0013061　集10804K
移芝室古文讀本十三卷詩集讀本三卷時文一卷尺牘一卷芟除草一卷試帖一卷外集一卷　(清)楊彝珍撰　清同治、光緒刻本　八冊

220000－0841－0013062　集3938K
僑隱集二卷　(清)王貞春撰　清宣統元年(1909)刻本　一冊

220000－0841－0013063　集3506K
江上小蓬萊吟舫詩存十八卷詩餘二卷　(清)葉坤厚撰　清光緒九年(1883)刻本　二十冊

220000－0841－0013064　集3854K
駕雲螭室別集一卷　(清)周文禾撰　清光緒六年(1880)刻本　一冊

220000－0841－0013065　集3782K
朱九江先生集十卷　(清)朱次琦撰　清光緒二十三年(1897)刻本　四冊

220000－0841－0013066　集3740K
劫餘勵存三卷　(清)李承霖撰　清光緒十年(1884)刻本　一冊

220000－0841－0013067　集3834K
荻芬書屋文稿分十七體詩稿四卷賦稿一卷試帖二卷制藝一卷　(清)董恂撰　清咸豐、同治刻本　七冊

220000－0841－0013068　集3643K
尉山堂稿十四卷　(清)萬斛泉撰　清光緒三十三年(1907)刻萬青軒全集本　四冊

220000－0841－0013069　集3670K
西圃集十卷續集四卷文集四卷補遺一卷詩集補遺一卷詞續一卷詞三續一卷題畫詩一卷續一卷　(清)潘遵祁撰　清光緒二十三年(1897)刻本　六冊

220000－0841－0013070　集3669F
西圃集十卷續集三卷文集四卷題畫詩一卷　(清)潘遵祁撰　清光緒刻本　六冊

220000－0841－0013071　集3421K
漱六山房全集十一卷　(清)吳昆田撰　清光緒十年(1884)刻本　六冊

220000－0841－0013072　集7731K
小鷗波館詩鈔十卷　(清)潘曾瑩撰　清道光二十五年(1845)刻本　一冊

220000－0841－0013073　集3200K
蔭園詩鈔十二卷補遺二卷　(清)江觀濤撰　清同治十一年(1872)刻本　八冊

220000－0841－0013074　集2880K
嘯古堂文集八卷　(清)蔣敦復撰　清同治七年(1868)刻本　四冊

220000－0841－0013075　集2980K
嘯古堂詩集八卷　(清)蔣敦復撰　清光緒十一年(1885)刻本　二冊

220000－0841－0013076　集3009K
寥天一齋文稿一卷詩稿一卷榾柮談屑一卷　(清)歐陽兆熊撰　清光緒二十一年至二十三年(1895－1897)刻本　二冊

220000－0841－0013077　集3278K
鐵笛仙館從戎草二卷後従戎草二卷宦遊草六卷　(清)柏春撰　清咸豐十一年(1861)刻本　四冊

220000－0841－0013078　集11063K
補石山房文集四卷　(清)曹元詔撰　清光緒二十一年(1895)長沙刻本　二冊　存二卷(一至二)

220000－0841－0013079　集2958K
龠翁詩鈔四卷　(清)錢辰撰　**寄生吟草一卷**

（清）錢家吉撰　清光緒八年（1882）刻本　一册

220000－0841－0013080　集 3020K
受恒受漸齋集十二卷　（清）沈日富撰　清同治八年（1869）、光緒十三年（1887）刻本　四册

220000－0841－0013081　集 2708K
觀心室詩存一卷古文一卷藥言一卷筆談一卷　（清）陳金詔撰　清咸豐八年（1858）刻本　二册

220000－0841－0013082　集 2005K
求真是齋詩草二卷　（清）恩華撰　清咸豐十一年（1861）刻本　二册

220000－0841－0013083　集 2772K
對嶽樓詩續錄四卷　（清）孔憲彝撰　清咸豐六年（1856）刻本　四册

220000－0841－0013084　集 3382K
碧螺山館詩鈔六卷　（清）金蘭撰　清咸豐刻本　一册

220000－0841－0013085　集 2041K
白圭堂詩鈔八卷續鈔六卷　（清）江之紀撰　清同治三年（1864）刻本　六册

220000－0841－0013086　集 7986K
綠陰山館吟稿三卷　（清）喬守敬撰　清同治十一年（1872）刻本　二册

220000－0841－0013087　集 2376K
歗雲詩鈔八卷　（清）林樹梅撰　清道光刻本　二册

220000－0841－0013088　集 3068K
隱梅居士詩稿一卷文集一卷　（清）潘守拙撰　清抄本　三册

220000－0841－0013089　集 9195K
心盦詩存一卷　（清）何兆瀛撰　清光緒八年（1882）刻本　一册

220000－0841－0013090　集 3442F
句溪雜著六卷　（清）陳立撰　清光緒十四年（1888）廣雅書局刻廣雅書局叢書本　一册

220000－0841－0013091　集 3226K
顯志堂稿十二卷　（清）馮桂芬撰　清光緒二年（1876）校邠廬刻本　四册

220000－0841－0013092　集 9190K
夢柰詩稿一卷　（清）馮桂芬撰　清光緒二年（1876）馬氏刻本　一册

220000－0841－0013093　集 3045K
餐花室詩稿十卷三吴鏡吹集一卷萬里雪鴻集一卷　（清）嚴錫康撰　清咸豐十一年（1861）刻本　二册

220000－0841－0013094　集 3130K
尊小學齋文集六卷詩集一卷詩餘一卷　（清）余治撰　**余孝惠先生年譜一卷**　（清）吴師澄編　清光緒九年（1883）古吴得見齋刻本　四册

220000－0841－0013095　集 2912K
純甫古文鈔六卷　（清）戴楫撰　清同治九年（1870）刻本　一册

220000－0841－0013096　集 3054K
蠖餘偶筆一卷附筆一卷讕言瑣記一卷　（清）劉因之撰　清光緒十二年（1886）刻本　二册

220000－0841－0013097　集 3224F
蠖餘偶筆一卷　（清）劉因之撰　清光緒刻本　一册

220000－0841－0013098　集 9598K
之遊唾餘錄二卷不夜書屋試律偶存一卷　（清）孫福海撰　清光緒十六年（1890）刻本　一册

220000－0841－0013099　集 3354K
晚香堂遺集一卷　（清）王葆生撰　清光緒十二年（1886）刻本　一册

220000－0841－0013100　集 3678K
歸盦文稿八卷詩稿三卷　（清）葉裕仁撰　清光緒八年至九年（1882－1883）刻本　五册

220000－0841－0013101　集 3279K
劬書室遺集十六卷　（清）金錫齡撰　清光緒二十一年（1895）刻本　五册

220000－0841－0013102　集3471K
東塾集六卷申範一卷　(清)陳澧撰　清光緒十八年(1892)廣州菊坡精舍刻本　三冊

220000－0841－0013103　集7873K
慎蕎古近體詩五卷　(清)高靜撰　清光緒十二年(1886)刻本　二冊

220000－0841－0013104　集2913K
雲莊詩存五卷　(清)阮充撰　清同治七年(1868)刻本　四冊

220000－0841－0013105　集8222K
曠觀樓詩存八卷　(清)朱霖撰　清光緒十六年(1890)刻本　一冊

220000－0841－0013106　集8475K
楓南山館遺集七卷末一卷　(清)莊受祺撰　清光緒元年(1875)刻本　二冊

220000－0841－0013107　集2308K
柯亭子初集八卷　(清)周沐潤撰　清道光二十九年(1849)生香書屋刻本　一冊

220000－0841－0013108　集2077K
柯亭子詩初集八卷　(清)周沐潤撰　清道光二十八年(1848)刻本　二冊

220000－0841－0013109　集2779F
芬響閣初稿六卷　(清)王褧之撰　清咸豐九年(1859)王褧之刻繡水王氏家藏集本　一冊

220000－0841－0013110　集3003K
邵位西遺文一卷　(清)邵懿辰撰　清同治四年(1865)盱眙吳堂望三益齋刻本　一冊

220000－0841－0013111　集2891K
半巖廬遺集一卷　(清)邵懿辰撰　清光緒三十四年(1908)武昌刻本　一冊

220000－0841－0013112　集4964K
集杭諺詩一卷　(清)邵懿辰撰　清光緒二年(1876)葛元煦刻本　一冊

220000－0841－0013113　集3021K
杭諺詩一卷　(清)邵懿辰撰　清光緒三十四年(1908)刻本　一冊

220000－0841－0013114　集8286K
半巖廬遺詩二卷補鈔一卷　(清)邵懿辰撰　(清)秋畦手錄　清抄本　一冊

220000－0841－0013115　集2785K
夏雨軒雜文四卷　(清)陳鍾祥撰　清咸豐十年(1860)刻本　二冊

220000－0841－0013116　史10450K
咄咄吟二卷　(清)貝青喬撰　清光緒元年(1875)不懼無悶齋刻本　二冊

220000－0841－0013117　集7950K
半行庵詩存稿八卷　(清)貝青喬撰　清同治五年(1866)刻本　二冊

220000－0841－0013118　集3459K
留春館吟草偶錄一卷　(清)李士林撰　清光緒三年(1877)刻本　一冊

220000－0841－0013119　集3697K
澂觀齋詩一卷　(清)莊元植撰　清光緒元年(1875)刻震澤莊氏家集本　一冊

220000－0841－0013120　集3056K
柳門遺稿二卷　(清)楊後撰　清光緒二十年(1894)刻本　一冊

220000－0841－0013121　集8886K
小隱山房詩十九卷駢體文二卷新樂府一卷　(清)劉溱撰　清光緒十三年(1887)刻本　六冊

220000－0841－0013122　集3189K
嶺南雜事詩八卷　(清)陳坤撰　清光緒二年(1876)刻本　六冊

220000－0841－0013123　集9704K
兩罍軒尺牘十二卷　(清)吳雲撰　清光緒八年(1882)刻本　六冊

220000－0841－0013124　集3490K
春蠶集二卷　(清)謝宗溥撰　清光緒八年(1882)刻本　一冊

220000－0841－0013125　集8043K
謫仙堂劫後詩草一卷　(清)陸樹臣選　(清)李心鋭撰　清光緒十六年(1890)刻本　一冊

220000－0841－0013126　集 3007K
妙蓮花室詩草五卷詩餘二卷　(清)王增年撰　清同治二年(1863)刻本　四册

220000－0841－0013127　集 2690K
賡縵堂詩集四卷矢音集二卷雜俎一卷文集一卷　(清)何彤雲撰　清咸豐九年(1859)刻本　四册

220000－0841－0013128　集 10803K
花隱龕遺稿一卷詩餘一卷鴛湖日記一卷　(清)潘希浦撰　清光緒九年(1883)刻本　一册

220000－0841－0013129　集 2945K
秦川焚餘草六卷首一卷補遺一卷附刻一卷　(清)董平章撰　清光緒二十七年(1901)刻本　六册

220000－0841－0013130　集 2862K
郘亭詩鈔六卷遺詩八卷　(清)莫友芝撰　清咸豐至光緒莫繩孫刻影山草堂六種本　二册

220000－0841－0013131　集 3059F
郘亭遺詩八卷　(清)莫友芝撰　清光緒元年(1875)莫繩孫刻影山草堂六種本　一册

220000－0841－0013132　集 2817K
玉井山館文略三卷文續三卷詩十五卷詩餘一卷　(清)許宗衡撰　清同治四年至九年(1865－1870)刻本　四册

220000－0841－0013133　集 2991F
玉井山館文略五卷　(清)許宗衡撰　清同治四年(1865)刻本　二册

220000－0841－0013134　集 5589K
曾文正公家書十卷家訓二卷　(清)曾國藩撰　清光緒十二年(1886)上海著易堂鉛活字印本　十二册

220000－0841－0013135　集 2865K
求闕齋文鈔不分卷　(清)曾國藩撰　清同治十一年(1872)合肥李鴻章刻本　二册

220000－0841－0013136　集 8699K
求闕齋文稿不分卷　(清)曾國藩撰　清抄本　一册

220000－0841－0013137　史 7178K
求闕齋日記類鈔十卷(咸豐八年至同治十一年)　(清)曾國藩撰　(清)王啓原編　清光緒十三年(1887)申報館鉛活字印本　二册

220000－0841－0013138　集 3205K
學詁齋文集三卷　(清)薛壽撰　清光緒六年(1880)冶城山館刻本　一册

220000－0841－0013139　集 3161K
雙梧山館文鈔二十四卷　(清)鄧瑤撰　清咸豐十年(1860)南邨草堂刻本　六册

220000－0841－0013140　集 3001K
續東軒遺集三卷　(清)高均儒撰　清光緒七年(1881)刻本　三册

220000－0841－0013141　集 9780K
三硯齋詩賸一卷　(清)趙彦修撰　清光緒八年(1882)刻本　一册

220000－0841－0013142　集 10858K
望雲精舍詩鈔一卷　(清)薩大滋撰　清宣統二年(1910)刻本　一册

220000－0841－0013143　集 3027K
劫餘存稿一卷　(清)吳受藻撰　清同治七年(1868)刻本　一册

220000－0841－0013144　集 2103K
晴坡唫稿一卷　(清)周棨撰　清道光刻本　一册

220000－0841－0013145　集 9484K
五真閣吟槀一卷　(清)錢惠尊撰　清抄本　一册

220000－0841－0013146　集 3301K
敦艮吉齋詩存二卷　(清)徐子苓撰　清同治五年(1866)刻本　二册

220000－0841－0013147　集 3300K
敦艮吉齋詩存二卷　(清)徐子苓撰　清光緒十二年(1886)刻本　一册　存一卷(二)

220000－0841－0013148　集 7608K

曠視山房課兒草二卷 （清）丁守存撰　清光緒七年（1881）成文信刻本　一冊

220000－0841－0013149　集3319K
師蘊齋詩集六卷 （清）黄宗彥撰　清光緒三年（1877）刻本　二冊

220000－0841－0013150　集2733K
胡文忠公遺集十卷首一卷 （清）胡林翼撰　清同治三年（1864）武昌節署刻本　八冊

220000－0841－0013151　集2792K
胡文忠公遺集十卷首一卷 （清）胡林翼撰　清同治七年（1868）醉六堂刻本　八冊

220000－0841－0013152　集2734K
胡文忠公集十卷首一卷 （清）胡林翼撰　清同治九年（1870）京都富華閣刻本　八冊

220000－0841－0013153　集2678K
江忠烈公遺集一卷 （清）江忠源撰　清咸豐六年（1856）長沙刻本　一冊

220000－0841－0013154　集2674K
江忠烈公遺集二卷附錄一卷 （清）江忠源撰　清同治三年（1864）江忠濬四川藩署刻本　一冊

220000－0841－0013155　集2672K
江忠烈公遺集二卷首一卷附錄一卷 （清）江忠源撰　**江忠烈公行狀一卷** （清）左宗棠　（清）郭嵩燾同撰　**江狀公行狀一卷** （清）鄧瑤撰　清同治十二年（1873）刻本　三冊

220000－0841－0013156　集2670K
江忠烈公遺集四卷 （清）江忠源撰　**江忠烈公行狀一卷** （清）左宗棠　（清）郭嵩燾同撰　**附錄二卷碑表傳記序等江狀節公行狀一卷** （清）江忠濟　（清）鄧瑤撰　清光緒十二年（1886）吳縣朱記榮刻本　六冊

220000－0841－0013157　集2502K
璞山存稿十二卷 （清）曹藍田撰　清光緒二十二年（1896）刻本　四冊

220000－0841－0013158　集3309K
攜雪堂文集一卷詩集一卷對聯一卷罔極編一卷家訓一卷時文一卷試帖一卷 （清）吳可讀撰　清光緒十九年（1893）刻本　五冊

220000－0841－0013159　集3303K
攜雪堂文集四卷 （清）吳可讀撰　清光緒二十六年（1900）浙江書局刻本　四冊

220000－0841－0013160　集2723K
敦夙好齋詩初編十二卷 （清）葉名澧撰　清咸豐三年（1853）京師刻本　二冊

220000－0841－0013161　集2726K
敦夙好齋詩初編十二卷續編十一卷 （清）葉名澧撰　清光緒十六年（1890）刻本　八冊

220000－0841－0013162　集9363
憶琴書屋存稿□□卷 （清）黄文涵撰　清光緒二年（1876）刻本　一冊　存二卷（煙銷錄二卷）

220000－0841－0013163　集10461K
敦艮吉齋文存四卷 （清）徐子苓撰　**劫餘小錄一卷** （清）徐元叔撰　清光緒十二年（1886）徐源伯刻本　四冊

220000－0841－0013164　集3503K
宛湄書屋文鈔八卷 （清）李光廷撰　清光緒四年（1878）端溪書院刻本　二冊

220000－0841－0013165　集3380K
盾鼻餘瀋一卷 （清）左宗棠撰　清光緒七年（1881）長沙柳葆元刻本　一冊

220000－0841－0013166　集9051K
左文襄公詩集一卷文集五卷聯語一卷 （清）左宗棠撰　清宣統元年（1909）鉛活字印本　一冊

220000－0841－0013167　集3557K
裒遺草堂詩鈔十卷息柯雜著五卷息柯牋事六卷 （清）楊翰撰　清同治十年至十二年（1871－1873）刻息柯居士全集本　十冊

220000－0841－0013168　集10011F
昨非集四卷 （清）劉熙載撰　清光緒三年（1877）刻古桐書屋六種本　二冊

220000－0841－0013169　集3367K

虹橋老屋遺稿十二卷 （清）秦緗業撰 **虎侯詩存九首** （清）秦光祖撰 清光緒十五年(1889)、二十一年(1895)刻本 四册

220000－0841－0013170 集3361K
虹橋老屋遺集五卷 （清）秦緗業撰 清光緒十五年(1889)湘煙閣刻本 四册

220000－0841－0013171 集3657K
劍虹居文集二卷詩集二卷 （清）秦煥撰 清光緒三十一年(1905)刻本 四册

220000－0841－0013172 集2701K
槐卿遺稿六卷附錄一卷政蹟六卷 （清）沈衍慶撰 清同治元年(1862)刻本 四册

220000－0841－0013173 集8494K
靈石山房詩草一卷續一卷 （清）貴成撰 清同治刻本 二册

220000－0841－0013174 集3204K
薝蔔花館詩集二卷詩補遺一卷詞集一卷補遺一卷 （清）徐鴻謨撰 清仁和徐氏刻光緒二十年(1894)彙印香海盦叢書本 一册

220000－0841－0013175 集2815K
初桄齋詩集二卷 （清）程梯功撰 清同治二年(1863)刻本 二册

220000－0841－0013176 集3229K
放言百首箋注一卷 （清）史夢蘭撰 （清）史履升箋注 清光緒十六年(1890)刻本 一册

220000－0841－0013177 集3793K
經古篋存草四卷 （清）葉廉鍔撰 清宣統三年(1911)刻本 二册

220000－0841－0013178 集3636K
晚晴軒詩存五卷儷體文存二卷 （清）陳文田撰 清光緒七年(1881)刻本 二册

220000－0841－0013179 集2741K
四照堂詩集十五卷 （清）譚溥撰 清同治三年(1864)刻本 四册

220000－0841－0013180 集7843K
壬癸詩錄一卷于南詩錄二卷 （清）孔繼鑅撰 清咸豐四年至六年(1854－1856)刻本 二册

220000－0841－0013181 集2807K
信芳閣詩草五卷詩餘一卷 （清）陳蘊蓮撰 清咸豐刻本 二册

220000－0841－0013182 集3743K
癡言一卷 （清）楊基善撰 **贈言一卷癡錄一卷** （清）楊基善輯錄 清光緒刻本 二册

220000－0841－0013183 集3733K
嶺上白雲集十二卷窳翁文鈔四卷 （清）陸懋修撰 清光緒二十三年(1897)刻本 四册

220000－0841－0013184 集10840K
思益堂詩鈔六卷古文二卷詞鈔一卷日札十卷 （清）周壽昌撰 清光緒十四年(1888)刻本 六册

220000－0841－0013185 集3645F
思益堂詩鈔六卷古文二卷詞鈔一卷日札十卷 （清）周壽昌撰 清光緒十四年(1888)刻本 六册

220000－0841－0013186 集3908K
遜學齋文鈔十二卷首一卷末一卷文續鈔五卷詩鈔十卷詩續鈔五卷 （清）孫衣言撰 清同治三年至十二年(1864－1873)刻本 十二册

220000－0841－0013187 集3910F
遜學齋文鈔十卷首一卷末一卷 （清）孫衣言撰 清同治十二年(1873)刻本 四册

220000－0841－0013188 集3906F
遜學齋文鈔十二卷文續鈔五卷詩鈔十卷 （清）孫衣言撰 清同治刻本 十册

220000－0841－0013189 集3195K
潛莊文鈔六卷 （清）卜起元撰 清光緒五年(1879)刻本 一册

220000－0841－0013190 集3425F
四大觀樓詩鈔九卷 （清）鄒鍾撰 清光緒十二年(1886)刻本 二册

220000－0841－0013191 集3327K
退思軒詩存一卷椒花第頌一卷 （清）史澄撰 清光緒九年(1883)刻本 一册

220000－0841－0013192　集 8467K
亦佳室文鈔四卷詩鈔四卷　(清)蘇廷玉撰　清咸豐六年(1856)刻本　四册

220000－0841－0013193　集 8210K
南槎吟草一卷　(清)龍啓瑞撰　清道光二十四年(1844)刻本　一册

220000－0841－0013194　集 9939K
狄雲行館偶刊不分卷　(清)王家璧撰　清光緒刻王氏家集本　二册

220000－0841－0013195　集 2870K
寶墨樓詩册十一卷楹聯一卷　(清)蘇時學撰　清咸豐十一年(1861)刻本　四册

220000－0841－0013196　集 3128K
西隃山房集八卷　(清)馮志沂撰　清咸豐十一年至同治八年(1861－1869)刻本　二册

220000－0841－0013197　集 8102K
微尚齋文集一卷　(清)馮志沂撰　清同治十三年(1874)李翰華淮北刻本　一册

220000－0841－0013198　集 3129K
微尚齋詩集初編四卷續集一卷　(清)馮志沂撰　清同治三年(1864)廬州郡齋刻本　二册

220000－0841－0013199　集 2850K
黄葉山樵詩草四卷　(清)江璧撰　清同治刻本　一册

220000－0841－0013200　集 3225K
僊樵詩鈔十二卷補遺一卷　(清)劉文麟撰　清同治九年(1870)刻本　四册

220000－0841－0013201　集 3041:1
重刻遊杭合集一卷　(清)徐元第　(清)徐時棟撰　清同治三年(1864)城西草堂刻煙嶼樓集本　一册

220000－0841－0013202　集 3040K
煙嶼樓文集四十卷　(清)徐時棟撰　清光緒元年(1875)葛祥熊松竹居刻本　八册

220000－0841－0013203　集 3041:2
煙嶼樓詩集十八卷　(清)徐時棟撰　清同治六年(1867)葉氏虎胛山房煙嶼樓集本　三册

220000－0841－0013204　集 8499K
愛日齋集二卷隨筆一卷　(清)綿愉撰　清同治十年(1871)刻本　二册

220000－0841－0013205　集 3907K
遜學齋詩鈔十卷　(清)孫衣言撰　清同治三年(1864)刻本　四册

220000－0841－0013206　集 3755K
雪蕉館排律二卷　(清)福振撰　清光緒十一年(1885)刻本　二册

220000－0841－0013207　集 9110K
澂霞閣詩略一卷　(清)武謙撰　清光緒五年(1879)彊學簃刻本　一册

220000－0841－0013208　集 3439K
茹芝山館詩鈔一卷　(清)徐鼎勳撰　**長春花館試帖一卷**　(清)徐元璋撰　清光緒十一年(1885)、十四年(1888)刻本　一册

220000－0841－0013209　集 3344K
心白日齋集六卷奏議二卷雜著二卷詩二卷　(清)尹耕雲撰　清光緒十年(1884)刻本　四册

220000－0841－0013210　集 3842K
四白齋詩稿二卷　(清)朱銘撰　清光緒二年(1876)刻本　一册

220000－0841－0013211　集 9752K
津門徵獻詩八卷　(清)華鼎元撰　清光緒十二年(1886)刻本　四册

220000－0841－0013212　集 9040K
水竹幽居一卷　(清)湯蟲仙撰　清同治、光緒刻本　一册

220000－0841－0013213　集 9808K
尺岡草堂遺文四卷　(清)陳璞撰　清光緒刻本　四册

220000－0841－0013214　集 9641K
天韻堂詩存八卷　(清)徐維城撰　清光緒四年(1878)刻本　二册

220000－0841－0013215　集 8774K
天韻堂賦鈔一卷　(清)徐維城撰　清光緒四

年(1878)刻本　一册

220000－0841－0013216　集2982K
大小雅堂詩集四卷冰蠶詞一卷　(清)承齡撰　清光緒十八年(1892)刻本　二册

220000－0841－0013217　集3887K
思過齋全集二十五卷　(清)蕭培元撰　清同治刻本　十二册

220000－0841－0013218　集3707K
蘿藦亭遺詩四卷　(清)喬松年撰　清光緒七年(1881)皖城刻本　四册

220000－0841－0013219　集11266K
圭盦詩録一卷　(清)吳觀禮撰　清光緒五年(1879)刻本　一册

220000－0841－0013220　集3480K
二知軒文存三十四卷　(清)方濬頤撰　清光緒四年(1878)刻本　十四册

220000－0841－0013221　集3479K
二知軒詩鈔十四卷　(清)方濬頤撰　清同治五年(1866)廣州刻本　六册

220000－0841－0013222　集7918K
二知軒詩鈔十八卷　(清)方濬頤撰　清同治八年(1869)廣州刻本　八册

220000－0841－0013223　集3504K
龍壁山房文集五卷　(清)王拯撰　清光緒九年(1883)刻本　四册

220000－0841－0013224　集3499K
龍壁山房詩草十七卷　(清)王拯撰　清咸豐、同治刻本　六册

220000－0841－0013225　集3500K
龍壁山房詩草十二卷　(清)王拯撰　清咸豐九年(1859)刻本　四册

220000－0841－0013226　集3244K
有不為齋集六卷　(清)端木埰撰　清宣統元年(1909)刻本　二册

220000－0841－0013227　集8421K
誰與庵文鈔二卷　(清)孫世均撰　清光緒十五年(1889)刻本　一册

220000－0841－0013228　集7898K
脂雪軒詩鈔六卷　(清)胡玠撰　清光緒鉛活字印本　一册

220000－0841－0013229　子1415K
止齋遺書十六卷　(清)黃俊苑撰　清光緒元年(1875)福州刻本　四册

220000－0841－0013230　集3057K
懷芬館詩鈔四卷賦鈔一卷　(清)姚仁瑛撰　清光緒刻本　二册

220000－0841－0013231　集3722K
日損齋文稿一卷詩稿一卷　(清)徐敦仁撰　清光緒十五年(1889)刻本　一册

220000－0841－0013232　集8513K
花嶼讀書堂詩鈔八卷文鈔二卷詞鈔一卷　(清)李福撰　清道光二十六年(1846)蘭室刻本　六册

220000－0841－0013233　集3239K
隨安廬文集六卷詩集六卷補遺一卷畫意百絕一卷畫意續詠一卷　(清)亢樹滋撰　清光緒十六年(1890)刻本　四册

220000－0841－0013234　集3526K
市隱書屋文稿十一卷詩稿五卷卮言二卷　(清)亢樹滋撰　清咸豐、同治刻本　四册

220000－0841－0013235　集7947F
示樸齋駢體文六卷　(清)錢振倫撰　清同治六年(1867)袁浦崇實書院刻本　二册

220000－0841－0013236　集3115K
空青水碧齋文集八卷　(清)蔣琦齡撰　清光緒十一年(1885)全州蔣氏刻全州蔣氏叢刻本　八册

220000－0841－0013237　集3691K
鼎吉堂文鈔初編八卷首一卷　(清)尹繼美撰　清光緒四年(1878)有鄰書舍刻鼎吉堂全集本　二册

220000－0841－0013238　集3453K
餐芍華館遺文三卷隨筆二卷　(清)周騰虎撰

清光緒三十一年(1905)長沙刻本　二冊

220000－0841－0013239　集 2896K
三恥齋初稿九卷　(清)吳坤修撰　清同治四年(1865)半畝園刻本　二冊

220000－0841－0013240　集 3152K
示樸齋駢體文六卷　(清)錢振倫撰　清同治六年(1867)袁浦崇實書院刻本　二冊

220000－0841－0013241　集 2840F
悔餘菴樂府四卷文稿九卷詩稿十三卷　(清)何栻撰　清同治四年(1865)新建吳坤修半畝園刻悔餘菴集本　九冊

220000－0841－0013242　集 9541K
焦桐集三卷　(清)何栻撰　清咸豐八年(1858)刻本　一冊

220000－0841－0013243　集 3031K
江風集五卷殘存寒灰集自序一篇　(清)何栻撰　(清)袁翼評　清咸豐七年(1857)刻本　二冊

220000－0841－0013244　集 2996F
衲蘇集二卷　(清)何栻撰　清同治元年(1862)章門刻悔餘菴集本　一冊

220000－0841－0013245　集 8920K
紫藤館詩鈔一卷　(清)梁九圖撰　清道光二十三年(1843)刻本　二冊

220000－0841－0013246　集 8393K
綠雲山房詩草三卷首一卷　(清)勞蓉君撰　清光緒四年(1878)刻本　二冊

220000－0841－0013247　集 8446K
駕雲螭室詩錄六卷　(清)周文禾撰　清光緒十三年(1887)刻本　一冊

220000－0841－0013248　集 2969K
古杼秋館遺稿二卷補遺一卷詩一卷　(清)侯楨撰　清光緒二十三年(1897)無錫吳氏禮讓堂刻本　二冊

220000－0841－0013249　集 3486K
養晦堂詩集二卷文集十卷　(清)劉蓉撰　清光緒三年(1877)恩賢講舍刻本　六冊

220000－0841－0013250　集 8801K
蝸寄廬詩草六卷詩餘二卷　(清)沈鍠撰　清光緒五年(1879)刻本　四冊

220000－0841－0013251　集 8897K
紅樹山莊詩草四卷黔遊草一卷　(清)劉家逵撰　清光緒十一年(1885)刻本　四冊

220000－0841－0013252　集 3804K
人境結廬詩稿十二卷　(清)褚維垲撰　清光緒二十年(1894)刻本　六冊

220000－0841－0013253　集 3005K
春星草堂集文二卷詩五卷　(清)沈丙瑩撰　清光緒十六年(1890)刻本　三冊

220000－0841－0013254　史 2435K
彭剛直公詩集八卷　(清)彭玉麟撰　清光緒十七年(1891)刻本　八冊

220000－0841－0013255　集 3092K
抱山草堂詩存一卷文存一卷　(清)楊寶彝撰　清光緒二年(1876)吳門刻本　一冊

220000－0841－0013256　集 3159K
繩武齋遺集一卷　(清)張殿元撰　清光緒十五年(1889)刻本　一冊

220000－0841－0013257　集 7721K
雪門詩草十四卷　(清)許瑤光撰　清同治十三年(1874)刻本　六冊

220000－0841－0013258　集 3868K
三省樓賸稿一卷　(清)張婉撰　清光緒三十三年(1907)鉛活字印本　一冊

220000－0841－0013259　集 2833K
掃葉詩存二卷　(清)釋悟帚撰　清光緒元年(1875)刻本　一冊

220000－0841－0013260　集 2757K
問園詩鈔一卷　(清)范元亨撰　清咸豐七年(1857)湖口高心夔南昌刻本　一冊

220000－0841－0013261　集 2777K
問園遺集一卷　(清)范元亨撰　清光緒十七年(1891)刻本　一冊

220000－0841－0013262　集2995F
何文貞公遺集二卷首一卷附錄一卷　(清)何桂珍撰　清光緒十年(1884)六安塗宗瀛求我齋刻何文貞公遺書本　一冊

220000－0841－0013263　叢0858K
李忠武公遺集四卷　(清)李續賓撰　清光緒十七年(1891)李光久刻本　四冊

220000－0841－0013264　集10181K
劉椒雲先生遺書一卷　(清)劉傳瑩撰　清光緒三十四年(1908)鳳山學舍刻本　一冊

220000－0841－0013265　集2875K
伏敔堂詩錄十五卷續錄四卷　(清)江湜撰　清同治元年(1862)刻二年(1863)續刻本　四冊

220000－0841－0013266　集3058K
務時敏齋存稿十卷　(清)洪昌燕撰　清光緒二十年(1894)洪衍慶刻本　四冊

220000－0841－0013267　集3878F
柏堂集前編十四卷次編十三卷續編二十二卷後編三十二卷餘編八卷補存三卷外編十二卷　(清)方宗誠撰　**毅齋遺集五卷**　(清)方培濬撰　清光緒刻柏堂遺書本　十六冊

220000－0841－0013268　集3529K
養知書屋文集二十八卷　(清)郭嵩燾撰　清光緒十八年(1892)刻本　十二冊

220000－0841－0013269　集3528K
養知書屋詩集十五卷　(清)郭嵩燾撰　清光緒十八年(1892)刻本　四冊

220000－0841－0013270　集3546K
來雲閣詩稿六卷　(清)金和撰　清光緒十八年(1892)丹陽束允泰刻本　四冊

220000－0841－0013271　集3896K
藤香館詩刪存四卷詞刪存二卷　(清)薛時雨撰　清光緒五年(1879)刻本　五冊

220000－0841－0013272　集2920K
仰蕭樓文集一卷　(清)張星鑑撰　清光緒六年(1880)刻本　四冊

220000－0841－0013273　集3656K
自鏡齋文鈔一卷敉聞雜錄一卷詩鈔一卷補遺一卷試帖一卷詠花詞一卷　(清)潘曾瑋撰　清光緒十三年(1887)刻本　四冊

220000－0841－0013274　集3193K
茶夢盦劫後詩稿十二卷爐餘詞一卷　(清)高望曾撰　**寫麋樓遺詞一卷**　(清)陳嘉撰　清同治九年至光緒十六年(1870－1890)刻本　四冊

220000－0841－0013275　集3828K
知非齋詩抄不分卷詩續鈔八卷　(清)陳鍾英撰　清同治十一年(1872)刻光緒四年(1878)續刻本　五冊

220000－0841－0013276　集3451K
制禮堂詩集一卷　(清)易文斌撰　清同治十一年(1872)木活字印本　一冊

220000－0841－0013277　集5011K
補蹉跎齋詩存一卷　(清)萬同倫撰　清同治、光緒刻本　一冊

220000－0841－0013278　集2974K
性怡齋詩草一卷　(清)王□□撰　清同治十三年(1874)刻本　一冊

220000－0841－0013279　集2923K
小醉經室詩集六卷　(清)徐延珍撰　清光緒十年(1884)刻本　二冊

220000－0841－0013280　集4982K
登瀛瑣蹟擬樂府百首二卷　(清)陸和鈞撰　清光緒九年(1883)蜀中江氏刻本　二冊

220000－0841－0013281　集2990K
求放心齋詩稿二卷賦稿一卷　(清)畢子鄉撰　清同治八年(1869)刻本　四冊

220000－0841－0013282　集3511K
帳墨居詩鈔一卷　(清)范其駿撰　清光緒十六年(1890)刻本　一冊

220000－0841－0013283　集3074K
海國勝遊草一卷天外歸帆草一卷　(清)斌椿撰　清同治七年(1868)刻本　二冊

220000－0841－0013284　集 9381K
星階詩稿十二卷　(清)劉靖撰　清同治刻本　四册

220000－0841－0013285　集 8017K
碧琅玕館詩鈔四卷續鈔四卷　(清)楊光儀撰　清光緒元年(1875)刻七年(1881)續刻本　四册

220000－0841－0013286　集 3444K
劫火紀焚一卷　(清)何桂笙撰　清光緒九年(1883)石印本　一册

220000－0841－0013287　集 3075K
華堂詩存二卷附録一卷　(清)蔡琳撰　清光緒十八年(1892)丹陽允泰刻本　一册

220000－0841－0013288　集 6503K
睦堂全集一百三十九卷　(清)徐湘譚撰　清道光刻本　四十册

220000－0841－0013289　集 9966K
穀詒堂集十卷　(清)李壽萱撰　清光緒八年(1882)刻本　四册

220000－0841－0013290　集 7756K
范湖草堂遺稿六卷　(清)周閑撰　清光緒十九年(1893)木活字印本　二册

220000－0841－0013291　集 3702K
遲鴻軒詩存一卷文存一卷　(清)楊峴撰　清光緒二年(1876)刻本　一册

220000－0841－0013292　集 3728K
遲鴻軒詩棄四卷文棄二卷詩續一卷文續一卷　(清)楊峴撰　清光緒十一年至十九年(1885－1893)刻本　四册

220000－0841－0013293　集 3160K
實其文齋文鈔八卷詩鈔四卷兵部公牘二卷　(清)黄雲鵠撰　清同治十一年(1872)刻本　十二册

220000－0841－0013294　集 3753K
十三峯書屋全集九卷　(清)李榕撰　清光緒二十五年(1899)袖海山房石印本　四册

220000－0841－0013295　集 3069K
題鳳館稿八卷詞稿一卷文稿一卷　(清)朱鑑成撰　清同治十年(1871)成都刻本　四册

220000－0841－0013296　集 3222F
題鳳館文稿一卷　(清)朱鑑成撰　清同治刻本　一册

220000－0841－0013297　集 2745K
蒼莨初集二十八卷　(清)孫鼎臣撰　清咸豐十年(1860)刻本　七册

220000－0841－0013298　集 3413K
雪蕉齋詩鈔四卷補編一卷　(清)王德馨撰　**鍼餘集殘稿一卷**　(清)邵匹蘭撰　**留硯山房遺草一卷**　(清)王朝清撰　清光緒三十年(1904)刻本　二册

220000－0841－0013299　集 3862K
試帖撏撦集稿四卷　(清)喜麟撰　清光緒十四年(1888)刻本　四册

220000－0841－0013300　集 2916K
枕經堂文鈔二卷金石書畫題跋三卷駢文三卷詩鈔八卷　(清)方朔撰　清同治刻本　八册　缺八卷(駢文一、三,詩鈔一至六)

220000－0841－0013301　集 2798K
帥文毅公遺集五卷　(清)帥遠燡撰　清光緒二十三年(1897)刻本　二册

220000－0841－0013302　集 2706K
斲研山房詩鈔八卷祥止室詩鈔六卷　(清)沈炳垣撰　清道光刻本　二册

220000－0841－0013303　集 3184K
承恩堂詩集十卷　(清)恩錫撰　清同治十三年(1874)刻本　四册

220000－0841－0013304　集 3331K
好雲樓初集二十八卷首一卷　(清)李聯琇撰　清咸豐十一年(1861)恩養堂刻本　八册

220000－0841－0013305　集 7969K
好雲樓二集十六卷首一卷臨川答問一卷　(清)李聯琇撰　清光緒三年至八年(1877－1882)刻本　二册

220000－0841－0013306　集 3245K

適齋詩集四卷　(清)崇實撰　清光緒刻本　一册

220000－0841－0013307　集8911K

餐鞠軒詩草一卷　(清)伍淡如撰　清光緒十四年(1888)刻本　一册

220000－0841－0013308　集3418K

靜妙山房遺集三卷補遺一卷　(清)錢均伯撰　清光緒十六年(1890)新建夏氏福州刻本　一册

220000－0841－0013309　集3414K

顧鳳翔遺集一卷　(清)顧騄撰　清光緒三十二年(1906)刻本　一册

220000－0841－0013310　集7856F

蓮因室詩集二卷詞一卷　(清)鄭蘭孫撰　清光緒元年(1875)仁和徐氏刻香海盦叢書本　一册

220000－0841－0013311　集3774K

嘯雲霞漫稿三卷　(清)華嶽撰　清光緒九年(1883)刻本　一册

220000－0841－0013312　集3280K

拙好軒詩稿四卷五代史樂府一卷　(清)王楷撰　清光緒五年(1879)刻本　四册

220000－0841－0013313　集3642K

淡園文集一卷　(清)馬徵慶撰　清光緒十五年(1889)金陵清涼山半日讀書齋刻淡園全集本　一册

220000－0841－0013314　集7995K

永懷堂文鈔十卷詩鈔二卷　(清)龍文彬撰　清光緒十七年(1891)刻本　四册

220000－0841－0013315　集3597K

天嶽山館文鈔四十卷　(清)李元度撰　清光緒六年(1880)爽谿精舍刻本　二十册

220000－0841－0013316　集3155K

養拙齋詩十四卷　(清)王必達撰　**桂隱詩存一卷**　(清)王必蕃撰　清光緒十九年(1893)王鵬運刻本　四册

220000－0841－0013317　集3745K

天瘦閣詩半六卷天補樓行記一卷　(清)李士芬撰　清光緒十一年(1885)木活字印本　四册

220000－0841－0013318　集3719K

小匏庵詩存六卷末一卷　(清)吳仰賢撰　**南湖百詠一卷**　(清)吳萃恩撰　清光緒四年(1878)刻本　四册

220000－0841－0013319　集3942K

小匏庵詩存六卷末一卷詩話十卷　(清)吳仰賢撰　清光緒刻本　六册

220000－0841－0013320　集3844K

瘦藤花館詩存一卷　(清)顧景濂撰　清光緒七年(1881)刻本　一册

220000－0841－0013321　集3841K

明紀事樂府四卷　(清)龍文彬撰　清光緒十一年(1885)永懷堂刻本　二册

220000－0841－0013322　集10674K

趙忠節公遺墨一卷　(清)趙景賢撰　**列傳一卷**　(清)汪曰楨撰　**溫次言先生詩録一卷**　(清)溫汝超撰　清光緒八年(1882)刻本　一册

220000－0841－0013323　集2435K

憶秋軒詩鈔一卷續鈔一卷補遺一卷詩餘尺牘　(清)范淑撰　清咸豐二年(1852)刻本　一册

220000－0841－0013324　集2390K

憶秋軒詩鈔一卷續鈔一卷補遺一卷詩餘尺牘　(清)范淑撰　清光緒十七年(1891)刻本　一册

220000－0841－0013325　集2659K

小芋香館遺集十二卷　(清)李杭撰　清咸豐、同治刻本　四册

220000－0841－0013326　集8262K

抱素堂遺詩六卷補遺一卷　(清)孫清元撰　清宣統三年(1911)鉛活字印本　一册

220000－0841－0013327　集3051K

漁浦草堂詩集四卷補遺一卷詩餘一卷　(清)

張道撰　清同治六年(1867)刻本　二冊

220000－0841－0013328　集 3377K
十二種蘭亭精舍詩集十卷潞河漁唱一卷　(清)陳元祿撰　清光緒十四年(1888)刻本　二冊

220000－0841－0013329　集 3233F
小蓬萊謠一卷袖中書二卷　(清)俞樾撰　清光緒二十五年(1899)刻春在堂全書本　一冊

220000－0841－0013330　集 8725K
灌園未定稿二卷　(清)傅懷祖撰　清光緒刻本　二冊

220000－0841－0013331　集 3843K
晚香堂詩鈔五卷文鈔一卷駢文一卷　(清)劉鳳苞撰　清光緒二十七年(1901)刻本　三冊

220000－0841－0013332　集 2966K
疏蘭仙館詩集四卷續集六卷再續集四卷　(清)朱錫綬撰　清光緒十六年(1890)刻本　二冊

220000－0841－0013333　集 10502K
海外宦遊草不分卷　(清)汪崇實撰　清光緒鉛活字印本　四冊

220000－0841－0013334　集 3164K
拙好軒詩稿四卷五代史樂府一卷　(清)王潤生撰　清宣統元年(1909)木活字印本　八冊

220000－0841－0013335　集 3611K
墨花吟館詩鈔十六卷病幾續鈔三卷感舊懷人集二卷　(清)嚴辰撰　清光緒八年至十五年(1882－1889)刻本　八冊

220000－0841－0013336　集 3610F
墨花吟館詩鈔十六卷　(清)嚴辰撰　清光緒八年(1882)刻本　四冊

220000－0841－0013337　集 3879K
建陵山房詩鈔十卷　(清)王詡撰　清光緒十三年(1887)刻本　一冊　存四卷(一至四)

220000－0841－0013338　集 9160K
訒齋文鈔二卷詩鈔一卷手札四卷家訓一卷　(清)褚維垕撰　清光緒二十七年(1901)刻本　二冊

220000－0841－0013339　集 3207K
紉蘭室詩鈔三卷鰈硯廬詩鈔二卷聯吟集一卷　(清)嚴永華撰　清光緒十七年(1891)刻本　二冊

220000－0841－0013340　集 3823K
朔風吟略十一卷　(清)劉秉琳撰　清光緒二年(1876)津門道署刻本　二冊

220000－0841－0013341　集 3240K
朔風吟略十一卷　(清)劉秉琳撰　清光緒十年(1884)刻本　二冊

220000－0841－0013342　集 3548K
雲臥山莊詩集八卷首一卷末一卷　(清)郭崑燾撰　清光緒十一年(1885)湘陰郭氏岵瞻堂刻本　四冊

220000－0841－0013343　集 2154K
有竹亭詩鈔初集一卷次集一卷三集一卷別集一卷　(清)陳曾公撰　清同治十三年(1874)刻本　四冊

220000－0841－0013344　集 3833K
求在我齋詩稿二卷公車草一卷閩中草一卷　(清)李庚乾撰　清光緒刻本　一冊

220000－0841－0013345　集 3516K
知白齋詩鈔五卷詩草附存一卷雙橋小築詞存六卷詞存集餘一卷　(清)江人鏡撰　清光緒二十三年(1897)刻本　四冊

220000－0841－0013346　集 10067F
知白齋詩鈔四卷雙橋小築詞存五卷詞存集餘一卷　(清)江人鏡撰　清光緒二十三年(1897)鏟障山房刻本　四冊

220000－0841－0013347　集 8136K
茶磨山人詩鈔八卷　(清)汪芑撰　清光緒十年(1884)刻本　四冊

220000－0841－0013348　集 5023K
息影庵初存詩四卷　(清)蔣坦撰　清咸豐四年(1854)刻本　一冊

220000－0841－0013349　集 3779K

兩疆勉齋文存二卷試帖詩存一卷館課賦存一卷 (清)倪文蔚撰 清光緒十一年(1885)羊城節署刻本 三冊

220000－0841－0013350 集 3909K
知退齋稿七卷古文補刻一卷乞師日記一卷 (清)張瑛撰 清光緒二十四年(1898)刻本 四冊

220000－0841－0013351 集 3572K
介園遺集四卷 (清)黄倬撰 清光緒十五年(1889)刻本 四冊

220000－0841－0013352 集 3590K
濂亭文集八卷遺詩二卷遺文五卷 (清)張裕釗撰 清光緒八年(1882)、宣統二年(1910)刻本 四冊

220000－0841－0013353 集 3672K
濂亭遺文五卷遺詩二卷 (清)張裕釗撰 清光緒二十一年(1895)遵義黎氏刻本 二冊

220000－0841－0013354 集 3599K
張廉卿先生文集八卷 (清)張裕釗撰 清宣統元年(1909)成都五色古文山房刻本 二冊

220000－0841－0013355 集 3796K
友竹草堂文集六卷詩集二卷 (清)蔣慶第撰 清光緒十九年(1893)刻謙受益齋文友竹草堂集合刻本 四冊

220000－0841－0013356 集 3777F
涌翠山房詩集四卷文集四卷 (清)高延第撰 清光緒十四年(1888)山陽高氏刻涌翠山房集本 四冊

220000－0841－0013357 集 3507K
金峨山館文甲集乙集不分卷 (清)郭傳璞撰 清光緒刻本 四冊

220000－0841－0013358 集 7038K
粤東三家詞鈔 (清)葉衍蘭輯 清光緒二十二年(1896)刻本 一冊

220000－0841－0013359 集 3710K
竢實齋文稿二卷 (清)秦賓璣撰 清光緒十四年(1888)刻本 一冊

220000－0841－0013360 集 10452K
道生堂全稿三集 (清)鍾聲撰 清光緒十五年(1889)兩儀書局刻本 八冊

220000－0841－0013361 集 3905K
樂餘靜廉齋文稿一卷詩稿初集一卷二集一卷三集二卷續集一卷梅影盦詞集四卷 (清)顧復初撰 清同治至光緒成都刻本 八冊

220000－0841－0013362 集 3866K
清麓文集二十三集日記五卷賀復齋先生行狀一卷 (清)賀瑞麟撰 清光緒二十五年(1899)傳經堂刻西京清麓叢書本 二十三冊

220000－0841－0013363 集 3477K
小西腴山館文鈔九卷 (清)吳大廷撰 清同治三年(1864)刻本 三冊

220000－0841－0013364 集 8452F
白香亭詩存一卷 (清)鄧輔綸撰 清光緒刻本 一冊

220000－0841－0013365 集 3797F
白香亭和陶詩一卷 (清)鄧輔綸撰 清光緒十四年(1888)都梁刻本 一冊

220000－0841－0013366 集 3809K
白香亭詩集三卷 (清)鄧輔綸撰 清光緒十九年(1893)東河督署刻本 二冊

220000－0841－0013367 集 10316K
半園尺牘二十五卷補遺六卷 (清)李紫珊撰 清咸豐十年(1860)刻本 二十冊

220000－0841－0013368 集 2752K
馬徵君遺集六卷 (清)馬三俊撰 清同治三年(1864)刻本 二冊

220000－0841－0013369 集 3349K
廣經室文鈔 (清)劉恭冕撰 清光緒刻本 一冊

220000－0841－0013370 集 2716K
王壯武公遺集二十四卷首一卷 (清)王鑫撰 **王壯武公[鑫]年譜二卷** (清)羅正鈞撰 清光緒十八年(1892)湘鄉王氏刻本 十六冊

220000－0841－0013371 集 3518K

汲庵詩存八卷 （清）楊象濟撰 清光緒八年(1882)西泠刻本 四册

220000-0841-0013372 集3826K
吉雨山房文集四卷詩集五卷北山樵唱一卷 （清）郭籛齡撰 清光緒十六年(1890)刻吉雨山房全集本 四册

220000-0841-0013373 史7506K:2
吉雨山房文集四卷 （清）郭籛齡撰 清光緒十六年(1890)刻本 三册

220000-0841-0013374 集3417K
函樓詩鈔八卷因遇詩一卷詞鈔一卷 （清）易佩紳撰 清光緒八年(1882)刻本 二册

220000-0841-0013375 集2592K
疎影樓名花百詠一卷疎影樓吟草一卷 （清）李淑儀撰 清道光十三年(1833)黟邑西棣村刻本 一册

220000-0841-0013376 集7803K
梧竹軒詩鈔十卷丁酉後賸稿一卷 （清）徐兆英撰 清光緒二十七年(1901)愛虞堂刻本 四册

220000-0841-0013377 集3530K
晴漪閣詩六卷 （清）陳克劬撰 清光緒十三年(1887)刻本 二册

220000-0841-0013378 集3113K
龍岡山人文鈔十卷紫藤花室駢體文鈔四卷龍岡山人詩鈔十八卷古今體詩二卷 （清）洪良品撰 清光緒刻本 十册

220000-0841-0013379 集3117F
龍岡山人文鈔十卷紫藤花室駢體文鈔四卷 （清）洪良品撰 清光緒十七年(1891)刻本 三册

220000-0841-0013380 集9148K
舫廬文存四卷外集一卷餘集一卷 （清）張壽榮撰 清光緒九年(1883)蛟川張氏秋樹梘齋刻本 四册

220000-0841-0013381 集2393K
平遠堂遺詩五卷補錄一卷 （清）許賡皡撰 清道光二十九年(1849)刻本 二册

220000-0841-0013382 集3547K
延桂山房吟稿八卷詞草一卷文集一卷別集一卷 （清）王惟成撰 清光緒二十六年(1900)刻本 四册

220000-0841-0013383 集3320K
元圃文藪十卷 （清）王繩祖撰 清光緒二十二年(1896)正學莊刻本 二册

220000-0841-0013384 集3430K
虛白室文鈔四卷詩鈔十四卷 （清）方昌翰撰 清光緒十三年(1887)刻本 六册

220000-0841-0013385 集3339K
孶雅堂詩十一卷文集二卷駢體文集二卷 （清）張景祁撰 清光緒二十三年(1897)杭州百億梅花館福州刻本 四册

220000-0841-0013386 集3307K
古紅梅閣集八卷 （清）劉履芬撰 **紫藤花館詩餘一卷** （清）劉觀藻撰 清光緒六年(1880)蘇州刻本 四册

220000-0841-0013387 集3603K
淩雲堂文賸一卷 （清）宋道南撰 清光緒二十九年(1903)刻本 一册

220000-0841-0013388 集3397K
蕉雪廬遺稿詩一卷文一卷詞一卷 （清）孫慶曾撰 清光緒三十二年(1906)刻本 一册

220000-0841-0013389 集3052K
壯懷堂詩初稿十卷詩二集四卷詩三集十四卷 （清）林直撰 清咸豐六年至光緒三十一年(1856-1905)福州羊城刻本 六册

220000-0841-0013390 集3956K
小睡足寮詩錄四卷補錄二卷續錄四卷散叟倦稿一卷 （清）秦敏樹撰 **二友詩錄** （清）陸恩澍 （清）鳳友麟撰 清光緒二十三年至宣統二年(1897-1910)刻本 二册

220000-0841-0013391 集2794K
秋聲館遺集八卷小題文鈔一卷賦鈔二卷 （清）歐陽勳撰 清咸豐刻本 四册

220000－0841－0013392　集 2904K
怡善堂賸稿二卷附錄一卷　(清)黄維煊撰　清光緒十九年(1893)刻本　一册

220000－0841－0013393　集 2295K
樂循理齋詩稿八卷古歡堂集二卷鐵笛詞一卷　(清)奕誌撰　清同治八年(1869)刻本　五册

220000－0841－0013394　集 8198K
扈蘼香館詩集四卷　(清)許振禕撰　清光緒刻本　一册　存二卷(一、四)

220000－0841－0013395　集 4223K
詩契齋詩鈔五卷詞鈔六卷　(清)許玉瑑撰　清光緒十九年(1893)刻本　二册

220000－0841－0013396　集 3600K
松陵雜詠一卷　(清)蔣一桂撰　清光緒十八年(1892)刻本　一册

220000－0841－0013397　集 3416F
六一山房詩集十卷　(清)董沛撰　清同治十三年(1874)刻正誼堂全集本　二册

220000－0841－0013398　集 3454K
隨山館猥稿十卷續稿二卷　(清)汪瑔撰　清光緒十年(1884)刻隨山館全集本　四册

220000－0841－0013399　集 8245K
錫山書屋詩鈔六卷　(清)談恩誥撰　清光緒十七年(1891)刻本　一册

220000－0841－0013400　集 3443K
弢園文錄外編十二卷　(清)王韜撰　清光緒九年(1883)鉛活字印本　六册

220000－0841－0013401　集 3916K
弢園尺牘十二卷續鈔六卷　(清)王韜撰　清光緒十九年(1893)鉛活字印本　六册

220000－0841－0013402　集 8733K
九峯精舍文集六卷首二卷　(清)王棻撰　清光緒二十三年(1897)名山閣刻本　四册

220000－0841－0013403　集 8278K
隴上鴻泥不分卷　(清)程履豐撰　清光緒五年(1879)刻本　二册

220000－0841－0013404　集 3897K
抱翛山房詩文稿二十卷　(清)尹恭保撰　清光緒五年至十八年(1879－1892)刻本　二十册

220000－0841－0013405　集 3701K
有恒心齋駢體文六卷　(清)程鴻詔撰　清同治十一年(1872)刻有恒心齋集本　二册

220000－0841－0013406　集 4984K
錦繡尺牘四卷　(清)謝鴻申撰　清刻本　二册

220000－0841－0013407　集 3230K
荔雨軒文集六卷　(清)華翼綸撰　清光緒九年(1883)刻本　二册

220000－0841－0013408　集 10870K
靈素堂駢體文二卷詩鈔四卷　(清)徐錦撰　清光緒十一年(1885)刻本　一册

220000－0841－0013409　集 3158K
黄檗山人詩集二卷　(清)李漢章撰　清光緒十四年(1888)刻本　一册

220000－0841－0013410　集 3880K
梅山詩集十七卷首一卷　(清)王繩祖撰　清光緒二十二年(1896)刻本　八册

220000－0841－0013411　集 3876K
悲盦居士詩賸一卷文存一卷　(清)趙之謙撰　清光緒十六年(1890)刻本　二册

220000－0841－0013412　集 3666K
悲盦居士詩賸一卷　(清)趙之謙撰　清光緒十六年(1890)刻本　一册

220000－0841－0013413　集 3595K
虚白山房詩集四卷　(清)朱鳳毛撰　清光緒刻本　一册

220000－0841－0013414　集 2956K
聽香室遺稿五卷試帖二卷　(清)潘誠貴撰　清光緒五年(1879)刻本　一册　缺二卷(試帖二卷)

220000－0841－0013415　集 3294K
湖塘林館駢體文二卷　(清)李慈銘撰　清光

緒十年(1884)刻本　一册

220000－0841－0013416　集3554K
越縵堂駢體文四卷散體文一卷　(清)李慈銘撰　清光緒二十三年(1897)刻本　四册

220000－0841－0013417　集7919K
白華絳柎閣詩集十卷　(清)李慈銘撰　清光緒十六年(1890)刻本　六册

220000－0841－0013418　集3680K
虛白山房駢體文二卷　(清)朱鳳毛撰　清光緒十五年(1889)廣州刻朱印本　一册

220000－0841－0013419　集9258K
虛白山房駢體文一卷　(清)朱鳳毛撰　清光緒十五年(1889)廣州刻本　一册

220000－0841－0013420　集3502K
懺花盦詩存十一卷　(清)宋澤元撰　清光緒八年(1882)刻本　三册

220000－0841－0013421　集3248K
東湖草堂詩鈔七卷　(清)萬世清撰　清光緒四年(1878)抄稿本　二册

220000－0841－0013422　集3810K
轉蕙軒詩存八卷　(清)謝質卿撰　清光緒刻本　二册

220000－0841－0013423　集3399K
北戌草二卷津案始末一卷倭文端公密疏一卷　(清)張光藻撰　清光緒二十三年(1897)張光裕堂刻本　二册

220000－0841－0013424　集2768K
香雪齋詩鈔四卷　(清)嚴鈖撰　清光緒十九年(1893)刻本　二册

220000－0841－0013425　集9924F
寒松閣詩八卷詞四卷駢體文一卷續一卷　(清)張鳴珂撰　清光緒刻寒松閣集本　四册

220000－0841－0013426　集3835K
寒松閣詩一卷　(清)張鳴珂撰　清光緒三十年(1904)影印稿本　一册

220000－0841－0013427　集3737K
碧城雜著三卷詩鈔十二卷　(清)俞功懋撰　清光緒十三年(1887)刻本　四册　缺二卷(詩鈔一至二)

220000－0841－0013428　集5063K
紉餘小草一卷　(清)鄒佩蘭撰　清光緒元年(1875)刻本　一册

220000－0841－0013429　集3291K
冠悔堂詩鈔八卷　(清)楊浚撰　清光緒十八年(1892)刻本　四册

220000－0841－0013430　集3550K
蒿庵遺集十二卷　(清)莊棫撰　清光緒十二年(1886)刻本　四册

220000－0841－0013431　集3435K
冷吟仙館詩稿八卷詩餘一卷文存一卷附錄一卷　(清)左錫嘉撰　清光緒十七年(1891)刻本　六册

220000－0841－0013432　集2747K
紅杏樓詩賸稿一卷梅笛菴詞賸稿一卷　(清)宋志沂撰　清同治刻本　一册

220000－0841－0013433　集3695K
□壽廬遺集十卷　(清)吴恩熙撰　**隨安居詩鈔一卷**　(清)吴金梁撰　**藕舫焚餘詩草三卷**　(清)吴重熙撰　清光緒二十六年(1900)吴蔭培京師刻本　三册

220000－0841－0013434　集3464K
行素軒文存一卷詩存一卷　(清)華蘅芳撰　清光緒刻本　一册

220000－0841－0013435　集3253F
縵雅堂駢體文八卷　(清)王詒壽撰　清光緒六年(1880)刻榆園叢刻本　二册

220000－0841－0013436　集3788K
希陶軒遺著四卷　(清)黄圖成撰　清宣統元年(1909)聚珍版印本　一册

220000－0841－0013437　集3606K
退一步齋文集四卷詩集十六卷　(清)方濬師撰　清光緒三十年(1904)刻本　十册

220000－0841－0013438　集3605K

退一步齋詩集十六卷文集三卷　（清）方濬師撰　清光緒十七年（1891）刻本　十册

220000－0841－0013439　集 4362K
蘇盦文録二卷駢文録五卷詩録八卷詞録一卷　（清）楊葆光撰　清光緒九年（1883）杭州刻本　五册

220000－0841－0013440　集 10054K
花笑軒彙編十八卷　（清）高延福撰　清光緒五年（1879）汝東官舍刻本　六册

220000－0841－0013441　集 3256K
馬中丞文集一卷　（清）馬丕瑤撰　清光緒二十五年（1899）刻本　一册

220000－0841－0013442　集 3194K
守默齋詩稿一卷雜著三卷　（清）何應祺撰　清同治十年（1871）刻本　四册

220000－0841－0013443　集 3881K
香雪巢詩鈔十二卷　（清）徐兆豐撰　清光緒二十四年（1898）刻本　八册

220000－0841－0013444　集 9926F
仲實類藁一卷仲實詩存二卷　（清）魯蕡撰　清咸豐山陽魯氏刻魯氏遺著本　二册

220000－0841－0013445　集 3168K
期不負齋政書九卷文集五卷　（清）周家楣撰　清光緒二十一年（1895）刻本　七册

220000－0841－0013446　集 8726K
期不負齋文集五卷　（清）周家楣撰　清光緒二十一年（1895）刻本　二册

220000－0841－0013447　集 3235K
典學樓文鈔四卷　（清）傅上瀛撰　清光緒十三年（1887）刻本　二册

220000－0841－0013448　集 3792K
都梁草二卷和竹如意齋唱和集一卷　（清）于養源撰　清光緒十九年（1893）刻本　一册

220000－0841－0013449　集 2959
翠螺閣詩稿四卷詞稿一卷　（清）凌祉媛撰
舞鏡集一卷　（清）丁丙撰　清咸豐四年（1854）延慶堂丁氏刻本　二册

220000－0841－0013450　集 3267K
嘯雲軒詩集四卷　（清）程畹撰　清同治十一年（1872）刻本　一册

220000－0841－0013451　集 10598K
髯仙詩舫遺稿二卷　（清）李鴻裔撰　清光緒十四年（1888）遵義黎氏日本刻本　一册

220000－0841－0013452　集 3272K
蘇鄰遺詩二卷續集一卷　（清）李鴻裔撰　清光緒十七年（1891）李氏上洋石印本　一册

220000－0841－0013453　集 3271K
蘇鄰遺詩續集一卷　（清）李鴻裔撰　清光緒十七年（1891）李氏上洋石印本　一册

220000－0841－0013454　集 7621
御製文集二卷詩集八卷　（清）文宗奕詝撰　清内府刻本　六册

220000－0841－0013455　集 3698K
澤山詩鈔二卷澤山賦鈔一卷　（清）王再咸撰　清光緒十五年（1889）王氏刻本　二册

220000－0841－0013456　集 3944K
閩中攬勝集一卷附刻一卷　（清）曾省撰　清光緒十年（1884）漳州刻本　一册

220000－0841－0013457　集 7997K
澹餘詩略三卷　（清）汪暕撰　清咸豐八年（1858）刻本　一册

220000－0841－0013458　集 3429K
黄鵠山人詩初鈔十八卷　（清）林壽圖撰　清光緒八年（1882）刻本　六册

220000－0841－0013459　集 2984K
蓬萊閣詩録四卷　（清）陳克家撰　清同治二年（1863）刻本　二册

220000－0841－0013460　集 11240F
賈比部遺集二卷　（清）賈樹誠撰　清光緒元年（1875）山陰平氏安越堂刻葛園叢書本　一册

220000－0841－0013461　集 8192K
姚吉僊女史詩稿三卷　（清）姚其慶撰　清光緒二十九年（1903）刻本　一册

220000－0841－0013462　集 8146K
復堂詩四卷復堂詞一卷　(清)譚獻撰　**待堂文待堂詩一卷**　(清)吳懷珍撰　清咸豐九年(1859)福州刻本　一冊

220000－0841－0013463　集 3565K
雙桐書屋詩賸七卷　(清)李應莘撰　清石印本　二冊

220000－0841－0013464　集 3132K
寓真軒詩鈔十二卷　(清)蔡希邠撰　清光緒十九年(1893)刻本　六冊

220000－0841－0013465　集 8811K
焚餘草存一卷浣山詩草一卷　(清)范薇撰　清光緒十八年(1892)刻本　一冊

220000－0841－0013466　集 9918K
樂道堂詩文集二十卷　(清)奕訢撰　清同治、光緒刻本　十六冊

220000－0841－0013467　集 3123K
萃錦唫八卷　(清)奕訢撰　清光緒十一年(1885)刻本　五冊

220000－0841－0013468　集 3243K
續語堂詩存一卷文存一卷碑錄不分卷　(清)魏錫曾撰　清光緒九年(1883)刻本　二冊

220000－0841－0013469　集 3262K
嘯雲軒文集六卷附錄一卷避寇記略一卷　(清)程畹撰　清光緒十三年(1887)刻本　二冊

220000－0841－0013470　集 11176K
五塘雜俎三卷　(清)許印芳撰　清光緒十三年(1887)刻本　一冊　存二卷(一至二)

220000－0841－0013471　集 3404K
植庵集十卷　(清)李慎傳撰　清光緒十年(1884)刻本　十冊

220000－0841－0013472　集 8111K
夜雪集一卷　王闓運撰　清光緒九年(1883)成都刻本　一冊

220000－0841－0013473　集 7810K
遜齋詩鈔六卷　(清)謝銘旂撰　清光緒八年(1882)刻本　二冊

220000－0841－0013474　集 3873F
補勤詩存二十四卷　(清)陳錦撰　清光緒三年(1877)山陰陳氏橘蔭軒刻橘蔭軒全集本　八冊

220000－0841－0013475　集 3370K
自怡堂吟稿一卷　(清)劉天榮撰　清光緒七年(1881)刻本　一冊

220000－0841－0013476　集 10162K
畫梅雜詠一卷　題(清)雪江老人撰　清刻本　一冊

220000－0841－0013477　集 7740K
嚼梅吟二卷　(清)釋寄禪撰　清光緒七年(1881)刻本　一冊

220000－0841－0013478　集 8509K
希古山房詩草五卷　(清)李揚清撰　清光緒六年(1880)刻本　一冊

220000－0841－0013479　集 3786K
匏齋遺稿二卷　(清)李齡壽撰　清光緒二十二年(1896)刻本　一冊

220000－0841－0013480　集 2730K
幸餘求定稿十二卷　(清)姚濬昌撰　清光緒十七年(1891)刻本　四冊

220000－0841－0013481　集 7895K
集翠軒詩稿二卷　(清)陳鵾撰　清光緒二十一年(1895)刻本　二冊

220000－0841－0013482　集 2987K
秋吟集一卷　(清)胡體坤撰　清光緒二十四年(1898)木活字印本　一冊

220000－0841－0013483　集 3426K
仿潛齋詩鈔十五卷　(清)李嘉樂撰　清光緒十五年(1889)刻本　四冊

220000－0841－0013484　集 3694K
松夢寮詩稿六卷　(清)丁丙撰　清光緒二十五年(1899)刻本　二冊

220000－0841－0013485　集 3238F

清風室詩鈔五卷 （清）錢保塘撰　清宣統三年（1911）海寧錢氏清風室刻清風室叢刻本　二冊

220000－0841－0013486　集 3521K
志遠堂文集十卷四大觀樓詩鈔九卷 （清）鄒鍾撰　清光緒十二年（1886）刻本　八冊

220000－0841－0013487　集 3634K
清芬閣十二卷 （清）朱采撰　清光緒三十四年（1908）上海商務印書館鉛活字印本　八冊

220000－0841－0013488　史 6218K
周武壯公遺書九卷外集三卷別集一卷首二卷附錄一卷 （清）周盛傳撰　清光緒三十一年（1905）金陵刻本　十冊

220000－0841－0013489　集 4046K
湘綺樓文集八卷詩集十四卷箋啓八卷 王闓運撰　清宣統三年（1911）上海石印本　十二冊

220000－0841－0013490　集 3212K
紉佩仙館文鈔一卷吟鈔一卷 （清）趙瀛撰　清光緒十三年（1887）木活字印本　二冊

220000－0841－0013491　集 3424K
匯源堂叢稿十卷 （清）朱浩文撰　清光緒二十一年（1895）湖北官書局刻本　四冊

220000－0841－0013492　集 3332K
歸樸堂詩存四卷 （清）陳戊撰　清光緒十一年（1885）刻本　二冊

220000－0841－0013493　集 8422K
洗齋病學草擬存詩一卷附存一卷 題（清）踵息道人撰　清光緒十年（1884）刻本　二冊

220000－0841－0013494　集 8664K
一枝山房詩集四卷詞稿一卷 （清）姚官澄撰　**金香閣詩集一卷** （清）田蓮瑞撰　清光緒二十八年（1902）刻本　五冊

220000－0841－0013495　集 3484K
潛園詩存四卷 （清）張天翔撰　**春仙樓遺稿一卷刻翠集一卷** （清）章韻湖撰　清光緒二十五年（1899）刻本　二冊

220000－0841－0013496　集 8000K
桂管遊草二卷 （清）楊恩壽撰　清同治十二年（1873）刻本　一冊

220000－0841－0013497　集 10795K
寫經堂文鈔二卷詩鈔四卷 （清）蔡篪撰　**同光集一卷** （清）徐濬撰　清光緒七年（1881）刻本　二冊

220000－0841－0013498　集 9539K
小迦陵館文集不分卷 （清）陳寶撰　清宣統二年（1910）浙江鉛活字印本　一冊

220000－0841－0013499　集 8024K
介石山房遺文二卷 （清）朱培源撰　清宣統二年（1910）朱氏刻本　二冊

220000－0841－0013500　集 3343K
雪青閣詩集四卷 （清）謝維藩撰　清光緒九年（1883）開封官廨刻本　二冊

220000－0841－0013501　集 3631K
儀顧堂集十六卷 （清）陸心源撰　清同治十三年（1874）刻潛園總集本　四冊

220000－0841－0013502　集 11249K
儀顧堂集二十卷 （清）陸心源撰　清光緒二十四年（1898）刻本　四冊

220000－0841－0013503　集 3923K
浮漚集六卷外集二卷 （清）夏家鏞撰　清宣統元年（1909）刻本　二冊

220000－0841－0013504　集 3249K
樂志簃集十七卷 （清）沈祥龍撰　清光緒二十六年至二十八年（1900－1902）刻本　四冊

220000－0841－0013505　集 3663K
澤雅堂文集八卷 （清）施補華撰　清光緒十九年（1893）刻本　二冊

220000－0841－0013506　集 3958K
養花軒詩集一卷 （清）徐官海撰　清宣統元年（1909）鉛活字印本　一冊

220000－0841－0013507　集 2973K
景詹闇遺文一卷 （清）姚諶撰　清光緒十二年（1886）刻本　一冊

220000－0841－0013508　集 3251K
通雅堂詩鈔十卷詩續集二卷　（清）施山撰　清光緒元年（1875）刻七年（1881）續刻本　二冊

220000－0841－0013509　集 3675K
蒙廬詩存四卷外集一卷　（清）沈景修撰　清光緒二十一年（1895）杭州刻本　一冊

220000－0841－0013510　集 9301K
倚柁吟遺稿二卷　（清）任塍撰　清宣統元年（1909）鉛活字印本　一冊

220000－0841－0013511　集 3176K
食古齋詩錄四卷詩餘一卷文錄一卷　（清）柳以蕃撰　清光緒十八年（1892）刻本　四冊

220000－0841－0013512　集 8717K
澤雅堂詩集六卷　（清）施補華撰　清同治十一年（1872）刻本　二冊

220000－0841－0013513　集 3660K
澤雅堂詩集六卷二集十八卷　（清）施補華撰　清光緒十六年（1890）兩研齋刻本　六冊

220000－0841－0013514　集 3596K
蒙廬詩存外集不分卷　（清）沈景修撰　清光緒二十一年（1895）杭州刻本　一冊

220000－0841－0013515　集 3175K
食古齋詩錄四卷詩餘一卷文錄一卷　（清）柳以蕃撰　清光緒十九年（1893）刻本　四冊

220000－0841－0013516　集 3508K
敬孚類稿十六卷　（清）蕭穆撰　清光緒三十四年（1908）刻本　四冊

220000－0841－0013517　集 11117K
高陶堂遺集八卷　（清）高心夔撰　清光緒八年（1882）經注經齋刻本　四冊

220000－0841－0013518　集 3975K
冬心草堂詩選□□卷　（清）李恩綬撰　（清）周行原選　清宣統二年（1910）鉛活字印本　一冊　存一卷（上）

220000－0841－0013519　集 8075K
冬暄草堂遺詩二卷　（清）陳豪撰　清宣統三年（1911）刻本　二冊

220000－0841－0013520　經 1707K
試帖存稿經說二卷詞賦二卷　（清）丁午撰　清光緒七年（1881）錢塘丁氏刻田園雜著本　四冊

220000－0841－0013521　集 7728K
日本紀遊詩二卷　（清）莊介禕撰　清光緒十年（1884）刻本　二冊

220000－0841－0013522　集 3162K
枉川全集十卷　（清）楊琪光撰　清光緒刻本　六冊

220000－0841－0013523　集 3837K
海鷗館詩存十卷　（清）黃霽棠撰　清光緒二十七年（1901）鉛活字印本　五冊

220000－0841－0013524　集 3185K
補籬遺稿八卷　（清）姚福均撰　清光緒三十一年（1905）木活字印本　四冊

220000－0841－0013525　集 10655K
天弢閣詩鈔四卷　（清）李寶翰撰　清光緒十四年（1888）木活字印本　二冊

220000－0841－0013526　集 10902K
陶龕居士諭蒙書二種　（清）周承翰撰　清光緒十九年（1893）刻本　一冊

220000－0841－0013527　集 8078K
炳爥齋詩草一卷遺文一卷附錄一卷　（清）王樂饑撰　清同治八年（1869）木活字印本　一冊

220000－0841－0013528　集 3904K
望眉草堂詩集十卷文集三卷望眉山人年譜一卷　（清）顔嗣徽撰　清光緒十九年至二十三年（1893－1897）刻本　十冊

220000－0841－0013529　集 3510F
望眉草堂詩集八卷文集三卷　（清）顔嗣徽撰　清光緒十九年（1893）刻棉紙印本　八冊

220000－0841－0013530　集 3182K
知止盦詩錄六卷附錄二卷　（清）黄宗起撰
退齋詩存　（清）黄世祁撰　清宣統二年

(1910)刻本　二册

220000－0841－0013531　集8606K
久芬室詩集六卷　(清)鄭襄撰　清光緒二十一年(1895)石門官廨刻本　二册

220000－0841－0013532　集3401K
酌雅堂駢體文集二卷　(清)徐壽基撰　清光緒十一年(1885)武進徐氏刻志學齋集本　一册

220000－0841－0013533　集3813K
退盦詩集二卷　(清)何福海撰　清宣統元年(1909)鉛活字印本　二册

220000－0841－0013534　集2953K
畹香村會稿八卷餐霞集四卷聊復集三卷　(清)郭綬之撰　清咸豐、同治刻本　四册

220000－0841－0013535　集2992K
滄江詩集十卷　(清)郭綬之撰　清同治刻本　四册

220000－0841－0013536　集8019K
滄江精華錄四卷　(清)郭綬之撰　清光緒十八年(1892)刻本　一册

220000－0841－0013537　集3368K
延秋吟館詩鈔四卷詩續鈔四卷　(清)張聯桂撰　清光緒十一年至十八年(1885－1892)粵西節署刻本　二册

220000－0841－0013538　集3721K
醉月居詩鈔一卷詞鈔一卷　(清)葉世熊撰　清光緒二十九年(1903)刻本　一册

220000－0841－0013539　集8471K
雪竹樓詩稿十四卷　(清)黄道讓撰　清同治刻本　六册

220000－0841－0013540　集3112K
耻不逮齋集三卷附錄一卷補遺一卷　(清)熊純叔撰　清光緒十六年(1890)蘇州五畝園刻本　四册

220000－0841－0013541　集3247K
拙尊園叢稿六卷　(清)黎庶昌撰　清光緒十九年(1893)上海醉六堂石印本　二册

220000－0841－0013542　集3355K
拙尊園叢稿六卷　(清)黎庶昌撰　清光緒二十一年(1895)金陵狀元閣刻本　四册

220000－0841－0013543　集10050K
拙尊園叢稿六卷　(清)黎庶昌撰　清光緒二十三年(1897)石印本　六册

220000－0841－0013544　集3186K
南岡草堂文存二卷　(清)秦際唐撰　清光緒二十六年(1900)刻本　二册

220000－0841－0013545　集3071F
善思齋文鈔九卷詩鈔七卷　(清)徐宗亮撰　清光緒桐城徐氏善恩齋集本　二册

220000－0841－0013546　集3558F
潘方伯公遺稿六卷　(清)潘駿文撰　清光緒二十二年(1896)刻本　六册

220000－0841－0013547　史2320K
潘方伯公遺稿六卷　(清)潘駿文撰　清光緒二十二年(1896)刻本　六册

220000－0841－0013548　集10716K
琴鶴軒遺文一卷附刻一卷　(清)趙棨撰　(清)趙元鼎撰　清光緒十八年(1892)刻本　二册

220000－0841－0013549　集3723K
倦繡吟草一卷　(清)繆寶娟撰　清光緒四年(1878)鉛活字印本　一册

220000－0841－0013550　集4995K
見笑集四卷　(清)朱克家撰　清光緒十年(1884)刻本　四册

220000－0841－0013551　集3536K
瓊華詩集四卷詞集二卷　(清)俞廷瑛撰　清光緒九年(1883)刻本　二册

220000－0841－0013552　集3063K
謫麐堂遺集四卷　(清)戴望撰　清光緒元年(1875)會稽趙之謙刻本　二册

220000－0841－0013553　集3015K
謫麐堂遺集四卷　(清)戴望撰　清宣統三年(1911)順德鄧氏鉛印鳳雨樓叢書本　一册

220000－0841－0013554　集7751K
傳樸堂詩稿四卷補遺一卷竹樊山莊詞一卷附錄一卷　(清)葛金烺撰　**弢華館詩稿一卷**　(清)葛嗣濴撰　清光緒二十一年(1895)刻本　二冊

220000－0841－0013555　集8280K
鎮亭山房詩集十八卷　(清)陸廷黻撰　清光緒十七年(1891)刻本　六冊

220000－0841－0013556　史6772K
南皮張宮保政書十二卷　(清)張之洞撰　(清)仰止廬輯　清光緒二十七年(1901)上海圖書集成印書局鉛活字印本　六冊

220000－0841－0013557　集9955K
廣雅堂詩集四卷　(清)張之洞撰　清光緒順德龍鳳鑣刻本　二冊

220000－0841－0013558　集3930K
張文襄公詩集四卷　(清)張之洞撰　清宣統二年(1910)鉛活字印本　二冊

220000－0841－0013559　集4681K
可園詩存二十八卷詞存四卷文存十六卷　(清)陳作霖撰　清宣統二年(1910)刻本　八冊

220000－0841－0013560　集8179K
雪鴻吟館詩存一卷補編一卷　(清)韓聞南撰　清光緒十四年(1888)金陵龍文齋刻本　一冊

220000－0841－0013561　集11075K
種蘭小草自存二卷　(清)陳文然撰　清光緒十九年(1893)刻本　一冊　存一卷(一)

220000－0841－0013562　集3407K
柏灣二十四詠一卷　(清)楊子堅撰　清光緒十六年(1890)刻本　一冊

220000－0841－0013563　集3918K
十國雜事詩十七卷敘目二卷　(清)饒智元撰　清光緒十七年(1891)竹素齋刻本　四冊

220000－0841－0013564　集10494K
虔共室遺集一卷　(清)曾彥撰　**哀逝詩一卷**　(清)張子馥撰　清光緒十七年(1891)授經堂刻本　一冊

220000－0841－0013565　集8923K
出山草十二卷　(清)周銘旂撰　清光緒刻本　四冊

220000－0841－0013566　集3840K
菊潭驪唱二卷　(清)史悠履撰　清光緒二十八年(1902)刻本　二冊

220000－0841－0013567　集3688F
木庵居士詩四卷補遺一卷　(清)陳書撰　清光緒三十二年(1906)刻石遺室叢書本　一冊

220000－0841－0013568　集3867F
延秋吟館詩鈔四卷問心齋學治續錄四卷　(清)張聯桂撰　清光緒十一年(1885)刻本　四冊

220000－0841－0013569　史10075K
庸盦海外文編四卷　(清)薛福成撰　清光緒二十一年(1895)刻朱印本　四冊

220000－0841－0013570　集3836K
庸盦海外文編四卷　(清)薛福成撰　清光緒二十二年(1896)石印本　二冊

220000－0841－0013571　集3863K
庸盦海外文編四卷　(清)薛福成撰　清光緒二十三年(1897)上海醉六堂石印本　一冊

220000－0841－0013572　集3653K
葆愚軒詩集一卷文集一卷　(清)英啓撰　清光緒十四年(1888)刻本　二冊

220000－0841－0013573　集3107K
青草堂集十二卷二集十六卷三集十六卷補集七卷　(清)趙國華撰　清同治十一年至光緒二十一年(1872－1895)刻本　十六冊

220000－0841－0013574　集7694K
青草堂文約鈔二卷　(清)趙國華撰　(清)蔣慶第錄　清光緒二十二年(1896)刻本　一冊

220000－0841－0013575　集3462K
峯抱樓詩四卷雜文一卷楹帖二卷　(清)沈鏗撰　清光緒二十九年至三十二年(1903－

1906)長沙刻本　二冊

220000－0841－0013576　集3266K
函雅堂集四十卷　(清)王詠霓撰　清光緒二十年(1894)刻朱印本　八冊　存二十三卷(一至二十三)

220000－0841－0013577　集3269K
函雅堂集二十四卷　(清)王詠霓撰　清光緒二十年(1894)刻本　八冊

220000－0841－0013578　集3268F
函雅堂集十六卷　(清)王詠霓撰　清光緒二十年(1894)刻本　四冊

220000－0841－0013579　集7931K
退恩齋詩稿一卷文稿一卷　(清)陸元鼎撰　清光緒三十二年(1906)刻本　一冊

220000－0841－0013580　集7764K
珠泉草廬詩鈔四卷　(清)廖樹蘅撰　清光緒二十七年(1901)烝陽刻本　二冊

220000－0841－0013581　集3731K
一漚吟館選集二卷　(清)陳崇光撰　清宣統二年(1910)刻本　二冊

220000－0841－0013582　集3624K
恩無邪齋詩存八卷文存六卷　(清)宮爾鐸撰　清光緒十四年至十五年(1888－1889)刻本　四冊

220000－0841－0013583　集3049K
愚軒詩鈔二卷文鈔六卷　(清)孫國楨撰　清光緒二十四年(1898)刻本　五冊

220000－0841－0013584　集4501K
晦明軒稿二卷壬癸金石跋一卷丁戊金石跋一卷　楊守敬撰　清光緒二十七年至三十三年(1901－1907)鄰蘇園刻本　二冊

220000－0841－0013585　集3940K
珠泉草廬文錄二卷　(清)廖樹蘅撰　清宣統二年(1910)刻本　二冊

220000－0841－0013586　集3615K
盤山詩草九卷劉印渠先生南中手札三卷　(清)歐陽輔之撰　清光緒二十九年(1903)刻本　四冊

220000－0841－0013587　集3228K
待輶集一卷且甌歌一卷　(清)石永洛撰　清光緒三十年(1904)刻本　一冊

220000－0841－0013588　集3692K
吟香閣詩草一卷　(清)姚僊霞撰　清光緒八年(1882)刻本　一冊

220000－0841－0013589　集3917K
西疆雜述詩四卷　(清)蕭雄撰　清光緒十八年(1892)鉛活字印本　四冊

220000－0841－0013590　集7738F
聽園西疆雜述詩四卷　(清)蕭雄撰　清光緒二十一年(1895)元和江氏湖南使院刻靈鶼閣叢書本　四冊

220000－0841－0013591　集3210K
九恩堂詩稿續編十三卷　(清)奕譞撰　清光緒刻本　十三冊

220000－0841－0013592　集3106K
偶齋詩草内集八卷外集八卷内次集十卷外次集十卷　(清)寶廷撰　清光緒十九年(1893)刻本　十冊

220000－0841－0013593　集3192K
寄龕文存四卷　(清)孫德祖撰　清光緒十年(1884)刻本　四冊

220000－0841－0013594　史6190K
寄簃文存八卷二編二卷　(清)沈家本撰　清光緒三十三年(1907)鉛活字印本　三冊

220000－0841－0013595　集3667K
碧梧紅杏山房詩鈔二卷碧梧紅杏山房楹帖一卷　(清)陸費夔撰　清光緒二十六年(1900)刻本　一冊

220000－0841－0013596　集3677K
西江詩稿二十八卷　(清)王家振撰　清光緒三十四年(1908)木活字印本　五冊　存二十三卷(一至二十三)

220000－0841－0013597　集3295
紫荆吟館詩集四卷　(清)曹秉哲撰　清光緒

二十五年(1899)刻本　二冊

220000－0841－0013598　集 8062K
養源山房詩鈔七卷詩餘一卷　(清)徐士霖撰　清光緒三十四年(1908)刻本　二冊

220000－0841－0013599　集 3567K
使閩吟草一卷　(清)貴恒撰　清光緒刻本　一冊

220000－0841－0013600　集 3409K
春江雜感一卷　(清)鄒挹崧撰　清光緒二十六年(1900)刻本　一冊

220000－0841－0013601　集 8453K
水竹主人詩鈔十一卷　(清)周之楷撰　**蘊香齋詩鈔一卷**　(清)周徹撰　**希古閣詩鈔一卷**　(清)張德燦撰　**繡餘小草一卷**　(清)楊霞撰　清光緒十一年(1885)刻本　一冊

220000－0841－0013602　集 3589K
師竹軒詩集四卷　(清)劉樹堂撰　清光緒十五年(1889)蘇州梓文閣刻本　三冊

220000－0841－0013603　集 3830K
師竹軒詩集四卷　(清)劉樹堂撰　清光緒浙江官書局刻本　一冊

220000－0841－0013604　集 3829K
師竹軒詩集四卷　(清)劉樹堂撰　**韻香閣詩草一卷**　(清)孔祥淑撰　清光緒河南官書局刻本　一冊

220000－0841－0013605　集 3815K
師竹軒詩集四卷　(清)劉樹堂撰　清光緒十五年(1889)天津書局石印本　一冊

220000－0841－0013606　集 3832K
韻香閣詩草一卷　(清)孔祥淑撰　清光緒十五年(1889)蘇州梓文閣刻本　一冊

220000－0841－0013607　集 3831K
韻香閣詩草一卷　(清)孔祥淑撰　清光緒浙江官書局刻本　一冊

220000－0841－0013608　集 3882K
瓊州雜事詩一卷　(清)程秉劍撰　清光緒十三年(1887)刻本　一冊

220000－0841－0013609　集 3357K
蘊玉齋遺草一卷　(清)徐學衛撰　清光緒三十年(1904)刻本　一冊

220000－0841－0013610　集 4091K
樾叟詩存一卷　(清)言家駒撰　清光緒三十四年(1908)鉛活字印本　一冊

220000－0841－0013611　集 4045K
虛受堂文集十六卷　王先謙撰　清宣統二年(1910)上海國學書社石印本　六冊

220000－0841－0013612　集 10155K
陶廬雜憶一卷續詠一卷　(清)金武祥撰　清光緒二十四年(1898)江陰金氏刻本　一冊

220000－0841－0013613　集 3292K
椒生詩草三卷　(清)王之春撰　清光緒十年(1884)刻本　一冊

220000－0841－0013614　集 3350K
味靈華館詩六卷　(清)商廷煥撰　清宣統二年(1910)刻本　一冊

220000－0841－0013615　集 8195K
霜桀齋詩二卷補遺一卷附錄一卷　(清)秦寶璣撰　清光緒十二年(1886)刻本　二冊

220000－0841－0013616　集 10402K
學圃詩藁一卷詞賸一卷　(清)鄭德璜撰　清光緒二十六年(1900)遺經樓刻本　一冊

220000－0841－0013617　集 3374K
未弱冠集八卷　(清)覺羅廷奭撰　清同治二年(1863)刻本　八冊

220000－0841－0013618　集 3047K
鶴磵詩龕集八卷蕢波詞一卷　(清)萬劍撰　清光緒十九年(1893)刻本　二冊

220000－0841－0013619　集 3853K
淡歆樓詩一卷　(清)許誦珠撰　清光緒三十三年(1907)刻本　一冊

220000－0841－0013620　集 3744K
澹軒文集二卷　(清)竇士鏞撰　清宣統二年(1910)鉛活字印本　一冊

220000－0841－0013621　集 3949K
綺雲樓詩草二卷楹聯一卷詞一卷　（清）竇士鏞撰　**曇華唫一卷**　（清）杜敬撰　清宣統鉛活字印本　一冊

220000－0841－0013622　集 4301K
藝風堂文集七卷外篇一卷文續集八卷外集一卷文漫存辛壬稿三卷癸甲稿四卷　繆荃孫撰　清光緒二十六年（1900）至民國刻本　十冊

220000－0841－0013623　集 4720F
藝風堂文漫存辛壬稿三卷癸甲稿四卷　繆荃孫撰　清宣統刻本　二冊

220000－0841－0013624　集 4300F
藝風堂文集七卷外篇一卷　繆荃孫撰　清光緒二十七年（1901）刻本　四冊

220000－0841－0013625　集 4303K
藝風堂文集七卷外篇一卷文漫存辛壬稿三卷癸甲稿四卷乙丁稿五卷文續集八卷　繆荃孫撰　清光緒二十六年（1900）至民國刻本　十三冊

220000－0841－0013626　集 4063K
缶廬詩四卷缶廬別存一卷　吳昌碩撰　清光緒十九年（1893）刻本　一冊

220000－0841－0013627　集 3037K
小初詩稿三十卷　（清）王之藩撰　清光緒十二年（1886）刻本　八冊

220000－0841－0013628　集 9314K
聞妙香室詩稿五卷詞鈔四卷　（清）錢錫寀撰　清宣統二年（1910）天津醒華報館石印本　二冊

220000－0841－0013629　集 3758K
古新堂攝存稿九卷醉醒稿二卷　（清）哈達納喇如格撰　清光緒二十年（1894）石印本　八冊

220000－0841－0013630　集 3617K
宜琴樓遺稿一卷　（清）嚴鋮撰　清光緒二十二年（1896）刻本　一冊

220000－0841－0013631　集 10498K
三弖園詩編三卷　（清）金秉彝撰　清光緒九年（1883）章江刻本　一冊

220000－0841－0013632　集 8555
尺澤齋詩鈔八卷　（清）蔡元燮撰　清光緒八年（1882）刻本　二冊

220000－0841－0013633　集 3714K
蘋溪詩草二卷　（清）夏昌祺撰　清光緒刻本　一冊

220000－0841－0013634　集 3544K
璞齋集五卷　（清）諸可寶撰　清光緒十四年（1888）木活字印本　二冊

220000－0841－0013635　集 3690K
湘麋閣遺詩四卷蘭當詞二卷　（清）陶方琦撰　清光緒十六年（1890）鄂局刻本　二冊

220000－0841－0013636　集 8430K
樂園詩集二卷　（清）胡瑞昌撰　清光緒二十九年（1903）木活字印本　二冊

220000－0841－0013637　集 8369K
佛岡宦輙詩一卷　（清）朱寯瀛撰　清光緒三十年（1904）刻本　一冊

220000－0841－0013638　集 11070
汴遊冰玉稿四卷二集五卷　（清）朱寯瀛撰　清光緒三十四年（1908）鉛活字印本　一冊　存五卷（二集五卷）

220000－0841－0013639　集 3620K
金粟山房詩續鈔三卷　（清）朱寯瀛撰　清光緒三十一年（1905）刻本　一冊

220000－0841－0013640　集 8820K
龍山憶菊吟一卷　（清）鮑鴻撰　清光緒二十六年（1900）鉛活字印本　一冊

220000－0841－0013641　集 6879K
絮香吟館小草一卷　（清）齡文撰　清光緒刻本　一冊

220000－0841－0013642　集 3741K
媿不學齋詩四卷　（清）朱羅撰　清光緒三十一年（1905）刻本　一冊

220000－0841－0013643　集 8374K
萃堂詩錄一卷詞錄一卷　(清)潘鴻撰　清光緒刻本　一册

220000－0841－0013644　集 4987K
東道紀行集一卷　(清)楊文勳撰　清光緒刻本　一册

220000－0841－0013645　集 3612K
盤山詩草十卷補錄一卷　(清)歐陽輔之撰　清光緒二十九年(1903)刻本　二册

220000－0841－0013646　集 8137K
晼香樓詩稿二卷　(清)梁蘭漪撰　清光緒二十七年(1901)石印本　一册

220000－0841－0013647　集 3310K
水明樓集一卷朝隱巵衍一卷　(清)袁昶撰　清宣統元年(1909)湛然精舍鉛活字印本　一册

220000－0841－0013648　集 8047K
漸西村人詩十三卷安般簃詩續鈔十卷　(清)袁昶撰　清光緒十六年(1890)鉛活字印本　六册

220000－0841－0013649　集 3312F
漸西村人詩初集十三卷　(清)袁昶撰　清光緒二十年(1894)刻漸西村舍彙刻本　三册

220000－0841－0013650　集 3314K
安般簃詩續鈔十卷于湖小集三卷　(清)袁昶撰　清光緒十八年(1892)刻二十年(1894)續刻本　六册

220000－0841－0013651　集 3316F
安般簃詩續鈔十卷　(清)袁昶撰　清光緒十八年(1892)刻本　六册

220000－0841－0013652　集 3313F
于湖小集三卷　(清)袁昶撰　清光緒二十年(1894)刻本　二册

220000－0841－0013653　史 5791K
讀海外奇書室雜著一卷　(清)姚文棟撰　清光緒刻本　一册

220000－0841－0013654　集 8477K
雙冷齋文集四卷　(清)張九章撰　清光緒二十一年(1895)刻本　四册

220000－0841－0013655　集 10903K
奉使車臣汗記程詩三卷　(清)延清撰　清宣統元年(1909)鉛活字印本　一册

220000－0841－0013656　集 8181K
庚子都門紀事詩六卷首一卷末一卷　(清)延清撰　清光緒二十八年(1902)鉛活字印本　二册

220000－0841－0013657　集 9183K
庚子都門紀事詩補一卷　(清)延清撰　清宣統三年(1911)鉛活字印本　一册

220000－0841－0013658　集 3652K
荔村草堂詩鈔十卷　(清)譚宗浚撰　清光緒十八年(1892)刻本　四册

220000－0841－0013659　集 3980K
宜識字齋詩鈔四卷　(清)潘慶瀾撰　清宣統二年(1910)鉛活字印本　二册

220000－0841－0013660　集 8109K
果園詩鈔十卷　(清)郭恩孚撰　清光緒三十三年(1907)京都松華齋刻本　二册

220000－0841－0013661　集 9184K
盤那室詩存一卷　(清)張亨嘉撰　清宣統三年(1911)鉛活字印本　一册

220000－0841－0013662　集 8893K
南湖百詠一卷　(清)吳萃恩撰　清同治五年(1866)刻本　一册

220000－0841－0013663　集 3750K
感知集二卷　(清)劉炳照撰　清光緒三十一年(1905)溽溪劉氏刻本　一册

220000－0841－0013664　集 4394K
復丁老人詩記一卷　(清)劉炳照撰　清宣統二年(1910)江陰繆荃孫刻本　一册

220000－0841－0013665　集 3345K
退恩軒詩集六卷補遺一卷　(清)張百熙撰　清宣統三年(1911)武昌刻本　二册

220000－0841－0013666　集 3156K
退恩軒詩集六卷補遺一卷　(清)張百熙撰　清宣統三年(1911)京師鉛活字印本　一冊

220000－0841－0013667　集 3337K
誰園詩鈔六卷　(清)阮本焱撰　清光緒三年至十九年(1877－1893)刻本　三冊

220000－0841－0013668　集 3181K
蘭伯遺稿不分卷　(清)周祖熏撰　**小亭雲館詩別集一卷**　(清)周之楨撰　清光緒十八年(1892)刻本　二冊

220000－0841－0013669　集 3473K
萬山草堂詩集六卷　(清)李登雲撰　清光緒三十三年(1907)武林刻本　二冊

220000－0841－0013670　集 10066
午陰清舍詩草十六卷試帖四卷七言排律一卷　(清)何福堃撰　清光緒三十一年(1905)鉛活字印本　六冊

220000－0841－0013671　集 3784K
韻香閣詩草一卷　(清)孔祥淑撰　清光緒十二年(1886)刻本　一冊

220000－0841－0013672　集 3422K
東海更言一卷錄廈門泉州雜詠一卷　(清)忠滿撰　清光緒二十二年(1896)刻本　一冊

220000－0841－0013673　集 8594K
友松吟館詩鈔不分卷　(清)毓俊撰　清抄本　一冊

220000－0841－0013674　集 4630K
補松廬詩錄六卷　(清)吳慶坻撰　清宣統三年(1911)湖南學務公所鉛活字印本　二冊

220000－0841－0013675　集 2934K
徯月軒詩集十六卷　(清)奕詢撰　清同治十一年(1872)刻本　四冊

220000－0841－0013676　集 3022K
灌香草堂初稿一卷　(清)吳蘭畹撰　清同治五年(1866)刻本　一冊

220000－0841－0013677　集 3460K
南湖詩集十一卷　(清)張雲驤撰　清光緒刻本　二冊

220000－0841－0013678　集 3865K
也儂遺稿四卷詩草十卷　(清)王慶善撰　清光緒二十七年至二十八年(1901－1902)刻本　八冊

220000－0841－0013679　集 9976K
集古聯句一卷　(清)鍾德祥撰　清光緒三年(1877)仁和葛氏嘯園刻本　一冊

220000－0841－0013680　集 4805K
冬日百詠一卷　(清)徐琪撰　清光緒元年(1875)刻本　一冊

220000－0841－0013681　集 8283K
芹池疊喜詩一卷　(清)徐琪撰　清光緒二十二年(1896)刻本　一冊

220000－0841－0013682　集 3489K
粵軺集四卷　(清)徐琪撰　清光緒二十年(1894)刻本　一冊　存一卷(一)

220000－0841－0013683　子 3607K
還樂軒雜者五卷　(清)范鑄輯並撰　清光緒三十三年(1907)鉛活字印本　一冊

220000－0841－0013684　集 9069K
鬱華閣遺集四卷　(清)盛昱撰　清光緒二十八年(1902)刻朱印留坨叢刻本　一冊

220000－0841－0013685　集 3469K
鬱華閣遺集四卷　(清)盛昱撰　清光緒二十八年(1902)刻本　一冊

220000－0841－0013686　集 3468K
意園文略二卷　(清)盛昱撰　清宣統二年(1910)刻朱印留坨叢刻本　一冊

220000－0841－0013687　集 10407K
意園文略二卷　(清)盛昱撰　清宣統二年(1910)刻留坨叢刻本　一冊

220000－0841－0013688　集 7796F
師伏堂詠史一卷詞一卷駢文四卷詩草六卷　(清)皮錫瑞撰　清光緒三十年(1904)刻師伏堂叢書本　六冊

220000－0841－0013689　集 3299K
槃過文甲集三卷乙集二卷别録一卷　(清)湯紀尚撰　清光緒十八年(1892)刻本　二册

220000－0841－0013690　集 8711K
槃□記事初稿四卷　(清)湯紀尚撰　清光緒十一年(1885)蘇州刻本　二册

220000－0841－0013691　集 8685K
曼陀羅花室文三卷詩三卷詞一卷　(清)吴翊寅撰　清光緒十九年(1893)廣雅書局刻本　四册

220000－0841－0013692　集 10913K
宣南夢憶二卷　題(清)甘溪生撰　清刻本　一册

220000－0841－0013693　集 10687K
宣南夢憶録存一卷輯存一卷續存一卷　題(清)甘溪生撰　清花好月圓僊館聚珍版印本　一册

220000－0841－0013694　集 10394K
覆瓿文存七卷學規　(清)謝玉芝撰　清光緒二十七年(1901)資江書院刻本　二册

220000－0841－0013695　集 8180
長沙余公兩浙攀轅集不分卷　(清)余去思撰　清光緒二十八年(1902)提中參署刻本　一册

220000－0841－0013696　集 8021K
搴夫容室駢文一卷　(清)周錫恩撰　清刻本　一册

220000－0841－0013697　集 3408K
紅韻閣學吟小草一卷　(清)闞壽坤撰　清光緒五年(1879)刻本　一册

220000－0841－0013698　集 3805K
賦梅書屋詩初集六卷二集三卷三集二卷四集一卷五集一卷　(清)宋廷樑撰　清光緒十七年至二十七年(1891－1901)刻本　二册

220000－0841－0013699　集 4813K
畏廬文集一卷　林紓撰　清宣統二年(1910)上海商務印書館鉛活字印本　一册

220000－0841－0013700　集 4470K
漪香山館文集一卷　(清)吴曾祺撰　清宣統三年(1911)上海商務印書館鉛活字印本　一册

220000－0841－0013701　集 8866K
題江南曾文正公祠百詠一卷　(清)朱孔彰撰　清光緒十三年(1887)刻本　一册

220000－0841－0013702　集 4115K
閩中新樂府一卷　林紓撰　清光緒二十三年(1897)鉛活字印本　一册

220000－0841－0013703　集 3635K
湘輶叢刻十三卷　(清)吴樹梅撰　清光緒二十六年(1900)長沙節署刻本　六册

220000－0841－0013704　集 7958K
棣宅集四卷首一卷外集三卷　(清)朱啓連撰　清光緒二十六年(1900)刻本　二册

220000－0841－0013705　集 7753K
蕉鹿吟一卷　(清)勒深之撰　清光緒二十八年(1902)刻本　一册

220000－0841－0013706　集 3855K
後樂堂文鈔九卷文鈔續九卷　(清)陳玉樹撰　清光緒二十五年至二十七年(1899－1901)鉛活字印本　十册

220000－0841－0013707　集 3734K
大野草堂詩一卷　(清)張文田撰　清光緒十三年(1887)刻本　一册

220000－0841－0013708　集 3770K
勉勉鉏室類稿五卷墨齋存稿六卷　(清)祁永膺撰　清光緒三十一年至三十二年(1905－1906)隴西刻本　四册

220000－0841－0013709　集 4436K
容膝軒文稿八卷詩草六卷　(清)王榮商撰　清光緒二十一年至宣統三年(1895－1911)刻本　三册

220000－0841－0013710　集 4609K
三旬草一卷　(清)江瀚撰　清光緒二十三年(1897)慎所立齋刻本　一册

220000－0841－0013711　集 4264K
散原精舍詩二卷　(清)陳三立撰　清宣統二年(1910)上海商務印書館鉛活字印本　二冊

220000－0841－0013712　集 8387K
澹園文集二卷一甌睡足詩草二卷　(清)譚龍驤撰　清宣統刻本　四冊

220000－0841－0013713　集 3261K
扁善齋詩存一卷文存二卷　(清)鄧嘉緝撰　清光緒二十七年(1901)刻本　三冊

220000－0841－0013714　集 3259F
扁善齋文存二卷　(清)鄧嘉緝撰　清光緒二十七年(1901)刻本　二冊

220000－0841－0013715　集 3709K
黄陵詩鈔一卷普法兵事記一卷　(清)杜俞撰　清光緒十五年(1889)成都刻本　一冊

220000－0841－0013716　集 10495K
元穆文鈔一卷日記三卷　(清)杜俞撰　清光緒十二年至十四年(1886－1888)成都刻本　二冊

220000－0841－0013717　集 9218F
元穆文鈔一卷　(清)杜俞撰　清光緒十四年(1888)成都刻本　一冊

220000－0841－0013718　集 3481F
洨民遺文一卷　(清)孫傳鳳撰　清光緒二十一年(1895)江標師鄦室刻靈鶼閣叢書本　一冊

220000－0841－0013719　集 3396K
賜□閣集四卷外集集李二卷外集集杜三卷　(清)胡欽撰　清光緒鉛活字印本　三冊

220000－0841－0013720　集 10854K
椽筆樓初集二卷　(清)胡紘撰　清光緒三十二年(1906)國粹學報社鉛活字印本　二冊

220000－0841－0013721　集 2889K
倚雲樓古今體詩一卷　(清)金其恕撰　清同治三年(1864)刻本　一冊

220000－0841－0013722　集 3592K
倚雲樓古今體詩一卷試帖一卷詩餘一卷　(清)金其恕撰　清光緒六年(1880)刻本　二冊

220000－0841－0013723　集 3591F
倚雲樓古今體詩一卷試帖一卷詩餘一卷　(清)金其恕撰　清光緒七年(1881)刻本　一冊

220000－0841－0013724　集 3406K
澹如軒詩續編一卷　(清)惲炳孫撰　清光緒二十五年(1899)刻本　一冊

220000－0841－0013725　集 3746K
采白集二卷　(清)戴藝郛撰　清光緒十三年(1887)鉛活字印本　二冊

220000－0841－0013726　集 10292K
嚴侯官全集十二卷　嚴復譯撰　清光緒二十九年(1903)石印本　十二冊

220000－0841－0013727　集 3825K
睫闇詩鈔四卷　(清)裴景福撰　清光緒二十六年(1900)刻本　二冊

220000－0841－0013728　集 4165K
抱潤軒文集九卷　(清)馬其昶撰　清宣統元年(1909)安徽官紙印刷局石印本　一冊

220000－0841－0013729　集 4071K
伊藤歎一卷　(清)胡禮垣撰　清宣統二年(1910)天津大公報館鉛活字印本　一冊

220000－0841－0013730　集 9091K
梨園娛老集不分卷　(清)胡禮垣撰　清光緒三十三年(1907)鉛活字印本　二冊

220000－0841－0013731　集 7909K
梨園娛老集不分卷　(清)胡禮垣撰　清宣統二年(1910)大公報館鉛活字印本　六冊

220000－0841－0013732　集 4356K
松壽堂詩鈔十卷　(清)陳夔龍撰　清宣統三年(1911)京師刻本　四冊

220000－0841－0013733　集 10052K
采唐集二卷　(清)吕珮芬編　清光緒三十一年(1905)石印本　二冊

220000－0841－0013734　集 4379K
復盦類稿八卷續稿四卷外稿二卷公牘四卷饗字齋詩畧四卷　（清）曹允源撰　清光緒至民國刻本　八冊

220000－0841－0013735　集 4554K
淮南雜著二卷　（清）曹允源撰　清光緒十七年（1891）刻本　二冊

220000－0841－0013736　集 3334K
雲起軒詩錄一卷　（清）文廷式撰　清光緒三十四年（1908）盧江陳詩鉛活字印本　一冊

220000－0841－0013737　集 3720K
紅雨樓詩鈔一卷詞鈔一卷　（清）劉韻撰　清光緒二十二年（1896）刻本　一冊

220000－0841－0013738　集 10623K
結一宧駢體文二卷詩略三卷　（清）屠寄撰　清光緒十六年（1890）廣州刻本　一冊

220000－0841－0013739　集 3119K
潛穎詩十卷文四卷　（清）何維棣撰　清光緒二十七年（1901）成都刻本　四冊

220000－0841－0013740　集 4373F
石遺室詩集三卷補遺一卷　（清）陳衍撰　清光緒三十一年（1905）刻石遺室叢書本　一冊

220000－0841－0013741　集 9631K
石遺室詩友詩錄六卷　（清）陳衍撰　**眉韻樓詩話二卷**　孫雄輯　清光緒三十四年（1908）鉛活字印本　一冊

220000－0841－0013742　集 7622
清穆宗毅皇帝御製文集十卷　（清）穆宗載淳撰　清同治內府刻本　六冊

220000－0841－0013743　集 8170K
悅軒文鈔二卷史席閑話一卷　（清）鞠濂撰　清宣統二年（1910）海隅山館刻本　二冊

220000－0841－0013744　集 2837K
哀生閣初稿四卷續稿三卷　（清）王大經撰　清光緒十一年（1885）刻本　六冊

220000－0841－0013745　集 3735K
怡秋軒初稿一卷　（清）李掌珠撰　清光緒三十年（1904）刻本　一冊

220000－0841－0013746　集 3838K
二十年來之最醒夢一卷　（清）盧懋功撰　清光緒三十三年（1907）鉛活字印本　一冊

220000－0841－0013747　集 4241K
哀怨集一卷城南詞一卷　宋育仁撰　清宣統二年（1910）鉛活字印本　一冊

220000－0841－0013748　集 4092K
問琴閣文二卷　宋育仁撰　清光緒刻本　一冊

220000－0841－0013749　集 10364K
采風記五卷紀程感事詩一卷時務論一卷　宋育仁撰　清光緒二十一年（1895）袖海山房石印本　四冊

220000－0841－0013750　集 4551K
惺諟齋初稿十卷　（清）喻長霖撰　清宣統三年（1911）鉛活字印本　六冊

220000－0841－0013751　集 9625K
汶水軒雜體詩課徒作一卷　（清）左泉閔撰　清刻本　一冊

220000－0841－0013752　集 10501K
癯鷗戲墨二卷　（清）癯鷗撰　清光緒十一年（1885）津門𡺈園刻本　一冊

220000－0841－0013753　集 3729K
闇園詩鈔二卷　（清）王子庚撰　清光緒二十五年（1899）刻本　一冊

220000－0841－0013754　集 3682K
綠夫容閣詩集四卷　（清）汪存撰　清光緒五年（1879）刻本　二冊

220000－0841－0013755　集 3346K
南唐雜事詩一卷　（清）孫榕撰　清光緒二十二年（1896）鉛活字印本　一冊

220000－0841－0013756　史 11698K
和州集一卷　（清）羅錫疇撰　**羅公紀年錄一卷**　（清）羅春騄撰　清刻本　一冊

220000－0841－0013757　集 3961K

聞川綴舊詩二卷 (清)唐佩金撰 清宣統三年(1911)桃花庵鉛活字印本 一册

220000－0841－0013758 集 4192K
南海先生詩集四卷 康有為撰 梁啓超手寫 清宣統三年(1911)石印本 一册

220000－0841－0013759 集 8070K
夢痕仙館詩鈔十卷 (清)張其淦撰 清光緒三十一年(1905)刻本 五册

220000－0841－0013760 集 8083K
郭明經遺集四卷 (清)郭志正撰 清光緒三十四年(1908)刻本 二册

220000－0841－0013761 集 3993K
惜道味齋集三卷 (清)姚大榮撰 清宣統三年(1911)刻本 一册

220000－0841－0013762 集 10497K
潛皖偶錄十一卷 (清)錢麟書撰 清宣統元年(1909)皖垣鉛活字印本 四册

220000－0841－0013763 集 4837K
海藏樓詩一卷 (清)鄭孝胥撰 清光緒三十二年(1906)鉛活字印本 一册

220000－0841－0013764 集 3791K
莫宦草文一卷詩一卷課兒詠一卷侗子隊言一卷 (清)黄壽衮撰 清光緒二十五年(1899)刻本 二册

220000－0841－0013765 集 9388K
退掃閒軒尺牘待政不分卷 (清)張國蘭撰 清抄本 一册

220000－0841－0013766 集 4748K
乖庵文錄一卷 (清)秦樹聲撰 清光緒三十四年(1908)刻本 一册

220000－0841－0013767 集 8415K
萬物炊累室駢文一卷 (清)沈同芳撰 清光緒木活字印本 一册

220000－0841－0013768 集 10617K
江壇集二卷湘壇集二卷 (清)易順鼎撰 清光緒二十五年(1899)刻本 二册

220000－0841－0013769 集 11072F
江壇集二卷 (清)易順鼎撰 清光緒二十五年(1899)刻本 一册

220000－0841－0013770 集 9497K
竹石山房詩草一卷 (□)□□撰 清抄本 一册

220000－0841－0013771 集 9329K
臨江樓詩鈔五卷 (清)□□撰 清抄本 一册

220000－0841－0013772 集 3821K
裒碧齋詩五卷詞一卷雜文一卷 (清)陳鋭撰 清光緒二十一年(1895)刻本 二册

220000－0841－0013773 集 3849K
裒碧齋詩集一卷詞一卷 (清)陳鋭撰 清光緒三十四年(1908)鉛活字印本 一册

220000－0841－0013774 集 3232K
鐵船文集一卷詩集一卷附錄一卷 (清)黎昌韓撰 清光緒十七年(1891)刻本 一册

220000－0841－0013775 集 3970F
孤圓山莊詩賸十種十卷 (清)陳瀏撰 清宣統二年(1910)鉛印寂園叢書本 一册 存四種

220000－0841－0013776 集 4615F
鬪杯堂詩集一卷杯隱堂詩集一卷杯史一卷葒廬詩集一卷 (清)陳瀏撰 清宣統二年(1910)鉛印寂園叢書本 一册

220000－0841－0013777 集 3747K
雁影齋詩存一卷 (清)李希聖撰 清光緒三十一年(1905)京師刻本 一册

220000－0841－0013778 集 3704K
頤巢類稿三卷 (清)陶邵學撰 清宣統三年(1911)刻本 一册

220000－0841－0013779 集 10043K
綴學堂初稿四卷 (清)陳漢章撰 清光緒十九年(1893)刻本 四册

220000－0841－0013780 集 9535K
寥天一閣文二卷 (清)譚嗣同撰 清光緒二

十三年(1897)金陵刻東海褰冥氏三十以前舊學四種本　一冊

220000－0841－0013781　集 3110K
莽蒼蒼齋詩二卷　(清)譚嗣同撰　清光緒二十三年(1897)金陵刻東海褰冥氏三十以前舊學四種本　一冊

220000－0841－0013782　集 3794K
艾廬遺稿六卷　(清)邵曾鑑撰　清光緒二十三年(1897)刻本　二冊

220000－0841－0013783　集 3715K
恩兄樓文稿一卷爨餘稿一卷　(清)羅長裿撰　清光緒刻本　一冊

220000－0841－0013784　集 4781K
楚望閣詩集十卷　(清)程頌萬撰　清光緒二十七年(1901)寧鄉程氏刻十髮盦類稿本　二冊

220000－0841－0013785　集 3308K
平養堂文編十卷　(清)王龍文撰　清宣統二年(1910)刻本　四冊

220000－0841－0013786　集 10509K
勞生草二卷　(清)呂傳愷撰　清刻本　一冊

220000－0841－0013787　集 3765K
繡墨軒詩稿一卷詞稿一卷　(清)俞慶曾撰　清光緒二十三年(1897)刻本　一冊

220000－0841－0013788　集 3563K
麻園遺集一卷　(清)謝烺樞撰　**硯廬初稿一卷**　(清)謝掄元撰　清宣統元年(1909)鉛活字印本　一冊

220000－0841－0013789　集 4256K
環天室古近體詩類選五卷後集一卷　(清)曾廣鈞撰　清宣統二年(1910)刻本　二冊

220000－0841－0013790　集 3946K
黛韵樓遺集八卷　(清)薛紹徽撰　**陳孝女遺集四卷**　(清)陳芸撰　清宣統三年(1911)刻本　六冊

220000－0841－0013791　集 4402K
慎宜軒文五卷　(清)姚永概撰　清光緒三十四年(1908)靈護室鉛活字印本　一冊

220000－0841－0013792　集 4532K
師鄭堂集六卷　孫雄撰　清光緒十七年(1891)木活字印本　四冊

220000－0841－0013793　集 4117K
鄭齋漢學文編六卷　孫雄撰　清光緒三十四年(1908)鉛活字印本　二冊

220000－0841－0013794　集 4533K
師鄭堂駢體文存二卷　孫雄撰　清光緒二十一年(1895)刻本　一冊

220000－0841－0013795　集 4247K
鄭齋芻論一卷　孫雄撰　清鉛活字印本　一冊

220000－0841－0013796　集 4246K
鄭齋類稿一卷　孫雄撰　清至民國鉛活字印本　一冊

220000－0841－0013797　集 3798K
潛廬篋存草四卷　(清)沈景謨撰　清光緒二十一年(1895)武昌刻本　二冊

220000－0841－0013798　集 3263K
覺顛冥齋內言不分卷　(清)唐才常撰　清光緒刻本　二冊

220000－0841－0013799　集 4133K
眉韻樓詩三卷　孫雄撰　清光緒三十年(1904)刻本　一冊

220000－0841－0013800　集 3953K
通雅齋叢稿八卷　(清)成本璞撰　清宣統元年(1909)武林刻本　四冊

220000－0841－0013801　集 3962K
策軒文編六卷　(清)蔣寶誠撰　清宣統元年(1909)木活字印本　四冊

220000－0841－0013802　集 3658K
莫宦草不分卷　(清)黃壽衮撰　清光緒二十五年(1899)刻本　二冊

220000－0841－0013803　集 8827K
李舍人遺集一卷　(清)李結撰　清光緒二十

年(1894)刻本　一冊

220000－0841－0013804　集3769K
李舍人遺集一卷　(清)李結撰　清光緒二十二年(1896)宗鄴堂刻本　一冊

220000－0841－0013805　集3163K
滋樹室遺集六卷　(清)李經達撰　清光緒三十年(1904)刻本　四冊

220000－0841－0013806　集9783K
味雪堂遺草一卷　(清)林賀峒撰　清光緒三十三年(1907)鉛活字印本　一冊

220000－0841－0013807　集3394K
洗蕉吟館詩鈔一卷詞鈔一卷　(清)戴青撰　清宣統二年(1910)惲炳孫影印本　一冊

220000－0841－0013808　集3807K
征途紀事初集十二卷二集六卷出塞稿二卷　(清)陳鴻章撰　清光緒二十年(1894)刻本　七冊

220000－0841－0013809　集3211K
紉佩僊館唫鈔一卷　(清)趙瀛撰　清光緒十三年(1887)木活字印本　一冊

220000－0841－0013810　集3551K
蕉雨山房詩鈔八卷蕉雨山房集唐四卷集句附編一卷　(清)丁堯臣撰　清光緒七年(1881)刻本　五冊

220000－0841－0013811　集10101K
五山草堂夯編二卷　(清)龍令憲撰　清光緒三十四年(1908)刻本　一冊

220000－0841－0013812　集3651K
眠琴閣詩鈔七卷詞鈔一卷　(清)史悠咸撰　清光緒二十年(1894)廣州刻本　二冊

220000－0841－0013813　集3820K
遠明文集六卷　(清)朱士煥撰　清光緒三十三年(1907)鉛活字印本　一冊

220000－0841－0013814　集4089K
喁于館詩草二卷　(清)言敦源撰　清光緒三十四年(1908)鉛活字印本　一冊

220000－0841－0013815　集9391K
想鶴齋雜著不分卷　(清)□□撰　清抄本　二冊

220000－0841－0013816　集9494K
青箱文鈔一卷　(清)王泰階撰　清抄本　一冊

220000－0841－0013817　史7280K
東場錄不分卷　(清)□□撰　清至民國抄本　五冊

220000－0841－0013818　集10455K
覆瓿糊窗不分卷　題(清)愛蓮氏撰　清抄本　一冊

220000－0841－0013819　集10018K
鈍庵偶成草不分卷　題鈍庵撰　清宣統稿本　一冊

220000－0841－0013820　集8842K
紅鵝館尺牘四卷　(□)□□撰　清宣統元年(1909)索笑書屋抄本　四冊

220000－0841－0013821　集9080K
瓶守堂詩鈔二卷　(清)潘譽恩撰　清光緒三十四年(1908)刻本　一冊

220000－0841－0013822　集3601K
可園詩鈔一卷　(清)三多撰　清抄本　一冊

220000－0841－0013823　集9394K
分綠牕詩存一卷　(清)瞿師周撰　清抄本　一冊

220000－0841－0013824　集3959K
蜕龕詩集四卷　董玉書撰　清宣統元年(1909)鉛活字印本　一冊

220000－0841－0013825　集09397K
食舊齋詩錄一卷　(清)徐冰撰　清抄本　一冊

220000－0841－0013826　集9332K
吟風醉月軒詩草一卷　(清)□□撰　清抄本　一冊

220000－0841－0013827　集10015K

香餘草堂詩鈔一卷　(清)宋月江撰　清光緒刻本　一册

220000－0841－0013828　集4406K
金陵賦一卷　(清)程先甲撰　清光緒二十三年(1897)傅春官刻本　一册

220000－0841－0013829　集4572K
金陵賦一卷　(清)程先甲撰　清宣統二年(1910)刻本　一册

220000－0841－0013830　集4577K
程一夔文乙集四卷　(清)程先甲撰　清宣統二年(1910)千一齋刻本　二册

220000－0841－0013831　集3446K
思歸草一卷息游草一卷　(清)沈敬學撰　清光緒刻本　一册

220000－0841－0013832　集3463K
悦庵詩賸二卷　(清)沈敬學撰　清刻本　一册

220000－0841－0013833　集9639K
遯庵詩稿一卷續一卷補一卷團録山房詩餘一卷　(清)曹希璨撰　**雙桂園遺稿二卷**　(清)林一枝撰　清宣統三年(1911)木活字印本　一册

220000－0841－0013834　集10238K
飲冰室壬寅文集十八卷　梁啓超撰　清光緒二十九年(1903)上海維新社石印本　十六册

220000－0841－0013835　集4731F
小三吾亭文甲集一卷詩四卷詞二卷附一卷　冒廣生撰　清光緒二十七年(1901)如皋冒氏刻如皋冒氏叢書本　三册

220000－0841－0013836　集3285K
快雪軒文鈔不分卷　(清)錢振鍠撰　清光緒十八年(1892)木活字印本　一册

220000－0841－0013837　集3411K
飛素閣遺詩一卷　(清)梁靄撰　清光緒二十六年(1900)刻本　一册

220000－0841－0013838　集4602K
那處詩鈔四卷　(清)蔣楷撰　清宣統三年(1911)濟南刻本　一册

220000－0841－0013839　集4504K
退舟詩稿不分卷　(清)周貞亮撰　清宣統三年(1911)石印本　一册

220000－0841－0013840　集3989K
感秋集一卷　(清)林黻楨撰　清宣統元年(1909)鴻文恒記局鉛活字印本　一册

220000－0841－0013841　集10444K
京華百二竹枝詞不分卷　夏患生撰　清宣統二年(1910)北京益森公司鉛印遇園雜著本　一册

220000－0841－0013842　集10168K
秋瑾遺稿遺事不分卷　(清)秋瑾撰　清石印本　一册

220000－0841－0013843　集3324K
檗隖詩存二卷詞存一卷檗隖詩存卷之末一卷　(清)王以敏撰　清光緒刻本　二册

220000－0841－0013844　集4993K
印鴻吟草二卷　(清)彭元瑾撰　清光緒鉛活字印本　一册

220000－0841－0013845　集4528K
靜庵文集一卷　王國維撰　清光緒三十一年(1905)鉛活字印本　一册

220000－0841－0013846　集3717K
富春山館遺集詩鈔一卷賦鈔一卷　(清)嚴京治撰　清光緒二十四年(1898)刻本　一册

220000－0841－0013847　集3457K
小雅樓詩集八卷遺文二卷　(清)鄧方撰　清光緒二十六年(1900)廣州刻本　五册

220000－0841－0013848　集9156K
詞苑珠塵一卷　(清)何震彝輯　清光緒三十三年(1907)鉛活字印本　一册

220000－0841－0013849　集3968K
鞮芬室近詩一卷　(清)何震彝撰　清宣統元年(1909)鉛活字印本　一册

220000－0841－0013850　集4207F

戊丁詩存一卷　(清)陳霞章撰　清宣統元年(1909)京師鉛活字印本　一冊

220000－0841－0013851　集4649K
鴛嬗媛舫詩三卷花雨樓詞二卷　(清)陳祖善撰　清光緒三十三年(1907)西安刻本　一冊

220000－0841－0013852　集4076K
袖海集二卷　(清)葉玉森撰　清宣統二年(1910)鉛活字印本　一冊

220000－0841－0013853　集4715K
吉林紀事詩四卷首一卷末一卷　(清)沈兆禔撰　清宣統三年(1911)金陵鉛活字印本　二冊

220000－0841－0013854　集10413K
西樓遺稿算草一卷詩一卷　(清)江熹撰　清光緒二十八年(1902)江氏一溉齋刻本　一冊

220000－0841－0013855　集3568K
劍霜龕吟稿四卷鴻影樓詩記一卷補遺一卷　(清)秦寶鑑撰　清宣統元年(1909)鉛活字印本　一冊

220000－0841－0013856　集8160K
宜春館詩選一卷別集一卷　(清)李靖國撰　清光緒三十一年(1905)木活字印本　一冊

220000－0841－0013857　集3915K
滬江商業市景詞四卷　題(清)頤安主人撰　清光緒三十二年(1906)石印本　四冊

220000－0841－0013858　集3768K
霓清閣袖中詩本二卷擁翠詞稿一卷　(清)朱福清撰　清光緒十九年(1893)刻本　一冊

220000－0841－0013859　集3282K
貞復堂集十三卷　(清)黄濴之撰　清光緒十七年(1891)刻本　四冊

220000－0841－0013860　集8165K
蒙山仙館詩鈔二卷　題(清)掃花散人撰　清光緒二十三年(1897)刻本　二冊

220000－0841－0013861　集3646K
鶴壽山房詩集四卷　(清)李子榮撰　清光緒二十五年(1899)刻本　二冊

220000－0841－0013862　集3293K
堇廬遺稿二卷　(清)王賓基撰　清宣統二年(1910)鉛活字印本　一冊

220000－0841－0013863　集8515K
篁韻盦詩鈔六卷　(清)顧森書撰　清光緒三十一年(1905)刻本　二冊

220000－0841－0013864　集4078K
代農堂文藁八卷　(清)陳繼訓撰　清宣統元年(1909)鉛活字印本　二冊

220000－0841－0013865　集4994K
龍泉餘瀋一卷　(清)彭元瑾撰　**鶴樓社吟二卷**　(清)李壽蓉撰　清光緒鉛活字印本　一冊

220000－0841－0013866　叢1262K
屈賈文合編　(清)夏獻雲輯　清光緒三年(1877)、四年(1878)、七年(1881)長沙刻本　十冊

220000－0841－0013867　善2128
陶李合刻九卷　(明)王錫袞輯　明白鹿齋刻本　六冊

220000－0841－0013868　叢0970K
三家宫詞三卷二家宫詞二卷　(明)毛晉輯　清同治十二年(1873)淮南書局刻本　一冊

220000－0841－0013869　叢976K
五家宫詞　(明)毛晉輯　清光緒五年(1879)授經堂刻本　四冊

220000－0841－0013870　善3804
十家宫詞十二卷　(清)倪燦編　清康熙二十八年(1689)胡介祉貞曜堂刻乾隆八年(1743)史開基重修本　一冊

220000－0841－0013871　叢1216K
啓禎宫詞合刻二卷　(清)瞿紹基輯　清嘉慶十六年(1811)海虞瞿氏鐵琴銅劍樓刻本　四冊

220000－0841－0013872　集7669K
乾坤正氣集　(清)姚瑩等撰　清道光二十八年(1848)涇縣潘氏袁江節署刻同治五年

(1866)新建吳坤修皖江印本　二百册

220000－0841－0013873　集0810K
唐宋十大家全集錄　(清)儲欣編　清光緒八年(1882)江蘇書局刻本　三十二册

220000－0841－0013874　叢1323
唐宋八家詩五十二卷　(清)姚培謙輯　清雍正五年(1727)遂安堂刻本　十二册

220000－0841－0013875　善1783
詩詞雜俎十二種二十五卷　(明)毛晉編　明天啓、崇禎毛氏汲古閣刻清寒松堂印本　十二册　缺一卷(元宫詞一)

220000－0841－0013876　善2422
御選宋金元明四朝詩三百二卷首二卷姓名爵里十三卷　(清)張豫章等輯　清康熙四十八年(1709)揚州詩局刻本　六十册

220000－0841－0013877　善2471
三家詠物詩三卷　(清)賀光烈編　清康熙五十三年(1714)刻本　一册

220000－0841－0013878　善0935
晉二俊文集二十卷　(宋)徐民瞻輯　明萬曆刻漢魏諸名家集本　八册

220000－0841－0013879　善0934
晉二俊文集二十卷　(宋)徐民瞻輯　明天啓汪士賢刻漢魏六朝二十一名家集本　四册

220000－0841－0013880　善1666
漢魏六朝一百三家集　(明)張溥輯　明崇禎張溥刻本　六十四册

220000－0841－0013881　集2803K
漢魏六朝百三名家集　(明)張溥輯　清光緒五年(1879)彭懋謙信述堂刻本　一百六册

220000－0841－0013882　集1974K
漢魏六朝百三名家集　(明)張溥輯　清光緒十八年(1892)長沙謝氏翰墨山房刻本　一百册

220000－0841－0013883　集5757K
漢魏六朝百三名家集　(明)張溥輯　清光緒十八年(1892)長沙謝氏翰墨山房刻民國十三年(1924)湖南古書流通處印本　七十二册

220000－0841－0013884　集10123K
漢魏六朝百三名家集　(明)張溥輯　清光緒十八年(1892)南雅書局刻本　一百册

220000－0841－0013885　善1559
六朝詩集　(明)薛應旂輯　明嘉靖刻本　二十四册

220000－0841－0013886　集9519K
漢魏六朝名家初刻　丁福保輯　清宣統三年(1911)無錫丁氏鉛活字印本　二册　存四種九卷(王仲宣集三卷、陳孔璋集一卷、徐偉長集一卷、阮嗣宗集四卷)

220000－0841－0013887　叢1034K
六朝四家全集　(清)胡鳳丹輯　清同治九年(1870)永康胡氏退補齋刻本　八册

220000－0841－0013888　集9004
初唐四傑集　(清)項家達輯　清乾隆四十六年(1781)星渚項氏刻本　八册

220000－0841－0013889　集8640K
初唐四傑集　(清)項家達輯　清同治十二年(1873)叢雅居鄒氏刻本　六册

220000－0841－0013890　善1572
前唐十二家詩二十四卷　(明)許自昌輯　明萬曆三十一年(1603)霏玉軒刻本　十八册

220000－0841－0013891　叢1099K
初唐四傑文集二十一卷　(清)□□輯　清光緒五年(1879)淮南書局刻本　四册

220000－0841－0013892　善1557
十二家唐詩二十四卷　(明)張遜業編　明嘉靖三十一年(1552)江都黄埻東壁圖書府刻本　二十四册

220000－0841－0013893　善0006
李杜全集四十七卷　(明)許自昌輯　明萬曆三十年(1602)刻本　十六册

220000－0841－0013894　叢0565K
唐人五十家小集　(清)江標輯　清光緒二十一年(1895)江標靈鶼閣刻南宋書棚本　十

六冊

220000－0841－0013895　叢1091K

唐人三家集　(清)秦恩復輯　清道光十年(1830)江都秦恩復石研齋影宋刻本　四冊

220000－0841－0013896　集11361

唐人三家集二十六卷　(清)秦恩復輯　清道光十年(1830)秦氏石研齋影宋刻本　八冊

220000－0841－0013897　集9513K

唐人三家集　(清)秦恩復輯　清宣統三年(1911)影印道光秦氏石研齋刻本　八冊

220000－0841－0013898　集7769K

唐四家詩集　(清)胡鳳丹輯　清同治九年(1870)永康胡氏退補齋刻本　六冊

220000－0841－0013899　善1596

唐詩緒箋三十四卷　(明)程元初輯箋　(明)陶望齡等參訂　明刻本　四冊　存二十四卷(盛唐風緒箋十二卷、盛唐雅緒箋十二卷)

220000－0841－0013900　善1017、善1046

元白長慶集一百四十一卷　(明)馬元調輯　明萬曆松江馬元調刻本　二十冊

220000－0841－0013901　善1614

盛唐四名家集二十四卷　(明)凌濛初輯　明凌濛初刻朱墨套印本　十二冊

220000－0841－0013902　善1041

盛唐四名家集二十四卷　(明)凌濛初輯　明凌濛初刻朱墨套印本　六冊　存三種十五卷(李長吉歌詩四卷、外集一卷、孟東野詩集十卷)

220000－0841－0013903　善1560

唐人四集十二卷　(明)毛晉編　明崇禎毛氏汲古閣刻本　二冊

220000－0841－0013904　善1562

唐六名家集四十二卷　(明)毛晉編　明崇禎毛氏汲古閣刻本　七冊

220000－0841－0013905　善1053

唐六名家集四十二卷　(明)毛晉編　明崇禎毛氏汲古閣刻本　二冊　存十一卷(常建詩集三卷、附錄一卷,鮑溶詩六卷;外詩一卷)

220000－0841－0013906　善1561

唐人八家詩四十二卷　(明)毛晉編　明崇禎十二年(1639)毛氏汲古閣刻本　十冊

220000－0841－0013907　善1626

唐人選唐詩八種二十三卷　(明)毛晉編　明崇禎元年(1628)毛氏汲古閣刻本　十二冊

220000－0841－0013908　集1671

中晚唐詩紀六十二卷　(清)龔賢編　清半畝園刻本　十二冊

220000－0841－0013909　集5381

十種唐詩選十七卷唐賢三昧集三卷　(清)王士禛輯　清康熙三十一年(1692)南芝堂刻本　四冊

220000－0841－0013910　集8010

唐詩百名家全集三百二十六卷　(清)席啓寓輯　清康熙四十一年(1702)琴川書屋刻光緒八年(1882)重修本　六十四冊

220000－0841－0013911　叢0969

唐四家詩八卷　(清)汪立名輯　清康熙三十四年(1695)汪立名刻本　六冊

220000－0841－0013912　集8618K

王孟詩評　(宋)劉辰翁評　清光緒五年(1879)巴陵方氏碧琳琅館刻朱墨套印本　四冊

220000－0841－0013913　集8228K

三唐人集　(清)馮焌光輯　清光緒元年至二年(1875－1876)南海馮氏讀有用書齋刻本　六冊

220000－0841－0013914　善1565

蘇門六君子文粹七十卷　題(宋)陳亮編　明崇禎六年(1633)胡濳武林刻本　二十冊

220000－0841－0013915　集4669K

蘇黃詩詞小簡　(宋)蘇軾　(宋)黃庭堅撰　清宣統元年(1909)上海書坊石印本　四冊

220000－0841－0013916　叢1194K

西江詩派韓饒二集　沈曾植輯　清宣統二年

(1910)姚埭沈氏倣宋刻本　二冊

220000－0841－0013917　叢0804K

南宋羣賢小集　(宋)陳起輯　(清)顧修重輯　清嘉慶六年(1801)石門顧氏讀畫齋刻本　九十六冊

220000－0841－0013918　集11174F

南宋羣賢小集　(宋)陳起輯　(清)顧修重輯　清嘉慶六年(1801)顧氏讀畫齋刻本　二十四冊　存十二種二十九卷

220000－0841－0013919　集8011K

三宋人集　(清)方功惠輯　清光緒七年(1881)巴陵方氏碧台州館刻本　六冊

220000－0841－0013920　善1547

宋詩抄初集九十五卷　(清)吕留良等編　清康熙十年(1671)吳氏鑑古堂刻本　三十二冊

220000－0841－0013921　叢1320

宋十五家詩選十六卷　(清)陳訏編　清康熙三十二年(1693)刻本　八冊

220000－0841－0013922　善2364

宋百家詩存二十卷　(清)曹庭棟編　清乾隆六年(1741)曹氏二六書堂刻本　二十冊

220000－0841－0013923　集8814K

集宋賢詩不分卷　(清)孔昭焜輯　清孔氏利于不息齋抄本　四冊

220000－0841－0013924　叢0409K

石蓮盦彙刻九金人集　(清)吳重憙輯　清光緒山東海豐吳氏刻本　三十六冊

220000－0841－0013925　善1574

元人集十種六十一卷　(明)毛晉編　明崇禎十一年(1638)毛氏汲古閣刻本　十四冊

220000－0841－0013926　善1576

元四大家詩二十七卷　(明)毛晉編　明崇禎毛氏汲古閣刻本　十六冊

220000－0841－0013927　善2074

盛明百家詩三百二十四卷　(明)俞憲編　明嘉靖、隆慶刻本　二冊

220000－0841－0013928　叢1267K

弘正四傑集　(清)張祖同輯　清光緒二十一年(1895)長沙張氏湘雨樓刻本　十六冊

220000－0841－0013929　集8356K

明四子詩集　嚴嶽蓮輯　清光緒三十三年(1907)渭南嚴氏刻本　三十二冊

220000－0841－0013930　善1624

翠娱閣評選皇明十六名家小品三十二卷　(明)陸雲龍編　明崇禎六年(1633)崢霄館刻本　三十二冊

220000－0841－0013931　善1608、善1609

翠娱閣評選行笈必攜十種二十一卷　(明)陸雲龍編　明崇禎陸雲龍刻本　九冊　缺一卷(詩最二)

220000－0841－0013932　叢0965

選明四大家詩集四集　(清)藍庚生編　明崇禎八年(1635)刻本　四冊

220000－0841－0013933　善1208

雲二韓詩十八卷　(清)曹炳曾編　清康熙五十五年(1716)曹氏城書室刻本　六冊

220000－0841－0013934　善3408

詩慰二集十家十一卷　(清)陳允衡編　清順治澄懷閣刻本　一冊

220000－0841－0013935　善1695

百名家詩選八十九卷　(清)魏憲輯　清康熙十年(1671)魏氏枕江堂刻本　二十四冊

220000－0841－0013936　集8639

百名家詩選八十九卷　(清)魏憲輯　清康熙枕江堂刻本　十六冊　存七十四卷(一至三、十至七十二、七十八至八十五)

220000－0841－0013937　善2894

慎墨堂名家詩品□□卷　(清)鄧漢儀編　清康熙刻本　四冊　存四卷(蜀道集二卷、愚山詩抄二卷)

220000－0841－0013938　叢0966

二家詩抄二十卷　(清)邵長蘅編　清康熙三十四年(1695)刻本　十二冊

220000－0841－0013939　集 8602
八家詩選八卷　(清)吳之振編　清康熙十一年(1672)吳氏鑑古堂刻本　八册

220000－0841－0013940　善 1748
國朝三家文抄三十二卷　(清)宋犖　(清)許汝霖編　清康熙三十三年(1694)刻本　十册

220000－0841－0013941　集 4916
宗冷二子合刻文五卷　(清)高東生輯　清康熙刻本　一册

220000－0841－0013942　集 10184K
國初十家詩抄　(清)王相輯　清道光十年(1830)信芳閣木活字印本　十六册

220000－0841－0013943　集 8346
國朝六家詩抄八卷　(清)劉執玉輯　清乾隆三十二年(1767)刻本　三册

220000－0841－0013944　集 8344
七子詩選十四卷　(清)沈德潛編　清乾隆十八年(1753)刻本　二册

220000－0841－0013945　集 5415
七子詩選十四卷　(清)沈德潛編　清乾隆三十二年(1767)刻本　二册

220000－0841－0013946　集 8743K
友聲集　(清)王相輯　清咸豐八年(1858)信芳閣刻本　八册

220000－0841－0013947　叢 0874
國朝二十四家文抄二十四卷　(清)徐斐然輯　清乾隆六十年(1795)刻本　六册

220000－0841－0013948　集 5462
驢背拾遺　(清)董楷輯　清乾隆二十四年(1759)刻本　二册

220000－0841－0013949　集 8424F
友聲集　(清)王相輯　清咸豐八年(1858)信芳閣刻本　一册　存五種九卷

220000－0841－0013950　叢 0687F
國朝名人著述叢編　(清)□□輯　清光緒五年(1879)上海淞隱閣鉛活字印本　四册　存十種十卷

220000－0841－0013951　叢 0946K
國朝六家詩抄　(清)劉執玉輯　清光緒九年(1883)汗青簃刻本　八册

220000－0841－0013952　叢 0962K
蔣氏四種六十四卷　(清)蔣士銓撰　清同治刻本　三十册

220000－0841－0013953　集 8261K
碧雲存稿彙抄　(清)釋煥然輯　清嘉慶十二年(1807)刻本　一册

220000－0841－0013954　叢 1170K
同岑五家詩抄　(清)曾燠輯　清道光九年(1829)刻本　二册

220000－0841－0013955　集 11169F
儀鄭堂文二卷　(清)孔廣森撰　**述學二卷**　(清)汪中撰　清嘉慶、道光刻文選樓叢書本　一册

220000－0841－0013956　集 5750K
涵通樓師友文抄　(清)唐啓華輯　清咸豐四年(1854)臨桂唐氏涵通樓刻本　八册

220000－0841－0013957　集 10201K
柳堂師友詩錄初編　(清)李長榮輯　清同治刻本　十八册　缺三十三種

220000－0841－0013958　集 8649K
柳堂師友詩錄初編　(清)李長榮輯　清同治二年(1863)刻本　六册　存五十四種五十四卷

220000－0841－0013959　集 5491K
三子詩選　(清)蔡壽祺輯　清咸豐七年(1857)京師刻本　一册

220000－0841－0013960　集 5534K
國朝閨閣詩抄　(清)蔡殿齊輯　清道光二十四年(1844)嫏嬛別館刻本　十册

220000－0841－0013961　集 5202K
小重山房叢書　(清)張祥河輯　清道光刻本　七册　存七種十卷

220000－0841－0013962　叢 1305K
苔岑集初刊　(清)蔣榮渭輯　清道光三十年

(1850)吳縣蔣氏味清堂刻本　六冊　存七種十八卷

220000－0841－0013963　集 10713K
集梅花詩　(清)張吳曼　(清)張山農輯　清光緒張汝翼刻本　二冊

220000－0841－0013964　集 8069F
集梅花詩　(清)張吳曼輯　清光緒張汝翼刻本　二冊　存十種十一卷

220000－0841－0013965　集 0005K
易堂九子文抄　(清)彭玉雯輯　清道光十七年(1837)刻本　十二冊

220000－0841－0013966　集 8308K
汪羅彭薛四家合抄　(清)國學扶輪社輯　清宣統二年(1910)上海國學扶輪社鉛印、民國四年(1915)再版印本　六冊

220000－0841－0013967　集 1723K
清代六朝御製詩文全集　(清)奕訢等輯　清光緒五年(1879)内府鉛活字印本　五百四十二冊

220000－0841－0013968　集 10379K
宮閨豔集六卷　(清)唐桂輯　清光緒三十二年(1906)山西濬文書局鉛活字印本　一冊

220000－0841－0013969　集 8755K
八家四六文抄　(清)吳鼒輯　清嘉慶三年(1798)較經堂刻本　八冊

220000－0841－0013970　集 8435K
陸陳二先生詩文抄　(清)葉裕仁輯　清同治、光緒刻本　八冊

220000－0841－0013971　叢 1139K
戴段合刻　(清)張壽榮輯　清光緒十年(1884)鎮海張壽榮刻本　十冊

220000－0841－0013972　叢 0988K
國朝十家四六文抄　王先謙輯　清光緒十五年(1889)長沙王氏刻本　四冊

220000－0841－0013973　集 3754K
巖棲梅菴詩合刻　(清)陳鷴輯　清光緒二十九年(1903)滇南刻本　一冊

220000－0841－0013974　叢 0894K
林上雅音集　(清)冒俊輯　清光緒十年(1884)如皋冒氏如不及齋刻本　十冊

220000－0841－0013975　集 10383K
彙訂書四種　(清)□□輯　清刻本　一冊

220000－0841－0013976　叢 1130F
二家詠古詩一卷二家試帖二卷　(清)張之洞　樊增祥撰　**二家詞抄五卷**　(清)李慈銘　樊增祥撰　清光緒二十八年(1902)樊氏刻樊山集本　二冊

220000－0841－0013977　集 8904K
二家詠古詩一卷廣雅賦帖一卷　(清)張之洞　樊增祥撰　**畫妃亭試帖一卷**　樊增祥撰　清光緒二十八年(1902)刻朱印樊山集本　一冊

220000－0841－0013978　叢 0123K
微尚齋叢刻　汪兆鏞輯　清宣統至民國番禺汪氏微尚齋刻本　六冊

220000－0841－0013979　善 1511
玉臺新詠十卷　(南朝陳)徐陵輯　明崇禎六年(1633)趙均刻本　一冊

220000－0841－0013980　善 2054
玉臺新詠十卷　(南朝陳)徐陵輯　**玉臺新詠續五卷**　(明)鄭玄撫輯　明嘉靖二十二年(1543)楊士開刻本　二冊　存十卷(一至五、續五卷)

220000－0841－0013981　善 2119
玉臺新詠十卷　(南朝陳)徐陵輯　(清)馮舒校定　(清)馮班固點　清康熙五十三年(1714)馮鰲刻本　二冊

220000－0841－0013982　善 1638
玉臺新詠十卷　(南朝陳)徐陵輯　清康熙刻本　十冊

220000－0841－0013983　善 1519
玉臺新詠十卷　(南朝陳)徐陵輯　(清)吳兆宜注　(清)程際盛刪補　清乾隆三十九年(1774)程氏稻香樓刻本　二冊

220000－0841－0013984　善 2056
樂府詩集一百卷　(宋)郭茂倩輯　元至正元年(1341)集慶路儒學刻明修本　二册　存十二卷(十八至二十三、五十一至五十六)

220000－0841－0013985　善 1444
樂府詩集一百卷目録二卷　(宋)郭茂倩輯　明毛氏汲古閣刻本　十二册

220000－0841－0013986　集 5377
樂府詩集一百卷　(宋)郭茂倩輯　明毛氏汲古閣刻本　十册

220000－0841－0013987　集 5300K
樂府詩集一百卷　(宋)郭茂倩輯　清同治十三年(1874)湖北崇文書局刻本　十六册

220000－0841－0013988　集 5395K
增補重訂千家詩註解二卷新鐫五言千家詩箋註二卷　(宋)謝枋得選　(清)王相注　**諸各家百壽詩一卷贈賀詩一卷百花詩一卷**　(清)王相選輯　清光緒十七年(1891)掃葉山房刻本　二册

220000－0841－0013989　集 8309
分門纂類唐宋時賢千家詩選二十二卷　(宋)劉克莊輯　清康熙四十五年(1706)揚州詩局刻楝亭藏書十二種本　四册

220000－0841－0013990　集 5533
瀛奎律髓四十九卷　(宋)方回輯　清康熙刻本　二十四册

220000－0841－0013991　善 1706
瀛奎律髓四十九卷　(元)方回輯　清康熙五十一年(1712)吴寶芝刻本　十册

220000－0841－0013992　集 5459
瀛奎律髓四十九卷　(元)方回輯　清康熙五十一年(1712)吴寶芝刻本　八册

220000－0841－0013993　善 3441
紫陽方先生瀛奎律髓四十九卷　(元)方回輯　清康熙四十九年(1710)陳士泰刻本　十一册　存四十三卷(一至三、十至四十九)

220000－0841－0013994　集 7923K
瀛奎律髓刊誤四十九卷　(元)方回原撰　(清)紀昀批點　清嘉慶五年(1800)李光垣嘉定丞署刻本　十二册

220000－0841－0013995　善 1537
詩紀一百三十卷前集十卷外集四卷别集十二卷　(明)馮惟訥輯　明嘉靖三十九年(1560)甄敬陝西刻本　十八册　存九十卷

220000－0841－0013996　善 1529
詩紀一百五十六卷目録三十六卷　(明)馮惟訥輯　明萬曆吴琯等金陵刻本　三十六册

220000－0841－0013997　善 1446
詩刪二十三卷　(明)李攀龍輯　(明)鍾惺　(明)譚元春評　明閔刻套印本　五册

220000－0841－0013998　善 1635
詩宿二十八卷詩人考世二卷　(明)劉一相輯　明萬曆三十六年(1608)刻本　二十四册

220000－0841－0013999　善 1445
漢魏詩乘二十卷吴詩一卷　(明)梅鼎祚輯　明萬曆十一年(1583)刻清梅墅石渠閣印本　六册

220000－0841－0014000　善 1541
詩所五十六卷歷代名氏爵里一卷　(明)臧懋循輯　明萬曆三十一年(1603)刻本　二十四册　缺書末六葉

220000－0841－0014001　善 1522
詩歸五十一卷　(明)鍾惺　(明)譚元春輯　明萬曆四十五年(1617)刻本　八册

220000－0841－0014002　集 5439
詩歸五十一卷　(明)鍾惺　(明)譚元春輯　(明)王錫深重訂　明崇禎十三年(1640)刻本　十二册　缺二十四卷(唐詩歸十三至三十六)

220000－0841－0014003　善 2164
花鏡雋聲十六卷韻語一卷　(明)馬嘉松輯　明天啓四年(1624)刻本　一册　存四卷(貞集六至八、韻語一卷)

220000－0841－0014004　善 1535

古樂府十卷 (元)左克明輯 明刻本 四冊

220000－0841－0014005 集1532
古樂府十卷 (元)左克明輯 明嘉靖二十三年(1544)蕭一中刻本 四冊

220000－0841－0014006 集5445K
漁洋山人古詩選三十二卷 (清)王士禛選 清同治五年(1866)金陵書局刻本 八冊

220000－0841－0014007 集8018K
漁洋山人古詩選三十二卷 (清)王士禛選輯 清光緒七年(1881)山西濬文書局刻本 八冊

220000－0841－0014008 集5446K
漁洋山人古詩選三十二卷 (清)王士禛選
惜抱軒今體詩選十八卷 (清)姚鼐選 清同治五年(1866)金陵書局刻本 十冊

220000－0841－0014009 集8302K
漁洋山人古詩選三十二卷 (清)王士禛選
惜抱軒今體詩選十八卷 (清)姚鼐選 清同治五年(1866)金陵書局刻本 十冊

220000－0841－0014010 集5336
阮亭選古詩三十二卷 (清)王士禛輯 清康熙天藜閣刻本 四冊

220000－0841－0014011 善2283
阮亭選古詩三十二卷 (清)王士禛輯 清康熙天藜閣刻本 八冊

220000－0841－0014012 集5338
古詩箋三十二卷 (清)王士禛輯 (清)聞人倓箋 清乾隆三十一年(1766)芷蘭堂刻本 十四冊

220000－0841－0014013 善1439
五言詩十七卷七言詩歌行十五卷 (清)王士禛輯 (清)翁方綱重訂 清嘉慶十年(1805)刻蘇齋叢書本 十冊

220000－0841－0014014 集8145
文選詩抄四卷 (清)吳學濂等輯 清康熙五十八年(1719)刻本 二冊

220000－0841－0014015 集5492
本事詩十二卷 (清)徐釚輯 清康熙十一年(1672)刻乾隆二十二年(1757)重修本 四冊

220000－0841－0014016 集5490F
本事詩十二卷 (清)徐釚編 清光緒刻邵武徐氏叢書本 四冊

220000－0841－0014017 集5476
近代詩抄五言律十三卷附二卷向山詩抄一卷 (清)周京撰輯 清康熙十一年(1672)周氏向山堂刻本 六冊

220000－0841－0014018 集5470
詠物詩選八卷 (清)俞琰輯 清雍正寧儉堂刻本 四冊

220000－0841－0014019 集5425
榕村詩選八卷首一卷 (清)李光地輯 清雍正七年(1729)方觀杭州臬署刻本 二冊 缺一卷(首一卷)

220000－0841－0014020 集8301
詩倫一卷 (清)汪薇輯 清康熙五十六年(1717)寒木草堂刻本 四冊

220000－0841－0014021 集5324K
詩倫四卷 (清)汪薇輯 清同治六年(1867)呂氏柳塘書屋廣州刻本 四冊

220000－0841－0014022 善1898
詩禪不分卷 (明)石萬程輯 明崇禎八年(1635)刻本 八冊

220000－0841－0014023 集10644
采菽堂古詩選三十八卷補遺四卷 (清)陳祚明評選 清康熙刻乾隆十三年(1748)印本 五冊 存十卷(一至十)

220000－0841－0014024 善1520
采菽堂古詩選三十八卷補遺四卷 (清)陳祚明評選 清康熙武林翁氏刻本 二十冊

220000－0841－0014025 善3549
詩林韶濩選二十卷 (清)顧嗣立輯 (清)周煌重選 清乾隆五十六年(1791)周興岱刻本 四冊

220000－0841－0014026 善1514

五七言今體詩抄十八卷　(清)姚鼐輯　清嘉慶三年(1798)刻本　二册

220000－0841－0014027　善 2488
五七言今體詩抄十八卷　(清)姚鼐輯　清嘉慶十三年(1808)刻本　一册　存九卷(七言今體詩抄一至九)

220000－0841－0014028　善 1508
七言律詩十八卷　(清)翁方綱輯　清乾隆四十七年(1782)復齋刻蘇齋叢書本　四册

220000－0841－0014029　善 1888
石倉十二代詩選　(明)曹學佺輯　明崇禎刻本　一百七十五册　存四百七十卷

220000－0841－0014030　善 1887
石倉十二代詩選　(明)曹學佺輯　明崇禎刻本　十六册　存四十卷(明詩次集一至四十)

220000－0841－0014031　善 1932
石倉十二代詩選　(明)曹學佺輯　明崇禎刻本　五十三册　存二百十卷

220000－0841－0014032　善 1754
御定歷代題畫詩類一百二十卷　(清)陳邦彥輯　清康熙四十六年(1707)内府刻本　三十二册

220000－0841－0014033　善 2928
多歲堂古詩存八卷　(清)成書選評　清道光十一年(1831)多歲堂刻本　四册

220000－0841－0014034　善 1700
佩文齋詠物詩選四百八十六卷　(清)高輿等輯　清康熙四十六年(1707)内府刻本　六十四册

220000－0841－0014035　善 3533
賞音編六卷首一卷　(清)孟永棻輯並注　清乾隆二十四年(1759)刻本　二册

220000－0841－0014036　善 3280
歷朝制帖詩選同聲集十二卷賦選同聲集四卷　(清)胡浚選注　**玉堂清課一卷**　(清)張麟錫撰　(清)胡浚注　清乾隆二十二年至二十三年(1757－1758)敷文書院刻本　十二册

220000－0841－0014037　集 8824
歷朝制帖詩選同聲集十二卷　(清)胡浚選注　**玉堂清課一卷**　(清)張麟錫撰　(清)胡浚注　清乾隆二十二年(1757)浙江敷文書院刻本　四册

220000－0841－0014038　集 5319
詩鏡九十四卷　(明)陸時雍輯評　明名山聚刻本　二十四册

220000－0841－0014039　善 3439
買愁集四卷　(清)錢尚濠輯　清刻本　二册　存二卷(一、三)

220000－0841－0014040　集 5323
詩苑天聲二十二卷　(清)范興良輯並評　清順治十七年(1660)刻本　十册

220000－0841－0014041　善 4221
詩原一集四卷二集五卷三集五卷四集四卷五集七卷　(清)顧大申輯　清刻本　一册　存二卷(三集四至五)

220000－0841－0014042　集 5219
六朝選詩定論十八卷　(清)吳淇撰　清康熙九年(1670)刻本　八册

220000－0841－0014043　集 5423K
古唐詩合解古詩四卷唐詩十二卷　(清)王堯衢注　清道光六年(1826)掃葉山房刻本　六册

220000－0841－0014044　集 9551K
古唐詩合解古詩四卷唐詩十二卷　(清)王堯衢註　清李光明莊刻本　六册

220000－0841－0014045　集 5322K
八代詩揆五卷補遺一卷　(清)陸奎勳輯　清嘉慶三年(1798)嘉興沈氏宜茶别畫之軒刻本　二册

220000－0841－0014046　集 8807
古詩源十四卷　(清)沈德潛輯　清康熙五十八年(1719)霽月山房刻本　四册

220000－0841－0014047　集 9991K
古詩源十四卷　(清)沈德潛輯　清光緒十七

年(1891)湖南經濟書局刻本　六冊

220000－0841－0014048　善2348
歷代詩發四十二卷　(清)范大士評選　清康熙三十七年(1698)虛白山房刻本　十二冊

220000－0841－0014049　集10550K
御選唐宋詩醇四十七卷　(清)梁詩正等編　清光緒七年(1881)江蘇書局刻本　二十冊

220000－0841－0014050　集10552K
御選唐宋詩醇四十七卷　(清)梁詩正等輯　清光緒七年(1881)譚鍾麟浙江刻本　二十冊

220000－0841－0014051　集5731K
御選唐宋詩醇四十七卷　(清)梁詩正等輯　清光緒二十一年(1895)上海鴻文書局石印本　十六冊

220000－0841－0014052　集5765K
歷朝詩約選九十二卷　(清)劉大櫆輯　清光緒二十三年(1897)文徵閣刻本　二十四冊

220000－0841－0014053　集5435K
惜抱軒今體詩選十八卷　(清)姚鼐選　清同治五年(1866)金陵書局刻本　二冊

220000－0841－0014054　集5330K
古詩賞析二十二卷　(清)張玉穀選解　清乾隆三十七年(1772)刻民國十四年(1925)蘇州振新書店重印本　六冊

220000－0841－0014055　集5321K
讀詩類編十八卷　(清)張映漢選評　清嘉慶十九年(1814)述敬堂刻本　八冊

220000－0841－0014056　集10420K
宛鄰書屋古詩錄十二卷　(清)張琦輯　清同治八年(1869)刻本　四冊

220000－0841－0014057　集8025K
歷朝古體近體詩箋評自知集十三卷　(清)柴友誠選　清道光八年(1828)寶研齋刻本　八冊

220000－0841－0014058　集11254K
詩比興箋四卷　(清)陳沆輯並箋　清光緒九年(1883)彭祖賢刻本　二冊

220000－0841－0014059　善2828
宋金元詩詠二十卷補遺二卷　(清)吳綺輯　清康熙十七年(1678)刻本　二十冊

220000－0841－0014060　集5519
宋金元詩選六卷　(清)吳翌鳳輯　清乾隆五十八年(1793)吳氏古歡堂刻本　四冊

220000－0841－0014061　集5528
宋金元詩選六卷　(清)吳翌鳳輯　清乾隆五十八年(1793)刻斯雅堂印本　四冊

220000－0841－0014062　集5550K
宋元明詩三百首二卷宋元明詩五七言摘句一卷　(清)朱梓　(清)冷昌言輯　清咸豐三年(1853)虞山顧氏家塾刻本　二冊

220000－0841－0014063　集10421K
宋元明詩約抄三百首二卷姓氏小傳一卷　(清)朱梓　(清)冷昌言編輯　(清)華黼臣注　清同治四年(1865)刻本　一冊

220000－0841－0014064　集5549K
宋元明詩約抄三百首二卷宋元明詩五七言摘句一卷　(清)朱梓　(清)冷昌言輯　清光緒南京李光明莊刻本　二冊

220000－0841－0014065　集5458K
方壺合編二卷　(清)蕭應櫆選輯　清道光十一年(1831)刻本　四冊

220000－0841－0014066　集5688K
乾坤正氣集二十卷　(清)顧沅輯　清道光二十三年(1843)長洲顧氏藝海樓刻本　四冊

220000－0841－0014067　集10251K
看詩隨錄八十八卷目錄五卷　(清)高靜選輯　清光緒二十二年(1896)高氏繼善堂刻本　二十冊

220000－0841－0014068　集5438K
三十家詩抄六卷　(清)曾國藩輯　(清)王定安增輯　清同治十三年(1874)傳忠書局刻本　六冊

220000－0841－0014069　集5456K
三十家詩抄六卷　(清)曾國藩輯　(清)王定

安增輯　清同治十三年(1874)都門刻本　六册

220000－0841－0014070　集11060K
歷朝二十五家詩錄三十七卷首一卷　(清)鄒湘倜編輯　清光緒元年(1875)新化鄒氏得頤堂刻本　五册　存七卷(一至三、十三、十八、二十四,首一卷)

220000－0841－0014071　集5544K
小學弦歌八卷　(清)李元度輯　清光緒五年(1879)刻本　四册

220000－0841－0014072　集5481K
方外詩選八卷　(清)釋含澈輯　清光緒三年(1877)新繁龍藏寺綠天蘭若刻本　六册

220000－0841－0014073　集5441K
八代詩選二十卷　王闓運輯　清光緒七年(1881)四川尊經書局刻民國三十一年(1942)程天放重印本　六册

220000－0841－0014074　集5443K
八代詩選二十卷　王闓運輯　清光緒十六年(1890)江蘇書局刻本　八册

220000－0841－0014075　集5428K
願堂古體詩錄二卷近體詩錄二卷　周貞亮錄　清宣統三年(1911)、民國元年(1912)抄本　一册

220000－0841－0014076　善4003
時令詩林尤雅十二卷　(清)鄒廷忠輯　清乾隆四十七年(1782)畊經樓刻本　四册

220000－0841－0014077　集8681
重訂歷朝詩選簡金集八卷　(清)章薇輯　(清)章深重編　清乾隆五十九年(1794)章氏披芸閣刻本　十册

220000－0841－0014078　善0639
樂府津逮三卷　(清)曾廷枚輯　清嘉慶刻藤嶼裘書本　一册

220000－0841－0014079　善2853
歷朝賦格三集十五卷　(清)陸棻輯　清康熙二十五年(1686)學古堂刻本　九册　缺一卷(上集五)

220000－0841－0014080　集5506
歷朝賦楷八卷首一卷　(清)王修玉撰注　清康熙文盛堂、致和堂刻本　六册

220000－0841－0014081　善3446
御定歷代賦彙一百四十卷外集二十卷逸句二卷補遺二十二卷目錄三卷　(清)陳元龍輯　清康熙四十五年(1706)内府刻本　四十八册

220000－0841－0014082　集10941
賦彙錄要箋異二十八卷補遺一卷補題注一卷外集一卷　(清)吳光昭撰　清乾隆汲古齋刻本　十二册

220000－0841－0014083　善1717
賦抄箋略十五卷　(清)雷琳　(清)張杏濱箋　清乾隆三十一年(1766)刻本　八册

220000－0841－0014084　善1670
古賦識小錄八卷　(清)王芑孫輯　清嘉慶二十一年(1816)衣言堂彭氏刻本　二册

220000－0841－0014085　集5502K
七十家賦抄六卷　(清)張惠言輯　清光緒八年(1882)廣東載文堂刻本　四册

220000－0841－0014086　集5505K
七十家賦抄六卷　(清)張惠言輯　清光緒二十三年(1897)江蘇書局刻本　五册

220000－0841－0014087　集10389K
律賦正宗不分卷附編一卷　(清)潘世恩編輯　清道光二年(1822)鳳池園吳郡刻本　一册

220000－0841－0014088　集5339K
選註六朝唐賦二卷　(清)馬傳庚選註　清光緒十四年(1888)南陵徐氏餘學齋刻本　二册

220000－0841－0014089　集7772
漢詩音注十卷古今韻考四卷　(清)李因篤撰　清康熙三十六年(1697)王梓刻本　六册

220000－0841－0014090　集11149K
漢詩音註十卷　(清)李因篤撰　清光緒六年(1880)今雨樓刻本　二册

220000－0841－0014091　善 1390
漢詩統箋三卷　(清)陳本禮撰　清嘉慶十五年(1810)刻陳氏叢書本　一册

220000－0841－0014092　集 4941K
月午樓古詩十九首詳解二卷　(清)饒學斌撰　清光緒元年(1875)饒書升閩中刻本　二册

220000－0841－0014093　集 11224K
漢鐃歌釋文箋正一卷　王先謙撰　清同治十一年(1872)王氏虚受堂刻本　一册

220000－0841－0014094　善 1278
五柳賡歌四卷　(晉)陶潛撰　(明)周履靖和韻　明萬曆金陵荆山書林刻夷門廣牘本　二册

220000－0841－0014095　善 1527
松陵集十卷　(唐)皮日休　(唐)陸龜蒙撰　明毛氏汲古閣刻本　六册

220000－0841－0014096　善 1528
松陵集十卷　(唐)皮日休　(唐)陸龜蒙撰　明毛氏汲古閣刻本　六册

220000－0841－0014097　善 1549
河嶽英靈集三卷　(唐)殷璠輯　明崇禎毛氏汲古閣刻唐人選唐詩八種本　三册

220000－0841－0014098　集 11267K
河嶽英靈集二卷　(唐)殷璠輯　清光緒四年(1878)賴豐烈揚州刻本　二册

220000－0841－0014099　集 5328K
唐中興間氣集二卷　(唐)高仲武編　**新雕校證大字白氏諷諫一卷**　(唐)白居易撰　清光緒十九年(1893)武進費氏影宋刻本　一册

220000－0841－0014100　善 2554
才調集十卷　(三國蜀)韋縠輯　(清)馮舒　(清)馮班評　清康熙四十三年(1704)汪氏垂雲堂刻本　四册

220000－0841－0014101　善 2918
才調集十卷　(三國蜀)韋縠輯　(清)馮舒　(清)馮班評　清康熙四十三年(1704)汪氏垂雲堂刻本　四册

220000－0841－0014102　善 1613
才調集十卷　(三國蜀)韋縠輯　(清)馮舒　(清)馮班評　清康熙四十三年(1704)汪氏垂雲堂刻本　四册

220000－0841－0014103　集 7679
才調集補注十卷　(三國蜀)韋縠輯　(清)殷元勳箋注　(清)宋邦綏補注　清乾隆五十八年(1793)思補堂刻本　六册

220000－0841－0014104　集 5282K
才調集補註十卷　(三國蜀)韋縠輯　(清)馮舒　(清)馮班評點　(清)殷元勳箋注　(清)宋邦綏補注　清光緒二十年(1894)江蘇書局刻本　四册

220000－0841－0014105　善 3189
玉堂才調集三十一卷　(清)于明舉輯　清康熙刻本　十册

220000－0841－0014106　善 1564
萬首唐人絕句一百一卷　(宋)洪邁輯　明嘉靖十九年(1540)陳敬學德星堂刻本　二十册

220000－0841－0014107　善 1477
唐人萬首絕句選七卷　(清)王士禛選輯　清康熙四十七年(1708)刻本　二册

220000－0841－0014108　集 5385
唐詩英華二十二卷　(清)顧有孝輯　清順治刻本　八册

220000－0841－0014109　善 1479
唐風采十卷論一卷　(清)張揔輯　清嘉慶元年(1796)雨花草堂刻本　十二册

220000－0841－0014110　善 1582
近體秋陽十七卷　(清)譚宗輯　清金閶天錄閣刻本　二册

220000－0841－0014111　善 0324
杜韓詩句集韻三卷　(清)汪文柏輯　清康熙四十六年(1707)汪氏古香樓刻本　八册

220000－0841－0014112　善 1570
宋洪魏公進萬首唐人絕句四十卷目錄四卷　(宋)洪邁輯　明萬曆三十五年(1607)趙宧光

刻本　十二册

220000－0841－0014113　善1796

箋注唐賢三體詩法二十卷　（宋）周弼輯　（元）釋圓至注　明刻本　四册

220000－0841－0014114　善1039

唐僧弘秀集十卷　（宋）李龏輯　清汲古閣刻本　四册

220000－0841－0014115　善1590

新刻翰林考正京本句解唐詩鼓吹四卷　（金）元好問輯　（元）郝天挺注　（明）李廷機考正　明萬曆福建書林鄭世豪宗文書舍刻本　四册

220000－0841－0014116　集5379

唐詩鼓吹十卷　（金）元好問輯　（元）郝天挺注　（明）廖文炳解　清順治十六年（1659）陸貽典、錢朝鼒等刻本　四册　存八卷（一至八）

220000－0841－0014117　集5366

唐詩鼓吹十卷　（金）元好問輯　（元）郝天挺注　（明）廖文炳解　清乾隆五十七年（1792）三多齋刻本　四册

220000－0841－0014118　善1660

唐音十五卷　（元）楊士弘輯　（明）顧璘批點　明崇禎三年（1630）吳鉞西爽堂刻本　六册

220000－0841－0014119　善2367

唐詩品彙拾遺十卷　（明）高棅輯　明嘉靖刻本　十册

220000－0841－0014120　善1531

唐詩品彙九十卷拾遺十卷詩人爵里詳解一卷　（明）高棅輯　明刻本　二十册

220000－0841－0014121　善1591

唐詩品九十卷拾遺十卷詩人爵詳節一卷　（明）高棅輯　（明）張恂重訂　明張恂刻本　二十册

220000－0841－0014122　善0011

唐詩正聲二十二卷　（明）高棅輯　明刻本　十册

220000－0841－0014123　善1423

唐音戊籤二百一卷餘諸國主持一卷餘閏六十三卷　（明）胡震亨輯　清康熙胡氏南益刻本（統籤卷八百七至八百十七抄配）　三十四册

220000－0841－0014124　善1525

唐詩歸三十六卷　（明）鍾惺　（明）譚元春評　明閔氏刻三色套印詩歸本　十八册

220000－0841－0014125　善2464

唐詩韻匯不分卷　（清）施端教輯　清康熙嘯閣刻本　四十一册

220000－0841－0014126　善1494

唐詩快十六卷　（清）黄周星輯　清康熙刻本　十册

220000－0841－0014127　集5352

貫華堂選批唐才子詩甲集七言律八卷　（清）金人瑞輯　（清）金雍注　清刻本　十二册

220000－0841－0014128　善1879

增奇集□□卷　題（明）紫霞洞天懶仙輯　明宣德九年（1434）刻本　八册　存九卷（一至九）

220000－0841－0014129　集11145K

唐賢三體詩句法六卷　（宋）周弼輯　（元）釋圓至注　（清）高士奇補注　（清）何焯評　清光緒十二年（1886）夏時瀘州鹽局刻套印本　二册

220000－0841－0014130　集5421K

疊山先生注解章泉澗泉二先生選唐詩五卷　（宋）趙蕃（章泉）　（宋）韓淲（澗泉）同選　（宋）謝枋得注解　清光緒二十一年（1895）桂垣書局刻本　一册

220000－0841－0014131　集11258K

王孟詩評九卷　（宋）劉辰翁評　清光緒五年（1879）方氏碧台州館刻朱墨套印本　四册

220000－0841－0014132　集5329

而菴説唐詩二十二卷首一卷　（清）徐增輯並撰説　清康熙九誥堂刻本　五册

220000－0841－0014133　善3418

而菴說唐詩二十二卷首一卷　(清)徐增輯並撰說　清謙益堂刻本　十二册

220000－0841－0014134　集5432

唐賢三昧集三卷　(清)王士禛輯　清康熙二十七年(1688)刻本　一册

220000－0841－0014135　集10547K

唐賢三昧集三卷　(清)王士禛編　(清)吳煊　(清)胡棠輯注　(清)黄培芳評　清光緒九年(1883)翰墨園刻朱墨套印本　三册

220000－0841－0014136　集5370K

唐賢三昧集三卷刊誤一卷　(清)王士禛選本　(清)吳煊　(清)胡棠輯注　(清)鍾登鰲勘誤　清光緒十一年(1885)番禺任壽昌刻本　六册

220000－0841－0014137　善1523

李于鱗唐詩廣選七卷　(明)李攀龍輯　(明)凌弘憲輯評　明凌氏刻朱墨套印本　四册　存四卷(一至四)

220000－0841－0014138　集5361

唐詩合選七卷　(明)李攀龍輯　(明)蔣一葵箋　(明)鍾惺　(明)譚元春評　**詩韻輯要五卷**　(明)李攀龍編輯　清傳經樓刻本　八册

220000－0841－0014139　善2343

雅音會編十二卷　(明)康麟輯　明嘉靖二十四年(1545)瀋藩勉學書院刻本　十二册

220000－0841－0014140　集7828

唐詩類苑二百卷　(明)張之象輯　明萬曆二十九年(1601)曹仁孫刻清咸豐五年(1855)王謙恒重修本　四十八册

220000－0841－0014141　集8744

庚補箋釋批評唐詩直解七卷首一卷　(明)李攀龍原撰　(明)葉羲昂直解　(明)蔣一葵箋釋　(明)鍾惺批評　**庚訂箋釋批評古詩直解十二卷首一卷**　(明)葉羲昂選解　(明)鍾惺　(明)譚元春評　(明)詹廷對箋釋　清古吳大盛堂刻本　六册

220000－0841－0014142　善1513

唐詩解五十卷詩人爵里詳節一卷　(明)唐汝詢輯　明萬曆四十三年(1615)楊鶴刻本　八册

220000－0841－0014143　集5351

唐詩解五十卷詩人爵里一卷　(明)唐汝詢輯　清順治十六年(1659)趙孟龍萬笈堂刻本　十二册

220000－0841－0014144　集5350

刪訂唐詩解二十四卷　(明)唐汝詢輯　(清)吳昌祺評　清康熙四十年(1701)誦懿堂刻本　六册

220000－0841－0014145　善1554

唐詩紀一百七十卷目錄三十四卷　(明)黄德水　(明)吳琯輯　明萬曆十三年(1585)吳琯刻本　三十册

220000－0841－0014146　善1538

唐詩紀一百七十卷目錄三十四卷　(明)黄德水　(明)吳琯輯　明萬曆十三年(1585)吳琯刻本　三十二册

220000－0841－0014147　善1539

唐樂府十八卷　(明)吳勉學輯　明萬曆刻本　四册

220000－0841－0014148　善2376

唐詩三集合編七十四卷首一卷　(明)沈子來輯　明天啓四年(1624)寧遠山房刻本　十二册

220000－0841－0014149　善1698

御定全唐詩錄一百卷　(清)徐倬　(清)徐元正輯　清康熙四十五年(1706)揚州詩局刻本　四十册

220000－0841－0014150　善1693

全唐詩九百卷　(清)曹寅等輯　清康熙四十六年(1707)揚州詩局刻本　一百二十册

220000－0841－0014151　集2551

全唐詩九百卷　(清)曹寅等輯　清刻本　一百二十册

220000－0841－0014152　集10136K

全唐詩三十二卷　(清)曹寅等輯　清光緒十三年(1887)上海同文書局石印本　三十二册

220000－0841－0014153　善 1672

御選唐詩三十二卷目錄三卷　(清)聖祖玄燁輯　(清)陳廷敬等輯注　清康熙五十二年(1713)武英殿朱墨套印本　十五册

220000－0841－0014154　集 5341

唐詩別裁集十卷　(清)沈德潛　(清)陳培脈選　清康熙五十六年(1717)碧梧書屋刻本　六册

220000－0841－0014155　善 1577

重訂唐詩別裁集二十卷　(清)沈德潛輯　清乾隆二十八年(1763)教忠堂刻本　二十册

220000－0841－0014156　集 10359K

唐詩別裁集引典備註二十卷　(清)沈德潛選　(清)俞汝昌增註　清光緒二十四年(1898)上海觀瀾閣石印本　八册

220000－0841－0014157　集 5367K

唐詩體經六卷　(清)吳廷偉輯　(清)顧元標註　清嘉慶二十二年(1817)刻本　四册

220000－0841－0014158　善 1553

中晚唐詩叩彈集十二卷續集三卷　(清)杜詔　(清)杜庭珠輯　清康熙四十三年(1704)采山亭刻本　七册

220000－0841－0014159　集 5348

中晚唐詩叩彈集十二卷續集三卷　(清)杜詔　(清)杜庭珠輯　清康熙四十三年(1704)采山亭刻本　六册

220000－0841－0014160　集 5340K

中晚唐詩叩彈集十二卷續集三卷　(清)杜詔　(清)杜庭珠輯　清寶仁堂刻本　六册

220000－0841－0014161　集 5344

全唐詩抄八十卷補遺十六卷　(清)吳成儀輯　清乾隆二十四年(1759)璜川書屋刻本　二十册

220000－0841－0014162　集 5440K

全唐詩抄八十卷補遺十六卷　(清)吳成儀輯　清嘉慶十三年(1808)刻本　十二册

220000－0841－0014163　善 3465

唐詩金粉十卷　(清)沈炳震輯　清雍正二年(1724)冬讀書齋刻本　四册

220000－0841－0014164　善 3165

應試唐詩類釋十九卷　(清)臧岳選注　清乾隆三十三年(1768)三樂齋刻本　八册

220000－0841－0014165　集 5347

唐詩箋要八卷後集八卷　(清)吳瑞榮輯　清乾隆金陵三樂齋、三多齋刻本　四册

220000－0841－0014166　集 5368

唐詩繹三十卷　(清)楊逢春輯　清乾隆三十九年(1774)紉香書屋刻本　八册

220000－0841－0014167　善 2468

唐詩韻音箋注五卷　(清)沈廷芳輯　(清)吳壽禎　(清)吳元治注　清乾隆二十三年(1758)賜書堂刻本　二册

220000－0841－0014168　集 8391

唐詩韻音箋注六卷　(清)沈廷芳輯　(清)吳壽禎　(清)吳元治注　清乾隆刻本　二册

220000－0841－0014169　集 5363

唐人五言排律詩論三卷　(清)蔣鵬翮編釋　清康熙五十四年(1715)刻乾隆二十二年(1757)印本　四册

220000－0841－0014170　善 2580

唐詩贯珠六十卷　(清)胡以梅輯並箋釋　清康熙五十四年(1715)胡氏素心堂刻本　十二册

220000－0841－0014171　善 2340

唐五言六韻詩豫四卷　題(清)花豫樓主人輯　清康熙五十四年(1715)花豫樓刻本　二册　存二卷(一至二)

220000－0841－0014172　善 1579

中晚唐人七言絕句不分卷　題(清)汪祓江輯　清乾隆二十年(1755)陳法祖刻本　二册

220000－0841－0014173　集 5375

唐人五言長律清麗集六卷　(清)徐曰璉

(清)沈士駿輯　清乾隆二十二年(1757)刻本　二册

220000－0841－0014174　集 5426
大歷詩略六卷　(清)喬億輯　清乾隆三十七年(1772)刻本　四册

220000－0841－0014175　集 5353
網師園唐詩箋十八卷　(清)宋宗元輯並箋注　清乾隆三十三年(1768)尚絅堂刻本　十二册

220000－0841－0014176　集 8340
唐詩觀瀾集二十四卷唐人小傳一卷　(清)李因培選評　(清)凌應曾編注　清乾隆二十四年(1759)刻本　十册

220000－0841－0014177　集 5420K
唐詩三百首註疏六卷　(清)蘅塘退士(孫洙)編　(清)章燮注　清道光漁古山房刻本　二册

220000－0841－0014178　集 10391K
唐詩三百首註疏六卷　(清)蘅塘退士(孫洙)編　(清)章燮注　清道光二十一年(1841)桐石山房刻本　六册

220000－0841－0014179　集 5383K
唐詩三百首註疏六卷續選二卷　(清)蘅塘退士(孫洙)編　(清)章燮注　清光緒二十年(1894)北京文成堂刻本　八册

220000－0841－0014180　集 5384K
唐詩三百首補注八卷　(清)蘅塘退士(孫洙)編　(清)陳婉俊補注　清光緒十一年(1885)四籐吟社刻本　四册

220000－0841－0014181　集 8638K
中晚唐詩主客圖二卷　(清)李懷民評選　清嘉慶十八年(1813)退思軒刻本　二册

220000－0841－0014182　集 10114K
讀雪山房唐詩三十四卷　(清)管世銘輯　清光緒十二年(1886)湖北官書處刻本　十二册

220000－0841－0014183　集 5362K
唐詩近體四卷　(清)胡本淵評選　清光緒十七年(1891)南京李光明莊刻本　二册

220000－0841－0014184　集 10194K
唐詩選八卷　王闓運撰　清光緒二年(1876)成都尊經書局刻民國三十一年(1942)重修本　六册

220000－0841－0014185　集 5364K
唐詩諧律二卷　(清)沈寶青輯　清光緒十六年(1890)沈氏歸安官舍刻本　二册

220000－0841－0014186　善 1118
西崐詶唱集二卷　(宋)楊億輯　清康熙四十七年(1708)長州朱俊升刻本　一册

220000－0841－0014187　集 8381K
二李唱和集一卷　(宋)李昉　(宋)李至撰　清光緒十五年(1889)貴陽陳氏日本影宋刻本　一册

220000－0841－0014188　集 6244K
坡門酬唱二十三卷　(宋)邵浩編　清宣統三年(1911)貴池劉世珩刻玉海堂景宋叢書本　四册

220000－0841－0014189　集 10393
濂洛風雅六卷　(元)金履祥輯　清雍正十年(1732)金律刻本　二册

220000－0841－0014190　集 5540
回文類聚四卷首一卷　(宋)桑世昌撰　**織錦回文圖一卷續編十卷**　(清)朱烏賢撰　清康熙裕文堂刻本　五册

220000－0841－0014191　善 1567
南宋群賢詩選十二卷　(清)陸鍾輝輯　清雍正九年(1731)水雲漁屋刻本　四册

220000－0841－0014192　集 5518
宋詩删二卷　(清)邵暠輯　清康熙三十三年(1694)刻本　一册

220000－0841－0014193　善 1556
宋詩異十八卷　(清)汪景龍　(清)姚壎輯　清乾隆三十四年(1769)刻本　四册

220000－0841－0014194　善 1512
中州集十卷首一卷樂府一卷　(金)元好問輯

明毛氏汲古閣刻本　十冊

220000－0841－0014195　集 5451
御定全金詩增補中州集七十二卷首二卷　(金)元好問原本　(清)郭元釪補輯　清康熙刻本　六十四冊　存七十二卷(御定全金詩增補中州集七十二卷)

220000－0841－0014196　集 5453K
中州集十卷中州樂府一卷　(金)元好問輯　清光緒七年(1881)讀書山房刻本　十一冊

220000－0841－0014197　集 5513
金詩選四卷　(清)顧奎光輯　(清)陶玉禾評　清乾隆十六年(1751)刻本　二冊

220000－0841－0014198　集 5551K
金詩選四卷　(清)顧奎光輯　(清)陶玉禾評　清刻乾隆本　二冊

220000－0841－0014199　集 7934K
穀音二卷　(元)杜本輯　清抄本　一冊

220000－0841－0014200　善 1301
千片雪二卷　(元)馮子振詠　(明)周履靖和　**詠梅舊稿一卷**　(明)周履靖撰　明萬曆刻夷門廣牘本　一冊

220000－0841－0014201　集 5117
元詩選初集十集首一卷二集八集三集八集　(清)顧嗣立輯　清康熙三十三年至五十九年(1694－1720)顧氏秀野草堂刻本　四十二冊

220000－0841－0014202　善 1704
元詩選初集十集首一卷　(清)顧嗣立輯　清康熙三十三年(1694)顧氏秀野草堂刻本　十六冊

220000－0841－0014203　集 5515
元詩選六卷補遺一卷　(清)顧奎光輯　清乾隆十六年(1751)刻本　四冊

220000－0841－0014204　集 5509K
元詩選癸集十卷　(清)顧嗣立原編　(清)席世臣補輯　清光緒十四年(1888)席氏掃葉山房刻本　十六冊

220000－0841－0014205　集 5508
金蘭集三卷　(明)徐達左輯　清乾隆二十五年(1760)嶰溪草堂刻本　四冊　存二卷(一至二)

220000－0841－0014206　善 1533
明詩選十二卷首一卷　(明)李攀龍輯　(明)陳子龍增刪　明崇禎豹變齋刻本　六冊

220000－0841－0014207　善 2142
鐫翰林攷正國朝七子詩集注解七卷　(明)李攀龍　(明)王世貞等撰　(明)李廷機考正　明萬曆二十二年(1594)鄭雲竹宗文書舍刻本　一冊

220000－0841－0014208　善 1558
明七子詩選注七卷　(明)李攀龍　(明)王世貞等撰　(清)汪淇　(清)汪洵訂正　清還讀齋刻本　六冊

220000－0841－0014209　善 0670
昭代選屑三十卷　(明)李本緯輯　明萬曆刻本　六冊

220000－0841－0014210　善 1504
明詩選八卷　(明)周詩雅輯　明崇禎元年(1628)刻本　五冊

220000－0841－0014211　善 1581
皇明詩選十三卷　(明)陳子龍等輯　明崇禎十六年(1643)刻本　十三冊

220000－0841－0014212　善 1821
小瀛洲十老社詩六卷　(明)錢孺穀　(明)鍾祖述輯　**瀛洲社十老小傳一卷**　(明)錢孺穀撰　明崇禎十一年(1638)刻清順治補修本　一冊

220000－0841－0014213　集 10643
百名家英華□□卷　(清)顧有孝輯　清康熙刻本　一冊

220000－0841－0014214　善 1741
列朝詩集乾集二卷甲集前編十一卷甲集二十二卷乙集八卷丙集十六卷丁集十六卷閏集六卷　(清)錢謙益輯　清順治九年(1652)毛晉刻本　三十二冊

220000－0841－0014215　善 1687
明詩綜一百卷　(清)朱彝尊輯　清康熙刻雍正朱氏六峰閣印本　三十二册

220000－0841－0014216　集 7376
明詩綜一百卷　(清)朱彝尊輯　清康熙刻本　十八册

220000－0841－0014217　集 7377
明詩綜一百卷　(清)朱彝尊輯　清康熙刻西泠清來堂吴氏印本　三十六册

220000－0841－0014218　善 1847
翠樓集一卷　(清)劉雲份輯　清康熙十二年(1673)野香堂刻本　二册

220000－0841－0014219　善 1578
明詩别裁集十二卷　(清)沈德潛　(清)周准輯　清乾隆四年(1739)刻本　四册

220000－0841－0014220　善 1575
明人詩抄正集十四卷續集十四卷　(清)朱琰輯　清乾隆二十五年(1760)刻本　四册

220000－0841－0014221　善 0813
明詩百一抄十二卷　(清)郭其炳輯　清乾隆三十四年(1769)正誼堂刻本　六册

220000－0841－0014222　善 1534
明三十家詩選初集八卷　(清)汪端輯　清道光二年(1822)汪端自然好學齋刻本　四册

220000－0841－0014223　集 5454K
明三十家詩選初集八卷二集八卷　(清)汪端輯　清同治十二年(1873)藴蘭吟館刻本　八册

220000－0841－0014224　叢 1242K
明三十家詩選初集八卷二集八卷　(清)汪端輯　清刻本　十册

220000－0841－0014225　集 6002K
皇華集類編十卷首一卷末一卷　(明)華察撰　清光緒三年(1877)梁溪華氏自怡小築刻本　四册

220000－0841－0014226　集 5686
詩觀二集閨秀别卷一卷三集閨秀别卷一卷　(清)鄧漢儀輯　清康熙慎墨堂刻本　一册

220000－0841－0014227　集 10763K
石洞貽芳集二卷補遺一卷考異一卷　(明)郭鐵撰　(清)郭鍾儒重輯　(清)胡鳳丹考異　清光緒三年(1877)退補齋刻金華叢書本　二册

220000－0841－0014228　善 1542
詩觀初集十二卷　(清)鄧漢儀輯　清康熙十一年(1672)慎墨堂刻本　六册

220000－0841－0014229　集 10631K
吾炙集一卷　(清)錢謙益輯　清光緒二十八年(1902)怡蘭堂刻本　一册

220000－0841－0014230　集 5410K
吾炙集一卷　(清)錢謙益輯　清光緒三十三年(1907)鉛印佚叢甲集本　一册

220000－0841－0014231　善 2452
詩持一集四卷二集十卷三集十卷　(清)魏憲輯　清康熙十年(1671)枕江堂刻六經堂印本　十六册

220000－0841－0014232　善 1546
篋衍集十二卷　(清)陳維崧輯　清康熙三十六年(1697)蔣國祥蘇州刻本　八册

220000－0841－0014233　善 1509
感舊集十六卷　(清)王士禛輯　(清)盧見曾補傳　清乾隆十七年(1752)盧見曾刻本　八册

220000－0841－0014234　善 1597
詩乘初集十二卷　(清)劉然輯並評　**詩乘發凡一卷**　(清)劉然撰　清康熙玉穀堂刻本　十二册

220000－0841－0014235　善 1443
南宋雜事詩七卷　(清)沈嘉轍等撰　清雍正武林刻本　二册

220000－0841－0014236　善 1442
南宋雜事詩七卷　(清)沈嘉轍等撰　清雍正武林刻本　二册

220000－0841－0014237　集 5489K

南宋雜事詩七卷 (清)沈嘉轍等撰 清同治十一年(1872)淮南書局刻本 二册

220000－0841－0014238 善1615
欽定國朝詩別裁集三十二卷 (清)沈德潛輯評 清乾隆二十六年(1761)刻本 八册

220000－0841－0014239 集4306
欽定國朝詩別裁集三十二卷 (清)沈德潛輯評 清乾隆二十六年(1761)刻本 十六册

220000－0841－0014240 集7928K
國朝詩別裁集三十六卷 (清)沈德潛纂評 清光緒九年(1883)上海點石齋石印本 六册 存十八卷(十九至三十六)

220000－0841－0014241 集5529
國朝詩正聲集七卷首一卷 (清)項章輯 清乾隆三十四年(1769)懷斯堂刻本 八册

220000－0841－0014242 善1584
本朝名媛詩抄六卷 (清)胡孝思 (清)朱珖輯評 清康熙五十五年(1716)凌雲閣刻本 二册

220000－0841－0014243 集5530K
隨園女弟子詩選五卷 (清)袁枚選 清嘉慶元年(1796)刻本 一册

220000－0841－0014244 善3197
國朝律賦揀金錄初刻十二卷二刻十二卷 (清)朱一飛輯 清乾隆四十一年(1776)、五十七年(1792)刻本 八册

220000－0841－0014245 集6080
鳳池集十卷 (清)沈王亮 (清)吳陳琰輯 清康熙四十四年(1705)刻本 四册

220000－0841－0014246 集7795
本朝應制琳琅集十卷首一卷 (清)鄒一桂選評 清乾隆十八年(1753)京都琉璃打磨廠同陞閣刻本 八册

220000－0841－0014247 集5478
禁林集八卷 (清)杭世駿輯 清乾隆二十三年(1758)刻本 四册

220000－0841－0014248 集8268
本朝五言近體瓣香集十六卷 (清)許英輯注 清乾隆二十八年(1763)許璥刻本 四册

220000－0841－0014249 集8154K
湖海詩傳四十六卷 (清)王昶輯 清同治四年(1865)綠蔭堂刻本 十六册

220000－0841－0014250 集5463K
國朝詩十卷外編一卷補六卷 (清)吳翌鳳選 清光緒新陽趙元益刻本 十册

220000－0841－0014251 善1478
懷舊集十二卷續集六卷又續集二卷女士詩錄一卷 (清)吳翌鳳輯 清嘉慶十八年(1813)刻本 十册

220000－0841－0014252 善1715
印須集八卷續集六卷又續集五卷女士詩錄一卷 (清)吳翌鳳輯 清嘉慶刻本 八册

220000－0841－0014253 集8106K
印須集八卷續集六卷又續集六卷女士詩錄一卷 (清)吳翌鳳輯 清嘉慶刻本 五册 缺三卷(又續集一至三)

220000－0841－0014254 集5553
瓠尊集一卷續集一卷 (清)姜恭壽輯 (清)錢標林 (清)蔣宗海評 清乾隆刻本 一册

220000－0841－0014255 集5483K
朋舊遺詩合抄二十二卷續抄一卷 (清)曾燠輯 清嘉慶十年(1805)賞雨茆屋刻本 六册

220000－0841－0014256 集5578K
芸香詩抄十二卷 (清)鄒熊選 清嘉慶十四年(1809)刻本 六册

220000－0841－0014257 集5577K
羣雅二集十二卷 (清)王豫輯 清嘉慶十六年(1811)刻本 二册

220000－0841－0014258 集5543:1
國朝今體詩精選四卷 (清)王豫輯 清嘉慶刻本 一册

220000－0841－0014259 集5568K
國朝閨秀正始集二十卷附錄一卷補遺一卷 (清)惲珠輯 清道光十一年(1831)紅香館刻

本　十二册

220000－0841－0014260　集 8153K
溟鷗集四卷　(清)張鏐等撰　清嘉慶十五年(1810)刻本　一册

220000－0841－0014261　集 5496K
蘭言集二十卷　(清)謝堃選　清道光三年(1823)刻本　十二册

220000－0841－0014262　集 5497K
蘭言二集二十卷　(清)謝堃選　清道光十三年(1833)刻本　六册

220000－0841－0014263　集 11208K
國朝詩鐸二十六卷首一卷　(清)張應昌輯　清同治八年(1869)永康應氏秀芝堂刻本　十四册

220000－0841－0014264　集 5531K
粧樓摘豔十卷首一卷　(清)錢三錫輯　清道光十三年(1833)香雨軒刻本　四册

220000－0841－0014265　集 5527K
蛻翁所見詩錄前編十卷　(清)葉廷琯輯　清光緒六年(1880)吳縣潘祖蔭滂喜齋刻本　十册

220000－0841－0014266　集 9109K
自怡吟草三卷同人題贈一卷　(清)安起東輯　清道光二十三年(1843)刻本　二册

220000－0841－0014267　集 8249K
可作集八卷　(清)王慶勳輯　清道光二十九年(1849)上海王氏刻詒安堂全集本　二册

220000－0841－0014268　集 5555K
劫餘存稿二卷　(清)王鼎詩　(清)吳受藻撰　清同治七年(1868)錢塘汪曾唯振綺堂刻本　一册

220000－0841－0014269　集 5594K
國朝正雅集一百卷　(清)符葆森輯　清光緒三年(1877)務本堂刻本　三十二册

220000－0841－0014270　集 8846K
篤舊集十八卷　(清)劉存仁輯　清咸豐九年(1859)蘭州刻本　八册

220000－0841－0014271　集 5471K
詠樓盍戠集十一卷　(清)沈秉成輯　清同治十年(1871)沈氏刻本　四册

220000－0841－0014272　集 5542K
共賞集一卷共賞集二編一卷　(清)錢辰輯　清光緒三十三年(1907)刻本　二册

220000－0841－0014273　集 5472K
雪鴻偶抄詩四卷詞一卷　(清)倪世珍輯　清光緒四年(1878)吳縣倪氏刻本　二册

220000－0841－0014274　集 10301K
香草集一卷　(清)祝慶雲輯　清光緒九年(1883)蘇州管家園管宅鉛活字印本　一册

220000－0841－0014275　集 5412K
近人詩錄一卷　(清)陳詩輯　清光緒二十九年(1903)上海商務印書館鉛活字印本　一册

220000－0841－0014276　集 5554K
碎錦集不分卷　(清)國魂報社編　清光緒三十四年(1908)鉛活字印本　四册

220000－0841－0014277　集 10204K
國魂叢編　(清)國魂報社編　清宣統鉛活字印本　二册　存四種五卷

220000－0841－0014278　集 5523K
閨秀詩選六卷　(清)王謹輯　清光緒鉛活字印本　一册

220000－0841－0014279　集 5409K
香痕奩影集四卷閨秀一卷　吳仲輯　清宣統元年(1909)鉛活字印本　二册

220000－0841－0014280　集 9851K
道咸同光四朝詩史一斑錄續編十八編　孫雄編　清光緒三十四年(1908)油印本　三十四册　存十七編(二至十八)

220000－0841－0014281　集 10787K
道咸同光四朝詩史甲集八卷首一卷　孫雄輯　清宣統二年(1910)刻本　五册

220000－0841－0014282　集 5408K
一微塵集五卷　何震彝輯　清宣統元年(1909)何氏鞮芬室鉛活字印本　一册

220000－0841－0014283　集 8980K
瀛海探驪集八卷　(清)朱埏之輯　(清)馮泉等註　清嘉慶十九年(1814)刻本　八冊

220000－0841－0014284　集 10390K
雲樣集八卷　(清)高陳謨編　清嘉慶二年(1797)刻本　四冊

220000－0841－0014285　集 8845K
關中書院課士詩四卷　(清)路德輯註　清道光二十三年(1843)經餘堂刻本　二冊

220000－0841－0014286　集 9986K
關中書院課士詩四卷　(清)路德輯註　清光緒十年(1884)聚原堂刻本　四冊

220000－0841－0014287　集 7544K
註釋九家詩十一卷　(清)冒銘輯　(清)魏茂林詳注　清同治元年(1862)寶文堂刻本　六冊

220000－0841－0014288　集 8759K
七家試帖輯注彙抄九卷　(清)王植桂輯注　清同治九年(1870)江左書林刻本　八冊

220000－0841－0014289　集 7558K
增註七家詩彙抄七卷　(清)張熙宇輯評　(清)王植桂輯注　清光緒十八年(1892)上海圖書集成印書局鉛活字印本　四冊

220000－0841－0014290　集 6953K
重註七家詩七卷　(清)劉培棠　(清)劉鐘英輯註　清光緒十五年(1889)刻本　十二冊

220000－0841－0014291　集 5591K
近科分韻館詩初集九卷　王先謙原編　清光緒八年(1882)上海著易堂鉛活字印本　十冊

220000－0841－0014292　集 6952K
青雲集補註六卷　(清)楊逢春　(清)蕭應櫆原本　(清)吳廷藻補註　清光緒十七年(1891)金沙劍光閣刻本　六冊

220000－0841－0014293　集 9941K
青雲集補註六卷　(清)楊逢春　(清)蕭應櫆原本　(清)吳廷藻補註　清光緒十七年(1891)丹陽夏文星堂刻本　六冊

220000－0841－0014294　集 9978K
蘭言詩抄二十卷　(清)彥秀輯　清光緒二十二年(1896)上海中西五彩書局石印本　四冊

220000－0841－0014295　集 5593
竹笑軒賦抄初二集　(清)孫清達輯　清同治六年(1867)緯文堂刻本　四冊

220000－0841－0014296　集 5561K
分類賦鵠十二卷　(清)□□輯　清石印本　七冊　存七卷(二至八)

220000－0841－0014297　集 10410K
飣梨集不分卷　(□)□□輯錄　清抄本　一冊

220000－0841－0014298　善 1648
文選六十卷　(南朝梁)蕭統輯　(唐)李善注　明成化二十三年(1487)唐藩朱芝址刻本　二十四冊

220000－0841－0014299　善 1649
文選六十卷　(南朝梁)蕭統輯　(唐)李善注　明汲古閣刻本　三十二冊

220000－0841－0014300　善 4252
文選六十卷　(南朝梁)蕭統輯　(唐)李善注　清乾隆二十六年(1761)文盛堂刻本　十六冊

220000－0841－0014301　集 5207
文選六十卷　(南朝梁)蕭統輯　(唐)李善注　(清)葉樹藩參訂　清乾隆三十七年(1772)長洲葉氏海錄軒刻朱墨套印本　二十四冊

220000－0841－0014302　善 3488
文選六十卷　(南朝梁)蕭統輯　(唐)李善注　清乾隆五十九年(1794)玉軸樓刻本　十六冊

220000－0841－0014303　善 1661
文選六十卷　(南朝梁)蕭統輯　(唐)李善注　**考異十卷**　(清)胡克家撰　清嘉慶十四年(1809)胡克家刻本　二十四冊

220000－0841－0014304　集 5214K
文選六十卷　(南朝梁)蕭統輯　(唐)李善注

清同治八年(1869)金陵書局刻本　十冊

220000－0841－0014305　集6926K

文選六十卷　(南朝梁)蕭統輯　(唐)李善注　清湖南竹素書局仿汲古閣刻本　十二冊

220000－0841－0014306　集5221K

文選六十卷　(南朝梁)蕭統輯　(唐)李善注　(清)葉樹藩參訂　(清)何焯評點　清羊城翰墨園刻朱墨套印本　十二冊

220000－0841－0014307　集10572K

文選六十卷　(南朝梁)蕭統輯　(唐)李善注　(清)葉樹藩參訂　(清)何焯評點　清雙桂堂刻葉氏海錄軒朱墨套印本　十六冊

220000－0841－0014308　集5212K

文選六十卷　(南朝梁)蕭統輯　(唐)李善注　**考異十卷**　(清)胡克家撰　清同治八年(1869)湖北崇文書局翻印胡氏本　二十四冊

220000－0841－0014309　集5209K

文選六十卷　(南朝梁)蕭統輯　(唐)李善注　清光緒元年(1875)成都尊經書院刻本　十六冊

220000－0841－0014310　集10289K

文選六十卷　(南朝梁)蕭統輯　(唐)李善注　**考異十卷**　(清)胡克家撰　清光緒元年(1875)饒氏雙峰書屋刻朱墨套印本　二十冊

220000－0841－0014311　集5223K

文選五卷　(南朝梁)蕭統輯　(唐)李善注　(明)孫鑛批　**考異十卷**　(清)胡克家撰　清光緒二十一年(1895)上海寶文書局石印嘉慶胡氏刻本　六冊

220000－0841－0014312　集5234K

文選六十卷　(南朝梁)蕭統輯　(唐)李善注　**考異十卷**　(清)胡克家撰　清宣統三年(1911)上海會文堂石印嘉慶胡氏刻本　十六冊

220000－0841－0014313　善2050

六家文選六十卷　(南朝梁)蕭統輯　(唐)李善　(唐)呂延濟等注　明嘉靖十三年至二十八年(1534－1549)吳郡袁褧嘉趣堂刻本　一冊　存二卷(三十八至三十九)

220000－0841－0014314　善3331

六家文選六十卷　(南朝梁)蕭統輯　(唐)李善　(唐)呂延濟等注　明嘉靖十三年至二十八年(1534－1549)吳郡袁褧嘉趣堂刻後印本　二十冊

220000－0841－0014315　善1652

六臣注文選六十卷　(南朝梁)蕭統輯　(唐)李善　(唐)呂延濟等注　**諸儒議論一卷**　(元)陳仁子輯　明刻本　三十冊

220000－0841－0014316　集5227

六臣注文選六十卷　(南朝梁)蕭統輯　(唐)李善　(唐)呂延濟等注　(明)蔣先庚校　明新安潘氏刻蔣先庚重修清梅墅石渠閣印本　三十二冊

220000－0841－0014317　善1664

文選十二卷　(南朝梁)蕭統輯　(明)張鳳翼纂注　明萬曆刻本　十二冊

220000－0841－0014318　善1659

文選十二卷　(南朝梁)蕭統輯　(明)張鳳翼纂注　明萬曆刻本　十二冊

220000－0841－0014319　善1647

梁昭明文選十二卷　(南朝梁)蕭統輯　(明)張鳳翼纂注　明萬曆四十年(1612)刻本　二十四冊

220000－0841－0014320　善1653

梁昭明文選十二卷　(南朝梁)蕭統輯　(明)張鳳翼纂注　清康熙十一年(1672)願好堂刻本　十二冊

220000－0841－0014321　善1646

文選章句二十八卷　(明)陳與郊撰　明萬曆二十五年(1597)刻本　十六冊

220000－0841－0014322　善1644

文選尤十四卷　(南朝梁)蕭統輯　(明)鄒思明評　明天啓二年(1622)三色套印本　十四冊

220000－0841－0014323　善 1662
文選音義八卷　(清)余蕭客撰　清乾隆二十三年(1758)静勝堂刻本　四册

220000－0841－0014324　善 1628
選學膠言二十卷補遺一卷　(清)張雲璈撰　清道光十一年(1831)刻本　八册

220000－0841－0014325　善 1645
文選删十二卷　(明)張溥删　明吴門段君定刻本　十册

220000－0841－0014326　善 1563
選詩補注八卷補遺二卷續編四卷　(元)劉履撰　明嘉靖刻本　四册

220000－0841－0014327　善 1651
選詩三卷補一卷　(明)顧大猷輯　明萬曆二十八年(1600)劉大文刻本　四册

220000－0841－0014328　善 1544
選賦六卷名人世次爵里一卷　(南朝梁)蕭統輯　(明)郭正域評點　明吴興凌氏朱墨套印本　十二册

220000－0841－0014329　集 11351
文選旁證四十六卷　(清)梁章鉅撰　清道光十四年(1834)刻本　十二册

220000－0841－0014330　集 10306K
文選課虚一卷　(清)杭世駿撰　清光緒十年(1884)刻本　二册

220000－0841－0014331　集 5255K
文選課虚四卷　(清)杭世駿撰　清光緒十年(1884)上海同文書局石印本　一册

220000－0841－0014332　集 11259K
文選筆記八卷密齋隨錄一卷　(清)許巽行撰　(清)許嘉德案　清光緒五年至十年(1879－1884)刻本　六册

220000－0841－0014333　集 5213K
文選理學權輿八卷　(清)汪師韓撰　**文選理學權輿補一卷文選考異四卷文選李注補正四卷**　(清)孫志祖撰　清光緒十五年(1889)刻讀畫齋本　八册

220000－0841－0014334　集 5240K
文選集釋二十四卷　(清)朱珔撰　清光緒元年(1875)涇川朱氏梅村家塾刻本　十二册

220000－0841－0014335　集 5222K
文選旁證四十六卷　(清)梁章鉅撰　清光緒八年(1882)吴下刻本　十二册

220000－0841－0014336　集 9695K
選學拾瀋二卷　(清)李詳撰　清光緒二十年(1894)李氏金陵刻本　二册

220000－0841－0014337　集 5244K
文選古字通疏證六卷　(清)薛傳均撰　清道光二十年(1840)揚州刻本　二册

220000－0841－0014338　集 5211K
文選古字通補訓四卷拾遺一卷　(清)吕錦文撰　清光緒二十七年(1901)吕氏懷硯齋刻本　四册

220000－0841－0014339　集 5241K
文選通叚字會四卷　(清)杜宗玉撰　清光緒二十二年(1896)孝感學署刻本　四册

220000－0841－0014340　集 8127K
選樓集句二卷首一卷末一卷　(清)許祥光集　清道光二十年(1840)廣州刻本　一册

220000－0841－0014341　集 5256K
管刻文選集腋二卷　(清)胥斌輯　清光緒十三年(1887)管可壽齋刻本　二册

220000－0841－0014342　集 5215K
文選各家詩集四卷　(清)汪師韓　(清)陳光明輯　清光緒五年(1879)醉經堂刻本　二册

220000－0841－0014343　集 10783K
文館詞林　(唐)許敬宗撰　清光緒十九年(1893)景蘇園刻本　二册　存五卷(一百五十二、三百四十六、四百十四、六百六十五、六百六十九)

220000－0841－0014344　善 1642
文苑英華一千卷　(宋)李昉等輯　明隆慶元年(1567)胡維新、戚繼光刻萬曆六年(1578)、三十六年(1608)遞修本　一百二十七册　缺

八卷(三百十三至三百二十)

220000－0841－0014345　集 4304
文苑英華選六十卷　(清)宮夢仁選　清康熙四十一年(1702)思敬堂刻本　三十二册

220000－0841－0014346　善 3440
文苑英華選六十卷　(清)宮夢仁選　清康熙四十一年(1702)刻本　二十四册

220000－0841－0014347　善 1569
文苑英華辨證十卷　(宋)彭叔夏撰　清乾隆武英殿聚珍版叢書本　一册

220000－0841－0014348　善 1669
古文苑九卷　(宋)□□撰　清嘉慶十四年(1809)孫星衍倣宋刻岱南閣叢書本　四册

220000－0841－0014349　集 6534K
古文苑二十一卷　(□)□□輯　(宋)章樵注　清光緒十二年(1886)江蘇書局刻本　四册

220000－0841－0014350　集 6530K
古文苑二十一卷　(□)□□輯　(宋)章樵註　清四川刻本　六册

220000－0841－0014351　集 5056K
東萊集註類編觀瀾文集甲集二十五卷乙集二十五卷丙集二十卷附考三卷　(宋)林之奇編　(宋)呂祖謙集註　(清)方功惠校　清光緒十年(1884)方氏潮州影刻南宋坊本　十二册

220000－0841－0014352　集 5682K
東萊先生古文關鍵二卷　(宋)呂祖謙評　(宋)蔡文子註　(清)徐樹屏考異　清光緒二十四年(1898)江蘇書局刻本　二册

220000－0841－0014353　善 2108
文章正宗二十四卷　(宋)真德秀輯　元刻本　二十四册

220000－0841－0014354　善 1619
西山先生真文忠公文章正宗二十四卷　(宋)真德秀輯　明嘉靖四十三年(1564)李豸、李磐刻本　二十四册

220000－0841－0014355　集 5749K
文章正宗復刻三十卷續集十二卷　(宋)真德秀輯　清同治三年(1864)刻本　三十册

220000－0841－0014356　集 5696K
謝疊山先生文章軌範七卷　(宋)謝枋得輯　清光緒二十一年(1895)湖北官書處刻三色套印本　二册

220000－0841－0014357　善 1548
妙絕古今不分卷　(宋)湯漢輯　明刻本　四册

220000－0841－0014358　集 5694
文章軌範十卷　(宋)謝枋得輯　(明)鄒守益續輯　明刻本　七册　存七卷(四至十)

220000－0841－0014359　善 1689
秦漢文八卷　(明)胡纘宗輯　明嘉靖二十二年(1543)新安陳良錫刻本　八册

220000－0841－0014360　善 1665
六家文略十二卷六家始末一卷　(明)唐順之輯　(明)蔡瀛輯　明萬曆十三年(1585)蔡望卿刻本　六册

220000－0841－0014361　善 0015
歷代文粹八卷　(明)陳省輯　明隆慶四年(1570)刻本　八册

220000－0841－0014362　善 1707
匯古菁華二十四卷　(明)張國璽　(明)劉一相輯　明萬曆二十四年(1596)褚鈇刻本　十八册

220000－0841－0014363　善 1601
正續名世文宗十六卷　(明)王世貞輯　(明)錢允治續輯　(明)陳繼儒批校　明萬曆四十五年(1617)刻本　八册

220000－0841－0014364　善 1605
正續名世文宗十六卷　(明)王世貞輯　(明)陳繼儒校注　(明)錢允治續輯　明刻本　十六册

220000－0841－0014365　善 1612
書記洞詮一百二十卷目錄十卷　(明)梅鼎祚輯　明萬曆二十五年至二十七年(1597－1599)玄白堂刻本　三十六册

220000－0841－0014366　善 1643
續文選十四卷著作人姓名錄一卷　(明)胡震亨輯　明萬曆二十六年(1598)刻本　四冊

220000－0841－0014367　善 1663
續文選三十二卷　(明)湯紹祖輯　明萬曆三十年(1602)海鹽湯衙希貴堂刻本　二十冊

220000－0841－0014368　善 2756
天佚草堂重訂文選二十卷詩選十卷　(明)馬維銘輯　明萬曆四十三年(1615)刻本　十六冊

220000－0841－0014369　善 2129
衢原草堂刊定廣文選二十五卷詩選六卷　(明)馬維銘輯　明萬曆四十六年(1618)刻本　十四冊

220000－0841－0014370　善 1716
精刻徐陳二先生評選歷代名文則五卷續選熙朝明文則一卷　(明)徐廣輯　(明)陳繼儒評　明萬曆四十七年(1619)陳孫賢刻本　六冊

220000－0841－0014371　善 1571
刻陳眉公先生古文品內錄二十卷　(明)陳繼儒輯　明刻本　五冊

220000－0841－0014372　善 2760
秦漢文抄十二卷　(明)馮有翼輯　(明)汪德元重訂　明萬曆刻本　十二冊

220000－0841－0014373　善 1690
秦漢文抄六卷　(明)閔邁德等輯　(明)楊融博批點　明萬曆四十八年(1620)閔氏刻朱墨套印本　六冊

220000－0841－0014374　善 1595
滑耀編不分卷　(明)賈三近輯　明萬曆刻本　六冊

220000－0841－0014375　善 2387
詞致錄十六卷　(明)李天麟輯　明萬曆十五年(1587)刻本　八冊

220000－0841－0014376　善 1654
文字會寶不分卷　(明)朱文治輯　明萬曆三十六年(1608)刻本　十冊

220000－0841－0014377　善 0783
藝林粹言四十一卷　(明)陳繼儒輯　明刻本　二十冊

220000－0841－0014378　子 2780K
古今風謠一卷古今諺一卷　(明)楊慎撰　(清)史夢蘭補注　**古今風謠拾遺四卷古今諺拾遺六卷**　(清)史夢蘭輯　清同治十二年(1873)止園刻本　四冊

220000－0841－0014379　善 0576
四六霞肆十六卷　(明)何偉然輯　明胡正言十竹齋刻本　二十冊

220000－0841－0014380　善 1594
文儷十八卷　(明)陳翼飛輯　明萬曆三十八年(1610)刻本　十八冊

220000－0841－0014381　善 1630
古逸書三十卷首一卷末一卷　(明)潘基慶選注　明萬曆刻本　八冊

220000－0841－0014382　集 10104K
歷代經濟文編三十二卷　(清)顧亭林纂輯　清光緒二十四年(1898)浙紹會文堂石印本　十冊

220000－0841－0014383　善 1711
古文奇賞二十二卷續古文奇賞三十四卷　(明)陳仁錫輯評　明萬曆四十六年至天啓元年(1618－1621)刻本　三十四冊

220000－0841－0014384　集 7709
古文奇賞二十卷　(明)陳仁錫輯評　明雲起堂刻本　十二冊

220000－0841－0014385　善 1600
唐宋十二家文歸十四卷　(明)鍾惺評選　**國朝大家文歸二卷**　(明)鄭元勳評選　明刻本　二十冊

220000－0841－0014386　集 5746
古文瀾編二十卷　(明)王志堅輯　明崇禎五年(1632)刻本　二十一冊

220000－0841－0014387　善 1674
玉臺文苑八卷　(明)江元禧輯　**續玉臺文苑**

四卷　(明)江元祚輯　明崇禎刻本　四册　缺二卷(續三至四)

220000－0841－0014388　集5692
删補古今文致十卷　(明)劉士鏻輯　(明)王宇增删　明天啓刻本　四册

220000－0841－0014389　善2840
蘭雪齋增訂文致八卷　(明)劉士鏻輯評　明崇禎元年(1628)刻本　二册　存六卷(一至六)

220000－0841－0014390　集9312
評注才子古文大家十七卷歷朝九卷　(清)金人瑞原選　(清)王之續評注　清康熙鐵立居刻文成堂書坊重印本　六册　存九卷(評注才子古文大家一至九)

220000－0841－0014391　善1632
古文小品冰雪攜六卷　(清)衛泳輯評　明崇禎十六年(1643)刻本　六册

220000－0841－0014392　子4559
斯文正統十二卷　(清)刁包選輯　清順治十一年(1654)刻同治三年(1864)祁陽惇德堂修補重印本　十三册

220000－0841－0014393　集5754
晚邨先生八家古文精選八卷　(清)呂留良輯　(清)呂葆中批點　清康熙四十三年(1704)呂氏家塾刻本　六册

220000－0841－0014394　善3855
晚邨先生八家古文精選八卷　(清)呂留良輯　(清)呂葆中批點　清刻本　八册

220000－0841－0014395　集10958
在陸草堂遺選　(清)儲欣評選　清乾隆十年(1745)受祉堂刻本　十册　存四種三十二卷

220000－0841－0014396　集5709
古文彙抄十卷　(清)蔣銘輯　清康熙五年(1666)卓觀堂刻本　二十册

220000－0841－0014397　集8304
古文卓觀十二卷　(清)王以誠　(清)徐東升輯　清康熙四十年(1701)刻本　六册

220000－0841－0014398　善1633
憑山閣留青二集選十卷　(清)陳枚輯　清康熙刻本　十册

220000－0841－0014399　善2726
憑山閣留青廣集十二卷　(清)陳枚輯　清康熙十八年(1679)名山聚文治堂豹雯齋合刻本　十二册

220000－0841－0014400　善3410
憑山閣增輯留青新集三十卷　(清)陳枚輯　(清)陳德裕增輯　清康熙四十七年(1708)刻本　十六册

220000－0841－0014401　集9724
憑山閣增輯留青新集三十卷　(清)陳枚輯　(清)陳德裕增輯　清康熙大觀堂刻本　三十二册

220000－0841－0014402　集5833
古文賞音十二卷　(清)謝有煇輯　清康熙五十四年(1715)刻本　六册　存六卷(一至六)

220000－0841－0014403　善3393
古文析義二編十六卷　(清)林雲銘評注　清康熙刻本　八册

220000－0841－0014404　集0604K
古文析義六卷二編八卷　(清)林雲銘評註　清兩儀堂刻本　十四册

220000－0841－0014405　善1739
古文淵鑒六十四卷　(清)徐乾學等輯評　清康熙内府刻四色套印本　二十四册

220000－0841－0014406　集7675K
古文淵鑒六十四卷　(清)徐乾學編注　清宣統二年(1910)學部圖書局影印本　二十四册

220000－0841－0014407　集5753K
古文淵鑒六十四卷　(清)徐乾學輯註　清同治十二年(1873)浙江書局刻本　三十二册

220000－0841－0014408　集5701K
唐宋八大家類選十四卷　(清)儲欣評選　清光緒十八年(1892)湖北官書處刻本　六册

220000－0841－0014409　善2990

朱子論定文抄二十卷　(清)吳震方輯　清康熙四十年(1701)刻本　六册

220000－0841－0014410　集 5641
重訂古文雅正十四卷　(清)蔡世遠輯評　(清)林有席參評　清乾隆四十年(1775)石竹山房刻本　八册

220000－0841－0014411　善 3292
古文雅正十四卷　(清)蔡世遠選評　清雍正三年(1725)刻本　八册

220000－0841－0014412　集 10384K
古文雅正十四卷　(清)蔡世遠選評　清道光六年(1826)錢塘徐乃普刻本　六册

220000－0841－0014413　善 3026
悦心集四卷　(清)世宗胤禛輯　清雍正四年(1726)武英殿刻本　一册

220000－0841－0014414　善 1678
古文約選不分卷　(清)允禮輯　清雍正十一年(1733)果親王府刻本　十二册

220000－0841－0014415　善 1673
古文眉詮七十九卷　(清)浦起龍輯　清乾隆九年(1744)三吳書院刻本　十六册

220000－0841－0014416　集 10922K
古文喈鳳新編八卷　(清)汪基輯　清嘉慶十五年(1810)大盛堂刻本　八册

220000－0841－0014417　集 10424K
重訂古文釋義新編八卷　(清)余誠評註　清光緒三年(1877)寶興堂刻本　八册

220000－0841－0014418　集 5680K
重訂古文釋義新編八卷　(清)余誠評註　清光緒二十四年(1898)古吳掃葉山房刻本　八册

220000－0841－0014419　集 5679K
重訂古文釋義新編八卷　(清)余誠評註　清上海掃葉山房影印本　八册

220000－0841－0014420　集 6521
御選唐宋文醇五十八卷　(清)高宗弘曆選　清陳宏謀等刻本　十八册

220000－0841－0014421　善 2447
御選唐宋文醇五十八卷　(清)高宗弘曆選　清乾隆三年(1738)武英殿刻四色套印本　二十册

220000－0841－0014422　善 2333
御選唐宋文醇五十八卷　(清)高宗弘曆選　清刻四色套印武英殿本　八册

220000－0841－0014423　集 6527
御選唐宋文醇五十八卷　(清)高宗弘曆選　清刻本　二十册

220000－0841－0014424　集 6518K
御選唐宋文醇五十八卷　(清)高宗弘曆選　清光緒三年(1877)浙江書局刻本　二十册

220000－0841－0014425　集 8396
斯文精萃不分卷　(清)尹繼善輯　清乾隆京都三槐堂刻本　十二册

220000－0841－0014426　集 5689
古文披金二十四卷　(清)納蘭常安輯　清乾隆受宜堂刻本　十册　存十二卷(一至十二)

220000－0841－0014427　集 5658K
陳太僕批選八家文抄　(清)陳兆崙批選　清光緒二十六年(1900)天津文美齋影印紫竹山房家塾藏唐宋八大家文選手稿本　六册

220000－0841－0014428　集 5717K
古文八大家公暇錄六卷　(清)王應鯨選評　清嘉慶六年(1801)文盛堂刻本　四册

220000－0841－0014429　集 5671K
古文觀止十二卷　(清)吳乘權等輯　清光緒十九年(1893)京口善化書局刻本　六册

220000－0841－0014430　集 5673K
古文觀止十二卷　(清)吳乘權等輯　清南京李光明莊刻本　六册

220000－0841－0014431　集 5670K
古文觀止十二卷　(清)吳乘權　(清)吳大職選輯評注　清寶慶義和書局刻狀元閣本　六册

220000－0841－0014432　集 5610K

古文辭類纂七十四卷 (清)姚鼐輯 清道光合河康氏家塾刻本 十冊

220000-0841-0014433 集11192K
古文辭類纂七十五卷 (清)姚鼐輯 清道光五年(1825)金陵吳啓昌刻本 八冊

220000-0841-0014434 集5616K
古文辭類纂七十四卷 (清)姚鼐編 清同治八年(1869)江蘇書局刻本 十二冊

220000-0841-0014435 集5617K
古文辭類纂七十四卷 (清)姚鼐輯 清光緒十九年(1893)長沙思賢講舍刻本 十二冊

220000-0841-0014436 集11332
古文辭類纂十二卷 (清)姚鼐纂集 清光緒二十七年(1901)善成堂刻本 十二冊

220000-0841-0014437 集5607K
古文辭類纂七十五卷校勘記一卷 (清)姚鼐輯 (清)李承淵校勘記 清光緒二十七年(1901)滁州李承淵上海求要堂刻本 十二冊

220000-0841-0014438 集5615K
古文辭類纂七十四卷續古文辭類纂三十四卷 (清)姚鼐編 王先謙續編 清光緒十八年(1892)席氏掃葉山房刻本 二十冊

220000-0841-0014439 集8697K
古文辭類纂七十四卷續古文辭類纂三十四卷 (清)姚鼐輯 王先謙續輯 清光緒三十三年(1907)上海商務印書館鉛活字印本 十二冊

220000-0841-0014440 集6525K
續古文苑二十卷 (清)孫星衍輯 清嘉慶十七年(1812)冶城山館刻本 八冊

220000-0841-0014441 集6519K
續古文苑二十卷 (清)孫星衍輯 清光緒九年(1883)江蘇書局刻本 六冊

220000-0841-0014442 集0442K
全上古三代秦漢三國六朝文七百四十六卷 (清)嚴可均輯 清光緒十九年(1893)廣州廣雅書局刻本 八十冊

220000-0841-0014443 集3496K
全上古三代秦漢三國六朝文七百四十六卷 (清)嚴可均輯 清光緒二十年(1894)黄岡王毓藻廣州刻本 一百冊

220000-0841-0014444 集8971K
南北朝文抄二卷 (清)彭兆蓀輯 清光緒二年(1876)陳起榮廣州刻本 二冊

220000-0841-0014445 集5644K
南北朝文抄二卷 (清)彭兆蓀輯 清光緒八年(1882)紫雲室刻本 二冊

220000-0841-0014446 集9676K
古文摭逸八卷 (清)傅以成輯 清同治七年(1868)金礪堂刻本 四冊

220000-0841-0014447 集5587K
古今小品八卷 (清)陳天定輯 清道光九年(1829)芸香堂刻本 六冊

220000-0841-0014448 集7885
古文詞略二十四卷 (清)梅曾亮輯 清同治六年(1867)李氏刻本 五冊

220000-0841-0014449 集5690K
古文詞略二十四卷 (清)梅曾亮輯 清同治六年(1867)合肥李氏刻本 五冊

220000-0841-0014450 集9913K
經史百家雜抄二十六卷 (清)曾國藩輯 清光緒二年(1876)傳忠書局刻本 二十六冊

220000-0841-0014451 集5683K
經史百家雜抄二十六卷 (清)曾國藩輯 清光緒三十二年(1906)上海商務印書館鉛活字印本 十二冊

220000-0841-0014452 集5684K
經史百家雜抄二十六卷 (清)曾國藩輯 清光緒上海商務印書館鉛活字印本 十二冊

220000-0841-0014453 集5747K
古文四象四卷 (清)曾國藩輯 清光緒三十四年(1908)趙衡京師鉛活字印本 四冊

220000-0841-0014454 集5748K
古文四象五卷 (清)曾國藩選 清光緒二十

九年(1903)常堉璋刻本　四册

220000－0841－0014455　集 9736K
宫閨文選二十六卷　(清)周壽昌輯　清道光二十六年(1846)小蓬萊館長沙刻本　八册

220000－0841－0014456　集 10772F
文苑珠林四卷　(清)蔣超伯輯　清同治刻通齋全集本　四册

220000－0841－0014457　集 5743F
文苑珠林四卷　(清)蔣超伯輯　清同治三年(1864)高涼郡齋刻本　二册

220000－0841－0014458　集 0605K
八代文萃二百二十卷　(清)簡桑等編　清光緒十一年(1885)富順考雋堂刻本　八十八册

220000－0841－0014459　集 5622K
續古文辭類纂二十八卷　(清)黎庶昌輯　清光緒十六年(1890)金陵書局刻本　八册

220000－0841－0014460　集 5608K
續古文辭類纂二十八卷　(清)黎庶昌編　清光緒二十一年(1895)金陵刻本　十二册

220000－0841－0014461　集 11042K
策論文的四卷　(清)吴鴻甲輯　清光緒二十八年(1902)觀略齋吴氏刻本　一册　存一卷(一)

220000－0841－0014462　集 10115K
古文學餘三十四卷　(清)毛慶蕃評選　清光緒三十四年(1908)刻本　十册

220000－0841－0014463　集 5706K
忠雅堂評選四六法海八卷　(清)蔣士銓評選　清同治八年(1869)刻朱墨套印本　八册

220000－0841－0014464　集 5704K
忠雅堂評選四六法海八卷　(清)蔣士銓評選　清光緒十五年(1889)雲林閣刻朱墨套印本　八册

220000－0841－0014465　集 5702K
駢體文抄三十一卷　(清)李兆洛輯　清光緒八年(1882)滬上刻本　八册

220000－0841－0014466　善 2230
六朝文絜四卷　(清)許槤評選　清道光五年(1825)許氏享金寶石齋朱墨套印本　二册

220000－0841－0014467　集 10338
六朝文絜四卷　(清)許槤評選　清李光明莊刻本　一册

220000－0841－0014468　集 5708K
六朝文絜箋注十二卷　(清)許槤評選　(清)黎經誥箋注　清光緒十五年(1889)枕溢書屋刻本　四册

220000－0841－0014469　集 5707K
六朝文絜箋注十二卷　(清)許槤評選　(清)黎經誥箋注　清光緒十五年(1889)刻民國二十三年(1934)金陵存古書社重印本　四册

220000－0841－0014470　集 5705
四六法海十二卷　(明)王志堅輯　明天啓七年(1627)刻本　十六册

220000－0841－0014471　善 0577
四六採腴三十卷　(明)陳鍾盛輯　明崇禎三年(1630)刻本　十六册

220000－0841－0014472　善 1712
駢體文抄三十一卷　(清)李兆洛輯　清合河康氏家塾刻本　八册

220000－0841－0014473　集 5639K
駢文類纂四十六卷　王先謙輯　清光緒二十八年(1902)湖南思賢書局刻本　二十四册

220000－0841－0014474　集 5642K
駢體文略二十九卷　(清)鍾廣輯　清光緒十四年(1888)刻本　一册

220000－0841－0014475　集 6230K
涵芬樓古今文抄一百卷　吴曾祺輯　清宣統二年(1910)上海商務印書館鉛活字印本　九十九册　缺一卷(七十七)

220000－0841－0014476　集 8756K
漢魏六朝女子文選二卷　張維輯　清宣統三年(1911)海鹽朱氏刻本　一册

220000－0841－0014477　集 10868K

高等國文讀本八卷 唐文治編纂 清宣統二年(1910)上海文明書局鉛活字印本 八册

220000－0841－0014478 善 3347
秦文歸十卷 (明)鍾惺評選 明古香齋刻秦漢文歸本 四册

220000－0841－0014479 善 3490
兩漢策要十二卷 (宋)陶叔獻輯 清乾隆五十六年(1791)張朝樂刻本 八册

220000－0841－0014480 善 1585
重校正唐文粹一百卷 (宋)姚鉉輯 明嘉靖三年(1524)徐焴刻本 十册

220000－0841－0014481 集 10092
欽定全唐文姓氏韻編一卷 (清)董誥等輯 清嘉慶内府刻本 一册

220000－0841－0014482 集 5251K
唐文粹一百卷 (宋)姚鉉輯 清光緒九年(1883)江蘇書局刻本 十六册

220000－0841－0014483 集 5253K
唐文粹一百卷補遺二十六卷 (宋)姚鉉輯 (清)郭麐補 清光緒十六年(1890)杭州許氏榆園刻本 二十册

220000－0841－0014484 集 5802K
唐文粹補遺二十六卷 (清)郭麐補 清嘉慶二十四年(1819)英山金勇刻本 四册

220000－0841－0014485 集 5259K
唐文粹補遺二十六卷 (清)郭麐補 清光緒十一年(1885)江蘇書局刻本 四册

220000－0841－0014486 集 9620K
欽定全唐文一千卷目錄三卷 (清)董誥輯 清光緒二十七年(1901)廣雅書局刻本 六十七册

220000－0841－0014487 集 8351K
唐文拾遺七十二卷目錄八卷 (清)陸心源輯 清光緒十四年(1888)刻潛園總集本 二十四册

220000－0841－0014488 集 10721K
唐文續拾十六卷 (清)陸心源輯 清光緒十四年(1888)刻潛園總集本 四册

220000－0841－0014489 集 8334K
唐駢體文鈔十七卷 (清)陳均輯 清同治十二年(1873)廣州刻本 四册

220000－0841－0014490 善 1555
宋文鑑一百五十卷 (宋)吕祖謙輯 明天順八年(1464)嚴州府刻弘治十七年(1504)胡韶補修本 六十册

220000－0841－0014491 集 5264K
宋文鑑一百五十卷 (宋)吕祖謙輯 清光緒十二年(1886)江蘇書局刻本 二十四册

220000－0841－0014492 善 3170
宋四六選二十四卷 (清)彭元瑞 (清)曹振鏞輯 清乾隆四十一年(1776)曹振鏞刻本 十二册

220000－0841－0014493 集 5280K
明文在一百卷 (清)薛熙輯 清光緒十五年(1889)江蘇書局刻本 十册

220000－0841－0014494 集 8300K
瑤箋四卷 (明)郁濬紫撰 清光緒十四年(1888)四明提署鉛活字印本 四册

220000－0841－0014495 集 5263K
南宋文範七十卷 (清)莊仲方輯 清光緒十四年(1888)江蘇書局刻本 十六册

220000－0841－0014496 集 5284K
南宋文録録二十四卷 (清)董兆熊原輯 (清)費延釐選録 清光緒十七年(1891)蘇州書局刻本 六册

220000－0841－0014497 集 5585K
蘇東坡尺牘八卷 (宋)蘇軾撰 **黄山谷尺牘十卷** (宋)黄庭堅撰 清光緒三十四年(1908)掃葉山房石印本 八册

220000－0841－0014498 善 2750
東坡題跋六卷 (宋)蘇軾撰 明刻本 二册 存四卷(一至四)

220000－0841－0014499 集 5273K
金文雅十六卷 (清)莊仲方輯 清光緒十七

年(1891)江蘇書局刻本　四冊

220000－0841－0014500　集 5275K
金文最一百二十卷　(清)張金吾輯　清光緒八年(1882)伍氏粵雅堂刻本　二十四冊

220000－0841－0014501　集 5281K
金文最六十卷　(清)張金吾輯　(清)諸可寶刪編　清光緒二十一年(1895)蘇州書局刻本　十六冊

220000－0841－0014502　善 2235
元文類七十卷目錄三卷　(元)蘇天爵輯　明修德堂刻本　一冊　存九卷(一至六、目錄三卷)

220000－0841－0014503　集 8347K
元文類七十卷目錄三卷　(元)蘇天爵輯　清光緒十五年(1889)江蘇書局刻本　十冊

220000－0841－0014504　集 5276
元文類刪四卷　(明)張溥輯　明刻本　四冊

220000－0841－0014505　善 1708
皇明文衡一百卷目錄二卷　(明)程敏政輯　明正德五年(1510)張鵬刻本　二十冊

220000－0841－0014506　集 8621K
明賢遺翰二卷　(清)謝恭銘輯　(清)張廷濟評　清道光十五年(1835)刻本　二冊

220000－0841－0014507　善 0579
國朝名公經濟文抄十卷第一續不分卷　(明)張文炎輯　明萬曆玉屑齋刻本　二冊　存二卷(四、九)

220000－0841－0014508　善 2491
皇明文徵七十四卷　(明)何喬遠輯　明崇禎四年(1631)刻本　三十二冊

220000－0841－0014509　善 2380
皇明四大家文選五卷　(明)孫慎行輯　明萬曆刻本　四冊

220000－0841－0014510　善 1606
媚幽閣文娛不分卷　(明)鄭元勳輯　明崇禎三年(1630)鄭元化刻本　五冊

220000－0841－0014511　善 1607
媚幽閣文娛二集十卷　(明)鄭元勳輯　明崇禎十二年(1639)白門李希禹刻本　十冊

220000－0841－0014512　善 1623
車書樓彙輯各名公新製四六珍函六卷首一卷　(明)許以忠輯　(明)張一中等注　明萬曆張鍾福刻本　六冊

220000－0841－0014513　善 1611
車書樓彙輯各名公四六爭奇八卷　(明)許以忠輯　明萬曆四十八年(1620)刻本　八冊

220000－0841－0014514　善 1696
新刻小窗清籛四卷　(明)吳從先輯　(明)陳繼儒評　明書林李潮刻本　四冊

220000－0841－0014515　善 3344
古照堂彙纂四六章甫十卷首一卷　(明)陳仁錫輯　明白門唐際雲刻本　六冊

220000－0841－0014516　集 5783K
切問齋文鈔三十卷　(清)陸燿輯　清同治八年(1869)金陵錢氏刻本　八冊

220000－0841－0014517　集 8314K
湖海文傳七十五卷　(清)王昶輯　清道光十七年(1837)經訓堂刻同治五年(1866)重印本　十六冊

220000－0841－0014518　集 8805K
國朝文徵四十卷　(清)吳翌鳳輯　清咸豐元年(1851)吳江沈懋德垚美堂刻本　四十冊

220000－0841－0014519　叢 1180K
七家文鈔七卷　(清)薛玉堂　(清)陸繼輅輯　清道光元年(1821)刻本　四冊

220000－0841－0014520　集 9723K
國朝古文所見集十三卷　(清)陳兆祺編選　清道光二年(1822)一枝山房刻本　四冊

220000－0841－0014521　集 8041K
皇朝文曲七十四卷　(清)李兆洛編　清嘉慶二十年(1815)刻本　十六冊

220000－0841－0014522　集 8802K
國朝文錄八十二卷續編六十七卷　(清)李祖

陶輯　清道光十九年(1839)瑞州府鳳儀書院刻同治七年(1868)續刻本　六十四冊

220000－0841－0014523　善2897
瑞本紀一卷　(清)周亮工　(清)周亮節輯　清康熙十年(1671)刻本　一冊

220000－0841－0014524　集5751
今文遡洄集十卷　(清)魏裔介輯　清順治十八年(1661)刻本　六冊

220000－0841－0014525　集5932
南邦黎獻集十六卷　(清)鄂爾泰輯　清雍正三年(1725)慎時哉軒刻本　八冊

220000－0841－0014526　集5562K
咀華錄四卷　(清)凝瑞堂主人輯　清道光二十年(1840)凝瑞堂刻本　四冊

220000－0841－0014527　集10129K
皇朝經世文編一百二十卷姓名總目二卷　(清)賀長齡輯　清道光七年(1827)刻本　四十八冊

220000－0841－0014528　集7666K
皇朝經世文編一百二十卷姓名總目二卷　(清)賀長齡輯　清同治十二年至光緒八年(1873－1882)饒氏雙峰書屋刻本　一百二十冊

220000－0841－0014529　集7647K
皇朝經世文編一百二十卷姓名總目二卷　(清)賀長齡輯　清光緒十三年(1887)上海點石齋石印本　十二冊

220000－0841－0014530　集7661K
皇朝經世文編一百二十卷姓名總目二卷　(清)賀長齡輯　清光緒十六年(1890)廣百宋齋鉛活字印本　二十四冊

220000－0841－0014531　集10175K
皇朝經世文編一百二十卷姓名總目二卷　(清)賀長齡輯　清光緒二十二年(1896)上海掃葉山房鉛活字印本　二十四冊

220000－0841－0014532　集7637K
皇朝經世文編一百二十卷姓名總目二卷　(清)賀長齡輯　清光緒二十八年(1902)上海煥文書局鉛活字印本　二十四冊

220000－0841－0014533　集10563K
皇朝經世文編一百二十卷姓名總目二卷　(清)賀長齡輯　清光緒二十四年(1898)上海鴻文閣鉛活字印本　二十四冊

220000－0841－0014534　集6955K
皇朝經世文編一百二十卷姓名總目二卷　(清)賀長齡輯　(清)張鵬飛評補　清咸豐元年(1851)來鹿堂刻本　一百冊

220000－0841－0014535　集7667K
皇朝經世文編一百二十卷姓名總目二卷　(清)賀長齡輯　(清)張鵬飛評補　清光緒二十三年(1897)武進盛氏思補樓刻本　七十八冊

220000－0841－0014536　集10132F
皇朝經世文續編一百二十卷　(清)盛康撰　清光緒二十三年(1897)武進盛氏思補樓刻本　七十冊

220000－0841－0014537　集10178K
皇朝經世文續編一百二十卷　(清)葛士濬輯　清光緒二十二年(1896)寶善書局石印本　二十冊

220000－0841－0014538　集7638K
皇朝經世文續編一百二十卷　(清)葛士濬輯　清光緒二十七年(1901)上海久敬齋鉛活字印本　二十四冊

220000－0841－0014539　集10179K
皇朝經世文三編八十卷　(清)陳忠倚輯　清光緒二十四年(1898)寶文書局石印本　十六冊

220000－0841－0014540　集7642K
皇朝經世文三編八十卷　(清)陳忠倚輯　清光緒上海書坊石印本　八冊

220000－0841－0014541　集7639K
皇朝經世文三編八十卷　(清)陳忠倚輯　清光緒二十七年(1901)上海書局石印本　十

六册

220000－0841－0014542　集7643K
皇朝經世文四編五十二卷　(清)何良棟輯　清光緒二十八年(1902)鴻寶書局石印本　十二册

220000－0841－0014543　集10293K
皇朝經世文四編五十二卷　(清)何良棟輯　清光緒二十八年(1902)上海書局石印本　八册

220000－0841－0014544　集7662K
皇朝經世文約編一百二十卷　(清)賀長齡原輯　(清)樂一齋主人重輯　清光緒九年(1883)同文書院刻本　三十二册

220000－0841－0014545　集7645K
皇朝經世文統編一百七卷　(清)邵之棠編　清光緒二十七年(1901)上海寶善齋石印本　五十二册

220000－0841－0014546　集10237K
皇朝經世文新編三十二卷　(清)麥仲華輯　清光緒二十七年(1901)上海書局石印本　十六册

220000－0841－0014547　集7648K
皇朝經世文新編二十一卷　(清)麥仲華輯　清光緒二十七年(1901)上海日新社石印本　二十册

220000－0841－0014548　集7644K
皇朝經世文新編三十二卷　(清)麥仲華輯　清光緒二十八年(1902)上海古香閣石印本　十六册

220000－0841－0014549　集7649K
皇朝經世文新編續集二十一卷　(清)甘韓輯　清光緒二十八年(1902)商絳雪齋書局石印本　十八册

220000－0841－0014550　集7652K
皇朝經濟文編一百二十八卷　(清)求自强齋主人輯　清光緒二十七年(1901)石印本　四十八册

220000－0841－0014551　集9801K
國朝古文正的五卷逐學齋文鈔一卷　(清)楊彝珍輯　清光緒六年(1880)獨山莫氏鉛字本　六册

220000－0841－0014552　集5779K
八旗文經五十六卷作者考三卷敘錄一卷　(清)盛昱　(清)楊鍾羲撰　清光緒二十七年(1901)武昌刻本　十二册

220000－0841－0014553　集5764K
盛世人文初集四卷　(清)鄭士範輯　清光緒三十二年(1906)鳳翔周正誼堂刻本　四册

220000－0841－0014554　史10326K
記聞類編十四卷　(清)上海機器印書局輯　清光緒三年(1877)上海印書局鉛活字印本　六册

220000－0841－0014555　集5949K
國朝文棟八卷　(清)胡嘉銓輯　清光緒十二年(1886)刻本　二册

220000－0841－0014556　集5737K
國朝文棟八卷　(清)胡嘉銓輯　清宣統元年(1909)上海時中書局鉛活字印本　四册

220000－0841－0014557　集7654K
皇朝蓄艾文編八十卷　(清)于寶軒輯　清光緒二十九年(1903)上海官書局鉛活字印本　四十册

220000－0841－0014558　集5611K
續古文辭類纂三十四卷　王先謙輯　清光緒八年(1882)王氏刻本　八册

220000－0841－0014559　叢1057K
林嚴文鈔四卷　林紓　嚴復撰　皞皞子輯　清宣統元年(1909)上海國學扶輪社鉛活字印本　四册

220000－0841－0014560　集7363K
國朝文匯甲前集二十卷甲集六十卷乙集七十卷丙集三十卷丁集二十卷姓氏目錄一卷　王文濡輯　清宣統元年至二年(1909－1910)上海國學扶輪社石印本　一册

220000－0841－0014561　集 5720K
八家四六文注八卷首一卷　(清)吴鼒輯　(清)許貞幹注　清光緒十七年(1891)味青齋刻本　十六冊

220000－0841－0014562　集 5713K
國朝駢體正宗十二卷　(清)曾燠撰　清嘉慶十一年(1806)賞雨茆屋刻本　四冊

220000－0841－0014563　集 9342K
國朝駢體正宗十二卷　(清)曾燠撰　清廣州刻本　六冊

220000－0841－0014564　集 7988K
駢體南鍼十六卷　(清)汪傳懿編輯　清光緒十一年(1885)刻本　八冊

220000－0841－0014565　集 5659K
皇朝駢文類苑十五卷　(清)姚燮選　清光緒七年(1881)張壽榮刻本　二十四冊

220000－0841－0014566　集 5712K
國朝駢體正宗續編八卷　(清)張鳴珂輯　清光緒十四年(1888)寒松閣刻本　四冊

220000－0841－0014567　集 5715K
同光駢文正軌不分卷　孫雄輯　清宣統三年(1911)鋼筆版油印本　二冊

220000－0841－0014568　集 8502K
清暉堂同人尺牘彙存四卷清暉贈言一卷　(清)惲壽平輯　清咸豐七年(1857)來青閣刻本　二冊

220000－0841－0014569　集 9956K
芙蓉山館師友尺牘一卷　(清)楊芳燦輯　清光緒十三年(1887)賜書堂木活字印本　一冊

220000－0841－0014570　集 10777K
潛園友朋書問十二卷　(清)陸心源輯　清光緒影刻本　四冊

220000－0841－0014571　集 9977K
名賢手札不分卷　(清)郭慶藩輯　清光緒十年(1884)岵瞻堂摹刻本　一冊

220000－0841－0014572　集 5803K
名賢手札不分卷雜稿一卷　(清)謝超輯　清光緒十三年(1887)刻本　三冊

220000－0841－0014573　集 10285K
天花亂墜八卷二集八卷三集八卷　(清)寅半生輯　清光緒二十九年(1903)、三十一年(1905)、三十三年(1907)杭州崇實齋刻本　十二冊

220000－0841－0014574　集 10098K
江北高等學堂學生祝詞　(清)朱景熙等撰　清光緒二十九年(1903)刻本　一冊

220000－0841－0014575　集 5918K
津門詩鈔三十卷　(清)梅成棟輯　清道光四年(1824)思誠書屋刻本　十冊

220000－0841－0014576　集 9746K
津門古文所見錄四卷　(清)郭師泰輯　清光緒十八年(1892)華景安刻本　四冊

220000－0841－0014577　集 5919K
津門徵獻詩八卷　(清)華鼎元輯　清光緒十二年(1886)刻本　四冊

220000－0841－0014578　集 0611K
國朝畿輔詩傳六十卷　(清)陶樑輯　清道光十九年(1839)紅豆樹館刻本　十六冊

220000－0841－0014579　集 6100K
燕南二俊詩鈔二卷　(清)陶樑輯　清道光刻本　二冊

220000－0841－0014580　集 5909K
永平詩存二十四卷　(清)史夢蘭輯　清同治十年(1871)刻本　六冊

220000－0841－0014581　集 5942K
遵化詩存十卷補遺一卷　(清)孫贊元輯　清光緒十三年(1887)刻本　四冊

220000－0841－0014582　叢 1053K
容城三賢文集　(清)張斐然　(清)楊莚輯　清道光十六年(1836)正義書院刻本　十二冊

220000－0841－0014583　集 5986K
國朝滄州詩鈔十二卷續鈔四卷補鈔二卷滄州明詩鈔一卷　(清)王國均　(清)葉圭書輯　清道光、咸豐刻本　八冊

220000－0841－0014584　善1598

晉國垂棘二十卷　（明）范弘嗣輯　明崇禎刻本　九册　存十八卷（三至二十）

220000－0841－0014585　集9981K

國朝山右詩存二十四卷附集八卷　（清）李錫麟輯　清嘉慶六年（1801）刻本　十六册

220000－0841－0014586　集0327K

關中兩朝詩鈔十二卷補四卷續補一卷又補一卷賦鈔二卷文鈔二十二卷補六卷　（清）李元春撰　清道光十二年至十六年（1832－1836）守樸堂刻本　四十四册

220000－0841－0014587　集8706K

二南遺音四卷續集一卷　（清）劉紹攽輯　清同治十二年（1873）刻西京清麓叢書外編本　二册

220000－0841－0014588　集5582K

原獻文錄四卷詩錄三卷原故文錄一卷詩錄一卷　（清）賀瑞麟輯　清光緒六年（1880）刻本　八册

220000－0841－0014589　集8767K

西河詩錄四卷　（清）□□輯　清道光十年（1830）西河書院刻本　二册

220000－0841－0014590　集7847K

洮陽詩集十卷集句二卷　（清）李苞輯　清嘉慶四年（1799）松花庵刻本　六册

220000－0841－0014591　集5947

國朝山左詩抄六十卷　（清）盧見曾輯　清乾隆二十三年（1758）雅雨堂刻本　二十册

220000－0841－0014592　集8817K

山左古文鈔八卷　（清）李景嶧　（清）劉鴻翱輯　清道光八年（1828）李景嶧刻本　八册

220000－0841－0014593　集5901

武定明詩四卷國朝武定詩抄十二卷補抄二卷　（清）李衍孫輯　清乾隆五十九年（1794）刻本　五册

220000－0841－0014594　集5829K

武定詩續鈔二十四卷　（清）李佐賢編　清同治六年（1867）刻石泉書屋全集本　八册

220000－0841－0014595　叢0944

在邑三先生合刻二十一卷　（明）畢佐同輯　清康熙五年（1666）張愚刻本　三册　存十一卷（張弘山先生集一至四、感述錄一至六、孟我疆先生集一）

220000－0841－0014596　集5887K

益都先正詩叢鈔八卷補編一卷附編一卷　（清）段松苓輯　（清）朱沅　（清）楊紹基補　清光緒十年（1884）段氏古穆如堂刻本　九册

220000－0841－0014597　集8129K

即墨詩乘十二卷　（清）周翕鐄輯　（清）黄鳳文　（清）周掄文參訂　清道光二十年（1840）小峴山房刻本　六册

220000－0841－0014598　叢0835K

魯兩先生合集孫明復先生小集一卷石徂徠先生集二卷　（清）徐宗幹輯　（宋）孫復撰　（宋）石介撰　清道光十三年（1833）刻本　一册

220000－0841－0014599　集9836K

曲阜詩鈔八卷　（清）孔憲彝輯　清道光二十三年（1843）刻本　一册

220000－0841－0014600　集6443K

繡水詩鈔八卷　（清）吴連周輯　清道光二十五年（1845）灌蔬園刻本　四册

220000－0841－0014601　善2798

松風餘韻五十卷末一卷　（清）姚弘緒輯　清乾隆八年（1743）姚氏實善堂刻本　十二册

220000－0841－0014602　集9228K

國朝松江詩鈔六十四卷　（清）姜兆翀輯　清嘉慶十四年（1809）刻本　十六册

220000－0841－0014603　集5930K

金山姚程三先生遺集　（清）程國嘉編輯　清光緒十九年（1893）金山程氏補讀書齋彙印本　四册

220000－0841－0014604　善1524

國朝三槎風雅十六卷　(清)朱掄英輯　清嘉慶十六年(1811)刻本　六冊

220000－0841－0014605　集5902K
青浦續詩傳八卷　(清)何其超輯　清光緒三十一年(1905)木活字印本　八冊

220000－0841－0014606　集8149K
國朝三槎存雅二卷　(清)甘受和輯　清光緒九年(1883)萬卷樓刻本　二冊

220000－0841－0014607　集5870K
羅溪文徵一卷　(清)潘履祥輯　清光緒十五年(1889)鉛活字印本　一冊

220000－0841－0014608　集8570K
瀛洲詩鈔六卷　(清)楊樽輯　清嘉慶十年(1805)楊氏誦芬堂刻本　六冊

220000－0841－0014609　集5946K
江蘇詩徵一百八十三卷　(清)王豫輯　清道光元年(1821)焦山詩徵閣刻本　四十冊

220000－0841－0014610　集8809K
續金陵詩徵六卷　(清)朱紹亭　(清)陳作霖等輯　清光緒二十年(1894)刻本　六冊

220000－0841－0014611　集6211
吳中女士詩抄　(清)任兆麟輯　清乾隆五十四年(1789)林屋吟榭刻本　四冊

220000－0841－0014612　叢0947K
吳會英才集二十卷　(清)畢沅輯　清嘉慶刻本　十冊

220000－0841－0014613　叢0948K
吳會英才集二十四卷　(清)畢沅輯　清嘉慶刻道光刻本　六冊

220000－0841－0014614　集8878
江左十五子詩選十五卷　(清)宋犖編　清康熙四十二年(1703)刻本　八冊

220000－0841－0014615　叢1055
江左三大家詩抄九卷　(清)顧有孝　(清)趙澐輯　清刻本　六冊

220000－0841－0014616　集11316K
石城七子詩鈔十四卷　翁長森輯　清光緒十六年(1890)刻本　六冊

220000－0841－0014617　集5977K
貞豐詩萃五卷　(清)陶煦輯　清同治三年(1864)陶氏儀一堂刻本　五冊

220000－0841－0014618　善2466
婁東詩派二十八卷　(清)汪學金輯　清嘉慶九年(1804)詩志齋刻本　十六冊

220000－0841－0014619　集5974
海虞詩苑十八卷　(清)王應奎輯　清乾隆二十四年(1759)刻本　六冊

220000－0841－0014620　集8321K
海虞文徵三十卷　邵松年輯　清光緒三十一年(1905)鴻文書局石印本　十六冊

220000－0841－0014621　集8812K
沙溪詩存十卷續集四卷　(清)陸熉輯　清嘉慶十九年(1814)刻道光十年(1830)續刻本　四冊

220000－0841－0014622　集5971K
支溪詩錄四卷　(清)趙允懷輯　清道光二十年(1840)刻本　四冊

220000－0841－0014623　善1746
七十二峰足徵集八十八卷文集十六卷　(清)吳定璋輯　清乾隆十年(1745)吳氏依綠園刻本　四十八冊

220000－0841－0014624　集6105K
泖溪詩存二卷　(清)馮景元輯　(清)徐家駒參訂　清光緒二十五年(1899)刻本　二冊

220000－0841－0014625　集5956
白沙風雅八卷　(清)張達輯　清雍正十年(1732)刻本　二冊　存二卷(一至二)

220000－0841－0014626　集5983
鼉湖聯吟集七卷　(清)李光國輯　清乾隆刻本　四冊

220000－0841－0014627　集5581K
唐市徵獻錄二卷　(清)倪賜輯　**續編二卷**　(清)張璐輯　清光緒二十五年(1899)刻本

四冊

220000－0841－0014628　善 1521
國朝松陵詩徵二十卷　(清)袁景輅輯　清乾隆三十二年(1767)愛吟齋刻本　十冊

220000－0841－0014629　集 8231K
松陵詩徵前編十二卷　(清)殷增輯　清嘉慶二十一年(1816)刻本　三冊

220000－0841－0014630　集 5964K
松陵詩徵續編十四卷　(清)陸日愛輯　清咸豐七年(1857)夢逋草堂刻本　六冊

220000－0841－0014631　集 5838K
松溪文錄二十四卷　(清)凌淦輯　清同治十三年(1874)刻本　八冊

220000－0841－0014632　集 8182K
松陵文集初編四卷　陳去病輯　清宣統三年(1911)鉛活字印本　三冊

220000－0841－0014633　集 6190K
吴江三節婦集三卷　(清)董兆熊輯　清咸豐七年(1857)古銅里范氏刻本　一冊

220000－0841－0014634　集 5980K
禊湖詩拾八卷　(清)徐達源輯　清嘉慶十年(1805)孚遠堂刻本　二冊

220000－0841－0014635　集 8956K
禊湖詩拾八卷　(清)徐達源輯　清嘉慶十年(1805)孚遠堂刻民國九年(1920)重印本　一冊

220000－0841－0014636　集 5773K
錫山文集二十卷姓氏總目一卷　(清)王史直　(清)王史鑑同編　(清)華湛恩重編　清道光二十年(1840)鵞湖華氏刻本　十冊

220000－0841－0014637　叢 0851K
京江鮑氏三女史詩鈔合刻　(清)戴燮元輯　清光緒八年(1882)丹徒戴氏嘉禾刻本　五冊

220000－0841－0014638　集 0893K
京江鮑氏課選樓合稿　(清)戴燮元輯　(清)鮑長敘補輯　清光緒八年(1882)戴燮元刻本　二冊

220000－0841－0014639　集 7659K
潤州事蹟詩鈔不分卷　(清)解為幹輯　清同治七年(1868)刻本　二十冊

220000－0841－0014640　叢 1054K
焦山六上人詩　(清)陳任暘輯　清道光九年(1829)初刻光緒三十二年(1906)續刻本　六冊

220000－0841－0014641　集 6522K
常郡八邑藝文志十二卷　(清)盧文弨輯　(清)莊翔昆補　清光緒十六年(1890)刻本　十六冊

220000－0841－0014642　集 10473K
國朝常州駢體文錄三十一卷結一宧駢體文一卷　(清)屠寄輯　清光緒十六年(1890)廣州刻朱印本　六冊

220000－0841－0014643　集 5854K
國朝常州駢體文錄三十一卷結一宧駢體文一卷　(清)屠寄輯　清光緒十六年(1890)廣州刻本　六冊

220000－0841－0014644　集 5981K
淮海英靈集二十二卷　(清)阮元輯　清嘉慶三年(1798)小琅嬛仙館文選樓叢書刻本　十二冊

220000－0841－0014645　集 6122K
北湖詩錄一卷　(清)阮元輯　清道光二十八年(1848)刻本　一冊

220000－0841－0014646　叢 1160K
王敬之所刊書　(清)王敬之等錄　清道光刻本　七冊

220000－0841－0014647　集 10939K
述舊三卷　(清)李福祚輯　清咸豐七年(1857)刻本　六冊

220000－0841－0014648　集 5962K
白田風雅二十四卷　(清)朱彬輯　清光緒十二年(1886)金陵刻本　四冊

220000－0841－0014649　集 5801K
海陵文徵二十卷　(清)夏荃輯　清道光二十

三年(1843)刻本　十冊

220000－0841－0014650　集 5800K
海陵文徵二十卷　(清)夏荃輯　清道光二十三年(1843)刻民國八年(1919)重修本　十冊

220000－0841－0014651　集 5691K
五山耆舊今集初刊八卷　(清)楊廷撰輯　清道光四年(1824)楊氏一經堂刻本　八冊

220000－0841－0014652　集 5839K
崇川各家詩鈔彙存六十二卷補遺六十一卷　(清)王藻輯　清咸豐七年(1857)有嘉樹軒刻本　二十二冊

220000－0841－0014653　集 6119K
師山詩存十卷首一卷　(清)茅炳文輯　清咸豐十年(1860)刻本　二冊

220000－0841－0014654　集 5503
詩存二卷法古堂偶記一卷　(清)鄧漢儀輯　(清)顔光祚等輯　清古隱玉齋刻本　二冊

220000－0841－0014655　善 1858
東皋詩存四十卷詩餘四卷　(清)汪之珩輯　清嘉慶八年(1803)文園汪氏金陵刻本　二十冊

220000－0841－0014656　集 5926K
東皋詩存四十八卷詩餘四卷　(清)汪之珩輯　清嘉慶八年(1803)文園汪氏金陵刻二十四年(1819)校印本　二十冊

220000－0841－0014657　集 5861K
淮安藝文志十卷　(清)王琛輯　清同治十二年(1873)刻本　八冊

220000－0841－0014658　集 6138K
淮郡校士詩選四卷　(清)周燾輯　清道光十三年(1833)刻本　二冊

220000－0841－0014659　集 5809K
山陽藝文志八卷　(清)邱沅　(清)段朝端纂　清宣統三年(1911)修民國十年(1921)刻本　八冊

220000－0841－0014660　集 5913K
山陽詩徵二十六卷　(清)丁晏原輯　(清)王錫祺重編　清光緒二十二年(1896)鉛活字印本　十二冊

220000－0841－0014661　集 5914K
山陽詩徵續編四十四卷　(清)王錫祺輯　清光緒二十二年(1896)鉛活字印本　十六冊

220000－0841－0014662　叢 0958K
徐州二遺民集　馮煦輯　清光緒十九年(1893)臨川桂中行刻民國二年(1913)修補本　五冊

220000－0841－0014663　集 5975K
徐州詩徵八卷　(清)桂中行輯　清光緒十七年(1891)刻本　四冊

220000－0841－0014664　善 2935
梁溪詩抄五十八卷　(清)顧光旭輯　清嘉慶元年(1796)雙橋草堂刻本　二十冊

220000－0841－0014665　集 6115K
梁溪詩鈔五十八卷　(清)顧光旭輯　清宣統三年(1911)文苑閣木活字印本　三十冊

220000－0841－0014666　集 8969K
京江三上人詩選　(清)王豫輯　清種竹軒刻本　一冊

220000－0841－0014667　集 5967K
京江耆舊集十三卷　(清)張學仁　(清)王豫同輯　清嘉慶二十三年(1818)青苔館刻本　四冊

220000－0841－0014668　集 8844K
吳興詩存初集八卷二集十四卷三集六卷四集二十卷　(清)陸心源輯　清光緒十六年(1890)刻潛園總集本　十六冊

220000－0841－0014669　集 5917
越風初編十五卷　(清)商盤輯　清乾隆三十七年(1772)王大治刻本　六冊

220000－0841－0014670　善 3028
越風三十卷　(清)商盤輯　清乾隆三十七年(1772)王大治刻嘉慶十六年(1811)徐兆印本　十冊

220000－0841－0014671　集 0972K

兩浙輶軒錄四十卷補遺十卷　(清)阮元輯　清光緒十六年(1890)浙江書局刻本　三十二冊

220000－0841－0014672　集 0973K
兩浙輶軒續錄五十四卷補遺六卷　(清)潘衍桐輯　清光緒十七年(1891)浙江書局刻本　四十冊

220000－0841－0014673　集 5892K
國朝杭郡詩輯三十二卷　(清)吳顥原本　(清)吳振棫重輯　清同治十三年(1874)錢塘丁氏刻本　十六冊

220000－0841－0014674　集 5893K
國朝杭郡詩續輯四十六卷　(清)吳振棫輯　清光緒二年(1876)錢塘丁氏刻本　十六冊

220000－0841－0014675　集 5894K
國朝杭郡詩三輯一百卷　(清)丁申　(清)丁丙同輯　清光緒十九年(1893)錢塘丁氏刻本　四十冊

220000－0841－0014676　善 1552
沈南疑先生檇李詩繫四十二卷　(清)沈季友輯　清康熙四十九年(1710)金南鍈敦素堂刻本　八冊

220000－0841－0014677　集 5807
東甌詩存四十六卷補遺一卷　(清)曾唯輯　清乾隆五十五年(1790)鹿城依綠園刻本　十六冊

220000－0841－0014678　叢 1491K
西泠五布衣遺著三十二卷　(清)丁丙輯　清同治、光緒丁氏當歸草堂刻本　十冊

220000－0841－0014679　叢 1178K
越三子集　(清)潘祖蔭輯　清同治十一年(1872)吳縣潘祖蔭刻滂喜齋叢書本　二冊

220000－0841－0014680　集 8557
甬上高僧詩二卷　(清)李鄴嗣輯　清康熙敬義堂刻本　一冊

220000－0841－0014681　集 5944
國朝姚江詩存十二卷　(清)張廷枚輯　清乾隆三十八年(1773)張氏寶墨齋刻本　四冊

220000－0841－0014682　集 5969
剡川詩抄十二卷　(清)舒順方　(清)董彥琦輯　清康熙四十七年(1708)刻本　六冊

220000－0841－0014683　善 1587
金華文統十三卷　(明)趙鶴輯　明萬曆刻本　二冊

220000－0841－0014684　集 6083K
桐溪耆隱集一卷　(清)袁炯輯　清光緒十六年(1890)鉛活字印本　一冊

220000－0841－0014685　集 5920K
續檇李詩繫四十卷　(清)胡昌基輯　清宣統三年(1911)刻本　二十冊

220000－0841－0014686　集 5965K
梅里詩輯二十八卷　(清)許燦輯　(清)朱緒曾訂　清道光三十年(1850)嘉興縣齋刻本　八冊

220000－0841－0014687　集 9334K
當湖文繫初編二十八卷　(清)朱壬林輯　清光緒十五年(1889)刻本　十二冊

220000－0841－0014688　集 6101K
聞湖詩三鈔八卷　(清)李道悠輯　清光緒十九年(1893)刻本　二冊

220000－0841－0014689　集 5832K
蓮漪文鈔八卷　(清)汪曰楨輯　清同治二年(1863)刻本　二冊

220000－0841－0014690　集 6003
四明四友詩六卷　(清)鄭梁輯　清康熙四十八年(1709)刻本　四冊

220000－0841－0014691　集 10367K
四明古蹟四卷　(清)陳之綱輯　清道光二年(1822)是亦樓刻本　四冊

220000－0841－0014692　集 8168K
甬東正氣集四卷　(清)董琅輯　清光緒八年(1882)董沛刻本　一冊

220000－0841－0014693　集 6121K

彭姥詩蒐十二卷 (清)倪勱輯 清道光七年(1827)楊月傅刻本 四册

220000－0841－0014694 集10260K
蛟川耆舊詩六卷 (清)張本均輯 清咸豐刻本 一册

220000－0841－0014695 集5847K
慈谿文徵 (清)楊泰亨輯 清光緒十八年(1892)楊氏經畬塾刻本 一册

220000－0841－0014696 集5939K
諸暨詩存十六卷詩餘一卷諸暨詩存續編四卷東埭詩鈔一卷 (清)酈滋德評選 (清)酈琮校補 (清)郭肇增編 清光緒十七年(1891)刻本 十册

220000－0841－0014697 集6116K
上虞詩選四卷 (清)徐幹輯 清光緒八年(1882)刻本 四册

220000－0841－0014698 集9987K
國朝嵊詩鈔四卷 (清)吕岳孫等輯 清光緒十六年(1890)裘仲廉鉛活字印本 四册

220000－0841－0014699 集8750:1
三台詩録三十二卷續録四卷詞録二卷 (清)戚學標輯 清嘉慶元年(1796)刻本 十册

220000－0841－0014700 集7670F
赤城集十八卷 (清)林表民輯 清嘉慶二十三年(1818)臨海宋世犖台州叢書刻本 四册

220000－0841－0014701 集5972K
三台名媛詩輯五卷續一卷詞輯一卷 (清)黄瑞輯 清光緒元年(1875)臨海周翰清刻本 二册

220000－0841－0014702 集7793K
天台三高士遺集 (清)張廷琛輯 清宣統三年(1911)木活字印本 一册

220000－0841－0014703 集6133K
國朝天台詩存十四卷補遺一卷 (清)金文田輯 清光緒三十四年(1908)木活字印本 四册

220000－0841－0014704 集5900K
永康詩録十八卷補遺一卷 (清)陸鳳巢輯 清咸豐元年(1851)陳氏雨香山房刻本 六册

220000－0841－0014705 集6107K
國朝樂成詩録四卷 (清)鄭一龍輯 清光緒十九年(1893)刻本 二册

220000－0841－0014706 集8200K
僊居集二十四卷 (清)王壽頤等輯 清光緒木活字印本 八册

220000－0841－0014707 集6120K
羅陽詩始四卷 (清)董斿輯 清同治五年(1866)羅陽書院刻本 二册

220000－0841－0014708 叢1056K
皖江三家詩鈔 (清)陳世鎔輯 清道光二十五年(1845)獨秀山莊刻本 一册

220000－0841－0014709 集5078K
淮南三家詩集四卷 (清)賈禮耕等撰 清刻本 一册

220000－0841－0014710 善1893
新安文獻志一百卷先賢事略二卷目録二卷 (明)程敏政輯 明萬曆刻本 三十六册

220000－0841－0014711 叢0854
新安二布衣詩八卷 (清)王士禛輯 清康熙四十三年(1704)汪洪度刻本 二册

220000－0841－0014712 集8277
新都風雅三種三卷 (清)汪士鋐輯 清康熙刻本 一册

220000－0841－0014713 集5968
樵貴谷詩遺八卷 (清)程功等輯 清康熙四十年(1701)胡士育話雨樓刻本 八册

220000－0841－0014714 集8341K
廬陽三賢集 (清)張樹聲輯 清光緒元年(1875)合肥張氏毓秀堂刻本 四册

220000－0841－0014715 集5830K
涇川詩鈔二十卷 (清)顧翰輯 清道光十九年(1839)涇川書院刻本 八册

220000－0841－0014716 叢0870K

貴池二妙集五十一卷　劉世珩輯　清光緒二十七年(1901)刻貴池先哲遺書單行本　十二冊

220000－0841－0014717　叢 1367K
貴池二妙集五十一卷補遺一卷附錄一卷　劉世珩輯　清光緒二十七年(1901)刻三十四年(1908)增刻貴池先哲遺書單行本　十二冊

220000－0841－0014718　集 0610K
江西詩徵九十四卷國朝補遺一卷附刻一卷　(清)曾燠輯　清嘉慶九年(1804)賞雨茅屋刻光緒五年(1879)棣華書屋重印本　三十二冊

220000－0841－0014719　善 1604
里先忠三先生文選十四卷　(明)胡接輝輯　明崇禎十年(1637)刻本　六冊　缺六卷(宋文忠烈先生文選六卷)

220000－0841－0014720　集 5908K
袁州唐集内編八卷外錄八卷三徐事實一卷　(清)袁寧珍輯　**徐鼎臣詩集四卷**　(南唐)徐鉉撰　**附錄詩一卷**　(南唐)徐鍇撰　清嘉慶二十年(1815)刻本　七冊

220000－0841－0014721　集 5537K
閩南唐賦六卷考異一卷　(清)楊浚輯　(清)胡鳳丹輯　清光緒二年(1876)刻本　二冊

220000－0841－0014722　善 3157
莆風清籟集六十卷首一卷　(清)鄭王臣輯　清乾隆三十七年(1772)刻本　二十冊

220000－0841－0014723　集 10440K
重訂昭陽扶雅集六卷　(清)徐榦輯　清光緒八年(1882)邵武徐氏刻本　六冊

220000－0841－0014724　集 8307F
樵川二家詩六卷　(清)徐榦輯　清光緒七年(1881)刻邵武徐氏叢書本　二冊

220000－0841－0014725　集 8752K
莆陽文輯五卷　(清)涂慶瀾輯　清光緒二十五年(1899)涂氏荔隱山房刻本　五冊

220000－0841－0014726　集 5791K
柘浦詩鈔四卷文鈔四卷　(清)朱秉鑑　(清)朱秉錞輯　清嘉慶十六年(1811)茹古堂刻本　四冊

220000－0841－0014727　集 5756K
國朝中州文徵五十四卷首一卷　(清)蘇源生輯　清道光二十五年(1845)刻本　二十八冊

220000－0841－0014728　善 1675
中州名賢文表三十卷　(明)劉昌輯　清康熙刻本　八冊

220000－0841－0014729　集 5793K
中州名賢文表三十卷　(明)劉昌輯　清光緒三十年(1904)鴻文書局石印本　六冊

220000－0841－0014730　集 5798K
續中州名賢文表六十八卷　(清)邵松年輯　清光緒三十年(1904)鴻文書局石印本　二十二冊

220000－0841－0014731　集 10483K
國朝中州名賢集二十五卷　(清)黄舒昺輯　清光緒十九年(1893)睢陽洛學書院刻本　十六冊

220000－0841－0014732　善 1545
梁園風雅二十六卷　(明)趙彥復輯　明萬曆刻清康熙二十七年(1688)趙易聖重修本　十二冊

220000－0841－0014733　善 1506
梁園風雅二十七卷　(明)趙彥復輯　清康熙四十三年(1704)陸廷燦刻本　六冊

220000－0841－0014734　集 5973K
竟陵詩選十四卷補遺一卷竟陵文選三卷　(清)熊士鵬輯　清道光三年(1823)、十六年(1836)刻瘦羊錄本　六冊

220000－0841－0014735　集 8451K
廣濟耆舊詩集十二卷　(清)夏槐輯　清光緒三年(1877)刻本　六冊

220000－0841－0014736　叢 1145K
汪陳詩鈔合刻　(清)陳百行　(清)陳楚材輯　清光緒十九年(1893)房縣鳳陽書院刻本　一冊

220000－0841－0014737　集 0328K
湖南文徵一百九十卷姓氏傳四卷目錄六卷（清）羅汝懷輯　清同治十年（1871）刻本　一百册

220000－0841－0014738　集 8310K
湖南女士詩鈔所見初集八卷　毛國姬輯　清道光十四年（1834）刻本　四册

220000－0841－0014739　集 6247
沅湘通藝錄八卷　（清）江標輯　清光緒二十三年（1897）長沙使院刻本　八册

220000－0841－0014740　集 6124K
瀏陽二傑文二卷　（清）譚嗣同　（清）唐才常撰　清鉛活字印本　二册

220000－0841－0014741　集 6210K
淥江詩存二十四卷　（清）陳昌廣等輯　清光緒二十年（1894）淥江聽竹笑樓刻本　八册

220000－0841－0014742　集 5826K
常德文徵四十八卷首一卷　（清）應先烈輯（清）陳楷禮彙稿　清嘉慶十九年（1814）鼎雅堂刻本　二十册

220000－0841－0014743　叢 0707K
粤十三家集　（清）伍元薇輯　清道光二十年（1840）南海伍氏詩雪軒刻本　三十六册

220000－0841－0014744　叢 0902K
粤東三子詩鈔十四卷　（清）黄玉階輯　清道光二十二年（1842）廣州刻本　五册

220000－0841－0014745　善 1438
嶺南三大家詩選二十四卷　（清）王隼輯　清康熙三十一年（1692）刻本　八册

220000－0841－0014746　集 5888
嶺南群雅初集三卷二集三卷　（清）劉彬華輯　清嘉慶十八年（1813）玉壺山房刻本　六册

220000－0841－0014747　集 8074
南園後五先生詩二十七卷南園花信詩一卷（清）陳文藻輯　清乾隆三十年（1765）刻本　六册

220000－0841－0014748　集 5889K
楚庭耆舊遺詩前集二十一卷後集二十一卷（清）伍崇曜輯　清道光二十三年（1843）南海伍氏刻本　八册

220000－0841－0014749　集 5891K
楚庭耆舊遺詩續集三十二卷　（清）伍崇曜輯　清道光三十年（1850）南海伍氏刻本　五册

220000－0841－0014750　集 8882K
南園前五先生詩五卷　（明）陳暹輯　（明）葛徵奇重輯　**南園後五先生詩二十五卷南園花信詩一卷**　陳文藻等輯　清同治九年（1870）南海陳氏刻本　六册

220000－0841－0014751　集 5982K
端溪詩述六卷　（清）黄登瀛輯　清道光二十四年（1844）六榕書屋刻本　四册

220000－0841－0014752　集 7606K
全蜀藝文志六十四卷　（明）楊慎輯　清嘉慶二十二年（1817）張氏小書樓刻本　四十册

220000－0841－0014753　集 6029K
升菴全蜀藝文志六十四卷　（明）楊慎輯　清讀月草堂刻本　十六册

220000－0841－0014754　集 11209
蜀詩十五卷　（清）費經虞輯　（清）費密（清）李調元續輯　清道光十三年（1833）鶿溪孫氏刻古棠書屋叢書本　二册

220000－0841－0014755　集 5936K
國朝全蜀詩鈔六十四卷　（清）孫桐生輯　清光緒五年（1879）長沙刻本　二十册

220000－0841－0014756　集 5579
蜀遊詩抄六卷　（清）陸炳輯　清乾隆三十九年（1774）且樸堂刻本　四册

220000－0841－0014757　集 5938K
新繁詩略六卷　（清）楊昌翰輯　清光緒二十一年（1895）刻本　三册

220000－0841－0014758　集 8900K
新繁詩略續編二卷　（清）楊昌翰輯　清光緒刻本　一册

220000－0841－0014759　集 5897K

黔詩紀略三十三卷　(清)唐樹義　(清)黎兆勳同輯　(清)莫友芝傳證　清同治十二年(1873)遵義唐氏夢研齋金陵刻本　八册

220000－0841－0014760　集 5898K
黔詩紀略後編三十卷補編三卷　(清)唐樹義　(清)黎兆勳同輯　(清)莫友芝傳證　清宣統三年(1911)貴陽陳夔龍京師刻本　八册

220000－0841－0014761　集 6128K
國朝滇南流寓詩略二卷　(清)袁文揆輯　清嘉慶八年(1803)肆雅堂刻本　二册

220000－0841－0014762　集 6102K
琉球詩錄四卷　(清)孫衣言評選　清道光二十四年(1844)刻本　二册

220000－0841－0014763　集 7973K
琉球詩錄二卷　(清)徐幹評選　清同治十二年(1873)刻本　一册

220000－0841－0014764　善 1422
述本堂詩集十八卷　(清)方觀承輯　清乾隆二十年(1755)刻本　三册

220000－0841－0014765　叢 1149
述本堂詩集十八卷續集五卷附刻一卷　(清)方觀承輯　(清)方傳穆補輯　清乾隆二十年(1755)、嘉慶十四年(1809)、道光六年(1826)刻重修彙印本　十册

220000－0841－0014766　叢 1134K
述本堂詩集十八卷續集五卷　(清)方觀承輯　清乾隆二十年(1755)刻嘉慶十四年(1809)續刻本　十二册

220000－0841－0014767　集 11359
左氏雙忠集　(清)左輝春輯　清道光二十六年至二十七年(1846－1847)湘鄉詠史齋刻本　八册

220000－0841－0014768　善 1316
孟津詩十九卷　(清)王鐸　(清)王鑨撰　**續孟津詩一卷**　(清)王無咎　(清)王無忝等撰　清康熙五年(1666)王允明刻本　八册

220000－0841－0014769　集 5957K
繡水王氏家藏集　(清)王相輯　清咸豐五年(1855)王耿之刻咸豐、同治、光緒續刻本　八册

220000－0841－0014770　集 11057K
間燕齋詩彙　(清)王以銜輯　清嘉慶二十一年(1816)敬儀堂刻本　一册　存七卷(一至七)

220000－0841－0014771　善 1031
嘉樂齋三蘇文範十八卷　(明)楊慎輯　明天啓刻本　六册　存六卷(一至六)

220000－0841－0014772　集 1183
寶應王氏詩集二種三十三卷　(清)王式丹　(清)王嵩高撰　清雍正三年(1725)、道光十六年(1836)刻彙印本　六册

220000－0841－0014773　善 2523
吳江沈氏詩集十二卷　(清)沈祖禹輯　清乾隆五年(1740)刻本　二册

220000－0841－0014774　善 2590
商丘宋氏三世遺集五卷　(清)宋犖輯　清康熙六年(1667)刻本　一册

220000－0841－0014775　集 5988
吳氏世德集三十一卷　(清)吳居澳輯　清乾隆四十一年(1776)刻本　八册

220000－0841－0014776　集 9104
來氏家藏冠山逸韻五言五卷七言五卷　(清)來畹蘭輯　清乾隆會宗堂刻本　二册

220000－0841－0014777　集 7888
拾遺編内集一卷　(清)周大武輯　**寒塘集一卷**　(清)周有明撰　清乾隆刻本　一册

220000－0841－0014778　集 2223K
大竹王氏昆仲遺詩　(清)伍睿祥輯　清道光二十六年(1846)刻本　二册

220000－0841－0014779　叢 0198K
正定王氏叢刻三種　(清)王定柱等撰　清光緒至民國龍樹精舍刻本　五册

220000－0841－0014780　集 8825K
闕里孔氏詩鈔十四卷　(清)孔憲彝輯　清道

光二十二年(1842)刻本　四册

220000－0841－0014781　集 8052
玉連環草四卷　(清)金文淵　(清)于曉霞撰　清道光二十年(1840)刻本　二册

220000－0841－0014782　集 8409
許氏巾箱集　(清)許兆熊輯　清嘉慶二十二年(1817)許氏石契齋刻本　一册

220000－0841－0014783　叢 0868K
毗陵伍氏合集　(清)伍宇昭輯　清嘉慶十六年(1811)餐英書屋刻本　三册

220000－0841－0014784　集 5990K
金陵朱氏家集　(清)朱緒曾輯　清道光二十年(1840)刻本　四册

220000－0841－0014785　集 8258K
三朱遺編　(清)楊伯潤輯　清光緒十五年(1889)嘉興楊氏刻本　一册

220000－0841－0014786　集 5953K
新安先集二十卷　(清)朱之榛輯　清同治十三年(1874)蘇州刻本　六册

220000－0841－0014787　集 6940K
寶應朱氏家集　(清)朱彬等輯　清道光朱氏宜祿堂刻本　十二册

220000－0841－0014788　集 6220K
紫陽家塾詩鈔二十四卷　(清)朱琦輯　清道光十二年(1832)刻本　十二册

220000－0841－0014789　集 5160K
濟南朱氏詩文彙編十四卷　(清)朱緗輯　清道光刻本　五册　存五種九卷

220000－0841－0014790　集 6108K
樂安傳家集五卷補遺二卷　(清)任文化輯　清道光元年(1821)穀貽堂刻本　四册

220000－0841－0014791　集 6022K
汪氏家集　(清)汪佩珩輯　清光緒二十一年(1895)上海飛鴻閣書林石印本　七册

220000－0841－0014792　善 1401
汪氏傳家集一百二十三卷　(清)汪琬等撰　清康熙刻本　十二册

220000－0841－0014793　叢 0872K
沈氏三先生文集　(宋)□□輯　清光緒二十二年(1896)浙江書局刻本　十册

220000－0841－0014794　集 6024K
吴興長橋沈氏家集　沈家本輯　清宣統元年(1909)刻本　十二册

220000－0841－0014795　集 6216K
合肥李氏三世遺集二十四卷　李國杰輯　清光緒三十年(1904)合肥李氏刻本　十二册

220000－0841－0014796　集 9427K
李氏三先生詩鈔　(清)李楹輯　清光緒十二年(1886)李楹西安郡齋刻本　四册

220000－0841－0014797　集 5996K
石門吴氏家集　(清)□□輯　清光緒十八年(1892)世同堂刻本　四册

220000－0841－0014798　集 6020K
海豐吴氏詩存四卷　吴重憙輯　清光緒十年(1884)刻本　四册

220000－0841－0014799　集 6218K
海豐吴氏詩存四卷　吴重憙輯　清宣統元年(1909)吴氏大梁節署刻本　四册

220000－0841－0014800　集 8333K
欖溪何氏詩徵九卷　(清)何天衢輯　清道光十一年(1831)大小山房刻本　四册

220000－0841－0014801　集 6085K
邱氏家集一卷山陽邱氏文獻私記一卷　(清)邱憲輯　清光緒二十二年(1896)刻本　一册

220000－0841－0014802　集 6126K
四周先生集　(清)金武祥等輯　清光緒十二年(1886)刻本　一册

220000－0841－0014803　集 9158K
五周先生集　冒廣生輯　清光緒二十二年(1896)刻如皋冒氏叢書本　一册

220000－0841－0014804　集 5995K
務滋堂集　(清)□□輯　清嘉慶二十二年

(1817)同川金氏刻本　六冊

220000-0841-0014805　叢 0869K
姜氏家集　(清)姜慶成輯　清道光二十五年(1845)姜氏采鹿堂刻本　七冊

220000-0841-0014806　集 10768K
安吉施氏遺著　(清)戴翊清　(清)朱廷燮輯　清光緒十七年(1891)刻本　二冊

220000-0841-0014807　集 8345F
如臯冒氏詩略十四卷詞略一卷　冒廣生輯　清宣統三年(1911)刻如臯冒氏叢書本　五冊

220000-0841-0014808　集 6134K
金山姚氏二先生集　(清)張文虎輯　清光緒二年(1876)松韻草堂刻本　一冊

220000-0841-0014809　集 0522F
二妙集八卷　(金)段克已　(金)段成已撰　清光緒三十二年(1906)石蓮盦彙刻九金人集本　二冊

220000-0841-0014810　集 8875K
燼餘志過錄二卷　(清)馬先登輯　清同治九年(1870)關中馬氏敦倫堂刻馬氏叢刻本　一冊

220000-0841-0014811　集 6219K
祝氏華鄂集十五卷　(清)祝登墀輯　清道光十年(1830)刻本　八冊

220000-0841-0014812　善 1036、善 1037
范文正公忠宣公全集七十三卷　(宋)范仲淹　(宋)范純仁撰　清康熙四十六年(1707)歲寒堂刻本　十八冊

220000-0841-0014813　叢 1109K
宋范文正忠宣二公全集　(宋)范仲淹　(宋)范純仁撰　清宣統二年(1910)鄒福傑蘇州刻本　十六冊

220000-0841-0014814　集 9166F
袁家三妹合稿四卷　(清)袁枚輯　清乾隆刻隨園三十種本　二冊

220000-0841-0014815　集 3081K
邃懷堂全集三十八卷袁氏家集十一卷　(清)袁鎮嵩輯　清光緒刻本　十四冊

220000-0841-0014816　集 3089F
邃懷堂全集三十八卷袁氏家集十一卷　(清)袁鎮嵩輯　清光緒刻本　二十二冊

220000-0841-0014817　叢 0852K
袁氏家集　(清)袁鎮嵩輯　清光緒十六年(1890)邃懷堂刻本　四冊

220000-0841-0014818　集 6224
講筵四世詩抄十卷　(清)張曾虔輯　清嘉慶二年(1797)金陵刻本　四冊

220000-0841-0014819　集 6067
鶴陽謝氏家集内編五卷外編五卷　(清)謝夢覽補輯　清康熙四十五年(1706)刻本　六冊

220000-0841-0014820　集 6223K
錫山秦氏詩鈔首一卷前集八卷今集十卷　(清)秦彬輯　(清)秦殿楹等增補　清道光十九年(1839)刻本　八冊

220000-0841-0014821　集 5150K
錫山秦氏詩鈔首一卷前集八卷今集十卷　(清)秦彬輯　清道光十九年(1839)刻本　六冊

220000-0841-0014822　叢 1455K
雙雲堂傳集　(清)陳勵輯　清光緒十年(1884)甬上范氏刻本　二冊

220000-0841-0014823　集 8265K
猶存集六卷　(清)孫仝轍　(清)孫應科輯　清道光十五年(1835)、二十二年(1842)小康書屋刻本　一冊

220000-0841-0014824　集 9716K
誦芬詠烈編八十卷首二十五卷　(清)徐琪撰　清光緒十七年(1891)刻本　十二冊

220000-0841-0014825　叢 0114K
香海盦叢書　(清)徐琪撰　清光緒刻本　五冊

220000-0841-0014826　集 8214K
湘潭郭氏閨秀集　(清)郭潤玉輯　清道光十七年(1837)刻本　一冊

220000－0841－0014827　集6942K

丹徒張氏家集　（清）張琛輯　清道光刻本　六册

220000－0841－0014828　集7672K

張氏詩集合編八卷　（清）張昀輯　清咸豐十年(1860)中立堂刻本　四册

220000－0841－0014829　叢1361K

海鹽張氏涉園叢刻　張元濟輯　清宣統三年(1911)上海商務印書館鉛活字印本　四册

220000－0841－0014830　集8816K

清河六先生詩選十卷　（清）朱為弼　（清）徐申錫輯　清光緒二年(1876)刻二十八年(1902)南園重印本　二册

220000－0841－0014831　集3524K

晴漪閣詩六卷紅豆蘼詞一卷知悔齋文二卷皖遊紀略二卷入湘紀程一卷湘中隨筆一卷　（清）陳克劬撰　清光緒刻本　八册

220000－0841－0014832　集2640K

陶萸江先生全集　（清）陶澍輯　清道光刻本　十二册

220000－0841－0014833　集6221K

海虞三陶先生集合刻　（清）楊沂孫輯　清光緒七年(1881)楊同福貴池縣署刻本　八册

220000－0841－0014834　集10193K

曹氏傳芳録　（清）曹希璨輯　清宣統元年(1909)、三年(1911)木活字印本　二册

220000－0841－0014835　集9239K

震澤莊氏家集　（清）莊元植輯　清光緒三年(1877)刻本　一册

220000－0841－0014836　集10083K

曾太僕左夫人詩稿合刻　（清）曾詠　（清）左錫嘉撰　清光緒十七年(1891)刻本　四册

220000－0841－0014837　集1062K

二馮詩集　（清）胡思敬輯　清光緒三十四年(1908)問影樓鉛活字印本　二册

220000－0841－0014838　集7722K

琴川黃氏三集　（清）黃廷鑑集　清道光二十年(1840)刻本　四册

220000－0841－0014839　集6140K

黃氏三世詩　（清）黃炳垕輯　清光緒十五年(1889)留書種閣刻本　一册

220000－0841－0014840　集8188K

織雲樓詩合刻　（清）葉紹楏輯　清嘉慶刻本　二册

220000－0841－0014841　叢0841K

香草堂叢集二卷笠花堂叢集一卷　（清）楊馥輯　清光緒二十一年(1895)刻本　一册

220000－0841－0014842　集11273K

雅安書屋詩文集十二卷　（清）程葆輯　清道光刻本　四册

220000－0841－0014843　集1898K

楊氏家集　（清）楊繼曾輯　清道光二十四年(1844)非能園刻本　六册

220000－0841－0014844　集0709K

留耕堂集三卷　（清）葛泰臨輯　清宣統元年(1909)鉛活字印本　三册

220000－0841－0014845　集8006K

浚儀世集六卷浚儀外集一卷　（清）趙希文輯　清光緒二十四年(1898)常熟趙氏承啓堂刻本　四册

220000－0841－0014846　集6130K

熊氏遺集二卷　（清）熊賓輯　清宣統元年(1909)鉛活字印本　一册

220000－0841－0014847　集5722K

梅花書屋詩文鈔二卷　（清）鄭緇衣輯　清道光木活字印本　一册

220000－0841－0014848　子0082K

蔡氏九儒書九卷首一卷蔡福州外紀十卷附錄一卷蔡氏通譜一卷　（清）蔡學蘇輯　清光緒八年(1882)刻本　八册

220000－0841－0014849　集6913K

二希堂緝齋文詩合編　（清）杜翰生輯　清光緒二十五年(1899)閩漳多藝齋刻本　十四册

220000－0841－0014850　集 9117K
一家詩詞鈔五卷　(清)滕檀庸輯　清光緒二十六年(1900)刻本　二册

220000－0841－0014851　集 6071K
[寶應劉氏]清芬集十卷　(清)劉寶楠輯　清道光十八年(1838)劉贊勳刻本　四册

220000－0841－0014852　叢 0974K
壎篪集十卷　(清)劉沅撰　清咸豐二年(1852)豫誠堂刻本　四册

220000－0841－0014853　集 6225F
芳皐棄餘錄四卷　(清)劉澤撰　清咸豐二年(1852)刻壎篪集本　二册

220000－0841－0014854　集 6139K
水澄劉氏遺詩不分卷　(清)劉瀚輯　清光緒二十六年(1900)刻本　一册

220000－0841－0014855　集 5989K
黎氏三家詩詞　(清)黎庶昌輯　清光緒十四年(1888)、十五年(1889)日本使署刻本　五册

220000－0841－0014856　集 9133K
廬江錢氏詩匯　(清)錢儀吉輯　清刻本　一册

220000－0841－0014857　集 9840K
謝氏清芬詩錄十六卷首一卷　(清)謝蘭生輯　清光緒十三年(1887)木活字印本　二册

220000－0841－0014858　集 10064K
東嵐謝氏明詩畧四卷　(清)謝世南輯　清光緒十九年(1893)章氏賭棋山莊刻本　二册

220000－0841－0014859　集 6019K
瑞芝山房詩鈔八卷文鈔八卷　(清)戴燮元輯　清光緒元年至三年(1875－1877)廣陵刻本　十册

220000－0841－0014860　集 5958K
戴氏家稿輯畧十卷　(清)戴仁宇輯　清光緒二十三年(1897)望鹿山館刻本　四册

220000－0841－0014861　集 6007K
箕裘集詩鈔二十四卷　(清)繆之鎔輯　清光緒三十一年(1905)刻本　八册

220000－0841－0014862　集 5960F
舊德集十四卷　繆荃孫輯　清光緒二十二年(1896)刻雲自在龕叢書本　四册

220000－0841－0014863　集 5447
寧都三魏全集八十三卷　(清)林時益編　清康熙易堂刻本　三十六册

220000－0841－0014864　集 10109K
寧都三魏全集　(清)林時益輯　清道光二十五年(1845)謝庭綬紱園書塾刻本　五十册

220000－0841－0014865　叢 1174
安邱曹氏遺集十四卷　(清)曹益厚輯　清嘉慶五年(1800)刻本　十册

220000－0841－0014866　集 0800K
二藍集　(清)藍蔚雯輯　清光緒十四年(1888)金匱宜敬熙刻本　六册

220000－0841－0014867　集 9035K
蘭修館叢稿不分卷　(清)顧元熙撰　**蜀桐絃詞一卷海風蕭詞一卷**　(清)顧復初撰　清咸豐、同治刻本　一册

220000－0841－0014868　集 3082K
同懷忠孝集　(清)嚴辰輯　清光緒十年(1884)桐鄉嚴氏刻本　一册

220000－0841－0014869　集 10122K
三蘇全集　(清)弓翊清校　清道光十二年(1832)眉州三蘇祠刻本　七十七册

220000－0841－0014870　集 8636
集桃花源記字詩不分卷　(清)趙吉士輯　清康熙三十七年(1698)刻本　四册

220000－0841－0014871　善 1702
牆東志五卷　(清)王晫輯　清康熙霞舉堂刻本　二册

220000－0841－0014872　集 6065
廣陵聽雨倡和一卷海陵倡和五卷　(清)孔尚任輯　清康熙介安堂刻本　一册

220000－0841－0014873　集 6079
洑溪草堂倡和集一卷　(清)李元貞輯　清康熙刻本　一册

220000－0841－0014874　集6081
婁東三益堂倡和集一卷　（清）李元貞輯　清康熙四十八年(1709)刻本　一册

220000－0841－0014875　集6174
秋林雜詠一卷　（清）吳球寄稿　（清）唐麟翔和韻　清康熙五十四年(1715)刻本　一册

220000－0841－0014876　善1629
紅苗歸化恭紀詩一卷　（清）達禮善輯　清康熙五十二年(1713)拳石堂刻本　二册

220000－0841－0014877　集6059
同林倡和一卷　（清）趙信　（清）梁詩正撰　清乾隆二十四年(1759)刻本　一册

220000－0841－0014878　集6181
盤溪倡酬集二卷　（清）王廷魁輯　**陸宣公墓古柏重青詩選一卷詞四闋**　（清）齊召南輯　（清）王廷魁繪　清乾隆刻本　一册

220000－0841－0014879　善1492
韓江雅集十二卷　（清）全祖望等撰　清乾隆刻本　二册

220000－0841－0014880　集6093
樂遊聯唱集二卷　（清）畢沅等撰　清乾隆四十七年(1782)西安節署刻本　一册

220000－0841－0014881　善1472
鴦央湖櫂歌五種五卷　（清）陸以誠輯　清乾隆四十年(1775)朱芳衡刻本　一册

220000－0841－0014882　集6091
輯刻琵琶亭詩不分卷　（清）唐英輯　清乾隆十一年(1746)古柏堂刻本　二册

220000－0841－0014883　善3029
夏柳倡和詩一卷　（清）金永昌等撰　清乾隆二十七年(1762)刻本　一册

220000－0841－0014884　集9483
千叟宴詩三十四卷首二卷　（清）高宗弘曆等撰　清乾隆五十年(1785)武英殿刻本　三十六册

220000－0841－0014885　集8036K
御製嗣統述聖詩二卷　（清）高宗弘曆撰　（清）余正煥輯　清同治七年(1868)刻古今史學萃珍本　二册

220000－0841－0014886　集6070
清尊集十六卷　（清）汪遠遜輯　清道光十九年(1839)汪氏振綺堂刻本　四册

220000－0841－0014887　集8503
南遊壎篪集二卷　（清）邊中寶　（清）邊連寶撰　清乾隆刻本　二册

220000－0841－0014888　集8806K
雙溪唱和詩六卷　（清）徐倬輯　清光緒二十四年(1898)刻本　二册

220000－0841－0014889　集9350K
齊太史移居倡酬集四卷　（清）齊毓川輯　清宣統二年(1910)上海國學扶輪社石印本　一册

220000－0841－0014890　集7848K
鴛央湖櫂歌五種五卷　（清）陸以誠輯　清刻本　二册

220000－0841－0014891　集8581K
鴛央湖櫂歌二種二卷　（清）陸以誠　（清）張燕昌撰　清抄本　一册

220000－0841－0014892　集8702K
平舒山莊六景詩一卷　（清）祁韻士等撰　清嘉慶十六年(1811)刻本　一册

220000－0841－0014893　集6074K
南華九老會倡和詩譜一卷　（清）莊宇逵輯　清嘉慶五年(1800)刻本　一册

220000－0841－0014894　集6049K
三君酬唱集三卷附録一卷　（清）孫原湘等撰　**雙紅豆圖題詠彙録一卷**　孫雄輯録　清宣統二年(1910)油印本　一册

220000－0841－0014895　集5512K
邗上題襟集不分卷續集不分卷　（清）曾燠輯　清乾隆五十八年(1793)、嘉慶二年(1797)兩淮官署刻本　二册

220000－0841－0014896　集8055K
菜香書屋春社存抄一卷竹西春社續抄一卷

題(清)愛素生輯　清嘉慶刻本　一册

220000－0841－0014897　集6075K
蟫山聯唱集不分卷　(清)□□輯　清嘉慶二十年(1815)刻本　一册

220000－0841－0014898　集9116K
今雨聯吟集一卷　(清)查有榮輯　清嘉慶二十一年(1816)刻本　一册

220000－0841－0014899　集8350K
登瀛疊唱一卷　(清)潘世恩等撰　清道光二十一年(1841)刻本　一册

220000－0841－0014900　集8114K
蒲上題襟集十二卷　(清)凌霄等撰　清嘉慶二十一年(1816)刻本　二册

220000－0841－0014901　集8754K
小詩龕同人唱和偶存集二卷二集二卷小詩龕四十壽言一卷　(清)汪之選輯　清嘉慶二十四年(1819)刻道光元年(1821)續刻本　一册

220000－0841－0014902　集6077K
蘆花唱和詩不分卷　(清)查元偁等撰　清道光四年(1824)刻本　二册

220000－0841－0014903　集6073K
碧蘿吟館唱和詩詞五刻一卷　(清)馬錦輯　清道光八年(1828)刻本　一册

220000－0841－0014904　集8970K
生日倡和詩二卷　(清)陳晉元等輯　清道光六年(1826)、八年(1828)刻本　二册

220000－0841－0014905　集10715K
清味齋生日倡和詩抄一卷　(清)陳晉元輯　清道光十六年(1836)刻本　一册

220000－0841－0014906　集8267K
清味齋生日倡和詩一卷續刻一卷　(清)陳晉元撰　清道光二十六年(1846)刻本　一册

220000－0841－0014907　集9608K
挹翠樓合詠一卷　(清)林一鵬等撰　清道光二年(1822)卷石山房刻本　一册

220000－0841－0014908　集8595K
詠霓小譜一卷　(清)鄒鳴鶴等撰　清道光刻本　一册

220000－0841－0014909　集8859K
憩林雅詠六卷　(清)黎學錦輯　清道光十三年(1833)刻本　二册

220000－0841－0014910　集6186K
海棠唱和集一卷　(清)陳曇　(清)潘正亨等撰　清道光十六年(1836)刻本　一册

220000－0841－0014911　集9281K
盍簪集六卷　(清)陸豫曾輯　清道光十七年(1837)刻本　二册

220000－0841－0014912　集6010K
鴛水聯吟集二十集　(清)岳鴻慶等輯　清道光十八年(1838)刻本　四册

220000－0841－0014913　集8936K
碧蘿村人倡和詩一卷　(清)蔣篔撰　清道光二十六年(1846)刻本　一册

220000－0841－0014914　集6238K
擊缽吟偶存七集十四卷　(清)曾元海輯　清道光、同治遞刻本　十二册

220000－0841－0014915　集6182K
息園吟社詩存二卷　(清)金啓輯　清咸豐元年(1851)始有居刻本　二册

220000－0841－0014916　子1304K
海天琴思錄四卷　(清)林昌彝撰　清同治三年(1864)刻本　四册

220000－0841－0014917　子1305K
海天琴思續錄八卷　(清)林昌彝撰　清同治八年(1869)廣州刻本　四册

220000－0841－0014918　集6177K
鴻雪聯吟一卷　(清)林昌彝　(清)方濬頤撰　清同治七年(1868)廣州刻本　一册

220000－0841－0014919　集5929K
題襟館唱和集四卷　(清)方濬頤輯　清同治十一年(1872)兩淮運署刻本　二册

220000－0841－0014920　集6132K

南園寄社詩草一卷 （清）許應銧等撰 （清）馮詢評 清同治八年(1869)刻本 一冊

220000-0841-0014921 集8201K
寂感吟倡和詩抄一卷 （清）徐承埰等撰 清同治十一年(1872)刻本 一冊

220000-0841-0014922 集2885K
雲莊唱和錄一卷雲莊題贈錄四卷 （清）阮充輯 清咸豐刻本 二冊

220000-0841-0014923 集7811K
三山同聲集四卷續編一卷 （清）王凱泰等撰 清同治十二年(1873)儉明簡齋刻本 二冊

220000-0841-0014924 集9466K
且園賡唱集三卷 （清）方鼎銳等撰 清同治十三年(1874)且園刻本 一冊

220000-0841-0014925 集8868K
四白齋唱和集一卷平山堂唱和集一卷 （清）朱銘等撰 清光緒元年(1875)刻本 一冊

220000-0841-0014926 集6086K
郢中酬唱集四卷 （清）謝朝徵輯 清光緒元年(1875)雲海樓刻本 二冊

220000-0841-0014927 集9392K
人琴集一卷 題（清）秋畦手錄 清光緒五年(1879)秋畦抄本 一冊

220000-0841-0014928 集9371K
兩髯提倡集一卷 （清）俞樾等撰 清光緒七年(1881)刻本 一冊

220000-0841-0014929 集6147K
清華唱和集一卷 （清）許應鑅等撰 清光緒九年(1883)刻本 一冊

220000-0841-0014930 集8766K
知非唱和集二卷末一卷 （清）龔鎮湘等撰 清光緒十八年(1892)木活字印本 一冊

220000-0841-0014931 集9531K
船司空雅集錄一卷 （清）黃嘉爾輯 清光緒十一年(1885)豫章刻本 一冊

220000-0841-0014932 集5730K
碧聲吟館倡酬續錄一卷詩餘一卷 （清）許善長輯 清光緒十二年(1886)許氏碧聲吟館刻本 一冊

220000-0841-0014933 集8288K
鐵花山館聯吟詩抄一卷 （清）蔗畦居士錄 清光緒十七年(1891)抄本 一冊

220000-0841-0014934 集6176K
扶桑驪唱集一卷 （清）葉煒輯 清光緒十七年(1891)金陵刻本 一冊

220000-0841-0014935 集6090F
鄧尉探梅詩四卷 （清）謝家福輯 清光緒二十年(1894)刻望炊樓叢書本 一冊

220000-0841-0014936 集6152K
落花酬唱集一卷 （清）沈宗疇等撰 清光緒二十四年(1898)刻本 一冊

220000-0841-0014937 集6052K
竹西九老吟一卷 （清）范用賓輯 清光緒二十五年(1899)刻本 一冊

220000-0841-0014938 集6159K
漸源唱和集四卷 （清）王詠霓輯 清光緒二十六年(1900)刻本 二冊

220000-0841-0014939 集10895K
矮屋唱和集不分卷 （清）劉長杞撰並輯 清抄本 一冊

220000-0841-0014940 集8654K
句餘嗣響不分卷 （清）沈思欽等撰 清宣統二年(1910)天門山館木活字印本 一冊

220000-0841-0014941 集5566K
漢上消閒集十六卷 （清）宦應清編 清宣統三年(1911)振華印書館鉛活字印本 六冊

220000-0841-0014942 集10898K
麗則吟社詩輯六卷 （清）國魂社編 清光緒三十四年(1908)鉛印國魂叢編本 六冊

220000-0841-0014943 集9177K
詩畸八卷外編二卷 （清）唐景崧輯 清光緒十九年(1893)刻得一山房四種本 八冊

220000－0841－0014944　集9168K
詩鍾鳴盛集初編十卷　(清)沈宗畸輯　清光緒三十四年(1908)著涒吟社鉛活字印本　一册

220000－0841－0014945　善2368
影園瑶華集三卷　(明)鄭元勳輯　清乾隆鄭開基刻本　一册

220000－0841－0014946　集8948
滕王閣徵彙詩文不分卷　(清)蔡士英輯　清順治十三年(1656)刻本　二册

220000－0841－0014947　集6064
練川贈言一卷　(清)釋宗渭輯　清康熙十二年(1673)芋香草堂刻本　一册

220000－0841－0014948　集9389
希青亭集不分卷續一卷　(清)客湘同人編　清乾隆三十年(1765)新安同人堂刻道光續刻本　三册

220000－0841－0014949　集8919
清風集二卷　(清)孫讜輯　清康熙五十七年(1718)刻本　二册

220000－0841－0014950　史7706
瑶華録四卷　(清)陸在東輯　清雍正五年(1727)刻本　二册

220000－0841－0014951　善2126
因樹樓文一卷詩五卷詩餘一卷　(清)洪振珂等輯　清乾隆十三年(1748)刻本　二册

220000－0841－0014952　集8870
國朝峡山寺留題詩合刻二卷　(清)何青輯　清乾隆六十年(1795)刻本　二册

220000－0841－0014953　善2749
駐蹕惠山詩一卷竹爐圖詠四卷　(清)吴鉞輯　清乾隆二十七年(1762)吴鉞刻本　二册

220000－0841－0014954　集9097
連枝圖題詠初集一卷　(清)許承基輯　清乾隆三十一年(1766)刻本　一册

220000－0841－0014955　集8343
風師集不分卷　(清)汪晉徵等輯　清康熙三十三年(1694)刻本　二册

220000－0841－0014956　善3374
永思集誄辭二卷　(清)鄒天嘉輯　清康熙五十六年(1717)刻本　四册

220000－0841－0014957　集6172
新年雜詠一卷　(清)吴錫麒等撰　清乾隆四十六年(1781)刻本　一册

220000－0841－0014958　集8578
南巡詩賦彙編不分卷召試卷　(清)□□輯　清乾隆三多齋刻本　四册

220000－0841－0014959　集5464K
同人集十二卷　(清)冒襄輯　清咸豐九年(1859)水繪庵木活字印本　十二册

220000－0841－0014960　集6180F
武林新年雜詠一卷　(清)吴錫麒等撰　清光緒七年(1881)刻武林掌故叢編本　二册

220000－0841－0014961　集5928K
松風草堂謝琴文抄一卷詩抄八卷聯吟一卷　(清)吴景潮輯　清道光刻本　四册

220000－0841－0014962　集6169K
寶印集六卷附二卷　(清)王之佐輯　清道光十一年(1831)刻本　一册

220000－0841－0014963　集6078K
紅黎社詩抄不分卷　(清)周夢臺等撰　清道光十年(1830)刻本　一册

220000－0841－0014964　集9113K
萬松圖題詞一卷　題(清)朱巖泉輯　清道光十四年(1834)刻本　一册

220000－0841－0014965　集6163F
張憶娘簪花圖卷題詠一卷　(清)江標録　清光緒二十三年(1897)刻靈鶼閣叢書本　一册

220000－0841－0014966　集6063K
西河題贈集不分卷　(清)毛慶善輯　清道光十八年(1838)吴門毛氏刻本　二册

220000－0841－0014967　集9508F
白醉題襟集四卷首一卷末一卷草堂自記一卷

草堂題贈一卷草堂雜詠一卷 （清）王相等撰 清咸豐八年（1858）刻友聲集本 一册

220000－0841－0014968 集9347K
御書印心石屋詩文薈十卷首一卷 （清）魏源輯 清道光十七年（1837）刻本 六册

220000－0841－0014969 集6248K
罷讀樓彙刻贈言十卷 （清）陳延恩輯 清道光十八年（1838）刻本 十册

220000－0841－0014970 集11265K
花窗夢影圖諸賢贈言六卷 （清）程端本輯 清道光二十二年（1842）刻本 六册

220000－0841－0014971 集6025K
藝林清賞一卷續刻一卷 （清）黄沅輯 清道光刻本 二册

220000－0841－0014972 集8219K
槐館傳經圖册不分卷 （清）王世昂輯 清道光二十八年（1848）廣東刻本 二册

220000－0841－0014973 集8768K
杏莊題詠四卷二集二卷三集六卷杏林莊杏花詩四卷 （清）鄧大林輯 清道光二十六年至咸豐三年（1846－1853）羊城刻本 四册

220000－0841－0014974 集10906K
陔餘叢錄十六卷 （清）胡斯錞撰 清咸豐二年（1852）粤東省城富文齋刻本 四册

220000－0841－0014975 集9138K
五湖漁莊圖題詞四卷 （清）葉承桂輯 清咸豐三年（1853）石林園刻本 二册

220000－0841－0014976 集9122K
范湖草堂圖題辭一卷 （清）周閑等撰 清咸豐八年（1858）吴郡刻本 一册

220000－0841－0014977 集6012K
聊間緣軒詩抄二卷 （清）譚玉輯 清同治十年（1871）刻十二年（1873）續刻本 四册

220000－0841－0014978 集10339K
海陵竹枝詞三卷 （清）金長福等撰 清同治三年（1864）刻本 一册

220000－0841－0014979 集6026K
羊城竹枝詞二卷 題（清）馬溪吟香閣主人輯 **紅樓夢竹枝詞一卷** （清）盧先駱撰 清光緒三年（1877）、五年（1879）刻本 一册

220000－0841－0014980 集5727K
春帖子詞二卷 （清）徐用儀輯 清光緒十年（1884）鉛活字印本 一册

220000－0841－0014981 集6056K
虹橋秋禊圖題詞一卷 （清）朱銘輯 清光緒三年（1877）刻本 一册

220000－0841－0014982 史10607K
橘中人語不分卷 （清）賴蘊山輯 清光緒十五年（1889）刻本 一册

220000－0841－0014983 集6072K
綠天蘭臭集八卷 （清）釋含澈輯 清光緒十五年（1889）潛西精舍刻本 四册

220000－0841－0014984 集5752K
紅葉館話別圖題詞一卷 （清）陳明遠輯 **紅葉館留別詩一卷** （清）陳明遠撰 清光緒十八年（1892）刻本 一册

220000－0841－0014985 集8066K
雨花山莊題詠集四卷 （清）劉文陶輯 清光緒十八年（1892）金陵又來堂木活字印本 四册

220000－0841－0014986 集9595K
落霞琴題詠初集一卷 （清）張濤輯 清光緒二十年（1894）歷城張氏刻本 一册

220000－0841－0014987 集8973K
落霞琴題詠初集一卷 （清）張濤輯 清光緒二十四年（1898）歷城張氏刻本 二册

220000－0841－0014988 集10182K
黄海看雲圖題詞二卷 （清）汪廷棟輯 清光緒二十年（1894）刻本 二册

220000－0841－0014989 集5725K
圖詠遺芬六卷 （清）俞旦輯 清光緒二十一年（1895）婺源俞氏清蔭堂刻本 一册

220000－0841－0014990 史7005K

銅官感舊圖題詠四卷　(清)章壽麟原繪　林紓　(清)姜筠重繪　(清)章同　(清)章華輯　清宣統二年(1910)長沙章氏盉山舊館石印本　二册

220000－0841－0014991　集10489K

蝶仙小史彙編二卷首一卷　(清)延清編　清光緒二十五年(1899)刻本　一册

220000－0841－0014992　集8762K

八濛碑詩選一卷　(清)朱兆基輯　清光緒二十五年(1899)鉛活字印本　一册

220000－0841－0014993　集9648K

題圖詩文選錄一卷　(清)蔣樹本輯　**臨池偶筆一卷柏蔭居賸稿一卷**　(清)蔣樹本撰　清光緒三十三年(1907)蔣氏桐華書屋刻本　一册

220000－0841－0014994　集9331K

君去有家歸詩册一卷　黎廷輔輯　清宣統鉛活字印本　一册

220000－0841－0014995　集8373K

白門悲秋集一卷　蔡有守輯　清宣統二年(1910)鉛印南社叢刻集外增刻本　一册

220000－0841－0014996　集6009K

金陵名勝詩抄四卷秦淮詩抄二卷　(清)李鰲輯　清道光十二年(1832)寶仁堂刻本　四册

220000－0841－0014997　集9534K

麓雲仙館圖題詠集一卷　(清)陳守如輯　清光緒八年(1882)刻本　一册

220000－0841－0014998　叢1603K

檇李曹氏圖册合刻六卷　(清)曹咸熙輯　清光緒九年(1883)桂林刻本　二册

220000－0841－0014999　集8839K

漕河禱冰圖詩錄四卷首一卷　(清)陶澍輯　清道光刻陶萸江先生全集本　一册

220000－0841－0015000　集7882K

敍德書情集一卷　(清)吳嵩梁選錄　清道光十九年(1839)刻本　一册

220000－0841－0015001　集10565K

文溪頌言十一卷文溪廣頌二卷　(清)葉元堦輯　清道光二十五年(1845)刻本　二册

220000－0841－0015002　集10464K

瀛海攀轅錄一卷　(清)邱步瓊輯　清道光二十六年(1846)醉經樓刻本　一册

220000－0841－0015003　集9580K

越臺輿頌一卷　(清)耆英等撰　清道光刻本　一册

220000－0841－0015004　集6243K

所至錄八卷　(清)盧戊原　(清)吳寅邦編　清咸豐刻本　八册

220000－0841－0015005　集6200K

琴築同聲集四卷附錄一卷補錄一卷　(清)周行輯　清咸豐十一年(1861)謝仁溥關中刻本　二册

220000－0841－0015006　集9715K

志別錄不分卷　(清)謝光綺輯　清光緒十五年(1889)桂林蔣尚友堂書坊刻本　二册

220000－0841－0015007　集9536K

潯聲二卷　(清)陳景賢輯　清光緒十六年(1890)刻本　一册

220000－0841－0015008　集6054K

雲陽輿詠一卷　(清)劉心田輯　清光緒二十七年(1901)刻本　一册

220000－0841－0015009　集8871K

松陵贈言一卷　(清)任道鎔等撰　清刻本　一册

220000－0841－0015010　集10096K

循陔贈言一卷　王人文　李根源輯　清宣統石印本　一册

220000－0841－0015011　集6076K

鸞簫集一卷　(清)沈同芳輯　清光緒二十二年(1896)廣州刻本　一册

220000－0841－0015012　集9928K

贈言集六卷　(清)方觀海輯　清光緒七年(1881)方忠亮刻本　六册

220000－0841－0015013　集8281K
慕萊堂詩文徵存五卷　(清)李維翰輯　清光緒二十一年(1895)刻本　二册

220000－0841－0015014　集8910K
仙槎自壽徵詩集二卷　(清)胡效騫輯　**乘槎小草一卷**　(清)胡效騫撰　清光緒三十二年(1906)木活字印本　三册

220000－0841－0015015　集3356K
楊春圃先生六十壽集千字文一卷　(清)徐琪集撰　(清)李鵬飛補注　**楊春圃先生刼後文字因緣記一卷**　(清)秦光儒撰　清光緒二十七年(1901)刻本　一册

220000－0841－0015016　集9175K
吴柳堂先生誄文正續合編　(清)傅巖霖輯　清光緒六年(1880)刻本　四册

220000－0841－0015017　集5726K
四女祠集一卷　(清)牟房輯　清道光十九年(1839)刻本　一册

220000－0841－0015018　集8823K
曇陽遺韻六卷首一卷　(清)梁煥奎　(清)湯蟲仙輯　清光緒十七年(1891)刻本　二册

220000－0841－0015019　集8431K
清芬集一卷　(清)臧穀輯　清光緒刻本　一册

220000－0841－0015020　集8490K
詒煒集五卷侍香集一卷　(清)許振禕輯　清光緒二十三年(1897)廣州節署刻本　二册

220000－0841－0015021　集10934K
雙仙小志一卷　(清)謝祖芳輯　清光緒二十八年(1902)木活字印本　一册

220000－0841－0015022　集9028K
冰梅詞一刻一卷　(清)夏文蕤輯　清光緒二十九年(1903)夏慎大刻本　一册

220000－0841－0015023　善1618
尺牘清裁六十卷補遺一卷　(明)王世貞輯　明隆慶五年(1571)刻本　八册

220000－0841－0015024　善1617
尺牘清裁六十卷補遺一卷　(明)王世貞輯　明刻本　六册

220000－0841－0015025　善2546
千古斯文書集八卷　(明)余慶虬輯　(明)徐奮鵬輯　明萬曆李洪宇刻千古斯文本　六册

220000－0841－0015026　善1599
翰海十二卷　(明)沈佳胤輯　明崇禎刻本　四册

220000－0841－0015027　集9640
新鋟陳眉公先生啓札鴻章五卷　(明)陳繼儒輯　清愛旭齋刻本　四册

220000－0841－0015028　集8520
賴古堂名賢尺牘新抄十二卷二選藏弆集十六卷三選結鄰集十六卷　(清)周亮工輯　清康熙周氏賴古堂刻本　四十册

220000－0841－0015029　集9279
歷朝名媛尺牘二卷　(清)陳達輯　清乾隆水鏡山房刻本　二册

220000－0841－0015030　集5590
飲香尺牘四卷首一卷　(清)飲香居士原輯　(清)慵隱子箋釋　清乾隆五十二年(1787)敬文堂刻本　四册

220000－0841－0015031　善2868
書品同函二卷　(明)陳仁錫輯並評　明刻本　二册

220000－0841－0015032　集8967
尺牘初徵十二卷　(清)李漁輯　清順治十七年(1660)刻本　十册　存九卷(一至九)

220000－0841－0015033　善2920
友聲五卷後集五卷新集五卷尺牘偶存十一卷　(清)張潮撰　清乾隆四十五年(1780)刻本　二十册

220000－0841－0015034　集5761
友聲五卷　(清)張潮輯　清乾隆四十五年(1780)心齋刻本　四册

220000－0841－0015035　集5762
尺牘偶存十一卷　(清)張潮撰　清乾隆四十

五年(1780)心齋刻本　六冊

220000－0841－0015036　集 10366F
有正味齋尺牘二卷　(清)吳錫麒撰　清光緒元年(1875)鉛印申報館叢書本　二冊

220000－0841－0015037　善 3428
憑山閣新輯尺牘寫心集四卷　(清)陳枚輯　清康熙憑山閣刻本　六冊

220000－0841－0015038　集 7720
曹李尺牘合選二卷　(清)曹溶　(清)李良年撰　(清)茅復輯　清世德堂刻本　二冊

220000－0841－0015039　集 5781K
賴古堂尺牘新抄二選藏棄集十六卷賴古堂尺牘新抄三選結鄰集十六卷　(清)周在浚等輯　清道光雷學淦刻本　十二冊

220000－0841－0015040　集 5782F
賴古堂尺牘新抄三選結鄰集十六卷　(清)周在浚等輯　清道光六年(1826)北平雷學淦刻本　八冊

220000－0841－0015041　集 11140K
明人尺牘四卷國朝尺牘六卷　(清)梁同書輯　清光緒十七年(1891)刻本　一冊

220000－0841－0015042　集 10048K
名人尺牘小品四卷　(清)王元勳　(清)程化騄輯　清光緒七年(1881)常熟抱芳閣刻本　四冊

220000－0841－0015043　集 5883K
歷代名人書劄二卷　吳曾祺編　清宣統二年(1910)鉛活字印本　一冊

220000－0841－0015044　集 10356K
臙脂牡丹六卷　(清)韓鄂不撰　清道光十九年(1839)刻本　六冊

220000－0841－0015045　集 8979K
增廣尺牘句解初集三卷　題(清)平江桃花館唐芸洲主編　清光緒三十一年(1905)商務印書館鉛活字印本　一冊　存二卷(上、中)

220000－0841－0015046　集 8978K
通問便集二卷　題(清)子虛氏輯　清光緒十八年(1892)上海廣百宋齋鉛活字印本　二冊

220000－0841－0015047　集 10897K
昭代名人尺牘二十四卷　(清)吳修輯　清光緒三十四年(1908)西泠印社影印本　二十四冊

220000－0841－0015048　集 5770K
昭代名人尺牘二十四卷　(清)陶湘輯　清宣統三年(1911)影印本　二十四冊

220000－0841－0015049　集 5309
古諺閒譚四卷　(清)曾廷枚輯　清嘉慶二十一年(1816)刻薌嶼裘書本　三冊

220000－0841－0015050　集 11312K
古謠諺一百卷　(清)杜文瀾輯　清咸豐十一年(1861)杜氏刻曼陀羅華閣叢書本　十六冊

220000－0841－0015051　集 5308K
古謠諺選一卷　(清)杜文瀾輯　清光緒二十六年(1900)季氏栩園刻本　一冊

220000－0841－0015052　集 7188K
最新醒世歌謠一卷　(清)□□編　清書坊鉛活字印本　二冊

220000－0841－0015053　善 2872
鋟顧太史續選諸子史漢國策舉業玄珠三卷　(明)顧起輯　明萬曆書林種德堂熊沖寧刻本　一冊

220000－0841－0015054　善 2809
皇明館課五十二卷　(明)陳經邦輯　明萬曆施可大刻本　十五冊　存二十二卷(三至五、七至十二、十八至二十二、三十至三十一、四十三至四十五、四十八、五十一至五十二)

220000－0841－0015055　善 1592
新刻批評注釋程墨表選四卷續刻四卷　(明)鄭光弼評注　明萬曆刻本　十六冊

220000－0841－0015056　善 1688
皇明表程文選八卷論程文選六卷　(明)陳仁錫輯　明崇禎六年(1633)刻本　二十四冊

220000－0841－0015057　善 0337
歷科廷試狀元策八卷總考一卷　(明)焦竑輯

清大業堂刻本　四冊

220000－0841－0015058　善 2797
重訂舉業卮言二卷　(明)武之望撰　明萬曆二十七年(1599)刻本　二冊

220000－0841－0015059　集 9630K
八銘堂塾鈔初集二集八卷　(清)吳懋政輯　清光緒十三年(1887)殷文成堂書坊刻本　十二冊

220000－0841－0015060　集 7532K
增註八銘塾鈔初二集　(清)吳懋政編　(清)李炳坤註釋　清光緒上海寶善書局石印本　六冊

220000－0841－0015061　集 6951K
守經堂天崇文鈔不分卷　(清)蔣曰綸輯　清嘉慶守經堂刻本　十冊

220000－0841－0015062　集 6510K
國朝名文約編註釋不分卷　(清)陳詩選註　清道光二十年(1840)拾芥園刻本　十冊

220000－0841－0015063　集 5874K
聽雨軒讀本前集不分卷　(清)陳鍾麟輯　清嘉慶二十二年(1817)刻本　一冊

220000－0841－0015064　集 6509
文法狐白全集十卷　(清)王賓評選　清雍正三餘堂刻本　六冊

220000－0841－0015065　集 7664
可儀堂一百二十名家制義四十八卷　(清)俞長城輯　清乾隆三年(1738)文盛堂、懷德堂刻本　四十八冊

220000－0841－0015066　善 3451
本朝應制和聲集六卷首三卷　(清)沈德潛　(清)王居正輯評　清乾隆九年(1744)京都琉璃廠鴻遠堂刻本　十冊

220000－0841－0015067　集 6943K
三朝玉尺文式七編　(清)魏茂林輯　道光十七年(1837)魏氏有不為齋刻十九年(1839)許氏退廬續刻本　十冊

220000－0841－0015068　集 7550K
高歌集一卷　(清)張祥河輯　清道光二十四年(1844)刻本　二冊

220000－0841－0015069　集 6946K
仁在堂時藝課一卷　(清)路德評選　清光緒十年(1884)上海江左書林刻仁在堂全書本　一冊

220000－0841－0015070　集 9945K
仁在堂時藝引阶合編二卷　(清)路德等撰　(清)葉錫鳳輯　清道光二十四年(1844)綠陰堂刻本　四冊

220000－0841－0015071　集 9657K
三臺書院課藝不分卷試帖不分卷　(清)劉清源輯　清咸豐四年(1854)山東惠民縣刻本　六冊

220000－0841－0015072　集 11107K
制藝簡摩全集四卷末一卷　(清)司徒修輯　清光緒三十二年(1906)東昌葉氏書林刻本　五冊

220000－0841－0015073　集 9837
盛世元音四卷　(清)程夢元輯　清乾隆刻本　二冊

220000－0841－0015074　善 4006
歷科房考酌雅集不分卷　(清)夏之蓉輯　清乾隆三十年(1765)三多齋刻本　六冊

220000－0841－0015075　集 8617
制義導窾二卷補一卷　(清)周震榮輯　清乾隆五十二年(1787)周氏福禮堂刻本　二冊

220000－0841－0015076　集 7474
歷科表制句解不分卷　(清)劉慎修選輯　(清)汪基增訂　清雍正二年(1724)映秀堂刻本　八冊

220000－0841－0015077　集 6954
試帖詩課合存九卷　(清)王芑孫輯　清乾隆六十年(1795)刻本　二冊

220000－0841－0015078　集 7552K
得月樓搭截文鈔不分卷　(清)張元灝輯　**宣南登瀛社稿不分卷**　(清)李如松輯　清同治

三年(1864)、六年(1867)見齋書屋刻本　三册

220000－0841－0015079　集 7465K
登瀛社稿不分卷　(清)李如松輯　清同治刻本　二册

220000－0841－0015080　集 7546K
二續近科分體墨式四卷　(清)馬均義輯　清同治七年(1868)寶善堂刻本　一册

220000－0841－0015081　集 7545K
三續近科分體墨式四卷　(清)馬均義輯　清同治十年(1871)榴紅書屋刻本　四册

220000－0841－0015082　集 10051K
因難見巧四卷　(清)劉青燃輯　清光緒九年(1883)雪聰蕉閣刻本　四册

220000－0841－0015083　集 6068K
江漢炳靈集二卷　(清)張之洞選輯　清光緒十三年(1887)醉六堂刻本　六册

220000－0841－0015084　集 6235K
越輶采風録四卷　(清)翟鴻禨輯　清光緒十四年(1888)刻本　四册

220000－0841－0015085　集 5723K
校經堂二集九卷　(清)陸寶忠輯　清光緒十四年(1888)刻本　四册

220000－0841－0015086　集 10063K
明文才調集不分卷國朝文才調集不分卷　(清)許振禕輯　清光緒十八年(1892)江西書局刻本　十二册

220000－0841－0015087　集 9990F
明文才調集不分卷　(清)許振禕輯　清光緒十九年(1893)刻本　六册

220000－0841－0015088　集 6947K
惜陰書屋會課第一集　(□)□□輯　清光緒四年(1878)寫本　一册

220000－0841－0015089　集 6239F
詁經精舍文集十四卷　(清)阮元輯　清嘉慶揚州阮氏瑯嬛仙館刻文選樓叢書本　四册

220000－0841－0015090　集 5268K
學海堂初集十六集　(清)阮元編　清道光至光緒啓秀山房刻本　四十册

220000－0841－0015091　集 9591K
經心書院集四卷　(清)左紹佐編　清光緒十四年(1888)湖北官書處刻本　四册

220000－0841－0015092　集 9685K
經心書院續集十二卷　(清)譚獻輯　清光緒二十一年(1895)湖北官書處刻本　六册

220000－0841－0015093　集 10047K
辨志文會課藝初集六卷　(清)宗源瀚輯　清光緒七年(1881)刻本　六册

220000－0841－0015094　集 10113K
成均課士錄第九集十六卷　(清)張百熙 (清)劉鉅輯　清光緒二十三年(1897)北京國子監刻本　八册

220000－0841－0015095　集 11040K
成均課士錄不分卷　(□)□□輯　清光緒刻本　二册

220000－0841－0015096　集 6001K
兩浙校士錄不分卷　(清)潘衍桐輯　清光緒十七年(1891)石印本　四册

220000－0841－0015097　集 6231K
江左校士錄六卷　(清)黃體芳輯　清光緒十一年(1885)江陰節署刻本　六册

220000－0841－0015098　集 9982K
江左校士錄四卷　(清)李殿林輯　清光緒二十九年(1903)石印本　四册

220000－0841－0015099　集 6233K
黃州課士錄八卷　(清)周錫恩輯　清光緒十七年(1891)刻本　六册

220000－0841－0015100　集 6237K
蜀秀集九卷　(清)譚宗浚輯　清光緒五年(1879)成都試院刻本　八册

220000－0841－0015101　集 10300K
江蘇校士館變法課藝四卷續集二卷　(清)鄒福保輯　清光緒二十八年(1902)鎔鑄書齋石

印本　六冊

220000－0841－0015102　集 9947K
惜陰書院課藝不分卷　(清)褚成博輯　清光緒二十七年(1901)李光明莊刻本　四冊

220000－0841－0015103　子 4436K
增選多寶船不分卷　(清)點石齋主人增輯　清光緒八年(1882)上海點石齋石印本　六冊

220000－0841－0015104　集 10290K
四書五經義策論初編四卷　(清)崇實社主人輯　韓韋重輯　清宣統三年(1911)上海崇實學社石印本　五冊

220000－0841－0015105　集 7435K
四書五經義策論初編三卷　(清)崇實社主人輯　**存我軒偶錄一卷**　(清)陸鍾渭撰　清宣統三年(1911)上海崇實學社石印本　六冊

220000－0841－0015106　集 8294K
新鑰集四卷　(清)吳春叔輯　清光緒二十九年(1903)揚州益智社鉛活字印本　四冊

220000－0841－0015107　集 10234K
分類萬國時務策海大成六十四卷首一卷　(清)韓茂棠輯　清光緒二十九年(1903)著易書局石印本　十八冊

220000－0841－0015108　集 10842K
浙江考卷一卷浙江詩課五卷浙士解經錄四卷　(清)阮元手訂　清嘉慶再到亭刻本　一冊

220000－0841－0015109　集 11031K
王氏世德錄不分卷　(清)王衍福重修纂　清嘉慶六年(1801)刻本　五冊

220000－0841－0015110　善 3289
高密單氏世業不分卷　(清)單疇書　(清)單烺等輯　清康熙三十年(1691)刻乾隆續刻本　九冊

220000－0841－0015111　集 6016K
高密單氏世業錄二卷　(清)□□撰　清光緒刻本　二冊

220000－0841－0015112　集 10911K
館賦□□卷　(清)□□輯　清光緒刻本　六冊　存四卷(九至十二)

220000－0841－0015113　集 10202K
狀元策不分卷　(清)□□編　清光緒刻本　十冊

220000－0841－0015114　集 10705K
欽定鼎甲策不分卷　(清)□□輯　清光緒刻本　四冊

220000－0841－0015115　集 9958K
欽定鼎甲策不分卷　(清)□□輯　清光緒刻本　四冊

220000－0841－0015116　集 10524K
欽定殿試策不分卷　(清)□□編　清光緒松竹齋刻本　二冊

220000－0841－0015117　集 11026K
欽定狀元策一卷　(清)□□編　清同治二年(1863)刻本　一冊

220000－0841－0015118　集 11025K
欽定狀元策不分卷　(清)□□編　清光緒京都松竹齋刻本　一冊

220000－0841－0015119　集 10845K
歷代拔貢朝考卷一卷　(清)□□編　清刻本　一冊

220000－0841－0015120　集 10112K
歷科朝元卷不分卷　(清)□□輯　清光緒刻本　二冊

220000－0841－0015121　集 11098K
歷科朝元卷不分卷　(清)□□輯　清光緒刻本　五冊

220000－0841－0015122　集 9607K
國朝歷科元墨正宗九卷二編五卷　(清)胡先琅輯　清道光三多齋刻本　二十五冊

220000－0841－0015123　集 10191K
新增金臚策楷不分卷　(清)陳冕等撰　清光緒十六年(1890)上海蜚英館石印本　一冊

220000－0841－0015124　集 10451K
歷科會試鄉試硃卷不分卷　(清)□□輯　清

光緒刻本　八冊

220000－0841－0015125　集 11084K
光緒壬午(八年)直省鄉墨快不分卷試帖　(清)陳昌評選　清光緒京都琉璃廠善成堂老書舖刻本　五冊

220000－0841－0015126　集 11055K
光緒壬午(八年)科湖南鄉試闈墨不分卷　(清)葉□□　(清)楊□□鑒定　清光緒衡鑑堂刻本　四冊

220000－0841－0015127　集 11090K
甲戌會墨一卷　(清)□□編　清光緒刻本　一冊

220000－0841－0015128　集 10263K
丙子鄉墨一卷　(清)□□輯　清光緒刻本　一冊

220000－0841－0015129　集 7535K
光緒丁酉(二十三年)廣東鄉試闈墨一卷　(清)□□輯　清光緒二十三年(1897)上海圖書集成局鉛活字印本　一冊

220000－0841－0015130　史 7496K
清光緒戊戌(二十四年)翰林硃卷一卷　(清)雲祥撰　清光緒二十四年(1898)刻朱欄墨印本　一冊

220000－0841－0015131　集 7533K
光緒壬寅(二十八年)科鄉試山東闈墨一卷江西闈墨一卷　(清)□□輯　清光緒二十八年(1902)上海煥文書局石印本　二冊

220000－0841－0015132　集 9600K
光緒壬寅(二十八年)補行庚子辛丑恩正併科湖北闈墨一卷　(清)王仁俊等編　清光緒刻本　一冊

220000－0841－0015133　集 7534K
光緒癸卯(二十九年)科直墨采真　(清)京都大學堂輯　清光緒三十年(1904)京都大西堂石印本　六冊

220000－0841－0015134　集 10986K
光緒癸卯(二十九年)恩科順天鄉試闈墨一卷湖南鄉試闈墨一卷　(清)□□輯　清光緒上海新昌書局鉛活字印本　二冊

220000－0841－0015135　集 10360K
光緒甲辰(三十年)恩科會墨一卷　京都大學堂評選　清光緒三十年(1904)京都大西堂石印本　一冊

220000－0841－0015136　集 10987K
光緒甲辰(三十年)恩科會試闈墨一卷光緒壬寅(二十八年)補行庚子辛丑恩正併科順天鄉試闈墨一卷　(清)□□輯　清光緒圖書集成局鉛活字印本　二冊

220000－0841－0015137　集 11091K
童試録　(清)□□輯　清刻本　一冊　存一卷(六)

220000－0841－0015138　集 6296
花薰閣詩述十卷　(清)雪北山樵輯　清刻本　六冊

220000－0841－0015139　子 1519
冷齋夜話十卷　(宋)釋惠洪輯　清刻本　二冊

220000－0841－0015140　集 10454
二十一種詩訣　(清)李其彭輯　清乾隆四十一年(1776)刻本　十冊

220000－0841－0015141　善 1735
楊升菴先生批點文心雕龍十卷　(南朝梁)劉勰撰　(明)楊慎批點　(明)梅慶生音注　明萬曆三十七年(1609)梅慶生刻天啓二年(1622)重修本　二冊

220000－0841－0015142　善 1737
劉子文心雕龍二卷附注二卷　(南朝梁)劉勰撰　(明)楊慎　(明)曹學佺批點　明閔繩初刻五色套印本　四冊

220000－0841－0015143　集 6260
文心雕龍十卷　(南朝梁)劉勰撰　(清)黃叔琳輯注　清乾隆六年(1741)養素堂刻本　二冊

220000－0841－0015144　集 6270

文心雕龍十卷 （南朝梁）劉勰撰 （明）楊慎批 （清）張相孫輯注 清乾隆五十六年（1791）刻本 四冊

220000－0841－0015145 集6261
文心雕龍十卷 （南朝梁）劉勰撰 （清）黄叔琳輯注 清聚錦堂刻乾隆養素堂本 四冊

220000－0841－0015146 集11236K
文心雕龍十卷 （南朝梁）劉勰撰 （清）黄叔琳注 （清）紀昀評 清道光十三年（1833）兩廣節署刻朱墨套印本 四冊

220000－0841－0015147 集10640K
文心雕龍十卷 （南朝梁）劉勰撰 （清）黄叔琳注 （清）紀昀評 清光緒十九年（1893）湖南思賢講舍刻本 四冊

220000－0841－0015148 集6264K
文心雕龍十卷 （南朝梁）劉勰撰 （清）黄叔琳注 （清）紀昀評 清光緒三味堂刻本 四冊

220000－0841－0015149 集6262K
文心雕龍十卷 （南朝梁）劉勰撰 （清）黄叔琳注 （清）紀昀評 清光緒十九年（1893）湖南思賢講舍刻本 四冊

220000－0841－0015150 子3751K
藝概六卷 （清）劉熙載撰 清同治刻古桐書屋六種本 四冊

220000－0841－0015151 集6315F
鐙窗瑣話十卷 （清）于源撰 清道光二十七年（1847）刻一粟廬合集本 二冊 存四卷（一至四）

220000－0841－0015152 集6326K
藻川堂譚藝四卷 （清）鄧繹撰 清光緒十四年（1888）刻藻川堂全集本 二冊

220000－0841－0015153 集6446K
藝苑叢話十六卷 （清）陳琰輯 清宣統三年（1911）上海六藝書局石印本 四冊

220000－0841－0015154 集6477K
師鄭堂中國文學講義不分卷 孫雄編 清光緒三十四年（1908）鉛活字印本 一冊

220000－0841－0015155 善1745
歷代詩話二十七種五十七卷考索一卷 （清）何文煥編 清乾隆三十五年（1770）刻本 十二冊

220000－0841－0015156 叢1425K
談藝珠叢 （清）王啓原輯 清光緒十一年（1885）長沙玉尺山房刻本 十二冊

220000－0841－0015157 叢1173K
聲調三譜 （清）王祖源輯 清光緒二十二年（1896）宏道堂刻本 二冊

220000－0841－0015158 叢1004K
學詩法程 （清）王祖源輯 清光緒九年（1883）天壤閣石印本 二冊

220000－0841－0015159 集10882K
司空詩品注釋一卷 （唐）司空圖撰 （清）□□注 清南京李光明莊刻本 一冊

220000－0841－0015160 叢1237
宋人詩話六種 （明）毛晉輯 明崇禎毛氏汲古閣刻津逮秘書本 六冊

220000－0841－0015161 集6399
許彦周詩話一卷 （宋）許顗撰 明萬曆商維濬刻稗海本 一冊

220000－0841－0015162 善1536
唐詩紀事八十一卷 （宋）計有功撰 明嘉靖二十四年（1545）刻本 三十二冊

220000－0841－0015163 善1526
唐詩紀事八十一卷 （宋）計有功撰 明崇禎五年（1632）毛氏汲古閣刻本 二十四冊

220000－0841－0015164 善1634
韻語陽秋二十卷 （宋）葛立方撰 明正德刻本 六冊 存十八卷（一至十八）

220000－0841－0015165 善1725
漁隱叢話前集六十卷後集四十卷 （宋）胡仔輯 清乾隆五年至六年（1740－1741）楊佑啓耘經樓刻本 十六冊

220000－0841－0015166　善 1732
全唐詩話八卷　(宋)尤袤撰　(清)孫濤續輯　清乾隆三十九年(1774)孫濤清芬堂刻本　八冊

220000－0841－0015167　集 6358K
石林詩話三卷拾遺一卷附錄一卷　(宋)葉夢得撰　(清)葉廷琯輯　清道光二十四年(1844)姑蘇青霞齋局刻本　二冊

220000－0841－0015168　集 6330K
石林詩話三卷拾遺一卷拾遺補一卷附錄一卷附錄補一卷　(宋)葉夢得撰　(清)葉廷琯輯　清光緒三十四年(1908)葉氏觀古堂刻本　三冊

220000－0841－0015169　集 10318K
歲寒堂詩話二卷　(宋)張戒撰　清乾隆蘇州刻武英殿聚珍版叢書本　一冊

220000－0841－0015170　集 6336K
滄浪詩話注五卷　(宋)嚴羽撰　(清)胡鑑注　清光緒七年(1881)廣州刻本　二冊

220000－0841－0015171　善 1727
詩人玉屑二十卷　(宋)魏慶之輯　清刻本　八冊

220000－0841－0015172　集 6297K
詩人玉屑二十卷　(宋)魏慶之輯　清古松堂刻本　四冊

220000－0841－0015173　善 1720
歷朝詩林廣記四卷　(宋)蔡正孫輯　明萬曆黃拜彥刻清康熙重修本　四冊

220000－0841－0015174　集 9919F
蓮堂詩話二卷校議一卷續校一卷　(元)祝誠撰　(清)胡珽校議　清光緒刻琳琅秘室刻本　一冊

220000－0841－0015175　子 1211K
山房隨筆一卷　(元)蔣子正撰　清宣統三年(1911)上海國學扶輪社鉛印張氏適園叢書本　一冊

220000－0841－0015176　善 1785
四溟詩話四卷　(明)謝榛撰　清乾隆十九年(1754)胡氏耘雅堂刻本　二冊

220000－0841－0015177　集 6372
冰川詩式十卷　(明)梁橋撰　明萬曆壽槐堂刻清修本　四冊

220000－0841－0015178　善 0742
弇州山人藝苑卮言十二卷　(明)王世貞撰　明萬曆鄒道元刻本　六冊

220000－0841－0015179　善 1747
詩宗類品六卷　(明)李文輯　明萬曆七年(1579)刻本　二冊

220000－0841－0015180　善 2238
詩藪内編六卷外編六卷雜編六卷續編二卷　(明)胡應麟撰　明刻本　四冊

220000－0841－0015181　善 1448
詩藪内編六卷外編六卷雜編六卷續編二卷　(明)胡應麟撰　明刻本　四冊

220000－0841－0015182　子 1430F
詩藪内編六卷外編四卷雜編六卷　(明)胡應麟撰　清光緒刻廣雅書局叢書本　四冊

220000－0841－0015183　集 9678K
漢魏六朝一百三家集題詞一卷　(明)張溥撰　(清)陳均輯　清道光七年(1827)張氏清芬閣刻本　一冊

220000－0841－0015184　善 1497
唐音癸籤三十三卷　(明)胡震亨撰　清順治十五年(1658)雙興堂刻本　四冊

220000－0841－0015185　善 1742
詩話類編三十二卷　(明)王昌會輯　明萬曆刻本　十二冊

220000－0841－0015186　善 3505
朱文公遊藝至論二卷　(明)余祐輯　清康熙五十年(1711)刻本　一冊

220000－0841－0015187　集 6329
詩法初津三卷儀汐軒詩草一卷　(清)葉弘勳撰　清刻本　四冊

220000－0841－0015188　集 6493
詩法火傳十六卷　(清)馬上巘輯　清順治十八年(1661)古香齋刻本　六冊

220000－0841－0015189　集 11062K
靜志居詩話二十四卷　(清)朱彝尊撰　(清)姚柳依編　清嘉慶二十四年(1819)扶荔山房刻本　八冊　存十六卷(一至四、七至十八)

220000－0841－0015190　集 6258
五代詩話十二卷　(清)王士禛撰　清乾隆十三年(1748)養素堂刻本　六冊

220000－0841－0015191　集 5795
漁洋詩話三卷　(清)王士禛撰　清乾隆十三年(1748)刻本　一冊

220000－0841－0015192　集 6348
漁洋詩話三卷　(清)王士禛撰　清康熙蔣氏刻雍正三年(1725)俞氏刻本　二冊

220000－0841－0015193　集 6294K
分類詩話六卷　(清)王士禛撰　(清)喻端士輯　清同治十三年(1874)盱南三餘書屋刻本　二冊

220000－0841－0015194　集 6471
帶經堂詩話三十卷　(清)王士禛撰　(清)張宗柟輯　清乾隆二十七年(1762)刻本　八冊

220000－0841－0015195　善 1766
王文簡公論七言古體平仄一卷文簡公七言古體一卷　(清)王士禛撰　清乾隆五十三年(1788)王元熙刻本　一冊

220000－0841－0015196　善 2982
說詩樂趣類編二十卷　(清)伍涵芬輯　**偶詠草續集一卷**　(清)伍涵芬撰　清康熙四十年(1701)伍氏華日堂刻本　八冊

220000－0841－0015197　集 6455K
說詩樂趣類編二十卷偶吟草續集一卷　(清)伍涵芬撰　清嘉慶六年(1801)經國堂刻本　四冊

220000－0841－0015198　集 6403
柳亭詩話三十卷　(清)宋長白撰　清康熙四十四年(1705)天茁園刻本　八冊

220000－0841－0015199　集 6404
柳亭詩話三十卷　(清)宋長白撰　清康熙天茁園刻本　八冊

220000－0841－0015200　集 6345
初白菴詩評三卷　(清)查慎行撰　(清)張載華輯　**詞綜偶評一卷**　(清)許昂霄撰　(清)張載華輯　清乾隆刻本　三冊

220000－0841－0015201　集 10057K
初白菴詩評三卷　(清)查慎行撰　(清)張載華輯　清光緒戴穗孫刻本　二冊　存一卷(上)

220000－0841－0015202　子 1377K
南野堂筆記十二卷　(清)吳文溥撰　清宣統三年(1911)上海中華國粹書社石印本　四冊

220000－0841－0015203　集 7863F
聲調三譜四卷　(清)王祖源輯　清光緒八年(1882)刻天壤閣叢書本　二冊

220000－0841－0015204　集 10821K
詩學源流考一卷　(清)魯九皋撰　清道光五年(1825)刻是程集本　一冊

220000－0841－0015205　集 10744K
伯山詩話後集四卷續集二卷再續集二卷　(清)康發祥撰　清道光、咸豐刻本　二冊

220000－0841－0015206　集 6374F
伯山詩話後集四卷續集二卷　(清)康發祥撰　清道光刻本　三冊

220000－0841－0015207　集 6373F
伯山詩話後集四卷　(清)康發祥撰　清道光刻本　一冊

220000－0841－0015208　集 6254K
隨園詩話十六卷補遺十卷　(清)袁枚撰　清光緒十八年(1892)勤裕堂鉛印隨園三十八種本　四冊　缺六卷(補遺五至十)

220000－0841－0015209　集 6494K
小石帆亭著錄六卷　(清)翁方綱撰　清道光二十年(1840)孫雲鴻味古書屋刻本　二冊

220000－0841－0015210　集 10349K
雨村詩話十六卷補遺四卷　(清)李調元撰　清嘉慶元年(1796)萬卷樓刻本　六册　缺四卷(補遺四卷)

220000－0841－0015211　集 7716K
騷壇八略二卷　(清)王楷蘇撰　清嘉慶二年(1797)釣鰲山房刻本　二册

220000－0841－0015212　集 6487K
北江詩話四卷　(清)洪亮吉撰　清道光張祥河刻本　二册

220000－0841－0015213　集 9062K
洪穉存先生北江詩話六卷　(清)洪亮吉撰　(清)湯成彦評點　清咸豐八年(1858)周錫元淵海樓刻本　二册

220000－0841－0015214　集 6341K
考田詩話八卷　(清)俞文鏊撰　清道光四年(1824)掣筆山房刻本　二册

220000－0841－0015215　集 6349F
星湄詩話二卷　(清)徐傅詩撰　清宣統三年(1911)趙詒琛刻峭帆樓叢書本　一册

220000－0841－0015216　集 6453K
蠡莊詩話八卷　(清)袁潔撰　清嘉慶二十年(1815)刻本　八册

220000－0841－0015217　集 6452K
瓶水齋詩話一卷　(清)舒位撰　清光緒七年(1881)錢塘戴穗孫抄本　一册

220000－0841－0015218　集 6397K
快園詩話十六卷　(清)凌霄撰　清嘉慶二十五年(1820)刻本　一册　存七卷(一至七)

220000－0841－0015219　集 6327K
斆園詩談八卷續編二卷　(清)許丙椿撰　清同治五年(1866)安徽刻本　二册

220000－0841－0015220　集 7687K
十二筆舫雜録十二卷　(清)李兆元撰　清道光刻本　四册

220000－0841－0015221　集 10225K
耐冷譚十六卷　(清)宋咸熙撰　清道光九年(1829)武林亦西齋刻本　四册

220000－0841－0015222　集 5841K
壽松堂詩話四卷　(清)陳來泰撰　清咸豐四年(1854)刻本　一册

220000－0841－0015223　集 6384K
達觀堂詩話八卷　(清)張晉本撰　清同治十二年(1873)湘陰李桓刻本　四册

220000－0841－0015224　集 6479K
念堂詩話四卷　(清)崔旭撰　清道光刻本　二册

220000－0841－0015225　集 5845F
樗寮詩話三卷　(清)姚椿撰　清咸豐樗寮先生全集本　一册

220000－0841－0015226　集 6316K
藝談錄二卷　(清)張維屏撰　清咸豐廣州富文齋刻松心十錄本　三册

220000－0841－0015227　集 6312K
春草堂詩話八卷　(清)謝堃撰　清道光刻本　二册

220000－0841－0015228　集 9772K
春草堂詩話十六卷　(清)謝堃撰　清道光刻本　四册

220000－0841－0015229　集 6507K
養一齋詩話十卷李杜詩話三卷　(清)潘德輿撰　清道光刻本　四册

220000－0841－0015230　集 6346F
竹林答問一卷　(清)陳僅撰　清光緒十一年(1885)刻金峨山舘叢書本　一册

220000－0841－0015231　集 6490K
筠石山房詩話鈔六卷　(清)楊霈輯　清道光二十七年(1847)粵東糧道署刻本　六册

220000－0841－0015232　集 10412F
柳隱叢譚五卷　(清)于源撰　清道光三十年(1850)刻一粟廬合集本　一册

220000－0841－0015233　集 6302K
射鷹樓詩話二十四卷　(清)林昌彝撰　清咸

豐元年(1851)福州刻本　八册

220000－0841－0015234　集6419K
海天琴思錄八卷　(清)林昌彝撰　清同治三年(1864)廣州刻本　四册

220000－0841－0015235　集6314K
停雲閣詩話十二卷　(清)李家瑞撰　清咸豐五年(1855)刻本　四册

220000－0841－0015236　集6311K
小滄浪詩話四卷　(清)張燮承撰　清咸豐九年(1859)古汲郡賀氏刻張師筠著述本　二册

220000－0841－0015237　集6410F
讀吳詩隨筆二卷　(清)沈丙瑩撰　清光緒二十二年(1896)沈家本刻吳興長橋沈氏家集本　一册

220000－0841－0015238　集6256K
養自然齋詩話十卷　(清)鍾駿聲撰　清同治十三年(1874)刻本　十册

220000－0841－0015239　集6333K
小匏庵詩話十卷　(清)吳仰賢撰　清光緒八年(1882)刻本　二册

220000－0841－0015240　集6473K
樵隱詩話十三卷　(清)林鈞撰　清光緒二年(1876)廣州刻本　六册

220000－0841－0015241　集9096K
耕雲別墅詩話一卷　(清)鄔啓祚撰　清宣統三年(1911)刻本　一册

220000－0841－0015242　集11246K
緝雅堂詩話二卷　(清)潘衍桐撰　清光緒十七年(1891)杭州刻本　一册

220000－0841－0015243　集6328K
峴傭說詩一卷　(清)施補華撰　清光緒十三年(1887)朱毓廣濟南刻本　一册

220000－0841－0015244　集6253K
海山詩屋詩話十卷　(清)李文泰撰　清光緒四年(1878)羊城森寶閣鉛活字印本　五册

220000－0841－0015245　集6472K
帶經堂詩話三十卷首一卷　(清)王士禎撰　(清)張宗柟編　清同治十二年(1873)廣州刻本　十册

220000－0841－0015246　集10864K
煮藥漫抄二卷　(清)葉煒撰　清光緒十七年(1891)金陵刻本　一册

220000－0841－0015247　集6365K
詩話新編四卷　(清)倪鴻輯　清光緒十四年(1888)刻本　二册

220000－0841－0015248　集8940K
蠡園詩話一卷　(清)范獻之撰　清宣統元年(1909)刻本　一册

220000－0841－0015249　集6339K
樵說十卷　題(清)蜀西樵也撰　清光緒十八年(1892)石泉刻本　四册

220000－0841－0015250　集10361K
閨秀錄一卷　(清)孫兆溎撰　清光緒十一年(1885)刻本　一册

220000－0841－0015251　集10340K
平等閣詩話二卷　狄葆賢撰　清光緒三十四年(1908)上海時報館鉛活字印本　一册

220000－0841－0015252　集6439F
眉韻樓詩話八卷　孫雄撰　清光緒三十四年(1908)鉛印晨風閣叢書第一集本　四册

220000－0841－0015253　集8974K
漢詩說十卷　(清)沈用濟　(清)費錫璜撰　清抄本　一册　存五卷(一至五)

220000－0841－0015254　集6370F
宋四六話十二卷　(清)彭元瑞輯　清道光二十六年(1846)刻梅山仙館叢書本　二册　存六卷(一至六)

220000－0841－0015255　善1694
宋詩紀事一百卷　(清)厲鶚輯　清乾隆十一年(1746)厲鶚武林刻本　四十八册

220000－0841－0015256　集8368K
宋詩紀事補遺一百卷小傳補正四卷　(清)陸心源輯　清光緒十九年(1893)刻潛園總集本

三十二冊

220000－0841－0015257　集 5934K
遼詩話二卷　(清)周春輯　清光緒新會劉氏藏修書屋刻藏修堂叢書本　二冊

220000－0841－0015258　集 0608K
明詩紀事一百八十七卷　陳田輯　清光緒二十三年至宣統三年(1897－1911)貴陽陳氏聽詩齋刻本　三十八冊

220000－0841－0015259　集 1026
飴山文集十二卷錄一卷禮俗權衡二卷　(清)趙執信撰　清乾隆三十九年(1774)因園刻本　五冊

220000－0841－0015260　集 1027
飴山文集十二卷附錄一卷　(清)趙執信撰　清乾隆三十九年(1774)刻本　二冊

220000－0841－0015261　集 6491
聲調前譜一卷後譜一卷續譜一卷談龍錄一卷　(清)趙執信撰　清乾隆盧見曾雅雨堂刻本　二冊

220000－0841－0015262　集 6332
聲調譜一卷談龍錄一卷　(清)趙執信撰　清乾隆刻本　一冊

220000－0841－0015263　集 6401
閩遊詩話三卷　(清)徐祚永撰　清乾隆刻本　一冊

220000－0841－0015264　集 6454
藝苑名言八卷　(清)蔣瀾輯　清乾隆四十年(1775)蔣氏懷谷軒刻本　四冊

220000－0841－0015265　集 6457
古今詩話選雋二卷　(清)盧衍仁輯　清乾隆刻本　二冊

220000－0841－0015266　善 3122
聲調譜說一卷　(清)吳紹澯撰　**通韻譜說一卷**　(清)宋弼撰　清嘉慶二年(1797)吳紹澯刻本　一冊

220000－0841－0015267　善 2239
定香亭筆談四卷　(清)阮元撰　清嘉慶五年(1800)刻本　四冊

220000－0841－0015268　集 6394
匏廬詩話三卷　(清)沈濤撰　清道光二十年(1840)刻本　一冊

220000－0841－0015269　集 6334F
廣陵詩事十卷　(清)阮元輯　清嘉慶六年(1801)阮氏刻文選樓叢書本　二冊

220000－0841－0015270　集 6335K
廣陵詩事十卷　(清)阮元輯　清光緒十六年(1890)京師揚州老館刻本　二冊

220000－0841－0015271　善 3543
風雅遺聞四卷　(清)戚學標撰　清乾隆五十八年(1793)刻本　二冊

220000－0841－0015272　善 1733
鳧亭詩話二卷　(清)陶元藻撰　清乾隆刻本　二冊

220000－0841－0015273　集 6500K
全浙詩話五十四卷　(清)陶元藻輯　清嘉慶元年(1796)怡雲閣刻本　三十二冊

220000－0841－0015274　善 1734
西江詩話十二卷　(清)裘君弘撰　清康熙四十二年(1703)裘氏妙贯堂刻本　六冊

220000－0841－0015275　集 6402
全閩詩話十二卷　(清)鄭方坤撰　清乾隆十九年(1754)許話軒刻本　十冊

220000－0841－0015276　集 6396F
閩川閨秀詩話四卷　(清)梁章鉅撰　清光緒元年(1875)刻二思堂叢書本　二冊

220000－0841－0015277　集 6451K
滇南草堂詩話十四卷　(清)檀萃輯　清嘉慶五年(1800)蘊經堂刻本　十冊

220000－0841－0015278　集 8184K
三百篇詩評一卷　(清)于祉撰　清咸豐三年(1853)刻本　一冊

220000－0841－0015279　集 6355K
蘇亭詩話六卷　(清)張道撰　清光緒十九年

(1893)長沙學院刻本　三冊

220000－0841－0015280　集6428K
律詩四辨四卷　(清)李宗文撰　清道光刻本　二冊

220000－0841－0015281　集6508K
分體利試詩法入門十九卷　(清)鄭錫瀛輯評　清光緒十二年(1886)成文信記刻本　六冊

220000－0841－0015282　集10265
分法小題拆字新本不分卷　(清)張錚評　(清)陳方平選　清雍正四年(1726)慶雲樓刻本　二冊

220000－0841－0015283　善3785
初學玉玲瓏四卷　(清)徐瑄撰　清乾隆十五年(1750)善成堂刻本　二冊

220000－0841－0015284　集10718K
論文偶記一卷　(清)劉大櫆撰　**惜抱軒語一卷**　(清)廉泉輯　清光緒十八年(1892)金匱廉氏刻本　一冊

220000－0841－0015285　集6245K
全唐文紀事一百二十二卷首一卷　(清)陳鴻墀輯　清同治十二年(1873)方功惠廣州刻本　四十冊

220000－0841－0015286　集6386K
初月樓古文緒論一卷　(清)吳德旋口述　(清)呂璜錄　清光緒十一年(1885)刻本　一冊

220000－0841－0015287　集6775K
氈底零箋一卷　(清)董恂撰　清光緒十二年(1886)刻本　一冊

220000－0841－0015288　集10648K
黼社筆談三卷　(清)張時中撰　清光緒十六年(1890)徐振翰刻本　一冊

220000－0841－0015289　集9775K
歷代大家古文講授談二卷　尚秉和輯　清京師京華印書局鉛活字印本　一冊　存一卷(上)

220000－0841－0015290　集6393K
賦話十卷　(清)李調元撰　清光緒七年(1881)瀹雅齋刻本　四冊

220000－0841－0015291　集6398K
讀賦卮言一卷　(清)王芑孫撰　清嘉慶八年(1803)刻淵雅堂外集本　一冊

220000－0841－0015292　集8126K
賦則四卷　(清)鮑桂星評選　清道光二十六年(1846)鄧廷楨陝西刻本　二冊

220000－0841－0015293　集6185
四六枝談一卷　(清)沈維材撰　清乾隆四年(1739)刻本　一冊

220000－0841－0015294　集6242K
四六叢話三十三卷選詩叢話一卷　(清)孫梅輯　清光緒七年(1881)吳下刻本　十四冊

220000－0841－0015295　集6782K
制義叢話二十四卷　(清)梁章鉅撰　清咸豐九年(1859)刻本　八冊

220000－0841－0015296　集9946K
五經樓小題拆字不分卷　(清)山仲甫輯　清同治十年(1871)上海醉六堂刻本　四冊

220000－0841－0015297　集10893K
小題虛字標準不分卷　(清)阮桃緩撰　清咸豐元年(1851)文裕堂刻本　一冊

220000－0841－0015298　集11045K
點勘記二卷省堂筆記一卷　(清)歐陽泉撰　清刻本　二冊　存二卷(點勘記上、省堂筆記一卷)

220000－0841－0015299　集10734K
點勘記二卷省堂筆記一卷　(清)歐陽泉撰　清同治九年(1870)皖城刻本　二冊

220000－0841－0015300　集10707K
點勘記二卷省堂筆記一卷　(清)歐陽泉撰　清光緒九年(1883)刻本　一冊

220000－0841－0015301　集6579K
宋元名家詞　(清)江標輯　清光緒二十一年(1895)湖南思賢書局刻本　四冊

220000－0841－0015302　叢 0079K
四印齋所刻詞　(清)王鵬運輯　清光緒王氏家塾刻本　十八册

220000－0841－0015303　集 11225F
四印齋彙刻宋元三十一家詞三十一卷　(清)王鵬運輯　清光緒十九年(1893)刻四印齋所刻詞附本　四册

220000－0841－0015304　集 10107K
宋名家詞　(明)毛晉輯　清光緒十四年(1888)錢塘汪氏刻本　二十四册

220000－0841－0015305　集 7713
百名家詞鈔一百卷　(清)聶先　(清)曾王孫編　清康熙刻本　八册　存七十三家七十三卷

220000－0841－0015306　集 6722F
七家詞鈔　(清)汪世泰輯　清嘉慶刻隨園三十種本　一册

220000－0841－0015307　集 6709K
同人詞選　(清)孫瀜輯　清咸豐三年(1853)刻本　一册

220000－0841－0015308　集 6713K
明湖四客詞鈔　(清)趙國華輯　清同治十三年(1874)趙氏濟南刻本　二册

220000－0841－0015309　集 6876
浙西六家詞十卷　(清)龔翔麟編　清康熙龔氏刻本　八册

220000－0841－0015310　叢 0671
浙西六家詞十一卷　(清)龔翔麟編　**山中白雲詞八卷**　(宋)張炎撰　清康熙龔氏刻乾隆元年(1736)寶書堂印本　八册

220000－0841－0015311　叢 0853
詞苑英華四十五卷　(明)毛晉輯　明毛氏汲古閣刻清乾隆十七年(1752)洪振珂重印本　二十四册　缺一種二卷

220000－0841－0015312　集 6697K
侯鯖詞　(清)吳唐林輯　清光緒十一年(1885)杭州刻本　二册

220000－0841－0015313　集 6855K
薇省同聲集　(清)彭鑾輯　清光緒十六年(1890)刻本　二册

220000－0841－0015314　集 6871K
題襟集　(清)翁之潤輯　清光緒二十四年(1898)宣南刻本　一册

220000－0841－0015315　集 6563K
二家詞鈔　樊增祥輯　清光緒二十八年(1902)刻本　二册

220000－0841－0015316　集 8484K
小檀欒室彙刻閨秀詞十集　徐乃昌輯　清光緒二十一年至二十二年(1895－1896)南陵徐氏刻本　十二册　存六集(一至六)

220000－0841－0015317　集 11255K
吳氏石蓮庵刻山左人詞　(清)吳重熹輯　清光緒二十七年(1901)金陵刻本　六册

220000－0841－0015318　集 9121K
西泠詞萃　(清)丁丙輯　清光緒十一年至十三年(1885－1887)錢塘丁氏刻本　四册

220000－0841－0015319　集 7040K
楚四家詞　(清)唐樹義輯　清道光十五年(1835)刻本　一册

220000－0841－0015320　集 9532K
詩餘偶鈔　王先謙輯　清光緒十六年(1890)長沙王氏刻本　一册

220000－0841－0015321　集 6873K
徐氏一家詞　(清)徐琪輯　清光緒三十四年(1908)刻本　四册

220000－0841－0015322　集 6721K
花萼聯詠集　(清)曹毓英輯　清同治二年(1863)刻本　一册

220000－0841－0015323　集 10888K
詞選　(清)□□輯　清光緒刻本　一册

220000－0841－0015324　叢 1244K
詞學叢書　(清)秦恩復輯　清嘉慶、道光秦氏享帚精舍刻光緒六年(1880)邗江承啓堂重修本　八册

220000－0841－0015325　叢 0934K
蒙香室叢書　馮煦輯　清光緒刻本　十冊

220000－0841－0015326　叢 1075K
詞學全書　（清）查繼超編　清致和堂刻本　十冊

220000－0841－0015327　集 6537F
歐陽文忠公近體樂府三卷　（宋）歐陽修撰　清宣統三年（1911）吳昌綬影刻朱印宋吉州影刻宋金元明本詞四十種本　一冊

220000－0841－0015328　集 8530K
小山詞鈔一卷補鈔一卷　（宋）晏幾道撰　清光緒十一年（1885）揚州刻本　一冊

220000－0841－0015329　集 6718K
東坡樂府三卷　（宋）蘇軾撰　朱孝臧編　清宣統三年（1911）吳興朱氏刻本　二冊

220000－0841－0015330　集 8995K
東山寓聲樂府一卷補鈔一卷　（宋）賀鑄撰　清宣統三年（1911）河朔藝文石印社石印本　一冊

220000－0841－0015331　集 6583F
漱玉詞一卷　（宋）李清照撰　**斷腸詞一卷**　（宋）朱淑貞撰　清光緒刻四印齋所刻書本　一冊

220000－0841－0015332　集 6847K
夢窗甲乙丙丁稿四卷補遺一卷劄記一卷　（宋）吳文英撰　（清）王鵬運校　清光緒三十年（1904）四印齋刻民國二十三年（1934）北平來薰閣重印本　一冊

220000－0841－0015333　集 11047F
夢窗甲乙丙丁稿四卷補遺一卷劄記一卷　（宋）吳文英撰　（清）王鵬運校　清光緒刻本　一冊　存四卷（丙丁稿二卷、補遺一卷、劄記一卷）

220000－0841－0015334　集 10695K
夢窗甲乙丙丁稿四卷補遺一卷　（宋）吳文英撰　**重校夢窗詞杞記一卷**　朱孝臧撰　清光緒三十四年（1908）無著盦刻本　二冊

220000－0841－0015335　集 9026F
日湖漁唱續補遺一卷　（宋）陳允平撰　清道光刻光緒重修詞學叢書本　一冊

220000－0841－0015336　集 10694K
草窗詞二卷補二卷　（宋）周密撰　清光緒二十六年（1900）無著盦刻本　一冊

220000－0841－0015337　集 9900K
山中白雲詞八卷　（宋）張炎撰　清宣統三年（1911）北京龍文閣書莊石印本　四冊

220000－0841－0015338　集 8662
山中白雲詞八卷樂府指迷一卷　（宋）張炎撰　清康熙六十一年（1722）曹炳曾城書室刻本　一冊

220000－0841－0015339　善 1108
安陸集一卷　（宋）張先撰　**附錄一卷**　清黃錫慶刻本　一冊

220000－0841－0015340　集 9038K
蟻術詞選四卷　（元）邵亨貞撰　清光緒十七年（1891）刻弟一生修楳華館叢書本　一冊

220000－0841－0015341　善 2614
寫情集四卷　（明）劉基撰　明洪武十三年（1380）刻本　一冊

220000－0841－0015342　集 4882K
天啟宮中詞一卷擬故宮詞　（明）陳悰撰　清光緒順德龍鳳鑣刻朱印本　一冊

220000－0841－0015343　善 1760
碧山詩餘一卷　（明）王九思撰　**南曲次韻一卷**　（明）李開先　（明）王九思撰　明崇禎十三年（1640）刻渼陂王太史先生全集本　二冊

220000－0841－0015344　集 9411K
吳梅村詞一卷　（清）吳偉業撰　清光緒十六年（1890）湖北官書處刻本　一冊

220000－0841－0015345　集 6804F
定山堂詩餘四卷　（清）龔鼎孳撰　清光緒刻定山堂詩集本　一冊

220000－0841－0015346　集 6863
坦庵詩餘甕吟四卷　（清）徐石麒撰　清刻本

一册

220000－0841－0015347　善1777
百末詞五卷詞餘一卷　（清）尤侗撰　清康熙刻西堂全集本　二册

220000－0841－0015348　集4988K
外國竹枝詞一卷　（清）尤侗撰　清刻本　一册

220000－0841－0015349　集6538K
曝書亭集詞註七卷　（清）朱彝尊撰　（清）李富孫注　清嘉慶十九年（1814）校經廎刻本　三册

220000－0841－0015350　集9205K
曝書亭詞拾遺三卷志異一卷　（清）朱彝尊撰　（清）翁之潤輯　清光緒二十二年（1896）常熟翁氏刻本　一册

220000－0841－0015351　集6634K
聊齋詞一卷　（清）蒲松齡撰　清宣統二年（1910）上海國學扶輪社鉛活字印本　一册

220000－0841－0015352　集10005
延露詞三卷　（清）彭孫遹撰　清乾隆八年（1743）刻松桂堂全集本　一册

220000－0841－0015353　集6846
浣雪詞鈔二卷　（清）毛際可撰　（清）李天馥　（清）王士禛評　清康熙刻本　一册

220000－0841－0015354　集6573
珂雪詞二卷補遺一卷　（清）曹貞吉撰　清康熙刻本　二册

220000－0841－0015355　集6877
挹青軒詩餘一卷自怡錄一卷　（清）華浣芳撰　**空明子雜錄一卷**　（清）張榮撰　清康熙刻本　一册

220000－0841－0015356　集6625K
彈指詞三卷補遺一卷附刊一卷　（清）顧貞觀撰　清光緒十九年（1893）顧綬珊枕經葃史齋刻本　一册

220000－0841－0015357　集10480K
新樂府詞一卷　（清）萬斯同撰　清同治八年（1869）刻本　一册

220000－0841－0015358　集6777F
茗齋詩餘二卷　（清）彭孫貽撰　清道光十六年（1836）蔣光煦刻別下齋叢書本　二册

220000－0841－0015359　集6796K
芳草詞一卷　（清）龔士稚撰　清光緒十一年（1885）聽彝書屋刻本　一册

220000－0841－0015360　集6870K
秋林琴雅四卷　（清）厲鶚撰　清光緒九年（1883）泉唐汪氏酒邊人倚紅樓刻本　一册

220000－0841－0015361　集6742K
石筍溪灣詞一卷　（清）陸士揆撰　清鉛印國魂叢編本　一册

220000－0841－0015362　集6638F
陶園詩餘二卷　（清）張九鉞撰　清道光刻本　一册

220000－0841－0015363　集8559K
巏嵍山人詞集四卷　（清）王初桐撰　清乾隆五十七年（1792）刻古香堂叢書本　一册

220000－0841－0015364　集6740K
銅絃詞一卷　（清）蔣士銓撰　清抄本　一册

220000－0841－0015365　集6628K
剩紅詞一卷　（清）李本撰　清道光九年（1829）刻本　一册

220000－0841－0015366　集9463K
小湖田樂府十卷　（清）吳蔚光撰　清嘉慶刻本　一册

220000－0841－0015367　集6639K
有正味齋詞集七卷曲一卷　（清）吳錫麒撰　清咸豐五年（1855）刻本　一册

220000－0841－0015368　集6692K
三影閣箏語三卷　（清）張雲璈撰　清道光刻三影閣叢書本　一册

220000－0841－0015369　集9033K
吟紅閣詞鈔三卷　（清）金翀撰　清嘉慶十三年（1808）竹梧書屋刻本　一册　存一卷（一）

220000－0841－0015370　集 6649K
夜雨珠簾詞二卷　（清）韋佩金撰　清道光二十一年（1841）刻經遺堂全集本　一冊

220000－0841－0015371　集 6698K
真率齋初稾二卷　（清）楊芳燦撰　清抄本　一冊

220000－0841－0015372　集 8552F
芙蓉山館詞鈔二卷　（清）楊芳燦撰　清光緒木活字印芙蓉山館全集本　一冊

220000－0841－0015373　集 10696K
聽雨小樓詞稿二卷　（清）楊英燦撰　清光緒十七年（1891）西溪草堂木活字印本　一冊

220000－0841－0015374　集 9010K
百萼紅詞二卷　（清）吳藹撰　清光緒五年（1879）合肥張氏刻本　二冊

220000－0841－0015375　集 9523K
扁舟載酒詞一卷　（清）江藩撰　清光緒二十九年（1903）程宗岱抄本　一冊

220000－0841－0015376　集 6690F
尚絅堂詞集二卷　（清）劉嗣綰撰　清同治八年（1869）刻尚絅堂集本　一冊

220000－0841－0015377　集 10751K
心安隱室詞集四卷　（清）詹肇堂撰　清光緒十年（1884）刻本　一冊

220000－0841－0015378　集 6768K
紅雪詞甲集二卷乙集二卷詞餘一卷　（清）馮雲鵬撰　清嘉慶十二年（1807）掃紅亭刻本　四冊

220000－0841－0015379　集 6672K
銀藤花館詞四卷　（清）戴延介撰　清嘉慶十三年（1808）綠草樓刻本　一冊

220000－0841－0015380　集 5068K
虛白堂詞鈔一卷　（清）沈壁璉撰　**環翠閣詩鈔一卷詞鈔一卷**　（清）張介撰　清道光刻本　一冊

220000－0841－0015381　集 10869K
嶺雲詞賸稿一卷續稿一卷　（清）胡長庚撰　清道光六年（1826）刻本　一冊

220000－0841－0015382　集 6622K
靈芬館詞六卷　（清）郭麐撰　清光緒五年（1879）仁和許刻本　三冊

220000－0841－0015383　集 8528F
浮眉樓詞二卷　（清）郭麐撰　清光緒五年（1879）許增刻靈芬館詞本　一冊

220000－0841－0015384　集 6714
小波詞鈔一卷　（清）陳沆撰　清乾隆十三年（1748）刻本　一冊

220000－0841－0015385　集 6758
月在軒琴趣二卷　（清）張奕樞撰　清乾隆三十二年（1767）刻本　一冊

220000－0841－0015386　集 6757
叩拙詞一卷　（清）陶維垣撰　清嘉慶二十年（1815）經鋤山堂刻本　一冊

220000－0841－0015387　集 6755
菊園詩餘四卷　（清）金士芳撰　清乾隆三十二年（1767）刻本　一冊

220000－0841－0015388　集 6665
餐花吟館詞鈔七卷　（清）嚴駿生撰　清道光刻本　四冊

220000－0841－0015389　集 6720K
紅豆樹館詞八卷　（清）陶樑撰　清道光二十三年（1843）刻本　二冊

220000－0841－0015390　集 8778K
滄江虹月詞三卷　（清）汪初撰　清光緒十五年（1889）汪曾唯刻本　一冊

220000－0841－0015391　集 6707K
冬巢居士詞四卷　（清）汪潮生撰　清道光六年（1826）刻本　一冊

220000－0841－0015392　善 1767
耶溪漁隱詞二卷　（清）屠倬撰　清嘉慶二十三年（1818）刻本　一冊

220000－0841－0015393　集 8523
秋蓮子詞前稿一卷後稿二卷　（清）王僧保撰

清道光二十九年(1849)刻本　二册

220000－0841－0015394　集 9757K
鳳孫樓詞二卷　(清)管繩萊撰　清光緒元年(1875)刻本　一册

220000－0841－0015395　集 9510K
春草堂詞集二卷　(清)謝堃撰　清道光十年(1830)秣陵王日華刻本　一册

220000－0841－0015396　集 6708K
養一齋詞三卷　(清)潘德輿撰　清咸豐三年(1853)刻本　一册

220000－0841－0015397　集 9127K
衍波詞二卷駢體文一卷尺牘一卷　(清)孫蓀意撰　清嘉慶刻本　一册

220000－0841－0015398　集 6883F
衍波詞一卷　(清)孫蓀意撰　清光緒二十二年(1896)刻靈鶼閣叢書本　一册

220000－0841－0015399　集 6661K
翠薇花館詞十卷　(清)戈載輯　清嘉慶二十三年(1818)蘇州刻二十四年(1819)續刻本　五册

220000－0841－0015400　集 6662K
翠薇花館詞十九卷　(清)戈載輯　清嘉慶刻道光續刻本　八册

220000－0841－0015401　集 9462K
翠薇花館詞三十卷　(清)戈載輯　清嘉慶刻道光續刻本　六册

220000－0841－0015402　集 6633K
湘雨齋詞草一卷　(清)管貽葄撰　**梅笛庵詞賸稿一卷**　(清)宋志沂撰　清同治刻本　一册

220000－0841－0015403　集 6760K
小蘇潭詞六卷　題(清)蕉南舊史撰　清道光十八年(1838)刻本　二册

220000－0841－0015404　集 8764K
小書舟樂府三卷　(清)程定謨撰　清道光十八年(1838)程瑞楷刻本　一册

220000－0841－0015405　集 8791K
香銷酒醒詞一卷曲一卷　(清)趙慶熺撰　清同治七年(1868)西泠王氏刻本　一册

220000－0841－0015406　集 6685K
香銷酒醒詞一卷曲一卷　(清)趙慶熺撰　清光緒十一年(1885)許氏碧聲吟館刻本　一册

220000－0841－0015407　集 10386K
海天秋角詞一卷　(清)謝元淮撰　清道光刻本　一册

220000－0841－0015408　集 6651K
橫經堂詩餘二卷　(清)張泰初撰　清光緒二年(1876)刻本　一册

220000－0841－0015409　集 9106K
夢春廬詞一卷　(清)李貽德撰　**旱花集一卷**　(清)吳筠撰　清同治六年(1867)刻本　一册

220000－0841－0015410　集 8550K
知止堂詞錄三卷　(清)朱綬撰　清光緒二十年(1894)湖南思賢書局刻本　一册

220000－0841－0015411　集 9480K
劍光樓詞一卷　(清)儀克中撰　清咸豐十年(1860)半畊草堂刻本　一册

220000－0841－0015412　集 6644K
小梅花館詞集三卷　(清)吳廷燮撰　清光緒四年(1878)吳鐀刻本　一册

220000－0841－0015413　集 6646K
清夢盦二白詞五卷附刻一卷　(清)沈傳桂撰　清道光二十五年(1845)刻本　一册

220000－0841－0015414　集 9018K
清夢盦二白詞五卷附刻一卷　(清)沈傳桂撰　清同治十一年(1872)刻本　二册

220000－0841－0015415　集 8556K
二波軒詞選四卷　(清)王嘉福撰　清道光刻本　四册

220000－0841－0015416　集 6920F
夢溪櫂樞二卷　(清)張崇蘭撰　清光緒二十三年(1897)刻悔廬全集本　一册

220000－0841－0015417　集 6664K

真松閣詞六卷　(清)楊夔生撰　清道光十四年(1834)刻本　三冊

220000－0841－0015418　集 6663K

真松閣詞六卷　(清)楊夔生撰　清光緒元年(1875)心禪室刻本　二冊

220000－0841－0015419　集 6719K

拙宜園集詞二卷　(清)黄憲清撰　清道光十五年(1835)刻本　一冊

220000－0841－0015420　集 8912K

拙宜園集詩餘二卷　(清)黄燮清撰　清咸豐六年(1856)蕭山王氏小艸里館刻本　一冊

220000－0841－0015421　集 9059K

拜雲閣樂府二卷　(清)吴震撰　清道光刻本　一冊

220000－0841－0015422　集 6747K

瓶隱山房詞八卷　(清)黄曾撰　清道光二十七年(1847)刻本　四冊

220000－0841－0015423　集 8572K

瀟湘館詞一卷　(清)蔣篔撰　清道光三十年(1850)刻本　二冊

220000－0841－0015424　集 6680K

雪香奩詞草一卷　(清)汪世梅撰　清咸豐八年(1858)刻本　一冊

220000－0841－0015425　集 6861K

鬘雲軒詞二卷　(清)汪士進撰　清同治十一年(1872)北京刻本　一冊

220000－0841－0015426　集 11064K

桐月修簫譜一卷　(清)王嘉禄撰　清道光刻本　一冊

220000－0841－0015427　集 9202K

花簾詞一卷　(清)吴藻撰　清道光十年(1830)刻本　一冊

220000－0841－0015428　集 9521K

香南雪北詞一卷　(清)吴藻撰　清道光二十四年(1844)刻本　一冊

220000－0841－0015429　集 6893K

花簾詞一卷香南雪北詞一卷　(清)吴藻撰　清刻本　四冊

220000－0841－0015430　集 10749F

香南雪北詞一卷　(清)吴藻撰　清刻本　一冊

220000－0841－0015431　集 9460F

浣花閣詞鈔二卷　(清)熊裕棠撰　清刻本　一冊

220000－0841－0015432　集 6798F

憶雲詞甲乙丙丁稾四卷删存一卷　(清)項廷紀撰　清光緒十九年(1893)許氏刻榆樹叢書本　一冊

220000－0841－0015433　集 6717K

憶雲詞甲乙丙丁稾四卷删存一卷　(清)項廷紀撰　清光緒二十五年(1899)長沙思賢書局刻本　一冊

220000－0841－0015434　集 8544K

時晴齋詞鈔一卷　(清)張集馨撰　**醉經齋詞鈔一卷**　(清)張兆蘭撰　清光緒二十一年(1895)鉛活字印本　二冊

220000－0841－0015435　集 6612K

瘦鶴軒詞一卷　(清)趙彦俞撰　清同治十二年(1873)刻本　一冊

220000－0841－0015436　集 6599K

瘦鶴軒詞一卷續一卷　(清)趙彦俞撰　清同治十二年(1873)刻本　一冊

220000－0841－0015437　集 9139K

蜕學齋詞二卷　(清)董思誠撰　清同治十一年(1872)刻本　一冊

220000－0841－0015438　集 8551K

雲起樓詞三卷　(清)齊學裘撰　清同治十年(1871)刻本　一冊

220000－0841－0015439　集 9467K

味塵軒詩餘二卷　(清)李文瀚撰　清道光二十三年(1843)刻本　一冊

220000－0841－0015440　集 11241K

鶴茗詞鈔一卷 (清)吳敏樹撰 清同治十一年(1872)刻本 一册

220000－0841－0015441 集6624K
疎影樓詞五卷 (清)姚燮撰 清道光十三年(1833)上湖草堂刻本 一册

220000－0841－0015442 集6774K
疎影樓詞五卷 (清)姚燮撰 **種玉詞一卷** (清)孫家穀撰 清道光十三年(1833)上湖草堂刻本 二册

220000－0841－0015443 集6684K
采香詞四卷 (清)杜文瀾撰 清光緒刻曼陀羅華閣叢書本 一册

220000－0841－0015444 集8447K
詠秋軒詞集一卷 (清)柳淦撰 清咸豐元年(1851)京江柳書諫堂刻本 一册

220000－0841－0015445 集6618K
芬陀利室詞五卷詩遺集一卷詞遺集一卷 (清)蔣敦復撰 **麗農山人事實雜錄一卷** (清)王韜輯 清光緒十一年(1885)王韜刻本 二册

220000－0841－0015446 集8793K
心盦詞存四卷 (清)何兆瀛撰 清同治十二年(1873)武林刻本 二册

220000－0841－0015447 集6654K
睡花香堂詞一卷 (清)潘曾綬撰 清刻本 一册

220000－0841－0015448 集10673K
玉井山館詞一卷詩餘一卷 (清)許宗衡撰 清咸豐、同治刻本 一册

220000－0841－0015449 集9048K
曇雲閣詞鈔一卷續刻一卷 (清)曹懋堅撰 清道光刻本 一册

220000－0841－0015450 集6569K
眉綠樓詞四卷 (清)顧文彬撰 清光緒六年(1880)刻本 二册

220000－0841－0015451 集6566F
眉綠樓詞八卷 (清)顧文彬撰 清光緒十年(1884)吳下刻本 四册

220000－0841－0015452 集6591K
射雕詞二卷續鈔一卷 (清)應寶時撰 清光緒十年(1884)吳中刻十四年(1888)續刻本 一册

220000－0841－0015453 集6694F
漢南春柳詞鈔一卷 (清)龍啓瑞撰 **梅神吟館詩草一卷** (清)何慧生撰 清光緒五年(1879)刻經德堂詩文集本 一册

220000－0841－0015454 集9054K
玉浢詞一卷 (清)潘曾瑋撰 清咸豐四年(1854)蘇州刻本 一册

220000－0841－0015455 集9006K
題紅閣詞鈔一卷語兒村篋一卷 (清)于源撰 清咸豐刻本 一册

220000－0841－0015456 集6752K
水雲樓詞二卷續一卷 (清)蔣春霖撰 清光緒三十四年(1908)章震福鉛活字印本 一册

220000－0841－0015457 集6858K
水雲樓詞續一卷 (清)蔣春霖撰 清同治十二年(1873)宗源瀚刻本 一册

220000－0841－0015458 集6706K
水雲樓詞續一卷 (清)蔣春霖撰 (清)杜文瀾斷句 清光緒二年(1876)嚴州刻本 一册

220000－0841－0015459 集6761K
留漚唫館詞草一卷 (清)沈鎣撰 清光緒六年(1880)江氏師鄦室刻本 一册

220000－0841－0015460 集8522K
享帚齋詞鈔二卷 (清)周恩綬撰 清同治十三年(1874)刻本 一册

220000－0841－0015461 集8720K
還初堂詞鈔一卷 (清)姚斌桐撰 清光緒二十五年(1899)刻留垞叢書本 一册

220000－0841－0015462 集6592K
菊壽盦詞稿四卷 (清)姚輝第撰 清同治八年(1869)木活字印本 一册

220000－0841－0015463　集6643K
茂陵秋雨詞四卷　（清）王錫振撰　清同治三年（1864）刻本　一册

220000－0841－0015464　集6859K
荔園詞二卷　（清）徐本立撰　清同治十年（1871）刻本　一册

220000－0841－0015465　集6693K
清淮詞二卷　（清）湯成烈撰　清同治元年（1862）刻本　一册

220000－0841－0015466　集10798K
詞賸一卷　（清）王懷孟撰　清咸豐九年（1859）刻本　一册

220000－0841－0015467　集9150F
香草詞五卷　（清）陳鍾祥撰　清咸豐刻趣園初集本　一册　存四卷（一至四）

220000－0841－0015468　集6741K
春鸝詞二卷　（清）葛湘撰　清光緒五年（1879）刻本　一册

220000－0841－0015469　集8553K
約園詞稿十卷　（清）趙起撰　清光緒二十六年（1900）趙承炳刻本　二册

220000－0841－0015470　集10924K
榑洲詞一卷　（清）勒方錡撰　清同治四年（1865）刻本　一册

220000－0841－0015471　集6617K
太素齋詞鈔二卷　（清）勒方錡撰　清光緒十年（1884）刻本　一册

220000－0841－0015472　集9063K
繡蜨盦詞鈔五卷附録一卷　（清）汪藻撰　清光緒四年（1878）刻本　一册

220000－0841－0015473　集6688K
眠琴閣詞鈔一卷　（清）史悠咸撰　清刻本　一册

220000－0841－0015474　集10375K
北海漁歌一卷　（清）王寅撰　清光緒十五年（1889）刻本　一册

220000－0841－0015475　集6637K
娱老詞一卷　（清）孫衣言撰　清光緒二十年（1894）冶山竹居石印本　一册

220000－0841－0015476　集6623K
古香凹詩餘二卷　（清）方濬頤撰　清光緒十年（1884）維揚刻本　二册

220000－0841－0015477　集6789F
空青館詞稾三卷　（清）邊浴禮撰　清咸豐刻健脩館詩集本　一册

220000－0841－0015478　集8538K
鴛鴦宜福館吹月詞二卷　（清）陳元鼎撰　清光緒十六年（1890）小羽琌山館刻本　一册

220000－0841－0015479　集6606K
鴛鴦宜福館遺詞一卷　（清）陳元鼎撰　清光緒二十年（1894）雙照樓刻本　一册

220000－0841－0015480　集9198K
竹石居詞草一卷川雲集一卷　（清）童華撰　清光緒刻本　一册

220000－0841－0015481　集9157K
藤香館詞一卷　（清）薛時雨撰　清同治五年（1866）刻本　一册

220000－0841－0015482　集10593K
景石齋詞略一卷　（清）姚詩雅撰　清光緒七年（1881）羊城刻本　一册

220000－0841－0015483　集10258K
夢影樓稿一卷　（清）關鍈撰　清咸豐四年（1854）錢塘蔣氏刻本　一册

220000－0841－0015484　集6558K
稻香館粲香詞四卷補遺一卷　（清）方受穀撰　清光緒十二年（1886）嘉興稻香館刻本　二册

220000－0841－0015485　集6865K
秋夢盦詞鈔二卷續一卷再續一卷　（清）葉衍蘭撰　清光緒十六年（1890）羊城刻本　一册

220000－0841－0015486　集6653K
紅蕉詞鈔二卷　（清）鍾景撰　清咸豐刻本　一册

220000－0841－0015487　集 6759F
蜀桐絃詞一卷　(清)顧復初撰　清咸豐六年(1856)刻梅影盦詞集本　一冊

220000－0841－0015488　集 10779K
蜀桐絃詞一卷海風簫詞一卷絳河笙詞稿一卷　(清)顧復初撰　清咸豐、同治、光緒刻本　一冊

220000－0841－0015489　集 9530K
願為明鏡室詞稿九卷　(清)江順詒撰　清同治八年(1869)杭州刻本　一冊

220000－0841－0015490　集 8372K
願為明鏡室詞二卷　(清)江順詒撰　清同治十二年(1873)刻本　一冊

220000－0841－0015491　集 9474K
墨壽閣詞鈔一卷續鈔一卷　(清)汪承慶撰　清光緒二十八年(1902)汪曾蔭山陽刻本　一冊

220000－0841－0015492　集 9005K
瑞雲詞一卷　(清)徐其志撰　清咸豐四年(1854)刻本　一冊

220000－0841－0015493　集 6880K
蓮因室詞一卷補一卷　(清)鄭蘭孫撰　清光緒三十四年(1908)徐琪刻本　一冊

220000－0841－0015494　集 9481K
婆梭詞一卷　(清)黃宗彝撰　清咸豐四年(1854)刻本　一冊

220000－0841－0015495　集 10762K
雪鴻吟館詞一卷　(清)韓聞南撰　清同治十三年(1874)杭州刻本　一冊

220000－0841－0015496　集 6687K
碧桃館詞一卷　(清)趙我佩撰　清咸豐八年(1858)刻本　一冊

220000－0841－0015497　集 6754K
刈蘭軒詞鈔一卷　(清)傅隱蘭撰　清同治刻本　一冊

220000－0841－0015498　集 6652K
花影吹笙詞鈔二卷小遊仙詞一卷　(清)葉英華撰　清光緒三年(1877)葉衍蘭羊城刻本　一冊

220000－0841－0015499　集 9030K
江上小蓬萊吟舫詩餘二卷　(清)葉坤厚撰　清光緒九年(1883)葉伯英陝西刻本　二冊

220000－0841－0015500　集 6641K
寄廬詞存二卷　(清)錢國珍撰　清咸豐十年(1860)古章安署刻本　一冊

220000－0841－0015501　集 6756K
轉蕙軒詞一卷　(清)謝質卿撰　清光緒元年(1875)刻本　一冊

220000－0841－0015502　集 9027F
寒松閣詞三卷駢體文一卷　(清)張鳴珂撰　清光緒十年(1884)江西書局刻寒松閣集本　一冊

220000－0841－0015503　集 9034K
蘊蘭吟館詩餘一卷　(清)恩錫撰　清光緒元年(1875)刻本　一冊

220000－0841－0015504　集 10248K
香禪詞四卷　(清)潘鍾瑞撰　清光緒刻本　一冊

220000－0841－0015505　集 6604K
萍綠詞三卷續編三卷　(清)丁至和撰　清咸豐十一年(1861)刻同治七年(1868)續刻本　二冊

220000－0841－0015506　子 3704K
崿琈山房紅樓夢詞一卷　(清)何鏞撰　清光緒十一年(1885)上海木活字印本　一冊

220000－0841－0015507　集 6794K
新蘅詞六卷外集一卷　(清)張景祁撰　清光緒九年(1883)百億梅花仙館刻本　二冊

220000－0841－0015508　集 6779K
新蘅詞十卷外集一卷　(清)張景祁撰　清光緒九年(1883)百億梅花仙館刻光緒續刻本　二冊

220000－0841－0015509　集 10406K
冰甌館詞鈔一卷　(清)張丙炎撰　清光緒十

一年(1885)刻本　一册

220000－0841－0015510　集 6670K
曉夢春紅詞一卷　(清)潘介繁撰　清同治八年(1869)刻本　一册

220000－0841－0015511　集 10187K
鶴緣詞一卷　(清)呂耀斗撰　清光緒二十六年(1900)呂氏敬止堂刻本　一册

220000－0841－0015512　集 6620K
捧月樓綺語八卷　(清)袁通輯　清光緒章壽康式訓堂刻本　一册

220000－0841－0015513　集 6671K
簫紅詞一卷　(清)潘誠貴撰　清咸豐七年(1857)刻本　一册

220000－0841－0015514　集 8541K
畫延年室詩餘四卷　(清)袁起撰　清同治刻本　二册

220000－0841－0015515　集 6884F
冷吟仙館詩餘一卷文存一卷　(清)左錫嘉撰　清光緒十六年(1890)刻冷吟仙館詩稿本　一册

220000－0841－0015516　集 6787F
笙月詞五卷花影詞一卷　(清)王詒壽撰　清同治十一年(1872)杭州刻榆園叢刻本　一册

220000－0841－0015517　集 6695K
紫薇花館詞稿一卷　(清)王廷鼎撰　(清)善文　(清)楊譽龍注　清光緒十二年(1886)刻本　一册

220000－0841－0015518　集 10797K
江南好詞一卷　(清)張汝南撰　清光緒二十四年(1898)上海著易堂鉛活字印本　一册

220000－0841－0015519　集 6792K
鵠泉山館詞一卷　(清)潘觀保撰　清光緒十五年(1889)刻本　一册

220000－0841－0015520　集 6645K
考功詞一卷　(清)鄭守廉撰　清光緒二十八年(1902)武昌刻本　一册

220000－0841－0015521　集 9032K
約園詞四卷　(清)劉湝年撰　清光緒十二年(1886)揚城刻本　一册

220000－0841－0015522　集 8798K
棲雲山館詞存一卷　(清)黄錫禧撰　清同治六年(1867)吳讓之刻本　一册

220000－0841－0015523　集 3215K
茶夢盦燼餘詞一卷　(清)高望曾撰　**寫麋樓遺詞一卷**　(清)陳嘉撰　清同治九年(1870)福州刻本　一册

220000－0841－0015524　集 6917K
蘇盦詩餘五卷　(清)唐壎撰　清同治十二年(1873)福州吳玉田刻本　二册

220000－0841－0015525　集 6657K
夢影詞六卷　(清)王錫元撰　清光緒二十七年(1901)刻本　一册

220000－0841－0015526　集 6609K
井華詞二卷　(清)沈景修撰　清光緒二十五年(1899)刻本　一册

220000－0841－0015527　集 6724K
縫月軒詞錄一卷續錄一卷　(清)李恩綬撰　清光緒三十年(1904)上海蜚英書館石印本　一册

220000－0841－0015528　集 8677K
蠡龕遺稿二卷　(清)岑應麐撰　清光緒三十一年(1905)抄本　一册

220000－0841－0015529　集 6656K
寄龕詞四卷　(清)孫德祖撰　清同治九年(1870)刻本　一册

220000－0841－0015530　集 6860K
曼廬詞一卷　(清)許頌鼎撰　清光緒三十三年(1907)刻本　一册

220000－0841－0015531　集 6711K
花陰寫夢詞一卷　(清)倪鴻撰　清光緒九年(1883)濟南刻本　一册

220000－0841－0015532　集 6891K
靜鄉居詞一卷　(清)金馥撰　清宣統二年

(1910)程邦達刻本　一冊

220000－0841－0015533　集 9522K
和天倪齋詞五卷　(清)郭鍾岳撰　清光緒十二年(1886)溫州刻二十年(1894)續刻本　一冊

220000－0841－0015534　集 9036K
麝塵蓮寸集四卷補遺一卷　(清)王淵撰　(清)程淑注　清光緒十六年(1890)染翰齋刻本　二冊

220000－0841－0015535　集 8779F
璞齋詞一卷　(清)諸可寶撰　清光緒王峰官舍刻璞齋集本　一冊

220000－0841－0015536　集 7963K
半塘丙丁戊稿三卷　(清)王鵬運撰　清光緒北京刻本　二冊

220000－0841－0015537　集 6621K
漱泉詞一卷　(清)成肇麐撰　清光緒刻本　一冊

220000－0841－0015538　集 8603K
半塘定稿二卷　(清)王鵬運撰　清光緒三十二年(1906)廣州刻本　一冊

220000－0841－0015539　集 8722K
步姜詞二卷　(清)胡元儀撰　清光緒二十年(1894)始誦經室刻本　一冊

220000－0841－0015540　集 6888K
梅邊笛譜一卷　(清)蔣左賢撰　清光緒十五年(1889)刻本　一冊

220000－0841－0015541　集 6853K
受辛詞二卷　(清)王蓤撰　清光緒刻本　一冊

220000－0841－0015542　集 9469K
醉芙詩餘一卷　(清)王汝純撰　清光緒十九年(1893)北京刻本　一冊

220000－0841－0015543　集 6632K
替竹盦詞五卷　(清)蔣彬若撰　清光緒三十一年(1905)鉛活字印本　一冊

220000－0841－0015544　集 10752F
酒邊詞八卷　(清)謝章挺撰　清光緒十五年(1889)福州刻賭棋山莊集本　二冊

220000－0841－0015545　集 10703K
天雲樓詞一卷　(清)胡薇元撰　清光緒二十八年(1902)刻本　一冊

220000－0841－0015546　集 6869K
瞻園詞二卷　(清)張仲炘撰　清光緒三十一年(1905)刻鶴南悲館雜著本　一冊

220000－0841－0015547　集 6626K
半甲乙詞草一卷　(清)朱家驊撰　清光緒三十一年(1905)刻本　一冊

220000－0841－0015548　集 9044K
純飛館詞初稿一卷　(清)徐珂撰　清光緒十九年(1893)刻本　一冊

220000－0841－0015549　集 6767K
檗隖詞存十二卷别集五卷　(清)王以敏撰　清光緒刻本　四冊

220000－0841－0015550　集 8554K
留雲借月盦詞六卷　(清)劉炳照撰　清光緒十九年(1893)刻二十一年(1895)續刻本　一冊

220000－0841－0015551　集 6725K
補恨樓詞二卷　(清)徐佑成撰　清光緒二十一年(1895)刻本　一冊

220000－0841－0015552　集 6780K
雙橋小築詞存六卷集餘二卷　(清)江人鏡撰　清光緒二十三年(1897)刻本　二冊

220000－0841－0015553　集 8448K
水雲欸乃一卷泥爪詞一卷竹窗秋籟一卷悔餘詞一卷　(清)周天麟撰　**月樓琴語一卷**　(清)蕭恒貞撰　清光緒十七年(1891)石印本　一冊

220000－0841－0015554　集 9124K
水流雲在館詞鈔八卷　(清)周天麟撰　**月樓琴語一卷**　(清)蕭恒貞撰　清光緒二十一年(1895)刻本　一冊

220000－0841－0015555 集 9025K
雲起軒詞鈔一卷 （清）文廷式撰 清光緒三十三年（1907）南陵徐氏刻本 一冊

220000－0841－0015556 集 6850K
雙辛夷樓詞二卷 （清）李宗禕撰 清光緒二十四年（1898）李宗言刻本 一冊

220000－0841－0015557 集 9065K
紅蕉詞一卷 （清）江標撰 **鶴緣詞一卷** （清）呂耀斗撰 清光緒十四年（1888）江氏師鄦室刻本 一冊

220000－0841－0015558 集 6710K
竹簾館詞一卷 （清）王樹藩撰 清宣統元年（1909）寶應朱孫懷刻本 二冊

220000－0841－0015559 集 6739K
海棠香夢詞二卷 （清）陳壽嵩撰 清光緒二十六年（1900）刻本 一冊

220000－0841－0015560 集 6636K
弢園詞一卷 （清）史念祖撰 清光緒三十一年（1905）趙爾巽刻半厂叢書本 一冊

220000－0841－0015561 集 6629K
靜廬詞一卷 （清）呂應靖撰 清光緒三十年（1904）刻本 一冊

220000－0841－0015562 集 9452K
花笑樓詞四種四卷 （清）楊其光撰 清宣統元年（1909）鉛印繡詩樓叢書本 一冊

220000－0841－0015563 集 6878K
懺慧詞一卷 （清）徐自華撰 **度鍼樓遺稿一卷** （清）徐蕙貞撰 清光緒三十四年（1908）鉛印百尺樓叢書本 一冊

220000－0841－0015564 集 6602K
麐楥詞一卷 （清）劉恩黼撰 清光緒三十四年（1908）吳氏雙照樓刻本 一冊

220000－0841－0015565 集 9154K
盥廬詞一卷看鏡詞一卷 （清）蔣廷黼撰 清光緒刻本 一冊

220000－0841－0015566 集 10466K
懷青龕詞□□卷 （清）李祖廉撰 清光緒二十一年（1895）刻本 一冊 存一卷（二）

220000－0841－0015567 集 6772K
無敧詞剩二卷 （清）徐奉世撰 清宣統三年（1911）義州李氏名山堂石印本 一冊

220000－0841－0015568 集 6849K
鞮芬室詞甲稿四卷詩一卷 （清）何震彝撰 清光緒二十七年（1901）鉛活字印本 一冊

220000－0841－0015569 集 10691K
鞮芬室詞甲稿一卷 （清）何震彝撰 **櫻雲閣詞一卷** （清）李家璿撰 清光緒三十二年（1906）鉛活字印本 一冊

220000－0841－0015570 集 9454K
八十一寒詞一卷 （清）何震彝撰 清宣統元年（1909）鉛活字印本 一冊

220000－0841－0015571 集 8157K
消愁集二集詩一卷 （清）蔣英撰 清光緒三十四年（1908）郭鑒刻本 一冊

220000－0841－0015572 集 8443K
匏笙詞甲乙稿二卷 （清）程□撰 清光緒三十四年（1908）京華印書局鉛活字印本 一冊

220000－0841－0015573 集 8573F
浣月詞一卷 （清）曾懿撰 清光緒刻古歡室全集本 一冊

220000－0841－0015574 集 10465K
玉龍詞一卷 楊朝慶撰 清光緒刻本 一冊

220000－0841－0015575 集 6799K
瘦碧詞二卷 鄭文焯撰 清光緒十四年（1888）大鶴山房刻本 一冊

220000－0841－0015576 集 9795K
冷紅詞四卷 鄭文焯撰 清光緒二十二年（1896）沈氏耦園刻本 四冊

220000－0841－0015577 集 6763F
冷紅詞四卷 鄭文焯撰 清光緒二十二年（1896）耦園刻大鶴山房全書本 一冊

220000－0841－0015578 集 6764F
比竹餘音四卷 鄭文焯撰 清光緒二十八年

(1902)吳興沈氏刻大鶴山房全書本　一册

220000－0841－0015579　集 8533K
第一生修梅花館詞八卷香海棠館詞話一卷　況周頤撰　清光緒十八年(1892)刻本　二册

220000－0841－0015580　集 9290K
濯絳宧存稾一卷　劉毓盤撰　清宣統元年(1909)刻本　一册

220000－0841－0015581　集 6610K
濯絳宧存稾一卷　劉毓盤撰　清刻本　一册

220000－0841－0015582　集 9459K
燈昏鏡曉詞四卷聚紅榭雅集詞一卷　宋謙撰　清宣統二年(1910)鉛活字印本　二册

220000－0841－0015583　集 6830K
寸灰詞一卷　宣哲撰　清光緒刻本　一册

220000－0841－0015584　集 6934K
寸灰詞一卷　宣哲撰　清光緒刻民國三十三年(1944)印本　一册

220000－0841－0015585　集 9456K
一粟盦詞集二卷　蔡寶善撰　清宣統元年(1909)西安圖書館鉛活字印本　一册

220000－0841－0015586　集 6810K
映盦詞二卷　夏敬觀撰　清光緒三十三年(1907)刻本　一册　存一卷(一)

220000－0841－0015587　集 6587K
櫻海詞一卷桃渡詞一卷　葉玉森撰　清宣統元年(1909)鉛活字印本　一册

220000－0841－0015588　善 1768
花集四卷　(後蜀)趙崇祚輯　(明)湯顯祖評　明閔刻朱墨套印本　四册

220000－0841－0015589　善 1781
尊前集二卷　(明)顧梧芳輯　明毛氏汲古閣刻詞苑英華本　二册

220000－0841－0015590　善 1761
草堂詩餘五卷　(宋)何士信輯　(明)湯顯祖評點　明閔刻朱墨套印本　六册

220000－0841－0015591　善 1762
精選古今詩餘醉十五卷　(明)潘遊龍輯　明崇禎胡氏十竹齋刻本　十二册　存十二卷(一至十二)

220000－0841－0015592　集 6975
精選古今詩餘醉十五卷　(明)潘遊龍輯　**精選國朝詩餘一卷**　(清)陳淏輯　明崇禎胡氏十竹齋刻清郁郁堂增刻本　十二册

220000－0841－0015593　集 6969
詞綜三十六卷　(清)朱彝尊輯　(清)汪森增輯　清康熙十七年(1678)汪氏裘抒樓刻三十年(1691)增刻本(卷九至十一抄配)　十二册

220000－0841－0015594　集 10252
詞綜三十六卷　(清)朱彝尊輯　(清)汪森增輯　清康熙十七年(1678)汪氏裘抒樓刻三十年(1691)增刻乾隆九年(1744)汪孟鋗重修本　九册　存三十二卷(五至三十六)

220000－0841－0015595　集 6967
詞綜三十八卷　(清)朱彝尊輯　(清)汪森增輯　(清)王昶續增　**明詞綜十二卷國朝詞綜四十八卷二集八卷**　(清)王昶輯　清嘉慶刻本　三十二册

220000－0841－0015596　集 6991
林下詞選十四卷　(清)周銘輯　**華胥語業甲集一卷**　(清)周銘撰　清康熙十年(1671)周氏寧靜堂刻本　五册　存八卷(一、九至十四,華胥語業甲集一卷)

220000－0841－0015597　善 1784
林下詞選十四卷　(清)周銘撰　清康熙十年(1671)周氏寧靜堂刻金城楝增修本　四册

220000－0841－0015598　集 6778
清嘯集二卷　(清)項以淳輯　清康熙二十七年(1688)成瑄刻嘉慶十年(1805)盛灝元重修本　二册

220000－0841－0015599　善 1637
清綺軒詞選十三卷　(清)夏秉衡輯　清乾隆十六年(1751)寶仁堂刻本　六册

220000－0841－0015600　集 11264K

清綺軒詞選十三卷　(清)夏秉衡輯　清光緒十年(1884)覽輝書屋刻本　六冊

220000－0841－0015601　集6994K
歷朝名人詞選十三卷　(清)夏秉衡輯　清宣統元年(1909)上海掃葉山房石印本　六冊

220000－0841－0015602　集6910K
歷代詞腴二卷眠鷗集遺詞一卷　(清)黄承勳輯　清光緒十一年(1885)黛山樓刻本　二冊　缺一卷(眠鷗集遺詞一卷)

220000－0841－0015603　集6723K
歷代詞林摘錦一卷國朝詞林摘錦一卷　(清)黄安謹輯　清光緒九年(1883)守研山房刻本　二冊

220000－0841－0015604　集9465K
微雲榭詞選五卷　樊增祥輯　清光緒三十四年(1908)望江誦清閣鉛活字印本　二冊

220000－0841－0015605　集6984K
湖州詞徵二十四卷　朱孝臧輯　清宣統三年(1911)刻本　四冊

220000－0841－0015606　集6795F
皖詞紀勝一卷　(清)徐乃昌輯　清光緒徐氏小檀欒室刻隨盦所著書本　一冊

220000－0841－0015607　集8627K
粤東詞鈔不分卷二編一卷三編一卷　(清)許玉彬　(清)沈世良輯　清道光二十九年至光緒十九年(1849－1893)廣州刻本　十冊

220000－0841－0015608　集6806F
粤西詞見二卷　況周儀輯　清光緒二十二年(1896)金陵刻蕙風叢書本　一冊

220000－0841－0015609　善1772
中興以來絶妙詞選十卷　(宋)黄昇撰　明萬曆二年(1574)舒伯明刻本　六冊

220000－0841－0015610　善1769
絶妙好詞七卷　(宋)周密輯　清雍正三年(1725)項絪群玉書堂刻本　二冊

220000－0841－0015611　集7057K
絶妙好詞箋七卷續鈔一卷又續鈔一卷　(宋)周密輯　(清)查為仁　(清)厲鶚箋　清道光八年(1828)徐楙杭州刻本　四冊

220000－0841－0015612　集7056K
絶妙好詞箋七卷續鈔一卷又續鈔一卷　(宋)周密輯　(清)查為仁　(清)厲鶚箋　清同治刻本　四冊

220000－0841－0015613　集11354
絶妙好詞箋七卷　(宋)周密輯　(清)查為仁　(清)厲鶚箋　**絶妙好詞續抄一卷又續一卷**　(清)余集　(清)徐楙輯　清道光八年(1828)徐楙杭州刻本　二冊

220000－0841－0015614　集7025F
宋四家詞選四卷　(清)周濟輯　清同治十二年(1873)刻滂喜齋叢書本　一冊

220000－0841－0015615　集6578K
宋七家詞選七卷　(清)戈載輯　(清)杜文瀾校注　清光緒十一年(1885)曼陀羅華閣刻本　四冊

220000－0841－0015616　集6576K
宋七家詞選七卷　(清)戈載輯　清宣統三年(1911)上海掃葉山房石印本　三冊

220000－0841－0015617　集7027F
精選名儒草堂詩餘三卷　(元)鳳林書院輯　清嘉慶十六年(1811)秦恩復刻詞學叢書本　三冊

220000－0841－0015618　集9152K
天下同文一卷補遺一卷　(元)□□輯　清宣統元年(1909)吴氏雙昭樓鉛活字印本　一冊

220000－0841－0015619　善1758
倚聲初集二十卷前編四卷　(清)鄒祗謨　(清)王士禎輯　清順治十七年(1660)刻本　十二冊　缺二卷(初集十九至二十)

220000－0841－0015620　善1770
今詞初集二卷　(清)顧貞觀　(清)納蘭性德輯　清康熙刻本　四冊

220000－0841－0015621　集6874
昭代詞選三十八卷　(清)蔣重光輯　清乾隆

三十二年(1767)經鉏堂刻本　十六册

220000－0841－0015622　集 6915K
今詞初集二卷　(清)顧貞觀　(清)納蘭成德輯　清光緒二十三年(1897)無錫張瑩刻本　二册

220000－0841－0015623　集 10560K
詞壇妙品十卷　(清)張淵懿　(清)田茂遇輯　清宣統三年(1911)小安樂書屋石印本　一册

220000－0841－0015624　集 6968K
國朝詞綜四十八卷二集八卷　(清)王昶輯　清嘉慶七年(1802)刻光緒二十八年(1902)金匱浦氏重修本　十二册

220000－0841－0015625　集 10907K
國朝詞綜續編二十四卷　(清)黄燮清輯　(清)張炳堃增訂　清同治十二年(1873)湖北鄂垣刻本　八册

220000－0841－0015626　集 9011
春華閣詞二卷　(清)汪棣撰並輯　清乾隆刻本　一册

220000－0841－0015627　集 7058K
絕妙近詞六卷　(清)孫麟趾輯　清咸豐五年(1855)刻本　二册

220000－0841－0015628　集 6904K
國朝七家詞選一卷續選一卷　(清)孫麟趾輯　(清)張鳴珂續輯　清光緒二十四年(1898)寒松閣豫章刻本　一册

220000－0841－0015629　集 6903F
國朝七家詞選一卷　(清)孫麟趾輯　清光緒二十四年(1898)刻本　一册

220000－0841－0015630　集 10709K
白山詞介五卷　楊鍾羲輯　清宣統二年(1910)刻朱印留垞叢刻本　二册

220000－0841－0015631　集 6979K
國朝常州詞錄三十一卷　繆荃孫輯　清光緒二十二年(1896)雲自在龕刻本　十册

220000－0841－0015632　集 6712K
燕市聯吟集四卷討春合唱一卷　(清)袁通輯　清嘉慶刻本　一册

220000－0841－0015633　集 6658K
消寒詞一卷　(清)吳震輯　清道光刻本　一册

220000－0841－0015634　集 11204K
秦淮八豔圖詠一卷　(清)葉衍蘭輯　清光緒十八年(1892)羊城趙華講院刻本　一册

220000－0841－0015635　集 6705K
聚紅榭雅集詞六卷　(清)謝章鋌撰　清咸豐六年(1856)同治二年(1863)福州刻本　三册

220000－0841－0015636　集 6857K
樽酒銷寒詞二卷續錄一卷　(清)方楷等輯　清光緒十一年(1885)廣東刻本　一册

220000－0841－0015637　集 9181K
庚子秋詞二卷春蟄吟一卷　(清)王鵬運輯　清光緒二十七年(1901)刻本　一册

220000－0841－0015638　集 6856K
明湖載酒集一卷補遺一卷　(清)陳琪輯　清光緒三十四年(1908)鉛活字印本　一册

220000－0841－0015639　善 1771
楊升菴詞品四卷　(明)楊慎輯　**王弇州詞評一卷曲藻一卷**　(明)王世貞輯　明刻本　四册

220000－0841－0015640　集 7700
詞苑叢談十二卷　(清)徐釚撰　清康熙二十七年(1688)菊莊刻本　八册

220000－0841－0015641　善 1778
古今詞話八卷　(清)沈雄輯　(清)江尚質增輯　清康熙二十八年(1689)澄暉堂刻本　八册

220000－0841－0015642　善 1786
詞林紀事二十二卷　(清)張宗橚輯　**樂府指迷一卷**　(宋)張炎撰　**詞旨一卷**　(宋)陸韶撰　**詞韻考略一卷**　(清)許昂霄撰　清乾隆四十四年(1779)刻嘉慶三年(1798)陳敬銘重校印本　六册

220000－0841－0015643　集6922K
國朝詞綜偶評三卷凭隱詩餘一卷補錄一卷　(清)汪世雋撰　清嘉慶刻本　一册

220000－0841－0015644　集11230K
介存齋論詞雜著一卷詞辨二卷　(清)周濟撰　清道光二十七年(1847)刻本　一册

220000－0841－0015645　集7034K
詞辨二卷介存齋論詞雜著一卷　(清)周濟撰　清光緒四年(1878)刻本　一册

220000－0841－0015646　集11238K
周氏止庵詞辨二卷介存齋論詞雜著一卷　(清)周濟撰　(清)譚獻評　清光緒刻本　一册

220000－0841－0015647　集6919K
周氏止庵詞辨二卷周氏止菴介存齋論詞雜著一卷　(清)周濟撰　(清)譚獻評　清光緒刻本　一册

220000－0841－0015648　集7016K
蓮子居詞話四卷　(清)吳衡照輯　清道光十二年(1832)汪氏振綺堂刻同治六年(1867)重修本　二册

220000－0841－0015649　集7015K
蓮子居詞話四卷　(清)吳衡照輯　清同治九年(1870)胡氏退補齋刻本　四册

220000－0841－0015650　集7033F
芬陀利室詞話三卷　(清)蔣敦復撰　清光緒十一年(1885)彊園王氏刻本　一册

220000－0841－0015651　集11226K
聽秋聲館詞話二十卷　(清)丁紹儀撰　清同治八年(1869)刻本　二册

220000－0841－0015652　集7007F
賭棋山莊詞話十二卷續五卷　(清)謝章鋌撰　清光緒十年(1884)彊盦陳氏南昌使廨刻賭棋山莊全集本　六册

220000－0841－0015653　集7013K
白雨齋詞話八卷詞存一卷詩鈔一卷　(清)陳廷焯撰　清光緒二十年(1894)刻本　四册

220000－0841－0015654　集11220K
詞學集成八卷　(清)江順詒撰　清光緒七年(1881)刻本　一册

220000－0841－0015655　集6997
詞律二十卷　(清)萬樹撰　清康熙二十六年(1687)萬樹堆絮園刻本　八册

220000－0841－0015656　集10942
詞律二十卷　(清)萬樹撰　清康熙二十六年(1687)萬樹堆絮園刻保滋堂印本　十册

220000－0841－0015657　集10521K
詞律二十卷　(清)萬樹撰　**詞律拾遺八卷**　(清)徐本立輯　**詞律補遺一卷**　(清)杜文瀾撰　清光緒二年(1876)吳下刻本　十六册

220000－0841－0015658　善1756
詞譜四十卷　(清)王奕清等撰　清康熙五十四年(1715)内府刻朱墨套印本　四十册

220000－0841－0015659　集9845K
詞律校勘記二卷　(清)杜文瀾撰　清咸豐刻曼陀羅華閣叢書本　二册

220000－0841－0015660　集7047K
天籟軒詞譜四卷補遺一卷詞韻一卷　(清)葉申薌輯　清道光十一年(1831)刻天籟軒五種本　六册

220000－0841－0015661　善1830
自怡軒詞譜六卷　(清)許寶善撰　清乾隆三十六年(1771)刻朱墨套印本　四册

220000－0841－0015662　善1791
碎金詞譜六卷續譜六卷詞韻四卷　(清)謝元淮輯　**養默山房詩餘三卷**　(清)謝元淮撰　清道光二十八年(1848)刻朱墨套印本　二十一册

220000－0841－0015663　集7000F
白香詞譜箋四卷　(清)舒夢蘭輯　(清)謝朝徵箋　**篋中詞六卷續四卷**　(清)譚獻撰　清光緒八年(1882)、十一年(1885)刻半厂叢書初編本　十四册

220000－0841－0015664　集7048F

白香詞譜箋四卷　(清)舒夢蘭輯　(清)謝朝徵箋　清光緒十一年(1885)刻半厂叢書初編本　四册

220000－0841－0015665　集6977K
白香詞譜箋四卷　(清)舒夢蘭輯　(清)謝朝徵箋　清誠德堂刻本　二册

220000－0841－0015666　集7043K
白香詞譜箋四卷　(清)舒夢蘭輯　(清)謝朝徵箋　清宣統二年(1910)上海掃葉山房石印本　四册

220000－0841－0015667　集7179K
奢摩他室曲叢第一集　吳梅輯　清宣統二年(1910)長洲吳氏靈鳷刻朱印本　二册

220000－0841－0015668　集7404K
繪圖綴白裘十二集四十八卷　(清)玩花主人輯　(清)錢德蒼增輯　清光緒二十一年(1895)上海書局石印本　十二册

220000－0841－0015669　集7403K
繪圖綴白裘十二集四十八卷　(清)玩花主人輯　(清)錢德蒼增輯　清光緒三十四年(1908)上海廣雅書局石印本　十二册

220000－0841－0015670　善1806
繡刻演劇六十種一百二十卷　(明)毛晉編　明毛氏汲古閣刻本　十九册　存十種二十卷

220000－0841－0015671　集7461
綵毫記二卷　(明)屠隆撰　明汲古閣刻本　四册

220000－0841－0015672　集7342
玉田樂府　(清)袁棟撰　清乾隆十九年(1754)書隱樓刻本　三册

220000－0841－0015673　叢0886
六觀樓北曲六種六卷　(清)許鴻磐撰　清道光二十六年(1846)刻本　六册

220000－0841－0015674　集7543
藏園九種曲　(清)蔣士銓撰　清乾隆經綸堂刻本　十二册

220000－0841－0015675　集7509K
缾笙館修簫譜　(清)舒位撰　清道光十三年(1833)汪氏振綺堂刻本　一册

220000－0841－0015676　集7567K
瞿園雜劇　(清)瞿園撰　清光緒三十四年(1908)鉛活字印本　一册

220000－0841－0015677　集9661
益智堂增補註典釋義第六才子西廂十卷　(元)王實甫撰　(清)金人瑞評　(清)薛蔚箋　清益智堂刻本　六册

220000－0841－0015678　集7361
第六才子書八卷西廂文一卷　(元)王實甫撰　(清)金人瑞評　清乾隆四十五年(1780)令德堂刻本　二册

220000－0841－0015679　集7354K
增像第六才子書五卷首一卷　(元)王實甫撰　(清)金人瑞評　清光緒十八年(1892)誦芬閣石印本　六册

220000－0841－0015680　集7356K
雲林別墅繪像妥註第六才子書五卷首一卷　(元)王實甫撰　(清)金人瑞評　(清)鄒聖脈注　**制藝醉心篇一卷**　(清)鄒聖脈選輯　清道光二十九年(1849)揚州友于堂刻本　六册

220000－0841－0015681　集7357K
雲林別墅繪像妥註第六才子書五卷首一卷　(元)王實甫撰　(清)金人瑞評　(清)鄒聖脈注　**制藝醉心篇一卷**　(清)鄒聖脈選輯　清同治元年(1862)大婺堂刻本　二册

220000－0841－0015682　集10995K
雲林別墅繪像妥註第六才子書六卷首一卷　(元)王實甫撰　(清)金人瑞評　(清)鄒聖脈選輯　清光緒三十一年(1905)湖南益元局刻本　三册　存四卷(三、五至六,首一卷)

220000－0841－0015683　善1787
西廂記五卷附錄一卷　(元)王德信　(元)關漢卿撰　**解證五卷**　(明)凌濛初評　**會真記一卷**　(唐)元稹撰　明凌濛初刻朱墨套印本　六册

220000－0841－0015684　善 3405
增補箋註繪像第六才子西廂釋解八卷　(元)王德信集　(清)金人瑞批點　清致和堂刻本　六冊

220000－0841－0015685　善 3976
此宜閣增訂金批西廂四卷首一卷末一卷　(元)王德信集　(清)金人瑞批　清乾隆六十年(1795)此宜閣刻朱墨套印本　十二冊

220000－0841－0015686　集 11356
桐華閣校本西廂記不分卷　(元)王德信集　(清)吳蘭修校　清道光二年(1822)秀琨刻本　四冊

220000－0841－0015687　子 2962K
續離騷四卷　(清)嵇永仁撰　清刻本　一冊

220000－0841－0015688　叢 1295K
吟風閣四卷　(清)楊潮觀撰　清嘉慶二十五年(1820)屋外山房主人刻本　四冊

220000－0841－0015689　集 7494K
後四聲猿四卷　(清)桂馥撰　清道光二十九年(1849)木活字印本　一冊

220000－0841－0015690　集 7491F
煖香樓雜劇一卷　吳梅撰　清刻奢摩他室第二種曲本　一冊

220000－0841－0015691　集 7537K
玉茗堂四種　(明)湯顯祖撰　清代新書屋刻本　十二冊

220000－0841－0015692　集 7309K
笠翁十種曲　(清)李漁撰　清道光五年(1825)懷德堂刻本　二十冊

220000－0841－0015693　集 7386
紅雪樓九種曲十三卷　(清)蔣士銓撰　清乾隆蔣氏紅雪樓刻本　十三冊

220000－0841－0015694　集 7204K
紅雪樓九種曲　(清)蔣士銓撰　清刻紅雪樓本　十冊

220000－0841－0015695　叢 0056K
倚晴樓七種曲　(清)黃燮清撰　清光緒七年(1881)刻本　十冊

220000－0841－0015696　集 7163K
傳奇散齣八種　(清)穆杏邨輯錄　清道光抄本　八冊

220000－0841－0015697　子 2119K
椿軒五種曲　(清)椿軒居士撰　清同治三年(1864)刻本　六冊

220000－0841－0015698　叢 1296K
碧聲吟館叢書　(清)許善長撰　清光緒許氏刻本　七冊

220000－0841－0015699　集 7572K
雜曲　羣學圖書社輯　清宣統元年(1909)上海群學圖書社鉛印說部叢書五十種本　一冊

220000－0841－0015700　集 7308
成裕堂繪像第七才子書六卷　(元)高明撰　(清)毛宗崗評　清仁壽堂刻本　六冊

220000－0841－0015701　集 7340
鏡香園毛聲山評第七才子書十二卷首一卷　(元)高明撰　(清)毛宗崗評　清金陵三益堂刻本　十冊　缺二卷(十一至十二)

220000－0841－0015702　善 1790
琵琶記四卷附錄一卷　(元)高明撰　明凌濛初刻朱墨套印本　四冊

220000－0841－0015703　善 1807
繪風亭評第七才子書琵琶記六卷　(元)高明撰　(清)毛宗崗評　**才子琵琶寫情篇一卷釋義一卷**　(清)陳方平輯　清雍正元年(1723)映秀堂刻同德堂印本　六冊

220000－0841－0015704　善 1788
牡丹亭還魂記二卷　(明)湯顯祖撰　(明)朱元鎮校　明刻本　四冊

220000－0841－0015705　集 7189K
牡丹亭還魂記二卷　(明)湯顯祖撰　清光緒十二年(1886)上海積山書局石印本　四冊

220000－0841－0015706　集 7265
玉茗堂還魂記二卷　(明)湯顯祖撰　清乾隆五十年(1785)冰絲館刻本　四冊

220000－0841－0015707　集 7262F

玉茗堂還魂記二卷　(明)湯顯祖撰　清光緒三十四年(1908)貴池劉氏暖紅室自刻彙刻傳劇本　二冊

220000－0841－0015708　善 1832

吳吳山三婦合評牡丹亭還魂記二卷　(明)湯顯祖撰　(清)陳同等評　**或問一卷**　(清)吳儀一撰　清康熙刻本　四冊

220000－0841－0015709　集 7496

吳吳山三婦合評牡丹亭還魂記二卷　(明)湯顯祖撰　(清)陳同等評　清康熙刻夢園印本　四冊

220000－0841－0015710　善 1789

邯鄲記二卷　(明)湯顯祖撰　(明)臧懋循訂　明萬曆刻本　四冊

220000－0841－0015711　集 7592

湯義仍先生紫釵記二卷　(明)湯顯祖撰　明刻玉茗堂四種傳奇本　四冊

220000－0841－0015712　集 7500

綠牡丹傳奇二卷　(明)吳炳撰　明刻粲花齋新樂府五種本　二冊

220000－0841－0015713　善 1809

療妒羹記二卷　(明)吳炳撰　明刻粲花齋新樂府五種本　一冊

220000－0841－0015714　集 10994K

東郭記二卷　(明)孫鍾齡撰　清同治十一年(1872)古邵州經綸堂刻本　二冊

220000－0841－0015715　集 7127

異方便淨土傳燈歸元鏡三祖實錄二卷　(明)釋智達撰　清刻本　二冊

220000－0841－0015716　集 7128K

異方便淨土傳燈歸元鏡三祖實錄二卷　(明)釋智達撰　清光緒蘇州師林寺刻本　一冊

220000－0841－0015717　集 10704K

異方便淨土傳燈歸元鏡三祖實錄二卷　(明)釋智達撰　清光緒二十三年(1897)揚州藏經院刻本　一冊

220000－0841－0015718　集 7518

青衫記二卷　(明)顧大典撰　明毛氏汲古閣刻六十種曲本　二冊

220000－0841－0015719　集 7388

飛丸記二卷　(明)□□撰　明毛氏汲古閣刻六十種曲本　一冊

220000－0841－0015720　善 1808

曲波園傳奇二種四卷　(清)徐士俊撰　清康熙徐氏曲波園刻本　三冊　缺一卷(載花舲傳奇下)

220000－0841－0015721　集 9509K

擬進呈楊忠愍忠蚺蛇膽表忠記二卷　(清)丁耀亢撰　清同治十一年(1872)刻本　二冊

220000－0841－0015722　叢 1737

笠翁傳奇十種二十卷　(清)李漁撰　清康熙刻本　六冊　存三種

220000－0841－0015723　集 7450

笠翁傳奇十種二十卷　(清)李漁撰　清刻本　十二冊　存四種

220000－0841－0015724　叢 0860

笠翁十種曲　(清)李漁撰　清康熙刻本　二十冊

220000－0841－0015725　善 3424

笠翁十種曲二十卷　(清)李漁撰　清康熙金相堂刻本　二十冊

220000－0841－0015726　集 7463

蜃中樓傳奇二卷　(清)李漁撰　清康熙刻笠翁十種曲本　二冊

220000－0841－0015727　善 1803

雙瑞記二卷　(清)范希哲撰　清刻傳奇十一種本　二冊

220000－0841－0015728　善 2559

昭代簫韶十本二十卷首一卷　(清)王廷章　(清)范聞賢撰　清嘉慶十八年(1813)內府刻朱墨套印本　一冊　存一卷(第四本下)

220000－0841－0015729　集 7420K

揚州夢二卷　(清)嵇永仁撰　清同治十一年

(1872)永州刻本　二册

220000－0841－0015730　集7515

香雪亭新編耆英會記二卷　(清)喬萊撰　清康熙刻光緒修補印本　二册

220000－0841－0015731　集10690K

香雪亭新編耆英會記二卷　(清)喬萊撰　清道光十年(1830)刻本　二册

220000－0841－0015732　集7303

虎口餘生傳奇四卷　題(清)遺民外史編　清乾隆刻本　四册

220000－0841－0015733　集7497

長生殿傳奇二卷　(清)洪昇撰　清康熙刻清重修本　四册

220000－0841－0015734　集7520K

長生殿傳奇四卷　(清)洪昇撰　清光緒十六年(1890)上海文瑞樓鉛活字印本(有圖)　二册

220000－0841－0015735　集9511

桃花扇傳奇四卷　(清)孔尚任撰　清乾隆刻本　四册

220000－0841－0015736　集7205

桃花扇傳奇二卷　(清)孔尚任撰　清康熙西園刻本　四册

220000－0841－0015737　集7868K

蘭雪堂重校刊桃花扇四卷首一卷　(清)孔尚任撰　清光緒二十一年(1895)蘭雪堂刻本　五册

220000－0841－0015738　集9426K

蘭雪堂重校刊桃花扇四卷首一卷　(清)孔尚任撰　清光緒二十一年(1895)蘭雪堂刻本　五册

220000－0841－0015739　集7560K

繪圖新桃花扇二卷　(清)吳儂撰　清宣統元年(1909)上海商業圖書局石印本　一册

220000－0841－0015740　叢0105

惺齋新曲六種十三卷　(清)夏綸撰　清乾隆十八年(1753)夏氏世光堂刻本　十二册

220000－0841－0015741　集7344

廣寒梯傳奇二卷　(清)夏綸撰　清乾隆夏氏世光堂刻惺齋新曲六種本　二册

220000－0841－0015742　集7488

瑞筠圖傳奇二卷　(清)夏綸撰　清乾隆夏氏世光堂刻惺齋新曲六種本　四册

220000－0841－0015743　善1829

玉燕堂四種曲八卷　(清)張堅撰　清乾隆刻本　二十册

220000－0841－0015744　集7502

梅花簪二卷　(清)張堅撰　清乾隆刻玉燕堂四種本　二册

220000－0841－0015745　善3227

芝龕記六卷　(清)董榕撰　清乾隆十六年(1751)刻本　六册

220000－0841－0015746　集7414K

芝龕記六卷　(清)董榕撰　清乾隆十六年(1751)刻道光二年(1822)重修本　七册

220000－0841－0015747　集7421K

芝龕記六卷　(清)董榕撰　清光緒十五年(1889)資中刻本　六册

220000－0841－0015748　集7501

旗亭記二卷　(清)金兆燕撰　(清)盧見曾訂　清乾隆二十四年(1759)盧氏雅雨堂刻本　四册

220000－0841－0015749　善1828

旗亭記二卷　(清)金兆燕撰　(清)盧見曾訂　清乾隆二十四年(1759)盧氏雅雨堂刻乾隆重訂本　六册

220000－0841－0015750　善2082

酒家傭三卷　(清)石琰撰　清乾隆刻石恂齋傳奇四種本　一册

220000－0841－0015751　集7473

石榴記傳奇四卷　(清)黄振撰　清乾隆三十七年(1772)柴灣村舍刻本　五册

220000－0841－0015752　集9188K

拜針樓一卷　(清)王墅撰　(清)楊天祚批點

清光緒五年(1879)蕪湖貴德堂刻本　一册

220000－0841－0015753　集7498K
石榴記傳奇四卷　(清)黄振撰　清嘉慶四年(1799)擁書樓刻本　四册

220000－0841－0015754　集7582K
香祖樓二卷　(清)蔣士銓撰　清煥乎堂刻藏園九種曲本　二册

220000－0841－0015755　集8558K
義貞記二卷　(清)吴恒宣撰　清光緒五年(1879)文奎堂刻本　二册

220000－0841－0015756　善1827
沈竇漁四種曲八卷　(清)沈起鳳撰　清道光古香林刻本　八册

220000－0841－0015757　善1813
才人福二卷　(清)沈起鳳撰　清道光古香林刻沈竇漁四種本　四册

220000－0841－0015758　善1810
文星榜二卷　(清)沈起鳳撰　清道光古香林刻沈竇漁四種本　二册

220000－0841－0015759　集7464K
鶴歸來傳奇二卷　(清)瞿頡撰　(清)周昂評點　清抄本　四册

220000－0841－0015760　集7490K
鶴歸來傳奇二卷　(清)瞿頡撰　(清)周昂評點　清湖北官書處刻本　二册

220000－0841－0015761　集7595
紅樓夢傳奇八卷　(清)陳鍾麟撰　清道光刻本　八册

220000－0841－0015762　集7615K
紅樓夢傳奇二卷　(清)仲雲澗撰　清嘉慶四年(1799)緑雲紅雨山房刻本　五册

220000－0841－0015763　集7418K
影梅菴傳奇二卷　(清)彭劍南撰　清道光八年(1828)水繪園刻本　二册

220000－0841－0015764　集7238
補天石傳奇八種八卷　(清)周樂清撰　清道光十年(1830)静遠草堂刻本　四册

220000－0841－0015765　集7237
胭脂舄傳奇二卷　(清)李文翰撰　清道光二十二年(1842)味塵軒曲四種本　二册

220000－0841－0015766　集7125
雷峰塔傳奇四卷　(清)方成培重訂　清乾隆三十六年(1771)刻本　四册

220000－0841－0015767　叢0371K
玉獅堂十種曲　(清)陳烺撰　清光緒十七年(1891)徐光瑩等刻本　十册

220000－0841－0015768　集7151K
淩波影一卷　(清)黄憲清撰　清刻本　一册

220000－0841－0015769　集7485K
桃谿雪二卷　(清)黄燮清撰　清光緒元年(1875)雲鶴仙館刻本　一册

220000－0841－0015770　集7143K
玉臺秋二卷　(清)黄燮清撰　清光緒七年(1881)瓊笏館刻本　一册　存一卷(上)

220000－0841－0015771　集7459K
帝女花二卷　(清)黄燮清撰　清同治四年(1865)刻韻珊外集本　一册

220000－0841－0015772　集10780F
居官鑑二卷　(清)黄燮清撰　清光緒七年(1881)刻倚晴樓七種曲本　一册

220000－0841－0015773　集10310K
梅花夢傳奇二卷　題(清)桃潭詞者撰　清光緒十年(1884)成都龔氏刻本　二册

220000－0841－0015774　集7355K
繪圖後西廂記四卷　(清)湯世瀠撰　清光緒二十年(1894)上海奎光閣石印本　四册

220000－0841－0015775　集7594K
空山夢二卷　(清)范元亨撰　清光緒十七年(1891)范履福良鄉縣官廨刻本　一册

220000－0841－0015776　集9905K
梅喜緣傳奇二卷　(清)陳烺撰　清刻本　一册

220000－0841－0015777　集 7425K

極樂世界傳奇八卷　題(清)觀劇道人撰　清光緒七年(1881)京都聚珍堂木活字印本　八冊

220000－0841－0015778　集 7510K

梅花夢二卷　(清)張道撰　清光緒二十年(1894)刻本　二冊

220000－0841－0015779　集 7002K

繪圖佛門緣一卷　(清)楊組榮撰　清光緒二十年(1894)上海寶文書局石印本　二冊

220000－0841－0015780　集 7415K

芙蓉碣傳奇二卷　(清)張雲驤撰　清光緒九年(1883)刻本　一冊

220000－0841－0015781　集 7391K

儒酸福傳奇二卷　(清)魏熙元撰　清光緒十年(1884)玉玲瓏館刻本　二冊

220000－0841－0015782　集 7539K

梨花雪一卷　(清)徐鄂撰　(清)秦本楨評校　**白頭新一卷**　(清)徐鄂撰　(清)楊彥深評點　清光緒十二年至十三年(1886－1887)大同書局石印誦荻齋第一種曲第二種曲本　四冊

220000－0841－0015783　子 3362K

梨花雪一卷　(清)徐鄂撰　(清)秦本楨評校　清光緒二十一年(1895)上海書局石印誦荻齋第一種曲本　四冊

220000－0841－0015784　集 7531K

梨花雪一卷　(清)徐鄂撰　(清)秦本楨評校　**白頭新一卷**　(清)徐鄂撰　(清)楊彥深評點　清光緒三十二年(1906)上海煥文書局石印本　四冊

220000－0841－0015785　集 7581K

木樨香一卷　(清)鄭由熙撰　清光緒十六年(1890)刻暗香樓樂府三種本　一冊

220000－0841－0015786　集 7417K

滄桑豔二卷　丁傳靖撰　清光緒三十四年(1908)豹隱廬刻本　一冊

220000－0841－0015787　集 9896K

新編前本經國美談新戲一卷　題謳歌變俗人撰　清上海商務印書館鉛活字印本　一冊

220000－0841－0015788　集 10354K

京都義順和班京調十二集　(□)□□撰　清石印本　十二冊

220000－0841－0015789　子 3237K

新刻京調寶蓮燈全本不分卷　(□)□□輯　清上洋三元堂刻本　一冊

220000－0841－0015790　集 7573K

新著長板坡全本一卷罵曹一卷戰宛城一卷　(清)王賀成校訂　清刻本　一冊

220000－0841－0015791　集 7160K

戲妻定軍山第五種　(清)□□輯　清京都百本張抄本　十二冊

220000－0841－0015792　子 3241K

趙五娘描容不分卷　(清)□□輯　清刻本　一冊

220000－0841－0015793　集 7527K

繪圖孝子報鐵公雞難中福靖逆記等四種　(清)□□輯　清光緒二十年(1894)上海書局石印本　二冊

220000－0841－0015794　集 7155K

三俠五義不分卷　(清)□□輯　清光緒抄本　十冊

220000－0841－0015795　集 7154K

五彩輿不分卷　(清)□□輯　清光緒抄本　七冊

220000－0841－0015796　集 6948K

庶幾堂今樂初集十六卷二集十二卷　(清)余治撰　清光緒六年(1880)刻本　十冊

220000－0841－0015797　集 7134K

別母一卷　(清)□□輯　清抄本　一冊

220000－0841－0015798　集 7186K

二度梅不分卷　(□)□□輯　清四川長清堂刻本　一冊

220000－0841－0015799　集 7170K
新刻二簧梆子腔不分卷　(清)□□撰　清京都致文堂刻本　七十七册

220000－0841－0015800　善 1797
二太史樂府聯璧四卷　(明)康海　(明)王九思撰　明刻本　四册

220000－0841－0015801　善 1751
新鐫古今大雅北宮詞紀六卷南宮詞紀六卷　(明)陳所聞輯　明萬曆三十二年至三十三年(1604－1605)陳邦泰繼志齋刻本　七册

220000－0841－0015802　善 1782
秋水菴花影集五卷　(明)施紹莘撰　明刻本　四册

220000－0841－0015803　集 6864
坦庵樂府忝香集一卷　(清)徐石麒撰　清刻本　一册

220000－0841－0015804　集 9143K
甗翁六十自壽詞一卷　(清)張鳴珂撰　清光緒七年(1881)刻本　一册

220000－0841－0015805　善 1825
審音鑑古錄不分卷　(清)□□輯　清刻本　八册

220000－0841－0015806　善 1826
審音鑑古錄不分卷　(清)□□輯　清道光十四年(1834)王繼善刻本　十二册

220000－0841－0015807　集 7171K
繡像一箭緣全傳八卷三十二回　題(清)環秀主人撰　清嘉慶二十三年(1818)刻本　十八册

220000－0841－0015808　善 3066
楊升庵史畧詞話二卷　(明)楊慎撰　(清)李清　(清)宫偉鏐正誤　清康熙刻本　二册

220000－0841－0015809　善 2850
楊升庵史畧詞話二卷　(明)楊慎撰　(清)李清　(清)宫偉鏐正誤　清康熙刻本　二册

220000－0841－0015810　集 8402
廿一史彈詞註十卷　(明)楊慎撰　(清)張三異撰增定　(清)張仲璜註　**明紀彈詞註一卷**　(清)張三異撰　(清)張仲璜註　清雍正五年(1727)張坦麟刻本　八册

220000－0841－0015811　善 3503
廿一史彈詞註十卷　(明)楊慎撰　(清)張三異撰增定　(清)張仲璜註　**明紀彈詞註一卷**　(清)張三異撰　(清)張仲璜註　清乾隆五十一年(1786)張任佐視履堂刻本　八册

220000－0841－0015812　子 2965K
廿一史彈詞註十卷　(明)楊慎撰　(清)張三異撰增定　(清)張仲璜註　**明紀彈詞註一卷**　(清)張三異撰　(清)張仲璜註　清道光十三年(1833)致盛堂刻本　十册

220000－0841－0015813　子 2951K
念一史彈詞註二卷　(明)楊慎撰　(清)吳如珩注　清乾隆刻本　一册

220000－0841－0015814　子 3326K
新編時調説唱二度梅初集十二卷二集五龍劍全傳十二卷三集盜金刀十六卷　清恒有堂刻本　八册

220000－0841－0015815　子 5755K
繡像十五贯十六卷　(清)馬永清撰　清同治六年(1867)蓮溪書屋刻本(有圖)　四册

220000－0841－0015816　子 3315K
十玉人傳二十四回　(清)周珠士撰　清刻本(有圖)　六册

220000－0841－0015817　集 7405
繡像一捧雪全傳八卷三十二回　清澄碧軒刻本　八册

220000－0841－0015818　善 0855
新編雙珠鐲二卷十六回　(清)惠蘭亭撰　清坊刻本　二册

220000－0841－0015819　子 2009
果報錄十二卷一百回　(清)海蘭濤撰　清木活字印本　十二册

220000－0841－0015820　子 2008
果報錄十二卷一百回　(清)海蘭濤撰　清木

活字印本　十二册

220000－0841－0015821　子3401K
新刻真本唱口七俠圖四十二集　清九成齋刻本(有圖)　十四册

220000－0841－0015822　子3383K
繡像八美圖五卷二十二回　(□)□□撰　清咸豐十一年(1861)刻本　四册

220000－0841－0015823　子3382K
八美圖前集二十卷二十回後集二十九卷二十九回　(□)□□撰　清光緒芸香閣刻本(有圖)　八册

220000－0841－0015824　子3391K
繡像九美圖全傳十二卷七十五回　(清)曹春江撰　清道光四友軒刻本　十二册

220000－0841－0015825　子5696K
繡像義俠九絲縧全傳十二卷　(□)□□撰　清光緒二十三年(1897)上海書局石印本　八册

220000－0841－0015826　子3389K
繡像六美圖三十回繡像雙帥印十四回繡像鬧廬莊十六回繡像九龍陣十六回　(清)朱鏡江　(清)章惟善撰　清同治九年(1870)刻本　十二册

220000－0841－0015827　子3331K
繡像六美圖三十回　(清)朱鏡江　(清)章惟善撰　清同治九年(1870)刻本　八册

220000－0841－0015828　子3353K
繡像四香緣四卷三十二回　(清)朱鏡江撰　清同治五年(1866)刻本　八册

220000－0841－0015829　子3364K
繪圖新編時調大雙蝴蝶四卷三十回　題花笑獨眠樓主人撰　清光緒二十一年(1895)石印本　四册

220000－0841－0015830　子3366K
繡像梁祝因緣大雙蝴蝶全傳二卷三十回　題杏橋主人撰　清光緒二十七年(1901)上海書局石印本　二册

220000－0841－0015831　集7530K
新增全圖文武香毬三十六卷七十二回　題(清)三樂軒主人改編　清光緒十九年(1893)上海書局石印本　十册

220000－0841－0015832　集11020K
新增全圖文武香毬六卷七十二回　題海陵老農撰　清光緒二十五年(1899)上海書局石印本　六册

220000－0841－0015833　子2993K
新刻瓦車蓬血書牙痕記三十卷　(□)□□撰　清百城山房刻本　四册

220000－0841－0015834　子2209K
繪圖玉如意四卷十六回　題(清)羅太史撰　清光緒二十五年(1899)上海源記書莊石印本(有圖)　四册

220000－0841－0015835　子3322K
新刻玉釧緣全傳三十二卷　(□)□□撰　清大文堂刻本　三十二册

220000－0841－0015836　子3323K
新刻玉釧緣全傳三十二卷　(□)□□撰　清光緒學庫山房刻本(有圖)　三十二册

220000－0841－0015837　子3393K
繡像玉連環八卷七十六回　(清)朱素仙撰　清道光三年(1823)亦芸書屋刻本(有圖)　八册

220000－0841－0015838　子3397K
繡像後玉蜻蜓五十九卷　(□)□□撰　清嘉慶十八年(1813)環秀閣刻本　六册

220000－0841－0015839　子3001K
新編玉鴛鴦五集二十卷　(□)□□撰　清同治七年(1868)刻本　六册

220000－0841－0015840　子2816K
巧合三緣四卷十六回　題(清)拙存散人撰　清道光二十九年(1849)刻本(有圖)　四册

220000－0841－0015841　集9694K
巧姻緣十二卷　(□)□□撰　清抄本　十二册

220000－0841－0015842　集 10224K

繪圖繡像四雲亭新書全傳二十四卷二十四回　（清）彭靚娟撰　清光緒二十五年（1899）鉛活字印本　八册

220000－0841－0015843　子 2998K

夢白新編白獺傳南詞八卷　（清）徐品南撰　清嘉慶十三年（1808）經苑堂刻本　二册

220000－0841－0015844　子 2665K

安邦定國全志四十卷　（□）□□撰　清道光二十九年（1849）盛德堂刻本（有圖）　八十册

220000－0841－0015845　子 3346K

新刻時調百花莊十卷　（□）□□撰　清刻本　二册

220000－0841－0015846　子 3395K

繡像百花臺全集四卷　題（清）鴛水主人撰　清光緒元年（1875）刻本　四册

220000－0841－0015847　子 3404K

繡像百鳥圖十八回　（□）□□撰　清同治二年（1863）刻本　四册

220000－0841－0015848　子 3321K

再生緣全傳二十卷　（清）陳端生撰　（清）梁德繩續　清道光三十年（1850）三益堂刻本（有圖）　二十册

220000－0841－0015849　子 3647K

再生緣全傳二十卷　（清）陳端生撰　（清）梁德繩續　清光緒十七年（1891）學庫山房刻本　一册　存一卷（一）

220000－0841－0015850　子 3000K

新刻唱口時調沉香閣二十四集　（□）□□撰　清英秀堂刻本　四册

220000－0841－0015851　子 3333K

繡像何必西廂三十七卷三十七回　題（清）心鐵道人編　清嘉慶刻本　十二册

220000－0841－0015852　子 3357K

繡像芙蓉洞全傳十卷四十回　（清）陳遇乾撰　清道光十六年（1836）刻本　十册

220000－0841－0015853　子 3287K

新刻繡像花月夢八卷五十八回續集六卷四十二回　題香雪山樵撰　清光緒三十年（1904）、宣統二年（1910）奇書小說報館石印本　十二册

220000－0841－0015854　子 3324K

來生福彈詞三十六回　題（清）橘中逸叟撰　清刻本　二十四册

220000－0841－0015855　子 3311K

來生福彈詞三十六回　題（清）橘中逸叟撰　清刻本　二十册

220000－0841－0015856　子 3345K

新刻芭蕉扇全集五卷　（□）□□撰　清飛春閣刻本　四册

220000－0841－0015857　子 3351K

新刻雅調唱口平陽傳金臺全集五十八卷　（□）□□撰　清刻本（有圖）　十二册

220000－0841－0015858　子 3394K

繪圖足本大字果報錄十二卷一百回　（□）□□撰　清石印本　六册

220000－0841－0015859　子 3304K

繡像全圖荆襄快談錄八卷一百回　（□）□□撰　清光緒二十年（1894）石印本　九册

220000－0841－0015860　子 3403K

繡像荆釵全傳六卷二十回　（清）黄彦光撰　清光緒二年（1876）古虞喜雨山房刻本　八册

220000－0841－0015861　子 3297K

繡像新刊荆釵奇緣全傳四卷四十四回　（清）黄彦光撰　清光緒二十七年（1901）上海書局石印本　四册

220000－0841－0015862　集 10981K

繪圖英雄奇緣傳十卷五十七回　題（清）隨安散人撰　清光緒二十五年（1899）上海書局石印本　三册　存五卷（一至五）

220000－0841－0015863　子 2419K

新出增改繡像英雄譜全傳十三卷二十六回　題白香女史重輯　清上海書坊石印本　十册

220000－0841－0015864　子 3334K

馬如飛先生南詞小引初集二卷 （清）馬如飛撰 清光緒刻本 二冊

220000－0841－0015865 集11021K
繪圖孝義真蹟珠塔緣四卷二十四回 （清）馬如飛撰 清光緒二十二年（1896）上海書局石印本 二冊

220000－0841－0015866 子2878K
繡像孝義真蹟珍珠塔六卷 （清）周殊士增補 清方來堂刻本 六冊

220000－0841－0015867 子2242K
繪圖紅梅閣六卷五十六回 （□）□□撰 清光緒二十二年（1896）上海書局石印本（有圖） 六冊

220000－0841－0015868 子3319K
晉陽外史十四卷 （□）□□撰 清抄本 十四冊

220000－0841－0015869 子3385K
新刻珠玉圓四卷 題（清）柳浦散人撰 清同治十一年（1872）樂善堂刻本（有圖） 四冊

220000－0841－0015870 子3294K
新刻俠女捨身珠玉圓四卷四十八回 題（清）柳浦散人撰 清光緒二十七年（1901）石印本（有圖） 四冊

220000－0841－0015871 子3242K
繡像風箏誤八卷三十二回 （□）□□撰 清嘉慶十五年（1810）刻本 六冊

220000－0841－0015872 子3332K
繡像說唱海公奇案全傳五十八卷 （□）□□撰 清光緒十八年（1892）上海紫雲軒刻本 八冊

220000－0841－0015873 子2976K
繡像新刻秘本玉夔龍全傳七卷 （□）□□撰 清光緒十八年（1892）上海紫雲軒刻海公奇案本 二冊

220000－0841－0015874 子3335F
新刻秘本唱口桃花釜全傳八卷 （□）□□撰 清光緒十八年（1892）上海紫雲軒刻海公奇案本 一冊

220000－0841－0015875 子2277K
繡像桃柳爭春全傳八卷三十二回 題（清）野園居士撰 清道光四年（1824）一枝山房刻本 八冊

220000－0841－0015876 子3373K
娛萱草彈詞三十二篇 題（清）橘道人撰 清光緒二十年（1894）木活字印本 六冊

220000－0841－0015877 子3387K
新刻繡像換空箱全傳二十一卷 （清）曹春江撰 清光緒十三年（1887）瑞錦樓刻本 六冊

220000－0841－0015878 子2908K
新增笑中緣圖詠四卷七十五回 （清）曹春江撰 清光緒十四年（1888）上海書局石印本 四冊

220000－0841－0015879 子3425K
笑中緣圖說四卷七十五回 （清）曹春江撰 清光緒上海觀瀾閣書局石印本（有圖） 一冊

220000－0841－0015880 子3409K
笑中緣圖說十二卷七十五回 （清）曹春江撰 清石印本 四冊

220000－0841－0015881 子3285K
笑中緣圖說六卷 （清）曹春江撰 清光緒三十二年（1906）石印本 六冊

220000－0841－0015882 集10369K
梅花韻全傳十卷四十二回 （□）□□撰 清道光元年（1821）鴛湖刻本（有圖） 十冊

220000－0841－0015883 子4334K
新訂考據真實湘子全傳四卷十六回 （清）韓沐泉撰 清光緒二十九年（1903）維揚韓青芝堂樂號刻本 四冊

220000－0841－0015884 子3406K
黃金印六卷 題（清）餐花館主人撰 清同治十二年（1873）集古山房刻本（有圖） 六冊

220000－0841－0015885 子3296K
新編新調忠孝節義黃金印全傳四卷二十四回 （□）□□撰 清海左書局石印本 四冊

220000－0841－0015886　子3312K

新鐫繡像描金鳳十二卷四十六回　題(清)竹亭居士撰　清光緒二年(1876)刻本　十二册

220000－0841－0015887　子3365K

繡像夢影緣四十八回　(清)鄒澹若撰　清光緒二十一年(1895)竹簡齋石印本　十六册

220000－0841－0015888　子3239K

繡像萬花樓全傳六卷　(□)□□撰　清光緒二年(1876)刻本　六册

220000－0841－0015889　子3286K

新刻秘本雲中落繡鞋九卷九回　(□)□□撰　清文元書莊石印本(有圖)　四册

220000－0841－0015890　子2252K

繡像雲外飄香四卷十一回　(□)□□撰　清光緒二十年(1894)上海書局石印本(有圖)　四册

220000－0841－0015891　子3396K

繡像雲琴閣全譜五十二卷五十二回　(□)□□撰　清嘉慶十七年(1812)刻本　八册

220000－0841－0015892　集10979K

繪圖筆生花十六卷三十二回　(清)邱心如撰　清光緒二十年(1894)上海書局石印本　十六册

220000－0841－0015893　子2070K

筆生花三十二回　(清)邱心如撰　清光緒鉛印申報館叢書本　十四册　存三十回(一至二、五至三十二)

220000－0841－0015894　子3330K

繡像落金扇全傳八卷五十回　題(清)吹竽先生撰　清同治十二年(1873)刻本　八册

220000－0841－0015895　子3350K

繡像義妖全傳二十八卷五十四回　(清)陳遇乾撰　清同治八年(1869)刻本　十册

220000－0841－0015896　子3414K

增廣繪像蜃樓傳六卷　題讀畫樓主人撰　清光緒二十一年(1895)上海書局石印本　四册

220000－0841－0015897　子3359K

繡像詩髮緣四卷十二回　(清)龐潤齋撰　清同治五年(1866)蛟川書屋刻本　四册

220000－0841－0015898　子5882K

繪圖新刊楊乃武供案全集四卷十二回後集四卷十二回　題聽雨樓主人編　清光緒石印本(有圖)　二册

220000－0841－0015899　子3292K

繪圖新刊楊乃武供案全集二卷十二回　題聽雨樓主人編　清光緒二十六年(1900)上海書局石印本　四册

220000－0841－0015900　子3291K

繪圖新刊楊乃武奇案後集四卷二十四回　題聽雨樓主人編　清光緒二十七年(1901)上海書局石印本　四册

220000－0841－0015901　子3314K

新編繡像福壽大紅袍十四卷一百回　題(清)廢閒主人撰　清道光元年(1821)刻本　十四册

220000－0841－0015902　子3002K

新編雅調銀瓶牡丹十二卷春水鴛鴦十五卷　(□)□□撰　清留慶堂刻本　十册

220000－0841－0015903　子3341K

新編盤龍鐲全傳二十四卷　(□)□□撰　清嘉慶武林會成堂刻本　六册

220000－0841－0015904　子2874K

新刻劉成美忠節全傳十六卷　(□)□□撰　清文郁堂刻本　四册

220000－0841－0015905　子3358K

新刻古本劉成美忠節全傳二十五卷　(□)□□撰　清光緒四年(1878)維揚有德堂刻本　八册

220000－0841－0015906　子2992K

新鐫忠孝節義龍鳳報八卷　(□)□□撰　清同治十一年(1872)玉燭山房刻本　二册

220000－0841－0015907　集10324K

錦上花四十八回　題(清)修月閣主人撰　清同治十三年(1874)學餘堂刻本　九册

220000－0841－0015908　子 3328K
夢白新翻錦香亭全傳三十二卷　(清)徐品南撰　清嘉慶七年(1802)刻本　八冊

220000－0841－0015909　子 3308K
鳳凰山七十二卷七十二回　(□)□□撰　清海陵軒刻本　二十四冊

220000－0841－0015910　子 2974K
繪圖鳳凰山十卷七十二回　(□)□□撰　清宣統二年(1910)上海章福記書局石印本　十冊

220000－0841－0015911　子 3402K
繡像鳳凰圖六卷三十六回　(□)□□撰　清同治三年(1864)味蘭軒刻本　六冊

220000－0841－0015912　集 10351K
繡像還金鐲傳八卷五十四回　(□)□□撰　清道光元年(1821)吾馨齋刻本　八冊

220000－0841－0015913　集 7190K
新編雙玉盃全傳三十六卷三十六回　(□)□□撰　清上洋恒德堂刻本(有圖)　六冊

220000－0841－0015914　子 2251K
新刻繡像雙金錠全傳二卷六回　(□)□□撰　清光緒二十一年(1895)上海書局石印本(有圖)　二冊

220000－0841－0015915　子 3384K
新刻秘本雙魚全傳二十卷　(□)□□撰　清坊刻本　六冊

220000－0841－0015916　子 3309K
新刻真本唱口雙珠球全傳十二集四十九回　(清)黄子貞撰　清光緒三年(1877)刻本　十二冊

220000－0841－0015917　子 3355K
繡像雙珠鳳全傳十二卷八十回　題(清)一葉主人撰　清同治二年(1863)淨雅書屋刻本　十二冊

220000－0841－0015918　子 3372K
新譜東調雙剪髮傳四卷二十回　題(清)月湖居士撰　清光緒五年(1879)刻本(有圖)　八冊

220000－0841－0015919　子 2428K
繡像説唱麒麟豹傳十卷六十回　(清)馬永清撰　清道光二年(1822)刻本　十冊

220000－0841－0015920　集 7124K
繪真記四卷四十回　題(清)邀月樓主人撰　清光緒二十一年(1895)上海書局石印本(有圖)　四冊

220000－0841－0015921　子 5705K
蘭香閣不分卷　(□)□□撰　清光緒五年(1879)華翼楽抄本　一冊

220000－0841－0015922　子 3293K
繪圖歡喜冤佳四卷十六回　(□)□□撰　清光緒二十一年(1895)上海書局石印本　四冊

220000－0841－0015923　子 3260K
灘王譜一卷　(□)□□撰　清光緒二年(1876)抄本　一冊

220000－0841－0015924　子 3225K
新鐫七真天仙傳四卷三十二回　(□)□□撰　清宣統三年(1911)養真仙苑刻本　四冊

220000－0841－0015925　子 3016K
九品蓮臺詞一卷蓮花詞一卷溺女文一卷酧恩寶懺一卷　(□)□□撰　清宣統元年(1909)南陽府經元堂刻本　一冊

220000－0841－0015926　子 3143K
三世修行黄氏寶卷二卷　(□)□□撰　清光緒十九年(1893)東甌郭文元堂刻本　二冊

220000－0841－0015927　子 3107K
三世修行黄氏寶卷二卷　(□)□□撰　清杭州慧空經房刻本　一冊

220000－0841－0015928　子 3071K
三茅真君宣化度世寶卷二卷　(□)□□撰　清光緒三年(1877)蘇州元妙觀内得見齋刻本　一冊

220000－0841－0015929　子 3062K
山西平陽府平陽邨秀女寶卷全集一卷　(□)□□撰　清光緒三十四年(1908)杭州瑪瑙經

房刻本　一册

220000－0841－0015930　子 5783K
千秋寶卷三卷　(□)□□撰　清抄本　一册

220000－0841－0015931　子 3009K
方卿寶卷一卷　(□)□□撰　清光緒三十年(1904)孟初善抄本　一册

220000－0841－0015932　子 5859K
元始天尊新演還鄉寶卷一卷　(□)□□撰　清光緒二十年(1894)安慶堂刻本　一册

220000－0841－0015933　子 3069K
元始天尊新演還鄉寶卷一卷　(□)□□撰　清光緒二十五年(1899)蘇州瑪瑙經房刻本　一册

220000－0841－0015934　子 3017K
五女菩薩寶卷一卷　(□)□□撰　清宣統三年(1911)李正旺捐刻本　一册

220000－0841－0015935　子 3061K
五祖黄梅寶卷二卷　(□)□□撰　清光緒元年(1875)杭州瑪瑙寺經房刻本　一册

220000－0841－0015936　子 3021K
五祖黄梅寶卷二卷　(□)□□撰　清光緒三十年(1904)河南省城刻本　一册

220000－0841－0015937　子 3183K
五祖黄梅寶卷二卷　(□)□□撰　清光緒三十四年(1908)刻本　一册

220000－0841－0015938　子 3161K
太平寶卷二卷　(□)□□撰　清光緒二十九年(1903)抄本　二册

220000－0841－0015939　子 3119K
太華山紫金嶺兩世修行劉香寶卷全集二卷　(□)□□撰　清同治八年(1869)杭州慧空經房刻本　二册

220000－0841－0015940　子 5877K
太華山紫金嶺兩世修行劉香寶卷全集　(□)□□撰　清刻本　二册

220000－0841－0015941　子 3073K
太華山紫金嶺兩世修行劉香寶卷全集二卷　(□)□□撰　清同治九年(1870)上海翼化堂刻本　二册

220000－0841－0015942　子 3074K
太華山紫金嶺兩世修行劉香寶卷全集二卷　(□)□□撰　清姚邑聚文炳記刻本　二册

220000－0841－0015943　子 3701K
玄奘太子修行寶卷二卷　(□)□□撰　清抄本　一册

220000－0841－0015944　子 3072K
目蓮卷全集一卷　(□)□□撰　清光緒三年(1877)杭州瑪瑙寺經房刻本　一册

220000－0841－0015945　子 3182K
目蓮救母血盆真經一卷　(□)□□撰　清文魁堂刻本　一册

220000－0841－0015946　子 3101K
白氏寶卷二卷十二回　題風月主人撰　清宣統元年(1909)杭城文寶齋刻本　二册

220000－0841－0015947　子 3037K
白雲香山寶傳二卷　(□)□□撰　清肥鄉傅希賢捐刻本　一册

220000－0841－0015948　子 5715K
仙傳立願寶卷一卷　(□)□□撰　清光緒二十三年(1897)上海鴻文書局石印本　一册

220000－0841－0015949　子 3106K
江南松江府上海縣太平郝蘭英寶卷二卷　(□)□□撰　清光緒十年(1884)杭州瑪瑙經房刻本　一册

220000－0841－0015950　子 3097K
江南松江府華亭縣白沙郝孝修回郎寶卷一卷七七寶卷一卷花名寶卷一卷　(□)□□撰　清光緒十二年(1886)杭州昭慶經房刻本　一册

220000－0841－0015951　子 3090K
江南松江府華亭縣白沙郝孝修回郎寶卷一卷七七寶卷一卷花名寶卷一卷　(□)□□撰　清光緒十九年(1893)杭州瑪瑙經房刻本

一冊

220000－0841－0015952　子3067K

地藏寶卷一卷　（□）□□撰　清光緒二十七年（1901）常州孔湧興刻本　一冊

220000－0841－0015953　子3050K

如如老祖化度衆生指往西方寶卷全集一卷　（□）□□撰　清杭州瑪瑙經房刻本　一冊

220000－0841－0015954　子3142K

宋氏女寶卷一卷　（□）□□撰　清光緒八年（1882）鎮江寶善堂刻本　一冊

220000－0841－0015955　子3136K

竈君寶卷一卷　（□）□□撰　清光緒十年（1884）常州培本堂善書坊刻本　一冊

220000－0841－0015956　子3138K

竈君寶卷一卷　（□）□□撰　清宣統三年（1911）古越許鼎元刻本　一冊

220000－0841－0015957　子5701K

忤逆寶卷一卷　（□）□□撰　清宣統元年（1909）福雲抄本　一冊

220000－0841－0015958　子3221K

杏花寶卷一卷　（□）□□撰　清光緒五年（1879）常州樂善堂善書局刻本　一冊

220000－0841－0015959　集11126K

孝子報恩拜燭寶讚一卷　（□）□□撰　清刻本　一冊

220000－0841－0015960　子3031K

李翠蓮捨金釵大轉皇宮一卷　（□）□□撰　清光緒三十四年（1908）刻本　一冊

220000－0841－0015961　子3086K

秀英寶卷一卷　（□）□□撰　清光緒十五年（1889）蘇州瑪瑙經房刻本　一冊

220000－0841－0015962　子3081K

繡像秀英寶卷一卷　（□）□□撰　清宣統三年（1911）上海文益書局石印本　一冊

220000－0841－0015963　子3218K

希奇寶卷一卷　（□）□□撰　清同治五年（1866）蘇州元妙觀得見齋刻本　一冊

220000－0841－0015964　子3044K

孚佑帝君純陽祖師三世因果說一卷　（□）□□撰　清光緒三十三年（1907）上海翼化堂刻本　一冊

220000－0841－0015965　子3220K

何仙姑寶卷二卷　（□）□□撰　清光緒三十年（1904）蘇州瑪瑙經房刻本　一冊

220000－0841－0015966　子3052K

呂祖師度何仙姑因果卷二卷　（□）□□撰　清光緒六年（1880）常州培本堂善書局刻本　一冊

220000－0841－0015967　子3103K

延壽寶卷一卷　（□）□□撰　清甬江墨畊齋刻本　一冊

220000－0841－0015968　子3129K

延壽寶卷一卷　（□）□□撰　清宣統元年（1909）上海翼化堂善書局刻本　一冊

220000－0841－0015969　子3114K

妙英寶卷全集一卷　（□）□□撰　清杭州瑪瑙經房刻本　一冊

220000－0841－0015970　子3096K

妙英寶卷一卷　（□）□□撰　清光緒二十五年（1899）上海翼化堂刻本　一冊

220000－0841－0015971　子5897K

河南開封府花枷良願龍圖寶卷二卷　（□）□□撰　清光緒杭州慧空經房刻本　一冊　存一卷（下）

220000－0841－0015972　子3093K

河南開封府花枷良願龍圖寶卷全集二卷　（□）□□撰　清宣統二年（1910）杭州聚元堂書局刻本　二冊

220000－0841－0015973　子3184K

新刻花名寶卷一卷　（□）□□撰　清春陽堂刻本　一冊

220000－0841－0015974　子3133K

花名寶卷一卷　（清）徐達章增廣　清宣統元

年(1909)上海翼化堂善書局刻本　一册

220000－0841－0015975　子 3139K

修行明宗月微寶卷三卷　(清)邵光緒撰　清光緒二年(1876)杭州瑪瑙經房刻本　一册

220000－0841－0015976　子 5703K

金牌寶卷一卷　(□)□□撰　清光緒十年(1884)抄本　一册

220000－0841－0015977　子 3095K

指真寶卷一卷　(□)□□撰　清光緒二十六年(1900)蘇州瑪瑙經房刻本　一册

220000－0841－0015978　子 3075K

珠塔寶卷全集二卷　(□)□□撰　清光緒杭州景文齋刻本　二册

220000－0841－0015979　子 3008K

繪圖珍珠塔寶卷全集一卷　(□)□□撰　清宣統元年(1909)杭州聚元堂石印本　一册

220000－0841－0015980　子 5700K

香山寶卷二卷　(□)□□撰　清抄本　一册　存一卷(下)

220000－0841－0015981　子 3085K

看破世界一卷　周祖道撰　清宣統二年(1910)蘇州瑪瑙經房刻本　一册

220000－0841－0015982　子 3739K

修真因果傳全本不分卷　(□)□□撰　清刻本(有圖)　二册

220000－0841－0015983　子 3035K

修真寶傳因果一卷　(□)□□撰　清光緒十六年(1890)刻本　一册

220000－0841－0015984　子 3019K

重刻修真寶傳一卷　(□)□□撰　清光緒三十二年(1906)南陽經元堂刻本　一册

220000－0841－0015985　子 5709K

紅羅寶卷一卷　(□)□□撰　清王耀暹抄本　一册

220000－0841－0015986　子 5710K

紅羅寶卷一卷　(□)□□撰　清光緒二十二年(1896)張如賢抄本　一册

220000－0841－0015987　子 5878K

浙江溫州府平陽縣白梅村七世修行玉英寶卷一卷　(□)□□撰　清光緒三年(1877)越郡剡北刻本　一册

220000－0841－0015988　子 3084K

浙江嘉興府秀水縣刺心寶卷二卷　(□)□□撰　清光緒五年(1879)杭州瑪瑙寺經房刻本　一册

220000－0841－0015989　子 3063K

消災延壽閻王卷一卷　(□)□□撰　清刻本(有圖)　一册

220000－0841－0015990　子 5862K

免災寶卷三卷　(□)□□編　清光緒五年(1879)東林禪寺抄本　一册

220000－0841－0015991　子 3155K

梁皇寶卷一卷　(□)□□撰　清光緒二年(1876)杭州瑪瑙經房刻本　一册

220000－0841－0015992　子 3154

梁皇寶卷一卷　(□)□□撰　清光緒十四年(1888)杭州昭慶寺慧空經房刻本　一册

220000－0841－0015993　子 3033K

孫臏看桃一卷　(□)□□撰　清傅希賢捐刻本　一册

220000－0841－0015994　子 3048K

真修寶卷一卷　(□)□□撰　清同治六年(1867)常州集益齋刻本　一册

220000－0841－0015995　子 3092K

真修寶卷一卷　(□)□□撰　清同治九年(1870)上海翼化堂刻本　一册

220000－0841－0015996　子 3099K

真修寶卷一卷　(□)□□撰　清刻本　一册

220000－0841－0015997　子 3131K

現世寶卷二卷　(□)□□撰　清光緒五年(1879)杭州瑪瑙寺經房刻本　一册

220000－0841－0015998　子 3047K

純陽祖師説三世因果寶卷一卷 (□)□□撰 清同治七年(1868)大西山房刻本 一册

220000－0841－0015999 子3224K
惜穀免災寶卷一卷 (□)□□撰 清光緒十三年(1887)蘇州元妙觀刻本 一册

220000－0841－0016000 子3111K
雪山寶卷全集一卷 (□)□□撰 清光緒二年(1876)杭州瑪瑙經房刻本 一册

220000－0841－0016001 子5860K
雪梅寶卷二卷 (□)□□撰 清光緒十一年(1885)杭州景文齋刻本 二册

220000－0841－0016002 子3153K
張氏寶卷一卷 (□)□□撰 清寧城三寶經房刻本 一册

220000－0841－0016003 子3212K
張氏三娘賣花寶卷全集一卷 (□)□□撰 清光緒十年(1884)明臺經房刻本 一册

220000－0841－0016004 子3070K
張氏三娘賣花寶卷全集一卷 (□)□□撰 清光緒十九年(1893)蘇州瑪瑙經房刻本 一册

220000－0841－0016005 子3211K
張氏三娘賣花寶卷全集一卷 (□)□□撰 清光緒三十年(1904)祥興齋刻本 一册

220000－0841－0016006 子3108K
悉達太子寶卷全集一卷 (□)□□撰 清杭州慧空經房刻本 一册

220000－0841－0016007 子3156K
鳥窠禪師度白侍郎一卷 (□)□□撰 清光緒十七年(1891)杭城瑪瑙經房刻本 一册

220000－0841－0016008 子3157K
湖廣荆州府永慶縣修行梅氏花綢寶卷二卷 (□)□□撰 清光緒八年(1882)杭城瑪瑙經房刻本 二册

220000－0841－0016009 子5856K
湖廣荆州府永慶縣修行花綢寶卷二卷 (□)□□撰 清杭州慧空經房刻本 一册 存一卷(下)

220000－0841－0016010 子3051K
湖廣荆州府永慶縣修行梅氏花綢寶卷二卷 (□)□□撰 清杭州高麗寺刻本 二册

220000－0841－0016011 子5858K
湛然寶卷二卷 (□)□□撰 清光緒元年(1875)紹城樂隱經房刻本 一册

220000－0841－0016012 子3213K
普陀觀音寶卷一卷 (□)□□撰 清光緒二十年(1894)蘇州瑪瑙經房刻本 一册

220000－0841－0016013 子3215K
普陀觀音寶卷一卷 (□)□□撰 清常州刻本 一册

220000－0841－0016014 子3113K
無上圓明通正生蓮寶卷二卷 (□)□□撰 清浙越剡北刻本 一册

220000－0841－0016015 子3005K
達摩寶卷一卷 (□)□□撰 清光緒二十四年(1898)胡思真刻本 一册

220000－0841－0016016 子3046K
達摩祖卷一卷 (□)□□撰 清浙省瑪瑙經房刻本 一册

220000－0841－0016017 子3030K
羣花仙卷一卷 (□)□□撰 清秀文齋經房刻本 一册

220000－0841－0016018 子3025K
節孝格天不分卷 (□)□□撰 清宣統元年(1909)南陽衆善信捐刻本 一册

220000－0841－0016019 子3146K
節烈寶卷一卷 (□)□□撰 清光緒二十六年(1900)蘇州瑪瑙經房刻本 一册

220000－0841－0016020 子5119K
鼠瘟寶卷一卷 (清)黄志仁口述 (清)李善保編輯 清宣統三年(1911)石印本 一册

220000－0841－0016021 子5708K
碧玉簪寶卷二卷 (□)□□撰 清宣統元年

(1909)抄本　一冊

220000－0841－0016022　子3055K

趙氏賢孝寶卷二卷　(□)□□撰　清刻本　二冊

220000－0841－0016023　子3007K

賣花妙典一卷　(□)□□撰　清光緒三十二年(1906)陳椿抄本　一冊

220000－0841－0016024　子3104K

蓮池大師出世修行寶卷一卷　(□)□□撰　清光緒二十七年(1901)浙寧江東崇壽經房刻本　一冊

220000－0841－0016025　子3013K

潘公免災救難寶卷三卷　(□)□□撰　清咸豐七年(1857)京都晉文齋刻本　一冊

220000－0841－0016026　子3083K

潘公免災救難寶卷三卷　(□)□□撰　清同治九年(1870)杭城瑪瑙經房刻本　一冊

220000－0841－0016027　子3100K

潘公免災救難寶卷三卷　(□)□□撰　清光緒九年(1883)姑蘇瑪瑙經房刻本　一冊

220000－0841－0016028　子3039K

潘公免災救難寶卷三卷　(□)□□撰　清宣統元年(1909)山陰餘慙庭集刻本　一冊

220000－0841－0016029　子3068K

閻羅寶卷不分卷　(□)□□撰　清光緒十五年(1889)刻本　一冊

220000－0841－0016030　子3020K

歎孤孀卷一卷　(□)□□撰　清光緒二十八年(1902)寧波三餘堂刻本　一冊

220000－0841－0016031　子5876K

劉香寶卷二卷　(□)□□撰　清刻本　一冊　存一卷(下)

220000－0841－0016032　子3130K

新刻醒心寶卷二卷　(□)□□撰　清光緒十九年(1893)常州樂善堂刻本　一冊　存一卷(上)

220000－0841－0016033　子3094K

錢果順回文寶卷一卷　(□)□□撰　清光緒二十五年(1899)刻本　一冊

220000－0841－0016034　子3004K

龍燈寶卷一卷　(□)□□撰　清抄本　一冊

220000－0841－0016035　子3038K

新鐫韓祖成仙寶傳二十四回　(□)□□撰　清光緒三十年(1904)京都斌魁齋刻本　一冊

220000－0841－0016036　子3088K

韓湘寶卷二卷十八回　(□)□□撰　清光緒二十年(1894)上海翼化堂刻本　二冊

220000－0841－0016037　子3059K

彌勒佛說地藏十王寶卷二卷　(□)□□撰　清光緒三十一年(1905)北京黨小庵刻本　一冊

220000－0841－0016038　集11076K

還鄉正路二卷　(□)□□撰　清光緒二十六年(1900)上海聚嬰講堂石印本　一冊　存一卷(下)

220000－0841－0016039　子3034K

雙蝶卷稿二卷　(□)□□撰　清光緒十八年(1892)抄本　二冊

220000－0841－0016040　子3150K

重刻闢邪歸正消災延壽立願寶卷一卷　(□)□□撰　清寧波秀文齋刻本　一冊

220000－0841－0016041　子3066K

勸世寶卷一卷　(□)□□撰　清光緒二十五年(1899)杭州昭慶慧空經房刻本　一冊

220000－0841－0016042　子3121K

攝魂寶卷一卷　(□)□□撰　清孫氏敦義堂抄本　一冊

220000－0841－0016043　集11078K

護國佑民伏魔寶卷註解四卷　(□)□□撰　清光緒二十二年(1896)吉林北山學善堂刻本　二冊

220000－0841－0016044　子3148K

觀世音菩薩本行經二卷　(宋)釋普明撰　清

光緒十九年(1893)東甌郭文元堂刻本　二册

220000－0841－0016045　子 3158K

重刻觀世音菩薩本行經簡集二卷　(宋)釋普明撰　清杭州西湖昭慶慧空經房刻本　一册

220000－0841－0016046　子 3151K

重刻觀世音菩薩本行經簡集二卷　(宋)釋普明撰　清杭州西湖瑪瑙明臺經房刻本　一册

220000－0841－0016047　子 3098K

鸚哥寶卷一卷　(□)□□撰　清光緒七年(1881)鎮江寶善堂刻本　一册

220000－0841－0016048　子 2942K

歷代史略鼓詞一卷　(明)賈應寵撰　清同治九年(1870)刻本　一册

220000－0841－0016049　集 7132K

木皮詞一卷　(明)賈應寵撰　清光緒十四年(1888)刻本　一册

220000－0841－0016050　子 2952K

木皮詞一卷乾嘉詩壇點將錄一卷重刻足本詩壇點將錄一卷東林點將錄一卷　(明)賈應寵撰　清光緒三十三年(1907)葉氏觀古堂刻雙楳景闇叢書本　一册

220000－0841－0016051　子 3399K

十粒金丹六十六回　(□)□□撰　清光緒鉛印申報館叢書本　十二册

220000－0841－0016052　子 3352K

新刻九郎官借馬十卷　(□)□□撰　清聚盛堂刻本　一册

220000－0841－0016053　集 10302K

三元記三集　(□)□□撰　清四川刻本(有圖)　三册

220000－0841－0016054　子 3340K

新刻三孝記全本二卷　(□)□□撰　清同盛堂刻本　二册

220000－0841－0016055　子 5387K

新編繪圖三國志八卷三百三十三回　(□)□□撰　清光緒三十四年(1908)上海玉麟書局石印本　八册

220000－0841－0016056　子 3227K

新刻大仙陣鼓詞存六卷　(□)□□撰　清光緒三十二年(1906)東昌文酉堂刻本(有圖)　二册

220000－0841－0016057　子 3305K

新刻五毒傳十二卷　(□)□□撰　清上海書坊石印本(有圖)　十二册

220000－0841－0016058　子 3398K

新刻天下美景　(□)□□撰　清刻本　一册

220000－0841－0016059　子 2868K

新刻太原府鼓詞四卷　(□)□□撰　清光緒十九年(1893)京都文盛堂刻本(有圖)　八册

220000－0841－0016060　子 3279K

四海棠鼓詞四卷　(□)□□撰　清光緒三十年(1904)烟臺文勝堂刻本　四册

220000－0841－0016061　子 3408K

月明樓十五部　(□)□□撰　清京都東泰山刻本　四册

220000－0841－0016062　子 3289K

繪圖巧奇冤全傳十卷　(□)□□撰　清光緒二十年(1894)珍藝書局鉛活字印本　六册

220000－0841－0016063　集 11012K

北唐傳七十二部　(□)□□撰　清京都二酉堂刻本　五十三册　缺十部(九、十五、二十三、二十九至三十四、三十六)

220000－0841－0016064　子 2095K

新編西唐傳全部六卷四十七回　(□)□□撰　清刻本(有圖)　六册

220000－0841－0016065　子 3265K

繪圖包丞相斷烏盆全傳一卷重編官話乾隆下關東滚龍橋私訪童三虎困龍傳全本一卷　(□)□□撰　清石印本　一册

220000－0841－0016066　集 9855K

新編肉坵坟十二卷九十八回　(□)□□撰　清光緒二十三年(1897)京都義善堂刻本　十八册

220000－0841－0016067　子 2280K

繡像宋史奇書十二卷六十六回 (□)□□撰 清光緒十九年(1893)上海書局石印本(有圖) 六册

220000－0841－0016068 集7131K
孟姜女尋夫 (□)□□撰 清抄本 一册

220000－0841－0016069 子3003K
孟姜女送寒衣 (□)□□撰 清光緒三十二年(1906)永吉堂刻本(有鈔配) 一册

220000－0841－0016070 子3400K
新刻金鞭記六卷 (□)□□撰 清京都泰山堂刻本 六册

220000－0841－0016071 子3300K
桃花記十六卷 (□)□□撰 清刻本 四册

220000－0841－0016072 子3303K
新刻繡像蜜蜂記四卷二十回 (□)□□撰 清上海東石書局石印本 四册

220000－0841－0016073 子3267K
繡像繪圖勇士黃勳伯義勇可風全本不分卷 (清)范渭濱撰 清光緒三十三年(1907)上海小說圖書館石印本 一册

220000－0841－0016074 集10990K
金葉菊六卷 (清)□□撰 清廣州以文堂刻本 一册 存五卷(一至五)

220000－0841－0016075 子3413K
新刻時興房四娘妙曲不分卷 (□)□□撰 清儒林堂刻本 一册

220000－0841－0016076 子3460K
紅娘寄書 (□)□□撰 清刻本 一册

220000－0841－0016077 子3392K
新刻哭周瑜 (□)□□撰 清光緒十九年(1893)刻本 一册

220000－0841－0016078 子2873K
新刻絲絨計鼓詞六部十九卷續十四部二十八卷 (□)□□撰 清光緒十三年(1887)京都文美堂刻本 四册

220000－0841－0016079 子3368K
拿國太四卷 (□)□□撰 清文盛堂刻本 二册

220000－0841－0016080 子3238K
新刻洪武放牛全集 (□)□□撰 清刻本 一册

220000－0841－0016081 子3249K
新刊賣油郎四卷九十六回 (□)□□撰 清光緒三十二年(1906)上海仁記書局石印本(有圖) 四册

220000－0841－0016082 子5724K
劉公案三種十三卷三十六回 (□)□□撰 清刻本(有圖) 十三册

220000－0841－0016083 子3280K
大鼓書子弟書合輯 (□)□□撰 清京都寶文堂、文萃堂等刻本 八十六册

220000－0841－0016084 子2999K
庶幾堂道情一卷 (清)余治撰 清同治十年(1871)刻本 一册

220000－0841－0016085 子2184K
新編韓湘子九度文公道情全本四卷二十二回 (□)□□撰 清兩儀堂刻本 二册

220000－0841－0016086 集10918K
勸孝歌 (清)徐廷珍等撰 清光緒十六年(1890)刻本 一册

220000－0841－0016087 子3369K
新選五色荷花全本六卷 (□)□□撰 清廣州五桂堂刻本 一册

220000－0841－0016088 集10152K
新選全本五虎平南四集十二卷 (□)□□撰 清廣州丹桂堂刻本 四册

220000－0841－0016089 子3424K
訂緝新編日邊紅杏全本六卷 (□)□□撰 清廣州以文堂刻本 二册

220000－0841－0016090 集10328K
新刻琥珀鳳釵柳希雲全本南音六卷 (□)□□撰 清廣州刻本 一册

220000－0841－0016091　子3269K

新刻琥珀鳳釵柳希雲全本南音六卷後續六卷　(□)□□撰　清廣州刻本　一册　存六卷(新刻一至三、後續一至三)

220000－0841－0016092　集10333K

新選瑞英屏桃花送藥四卷　(□)□□撰　清廣東刻本(有圖)　一册

220000－0841－0016093　集10288K

新刻碧玉帶全本四卷　(□)□□撰　清德文堂刻本　四册

220000－0841－0016094　集10331K

新選劉全進瓜全本二卷　(□)□□撰　清廣州璧經堂刻本(有圖)　一册

220000－0841－0016095　集7162K

新刻鍾無豔娘娘全本六集六下卷　題(清)守拙主人訂　清廣州五桂堂刻本　十二册

220000－0841－0016096　子3339K

新本袁青嬋金玉嬋相知還陽配合田生天台三寶驪珠記全本前後集十二卷　題半醒居士訂　清佛山進文堂刻本　二册

220000－0841－0016097　集9614K

新刻大宋鴛鴦壺初集全本四卷二刻北宋楊八妹取金刀全書四卷三續金刀記鳳尾駁龍鬚全本四卷　(□)□□撰　清莞城萃英樓刻本　一册

220000－0841－0016098　子3235K

鶯哥吊孝七字韻不分卷　(□)□□撰　清龍文齋刻字店刻本　一册

220000－0841－0016099　集9852K

古板說唱全歌　李萬利編　清潮城瑞文堂刻本　二百二十册

220000－0841－0016100　集10555K

新造閨嚴府二卷　(□)□□撰　清潮洲李春記書坊刻本　一册

220000－0841－0016101　集10346K

新造萬花樓下棚一卷　(□)□□撰　清潮城王生記刻本　四册

220000－0841－0016102　子3342K

放黃鶯一卷　(□)□□撰　清抄本　一册

220000－0841－0016103　子3240K

老鼠告狀不分卷　(□)□□撰　清刻本　一册

220000－0841－0016104　集7613K

新刻王大娘補缸不分卷　(□)□□撰　清三元堂刻本　一册

220000－0841－0016105　子3246K

誇誇調五更不分卷　(□)□□撰　清上洋大元堂刻本　一册

220000－0841－0016106　子3236K

江西賣雜貨不分卷　(□)□□撰　清蘇州刻本　一册

220000－0841－0016107　子3234K

新刻俞調義男哭沉香不分卷　(□)□□撰　清蕩口采霞室刻本　一册

220000－0841－0016108　子3381K

新刻俞調唱口文必正送花樓會不分卷　(□)□□撰　清刻本　一册

220000－0841－0016109　集10980K

繪圖新鮮小調十集　(□)□□撰　清光緒二十三年(1897)上海書局石印本　一册　存一集(己)

220000－0841－0016110　集10983K

繪圖新鮮時調四集　(□)□□撰　清海左書局石印本　四册

220000－0841－0016111　子3298K

時調山歌不分卷　(□)□□撰　清石印本　二册

220000－0841－0016112　集10698K

山歌集不分卷　(□)□□撰　清光緒抄本　一册

220000－0841－0016113　集11003K

時調一集　(□)□□撰　清春陽堂石印本　十册

220000－0841－0016114　集 11005K
時調三集　(□)□□撰　清春陽堂石印本　十五冊

220000－0841－0016115　集 7389K
粤謳一卷　(清)招銘山輯　清咸豐八年(1858)廣州登雲閣刻本　一冊

220000－0841－0016116　集 7564K
粤謳一卷　(清)招銘山撰　清光緒二十九年(1903)廣州守經堂刻本　一冊

220000－0841－0016117　集 7563K
粤謳一卷　(清)招銘山撰　清廣州五桂堂刻本　一冊

220000－0841－0016118　集 7177K
粤謳一卷　(清)招銘山撰　清廣州以文堂刻本　一冊

220000－0841－0016119　集 10925K
粤謳一卷　(清)招銘山輯　清光緒三元堂刻本　一冊

220000－0841－0016120　集 7562K
再粤謳一卷　題(清)香迷子輯　清光緒三十二年(1906)廣州成文堂刻本　一冊

220000－0841－0016121　子 3338K
樂以忘憂一卷　(清)諸德滄輯錄　清光緒二十二年(1896)諸氏抄本　一冊

220000－0841－0016122　子 3258K
怡情悦耳一卷　題聽雨樓主人輯錄　清抄本　一冊

220000－0841－0016123　集 3257K
寒窓遣興一卷　題聽雨樓主人輯錄　清抄本　一冊

220000－0841－0016124　子 3117K
解悶集不分卷　題玉庭輯錄　清光緒十二年(1886)抄本　一冊

220000－0841－0016125　集 7152
蘭桂仙曲譜二卷　(清)左潢撰　清嘉慶八年(1803)藤花書舫刻本　一冊

220000－0841－0016126　善 1804
度曲須知二卷　(明)沈寵綏撰　明崇禎十二年(1639)刻本　一冊

220000－0841－0016127　集 7372
樂府傳聲一卷　(清)徐大椿撰　清乾隆十三年(1748)刻本　一冊

220000－0841－0016128　善 2616
增定南九宫曲譜二十一卷附錄一卷　(明)沈璟撰　明龍驤刻本　十冊

220000－0841－0016129　善 1749
嘯餘譜十二卷　(明)程明善撰　(清)張漢重訂　清康熙元年(1662)茗城張府刻本　十二冊

220000－0841－0016130　善 1757
曲譜十二卷首一卷末一卷　(清)王奕清等撰　清康熙内府刻朱墨套印本　十三冊　缺一卷(末一卷)

220000－0841－0016131　集 7107
納書楹曲譜正集四卷續集四卷外集二卷補遺二卷納書楹玉茗堂四夢曲譜八卷　(清)葉堂撰　清乾隆五十七年至五十九年(1792－1794)葉氏納書楹刻本　二十二冊

220000－0841－0016132　集 7408
納書楹牡丹亭全譜二卷　(清)葉堂訂譜　清乾隆五十七年(1792)納書楹刻本　二冊

220000－0841－0016133　集 7108K
納書楹曲譜正集四卷續集四卷外集二卷補遺四卷四夢全譜八卷　(清)葉堂撰　清道光二十八年(1848)文德堂刻本　二十四冊

220000－0841－0016134　集 7215K
吟香閣曲譜不分卷　(清)黄寶泉編　清抄本　十二冊

220000－0841－0016135　集 7370K
紅樓夢散套曲譜十六卷　(清)吳鎬撰　(清)黄兆魁譜　清光緒八年(1882)刻本(有圖)　四冊

220000－0841－0016136　集 7220K

北西廂全譜二卷 （□）□□撰　清抄本　一冊　存一卷（上）

220000－0841－0016137　集 7075K
遏雲閣曲譜不分卷 （清）王錫純撰　清光緒十九年（1893）上海著易堂鉛活字印本　八冊

220000－0841－0016138　集 7146K
瑤想閣曲譜四卷 （□）□□撰　清抄本　四冊

220000－0841－0016139　集 7219K
曲譜四卷 （□）□□撰　清抄本　四冊

220000－0841－0016140　集 7410K
曲譜二卷 （□）□□撰　清抄本　二冊

220000－0841－0016141　集 11053K
曲譜彙集一集 （□）□□撰　清抄本　五十冊

220000－0841－0016142　集 11054K
曲譜彙集二集 （□）□□撰　清抄本　七十五冊

220000－0841－0016143　集 10892K
曲譜彙集三集 （□）□□撰　清抄本　二十一冊

220000－0841－0016144　集 10699K
曲譜彙集四集 （□）□□撰　清抄本　八冊

220000－0841－0016145　集 7541K
霓裳文藝全譜四卷 （清）太原氏輯　清光緒二十二年（1896）石印本　四冊

220000－0841－0016146　集 7218K
崑曲譜七齣 （□）□□撰　清抄本　一冊

220000－0841－0016147　集 7221K
崑曲譜十一齣 （□）□□撰　清抄本　一冊

220000－0841－0016148　集 7222K
崑曲譜十二齣 （□）□□撰　清抄本　十二冊

220000－0841－0016149　集 7373K
崑曲譜十二齣 （□）□□撰　清抄本　二冊

220000－0841－0016150　集 7367K
崑曲譜二十七齣 （□）□□撰　清抄本　一冊

220000－0841－0016151　集 9079K
長生殿曲譜六齣千種錄曲譜一齣 （□）□□撰　清抄本　一冊

220000－0841－0016152　集 9472K
陶淑性情二卷 （□）□□撰　清抄本　二冊

220000－0841－0016153　集 9413K
花報瑤臺一卷 （□）□□撰　清抄本　一冊

220000－0841－0016154　集 7159K
高唱入雲一卷 （□）□□撰　清抄本　一冊

220000－0841－0016155　集 10654K
漁樵問答不分卷 （□）□□撰　清抄本　一冊

220000－0841－0016156　集 11270K
詞林韻釋一卷 （宋）□□撰　清光緒二十九年（1903）徐乃昌影宋刻隨盦徐氏叢書本　二冊

220000－0841－0016157　集 7394K
韻學驪珠二卷 （清）沈乘麐輯　清光緒十八年（1892）華亭顧文善齋刻本　二冊

220000－0841－0016158　集 11219K
詞源斠律二卷 鄭文焯撰　清光緒刻大鶴山房全書本　一冊

220000－0841－0016159　集 7106K
曲錄六卷戲曲考原一卷 王國維撰　清宣統元年（1909）沈宗畸刻晨風閣叢書本　四冊

220000－0841－0016160　子 2905K
輿論時事報連載小説四種 （清）□□輯　清宣統二年（1910）時事報館鉛印合輯本　六冊

220000－0841－0016161　善 0857
拍案驚奇三十六卷 （明）凌濛初撰　清萬元樓刻本　十八冊

220000－0841－0016162　善 0858
拍案驚奇九卷三十五回 （明）凌濛初撰　清

刻小字本　九冊

220000－0841－0016163　善 2123

唐貴妃楊太真全史三卷　題（明）西湖梅道人補輯　明刻本　三冊

220000－0841－0016164　子 2513

新刻京臺公餘勝覽國色天香十卷　（明）吳敬所輯　清裕元堂刻本　十冊

220000－0841－0016165　子 2511

新刻京臺公餘勝覽國色天香十卷　（明）吳敬所輯　清□□堂刻本　十冊

220000－0841－0016166　子 2759

重刻增補燕居筆記十卷　（明）何大倫輯　明金陵書林李澄源刻清大業堂印本　六冊

220000－0841－0016167　子 5730

獪園十六卷　（明）錢希言撰　清乾隆知不足齋刻本　十二冊

220000－0841－0016168　子 4250

龍圖公案八卷一百則　（明）□□撰　清文華樓刻本　八冊

220000－0841－0016169　子 2158K

改良今古奇觀四十卷　題（明）抱甕老人編　清宣統元年（1909）上海書局石印本　六冊

220000－0841－0016170　子 2027K

今古奇觀四十回　題（明）抱甕老人編　清同治六年（1867）刻本　十二冊

220000－0841－0016171　子 2185K

繪圖今古奇觀二卷四十回　題（明）抱甕老人編　清宣統二年（1910）上海普新端記石印書局石印本　六冊

220000－0841－0016172　子 2335K

繪圖今古奇觀六卷四十回　題（明）抱甕老人編　清上海書坊石印本　六冊

220000－0841－0016173　子 2441K

石點頭六卷十四回　題（明）天然癡叟撰　清道光敘府竹春堂刻本　五冊

220000－0841－0016174　子 5953K

繡像醒世第二奇書十四卷十四回　題（明）天然癡叟撰　清石印本　五冊

220000－0841－0016175　子 1999K

西湖佳話古今遺蹟十六卷　題（清）墨浪子輯　清花香小榭刻本　八冊

220000－0841－0016176　子 2663

情史類略二十四卷　（明）馮夢龍輯　清芥子園刻本　十二冊

220000－0841－0016177　善 0445

新鐫批評繡像列女演義六卷　（明）馮夢龍撰　清長春閣刻本　八冊

220000－0841－0016178　子 1971K

覺世名言十二種六卷三十八回　（清）李漁撰　清嘉慶五年（1800）會成堂刻本　六冊

220000－0841－0016179　子 5679K

閨閣才子奇書十二卷　（清）煙水散人撰　清光緒十八年（1892）上海中和書局鉛活字印本　四冊

220000－0841－0016180　子 2865

閨閣才子奇書十二卷　（清）徐震撰　清光緒石印本　四冊

220000－0841－0016181　集 10352K

娛目醒心編十六卷　（清）草亭老人撰　（清）自怡軒主人評　清同治十二年（1873）富春堂刻本　六冊

220000－0841－0016182　子 2621K

新印繪圖蓋三國奇緣一卷　（清）□□撰　清光緒二十年（1894）上海奎元齋石印本　一冊

220000－0841－0016183　子 2851K

西湖佳話古今遺蹟十六卷　題（清）墨浪子輯　清光緒十八年（1892）上海雲集書局鉛活字印本　四冊

220000－0841－0016184　子 2152K

繪圖古今歡喜奇觀六卷二十回　（清）□□撰　清石印本　一冊

220000－0841－0016185　子 4282

女才子傳十卷首一卷　（清）徐震撰　清康熙

刻本　四冊

220000－0841－0016186　善 3567
擇繙聊齋志異二十四卷　（清）蒲松齡撰（清）札克丹譯　清道光二十八年(1848)刻本　二十四冊

220000－0841－0016187　子 2442
醉醒石十五回　題東魯古狂生撰　清翰海樓刻本　六冊

220000－0841－0016188　集 9838
新鐫繡像小説天湊巧□□卷　題羅浮散客鑒定　清刻本　一冊　存二卷(一至二)

220000－0841－0016189　子 2912
剪燈叢話七卷　（清）□□編　清乾隆五十六年(1791)刻本　六冊

220000－0841－0016190　子 2329K
女界寶二編十篇　家政改良會編　清光緒三十四年(1908)上海改良小説社鉛活字印本　二冊

220000－0841－0016191　子 2867K
才情集十卷　（清）吳所敬輯　清光緒二十年(1894)上海晉記書莊鉛活字印本　一冊

220000－0841－0016192　子 2304K
新刻桉鑑編纂開闢衍繹通俗志傳六卷八十回　（明）周游撰　清道光三年(1823)可經閣刻本　六冊

220000－0841－0016193　子 2359K
新刻桉鑑編纂開闢衍繹通俗志傳六卷八十回　（明）周游撰　清道光十年(1830)刻本　七冊

220000－0841－0016194　子 2007K
新刻桉鑑編纂開闢衍繹通俗志傳六卷八十回　（明）周游撰　清道光十年(1830)刻本　七冊

220000－0841－0016195　子 2292K
新刻桉鑑編纂開闢衍繹通俗志傳六卷八十回　（明）周游撰　清同治八年(1869)丹桂堂刻本　六冊

220000－0841－0016196　子 2382K
東周列國全志二十三卷一百八回　（清）蔡界評點　清桐石山房刻本　二十四冊

220000－0841－0016197　子 1979K
東周列國全志二十三卷一百八回　（清）蔡界評點　清咸豐四年(1854)書成山房刻朱墨套印本　十二冊

220000－0841－0016198　子 5373K
東周列國全志二十三卷一百八回　（清）蔡界評點　清光緒十二年(1886)上海江左書林刻本　二十四冊

220000－0841－0016199　子 2381K
東周列國全志二十三卷一百八回　（清）蔡界評點　清光緒十三年(1887)東昌書業德刻本　十二冊

220000－0841－0016200　子 2060K
東周列國全志二十三卷一百八回　（清）蔡界評點　清光緒四年(1878)浙寧簡香齋刻本　二十四冊

220000－0841－0016201　子 2438K
東周列國全志二十三卷一百八回　（清）蔡界評點　清光緒七年(1881)越東維經堂刻本　十二冊

220000－0841－0016202　子 2440K
繪圖增像後列國志十卷六十回　（□）□□撰　清光緒十九年(1893)上海寶文書局石印本　八冊

220000－0841－0016203　子 2319K
新鐫孫龐演義六卷二十回新編批評後七國樂田演義六卷十八回　（□）□□撰　清古吳聚元堂刻本　三冊

220000－0841－0016204　子 2321K
孫龐演義四卷二十回新編批評繡像後七國樂田演義四卷十八回　（□）□□撰　清會文堂刻本　四冊

220000－0841－0016205　子 2466K
孫龐演義四卷二十回　（□）□□撰　清刻本

四冊

220000－0841－0016206　子 2320K
新編批評繡像後七國樂田演義四卷十八回　(□)□□撰　清京都文和堂刻本　四冊

220000－0841－0016207　子 206K
雙鳳奇緣傳二十卷八十回　題(清)雪樵主人撰　清咸豐四年(1854)經綸堂刻本　十冊

220000－0841－0016208　子 2067K
雙鳳奇緣傳二十卷八十回　題(清)雪樵主人撰　清道光刻本　八冊

220000－0841－0016209　子 1941K
繡像漢宋奇書　(明)熊飛輯　清金陵興賢堂刻本　二十四冊

220000－0841－0016210　子 2377K
繡像漢宋奇書　(明)熊飛輯　清英德堂刻本　二十四冊

220000－0841－0016211　集 11141K
四大奇書第一種十九卷一百二十回　(明)羅本(贯中)撰　清光緒二十三年(1897)江左書林刻本　二十冊

220000－0841－0016212　集 11134
第一才子書六十卷一百二十回　(明)羅本(贯中)撰　清光緒八年(1882)上海點石齋石印本　八冊

220000－0841－0016213　子 3520
第一才子書六十卷一百二十回　(明)羅本(贯中)撰　清光緒九年(1883)築野書屋刻本　二十冊

220000－0841－0016214　集 11136
第一才子書六十卷一百二十回　(明)羅本(贯中)撰　清光緒十一年(1885)上海同文書局石印本　十二冊

220000－0841－0016215　集 11135
第一才子書六十卷一百二十回　(明)羅本(贯中)撰　清光緒十四年(1888)上海鴻文書局石印本　十二冊

220000－0841－0016216　子 1995
第一才子書六十卷一百二十回　(明)羅本(贯中)撰　清光緒二十五年(1899)美華竇記石印本　十冊

220000－0841－0016217　善 0667
四大奇書第一種六十卷一百二十回讀三國志法一卷　(明)羅本撰　(清)毛宗崗　(清)杭永年評　**讀三國志法一卷**　清康熙刻本　二十四冊

220000－0841－0016218　子 2365K
新鐫重訂出像西晉志傳通俗演義題評四卷新鍥重訂出像東晉志傳通俗演義八卷紀元傳一卷　題(明)陳氏尺蠖齋評釋　清敦仁堂刻本　十二冊

220000－0841－0016219　善 0810
新鐫批評出相韓湘子三十回　(明)楊爾曾撰　明天啓刻本　十冊

220000－0841－0016220　子 2287K
精繡通俗全像梁武帝西來演義十卷四十回　題(清)天花藏主人編　清嘉慶二十四年(1819)抱青閣刻本　十二冊

220000－0841－0016221　子 2516K
忠孝勇烈奇女傳四卷三十二回　(□)□□撰　清光緒二十二年(1896)上海古香閣石印本　四冊

220000－0841－0016222　子 2031K
忠孝勇烈奇女傳四卷三十二回　(□)□□撰　清宣統二年(1910)京都養真仙苑刻本　四冊

220000－0841－0016223　子 4331K
風流天子傳四十回　題(明)齊東野人撰　(明)不經先生評　清光緒二十一年(1895)香港書局石印本　七冊　存三十五回(一至三十、三十六至四十)

220000－0841－0016224　子 5938K
繪圖風流天子傳　題(明)齊東野人撰　(明)不經先生評　清光緒石印本　四冊

220000－0841－0016225　子 2177K

說唐前傳十卷六十八回　題如蓮居士編次　嚴野山人校正　清光緒八年(1882)樊川文成堂刻本　十册

220000－0841－0016226　子2522K
說唐小英雄傳二卷十六回說唐薛家府傳六卷四十二回　題(清)鴛湖漁叟訂　清光緒二十八年(1902)山左書林石印本　三册

220000－0841－0016227　子1969K
異說征西演義全傳六卷四十回　題(清)恂莊主人編　清福文堂刻本　六册

220000－0841－0016228　子2445K
新編艷情小說唐宮春武則天十八回繪圖吴三桂十回　(□)□□撰　清石印本　一册

220000－0841－0016229　子2116K
新刻粉妝樓傳記十卷八十回　(清)□□撰　清善成堂刻本　六册

220000－0841－0016230　子2192K
新刻粉妝樓傳記十卷八十回　(清)□□撰　清光緒二年(1876)寶興堂刻本　十册

220000－0841－0016231　子2173K
鐫玉茗堂批點殘唐五代史演義傳二卷六十回　(明)羅本撰　清英德堂刻本　四册

220000－0841－0016232　子2082K
殘唐五代史演義傳六卷六十回　(明)羅本撰　清亦西齋刻本　六册

220000－0841－0016233　子2264K
殘唐五代史演義傳六卷六十回　(明)羅本撰　清光緒十七年(1891)上海書局石印本　二册

220000－0841－0016234　子2347K
新鐫玉茗堂批評按鑑參補宋志傳十卷五十回　(明)熊大木撰　題(明)研石山樵訂　清同治十一年(1872)經綸堂刻本　十册

220000－0841－0016235　子2395
新鐫玉茗堂批評按鑑參補南宋志傳十卷五十回　題(明)研石山樵訂正　(明)織里畸人校閲　清浙江敬藝堂刻本　二十册

220000－0841－0016236　子2398
新鐫玉茗堂批評按鑑參補南宋志傳十卷五十回　題(明)研石山樵訂正　清五雲堂刻本　十册

220000－0841－0016237　子2383F
新鐫玉茗堂批評按鑑參補南宋志傳十卷五十回　(明)熊大木撰　題(明)研石山樵訂　清同治十一年(1872)經綸堂刻本　四册

220000－0841－0016238　子2397
新鐫玉茗堂批點按鑑參補楊家將傳十卷五十四　題(明)研石山樵訂正　清五雲堂刻本　六册

220000－0841－0016239　子2348F
新鐫玉茗堂批評按鑑參補楊家將傳十卷五十回　(明)熊大木撰　題(明)研石山樵訂　清同治十一年(1872)經綸堂刻本　六册

220000－0841－0016240　子2088K
北宋志傳十卷五十回南宋志傳十卷五十回　(明)熊大木撰　題(明)研石山樵訂　清大文堂刻本　十册

220000－0841－0016241　子2313K
北宋志傳十卷五十回南宋志傳十卷五十回　(明)熊大木撰　題(明)研石山樵訂　清敦元堂刻本　八册

220000－0841－0016242　子2077K
新鐫繡像趙太祖三下南唐被困壽州城八卷五十三回　題(清)好古主人撰　清同治四年(1865)丹桂堂刻本　四册

220000－0841－0016243　子2020K
繪圖宋太祖三下南唐四卷五十三回　題(清)好古主人撰　清光緒二十年(1894)梅花書屋石印本　四册

220000－0841－0016244　子2349
飛龍傳六十回　(清)吴璿删定　清文德堂刻本　十六册

220000－0841－0016245　子2481
飛龍傳六十回　(清)吴璿删定　清乾隆崇德

書院刻本　十六册

220000－0841－0016246　子 2434K
飛龍全傳十二卷六十回　(清)吳璿删定　清同治十三年(1874)經綸堂刻本　十二册

220000－0841－0016247　子 2518K
繪圖飛龍傳八卷六十回　(清)吳璿删定　清光緒十八年(1892)上海書局石印本　八册

220000－0841－0016248　子 2295K
新鐫異説五虎平西珍珠旗演義狄青前傳十四卷一百十二回　(□)□□撰　清道光十六年(1836)大文堂刻本　十四册

220000－0841－0016249　子 2074K
新鐫後續繡像五虎平南狄青演傳六卷四十二回　(□)□□撰　清松盛堂刻本　六册

220000－0841－0016250　子 2523K
新鐫後續繡像五虎平南狄青演傳四卷四十二回　(□)□□撰　清宣統元年(1909)章福記書局石印本　二册

220000－0841－0016251　子 2120K
後續大宋楊家將文武曲星包公狄青初傳十四卷六十八回　(清)李雨堂撰　清經綸堂刻本　七册

220000－0841－0016252　子 2132
岳武穆精忠傳六卷六十八回　題(明)鄒元標編訂　清刻本　六册

220000－0841－0016253　子 2114K
新鐫全像武穆精忠傳八卷　(明)熊大木撰　清聚盛堂刻本　四册

220000－0841－0016254　子 2059K
增訂精忠演義説本全傳二十卷八十回　(清)錢彩撰　清宏道堂刻本　十册

220000－0841－0016255　子 2227K
繪圖後宋慈雲走國全傳八卷三十五回　(□)□□撰　清光緒二十一年(1895)文富樓石印本　四册

220000－0841－0016256　子 1981
繡像京本雲合奇蹤玉茗英烈全傳十卷八十回　(明)徐渭編　清文富堂刻本　四册

220000－0841－0016257　子 2080K
繡像京本雲合奇踪玉茗英烈全傳十卷八十回　題(明)徐渭編　清一也軒刻本　十册

220000－0841－0016258　子 2083K
繡像京本雲合奇踪玉茗英烈全傳十卷八十回　題(明)徐渭編　清同治十一年(1872)如皋義林堂刻本　十册

220000－0841－0016259　子 2079K
繡像京本雲合奇踪玉茗英烈全傳十卷八十回　題(明)徐渭編　清光緒十九年(1893)醉六堂刻本　十册

220000－0841－0016260　善 0663
新刻全像三寶太監西洋記通俗演義二十卷一百回　(明)羅懋登撰　明三山道人刻本　十九册

220000－0841－0016261　子 2013F
新刻三寶太監西洋記通俗演義二十卷一百回　(明)羅懋登撰　清光緒七年(1881)鉛印申報館叢書本　十册

220000－0841－0016262　子 2100K
圖像三寶太監下西洋通俗演義十六卷一百回　(明)羅懋登撰　清光緒二十一年(1895)上海書局石印本　八册

220000－0841－0016263　史 10786K
于少保萃忠全傳十卷四十回　(明)孫高亮撰　清道光十五年(1835)于世俊刻本　四册

220000－0841－0016264　子 2262K
大明正德皇帝遊江南傳七卷四十五回　(清)何夢梅撰　清光緒十九年(1893)上海書局石印本　四册

220000－0841－0016265　子 2219K
新編前明正德白牡丹傳八卷四十六回　題武榮翁山洪柱石琮編次　清光緒二十七年(1901)上海書局石印本　四册

220000－0841－0016266　子 2068K
原本海公大紅袍傳六十卷六十回　(明)李春

芳撰　清道光十年(1830)大文堂刻本　十冊

220000－0841－0016267　子2232K
原本海公大紅袍傳四卷六十回　(明)李春芳撰　清光緒二十年(1894)上海書局石印本　六冊

220000－0841－0016268　子2260K
新輯海公小紅袍全傳四卷四十二回　(□)□□撰　清光緒二十七年(1901)石印本　四冊

220000－0841－0016269　子2003K
檮杌評五十卷五十回　(□)□□撰　清刻本　十六冊

220000－0841－0016270　子2283K
檮杌評五十卷五十回　(□)□□撰　清忠信堂刻本　二十冊

220000－0841－0016271　子2197K
繪圖明珠緣六卷五十回　(□)□□撰　清光緒二十年(1894)上海書局石印本　六冊

220000－0841－0016272　子2296K
新世鴻勳四卷二十二回　(清)蓬蒿子編　清刻本　四冊

220000－0841－0016273　子2115K
新世鴻勳四卷二十二回　(清)蓬蒿子編　清刻本　二冊

220000－0841－0016274　子2096K
新史奇觀演義全傳二十二回　(清)蓬蒿子編　清嘉慶十一年(1806)一笑軒刻本　四冊

220000－0841－0016275　子2459K
新史奇觀演義全傳四卷二十二回　(清)蓬蒿子編　清同治三年(1864)刻本　四冊

220000－0841－0016276　子2213K
繪圖新史奇觀二十二回　(清)蓬蒿子編　清石印本　二冊

220000－0841－0016277　子2092K
順治過江四卷二十二回　(清)蓬蒿子編　清刻本　二冊

220000－0841－0016278　子2256K
繪圖平金川四卷三十二回　(清)張小山撰　清光緒二十五年(1899)富文書局石印本　四冊

220000－0841－0016279　子2436K
繡像年平西傳三十二回　(清)張小山撰　清石印本　一冊

220000－0841－0016280　子2194K
聖朝鼎盛初二集二十六回　(清)□□撰　清光緒十九年(1893)上海英商五彩公司石印本　四冊

220000－0841－0016281　子2196K
聖朝鼎盛八集七十六回　(清)□□撰　清光緒二十一年(1895)上海書局石印本　十六冊

220000－0841－0016282　子2206K
繪圖萬年青三集十二回　(清)□□撰　清光緒二十年(1894)上海書局石印本　二冊

220000－0841－0016283　子2207K
繪圖萬年青四集六回　(清)□□撰　清光緒二十二年(1896)上海書局石印本　四冊

220000－0841－0016284　子1975K
繡像洪秀全演義初二集四卷二十九回　(清)黃小配撰　清石印本　二冊

220000－0841－0016285　子2444K
歷史演義國朝中興記六卷四十回　(清)嚴庭樾撰　清宣統元年(1909)集成圖書公司鉛活字印本　六冊

220000－0841－0016286　子2230K
新輯左公平西全傳四卷三十二回　(□)□□撰　清光緒三十年(1904)上海書局石印本　四冊

220000－0841－0016287　子2212K
繪像中東大戰演義四卷三十三回　(清)洪興全撰　清光緒二十六年(1900)石印本　四冊

220000－0841－0016288　子2447K
繪圖中東大戰演義全集二十回　(清)洪興全撰　清光緒石印本　一冊

220000－0841－0016289　子1993K

精訂綱鑑廿四史通俗衍義二十六卷四十四回　(清)呂撫撰　清光緒十五年(1889)上海廣百宋齋鉛活字印本　六冊

220000－0841－0016290　子1989K

新訂綱鑑廿四史通俗衍義二十六卷四十四回　(清)呂撫撰　清光緒十六年(1890)上海廣百宋齋鉛活字印本　六冊

220000－0841－0016291　集9988K

精訂綱鑑廿四史通俗衍義六卷四十四回　(清)呂撫撰　清光緒二十一年(1895)珍藝書局鉛活字印本　六冊

220000－0841－0016292　子2137K

痴人說夢三十回　旅生撰　清商務印書館鉛活字印本　四冊

220000－0841－0016293　子2179K

世界豪傑美談記二卷四十五回　上海越社輯　清光緒三十二年(1906)支那書局石印本　二冊

220000－0841－0016294　子2380K

新鐫古本批評繡像三世報隔簾花影四十八回　(□)□□撰　清刻本　四冊

220000－0841－0016295　子5388

紅樓夢一百二十回　(清)曹霑撰　(清)高鶚補　(清)王希廉評　清光緒二年(1876)北京聚珍堂木活字印本　十二冊　存六十四回(五十七至一百二十)

220000－0841－0016296　子2469

續紅樓夢三十卷　(清)秦子忱撰　清嘉慶刻本　十六冊

220000－0841－0016297　子2478

後紅樓夢三十回吳下諸子詩二卷　(清)□□輯　清嘉慶十八年(1813)文畬堂刻本　十冊

220000－0841－0016298　子5695

增評補像全圖金玉緣一百二十回首一卷　(清)曹霑撰　(清)高鶚補　清光緒十年(1884)上海同文書局石印本　十五冊　缺一卷(首一卷)

220000－0841－0016299　子3570K

增評補像全圖金玉緣一百二十回首一卷　(清)曹霑撰　(清)高鶚補　清光緒十五年(1889)上海石印本　十六冊

220000－0841－0016300　子1106

紅樓夢圖詠不分卷　(清)改琦繪　清光緒五年(1879)淮浦居士刻本　四冊

220000－0841－0016301　集8736K

紅樓夢賦一卷　(清)沈謙撰　清道光二十六年(1846)刻本　一冊

220000－0841－0016302　子2462K

紅樓夢廣義二卷　題(清)青山山農撰　**紅樓夢論贊一卷**　題徐瀛撰　清光緒石印本　一冊

220000－0841－0016303　子2477K

紅樓夢評贊不分卷附刻四卷　(清)王希廉撰　**讀紅樓夢雜記一卷**　(清)江順怡撰　**紅樓夢竹枝詞一卷**　(清)盧先駱撰　**紅樓夢題詞一卷**　(清)周綺撰　**紅樓夢賦一卷**　(清)沈謙撰　清光緒二年(1876)上海刻本　四冊

220000－0841－0016304　子2489K

紅樓夢偶說二卷　題晶三蘆月草舍居士撰　清光緒二年(1876)簣覆山房刻本　二冊

220000－0841－0016305　子2463K

痴說四種四卷　題話石主人等撰　清光緒三年(1877)鉛印申報館叢書本　二冊

220000－0841－0016306　子2474K

悟石軒石頭記集評二卷　(清)解盦居士撰　**紅樓夢本事詩七律百首一卷**　(清)西園主人撰　**紅樓夢金陵十二釵本事詞一卷**　(清)□□撰　**紅樓夢人物論辯一卷**　(清)□□撰　**紅樓夢百美吟一卷**　(清)丁嘉琳撰　**紅樓夢竹枝詞一卷**　(清)盧先駱撰　**紅樓夢論贊一卷問答一卷**　(清)徐瀛撰　清光緒十三年(1887)昆陵精舍刻本　四冊

220000－0841－0016307　子5985K

後紅樓夢三十回吳下諸子詩二卷 （清）□□撰 清刻本 八册

220000－0841－0016308 子2470F
紅樓夢補四十八回 題（清）歸鋤子撰 清光緒二年（1876）鉛印申報館叢書本 十册

220000－0841－0016309 子2236K
全像圓夢四卷三十一回 （清）長白臨鶴山人撰 清光緒三十一年（1905）石印本 四册

220000－0841－0016310 子2458K
鏡花緣二十卷一百回 （清）李汝珍撰 清道光元年（1821）刻本 二十册

220000－0841－0016311 子2457K
鏡花緣二十卷一百回 （清）李汝珍撰 清芥子園刻本 二十二册

220000－0841－0016312 子5723K
鏡花緣二十卷一百回 （清）李汝珍撰 清道光二十二年（1842）厚德堂刻本 二十一册

220000－0841－0016313 集11137
繪圖鏡花緣一百回 （清）李汝珍撰 清光緒十四年（1888）上海點石齋石印本 六册

220000－0841－0016314 子2421K
繪圖鏡花緣一百回 （清）李汝珍撰 清光緒十六年（1890）上海石印本 六册

220000－0841－0016315 子2357K
圖像鏡花緣二十卷一百回 （清）李汝珍撰 清光緒十七年（1891）上海廣百宋齋石印本 六册

220000－0841－0016316 子2300F
鏡花緣一百回 （清）李汝珍撰 清光緒鉛印申報館叢書本 四册

220000－0841－0016317 子2072F
林蘭香六十四回 （清）隨緣下士編輯 （清）寄旅散人批點 清光緒三年（1877）申報館鉛活字印本 八册

220000－0841－0016318 子2127K
林蘭香八卷六十四回 （清）隨緣下士編輯 （清）寄旅散人批點 清光緒二十三年（1897）上海蘇報館鉛活字印本 四册

220000－0841－0016319 子2218K
繪圖第二奇書八卷六十四回 （清）隨緣下士編輯 （清）寄旅散人批點 清光緒二十年（1894）上海復古書齋石印本 八册

220000－0841－0016320 子2140K
奇情小説情變二卷八回 （清）吳趼人撰 清宣統二年（1910）時事報館剪報本 二册

220000－0841－0016321 子2243K
繪圖銀如意四卷十六回 （□）□□撰 清光緒二十五年（1899）上海衛記書局石印本 四册

220000－0841－0016322 子2078K
新刻天花藏批評玉嬌梨四卷二十回 題（清）荻岸散人編次 清寶華樓刻本 二册

220000－0841－0016323 子2113K
新刻天花藏批評玉嬌梨四卷二十回 題（清）荻岸散人編次 清文光堂刻本 二册

220000－0841－0016324 子1964
新刻批評繡像平山冷燕六卷二十回 題（清）荻岸散人撰 冰玉主人批點 清乾隆刻本 六册

220000－0841－0016325 子2331K
新刻天花藏批評平山冷燕四卷二十回 題（清）荻岸散人編次 清莞爾堂刻本 四册

220000－0841－0016326 子2250K
繪圖平山冷燕四才子書四卷二十回 題（清）荻岸散人編次 清光緒二十一年（1895）上海珍藝書局鉛活字印本 四册

220000－0841－0016327 子2278K
續四才子四卷十八回 （清）□□撰 清光緒十四年（1888）姑蘇紅葉山房刻本 四册

220000－0841－0016328 子2279K
繪圖續四才子四卷十八回 （清）□□撰 清光緒二十年（1894）上海書局石印本 四册

220000－0841－0016329 子2265
新刻異説反唐演義傳十卷一百回 題如蓮居

士编　清刻本　十册

220000－0841－0016330　子 2370K
贯華堂評論金雲翘傳四卷二十回　(清)青心才人撰　清刻本　四册

220000－0841－0016331　子 2975K
畫圖緣全傳四卷十六回　(清)□□撰　清積經堂刻本　二册

220000－0841－0016332　子 2229K
繡像夢中五美緣四卷十五回　(清)李修行撰　清光緒六年(1880)上海書局石印本　四册

220000－0841－0016333　子 3546K
夢中緣四卷十五回　(清)李修行撰　清光緒十一年(1885)崇德堂刻本　八册

220000－0841－0016334　子 2066K
義俠好逑傳四卷十八回　題(清)名教中人撰　清經元堂刻本　四册

220000－0841－0016335　子 2215K
繪圖俠義風月傳四卷十八回　題(清)名教中人撰　清石印本　四册

220000－0841－0016336　子 2361F
快心編初集十回二集十回三集十二回　題天花才子撰　清光緒鉛印申報館叢書本　十册

220000－0841－0016337　子 2330K
蝴蝶媒四卷十六回　題南岳道人撰　清鼎翰樓刻本　二册

220000－0841－0016338　子 2372K
蝴蝶媒四卷十六回　題南岳道人撰　清積經堂刻本　四册

220000－0841－0016339　子 2235K
蝴蝶緣四卷十六回　題南岳道人撰　清光緒二十一年(1895)上海書局石印本　四册

220000－0841－0016340　子 2239K
繪圖鴛鴦夢四卷十六回　題南岳道人撰　清光緒二十一年(1895)上海書局石印本　四册

220000－0841－0016341　子 2360K
金石緣全傳二十四回　題(清)省齋主人撰　清文光堂刻本　六册

220000－0841－0016342　子 2350K
金石緣全傳八卷二十四回　題(清)省齋主人撰　清道光六年(1826)文錦堂刻本　四册

220000－0841－0016343　子 2353K
金石緣全傳八卷二十四回　題(清)省齋主人撰　清咸豐三年(1853)刻本　四册

220000－0841－0016344　善 0717
臺灣外紀三十卷　(清)江日昇撰　清求無不穫齋木活字印本　十六册

220000－0841－0016345　子 1973
新刻逸田叟女仙外史大奇書一百回　(清)呂熊撰　清康熙釣璜軒刻本　二十册

220000－0841－0016346　善 0854
錦香亭四卷十六回　題(清)素菴主人撰　清刻本　四册

220000－0841－0016347　子 2098
錦香亭四卷十六回　題(清)古吳素庵主人撰　清掃葉山房刻本　二册

220000－0841－0016348　子 2519K
睢陽忠毅錄四卷十六回　題(清)素庵主人撰　清光緒十九年(1893)滬江北石印本　四册

220000－0841－0016349　子 2234K
繪圖睢陽忠毅錄四卷十六回　題(清)素庵主人撰　清光緒二十年(1894)上海書局石印本　四册

220000－0841－0016350　子 2332K
水石緣六卷三十段　(清)李春榮撰　清同治九年(1870)刻本　四册

220000－0841－0016351　子 5955K
繡像繪圖奇緣賽桃源四卷三十回　(清)李春榮撰　清光緒二十一年(1895)上海書局石印本　二册　存二卷十六回

220000－0841－0016352　子 3295K
繪圖遇仙奇緣六卷三十回　(清)李春榮撰　清光緒二十二年(1896)上海五彩書局石印本　四册

220000－0841－0016353　子 1980
雪月梅傳十卷五十回　(清)陳朗撰　(清)董孟汾評釋　清乾隆四十年(1775)刻本　十冊

220000－0841－0016354　子 2267K
雪月梅傳奇十卷五十回　(清)陳朗撰　清聚錦堂刻本　六冊

220000－0841－0016355　子 2203K
繪圖駐春園外史六卷二十四回　題吳航野客撰　清光緒二十二年(1896)中西書局石印本　四冊

220000－0841－0016356　子 2238K
新刻痴人福四卷八回　(清)□□撰　清光緒二十九年(1903)上海書局石印本　四冊

220000－0841－0016357　子 2524K
新鐫三分夢全傳十六回　(清)張士登撰　清道光二十八年(1848)刻本　八冊

220000－0841－0016358　子 2246K
新鐫繪圖醒夢錄全傳十六回　(清)張士登撰　清光緒二十一年(1895)上海十萬卷樓石印本　四冊

220000－0841－0016359　子 2085K
鴛鴦影四卷十八回　題樵雲山人編　清刻本　四冊

220000－0841－0016360　子 2124
第八才子書白圭志四卷十六回　(清)崔象川撰　(清)何晴川評　清嘉慶十一年(1806)補餘軒刻本　四冊

220000－0841－0016361　子 2268K
第八才子書白圭志四卷十六回　(清)崔象川撰　(清)何晴川評　清同治元年(1862)文德堂刻本　四冊

220000－0841－0016362　子 2200K
全像第十才子奇書四卷十六回　(清)崔象川撰　清光緒二十二年(1896)上海文宜書局石印本　四冊

220000－0841－0016363　子 2018K
新編玉燕姻緣傳記七十七回　(□)□□撰　清光緒二十一年(1895)上海書局石印本　六冊

220000－0841－0016364　子 3250K
繪像鐵花仙史二十六回　(□)□□撰　清光緒鉛活字印本　四冊

220000－0841－0016365　子 2288K
新刻刪增二度梅奇說六卷　題惜陰堂主人撰　清同治九年(1870)姑蘇綠慎堂刻本　六冊

220000－0841－0016366　子 2201K
繪圖二度梅四卷四十回　題惜陰堂主人撰　清上海文宜書局石印本　四冊

220000－0841－0016367　子 2006
蜃樓志二十四回　題(清)庾弱嶺勞人說　(清)禹山老子編　清嘉慶刻本　六冊

220000－0841－0016368　子 1972
英雲夢傳八卷　題(清)九容樓主人松雲氏撰　清嘉慶十年(1805)書業堂刻本　八冊

220000－0841－0016369　子 2189K
英雲夢傳八卷　題(清)九容樓主人松雲氏撰　清刻本　八冊

220000－0841－0016370　子 2315K
英雲夢傳八卷　題(清)九容樓主人松雲氏撰　清聚秀堂刻本　八冊

220000－0841－0016371　子 2351K
英雲夢傳八卷　題(清)九容樓主人松雲氏撰　清同元堂刻本　一冊

220000－0841－0016372　子 2226K
繪圖英雲三生夢傳四卷　題(清)九容樓主人松雲氏撰　清石印本　四冊

220000－0841－0016373　子 2276K
五美緣全傳八十回　(清)□□撰　清光緒六年(1880)文奎堂刻本　十六冊

220000－0841－0016374　子 2016K
繪圖仙卜奇緣八卷四十回　(清)吳毓昶撰　清光緒二十三年(1897)上海書局石印本　六冊

220000－0841－0016375　子2658K
品花寶鑑六十回　(清)陳森撰　清刻本　三十二册

220000－0841－0016376　集9853K
品花寶鑑六十回　(清)陳森撰　清刻本　二十四册

220000－0841－0016377　子2138K
品花寶鑑六十回　(清)陳森撰　清光緒三十四年(1908)石印本　八册

220000－0841－0016378　子2005K
花月痕全書十六卷五十二回　(清)魏秀仁撰　清光緒十四年(1888)刻本　十六册

220000－0841－0016379　子2019K
繪圖花月姻緣十六卷五十二回　(清)魏秀仁撰　清石印本　六册

220000－0841－0016380　子2199K
繪圖花月因緣十六卷五十二回　(清)魏秀仁撰　清上海文宜書局石印本　六册

220000－0841－0016381　子2090F
青樓夢六十四回　(清)俞達撰　清光緒鉛印申報館叢書本　十册

220000－0841－0016382　子2210K
增像繪圖青樓夢六十四回　(清)俞達撰　清光緒二十一年(1895)上海書局石印本　八册

220000－0841－0016383　子2291F
繪芳錄八十回　(清)西泠野樵撰　清光緒鉛印申報館叢書本　十六册

220000－0841－0016384　子2858K
繪圖繪芳錄八卷八十回　(清)西泠野樵撰　清光緒二十年(1894)上海書局石印本　八册

220000－0841－0016385　子3510K
海上花列傳六卷六十四回　(清)韓邦慶撰　清光緒上海理文軒書莊石印本　六册

220000－0841－0016386　子2244K
青樓寶鑑六十四回　(清)韓邦慶撰　清光緒石印本　十六册

220000－0841－0016387　子2437K
繡像海上繁華夢初集六卷三十四回二集六卷三十回　(清)孫家振撰　清光緒二十九年(1903)上海笑林報館鉛活字印本　十二册

220000－0841－0016388　子2393K
海上繁華夢新書後集八卷四十回　(清)孫家振撰　清光緒三十二年(1906)上海笑林報館鉛活字印本　八册

220000－0841－0016389　子2204K
新輯查潘鬥勝香國綺談四卷三十回　題陽羨鐵盦隱士編次　清光緒二十七年(1901)上海書局石印本　四册

220000－0841－0016390　子2307K
新奇小説後庭花十二回　(□)□□撰　清石印本　一册

220000－0841－0016391　子2081K
新花月痕二編十四回　題婆語撰　清宣統元年(1909)上海改良小説社鉛活字印本　一册　存七回(下編八至十四)

220000－0841－0016392　子2435K
第一奇書野叟曝言二十卷一百五十四回　(清)夏敬渠撰　(清)□□評　清光緒八年(1882)鉛活字印本　十册

220000－0841－0016393　子2178K
新編蘇小小全傳十六回　(□)□□撰　清宣統二年(1910)石印本　一册

220000－0841－0016394　子2075K
嶺南逸史二十八回　(清)黄耐庵撰　清文道堂刻本　八册

220000－0841－0016395　子2306K
嶺南逸史二十八回　(清)黄耐庵撰　清刻本　十四册

220000－0841－0016396　集11138
兒女英雄傳評話四十回首一回　(清)文康撰　還讀我書室主人(董恂)評　清光緒十四年(1888)上海蜚英館石印本　六册

220000－0841－0016397　子1968K

俠女奇緣傳評話八卷四十回首一回　(清)文康撰　清光緒二十四年(1898)上海蘇報館鉛活字印本　八册

220000－0841－0016398　子2467K
續兒女英雄全傳六卷三十二回　(□)□□撰　清光緒二十四年(1898)京都宏文書局石印本　六册

220000－0841－0016399　子2013K
蘭花夢八卷六十八回　題吟梅山人撰　清光緒三十四年(1908)上海書局石印本　四册

220000－0841－0016400　子2190K
爭春園全傳四十八回　題寄生氏撰　清刻本　八册

220000－0841－0016401　子2294K
爭春園全傳四十八回　題寄生氏撰　清光緒十五年(1889)刻本　四册

220000－0841－0016402　子2208K
繪圖繡像巧寃家四卷二十九回　(清)□□撰　清光緒三十二年(1906)上海書局石印本　四册

220000－0841－0016403　子2270K
新刻繡像後唐奇書蓮子瓶演義傳四卷二十三回　(清)□□撰　清同治十年(1871)瀛海軒刻本　二册

220000－0841－0016404　子2245K
繪圖第五奇書銀瓶梅四卷二十三回　(清)□□撰　清光緒二十一年(1895)石印本　四册

220000－0841－0016405　子3253K
新本繡像匡漢玉催曉夢全傳四卷二十回　題(清)雲陽嗤嗤道人撰　清刻本　四册

220000－0841－0016406　子2327K
風月夢三十二回　題邗上蒙人撰　清光緒十年(1884)上海江左書林刻本　四册

220000－0841－0016407　子2255K
繡像金臺全傳六卷六十回　(清)□□撰　清光緒二十七年(1901)石印本　六册

220000－0841－0016408　子2972K
繪圖增像西遊記一百回　(明)吳承恩撰　清光緒十六年(1890)上海廣百宋齋鉛活字印本　十册

220000－0841－0016409　子2402
西遊真詮一百回　(清)陳士斌解　清刻本　二十四册

220000－0841－0016410　集9761K
西遊真詮一百回　(清)陳士斌解　清光緒十年(1884)掃葉山房刻本　二十册

220000－0841－0016411　子2379K
西遊原旨二十四卷一百回首一卷　(清)劉一明解　清嘉慶二十四年(1819)夏復恒湖南常德郡護國菴刻本　二十四册

220000－0841－0016412　子5819F
西遊原旨二十四卷一百回首一卷　(清)劉一明解　清嘉慶二十四年(1819)夏復恒湖南常德郡刻本　十六册

220000－0841－0016413　子2143K
繡像後西遊記六卷四十回　(清)□□撰　清光緒二十一年(1895)上海書局石印本　四册

220000－0841－0016414　子2346K
新説西遊記一百回　(清)張書紳撰　清善成堂刻本　二十四册

220000－0841－0016415　集10022K
新説西遊記一百回　(清)張書紳撰　清光緒十四年(1888)上海味潛齋石印本　八册

220000－0841－0016416　子2302K
四遊記傳十四卷一百三十九回　(□)□□撰　清金玉樓刻本　八册

220000－0841－0016417　子2452K
刻全像五顯靈官大帝華光天王傳四卷十八回　(明)余象斗撰　清道光十年(1830)刻四遊全傳本　四册

220000－0841－0016418　子1961
新刻鍾伯敬先生批評封神演義十九卷一百回　(明)陸西星撰　(明)鍾惺評　清康熙四雪

草堂刻本　四十册

220000－0841－0016419　子1956

初刻封神演義八卷一百回　(明)陸西星撰　清乾隆四十三年(1778)經綸堂刻本　八册

220000－0841－0016420　子1957

新刻封神演義八卷一百回　(明)陸西星撰　清刻本　十六册

220000－0841－0016421　子3960

新刻鍾伯敬先生批評封神演義一百回　(明)陸西星撰　(明)鍾惺評　清康熙刻本　二册　存八回(一至八)

220000－0841－0016422　子2354K

繪圖封神演義八卷一百回　(明)陸西星撰　清天寶書局石印本　八册

220000－0841－0016423　子2341K

新刻鍾伯敬先生批評封神演義十九卷一百回　(明)陸西星撰　(明)鍾惺評　清光緒九年(1883)掃葉山房刻本　二十册

220000－0841－0016424　子2340K

新刻鍾伯敬先生批評封神演義十九卷一百回　(明)陸西星撰　(明)鍾惺評　清光緒九年(1883)校經山房刻本　二十册

220000－0841－0016425　子2973K

新刻鍾伯敬先生批評封神演義二十卷一百回　(明)陸西星撰　(明)鍾惺評　清經綸堂刻本　四册　存二十回(一至五、四十一至五十五)

220000－0841－0016426　子2352K

新刻鍾伯敬先生批評封神演義二十卷一百回　(明)陸西星撰　(明)鍾惺評　清書業成刻本　六册

220000－0841－0016427　集10023K

繡像封神演義一百回　(明)陸西星撰　(明)鍾惺評　清光緒十七年(1891)上海廣百宋齋石印本　十册

220000－0841－0016428　善3434

新刻劍嘯閣批評西漢演義傳八卷　(明)甄偉撰　明刻本　一册　存一卷(一)

220000－0841－0016429　子1965

新刻劍嘯閣批評東漢演義傳十卷　(明)謝詔撰　(明)鍾惺評　清刻本　六册

220000－0841－0016430　子1936

新刻劍嘯閣批評東漢演義傳十卷　(明)謝詔撰　(明)鍾惺評　清漁古山房刻本　八册

220000－0841－0016431　集9660

新鍥重訂出像通俗演義東晉志傳題評八卷紀元傳一卷　題(明)陳氏尺蠖齋評釋　明繡谷周氏大業堂刻本　六册　存七卷(一至六、紀元傳一卷)

220000－0841－0016432　善0444

北史演義六十四卷　(清)杜綱撰　(清)許寶善批評　清乾隆五十八年(1793)刻本　八册

220000－0841－0016433　子2573

南史演義三十二卷　(清)杜綱撰　清乾隆六十年(1795)刻本　十二册

220000－0841－0016434　善0883

新鐫徐文長先生評隋唐演義八卷一百十四節　(明)徐渭評　清成錦堂刻本　六册

220000－0841－0016435　子1967

四雪草堂重訂通俗隋唐演義二十卷一百回　(清)褚人穫撰　清康熙文盛堂刻本　二十一册

220000－0841－0016436　善1588

新鐫全像通俗演義隋煬帝豔史八卷四十回　題(明)齊東野人撰　(明)不經先生評　明崇禎四年(1631)人瑞堂刻本　八册

220000－0841－0016437　子3523

重刻繡像説唐演義全傳六十八卷後傳五十五回　題(清)鴛湖漁叟訂　清乾隆姑蘇綠慎堂刻本　二十册

220000－0841－0016438　集10805

新鐫濟顛大師醉菩提全傳二十回　題(清)天花藏主人編　清刻本　三册

220000－0841－0016439　子2549K

新鐫濟顛大師醉菩提全傳二十回 題(清)天花藏主人編 清同治十年(1871)聚盛堂刻本 六冊

220000－0841－0016440 子2097K
新鐫濟顛大師醉菩提全傳四卷二十回 題(清)天花藏主人編 清佛鎮連元閣刻本 四冊

220000－0841－0016441 子2109K
繡像評演接續後部濟公傳十二卷一百二十回 郭小亭撰 清光緒二十六年(1900)石印本 六冊

220000－0841－0016442 子2249K
繪圖火燒上海紅廟演義二卷十二回 題半痴生撰 清石印本 二冊

220000－0841－0016443 子2269
聽月樓二十回 (□)□□撰 清嘉慶二十二年(1817)積秀堂刻本 六冊

220000－0841－0016444 子2052F
蟫史二十卷 (清)屠紳撰 清光緒鉛印申報館叢書本 六冊

220000－0841－0016445 子2328K
新野叟曝言二十卷 (清)屠紳撰 清宣統元年(1909)上海小說進步社鉛活字印本 六冊

220000－0841－0016446 子3307
綠野仙踪二十卷八十回 (清)李百川撰 清道光二十五年(1845)刻本 十冊

220000－0841－0016447 子2293K
希夷夢四十卷 (清)汪寄撰 清光緒四年(1878)翠筠山房刻本 二十冊

220000－0841－0016448 子2392
草木春秋演義五卷三十二回 (清)江洪撰 清最樂堂刻本 六冊

220000－0841－0016449 子1978K
草木春秋演義五卷三十二回 (清)江洪撰 清大文堂刻本 六冊

220000－0841－0016450 子2091K
草木新本牡丹亭四卷三十二回 (清)曹靜山撰 清同治十一年(1872)富經堂刻本 二冊

220000－0841－0016451 子2318
夏商合傳十卷 (明)鍾惺編輯 清嘉慶十九年(1814)稽古堂刻本 八冊

220000－0841－0016452 子2017K
繪圖仙狐竊寶錄四卷二十二回 (□)□□撰 清光緒十九年(1893)上海書局石印本 四冊

220000－0841－0016453 子2542K
新刊繡像昇仙傳演義八卷五十六回 題倚雲氏撰 清刻本 八冊

220000－0841－0016454 子2537K
金蓮仙史四卷二十四回 (清)潘昶撰 清光緒刻本 六冊

220000－0841－0016455 善0832
忠義水滸全書一百二十回引首一卷 (元)施耐庵撰 (明)李贄評 **宣和遺事一卷水滸忠義一百八人籍貫出身一卷** 清郁郁堂刻楊定見改編本 三十二冊

220000－0841－0016456 善0588
第五才子書施耐庵水滸傳七十五卷七十回 (元)施耐庵撰 (清)金人瑞刪評 明崇禎貫華堂刻本 四十冊

220000－0841－0016457 子2297
第五才子書水滸傳七十五卷七十回 (元)施耐庵撰 (清)金人瑞刪評 清雍正十二年(1734)刻本 十六冊

220000－0841－0016458 子3721
繪圖增像第五才子書水滸全傳七十回 (元)施耐庵撰 (清)金聖嘆評釋 清光緒二十四年(1898)上海書局石印本 六冊

220000－0841－0016459 子2418
繪圖增像第五才子書水滸全傳七十回 (元)施耐庵撰 清石印本 十冊

220000－0841－0016460 集11132K
第五才子書水滸傳七十回 (元)施耐庵撰 (清)金聖嘆評 清光緒十四年(1888)上海大

同書局石印本　八册

220000－0841－0016461　子2148K
第五才子書十二卷一百二十四回　(元)施耐庵撰　清刻本　十二册

220000－0841－0016462　子2479
第五才子書十二卷一百二十四回　(清)金聖嘆評　(明)李贄鑒定　清芥子園刻本　十二册

220000－0841－0016463　子3514
第五才子書十二卷一百二十四回　(清)金聖嘆評　(明)李贄鑒定　清芥子園刻本　四册

220000－0841－0016464　子1966
水滸後傳八卷四十回　(清)陳忱撰　清紹裕堂刻本　八册

220000－0841－0016465　子3696
水滸後傳十卷四十回　(清)陳忱撰　清刻本　四册

220000－0841－0016466　子5952
後水滸蕩平四大寇傳六卷四十九回　(□)□□撰　清光緒二十一年(1895)上海文宜書局石印本　六册

220000－0841－0016467　子2076F
結水滸全傳七十卷首一卷末一卷七十回　(清)俞萬春撰　(清)范辛來　(清)邵祖恩評　清光緒九年(1883)上海申報館鉛活字印本　十八册

220000－0841－0016468　子3578
結水滸全傳七十卷首一卷末一卷七十回　(清)俞萬春撰　(清)范辛來　(清)邵祖恩評　清光緒二十二年(1896)沈記書莊石印本　四册

220000－0841－0016469　子1959
平妖傳四十回　(明)羅本撰　(明)馮夢龍補　清刻本　四册

220000－0841－0016470　子1958K
映旭齋增訂北宋三遂平妖全傳十八卷四十回　(明)羅本撰　(明)馮夢龍補　清敬書堂刻本　八册

220000－0841－0016471　子1955K
映旭齋增訂北宋三遂平妖全傳十八卷四十回　(明)羅本撰　(明)馮夢龍補　清文聚堂刻本　十册

220000－0841－0016472　子2399K
平妖傳八卷四十回　(明)羅本撰　(明)馮夢龍補　清嘉慶十七年(1812)書業堂刻本　六册

220000－0841－0016473　子2491K
平妖傳八卷四十回　(明)羅本撰　(明)馮夢龍補　清嘉慶十七年(1812)刻講德齋印本　八册

220000－0841－0016474　善2311
新列國志一百八回　(明)馮夢龍撰　明刻本　十九册　缺五回(六十三至六十七)

220000－0841－0016475　子1942K
新鐫批評出像通俗奇俠禪真逸史八集八卷四十回　題(明)清溪道人編次　(明)心心仙侶等評訂　**新鐫批評出像通俗演義禪真後史八集八卷五十三回**　題(明)清溪道人編次　(明)冲和居士評校　清刻本　二十册

220000－0841－0016476　善0853
新鐫批評出像通俗演義禪真後史十集六十回　(明)方汝浩撰　明刻本　八册　存五十三回(一至五十三)

220000－0841－0016477　子2187K
新刻三合明珠寶劍全傳六卷四十二回　(□)□□撰　清道光二十八年(1848)經綸堂刻本　六册

220000－0841－0016478　子2312K
新刻异説緑牡丹六卷六十四回　(清)□□撰　清道光京都文善堂刻本　六册

220000－0841－0016479　子2117K
繡像緑牡丹全傳六卷六十四回　(清)□□撰　清咸豐十年(1860)刻本　六册

220000－0841－0016480　子2314K

繡像綠牡丹全傳六卷六十四回　(清)□□撰　清同治元年(1862)一世軒刻本　六册

220000－0841－0016481　子2316K
新纂綠牡丹全傳十一卷六十四回　(清)□□撰　清同治四年(1865)華經堂刻本　六册

220000－0841－0016482　子2216K
繡像綠牡丹全傳六卷六十四回　(清)□□撰　清光緒二十七年(1901)上海書局石印本　六册

220000－0841－0016483　子2011K
武則天四大奇案六卷六十四回　(□)□□撰　清石印本　三册

220000－0841－0016484　子2002K
俠義傳二十四卷一百二十回　(清)石玉崑撰　清光緒十年(1884)東昌寶興堂刻本　二十四册

220000－0841－0016485　子3517K
七俠五義傳二十四卷一百二十回　(清)石玉崑撰　(清)俞樾改訂　清光緒十五年(1889)上海廣百宋齋鉛活字印本　六册

220000－0841－0016486　子2045K
繡像七俠五義傳十二卷一百二十回　(清)石玉崑撰　(清)俞樾改訂　清光緒二十五年(1899)上海掃葉山房石印本　六册

220000－0841－0016487　子2153K
繡像七俠五義傳六卷一百二十回　(清)石玉崑撰　(清)俞樾改訂　清上海簡青齋書局石印本　六册　存五卷(一至五)

220000－0841－0016488　子2000K
小五義一百二十四回　(清)石玉崑撰　清光緒十六年(1890)北京文光樓刻本　二十四册

220000－0841－0016489　子2358F
小五義一百二十四回　(清)石玉崑撰　清光緒十六年(1890)北京文光樓刻本　二十册　存一百五回(一至九十五、一百十一至一百十五、一百二十至一百二十四)

220000－0841－0016490　子2121F
小五義一百二十四回　(清)石玉崑撰　清光緒鉛印申報館叢書本　四册　存四十八回(一至四十八)

220000－0841－0016491　子3644K
增圖小俠五義傳六卷一百二十四回　(□)□□撰　清光緒二十四年(1898)三槐書屋石印本　六册

220000－0841－0016492　子2001K
續小五義二十四卷一百二十四回　(清)石玉崑撰　清光緒十八年(1892)泰山堂刻本　十八册　存十八卷(一至十二、十九至二十四)

220000－0841－0016493　子2106K
繪圖大明奇俠傳十四卷五十四回　(□)□□撰　清光緒三十四年(1908)汕頭開通書局石印本　六册　存三卷(三至五)

220000－0841－0016494　子2141K
繡像永慶昇平前傳十二卷九十七回　(清)郭廣瑞撰　**新刊繡像全圖永慶昇平後傳十二卷一百回**　(清)食夢道人撰　清光緒二十五年(1899)上海文敬叁書局石印本　八册

220000－0841－0016495　子2303K
繡像永慶昇平二十四卷九十七回　(清)郭廣瑞撰　**新刊繡像全圖永慶昇平後傳二十五卷一百回**　(清)食夢道人撰　清光緒二十六年(1900)上海申昌書局石印本　十二册

220000－0841－0016496　子2420K
蜃樓外史四卷四十回　題八詠樓主撰　清字林滬報館鉛活字印本　四册

220000－0841－0016497　子3571
繪圖包龍圖叛斷奇冤六卷　(明)□□撰　清光緒二十六年(1900)上海書局石印本　六册

220000－0841－0016498　子2465K
施案奇聞八卷九十七回　(□)□□撰　清同治十三年(1874)京都文成堂刻本　四册

220000－0841－0016499　子2432K
續纂施公案三十六卷一百回　(□)□□撰　清光緒二十年(1894)集誼會刻本　十六册

220000－0841－0016500　子 2439K
續纂施公案三十六卷一百回　(□)□□撰　清光緒二十年(1894)梓潼會刻本　十六冊

220000－0841－0016501　子 2111K
繡像彭公清烈傳四卷四十回初續四卷四十回再續四卷四十回四續四卷四十回　(清)葛藩撰　清宣統上海茂記書莊石印本　十六冊

220000－0841－0016502　集 10982
繪圖秘本殺子報全傳四卷二十回　(□)□□撰　清光緒二十四年(1898)上海書局石印本　三冊　存三卷(一至二、四)

220000－0841－0016503　子 2611
第九才子書平鬼傳四卷十回　題(清)樵雲山人編次　清乾隆書坊刻本　四冊

220000－0841－0016504　子 2607
第九才子書平鬼傳四卷十回　(清)樵雲山人編次　清道光書坊刻本　四冊

220000－0841－0016505　善 0622
儒林外史五十六回　(清)吴敬梓撰　清同治八年(1869)木活字印本　十二冊

220000－0841－0016506　子 2130K
齊省堂增訂儒林外史五十六回　(清)吴敬梓撰　清同治十三年(1874)齊省堂刻本　八冊

220000－0841－0016507　集 11133
增補齊省堂儒林外史六十回　(清)吴敬梓撰　清光緒十四年(1888)鴻寶齋石印本　四冊

220000－0841－0016508　善 0881
新編繡像簇新小說麟兒報十六回　(清)□□輯　清嘯花軒刻本　六冊

220000－0841－0016509　子 2069
何典十回　(清)張南莊撰　清光緒鉛印申報館叢書本　二冊

220000－0841－0016510　子 2521K
糊塗世界十二卷十二回　(清)吴沃堯撰　清光緒三十二年(1906)上海世界繁華報館鉛活字印本　六冊

220000－0841－0016511　子 2430K
增注繪圖官場現形記五編六十回　(清)李寶嘉撰　清光緒三十年(1904)粵東書局石印本　十七冊

220000－0841－0016512　子 2429K
增注繪圖官場現形記六編七十六回　(□)□□撰　清石印本　四冊

220000－0841－0016513　子 2427K
最新增注繪圖官場現形記七編九十二回　(□)□□撰　清宣統二年(1910)石印本　四冊

220000－0841－0016514　子 2282K
醫界現形記四卷二十二回　(清)郁聞堯撰　清光緒三十二年(1906)商務印書館鉛活字印本　四冊

220000－0841－0016515　子 2536
官場風流案十三章　(清)李韻撰　清光緒三十四年(1908)上海改良小說社鉛活字印本　一冊

220000－0841－0016516　子 2540
新官場現形記二卷八回　(清)□□撰　清光緒三十四年(1908)上海改良小說社鉛活字印本　二冊

220000－0841－0016517　子 2576K
新出滑頭現形記三卷十二回　題玩時子撰　清光緒三十四年(1908)上海鴻文書局石印本　一冊

220000－0841－0016518　子 2151K
天足引白話小說八回　(清)程宗啓演說　(清)朱大文評點　清上海鴻文書局石印本　一冊

220000－0841－0016519　子 2159K
繪圖粵東繁華夢三卷四十回　(清)黄小配撰　清光緒石印本　三冊

220000－0841－0016520　子 2461K
繡像醒世姻緣傳一百回　題西周生撰　清光緒二十年(1894)上海書局石印本　十冊

220000－0841－0016521　子 2308K

常言道四卷十六回　題（清）落魄道人編　清嘉慶刻本　四冊

220000－0841－0016522　子2193K
富翁傳四卷十六回　題（清）落魄道人編　清光緒十九年（1893）上海文宜書局石印本　四冊

220000－0841－0016523　子3361K
新鐫繪圖十二美女玉蟾緣四卷五十三回　（清）崔象川撰　清光緒二十五年（1899）上海書局石印本　四冊　存二卷（一至二）

220000－0841－0016524　子2202K
熙朝快史十二回　題飲霞居士編　清石印本　四冊

220000－0841－0016525　子2446K
新編白話游戲小說無底洞十四回　（□）□□撰　清中外小說社石印本　一冊

220000－0841－0016526　子3377K
新編游戲小說瞎子搭姘頭十四回　題悟蝶子撰　清石印本　一冊

220000－0841－0016527　子1976K
掃迷帚二十四回　題壯者撰　清光緒三十三年（1907）商務印書館鉛活字印本　二冊

220000－0841－0016528　子3549K
慘女界二卷三十回　吕俠人撰　清光緒三十四年（1908）商務印書館鉛活字印本　二冊

220000－0841－0016529　子2374K
玉佛緣八回　題嘿生撰　清光緒三十四年（1908）商務印書館鉛活字印本　二冊

220000－0841－0016530　子2541K
迷信小說瞎騙奇聞八回　（清）吳沃堯撰　清光緒三十四年（1908）商務印書館鉛活字印本　一冊

220000－0841－0016531　子3370K
科學小說生生袋十二章　題支明撰　清商務印書館鉛活字印本　一冊

220000－0841－0016532　子2118K
社會小說雙拐奇案二編三十六章　題古之傷心人撰　清宣統元年（1909）上海文藝消遣所鉛活字印本　二冊

220000－0841－0016533　子1970
金鐘傳八卷六十四回　題正一子　克明子撰　清光緒二十二年（1896）樂善堂刻本　六冊　存六卷（一至六）

220000－0841－0016534　子2355K
轟天雷十四回　（清）孫景賢撰　清光緒三十年（1904）常熟海虞文社鉛活字印本　一冊

220000－0841－0016535　集10206K
上海之維新黨五卷　題浪蕩男兒撰　清光緒石印本　一冊　存一卷三回（卷一：一至三）

220000－0841－0016536　子2325K
中國之女銅像三卷二十回　題武靜觀自得齋主人編　清宣統元年（1909）上海改良小說社鉛活字印本　二冊　存二卷（一至二）

220000－0841－0016537　子2290K
社會小說綠林變相二編二十回　（□）□□撰　清宣統元年（1909）上海改良小說社鉛活字印本　二冊

220000－0841－0016538　子2146K
春夢留痕十六回　小說進步社編譯　清宣統元年（1909）上海改良進步社鉛活字印本　一冊

220000－0841－0016539　子2285K
繪圖新出情天劫小說八回　題東亞寄生撰　清宣統二年（1910）世界小說社石印本　一冊

220000－0841－0016540　子2724K
新出繪圖上海巨商金琴蓀被匪暗殺記十章　題桃花主人撰　清宣統二年（1910）粵東石印本　一冊

220000－0841－0016541　子1953K
社會小說自由鏡三十四章　（清）蔣景緘撰　清宣統二年（1910）上海輿論時事報石印本　二冊

220000－0841－0016542　子1952K
家庭小說蘆花棒喝記十八章　（清）蔣景緘撰

清宣統二年(1910)上海輿論時事報石印本　一册

220000－0841－0016543　子 5502F
社會小説自由鏡三十四章家庭小説蘆花棒喝記十八章　(清)蔣景緘撰　清宣統二年(1910)上海輿論時事報石印本　一册

220000－0841－0016544　子 1954K
義烈小説費娥劍二十四章　(清)蔣景緘撰　清時事報石印本　一册

220000－0841－0016545　子 2371K
社會小説娘子軍二編十二回　(□)□□撰　清改良新小説社鉛活字印本　一册

220000－0841－0016546　叢 0951K
小四書　(明)朱升輯　(清)陸隴其校訂　清道光二十五年(1845)芭蕉山館刻本　三册

220000－0841－0016547　叢 1526K
小四書　(明)朱升輯　(清)陸隴其校訂　清道光朱廷標刻本　二册

220000－0841－0016548　叢 1543K
新增小四書　(明)朱升輯　(清)陸隴其校訂　清經藝堂刻本　四册

220000－0841－0016549　叢 1546K
增訂漢魏叢書　(清)王謨輯　清乾隆刻本　十一册　存十三種

220000－0841－0016550　叢 0752K
增訂漢魏叢書　(清)王謨輯　清光緒二年(1876)紅杏山房刻民國四年(1915)蜀南馬湖盧樹枏補印本　一百十四册　缺三種

220000－0841－0016551　叢 0625K
增訂漢魏叢書　(清)王謨撰　清宣統三年(1911)上海大通書局石印本　三十二册

220000－0841－0016552　善 1730
快書五十卷　(明)閔景賢輯　明天啓六年(1626)刻本　二十四册

220000－0841－0016553　叢 1653K
秘書廿一種　(清)汪士漢輯　清嘉慶九年(1804)汪氏刻本　二十册

220000－0841－0016554　叢 0630K
昭代叢書　(清)張潮　(清)張漸輯　清道光吴江沈氏世楷堂刻本　三十二册

220000－0841－0016555　叢 0083K
正誼堂全書　(清)張伯行輯　(清)楊浚重輯　清同治五年(1866)福州正誼書院刻八年至九年(1869－1870)續刻本　一百六十册　缺二種

220000－0841－0016556　子 2093K
説鈴　(清)吴震方輯　清嘉慶四年(1799)刻本　三十二册

220000－0841－0016557　子 2289F
説鈴後集十六種　(清)吴震方輯　清嘉慶四年(1799)刻本　十三册　缺一種

220000－0841－0016558　叢 0584K
武英殿聚珍版書　(清)高宗弘曆輯　清乾隆四十二年(1777)福建刻道光、同治遞修光緒二十一年(1895)增刻本　一千四十九册

220000－0841－0016559　叢 0585K
武英殿聚珍版書　(清)高宗弘曆輯　清同治十三年(1874)江西書局刻本　一百二十一册　缺八種

220000－0841－0016560　集 1578F
武英殿聚珍版書　(清)高宗弘曆輯　清同治十三年(1874)江西書局刻本　五十二册　存十九種

220000－0841－0016561　叢 0712K
述記　(清)任兆麟輯　清乾隆五十三年(1788)映雪草堂刻本　六册

220000－0841－0016562　叢 1644K
三代兩漢遺書讀本　(清)任兆麟輯　清嘉慶十五年(1810)金閶濂溪閣刻本　八册

220000－0841－0016563　叢 0273K
微波榭叢書　(清)孔繼涵輯　清乾隆孔氏刻本　五十一册

220000－0841－0016564　叢 1724K
知不足齋叢書　(清)鮑廷博輯　清乾隆、道

光鮑氏刻本　三十一冊　存二十九種

220000－0841－0016565　叢 0654K
拜經樓叢書　(清)吳騫輯　清乾隆、道光海昌吳氏刻本　三十冊　存十七種

220000－0841－0016566　叢 1583K
重刊拜經樓叢書七種　(清)吳騫輯　清光緒十一年(1885)會稽章氏鄂渚刻本　八冊

220000－0841－0016567　叢 1557K
重校拜經樓叢書十種　(清)吳騫輯　清光緒二十年(1894)吳縣朱氏校經堂刻本　十冊

220000－0841－0016568　叢 0930F
硯雲二編附總目　(清)全忠淳撰　清光緒上海申報館鉛印申報館叢書本　十二冊

220000－0841－0016569　叢 1572K
函海　(清)李調元輯　清道光五年(1825)李朝夔刻印本　一百二十冊

220000－0841－0016570　經 1181F
古音附錄一卷古音畧例一卷古音駢字五卷古音復字五卷　(明)楊慎撰　清乾隆錦州李氏萬卷樓刻道光五年(1825)補刻函海本　二冊

220000－0841－0016571　經 1189F
古音駢字五卷古音復字五卷　(明)楊慎撰　清道光五年(1825)李朝夔刻函海本　二冊

220000－0841－0016572　叢 1467K
綿州李氏叢刻十種　(清)李調元輯　清刻本　三冊

220000－0841－0016573　叢 0646K
經訓堂叢書　(清)畢沅輯　清光緒十三年(1887)大同書局石印本　二十冊

220000－0841－0016574　叢 0088K
貸園叢書　(清)周永年輯　清乾隆五十四年(1789)歷城周氏竹西書屋據益都李文藻刻版重編印本　十六冊

220000－0841－0016575　叢 0655K
龍威秘書　(清)馬俊良輯　清乾隆五十九年(1794)石門馬氏大西山房刻本　八十冊

220000－0841－0016576　叢 0708F
荒外奇書　(清)馬俊良輯　清乾隆五十九年(1794)石門大西山房刻龍威叢書本　四冊

220000－0841－0016577　叢 070K
問經堂叢書　(清)孫馮翼輯　清嘉慶承應孫氏刻本　七冊　存十一種

220000－0841－0016578　叢 0562K
平津館叢書　(清)孫星衍輯　清嘉慶蘭陵孫氏刻本　九十冊　缺一種

220000－0841－0016579　叢 0792K
讀畫齋叢書　(清)顧修輯　清嘉慶四年(1799)顧氏刻本　六十四冊

220000－0841－0016580　叢 271K
平津館叢書　(清)孫星衍輯　清光緒十一年(1885)吳縣朱氏槐廬家塾刻本　五十冊

220000－0841－0016581　叢 0541K
藝海珠塵　(清)吳省蘭輯　清嘉慶南匯吳氏聽彝堂刻本　六十冊　缺一種

220000－0841－0016582　叢 077K
湖海樓叢書　(清)陳春輯　清嘉慶蕭山陳氏刻本　三十二冊

220000－0841－0016583　叢 0627K
藝苑捃華　(清)顧之逵輯　清同治七年(1868)務本堂刻本　二十四冊

220000－0841－0016584　叢 1189K
詒經堂藏書　(清)金長春輯　清嘉慶十八年(1813)金氏刻本　六冊

220000－0841－0016585　叢 0388K
紛欣閣叢書　(清)周心如輯　清道光浦江周氏刻本　二十八冊　缺一種

220000－0841－0016586　叢 0383K
賜硯堂叢書新編　(清)顧沅輯　清道光十年(1830)長洲顧氏刻本　八冊

220000－0841－0016587　叢 0122K
惜陰軒叢書　(清)李錫齡輯　清道光二十六年至咸豐八年(1846－1858)宏道書院刻本　一百二十四冊

220000－0841－0016588　叢 053K
惜陰軒叢書　(清)李錫齡輯　清光緒二十二年(1896)長沙刻本　一百十九冊　缺一種

220000－0841－0016589　叢 0953K
宜稼堂叢書　(清)郁松年輯　清道光上海郁氏刻本　六十四冊

220000－0841－0016590　叢 1711K
閏竹居叢書　(清)觀頮道人輯　清刻本　四冊

220000－0841－0016591　叢 0547K
春暉堂叢書　(清)徐渭仁輯　清同治刻本　十冊　缺一種

220000－0841－0016592　叢 0189K
文選樓叢書　(清)阮亨輯　清嘉慶、道光儀徵阮氏刻本　一百四冊　缺五種

220000－0841－0016593　叢 0281K
凌氏傳經堂叢書　(清)凌鎬　(清)凌鏞輯　清道光吳興凌氏刻本　二十四冊

220000－0841－0016594　叢 0024K
守山閣叢書　(清)錢熙祚輯　清道光二十四年(1844)金山錢氏刻本　一百二十冊

220000－0841－0016595　叢 0727K
守山閣叢書　(清)錢熙祚輯　清光緒十五年(1889)上海鴻文書局石印本　一百冊

220000－0841－0016596　叢 0666K
海山仙館叢書　(清)潘仕成輯　清光緒刻本　二十四冊

220000－0841－0016597　叢 0294K
後冶堂藏書五種　(清)劉銘惠輯　清道光三韓劉氏刻本　十冊

220000－0841－0016598　叢 0303K
周星舫八種　(清)周昺潢輯　清道光刻本　十三冊

220000－0841－0016599　叢 0825
三長物齋叢書　(清)黃本驥輯　清道光湘陰蔣環刻本　六十四冊

220000－0841－0016600　叢 0145K
連筠簃叢書　(清)楊尚文輯　清道光二十八年(1848)靈石楊氏刻本　六十八冊　缺二種

220000－0841－0016601　叢 1769F
連筠簃叢書　(清)楊尚文輯　清道光二十八年(1848)靈石楊氏刻本　三十冊　缺三種

220000－0841－0016602　叢 1345K
敏果齋七種　(清)許乃劍輯　清道光錢塘許氏刻本　二十四冊

220000－0841－0016603　叢 0602K
粵雅堂叢書　(清)伍崇曜輯　清道光、光緒南海伍氏刻本　三百九十六冊

220000－0841－0016604　叢 0605F
粵雅堂叢書　(清)伍崇曜輯　清道光、光緒南海伍氏刻本　三百二十冊　缺二十種

220000－0841－0016605　叢 1418F
粵雅堂叢書　(清)伍崇曜輯　清道光、光緒南海伍氏刻本　三百十冊　缺八種

220000－0841－0016606　叢 0763K
遜敏堂叢書　(清)黃秩模輯　清道光二十八年(1848)慎思堂木活字印本　二冊　存四種

220000－0841－0016607　叢 0080K
琳琅秘室叢書　(清)胡珽輯　清光緒十四年(1888)會稽董氏取斯堂本木活字印本　二十四冊

220000－0841－0016608　叢 0484K
長恩書室叢書　(清)莊肇麟輯　清咸豐四年(1854)新昌莊氏過客軒刻本　十四冊　缺三種

220000－0841－0016609　子 1193F
武陵山人雜著一卷　(清)顧觀光撰　清光緒刻小萬卷樓叢書本　一冊

220000－0841－0016610　叢 0613K
玉雨堂叢書第一集　(清)韓泰華輯　清咸豐仁和韓氏刻本　八冊

220000－0841－0016611　叢 0192K
榕園叢書　(清)張丙炎輯　(清)張允顗重輯

清同治張氏廣東刻民國二年(1913)重修印本　五十册　缺二種

220000－0841－0016612　叢 0461K

小萬卷樓叢書　(清)錢培銘輯　清光緒四年(1878)金山錢氏刻本　二十册

220000－0841－0016613　叢 0762K

當歸草堂叢書　(清)丁丙輯　清同治錢塘丁氏刻本　三册

220000－0841－0016614　集 0658K

明辨齋叢書　(清)余肇鈞輯　清咸豐、同治刻本　二十一册　缺十三種

220000－0841－0016615　史 7923F

建炎德安守御錄二卷　(宋)湯璹撰　**宋丞相李忠定公輔政本末一卷昭忠錄一卷**　□□撰　清同治八年(1869)長沙余肇鈞刻明辨齋叢書本　一册

220000－0841－0016616　叢 0125K

天壤閣叢書　(清)王懿榮輯　清同治、光緒福山王氏刻本　二十八册

220000－0841－0016617　叢 0132K

滂喜齋叢書　(清)潘祖蔭輯　清同治、光緒吳縣潘氏京師刻本　三十二册

220000－0841－0016618　叢 0130K

功順堂叢書　(清)潘祖蔭輯　清光緒吳縣潘氏刻本　八册

220000－0841－0016619　叢 0334K

荔牆叢刻　(清)汪曰楨輯　清同治、光緒烏程汪氏刻本　十六册

220000－0841－0016620　集 5094F

荔牆叢刻　(清)汪曰楨輯　清同治、光緒烏程汪氏刻本　一册　存六種

220000－0841－0016621　叢 0699K

述古叢鈔　(清)劉晚榮輯　清同治、光緒劉氏藏修書屋刻本　四十册

220000－0841－0016622　叢 0050K

潘刻五種　(清)恩壽輯　清光緒二十九年(1903)北京翰子齋刻重印本　六册

220000－0841－0016623　叢 0115K

小石山房叢書　(清)顧湘輯　清同治十三年(1874)顧氏刻本　二十册

220000－0841－0016624　叢 0722K

葛園叢書　(清)平步青輯　清同治、光緒山陰平氏安越堂刻本　八册

220000－0841－0016625　叢 0488K

式訓堂叢書　(清)張壽康輯　清光緒會稽章氏刻本　三十二册　缺十三種

220000－0841－0016626　叢 0629K

十萬卷樓叢書　(清)陸心源輯　清光緒歸安陸氏刻本　二十六册

220000－0841－0016627　叢 0391K

後知不足齋叢書　(清)鮑廷爵輯　清光緒常熟鮑氏刻本　三十六册　缺十七種

220000－0841－0016628　叢 1472F

後知不足齋叢書　(清)鮑廷爵輯　清光緒常熟鮑氏刻本　八册　缺二十三種

220000－0841－0016629　叢 0808K

仰視千七百二十九鶴齋叢書　(清)趙之謙輯　清光緒六年(1880)刻本　三十六册

220000－0841－0016630　叢 0404K

月河精舍叢鈔　(清)丁寶書輯　清光緒六年(1880)苕溪丁氏刻本　十册　存三種

220000－0841－0016631　叢 085K

大亭山館叢書　(清)楊葆彝輯　清光緒陽湖楊氏刻本　八册　缺一種

220000－0841－0016632　叢 0104K

邵武徐氏叢書　(清)徐幹輯　清光緒刻本　四十册

220000－0841－0016633　叢 1716K

融經館叢書　(清)徐友蘭輯　清光緒會稽徐氏八杉齋刻本　四十八册

220000－0841－0016634　叢 0807K

津河廣仁堂所刻書　(清)□□輯　清光緒津河廣仁堂刻本　七十三册　缺十七種

220000－0841－0016635　叢 0151K
半厂叢書初編　(清)譚獻輯　清光緒仁和譚氏刻本　二十四册

220000－0841－0016636　叢 0329K
心鉅齋叢書　(清)蔣鳳藻輯　清光緒長洲蔣氏刻本　十二册　缺一種

220000－0841－0016637　叢 042K
金峨山館叢書　(清)郭傳璞輯　清光緒鄞郭氏刻本　十册

220000－0841－0016638　叢 059F
金峨山館叢書　(清)郭傳璞輯　清光緒鄞郭氏刻本　二册　存四種

220000－0841－0016639　叢 038K
咫進齋叢書　(清)姚覲元輯　清光緒九年(1883)歸安姚氏刻本　二十四册

220000－0841－0016640　叢 1313K
鐵華館叢書　(清)蔣鳳藻輯　清光緒長洲蔣氏影刻本　六册

220000－0841－0016641　叢 0582K
古逸叢書　(清)黎庶昌輯　清光緒遵義黎氏日本東京使署影刻本　四十九册

220000－0841－0016642　叢 0643K
花雨樓叢鈔　(清)張壽榮輯　清光緒蛟川張氏花雨樓刻本　四十八册

220000－0841－0016643　叢 0596K
粟香室叢書　金武祥輯　清光緒至民國江陰金氏刻本　三十三册　缺十八種

220000－0841－0016644　叢 1736K
王益吾所刻書　王先謙輯　清光緒九年(1883)長沙王氏刻本　九册　缺二種

220000－0841－0016645　叢 0362K
學海堂叢刻　(清)□□輯　清光緒刻本　十四册

220000－0841－0016646　叢 1720K
國朝名人著述叢編　(清)□□輯　清光緒五年(1879)上海淞隱閣鉛活字印本　六册

220000－0841－0016647　史 7368K
王益吾所刻書　王先謙輯　清光緒九年(1883)長沙王氏刻本　六册

220000－0841－0016648　叢 0195K
南菁書院叢書　王先謙　繆荃孫輯　清光緒十四年(1888)江陰南菁書院刻本　三十八册

220000－0841－0016649　叢 0340K
籑喜廬叢書　(清)傅雲龍輯　清光緒十五年(1889)德清傅氏日本東京刻本　七册

220000－0841－0016650　叢 051K
木犀軒叢書　(清)李盛鐸輯　清光緒德化李氏木犀軒刻本　四十册

220000－0841－0016651　子 2928F
潛庵漫筆八卷　(清)程畹撰　清光緒元年(1875)申報館鉛印申報叢書本　二册

220000－0841－0016652　子 5735F
耳郵四卷　(清)俞樾撰　清光緒申報館鉛印申報館叢書本　二册

220000－0841－0016653　子 2714F
鸝砭軒質言四卷　(清)戴蓮芬撰　清光緒五年(1879)上海申報館鉛印申報館叢書本　二册

220000－0841－0016654　叢 1723K
申報館叢書　(清)尊聞閣主輯　清光緒申報館鉛活字印本　六百二十三册　缺六十九種

220000－0841－0016655　叢 1290F
紀載彙編　(清)□□輯　清光緒四年(1878)鉛印申報館叢書本　二册

220000－0841－0016656　叢 0716K
玲瓏山館叢書　文選樓輯　清光緒十五年(1889)文選樓刻本　十册

220000－0841－0016657　叢 069K
榆園叢刻　(清)許增輯　清同治、光緒刻本　六十册

220000－0841－0016658　叢 1122F
榆園叢刻　(清)許增輯　清光緒十五年(1889)刻榆園叢書本　三册

220000－0841－0016659　叢 0407K
崇文書局彙刻書　（清）崇文書局輯　清光緒元年（1875）湖北崇文書局刻本　八十册

220000－0841－0016660　叢 0221K
三餘書屋叢書　（清）蔡學蘇輯　清光緒江西刻本　四册　存四種

220000－0841－0016661　叢 1800K
新陽趙氏叢刊　（清）趙元益輯　清光緒新陽趙氏刻本　八册　存七種

220000－0841－0016662　子 3857K
學古堂日記四十四種五十四卷　（清）雷浚（清）汪之昌撰　清光緒十六年（1890）初刻二十年至二十二年（1894－1896）續刻本　二十六册

220000－0841－0016663　叢 0496K
觀自得齋叢書　（清）徐士愷輯　清光緒石埭徐氏刻本　二十四册

220000－0841－0016664　叢 1266K
漸西村舍彙刊　（清）袁昶輯　清光緒桐廬袁氏刻本　四十四册　存二十一種

220000－0841－0016665　叢 076K
雲自在龕叢書　繆荃孫輯　清光緒江陰繆氏刻本　二十四册

220000－0841－0016666　叢 0413K
藕香零拾　繆荃孫輯　清光緒、宣統刻本　三十二册

220000－0841－0016667　叢 0348K
結一廬朱氏賸餘叢書　（清）朱徵輯　清光緒三十一年（1905）仁和朱氏刻本　十八册　缺二種

220000－0841－0016668　叢 0549K
槐廬叢書　（清）朱記榮輯　清光緒吳縣朱氏槐廬家塾刻本　六十四册　缺八種

220000－0841－0016669　叢 0066K
校經山房叢書　（清）朱記榮輯　清光緒三十年（1904）孫谿朱氏槐廬家塾刻本　三十二册

220000－0841－0016670　叢 0485K
求實齋叢書　（清）蔣德鈞輯　清光緒湘鄉蔣士龍安郡署刻本　三册

220000－0841－0016671　叢 0696K
正覺樓叢刻　（清）崇文書局輯　清光緒崇文書局刻本　三十六册

220000－0841－0016672　子 1429F
少室山房筆叢四十八卷　（明）胡應麟撰　清光緒二十二年（1896）刻廣雅書局叢書本　十二册

220000－0841－0016673　叢 1593K
南菁札記　（清）溥良輯　清光緒二十年（1894）江陰使署刻本　六册　缺一種

220000－0841－0016674　叢 1665K
振綺堂叢書　（清）汪康年輯　清光緒、宣統泉唐汪氏鉛活字印本　十四册

220000－0841－0016675　叢 0421F
振綺堂叢書初集　（清）汪康年輯　清宣統二年（1910）鉛活字印本　六册

220000－0841－0016676　叢 0710K
靈鶼閣叢書　（清）江標輯　清光緒元和江氏湖南使院刻本　四十八册

220000－0841－0016677　史 10515K
政藝策論撰新　（清）上海蒙學報館編　清光緒上海蒙學報館石印本　八册

220000－0841－0016678　叢 0811K
漸學廬叢書第一集　（清）胡祥鑅輯　清光緒二十三年（1897）元和胡氏石印本　十一册

220000－0841－0016679　叢 1582F
漸學廬叢書第一集　（清）胡祥鑅輯　清光緒二十三年（1897）元和胡氏石印本　二册　存七種

220000－0841－0016680　叢 0375K
雙楳景闇全書　葉德輝輯　清光緒、宣統葉氏郎園刻本　十册

220000－0841－0016681　叢 0504K
麗廔叢書　葉德輝輯　清光緒長沙葉氏刻本　八册

220000－0841－0016682　叢 1561
安樂延年室四種　(清)□□輯　清刻本　二册

220000－0841－0016683　叢 0512K
聚學軒叢書　(清)劉世珩輯　清光緒貴池劉氏刻本　一百册

220000－0841－0016684　叢 0238K
積學齋叢書　(清)徐乃昌輯　清光緒南陵徐氏刻本　二十册　缺一種

220000－0841－0016685　叢 0428F
積學齋叢書　(清)徐乃昌輯　清光緒南陵徐氏刻本　十册　缺五種

220000－0841－0016686　叢 0272K
懷豳雜俎　(清)徐乃昌輯　清光緒、宣統南陵徐氏刻本　八册

220000－0841－0016687　叢 0156K
鄦齋叢書　(清)徐乃昌輯　清光緒二十六年(1900)南陵徐氏刻本　十六册

220000－0841－0016688　叢 0157K
隨盦徐氏叢書　(清)徐乃昌輯　清光緒至民國南陵徐氏刻本　十二册

220000－0841－0016689　叢 1807K
聖譯樓全書　(清)李祖年輯　清光緒三十四年(1908)武進李氏刻本　七册

220000－0841－0016690　叢 073K
晨風閣叢書　沈宗畸輯　清宣統元年(1909)番禺沈氏刻本　十六册

220000－0841－0016691　叢 1284K
晨風閣叢書第一集　沈宗畸等輯　清光緒三十四年至宣統三年(1908－1911)國學粹編社鉛活字印本　四十九册

220000－0841－0016692　叢 1774K
拜鴛樓校刊四種　沈宗畸輯　清光緒二十六年(1900)番禺沈氏刻本　二册

220000－0841－0016693　叢 0426K
刻鵠齋叢書　(清)胡念修輯　清光緒二十三年至二十六年(1897－1900)刻本　二十七册　缺二種

220000－0841－0016694　集 3632K
壺盦類稿　(清)胡念修輯　清光緒刻鵠齋刻本　十册

220000－0841－0016695　集 3633F
壺盦類編　(清)胡念修輯　清光緒二十七年(1901)刻鵠齋刻本　四册　存二種

220000－0841－0016696　叢 0171K
暢園叢書甲函　(清)張邁輯　清光緒二十年(1894)始豐張氏四明刻本　十一册

220000－0841－0016697　叢 0149K
集虚草堂叢書甲集　李國松輯　清光緒三十年(1904)合肥李氏刻本　二十四册

220000－0841－0016698　叢 0457K
鐵香室叢刻　(清)李世勛輯　清光緒刻本　四册

220000－0841－0016699　集 9540K
懷潞園叢刊　(清)李嘉績輯　清光緒李氏代耕西安刻本　六册　存六種

220000－0841－0016700　叢 043K
海粟樓叢書　(清)華焯輯　清道光、咸豐崇仁華氏刻本　六册　缺二種

220000－0841－0016701　叢 0402K
寶墨齋叢書　(清)余廷誥輯　清光緒二十三年(1897)豐城余氏墨寶齋刻本　二十册　缺一種

220000－0841－0016702　叢 1478K
有福讀書堂叢刻　吳引孫輯　清光緒二十七年(1901)揚州吳氏刻本　二册

220000－0841－0016703　叢 1096K
吉林探源書舫叢書第二集　(清)盛福輯　清光緒刻本　七册　存十種

220000－0841－0016704　叢 1690K
新輯各國政治藝學全書　題東山主人輯　清光緒二十八年(1902)上海東山書局石印本　三十二册

220000－0841－0016705　叢 1618K
果齋叢刻　(清)劉爾炘輯　清光緒至民國刻本鉛活字印本　十四冊

220000－0841－0016706　叢 0152K
小桑園四種　(清)劉鴻藻撰　清光緒小桑園刻本　四冊

220000－0841－0016707　叢 1475K
翰苑校對臨文便覽　(清)□□輯　清光緒石印本　十冊

220000－0841－0016708　叢 1697K
可月樓合刻二種　(清)□□輯　清光緒二十一年(1895)可月樓刻本　一冊

220000－0841－0016709　叢 1086
質學叢書六種　(清)武昌質學會編　清光緒二十三年(1897)武昌質學會刻本　五冊

220000－0841－0016710　叢 0815K
掌故叢編　掃葉山房輯　清光緒掃葉山房石印本　十四冊

220000－0841－0016711　叢 0717K
國粹叢書　(清)國學保存會輯　清光緒、宣統鉛活字印本　五十九冊　缺六種

220000－0841－0016712　叢 0521K
風雨樓秘笈留真　鄧實輯　清宣統至民國鄧氏風雨樓影印本　十冊

220000－0841－0016713　叢 1796K
誦芬室叢刊初編十三種　董康輯　清光緒至民國武進董氏刻本　七十冊

220000－0841－0016714　叢 1258K
峭帆樓叢書　趙詒琛輯　清宣統至民國趙氏刻本　二十冊

220000－0841－0016715　叢 0399K
張氏適園叢書初集　張鈞衡輯　清宣統三年(1911)上海國學扶輪社鉛活字印本　十冊

220000－0841－0016716　叢 1234K
玉簡齋叢書　羅振玉輯　清宣統二年(1910)上虞羅氏刻本　二十冊

220000－0841－0016717　叢 0713K
芋花菴叢書　□□輯　清宣統元年(1909)刻本　九十九冊　缺一種

220000－0841－0016718　叢 0770K
富強齋叢書續全集　袁俊德輯　清光緒二十七年(1901)小倉山房石印本　十二冊

220000－0841－0016719　叢 0430K
味虛簃叢書　劉化風編　清光緒二十八年(1902)木活字印本　二冊

220000－0841－0016720　叢 0372K
漢魏遺書鈔　(清)王謨輯　清嘉慶三年(1798)金陵王氏刻本　十六冊

220000－0841－0016721　叢 0805K
二酉堂叢書　(清)張澍輯　清道光元年(1821)武威張氏二酉堂刻本　十二冊

220000－0841－0016722　叢 0342K
玉函山房輯佚書　(清)馬國翰輯　清同治十年(1871)濟南皇華館書局刻本　八十冊

220000－0841－0016723　叢 1501K
玉函山房輯佚書　(清)馬國翰輯　清光緒九年(1883)長沙嫏嬛館刻本　一百冊

220000－0841－0016724　叢 1504K
玉函山房輯佚書　(清)馬國翰輯　清光緒十八年(1892)湖南思賢書局刻本　八十六冊

220000－0841－0016725　叢 0373
十種古佚書　(清)茆泮林輯　清道光十四年(1834)梅瑞軒刻本　十冊

220000－0841－0016726　叢 0001K
畿輔叢書　(清)王灝輯　清光緒五年(1879)定州王氏謙德堂刻本　四百十九冊　缺十一種

220000－0841－0016727　叢 0459F
李恕谷遺書　(清)李塨撰　清光緒五年(1879)刻畿輔叢書本　十五冊

220000－0841－0016728　叢 0458F
顔習齋遺書　(清)顔元撰　清光緒五年(1879)刻畿輔叢書本　九冊

220000－0841－0016729　叢 0711K
金陵叢刻　(清)傅春官輯　清光緒江寧傅氏晦齋刻本　十二冊

220000－0841－0016730　叢 0135K
酌古準今　(清)謝蘭生輯　清光緒刻本　四冊　存三種

220000－0841－0016731　叢 0111K
常州先哲遺書　盛宣懷輯　清光緒武進盛氏刻本　一百四冊

220000－0841－0016732　史 5421K
京口掌故叢編初集　(清)陶駿保輯　清光緒三十四年(1908)丹徒陶氏刻本　二冊

220000－0841－0016733　叢 0313K
東倉書庫叢刻初編　(清)繆朝荃輯　清光緒太倉繆氏刻本　十二冊

220000－0841－0016734　叢 1183F
東倉書庫叢刻初編　(清)繆朝荃輯　清光緒太倉繆氏刻本　九冊　缺三種

220000－0841－0016735　叢 0640K
涇川叢書　(清)趙紹祖　(清)趙繩祖輯　清道光十二年(1832)趙氏古墨齋刻本　四十八冊

220000－0841－0016736　叢 1112K
秋浦雙忠錄四十卷　劉世衍輯　清光緒刻本　六冊

220000－0841－0016737　叢 0058K
武林掌故叢編　(清)丁丙輯　清光緒錢塘丁氏嘉惠堂刻本　二百八冊

220000－0841－0016738　叢 0400K
武林往哲遺著　(清)丁丙輯　清光緒錢塘丁氏嘉惠堂刻本　九十六冊　缺三種

220000－0841－0016739　叢 1071K
海昌叢載　(清)羊復禮輯　清光緒海昌羊氏傳卷樓粵東刻本　八冊

220000－0841－0016740　叢 1566F
海昌叢載　(清)羊復禮輯　清光緒海昌羊氏傳卷樓粵東刻本　五冊　存七種

220000－0841－0016741　叢 0698K
檇李遺書　(清)孫福清撰　清光緒四年(1878)秀水孫氏望雲仙館刻本　二十四冊

220000－0841－0016742　叢 0704K
吳興叢書十二種　(清)陸心源輯　清光緒二十三年(1897)刻本　七冊

220000－0841－0016743　叢 0486K
湖洲叢書　(清)陸心源輯　清光緒湖城義塾刻本　十四冊　缺二種

220000－0841－0016744　叢 065K
紹興先生遺書　(清)徐友蘭輯　清光緒會稽徐氏鑄學齋刻本　三十四冊

220000－0841－0016745　善 0756
羣書拾補不分卷　(清)盧文弨撰　清乾隆五十五年(1790)抱經堂刻本　四冊

220000－0841－0016746　叢 1539F
羣書拾補初編　(清)盧文弨撰　清光緒十五年(1889)徐氏刻紹興先正遺書本　八冊

220000－0841－0016747　叢 0480K
越中文獻輯存書　(清)紹興公報社輯　清光緒、宣統鉛活字印本　六冊

220000－0841－0016748　叢 084K
台州叢書　(清)宋世犖輯　清嘉慶二十三年(1818)臨海宋氏刻本　十二冊　缺二種

220000－0841－0016749　叢 0172K
金華叢書　(清)胡鳳丹輯　清同治、光緒永康胡氏退補齋刻本　二百七十三冊

220000－0841－0016750　叢 0345K
永嘉叢書　(清)孫衣言輯　清同治、光緒瑞安孫氏詒善祠塾刻本　六十四冊

220000－0841－0016751　叢 0343F
永嘉叢書　(清)孫衣言輯　清同治、光緒瑞安孫氏詒善祠塾刻本　四十三冊　缺三種

220000－0841－0016752　叢 0127K
浦城遺書　(清)祝昌泰等輯　清嘉慶浦城祝氏留香室刻本　四十八冊

220000－0841－0016753　叢0022K
三怡堂叢書　張鳳臺輯　清光緒至民國官書局刻本　六十冊　缺三種

220000－0841－0016754　叢543K
湖北叢書　(清)趙尚輔輯　清光緒十七年(1891)三餘草堂刻本　一百冊

220000－0841－0016755　叢0673K
嶺南遺書　(清)伍元薇　(清)伍崇曜輯　清道光、同治南海伍氏粤雅堂文字歡娱室刻本　九十冊　缺四種

220000－0841－0016756　叢0950K
桐城方氏七代遺書　(清)方昌翰輯　清光緒十四年(1888)刻本　十冊

220000－0841－0016757　集6217K
合肥王氏家集　(清)王尚辰輯　清光緒活字印本　六冊　缺一種

220000－0841－0016758　叢0897K
王氏四種　(清)王念孫　(清)王引之撰　清光緒二十一年(1895)鴻文書局石印本　十四冊

220000－0841－0016759　叢0768K
高郵王氏四種　(清)王念孫　(清)王引之撰　清嘉慶、道光刻本　十五冊

220000－0841－0016760　叢1255K
玉山朱氏遺書　(清)諸可寶輯　清光緒二十六年(1900)玉山書院刻本　三冊

220000－0841－0016761　叢1293K
左庵八種　(清)李佳繼昌撰　清光緒刻本　十二冊

220000－0841－0016762　叢0120K
如臯冒氏叢書　冒廣生輯　清光緒至民國如臯冒氏刻本　二十八冊　缺三種

220000－0841－0016763　叢1176K
冒氏小品四種　(清)冒襄撰　清宣統元年(1909)刻冒氏叢書本　一冊

220000－0841－0016764　集6215K
項城袁氏家集　丁振鐸輯　清宣統三年(1911)清芬閣鉛活字印本　五十六冊

220000－0841－0016765　叢0246K
富陽夏氏叢刻　(清)夏振武　(清)夏鼎武撰　清光緒刻本　四冊

220000－0841－0016766　叢1240K
翊翊齋遺書　(清)馬翮飛撰　清光緒刻馬氏刻集本　一冊

220000－0841－0016767　叢0159K
洛陽曹氏叢書　(清)曹曾矩輯　清同治、光緒刻本　八冊

220000－0841－0016768　叢1773K
江都陳氏叢書　(清)陳本禮　(清)陳逢衡撰　清嘉慶、道光遞刻本　三十四冊　存三種

220000－0841－0016769　集2281K
左海全集　(清)陳壽祺撰　清嘉慶、道光刻本　二十四冊

220000－0841－0016770　叢0473K
左海續集　(清)陳壽祺撰　清道光、同治刻本　五十冊

220000－0841－0016771　集5991K
陸氏傳家集四卷陸氏先德錄一卷　(清)陸酒晉輯　清同治十一年(1872)刻本　五冊

220000－0841－0016772　叢0107K
梁氏叢書　(清)梁履繩等撰　清嘉慶刻本　三十冊

220000－0841－0016773　集2906K
彭文敬公全集　(清)彭蘊章撰　清道光、同治刻本　十六冊

220000－0841－0016774　叢0443K
董氏叢書　(清)董金鑑輯　清光緒三十二年(1906)會稽董氏刻本　十二冊

220000－0841－0016775　叢0396K
賈氏叢書甲集　(清)賈臻輯　清道光、咸豐賈氏躬自厚齋刻本　十六冊　缺一種

220000－0841－0016776　叢1297K
求可堂兩世遺書　(清)廖冀亨　(清)廖鴻章

撰　清光緒刻本　三冊

220000－0841－0016777　叢1443K
求可堂三世遺書　（清）廖冀亨等撰　清光緒刻本　四冊

220000－0841－0016778　叢1612K
月河草堂叢書　（清）蔣清瑞撰　清宣統元年(1909)歸安蔣氏刻本　三冊　存三種

220000－0841－0016779　叢1771K
錢氏三種　（清）錢玉炯　（清）錢大昭撰　清道光二十五年(1845)錢氏刻本　一冊

220000－0841－0016780　叢1531K
吴越錢氏叢書　（清）錢文瀚等撰　清嘉慶二十三年(1818)敬恕堂刻本　二十冊

220000－0841－0016781　叢1627K
毘陵謝氏叢書　（清）謝蘭生輯　清光緒刻本　二十一冊　缺六種

220000－0841－0016782　集2843K
魯氏遺著　（清）魯一同撰　清咸豐山陽魯氏刻本　七冊　缺一種

220000－0841－0016783　叢1745K
丹徒戴氏叢刻　（清）戴肇辰撰　清同治、光緒刻本　十七冊　缺二種

220000－0841－0016784　集0070K
忠武侯諸葛孔明先生全集二十卷　（三國蜀）諸葛亮撰　清同治元年(1862)刻本　九冊

220000－0841－0016785　集0324K
歐陽文忠公全集　（宋）歐陽修撰　清嘉慶二十四年(1819)歐陽衡刻本　二十四冊

220000－0841－0016786　叢0546K
石林遺書　（宋）葉夢得撰　清光緒、宣統葉德輝觀古堂刻本　十四冊　缺一種

220000－0841－0016787　叢1597K
金華唐氏遺書　（宋）唐仲友撰　（清）張作楠輯　清宣統三年(1911)金華教育分會石印本　四冊

220000－0841－0016788　叢0377K
謝疊山先生評語四種合刻　（宋）謝枋得撰　清光緒八年(1882)京都豫章別業刻本　四冊

220000－0841－0016789　叢0532F
謝疊山先生評語四種合刻　（宋）謝枋得撰　清光緒八年(1882)刻本　一冊　存二種

220000－0841－0016790　叢260K
率祖堂叢書　（元）金履祥撰　清雍正三年(1725)、道光十六年(1836)刻本　三十六冊

220000－0841－0016791　集7385K
元遺山先生全集　（金）元好問撰　清光緒八年(1882)京都翰文齋書坊刻本　十六冊　缺三種

220000－0841－0016792　叢1445K
許文正公遺書　（元）許衡撰　清光緒十三年(1887)刻本　二冊

220000－0841－0016793　叢0202K
曹月川先生遺書　（明）曹端撰　清道光十二年(1832)刻本　十冊

220000－0841－0016794　集8535K
六如居士全集　（明）唐寅撰　（清）唐仲冕編　清嘉慶六年(1801)長沙唐仲冕刻本　十二冊

220000－0841－0016795　叢1626K
陽明先生集要　（明）王守仁撰　（明）施邦曜評輯　清光緒五年(1879)黔南刻本　十六冊

220000－0841－0016796　叢1119K
歸雲別集　（明）陳士元撰　清道光十三年(1833)寶善堂刻本　十九冊

220000－0841－0016797　叢0723K
孫文恭公遺書　（明）孫應鼇撰　清光緒六年(1880)獨山莫氏刻本　六冊　缺一種

220000－0841－0016798　叢1485K
孫文恭公遺書　（明）孫應鼇撰　清光緒鉛活字印本　八冊

220000－0841－0016799　集0585K
呂新吾全集　（明）呂坤撰　清道光七年(1827)渾源粟氏開封府署刻本　十冊

220000－0841－0016800　叢 0133K
顧端文公遺書　(明)顧憲成撰　清光緒三年(1877)涇里宗祠刻本　十四册

220000－0841－0016801　集 0863K
春浮園集　(清)蕭士瑋撰　清光緒十八年(1892)南州蕭作梅刻本　六册　缺一種

220000－0841－0016802　子 4195K
聖嘆秘書七種　(清)金人瑞撰　清光緒三十一年(1905)證嚮社鉛印證嚮社叢刻本　一册

220000－0841－0016803　叢 0863K
梨洲遺著彙刊　(清)黄宗羲撰　清宣統二年(1910)時中書局鉛活字印本　二十册

220000－0841－0016804　叢 0158K
陸桴亭先生遺書　(清)陸世儀撰　清光緒二十五年(1899)唐受祺京師刻本　八册

220000－0841－0016805　集 1169K
楊園先生全集　(清)張履祥撰　清乾隆二十一年(1756)刻本　六册

220000－0841－0016806　集 10435K
楊園先生全書　(清)張履祥撰　清道光二十一年(1841)莫氏影山草堂刻本　六册

220000－0841－0016807　集 1130K
楊園先生全集五十四卷年譜一卷　(清)張履祥撰　清同治十年(1871)江蘇書局刻本　十六册

220000－0841－0016808　集 8596K
亭林先生遺書彙輯　(清)顧炎武撰　清光緒朱記榮刻本　二十四册

220000－0841－0016809　叢 1575K
船山遺書　(清)王夫之撰　清同治四年(1865)湘鄉曾國荃金陵刻本　一百十二册

220000－0841－0016810　叢 1024K
水田居全集　(清)賀貽孫撰　清道光至同治敕書樓刻本　二十四册

220000－0841－0016811　集 8115K
張亟齋遺集　(清)張弨撰　清同治四年(1865)望三益齋刻本　二册

220000－0841－0016812　叢 0642K
李二曲先生全集　(清)李顒撰　清同治五年(1866)牛氏刻本　八册　存二種

220000－0841－0016813　叢 1481K
湯文正公遺書　(清)湯斌撰　清道光刻本　八册

220000－0841－0016814　集 1294K
張文端集　(清)張英撰　清光緒二十三年(1897)桐城張氏刻本　十六册

220000－0841－0016815　叢 1682K
榕村全集　(清)李光地撰　清康熙刻本　十四册　存四種

220000－0841－0016816　叢 0577K
竇氏叢書　(清)竇克勤撰　清光緒十年(1884)刻本　五十三册　存十四種

220000－0841－0016817　叢 0638K
巴山七種　(清)王侃撰　清同治四年(1865)光裕堂刻本　八册

220000－0841－0016818　叢 0351K
朱文端公藏書　(清)朱軾撰　清光緒二十三年(1897)朱衡等刻本　七十四册　缺一種

220000－0841－0016819　集 1699K
任氏遺書　(清)任啟運撰　清光緒十四年(1888)刻本　四册

220000－0841－0016820　集 4693K
鹿洲全集　(清)藍鼎元撰　清光緒五年(1879)刻本　二十四册

220000－0841－0016821　叢 0536K
汪雙池先生叢書　(清)汪紱撰　清道光至光緒刻本　二十八册　存十二種

220000－0841－0016822　集 1482K
板橋集六卷　(清)鄭燮撰　清光緒二十九年(1903)吴惠棠清暉書屋刻原寫本　二册

220000－0841－0016823　集 1455K
鄭板橋全集六卷　(清)鄭燮撰　清宣統元年(1909)上海掃葉山房影印本　四册

220000－0841－0016824　叢 0676F
杭大宗七種叢書　(清)杭世駿撰　清乾隆杭賓仁羊城刻本　三册　缺二種

220000－0841－0016825　集 1716K
噉蔗全集　(清)張羲年撰　清光緒十九年(1893)上海著易堂鉛活字印本　六册

220000－0841－0016826　叢 0779K
隨園三十種　(清)袁枚撰　清乾隆、嘉慶隨園刻本　八十册

220000－0841－0016827　叢 1691K
隨園三十種　(清)袁枚撰　清光緒十八年(1892)上海圖書集成印書局鉛活字印本　四十八册

220000－0841－0016828　叢 0292K
古愚老人消夏錄　(清)汪汲撰　清乾隆、嘉慶古愚山房刻本　二十四册

220000－0841－0016829　叢 0141K
古愚老人消夏錄　(清)汪汲撰　清盛德堂刻本　十二册

220000－0841－0016830　集 1507K
春融堂集　(清)王昶撰　清嘉慶十二年至十三年(1807－1808)青浦王氏塾南書舍刻本　二十四册

220000－0841－0016831　叢 0530K
春融堂集　(清)王昶撰　清嘉慶青浦王氏塾南書舍刻本　二册　存一種

220000－0841－0016832　叢 1161F
春融堂雜記　(清)王昶撰　清嘉慶十三年(1808)青浦王氏塾南書舍刻春融堂集本　四册

220000－0841－0016833　集 2271
甌北全集　(清)趙翼撰　清光緒年刻本　四十八册

220000－0841－0016834　叢 1011K
龍莊遺書　(清)汪輝祖撰　清光緒江蘇書局刻本　六册

220000－0841－0016835　叢 1669K
汪龍莊先生遺書　(清)汪輝祖撰　清同治元年(1862)望三益齋刻本　五册

220000－0841－0016836　叢 1777K
潛研堂全書　(清)錢大昕撰　清乾隆、嘉慶刻本　四十六册　存九種

220000－0841－0016837　叢 1150K
潛研堂全書　(清)錢大昕撰　清光緒十年(1884)長沙龍氏家塾刻本　四十三册　存八種

220000－0841－0016838　集 2004K
惜抱軒全集　(清)姚鼐撰　清光緒二十三年(1897)上海校經山房刻本　二十册

220000－0841－0016839　叢 1608K
惜抱軒遺書　(清)姚鼐撰　清光緒五年(1879)桐城徐氏刻本　四册

220000－0841－0016840　叢 0367K
援鶉堂遺集　(清)姚範撰　清嘉慶刻本　十册

220000－0841－0016841　集 1499K
牛空山全集　(清)牛運震撰　清嘉慶二十三年(1818)空山堂刻本　二十七册　存六種

220000－0841－0016842　叢 0843K
亦園亭全集　(清)孟超然撰　清嘉慶二十年(1815)亦園亭刻本　十册

220000－0841－0016843　叢 0250K
經韻樓叢書　(清)段玉裁撰　清乾隆、道光金壇段氏刻本　三十二册

220000－0841－0016844　叢 0217K
章氏遺書　(清)章學誠撰　清道光十二年(1832)刻本　五册

220000－0841－0016845　叢 0472F
崔東壁遺書　(清)崔述撰　清光緒刻畿輔叢書本　二十册

220000－0841－0016846　叢 0190K
戚鶴泉所著書　(清)戚學標撰　清嘉慶涉縣署刻本　十二册　缺三種

220000－0841－0016847　叢 0146K
授堂遺書　(清)武億撰　清道光二十三年(1843)偃師武氏刻本　九册

220000－0841－0016848　集 1128K
紀慎齋先生全集　(清)紀大奎撰　清嘉慶十三年(1808)刻本　四十册

220000－0841－0016849　集 7378K
洪北江全集　(清)洪亮吉撰　清光緒洪用懃授經堂刻本　八十四册

220000－0841－0016850　叢 0941K
洪北江全集　(清)洪亮吉撰　清乾隆、嘉慶刻本　二十四册　存七種

220000－0841－0016851　集 1786K
澹靜齋全集　(清)龔景瀚撰　清道光六年(1826)思錫堂刻本　十二册

220000－0841－0016852　集 1784F
澹靜齋全集　(清)龔景瀚撰　清道光六年(1826)龔式穀恩錫堂刻本　十二册

220000－0841－0016853　集 1783K
澹靜齋全集二十四卷　(清)龔景瀚撰　清同治八年(1869)龔易圖刻本　十二册

220000－0841－0016854　集 2619K
黄勤敏公全集　(清)黄鉞撰　清咸豐、同治刻本　八册　缺三種

220000－0841－0016855　叢 0514K
珍埶宧遺書　(清)莊述祖撰　清嘉慶、道光武進莊氏脊令舫刻本　二十册

220000－0841－0016856　叢 1303K
劉端臨先生遺書　(清)劉台拱撰　清道光、光緒刻世德堂藏板本　四册

220000－0841－0016857　集 9735K
劉端臨先生遺書八卷兩世鄉覽錄一卷　(清)劉台拱撰　清道光十四年(1834)阮恩海刻本　三册

220000－0841－0016858　叢 0323K
劉端臨先生遺書　(清)劉台拱撰　清道光十四年(1834)阮恩海刻本　四册

220000－0841－0016859　叢 1300F
劉氏遺書　(清)劉台拱撰　清光緒十五年(1889)刻廣雅書局叢書本　二册

220000－0841－0016860　叢 052K
顨軒孔氏所著書　(清)孔廣森撰　清嘉慶二十二年(1817)曲阜孔氏儀鄭堂刻本　十册

220000－0841－0016861　集 2186K
延釐堂集　(清)孫玉庭撰　清同治十一年(1872)孫毓漢刻本　八册

220000－0841－0016862　集 2342K
犢山類稿　(清)周鎬撰　清光緒十年(1884)木活字印本　八册

220000－0841－0016863　叢 0417K
郝氏遺書　(清)郝懿行撰　清嘉慶至光緒刻本　八十二册

220000－0841－0016864　叢 1590K
郝氏遺書　(清)郝懿行撰　清嘉慶至光緒刻本　八十二册　缺一種

220000－0841－0016865　叢 0834F
郝氏遺書　(清)郝懿行撰　清嘉慶至光緒刻本　三十一册　存二十種

220000－0841－0016866　集 1943K
舒白香集二十四卷　(清)舒夢蘭撰　清嘉慶、道光刻本　十二册

220000－0841－0016867　叢 0972K
舒氏六種　(清)舒夢蘭撰　清嘉慶刻本　六册

220000－0841－0016868　集 1997K
敬堂遺書　(清)辛紹業撰　清嘉慶二十一年(1816)經笥齋刻本　五册　存五種

220000－0841－0016869　叢 1184K
邃雅堂全書　(清)姚文田撰　清嘉慶至光緒歸安姚氏刻本　二十八册　缺二種

220000－0841－0016870　叢 1191K
江氏叢書　(清)江藩撰　清光緒十二年(1886)刻本　八册

220000－0841－0016871　叢 0086K
焦氏叢書　(清)焦循撰　清光緒二年(1876)衡陽魏氏刻本　四十册

220000－0841－0016872　叢 0087K
焦氏叢書　(清)焦循撰　清嘉慶、道光刻本　四十八册

220000－0841－0016873　叢 1765K
宛鄰書屋叢書　(清)張琦撰　清道光陽湖張氏宛鄰書屋刻本　二册　缺二種

220000－0841－0016874　集 10809K
不遠復齋遺書　(清)潘世璜撰並輯　清光緒六年(1880)潘遵祁刻本　六册

220000－0841－0016875　叢 1061K
小琅嬛仙館敘録書　(清)阮元輯　清嘉慶三年(1798)阮氏刻本　五册

220000－0841－0016876　叢 1535K
西齋三種　(清)博明撰　清嘉慶六年(1801)刻本　二册

220000－0841－0016877　叢 1564K
味根山房全集　(清)史善長撰　清光緒刻本　十一册　缺一種

220000－0841－0016878　叢 0968K
靈芬館集　(清)郭麐撰　清嘉慶、道光刻本　十三册　缺三種

220000－0841－0016879　叢 1808K
靈芬館集　(清)郭麐撰　清嘉慶、道光刻本　十册　缺三種

220000－0841－0016880　叢 0444K
讀易樓合刻　(清)倪元坦撰　清嘉慶、道光刻本　十二册

220000－0841－0016881　集 1833K
小謨觴館全集　(清)彭兆蓀撰　(清)孫元培(清)孫長熙注　清同治十三年(1874)吳縣潘氏滂喜齋刻本　六册　缺一種

220000－0841－0016882　集 8131K
小謨觴館全集　(清)彭兆蓀撰　(清)孫元培(清)孫長熙注　清光緒鎮洋繆朝荃刻三十二年(1906)彙印本　二十册

220000－0841－0016883　集 2347K
桂馨堂集　(清)張廷濟撰　清道光刻本　三册　缺二種

220000－0841－0016884　集 2360F
桂馨堂集　(清)張廷濟撰　清道光十九年(1839)刻本　一册　缺四種

220000－0841－0016885　叢 1581K
槐軒全書　(清)劉沅撰　清咸豐至民國刻本　一百六册　缺一種

220000－0841－0016886　集 5758K
李文忠公全集　(清)李鴻章撰　清光緒三十一年至三十四年(1905－1908)金陵刻本　一百册

220000－0841－0016887　集 2511K
崇雅堂集　(清)胡敬撰　清道光二十四年(1844)仁和胡氏刻本　六册　缺二種

220000－0841－0016888　集 2294F
崇雅堂集　(清)胡敬撰　清道光二十六年(1846)刻本　四册　存二種

220000－0841－0016889　叢 1794K
崇雅堂集　(清)胡敬撰　清道光二十四年(1844)仁和胡氏刻本　十册　缺一種

220000－0841－0016890　集 2993K
話山草堂遺集　(清)沈道寬撰　清光緒三年(1877)江南潤州榷署刻本　八册　缺一種

220000－0841－0016891　叢 0542F
竹柏山房十五種　(清)林春溥撰　清嘉慶至咸豐刻本　四十册　缺一種

220000－0841－0016892　叢 1466K
見葊錦官錄　(清)李錫書撰　清嘉慶二十一年(1816)蘂石山房刻本　十二册

220000－0841－0016893　叢 0237K
修本堂叢書　(清)林伯桐撰　清道光二十四年(1844)林世懋刻本　十三册

220000－0841－0016894　叢 0117K

安吳四種　(清)包世臣撰　清同治十一年(1872)注經堂刻本　十六冊

220000－0841－0016895　叢 1772K
安吳四種　(清)包世臣撰　清道光二十六年(1846)白門倦游閣木活字印本　十七冊

220000－0841－0016896　叢 0021K
二思堂叢書　(清)梁章鉅撰　清光緒元年(1875)福州梁氏刻本　十六冊

220000－0841－0016897　集 2740K
白華堂集　(清)童槐撰　清同治刻本　八冊

220000－0841－0016898　叢 1551K
王菉友九種　(清)王筠撰　清咸豐二年(1852)刻本　四冊　缺五種

220000－0841－0016899　叢 1162K
中復堂全集　(清)姚瑩撰　清同治六年(1867)安福縣署刻本　二十冊

220000－0841－0016900　叢 0672K
林文忠公遺集　(清)林則徐撰　清光緒林氏刻本　十六冊

220000－0841－0016901　集 3044K
寄泉類稿　(清)高繼衍撰　清道光、同治高氏刻本　八冊

220000－0841－0016902　集 9964K
錢頤壽中丞全集　(清)錢寶琛撰　清同治至光緒刻本　十三冊

220000－0841－0016903　集 2814K
錢頤壽中丞全集　(清)錢寶琛撰　清同治、光緒刻本　十一冊　缺一種

220000－0841－0016904　集 2652K
啖蔗軒全集　(清)方士淦撰　清同治十一年(1872)兩淮運署刻本　四冊

220000－0841－0016905　集 3079K
西漚全集　(清)李惺撰　清同治七年(1868)刻本　十四冊

220000－0841－0016906　叢 1641K
朱慎甫先生遺集　(清)朱文炑撰　清光緒十五年(1889)甘肅藩署刻本　四冊

220000－0841－0016907　叢 1750K
養餘齋全集　(清)柳樹芳撰　清道光勝溪草堂刻本　十一冊

220000－0841－0016908　叢 0155K
朱氏群書　(清)朱駿聲撰　清光緒八年(1882)臨嘯閣刻本　六冊

220000－0841－0016909　叢 1775K
儆居遺書　(清)黃式三撰　清同治、光緒刻本　二十八冊　缺四種

220000－0841－0016910　叢 0243K
景紫堂全書　(清)夏炘撰　清咸豐、同治刻同治元年(1862)王光甲等彙印本　二十二冊

220000－0841－0016911　叢 0110K
五經歲徧齋校書　(清)翟雲升輯　清道光東萊翟氏刻本　十冊

220000－0841－0016912　集 2299K
方學博全集　(清)方坰撰　清光緒元年(1875)武昌藩署刻本　六冊

220000－0841－0016913　叢 0228K
藤花亭十種　(清)梁廷枏撰　清道光十年(1830)刻本　十冊

220000－0841－0016914　集 2926K
斯未信齋集　(清)徐宗幹撰　清咸豐五年(1855)刻本　五冊

220000－0841－0016915　集 2250K
榕園全集三十卷　(清)李彥章撰　清道光二十七年(1847)刻本　二十冊

220000－0841－0016916　叢 0163K
頤志齋叢書　(清)丁晏撰　清咸豐、同治丁氏六藝堂刻同治元年(1862)彙印本　十冊

220000－0841－0016917　集 2190K
致遠堂全集十三卷　(清)孔傳游撰　清道光刻本　四冊

220000－0841－0016918　叢 1806K
振綺堂遺書　(清)汪遠孫撰　清道光刻本

十一册

220000－0841－0016919　集 2893K
平湖顧氏遺書　(清)顧廣譽撰　清光緒三年(1877)顧鴻昇刻本　五册　缺一種

220000－0841－0016920　叢 1052K
李文清公遺書　(清)李棠階撰　清光緒八年(1882)刻本　四册

220000－0841－0016921　集 2197K
蛾術堂集　(清)沈豫撰　清道光十八年(1838)蕭山沈氏漢讀齋刻本　十册

220000－0841－0016922　叢 1058K
蒔古齋輯著　(清)楊城書撰　清道光十三年(1833)上海楊氏刻本　一册

220000－0841－0016923　叢 1791K
一粟廬合集　(清)于源撰　清道光刻本　五册　缺二種

220000－0841－0016924　叢 0361K
伯山全集　(清)康發祥撰　清道光至同治泰州康氏刻本　十六册

220000－0841－0016925　集 2583K
白雲山房集　(清)張象津撰　清道光十六年(1836)張繩武等拜經堂刻本　八册

220000－0841－0016926　叢 1633K
查葑湖先生雜著　(清)查奕慶撰　清咸豐七年(1857)都賓森等刻本　一册

220000－0841－0016927　史 11024K
召杜心聲四卷　(清)王恂撰　清鉛活字印本　一册　存二卷(三至四)

220000－0841－0016928　史 0462K
顧氏三種　(清)顧觀光撰　清光緒二十八年(1902)刻本　四册

220000－0841－0016929　叢 1186K
趣園初集　(清)陳鍾祥撰　清咸豐十年(1860)刻本　十册

220000－0841－0016930　叢 1559K
來復堂全書　(清)丁大椿撰　清道光二十年(1840)刻本　十二册　缺四種

220000－0841－0016931　叢 0403K
新化鄒氏斅蓺齋遺書　(清)鄒漢勛撰　清光緒四年(1878)刻本　六册

220000－0841－0016932　集 10376K
古均閣遺著　(清)許槤撰　清光緒十四年(1888)許頌鼎刻本　一册

220000－0841－0016933　集 2950K
倚晴樓集　(清)黃燮清撰　清咸豐、同治海監黃氏拙宜園刻本　十册　存三種

220000－0841－0016934　叢 0943K
鄒叔子遺書　(清)鄒漢勛撰　清光緒刻本　十四册

220000－0841－0016935　叢 0471K
鄭子尹遺書　(清)鄭珍撰　清咸豐、同治刻本　十册

220000－0841－0016936　集 2860K
羅忠節公遺集　(清)羅澤南撰　清咸豐、同治刻本　八册　缺一種

220000－0841－0016937　叢 0150K
覆瓿集　(清)張文虎撰　清同治、光緒刻本　十二册

220000－0841－0016938　叢 1746F
東塾遺書　(清)陳澧撰　清光緒廣雅書局刻廣雅書局叢書本　二册

220000－0841－0016939　叢 1118K
記過齋藏書　(清)蘇源生撰　清咸豐至光緒刻本　八册　存四種

220000－0841－0016940　叢 0397K
番禺陳氏東塾叢書　(清)陳澧撰　清咸豐至光緒刻本　九册

220000－0841－0016941　集 5916K
曾文正公全集　(清)曾國藩撰　清同治、光緒傳忠書局刻本　一百四十册

220000－0841－0016942　集 5267K
左文襄公全集　(清)左宗棠撰　清光緒十六

年(1890)刻本　一百二十八册

220000－0841－0016943　叢 0197K
觀古閣叢刻　(清)鮑康撰　清同治、光緒歙鮑氏刻本　五册

220000－0841－0016944　叢 1584K
求在我齋全集　(清)陳濬撰　清同治十三年(1874)刻本　十六册　存四種

220000－0841－0016945　叢 0465K
古桐書屋六種　(清)劉熙載撰　清同治、光緒刻本　十二册

220000－0841－0016946　叢 0464K
古桐書屋續刻三種　(清)劉熙載撰　清光緒十三年(1887)刻本　一册

220000－0841－0016947　集 2841K
悔餘菴集　(清)何栻撰　清同治四年(1865)鳩江戎幄刻本　八册

220000－0841－0016948　集 3029K
何文貞公遺書　(清)何桂珍撰　清光緒十年(1884)六安求我齋刻本　二册

220000－0841－0016949　集 8571K
柏堂遺書　(清)方宗誠撰　清光緒桐城方氏刻本　五十册

220000－0841－0016950　叢 0528F
柏堂遺書　(清)方宗誠撰　清光緒桐城方氏刻本　十二册　存十四種

220000－0841－0016951　集 7194K
劉武慎公遺書　(清)劉長祐撰　清光緒二十六年(1900)鉛活字印本　二十八册

220000－0841－0016952　集 6957F
劉武慎公遺書　(清)劉長祐撰　清光緒二十六年(1900)鉛活字印本　二十五册

220000－0841－0016953　叢 0806K
鄒徵君遺書　(清)鄒伯奇撰　清同治十三年(1874)鄒氏刻本　四册

220000－0841－0016954　集 8587K
□□山房集　(清)趙樹吉撰　清光緒汗青簃刻本　六册

220000－0841－0016955　叢 0567K
淡園全集　(清)馬徵慶撰　清光緒十五年(1889)金陵清涼山半月讀書齋刻本　四册

220000－0841－0016956　叢 0839K
春在堂全書　(清)俞樾撰　清光緒三年(1877)刻本　十六册

220000－0841－0016957　叢 0827K
春在堂全書　(清)俞樾撰　清光緒十五年(1889)刻本　二十六册

220000－0841－0016958　叢 0824K
春在堂全書　(清)俞樾撰　清光緒二十五年(1899)刻本　一百四十八册　缺十一種

220000－0841－0016959　叢 1636K
永平三子遺書　(清)史夢蘭輯　清光緒五年(1879)刻止園叢書本　三册

220000－0841－0016960　集 3321K
求益齋全集　(清)強汝詢撰　清光緒二十四年(1898)江蘇書局刻本　八册

220000－0841－0016961　集 3893K
曾忠襄公全集　(清)曾國荃撰　清光緒二十九年(1903)刻本　六十四册

220000－0841－0016962　集 10518K
曾忠襄公全集　(清)曾國荃撰　清光緒二十九年(1903)刻本　六十四册

220000－0841－0016963　集 9727K
端敏遺書　(清)胡元直撰　清光緒二十年(1894)刻本　一册

220000－0841－0016964　集 3884K
屺雲樓集　(清)劉存仁撰　清咸豐、同治刻本　十四册　缺一種

220000－0841－0016965　叢 0170K
愷園四種　(清)龔禮撰　清咸豐五年(1855)刻本　八册

220000－0841－0016966　叢 0002K
樸學廬叢刻　(清)宋祖駿撰　清咸豐刻本

一册　存二種

220000－0841－0016967　叢1573K
正誼堂全集　(清)黄沛撰　清光緒刻本　十二册　缺二種

220000－0841－0016968　集3364K
養雲山莊遺稿　(清)劉瑞芬撰　清光緒劉世琸刻本　八册

220000－0841－0016969　集3665K
種樹軒遺集　(清)郭長清撰　清光緒二十三年(1897)刻本　二册

220000－0841－0016970　叢0526K
薆園叢書　(清)張慎儀撰　清光緒至民國刻本　十六册

220000－0841－0016971　集3766K
寒松閣集　(清)張鳴珂撰　清光緒十年至三十年(1884－1904)嘉興張氏刻本　六册

220000－0841－0016972　叢0226K
蔣侑石遺書　(清)蔣曰豫撰　清光緒三年(1877)蓮池書局刻本　五册

220000－0841－0016973　集3465K
魏稼孫全集　(清)魏錫曾撰　清光緒九年(1883)刻本　十四册

220000－0841－0016974　集3875K
橘蔭軒全集　(清)陳錦撰　清光緒山陰陳氏橘蔭軒刻本　十六册

220000－0841－0016975　叢1225K
順德李氏遺書　(清)李文田撰　清光緒二十三年(1897)鉛活字印本　一册

220000－0841－0016976　叢063K
春雨樓叢書　(清)朱士端撰　清同治寶應朱氏刻本　六册

220000－0841－0016977　叢0519K
石屋書　(清)曹金籀撰　清同治仁和曹氏刻本　七册

220000－0841－0016978　集3371K
單氏全書　(清)單為鏓撰　清同治七年(1868)刻本　六册　缺二種

220000－0841－0016979　集2248K
靜菴遺集　(清)左眉撰　清同治十三年(1874)桐城方氏鉛活字印本　六册

220000－0841－0016980　集2660K
達亭老人遺稿　(清)王棨華撰　清同治十三年(1874)刻本　四册

220000－0841－0016981　叢1073K
有恒心齋集　(清)程鴻詔撰　清同治刻本　十册　缺三種

220000－0841－0016982　叢0311K
小西腴山館全集　(清)吳大廷撰　清同治刻本　十册

220000－0841－0016983　叢1048K
儆季雜著　(清)黄以周撰　清光緒二十年(1894)江蘇南菁講舍刻本　十册

220000－0841－0016984　叢1776K
儆季雜著　(清)黄以周撰　清光緒刻本　三十二册

220000－0841－0016985　叢1062K
賭棋山莊全集　(清)謝章鋌撰　清光緒至民國刻本　三十三册

220000－0841－0016986　集2692K
經德堂全集　(清)龍啓瑞撰　清光緒四年(1878)京師刻本　九册

220000－0841－0016987　集3125K
高陶堂遺集　(清)高心夔撰　清光緒八年(1882)平湖朱氏經注經齋刻本　四册

220000－0841－0016988　叢0921K
庸庵全集　(清)薛福成撰　清光緒二十三年(1897)上海醉六堂石印本　十二册

220000－0841－0016989　叢0840K
庸庵全集　(清)薛福成撰　清光緒薛氏刻本　四十四册

220000－0841－0016990　集0910K
曾惠敏公全集十七卷　(清)曾紀澤撰　清光

緒二十年(1894)上海石印本　四册

220000－0841－0016991　集 8668K
曾惠敏公遺集　(清)曾紀澤撰　清光緒十九年(1893)江南製造總局刻本　八册

220000－0841－0016992　叢 1199K
桐城吴先生全書　(清)吴汝綸撰　清光緒三十年(1904)王恩紱等刻本　二十册

220000－0841－0016993　叢 1801K
留書種閣集　(清)黄炳垕撰　清同治、光緒黄氏留書種閣本　十册　缺二種

220000－0841－0016994　叢 1317K
義停山館集　(清)王景覽撰　清同治十三年(1874)三山王氏刻本　六册

220000－0841－0016995　集 3607K
仙心閣集　(清)彭慰高撰　清光緒刻本　四册

220000－0841－0016996　叢 1228K
黄氏隨筆　(清)黄理撰　清光緒四年(1878)見谿書屋刻本　四册

220000－0841－0016997　叢 0109K
味義根齋全書　(清)譚澐輯　清光緒刻本　六册

220000－0841－0016998　叢 1632K
召杜心聲　(清)王恂撰　清光緒五年(1879)刻本　一册

220000－0841－0016999　集 2755K
補不足齋雜著　(清)黄家鼎撰　清光緒六年(1880)鄞縣黄氏刻本　二册

220000－0841－0017000　叢 0259K
郭氏叢刻　(清)郭柏蒼撰　清光緒刻本　十八册

220000－0841－0017001　叢 1245K
還硯齋全集　(清)趙新撰　清光緒八年(1882)黄樓刻本　十八册

220000－0841－0017002　叢 1193K
拙龕叢稿　(清)朱一新撰　清光緒二十二年(1896)葆真堂刻本　十六册

220000－0841－0017003　叢 0497K
玉津閣叢書甲集　(清)胡薇元撰　清光緒至民國刻本　十二册

220000－0841－0017004　叢 0201K
景袁齋叢書　(清)何其傑撰　清光緒刻本　八册　缺一種

220000－0841－0017005　叢 0309K
桐城洪氏七種　(清)洪恩波撰　清光緒刻本　八册

220000－0841－0017006　叢 1356K
師伏堂叢書　(清)皮錫瑞撰　清光緒善化皮氏刻本　四十册

220000－0841－0017007　集 11082K
劍客叢譔　(清)毛乃庸撰　清光緒刻本　四册　存六種

220000－0841－0017008　叢 1718K
侯官嚴氏叢刻　嚴復撰　清光緒二十八年(1902)上海書局石印本　四册

220000－0841－0017009　叢 1518K
千一齋全書　(清)程光甲撰　清光緒至民國刻本　八册　存四種

220000－0841－0017010　叢 1793K
陳澹然三種　陳澹然撰　清光緒二十八年(1902)長沙刻本　十二册

220000－0841－0017011　叢 1790K
涌翠山房集　(清)高延第撰　清光緒十四年(1888)山陽高氏刻本　五册

220000－0841－0017012　叢 0570K
觀象廬叢書　(清)呂調陽撰　清光緒十四年(1888)葉長高刻本　五十五册　缺三種

220000－0841－0017013　集 8437K
鏡珠齋彙刻　(清)胡元玉撰　清光緒刻本　十册

220000－0841－0017014　叢 0225K
悔廬全集　(清)張崇蘭撰　清光緒二十三年

(1897)刻本　九冊　缺一種

220000－0841－0017015　叢0848K
耐安類稿　(清)陳偉撰　清光緒二十二年(1896)刻本　六冊

220000－0841－0017016　叢0254K
寫經齋全集　(清)葉大莊撰　清光緒刻本　六冊　缺三種

220000－0841－0017017　集3434K
晚學齋集　(清)鄭由熙撰　清光緒二十四年(1898)靖安縣署刻本　十二冊

220000－0841－0017018　叢1764K
爲己精舍叢書　(清)張諧之撰　清光緒二十二年(1896)刻本　九冊　缺一種

220000－0841－0017019　叢0535K
海嶽軒叢刊　(清)杜俞撰　清光緒三十三年(1907)蘇省刷印總局鉛活字印本　二冊

220000－0841－0017020　叢0193K
桐華閣叢書　(清)杜貴墀撰　清光緒刻本　十二冊

220000－0841－0017021　叢0534K
海嶽軒叢刊　(清)杜俞撰　清光緒二十六年(1900)申江鉛活字印本　二冊

220000－0841－0017022　叢061K
香禪精舍集　(清)潘鍾瑞撰　清光緒長洲潘氏香禪精舍刻本　十六冊

220000－0841－0017023　叢1463K
詩禮堂全集　(清)王又樸撰　清刻本　二十九冊　缺七種

220000－0841－0017024　集3283K
怡雲堂全集　(清)沈保靖撰　清宣統元年(1909)刻本　四冊　缺一種

220000－0841－0017025　集3311K
蘋香書屋全集　(清)鄒文柏撰　清光緒三十四年(1908)文苑閣木活字印本　六冊

220000－0841－0017026　叢0481K
寂園叢書　(清)陳瀏撰　清宣統二年(1910)鉛活字印本　二十冊

220000－0841－0017027　叢1486K
林氏全集　(清)林慶炳撰　清光緒八年(1882)刻本　八冊

220000－0841－0017028　叢0772K
邵陽曾氏三種　(清)曾廉撰　清光緒刻本　六冊

220000－0841－0017029　叢1487K
如諫果室叢刊　(清)王廷劍撰　清宣統二年(1910)鉛活字印本　一冊

220000－0841－0017030　集3992K
萬物炊累室類稿　(清)沈同芳撰　清宣統三年(1911)上海中國圖書公司鉛活字印本　五冊

220000－0841－0017031　集8740K
王湘綺先生全集　王闓運撰　清光緒、宣統刻本　九十八冊

220000－0841－0017032　叢1640F
湘綺樓全書　王闓運撰　清光緒、宣統刻本　七十六冊　缺一種

220000－0841－0017033　集4332K
王葵園四種　王先謙撰　清光緒至民國長沙王氏刻本　十二冊

220000－0841－0017034　集4297K
樊山集　樊增祥撰　清光緒十九年(1893)渭南縣署刻續集二十八年(1902)西安臬署刻本　二十三冊

220000－0841－0017035　叢1185K
綠督廬遺書　葉昌誠撰　清宣統至民國刻本　十六冊

220000－0841－0017036　叢054K
陶廬叢刻　王樹枏撰　清光緒至民國新城王氏刻本　七十六冊

220000－0841－0017037　叢0363K
琴志樓叢書　易順鼎撰　清光緒刻本　十六冊　存十六種

220000－0841－0017038　叢 0415K
慕皋廬雜刻　易順鼎撰　清光緒十九年(1893)刻本　四冊

220000－0841－0017039　集 3941K
說劍堂著書　潘飛聲撰　清光緒二十四年(1898)仙城藥洲刻本　六冊

220000－0841－0017040　叢 0312K
訥盦叢稿　顧鳴鳳撰　清宣統三年(1911)刻本　六冊

220000－0841－0017041　叢 1488K
十髮盦叢書　程頌萬撰　清光緒寧鄉程氏刻本　八冊

220000－0841－0017042　叢 0474K
石遺室叢書　陳衍撰　清光緒至民國刻本　二十三冊

220000－0841－0017043　叢 1214K
箋經室叢書　曹元忠撰　清光緒曹氏箋經室刻本　三冊

220000－0841－0017044　叢 1600K
國學叢刊　羅振玉等編　清宣統三年(1911)石印本　三冊

220000－0841－0017045　叢 1009
國學叢刊　羅振玉等編輯　清宣統三年(1911)國學叢刊社石印本　二冊

220000－0841－0017046　集 1977K
張皋文箋易詮全集　(清)張惠言撰　清嘉慶、道光刻本　十六冊　缺一種

220000－0841－0017047　集 1975K
張皋文箋易詮全集　(清)張惠言撰　清嘉慶、道光刻本　三十四冊　缺一種

220000－0841－0017048　史 667K
常熟丁氏叢書　丁國鈞撰　清光緒木活字鉛活字印本　四冊

220000－0841－0017049　叢 0540K
望炊樓叢書　(清)謝家福輯　清光緒吳縣謝氏刻本　八冊

220000－0841－0017050　叢 0920K
古今說海一百三十五種　(明)陸楫撰　清宣統元年(1909)上海集成圖書公司鉛活字印本　十二冊

220000－0841－0017051　叢 1227K
煙霞小說六卷　(明)范欽撰　清光緒三十一年(1905)上海育文書局石印本　六冊

220000－0841－0017052　叢 0908K
顧氏明朝四十家小說　(明)顧元慶撰　清宣統三年(1911)上海國學扶輪社鉛活字印本　八冊

220000－0841－0017053　叢 0116
稗海七十四種　(明)商濬輯　明萬曆會稽商氏半埜堂刻本　八十冊

220000－0841－0017054　叢 1517
稗海　(明)商濬輯　清康熙振鷺堂重修補印明萬曆會稽商氏半埜堂刻本　八十冊

220000－0841－0017055　叢 0754
稗海　(明)商濬輯　(清)李孝源重訂　清乾隆李氏重修補印明萬曆會稽商氏半埜堂刻本　二十五冊

220000－0841－0017056　善 1424
小窻自紀四卷豔紀十四卷清紀五卷別紀四卷　(明)吳從先撰　明萬曆刻本　二十冊　缺二卷(清紀三、五)

220000－0841－0017057　善 0836
小窻豔紀十四卷　(明)吳從先撰　明萬曆刻本　六冊

220000－0841－0017058　善 0741
宋人百家小說一百五十二卷　(明)□□輯　明崇禎刻本　八冊　存八十種

220000－0841－0017059　叢 1430
明人百家小說一百八卷　(明)沈延松編　明崇禎刻清印本　十六冊

220000－0841－0017060　善 2976
夢遊錄一卷　(唐)任蕃撰　**春夢錄一卷**　(元)鄭禧撰　清順治三年(1646)兩浙督學周

南、李際期宛委山堂刻說郛本　一冊

220000－0841－0017061　叢 1222K

香豔叢書二十集　(清)蟲天子撰　清宣統二年(1910)國學扶輪社鉛活字印本　七十九冊　缺一集(十六)

220000－0841－0017062　叢 1064K

唐人說薈一百六十四種　(清)陳世熙撰　清道光二十三年(1843)陳其鈺刻本　二十冊

220000－0841－0017063　子 2403K

唐人小說八種八卷　清乾隆抄本　四冊

220000－0841－0017064　集 11131K

龍泉師友遺稿合編　李樹屏輯　清光緒二十年(1894)刻本　八冊

220000－0841－0017065　集 3845K

龍泉園集十二卷　(清)李江撰　清抄本　四冊

220000－0841－0017066　集 3390F

問青園集十三卷　(清)王晉之撰　清光緒二十二年(1896)刻龍泉師友遺稿合編本　四冊

書名筆畫字頭索引

一畫

二畫

三畫

四畫

五畫

六畫

七畫

八畫

九畫

十畫

十一畫

十二畫

十三畫

十四畫

十五畫

十六畫

十七畫

十八畫

十九畫

二十畫

二十一畫

二十二畫

二十三畫

二十四畫

二十五畫

二十六畫

二十七畫

二十八畫

二十九畫

三十畫

其他

書名筆畫索引

一畫

二畫

三畫

四畫

五畫

六畫

七畫

八畫

九畫

十畫

十一畫

十二畫

十三畫

十四畫

十五畫

十六畫

十七畫

十八畫

十九畫

二十畫

二十一畫

二十二畫

二十三畫

二十四畫

二十五畫

二十六畫

二十七畫

二十八畫

二十九畫

三十畫

其他

中華古籍保護計劃

ZHONG HUA GU JI BAO HU JI HUA CHENG GUO

·成果·

吉林大學圖書館古籍普查登記目録（上）

全國古籍普查登記目録

國家圖書館出版社
National Library of China Publishing House

圖書在版編目(CIP)數據

吉林大學圖書館古籍普查登記目録:全二册/《吉林大學圖書館古籍普查登記目録》編委會編. —北京:國家圖書館出版社,2019.7
(全國古籍普查登記目録)
ISBN 978-7-5013-6763-4

Ⅰ.①吉… Ⅱ.①吉… Ⅲ.①古籍—圖書館目録—吉林 Ⅳ.①Z838

中國版本圖書館 CIP 數據核字(2019)第 093569 號

書　　名　吉林大學圖書館古籍普查登記目録(全二册)
著　　者　《吉林大學圖書館古籍普查登記目録》編委會　編
責任編輯　許海燕

出版發行　國家圖書館出版社(北京市西城區文津街 7 號　100034)
(原書目文獻出版社 北京圖書館出版社)
010-66114536　63802249　nlcpress@nlc.cn(郵購)
網　　址　http://www.nlcpress.com
排　　版　凡華(北京)文化傳播有限公司
印　　裝　河北三河弘翰印務有限公司
版次印次　2019 年 7 月第 1 版　2019 年 7 月第 1 次印刷

開　　本　787×1092(毫米)　1/16
印　　張　68
字　　數　1700 千字
書　　號　ISBN 978-7-5013-6763-4
定　　價　680.00 圓

《全國古籍普查登記目録》

工作委員會

《全國古籍普查登記目録》

序　言

全國古籍普查登記工作是“中華古籍保護計劃”的首要任務，是全面開展古籍搶救、保護和利用工作的基礎，也是有史以來第一次由政府組織、參加收藏單位最多的全國性古籍普查登記工作。

2007年國務院辦公廳發布《關於進一步加强古籍保護工作的意見》（國辦發[2007]6號），明確了古籍保護工作的首要任務是對全國公共圖書館、博物館和教育、宗教、民族、文物等系統的古籍收藏和保護狀况進行全面普查，建立中華古籍聯合目録和古籍數字資源庫。2011年12月，文化部下發《文化部辦公廳關於加快推進全國古籍普查登記工作的通知》（文辦發[2011]518號），進一步落實了全國古籍普查登記工作。根據文化部2011年518號文件精神，國家古籍保護中心擬訂了《全國古籍普查登記工作方案》，進一步規範了古籍普查登記工作的範圍、内容、原則、步驟、辦法、成果和經費。目前進行的全國古籍普查登記工作的中心任務是通過每部古籍的身份證——“古籍普查登記編號”和相關信息，建立古籍總臺賬，全面瞭解全國古籍存藏情況，開展全國古籍保護的基礎性工作，加强各級政府對古籍的管理、保護和利用。

《全國古籍普查登記工作方案》規定了全國古籍普查登記工作的三個主要步驟：一、開展古籍普查登記工作；二、在古籍普查登記基礎上，編纂出版館藏古籍普查登記目録，形成《全國古籍普查登記目録》；三、在古籍普查登記工作基本完成的前提下，由省級古籍保護中心負責編纂出版本省古籍分類聯合目録《中華古籍總目》分省卷，由國家古籍保護中心負責編纂出版《中華古籍總目》統編卷。

在黨和政府領導下，在各地區、各有關部門和全社會共同努力下，古籍普查登記工作得以扎實推進。古籍普查已在除臺、港、澳之外的全國各省級行政區域開展，普查内容除漢文古籍外，還包括各少數民族文字古籍，特别是於2010年分别啓動了新疆古籍保護和西藏古籍保護專項，因地制宜，開展古籍普查登記工作；國家古籍保護中心研製的“全國古籍普查登記平臺”已覆蓋到全國各省級古籍保護中心，并進一步研發了“中華古籍索引庫”，爲及時展現古籍普查成果提供有力支持；截至目前，已有11375部古籍進入《國家珍貴古籍名録》，浙江、江蘇、山東、河北等省公布了省級《珍貴古籍名録》,古籍分級保護機制初步形成。

《全國古籍普查登記目録》是古籍普查工作的階段性成果,旨在摸清家底,揭示館藏,反映古籍的基本信息。原則上每申報單位獨立成册,館藏量少不能獨立成册者,則在本省範圍内幾個館目合并成册。無論獨立成册還是合并成册,均編製獨立的書名筆畫索引附於書後。著録的必填基本項目有:古籍普查登記編號、索書號、題名卷數、著者(含著作方式)、版本、册數及存缺卷數。其他擴展項目有:分類、批校題跋、版式、裝幀形式、叢書子目、書影、破損狀况等。有條件的收藏單位多著録的一些擴展項目,也反映在《全國古籍普查登記目録》上。目録編排按古籍普查登記編號排序,内在順序給予各古籍收藏單位較大自由度,可按分類排列古籍普查登記編號,也可按排架號、按同書名等排列古籍普查登記編號,以反映各館特色。

此次全國古籍普查登記工作,克服了古籍數量多、普查人員少、普查難度大等各種困難,也得到了全國古籍保護工作者的極大支持。在古籍普查登記過程中,國家古籍保護中心、各省古籍保護中心爲此舉辦了多期古籍普查、古籍鑒定、古籍普查目録審校等培訓班,全國共1600餘家單位參加了培訓,爲古籍普查登記工作培養了大量人才。同時在古籍普查登記工作中,也鍛煉了普查員的實踐能力,爲將來古籍保護事業發展奠定了良好的基礎。

《全國古籍普查登記目録》的出版,將摸清我國古籍家底,爲古籍保護和利用工作提供依據,也將是古籍保護長期工作的一個里程碑。

國家古籍保護中心
2013年10月

《全國古籍普查登記目録》

編纂凡例

一、收録範圍爲我國境内各收藏機構或個人所藏，産生於1912年以前，具有文物價值、學術價值和藝術價值的文獻典籍，包括漢文古籍和少數民族文字古籍以及甲骨、簡帛、敦煌遺書、碑帖拓本、古地圖等文獻。其中，部分文獻的收録年限適當延伸。

二、以各收藏機構爲分册依據，篇幅較小者，適當合并出版。

三、一部古籍一條款目，複本亦單獨著録。

四、著録基本要求爲客觀登記、規範描述。

五、著録款目包括古籍普查登記編號、索書號、題名卷數、著者、版本、册數、存缺卷等。古籍普查登記編號的組成方式是：省級行政區劃代碼—單位代碼—古籍普查登記順序號。

六、以古籍普查登記編號順序排序。

《吉林大學圖書館古籍普查登記目録》

編纂委員會

主　編： 禹　平　王麗華

副主編： 孫　穎　朱永惠

編　委（按姓氏筆畫排序）：

王麗華　朱永惠　任欣欣　孫　穎　孫　赫

張　華　蔡　宏　潘可新

總審校： 王麗華　朱永惠

《吉林大學圖書館古籍普查登記目録》

前　言

一、館藏古籍簡介

吉林大學圖書館前身爲東北行政學院圖書館,1946 年創辦於哈爾濱,1952 年改稱東北人民大學圖書館,1958 年改稱吉林大學圖書館。2000 年原吉林大學、吉林工業大學、白求恩醫科大學、長春科技大學和長春郵電學院合并組成新吉林大學,原五校圖書館也隨之合并。合校後的吉林大學圖書館設有中心館、工學館、醫學館、地學館和信息學館。2004 年中國人民解放軍軍需大學并入吉林大學,其圖書館改爲吉林大學農學部圖書館。

吉林大學圖書館現收藏古籍 40 萬册左右,是吉林大學的珍貴財富。我館古籍藏書具有較高的版本價值、文物價值及學術價值。内容豐富,經、史、子、集四部皆備,可滿足不同讀者的閲讀需求。尤其在地方志、家譜、明清别集、金石拓本、佛道教等方面頗具特色。其中,房山石經拓片是全國僅有的六套之一。方志、家譜、明清詩文集中孤本、稀見本更多。從版本類型上看,既有歷朝刻本、活字印本、石印本、影印本,亦有抄稿本、鈐印本、拓本等,可謂版本類型齊全。從藏書品質上看,共有善本藏書 6000 餘部,4 萬餘册,孤本、稀見本亦數量不少。其中宋刻本 7 部 102 册,元刻本 18 部 400 册,明清精刻本更多,均爲珍本精品,珍稀程度不亞於其他出土文物。如:宋刻本《京本點校附音春秋經傳集解》三十卷、宋寶祐五年(1257)趙興懇刻元明遞修本《通鑑紀事本末》四十二卷;元刻本《音注全文春秋括例始末左傳句讀直解》七十卷、元刻本《朱文公校昌黎先生集》四十卷、元刻明修本《資治通鑑》二百九十四卷、元大德九年(1305)建康路儒學刻明修本《唐書》二百二十五卷、元至正元年(1341)集慶路儒學刻明修本《樂府詩集》一百卷等。

二、古籍普查工作

爲瞭解我國現存古籍保存保護的現狀,加强對古籍的保護和管理,根據《國務院辦公廳關於進一步加强古籍保護工作的意見》(國辦發[2007]6 號)的規定,2007 年,文化部(現文化和旅游部)啓動了"中華古籍保護計劃",開始在全國範圍内進行古籍普查登記工作。

我館的古籍普查登記工作自2009年始，先後完成了第二批、第三批、第四批和第五批《國家珍貴古籍名録》申報工作，共申報古籍625部，入選121部。有4部珍貴古籍參加了由文化部主辦，國家古籍保護中心承辦的第三届和第四届"國家珍貴古籍特展"。2009年6月，經國務院批准，我館入選第二批"全國古籍重點保護單位"。2014年文化部授予我館"全國古籍保護工作先進單位"稱號。

經過幾代人的努力，我館古籍編目基礎較好，建有書名目録和著者目録。在參加《東北地區古籍綫裝書聯合目録》編纂過程中，用了十年時間，舉全部門之力，根據原書對卡片目録進行重新審核，使館藏古籍編目信息更加規範，著録項目更全。之後，在此基礎上，對卡片目録進行數字化，建立并發布了"吉林大學圖書館古籍文獻庫"。這些基礎工作給古籍普查登記工作帶來了很大的便利。

在古籍普查過程中，我們利用現有資料，根據普查的具體要求，以書爲準，逐條進行著録，主要項目有題名卷數、著者、版本、版式、册數、存卷、批校題跋、牌記、刻工、印章等，并認真做好古籍定級、破損定級及書影製作。2012年初，根據國家古籍保護中心加快古籍普查速度的要求，簡化著録信息，僅保留題名卷數、著者、版本、册數、存卷及索書號，我們對全部數據進行了重新整合，於2012年底完成了古籍普查登記工作。之後，經過數次審核，反復修改，確保普查數據的準確性和高質量。

本書目的編纂體例遵照國家古籍保護中心《全國古籍普查登記規則》及《全國古籍普查登記目録格式整理規範》的各項規定，每條數據均有古籍普查編號、索書號、題名卷數、著者、版本、册數、存缺卷等信息。

《吉林大學圖書館古籍普查登記目録》的出版，是我館古籍部全體工作人員的智慧結晶，也是我館第一部館藏古籍目録，更是服務讀者、開展古籍保護及整理研究的有利工具。我們將以此爲契機，加大古籍原生性保護和再生性保護力度，爲傳承中華民族優秀文化做出應有的貢獻。然而，古籍普查登記工作難度較大，疏漏之處在所難免，敬請方家批評指正，以期更加完善。

編者

2018年11月

目　　録

上册

下册

220000－0841－0000001　經 1591K
相臺五經　(宋)岳珂編　清刻本　三十二册

220000－0841－0000002　善 4302
九經十卷　明刻本　二册　存三卷(孝經一、論語一、孟子一)

220000－0841－0000003　經 1658
九經五十一卷　(明)秦鏷訂正　清觀成堂刻本　十四册

220000－0841－0000004　叢 0563
石齋先生經傳九種　(明)黄道周撰　清康熙三十二年(1693)晉安鄭肇刻道光二十八年(1848)長洲彭蘊章補刻本　四十册

220000－0841－0000005　善 0264
三經評注五卷　明萬曆四十五年(1617)閔齊伋刻三色套印本　四册

220000－0841－0000006　叢 0255
省吾堂四種　(清)蔣光弼輯　清乾隆蔣氏省吾堂刻本　二十四册

220000－0841－0000007　善 2772
篆文六經四書六十三卷　(清)李光地等編　清康熙内府刻本　十六册

220000－0841－0000008　善 4308
曹楝亭五種六十五卷　(清)曹寅輯　清康熙四十五年(1706)揚州使院刻本　四十九册

220000－0841－0000009　叢 0275
崔氏刊書　(清)崔紀撰　清乾隆刻本　六册

220000－0841－0000010　經 1627
姜氏九經補注　(清)姜兆錫撰　清雍正、乾隆寅清樓刻本　三十八册

220000－0841－0000011　經 2378
古香齋鑒賞袖珍十種　(清)□□輯　清乾隆内府刻本　十三册　存二十七卷(五經八卷、四書十九卷)

220000－0841－0000012　叢 0518
拜經堂叢書　(清)臧琳　(清)臧庸撰　清乾隆、嘉慶武進臧氏同述觀刻本　十二册

220000－0841－0000013　善 3562
五經讀本五十八卷　清雍正武英殿刻本　二十八册

220000－0841－0000014　叢 1490
萬充宗先生經學五書　(清)萬斯大撰　清乾隆萬福刻本　一册

220000－0841－0000015　經 1717
經玩　(清)沈淑撰　清雍正刻本　八册

220000－0841－0000016　經 3006K
五經體注　(清)來爾繩等纂輯　清東都樂善堂銅版印本　七册　存十二卷(易二至四、書四至六、詩一至四、春秋十二、禮記十)

220000－0841－0000017　經 3004K
增訂五經體注大全　(清)珍經閣輯　清光緒九年(1883)四明珍經閣銅版印本　十三册　缺詩經

220000－0841－0000018　經 1586K
御纂七經二百九十四卷　(清)李光地等撰　清同治六年(1867)浙江書局刻本　一百四十二册

220000－0841－0000019　經 1585K
御纂七經二百九十四卷　(清)李光地等撰　清同治十年(1871)湖北崇文書局刻本　一百七十册

220000－0841－0000020　經 2479K
御纂七經二百九十四卷　(清)李光地等撰　清同治十一年(1872)江西書局刻本　一百九十二册

220000－0841－0000021　經 2482K
御纂七經二百九十四卷　(清)李光地等撰　清刻本　一百十八册　存二百六卷(詩經二十一卷、首二卷、詩序二卷,周官四十八卷,儀禮四十八卷、首二卷,禮記八十二卷、首一卷)

220000－0841－0000022　經 1677K
五經備旨　(清)鄒聖脈輯　清光緒十二年(1886)上海點石齋石印本　十二册

220000－0841－0000023　叢 0501K

味經齋遺書　(清)莊存與撰　清光緒八年(1882)陽湖莊氏刻本　十册　缺四種

220000－0841－0000024　子1226K
十三經札記二十二卷群書札記十六卷　(清)朱亦棟撰　清光緒四年(1878)武林竹簡齋刻本　十六册

220000－0841－0000025　叢1536K
孫谿朱氏經學叢書初編　(清)朱記榮輯　清光緒吳縣朱氏槐廬刻本　十二册

220000－0841－0000026　經2030F
吳氏遺著六卷　(清)吳淩雲撰　清光緒十七年(1891)刻廣雅書局叢書本　二册

220000－0841－0000027　經2660K
尚書伏氏本經五卷　(清)安高發原編　(清)安吉纂輯　**夏時考六卷**　(清)安吉撰　清光緒十一年(1885)安槩刻本　四册

220000－0841－0000028　經1678K
七經精義　(清)黄淦撰　清嘉慶十三年(1808)刻本　十六册

220000－0841－0000029　善0002
十三經注疏附考證三百四十七卷　清乾隆四年(1739)武英殿刻本　一百八册　缺十八卷(周易三卷、毛詩十四卷、詩譜一卷)

220000－0841－0000030　經2484K
十三經注疏　清嘉慶三年(1798)金閶書業堂刻本　一百九册　缺一百卷(周易三,毛詩七至十五,周禮一至二十一、首一卷,儀禮一至八、首一卷,禮記十五至四十五,春秋公羊傳一至二十八)

220000－0841－0000031　經1580K
十三經注疏附考證　清同治十年(1871)廣東書局刻本　一百二十册

220000－0841－0000032　經1575K
十三經注疏併釋文校勘記　(清)阮元撰　清嘉慶十三年(1808)文選樓刻本　三十二册

220000－0841－0000033　經1576K
重刊宋本十三經注疏附校勘記　(清)阮元校勘　(清)盧宣旬摘錄　清嘉慶二十年(1815)南昌府學刻本　一百二十册

220000－0841－0000034　經1733K
重刊宋本十三經注疏附校勘記　(清)阮元校勘　(清)盧宣旬摘錄　清嘉慶二十年(1815)南昌府學刻同治十二年(1873)江西書局重修印本　一百八十册

220000－0841－0000035　經1578K
十三經注疏附校勘記　(清)阮元校　清同治十三年(1874)湖南書局刻本　一百五十册

220000－0841－0000036　經1865K
十三經注疏附校勘記　(清)阮元校　清光緒十三年(1887)脈望仙館石印本　三十二册

220000－0841－0000037　經1623F
五經讀本　清嘉慶十年(1805)揚州鮑氏刻本　三十册　缺禮記

220000－0841－0000038　經1622K
五經四書讀本八十卷　清嘉慶十年(1805)揚州鮑氏刻本　四十二册

220000－0841－0000039　叢0223K
雷刻四種　(清)雷浚輯　清光緒十年(1884)刻本　五册

220000－0841－0000040　叢0224K
雷刻五種　(清)雷浚輯　清光緒刻本　六册

220000－0841－0000041　叢1770K
蜚雲閣凌氏叢書　(清)凌曙撰　清嘉慶、道光江都凌氏蜚雲閣刻本　十二册

220000－0841－0000042　經1712K
十一經音訓不分卷　(清)楊國楨編　清光緒三年(1877)湖北崇文書局刻本　二十六册

220000－0841－0000043　經1590K
經苑二十五種二百四十四卷　(清)錢儀吉輯　清道光二十五年(1845)刻本　八十册

220000－0841－0000044　叢0447K
鄂宰四種　(清)王筠撰　清光緒八年(1882)牟山王氏刻本　二册

220000－0841－0000045　經 1655K

古經解彙函十六種小學彙函十四種　（清）鍾謙鈞輯　清同治十二年（1873）粵東書局刻本　六十四册

220000－0841－0000046　經 1781K

五經合纂大成　（清）同文書局編纂　清光緒十一年（1885）同文書局石印本　二十册

220000－0841－0000047　經 2535K

篤志齋經解　（清）張應譽撰　清同治十年（1871）南皮張氏刻本　二册

220000－0841－0000048　叢 0380F

沈氏經學六種　（清）沈淑撰　清光緒八年（1882）刻後知不足齋叢書本　六册

220000－0841－0000049　叢 0460K

南海桂氏經學叢書　（清）桂文燦撰　**漸齋詩鈔一卷**　（清）桂鴻撰　清咸豐、光緒刻本　十五册

220000－0841－0000050　叢 0138K

皮氏經學叢書十種　（清）皮錫瑞撰　清光緒長沙思賢書局刻本　十四册

220000－0841－0000051　叢 0553K

許學叢書　張炳翔輯　清光緒長州張氏儀鄦廬刻本　二十四册

220000－0841－0000052　叢 1694K

四益館經學叢書　廖平撰　清光緒十二年（1886）刻本　五册

220000－0841－0000053　叢 1121K

希鄭堂叢書　（清）潘任撰　清光緒二十年（1894）木活字印本　四册

220000－0841－0000054　叢 1334K

經學叢書十二種　曹元弼撰　清至民國刻本　七十册

220000－0841－0000055　經 2988K

皇朝五經彙解二百七十卷　（清）抉經心室主人輯　（清）郭洪起增輯　清光緒二十二年（1896）上海書局石印本　三十二册

220000－0841－0000056　經 1581

四書五經讀本七十七卷　清雍正内府刻本　三十册

220000－0841－0000057　經 1625K

四書五經　（□）□□編　清光緒十一年（1885）八杉齋刻本　四十二册

220000－0841－0000058　叢 0533K

素隱所刻書　（清）□□輯　清光緒十五年（1889）刻本　一册　缺二卷（春秋列國卿大夫世系表二卷）

220000－0841－0000059　經 2474K

十三經注讀　（□）□□輯　清光緒李光明莊刻本　二十三册　存六十卷（書經一至四、首一卷，詩經八卷，周禮三至六，穀梁傳十二卷，左傳三至六，大學一卷，中庸一卷，論語二十卷，孟子四至七，孝經一卷）

220000－0841－0000060　經 2998K

袖珍六經　（□）□□輯　清恕堂刻本　六册　存十二卷（周易四卷、詩經八卷）

220000－0841－0000061　叢 0304K

今古文孝經彙刻　（清）王德瑛輯　清道光省吾齋刻本　九册

220000－0841－0000062　經 2408F

七經緯書五十一卷　（漢）鄭玄注　（三國魏）宋均輯注　清光緒十五年（1889）文選樓刻玲瓏山館叢書本　八册

220000－0841－0000063　叢 1190K

易緯八種　（漢）鄭玄注　清光緒廣雅書局刻武英殿聚珍版書本　二册

220000－0841－0000064　叢 0044K

鄭氏遺書　（漢）鄭玄撰　（清）王復輯　（清）武億校　清嘉慶刻本　四册

220000－0841－0000065　叢 0306K

鄭氏佚書　（漢）鄭玄撰　（清）袁鈞輯　清光緒十四年（1888）浙江書局刻本　十册

220000－0841－0000066　叢 1631K

百本書齋藏書　（清）王貞撰　清同治十一年（1872）百本書齋刻本　一册

220000－0841－0000067　善3267
古經解鉤沉三十卷　(清)余蕭客撰　清乾隆六十年(1795)刻本　八册

220000－0841－0000068　經2840K
仿宋相臺五經附考證　清光緒二年(1876)江南書局刻本　二十六册　缺十四卷(春秋一至十四)

220000－0841－0000069　經1572K
重刊宋本十三經注疏附校勘記　(清)阮元撰　(清)盧宣旬摘錄　清同治十二年(1873)江西書局刻本　一百八十册

220000－0841－0000070　經2480K
御纂七經二百九十四卷　(清)李光地等撰　清刻本　七十册　存二種(春秋、禮記)

220000－0841－0000071　經1684K
十三經拾遺十六卷唐石經考正一卷　(清)王朝璩撰　清嘉慶五年(1800)刻本　五册

220000－0841－0000072　經0001K
皇清經解一千四百八卷　(清)阮元原輯　清咸豐十年(1860)廣東學海堂刻本　三百六十册

220000－0841－0000073　經2424K
皇清經解一百九十卷　(清)阮元編　**縮版編目十六卷**　(清)陶治元撰　清光緒十二年(1886)上海點石齋石印本　二十四册　缺六卷(四十五、五十至五十四)

220000－0841－0000074　經2369K
皇清經解縮版編目十六卷　(清)陶治元編　清光緒十七年(1891)鴻寶齋石印本　二册

220000－0841－0000075　經1675K
皇清經解一百九十卷　(清)阮元原輯　(清)勞崇光補輯　清光緒十七年(1891)上海鴻寶齋石印本　二十四册

220000－0841－0000076　經0540K
皇清經解續編一千四百三十卷　王先謙輯　清光緒十四年(1888)南菁書院刻本　三百二十册

220000－0841－0000077　經2373K
皇清經解續編二百九卷　王先謙編　清光緒十五年(1889)上海蜚英館石印本　三十二册

220000－0841－0000078　經2106K
御纂五經一百九十四卷　(清)聖祖玄燁等撰　清光緒二十年(1894)上海萬選書局石印本　二十册

220000－0841－0000079　經1570K
通志堂經解一千七百九十二卷　(清)納蘭成德輯　清同治十二年(1873)粤東書局刻本　四百六十册

220000－0841－0000080　經1706F
經言拾遺十四卷　(清)徐文靖撰　清乾隆志寧堂刻徐位山六種本　二册

220000－0841－0000081　經2361K
十三經客難五十卷黃淮安瀾編二卷經策一卷史策一卷畏齋文集四卷　(清)龔元玠撰　清道光二十六年(1846)西城龔氏刻本　二十二册

220000－0841－0000082　經2566K
詩經周禮提綱合刊二卷　(清)姜炳璋撰　清同治九年(1870)經訓書屋刻本　一册

220000－0841－0000083　經2949K
述學二卷　(清)汪中撰　清嘉慶刻皇清經解本　一册

220000－0841－0000084　經2179K
六蓺堂詩禮七編十六卷　(清)丁晏撰　清咸豐二年(1852)聊城海源閣刻本　二十册

220000－0841－0000085　經2503K
群經平議三十五卷　(清)俞樾撰　清同治五年(1866)杭州刻本　十六册

220000－0841－0000086　集2857K
一鐙精舍甲部稿五卷　(清)何秋濤撰　清光緒五年(1879)淮南書局刻本　一册

220000－0841－0000087　經2129K
經餘必讀八卷　(清)雷琳等輯　清光緒十四年(1888)玉合堂刻本　四册

220000－0841－0000088　經 1817K
隸經雜著甲編二卷　（清）顧震福撰　清光緒十八年(1892)刻本　一册

220000－0841－0000089　經 1633
七經孟子考文　（日本）山井鼎撰　**補遺二百卷**　（日本）物觀撰　清嘉慶二年(1797)儀徵阮氏刻本　三十二册

220000－0841－0000090　經 1964F
石經考異二卷諸史然疑一卷　（清）杭世駿撰　清乾隆五十七年(1792)杭賓仁羊城刻杭大宗七種本　一册

220000－0841－0000091　經 2114K
石經考文提要十三卷　（清）彭元瑞撰　清嘉慶四年(1799)刻本　二册

220000－0841－0000092　經 1603K
漢魏石經考三篇　（清）劉傳瑩撰　清光緒十二年(1886)沌城黄氏試館刻本　一册

220000－0841－0000093　叢 1348K
石經彙函十種　（清）王秉恩輯　清光緒元尚居刻本　十六册

220000－0841－0000094　經 3082K
魏三體石經遺字考一卷　（清）孫星衍撰　清嘉慶十一年(1806)江寧刻本　一册

220000－0841－0000095　經 1599K
魏三體石經遺字考一卷　（清）孫星衍撰　清光緒十年(1884)吴縣朱氏刻本　一册

220000－0841－0000096　史 3378K
唐石經考正一卷　（清）王朝璩撰　清嘉慶五年(1800)刻本　一册

220000－0841－0000097　史 8676F
唐石經校文十卷　（清）嚴可均撰　清光緒八年(1882)元尚居刻石經彙函本　四册

220000－0841－0000098　史 3397K
石經補考十一卷　（清）馮登府記　清道光元年至八年(1821－1828)刻本　一册

220000－0841－0000099　史 3409
石經補考十二卷　（清）馮登府撰　清道光八年(1828)刻本　六册

220000－0841－0000100　經 2849K
北宋石經考異一卷續考異一卷　（清）馮登府撰　（清）丁養元續　清同治十三年(1874)長興丁氏刻石經補考本　一册

220000－0841－0000101　經 1615K
蜀石經殘字一卷　（清）陳宗彝摹　清道光六年(1826)三山陳氏刻本　一册

220000－0841－0000102　經 0040K
周易不分卷筮儀一卷　（□）□□撰　**周易五贊一卷**　（宋）朱熹述　清刻本　一册

220000－0841－0000103　經 0018K
漢魏二十一家易注　（清）孫堂輯　清嘉慶四年(1799)平湖孫氏映雪草堂刻本　五册

220000－0841－0000104　叢 0003K
方氏易學五書　（清）方申撰　清道光二十五年(1845)表溪舊屋刻本　二册

220000－0841－0000105　經 0032K
周易虞氏義箋九卷　（三國吳）虞翻注　（清）張惠言義　（清）曾釗箋　清道光曾氏刻面城樓叢刻本　五册

220000－0841－0000106　經 2797K
周易九卷畧例一卷　（三國魏）王弼　（晉）韓伯注　（唐）陸德明音義　清同治八年(1869)浙江書局校修明崇禎永懷堂刻十三經古注本　三册

220000－0841－0000107　經 3075K
壽山堂易說二卷圖解一卷繫辭一卷　（唐）吕嚴撰　清嘉慶四年(1799)刻本　六册

220000－0841－0000108　經 2564K
壽山堂易說二卷圖解一卷繫辭一卷　（唐）吕嚴撰　清同治五年(1866)崇芳刻本　四册

220000－0841－0000109　善 3486
易傳十七卷周易音義一卷　（唐）李鼎祚集解　（唐）陸德明音義　清乾隆二十一年(1756)德州盧氏刻雅雨堂藏書本　六册

220000－0841－0000110　經 2858K

周易集解十七卷　(唐)李鼎祚撰　清嘉慶二十三年(1818)木瀆周氏刻本　四冊

220000－0841－0000111　經 0101K
周易口訣義六卷　(唐)史徵撰　**周易口訣義補一卷備考一卷**　(清)潘泉撰　清同治刻本　四冊

220000－0841－0000112　善 0109
周易八卷首一卷　(宋)蘇軾傳　**王輔嗣論易一卷**　(三國魏)王弼撰　明閔齊伋刻朱墨套印本　十冊

220000－0841－0000113　善 0051
周易傳義十卷周易綱領一卷易圖集錄一卷易五贊一卷筮儀一卷上下篇義一卷　(宋)程頤傳　(宋)朱熹本義　明正統十二年(1447)司禮監刻本　十冊

220000－0841－0000114　善 0057
周易傳義十卷周易綱領一卷易圖集錄一卷易五贊一卷筮儀一卷上下篇義一卷　(宋)程頤傳　(宋)朱熹本義　明正統十二年(1447)司禮監刻本　五冊

220000－0841－0000115　善 0272
周易二十四卷首一卷　(宋)程頤傳　(宋)朱熹本義　明刻本　八冊

220000－0841－0000116　經 3072K
周易傳義音訓八卷首一卷易學啟蒙四卷　(宋)程頤撰　(宋)朱熹本義　(宋)呂祖謙音訓　清咸豐六年(1856)浦城祝鳳喈與古齋刻本　八冊

220000－0841－0000117　經 1715K
周易傳義音訓八卷首一卷易學啟蒙一卷　(宋)程頤撰　(宋)朱熹本義　(宋)呂祖謙音訓　清同治六年(1867)刻本　八冊

220000－0841－0000118　經 2028F
周易六卷　(宋)程頤撰　**周易繫辭精義二卷**　舊題(宋)呂祖謙撰　清光緒九年(1883)遵義黎氏古逸叢書本　四冊

220000－0841－0000119　經 0090K
周易程傳八卷　(宋)程頤撰　清光緒九年(1883)江南書局刻本　三冊

220000－0841－0000120　經 0107K
誠齋易傳二十卷　(宋)楊萬里撰　清光緒二十一年(1895)湖北官書處刻本　八冊

220000－0841－0000121　經 1843K
周易四卷圖說一卷筮儀一卷　(宋)朱熹撰　清光緒七年(1881)江蘇書局刻本　二冊

220000－0841－0000122　經 0106K
易經四卷圖說一卷　(宋)朱熹本義　清光緒十二年(1886)刻本　二冊

220000－0841－0000123　經 1691K
周易四卷　(宋)朱熹本義　清光緒十三年(1887)刻本　二冊

220000－0841－0000124　經 3147
易經四卷圖說一卷　(宋)朱熹本義　清光緒二十八年(1902)煙臺成文信記刻本　二冊

220000－0841－0000125　善 2768
周易本義十二卷易圖一卷五贊一卷筮儀一卷　(宋)朱熹撰　清康熙五十年(1711)曹寅揚州使院刻本　六冊

220000－0841－0000126　善 3354
周易本義十二卷易圖一卷五贊一卷筮儀一卷　(宋)朱熹撰　清內府仿宋咸淳元年(1265)吳革刻本　二冊

220000－0841－0000127　善 0071
周易本義十二卷易圖一卷五贊一卷筮儀一卷　(宋)朱熹撰　清康熙內府仿宋刻本　四冊

220000－0841－0000128　經 0005K
周易本義十二卷首一卷末一卷　(宋)朱熹本義　(宋)呂祖謙音訓　清光緒十九年(1893)江南書局刻本　二冊

220000－0841－0000129　善 0695
周易本義四卷圖說一卷卦歌一卷筮儀一卷　(宋)朱熹撰　清順治內府刻本　二冊

220000－0841－0000130　經 0013K
易經四卷　(宋)朱熹本義　清光緒二十六年

(1900)書坊刻本　四册

220000－0841－0000131　經0103K
周易要義十卷首一卷　(宋)魏了翁撰　清光緒十二年(1886)江蘇書局刻本　四册

220000－0841－0000132　善0048
周易傳義大全二十四卷上下篇義一卷周易朱子圖說一卷易五贊一卷筮儀一卷易說綱領一卷　(明)胡廣等輯　明內府刻本　十二册

220000－0841－0000133　善2450
周易傳義大全二十四卷周易朱子圖說一卷易五贊一卷筮儀一卷易說綱領一卷　(明)胡廣等輯　**易經考異一卷**　(宋)王應麟輯　明崇禎詩瘦閣刻本　八册

220000－0841－0000134　善3369
易隱八卷首一卷　(明)曹九錫輯　(明)曹璿演　明崇禎天德堂刻本　四册

220000－0841－0000135　善2525
梁山來知德先生易經集註十六卷首一卷　(明)來知德撰　清康熙二十七年(1688)崔華刻本　八册

220000－0841－0000136　經0056K
來瞿唐先生易注十五卷首一卷末一卷　(明)來知德撰　清嘉慶十四年(1809)刻本　二十册

220000－0841－0000137　善2748
易象正十二卷首二卷末二卷　(明)黃道周撰　明崇禎刻本　六册

220000－0841－0000138　善3230
易象正十二卷首二卷末二卷　(明)黃道周撰　清康熙三十二年(1693)刻石齋先生經傳九種本　八册

220000－0841－0000139　善2720
周易像象述四卷像象金針一卷　(明)吳桂森撰　明刻本　四册

220000－0841－0000140　經2711F
大成易旨四卷　(明)崔師訓撰　清嘉慶十一年(1806)存澤堂刻本　四册

220000－0841－0000141　經0098K
易說醒四卷首一卷　(明)洪守美撰　清同治十一年(1872)刻本　三册

220000－0841－0000142　經2888F
陸續周易述一卷　(明)姚士麟撰　(清)孫堂增補　清嘉慶刻漢魏二十一家易注本　一册

220000－0841－0000143　經2140K
易經增注十卷易考一卷　(明)張鏡心撰　清光緒雲隱堂刻本　四册

220000－0841－0000144　善3128
讀易大旨五卷附錄一卷首一卷　(清)孫奇逢撰　清康熙三十六年(1697)刻本　一册

220000－0841－0000145　善3239
易酌十四卷首一卷　(清)刁包撰　清雍正十年(1732)刻本　十二册

220000－0841－0000146　經0046
易圖親見不分卷　(清)來集之撰　清順治九年(1652)倘湖小築刻來子談經本　四册

220000－0841－0000147　經2587
新鐫增補周易備旨一見能解六卷　(清)黃淳耀撰　(清)嚴而寬增補　清三讓堂刻本　六册

220000－0841－0000148　經3001K
易經通注九卷　(清)傅以漸　(清)曹本榮撰　清光緒十二年(1886)雖園刻本　八册

220000－0841－0000149　善3561
周易會歸不分卷　(清)鄧霽彙纂　(清)鄧嗣禹輯注　清乾隆十五年(1750)傳經第刻本　八册

220000－0841－0000150　經1867
讀易蒐十二卷　(清)鄭賡唐撰　清康熙刻本　二册　存六卷(一至六)

220000－0841－0000151　善3534
周易說略四卷　(清)張爾岐撰　清乾隆二十七年(1762)刻本　四册

220000－0841－0000152　經2184F
周易稗疏四卷考異一卷　(清)王夫之撰　清

同治四年(1865)湘鄉曾氏刻船山遺書本　一冊

220000-0841-0000153　經0060
易憲四卷　(清)沈泓撰　清乾隆九年(1744)刻本　八冊

220000-0841-0000154　經0020
周易圖說述四卷首一卷　(清)王弘撰撰　清乾隆四十四年(1779)刻本　四冊

220000-0841-0000155　經0080K
周易圖說述四卷首一卷　(清)王弘撰撰　清道光二年(1822)刻本　六冊

220000-0841-0000156　經2594K
易經大全會解四卷　(清)來爾繩輯　清道光二年(1822)晉祁書業堂刻本　四冊

220000-0841-0000157　善3394
周易本義補四卷圖說一卷　(清)蘇文韓撰　清康熙木活字印本　六冊

220000-0841-0000158　經0049
易圖明辨十卷　(清)胡渭著　清嘉慶耆學齋重印康熙刻本　四冊

220000-0841-0000159　經0035
日講易經解義十八卷　(清)牛鈕等編　清康熙二十三年(1684)內府刻本　十八冊

220000-0841-0000160　善3008
御纂周易折中二十二卷首一卷　(清)李光地等撰　清康熙五十四年(1715)武英殿刻御纂七經本　十冊

220000-0841-0000161　經0084K
御纂周易折中二十二卷首一卷　(清)李光地等撰　清同治十年(1871)崇文書局刻御纂七經本　十二冊

220000-0841-0000162　經0085K
御纂周易折中二十二卷首一卷　(清)李光地等撰　清光緒刻本　十二冊

220000-0841-0000163　經0082K
御纂周易折中二十二卷首一卷　(清)李光地等撰　清刻本　十二冊

220000-0841-0000164　經2495K
御纂周易折中二十二卷首一卷　(清)李光地等撰　清光緒十四年(1888)江南書局刻本　十冊

220000-0841-0000165　經2636
周易觀象十二卷　(清)李光地撰　清乾隆刻李文貞公全集本　一冊

220000-0841-0000166　經2307K
周易傳注七卷周易筮考一卷　(清)李塨撰　清道光二十三年(1843)養正堂刻本　四冊

220000-0841-0000167　經0091
周易玩辭集解十卷　(清)查慎行撰　清乾隆十七年(1752)刻本　五冊

220000-0841-0000168　善3452
周易函書約存十八卷約注十八卷別集十六卷　(清)胡煦撰　清乾隆三十八年(1773)葆樸堂刻本　三十二冊

220000-0841-0000169　善3231
周易洗心十卷首一卷　(清)任啟運撰　清乾隆三十四年(1769)清芬堂刻本　十冊

220000-0841-0000170　經2707K
周易洗心十卷　(清)任啟運撰　清光緒八年(1882)任氏家塾刻本　六冊

220000-0841-0000171　善2939
易翼述信十二卷　(清)王又樸撰　清乾隆詩禮堂刻本　十二冊

220000-0841-0000172　經0042
易圖解一卷　(清)德沛註釋　清乾隆元年(1736)刻本　一冊

220000-0841-0000173　經0015K
周易孔義集說二十集　(清)沈起元撰　清光緒八年(1882)江蘇書局刻本　八冊

220000-0841-0000174　經2936
易箋八卷首一卷圖說一卷　(清)陳法撰　清乾隆三十年(1765)敬和堂刻本　六冊

220000-0841-0000175　善3509
易圖解一卷　(清)德沛註釋　清乾隆元年

(1736)刻本　二册

220000－0841－0000176　善 3512
周易補注十一卷　(清)德沛輯　清乾隆六年(1741)刻本　八册

220000－0841－0000177　經 0031
碩松堂讀易記十六卷首一卷　(清)邱仰文輯　清乾隆刻本　十册

220000－0841－0000178　經 1788
易漢學八卷　(清)惠棟撰　清乾隆刻本　二册

220000－0841－0000179　經 0059K
讀易偶存六卷　(清)邵大業撰　清嘉慶十一年(1806)刻本　六册

220000－0841－0000180　經 0033
易貫十四卷　(清)張敘撰　清乾隆刻本　五册

220000－0841－0000181　善 3144
周易圖說六卷　(清)萬年茂撰　清乾隆十九年(1754)刻本　三册

220000－0841－0000182　經 0053
周易詳說十八卷　(清)劉紹攽撰　清乾隆十三年(1748)刻本　八册

220000－0841－0000183　善 0049
御纂周易述義十卷　(清)傅恒等纂　清乾隆二十年(1755)武英殿刻開化紙印本　十册

220000－0841－0000184　經 0012F
御纂周易述義十卷　(清)傅恒等撰　清乾隆刻本　六册

220000－0841－0000185　善 3103
易研八卷圖一卷首一卷　(清)胡翘元撰　清乾隆五十七年(1792)凝輝閣刻本　八册

220000－0841－0000186　經 0070K
周易詮義十四卷首一卷　(清)汪烜撰　清同治十二年(1873)安徽敷文書局刻本　十四册

220000－0841－0000187　善 3485
周易辨畫四十卷　(清)連斗山撰　清乾隆四十年(1775)刻本　十二册

220000－0841－0000188　經 1911F
虞氏易消息圖說初稿一卷　(清)胡祥麟撰　清道光十一年(1831)刻滂喜齋叢書本　一册

220000－0841－0000189　經 0095K
易見九卷首一卷易見啟蒙二卷　(清)貢渭濱輯　清嘉慶元年(1796)刻本　十六册

220000－0841－0000190　經 2975K
周易詮疑八卷　(清)夏應銓撰　清道光十年(1830)江安縣署刻本　四册

220000－0841－0000191　經 0051K
西樓易說十八卷　(清)楊家洙撰　清光緒十四年(1888)木活字印本　十八册

220000－0841－0000192　經 0063K
漢宋易學解不分卷　(清)王希戶撰　清光緒九年(1883)刻本　四册

220000－0841－0000193　經 2352K
讀易傳心十二卷圖說三卷　(清)韓怡撰　清嘉慶十三年(1808)刻本　五册

220000－0841－0000194　經 2974K
周易後傳八卷　(清)朱兆熊撰　清嘉慶刻本　二册

220000－0841－0000195　經 0023K
困翁易學八卷　(清)王文潞撰　清道光四年(1824)刻本　四册

220000－0841－0000196　經 0047K
讀易慎疑十卷　(清)李祥賡撰　清道光五年(1825)刻本　八册

220000－0841－0000197　經 0094K
周易經義審七卷首一卷　(清)盧浙輯注　清嘉慶刻本　八册

220000－0841－0000198　經 2793K
周易引經通釋十卷　(清)李鈞簡撰　清嘉慶十六年(1811)鶴陰書屋刻本　十册

220000－0841－0000199　經 0052K
周易介五卷　(清)單維撰　清嘉慶二十一年

(1816)半山亭刻本　五冊

220000－0841－0000200　經0065K
周易介五卷　(清)單維撰　清嘉慶二十一年(1816)半山亭刻本　五冊

220000－0841－0000201　經2061K
易義別錄十四卷　(清)張惠言撰　清道光刻本　二冊

220000－0841－0000202　經2883K
虞氏易禮二卷　(清)張惠言撰　清道光刻本　一冊

220000－0841－0000203　經0058K
周易指四十五卷易例一卷　(清)端木國瑚撰　清道光刻本　十五冊

220000－0841－0000204　經0093K
易義原則六卷易義附篇四卷首三卷　(清)張瓚昭撰　清道光七年(1827)刻本　六冊

220000－0841－0000205　經0048K
易說旁通十卷　(清)吳岳輯　清同治十年(1871)刻本　十冊

220000－0841－0000206　經2277K
周易簡金三卷　(清)侯廷銓編　清嘉慶二十年(1815)刻本　三冊

220000－0841－0000207　經0057K
周易通義二十二卷首一卷　(清)蘇秉國撰　清嘉慶二十一年(1816)蘇氏刻本　十冊

220000－0841－0000208　經0029K
周易通解三卷釋義一卷　(清)卞斌撰　清道光十九年(1839)刻本　三冊

220000－0841－0000209　經2933K
周易恒解五卷首一卷　(清)劉沅輯注　清道光元年(1821)豫誠堂刻本　六冊

220000－0841－0000210　經2253K
周易補義六卷　(清)史褒撰　清光緒十七年(1891)趙氏聚星堂刻本　二冊

220000－0841－0000211　經0055K
周易集解十一卷首一卷　(清)詹鯤撰　清道光五年(1825)刻本　四冊

220000－0841－0000212　經2354K
易義無忘錄三卷首一卷　(清)蔣珣撰　清道光二十一年(1841)蔣氏齒德堂刻本　二冊

220000－0841－0000213　經2882K
易經精華六卷首一卷末一卷　(清)薛嘉穎輯　清光緒十一年(1885)魏氏古香閣刻四經精華本　三冊

220000－0841－0000214　經2935K
易門十二卷義略一卷圖說一卷　(清)樂涵撰　清道光八年(1828)息亭刻本　六冊

220000－0841－0000215　經1871F
易釋四卷　(清)黃式三撰　清光緒刻廣雅書局叢書本　一冊

220000－0841－0000216　經2639K
生齋讀易日識六卷　(清)方埛撰　清道光十六年(1836)江寧顧晴崖刻本　一冊

220000－0841－0000217　經0004K
周易姚氏學十六卷首一卷　(清)姚配中撰　清光緒三年(1877)湖北崇文書局刻本　六冊

220000－0841－0000218　經2863F
周易述傳二卷周易訟卦淺說一卷　(清)丁晏撰　清同治元年(1862)刻頤志齋叢書本　一冊

220000－0841－0000219　經2690K
周易述傳十卷首一卷　(清)丁裕彥撰　清道光二十二年(1842)刻本　八冊

220000－0841－0000220　經0045K
讀周易記六卷　(清)范泰衡撰　清光緒四年(1878)刻本　六冊

220000－0841－0000221　經2134K
周易約解附後三卷　(清)汪怡寬撰　清光緒十五年(1889)汪氏妙香隱居刻本　一冊

220000－0841－0000222　經0064K
周易廓二十四卷　(清)陳世鎔撰　清咸豐元年(1851)刻本　六冊

220000－0841－0000223　經 2567K
讀易備忘四卷圖説一卷　（清）王滌心撰　清道光二十九年（1849）慎修堂刻本　二册

220000－0841－0000224　經 2825K
讀易通解十二卷　（清）丁敘忠纂輯　清同治十年（1871）白芙堂刻本　十册

220000－0841－0000225　經 2116K
周易舊注十二卷　（清）徐鼒撰　清光緒十三年（1887）徐承祖日本東京使署刻本　六册

220000－0841－0000226　經 2662K
周易參考三卷　（清）高静輯　清宣統元年（1909）思貽齋刻本　一册

220000－0841－0000227　經 2891K
周易理數貫四卷　（清）汪乙然輯注　清同治六年（1867）汪氏敬讓堂刻本　四册

220000－0841－0000228　經 2867F
陳氏易説四卷附録一卷　（清）陳壽熊撰　清光緒二十一年（1895）木活字印本　二册

220000－0841－0000229　經 2276K
讀易隨筆三卷　（清）吴大廷撰　清同治十二年（1873）刻本　三册

220000－0841－0000230　經 2244K
易象致用説二卷　（清）秦東來撰　清同治刻光緒修補印本　一册

220000－0841－0000231　經 0076K
周易通義十六卷　（清）莊忠棫撰　清光緒六年（1880）冶城山館刻本　二册

220000－0841－0000232　經 0066
周易蓍詩二卷和詩一卷圖一卷筮儀一卷　（清）鍾煜撰　清乾隆四十五年（1780）刻本　二册

220000－0841－0000233　經 0061
大易則通十五卷閏一卷　（清）胡世安撰　清順治刻本　十册

220000－0841－0000234　經 0022
大易象數鉤深圖三卷　（清）張文炳輯　清康熙六十一年（1722）刻本　三册

220000－0841－0000235　經 0024
易義隨記八卷附刻一卷　（清）夏宗瀾記　清乾隆刻本　四册　存六卷（一至六）

220000－0841－0000236　經 0097K
周易指事四卷　（清）彭焯南撰　清光緒二年（1876）古槑草廬刻本　一册

220000－0841－0000237　經 0077K
周易學統九卷十翼遺文一卷三表説一卷　（清）汪宗沂編　清光緒刻本　八册

220000－0841－0000238　經 2390K
易學宗翼二十九卷首一卷　題（清）天門默希老圃撰　清光緒四年（1878）浮園山東刻本　八册　存十七卷（一至十六、首一卷）

220000－0841－0000239　經 0026K
易解醒豁二卷　（清）梁欽辰撰　清光緒七年（1881）刻本　二册

220000－0841－0000240　經 2917K
易鏡十卷序例圖説一卷學易管見二卷　（清）何毓福注釋　清光緒十年（1884）刻本　十三册

220000－0841－0000241　經 075K
周易通説二卷　（清）蕭光遠撰　清咸豐刻本　一册

220000－0841－0000242　經 2285K
易案二卷　（清）張海山撰　清光緒十三年（1887）刻本　二册

220000－0841－0000243　經 0002K
周易明報三卷首一卷末一卷　（清）陳懋侯撰　清光緒八年（1882）刻本　三册

220000－0841－0000244　經 0025K
知非齋易注三卷首一卷知非齋易釋三卷　（清）陳懋侯撰　清光緒十四年（1888）刻本　四册

220000－0841－0000245　經 2027K
費氏古易訂文十二卷　王樹枏撰　清光緒十七年（1891）刻本　四册

220000－0841－0000246　經 2812F

周易經典證畧十卷末一卷　(清)何其傑撰　清光緒十二年(1886)刻景袁齋叢書本　一冊

220000－0841－0000247　經 0030K
讀易質疑二卷　(清)金谷春撰　清光緒二十七年(1901)刻本　二冊

220000－0841－0000248　經 2502K
易確二十卷首一卷　(清)許桂林撰　清道光十五年(1835)刻本　四冊

220000－0841－0000249　經 2814K
易漢學考二卷易漢學師承表一卷漢置五經博士考一卷　(清)吳翊寅撰　清光緒九年(1883)刻本　一冊

220000－0841－0000250　經 2694K
兩湖文高等學校經學課程一卷　(清)馬貞榆撰　清光緒二十九年(1903)刻朱印本　一冊

220000－0841－0000251　經 0069K
三易三統辨證二卷　(清)郭籛齡撰　清同治刻本　一冊

220000－0841－0000252　經 2555K
羲易注畧三卷序一卷三易注畧讀法一卷　(清)劉一明撰　清嘉慶四年(1799)刻本　四冊

220000－0841－0000253　善 2734
皇明集韻天梯書經正文四卷　(明)焦竑校　明萬曆熊沖宇種德堂刻本　一冊

220000－0841－0000254　善 0255
尚書七卷音釋一卷　(漢)孔安國傳　(明)馬應龍　(明)孫開校　明萬曆刻本　四冊

220000－0841－0000255　經 1941K
書經二十卷　(漢)孔安國傳　清同治五年(1866)浙江書局修補明東吳金蟠葛鼒永懷堂十三經古注本　三冊

220000－0841－0000256　經 2548K
尚書大傳四卷補遺一卷　(漢)伏生撰　(漢)鄭玄注　**考異一卷續補遺一卷**　(清)盧文弨撰　清嘉慶五年(1800)愛日草廬刻本　一冊

220000－0841－0000257　經 0145K
尚書大傳四卷考異一卷補遺一卷續補遺一卷　(漢)伏勝撰　(漢)鄭玄注　(清)盧文弨輯　清嘉慶十七年(1812)刻本　二冊

220000－0841－0000258　經 0132
古文尚書十卷逸文二卷　(漢)馬融　(漢)鄭玄注　(宋)王應麟撰　(清)孫星衍補集　清乾隆六十年(1795)問字堂刻岱南閣叢書本　六冊

220000－0841－0000259　善 2947
融堂書解二十卷　(宋)錢時撰　清乾隆武英殿聚珍版刻本　四冊

220000－0841－0000260　善 0108
三山拙齋林先生尚書全解四十卷　(宋)林之奇撰　清康熙刻通志堂經解本　三十六冊

220000－0841－0000261　善 0009
書集傳六卷　(宋)蔡沈撰　明正統十二年(1447)司禮監刻本　六冊

220000－0841－0000262　善 0058
書集傳六卷序一卷圖一卷　(宋)蔡沈撰　**朱子說書綱領一卷**　(宋)朱熹撰　明正統十二年(1447)司禮監刻後印本　六冊

220000－0841－0000263　經 3081K
書六卷書序一卷　(宋)蔡沈集傳　清嘉慶、道光刻本　四冊

220000－0841－0000264　經 3136K
書傳音釋六卷書序一卷書圖一卷　(宋)蔡沈集傳　(元)鄒季友音釋　**朱子說書綱領一卷**　(宋)朱熹撰　清咸豐五年(1855)刻本　六冊

220000－0841－0000265　經 1714K
書六卷書圖一卷書序一卷　(宋)蔡沈傳　(元)鄒季友音釋　清同治五年(1866)吳氏望三益齋刻本　四冊

220000－0841－0000266　經 2897K
書經六卷首一卷末一卷　(宋)蔡沈集傳　清同治十三年(1874)湖南書局刻本　二冊　存五卷(一至四、首一卷)

220000－0841－0000267　經 2820K
書經集傳六卷　(宋)蔡沈集撰　**音釋三卷**　(元)鄒季友撰　清光緒七年(1881)江蘇書局刻本　五冊

220000－0841－0000268　經 0110K
書經六卷首一卷末一卷　(宋)蔡沈集傳　清光緒七年(1881)金陵書局刻本　四冊

220000－0841－0000269　經 1693K
書經六卷　(宋)蔡沈集傳　清光緒十三年(1887)京都聚珍堂刻本　四冊

220000－0841－0000270　經 0123K
書經六卷　(宋)蔡沈集傳　清光緒十九年(1893)浙江書局刻本　四冊

220000－0841－0000271　經 1870K
書經集傳六卷　(宋)蔡沈撰　清光緒二十一年(1895)湖北官書處刻本　四冊

220000－0841－0000272　經 0122K
書經六卷　(宋)蔡沈集傳　清京都隆福寺同立堂刻本　四冊

220000－0841－0000273　經 2380F
尚書精義五十卷　(宋)黃倫撰　清道光二十六年(1846)刻經苑本　十二冊

220000－0841－0000274　經 0133K
尚書要義二十卷　(宋)魏了翁撰　清光緒十年(1884)江蘇書局刻本　六冊

220000－0841－0000275　經 0181K
尚書表注二卷　(元)金履祥撰　清同治巴陵鍾謙鈞刻本　二冊

220000－0841－0000276　經 1750
王耕野先生讀書管見二卷　(元)王充耘撰　清康熙十九年(1680)刻通志堂經解本　四冊

220000－0841－0000277　善 0029
書傳會選六卷書序一卷　(明)劉三吾等撰　明嘉靖趙府味經堂刻本　六冊

220000－0841－0000278　經 2381K
尚書考異六卷　(明)梅鷟撰　清道光五年(1825)立本齋刻本　二冊

220000－0841－0000279　經 0184F
尚書考異六卷　(明)梅鷟撰　清嘉慶十九年(1814)刻平津館叢書本　三冊

220000－0841－0000280　經 0154K
楊子書繹六卷指畧先儒論二十四篇亡書目汲冢周書篇名　(明)楊文彩撰　清光緒二年(1876)文起堂刻本　十冊

220000－0841－0000281　善 0256
書經大全十卷　(明)胡廣等撰　明書林余氏興文書堂刻本　四冊　存四卷(一至四)

220000－0841－0000282　善 0024
書經直解八卷　(明)張居正撰　明刻本　四冊

220000－0841－0000283　經 2301
尚書纂註約解二卷　(清)洪輔聖等撰　清雍正五年(1727)歙縣洪正治教忠堂刻本　二冊

220000－0841－0000284　經 0158
欽定書經傳説彙纂二十一卷首一卷　(清)王頊齡等撰　清雍正八年(1730)内府刻本　二十四冊

220000－0841－0000285　經 0128
欽定書經傳説彙纂二十一卷首二卷書序一卷　(清)王頊齡等撰　清雍正刻本　十二冊

220000－0841－0000286　經 0129K
欽定書經傳説彙纂二十一卷首二卷書序一卷　(清)王頊齡等撰　清同治七年(1868)浙江書局刻本　十二冊

220000－0841－0000287　善 3437
深柳堂彙輯書經大全正解十二卷　(清)吳荃彙輯　清康熙深柳堂刻本　十二冊

220000－0841－0000288　善 3276
尚書離句六卷　(清)錢在培輯　清雍正八年(1730)右文堂刻本　四冊

220000－0841－0000289　經 0163
尚書通典略二卷　(清)楊方達撰　清乾隆復初堂精刻楊符蒼七種本　一冊

220000－0841－0000290　善 0318

尚書集注音疏十二卷末一卷外編一卷 （清）江聲撰 清乾隆五十八年(1793)江氏近市居篆書刻本 十二册

220000－0841－0000291 經0153
尚書後案三十卷尚書後辨附一卷 （清）王鳴盛撰 清乾隆四十五年(1780)禮堂刻本 八册

220000－0841－0000292 經0183
尚書涉傳四卷 （清）戴祖啟著 清嘉慶元年(1796)資敬堂刻本 四册

220000－0841－0000293 經2782K
尚書離句六卷 （清）錢在培撰 清光緒七年(1881)古香閣魏氏刻本 四册

220000－0841－0000294 經2685K
書經約注四卷 （清）任啟運撰 清光緒十二年(1886)刻本 二册

220000－0841－0000295 經0151K
尚書質疑二卷 （清）顧棟高撰 清道光六年(1826)刻本 二册

220000－0841－0000296 經0148
尚書古文疏證八卷朱子古文書疑一卷 （清）閻若璩撰 清乾隆十年(1745)眷西堂刻本 八册

220000－0841－0000297 經2039K
尚書古文證疑四卷 （清）孫喬年撰 清嘉慶十五年(1810)天心閣刻本 二册

220000－0841－0000298 經0144
古文尚書考二卷 （清）惠棟撰 清乾隆五十七年(1792)刻本 一册

220000－0841－0000299 經2934K
書經恒解四卷書序辨正一卷 （清）劉沅輯注 清道光十八年(1838)豫誠堂刻本 四册

220000－0841－0000300 經0146F
尚書今古文注疏三十卷 （清）孫星衍撰 清嘉慶二十年(1815)冶城山館刻平津館叢書本 六册

220000－0841－0000301 經0187K
尚書今文二十八篇解不分卷 （清）楊鍾泰撰 清道光十八年(1838)刻本 四册

220000－0841－0000302 經0136K
書古微十二卷首一卷 （清）魏源撰 清光緒四年(1878)淮南書局刻本 四册

220000－0841－0000303 經0149F
書傳補義三卷 （清）方宗誠撰 清光緒二年(1876)刻柏堂遺書本 一册

220000－0841－0000304 經2735K
欽定書經圖説五十卷 （清）孫家鼐等纂 清光緒三十一年(1905)大學堂編書局石印本 十六册

220000－0841－0000305 經3083K
尚書繹聞一卷 （清）史致準撰 清光緒刻史伯平先生所著書本 一册

220000－0841－0000306 經2890K
尚書二十八篇 （清）吴汝綸撰 清光緒十八年(1892)桐城吴氏家塾刻本 一册

220000－0841－0000307 經0162K
尚書二十八篇 （清）吴汝綸撰 清光緒刻本 一册

220000－0841－0000308 經0180K
尚書孔傳参正三十六卷首一卷 王先謙撰 清光緒三十年(1904)虚受堂刻本 六册

220000－0841－0000309 經0150K
今文尚書考證三十卷 （清）皮錫瑞撰 清光緒二十三年(1897)師伏堂刻本 六册

220000－0841－0000310 經0130K
尚書瑣記三卷抱翻山房駢体文續稿二卷 （清）尹恭保撰 清光緒二十二年(1896)刻本 六册

220000－0841－0000311 經0140K
尚書句解考正不分卷 （清）徐天璋撰 清光緒二十七年(1901)刻本 六册

220000－0841－0000312 經2469K
尚書句解考正不分卷 （清）徐天璋撰 清光緒雲麓山館刻本 六册

220000－0841－0000313　經 1868
禹貢一卷　(清)陸敷樹彙纂　清康熙萬拓堂刻本　一冊

220000－0841－0000314　經 0175F
禹貢集解二卷　(宋)傅寅撰　清同治八年(1869)永康胡氏退補齋刻金華叢書本　二冊

220000－0841－0000315　經 1902K
禹貢要注一卷　(明)鄭澹泉編　清光緒十年(1884)古虞朱氏刻朱墨印本　一冊

220000－0841－0000316　經 0172
禹貢古今合註五卷圖一卷　(明)夏允彝撰　明崇禎刻本　六冊

220000－0841－0000317　善 3069
禹貢錐指二十卷圖一卷　(清)胡渭撰　清康熙四十四年(1705)漱六軒刻本　十冊

220000－0841－0000318　經 0176K
禹貢錐指節要一卷　(清)胡渭撰　(清)汪獻玗節要　清咸豐三年(1853)恩輝堂刻本　一冊

220000－0841－0000319　經 0169
禹貢會箋十二卷　(清)徐文靖撰　清乾隆志寧堂刻徐位山六種本　六冊

220000－0841－0000320　經 2410K
禹貢會箋十二卷圖一卷　(清)徐文靖撰　清同治十三年(1874)何松刻本　四冊

220000－0841－0000321　經 2613
禹貢譜二卷　(清)王澍撰　清康熙四十六年(1707)刻本　一冊

220000－0841－0000322　經 0166K
禹貢示掌一卷　(清)尤逢辰輯　清道光十五年(1835)棣萼山房刻本　一冊

220000－0841－0000323　經 0167K
禹貢便讀一卷　(清)吳墀彙注　清道光七年(1827)刻本　一冊

220000－0841－0000324　經 0168K
禹貢因一卷　(清)沈練集注　清光緒十八年(1892)歸安縣署刻本　一冊

220000－0841－0000325　經 3094K
禹貢輯注一卷　(清)余宗英輯　清道光一經堂刻本　一冊

220000－0841－0000326　經 1821K
禹貢說二卷　(清)魏源撰　清同治六年(1867)廣州刻本　一冊

220000－0841－0000327　經 1815F
禹貢集釋三卷禹貢錐指正誤一卷禹貢蔡傳正誤一卷　(清)丁晏撰　清同治刻頤志齋叢書本　二冊

220000－0841－0000328　經 2330K
禹貢古今注通釋六卷　(清)侯楨纂　清光緒六年(1880)古杼秋館木活字印本　二冊

220000－0841－0000329　經 2864K
禹貢錐指節要一卷夏小正傳一卷　(清)汪獻玗撰　清同治九年(1870)群玉齋木活字印本　一冊

220000－0841－0000330　經 2199K
禹貢易知編十二卷　(清)李慎儒撰　清光緒二十五年(1899)丹徒李氏刻本　四冊

220000－0841－0000331　經 0173K
禹貢圖注彙纂一卷　(清)鄭言紹輯　清光緒二十一年(1895)刻本　一冊

220000－0841－0000332　經 1820K
禹貢新圖說二卷敍錄一卷　(清)楊懋建撰　清同治六年(1867)廣州刻本　二冊

220000－0841－0000333　經 2930K
禹貢翼傳便蒙一卷　(清)袁自超輯　清光緒五年(1879)南京李光明莊刻本　一冊

220000－0841－0000334　經 2807K
武進吳鳳梧先生手書尚書禹貢篇注一卷　(清)吳良貴書　清宣統二年(1910)朱墨石印本　一冊

220000－0841－0000335　善 3389
洪範明義四卷　(明)黃道周輯　(清)鄭開極重訂　清康熙石齋先生經傳九種刻本　二冊

220000－0841－0000336　善 3365

洪範傳一卷　(清)崔致遠撰　清康熙五十八年(1719)絳雲樓刻本　一冊

220000－0841－0000337　善 3830
洪範彙成二卷　(宋)蔡沈撰　(清)劉召材補　清雍正十二年(1734)信斯堂刻本　二冊

220000－0841－0000338　經 1967K
大誓答問一卷　(清)龔自珍撰　清道光十二年(1832)杭州刻本　一冊

220000－0841－0000339　經 2680K
尚書逸湯誓考六卷　(清)徐時棟撰　清同治十一年(1872)城西草堂刻本　二冊

220000－0841－0000340　經 0147K
尚書古文疏證八卷　(清)閻若璩撰　**朱子古文書疑一卷**　(清)閻詠輯　清嘉慶天津吳氏刻本　十冊

220000－0841－0000341　經 2702K
尚書古文疏證八卷　(清)閻若璩撰　**朱子古文書疑一卷**　(清)閻詠輯　清同治六年(1867)錢塘江氏振綺堂刻本　八冊

220000－0841－0000342　經 2922K
尚書因文六卷首一卷末一卷　(清)武士選撰　清光緒十八年(1892)關中書院刻本　四冊

220000－0841－0000343　經 2387K
古文尚書私義三卷　(清)張崇蘭撰　清光緒二十三年(1897)刻本　三冊

220000－0841－0000344　經 0165K
古文尚書正辭三十三卷　(清)吳光耀撰　清光緒十九年(1893)刻本　十八冊

220000－0841－0000345　經 1819
尚書釋天六卷　(清)盛百二撰　清乾隆三十九年(1774)任城書院刻本　二冊

220000－0841－0000346　經 3128K
陳氏毛詩五種　(清)陳奐撰　清道光至咸豐吳門南園陳氏埽葉山莊刻本　十二冊

220000－0841－0000347　經 0318K
陳氏毛詩五種　(清)陳奐撰　清光緒九年(1883)刻本　十二冊

220000－0841－0000348　善 0234
詩經不分卷　(明)鍾惺評點　明萬曆凌杜若校刻朱墨套印本　三冊

220000－0841－0000349　經 0243K
詩經不分卷　清光緒江南製造總局刻本　一冊

220000－0841－0000350　善 0245
毛詩注疏二十卷詩譜序一卷　(漢)毛亨傳　(漢)鄭玄注　(唐)孔穎達疏　明嘉靖福建刻十三經注疏本　四十冊

220000－0841－0000351　經 0373K
毛詩二十卷附考證　(漢)毛亨傳　(漢)鄭玄箋　(唐)陸德明音義　清道光刻本　四冊

220000－0841－0000352　經 0349F
毛詩二十卷附考證　(漢)毛亨傳　(漢)鄭玄箋　清道光刻本　六冊

220000－0841－0000353　經 1938K
詩經二十卷　(漢)毛亨傳　(漢)鄭玄箋　**詩譜一卷**　(漢)鄭玄撰　(唐)陸德明音義　清同治八年(1869)浙江書局校修明崇禎十二年(1639)東吳金蟠葛鼒永懷堂刻十三經古注本　三冊

220000－0841－0000354　經 0376K
毛詩二十卷音義三卷　(漢)毛亨傳　(漢)鄭玄箋　**詩譜一卷**　(漢)鄭玄撰　(唐)陸德明音義　清同治十一年(1872)江南書局刻本　六冊

220000－0841－0000355　經 2786K
毛詩三十卷毛詩音義三卷毛詩校字記一卷　(漢)毛亨傳　(漢)鄭玄箋　**詩譜一卷**　(漢)鄭玄撰　(唐)陸德明音義　(清)周孝垓校　清嘉慶二十一年(1816)木瀆周氏枕經樓刻本　四冊

220000－0841－0000356　經 1758K
毛詩故訓傳箋三十卷　(漢)毛亨傳　(漢)鄭玄箋　**詩譜一卷**　(漢)鄭玄撰　清刻本　四冊

220000－0841－0000357　經2137K
毛詩故訓傳箋三十卷　（漢）毛亨傳　（漢）鄭玄箋　清同治十一年（1872）五雲堂刻本　四冊

220000－0841－0000358　經0295K
毛詩注疏三十卷　（漢）毛亨傳　（漢）鄭玄箋　**詩譜二卷**　（漢）鄭玄撰　（清）孔穎達等疏　清光緒四年（1878）淮南書局刻本　二十冊

220000－0841－0000359　經3104F
詩毛氏傳疏三十卷　（漢）毛亨傳　（清）陳奐疏　**毛詩說一卷**　（清）陳奐撰　清道光二十七年（1847）陳氏掃葉山莊刻陳氏毛詩五種本　十冊

220000－0841－0000360　經0348K
難孫氏毛詩評一卷　（晉）陳統撰　（清）馬國翰輯　清光緒山陰宋氏刻懺花盦叢書本　一冊

220000－0841－0000361　經2542F
毛詩指說一卷　（唐）成伯瑜撰　**詩經疑問七卷**　（元）朱倬撰　**附編一卷**　（元）趙悳撰　清同治十二年（1873）粵東書局刻通志堂經解本　一冊

220000－0841－0000362　經0345K
毛詩本義十六卷　（宋）歐陽修撰　清道光十四年（1834）瀛塘別墅刻本　四冊

220000－0841－0000363　經2362K
詩經八卷　（宋）朱熹集傳　（清）高塽輯錄批語　清道光七年（1827）樹德堂朱墨套印本　四冊

220000－0841－0000364　經0204K
詩經八卷　（宋）朱熹集傳　清同治十三年（1874）蘭州府署刻本　六冊

220000－0841－0000365　善0010
詩二十卷　（宋）朱熹集傳　明正統十二年（1447）司禮監刻本　五冊

220000－0841－0000366　經3011K
詩集傳二十卷　（宋）朱熹集傳　清光緒十七年（1891）山東書局刻本　一冊　存一卷（一）

220000－0841－0000367　經1900K
詩經八卷　（宋）朱熹集傳　清同治十三年（1874）江西書局刻本　四冊

220000－0841－0000368　經0207K
詩集傳二十卷綱領一卷詩序一卷　（宋）朱熹撰　清光緒七年（1881）江蘇書局刻本　五冊

220000－0841－0000369　經0209K
詩經集傳八卷詩序辨說一卷　（宋）朱熹撰　清光緒九年（1883）湖南書局刻本　五冊

220000－0841－0000370　經0211K
詩經集傳八卷詩序辨說一卷　（宋）朱熹撰　清光緒二十二年（1896）金陵書局刻本　四冊

220000－0841－0000371　經0197K
詩經八卷　（宋）朱熹集傳　清光緒十七年（1891）掃葉山房刻本　四冊

220000－0841－0000372　經0201K
詩經八卷　（宋）朱熹集傳　清光緒二十一年（1895）湖北官書處刻本　四冊

220000－0841－0000373　經2325K
詩經集注八卷附葉韻　（宋）朱熹集傳　清光緒李光明莊刻慎詒堂本　六冊

220000－0841－0000374　經0198K
詩經八卷　（宋）朱熹集傳　清南京李光明莊刻本　六冊

220000－0841－0000375　經0206K
詩經八卷　（宋）朱熹集傳　清宣統三年（1911）上海章福記石印本　四冊

220000－0841－0000376　善3310
呂氏家塾讀詩記三十二卷　（宋）呂祖謙撰　明萬曆四十一年（1613）刻本　二十冊

220000－0841－0000377　經0228K
呂氏家塾讀詩記三十二卷　（宋）呂祖謙撰　清嘉慶十六年（1811）刻本　十二冊

220000－0841－0000378　經0323K
毛詩要義二十卷　（宋）魏了翁編錄　清光緒

八年(1882)獨山莫祥芝刻本　十六册

220000－0841－0000379　經 0325K

毛詩要義二十卷毛詩序要義譜一卷　(宋)魏了翁編　清光緒十二年(1886)江蘇書局刻五經要義本　十二册

220000－0841－0000380　經 3067K

詩説十二卷首一卷　(宋)劉克撰　清道光八年(1828)汪氏藝芸書舍刻本　八册

220000－0841－0000381　善 0081

詩緝三十六卷首一卷　(宋)嚴粲撰　明嘉靖趙府居敬堂刻本　十二册

220000－0841－0000382　經 2708K

詩緝三十六卷　(宋)嚴粲撰　清光緒三年(1877)仁壽館刻本　十四册

220000－0841－0000383　經 0367

李迂仲黄寶夫毛詩集解四十二卷首一卷　(宋)李樗　(宋)黄櫄講義　(宋)呂祖謙釋音　清康熙刻通志堂經解本　十册

220000－0841－0000384　善 0042

新刻詩地理考六卷地理總説一卷　(宋)王應麟撰　明萬曆三十一年(1603)刻格致叢書本　四册

220000－0841－0000385　善 3360

詩解頤四卷　(明)朱善撰　清康熙十九年(1680)通志堂經解本　二册

220000－0841－0000386　善 0043

詩傳大全二十卷綱領一卷圖一卷　(明)胡廣輯　**詩序辨説一卷**　(宋)朱熹撰　明永樂内府刻本　十二册

220000－0841－0000387　善 0252

詩經大全二十卷綱領一卷圖一卷　(明)胡廣輯　**詩序辨説一卷**　(宋)朱熹撰　明嘉靖二十七年(1548)宗文堂刻本　十册

220000－0841－0000388　善 0078

毛詩振雅六卷　(明)張元芳　(明)魏浣初撰　明天啓四年(1624)版築居刻朱墨套印本　六册

220000－0841－0000389　經 0192K

詩經觸義六卷　(清)賀貽孫撰　清咸豐二年(1852)刻本　六册

220000－0841－0000390　經 0378

田間詩學不分卷　(清)錢澄之撰　清康熙錢氏斟雉堂刻田間全集本　六册

220000－0841－0000391　經 1946F

詩經稗疏四卷　(清)王夫之撰　清同治四年(1865)刻船山遺書本　三册

220000－0841－0000392　經 1769

毛詩日箋六卷　(清)秦松齡撰　清康熙三十九年(1700)尊賢堂刻本　二册

220000－0841－0000393　善 0018

詩經疏略八卷　(清)張沐撰　清康熙十四年(1675)刻本　四册

220000－0841－0000394　經 1641K

毛詩稽古編三十卷　(清)陳啓源撰　**附考一卷**　(清)費雲倬輯　清嘉慶十八年(1813)刻本　六册

220000－0841－0000395　經 1639K

毛詩稽古編三十卷　(清)陳啓源撰　**附考一卷**　(清)費雲倬輯　清嘉慶十八年(1813)刻本　八册

220000－0841－0000396　經 1651K

毛詩稽古編三十卷　(清)陳啓源撰　**附考一卷**　(清)費雲倬輯　清光緒九年(1883)上海同文書局石印本　八册

220000－0841－0000397　經 2112

詩所八卷　(清)李光地撰　清雍正六年(1728)刻本　五册

220000－0841－0000398　善 0111

欽定詩經傳説彙纂二十一卷首二卷詩序二卷　(清)王鴻緒等撰　清雍正五年(1727)武英殿刻御纂七經本　二十四册

220000－0841－0000399　經 0294

欽定詩經傳説彙纂二十一卷首二卷詩序一卷　(清)王鴻緒等撰　清雍正刻本　二十四册

220000－0841－0000400　經 0291K

欽定詩經傳說彙纂二十一卷首二卷詩序二卷　(清)王鴻緒等撰　清道光十八年(1838)刻本　二十冊

220000－0841－0000401　經 0304

詩說三卷　(清)惠周惕撰　清康熙藉蘭館刻本　一冊

220000－0841－0000402　善 0295

詩說三卷　(清)惠周惕撰　清康熙紅豆齋刻本　一冊

220000－0841－0000403　經 0263K

詩說三卷附錄一卷　(清)惠周惕撰　清嘉慶十七年(1812)金陵蝶圃刻本　二冊

220000－0841－0000404　經 0340K

毛詩訂詁八卷附錄二卷　(清)顧棟高著　清光緒二十二年(1896)江蘇書局刻本　四冊

220000－0841－0000405　經 0384K

詩經詮義十二卷首一卷末二卷　(清)汪紱撰　清光緒二十五年(1899)刻本　十五冊

220000－0841－0000406　經 0265K

重訂空山堂詩志八卷　(清)牛運震原撰　(清)田昂重訂　清道光刻本　四冊

220000－0841－0000407　善 2938

御纂詩義折中二十卷　(清)傅恒撰　清乾隆二十年(1755)武英殿刻本　八冊

220000－0841－0000408　經 0306K

御纂詩義折中二十卷　(清)傅恒等撰　清乾隆四川刻本　十冊

220000－0841－0000409　經 2060K

御纂詩義折中二十卷　(清)傅恒等撰　清光緒二十七年(1901)煙臺文勝堂刻本　六冊

220000－0841－0000410　經 1947K

御纂詩義折中二十卷　(清)傅恒等撰　清外省刻本　十冊

220000－0841－0000411　經 0299K

御纂詩義折中二十卷　(清)傅恒等撰　清道光長蘆鹽運使司刻本　六冊

220000－0841－0000412　經 0256K

讀詩日錄十三卷　(清)劉士毅撰　清光緒六年(1880)刻本　二冊

220000－0841－0000413　善 3539

新增詩經補注附考備旨八卷　(清)鄒聖脉纂輯　清乾隆二十八年(1763)善成堂刻本　六冊

220000－0841－0000414　經 2180K

新增詩經補註備旨精萃八卷首一卷　(清)鄒聖脈纂輯　清光緒十四年(1888)老二酉堂刻本　四冊

220000－0841－0000415　經 0239

三刻黃維章先生詩經體註八卷　(清)范翔撰　清康熙書坊刻本　四冊

220000－0841－0000416　經 2331

詩經嗜鳳詳解八卷圖說一卷　(清)陳抒孝撰　(清)汪基增訂　清雍正十一年(1733)三多齋刻本　四冊

220000－0841－0000417　經 0191

詩經嗜鳳詳解八卷圖說一卷　(清)陳抒孝撰　(清)汪基增訂　清雍正十三年(1735)蘇州掃葉山房刻本　八冊

220000－0841－0000418　經 2240F

毛詩故訓傳定本小箋三十卷　(清)段玉裁撰　清嘉慶二十一年(1816)金壇段氏七葉衍祥堂刻經韻樓叢書本　六冊

220000－0841－0000419　經 0305K

毛詩異義四卷詩譜序一卷　(清)汪龍撰　清道光五年(1825)刻本　四冊

220000－0841－0000420　經 0279

詩經測義四卷　(清)李鍾僑撰　清乾隆刻本　四冊

220000－0841－0000421　善 3262

毛詩正本二十卷讀詩一卷韻學一卷　(清)陳梓撰　清乾隆九年(1744)深柳讀書堂刻本　四冊

220000－0841－0000422　經 0331K

詩經申義十卷 (清)吳士模撰 清道光十五年(1835)刻本 三冊

220000－0841－0000423 經0283K
詩經申義十卷 (清)吳士模撰 清光緒十六年(1890)刻本 四冊

220000－0841－0000424 經0286
虞東學詩十二卷首一卷 (清)顧鎮撰 清乾隆三十三年(1768)誦芬堂刻本 十冊

220000－0841－0000425 經0260K
詩經蠹簡四卷 (清)李詒經撰 清道光慎思堂刻本 四冊

220000－0841－0000426 經0255K
詩義輯解十卷 (清)胡本淵撰 清嘉慶二十四年(1819)春暉堂刻本 四冊

220000－0841－0000427 經0338K
毛詩集解訓蒙不分卷 (清)鄭曉如撰 清同治八年(1869)廣州華文堂刻本 一冊

220000－0841－0000428 經2834K
詩經恒解四卷 (清)劉沅輯注 清道光十七年(1837)豫誠堂刻本 六冊

220000－0841－0000429 經2212K
詩經恒解六卷 (清)劉沅輯注 清光緒三十一年(1905)豫誠堂刻增訂本 六冊

220000－0841－0000430 經0240K
嚴氏詩緝補義八卷 (清)劉燦撰 清嘉慶十六年(1811)鎮海劉氏墨莊刻本 四冊

220000－0841－0000431 經0360K
毛詩復古錄十二卷首一卷 (清)吳樊清撰 清光緒二十年(1894)廣州學署刻本 六冊

220000－0841－0000432 經2242K
毛詩後箋三十卷 (清)胡承珙撰 (清)陳奐補 清道光十七年(1837)刻求是堂全集本 二十冊

220000－0841－0000433 經0361K
毛詩傳箋異義解十六卷 (清)沈鎬撰 清咸豐棣鄂堂刻本 四冊

220000－0841－0000434 經0374K
毛詩後箋三十卷 (清)胡承珙撰 (清)陳奐補 清光緒七年(1881)蛟川方氏刻本 二十冊

220000－0841－0000435 經3106K
詩經廣詁三十卷首一卷 (清)徐璈撰 清道光十年(1830)刻本 八冊

220000－0841－0000436 經0267
讀詩鈔說四卷統論一卷 (清)張澍撰 清光緒十三年(1887)容城刻本 二冊

220000－0841－0000437 經3102K
毛詩傳箋通釋三十二卷 (清)馬瑞辰撰 清道光十五年(1835)刻本 十二冊

220000－0841－0000438 經0277K
詩義旁通十二卷 (清)李允升輯 清咸豐二年(1852)易簡堂刻本 六冊

220000－0841－0000439 經2695K
詩誦五卷 (清)陳僅撰 清光緒十一年(1885)四明文則樓木活字印本 二冊

220000－0841－0000440 經2360F
詩章句考一卷詩樂存亡譜一卷詩經集傳校勘記一卷 (清)夏炘撰 清咸豐刻景紫堂全書本 二冊

220000－0841－0000441 經0238K
詩經說鈴十二卷 (清)潘克溥撰 清同治元年(1862)刻本 六冊

220000－0841－0000442 經0290K
詩說考畧十二卷 (清)成僎撰 清道光十年(1830)檇李王相信芳閣木活字印本 七冊

220000－0841－0000443 經0280K
詩經精義彙鈔四卷首一卷 (清)陸錫璞編 清道光十八年(1838)平南武城書院刻本 八冊

220000－0841－0000444 經0364
詩考異字箋餘十四卷 (清)周邵蓮撰 清嘉慶六年(1801)刻本 二冊

220000－0841－0000445 經0269

詩考異補二卷　(清)嚴蔚撰　清乾隆四十九年(1784)二酉齋刻本　一冊

220000－0841－0000446　經 2058F
毛詩鄭箋改字說四卷　(清)陳喬樅撰　清道光刻左海續集本　四冊

220000－0841－0000447　經 3133K
詩經原始十八卷首二卷　(清)方玉潤撰　清同治十年(1871)刻鴻蒙室叢書本　十冊

220000－0841－0000448　經 2809K
讀詩一得一卷　(清)吳棠撰　清同治三年(1864)刻本　一冊

220000－0841－0000449　經 0391K
毛詩讀三十卷　(清)王劼撰　清咸豐五年(1855)成都刻本　十冊

220000－0841－0000450　經 0237F
詩傳補義三卷　(清)方宗誠撰　清光緒元年(1875)刻柏堂遺書本　一冊

220000－0841－0000451　集 10639K
詩玉尺二卷　(清)林昌彝撰　清同治八年(1869)廣州海天琹舫刻本　一冊

220000－0841－0000452　經 0248K
詩管見七卷首一卷　(清)尹繼美撰　清咸豐十一年(1861)鼎吉堂木活字印本　二冊

220000－0841－0000453　經 0261K
詩毛鄭異同辨二卷　(清)曾釗撰　清道光面城樓叢刻本　一冊

220000－0841－0000454　經 0276K
詩經繹參四卷　(清)鄧翔撰　清同治六年(1867)刻孔氏朱墨印本　四冊

220000－0841－0000455　經 0370K
毛詩補正二十五卷　(清)龍起濤撰　清光緒二十五年(1899)刻鵠軒刻本　十二冊

220000－0841－0000456　經 0275F
詩經補箋二十卷　(漢)鄭玄箋　王闓運補箋　清光緒三十二年(1906)衡陽東州刻湘綺樓全書本　八冊

220000－0841－0000457　經 0288K
詩經不分卷　(清)吳汝綸輯評　清光緒都門印書局鉛活字印本　二冊

220000－0841－0000458　經 0249K
說詩解頤二卷續一卷　(清)徐植之撰　清光緒九年(1883)刻朱墨套印本　三冊

220000－0841－0000459　經 0289K
枕葄齋詩經問答十四卷　(清)胡嗣運撰　清光緒三十四年(1908)鴻南書屋木活字印本　二冊

220000－0841－0000460　經 0392K
學詩堂經解二十卷　(清)李宗棠輯　清宣統三年(1911)鉛活字印本　八冊

220000－0841－0000461　經 2510K
詩達詁首卷二卷　(清)彭焯南撰　清光緒二十三年(1897)二玉山館刻本　二冊

220000－0841－0000462　經 0328K
毛鄭詩斠義一卷　羅振玉撰　清光緒十六年(1890)鉛活字印本　一冊

220000－0841－0000463　經 0281K
讀風臆補二卷　(明)戴君恩原本　(清)陳繼揆補輯　清光緒六年(1880)拜經館刻本　二冊

220000－0841－0000464　經 0268K
讀風偶識四卷　(清)崔述撰　清道光四年(1824)刻本　二冊

220000－0841－0000465　經 0262K
鄭莆田淫奔詩辨二卷　(清)王益齋輯　清道光二十四年(1844)松勁書屋刻本　一冊

220000－0841－0000466　經 0226
詩集傳名物鈔八卷　(元)許謙撰　清康熙刻通志堂經解本　四冊

220000－0841－0000467　善 0079
六家詩名物疏五十五卷提要三卷首一卷　(明)馮復京撰　明萬曆三十三年(1605)盛以時博物齋刻本　十六冊

220000－0841－0000468　經 0247

詩傳名物集覽十二卷　(清)陳大章撰　清康熙刻本　六冊

220000－0841－0000469　經0353

毛詩名物圖說九卷　(清)徐鼎撰　清乾隆三十六年(1771)刻本　二冊

220000－0841－0000470　經0368K

毛詩名物畧四卷　(清)朱桓撰　清嘉慶七年(1802)刻本　四冊

220000－0841－0000471　經0257K

詩氏族考六卷　(清)李超孫輯　清道光海昌蔣氏刻別下齋叢書本　二冊

220000－0841－0000472　經3091K

尚詩徵名二卷覺華龕詩存一卷　(清)王蔭祜撰　清光緒二十年(1894)、三十四年(1908)刻本　一冊

220000－0841－0000473　經0332K

毛詩草木鳥獸蟲魚疏校正二卷　(三國吳)陸璣撰　(清)趙佑校正　清光緒二十年(1894)刻本　一冊

220000－0841－0000474　子4497:2

陸氏草木鳥獸蟲魚疏疏二卷　(清)焦循撰　清光緒十四年(1888)刻南菁書院叢書本　二冊

220000－0841－0000475　經0339K

毛詩補禮六卷　(清)朱濂撰　清道光十九年(1839)刻光緒三年(1877)補版印本　二冊

220000－0841－0000476　經0389K

毛詩禮徵十卷　(清)包世榮撰　清道光八年(1828)刻本　二冊

220000－0841－0000477　經1753K

詩集傳音釋二十卷詩序一卷　(宋)朱熹傳　(元)許謙音釋　(元)羅復輯　**校刻詩集傳音釋札記一卷**　(清)蔣光煦撰　清咸豐七年(1857)海昌蔣氏衍芬草堂刻本　六冊

220000－0841－0000478　經1945F

詩經考異一卷詩經葉韻辨一卷詩廣傳五卷　(清)王夫之撰　清同治四年(1865)刻船山遺書本　三冊

220000－0841－0000479　經0266

詩經葉音辨譌八卷首一卷　(清)劉維謙編　清乾隆三年(1738)壽峰書屋刻本　四冊

220000－0841－0000480　經0333K

毛詩古音參義五卷首一卷　(清)潘相撰　清嘉慶五年(1800)刻潘相所著書本　四冊

220000－0841－0000481　經0390

詩識名解十五卷　(清)姚炳撰　清康熙刻本　十冊

220000－0841－0000482　經3023K

詩經小學三十卷　(清)段玉裁撰　清道光五年(1825)抱經堂刻本　二冊

220000－0841－0000483　經1963F

毛詩重言一卷毛詩雙聲疊韻說一卷　(清)王筠撰　清道光、咸豐刻本　二冊

220000－0841－0000484　經0383K

毛詩辨韻五卷　(清)趙似祖原著　(清)趙星海更訂　清道光二十二年(1842)刻本　四冊

220000－0841－0000485　經0285K

毛詩韻譜八卷凡例一卷　(清)郭師古撰　清光緒十年(1884)玉屏山房刻本　六冊

220000－0841－0000486　經1650K

詩小學三十卷　(清)吳樹聲撰　清同治七年(1868)壽光官廨刻鼎堂七種本　十二冊

220000－0841－0000487　經0282K

詩序廣義二十四卷　(清)姜炳璋撰　清嘉慶二十年(1815)刻本　十二冊

220000－0841－0000488　經0264K

說詩循序一卷　(清)許致和撰　清道光三十年(1850)刻本　一冊

220000－0841－0000489　經1760

鄭氏詩譜攷正一卷　(漢)鄭玄撰　(宋)歐陽修補　(清)丁晏重編　清咸豐二年(1852)聊城楊以增海源閣刻六藝堂詩禮七編本　一冊

220000－0841－0000490　經2288F

詩經拾遺一卷 (清)郝懿行撰 清光緒八年(1882)東路廳署刻郝氏遺書本 一冊

220000－0841－0000491 善 0307
韓詩外傳十卷 (漢)韓嬰撰 明嘉靖十四年(1535)蘇獻可通津草堂刻本 五冊

220000－0841－0000492 善 0306
韓詩外傳十卷首一卷補逸一卷 (漢)韓嬰撰 (清)趙懷玉校 清乾隆五十五年(1790)趙氏亦有生齋刻本 二冊

220000－0841－0000493 善 0316
韓詩外傳校注十卷西漢儒林傳經表二卷 (清)周廷寀撰 **拾遺一卷** (清)周宗杭撰 清乾隆五十六年(1791)周氏營道堂刻本 四冊

220000－0841－0000494 經 0366K
韓詩外傳十卷韓詩外傳校注拾遺一卷韓詩外傳補逸一卷 (漢)韓嬰撰 (清)周廷寀校注 (清)趙懷玉校補 清光緒元年(1875)望三益齋刻本 四冊

220000－0841－0000495 經 1927
韓詩內傳徵四卷敘錄二卷補遺一卷疑義一卷 (清)宋綿初撰 清乾隆六十年(1795)志學堂刻本 二冊

220000－0841－0000496 經 2207K
韓詩故二卷 (清)沈清瑞撰 清光緒刻本 二冊

220000－0841－0000497 經 0234K
韓詩遺說續考四卷 (清)顧震福撰 清光緒十九年(1893)刻本 一冊

220000－0841－0000498 經 2862F
齊詩翼氏學疏證二卷敘錄一卷 (清)陳喬樅撰 清道光刻左海續集本 一冊

220000－0841－0000499 經 2198
詩瀋二十卷 (清)范家相撰 清乾隆三十九年(1774)古趣亭刻本 三冊

220000－0841－0000500 經 0258F
重訂三家詩拾遺十卷 (清)范家相原輯 (清)葉鈞重訂 清道光三十年(1850)刻嶺南遺書本 二冊

220000－0841－0000501 經 0278K
詩古微十六卷 (清)魏源撰 清光緒十三年(1887)掃葉山房補道光原版印本 十四冊

220000－0841－0000502 經 1850K
詩古微十六卷 (清)魏源撰 清光緒十三年(1887)刻本 八冊

220000－0841－0000503 經 3095K
詩古微二卷 (清)魏源撰 清道光刻本 一冊

220000－0841－0000504 經 1944F
詩經四家異文考五卷 (清)陳喬樅撰 清道光二十三年(1843)刻左海續集本 六冊

220000－0841－0000505 經 0463K
讀禮叢鈔 (清)李輔燿輯 清光緒十七年(1891)刻本 六冊

220000－0841－0000506 善 0249
附音釋周禮注疏四十二卷 (漢)鄭玄注 (唐)賈公彥疏 (唐)陸德明釋文 元刻明遞修本 二十二冊

220000－0841－0000507 經 2645K
周禮四十二卷 (漢)鄭玄注 (唐)陸德明音義 清同治八年(1869)浙江書局校修重印明崇禎永懷堂十三經古注本 四冊

220000－0841－0000508 經 2095
周禮十二卷 (漢)鄭玄注 (唐)陸德明音義 清乾隆闕里孔氏敦本堂家塾刻本 六冊

220000－0841－0000509 經 3099K
周禮十二卷 (漢)鄭玄注 **札記一卷** (清)黃丕烈撰 清嘉慶二十三年(1818)士禮居刻士禮居黃氏叢書本 六冊

220000－0841－0000510 經 1921K
周禮十二卷 (漢)鄭玄注 (唐)陸德明音義 清光緒十二年(1886)湖北官書處刻本 六冊

220000－0841－0000511 經 0402K

周禮六卷 (漢)鄭玄注 (唐)陸德明音義 清同治十三年(1874)湖南書局刻本 六冊

220000－0841－0000512 經0399K
周禮六卷 (漢)鄭玄注 (唐)陸德明音義 清光緒二十年(1894)金陵書局刻本 六冊

220000－0841－0000513 經0414K
周禮六卷 (漢)鄭玄注 (唐)陸德明音義 清宣統元年(1909)學部圖書局石印本 六冊

220000－0841－0000514 善0311
禮經會元四卷 (宋)葉時撰 元刻明遞修本 四冊

220000－0841－0000515 經2983
禮經會元四卷 (宋)葉時撰 清乾隆藤花榭刻經學五種本 二冊

220000－0841－0000516 經0452
禮經會元四卷 (宋)葉時撰 清康熙十九年(1680)刻通志堂經解本 二冊

220000－0841－0000517 經2032K
太平經國之書十一卷首一卷 (宋)鄭伯謙撰 清嘉慶刻本 一冊

220000－0841－0000518 善3142
周禮會通六卷 (清)胡翹元撰 清乾隆五十二年(1787)凝暉閣刻本 六冊

220000－0841－0000519 經0393K
周禮彙纂二卷 (清)錢世熹輯 清嘉慶十五年(1810)刻本 一冊

220000－0841－0000520 經0410K
周禮節訓六卷 (清)黄叔琳原本 (清)姚培謙重訂 清光緒十二年(1886)蘇州校經山房刻本 二冊

220000－0841－0000521 經0405K
欽定周官義疏四十八卷首一卷 (清)鄂爾泰等撰 清同治七年(1868)浙江書局刻本 二十四冊

220000－0841－0000522 經0407K
周官義疏四十八卷首一卷 (清)鄂爾泰等撰 清光緒十四年(1888)江南書局刻本 二十四冊

220000－0841－0000523 經0406K
周官精義十三卷 (清)連斗山編 清嘉慶十年(1805)刻本 八冊

220000－0841－0000524 經1992
周禮輯義十二卷 (清)姜兆錫撰 清康熙五十八年(1719)刻本 十二冊

220000－0841－0000525 經0395K
周官經疏備要六卷首一卷 (清)顧大治編 清嘉慶刻本 二冊

220000－0841－0000526 經0411
周禮經注節抄七卷 (清)許珩撰 清嘉慶十六年(1811)刻本 二冊

220000－0841－0000527 經0412K
周禮注疏獻疑七卷 (清)許珩撰 清嘉慶十六年(1811)刻本 四冊

220000－0841－0000528 經2932K
欽定周官義疏四十八卷首一卷 (清)鄂爾泰等撰 清光緒十四年(1888)江南書局刻本 二十四冊

220000－0841－0000529 經3070K
周官記四卷周官説一卷禮説一卷 (清)莊存與撰 清嘉慶八年(1803)味經齋刻本 一冊

220000－0841－0000530 經2728K
周官指掌五卷 (清)莊有可撰 清道光九年(1829)刻本 二冊

220000－0841－0000531 經2832K
周官恒解六卷 (清)劉沅輯注 清道光二十一年(1841)豫誠堂刻本 六冊

220000－0841－0000532 經0413K
周禮正義八十六卷 (清)孫詒讓撰 清光緒三十一年(1905)鉛活字印本 二十冊

220000－0841－0000533 經0409K
周禮政要二卷 (清)孫詒讓著 清光緒二十八年(1902)瑞安普通學堂刻本 二冊

220000－0841－0000534 經2769K

周禮政要二卷　(清)孫詒讓撰　清光緒二十八年(1902)鉛活字印本　二冊

220000－0841－0000535　經 2992K
六官騈萃四卷　(清)張蔚春撰　清嘉慶九年(1804)六筍齋刻本　二冊

220000－0841－0000536　經 0468K
九旗古義述一卷　(清)孫詒讓撰　清光緒二十八年(1902)刻本　一冊

220000－0841－0000537　善 0026
禮說十四卷　(清)惠士奇撰　清紅豆齋刻本　六冊

220000－0841－0000538　經 0465K
禮說十四卷大學說一卷　(清)惠士奇撰　清嘉慶二年(1797)上海彭霖蘭陔書屋刻本　八冊

220000－0841－0000539　經 0396F
周禮漢讀考六卷　(清)段玉裁撰　清嘉慶元年(1796)刻經韻樓叢書本　八冊

220000－0841－0000540　經 0495
注釋古周禮五卷考工記一卷首一卷　(明)郎兆玉撰　明天啓刻本　四冊

220000－0841－0000541　經 2860K
冬官旁求二卷　(清)辛紹業撰　清嘉慶二十一年(1816)經笥齋刻敬堂遺書本　一冊

220000－0841－0000542　子 4099K
輪輿私箋二卷　(清)鄭珍撰　圖一卷　(清)鄭知同繪　清同治七年(1868)獨山莫氏金陵刻本　二冊

220000－0841－0000543　善 3110
儀禮鄭注十七卷嚴本儀禮鄭氏注校錄一卷　(漢)鄭玄注　(清)黃丕烈校　清嘉慶二十年(1815)黃氏讀未見書齋刻本　二冊

220000－0841－0000544　善 0278
儀禮注疏十七卷　(漢)鄭玄注　(唐)賈公彥疏　明嘉靖刻本　十六冊

220000－0841－0000545　善 0232
儀禮注疏十七卷　(漢)鄭玄注　(唐)賈公彥疏　明嘉靖遂昌應櫝刻本　十五冊

220000－0841－0000546　經 2094K
儀禮十七卷　(漢)鄭玄注　嚴本儀禮鄭氏注校錄一卷　(清)黃丕烈撰　清嘉慶二十年(1815)吳門黃氏讀未見書齋刻本　四冊

220000－0841－0000547　經 2646K
儀禮十七卷　(漢)鄭玄注　清同治八年(1869)浙江書局重印明崇禎永懷堂十三經古注本　四冊

220000－0841－0000548　經 2543F
儀禮十七卷　(清)成德校訂　清同治十二年(1873)粵東書局刻通志堂經解本　二冊

220000－0841－0000549　經 2653K
儀禮十七卷　(漢)鄭玄注　(唐)陸德明音義　清光緒十二年(1886)湖北官書處刻本　四冊

220000－0841－0000550　經 1640K
儀禮疏五十卷　(唐)賈公彥等撰　清道光十年(1830)長洲汪氏藝芸書舍刻本　六冊

220000－0841－0000551　經 3032K
儀禮疏五十卷　(唐)賈公彥等撰　清涇縣洪氏公善堂刻本　六冊

220000－0841－0000552　經 0425K
儀禮經注疏正譌十七卷　(清)金曰追撰　清咸豐四年(1854)宜稼堂刻本　二冊

220000－0841－0000553　經 0427K
儀禮要義五十卷　(宋)魏了翁撰　清光緒十年(1884)江蘇書局刻五經要義本　十二冊

220000－0841－0000554　經 1772
儀禮鄭註句讀十七卷監本正誤一卷石本誤字一卷　(漢)鄭玄注　(清)張爾岐撰　清乾隆八年(1743)和衷堂刻本　六冊

220000－0841－0000555　經 0417K
儀禮鄭注句讀十七卷監本正誤一卷石經正誤一卷　(漢)鄭玄注　(清)張爾岐句讀　清同治七年(1868)金陵書局刻十三經讀本本　四冊

220000－0841－0000556　經 0421K

儀禮鄭注句讀十七卷監本正誤一卷石經正誤一卷　（漢）鄭玄注　（清）張爾岐句讀　清同治十三年（1874）湖南書局刻本　六冊

220000－0841－0000557　經 0419

朱子儀禮經傳通解六十九卷　（宋）朱熹等撰　清乾隆十五年（1750）刻本　四十冊

220000－0841－0000558　善 0304

儀禮經傳通解三十七卷　（宋）朱熹撰　**續二十九卷**　（宋）黄榦　（宋）楊復撰　明正德十六年（1521）劉瑞、曹山刻本　十冊

220000－0841－0000559　經 0420K

儀禮瑣辨一卷　（清）常增撰　清道光刻本　一冊

220000－0841－0000560　經 0434K

儀禮正義四十卷　（清）胡培翬撰　（清）楊大堉補　清咸豐二年（1852）沔陽陸建瀛蘇州刻本　二十冊

220000－0841－0000561　經 2185K

儀禮正義四十卷　（清）胡培翬撰　（清）楊大堉補　清同治七年（1868）蘇州湯晉苑局刻本　二十冊

220000－0841－0000562　經 0433K

儀禮私箋八卷　（清）鄭珍撰　清同治五年（1866）成山唐氏刻本　二冊

220000－0841－0000563　經 0491F

禮經箋十七卷　王闓運撰　清光緒二十二年（1896）東州講舍刻湘綺樓全書本　六冊

220000－0841－0000564　經 0470K

禮經校釋二十二卷禮經纂疏序一卷　（清）曹元弼撰　清光緒十八年（1892）刻本　十二冊

220000－0841－0000565　經 0429

儀禮彙說十七卷　（清）焦以恕撰　清乾隆研雨齋刻本　四冊

220000－0841－0000566　經 2162K

黌宮敬事錄續刊四卷　（清）桂良撰　清光緒九年（1883）刻本　四冊

220000－0841－0000567　經 2401K

儀禮釋官九卷首一卷　（清）胡匡衷撰　清同治八年（1869）研六閣刻本　四冊

220000－0841－0000568　經 2638K

儀禮問津一卷　（清）孟先穎撰　清道光十五年（1835）恩遇堂刻本　一冊

220000－0841－0000569　經 2468

喪禮略言一卷祭禮輯要一卷　（清）傅為許撰　清乾隆刻本　一冊

220000－0841－0000570　經 2243K

大清通禮品官士庶人喪禮傳二卷　（清）劉人熙輯　清光緒十一年（1885）刻本　二冊

220000－0841－0000571　經 0484K

喪服表一卷殤服表一卷　（清）孔繼芬輯　清光緒元年（1875）退補齋刻本　一冊

220000－0841－0000572　經 2845K

喪服會通說四卷　（清）吳嘉賓撰　清咸豐元年（1851）刻本　二冊

220000－0841－0000573　經 0485K

求自得之室喪服會通說四卷　（清）吳嘉賓撰　清同治六年（1867）刻本　二冊

220000－0841－0000574　經 2350K

五服釋例二十卷　（清）夏燮撰　清同治七年（1868）刻本　六冊

220000－0841－0000575　經 3047K

儀禮圖六卷　（清）張惠言撰　清嘉慶十年（1805）阮元刻本　二冊

220000－0841－0000576　經 0499K

儀禮圖六卷　（清）張惠言撰　清同治九年（1870）崇文書局刻本　三冊

220000－0841－0000577　經 2847K

禮記四十九卷　（漢）鄭玄注　（唐）陸德明音義　清同治八年（1869）浙江書局校修重印明崇禎永懷堂刻十三經古注本　八冊

220000－0841－0000578　善 0083

禮記二十卷　（漢）鄭玄注　明嘉靖刻本　七冊　缺二卷（七至八）

220000－0841－0000579　經 3017
禮記注疏六十三卷　(漢)鄭玄注　(唐)孔穎達疏　明刻本　一冊　存二卷(六十至六十一)

220000－0841－0000580　善 0313
附釋音禮記注疏六十三卷　(漢)鄭玄注　(唐)孔穎達疏　(唐)陸德明音釋　清乾隆六十年(1795)和珅影宋刻本　三十二冊

220000－0841－0000581　善 2512
禮記二十卷　(漢)鄭玄注　**禮記釋文一卷**　(唐)陸德明撰　**禮記鄭注考異二卷**　(清)張敦仁撰　清嘉慶十一年(1806)陽城張氏影宋刻本　十四冊

220000－0841－0000582　經 0447K
禮記二十卷　(漢)鄭玄注　**禮記考異二卷**　(清)張敦仁撰　清同治九年(1870)崇文書局刻本　八冊

220000－0841－0000583　經 2153F
禮記熊氏義疏四卷　(後周)熊安生撰　**禮記外傳一卷**　(唐)成伯與撰　清同治十年(1871)刻玉函山房輯佚書本　一冊

220000－0841－0000584　經 0502K
禮記要義三十三卷　(宋)魏了翁撰　清光緒十二年(1886)江蘇書局刻本　八冊

220000－0841－0000585　善 0312
禮記集說三十卷　(元)陳澔撰　明嘉靖刻本　一冊　存一卷(二十八)

220000－0841－0000586　經 0456K
禮記十卷　(元)陳澔撰　清同治五年(1866)金陵書局刻本　十冊

220000－0841－0000587　經 1920K
禮記十四卷　(元)陳澔撰　清光緒十二年(1886)湖北官書處刻本　十冊

220000－0841－0000588　經 2604
禮記增訂旁訓六卷　(元)陳澔撰　清嘉慶八年(1803)匠門書屋刻本　六冊

220000－0841－0000589　經 2523K
禮記增訂旁訓六卷　(元)陳澔撰　清嘉慶金陵授經堂刻本　五冊　存五卷(一至五)

220000－0841－0000590　經 0444
禮記纂言三十六卷　(元)吴澄撰　(清)朱軾校補　清雍正刻本　十六冊

220000－0841－0000591　善 0050
禮記集說大全三十卷　(明)胡廣等輯　明刻本　十八冊

220000－0841－0000592　經 0445
重訂禮記疑問十二卷　(明)姚舜牧著　清刻本　六冊

220000－0841－0000593　善 2330
禮記敬業八卷　(明)楊鼎熙撰　明崇禎刻本　十二冊

220000－0841－0000594　經 2210K
禮記疏意二十三卷　(明)秦繼宗撰　清道光十九年(1839)藴輝堂刻本　六冊

220000－0841－0000595　經 2278K
儒行集傳二卷　(明)黄道周輯　清道光四年(1824)宋氏凝遠堂刻本　二冊

220000－0841－0000596　善 3149
禮記省度四卷　(清)彭頤纂　清乾隆四十五年(1780)刻朱墨套印本　四冊

220000－0841－0000597　經 2634K
禮記省度四卷　(清)彭頤撰　清嘉慶十二年(1807)金閶大業堂刻本　四冊

220000－0841－0000598　經 0441K
禮記二十八卷　(清)李光坡撰　清光緒八年(1882)刻本　十冊

220000－0841－0000599　經 2443K
欽定禮記義疏八十二卷首一卷　(清)聖祖玄燁撰　清光緒十四年(1888)江南書局刻本　三十二冊

220000－0841－0000600　善 0023
日講禮記解義六十四卷　(清)張廷玉等撰　清乾隆十四年(1749)武英殿刻本　十六冊

220000－0841－0000601　經 0448K

禮記章句十卷　(清)任啟運撰　清光緒二十一年(1895)萱蔭堂刻本　十册

220000－0841－0000602　經 2463K

續禮記集說一百卷　(清)杭世駿撰　清光緒二十一年(1895)浙江書局刻本　四十册

220000－0841－0000603　經 1642K

禮記六十一卷尚書顧命解一卷　(清)孫希旦撰　清咸豐十年(1860)瑞安孫氏盤穀草堂刻本　十六册

220000－0841－0000604　經 0458

禮記訓義擇言八卷　(清)汪永撰　清乾隆五十七年(1792)刻本　二册

220000－0841－0000605　經 1763K

禮記訓纂四十九卷　(清)朱彬輯　清咸豐六年(1856)寶應朱氏宜祿堂刻本　八册

220000－0841－0000606　經 2412F

禮記訓纂四十九卷　(清)朱彬輯　清宣統元年(1909)學部圖書局石印朱氏刻本　十册

220000－0841－0000607　經 2833K

禮記恒解四十九卷　(清)劉沅輯注　清道光八年(1828)豫誠堂刻本　六册

220000－0841－0000608　經 0438K

禮記質疑四十九卷　(清)郭嵩燾撰　清光緒十六年(1890)思賢講舍刻本　十册

220000－0841－0000609　經 3030K

七十二侯表一卷　(清)羅以智纂　清光緒八年(1882)海昌羊復禮刻本　一册

220000－0841－0000610　善 0265

檀弓一卷　(宋)謝枋得　(明)楊慎注批點　明萬曆四十四年(1616)閔齊伋刻朱墨套印三經評注本　一册

220000－0841－0000611　善 0269

檀弓輯註二卷考工輯註二卷　(明)陳與郊輯　明萬曆三十二年(1604)刻本　八册

220000－0841－0000612　經 2161

檀弓論文二卷　(清)孫濩孫撰　清康熙六十年(1721)天心閣刻本　六册

220000－0841－0000613　經 2241K

檀弓論文二卷　(清)孫濩孫撰　清光緒七年(1881)常州狀元第莊刻本　二册

220000－0841－0000614　經 2665K

檀弓辨誣三卷　(清)夏炘撰　清同治刻景紫堂全書本　一册

220000－0841－0000615　經 1767

儒行集傳二卷　(明)黃道周撰　清康熙三十九年(1700)刻本　四册

220000－0841－0000616　經 1787

夏時考六卷　(清)安吉撰　清光緒十一年(1885)刻本　二册

220000－0841－0000617　子 5484K

抱桐讀書法一卷　(清)顧陳垿撰　清乾隆刻本　一册

220000－0841－0000618　經 1649K

內則章句一卷　(清)顧陳垿撰　清味菜廬木活字印本　一册

220000－0841－0000619　經 2981

大戴禮記十三卷　(漢)戴德撰　(北周)盧辯注　清乾隆二十三年(1758)盧見曾刻雅雨堂藏書本　二册

220000－0841－0000620　善 2940

大戴禮記十三卷　(漢)戴德撰　(北周)盧辯注　清乾隆二十三年(1758)盧見曾刻雅雨堂藏書本　二册

220000－0841－0000621　善 2757

大戴禮記十三卷　(漢)戴德撰　(北周)盧辯注　清乾隆武英殿聚珍版叢書本　二册

220000－0841－0000622　經 2781

大戴禮記十三卷　(漢)戴德撰　(清)王聘珍校　清乾隆刻本　二册

220000－0841－0000623　經 3040K

大戴禮記十三卷　(漢)戴德撰　(北周)盧辯注　清宣統三年(1911)貴池劉氏刻玉海堂影宋元本叢書本　一册

220000－0841－0000624　經0478K
大戴禮記解詁十三卷敘錄一卷　（清）王聘珍撰　清咸豐元年（1851）王氏刻本　四册

220000－0841－0000625　經0481K
大戴禮記補注十三卷序錄一卷　（北周）盧辯注　（清）孔廣森補注　清同治十三年（1874）淮南書局刻本　四册

220000－0841－0000626　經0475K
大戴禮記集注十三卷敘錄一卷　（清）戴禮撰　清宣統元年（1909）溫州石印本　四册

220000－0841－0000627　經0477K
夏小正戴氏傳四卷考異一卷附錄一卷　（宋）傅崧卿撰　清同治八年（1869）傅氏長恩閣刻傅氏先世遺書本　一册

220000－0841－0000628　經2616K
夏時考六卷　（清）安吉撰　清光緒十一年（1885）刻本　二册

220000－0841－0000629　經0474K
明堂陰陽夏小正經傳考釋十卷夏時等列說一卷　（清）莊述祖撰附　（清）劉逢祿撰　清光緒九年（1883）刻本　四册

220000－0841－0000630　經1926K
夏小正輯注四卷　（清）范家相撰　清嘉慶十五年（1810）古趣亭刻本　一册

220000－0841－0000631　經2816K
夏時考訓蒙一卷　（清）鄭曉如撰　清同治八年（1869）廣州華文堂刻鄭氏四種本　一册

220000－0841－0000632　經2138K
夏小正集說四卷　（清）程鴻詔撰　清同治四年（1865）金陵刻本　二册

220000－0841－0000633　經2843F
夏小正集說四卷　（清）程鴻詔撰　清同治十一年（1872）刻有恒心齋集本　二册

220000－0841－0000634　經2916K
夏小正戴氏傳訓解四卷夏小正戴氏傳考異一卷夏小正通論一卷　（清）王寶仁撰　清同治十三年（1874）舊香居刻本　一册

220000－0841－0000635　經1828K
夏小正箋疏四卷　（清）馬徵慶撰　清同治思古書堂刻本　一册

220000－0841－0000636　經2145K
三禮目錄一卷　（清）王謨輯　清寒梅館抄漢魏遺書本　一册

220000－0841－0000637　經0471K
禮書一百五十卷　（宋）陳祥道撰　清光緒二年（1876）廣州刻本　十七册

220000－0841－0000638　善0257
三禮考註十卷　（元）吳澄撰　明萬曆三十八年（1610）董應舉刻本　六册

220000－0841－0000639　善0301
六禮纂要六卷　（明）侯廷訓等撰　明嘉靖四年（1525）薛祖學刻本　四册

220000－0841－0000640　經0449K
讀禮志疑不分卷　（清）陸隴其　（清）張應時撰　清嘉慶二十年（1815）刻本　一册

220000－0841－0000641　經2472K
讀禮通考一百二十卷　（清）徐乾學撰　清光緒七年（1881）江蘇書局刻本　三十二册

220000－0841－0000642　經2090K
讀禮通考一百二十卷　（清）徐乾學撰　清光緒二十四年（1898）新化三味堂刻本　三十册

220000－0841－0000643　經2355K
禮書綱目八十五卷首三卷　（清）江永撰　清嘉慶十五年（1810）鏤恩堂刻本　三十二册

220000－0841－0000644　善3136
參讀禮志疑二卷　（清）汪紱撰　清乾隆三十六年（1771）栖碧山房刻本　二册

220000－0841－0000645　經0455K
參讀禮志疑二卷　（清）汪紱撰　清光緒二十一年（1895）刻本　二册

220000－0841－0000646　經2089K
五禮通考二百六十二卷首四卷　（清）秦蕙田編輯　清光緒六年（1880）江蘇書局刻本　一百册

220000－0841－0000647　經 2487K
五禮通考二百六十二卷首一卷　(清)秦蕙田編輯　清光緒二十二年(1896)新化三味堂刻本　一百冊

220000－0841－0000648　善 0085
禮箋三卷　(清)金榜撰　清乾隆五十九年(1794)方起泰、胡國輔刻本　二冊

220000－0841－0000649　經 2461K
三禮陳數求義三十卷　(清)林喬蔭撰　清嘉慶八年(1803)誦芬堂刻本　十七冊

220000－0841－0000650　經 0462K
三禮從今三卷　(清)黄本驥撰　清道光二十四年(1844)蔣維揚刻本　一冊

220000－0841－0000651　經 2517K
禮經通論一卷　(清)邵懿辰撰　清同治三年(1864)望三益齋刻本　一冊

220000－0841－0000652　經 2195K
禮書通故五十卷　(清)黄以周撰　清光緒十九年(1893)黄氏試館刻本　三十二冊

220000－0841－0000653　經 0435K
三禮通釋二百八十卷首一卷　(清)林昌彝撰　清同治三年(1864)廣州刻本　四十八冊

220000－0841－0000654　經 3122K
六禮或問十二卷首一卷末一卷　(清)汪紱撰　清光緒刻本　八冊

220000－0841－0000655　經 1990K
禮表一卷　(清)鄭士範撰　清同治抄本　一冊

220000－0841－0000656　經 2158K
禮書附錄十二卷　(清)陳寶泉撰　清嘉慶二十五年(1820)含暉閣刻本　六冊

220000－0841－0000657　經 0496K
求古錄禮説十六卷　(清)金鶚撰　清道光三十年(1850)本犀香館刻本　八冊

220000－0841－0000658　經 3113F
求古錄禮説補遺一卷續一卷　(清)金鶚撰　清同治六年(1867)吳縣潘氏京師刻滂喜齋叢書本　一冊

220000－0841－0000659　善 3526
天子肆獻祼饋食禮三卷　(清)任啟運撰　清乾隆三十八年(1773)刻本　一冊

220000－0841－0000660　經 0469K
天子肆獻祼饋食禮三卷　(清)任啟運撰　清光緒十一年(1885)浙江書局刻本　一冊

220000－0841－0000661　經 2984
明堂大道錄八卷　(清)惠棟撰　清乾隆經訓堂刻經訓堂叢書本　五冊

220000－0841－0000662　經 2804F
明堂考三卷　(清)孫星衍撰　清嘉慶七年(1802)孫氏金陵刻問經堂叢書本　一冊

220000－0841－0000663　經 0459K
朝廟宫室考並圖一卷田賦考一卷　(清)任啟運撰　清光緒刻本　一冊

220000－0841－0000664　經 1638K
群經宫室圖二卷　(清)焦循撰　清嘉慶五年(1800)半九書塾刻本　二冊

220000－0841－0000665　經 0488K
弁服釋例八卷五禮弁服釋例表一卷　(清)任大椿撰　清嘉慶元年(1796)蕭山宗炎望賢家塾刻本　四冊

220000－0841－0000666　經 1636
新定三禮圖二十卷　(宋)聶崇義集注　清康熙成德刻通志堂經解本　四冊

220000－0841－0000667　善 2506
新定三禮圖二十卷　(宋)聶崇義集注　清雍正刻本　四冊

220000－0841－0000668　經 1738
司馬氏書儀十卷　(宋)司馬光撰　清雍正元年(1723)汪氏影宋刻本　一冊

220000－0841－0000669　經 2774K
司馬氏書儀十卷　(宋)司馬光撰　清同治七年(1868)江蘇書局刻本　二冊

220000－0841－0000670　經 2132K

司馬氏書儀十卷　(宋)司馬光撰　清抄雍正元年(1723)汪郊刻本　二册

220000-0841-0000671　經 1804
朱子家禮八卷首一卷　(宋)朱熹撰　清康熙四十年(1701)刻本　七册

220000-0841-0000672　經 1808K
家禮五卷附錄一卷　(宋)朱熹撰　清光緒六年(1880)刻本　三册

220000-0841-0000673　子 0174K
朱子家禮五卷　(宋)朱熹撰　(清)郭嵩燾校訂　清光緒十七年(1891)思賢講舍刻本　一册

220000-0841-0000674　經 1802K
文公家禮儀節八卷　(宋)朱熹編　(明)楊慎輯　清善成堂書坊刻本　六册

220000-0841-0000675　子 0190K
四禮翼四卷　(明)呂坤撰　清同治二年(1863)王禹疇刻本　一册

220000-0841-0000676　子 0166K
呂叔簡四禮翼四卷　(明)呂坤撰　清光緒二十一年(1895)湖北官書局刻本　一册

220000-0841-0000677　經 2150K
茗洲吴氏家典八卷　(清)吳翟輯　清光緒十八年(1892)刻本　五册

220000-0841-0000678　經 2148K
文廟祀位一卷　(清)倭什琿布等編　清同治八年(1869)楚北崇文書局刻本　一册

220000-0841-0000679　經 1665K
制服表一卷制服成誦編一卷喪服通釋一卷　(清)周保珪撰　清光緒十六年(1890)雲南書局刻本　一册

220000-0841-0000680　經 1722K
重刻恭簡公志樂二十卷　(明)韓邦奇撰　清嘉慶十一年(1806)刻本　十四册

220000-0841-0000681　子 4857K
大樂元音七卷　(清)潘士權撰　清同治十三年(1874)刻本　三册

220000-0841-0000682　善 3489
古樂經傳五卷　(清)李光地撰　清雍正五年(1727)刻本　二册

220000-0841-0000683　善 2790
泰律十二卷外篇三卷　(明)葛中選撰　清刻本　六册

220000-0841-0000684　善 3363
御製律呂正義後編一百二十卷　(清)允禄纂　清乾隆武英殿刻朱墨套印本　一册

220000-0841-0000685　經 1729K
竟山樂錄四卷　(清)毛奇齡撰　清光緒刻本　二册

220000-0841-0000686　子 4497:1
律呂古誼六卷　(清)錢塘撰　清光緒十四年(1888)刻南菁書院叢書本　二册

220000-0841-0000687　子 4639K
文昌廟樂章一卷舞譜一卷　(清)高宗弘曆撰　清光緒刻本　一册

220000-0841-0000688　經 2097
志樂輯略三卷　(清)倪元坦輯　清嘉慶十五年(1810)畬香書屋刻本　二册

220000-0841-0000689　經 1680F
古律經傳附考五卷　(清)紀大奎撰　清嘉慶十三年(1808)刻紀慎齋先生全集本　二册

220000-0841-0000690　經 1132K
聲律通考十卷　(清)陳澧撰　清咸豐十年(1860)刻鍾山別業叢書本　二册

220000-0841-0000691　經 1130F
聲律通考十卷　(清)陳澧撰　清咸豐十年(1860)刻番禺陳氏東塾叢書本　二册

220000-0841-0000692　經 1812K
律音彙考八卷　(清)邱之稑撰　清道光十八年(1838)刻本　十册

220000-0841-0000693　經 2693K
庚癸原音　(清)繆闐撰　清同治五年(1866)蕪湖繆氏刻本　二册

220000－0841－0000694　善 0250

京本點校附音春秋經傳集解三十卷　(晉)杜預撰　(唐)陸德明釋文　宋刻本　一冊　存一卷(七)

220000－0841－0000695　善 0025

春秋經傳集解三十卷　(晉)杜預撰　(唐)陸德明釋文　明刻本　三十二冊

220000－0841－0000696　善 0251

春秋經傳集解三十卷　(晉)杜預撰　(唐)陸德明釋文　明刻本　十六冊

220000－0841－0000697　經 0527

春秋經傳集解三十卷首一卷　(晉)杜預撰　(唐)陸德明釋文　清乾隆四十八年(1783)武英殿刻本　十二冊

220000－0841－0000698　經 1584K

春秋經傳集解三十卷　(晉)杜預撰　清道光十六年(1836)揚州刻本　十二冊

220000－0841－0000699　經 0555K

春秋經傳集解三十卷附考正　(晉)杜預撰　清道光刻本　九冊

220000－0841－0000700　經 2459K

春秋經傳集解三十卷　(晉)杜預撰　(唐)陸德明音義　清宣統二年(1910)學部圖書局石印本　十五冊

220000－0841－0000701　善 0231:1

春秋左氏經傳集解三十卷首一卷　(晉)杜預撰　(唐)陸德明釋文　明刻本　十冊

220000－0841－0000702　經 0510K

春秋左傳三十卷　(晉)杜預注　(唐)陸德明音義　(清)馮李驊集解　清同治七年(1868)崇文書局刻本　十二冊

220000－0841－0000703　經 1940K

春秋左傳三十卷　(晉)杜預注　(唐)陸德明音義　(清)馮李驊集解　清光緒十二年(1886)湖北官書處刻本　十二冊

220000－0841－0000704　善 0355

春秋左傳杜注三十卷首一卷　(清)姚培謙增輯　清乾隆十一年(1746)刻本　十六冊

220000－0841－0000705　善 2455

春秋左傳杜注三十卷首一卷　(清)姚培謙撰　清乾隆十一年(1746)刻本　十冊

220000－0841－0000706　善 2943

春秋左傳杜注三十卷　(清)姚培謙撰　清乾隆十一年(1746)吳郡陸氏刻本　十二冊

220000－0841－0000707　經 0563K

春秋左傳杜注三十卷　(晉)杜預注　(清)姚培謙撰　清同治八年(1869)崇文書局刻本　十二冊

220000－0841－0000708　經 1952K

春秋左傳杜注三十卷　(晉)杜預注　(清)姚培謙補　清光緒九年(1883)江南書局刻本　八冊

220000－0841－0000709　經 0508K

春秋左傳杜注三十卷　(晉)杜預注　(清)姚培謙補輯　清光緒十九年(1893)浙江書局刻本　十冊

220000－0841－0000710　經 0506K

春秋左傳杜注三十卷　(晉)杜預注　(清)姚培謙補輯　清光緒刻本　十冊

220000－0841－0000711　善 2719

春秋左傳杜林合注五十卷　(晉)杜預注　(宋)林堯叟補注　(唐)陸德明音義　明天啓六年(1626)問奇閣刻本　十冊

220000－0841－0000712　經 0544K

春秋左傳杜林合注五十卷　(晉)杜預集解　(宋)林堯叟句解　清光緒三年(1877)江蘇書局刻本　十六冊

220000－0841－0000713　善 3330

春秋左傳杜林詳解三十卷首一卷　(晉)杜預注　(宋)林堯叟補注　(明)李廷機定注　(明)韓范批點　明崇禎五年(1632)閩書林楊素卿刻本　十六冊

220000－0841－0000714　經 2209K

春秋左傳五十卷　(晉)杜預撰　(宋)林堯叟

注釋　(明)鍾惺等評　清光緒李光明莊刻本　十六册

220000－0841－0000715　經2111
春秋左傳杜林匯參三十卷首一卷　(清)周正思撰　清乾隆十四年(1749)嵩山書屋刻本　十六册

220000－0841－0000716　善3523
曲江書屋新訂批註左傳快讀十八卷首一卷　(晉)杜預撰　(唐)陸德明釋文　(清)李紹崧選訂　清乾隆五十二年(1787)令德堂刻本　十六册

220000－0841－0000717　善0244
音注全文春秋括例始末左傳句讀直解七十卷　(宋)林堯叟撰　元刻明修本　十六册

220000－0841－0000718　善3380
春秋左氏傳補注十卷　(元)趙汸撰　清康熙休寧趙古士刻本　一册

220000－0841－0000719　善0144
春秋左氏傳事類始末五卷附錄一卷　(元)章沖撰　清康熙十九年(1680)成德刻通志堂經解本　六册

220000－0841－0000720　經0526
陳眉公先生選註左傳龍驤四卷　(明)陳繼儒輯　清三臺館書坊刻本　八册

220000－0841－0000721　善0075
春秋左傳十五卷　(明)孫鑛批點　明萬曆四十四年(1616)閔齊伋朱墨套印本　十二册

220000－0841－0000722　經0566
沈氏左燈六卷　(明)沈長卿撰　明天啓刻本　三册

220000－0841－0000723　經0545K
左傳經世鈔二十三卷　(清)魏禧評點　清聯墨堂刻本　十册

220000－0841－0000724　經0531K
如西所刻諸名家評點春秋綱目左傳句解彙雋六卷　(清)韓菼重訂　清光緒十年(1884)錦文堂刻本　六册

220000－0841－0000725　善3420
評點春秋綱目左傳句解彙雋六卷　(清)韓菼重訂　清乾隆令德堂刻本　六册

220000－0841－0000726　經2318K
評點春秋左傳句解彙雋六卷　(清)韓菼重訂　清光緒李光明莊刻本　六册

220000－0841－0000727　經0561
左傳杜解補正三卷　(清)顧炎武撰　清康熙刻本　一册

220000－0841－0000728　善3461
春秋左傳補注六卷　(清)惠楝撰　清乾隆三十九年(1774)潮陽縣衙刻本　三册

220000－0841－0000729　經0509
讀左日鈔十二卷補二卷　(清)朱鶴齡輯　清康熙二十年(1681)刻本　四册

220000－0841－0000730　經0525K
左繡三十卷　(清)馮李驊　(清)陸浩評輯集解　**春秋經傳集解三十卷**　(晉)杜預撰　清善成堂修補重印三槐書屋刻本　十六册

220000－0841－0000731　經0521K
左繡三十卷　(清)馮李驊　(清)陸浩評輯集解　**春秋經傳集解三十卷**　(晉)杜預撰　清光緒李光明莊刻本　十六册

220000－0841－0000732　經2623K
左繡三十卷　(清)馮李驊　(清)陸浩評輯集解　**春秋經傳集解三十卷**　(晉)杜預撰　清宣統三年(1911)上海會文堂石印本　十六册

220000－0841－0000733　經2213K
左繡三十卷首一卷　(清)馮李驊　(清)陸浩評輯集解　**春秋經傳集解三十卷**　(晉)杜預撰　清刻本　十六册

220000－0841－0000734　經0548K
春秋四傳私考二卷　(明)徐浦撰　清嘉慶十六年(1811)刻浦城宋元明儒遺書本　二册

220000－0841－0000735　經3089K
左傳通釋十二卷　(清)李惇撰　清道光九年(1829)安愚堂刻本　二册

220000－0841－0000736　經 0553K
左通補釋三十二卷　(清)梁履繩撰　清光緒元年(1875)刻本　十冊

220000－0841－0000737　經 3097K
劉炫規杜持平六卷　(清)邵瑛撰　清嘉慶二十年(1815)刻本　一冊

220000－0841－0000738　經 0552F
左傳評三卷　(清)李文淵撰　清乾隆刻貸園叢書初集本　一冊

220000－0841－0000739　經 1582K
欽定春秋左傳讀本三十卷　(清)英和等編　清道光三年(1823)武英殿刻本　十六冊

220000－0841－0000740　經 0522K
欽定春秋左傳讀本三十卷　(清)英和等編　清同治八年(1869)江蘇書局刻本　十冊

220000－0841－0000741　經 3080K
欽定春秋左傳讀本三十卷　(清)英和等編　清刻本　十六冊

220000－0841－0000742　經 3142K
春秋左傳詁二十卷　(清)洪亮吉撰　清嘉慶十二年(1807)刻本　十冊

220000－0841－0000743　經 0535K
春秋左氏傳賈服注輯述　(清)李貽德撰　清光緒八年(1882)江蘇書局刻本　六冊

220000－0841－0000744　經 2632K
左傳舊疏考正八卷　(清)劉文淇撰　清道光十五年(1835)刻本　一冊

220000－0841－0000745　經 0494K
左傳舊疏考正八卷　(清)劉文淇撰　清道光十八年(1838)青溪舊屋刻本　二冊

220000－0841－0000746　經 2586K
左傳易讀六卷　(清)司徒則廬輯　清光緒八年(1882)德盛堂刻本　六冊

220000－0841－0000747　經 1798K
左傳文法讀本十二卷　劉培極等撰　清宣統鉛活字印本　四冊

220000－0841－0000748　善 0231:2
春秋名號歸一圖二卷　(三國蜀)馮繼先撰　明刻本　十冊

220000－0841－0000749　史 2225K
東萊博議四卷　(宋)呂祖謙撰　(清)朱書(清)張文炳評點　清光緒二十七年(1901)李鴻才刻本　四冊

220000－0841－0000750　善 0020
春秋左傳屬事二十卷古字奇字音釋一卷春秋左傳註解辨誤二卷辨誤補遺一卷古器圖一卷　(明)傅遜纂　明萬曆十三年(1585)日殖齋刻本　十二冊

220000－0841－0000751　善 2136
左傳事緯十二卷前書八卷　(清)馬驌撰　清康熙刻本　十冊

220000－0841－0000752　經 1839K
左傳事緯十二卷　(清)馬驌編　清光緒四年(1878)吳縣潘霨敏德堂刻本　十二冊

220000－0841－0000753　經 0562K
春秋世族譜一卷　(清)陳厚耀撰　清道光十九年(1839)刻本　一冊

220000－0841－0000754　經 2578K
春秋世族譜一卷　(清)陳厚耀撰　清光緒十二年(1886)邵武徐氏刻本　二冊

220000－0841－0000755　經 2798K
春秋世族譜一卷附補一卷　(清)陳厚耀撰　清光緒二十五年(1899)兩湖書院正學堂刻本　一冊

220000－0841－0000756　經 1755
春秋世紀編世族譜合刻　(清)朱煌輯　清乾隆五十七年(1792)誠正堂刻本　四冊

220000－0841－0000757　經 2335K
左傳義法舉要一卷方氏左傳評點二卷　(清)方苞口授　(清)王兆符　(清)程崟傳述　清光緒九年(1883)刻本　三冊

220000－0841－0000758　經 2859F
方氏左傳評點二卷　(清)方苞點評　清光緒

十九年(1893)金匱廉泉刻本　二册

220000－0841－0000759　善3454
春秋大事表五十卷輿圖一卷附録一卷　(清)顧棟高輯　清乾隆十三年(1748)萬卷樓刻本　四十册

220000－0841－0000760　經1752
春秋大事表五十卷附録一卷　(清)顧棟高撰　清乾隆十二年(1747)萬卷樓刻本　十二册

220000－0841－0000761　經1918K
春秋大事表五十卷輿圖一卷附録一卷　(清)顧棟高撰　清同治十二年(1873)山東尚志堂刻本　二十册

220000－0841－0000762　史8974
春秋分年繫傳表一卷　(清)翁方綱撰　清乾隆、嘉慶刻本　一册

220000－0841－0000763　經2881K
春秋分年繫傳表一卷　(清)翁方綱撰　清乾隆、嘉慶刻蘇齋叢書本　一册

220000－0841－0000764　經0558F
左傳官名考二卷　(清)李調元輯　清道光刻函海本　一册

220000－0841－0000765　經0569K
春秋左傳釋人十二卷附録一卷　(清)范照藜纂　清嘉慶七年(1802)如不及齋刻本　六册

220000－0841－0000766　經2664K
讀左雜詠一卷　蔣廷黻撰　清刻本　一册

220000－0841－0000767　經0557K
春秋釋例十五卷首一卷　(晉)杜預撰　清嘉慶五年(1800)掃葉山房刻本　六册

220000－0841－0000768　經1930K
春秋公羊經傳解詁十二卷　(漢)何休撰　(唐)陸德明釋文　清道光四年(1824)揚州汪氏問禮堂刻本　四册

220000－0841－0000769　善2785
春秋公羊傳十二卷　(明)閔齊伋裁注　**考一卷**　(明)閔齊伋撰　明天啓元年(1621)刻本　四册

220000－0841－0000770　經2062K
春秋公羊傳十一卷　(漢)何休撰　(唐)陸德明音義　清光緒十二年(1886)星沙文昌書局刻本　四册

220000－0841－0000771　經0596K
春秋公羊傳十一卷　(漢)何休撰　(唐)陸德明音義　清光緒十七年(1891)湖南思賢書局刻本　六册

220000－0841－0000772　經0577K
春秋公羊經傳解詁十二卷　(漢)何休撰　(唐)陸德明音義　清光緒二十一年(1895)金陵書局刻本　二册

220000－0841－0000773　經0595K
春秋公羊傳十一卷　(漢)何休撰　(唐)陸德明音義　清光緒二十二年(1896)新化三味堂刻本　四册

220000－0841－0000774　善3315
春秋繁露十七卷題跋附録一卷　(漢)董仲舒撰　(明)孫鑛等評　明天啓五年(1625)沈鼎新花齋刻本　六册

220000－0841－0000775　經0589K
春秋繁露十七卷附録一卷　(漢)董仲舒撰　(清)盧文弨校　清光緒八年(1882)淮南書局刻本　二册

220000－0841－0000776　經2237K
春秋繁露十七卷　(漢)董仲舒撰　(清)凌曙注　清嘉慶二十年(1815)蜚雲閣刻本　八册

220000－0841－0000777　經2007K
春秋繁露十七卷　(漢)董仲舒撰　(清)盧文弨校　清刻本　一册

220000－0841－0000778　經0592K
春秋繁露十七卷　(漢)董仲舒撰　(清)凌曙注　清同治十二年(1873)粵東書局刻古經解彙函本　四册

220000－0841－0000779　經1933K
春秋繁露義證十七卷考證一卷首一卷　(漢)董仲舒撰　(清)蘇輿義證　清宣統二年

(1910)長沙刻本　四冊

220000－0841－0000780　經0587F
公羊逸禮考徵一卷　(清)陳奐撰　清同治刻滂喜齋叢書本　一冊

220000－0841－0000781　經0582K
張氏公羊二種　(清)張憲和撰　清光緒刻本　四冊

220000－0841－0000782　經0586K
何氏公羊春秋十論不分卷　廖平撰　清宣統三年(1911)國學扶輪社鉛活字印本　一冊

220000－0841－0000783　經0594K
春秋董氏學八卷傳一卷　康有為撰　清光緒二十四年(1898)上海大同譯書局刻本　六冊

220000－0841－0000784　善4307
春秋穀梁傳注疏二十卷　(晉)范寧集解　(唐)陸德明音義　明嘉靖福建刻十三經注疏本　六冊

220000－0841－0000785　善2745
春秋穀梁傳十二卷考一卷　(明)閔齊伋裁注　明天啓元年(1621)閔齊伋刻本　四冊

220000－0841－0000786　經2651K
春秋穀梁傳十二卷　(晉)范寧集解　(唐)陸德明音義　清光緒十二年(1886)湖北官書處刻本　四冊

220000－0841－0000787　經0607K
春秋穀梁傳十二卷　(晉)范寧集解　清光緒湖南刻本　四冊

220000－0841－0000788　經0600K
春秋穀梁傳十二卷校勘記一卷　(晉)范寧集解　(唐)陸德明音義　清光緒十七年(1891)湖南思賢書局刻本　四冊

220000－0841－0000789　經0604K
春秋穀梁傳十二卷　(晉)范寧集解　(唐)陸德明音義　清光緒二十一年(1895)金陵書局刻本　二冊

220000－0841－0000790　經3107K
穀梁大義述一卷　(清)柳興恩撰　清道光二十年(1840)刻本　一冊

220000－0841－0000791　經0609K
春秋穀梁經傳補注二十四卷首一卷末一卷　(清)鍾文烝撰　清光緒二年(1876)刻本　八冊

220000－0841－0000792　經2329F
穀梁禮證二卷　(清)侯康撰　清道光三十年(1850)伍氏粵雅堂刻嶺南遺書本　一冊

220000－0841－0000793　善3001
玉玲瓏閣叢刻　(唐)陸淳撰　(清)龔翔麟輯　清康熙龔氏刻本　四冊

220000－0841－0000794　善0039
春秋胡傳三十卷　(宋)胡安國傳　**諸國興廢說一卷**　明正統十二年(1447)司禮監刻本　四冊

220000－0841－0000795　善0038
春秋胡傳三十卷　(宋)胡安國傳　(宋)林堯叟音注　**綱領一卷提要一卷列圖說一卷諸國興廢說一卷**　明崇禎六年(1633)閔齊伋刻本　六冊

220000－0841－0000796　善2948
春秋胡傳三十卷首一卷附音注　(宋)胡安國傳　(宋)林堯叟音注　清康熙古吳三樂齋刻本　八冊

220000－0841－0000797　經0529K
春秋說二十卷首一卷　(宋)洪咨夔撰　清光緒十年(1884)刻洪氏晦木齋叢書本　四冊

220000－0841－0000798　善0239
春秋考十六卷　(宋)葉夢得撰　清乾隆四十六年(1781)內聚珍本　十二冊

220000－0841－0000799　善0007
潁濱先生春秋集解十二卷　(宋)蘇轍撰　明萬曆二十五年(1597)畢氏刻兩蘇經解本　六冊

220000－0841－0000800　經0515
春秋辨疑四卷　(宋)蕭楚撰　清乾隆內聚珍本　四冊

220000－0841－0000801　善 3353

春秋經傳闕疑四十五卷　(元)鄭玉撰　**鄭師山先生行狀一卷**　(元)汪克寬撰　清康熙鄭氏天游堂刻本　五冊

220000－0841－0000802　經 0550

春秋師說三卷附錄二卷春秋屬辭十五卷　(元)趙汸撰　清康熙刻本　十冊

220000－0841－0000803　善 0238

春秋四傳三十八卷綱領一卷提要一卷東坡圖說一卷春秋二十國年表一卷諸國興廢說一卷　明嘉靖建寧府書坊刻本　十冊

220000－0841－0000804　經 0559

春秋衡庫三十卷附錄三卷備錄一卷　(明)馮夢龍撰　明天啓五年(1625)刻本　十二冊

220000－0841－0000805　善 2337

春秋旁訓四卷　明萬曆刻本　二冊

220000－0841－0000806　善 0044

日講春秋解義六十四卷總說一卷　(清)李光地撰　清乾隆二年(1737)武英殿刻本　三十一冊　缺一卷(總說一卷)

220000－0841－0000807　經 0567

日講春秋解義六十四卷總說一卷　(清)李光地撰　清乾隆二年(1737)武英殿刻本　十六冊

220000－0841－0000808　善 0110

春秋傳說彙纂三十八卷首二卷　(清)王掞等撰　清康熙六十年(1721)武英殿刻御纂七經本　二十四冊

220000－0841－0000809　善 2783

公羊傳穀梁傳不分卷　(清)王源評　清康熙五十五年(1716)程茂柳衣園刻本　三冊

220000－0841－0000810　經 2188

春秋指掌三十卷首二卷附錄二卷　(清)蔣景祁　(清)儲欣撰　清康熙二十七年(1688)天藜閣刻本　六冊

220000－0841－0000811　經 0511

春秋宗朱辨義十二卷首一卷　(清)張自超撰　清乾隆五年(1740)世耕堂刻本　六冊

220000－0841－0000812　經 0572

春秋通論四卷　(清)方苞撰　清乾隆九年(1744)刻本　二冊

220000－0841－0000813　經 0560

春秋經傳類求十二卷　(清)孫從添　(清)過臨汾纂輯　清乾隆二十四年(1759)舊名堂刻本　十二冊

220000－0841－0000814　善 2904

春秋內傳古注輯存三卷　(清)嚴蔚撰　清乾隆五十二年(1787)嚴氏二酉齋刻本　三冊

220000－0841－0000815　善 0277

春秋取義測十六卷迂齋學古編四卷　(清)法坤宏撰　清乾隆刻本　六冊

220000－0841－0000816　善 3146

春秋取義測十二卷　(清)法坤宏撰　清乾隆五十九年(1794)六書齋刻本　四冊

220000－0841－0000817　經 2545

御纂春秋直解十二卷　(清)傅恒等撰　清乾隆內府刻本　八冊

220000－0841－0000818　經 2223K

春秋講義衷一卷　(清)團維墉輯　清嘉慶十七年(1812)刻本　一冊

220000－0841－0000819　經 2287K

春秋疑義二卷　(清)華學泉撰　清嘉慶十九年(1814)真意堂刻本　一冊

220000－0841－0000820　經 0573K

春秋集古傳注二十六卷首一卷　(清)郜坦撰　清光緒二年(1876)淮南書局刻本　四冊

220000－0841－0000821　經 0565K

春秋或問六卷春秋集古傳注二十六卷首一卷　(清)郜坦撰　清光緒元年(1875)淮南書局刻本　八冊

220000－0841－0000822　史 11441K

春秋會要四卷　(清)姚彥渠撰　清光緒十四年(1888)刻本　二冊

220000－0841－0000823　經 2400K

春秋比事參義十六卷　(清)桂含章輯　清光緒八年(1882)石埭務本堂桂氏刻本　十六册

220000－0841－0000824　經 0524K

春秋三傳駁語十卷首一卷　(清)毛士撰　清光緒八年(1882)深澤王氏刻毛士春秋三種本　八册

220000－0841－0000825　叢 0423K

劉禮部經學四種　(清)劉逢禄撰　清光緒二十三年(1897)廣州太清樓刻本　四册

220000－0841－0000826　經 2598F

春秋一得一卷　(清)閻循觀撰　清乾隆三十八年(1773)樹滋堂刻西澗草堂全集本　一册

220000－0841－0000827　經 2866K

春秋求故四卷　(清)余煌撰　清道光十年(1830)刻本　二册

220000－0841－0000828　經 0537K

春秋屬辭辨例編六十卷首二卷　(清)張應昌撰　清同治十二年(1873)江蘇書局刻本　三十二册

220000－0841－0000829　經 2009F

春秋説略十二卷春秋比二卷　(清)郝懿行撰　清道光七年(1827)刻郝氏遺書本　四册

220000－0841－0000830　經 2831K

春秋恒解六卷　(清)劉沅輯注　清道光十九年(1839)豫誠堂刻本　六册

220000－0841－0000831　經 0528K

春秋説十六卷　(清)許揚祖撰　清光緒十六年(1890)刻本　六册

220000－0841－0000832　經 2395K

春秋條貫二卷　(清)郭斌撰　清光緒二十五年(1899)木活字印本　二册

220000－0841－0000833　善 3362

春秋紀傳五十一卷　(清)李鳳雛纂輯　清康熙四十三年(1704)刻本　十二册

220000－0841－0000834　經 0576K

春秋夏正二卷　(清)胡天遊撰　清道光十年(1830)木活字印本　二册

220000－0841－0000835　經 0542K

春秋到朔通考二卷　(清)張冕撰　清嘉慶刻本　一册

220000－0841－0000836　經 2152

春秋地名考略十四卷　(清)高士奇撰　清康熙二十七年(1688)清吟堂刻本　四册

220000－0841－0000837　善 2907

春秋輿圖一卷　(清)顧棟高撰　清乾隆十四年(1749)萬卷樓刻本　一册

220000－0841－0000838　善 0243

春秋識小錄初刻三書　(清)程廷祚撰　清雍正刻本　三册

220000－0841－0000839　經 3100K

春秋滕薛杞越莒郳許七國統表六卷　(清)魏翼龍撰　清光緒十三年(1887)存問堂刻本　二册

220000－0841－0000840　經 0541

春秋世族譜不分卷　(清)陳厚耀撰　清雍正三年(1725)刻本　一册

220000－0841－0000841　經 1773K

春秋世族輯略二卷春秋列國輯略一卷　(清)王文源輯　(清)陳世珍校刊　清道光二十五年(1845)陳氏敏求軒刻本　二册

220000－0841－0000842　經 2149K

春秋經傳日月考一卷　(清)鄒伯奇撰　清光緒二十七年(1901)兩湖書院刻朱印本　一册

220000－0841－0000843　經 0513K

春秋測義三十五卷　(清)強汝詢撰　清光緒十五年(1889)流芳閣木活字印本　六册

220000－0841－0000844　經 2460K

春秋公法比義發微六卷　(清)藍光策撰　清光緒二十五年(1899)圖書公司總局刻本　二册

220000－0841－0000845　經 2452K

春秋内外傳筮辭考證三卷　(清)章末撰　清光緒九年(1883)刻本　一册

220000－0841－0000846　經 2901K

春秋例表三十八篇　(清)廖震等編　清光緒三十四年(1908)東州刻本　一冊　存十六篇(一至十六)

220000－0841－0000847　經 1721

孝經大全二十八卷首一卷或問三卷　(明)呂維祺撰　**孝經翼一卷**　(明)呂維祜撰　清康熙二年(1663)呂兆琳刻本　八冊

220000－0841－0000848　經 2691K

孝經五種彙編　(清)呂鳴謙輯　清光緒二十一年(1895)呂氏刻本　五冊

220000－0841－0000849　經 2663K

孝經一卷　(漢)鄭玄注　(唐)陸德明音義　清光緒二十二年(1896)濰縣賸園刻本　一冊

220000－0841－0000850　經 2726K

孝經一卷　(唐)玄宗李隆基注　清同治七年(1868)金陵書局刻十三經讀本本　一冊

220000－0841－0000851　經 2232K

孝經一卷　(唐)玄宗李隆基注　(唐)陸德明音義　清光緒十二年(1886)湖北官書處刻本　一冊

220000－0841－0000852　經 2230K

孝經一卷　(唐)玄宗李隆基注　(唐)陸德明音義　清光緒十七年(1891)湖南思賢書局刻本　一冊

220000－0841－0000853　經 3027K

孝經一卷　(唐)玄宗李隆基注　清光緒十八年(1892)貴陽陳氏刻本　一冊

220000－0841－0000854　經 1611K

孝經一卷　(唐)玄宗李隆基注　清光緒二十三年(1897)金陵書局刻本　一冊

220000－0841－0000855　經 2671K

孝經一卷　(唐)玄宗李隆基注　(唐)陸德明音義　清京都文成堂刻本　一冊

220000－0841－0000856　經 2533K

孝經一卷　(唐)玄宗李隆基注　清上洋大魁樓記刻本　一冊

220000－0841－0000857　經 2736K

孝經注疏九卷音義一卷　(唐)玄宗李隆基注　(唐)陸德明音義　清嘉慶二十一年(1816)長洲汪氏藝芸書舍刻本　一冊

220000－0841－0000858　經 2826K

孝經一卷　(宋)司馬光指解　(宋)范祖禹說　清咸豐十一年(1861)桂林朱琦刻本　一冊

220000－0841－0000859　經 2803

孝經一卷　(清)世祖福臨撰　清順治十三年(1656)刻本　一冊

220000－0841－0000860　經 2738K

孝經一卷　(清)世宗胤禛撰　清咸豐六年(1856)武英殿刻清文漢字合璧本　一冊

220000－0841－0000861　經 2783K

孝經直解一卷辨論一卷　(清)劉沅注　清咸豐十一年(1861)虛受齋刻本　一冊

220000－0841－0000862　經 1608K

孝經義疏補九卷首一卷　(清)阮福撰　清道光九年(1829)春喜齋刻本　一冊

220000－0841－0000863　經 2249K

孝經存解四卷首一卷　(清)趙長庚撰　清光緒十年(1884)刻本　一冊　存二卷(一至二)

220000－0841－0000864　經 2247K

孝經集注述疏一卷　簡朝亮撰　清光緒至民國刻讀書堂叢書本　一冊

220000－0841－0000865　經 2539K

孝經論十七章　(明)呂維祺編輯　(清)汪基校訂　清道光刻本　二冊

220000－0841－0000866　經 1609K

孝經學七卷　(清)曹元弼撰　清光緒三十四年(1908)江蘇存古學堂木活字印本　一冊

220000－0841－0000867　叢 1226K

四書古注九種羣義彙解　上海同文書局輯　清光緒十九年(1893)上海同文書局石印本　十六冊

220000－0841－0000868　經 0713K

大學翼真七卷　(清)胡渭著　清道光小西山

房刻本　二冊

220000－0841－0000869　經 0719K
大學通八卷　(清)田種玉纂輯　清嘉慶十七年(1812)欒城芸圃氏刻本　二冊

220000－0841－0000870　經 2562K
大學古本質言一卷　(清)劉沅撰　清光緒六年(1880)竹陰書屋刻本　一冊

220000－0841－0000871　經 2778K
大學古本說一卷中庸古本說一卷　(清)郭階平撰　清嘉慶二十三年至二十四年(1818－1819)續香齋刻本　二冊

220000－0841－0000872　經 2552K
大學古本薈參一卷　(清)胡泉撰　清咸豐七年(1857)刻本　一冊

220000－0841－0000873　經 2014K
大學臆說二卷　(清)蘇源生撰　清咸豐十一年(1861)明德堂刻記過齋叢書本　二冊

220000－0841－0000874　經 2967K
大學古微一卷　易順豫撰　清宣統北京法輪印字局鉛活字印本　一冊

220000－0841－0000875　經 2667K
古本大學說義一卷　徐天璋撰　清宣統二年(1910)鉛活字印本　一冊

220000－0841－0000876　經 0714
中庸輯略二卷　(宋)石□輯　(宋)朱熹刪定　明嘉靖二十四年(1545)刻本　二冊

220000－0841－0000877　經 2118
中庸或問二卷　(宋)朱熹編　清康熙刻本　一冊

220000－0841－0000878　經 0669K
中庸衍義十七卷　(明)夏良勝撰　清同治十年(1871)江西刻本　十二冊

220000－0841－0000879　經 0712K
中庸直指一卷　(明)史德清撰　清光緒十年(1884)金陵刻經處刻本　一冊

220000－0841－0000880　經 2165
學庸意說十一卷首一卷　(清)王志和撰　清乾隆六十年(1795)王氏刻本　四冊

220000－0841－0000881　經 2507K
中庸闡義七卷　(清)陳之蘭撰　清嘉慶七年(1802)豫得堂刻本　四冊

220000－0841－0000882　經 2511K
中庸參證二卷　(清)沈輝宗撰　清光緒四年(1878)致遠堂刻本　一冊

220000－0841－0000883　經 2025K
論語注疏解經十卷　(三國魏)何晏集解　(宋)邢昺疏　**雜記一卷**　(清)劉世珩撰　清光緒三十三年(1907)刻貴池劉氏玉海堂影宋叢書本　一冊

220000－0841－0000884　善 0045
論語集注大全二十卷序說一卷　(明)胡廣等撰　明司禮監刻四書集注大全本　五冊　存五卷(六至十)

220000－0841－0000885　善 2770
論語古訓十卷　(清)陳鱣撰　清乾隆六十年(1795)簡莊刻本　二冊

220000－0841－0000886　善 0317
論語古訓十卷　(清)陳鱣撰　清乾隆六十年(1795)刻本　二冊

220000－0841－0000887　經 1836K
論語集注旁證二十卷　(清)梁章鉅撰　清光緒十二年(1886)鉛活字印本　四冊

220000－0841－0000888　經 2929K
增訂二論詳解四卷　(清)劉忠撰　清光緒刻本　四冊

220000－0841－0000889　經 0675K
論語鄭註二卷　(清)宋翔鳳輯　清嘉慶七年(1802)樸學齋刻本　二冊

220000－0841－0000890　經 0678K
論語孔注辨僞二卷　(清)沈濤撰　清道光刻本　一冊

220000－0841－0000891　經 3031K
論語後案二十卷　(清)黃式三撰　清道光二

十四年(1844)木活字印本　六冊

220000－0841－0000892　經 0687F
論語後案二十卷　(清)黄式三撰　清光緒九年(1883)浙江書局刻儆居遺書本　十冊

220000－0841－0000893　經 0684K
論語正義二十四卷　(清)劉寶楠撰　清同治五年(1866)代州馮志沂刻本　六冊

220000－0841－0000894　經 2675K
論語説二卷　(清)華梅撰　(清)史夢蘭箋　清光緒二年(1876)一笑山房刻本　二冊

220000－0841－0000895　經 0665K
論語淺解四卷　(清)喬松年撰　清光緒三年(1877)強恕堂刻喬勤恪公全集本　四冊

220000－0841－0000896　經 0677K
朱子論語集注訓詁考二卷　(清)潘衍桐輯　清光緒十七年(1891)浙江書局刻本　一冊

220000－0841－0000897　經 2615K
論語訓不分卷　王闓運撰　清光緒二十七年(1901)成都吕翼文刻本　二冊

220000－0841－0000898　經 0686K
論語古注集箋十卷論語考一卷　(清)潘維城撰　清光緒七年(1881)江蘇書局刻本　六冊

220000－0841－0000899　經 2767K
戴氏注論語二十卷　(清)戴望撰　清同治十年(1871)刻本　一冊

220000－0841－0000900　經 2332K
論語正經録二十卷　(清)王肇晉　(清)王用誥撰　**王用誥年譜一卷**　(清)王孝箴等撰　清光緒二十年(1894)刻本　十一冊

220000－0841－0000901　經 2173K
論語發疑四卷　(清)顧成章撰　清光緒十七年(1891)木活字印本　一冊

220000－0841－0000902　經 0671K
增訂二論詳解四卷　(清)劉忠輯　清光緒十九年(1893)愛蓮堂刻本　四冊

220000－0841－0000903　經 2470K
鄉黨圖考補證六卷　(清)王鴻漸撰　**校鄉黨圖考補證札記一卷**　(清)張庭詩撰　清光緒三十四年(1908)海隅山館刻本　六冊

220000－0841－0000904　經 0659K
鄉黨圖考十卷　(清)江永撰　清嘉慶二十年(1815)吳郡山淵堂刻本　五冊

220000－0841－0000905　經 2570K
鄉黨正義十四卷　(三國魏)何晏集解　(南朝梁)皇侃義疏　(清)王壑刪補　清道光二十一年(1841)藝海堂刻本　六冊

220000－0841－0000906　經 1858K
鄉黨句解四卷　(清)王崇嶽撰　清道光二十六年(1846)膠東鎔經堂坊刻本　二冊

220000－0841－0000907　經 2450K
鄉黨禮説一卷　(清)李林松撰　清光緒五年(1879)刻本　一冊

220000－0841－0000908　善 3484
孟子趙氏注十四卷　(漢)趙岐撰　**音義二卷**　(宋)孫奭撰　清乾隆四十六年(1781)刻本　四冊

220000－0841－0000909　經 0697K
孟子十四卷　(漢)趙岐注　清光緒三十四年(1908)問經精舍刻本　三冊

220000－0841－0000910　經 1587K
蘇氏增批孟子二卷孟子年譜一卷　(宋)蘇洵原本　(清)趙大浣增補　清著易堂書坊石印本　二冊

220000－0841－0000911　經 2719K
孟子要略五卷　(宋)朱熹撰　(清)劉傳瑩輯　清道光二十九年(1849)漢陽劉氏刻本　一冊

220000－0841－0000912　經 2751K
孟子要略五卷　(宋)朱熹撰　(清)劉傳瑩輯　清光緒十年(1884)傳經堂刻本　一冊

220000－0841－0000913　經 3010K
南軒先生孟子説七卷　(宋)張栻撰　(清)張純修輯　清刻本　三冊　存六卷(一至六)

220000－0841－0000914　經 2270K

孟子外書補注四卷　(宋)劉攽撰　(清)陳矩補注　**孟子弟子考補正一卷**　(清)陳矩撰　清光緒二十六年(1900)刻靈峰草堂叢書本　一冊

220000－0841－0000915　經 2434K

孟子外書四篇四卷　(宋)劉攽注　清乾隆刻拜經樓叢書本　一冊

220000－0841－0000916　經 2972K

增補蘇批孟子二卷年譜一卷　(宋)蘇洵原本　(清)趙大浣增補　清咸豐六年(1856)刻本　二冊

220000－0841－0000917　經 0694

七篇指略七卷　(清)王訓撰　清康熙十二年(1673)刻本　四冊

220000－0841－0000918　經 0691K

孟子師說七卷　(清)黃宗羲撰　清光緒八年(1882)刻本　二冊

220000－0841－0000919　經 0696K

標孟七卷　(清)汪有光評　清光緒十三年(1887)刻本　二冊

220000－0841－0000920　經 0693K

孟子字義疏證三卷附錄一卷　(清)戴震撰　清同治三年(1864)四川刻本　二冊

220000－0841－0000921　善 0273

孟子四考四卷　(清)周廣業撰　清乾隆六十年(1795)刻本　二冊

220000－0841－0000922　經 2176K

孟子外書集證五卷　(清)施彥士撰　清嘉慶二十三年(1818)刻本　一冊

220000－0841－0000923　經 2605K

讀孟質疑三卷　(清)施彥士撰　清嘉慶刻求十巳堂八種本　一冊

220000－0841－0000924　經 2334F

孟子補義十四卷　(清)凌江撰　清道光刻凌氏傳經堂叢書本　四冊

220000－0841－0000925　經 1731K

四書古注群義彙解九種　(清)邵蕙沅撰　清光緒十六年(1890)上海珍藝書局鉛活字印本　十二冊

220000－0841－0000926　經 2423K

四書白文　(清)□□輯　清光緒三十三年(1907)學部圖書局石印本　十四冊

220000－0841－0000927　善 2378

四書章句集注十九卷　(宋)朱熹撰　明崇禎十四年(1641)汲古閣版靜遠樓印本　六冊

220000－0841－0000928　經 1972

四書章句集注十九卷　(宋)朱熹撰　清康熙內府刻本　五冊

220000－0841－0000929　善 3459

四書章句集注十九卷　(宋)朱熹撰　清乾隆二十六年(1761)雅雨堂刻本　十二冊

220000－0841－0000930　經 2697K

四書章句集注十九卷　(宋)朱熹撰　清道光十六年(1836)楊郡二郎廟惜字局刻本　六冊

220000－0841－0000931　經 0617K

四書章句集注十九卷　(宋)朱熹撰　清光緒二十年(1894)金陵書局刻本　六冊

220000－0841－0000932　經 0616K

四書章句集注十九卷　(宋)朱熹撰　清光緒二十一年(1895)湖北官書處刻本　六冊

220000－0841－0000933　經 2712K

四書章句集注十九卷四書字辨一卷句辨一卷　(宋)朱熹撰　清趙氏校書樓刻本　六冊

220000－0841－0000934　經 2746K

四書章句集注十九卷四書字辨一卷句辨一卷　(宋)朱熹撰　清武進陳氏亦園刻本　六冊

220000－0841－0000935　經 2837K

四書章句集注十九卷四書圖一卷四書句辨一卷字辨一卷審音辨體考異一卷　(宋)朱熹撰　清居易堂刻本　六冊

220000－0841－0000936　經 2856K

四書章句集注十九卷　(宋)朱熹撰　清同治十三年(1874)蘭州府署刻本　六冊

220000－0841－0000937　經 2375K
聚珍堂四書章句集注十九卷　（宋）朱熹撰　清光緒四年（1878）聚珍堂刻本　六冊

220000－0841－0000938　善 2937
監本四書十九卷　（宋）朱熹集注　清乾隆六十年（1795）刻本　六冊

220000－0841－0000939　經 0625K
監本四書十九卷　（宋）朱熹章句集注　清光緒十七年（1891）掃葉山房刻本　六冊

220000－0841－0000940　經 0626K
監本四書十九卷　（宋）朱熹章句集注　清光緒二十年（1894）書坊刻本　六冊

220000－0841－0000941　經 2593K
奎壁四書十九卷　（宋）朱熹撰　清同治六年（1867）書業德刻奎壁齋校訂本　六冊

220000－0841－0000942　經 0656K
四書集注十九卷　（宋）朱熹撰　清道光二十二年（1842）寶恕堂刻本　十二冊

220000－0841－0000943　經 1809K
四書集注十九卷　（宋）朱熹撰　清李光明莊刻本　六冊

220000－0841－0000944　經 2403K
四書集注十九卷　（宋）朱熹撰　清李光明莊刻本　六冊

220000－0841－0000945　經 2326K
滿漢字合璧四書集注十九卷　（宋）朱熹撰　清博古聖經堂刻本　十三冊

220000－0841－0000946　善 0003
四書集注二十八卷　（宋）朱熹撰　明正統十二年（1447）司禮監刻本　十二冊

220000－0841－0000947　經 1745K
四書正本十九卷四書圖一卷四書句辨一卷四書字辨一卷四書疑字辨一卷　（宋）朱熹章句集注　清同治四年（1865）忠恕堂刻本　十冊

220000－0841－0000948　經 2838K
四書集注正蒙十九卷四書集字音様辨一卷　（宋）朱熹撰　清光緒十四年（1888）八旗官學刻本　六冊

220000－0841－0000949　經 2317K
重校字典四書十九卷　（宋）朱熹撰　清光緒二十四年（1898）文勝堂刻本　六冊

220000－0841－0000950　經 2544K
四書集注正本十二卷圖一卷疑字辨一卷辨似字一卷　（宋）朱熹撰　清光緒十七年（1891）古香閣魏氏刻本　十二冊

220000－0841－0000951　經 2226K
四書集注二十一卷　（宋）朱熹撰　（清）高玲增訂批點　清光緒十三年（1887）羅氏宗德堂刻本　六冊

220000－0841－0000952　經 1840K
四書或問三十九卷　（宋）朱熹撰　清同治十二年（1873）霍山劉氏五忠堂刻本　六冊

220000－0841－0000953　經 2404K
四書訓義三十六卷四書稗疏二卷　（宋）朱熹集註　（清）王夫之訓義　清光緒十三年（1887）刻本　二十八冊

220000－0841－0000954　經 0660
四書集編二十六卷　（宋）真德秀撰　清康熙刻通志堂經解本　五冊

220000－0841－0000955　經 2585
四書大全三十六卷　（明）胡廣等撰　清康熙四十二年（1703）致和堂刻本　三十冊

220000－0841－0000956　經 0627K
新訂四書補註備旨十卷　（明）鄧林撰　（清）杜定基增訂　清咸豐十年（1860）三元堂書坊刻本　七冊

220000－0841－0000957　經 0628K
新訂四書補註備旨十卷　（明）鄧林撰　（清）杜定基增訂　清光緒十九年（1893）上洋熙記書莊刻本　八冊

220000－0841－0000958　經 0629K
新訂四書補註備旨十卷　（明）鄧林撰　（清）杜定基增訂　清光緒二十六年（1900）姑蘇掃葉山房刻本　八冊

220000－0841－0000959　經 2876K

新訂四書補註備旨十卷　(明)鄧林撰　(清)杜定基增訂　清光緒南京李光明莊刻本　六冊

220000－0841－0000960　經 2565K

四書定本辨正五卷附錄一卷　(明)胡正言　(明)胡正心撰　清咸豐元年(1851)朱沅挹翠樓刻本　二冊

220000－0841－0000961　善 0300

四書直解二十六卷　(明)張居正撰　明萬曆元年(1573)司禮監刻本　二十四冊

220000－0841－0000962　經 0647

四書考二十八卷四書考異一卷　(明)陳仁錫撰　明崇禎刻本　十六冊

220000－0841－0000963　善 2363

四朋居新訂四書講意存是不分卷　(明)周之德撰　明崇禎四年(1631)刻本　五冊

220000－0841－0000964　經 0646

四書湖南講九卷　(明)葛寅亮撰　明崇禎刻本　七冊　缺二卷(论语末一卷、孟子末一卷)

220000－0841－0000965　善 0729

寶顔堂訂正真珠船八卷　(明)胡侍撰　明萬曆刻寶顔堂秘笈本　二冊

220000－0841－0000966　善 2941

真珠船二十卷　(明)黄焜輯　明崇禎刻本　十六冊

220000－0841－0000967　經 2490

四書近指二十卷　(清)孫奇逢撰　清康熙中州學署刻本　五冊

220000－0841－0000968　善 2753

四書評眼十三卷　(明)李贄評　明刻本　六冊

220000－0841－0000969　經 0640K

孫子晚年批定四書近指十七卷　(清)孫奇逢撰　清同治三年(1864)刻孫夏峯全集本　四冊

220000－0841－0000970　經 0622

吕晚村先生四書講義四十三卷　(清)吕留良撰　(清)陳鏦編　清康熙刻本　六冊　缺三卷(大學講義一至三)

220000－0841－0000971　經 0632

吕晚村先生四書講義四十三卷　(清)吕留良撰　(清)陳鏦編　清康熙刻本　八冊

220000－0841－0000972　善 2730

天盖樓四書語錄四十六卷　(清)吕留良撰　(清)周在延編　清康熙二十三年(1684)刻本　八冊

220000－0841－0000973　經 0613K

四書改錯二十二卷附錄一卷　(清)毛奇齡撰　清嘉慶十六年(1811)甌山金氏刻本　四冊

220000－0841－0000974　經 0631K

四書反身錄八卷　(清)李顒撰　清道光十一年(1831)浙江書局刻本　四冊

220000－0841－0000975　善 3372

陸稼書先生四書講義遺編六卷　(清)陸隴其撰　(清)趙鳳翔編　清康熙四十四年(1705)三魚堂刻本　六冊

220000－0841－0000976　經 2245K

松陽講義十二卷　(清)陸隴其撰　清同治十年(1871)洪氏公善堂刻洪氏唐石經館叢書本　二冊

220000－0841－0000977　子 0041K

松陽講義十二卷　(清)陸隴其撰　清道光六年(1826)刻本　四冊

220000－0841－0000978　子 0043K

松陽講義十二卷　(清)陸隴其撰　清同治十三年(1874)湖南省城書局刻本　六冊

220000－0841－0000979　子 0040K

松陽講義十二卷　(清)陸隴其撰　清光緒十三年(1887)固始張氏刻本　四冊

220000－0841－0000980　經 2700

四書大全　(清)陸隴其撰　清康熙嘉會堂刻本　十四冊

220000－0841－0000981　經 2960K
四書釋文十九卷音義辨一卷疑字辨一卷字辨一卷句辨一卷　(清)何焯注　(清)王賡言增補　清光緒十四年(1888)天津文美齋刻本　八冊

220000－0841－0000982　經 2709
四書緒言四十四卷　(清)孫珊撰　清康熙二十五年(1686)刻本　十六冊

220000－0841－0000983　經 1803K
欽定四書文六卷　(清)方苞撰　清光緒二年(1876)崇文書局刻本　十六冊

220000－0841－0000984　善 2832
駁呂留良四書講義八卷　(清)朱軾等撰　清雍正九年(1731)武英殿刻本　八冊

220000－0841－0000985　經 2200K
四書約旨十九卷　(清)任啟運撰　清光緒二十一年(1895)刻本　十冊

220000－0841－0000986　善 0037
欽定日講四書解義二十六卷　(清)喇沙里　(清)陳廷敬等撰　清康熙十六年(1677)武英殿刻本　十二冊

220000－0841－0000987　善 3530
此木軒四書說九卷　(清)焦袁熹撰　清乾隆八年(1743)刻本　二冊

220000－0841－0000988　經 2067K
四書朱子本義匯參七卷　(清)王步青輯　清光緒二十八年(1902)上海寶華書局石印本　八冊

220000－0841－0000989　善 3175
寄願堂四書玩注詳說四十卷　(清)冉覲祖輯　清康熙二十八年(1689)寄願堂刻本　四十八冊

220000－0841－0000990　經 0643
四書繹注五卷　(清)王錟撰　清康熙刻本　四冊

220000－0841－0000991　經 2372K
四書古人典林十二卷　(清)江永編　清道光七年(1827)同文堂刻本　六冊

220000－0841－0000992　經 1860K
四書典林三十卷四書人物典林十二卷　(清)江永新編　清道光和安堂刻本　十六冊

220000－0841－0000993　善 3510
四書考輯要二十卷　(清)陳宏謀輯　清乾隆三十六年(1771)培遠堂刻本　六冊

220000－0841－0000994　經 1810K
四書翼註論文三十八卷　(清)張甄陶撰　清乾隆五十二年(1787)浙湖竹下書堂刻本　十六冊

220000－0841－0000995　經 0648K
三訂四書辨疑二十二卷補一卷　(清)張江撰　清咸豐三年(1853)高忠厚堂刻本　十二冊

220000－0841－0000996　經 1732K
三訂四書辨疑七十卷　(清)張江撰　清光緒十三年(1887)上海大文書局鉛活字印本　八冊

220000－0841－0000997　經 2346K
御製翻譯四書六卷　(清)鄂爾泰譯　清光緒十四年(1888)聚珍堂刻本　六冊

220000－0841－0000998　經 1854K
酌雅齋四書遵註合講十九卷酌雅齋四書圖考人物考一卷　(清)翁復編　清光緒十六年(1890)鑄記書局石印本　六冊

220000－0841－0000999　善 3527
四書琳琅冰鑑五十四卷目錄一卷　(清)高其閎注釋　(清)譚光弼等校　清乾隆三十九年(1774)正誼堂刻本　十二冊

220000－0841－0001000　經 0645K
四書疑道錄十九卷　(清)劉紹攽撰　清光緒二十年(1894)文在堂刻西京清麓叢書續編本　十八冊

220000－0841－0001001　善 0319
四書考異二編七十二篇　(清)瞿灝撰　清乾隆無不宜齋刻本　八冊

220000－0841－0001002　經 0657K

四書集疏附正二十二卷論語緒言一卷　（清）張秉直撰　清道光十五年（1835）刻本　十册

220000－0841－0001003　經0644K

四書圖説六卷　（清）王道然撰　清乾隆六十年（1795）清輝堂刻本　四册

220000－0841－0001004　經2178K

學庸一得三卷　（清）潘士權撰　清静虚堂刻本　二册

220000－0841－0001005　經2020

繙譯四書六卷　（清）鄂爾泰釐定　清乾隆刻本　六册

220000－0841－0001006　經0650K

四書益智録二十卷　（清）桂含章撰　清光緒八年（1882）金陵石埭務本堂桂氏刻本　二十册

220000－0841－0001007　經1626K

四書經注集證十九集　（清）吴昌宗撰　清嘉慶三年（1798）江都汪廷刻本　十四册

220000－0841－0001008　經1866K

四書續談外編二卷補一卷　（清）戚學標撰　清嘉慶刻本　一册

220000－0841－0001009　經0615F

四書偶談内編一卷外編一卷　（清）戚學標撰　清嘉慶六年（1801）涉縣署刻戚鶴泉所著書本　二册

220000－0841－0001010　經2306K

大學臆古一卷中庸臆測二卷　（清）王定柱撰　清嘉慶二十四年（1819）滇南文錦齋刻本　四册

220000－0841－0001011　經2977K

四書證疑八卷補遺二卷　（清）李允昇撰　清道光四年（1824）易簡堂刻本　四册

220000－0841－0001012　經1779K

校補四書異同商不分卷四書異同商補訂不分卷　（清）黄鶴撰　清光緒二十三年（1897）湖南益元書局刻本　十六册

220000－0841－0001013　經2246K

四書恒解十四卷　（清）劉沅輯注　清光緒三十一年（1905）豫誠堂刻本　十册

220000－0841－0001014　經2592K

四書恒解十四卷　（清）劉沅輯注　清咸豐五年（1855）豫誠堂刻本　十册

220000－0841－0001015　經2444K

駮毛西河四書改錯二十一卷　（清）戴大昌撰　清道光二十八年（1848）刻本　四册

220000－0841－0001016　經3120K

四書古今訓釋十九卷　（清）宋翔鳳輯　清嘉慶十八年（1813）浮谿草堂刻本　五册

220000－0841－0001017　經3121K

四書纂言三十七卷　（清）宋翔鳳輯　清道光二十六年（1846）刻本　十五册

220000－0841－0001018　經0630K

四書纂言四十卷　（清）宋翔鳳輯　清光緒八年（1882）古吴岝崿山房木活字印本　二十册

220000－0841－0001019　經0652K

四書味根録三十七卷　（清）金澂輯　清咸豐十年（1860）緑芸書舍刻本　十六册

220000－0841－0001020　經0663K

四書味根録三十七卷　（清）金澂輯　清光緒八年（1882）學海堂刻本　十二册

220000－0841－0001021　經2194

潪□存愚二卷　（清）李清植撰　清乾隆三十年（1765）武林試院刻本　一册

220000－0841－0001022　經0642

四書地理考十五卷　（清）王鎏撰　清道光十五年（1835）刻本　四册

220000－0841－0001023　善3470

四書考正譌不分卷　（清）吴鼎科撰　清乾隆三十九年（1774）邃經書塾刻本　四册

220000－0841－0001024　經0662K

四書地理考十五卷　（清）王瑬撰　清光緒十七年（1891）習静齋刻本　六册

220000－0841－0001025　經0653K

四書圖考十三卷　(清)杜炳撰　清道光七年(1827)刻本　十二册

220000－0841－0001026　經2574K
四書圖考十三卷　(清)杜炳撰　清光緒十三年(1887)石印本　四册

220000－0841－0001027　經2524K
大學補釋一卷中庸補釋一卷中唐臆解一卷　(清)張承華撰　清光緒十二年(1886)常熟張氏刻本　二册

220000－0841－0001028　經0612K
四書說苑十一卷首一卷補遺一卷續補遺一卷　(清)孫應科輯　清道光五年(1825)刻本　四册

220000－0841－0001029　經3059K
新刻批點四書讀本十九卷　(清)高玲編　清道光七年(1827)愷元堂刻朱墨套印本　五册

220000－0841－0001030　經0634K
四書訓解參證十二卷補遺四卷續補遺四卷　(清)張定鋆撰　清咸豐二年至同治九年(1852－1870)刻本　四册

220000－0841－0001031　經0718K
大學章句質疑一卷中庸章句質疑二卷　(清)郭嵩燾撰　清光緒十六年(1890)思賢講舍刻本　三册

220000－0841－0001032　經2673K
四書疑句輯解二卷　(清)倪偉人撰　清光緒刻本　一册

220000－0841－0001033　經0655K
四書條辨六卷　(清)袁秉亮輯　清同治七年(1868)卧雪草廬刻本　二册

220000－0841－0001034　經0654K
四書經史摘證七卷　(清)宋繼穜輯　清光緒元年(1875)廣州將軍署刻本　四册

220000－0841－0001035　經2830K
四書便蒙添注十九卷　(清)王珠樵撰　清光緒十三年(1887)會稽王氏刻本　六册

220000－0841－0001036　經2853K
大學古本釋一卷中庸釋一卷學庸識小一卷　(清)郭階撰　清光緒十五年(1889)刻春暉雜稿本　一册

220000－0841－0001037　經2920K
經學質疑四十卷　(清)狄子奇撰　清道光十七年(1837)安雅齋刻本　六册

220000－0841－0001038　經2004K
學庸困知錄四卷　(清)莊詠撰　清道光二十三年(1843)城陽清和堂刻本　二册

220000－0841－0001039　經0633K
四書緯四卷　(清)常增撰　清光緒十二年(1886)刻本　四册

220000－0841－0001040　經2358K
致用精舍講語記略十三卷　(清)□□撰　清光緒十三年(1887)刻本　四册

220000－0841－0001041　經2583K
四書註解撮要二卷　(清)林慶炳輯　清光緒十五年(1889)刻本　二册

220000－0841－0001042　經0638K
四書典故辨正二十卷　(清)周柄中撰　清嘉慶刻本　六册

220000－0841－0001043　經1863K
四書典故辨正二十卷附錄一卷　(清)周柄中撰　清光緒十六年(1890)習靜齋刻本　六册

220000－0841－0001044　經2965K
四書通疑似一卷敘次一卷　(清)胡垣撰　清光緒二十年(1894)刻本　二册

220000－0841－0001045　經1288K
四書字詁七十八卷群經字詁七十二卷　(清)段諤廷原稿　(清)黄本驥訂　清道光二十九年(1849)黔陽楊氏刻本　三十二册

220000－0841－0001046　經2989K
四書字詁七十八卷檢字一卷　(清)段諤廷原稿　(清)黄本驥編訂　清道光二十九年(1849)黔陽楊氏刻本　二十册

220000－0841－0001047　經0635K
四書質疑十九卷　(清)徐紹楨撰　清光緒九

年(1883)番禺徐氏梧州刻學壽堂叢書本　三冊

220000－0841－0001048　經 3020K
四書典類淵海五十二卷　題(清)點鐵齋定本　清光緒十四年(1888)上海鴻文書局鉛活字印本　十冊

220000－0841－0001049　經 2559K
繪圖四書速成新體讀本二十一卷　(清)施崇德撰　清光緒三十一年(1905)上海彪蒙書室石印本　二十六冊　缺一卷(孟子上)

220000－0841－0001050　經 0614K
四書釋地補一卷續補一卷又續補一卷三續補一卷　(清)閻若璩原本　(清)樊廷枚校補　清嘉慶二十一年(1816)梅陽海涵堂刻本　八冊

220000－0841－0001051　經 2576K
四書地記六卷　(清)汪在中輯　清道光十年(1830)得心齋刻本　四冊

220000－0841－0001052　善 0551
白虎通四卷　(漢)班固撰　**考一卷闕文一卷**　(清)莊述祖撰並輯　**白虎通校勘補遺一卷**　(清)盧文弨撰　清乾隆四十九年(1784)盧文弨刻抱經堂叢書本　四冊

220000－0841－0001053　子 3489K
白虎通疏證十二卷　(漢)班固撰　(清)陳立疏證　清光緒元年(1875)淮南書局刻本　四冊

220000－0841－0001054　經 1931F
鄭志三卷　(漢)鄭玄撰　(三國魏)鄭小同編　清乾隆福建刻武英殿聚珍版書本　一冊

220000－0841－0001055　叢 0366
公是遺書　(宋)劉敞撰　清乾隆十六年(1751)水西劉氏刻本　十冊

220000－0841－0001056　經 1685
朱子經說十四卷　(明)陳龍正輯　明崇禎十七年(1644)刻本　四冊

220000－0841－0001057　善 2766
一畝宫手訂五經必讀數約二卷　(明)陳開先輯　明萬曆刻本　四冊

220000－0841－0001058　經 1823K
匏瓜錄十卷　芮長恤撰　清光緒十三年(1887)刻本　四冊

220000－0841－0001059　經 1694K
匏瓜錄十卷　芮長恤撰　清光緒十年(1884)刻本　六冊

220000－0841－0001060　經 1686
五經類編二十八卷　(清)周世樟編　清雍正二年(1724)刻本　十二冊

220000－0841－0001061　經 1818
群經補義五卷　(清)江永撰　清乾隆刻本　二冊

220000－0841－0001062　善 3375
經傳六書　(清)汪銘閎撰　清康熙三十八年(1699)睦肥堂刻本　二冊　存二種

220000－0841－0001063　善 3557
經書源流歌訣一卷三禮儀制歌訣一卷歷代姓系歌訣一卷　(清)李鍾倫撰　清乾隆李清馥等刻李師洛重修本　一冊

220000－0841－0001064　經 1805
十三經類語十四卷十三經序論選目一卷　(清)何兆聖輯　清康熙五十五年(1716)刻本　八冊

220000－0841－0001065　善 3169
聯經四卷　(清)李學禮撰　清乾隆五十五年(1790)存德堂刻本　四冊

220000－0841－0001066　經 1705
松源經說四卷　(清)孫之騄撰　清雍正刻本　四冊

220000－0841－0001067　善 3544
稽古日鈔八卷　(清)張方湛輯　清乾隆二十九年(1764)秋曉山房刻本　二冊

220000－0841－0001068　經 1784K
群經識小八卷　(清)李惇撰　清道光五年(1825)安愚堂刻本　四冊

220000－0841－0001069　經 2438K
經書算學天文考一卷　(清)陳懋齡撰　清嘉慶二年(1797)刻本　二冊

220000－0841－0001070　經 1977K
易堂問目四卷　(清)吴鼎輯　清光緒十六年(1890)習靜齋刻本　四冊

220000－0841－0001071　經 2915K
經傳考證八卷　(清)朱彬撰　清道光二年(1822)遊道堂刻本　二冊

220000－0841－0001072　經 1704K
經傳考證八卷　(清)朱彬撰　清道光十六年(1836)宜祿堂刻本　二冊

220000－0841－0001073　集 2194K
隸經文四卷　(清)江藩撰　清道光元年(1821)廣州刻本　一冊

220000－0841－0001074　經 2518K
浙士解經錄二卷　(清)阮元手訂　清嘉慶再到亭刻本　一冊

220000－0841－0001075　經 2238K
經義述聞不分卷　(清)王引之撰　清嘉慶二年(1797)刻本　四冊

220000－0841－0001076　經 1653K
經義述聞不分卷　(清)王引之撰　清道光七年(1827)刻本　二十四冊

220000－0841－0001077　經 2252K
經義述聞不分卷　(清)王引之撰　清道光七年(1827)京都壽藤書屋刻本　十六冊

220000－0841－0001078　經 2262K
經義述聞三十卷經傳釋詞十卷　(清)王引之撰　清光緒二十一年(1895)鴻文書局石印本　五冊

220000－0841－0001079　經 2868K
有竹石軒經句說七卷　(清)吴英撰　清嘉慶二十年(1815)有竹石軒刻本　六冊

220000－0841－0001080　經 1634K
經義圖說八卷　(清)吴寶謨輯　清嘉慶四年(1799)墨花軒刻本　八冊

220000－0841－0001081　經 3084K
介菴經說九卷　(清)雷學淇撰　清道光三年(1823)通州雷氏刻本　四冊

220000－0841－0001082　經 2399K
經學提要十五卷　(清)蔡孔炘編　清道光五年(1825)刻本　八冊

220000－0841－0001083　經 2670K
愚一錄十二卷　(清)鄭獻甫撰　(清)周幹臣校　清光緒二年(1876)黔南刻本　六冊

220000－0841－0001084　經 1859K
愚一錄十二卷　(清)鄭獻甫撰　清光緒四年(1878)刻嘯園叢書本　六冊

220000－0841－0001085　經 1681K
讀經校語二卷　(清)孫經世撰　清道光二十三年(1843)木活字印本　一冊

220000－0841－0001086　經 2624K
實事求是之齋經義二卷　(清)朱大韶撰　清光緒九年(1883)刻本　二冊

220000－0841－0001087　經 1723K
溫經日記六卷　(清)林昌彝撰　清光緒十六年(1890)小石渠閣刻本　三冊

220000－0841－0001088　經 2969K
古經疑言七卷　(清)王廷植撰　清光緒刻本　二冊　存四卷(易經四卷)

220000－0841－0001089　經 1698K
通介堂經說十二卷　(清)徐灝撰　清咸豐四年(1854)刻本　五冊

220000－0841－0001090　經 2250K
敤經筆記一卷　(清)陳倬撰　清光緒十二年(1886)吴縣朱氏槐廬刻孫谿朱氏經學叢書本　一冊

220000－0841－0001091　經 2790F
王氏經說六卷　(清)王紹蘭撰　清光緒间吴縣潘氏刻功順堂叢書本　二冊

220000－0841－0001092　經 2600K
經名故一卷　(清)許莊述撰　清光緒十四年(1888)許學寈刻本　一冊

220000－0841－0001093　經 0078K
經窺十六卷　（清）蔡啟盛撰　清光緒十七年（1891）刻本　四册

220000－0841－0001094　經 0079K
經窺續八卷　（清）蔡啟盛撰　清光緒二十八年（1902）長沙刻本　四册

220000－0841－0001095　經 1830K
經誼雜識一卷　（清）許克勤撰　清光緒二十一年（1895）海寧許氏刻本　一册

220000－0841－0001096　經 2802K
西崖經説四卷　（清）顧成章撰　清光緒十八年（1892）曲園刻本　一册

220000－0841－0001097　經 2966K
群經大義不分卷　（清）楊士欽撰　清光緒三十四年（1908）重慶廣益書局鉛活字印本　一册

220000－0841－0001098　經 2273K
會輔堂問答記略二卷　（清）亦畸編輯　清光緒二十六年（1900）刻本　一册

220000－0841－0001099　經 2422K
群經正義折衷四十四卷　（清）蔣輝熊編　清光緒二十八年（1902）上海書莊鉛活字印本　四册

220000－0841－0001100　經 2011K
七經講義十卷　潘任輯　清宣統元年（1909）江南高等學堂鉛活字印本　七册

220000－0841－0001101　經 2986K
欽定七經綱領二卷　（清）□□撰　清鉛活字印本　二册

220000－0841－0001102　經 2755K
溫故錄一卷　（清）長庚撰　清光緒三十三年（1907）刻朱印本　一册

220000－0841－0001103　經 1635
五經圖十二卷　（清）盧雲英編　清雍正二年（1724）盧氏刻本　六册

220000－0841－0001104　善 2812
五經圖五卷周禮圖一卷　明萬曆四十二年（1614）章達刻本　一册

220000－0841－0001105　善 2029
五經圖六卷　清雍正元年（1723）刻道光二十五年（1845）修補本　一册

220000－0841－0001106　經 1647
六經圖考六卷　（宋）楊甲撰　（宋）毛邦翰補　清康熙六十一年（1722）刻本　六册

220000－0841－0001107　經 1645
六經圖二十四卷　（清）鄭之僑輯　清乾隆九年（1744）述堂刻本　十二册

220000－0841－0001108　子 1074K
帝王經世圖譜十六卷　（宋）唐仲友撰　清道光二十八年（1848）刻本　八册

220000－0841－0001109　善 0352
經典釋文三十卷　（唐）陸德明撰　清康熙十九年（1680）刻通志堂經解本　八册　存二十四卷（一至二十、二十五至二十八）

220000－0841－0001110　經 0851K
經典釋文三十卷考證三十卷　（唐）陸德明撰　（清）盧文弨考證　清同治八年（1869）湖北崇文書局刻本　十二册

220000－0841－0001111　經 0850K
經典釋文三十卷考證三十卷　（唐）陸德明撰　（清）盧文弨考證　清同治十年（1871）廣州粤秀山文瀾閣刻本　十二册

220000－0841－0001112　善 0263
五經文字三卷　（唐）張參撰　**新加九經字樣一卷**　（唐）唐玄度撰　清康熙五十四年（1715）項絪刻本　二册

220000－0841－0001113　善 3255
五經文字三卷　（唐）張參撰　**九經字樣一卷**　（唐）唐玄度撰　清乾隆馬氏叢書樓刻本　四册

220000－0841－0001114　善 0364
五經文字三卷　（唐）張參撰　**九經字樣一卷**　（唐）唐玄度撰　清乾隆江都馬日璐叢書樓依石經原本刻本　二册

220000－0841－0001115　經 3135K
五經文字疑一卷　(清)孔繼涵撰　**五經文字三卷**　(唐)張參撰　清乾隆三十三年(1768)紅櫚書屋刻微波榭叢書本　一冊

220000－0841－0001116　善 3277
五經難字五卷　(清)劉宗向撰　清康熙四十九年(1710)刻本　一冊

220000－0841－0001117　經 2852K
相臺書塾刊正九經三傳沿革例一卷　(宋)岳珂撰　清光緒七年(1881)成都瀹雅齋刻本　一冊

220000－0841－0001118　經 1695F
九經古義十六卷　(清)惠棟撰　清光緒十一年(1885)吳縣朱氏刻槐廬叢書本　二冊

220000－0841－0001119　經 1776F
十三經注疏錦字四卷　(清)李調元輯　清乾隆刻函海本　一冊

220000－0841－0001120　經 1474K
十經文字通正書十四卷　(清)錢坫撰　清嘉慶二年(1797)文章大吉樓刻本　四冊

220000－0841－0001121　經 1593K
經籍籑詁一百六卷　(清)阮元纂　清嘉慶四年(1799)揚州刻本　九十六冊

220000－0841－0001122　經 1594K
經籍籑詁補遺一百六卷　(清)阮元撰　清光緒六年(1880)淮南書局刻本　四十八冊

220000－0841－0001123　經 2069K
經籍籑詁補遺一百六卷　(清)阮元撰　清光緒九年(1883)上海點石齋石印本　十冊

220000－0841－0001124　經 1589K
經籍籑詁補遺一百六卷　(清)阮元撰　清光緒二十年(1894)上海鴻寶齋石印本　十二冊

220000－0841－0001125　經 1588K
經籍籑詁補遺一百六卷　(清)阮元撰　清光緒上海漱六山莊石印本　十二冊

220000－0841－0001126　經 2377K
經籍籑詁五卷　(清)阮元撰　清光緒九年(1883)上海點石齋石印本　五冊

220000－0841－0001127　經 1822
經傳釋詞十卷　(清)王引之撰　清嘉慶二十四年(1819)王氏刻本　四冊

220000－0841－0001128　經 1917K
經傳釋詞十卷　(清)王引之撰　清道光二十七年(1847)金山錢熙祚刻本　四冊

220000－0841－0001129　經 2117K
經傳釋詞十卷　(清)王引之撰　清抄本　二冊

220000－0841－0001130　經 1289K
經字異同四十八卷　(清)張維屏輯　清光緒五年(1879)清泉精舍刻本　四冊

220000－0841－0001131　經 2255K
十三經集字一卷　(清)李鴻藻撰　清光緒六年(1880)本齋刻本　一冊

220000－0841－0001132　經 2850K
十三經不二字一卷　(清)□□輯　題(清)知恥齋主人批注　清道光二十六年(1846)刻本　一冊

220000－0841－0001133　經 2526K
經訓比義三卷　(清)黄以周撰　清光緒二十二年(1896)南菁講舍刻本　三冊

220000－0841－0001134　經 1215K
經書字音辨要九卷　(清)楊名颺編　清道光二十七年(1847)令德堂刻本　二冊

220000－0841－0001135　經 1962K
虚字闡義三卷讀書說約三卷　(清)謝鼎卿撰　清光緒元年(1875)京都琉璃廠善成堂刻本　二冊

220000－0841－0001136　經 1699K
群經異字同聲考　(清)丁顯撰　清同治九年至光緒二十六年(1870－1900)刻本　八冊

220000－0841－0001137　經 1672K
十三經注疏附十三經注疏識語　(清)阮元輯　清光緒十三年(1887)點石齋石印本　二十五冊

220000－0841－0001138　經 1577K
十三經注疏校勘記識語四卷　(清)汪文臺撰　清光緒三年(1877)江西書局刻本　二冊

220000－0841－0001139　史 8524
授經圖二十卷　(明)朱睦㮮撰　清康熙龔氏玉玲瓏閣刻本　二冊

220000－0841－0001140　史 8524K
授經圖二十卷　(明)朱睦□撰　清玉玲瓏閣刻本　二冊

220000－0841－0001141　史 0006F
授經圖二十卷　(明)朱睦□撰　清道光二十六年(1846)宏道書院刻惜陰軒叢書本　二冊

220000－0841－0001142　經 2637F
傳經表一卷通經表一卷　(清)畢沅撰　清光緒四年(1878)刻式訓堂叢書本　二冊

220000－0841－0001143　經 0467
經書源流歌訣一卷三禮儀制歌訣一卷歷代姓系歌訣一卷　(清)李鍾倫撰　清乾隆八年(1743)刻本　一冊

220000－0841－0001144　經 2057K
愈妄闕齋所著書　(清)汪大鈞撰　清光緒十九年(1893)錢塘汪氏刻本　一冊

220000－0841－0001145　經 1735K
古學考一卷　廖平撰　清光緒二十三年(1897)成都尊經書局刻本　一冊

220000－0841－0001146　子 4764K
經學通義開宗一卷　(清)曹元弼撰　清光緒刻本　一冊

220000－0841－0001147　集 6303K
經學文鈔十五卷　(清)梁鼎芬　(清)曹元弼輯　清光緒三十四年(1908)江蘇存古堂木活字印本　十四冊　存七卷(一至七)

220000－0841－0001148　經 2703K
經學文鈔十五卷首三卷　(清)梁鼎芬　(清)曹元弼輯　清宣統三年(1911)江蘇存古學堂木活字印本　三十冊

220000－0841－0001149　善 3468
經讀考異八卷補一卷句讀敘述二卷補一卷翟晴江四書攷異内句讀一卷　(清)武億撰　清乾隆五十四年(1789)小石山房刻授堂遺書本　二冊

220000－0841－0001150　經 1628
經義未詳說四十卷　(清)徐卓撰　清道光七年(1827)讀未見書齋刻本　三十六冊

220000－0841－0001151　經 1412K
小學鉤沈十九卷　(清)任大椿撰　(清)王念孫校正　清光緒十年(1884)龍氏刻本　二冊

220000－0841－0001152　叢 1246K
小學鉤沈十九卷　(清)任大椿撰　清嘉慶二十二年(1817)山陽汪廷珍刻本　一冊

220000－0841－0001153　叢 1188K
小學鉤沈續編八卷　(清)顧震福撰集　清光緒十八年(1892)刻本　四冊

220000－0841－0001154　叢 0720
五雅全書　(明)郎奎金輯　清刻本　八冊

220000－0841－0001155　經 1754K
小學叢輯　(清)胡承珙等撰　清光緒、宣統刻國粹學報合訂本　一冊

220000－0841－0001156　叢 0148
澤存堂五種　(清)張士俊輯　清康熙四十九年(1710)吳郡張氏刻本　十三冊

220000－0841－0001157　叢 1558K
澤存堂五種　(清)張士俊輯　清道光三十年(1850)新化劉氏東山精舍刻本　八冊　存二種

220000－0841－0001158　叢 0446K
澤存堂五種　(清)張士俊輯　清光緒十四年(1888)上海蜚英館據康熙本影印本　八冊

220000－0841－0001159　叢 0244K
小學類編　(清)李祖望輯　清咸豐江都李氏半畝園刻本　八冊

220000－0841－0001160　叢 1436K
小學彙函十四種　(清)鍾謙鈞等輯　清同治十二年(1873)廣州刻本　三十三冊

220000－0841－0001161　經 3090K
小學答問一卷　章炳麟撰　清宣統元年(1909)刻本　一册

220000－0841－0001162　經 1414K
小學答問一卷　章炳麟撰　清宣統三年(1911)刻本　一册

220000－0841－0001163　經 3126K
爾雅三卷　(晉)郭璞注　清嘉慶十一年(1806)顧廣圻仿明嘉靖吳元恭刻本　一册

220000－0841－0001164　經 3127K
爾雅三卷　(晉)郭璞注　(唐)陸德明音義　清嘉慶二十二年(1817)順德張青選清芬閣刻本　三册

220000－0841－0001165　經 0748K
爾雅三卷　(晉)郭璞注　清嘉慶十一年(1806)思適齋刻本　二册

220000－0841－0001166　經 2722K
爾雅三卷音釋三卷　(晉)郭璞注　清道光四年(1824)金陵陳氏刻本　二册

220000－0841－0001167　經 2500K
爾雅三卷　(晉)郭璞注　(唐)陸德明音義　清同治十三年(1874)湖南書局刻本　三册

220000－0841－0001168　經 0761K
爾雅三卷音釋一卷集證三卷　(晉)郭璞注　(唐)陸德明音義　清光緒七年(1881)龍繼棟刻本　二册

220000－0841－0001169　經 0738K
爾雅三卷　(晉)郭璞注　清光緒八年(1882)巴陵方氏刻本　一册

220000－0841－0001170　經 0741K
爾雅三卷　(晉)郭璞注　(唐)陸德明音義　清光緒十二年(1886)湖北官書處刻本　三册

220000－0841－0001171　經 0750K
爾雅三卷　(晉)郭璞注　(唐)陸德明音義　清光緒二十一年(1895)金陵書局刻本　三册

220000－0841－0001172　經 0747K
爾雅三卷　(晉)郭璞注　(唐)陸德明音義　清光緒二十五年(1899)淮南書局刻本　三册

220000－0841－0001173　經 3144K
爾雅音圖三卷　(晉)郭璞注　清嘉慶六年(1801)藝學軒影宋繪圖本重摹刻本　三册

220000－0841－0001174　經 0755K
爾雅音圖三卷　(晉)郭璞注　(後蜀)毋昭裔音　清嘉慶六年(1801)藝學軒影宋刻本　三册

220000－0841－0001175　經 3123K
爾雅郭注義疏十九卷　(晉)郭璞注　(清)郝懿行疏　清道光三十年(1850)沔陽陸建瀛刻本　八册

220000－0841－0001176　經 3103K
爾雅郭注義疏二十卷　(晉)郭璞注　(清)郝懿行疏　清咸豐六年(1856)刻本　八册

220000－0841－0001177　經 0736
爾雅新義二十卷敘錄一卷　(宋)陸佃撰　(清)宋大樽輯　清嘉慶十三年(1808)三間草堂刻本　六册

220000－0841－0001178　經 0736K
爾雅新義二十卷　(宋)陸佃撰　**敘錄一卷**　(清)宋大樽撰　清嘉慶十三年(1808)三間草堂刻本　六册

220000－0841－0001179　善 0326
爾雅翼三十二卷　(宋)羅願撰　明刻本　二十册

220000－0841－0001180　經 0743K
爾雅翼三十二卷　(宋)羅願撰　(宋)洪焱祖音釋　清光緒十年(1884)刻洪氏晦木齋叢書本　六册

220000－0841－0001181　經 1919
爾雅正義二十卷　(清)邵晉涵撰　**爾雅釋文三卷**　(唐)陸德明撰　清乾隆五十三年(1788)邵氏家塾刻本　八册

220000－0841－0001182　經 0732K
爾雅義疏二十卷　(清)郝懿行撰　清光緒十三年(1887)湖北官書處刻本　八册

220000－0841－0001183　經 1811F

爾雅義疏十九卷　(清)郝懿行撰　清同治四年(1865)郝聯薇刻郝氏遺書本　八冊

220000－0841－0001184　經 0739K

爾雅直音二卷　(清)孫偘撰　清乾隆六十年(1795)翼經堂刻嘉慶元年(1796)增訂本　一冊

220000－0841－0001185　經 2597K

爾雅直音二卷　(清)孫偘撰　清光緒六年(1880)常熟抱芳閣刻本　二冊

220000－0841－0001186　經 2175K

爾雅蒙求二卷　(清)李拔式撰　清光緒李光明莊刻本　一冊

220000－0841－0001187　經 0731K

爾雅蒙求二卷　(清)李拔式撰　清嘉慶三年(1798)蟠根書屋校訂刻本　二冊

220000－0841－0001188　經 0757K

爾雅郭注補正三卷　(清)戴瑩撰　清光緒十年(1884)海陽韓氏刻本　三冊

220000－0841－0001189　經 0734F

爾雅一切注音十卷　(清)嚴萬里輯　清光緒十三年(1887)德化李盛鐸刻木犀軒叢書本　一冊

220000－0841－0001190　經 0759K

爾雅匡名二十卷　(清)嚴元照撰　清光緒十一年(1885)吳興陸心源守光閣刻本　四冊

220000－0841－0001191　經 0758K

爾雅正郭不分卷　(清)潘衍桐撰　清光緒十七年(1891)刻本　一冊

220000－0841－0001192　經 0751F

爾雅郭注佚存補訂二十卷　王樹枏撰　清光緒十八年(1892)資陽文英室刻陶廬叢刻本　七冊

220000－0841－0001193　經 0763K

新爾雅十四卷　(清)汪榮寶　(清)葉瀾編　清光緒三十年(1904)刻本　一冊

220000－0841－0001194　經 2720

埤雅二十卷　(宋)陸佃撰　明武林堂策檻刻五雅全書本　四冊

220000－0841－0001195　經 1730K

埤雅二十卷　(宋)陸佃撰　清嘉慶刻本　五冊

220000－0841－0001196　善 1677

增修埤雅廣要四十二卷　(宋)陸佃撰　(明)牛衷增修　明天順元年(1457)刻本　十冊

220000－0841－0001197　善 0100

廣雅疏證十卷　(三國魏)張揖撰　(清)王念孫疏證　**博雅音十卷**　(隋)曹憲撰　(清)王念孫校　清嘉慶元年(1796)王氏刻本　八冊

220000－0841－0001198　經 0726K

廣雅疏證十卷博雅音十卷　(清)王念孫疏證　清光緒五年(1879)淮南書局刻本　八冊

220000－0841－0001199　經 2191K

廣雅疏證十卷博雅音十卷　(清)王念孫疏證　清上海文瑞樓影印本　十六冊

220000－0841－0001200　經 0727K

廣雅疏證十卷博雅音十卷　(清)王念孫疏證　清光緒十四年(1888)上海鴻文書局縮影本　四冊

220000－0841－0001201　經 2799F

廣雅補疏四卷　王樹枏撰　清光緒十六年(1890)陶廬叢刻本　一冊

220000－0841－0001202　經 2788K

廣雅疏證拾遺二卷　(清)王士濂撰　清光緒二十四年(1898)高郵王氏刻鶴壽堂叢書本　二冊

220000－0841－0001203　經 3117K

續廣雅三卷　(清)劉燦撰　清道光二十五年(1845)鄞邑陸鑑刻本　一冊

220000－0841－0001204　經 0720K

駢雅訓纂十六卷序目一卷　(清)魏茂林撰　清道光二十五年(1845)有不為齋刻本　八冊

220000－0841－0001205　經 0722K

駢雅訓纂十六卷序目一卷　(清)魏茂林撰

清道光二十五年(1845)刻咸豐元年(1851)補拾遺本　八册

220000－0841－0001206　經 0724K
駢雅訓纂十六卷序目一卷拾遺　(清)魏茂林撰　清光緒七年(1881)成都淪雅齋刻本　八册

220000－0841－0001207　經 0782
別雅五卷　(清)吴玉搢輯　清乾隆七年(1742)新安程氏督經堂刻本　五册

220000－0841－0001208　經 0764K
別雅五卷　(清)吴玉搢輯　清道光二十九年(1849)小蓬萊山館刻本　五册

220000－0841－0001209　善 3060
拾雅六卷　(清)夏味堂撰　清嘉慶二十四年(1819)夏氏遂園刻本　二册

220000－0841－0001210　經 0768K
拾雅六卷　(清)夏味堂撰　清嘉慶二十四年(1819)刻本　二册

220000－0841－0001211　經 0777K
拾雅二十卷　(清)夏味堂撰　(清)夏紀堂注　清道光二年(1822)高郵夏氏遂園刻本　十册

220000－0841－0001212　經 0775K
選雅二十卷　(清)程先甲撰　清光緒二十八年(1902)刻千一齋全書本　八册

220000－0841－0001213　經 0776K
疊雅十三卷　(清)史夢蘭輯　清同治四年(1865)刻本　四册

220000－0841－0001214　經 0780K
支雅二卷　(清)劉燦撰　清道光六年(1826)刻本　一册

220000－0841－0001215　善 0566
萬言肆雅一卷　(清)屈曾發撰　清乾隆三十七年(1772)刻本　一册

220000－0841－0001216　善 3482
釋名疏證八卷補遺一卷續釋名一卷　(清)畢沅撰　清乾隆五十四年(1789)靈巖山館刻經訓堂叢書本　一册

220000－0841－0001217　經 1728F
釋名疏證八卷補遺一卷　(漢)劉熙撰　(清)畢沅疏證　清光緒十一年(1885)刻融經館叢書本　二册

220000－0841－0001218　經 3025K
通俗文一卷　(漢)服虔撰　(清)臧鏞堂輯校　清嘉慶四年(1799)甘泉林慰曾莜勤堂刻本　一册

220000－0841－0001219　善 2583
刊謬正俗八卷　(唐)顔師古撰　明沈士龍刻本　二册

220000－0841－0001220　經 1606K
匡謬正俗八卷　(唐)顔師古撰　清乾隆二十一年(1756)刻雅雨堂藏書本　一册

220000－0841－0001221　經 2070K
校增金壺字考不分卷　(宋)釋適之原撰　(清)郝普霖增訂　清光緒九年(1883)京都懿文齋刻本　二册

220000－0841－0001222　善 2576
增訂金壺字考十九卷　(宋)釋適之撰　(清)田朝恒增訂　清乾隆二十七年(1762)貽安堂刻本　二册

220000－0841－0001223　善 2577
金壺字考二集二十一卷補録一卷補注一卷　(清)田朝恒增訂　清乾隆二十七年(1762)貽安堂刻本　二册

220000－0841－0001224　善 3261
釋常談三卷　(宋)□□撰　明萬曆三十一年(1603)刻格致叢書本　一册

220000－0841－0001225　善 2819
新刻釋常談三卷　(宋)□□撰　明萬曆胡文煥刻格致叢書本　一册

220000－0841－0001226　經 3154
字詁一卷　(清)黄生撰　**承吉兄字説一卷**　(清)黄承吉撰　清道光二十二年(1842)刻本　四册

220000－0841－0001227　經 1460K
字詁一卷承吉兄字說一卷　(清)黄生撰　(清)黄承吉撰　清光緒刻本　二冊

220000－0841－0001228　經 1668K
類字蒙求不分卷　(清)燕果安編　(清)師竹齋主人刪補　清光緒十九年(1893)江右書局刻本　二冊

220000－0841－0001229　經 3064K
助字辨畧五卷　(清)劉淇撰　清咸豐五年(1855)刻海源閣叢書本　二冊

220000－0841－0001230　經 2154K
問奇典註六卷　(清)唐英撰　清嘉慶二十三年(1818)刻本　六冊

220000－0841－0001231　經 2962K
問奇典註六卷　(清)唐英增釋　清嘉慶二十三年(1818)武昌刻本　六冊

220000－0841－0001232　經 2419K
成語一卷　(清)趙翼輯　清光緒二十五年(1899)江陰季氏栩園刻江陰季氏叢刻本　一冊

220000－0841－0001233　子 1307K
證俗文十九卷　(清)郝懿行撰　(清)董恂補目　清光緒十年(1884)郝聯薇東路廳署刻本　六冊

220000－0841－0001234　經 2528K
釋穀四卷　(清)劉寶楠撰　清咸豐五年(1855)刻本　二冊

220000－0841－0001235　經 2732F
釋穀四卷　(清)劉寶楠撰　清光緒十四年(1888)刻廣雅書局叢書本　一冊

220000－0841－0001236　經 1285K
祁大夫字說一卷　(清)祁寯藻撰　清道光二十七年(1847)刻本　一冊

220000－0841－0001237　經 1512K
金壺精粹不分卷　(清)郝在田　(清)張仰山編　清光緒二年(1876)北京松竹齋刻本　二冊

220000－0841－0001238　經 1765K
字義聲韻辨異五卷　(清)楊維增編　清光緒二十一年(1895)壽州刻本　二冊

220000－0841－0001239　經 0788K
輶軒使者絕代語釋別國方言十三卷續方言二卷續方言補一卷　(漢)揚雄撰　(晉)郭璞注　清光緒十七年(1891)思賢講舍刻本　二冊

220000－0841－0001240　經 0794K
輶軒使者絕代語釋別國方言十三卷續方言二卷　(清)戴震疏證　(清)杭世駿搜集　清光緒四川存古堂刻本　四冊

220000－0841－0001241　經 0817K
方言箋疏十三卷　(漢)揚雄撰　(晉)郭璞注　(清)錢繹箋疏　清光緒十六年(1890)紅蝠山房刻本　六冊

220000－0841－0001242　經 0790K
方言箋疏十三卷　(漢)揚雄撰　(晉)郭璞注　清光緒八年(1882)汗青簃刻本　四冊

220000－0841－0001243　經 0787K
續方言二卷　(清)杭世駿纂輯　**續方言補一卷**　(清)程際盛纂　清光緒十七年(1891)長沙思賢講舍刻本　一冊

220000－0841－0001244　經 2083K
續方言新校補二卷　(清)杭世駿原本　(清)張慎儀新校補　清光緒刻本　二冊

220000－0841－0001245　經 1814F
方言別錄二卷　張慎儀撰　清宣統三年(1911)刻本　二冊

220000－0841－0001246　經 2044K
廣續方言四卷　(清)程先甲撰　清光緒二十三年(1897)木活字印本　三冊

220000－0841－0001247　經 0792K
廣續方言四卷拾遺一卷　(清)程先甲撰　清宣統二年(1910)刻千一齋全書本　三冊

220000－0841－0001248　經 3093F
恒言錄六卷　(清)錢大昕撰　清嘉慶十年(1805)揚州阮常生刻文選樓叢書本　四冊

220000－0841－0001249　子5583K

恒言録六卷　(清)錢大昕撰　清嘉慶十年(1805)揚州阮常生刻本　二册

220000－0841－0001250　經2016K

越諺三卷賸語二卷　(清)范寅撰　清光緒八年(1882)谷應山房刻本　三册

220000－0841－0001251　經1456K

閩腔快字一卷　(清)力捷三撰　清光緒二十二年(1896)刻本　一册

220000－0841－0001252　經2077K

客話本字不分卷　(清)楊恭桓撰　清光緒三十三年(1907)刻本　二册

220000－0841－0001253　經2041K

里語徵實三卷　(清)唐訓方撰　清光緒十七年(1891)刻本　四册

220000－0841－0001254　經1908K

東文新法會通二卷　(清)廖宇春撰　清光緒二十八年(1902)東亞善鄰學館石印本　二册

220000－0841－0001255　叢0332K

苗氏説文四種　(清)苗夔撰　清道光、咸豐壽陽祁氏漢壽亭刻本　八册

220000－0841－0001256　善0061

説文解字十二卷首一卷　(漢)許慎撰　**説文異同一卷**　(明)陳大科編　明萬曆二十六年(1598)陳大科刻大字本　十二册

220000－0841－0001257　經2715K

説文解字十五卷　(漢)許慎撰　(宋)徐鉉等校定　清嘉慶十二年(1807)藤花榭刻本　二册

220000－0841－0001258　經1054

説文解字十五卷　(漢)許慎撰　清毛氏汲古閣刻本　十二册

220000－0841－0001259　善0063

説文解字十五卷　(漢)許慎撰　清毛氏汲古閣刻本　六册

220000－0841－0001260　善3355

説文解字十五卷　(漢)許慎撰　清毛氏汲古閣刻本　五册

220000－0841－0001261　善2781

説文解字十五卷　(漢)許慎撰　清毛氏汲古閣刻本　八册

220000－0841－0001262　善3491

説文解字十五卷　(漢)許慎撰　清乾隆三十八年(1773)朱氏椒華吟舫刻本　六册

220000－0841－0001263　經0977K

説文解字十五卷　(漢)許慎撰　(宋)徐鉉等校定　清光緒十一年(1885)蕉心室刻本　八册

220000－0841－0001264　經2811F

説文解字十五卷　(漢)許慎撰　(宋)徐鉉等校定　清光緒十二年(1886)朱氏家塾刻平津館叢書本　三册

220000－0841－0001265　經2913K

説文解字十五卷　(漢)許慎撰　(清)林枚生校録　清同治十年(1871)刻本　四册

220000－0841－0001266　經0923K

説文解字十五卷陳昌治校字記一卷説文通檢十四卷首一卷末一卷　(漢)許慎撰　(宋)徐鉉等校定　清光緒十四年(1888)掃葉山房刻本　十册

220000－0841－0001267　經0967K

説文解字十五卷通檢十四卷首一卷末一卷　(漢)許慎撰　(宋)徐鉉等校定　清光緒九年(1883)山西書局刻本　十二册

220000－0841－0001268　經1002K

説文解字真本十五卷　(漢)許慎撰　(宋)徐鉉等校定　清光緒七年(1881)淮南書局刻本　五册

220000－0841－0001269　經2389K

説文解字三十卷説文通檢　(漢)許慎撰　(宋)徐鉉等校定　清同治十二年(1873)陳昌治刻本　十册

220000－0841－0001270　經2186K

説文解字十五篇三十卷六書音韻表二卷汲古

閣說文訂一卷　(清)段玉裁撰　清光緒元年(1875)湖北崇文書局刻本　十八册

220000－0841－0001271　經 1028K

說文解字十五篇三十卷六書音韻表五卷　(漢)許慎撰　(清)段玉裁注　清嘉慶二十年(1815)經韻樓刻本　十六册

220000－0841－0001272　經 0880K

說文解字十五篇三十卷六書音韻表五卷　(漢)許慎撰　(清)段玉裁注　清同治六年(1867)錢塘吳氏刻本　十六册

220000－0841－0001273　經 1039K

說文解字十五篇三十卷六書音韻表五卷　(漢)許慎撰　(清)段玉裁注　清同治七年(1868)丁日昌蘇州刻本　十六册

220000－0841－0001274　經 1029K

說文解字十五篇三十卷六書音韻表五卷　(漢)許慎撰　(清)段玉裁注　清同治十一年(1872)湖北崇文書局刻本　十八册

220000－0841－0001275　經 2079K

說文解字三十二卷汲古閣說文訂一卷今韻古分十七部表一卷六書音韻表一卷　(清)段玉裁撰　清同治十一年(1872)崇文書局刻本　六册　存六卷(一至四、三十一至三十二)

220000－0841－0001276　經 0976K

說文解字十五篇六書音韻表五卷　(清)段玉裁撰　清光緒七年(1881)蘇州木漸齋刻本　二十四册

220000－0841－0001277　經 2068K

說文解字三十二卷六書音韻表五卷汲古閣說文訂一卷　(清)段玉裁撰　**說文通檢一卷**　(清)黎永椿編　**說文撰要一卷**　(清)馬壽齡撰　清光緒十九年(1893)上海同文書局石印本　十册

220000－0841－0001278　經 0873K

說文解字校錄十五卷　(漢)許慎撰　(清)鈕樹玉校錄　清光緒十一年(1885)江蘇書局刻本　十四册

220000－0841－0001279　經 2125K

說文解字句讀三十卷　(漢)許慎撰　(清)王筠撰集　清道光三十年(1850)刻本　十六册

220000－0841－0001280　經 1009K

說文解字句讀三十卷　(漢)許慎撰　(清)王筠撰　清咸豐王氏刻本　二十四册

220000－0841－0001281　經 1017K

說文解字句讀三十卷補正三十卷　(漢)許慎撰　(清)王筠撰　清咸豐九年(1859)刻本　十六册

220000－0841－0001282　經 1012K

說文解字句讀三十卷補正三十卷　(漢)許慎撰　(清)王筠撰　清光緒八年(1882)四川尊經書院刻本　十六册

220000－0841－0001283　經 2092

說文解字通釋四十卷附錄一卷　(南唐)徐鍇撰　清乾隆四十七年(1782)汪啟淑刻本　十二册

220000－0841－0001284　經 0922K

說文解字通釋四十卷校勘記三卷　(南唐)徐鍇撰　(南唐)朱翱反切　清道光十九年(1839)金陵劉氏刻本　二十四册

220000－0841－0001285　經 0913K

說文解字通釋四十卷　(南唐)徐鍇撰　(南唐)朱翱反切　**說文繫傳校勘記三卷**　(清)承培元等撰　清光緒元年(1875)歸安姚氏刻本　八册

220000－0841－0001286　經 0916K

說文解字通釋四十卷校勘記三卷　(南唐)徐鍇撰　(南唐)朱翱反切　清光緒九年(1883)江蘇書局刻本　八册

220000－0841－0001287　善 0296

六書故三十三卷通釋一卷　(元)戴侗撰　清乾隆四十九年(1784)綿州李鼎元刻本　十六册

220000－0841－0001288　善 2493

說文字原一卷六書正譌五卷　(元)周伯琦撰

（明）胡正言訂篆　明崇禎七年（1634）胡正言十竹齋刻本　六冊

220000－0841－0001289　善3787
說文字原一卷目錄一卷　（元）周伯琦撰　清乾隆刻本　二冊

220000－0841－0001290　善2821
六書正譌五卷　（元）周伯琦撰　（明）胡正言訂篆　明崇禎七年（1634）胡正言十竹齋刻本　二冊

220000－0841－0001291　善0333
六書賦音義二十卷賦一卷　（明）張士佩撰　明萬曆三十年（1602）刻本　十二冊

220000－0841－0001292　善0795
六書賦音義二十卷賦一卷　（明）張士佩撰　明萬曆三十三年（1605）刻本　八冊

220000－0841－0001293　善0356
說文長箋一百卷首二卷　（明）趙宧光撰　明萬曆劉應遇刻本　二十冊

220000－0841－0001294　經0843
六書通十卷　（明）閔齊伋撰　清乾隆刻本　十冊

220000－0841－0001295　善328
六書精蘊六卷　（明）魏校撰　**音釋舉要一卷**　（明）徐官撰　明嘉靖十九年（1540）魏希明刻本　六冊

220000－0841－0001296　經0820
六書分類十二卷首一卷　（清）傅世垚撰　清康熙四十四年（1705）聽松閣刻本　十四冊

220000－0841－0001297　經3019
六書分類十二卷首一卷　（清）傅世垚撰　清康熙聽松閣刻本　八冊

220000－0841－0001298　經0904K
說文繫傳考異四卷附錄一卷　（清）汪憲撰　清光緒八年（1882）八杉齋刻本　二冊

220000－0841－0001299　經2221K
六書說一卷　（清）江聲撰　**說文淺說一卷**　（清）鄭知同撰　清同治三年（1864）志古堂刻本　一冊

220000－0841－0001300　經0831
六書辨通五卷六書例解一卷六書雜說一卷八分書辨一卷　（清）楊錫觀撰　清乾隆刻本　六冊

220000－0841－0001301　經3026K
汲古閣說文訂一卷　（清）段玉裁撰　清嘉慶二年（1797）袁廷檮五硯樓刻本　一冊

220000－0841－0001302　經1004K
說文解字義證五十卷　（清）桂馥撰　清同治九年（1870）湖北崇文書局刻本　三十二冊

220000－0841－0001303　善0035
說文解字斠詮十四卷　（清）錢坫撰　清嘉慶十二年（1807）吉金樂石齋刻本　十四冊

220000－0841－0001304　經1035K
說文解字斠詮十四卷　（清）錢坫撰　清嘉慶十二年（1807）吉金樂石齋刻本　十四冊

220000－0841－0001305　經0917K
說文解字斠詮十四卷　（清）錢坫撰　清嘉慶十六年（1811）刻本　六冊

220000－0841－0001306　經1033K
說文解字斠詮十四卷　（清）錢坫撰　清光緒九年（1883）淮南書局刻本　六冊

220000－0841－0001307　經2857K
說文答問疏證六卷　（清）薛傳均撰　清道光十八年（1838）刻本　二冊

220000－0841－0001308　經0985F
說文答問疏證六卷　（清）錢大昕撰　（清）薛傳均疏證　清光緒歸安姚氏刻咫進齋叢書本　一冊

220000－0841－0001309　經0983K
說文答問疏證六卷第一樓叢書附考一卷　（清）錢大昕撰　**說文經字考一卷**　（清）薛傳均疏證　**第一樓叢書附考一卷**　（清）俞樾撰　清光緒十年（1884）鄞縣郭傳璞刻本　一冊

220000－0841－0001310　經2551K
唐寫本說文解字木部箋異一卷　（清）莫友芝

撰　清同治二年(1863)刻本　一册

220000－0841－0001311　經 3114K
説文解字述誼二卷説文新通誼二卷　(清)毛際盛撰　清道光二十四年(1844)刻本　一册

220000－0841－0001312　經 0986K
説文解字述誼二卷　(清)毛際盛撰　清光緒二十七年(1901)貴池劉氏刻聚學軒叢書本　二册

220000－0841－0001313　經 3045K
説文校議十五卷　(清)嚴可均　(清)姚文田撰　清嘉慶二十三年(1818)嚴氏冶城山館刻本　三册

220000－0841－0001314　經 0908F
説文校議三十卷　(清)姚文田　(清)嚴可均撰　清同治十三年(1874)歸安姚氏刻邃雅堂全書本　六册

220000－0841－0001315　經 0924K
説文段注訂補十四卷　(清)王紹蘭撰　清光緒十四年(1888)蕭山胡燏棻刻本　八册

220000－0841－0001316　經 2304K
説文新考六卷續考一卷　(清)鈕樹玉撰　清嘉慶六年(1801)非石居刻本　一册

220000－0841－0001317　經 3118K
説文新附考六卷續考一卷段氏説文注訂八卷　(清)鈕樹玉撰　清道光四年(1824)刻本　六册　存四卷(段氏説文注訂一至四)

220000－0841－0001318　經 1751K
説文新附考六卷續考一卷　(清)鈕樹玉撰　清同治七年(1868)碧螺山館刻本　二册

220000－0841－0001319　經 0945K
説文新附考六卷續考一卷　(清)鈕樹玉撰　清同治十三年(1874)崇文書局刻本　二册

220000－0841－0001320　經 3048K
段氏説文注訂八卷　(清)鈕樹玉撰　清道光四年(1824)刻本　二册

220000－0841－0001321　經 0968K
段氏説文注訂八卷　(清)鈕樹玉撰　清同治十三年(1874)崇文書局刻本　二册

220000－0841－0001322　經 2130K
説文正字二卷　(清)王石華等書　清嘉慶六年(1801)刻本　一册

220000－0841－0001323　經 0905F
説文辨字正俗八卷　(清)李富孫撰　清嘉慶二十三年(1818)嘉興李氏校經堂刻本　一册　存二卷(一至二)

220000－0841－0001324　經 1789K
説文辨字正俗八卷　(清)李富孫撰　清嘉慶二十三年(1818)校經堂刻本　四册

220000－0841－0001325　經 0926K
説文辨字正俗八卷　(清)李富孫撰　清同治九年(1870)校經廎刻本　四册

220000－0841－0001326　經 3108K
説文管見三卷　(清)胡秉虔撰　清同治十二年(1873)世澤樓刻本　一册

220000－0841－0001327　經 2257F
説文管見三卷　(清)胡秉虔撰　清同治十二年(1873)滂喜齋叢書本　一册

220000－0841－0001328　經 0894K
説文辨疑一卷　(清)顧廣圻撰　清光緒三年(1877)崇文書局刻本　一册

220000－0841－0001329　經 0921K
説文繫傳校録三十卷　(清)王筠撰　清咸豐七年(1857)刻本　四册

220000－0841－0001330　經 1018K
説文釋例二十卷　(清)王筠撰　清道光十七年(1837)刻本　十册

220000－0841－0001331　經 1019K
説文釋例二十卷補正二十卷　(清)王筠撰　清道光刻本　十册

220000－0841－0001332　經 2900K
説文引語異字三卷　(清)吴雲蒸撰　清道光六年(1826)刻本　一册　存一卷(一)

220000－0841－0001333　經 0878K

說文通訓定聲十八卷東韻一卷附說雅一卷古今韻準一卷行述一卷 (清)朱駿聲撰 清道光二十九年(1849)臨嘯閣刻本 二十四冊

220000－0841－0001334 經0874K
說文通訓定聲十八卷東韻一卷說雅十九篇古今韻準一卷 (清)朱駿聲撰 清同治九年(1870)刻本 二十四冊

220000－0841－0001335 經1026K
說文提要一卷 (清)陳建侯輯 清同治十二年(1873)湖北崇文書局刻本 一冊

220000－0841－0001336 經0965K
說文廣義校訂三卷末一卷 (清)吳善述撰 清同治十三年(1874)刻本 二冊

220000－0841－0001337 經2182K
說文外編十六卷 (清)雷浚撰 清光緒二年(1876)刻本 二冊

220000－0841－0001338 經0911F
說文解字匡謬八卷 (清)徐承慶撰 清光緒二年(1876)姚覲元刻咫進齋刻本 四冊

220000－0841－0001339 經0988K
重文本部考一卷 (清)曾紀澤錄 清同治八年(1869)半畝園刻本 二冊

220000－0841－0001340 經2340K
讀說文雜識一卷 (清)許棫撰 清光緒七年(1881)刻本 一冊

220000－0841－0001341 經2536K
說文段注撰要九卷 (清)馬壽齡撰 清光緒九年(1883)金陵胡氏愚園刻本 四冊

220000－0841－0001342 經1010K
說文發疑六卷 (清)張行孚撰 清光緒九年(1883)邗上寓廬刻本 三冊

220000－0841－0001343 經0992K
說文楬原二卷 (清)張行孚撰 清光緒十一年(1885)揚州識小居刻本 一冊

220000－0841－0001344 經2659K
重文二卷補遺一卷 (清)丁午輯 清光緒八年(1882)刻田園雜著本 一冊

220000－0841－0001345 經0866K
說文偏旁考二卷 (清)吳照輯 清乾隆五十一年(1786)聽雨齋刻本 二冊

220000－0841－0001346 經0993K
說文部首韻言一卷說文部首字聯一卷 (清)王樹之編集 清光緒十年(1884)棲雲山館刻本 一冊

220000－0841－0001347 經1564K
說文建首字讀一卷 (清)苗夔點定 清咸豐元年(1851)理董居刻本 一冊

220000－0841－0001348 經0902K
說文部類序一篇凡例目次後序一篇 (清)孫葆璜撰 清道光二十六年(1846)刻本 一冊

220000－0841－0001349 經0987K
仿唐寫本說文解字木部箋異不分卷 (清)莫友芝箋 清同治二年(1863)刻本 一冊

220000－0841－0001350 經2785K
說文部首韻語一卷 (清)黃壽鳳編 (清)顧恩來手書 清同治十一年(1872)賴春士刻本 一冊

220000－0841－0001351 經2599K
說文偏旁一卷 (清)張之洞撰 清光緒七年(1881)京都琉璃廠刻本 一冊

220000－0841－0001352 經0962K
說文通檢十四卷首一卷末一卷 (清)黎永椿編 清光緒二年(1876)崇文書局刻本 二冊

220000－0841－0001353 經2433K
說文通檢十四卷首一卷末一卷 (清)黎永椿編 清光緒五年(1879)番禺陳氏刻本 二冊

220000－0841－0001354 經1297K
說文存真六種附四種 (清)饒炯撰 清光緒三十年(1904)達左軒刻本 四冊

220000－0841－0001355 經2260K
說文部首歌括不分卷 (清)徐道政編 清光緒三十四年(1908)上海會文學社石印本 一冊

220000－0841－0001356 經2948K

說文字原一卷　(漢)許慎撰　(宋)徐鉉切音　清乾隆四十四年(1779)福禮堂刻本　一冊

220000－0841－0001357　經0948F

說文引經考二卷　(清)吳玉搢撰　清光緒九年(1883)歸安姚氏刻咫進齋叢書本　一冊

220000－0841－0001358　經1450K

轉注古義考一卷　(清)曹仁虎撰　清光緒四年(1878)宏達堂刻宏達堂叢書本　一冊

220000－0841－0001359　經1409K

小學考五十卷　(清)謝啟昆編　清光緒十五年(1889)上海書坊石印本　六冊

220000－0841－0001360　經1419K

小學考五十卷　(清)謝啟昆編　清光緒十四年(1888)浙江書局刻本　二十冊

220000－0841－0001361　經3131K

說文解字羣經正字二十八卷　(清)邵瑛撰　清嘉慶二十一年(1816)刻本　十冊

220000－0841－0001362　經0963K

說文古語考一卷　(清)程際盛撰　清刻本　一冊

220000－0841－0001363　善0797

說文字原集注十六卷說文字原表一卷說文字原表說一卷　(清)蔣和撰　清乾隆五十三年(1788)刻本　四冊

220000－0841－0001364　經2925K

說文字原表一卷字原表說一卷　(清)蔣和撰　清乾隆刻本　一冊

220000－0841－0001365　善0076

說文字源考略六卷　(清)吳照輯　清乾隆五十七年(1792)南城吳氏南昌刻本　四冊

220000－0841－0001366　經1034K

說文字原考畧六卷　(清)吳照輯　清乾隆五十七年(1792)刻本　四冊

220000－0841－0001367　經3105K

說文五翼八卷　(清)王煦撰　清嘉慶十三年(1808)芮鞠山莊刻本　四冊

220000－0841－0001368　經3049K

說文聲類二卷　(清)嚴可均撰　清嘉慶七年(1802)歸安吳氏二百蘭亭齋刻四錄堂類集本　一冊

220000－0841－0001369　經1036K

說文拈字七卷補遺一卷　(清)王玉樹撰　清嘉慶八年(1803)芳梫堂刻本　四冊

220000－0841－0001370　經2602K

說文經典異字釋一卷　(清)高翔麟撰　清道光十五年(1835)刻本　一冊

220000－0841－0001371　經2449K

說文經典異字釋一卷　(清)高翔麟撰　清光緒九年(1883)萬卷樓刻本　一冊

220000－0841－0001372　經3073K

說文引經異字三卷　(清)吳雲蒸撰　清道光六年(1826)山海棠刻本　一冊

220000－0841－0001373　經1214K

字辨證篆十六卷字體蒙求一卷　(清)易本烺撰　清同治八年(1869)京山易氏刻本　六冊

220000－0841－0001374　經0938K

說文引經考異十六卷　(清)柳榮宗撰　清咸豐二年(1852)刻本　四冊

220000－0841－0001375　經0949K

說文逸字辨證二卷　(清)鄭珍原本　(清)李楨辨證　清光緒十一年(1885)畹蘭室刻本　二冊

220000－0841－0001376　經1943K

古今文字通釋十四卷　(清)呂世宣撰　清光緒五年(1879)刻本　六冊　存十二卷(一至十二)

220000－0841－0001377　經1449K

書契原恉十四卷　(清)陳致熯撰　清咸豐五年(1855)北涇草堂刻本　四冊

220000－0841－0001378　經2037K

說文字辨十四卷　(清)林慶炳撰　清同治四年(1865)刻本　四冊

220000－0841－0001379　經0941K

說文引經考證七卷說文引經互異說一卷　(清)陳瑑撰　清同治十三年(1874)崇文書局刻本　二册

220000－0841－0001380　經0989K
說文經字正誼四卷　(清)郭慶藩撰　清光緒二十年(1894)揚州郭氏刻本　二册

220000－0841－0001381　經1829F
說文佚字考四卷　(清)張鳴珂撰　清光緒十三年(1887)豫章刻寒梅閣集本　二册

220000－0841－0001382　經2208K
說文逸字辨證二卷　(清)李楨撰　清光緒十一年(1885)李氏畹蘭室刻本　二册

220000－0841－0001383　經2211K
說文染指二卷　(清)吳楚撰　清光緒十四年(1888)寄硯山房刻本　二册

220000－0841－0001384　經3141K
說文韻譜校五卷　(清)王筠撰　清光緒十七年(1891)濰縣劉氏刻本　二册

220000－0841－0001385　經2619K
說文經字考疏證六卷　(清)錢人龍撰　清光緒二十三年(1897)鉛活字印本　二册

220000－0841－0001386　經0931K
說文引易通釋十四卷　鍾祖綬撰　清宣統三年(1911)刻本　四册

220000－0841－0001387　經2684F
六書轉注錄十卷　(清)洪亮吉撰　清光緒四年(1878)授經堂刻洪北江全集本　二册

220000－0841－0001388　經2990K
六書會原十卷首一卷　(清)潘肇豐撰　清嘉慶六年(1801)刻本　六册

220000－0841－0001389　經0828K
六書通摭遺不分卷　(清)畢星海輯　清嘉慶六年(1801)基聞堂刻本　四册

220000－0841－0001390　經0829K
六書假借經徵四卷　(清)朱駿聲撰　清光緒十八年(1892)金陵刻本　三册

220000－0841－0001391　經0826K
六書原始十五卷　(清)賀崧齡輯　清同治三年(1864)四川劍州刻本　八册

220000－0841－0001392　經2322K
六書管見二十卷　(清)況祥麟撰　清光緒二年(1876)登善堂刻況氏叢書本　十六册

220000－0841－0001393　經0821K
六書類纂八卷讀篆臆存雜說一卷　(清)吳錦章撰　清光緒二十三年(1897)崇雅精舍刻本　五册

220000－0841－0001394　經2885K
六書舊義一卷　廖平撰　清光緒十三年(1887)刻本　一册

220000－0841－0001395　經2835K
六書辨一卷　(清)徐紹楨撰　清光緒三十三年(1907)刻本　一册

220000－0841－0001396　經1030K
說文解字韻譜十卷　(南唐)徐鍇撰　清同治三年(1864)馮桂芬刻本　二册

220000－0841－0001397　經0868K
說文分韻易知錄十卷　(清)許巽行撰　清光緒五年(1879)刻本　十册

220000－0841－0001398　經0997K
說文聲系十四卷　(清)姚文田撰　清光緒七年(1881)修補嘉慶刻本　二册

220000－0841－0001399　經0990K
說文字原韻表一卷　(清)胡重編　清嘉慶十六年(1811)秀水金氏之月香書屋刻本　一册

220000－0841－0001400　經1007F
許氏說文解字雙聲疊韻譜一卷　(清)鄧廷楨撰　清光緒七年(1881)知不足齋刻本　一册

220000－0841－0001401　經1038K
說文韻譜校五卷　(清)王筠撰　清光緒十六年(1890)濰縣劉嘉禾刻本　二册

220000－0841－0001402　經1037K
說文韻譜校五卷　(清)王筠撰　清光緒歸安姚覲元咫進齋刻本　二册

220000－0841－0001403　經0933K
說文審音十六卷　(清)張行孚撰　清光緒二十四年(1898)刻漸西村舍彙刻本　四冊

220000－0841－0001404　經1103K
說文古籀疏證六卷說文古籀原目一卷　(清)莊述祖撰　清光緒二十年(1894)莊殿華刻本　四冊

220000－0841－0001405　經1090K
說文古籀補十四卷附錄一卷　(清)吳大澂撰　清光緒七年(1881)刻本　二冊

220000－0841－0001406　經2155K
說文古籀補十二卷補遺一卷附錄一卷　(清)吳大澂撰　清光緒九年(1883)蘇州振新書社石印本　四冊

220000－0841－0001407　經1094K
說文古籀補十四卷附錄一卷　(清)吳大澂撰　清光緒二十四年(1898)吳氏湘中刻本　二冊

220000－0841－0001408　經1341
大廣益會玉篇三十卷　(南朝梁)顧野王撰　(唐)孫強增字　(宋)陳彭年等重修　清康熙四十三年(1704)張士俊刻澤存堂五種本　八冊

220000－0841－0001409　善0086
大廣益會玉篇三十卷　(南朝梁)顧野王撰　(唐)孫強增字　(宋)陳彭年等重修　清康熙四十三年(1704)張士俊刻澤存堂五種本　二冊

220000－0841－0001410　經2959K
大廣益會玉篇三十卷校刊札記一卷　(南朝梁)顧野王撰　(唐)孫強增修訂　(清)鄧顯鶴校　清道光三十年(1850)新化鄧氏邵州東山精舍刻本　四冊

220000－0841－0001411　善3000
汗簡七卷　(宋)郭忠恕撰　清康熙四十二年(1703)汪立名一隅草堂刻本　二冊

220000－0841－0001412　經1322K
汗簡三卷目錄敍畧一卷　(宋)郭忠恕撰　清光緒十一年(1885)刻本　二冊

220000－0841－0001413　經1324F
汗簡七卷汗簡目錄一卷　(宋)郭忠恕撰　(清)鄭珍箋正　清光緒十五年(1889)廣雅書局刻廣雅書局叢書本　六冊

220000－0841－0001414　經1936K
汗簡八卷　(宋)郭忠恕撰　(清)鄭珍箋正　清光緒十六年(1890)遵義黎庶昌影印十五年(1889)廣雅書局刻本　二冊

220000－0841－0001415　經2995K
類篇四十五卷　(宋)司馬光等撰　清光緒二年(1876)川東官舍刻本　七冊　存二十一卷(一至二十一)

220000－0841－0001416　經2338K
隸韻十卷考證二卷碑目考證一卷　(宋)劉球撰　清嘉慶十五年(1810)秦恩復刻本　十二冊

220000－0841－0001417　善3511
復古編二卷　(宋)張有撰　**校正一卷**　(清)葛鳴陽撰　**附錄一卷曾樂軒稿一卷**　(宋)張維撰　**安陸集一卷**　(宋)張先撰　清乾隆四十六年(1781)葛鳴陽刻本　三冊

220000－0841－0001418　經0856K
復古編二卷校正一卷附錄一卷　(宋)張有撰　(清)葛鳴陽撰　**曾樂軒稿一卷**　(宋)張維撰　**安陸集一卷**　(宋)張先撰　清光緒八年(1882)淮南書局刻本　三冊

220000－0841－0001419　善0074
漢隸字源五卷碑目一卷附字一卷　(宋)婁機撰　明毛氏汲古閣刻本　六冊

220000－0841－0001420　經1337
漢隸字源五卷碑目一卷　(宋)婁機輯　清毛氏汲古閣刻本　六冊

220000－0841－0001421　經1339K
漢隸字源五卷碑目一卷　(宋)婁機撰　清光緒三年(1877)川東官舍歸安姚覲元刻本

六冊

220000－0841－0001422　善 3183
班馬字類五卷　(宋)婁機輯　清揚州馬氏小玲瓏山館仿宋淳熙刻本　一冊

220000－0841－0001423　經 1274K
班馬字類五卷　(宋)婁機撰　清道光揚州馬氏玲瓏山館刻本　二冊

220000－0841－0001424　經 2339F
續復古編四卷　(元)曹本撰　清光緒十二年(1886)姚氏咫進齋刻邃雅堂全書本　四冊

220000－0841－0001425　善 3290
龍龕手鑑四卷　(遼)僧行均撰　清嘉慶張丹鳴虛竹齋刻本　六冊

220000－0841－0001426　善 3233
字彙十二卷首一卷末一卷　(明)梅膺祚撰　明萬曆四十三年(1615)刻本　十八冊

220000－0841－0001427　經 1319
字彙十二卷首一卷末一卷韻法直圖一卷　(明)梅膺祚撰　清康熙十八年(1679)刻本　十四冊

220000－0841－0001428　經 1265
字鑒五卷　(元)李文仲撰　清康熙澤存堂刻本　一冊

220000－0841－0001429　善 0089
大明同文集舉要五十卷　(明)田藝蘅撰　明萬曆十年(1582)汪以成刻本　十六冊

220000－0841－0001430　善 2740
三鱣堂篆韻正義五卷　(明)楊昌文撰　明崇禎十三年(1640)刻本　五冊

220000－0841－0001431　善 0036
重刊詳校篇海五卷　(明)李登撰　明萬曆三十六年(1608)刻本　二十冊

220000－0841－0001432　善 3055
摭古遺文二卷再增摭古遺文一卷　(明)李登撰　明萬曆三十一年(1603)李思謙刻本　一冊

220000－0841－0001433　善 3463
漢隸分韻七卷　(明)李石疊撰　清乾隆三十七年(1772)辨志堂刻本　二冊

220000－0841－0001434　經 1217K
篆訣辨釋不分卷　(明)□□撰　(明)陳鐘鳌重編　(清)甘受和訂梓　清光緒八年(1882)常塾抱芳閣刻本　二冊

220000－0841－0001435　子 1085
草字彙十二卷　(清)石梁編　清乾隆五十三年(1788)敬義齋刻本　六冊

220000－0841－0001436　子 1087K
草字彙十二卷　(清)石梁編　清北京宏道堂刻本　六冊

220000－0841－0001437　子 1077K
草說十五卷　(清)李濱撰　**草書編類一卷**　(清)李薛餘撰　清宣統三年(1911)影印本　八冊

220000－0841－0001438　子 5739K
草書集成五卷　(清)莊門熙纂輯　清光緒十二年(1886)上海書局石印本　四冊

220000－0841－0001439　善 2813
歷朝聖賢篆書百體千字文一卷清書千字文一卷　(清)孫枝秀集篆　清康熙擕雪軒刻本　一冊

220000－0841－0001440　經 0819
千文六書統要二卷千音從訛一卷　(清)胡正言輯篆　清康熙二年(1663)刻本　六冊

220000－0841－0001441　善 0034
康熙字典四十二卷　(清)張玉書等撰　清康熙五十五年(1716)内府刻本　四十冊

220000－0841－0001442　經 2937K
康熙字典十二集　(清)張玉書等撰　清道光七年(1827)刻本　四十冊

220000－0841－0001443　經 1549K
康熙字典十二集備考一卷　(清)張玉書等撰　清光緒八年(1882)上海點石齋石印本　四冊

220000－0841－0001444　經 1552K
康熙字典十二集備考一卷補遺一卷　(清)張玉書等撰　清光緒十年(1884)上海同文書局石印本　六册

220000－0841－0001445　經 1883K
康熙字典十二集　(清)張玉書等撰　清光緒十三年(1887)上海同文書局石印本　六册

220000－0841－0001446　經 2216K
康熙字典十二集　(清)張玉書等撰　清光緒十五年(1889)上海點石齋石印本　四册

220000－0841－0001447　經 2265K
康熙字典十二集　(清)張玉書等撰　清光緒十六年(1890)鴻寶齋石印本　六册

220000－0841－0001448　經 2105K
康熙字典十二集　(清)張玉書等撰　清光緒十八年(1892)上海同文書局石印本　六册

220000－0841－0001449　善 2758
鐘鼎字源五卷　(清)汪立名輯　清康熙五十五年(1716)汪氏一隅草堂刻本　二册

220000－0841－0001450　經 1291K
五經文字偏旁考三卷　(清)蔣騏昌編輯　清乾隆五十九年(1794)列岫山房刻本　三册

220000－0841－0001451　經 1502
隸法彙纂十卷　(清)項懷述編　清乾隆四十五年(1780)小酉山房刻本　四册

220000－0841－0001452　經 1219K
隸法彙纂十卷　(清)項懷述編錄　(清)江燦增輯　清同治九年(1870)古渝汪氏刻本　四册

220000－0841－0001453　經 1335
隸辨八卷　(清)顧藹吉撰　清乾隆八年(1743)刻本　十六册

220000－0841－0001454　經 2875K
隸辨八卷　(清)顧藹吉撰　清同治十二年(1873)漁古山房刻本　八册

220000－0841－0001455　經 1463K
繆篆分韻補一卷　(清)桂馥撰　清嘉慶元年(1796)刻本　一册

220000－0841－0001456　經 1472K
繆篆分韻五卷補遺一卷　(清)桂馥撰　清光緒歸安姚氏偲進齋刻本　二册

220000－0841－0001457　經 1579K
藝文備覽一百二十卷檢字一卷　(清)沙木集注　清嘉慶十二年(1807)刻本　三十二册

220000－0841－0001458　經 2618K
藝林一隅二卷　(清)章本烈撰　清嘉慶二十三年(1818)蘭芬書屋刻本　一册

220000－0841－0001459　經 1416K
字林古今正俗異同通考四卷　(清)湯容煟輯　清嘉慶二年(1797)四明滋德堂刻本　二册

220000－0841－0001460　經 1415K
字林古今正俗異同通考四卷六書辨異二卷補遺一卷　(清)湯容煟撰　清道光五年(1825)四明滋德堂刻本　四册

220000－0841－0001461　經 2033K
字林古今正俗異同通考四卷六書辨異二卷補遺一卷　(清)湯容煟輯　清道光五年(1825)四明滋德堂刻本　三册

220000－0841－0001462　經 2629K
字林考逸八卷附錄一卷補附錄一卷　(清)任大椿撰　(清)諸可寶補　(清)陶方琦撰　清光緒十六年(1890)江蘇書局刻本　四册

220000－0841－0001463　子 3800:1
字林考逸八卷　(晉)呂忱撰　(清)任大椿考逸　清光緒七年(1881)會稽章壽康刻本　二册

220000－0841－0001464　經 2498K
字學三書　(清)□□輯　清道光二十一年(1841)十芝堂刻本　三册

220000－0841－0001465　經 2824K
字學三種　(清)傅雲龍輯　清同治十三年(1874)味腴山館傅氏刻本　一册

220000－0841－0001466　經 1511K
字學七種　(清)李秘園輯　清光緒十二年

(1886)北京松竹齋刻本　二册

220000－0841－0001467　經 1932K
字學舉隅不分卷　(清)黄本驥　(清)龍啟瑞編　清道光二十二年(1842)左右江寧李光明莊刻本　一册

220000－0841－0001468　經 1505K
字學舉隅一卷　(清)黄本驥　(清)龍啟瑞輯　清同治十年(1871)上海曙海樓刻本　一册

220000－0841－0001469　經 1510K
字學舉隅一卷　(清)黄本驥　(清)龍啟瑞輯　清同治十三年(1874)崇文書局刻本　一册

220000－0841－0001470　叢 1268K
同文考證　(清)管受之輯　清道光二十二年(1842)莊景賢刻本　一册

220000－0841－0001471　經 2942K
同音字辨四卷　(清)劉維坊輯　清道光二十九年(1849)刻本　四册

220000－0841－0001472　經 2159K
同音字辨四卷　(清)劉維坊輯　清同治十二年(1873)善成堂刻本　四册

220000－0841－0001473　經 1211K
楷體蒙求八卷　(清)劉廷玉編輯　清同治十年(1871)常郡一枝山房刻本　四册

220000－0841－0001474　經 1508K
增廣字學舉隅四卷　(清)鐵珊輯　清同治十三年(1874)蘭州郡署刻本　四册

220000－0841－0001475　經 1253K
古今文字通釋十四卷　(清)吕世宜撰　清光緒五年(1879)龍溪林維源刻本　七册

220000－0841－0001476　經 1222K
經字辨體八卷　(清)邱家煒編　清道光二十三年(1843)刻本　四册

220000－0841－0001477　經 1336K
漢隸辨體四卷　(清)尹彭壽撰　清光緒二十一年(1895)尚志堂刻本　二册

220000－0841－0001478　經 1909K
隸有六卷拾遺一卷隸通一卷　(清)趙暲輯　清光緒十五年(1889)石印本　二册

220000－0841－0001479　經 1237K
字學尋源三卷　(清)峽山退士纂　清光緒二十三年(1897)守愚齋刻本　一册

220000－0841－0001480　經 1250K
文字發凡四卷　(清)龍志澤編　清光緒三十一年(1905)上海廣智書局鉛活字印本　二册

220000－0841－0001481　經 3018K
文字發凡四卷　(清)龍志澤編　清光緒三十二年(1906)上海廣智書局再版鉛活字印本　二册

220000－0841－0001482　經 1292K
偏旁舉畧一卷　(清)姚文田輯　清道光杭州朱氏抱經堂刻本　一册

220000－0841－0001483　經 1315K
字典考證十二集　(清)王引之撰　清道光七年(1827)愛日堂刻本　八册

220000－0841－0001484　經 3087K
字典考證十二集　(清)王引之撰　清道光十一年(1831)高郵王氏愛日堂刻本　二册

220000－0841－0001485　經 1312K
字典考證十二集　(清)王引之撰　清光緒二年(1876)崇文書局刻本　六册

220000－0841－0001486　經 2584K
正字畧定本一卷　(清)王筠撰　清道光十三年(1833)刻本　一册

220000－0841－0001487　經 1764K
文字蒙求四卷　(清)王筠撰　清光緒十三年(1887)梁溪浦氏刻本　二册

220000－0841－0001488　經 1762K
文字蒙求廣義四卷　(清)王筠撰　(清)蒯光典廣義　清光緒二十六年(1900)江楚書局刻本　五册

220000－0841－0001489　經 2021K
隸篇十五卷續十五卷再續十五卷　(清)翟雲升撰　清道光十八年(1838)刻本　十册

220000－0841－0001490　經1284K
字說一卷　(清)吳大澂撰　清光緒十九年(1893)思賢講舍刻本　一冊

220000－0841－0001491　經2023K
古籀拾遺三卷宋政和禮器文字考一卷　(清)孫詒讓撰　清光緒十六年(1890)刻本　二冊

220000－0841－0001492　經3068K
古籀拾遺三卷宋政和禮器文字考一卷　(清)孫詒讓撰　清光緒十六年(1890)瑞安周璪刻本　一冊

220000－0841－0001493　經2349K
古籀餘論三卷　(清)孫詒讓撰　清光緒二十九年(1903)籀經樓刻本　二冊

220000－0841－0001494　經1136K
名原二卷　(清)孫詒讓撰　清光緒三十一年(1905)刻本　一冊

220000－0841－0001495　經2813K
字法舉一歌一卷　(清)徐□□　沃田撰　清刻滿漢合璧本　一冊

220000－0841－0001496　經1503K
倉頡篇輯三卷　(清)孫星衍輯　**倉頡篇續一卷字林考逸八卷附錄一卷**　(清)陶方琦輯　**倉頡篇補二卷字林考逸補一卷**　(清)陶方琦輯　清光緒十六年(1890)江蘇書局刻本　六冊

220000－0841－0001497　經2678K
倉頡篇校證三卷補遺一卷　(清)梁章鉅撰　清光緒五年(1879)梁恭長刻本　二冊

220000－0841－0001498　經1607K
倉頡篇輯補斠證三卷說文解字引漢律令考二卷說文解字載漢律考錄二卷漢律考證一卷　(清)王仁俊撰　清光緒三十二年(1906)吳縣王氏刻本　一冊

220000－0841－0001499　經1614F
仿唐石經體寫本急就篇不分卷　(漢)史遊撰　(日本)小島知足書　清光緒黎庶昌刻古逸叢書單行本　一冊

220000－0841－0001500　經3056F
急就探奇不分卷　(漢)史游撰　(清)陳本禮箋訂　清嘉慶十七年(1812)裛露軒刻江都陳氏叢書本　二冊

220000－0841－0001501　經1986K
臨文便覽二種　(清)□□輯　清光緒二年(1876)京都松竹齋刻本　二冊

220000－0841－0001502　經1891K
澄衷蒙學堂字課圖說四卷檢字一卷類字一卷　(清)劉樹屏撰　清光緒三十三年(1907)石印本　五冊

220000－0841－0001503　經1713K
繪圖識字實在易一卷　(清)施崇恩撰　清光緒三十一年(1905)石印本　二十冊

220000－0841－0001504　善0160
音學五書　(清)顧炎武撰　清康熙六年(1667)山陽張弨符山堂刻本　十六冊

220000－0841－0001505　叢0265
音學五書　(清)顧炎武撰　清道光二十八年(1848)林春祺福田書海銅活字印本　十二冊　存二種

220000－0841－0001506　叢0264K
音學五書　(清)顧炎武撰　清光緒十一年(1885)四明觀稼樓刻本　十二冊

220000－0841－0001507　叢0262K
音學五書　(清)顧炎武撰　清光緒十六年(1890)長沙思賢講舍刻本　十二冊

220000－0841－0001508　叢1195K
江氏韻書三種　(清)江永撰　清咸豐元年(1851)洒陽陸建瀛木犀香館刻本　四冊

220000－0841－0001509　經2823K
枕漁韻學兩種　(清)顧淳撰　清光緒二十五年(1899)木活字印本　一冊

220000－0841－0001510　經1393K
唐寫本廣韻殘卷　(隋)陸法言撰　(唐)長孫納言注　(唐)孫愐定　清光緒三十四年(1908)吳縣蔣斧影印本　二冊

220000－0841－0001511　經 1394
唐寫本廣韻殘卷　(隋)陸法言撰　(唐)長孫納言注　(唐)孫愐定　清光緒三十四年(1908)吳縣蔣斧影印本　一冊

220000－0841－0001512　善 0087
廣韻五卷　(隋)陸法言撰　(宋)陳彭年等重修　清康熙四十三年(1704)張士俊澤存堂刻本　二冊

220000－0841－0001513　善 2913
廣韻五卷　(宋)陳彭年撰　清康熙六年(1667)陳上年、張弨刻本　五冊

220000－0841－0001514　經 1351K
廣韻五卷　(隋)陸法言撰　(宋)陳彭年等重修　清道光三十年(1850)新化鄧顯鶴校澤存堂刻本　四冊

220000－0841－0001515　經 2958K
廣韻五卷　(宋)陳彭年等撰　清道光三十年(1850)鄧氏邵州東山精舍刻本　四冊

220000－0841－0001516　經 1344
集韻十卷　(宋)丁度等撰　清康熙四十五年(1706)刻曹楝亭五種本　十冊

220000－0841－0001517　善 0102
新集古文四聲韻五卷附録一卷　(宋)夏竦撰　清乾隆四十四年(1779)新安汪啟淑刻本　二冊

220000－0841－0001518　經 1096K
切韻指掌圖一卷　題(宋)司馬光撰　清光緒九年(1883)上海同文書局影印宋本　一冊

220000－0841－0001519　經 1349F
韻補五卷附録一卷　(宋)吳棫撰　**韻補正一卷**　(清)顧炎武撰　清道光二十八年(1848)靈石楊尚文刻連筠簃叢書本　二冊

220000－0841－0001520　經 1537
詩韻輯略五卷　(明)潘恩輯　明隆慶刻本　五冊

220000－0841－0001521　善 0067
改併五音類聚四聲篇十五卷　(金)韓道昭撰　明成化十年(1474)司禮監刻本　八冊

220000－0841－0001522　善 2270
大明正德乙亥重刊改併五音集韻十五卷　(金)韓道昭撰　明正德十年至十一年(1515－1516)刻本　一冊　存三卷(一至三)

220000－0841－0001523　善 0064
新編經史正音切韻指南一卷　(元)劉鑑撰　明正德十一年(1516)釋覺恒刻本　一冊

220000－0841－0001524　經 1352K
古今韻會舉要三十卷　(元)熊忠撰　清光緒九年(1883)淮南書局刻本　十冊

220000－0841－0001525　善 0288
洪武正韻十六卷　(明)樂韶鳳　(明)宋濂撰　明劉以節刻本　五冊

220000－0841－0001526　善 0270
洪武正韻十卷　(明)宋濂撰　(明)楊時偉補箋　明崇禎刻本　五冊

220000－0841－0001527　善 0072
新編篇韻貫珠集八卷　(明)釋真空撰　明弘治十一年(1498)刻本　二冊

220000－0841－0001528　善 1882
重訂併音連聲韻學集成十三卷　(明)章黼撰　明萬曆三十四年(1606)明德書院刻本　十三冊

220000－0841－0001529　善 2779
詩韻釋要五卷古韻釋要一卷　(明)潘雲傑撰　明萬曆三十三年(1605)刻本　二冊

220000－0841－0001530　經 2142
古今韻會舉要小補三十卷　(明)方日升撰　(明)李維楨評　明萬曆四知館刻本　十冊

220000－0841－0001531　經 1216
正韻箋二卷　(明)沈延銓撰　**學古編二卷**　(元)吾丘衍撰　(明)何震續　明天啓二年(1622)刻本　四冊

220000－0841－0001532　經 2141
音韻正訛四卷　(明)孫耀輯　(明)吳思本訂　明崇禎九如堂刻本　二冊

220000－0841－0001533　善3398
音韻正訛四卷　(明)孫耀輯　(明)吳思本訂　明崇禎十七年(1644)九如堂刻本　一冊

220000－0841－0001534　經1880
音韻正訛四卷　(明)孫耀輯　(明)吳思本訂　清刻本　二冊

220000－0841－0001535　經1192
韻法横圖一卷韻法直圖一卷　(明)李世澤輯　明宣城梅膺祚刻本　一冊

220000－0841－0001536　經1115K
韻歧五卷　(清)江昱輯　清光緒七年(1881)刻本　二冊

220000－0841－0001537　善0322
古今通韻十二卷　(清)毛奇齡撰　清康熙二十四年(1685)刻本　十四冊

220000－0841－0001538　善0274
古今韻略五卷　(清)邵長蘅撰　清康熙三十五年(1696)商丘宋犖刻本　二冊

220000－0841－0001539　經1188
古今韻略五卷　(清)邵長蘅撰　清康熙三十五年(1696)刻本　六冊

220000－0841－0001540　善3073
韻雅五卷雜論一卷識餘一卷　(清)施何牧撰　清雍正刻本　一冊　存三卷(一至三)

220000－0841－0001541　經2549K
韻切指歸四十四卷　(清)吳遐齡撰　清道光七年(1827)集古堂刻本　六冊

220000－0841－0001542　經1179
類音八卷　(清)潘耒撰　清康熙五十一年(1712)刻本　四冊

220000－0841－0001543　善0259
音韻闡微十八卷韻譜一卷　(清)李光地等撰　清雍正六年(1728)武英殿刻本　五冊

220000－0841－0001544　經1125K
同聲千字文一卷同聲續千字文一卷　(清)朱紫集　清嘉慶十六年(1811)永墓堂刻本　八冊

220000－0841－0001545　經1484K
五方元音二卷　(清)樊騰鳳撰　(清)年希堯增補　清道光二十年(1840)敬文堂刻本　六冊

220000－0841－0001546　經1485K
五方元音二卷　(清)樊騰鳳撰　(清)年希堯增補　清光緒九年(1883)掃葉山房刻本　四冊

220000－0841－0001547　經1486K
五方元音二卷　(清)樊騰鳳撰　(清)年希堯增補　清光緒十二年(1886)京都文興堂刻本　一冊

220000－0841－0001548　經2431K
分韻五方元音二卷首一卷　(清)樊騰鳳撰　(清)趙培梓改正新編　清文成堂刻本　五冊

220000－0841－0001549　經1483K
分韻五方元音三卷首一卷　(清)樊騰鳳撰　(清)趙培梓改正新編　清上海書坊石印本　四冊

220000－0841－0001550　經1566
同文韻統六卷　(清)允祿等撰　清乾隆十五年(1750)武英殿刻朱墨套印本　五冊

220000－0841－0001551　經1569K
欽定同文韻統六卷　(清)允祿等監纂　清宣統二年(1910)理藩部仿殿本朱墨套印本　五冊

220000－0841－0001552　經2251K
朱飲山三韻易知十卷　(清)朱燮撰　(清)楊廷茲重纂　清乾隆刻本　一冊　存五卷(一至五)

220000－0841－0001553　經2999K
詩韻含英十八卷　(清)劉文蔚輯　**詩韻異同辨不分卷**　(清)彭元瑞撰　清道光九年(1829)舍南小築刻本　二冊

220000－0841－0001554　經1452K
字類標韻六卷　(清)華綱輯　清同治十一年(1872)刻本　二冊

220000－0841－0001555　經 2113
古韻標準四卷四聲切韻表一卷　(清)江永撰　清乾隆三十六年(1771)潮陽縣衙刻本　三冊

220000－0841－0001556　善 358
古韻標準四卷首一卷　(清)江永編　(清)羅有高補考　清乾隆六十年(1795)安陽縣衙刻本　二冊

220000－0841－0001557　經 1182K
古韻標準四卷　(清)江永編　**聲調前譜一卷後譜一卷**　(清)趙執信撰　清嘉慶二十三年(1818)書帶草堂刻本　四冊

220000－0841－0001558　經 2554F
四聲切韻表一卷凡例一卷　(清)江永編　清乾隆三十六年(1771)恩平縣衙刻貸園叢書本　一冊

220000－0841－0001559　經 1070K
四聲切韻表補正三卷首一卷末一卷　(清)江永編　(清)汪曰楨補正　清光緒三年(1877)無稽學舍刻本　二冊

220000－0841－0001560　經 1407K
音學辨微一卷　(清)江永撰　清宣統元年(1909)國學保存會石印本　一冊

220000－0841－0001561　經 2743K
音學辨微寫本一卷　(清)江永撰並書　清宣統元年(1909)國學保存會影印本　一冊

220000－0841－0001562　經 1261K
音韻闡微十八卷　(清)聖祖玄燁撰　清光緒七年(1881)淮南書局刻本　十冊

220000－0841－0001563　經 3088K
韻府萃音十二卷　(清)龍柏撰　清嘉慶十五年(1810)朱墨套印本　十二冊

220000－0841－0001564　經 1137F
聲韻考四卷　(清)戴震撰　清乾隆周永年刻貸園叢書本　一冊

220000－0841－0001565　經 1895
韻字辨同五卷　(清)彭元瑞編　(清)翁方綱校　清乾隆二十九年(1764)刻本　二冊

220000－0841－0001566　經 1071K
諧聲補逸十四卷　(清)宋保撰　清嘉慶八年(1803)刻本　二冊

220000－0841－0001567　經 2650K
佩文韻篆六卷　(清)張家慶撰　清嘉慶二年(1797)澤經堂刻本　三冊

220000－0841－0001568　經 2447K
韻書音義考五卷　(清)李光瓊撰　清嘉慶四年(1799)慎詒堂刻本　二冊　存二卷(一至二)

220000－0841－0001569　經 1069K
漢學諧聲二十四卷說文補考一卷說文又考一卷　(清)戚學標撰　清嘉慶九年(1804)涉縣官署刻本　八冊

220000－0841－0001570　經 2476K
四音釋義十二卷　(清)鄭長庚輯　清嘉慶二十五年(1820)刻本　十二冊

220000－0841－0001571　經 1934
詩音表一卷　(清)錢坫撰　清乾隆四十二年(1777)刻本　一冊

220000－0841－0001572　經 1191K
漢魏音四卷　(清)洪亮吉撰　清同治刻宏達堂刻本　一冊

220000－0841－0001573　經 1470K
四聲易知錄四卷　(清)姚文田撰　清嘉慶十七年(1812)刻本　二冊

220000－0841－0001574　經 1065F
古音諧八卷首一卷　(清)姚文田撰　清道光二十六年(1846)刻邃雅堂全書本　四冊

220000－0841－0001575　經 1348
廣韻新編不分卷　(清)勉學堂主人編　清康熙五十一年(1712)刻本　五冊

220000－0841－0001576　經 1539
詩法廣韻合刻　(清)同陞閣輯　清乾隆二十五年(1760)京都同陞閣刻本　四冊

220000－0841－0001577　經 2451K

李氏音鑑六卷　(清)李汝珍撰　清嘉慶十五年(1810)寶善堂刻本　四册

220000－0841－0001578　善 0230

詩韻歌訣初步五卷新編佩文詩韻四聲譜廣註二卷　(清)倪璐撰　清乾隆二十五年至三十六年(1760－1771)克復堂刻本　四册

220000－0841－0001579　經 1369

等音新集前編一卷後編一卷　(清)梅建□授　(清)璩萬鑑編　清乾隆二十五年(1760)述聖齋刻本　二册

220000－0841－0001580　經 1529K

佩文詩韻釋要五卷　(清)周兆基原輯　(清)朱蘭重輯　清光緒元年(1875)崇文書局刻本　一册

220000－0841－0001581　經 2398K

佩文詩韻釋要五卷　(清)周兆基撰　(清)吕鳳歧增訂　清光緒九年(1883)山西督學使署刻本　一册

220000－0841－0001582　經 1533K

佩文詩韻釋要五卷　(清)周兆基原輯　(清)朱蘭重輯　清光緒十五年(1889)刻本　一册

220000－0841－0001583　經 1534K

佩文詩韻釋要五卷　(清)周兆基原輯　(清)陸潤庠重校　清宣統三年(1911)商務印書館影印本　二册

220000－0841－0001584　經 1118

韻學五卷韻學臆說一卷　(清)王植撰　清雍正八年(1730)刻本　六册

220000－0841－0001585　經 2034

讀詩韻新訣二卷附録一卷　(清)徐鍾郎撰　清雍正五年(1727)奎映堂刻本　二册

220000－0841－0001586　經 1059K

古韻發明不分卷切字肆考不分卷　(清)張畊撰　清道光六年(1826)芸心堂刻本　四册

220000－0841－0001587　經 1213

音韻輯要二十一卷　(清)王鵕撰　清乾隆四十九年(1784)刻本　三册

220000－0841－0001588　經 2910F

切字肆考不分卷　(清)張畊撰　清道光六年(1826)芸心堂刻本　一册

220000－0841－0001589　經 2672K

四書音韻不分卷韻學入門一卷　(清)劉柏輯　清道光十年(1830)清源堂刻本　二册

220000－0841－0001590　經 2448K

圓音正考一卷　(清)存之堂輯　清道光十年(1830)三槐堂刻本　一册

220000－0841－0001591　經 1124K

經韻集字析解二卷　(清)熊守謙參訂　(清)彭良敞集註　清道光二年(1822)天津刻本　二册

220000－0841－0001592　經 1878K

切音便覽一卷　(清)李許夔撰　清道光十一年(1831)留香齋刻本　一册

220000－0841－0001593　經 2071K

漁古軒詩韻五卷　(清)余照原本　(清)朱德蕃增訂　清道光十七年(1837)新園刻本　二册

220000－0841－0001594　經 2568K

詩韻珠璣五卷　(清)余照撰　清嘉慶五年(1800)一枝山房刻本　五册

220000－0841－0001595　經 1540K

詩韻集成十卷　(清)余照輯　清同治六年(1867)刻本　二册

220000－0841－0001596　經 0834K

韻徵十六卷　(清)安吉纂輯　清道光十八年(1838)刻本　六册

220000－0841－0001597　經 2446K

佩文韻溯源五卷　(清)劉家鎮撰　清道光十七年(1837)摦均尻刻本　一册

220000－0841－0001598　經 1057K

古韻溯原八卷　(清)安念祖　(清)華湛恩輯　清道光十九年(1839)親仁堂刻本　四册

220000－0841－0001599　經 1363K

射聲小譜一卷　(清)程定謨編　清光緒四年(1878)刻本　一冊

220000－0841－0001600　經 1469K

音韻逢源十二部　(清)裕恩撰　(清)禧恩校閱　清道光二十年(1840)聚珍堂刻本　四冊

220000－0841－0001601　經 1109K

韻字畧十二集　(清)毛謨輯　清光緒元年(1875)崇文書局刻本　二冊

220000－0841－0001602　子 3427K

分類韻錦十二卷　(清)郭化霖編　清道光二十六年(1846)書業德記刻本　十二冊

220000－0841－0001603　經 2589K

韻府翼五卷　(清)郭鑑庚撰　清光緒元年(1875)刻本　二冊

220000－0841－0001604　經 1466K

韻府翼五卷　(清)郭鑑庚撰　清光緒元年(1875)刻本　四冊

220000－0841－0001605　善 3443

字林考韻十二卷　(清)楊兆泂撰　清乾隆十六年(1751)白醉樓刻本　十二冊

220000－0841－0001606　史 10873K

韻辨一隅八卷補遺一卷續補一卷　(清)諸玉衡撰　清咸豐五年(1855)古楂溪郁氏宜稼堂刻本　四冊

220000－0841－0001607　經 2532K

正音咀華三卷續編一卷　(清)莎彝尊撰　清咸豐三年(1853)聚文堂刻朱墨套印本　二冊

220000－0841－0001608　經 2128K

五經不二字音韻釋文不分卷　(清)楊青蘼撰　清道光三十年(1850)刻本　二冊

220000－0841－0001609　經 2569K

正音切韻指掌一卷　(清)莎彝尊撰　清咸豐十年(1860)塵談軒廣州刻本　一冊

220000－0841－0001610　經 1499K

廣金石韻府五卷　(清)朱時望編纂　(清)林尚葵廣輯　(清)李根校正　(清)張鳳藻增訂篆刊　清咸豐七年(1857)巴陵張氏刻本　六冊

220000－0841－0001611　經 1979K

韻學辨中備五卷　(清)張亨釪撰　清咸豐十年(1860)廣東刻朱墨藍三色套印本　二冊

220000－0841－0001612　經 1210K

古音類表九卷　(清)傅壽彤撰　清光緒二年(1876)大梁臬刻本　四冊

220000－0841－0001613　經 2308K

佩文廣韻匯編五卷　(清)李元棋編輯　清同治十一年(1872)金陵書局刻本　二冊

220000－0841－0001614　經 1759K

歌麻古韻考四卷　(清)吳樹聲撰　清同治八年(1869)刻本　四冊

220000－0841－0001615　經 1498F

歌麻古韻考四卷　(清)吳樹聲撰　(清)苗夔補注　清光緒五年(1879)定州王氏刻畿輔叢書本　二冊

220000－0841－0001616　經 1355K

正音通俗表摘要不分卷　(清)潘逢禧輯　清同治九年(1870)逸香齋刻本　二冊

220000－0841－0001617　經 2051K

翻切簡可篇二卷　(清)張燮承撰　清同治十一年(1872)蘇州刻本　二冊

220000－0841－0001618　經 2455K

音韻貫珠八卷　(清)賈椿齡撰　清同治十一年(1872)文堂刻本　四冊

220000－0841－0001619　經 2471K

增訂詩韻便覽五卷　(清)王星奎輯　清同治十三年(1874)山左任城刻本　五冊

220000－0841－0001620　經 3125K

述均十卷　(清)夏燮撰　清咸豐五年(1855)刻本　二冊

220000－0841－0001621　經 2093K

韻辨附文五卷　(清)沈兆霖撰　清同治十二年(1873)東川書院刻本　五冊

220000－0841－0001622　經 1212K
韻辨附文五卷　(清)沈兆霖撰　清同治十三年(1874)黔陽刻本　五冊

220000－0841－0001623　經 1193K
同文韻綴五卷同文韻遺一卷　(清)馬魁撰　清光緒元年(1875)刻本　六冊

220000－0841－0001624　經 1375K
集韻考正十卷　(清)方成珪撰　清光緒五年(1879)瑞安孫詒讓善祠塾刻永嘉叢書本　十冊

220000－0841－0001625　經 1119F
切韻考六卷切韻考外篇三卷　(清)陳澧撰　清光緒八年(1882)刻番禺陳氏東塾叢書本　三冊

220000－0841－0001626　經 2557K
切韻考六卷外篇三卷　(清)陳澧撰　清石印本　二冊　存六卷(切韻考六卷)

220000－0841－0001627　經 1739K
切韻求蒙一卷四聲韻譜十六卷　(清)寒白退士撰　清光緒十六年(1890)梁氏家塾刻本　四冊

220000－0841－0001628　經 1367F
四音定切四卷首一卷　(清)劉熙載撰　清光緒四年(1878)刻古桐書屋六種本　二冊

220000－0841－0001629　經 3116K
古韻通說二十卷　(清)龍啟瑞撰　清同治六年(1867)刻本　四冊

220000－0841－0001630　經 1186K
古韻通說二十卷　(清)龍啟瑞撰　清光緒九年(1883)四川尊經書局刻本　四冊

220000－0841－0001631　經 1761K
古韻通說二十卷　(清)龍啟瑞撰　清同治六年(1867)廣州刻本　四冊

220000－0841－0001632　經 3115K
詩韻審音六卷　(清)謝元淮撰　清光緒二年(1876)衡陽魏氏刻本　二冊

220000－0841－0001633　經 1935F
詩雙聲疊韻譜四卷　(清)鄧廷楨撰　清道光十八年(1838)精刻雙硯齋叢書本　一冊

220000－0841－0001634　經 1551K
韻綜十二集　(清)陳貽厚編輯　清道光二十一年(1841)蘇州書業堂刻本　十二冊

220000－0841－0001635　經 1433K
蕭選韻系二卷　(清)李麟閣編輯　清光緒十年(1884)上海同文書局石印本　二冊

220000－0841－0001636　經 2771K
韻字同異辨二卷　(清)胡文炳撰　清光緒二年(1876)蘭石齋刻本　二冊

220000－0841－0001637　經 1538K
詩韻合璧五卷汪立名論古韻通一卷　(清)湯文潞輯　清光緒書坊鉛活字印本　五冊

220000－0841－0001638　經 2376
詩韻全璧五卷初學檢韻一卷　題(清)暢懷書屋主人編　**虛字韻藪一卷**　(清)潘維城輯　清光緒十七年(1891)上海鴻寶齋石印本　五冊

220000－0841－0001639　經 3112K
十三經字約審音辨同十二卷末一卷　(清)華振撰　清光緒二年(1876)刻本　一冊

220000－0841－0001640　經 2945K
初學審音二卷　(清)葉庭鑾輯　清光緒三年(1877)武林刻本　一冊

220000－0841－0001641　經 1824K
二十三母土音表讀法一卷　(清)吳善述編　清光緒四年(1878)四明黃氏補不足齋刻本　一冊

220000－0841－0001642　經 2379K
籟典四卷　(清)章啟勳撰　清光緒五年(1879)如過客齋刻本　四冊

220000－0841－0001643　經 2547K
切音捷訣一卷幼學切音便讀一卷　(清)酈珩撰　清光緒六年(1880)摭古堂刻本　一冊

220000－0841－0001644　經 1371K
切音捷訣一卷切音便讀一卷　(清)酈珩輯

清光緒六年(1880)諸暨摭古堂刻本　一冊

220000－0841－0001645　經 2943K
詩韻辨字增註五卷　(清)張澐卿撰　清光緒七年(1881)刻本　一冊

220000－0841－0001646　經 3078K
韻目表一卷　(清)錢學嘉撰　清光緒七年(1881)刻本　一冊

220000－0841－0001647　經 2254K
空谷傳聲一卷　(清)汪鎏撰　清光緒八年(1882)李光明莊刻本　一冊

220000－0841－0001648　經 1536K
詩韻析五卷首一卷末一卷　(清)江烜撰　清光緒九年(1883)紫陽書院刻本　四冊

220000－0841－0001649　經 2493K
選韻一卷　(清)陸潤庠撰　清光緒十二年(1886)刻本　一冊

220000－0841－0001650　經 1365K
古今中外音韻通例不分卷　(清)胡垣撰　清光緒十四年(1888)刻本　四冊

220000－0841－0001651　經 1897K
詩韻集成題考合刻十卷　(清)王文淵編　清光緒十四年(1888)新都魏朝俊古香閣刻本　五冊

220000－0841－0001652　經 2607K
六書系韻二十四卷首一卷檢字一卷　(清)李貞輯　清光緒十六年(1890)刻本　二十六冊

220000－0841－0001653　叢 0325K
聽古廬聲學十書　(清)時庸勱撰　清光緒十八年(1892)河南星使行臺刻本　四冊

220000－0841－0001654　子 5197K
山門新語五學四卷首一卷　(清)周贇撰　清光緒三十三年(1907)刻本　四冊

220000－0841－0001655　經 1796K
詩韻十便十二卷　(清)楊得春撰　清光緒二十年(1894)彭縣刻本　十二冊

220000－0841－0001656　經 1464K
傳音快字不分卷　(清)蔡錫勇撰　清光緒二十二年(1896)武昌刻本　一冊

220000－0841－0001657　經 2780K
拼音字譜一卷　(清)王炳耀撰　清光緒二十三年(1897)刻本　一冊

220000－0841－0001658　經 2411K
新鐫彙音妙悟全集二卷　(清)黃謙纂輯　清光緒二十九年(1903)福州集新堂刻本　一冊

220000－0841－0001659　經 2008K
五音集字十集集字繫聲二卷　(清)汪朝恩撰　清光緒三十四年(1908)渝城聖家書局刻本　十二冊

220000－0841－0001660　經 2595K
五音韻譜正字二卷　(清)曾紀澤錄　清光緒刻本　二冊

220000－0841－0001661　經 1161K
韻考略五卷　(清)謝庭蘭撰　清光緒刻本　二冊

220000－0841－0001662　經 2192K
潮聲十五音四卷　(清)張世珍撰　清宣統元年(1909)汕頭文明商務書局石印本　四冊

220000－0841－0001663　經 1915K
音通二卷　(清)陳宗彝撰　清宣統三年(1911)石印本　二冊

220000－0841－0001664　經 1473K
問奇一覽二卷　(清)李書雲輯　清抄本　四冊

220000－0841－0001665　經 2513K
重訂合聲簡字譜一卷　勞乃宣撰　清光緒三十二年(1906)江寧矩齋所學刻本　一冊

220000－0841－0001666　經 3003K
四聲精辨不分卷四聲辨異不分卷　(□)□□撰　清道光徐豐池刻本　六冊

220000－0841－0001667　經 2654K
簡字叢錄一卷　勞乃宣撰　清光緒三十二年(1906)金陵刻本　一冊

220000－0841－0001668　經 1142F

等韻一得内篇外篇　勞乃宣撰　清光緒二十四年(1898)矩齋所學刻本　二册

220000－0841－0001669　經 1372K

京音簡字述畧一卷　勞乃宣撰　清光緒三十三年(1907)金陵矩齋所學刻本　一册

220000－0841－0001670　經 2475K

韻海大全不分卷　(清)仁壽室主人輯　清光緒十二年(1886)上海積山書局石印本　六册

220000－0841－0001671　經 1795K

韻海大全不分卷　(□)□□編輯　清光緒十二年(1886)上海鴻章書局石印本　六册

220000－0841－0001672　經 2428K

文通十卷　(清)馬建忠撰　清光緒二十八年(1902)上海文林石印本　八册

220000－0841－0001673　集 9165K

文通十卷　(清)馬建忠撰　清光緒二十四年(1898)鉛活字印本　四册

220000－0841－0001674　善 3381

廣彙全書四卷聯珠集一卷　(清)劉順　(清)桑格輯　清康熙四十一年(1702)刻滿漢合璧本　五册

220000－0841－0001675　善 3422

聯珠集一卷　(清)張天祈撰　清康熙三十八年(1699)刻滿漢合璧本　一册

220000－0841－0001676　善 3409

陸桴亭思辨録輯要三十五卷　(清)陸世儀撰　(清)張伯行重訂　清康熙四十八年(1709)張氏正誼堂刻本　五册

220000－0841－0001677　經 1518K

清文彙書十二卷　(清)李延基撰　清光緒京都隆福寺三槐堂刻本　十二册

220000－0841－0001678　善 3352

御製增定清文鑑三十二卷補編四卷總綱八卷補總綱一卷　(清)傅恆等纂　清乾隆三十八年(1773)武英殿刻本　六册　存六卷(二、六至十)

220000－0841－0001679　經 2442K

滿漢字清文啟蒙四卷　(清)舞格撰　(清)程明遠校刊　清雍正八年(1730)宏文閣刻本　二册　缺二卷(三至四)

220000－0841－0001680　經 1523K

清文啟蒙四卷　(清)壽平撰　清程明遠刻本　四册

220000－0841－0001681　經 1521K

欽定清漢對音字式一卷　(清)高宗弘曆敕編　清同治九年(1870)抄本　二册

220000－0841－0001682　經 2683K

欽定清漢對音字式一卷　(清)高宗弘曆敕編　清刻本　一册

220000－0841－0001683　經 1525K

欽定清漢對音字式一卷　(清)高宗弘曆敕編　清道光十六年(1836)刻本　一册

220000－0841－0001684　經 3058K

清文補彙八卷　(清)宜興編　清嘉慶四年(1799)刻本　八册

220000－0841－0001685　經 2644K

清文補彙七卷　(清)宜興撰　清嘉慶七年(1802)刻滿漢合璧本　七册

220000－0841－0001686　經 1517K

清文指要三卷續編二卷　(□)□□撰　清嘉慶十四年(1809)三槐堂刻本　四册

220000－0841－0001687　經 2808K

清文接字一卷　(清)嵩洛峰撰　清同治五年(1866)刻滿漢合璧本　一册

220000－0841－0001688　經 2579K

清文接字一卷　(清)嵩洛峰撰　清光緒十四年(1888)京都三槐堂刻滿漢合璧本　一册

220000－0841－0001689　經 2046K

法字入門一卷　(清)龔渭琳撰　清光緒十三年(1887)鉛活字印本　一册

220000－0841－0001690　經 2043K

寧英列韻字彙一卷　(□)□□撰　清光緒十年(1884)鉛活字印本　一册

220000－0841－0001691　子4540K
初學必讀　(□)□□編　清光緒十六年(1890)京都聚珍堂刻滿漢合璧本　六册

220000－0841－0001692　經1527K
清文虚字指南編二卷　(清)萬福撰　清光緒十一年(1885)澍民刻本　二册

220000－0841－0001693　經2327K
四體合璧文鑑三十二卷　(清)□□輯　清刻本　十一册

220000－0841－0001694　經2127K
六部成語六卷　(清)□□撰　清京都文盛堂刻滿漢合璧本　六册

220000－0841－0001695　經2440K
滿漢六部成語六卷　(清)□□撰　清嘉慶二十一年(1816)京都文盛堂刻本　六册

220000－0841－0001696　經1522K
滿漢六部成語六卷　(清)□□撰　清道光二十二年(1842)小酉堂刻本　六册

220000－0841－0001697　經2516K
滿蒙文高等學堂課本不分卷　白揚曾譯　清宣統抄本　三册

220000－0841－0001698　經1320K
滿漢篆書注字彙十二卷韻法直圖一卷　(明)梅膺祚原本　(清)張元凱增補　清乾隆二十七年(1762)帶月樓刻本　十三册　缺一卷(一)

220000－0841－0001699　經1519K
醒世要言四卷　(清)和素輯　(清)孟保譯　清光緒二年(1876)刻本　二册

220000－0841－0001700　經2898K
清語摘抄四種　(清)□□撰　清光緒十五年(1889)京都聚珍堂刻滿漢合璧本　四册

220000－0841－0001701　經2952K
滿蒙漢三文合璧教科書第一册　榮德撰　清宣統元年(1909)蒙務局石印本　一册

220000－0841－0001702　經1526K
蒙文總彙不分卷　(清)李鋐編　清光緒十七年(1891)刻本　十二册

220000－0841－0001703　經2048K
英語集全六卷　(清)唐廷樞撰　清同治元年(1862)刻本　六册

220000－0841－0001704　經1905K
英語指南六卷　(清)楊勳輯譯　清光緒五年(1879)求志草堂石印本　六册

220000－0841－0001705　史10639K
奏摺條件輯覽四卷　(清)張守誠撰　清光緒十六年(1890)皖江節署刻本　一册

220000－0841－0001706　善0027
易緯八種十二卷　(漢)鄭玄注　清乾隆三十八年(1773)武英殿刻本　二册

220000－0841－0001707　經2698K
古微書三十六卷　(明)孫瑴輯　清嘉慶十七年(1812)禹航對山問月樓刻本　四册

220000－0841－0001708　經3071K
古微書三十六卷　(明)孫瑴撰　清嘉慶二十一年(1816)對山問月樓刻本　十二册

220000－0841－0001709　經0185K
考正古微書三十六卷　(明)孫瑴編　清嘉慶十六年(1811)勸業堂章氏刻本　四册

220000－0841－0001710　經0188K
删微三十六卷　(明)孫瑴編　清嘉慶十五年(1810)木活字印本　六册

220000－0841－0001711　善0001
二十四史　清乾隆武英殿刻道光四年(1824)修補印本　六百九十册

220000－0841－0001712　史10270K
二十四史　清同治、光緒五省官書局據汲古閣本合刻光緒五年(1879)湖北書局彙印本　五百十册　缺一百九十九卷(史記一至一百三十、索隱一至二,唐書九十五至一百六,宋史一百五十八至二百九,明史四十三至四十五)

220000－0841－0001713　史1012K
二十四史　清光緒五洲同文書局石印本　六

百八十六册　缺一百三十二卷(史記一至一百三十、索隱一至二)

220000－0841－0001714　史1029K
二十四史　清光緒五洲同文書局石印本　七百四十二册　缺四卷(前漢書二十七、舊唐書一至三)

220000－0841－0001715　史1021K
二十四史　清光緒十四年(1888)上海圖書集成公司鉛活字印本　三百八十八册

220000－0841－0001716　史7849K
二十四史　清光緒三十三年(1907)上海集成圖書公司鉛活字印本　三百九十二册

220000－0841－0001717　史1477K
二十四史　清光緒十八年(1892)竹簡齋石印本　二百册

220000－0841－0001718　史12306K
武英殿本二十三史考證　(清)陳浩等撰　清光緒刻本　一册　存一種

220000－0841－0001719　史1186K
二十四史三表二十卷　(清)段長基撰　清同治四年(1865)曾氏味石山房刻本　三十二册

220000－0841－0001720　史1316
弘簡録二百五十四卷　(明)邵經邦撰　**續弘簡録元史類編四十二卷**　(清)邵遠平撰　清康熙刻乾隆重修本　七十二册

220000－0841－0001721　史1317
弘簡録二百五十四卷　(明)邵經邦撰　清康熙二十七年(1688)邵遠平刻乾隆重修本　五十二册

220000－0841－0001722　史12443K
思益堂史學四種　(清)周壽昌撰　清光緒十年(1884)周氏小對竹軒刻本　十六册

220000－0841－0001723　史1134K
遼金元史語解四十六卷　清道光四年(1824)刻本　七册

220000－0841－0001724　史1232K
遼金元史語解四十六卷　清光緒四年(1878)江蘇書局刻本　十册

220000－0841－0001725　史12447K
史記集解一百三十卷　(漢)司馬遷撰　清宣統三年(1911)秋賓池劉氏刻本　二十四册

220000－0841－0001726　善2072
史記一百三十卷　(漢)司馬遷撰　(南朝宋)裴駰集解　(唐)司馬貞索隱　(唐)張守節正義　明正德十二年(1517)廖鎧刻本　一册

220000－0841－0001727　善0557
史記一百三十卷　(漢)司馬遷撰　(南朝宋)裴駰集解　(唐)司馬貞索隱　(唐)張守節正義　明萬曆二年至三年(1574－1575)南京國子監刻本　二十三册

220000－0841－0001728　善0503
史記一百三十卷　(漢)司馬遷撰　(南朝宋)裴駰集解　(唐)司馬貞索隱　(唐)張守節正義　明新安吴勉學刻本　二十四册

220000－0841－0001729　善0475
史記一百三十卷　(漢)司馬遷撰　(南朝宋)裴駰集解　(唐)司馬貞索隱　(唐)張守節正義　清同治五年至九年(1866－1870)金陵書局刻本　二十册

220000－0841－0001730　善3339
史記一百三十卷　(漢)司馬遷撰　(南朝宋)裴駰集解　(唐)司馬貞索隱　(唐)張守節正義　(明)陳仁錫評　明崇禎程正揆刻清金閶書業堂本　四十册

220000－0841－0001731　善0370
史記一百三十卷　(漢)司馬遷撰　(南朝宋)裴駰集解　(唐)司馬貞索隱　(唐)張守節正義　明萬曆鍾人傑刻本　十五册

220000－0841－0001732　善3177
史記一百三十卷　(漢)司馬遷撰　(南朝宋)裴駰集解　(唐)司馬貞索隱　(唐)張守節正義　(明)徐孚遠　(明)陳子龍測議　明崇禎刻本　二十四册

220000－0841－0001733　善2579

史記一百三十卷 （漢）司馬遷撰 （明）朱東觀集評 明玉夏齋刻本 十册

220000－0841－0001734 善0142
史記一百三十卷 （漢）司馬遷撰 （南朝宋）裴駰集解 （唐）司馬貞索隱 （唐）張守節正義 明嘉靖四年至六年(1525－1527)王延喆刻本 二十册

220000－0841－0001735 史1074F
史記一百三十卷 （漢）司馬遷撰 （南朝宋）裴駰集解 清同治四年(1865)金陵書局仿刻汲古閣本 二十册

220000－0841－0001736 史1071K
史記一百三十卷 （漢）司馬遷撰 （南朝宋）裴駰集解 （唐）司馬貞索隱 （唐）張守義正義 清同治五年至九年(1866－1870)金陵書局刻本 二十册

220000－0841－0001737 史1072K
史記一百三十卷 （漢）司馬遷撰 （南朝宋）裴駰集解 （唐）司馬貞索隱 （唐）張守義正義 清同治十一年(1872)成都書局摹刻殿本 二十六册

220000－0841－0001738 史1329K
史記一百三十卷 （漢）司馬遷撰 （南朝宋）裴駰集解 （唐）司馬貞索隱 （唐）張守義正義 清光緒十年(1884)上海同文書局影殿本 二十六册

220000－0841－0001739 史7693K
史記一百三十卷 （漢）司馬遷撰 （南朝宋）裴駰集解 （唐）司馬貞索隱 （唐）張守義正義 清光緒十四年(1888)上海圖書集成印書局鉛活字印本 十六册

220000－0841－0001740 史10287K
史記一百三十卷 （漢）司馬遷撰 清光緒十四年(1888)上海蜚英館石印本 十二册

220000－0841－0001741 史7085
史記索隱三十卷 （唐）司馬貞撰 明毛氏汲古閣刻本 三册

220000－0841－0001742 史1110
史記索隱三十卷 （唐）司馬貞撰 **五代史補五卷** （宋）陶岳撰 **五代史闕文一卷** （宋）王禹偁撰 明毛氏汲古閣刻本 二册

220000－0841－0001743 史1070K
歸震川評點史記一百三十卷方望溪評點四卷 （漢）司馬遷撰 （明）歸有光 （清）方苞評點 清光緒二年(1876)武昌張裕釗刻本 二十册

220000－0841－0001744 史2188K
歸方評點史記合筆六卷震川評點史記例意劉海峰氏論文偶記 （明）歸有光 （清）方苞評點 （清）王拯輯 清同治五年(1866)廣州行次遍有喜齋刻本 四册

220000－0841－0001745 史7361K
歸方評點史記合筆六卷震川評點史記例意劉海峰氏論文偶記 （明）歸有光 （清）方苞評點 （清）王拯輯 清光緒元年(1875)盱眙吳棠望三益齋刻本 四册

220000－0841－0001746 善0209
史記評林一百三十卷 （明）凌稚隆輯 （明）李光縉增補 明萬曆熊氏宏遠堂刻本 二十四册

220000－0841－0001747 史6945
史記評林一百三十卷 （明）凌稚隆輯 （明）李光縉增補 明刻本 四十册

220000－0841－0001748 善0472
史記志疑三十六卷 （清）梁玉繩撰 清乾隆五十二年(1787)刻本 十六册

220000－0841－0001749 史1129K
史記志疑三十六卷 （清）梁玉繩撰 清光緒十四年(1888)餘姚朱氏刻本 十六册

220000－0841－0001750 史1135F
史記集解索隱正義札記五卷 （清）張文虎撰 清同治十一年(1872)金陵書局刻本 二册

220000－0841－0001751 善3504
讀史記十表十卷 （清）汪越輯 （清）徐克范

補　清雍正元年(1723)刻本　十册

220000－0841－0001752　史 9142K
史記探源八卷　(清)崔適撰　清宣統二年(1910)觶廬刻本　四册

220000－0841－0001753　史 12431K
大興徐氏三種　(清)徐松撰　清道光刻本　八册

220000－0841－0001754　善 2111
古史六十卷　(宋)蘇轍撰　明萬曆三十九年(1611)衛承芳江西刻本　二十四册

220000－0841－0001755　史 1466
尚史七十卷　(清)李鍇撰　清乾隆三十八年(1773)悦道樓刻本　四十册

220000－0841－0001756　善 0149
前漢書一百卷　(漢)班固撰　明嘉靖德藩最樂軒刻本　二十四册

220000－0841－0001757　善 2484
前漢書一百卷　(漢)班固撰　(唐)顔師古注　(明)陳仁錫評　明崇禎刻本　四十八册

220000－0841－0001758　善 3311
漢書一百卷　(漢)班固撰　(唐)顔師古注　明嘉靖十六年(1537)廣東崇正書院刻本　二十三册

220000－0841－0001759　善 2841
漢書一百卷　(漢)班固撰　(唐)顔師古注　(明)鍾人傑輯評　明萬曆四十七年(1619)鍾人傑刻本　二十二册

220000－0841－0001760　史 10283K
漢書一百卷　(漢)班固撰　(唐)顔師古注　清同治八年(1869)金陵書局刻本　十六册

220000－0841－0001761　史 6914K
前漢書一百卷　(漢)班固撰　(唐)顔師古注　清光緒韓江書局刻汲古閣本　十六册

220000－0841－0001762　史 12462K
漢書補注一百卷首一卷　(漢)班固撰　(唐)顔師古注　清光緒二十六年(1900)長沙王氏刻本　三十二册

220000－0841－0001763　史 8437K
漢書補注七卷　(清)王榮商撰　清德人抄本　二册

220000－0841－0001764　善 2578
漢書評林一百卷　(明)凌稚隆輯　明萬曆九年(1581)凌氏刻本　二十册

220000－0841－0001765　史 7866
漢書評林一百卷　(明)凌稚隆輯　明刻本　二十册

220000－0841－0001766　史 9285K
姚惜抱先生前漢書評點一卷　(清)姚鼐撰　清光緒十六年(1890)石印本　一册

220000－0841－0001767　史 7275K
漢書引經異文錄證六卷　(清)繆祐孫撰　清光緒十一年(1885)刻本　二册

220000－0841－0001768　史 9010K
漢書疏證三十六卷後漢書疏證三十卷　(清)沈欽韓輯　清光緒二十六年(1900)浙江書局刻本　三十二册

220000－0841－0001769　史 1094F
漢書管見四卷　(清)朱一新撰　清光緒葆真堂刻本　四册

220000－0841－0001770　善 0498
史漢方駕三十五卷　(明)許相卿撰　明萬曆十三年(1585)徐禾刻本　十二册

220000－0841－0001771　史 1103F
史漢駢枝一卷　(清)成孺撰　清光緒十四年(1888)刻廣雅書局刻本　一册

220000－0841－0001772　善 0462
後漢書九十卷　(南朝宋)范曄撰　(唐)李賢注　**志三十卷**　(晉)司馬彪撰　(南朝梁)劉昭注　明嘉靖汪文盛等刻二十八年(1549)廖言重修本　十六册

220000－0841－0001773　善 3494
後漢書九十卷　(南朝宋)范曄撰　(唐)李賢注　**志三十卷**　(晉)司馬彪撰　(南朝梁)劉昭注　清同治八年(1869)金陵書局刻本　十

六册

220000－0841－0001774　善0591
後漢書九十卷　(南朝宋)范曄撰　(唐)李賢注　**志三十卷**　(晉)司馬彪撰　(南朝梁)劉昭注　(明)陳仁錫評　明天啓七年(1627)刻本　二十册

220000－0841－0001775　史10284F
後漢書一百二十卷　(南朝宋)范曄撰　(唐)李賢注　**續漢書志三十卷**　(晉)司馬彪撰　(南朝梁)劉昭注　清同治八年(1869)金陵書局刻本　十六册

220000－0841－0001776　史12265K
後漢書一百二十卷　(南朝宋)范曄撰　(唐)李賢注　**續漢書志三十卷**　(晉)司馬彪撰　(南朝梁)劉昭注　清同治八年(1869)嶺南葄古堂刻本　八册　存二十六卷(一至三、五十一至五十四、九十五至九十九、一百四至一百十七)

220000－0841－0001777　史10894K
後漢書一百二十卷　(南朝宋)范曄撰　(唐)李賢注　**續漢書志三十卷**　(晉)司馬彪撰　(南朝梁)劉昭注　清同治十二年(1873)嶺東使署刻本　十六册

220000－0841－0001778　史1330K
後漢書一百二十卷　(南朝宋)范曄撰　(唐)李賢注　**續漢書志三十卷**　(晉)司馬彪撰　(南朝梁)劉昭注　清光緒十年(1884)上海同文書局影印殿本　二十八册

220000－0841－0001779　史1082K
後漢書一百二十卷　(南朝宋)范曄撰　(唐)李賢注　(晉)司馬彪撰　(南朝梁)劉昭注　清光緒十三年(1887)金陵書局刻本　十六册

220000－0841－0001780　史1105K
後漢書一百二十卷　(南朝宋)范曄撰　(唐)李賢注　**續漢書志三十卷**　(晉)司馬彪撰　(南朝梁)劉昭注　清光緒二十九年(1903)五洲同文書局影印殿本　二十八册

220000－0841－0001781　史1101K
續漢書八志三十卷　(晉)司馬彪撰　(南朝梁)劉昭注補　清同治八年(1869)金陵書局仿汲古閣刻本　二册

220000－0841－0001782　史1086K
謝氏後漢書補逸六卷　(清)姚之駰輯　清嘉慶十三年(1808)壽松堂刻本　二册

220000－0841－0001783　史1096F
後漢書辨疑十一卷　(清)錢大昭撰　清光緒十三年(1887)廣雅書局刻本　二册

220000－0841－0001784　史1083K
後漢書疏證三十卷　(清)沈欽韓撰　清光緒二十六年(1900)浙江書局刻本　十六册

220000－0841－0001785　史1148
後漢書補注二十四卷　(清)惠棟撰　清嘉慶九年(1804)德裕堂刻本　四册

220000－0841－0001786　史1182K
後漢書注補正八卷　(清)周壽昌撰　清光緒十年(1884)思益堂刻本　四册

220000－0841－0001787　史8885K
後漢書注又補一卷　(清)沈銘彝撰　清同治八年(1869)刻本　一册

220000－0841－0001788　史1099F
後漢書補表八卷　(清)錢大昭撰　清光緒十七年(1891)廣雅書局刻本　三册

220000－0841－0001789　史8991K
後漢書儒林傳補二卷　(清)李聿求撰　清嘉慶虎溪山房刻本　一册

220000－0841－0001790　史1085K
兩漢刊誤補遺十卷　(宋)吳仁傑撰　清同治七年(1868)金陵書局木活字印本　二册

220000－0841－0001791　史11433K
兩漢刊誤補遺十卷　(宋)吳仁傑撰　清同治七年(1868)木活字印本　二册

220000－0841－0001792　史10720K
兩漢刊誤補遺十卷　(宋)吳仁傑撰　清光緒十八年(1892)寄傲軒刻本　二册

220000－0841－0001793　善 0520
後漢書補逸二十一卷　(清)姚之駰輯　清康熙五十三年(1714)姚氏露滁齋刻本　四冊

220000－0841－0001794　史 11274K
續後漢書四十二卷義例一卷音義四卷　(宋)蕭常撰　清同治八年(1869)師古山房刻本　六冊

220000－0841－0001795　史 1107F
續後漢書九十卷札記四卷　(元)郝經撰　清道光二十一年(1841)上海郁氏刻宜稼堂叢書本　十八冊

220000－0841－0001796　善 2322
三國志六十五卷　(晉)陳壽撰　(南朝宋)裴松之注　清順治十六年(1659)刻本　二十四冊

220000－0841－0001797　史 1124
三國志六十五卷　(晉)陳壽撰　(南朝宋)裴松之注　清順治、康熙、乾隆刻本　二十四冊

220000－0841－0001798　善 2306
三國志六十五卷　(晉)陳壽撰　(南朝宋)裴松之注　明刻本　十四冊

220000－0841－0001799　史 1108K
三國志六十五卷　(晉)陳壽撰　(南朝宋)裴松之注　清同治六年(1867)金陵書局木活字印本　二十冊

220000－0841－0001800　史 1113F
三國志六十五卷　(晉)陳壽撰　清同治九年(1870)金陵書局仿汲古閣刻本　八冊

220000－0841－0001801　史 1111K
三國志六十五卷　(晉)陳壽撰　(南朝宋)裴松之注　清同治十年(1871)成都書局摹刻武英殿刻本　十四冊

220000－0841－0001802　史 1109K
三國志六十五卷　(晉)陳壽撰　(南朝宋)裴松之注　清光緒十三年(1887)江南書局刻本　八冊

220000－0841－0001803　史 1708K
三國志六十五卷　(晉)陳壽撰　(南朝宋)裴松之注　清光緒十年(1884)同文書局影印本　十四冊

220000－0841－0001804　史 1028K
三國志六十五卷附考證　(晉)陳壽撰　(南朝宋)裴松之注　清光緒十八年(1892)上海中華書局縮印本　四冊

220000－0841－0001805　史 12466K
三國志旁證三十卷　(清)梁章鉅撰　清道光三十年(1850)致曲山館刻本　八冊

220000－0841－0001806　史 1203K
三國志證聞二卷　(清)錢儀吉撰　清光緒十一年(1885)江蘇書局刻本　二冊

220000－0841－0001807　史 11509F
三國志考證八卷　(清)潘眉撰　清光緒十五年(1889)廣雅書局刻本　二冊

220000－0841－0001808　史 7597K
三國志裴注述二卷　(清)林國贊撰　清光緒廣州學海堂刻本　一冊

220000－0841－0001809　善 2047
晉書一百三十卷　(唐)房玄齡等撰　元刻明修本　二冊

220000－0841－0001810　善 2374
晉書一百三十卷　(唐)房玄齡等撰　(唐)何超音義　明天啓鍾人傑刻本　四冊

220000－0841－0001811　史 10669F
晉書校文五卷　(清)丁國鈞撰　清光緒二十年(1894)錫善文苑閣木活字印本　四冊

220000－0841－0001812　史 1289K
晉略六十五卷　(清)周濟撰　清光緒二年(1876)味雋齋刻本　十冊

220000－0841－0001813　善 0474
宋書一百卷　(南朝梁)沈約撰　明崇禎七年(1634)毛氏汲古閣刻十七史本　十六冊

220000－0841－0001814　史 12266K
宋書一百卷　(南朝梁)沈約撰　清同治八年(1869)嶺南葄古堂刻本　八冊

220000－0841－0001815　史 1032F
宋書一百卷　(南朝梁)沈約撰　清同治十一年(1872)金陵書局刻本　十八冊

220000－0841－0001816　史 11115F
宋瑣語　(清)郝懿行撰　清嘉慶二十一年(1816)刻本　二冊

220000－0841－0001817　史 1057K
梁書五十六卷　(唐)姚思廉撰　清同治八年(1869)廣東刻本　十冊

220000－0841－0001818　史 1058F
梁書五十六卷　(唐)姚思廉撰　清同治十三年(1874)金陵書局刻本　六冊

220000－0841－0001819　史 1125K
補梁疆域四卷　(清)洪齮孫撰　清道光十五年(1835)武進李兆洛江陰刻本　二冊

220000－0841－0001820　史 1051F
陳書三十六卷　(唐)姚思廉撰　清同治十一年(1872)金陵書局刻本　四冊

220000－0841－0001821　史 1312K
魏書官氏志疏證一卷　(清)陳毅撰　清光緒二十三年(1897)刻本　一冊

220000－0841－0001822　善 3316
北齊書五十卷　(唐)李百藥撰　明萬曆十六年至十七年(1588－1589)南京國子監刻本　六冊

220000－0841－0001823　史 1034F
北齊書五十卷　(唐)李百藥撰　清同治十三年(1874)金陵書局刻本　四冊

220000－0841－0001824　史 1050F
周書五十卷　(唐)令狐德棻撰　清同治十三年(1874)金陵書局刻本　六冊

220000－0841－0001825　史 1063F
隋書八十五卷　(唐)魏徵撰　清同治十年(1871)淮南書局刻五局二十四史本　十六冊

220000－0841－0001826　史 1393K
隋書地理志考證九卷補遺一卷　楊守敬撰　清光緒二十二年(1896)鄰蘇園刻本　六冊

220000－0841－0001827　善 3179
南史八十卷　(唐)李延壽撰　(明)張溥點評　明張溥刻本　十六冊

220000－0841－0001828　史 1047K
南史八十卷　(唐)李延壽撰　清光緒六年(1880)四川集經書局刻本　十六冊

220000－0841－0001829　史 12267K
北史一百卷　(唐)李延壽撰　清同治八年(1869)嶺南葄古堂刻本　五冊　存十三卷(二至四、十一至二十)

220000－0841－0001830　史 1314F
南北史補志十四卷　(清)汪士鐸撰　清光緒四年(1878)淮南書局刻本　六冊

220000－0841－0001831　史 1311K
南北史識小錄二十八卷　(清)沈名蓀　(清)朱昆田原輯　清同治十年(1871)武林吴氏清來堂刻本　十二冊

220000－0841－0001832　善 0523
唐書二百卷　(後晉)劉昫等撰　明嘉靖十四年至十七年(1535－1538)聞人詮刻本　四十四冊

220000－0841－0001833　史 1065K
舊唐書二百卷　(後晉)劉昫撰　清道光二十二年(1842)甘泉岑氏刻本　一百五十冊

220000－0841－0001834　史 1064K
舊唐書二百卷校勘記六十六卷逸文十二卷　(後晉)劉昫撰　(清)羅士琳等撰　清同治十一年(1872)定遠方氏補道光懼盈齋刻本　六十冊

220000－0841－0001835　善 2062
唐書二百二十五卷　(宋)歐陽修等撰　元大德九年(1305)建康儒學刻明修本　一冊

220000－0841－0001836　史 1159K
舊唐書校勘記六十六卷　(清)羅士琳等撰　清同治十一年(1872)定遠方氏刻補道光懼盈齋刻本　二十二冊

220000－0841－0001837　史 1162F

舊唐書逸文十二卷　（清）岑建功輯　清同治十一年（1872）定遠方氏刻補道光懼盈齋刻本　二册

220000－0841－0001838　史 1164F
舊唐書二百十四卷　（後晉）劉煦撰　清同治十一年（1872）浙江書局刻五局二十四史本　四十册

220000－0841－0001839　史 1396K
新舊唐書合鈔二百六十卷唐書宰相世系表訂譌十二卷唐書補正六卷　（清）沈秉震鈔訂　（清）丁子復撰　清嘉慶十八年（1813）海寧查世倓刻本　八十册

220000－0841－0001840　史 7843F
新舊唐書互證二十卷　（清）趙紹祖撰　清光緒十七年（1891）廣雅書局刻本　四册

220000－0841－0001841　善 0629
南北史捃華八卷　（清）周嘉猷輯　清乾隆刻本　四册

220000－0841－0001842　史 1341F
舊五代史一百五十卷目錄二卷　（宋）薛居正撰　清同治十一年（1872）湖北崇文書局刻本　十六册

220000－0841－0001843　善 0514
五代史記七十四卷　（宋）歐陽修撰　（宋）徐無黨注　明嘉靖汪文盛等刻本　八册

220000－0841－0001844　善 2448
五代史記七十四卷　（宋）歐陽修撰　（宋）徐無黨注　（明）楊慎評　明刻本　八册

220000－0841－0001845　史 1262K
五代史記七十四卷　（宋）歐陽修撰　清道光八年（1828）刻本　四十册

220000－0841－0001846　史 9021K
五代史記七十四卷　（宋）歐陽修撰　清宣統三年（1911）劉氏玉海堂影宋刻本　十册

220000－0841－0001847　史 11680K
宋史四百九十六卷首一卷　（元）脱脱等撰　清同治八年（1869）嶺南葄古堂刻本　五十三册　存一百九十六卷（一至四十四、七十八至一百十七、一百六十至二百十八、二百三十九至二百八十一、四百六十三至四百七十一，首一卷）

220000－0841－0001848　史 1222K
遼史一百十五卷　（元）脱脱撰　清同治刻本　十册

220000－0841－0001849　史 1225F
遼史一百十五卷　（元）脱脱撰　清同治十二年（1873）江蘇書局刻本　十二册

220000－0841－0001850　史 9940K
遼史地理志考五卷　（清）李慎儒撰　清光緒二十八年（1902）丹徒李氏刻本　二册

220000－0841－0001851　史 1246
遼史拾遺二十四卷　（清）厲鶚撰　清道光元年（1821）汪氏振綺堂刻本　六册

220000－0841－0001852　史 1236K
遼史拾遺二十四卷補五卷　（清）厲鶚撰　清光緒元年（1875）、三年（1877）江蘇書局刻本　十册

220000－0841－0001853　史 1132K
遼史語解十卷元史語解二十四卷金史語解十二卷　（清）高宗弘曆撰　清光緒四年（1878）江蘇書局刻本　十册

220000－0841－0001854　史 11695K
金史一百三十五卷　（元）脱脱撰　清同治八年（1869）嶺南葄古堂刻本　二十册

220000－0841－0001855　史 1157F
金史一百三十五卷　（元）脱脱撰　清同治十三年（1874）江蘇書局刻本　二十册

220000－0841－0001856　史 1155K
金史一百三十五卷　（元）脱脱撰　清光緒十四年（1888）成都尊經書局刻本　二十四册

220000－0841－0001857　史 1144K
金史詳校十卷史論五答一卷　（清）施國祁撰　清光緒六年（1880）會稽章氏刻本　十二册

220000－0841－0001858　史 1151F

金史説校十卷首一卷 (清)施國祁撰 清光緒二十年(1894)廣雅書局刻本 十册

220000－0841－0001859 善0218
元史二百十卷目錄二卷 (明)宋濂等撰 明洪武三年(1370)内府刻嘉靖九年(1530)、十年(1531)南京國子監遞修本 四十八册

220000－0841－0001860 史10188F
元史氏族表三卷元史藝文志四卷 (清)錢大昕撰 清光緒江蘇書局刻本 三册

220000－0841－0001861 史1216K
元史譯文證補三十卷 (清)洪鈞撰 清光緒二十三年(1897)刻本 四册

220000－0841－0001862 史1181K
元史新編九十五卷 (清)魏源撰 清光緒二十五年(1899)邵陽魏慎微堂刻本 二十册

220000－0841－0001863 史1165K
元書一百卷自序二卷 (清)曾廉撰 清宣統三年(1911)刻本 二十册

220000－0841－0001864 史7894
明史列傳稿二百八卷目錄三卷 (清)王鴻緒撰 清雍正敬慎堂刻本 四十册

220000－0841－0001865 史3415
明史稿三百二十卷 (清)王鴻緒撰 清敬慎堂刻本 八十册

220000－0841－0001866 史1553K
資治通鑑彙刊 (宋)司馬光撰 (元)胡三省音注 清同治、光緒江蘇書局刻本 二百四册 缺二種

220000－0841－0001867 史1353F
資治通鑑目錄三十卷 (宋)司馬光撰 清同治八年(1869)江蘇書局刻本 十册

220000－0841－0001868 善0208
資治通鑑二百九十四卷 (宋)司馬光撰 (元)胡三省音注 元刻本 十八册

220000－0841－0001869 善0206
資治通鑑二百九十四卷 (宋)司馬光撰 (元)胡三省音注 **通鑑釋文辯誤十二卷** (元)胡三省撰 元刻明修本 二百六十册

220000－0841－0001870 善0207
資治通鑑二百九十四卷 (宋)司馬光撰 (元)胡三省音注 元刻明修本 一册

220000－0841－0001871 善2461
資治通鑑二百九十四卷 (宋)司馬光撰 (元)胡三省音注 **通鑑釋文辯誤十二卷** (元)胡三省撰 **增定資治通鑑前編五卷** (明)陳桱撰 明萬曆吳勉學刻本(卷五至十一、六十四至七十、一百二十九至一百三十配陳仁錫刻本,一百三十一抄配) 四十八册

220000－0841－0001872 善0473
資治通鑑二百九十四卷 (宋)司馬光撰 (元)胡三省音注 **通鑑釋文辯誤十二卷** (元)胡三省撰 清嘉慶二十一年(1816)胡克家影元刻本 一百册

220000－0841－0001873 史1552
資治通鑑二百九十四卷 (宋)司馬光撰 (元)胡三省音注 明萬曆吳勉學刻本 九十六册

220000－0841－0001874 史1399K
資治通鑑二百九十四卷釋文辯誤十二卷 (宋)司馬光撰 (元)胡三省撰 清嘉慶二十一年(1816)鄱陽胡氏刻本 一百册

220000－0841－0001875 史1452K
資治通鑑二百九十四卷釋文辯誤十二卷 (宋)司馬光撰 (元)胡三省撰 清同治十年(1871)湖北崇文書局刻本 一百四册

220000－0841－0001876 史1320K
通鑑釋文辯誤十二卷 (元)胡三省撰 清光緒十六年(1890)上海積山書局石印本 一册

220000－0841－0001877 史9781
資治通鑑刊本識誤三卷 (清)張敦仁撰 **嚴永思先生通鑑補正略三卷** (明)嚴衍撰 (清)張敦仁輯錄 清道光七年(1827)、八年(1828)陳宗彝刻獨抱廬叢刻本 二册

220000－0841－0001878 善0420

資治通鑑刊本識誤三卷　(清)張敦仁撰　清道光七年(1827)陳宗彝刻獨抱廬叢刻本　一册

220000－0841－0001879　史1748K
資治通鑑補二百九十四卷　(宋)司馬光撰　(元)胡三省撰　(明)嚴衍補　清光緒二年(1876)木活字印本　八十册

220000－0841－0001880　史1324K
資治通鑑補正二百九十四卷　(宋)司馬光撰　清光緒二十八年(1902)上海益智書局石印本　四十八册

220000－0841－0001881　史1376F
通鑑地理解通釋十四卷通鑑答問五卷　(宋)王應麟撰　清光緒九年(1883)浙江書局刻玉海本　五册

220000－0841－0001882　史4585K
通鑑地理今釋十六卷　(清)吳熙載撰　清光緒八年(1882)江蘇書局刻本　三册

220000－0841－0001883　史4583K
通鑑地理今釋十六卷　(清)吳熙載撰　清光緒二十三年(1897)廣東經史閣刻本　四册

220000－0841－0001884　史12574
嚴永思先生通鑑補正略三卷　(明)嚴衍撰　(清)張敦仁輯録　清道光八年(1828)陳宗彝刻獨抱廬叢刻本　二册

220000－0841－0001885　史8923K
嚴永思先生通鑑補正略三卷　(明)嚴衍撰　清光緒十三年(1887)時報館木活字印本　二册

220000－0841－0001886　史1332K
通鑑注商十八卷　(清)趙紹祖撰　清嘉慶二十四年(1819)刻本　四册

220000－0841－0001887　史1387
御批資治通鑑綱目全書一百九卷　清康熙四十六年(1707)内府刻本　八十册

220000－0841－0001888　史1443F
御批資治通鑑綱目全書一百九卷　清光緒十三年(1887)上海同文書局石印本　二十四册

220000－0841－0001889　善0394
御批資治通鑑綱目五十九卷首一卷　(宋)朱熹撰　清康熙四十六年(1707)内府刻本　三十册

220000－0841－0001890　善0399
御批資治通鑑綱目五十九卷首一卷　(宋)朱熹撰　清康熙四十六年(1707)内府刻本　三十册

220000－0841－0001891　善2544
資治通鑑綱目五十九卷　(宋)朱熹撰　明成化内府刻本　一册

220000－0841－0001892　善0201
資治通鑑綱目五十九卷　(宋)朱熹撰　(元)汪克寬考異　(元)王幼學集覽　(明)陳濟正誤　明嘉靖十四年(1535)張鯤刻本　八十九册

220000－0841－0001893　善0198
資治通鑑綱目五十九卷首一卷　(宋)朱熹撰　(元)汪克寬考異　(明)陳濟正誤　清康熙九年(1670)張朝珍刻本　五十九册　缺一卷(二十一)

220000－0841－0001894　善0368
文公先生資治通鑑綱目五十九卷　(宋)朱熹撰　(元)汪克寬考異　(元)王幼學集覽　(明)陳濟正誤　明建安劉寬裕刻本　六十册

220000－0841－0001895　史1333K
資治通鑑綱目五十九卷凡例一卷　(宋)朱熹撰　清光緒二年(1876)述荆堂刻本　三十册

220000－0841－0001896　善3525
通鑑綱目釋地補注六卷糾謬六卷　(清)張庚撰　清乾隆濟美堂刻本　二册

220000－0841－0001897　史9720K
通鑑綱目分注補遺四卷書法存疑一卷　(清)芮長恤撰　(清)繆德芬校正　清光緒十六年(1890)繆氏小山館刻本　四册

220000－0841－0001898　善0395

御批資治通鑑綱目前編十八卷舉要三卷 (元)金履祥撰 **御批資治通鑑綱目前編外紀一卷** (明)陳桱撰 清康熙四十六年(1707)内府刻本 八册

220000－0841－0001899 善 0398
御批資治通鑑綱目前編十八卷舉要三卷 (元)金履祥撰 **御批資治通鑑綱目前編外紀一卷** (明)陳桱撰 清康熙四十六年(1707)内府刻本 八册

220000－0841－0001900 史 1363F
資治通鑑前編十八卷外紀一卷舉要三卷 (元)金履祥撰 清乾隆十年(1745)金郡率祖堂刻率祖堂叢書本 六册

220000－0841－0001901 史 1747
資治通鑑綱目前編二十五卷正編五十九卷續編二十七卷 (宋)朱熹撰 (明)商輅等續編 清康熙四十年(1701)王公行刻本 一百四十四册

220000－0841－0001902 善 0397
御批續資治通鑑綱目二十七卷 (明)商輅撰 清康熙四十六年(1707)内府刻本 十二册

220000－0841－0001903 善 0212
續資治通鑑綱目二十七卷 (明)商輅撰 明成化十二年(1476)内府刻本 十八册

220000－0841－0001904 善 0400
御批續資治通鑑綱目二十七卷 (明)商輅撰 清康熙四十六年(1707)内府刻本 十二册

220000－0841－0001905 史 1001K
御批通鑑輯覽一百二十卷 (清)傅恒等撰 清同治十年(1871)浙江書局刻本 四十八册

220000－0841－0001906 史 10273K
御批通鑑輯覽一百二十卷 (清)傅恒等撰 清同治十年(1871)浙江書局刻本 四十八册

220000－0841－0001907 史 1009K
御批通鑑輯覽一百二十卷 (清)傅恒等撰 清同治十一年(1872)崇文書局刻本 六十册

220000－0841－0001908 史 1017K
御批歷代通鑑輯覽一百二十卷 (清)傅恒等撰 清同治十三年(1874)湖南書局刻本 五十六册

220000－0841－0001909 史 1420K
御批歷代通鑑輯覽一百二十卷 (清)傅恒等撰 清光緒九年(1883)同文書局石印本 十六册

220000－0841－0001910 史 1018K
御批通鑑輯覽一百二十卷 (清)傅恒等撰 清光緒二十五年(1899)新化三味堂刻本 五十九册

220000－0841－0001911 史 10288K
通鑑輯覽一百二十卷 (清)傅恒等撰 清光緒三十年(1904)上海商務印書館鉛活字印本 二十四册

220000－0841－0001912 史 1349F
資治通鑑外紀十卷目錄五卷 (宋)劉恕撰 清同治十年(1871)江蘇書局刻本 十册

220000－0841－0001913 史 2170F
續資治通鑑長編五百二十卷 (宋)李燾撰 清光緒七年(1881)浙江書局刻本 一百二十册

220000－0841－0001914 史 1412K
資治通鑑後編一百八十四卷校勘記十五卷 (清)徐乾學輯 (清)夏震武校勘 清光緒浙江書局刻本 五十二册

220000－0841－0001915 史 10907K
資治通鑑後編校勘記十五卷 (清)夏震武撰 清光緒二十四年(1898)刻本 四册

220000－0841－0001916 史 10269F
續資治通鑑二百二十卷 (清)畢沅撰 清同治八年(1869)江蘇書局刻本 六十册

220000－0841－0001917 史 1555K
續資治通鑑二百二十卷 (清)畢沅撰 清光緒三十一年(1905)新化三味書局刻本 八十册

220000－0841－0001918 史 1395K

續資治通鑑二百二十卷　(清)畢沅撰　清光緒三十一年(1905)江蘇局刻本　六十册

220000－0841－0001919　史1435
宋元通鑑一百五十七卷　(明)薛應旂撰　(明)陳仁錫評　明天啓六年(1626)陳仁錫刻本　三十六册

220000－0841－0001920　善0484
資治通鑑節要二十卷　(宋)江贄撰　(明)劉剡輯義　明正德慎獨齋刻本　二十册

220000－0841－0001921　善0211
少微通鑑外紀四卷　(宋)江贄撰　明正德九年(1514)司禮監刻本　二册

220000－0841－0001922　史1344
通鑑集要十卷　(清)常綬編譯　清雍正元年(1723)刻本　十册

220000－0841－0001923　史1398K
續資治通鑑長編拾補六十卷　(清)秦緗業等撰　清光緒九年(1883)浙江書局刻本　十六册

220000－0841－0001924　善0210
資治通鑑節要續編三十卷　(明)張光啟撰　明正德九年(1514)司禮監刻本　二十册

220000－0841－0001925　善0215
資治通鑑節要續編三十卷　(明)張光啟撰　明正德九年(1514)司禮監刻本　十册

220000－0841－0001926　史7166K
歷代通鑑纂要九十二卷　(明)李東陽撰　清光緒二十三年(1897)廣雅書局刻本　四十八册

220000－0841－0001927　史1385K
重訂王鳳洲綱鑑會纂四十六卷續編二十三卷三編二十卷　(明)王世貞撰　清光緒二十六年(1900)刻本　四十八册

220000－0841－0001928　史10143K
歷史綱鑑補三十九卷首一卷資治明紀綱目三編　(明)王世貞撰　清上海文瑞樓石印本　二十四册

220000－0841－0001929　史10147K
綱鑑合編三十九卷首一卷　(明)王世貞編
御纂明綱目三編　(清)張廷玉撰　清光緒三十年(1904)上海商務印書館鉛活字印本　十六册

220000－0841－0001930　善3357
刪訂通鑑感應錄二卷　(清)秦鏡撰　清康熙五十四年(1715)張聖佐南京刻本　四册

220000－0841－0001931　史1448K
綱鑑正史約三十六卷　(明)顧錫疇編　(清)陳宏謀增訂　清同治八年(1869)浙江書局刻本　二十册

220000－0841－0001932　善0494
新裁編年通考一卷編年考纂二卷　(明)楊仲魯撰　明萬曆四十五年(1617)刻本　四册

220000－0841－0001933　善0220
重刻詳訂世史類編四十五卷首一卷　(明)李純卿草創　(明)謝遷補遺　(明)王世貞會纂　(明)李槃增修　明崇禎刻本　十二册

220000－0841－0001934　史1388
通鑑直解二十八卷　(明)張居正撰　(明)高兆麟重訂　**通紀直解十六卷**　(明)張嘉和輯　明刻本　二十四册

220000－0841－0001935　善0115
綱鑑正史約三十六卷　(明)顧錫疇撰　明崇禎刻本　十二册

220000－0841－0001936　史1360
通鑑集要十卷　(明)諸燮撰　明金閶章敬山刻本　十二册

220000－0841－0001937　史1346
元經薛氏傳十卷　(隋)王通撰　(唐)薛收傳　(宋)阮逸注　明萬曆二十年(1592)何允中刻廣漢魏叢書本　四册

220000－0841－0001938　史1458
稽古錄二十卷　(宋)司馬光撰　清乾隆五十二年(1787)刻本　四册

220000－0841－0001939　史1453K

稽古錄二十卷　(宋)司馬光撰　清同治十一年(1872)湖北崇文書局刻本　四冊

220000－0841－0001940　史1457F
稽古錄二十卷　(宋)司馬光撰　清光緒五年(1879)江蘇書局刻本　四冊

220000－0841－0001941　史11308K
大事記十二卷通釋三卷解題十二卷　(宋)呂祖謙撰　清嘉慶武英殿木活字印本　十八冊　缺六卷(解題一至六)

220000－0841－0001942　史10275K
校刊資治通鑑全書　(清)胡元常輯　清光緒十四年(1888)長沙楊氏刻本　一百冊

220000－0841－0001943　史2212K
讀通鑑綱目劄記二十卷翰馨書屋賦錄二卷　(清)章邦元撰　清光緒十八年(1892)銅陵章氏刻本　十冊

220000－0841－0001944　史1449K
綱鑑正史約三十六卷　(明)顧錫疇編　清光緒九年(1883)湖南官書局刻本　二十冊

220000－0841－0001945　史11487K
史存三十卷　(清)劉沅輯　清道光二十七年(1847)雙流劉氏刻本　二十冊

220000－0841－0001946　史1403K
竹書紀年校正十四卷　(南朝梁)沈約注　(清)郝懿行校正　清光緒五年(1879)刻本　二冊

220000－0841－0001947　史1402
竹書紀年統箋十二卷前編一卷雜述一卷　(清)徐文靖撰　清乾隆十五年(1750)刻本　四冊

220000－0841－0001948　史1418K
竹書紀年集注二卷　(清)陳詩撰　清嘉慶十年(1805)刻本　二冊

220000－0841－0001949　史1827K
周季編略九卷　(清)黃式三撰　清同治十二年(1873)浙江書局刻本　四冊

220000－0841－0001950　善1820
兩漢紀六十卷　(宋)王銍輯　明嘉靖二十七年(1548)吳縣黃姬水刻本　二十冊

220000－0841－0001951　善0151、善0152
兩漢紀六十卷　(宋)王銍輯　明嘉靖二十七年(1548)黃姬水刻本　二十冊

220000－0841－0001952　史1102K
西漢年紀三十卷　(宋)王益之撰　清嘉慶掃葉山房刻本　六冊

220000－0841－0001953　史1506K
唐鑑二十四卷　(宋)范祖禹撰　清光緒十八年(1892)浙江書局刻本　四冊

220000－0841－0001954　史11561F
中興小紀四十卷　(宋)熊克撰　清光緒十七年(1891)廣雅書局刻本　六冊

220000－0841－0001955　史1707K
宋季三朝政要六卷　(宋)□□撰　清仿宋陳氏餘慶堂刻本　二冊

220000－0841－0001956　史11562F
九國志十二卷拾遺一卷　(宋)路振撰　(宋)張唐英補　清道光二十四年(1844)守山閣刻本　一冊

220000－0841－0001957　善0486
皇明大政紀二十五卷　(明)雷禮輯　(明)范守己　(明)譚希思續輯　明萬曆三十年(1602)金陵博古堂刻本　三十二冊

220000－0841－0001958　史1331K
明大政纂要六十三卷　(明)譚希思撰　清光緒二十一年(1895)思賢書局校刻紀事本末五種本　二十八冊

220000－0841－0001959　史1382
明紀全載十六卷　(清)朱璘撰　清康熙三十五年(1696)刻本　四冊

220000－0841－0001960　善2945
通鑑明紀全載輯略十六卷　(清)朱璘撰　清康熙本立堂刻通鑑全載本　八冊

220000－0841－0001961　善0452
兩朝從信錄三十五卷　(明)沈國元撰　明崇

禎刻本　二十册

220000－0841－0001962　善0224
昭代典則二十八卷　（明）黄光昇撰　明萬曆二十八年（1600）金陵書林刻本　三十册

220000－0841－0001963　善1726
皇明嘉隆兩朝聞見紀十二卷　（明）沈越撰　明萬曆二十七年（1599）沈朝陽等刻本　十一册　存十一卷（一至四、六至十二）

220000－0841－0001964　史1666
通紀會纂十卷　（明）鍾惺輯　（清）王汝南補　清順治刻本　十册

220000－0841－0001965　史7292
明紀編年十二卷　（明）鍾惺輯　（清）王汝南補　清刻本　六册

220000－0841－0001966　善0538
皇明資治通紀三十卷　（明）陳建撰　（明）岳元聲訂　明刻本　十册

220000－0841－0001967　善1753
皇明通紀法傳全録二十八卷　（明）陳建撰　（明）高汝栻訂　（明）吴楨增删　**皇明法傳録嘉隆紀六卷皇明續紀三朝法傳全録十六卷**　（明）高汝栻輯　明崇禎九年（1636）刻本　十二册

220000－0841－0001968　史1375K
明紀六十卷　（清）陳鶴撰　（清）陳克家補　清同治十年（1871）江蘇書局刻本　二十册

220000－0841－0001969　史1354K
通鑑明紀六十卷　（清）陳鶴撰　清光緒十六年（1890）上海積山書局石印本　六册

220000－0841－0001970　善3129
新刻明朝通紀會纂七卷　（明）王世貞會纂　（明）王政敏訂正　（清）王汝南補定　清刻本　六册

220000－0841－0001971　善0412
通紀直解十六卷　（明）張嘉和輯　明崇禎刻清續刻本　六册

220000－0841－0001972　善1729
憲章録四十六卷　（明）薛應旂撰　明萬曆刻本（卷十六至十八、三十七至四十抄配）　十四册

220000－0841－0001973　善0396
御撰資治通鑑綱目三編二十卷　（清）張廷玉等纂　清乾隆十一年（1746）武英殿刻本　四册

220000－0841－0001974　善0627
古香齋新刻袖珍資治通鑑綱目三編二十卷　（清）張廷玉等纂　清乾隆内府刻古香齋袖珍十種本　六册

220000－0841－0001975　善0213
欽定明鑑二十四卷首一卷　（清）托津　（清）胡敬等撰　清嘉慶二十三年（1818）内府刻本　二十四册

220000－0841－0001976　史1371
綱鑑會通明紀十五卷　（清）陳志襄撰　清康熙藤花榭刻本　四册

220000－0841－0001977　史10021
綱鑑會通明紀十五卷　（清）陳志襄撰　清乾隆承文信刻本　六册

220000－0841－0001978　史1389
通紀彙編九卷　（清）楊本源撰　清康熙綠蔭堂刻本　八册

220000－0841－0001979　史1384K
明鑑易知録十五卷　（清）周之炯撰　清同治刻本　六册

220000－0841－0001980　史1336K
欽定明鑑二十四卷　（清）胡敬　（清）陳用光撰　清同治九年（1870）湖北崇文書局刻本　十册

220000－0841－0001981　史1441K
明通鑑　（清）夏燮編　清光緒二十三年（1897）湖北官書處刻本　四十册

220000－0841－0001982　史1761K
光緒政要三十四卷　（清）沈桐生輯　清宣統元年（1909）南洋官書局鉛活字印本　三十册

220000－0841－0001983　史 10493K
己酉大政記(宣統元年正月初十至四月二十九日)　(清)擷華書局編輯　清宣統元年(1909)鉛活字印本　二十二册　存二十二册(一至三、五至六、十至十五、十七、十九至二十四、二十六至二十九)

220000－0841－0001984　史 1487K
東華錄三十二卷　(清)蔣良騏撰　清同治十一年(1872)刻本　四册

220000－0841－0001985　史 10454K
東華錄三十二卷　(清)蔣良騏撰　清同治十一年(1872)群玉山房木活字印本　十二册

220000－0841－0001986　史 10123K
東華錄三十二卷　(清)蔣良騏撰　清光緒善成堂刻本　八册

220000－0841－0001987　史 7422K
九朝東華錄一百二十卷　王先謙輯　清上海書坊鉛活字印本　六十册

220000－0841－0001988　史 1446K
東華續錄一百二十卷(乾隆朝)　王先謙輯　清光緒五年(1879)刻本　四十八册

220000－0841－0001989　史 1479K
東華續錄五十卷(嘉慶朝)　王先謙輯　清光緒五年(1879)刻本　二十册

220000－0841－0001990　史 8662K
東華續錄一百卷(同治朝)　王先謙輯　清湖南刻本　六十四册

220000－0841－0001991　史 1421K
十一朝東華錄六百三十六卷　王先謙輯　清光緒十三年(1887)廣百宋齋石印本　一百十八册

220000－0841－0001992　史 10281K
十一朝東華錄六百三十六卷　王先謙輯　清光緒上海圖書集成印書局鉛印本　一百二十册

220000－0841－0001993　史 7795K
東華續錄一百二十卷(光緒朝)　(清)朱壽朋編　清宣統元年(1909)上海集成圖書公司鉛活字印本　六十四册

220000－0841－0001994　史 1514K
紀事本末彙刊　(清)廣雅書局輯　清光緒廣雅書局刻本　一百二十七册

220000－0841－0001995　史 10276K
紀事本末五種　(清)□□輯　清光緒十四年(1888)湖南思賢書局校刻紀事本末五種本　一百二十八册

220000－0841－0001996　史 1475K
歷朝紀事本末　(清)高士奇等輯　清光緒二十五年(1899)石印本　五十六册

220000－0841－0001997　史 1476K
歷朝紀事本末　(清)陳如升等輯　清光緒二十八年(1902)上海捷記書局石印本　八册　缺一卷(二百三十九)

220000－0841－0001998　史 1503K
歷朝紀事本末　(清)陳如升等輯　清光緒二十九年(1903)上海文林書局石印本　三十九册　缺十四卷(明史紀事本末一至十四)

220000－0841－0001999　善 0167
通鑑紀事本末四十二卷　(宋)袁樞撰　宋寶祐五年(1257)趙興悬刻元明遞修本(抄配七册)　八十三册

220000－0841－0002000　善 0216
通鑑紀事本末四十二卷　(宋)袁樞撰　明萬曆二年(1574)李栻刻本　四十二册

220000－0841－0002001　史 1512
通鑑紀事本末二百三十九卷　(宋)袁樞撰　(明)張溥論正　明刻本　四十七册　存二百三十五卷(一至一百七十九、一百八十四至二百三十九)

220000－0841－0002002　史 7801K
通鑑紀事本末二百三十九卷　(宋)袁樞撰　清光緒十四年(1888)鉛活字印本　二十四册

220000－0841－0002003　史 1505K
續通鑑紀事本末一百十卷　(清)李銘漢編輯

清光緒二十九年(1903)武威李氏刻本　三十二册

220000－0841－0002004　史 1519
繹史一百六十卷　(清)馬驌撰　清康熙刻本　四十册

220000－0841－0002005　史 1481K
繹史一百六十卷世系圖一卷年表一卷　(清)馬驌撰　清光緒二十三年(1897)武林尚友齋石印本　八册

220000－0841－0002006　史 1496K
繹史一百六十卷世系圖一卷年表一卷　(清)馬驌撰　清光緒三十年(1904)浙江書局刻本　五十册

220000－0841－0002007　史 12580
繹史卹謚考八卷　(清)李瑤撰　清道光木活字印本　二册

220000－0841－0002008　善 3318
左傳分國紀事本末二十二卷　(明)孫範撰　明崇禎十一年(1638)刻本　十册

220000－0841－0002009　史 7797K
左傳紀事本末五十三卷　(清)高士奇撰　清光緒十四年(1888)上海書業公所鉛活字印本　三册

220000－0841－0002010　史 1525F
左傳紀事本末五十三卷　(清)高士奇撰　清光緒二十四年(1898)湖南思賢書局校刻紀事本末五種本　十二册

220000－0841－0002011　史 1696K
蜀鑒十卷　(宋)郭允蹈撰　清道光金山錢氏刻本　六册

220000－0841－0002012　史 1661K
蜀鑒十卷札記一卷　(宋)郭允蹈撰　(清)吳文昇撰　清光緒七年(1881)歸安吳氏詒穀堂刻本　三册

220000－0841－0002013　善 1836
宋史紀事本末十卷　(明)馮琦撰　(明)陳邦瞻補　明萬曆三十三年(1605)劉日梧刻本　二十四册

220000－0841－0002014　史 11220K
宋史紀事本末一百九卷　(明)馮琦撰　(明)陳邦瞻增訂　(明)張溥論正　清同治十三年(1874)江西書局刻本　十八册　缺十六卷(一至七、十五至二十三)

220000－0841－0002015　史 1507K
宋史紀事本末一百九卷　(明)馮琦撰　(明)陳邦瞻增訂　清同治朝宗書室木活字印本　二十四册

220000－0841－0002016　史 7800K
宋史紀事本末一百九卷　(明)馮琦撰　清光緒十四年(1888)上海書業公所鉛活字印本　八册

220000－0841－0002017　史 1489F
宋史紀事本末一百九卷　(明)馮琦撰　清光緒十三年(1887)廣雅書局刻本　十六册

220000－0841－0002018　史 1523F
宋史紀事本末一百九卷　(明)馮琦撰　清光緒二十四年(1898)湖南思賢書局校刻紀事本末五種本　二十册

220000－0841－0002019　史 1554K
三朝北盟會編二百五十卷校勘記補遺　(宋)徐夢莘撰　清光緒四年(1878)如臯袁氏越東鉛活字印本　四十册

220000－0841－0002020　史 1540K
遼史紀事本末四十卷首一卷末一卷　(清)李有棠編　清光緒十九年(1893)李移鄂樓刻本　四册

220000－0841－0002021　史 1558K
遼史紀事本末四十卷金史紀事本末五十二卷　(清)李有棠撰　清光緒十九年(1893)同文書局石印本　十册

220000－0841－0002022　史 1543F
遼史紀事本末四十卷首一卷末一卷　(清)李有棠撰　清光緒二十六年(1900)廣雅書局刻紀事本末彙刻本　四册

220000－0841－0002023　史 1492K
遼史紀事本末四十卷首一卷末一卷　(清)李有棠撰　清光緒二十九年(1903)李移鄂樓刻本　八册

220000－0841－0002024　史 1677K
黑契丹紀事本末一卷　王光福撰　清宣統元年(1909)鉛活字印本　一册

220000－0841－0002025　史 1501K
西夏紀事本末三十六卷　(清)張鑒撰　清光緒十年(1884)江蘇書局刻本　四册

220000－0841－0002026　史 1509K
西夏紀事本末三十六卷首二卷　(清)張鑒撰　清光緒十一年(1885)金陵刻本　四册

220000－0841－0002027　史 7798K
西夏紀事本末三十六卷元史紀事本末二十七卷　(清)張鑒撰　清光緒十四年(1888)上海書業公所鉛活字印本　四册

220000－0841－0002028　史 1546K
西夏紀事本末三十六卷　(清)張鑒撰　清光緒二十一年(1895)上海積山書局石印本　二册

220000－0841－0002029　史 1544K
西夏紀事本末三十六卷　(清)張鑒撰　清光緒二十四年(1898)上海文瀾書局石印本　一册

220000－0841－0002030　史 1520K
金史紀事本末五十二卷　(清)李有棠撰　清光緒十九年(1893)李移鄂樓刻本　六册

220000－0841－0002031　史 1548K
金史紀事本末五十二卷　(清)李有棠撰　清光緒二十九年(1903)李移鄂樓刻本　十二册

220000－0841－0002032　史 1547K
元史紀事本末二十七卷　(明)陳邦瞻撰　清同治朝宗書室木活字印本　四册

220000－0841－0002033　史 1534K
元史紀事本末二十七卷　(明)陳邦瞻撰　清同治十三年(1874)江西書局刻紀事本末五種本　四册

220000－0841－0002034　史 1537K
元史紀事本末二十七卷　(明)陳邦瞻撰　清光緒二十四年(1898)湖南思賢書局校刻本　四册

220000－0841－0002035　史 1529K
明史紀事本末八十卷　(清)谷應泰撰　清同治十三年(1874)江西書局刻紀事本末五種本　二十册

220000－0841－0002036　史 7799K
明史紀事本末八十卷三藩紀事本末二十卷　(清)谷應泰撰　清光緒十四年(1888)上海書業公所鉛活字印本　九册

220000－0841－0002037　史 1556K
明史紀事本末詳節六卷　(清)谷應泰撰　清光緒二十八年(1902)五成學堂鉛活字印本　六册

220000－0841－0002038　史 1682K
皇朝武功紀盛四卷　(清)趙翼撰　清乾隆五十七年(1792)湛貽堂刻甌北全集本　二册

220000－0841－0002039　集 9864K
聖武記十四卷　(清)魏源撰　清道光二十二年(1842)古微堂刻二十六年(1846)第三次重訂本　十二册

220000－0841－0002040　史 1587K
聖武記十四卷　(清)魏源撰　清道光二十六年(1846)刻本　十二册

220000－0841－0002041　史 7206K
聖武記十四卷　(清)魏源撰　清光緒上海和記書莊鉛活字印本　六册

220000－0841－0002042　史 1562K
聖武記十四卷武事餘記　(清)魏源撰　清道光二十二年(1842)古微堂刻本　十二册

220000－0841－0002043　史 1685K
皇朝武功紀盛四卷　(清)趙翼撰　清乾隆五十七年(1792)刻本　一册

220000－0841－0002044　史 1567

皇清開國方略三十二卷首一卷 (清)阿桂等撰 清乾隆五十一年(1786)武英殿刻本 十六冊

220000－0841－0002045 史9861K
皇清開國方略三十二卷 (清)阿桂等撰 清光緒十五年(1889)上海慶百宋齋鉛活字印本 六冊

220000－0841－0002046 史1526
三藩紀事本末四卷 (清)楊陸榮撰 清康熙五十六年(1717)刻本 二冊

220000－0841－0002047 善2582
三藩紀事本末四卷 (清)楊陸榮撰 清雍正刻本 二冊

220000－0841－0002048 史1545K
三藩紀事本末二十二卷 (清)楊陸榮撰 清光緒二十一年(1895)上海積山書局石印本 一冊

220000－0841－0002049 史1735K
三藩紀事本末二十二卷 (清)楊陸榮撰 清光緒二十九年(1903)文盛書局石印本 一冊

220000－0841－0002050 史1695
平臺紀略一卷 (清)藍鼎元撰 (清)王者輔評 清雍正十年(1732)刻鹿洲全集本 一冊

220000－0841－0002051 史9146
靖海紀事二卷 (清)施琅撰 清光緒元年(1875)施葆修重修康熙刻本 二冊

220000－0841－0002052 史1564
欽定勦捕臨清逆匪紀略十六卷 (清)舒赫德等撰 清乾隆武英殿刻本 六冊

220000－0841－0002053 史1733K
靖逆記六卷 (清)蘭簃外史撰 清嘉慶二十五年(1820)文盛堂刻本 一冊

220000－0841－0002054 史1734K
靖逆記六卷 (清)蘭簃外史撰 清嘉慶二十五年(1820)正道堂刻本 二冊

220000－0841－0002055 史1689K
靖逆記六卷 (清)蘭簃外史撰 清嘉慶二十五年(1820)刻本 二冊

220000－0841－0002056 善0371
欽定平苗紀略五十二卷首四卷 (清)鄂輝等撰 清嘉慶武英殿聚珍本 四十八冊

220000－0841－0002057 史1570
欽定平定教匪紀略四十二卷首一卷 (清)托津等纂 清嘉慶武英殿刻本 四十四冊

220000－0841－0002058 善2890
平定教匪紀事一卷 (清)勒保撰 清嘉慶刻本 一冊

220000－0841－0002059 史1596K
淮軍平捻記十二卷 (清)周世澄撰 清同治、咸豐刻本 四冊

220000－0841－0002060 史1744K
淮軍平捻記十二卷 (清)周世澄撰 清光緒三年(1877)上海機器印書局鉛活字印本 二冊

220000－0841－0002061 史1611K
國朝柔遠記二十卷 (清)彭玉麟定 (清)王之春編 清光緒十七年(1891)廣雅書局刻本 六冊

220000－0841－0002062 史1609K
國朝柔遠記二十卷 (清)彭玉麟定 (清)王之春編 清光緒二十二年(1896)刻本 六冊

220000－0841－0002063 史1591K
戡定新疆記八卷 (清)魏光燾撰 清光緒二十五年(1899)鉛活字印本 四冊

220000－0841－0002064 史1732K
前蒙古紀事本末二卷後蒙古紀事本末二卷 (清)韓善徵撰 清光緒三十一年(1905)上海春記石印本 四冊

220000－0841－0002065 史9216K
國朝事略五卷 (清)金陵江楚編譯局原編 (清)廣東學務公所縮編 清光緒三十三年(1907)廣東學務公所鉛活字印本 一冊

220000－0841－0002066 史3114K
欽定平定七省方略 (清)德宗載湉敕編 清

光緒總理各國事務衙門鉛活字印本　三百六冊

220000－0841－0002067　史 3113
欽定剿平捻匪方略三百二十卷　(清)朱學勤等撰　清光緒總理各國事務衙門鉛印平定七省方略本　一百六十冊

220000－0841－0002068　史 5823F
平定雲南回匪方略五十卷　(清)陳邦瑞撰　清光緒總理各國事務衙門鉛印平定七省方略本　五十一冊

220000－0841－0002069　史 5822F
欽定平定寶州苗匪方略四十卷　(清)陳邦瑞撰　清光緒總理各國事務衙門鉛印平定七省方略本　四十冊

220000－0841－0002070　史 9297K
帝王世紀集校十卷補遺一卷附錄一卷　(清)宋翔鳳集校　**帝王世紀續補一卷**　(清)錢保塘續補　**意林逸文一卷**　(清)楊調元撰　清光緒四年(1878)楊氏刻訓纂堂叢書本　一冊

220000－0841－0002071　史 4325K
帝王世紀纂要四卷　(清)遊昌灼輯　清嘉慶刻本　四冊

220000－0841－0002072　史 2215K
史闕十四卷　(明)張岱撰　清道光四年(1824)徐鴻本刻本　六冊

220000－0841－0002073　史 12417K
宋遼金元別史(四朝別史)　(清)席世臣撰　清乾隆至嘉慶南沙席氏掃葉山房刻本　四十冊

220000－0841－0002074　史 9132K
歷代邊事彙鈔十二卷　(清)朱克敬輯　清光緒二十八年(1902)上海捷記書局石印本　二冊

220000－0841－0002075　史 2093K
荆駝逸史　(清)陳湖逸士編輯　清道光古槐山房木活字印本　三十二冊

220000－0841－0002076　史 2084K
荆駝逸史　(清)陳湖逸士編輯　清宣統三年(1911)中國圖書館鉛活字印本　十六冊

220000－0841－0002077　史 2043K
痛史　樂天居士輯　清宣統三年(1911)商務印書館鉛活字印本　三十一冊

220000－0841－0002078　史 2234K
漢族光復史不分卷　三戶遺民編輯　清宣統三年(1911)鉛活字印本　一冊

220000－0841－0002079　子 4505K
世本十卷　(清)宋衷注　清嘉慶二十三年(1818)琳琅仙館刻本　六冊

220000－0841－0002080　善 0504
路史四十七卷　(宋)羅泌撰　明萬曆三十九年(1611)喬可傳寄寄齋刻本　二十四冊

220000－0841－0002081　史 1754K
路史四十七卷　(宋)羅泌纂　(宋)羅苹注　清嘉慶十二年(1807)謙益堂刻本　十四冊

220000－0841－0002082　史 1755K
路史四十五卷　(宋)羅泌纂　(宋)羅苹注　清同治四年(1865)刻本　十六冊

220000－0841－0002083　史 1753K
路史四十五卷　(宋)羅泌纂　(宋)羅苹注　清光緒二年(1876)趙承恩刻本　二十冊

220000－0841－0002084　史 1824
重訂路史四十七卷　(宋)羅泌撰　明武林化玉齋刻本　二十冊

220000－0841－0002085　史 1821K
路史節讀十卷　(清)廖文錦節訂　清光緒二十七年(1901)刻本　四冊

220000－0841－0002086　史 8884K
逸周書集訓校釋十卷逸文一卷　(清)朱右曾撰　清光緒三年(1877)湖北崇文書局刻崇文書局彙刻書本　一冊

220000－0841－0002087　史 2080K
王會篇箋釋三卷　(清)何秋濤撰　清光緒十七年(1891)江蘇書局刻本　三冊

220000－0841－0002088　史1807K
周書斠補四卷　(清)孫詒讓撰　清光緒二十二年(1896)刻本　一册

220000－0841－0002089　善2167
國語二十一卷　(三國吳)韋昭注　明嘉靖七年(1528)金李澤遠堂刻本　一册

220000－0841－0002090　善3531
國語二十一卷　(三國吳)韋昭注　清乾隆孔氏詩禮堂刻本　四册

220000－0841－0002091　史1785K
國語二十一卷札記一卷考異四卷　(三國吳)韋昭注　(清)黄丕烈撰　**附天聖明道本國語考異四卷**　(清)汪遠孫撰　清同治八年(1869)湖北崇文書局刻本　五册

220000－0841－0002092　史12467K
國語二十一卷札記一卷　(三國吳)韋昭注　**校刊明道本韋氏解國語札記一卷**　(清)黄丕烈撰　清嘉慶五年(1800)刻士禮居黄氏叢書本　四册

220000－0841－0002093　史12459K
國語正義二十一卷　(三國吳)韋昭注　(清)董增齡撰　清光緒六年(1880)章氏式訓堂刻本　八册

220000－0841－0002094　善0375
國語九卷　(明)閔齊伋裁注　明萬曆四十七年(1619)閔齊伋刻三色套印本　五册

220000－0841－0002095　叢1540F
國語校注本三種　(清)汪遠孫撰　清道光二十六年(1846)錢塘汪氏刻振綺堂遺書本　一册

220000－0841－0002096　善0157
戰國策十卷國語二十一卷　明吳勉學刻本　六册

220000－0841－0002097　善0158
戰國策十卷　(宋)鮑彪校注　(元)吳師道重校　明萬曆九年(1581)張一鯤刻本　八册

220000－0841－0002098　善0374
戰國策十二卷元本目錄一卷　(明)閔齊伋裁注　明萬曆四十七年(1619)閔氏三色套印本　八册

220000－0841－0002099　史12430K
戰國策三十三卷　(漢)高誘注　(宋)姚宏補注　**重刊剡川姚氏本戰國策札記三卷**　(清)黄丕烈編　清嘉慶八年(1803)黄氏讀未見書齋刻士禮居黄氏叢書本　六册

220000－0841－0002100　史1791K
戰國策三十三卷札記三卷　(漢)高誘注　清同治八年(1869)湖北崇文書局刻本　五册

220000－0841－0002101　史9706
戰國策十八卷　(清)張星徽評點　清雍正塞翁亭刻本　四册

220000－0841－0002102　史9341K
戰國策去毒二卷首一卷　(清)陸隴其評選　清同治九年(1870)六安求我齋刻本　二册

220000－0841－0002103　史9202K
國策編年一卷　(清)顧觀光撰　清光緒二十八年(1902)刻本　一册

220000－0841－0002104　善0489
吳越春秋十卷　(漢)趙曄撰　(元)徐天祐音注　明嘉靖刻本　六册

220000－0841－0002105　善2822
越絶書十五卷　(漢)袁康撰　明刻本　二册

220000－0841－0002106　史1014K
七家後漢書　(清)汪文臺輯　清光緒八年(1882)太平崔國榜等刻本　四册

220000－0841－0002107　善2124
十六國春秋一百卷　題(北魏)崔鴻撰　明萬曆三十七年(1609)屠氏蘭暉堂刻本　六册

220000－0841－0002108　史2134
十六國春秋一百卷　(北魏)崔鴻撰　清乾隆四十六年(1781)仁和汪日桂欣託山房刻本　二十册

220000－0841－0002109　史2164
十國春秋一百十六卷　(清)吳任臣撰　清乾

隆五十八年(1793)昭文周氏此宜閣刻本　二十四冊

220000－0841－0002110　史 2155K
十六國春秋一百卷　(北魏)崔鴻撰　清光緒十二年(1886)湖北官書處刻本　十二冊

220000－0841－0002111　史 1264
西魏書二十四卷附錄一卷　(清)謝啟昆撰　清乾隆六十年(1795)刻本　四冊

220000－0841－0002112　史 1267K
西魏書二十四卷附錄一卷　(清)謝啟昆撰　清光緒十八年(1892)溧陽繆氏刻本　六冊

220000－0841－0002113　史 4916F
蠻書十卷　(唐)樊綽撰　清光緒桐廬袁氏刻漸西村舍彙刻本　一冊

220000－0841－0002114　善 0135
貞觀政要十卷　(唐)吳兢撰　(元)戈直論集　明成化元年(1465)内府刻本　十冊

220000－0841－0002115　史 1036K
續唐書七十卷　(清)陳鱣撰　清道光四年(1824)刻本　十冊

220000－0841－0002116　史 12584
奉天錄四卷　(唐)趙元一撰　清咸豐二年(1852)秦恩復刻石研齋四種本　一冊

220000－0841－0002117　善 2909
東觀奏記三卷　(唐)裴庭裕撰　明萬曆商濬刻稗海本　一冊

220000－0841－0002118　善 0524
五代史補五卷　(宋)陶岳撰　明毛氏汲古閣刻本　一冊

220000－0841－0002119　善 0438
五代史補五卷　(宋)陶岳撰　**五代史闕文一卷**　(宋)王禹偁撰　明毛氏汲古閣刻本　一冊

220000－0841－0002120　史 10986K
五代史補五卷　(宋)陶岳撰　清乾隆刻本　一冊

220000－0841－0002121　史 9357K
五代史補五卷　(宋)陶岳撰　清光緒十七年(1891)會稽陶閶刻本　一冊

220000－0841－0002122　善 3336
五代史闕文一卷　(宋)王禹偁撰　明毛氏汲古閣刻本　一冊

220000－0841－0002123　史 1249K
五代史記纂誤續補六卷　(清)吳光耀撰　清光緒十四年(1888)刻本　四冊

220000－0841－0002124　史 8658K
五代春秋二卷　(宋)尹洙撰　清乾隆五十七年(1792)秀水陳氏刻本　一冊

220000－0841－0002125　史 2152K
十國春秋一百十六卷　(清)吳任臣撰　清光緒十二年(1886)海虞陳氏刻本　二十冊

220000－0841－0002126　史 10455
釣磯立談一卷　題(南唐)史虚白撰　清康熙四十五年(1706)刻楝亭藏書十二種本　一冊

220000－0841－0002127　善 0502
南唐書十八卷音釋一卷　(宋)陸遊撰　(元)戚光撰音釋　明崇禎毛氏汲古閣刻陸放翁全集本　八冊

220000－0841－0002128　善 0759
南唐書三十卷　(宋)馬令撰　明嘉靖二十九年(1550)顧汝達刻本　三冊

220000－0841－0002129　善 3054
南唐書三十卷　(宋)馬令撰　**考異一卷**　(清)趙泰撰　清嘉慶十八年(1813)嘯園沈氏木活字印本　四冊

220000－0841－0002130　史 1146
南北纂二十四卷　(明)錢岱纂　明萬曆姚宗儀刻本　十四冊

220000－0841－0002131　史 10150K
南唐書十八卷音釋一卷　(宋)陸遊撰　清光緒抄本　四冊

220000－0841－0002132　史 10999
南唐書合刻四十九卷　清康熙蔣國祥刻本

六冊

220000－0841－0002133　善 0469
吴越備史四卷補遺一卷　題(宋)范坰　(宋)林禹撰　清康熙刻本　二冊

220000－0841－0002134　史 1854K
吴越備史四卷　(宋)范坰撰　清光緒二十一年(1895)錢塘丁氏嘉惠堂刻本　三冊

220000－0841－0002135　史 1114K
吴越備史四卷　(宋)范坰撰　清光緒養雲書屋木活字印本　三冊

220000－0841－0002136　史 2127
隆平集二十卷　(宋)曾鞏撰　清康熙四十年(1701)彭期七業堂刻本　六冊

220000－0841－0002137　史 10113K
南漢春秋十三卷　(清)劉應麟撰　清道光七年(1827)含章書屋刻本　四冊

220000－0841－0002138　史 11179K
南漢書十八卷攷異十八卷文字略四卷叢録十八卷　(清)梁廷枏撰　清道光九年(1829)刻藤花亭十七種本　八冊

220000－0841－0002139　史 1756
東都事略一百三十卷　(宋)王偁撰　清乾隆六十年(1795)南沙掃葉山房刻本　十二冊

220000－0841－0002140　史 1774F
東都事略一百三十卷　(宋)王偁撰　清嘉慶掃葉山房刻宋遼金元别史本　十二冊

220000－0841－0002141　史 1759K
東都事略一百三十卷　(宋)王偁撰　清光緒刻本　十六冊

220000－0841－0002142　史 1769K
東都事略一百三十卷　(宋)王偁撰　清光緒九年(1883)淮南書局刻本　八冊

220000－0841－0002143　史 7385F
南宋書六十八卷　(明)錢士升撰　清嘉慶二年(1797)南沙席氏臣掃葉山房刻宋遼金元别史本　十二冊

220000－0841－0002144　史 1776K
宋史翼四十卷　(清)陸心源撰　清光緒三十二年(1906)歸安陸氏十萬卷樓刻本　十冊

220000－0841－0002145　史 1860F
靖康傳信録三卷建炎進退志四卷建炎時政記三卷　(宋)李綱撰　清光緒十年(1884)邵武徐幹刻邵武徐氏叢書本　二冊

220000－0841－0002146　史 11478F
靖康紀聞一卷拾遺一卷　(宋)丁特起撰　清嘉慶七年(1802)虞山張海鵬曠閣刻學津討原本　一冊

220000－0841－0002147　史 1938K
川鄂大事綱目　上海天鐸報編輯部纂　清宣統三年至民國元年(1911－1912)天鐸報鉛活字印本　二冊

220000－0841－0002148　史 8838K
錢塘遺事十卷　(元)劉一清撰　清嘉慶四年(1799)掃葉山房刻本　二冊

220000－0841－0002149　史 10732F
開禧德安守城録一卷　(宋)王致遠撰　清光緒刻永嘉叢書本　一冊

220000－0841－0002150　史 7383F
契丹國志二十七卷　(宋)葉隆禮撰　清乾隆、嘉慶掃葉山房刻宋遼金元别史本　二冊

220000－0841－0002151　史 2031K
松漠紀聞一卷續一卷補遺一卷考異一卷　(宋)洪皓撰　清同治十二年(1873)涇縣洪氏三瑞堂刻本　一冊

220000－0841－0002152　子 2680F
歸潛志十四卷　(元)劉祁撰　清乾隆四十二年(1777)福建刻道光、同治遞修本　二冊

220000－0841－0002153　子 3519F
歸潛志十四卷附録一卷　(元)劉祁撰　清乾隆四十四年(1779)長塘鮑氏刻知不足齋叢書本　三冊

220000－0841－0002154　子 2400K
歸潛志十四卷　(元)劉祁撰　清光緒二十五

年(1899)廣雅書局刻本　二册

220000－0841－0002155　史2028K
蒙韃備錄一卷　(宋)孟珙撰　(清)曹元忠校注　清光緒二十七年(1901)箋經室刻本　一册

220000－0841－0002156　史1210K
元朝秘史注十五卷　(清)李文田注　清光緒十六年(1890)刻本　四册

220000－0841－0002157　史8744K
元朝秘史注十五卷　(清)李文田注　清光緒二十二年(1896)漸西村舍影印本　四册

220000－0841－0002158　史1209K
元朝秘史十五卷譯文證補三十卷　(元)忙豁侖紐察脱察安撰　(清)李文田注　清光緒二十九年(1903)上海文瑞樓石印本　八册

220000－0841－0002159　史1214K
元朝秘史十卷續二卷　(元)忙豁侖紐察脱察安撰　清光緒三十四年(1908)長沙葉氏觀古堂刻本　六册

220000－0841－0002160　史1936K
元秘史李注補正十五卷　(清)高寶銓撰　清光緒二十八年(1902)刻本　二册

220000－0841－0002161　史2109K
三河創業記五卷　(清)范壽金編輯　清光緒三十三年(1907)石印本　二册

220000－0841－0002162　史10684F
元親征錄一卷　(清)何秋濤校正　清光緒二十年(1894)刻本　一册

220000－0841－0002163　史1857K
校正元親征錄一卷　(清)何秋濤校正　清光緒二十三年(1897)蓮池書局刻本　一册

220000－0841－0002164　史1917K
蒙古源流八卷　(清)小徹辰薩囊台吉撰　清乾隆四十二年(1777)刻本　四册

220000－0841－0002165　史7384F
大金國志四十卷　(宋)宇文懋昭撰　清乾隆、嘉慶掃葉山房刻宋遼金元別史本　四册

220000－0841－0002166　史7282K
保越錄一卷　(元)徐勉之撰　清刻本　一册

220000－0841－0002167　史9774K
保越錄一卷　(元)徐勉之撰　清同治八年(1869)傅氏七林書堂刻本　一册

220000－0841－0002168　史1845K
平吴錄一卷　(明)吳寬撰　清嘉慶十三年(1808)廬山張氏刻借月山房彙抄本　一册

220000－0841－0002169　史1848K
平漢錄一卷　(明)童承敘撰　清嘉慶十三年(1808)廬山張氏刻借月山房彙抄本　一册

220000－0841－0002170　史1846K
平夏錄一卷　(明)黃標撰　清嘉慶十三年(1808)廬山張氏刻借月山房彙抄本　一册

220000－0841－0002171　史1847K
平蜀記一卷　(明)□□撰　清嘉慶十四年(1809)廬山張氏刻借月山房彙抄本　一册

220000－0841－0002172　史1910
平定交南錄一卷　(明)邱濬撰　**渤泥入貢記一卷**　(明)宋濂撰　清順治三年(1646)宛委山堂刻本　一册

220000－0841－0002173　史2024K
平定交南錄一卷　(明)邱濬撰　清道光二十五年(1845)南海伍氏校刻嶺南遺書本　一册

220000－0841－0002174　善2561
建文書法儗前編一卷正編二卷附編二卷首一卷　(明)朱鷺撰　明萬曆刻本　二册

220000－0841－0002175　善1743
吾學編六十九卷　(明)鄭海撰　明隆慶元年(1567)鄭履淳刻本(有抄補)　二十四册

220000－0841－0002176　善0682
水東日記三十八卷　(明)葉盛撰　明刻本　十册

220000－0841－0002177　史1997K
九朝野記四卷　(明)祝允明撰　清宣統三年(1911)時中書局鉛活字印本　二册

220000－0841－0002178　善 0825

野記四卷　(明)祝允明撰　明正德刻本　一冊　存二卷(一至二)

220000－0841－0002179　史 2077K

野記四卷　(明)祝允明撰　清同治十三年(1874)元和祝氏刻本　二冊

220000－0841－0002180　史 6955F

典故紀聞十八卷　(明)余繼登撰　清光緒五年(1879)定州王氏謙德堂刻畿輔叢書本　六冊

220000－0841－0002181　善 0407

震澤紀聞二卷　(明)王鏊撰　明嘉靖刻本　二冊

220000－0841－0002182　史 2095F

平播全書十五卷　(明)李化龍撰　清光緒五年(1879)定洲王氏謙德堂刻畿輔叢書本　十二冊

220000－0841－0002183　善 0453

弇山堂別集一百卷　(明)王世貞撰　明萬曆十八年(1590)刻本　三十冊

220000－0841－0002184　史 7879K

弇山堂別集一百卷　(明)王世貞撰　清光緒廣雅書局刻本　二十冊

220000－0841－0002185　善 0481

弇州史料前集三十卷後集七十卷　(明)王世貞撰　(明)董復表編　明萬曆刻本　四十八冊

220000－0841－0002186　史 1954K

虞山妖亂志二卷附一卷　(明)馮舒撰　清光緒雁來紅業報鉛活字印本　一冊

220000－0841－0002187　史 1706F

東林本末三卷　(明)吳應箕撰　清光緒二十八年(1902)贵池劉氏刻贵池先哲遺書本　一冊

220000－0841－0002188　史 7936K

野獲編三十卷補遺四卷　(明)沈德符撰　(清)錢枋輯　清道光七年(1827)錢塘姚祖恩扶荔山房刻本　二十冊

220000－0841－0002189　史 1801F

烈皇小識八卷　(明)文秉撰　清都城琉璃廠刻明季稗史彙編本　七冊

220000－0841－0002190　史 1916

平叛記二卷　(清)毛霖撰　清康熙五十五年(1716)刻本　二冊

220000－0841－0002191　史 1574F

綏寇紀略十二卷補遺三卷　(清)吳偉業纂輯　清嘉慶十年(1805)虞山張氏照曠閣刻學津討原本　八冊

220000－0841－0002192　史 7222

平寇志十二卷　(清)彭孫貽撰　清木活字印本　二冊

220000－0841－0002193　史 1949

庭聞錄六卷平定緬甸一卷　(清)劉健撰　清康熙五十八年(1719)刻本　四冊

220000－0841－0002194　史 5908

舌擊編五卷　(清)沈儲撰　清咸豐九年(1859)刻本　五冊

220000－0841－0002195　史 10403K

虎口餘生記一卷　(明)邊大綬撰　清光緒九年(1883)海棠仙館刻本　一冊

220000－0841－0002196　史 1826K

守汴日志一卷　(明)李光壂撰　清光緒刻本　一冊

220000－0841－0002197　史 1888

蜀碧四卷　(清)彭遵泗撰　清乾隆四十二年(1777)白鶴堂刻本　二冊

220000－0841－0002198　史 11009K

蜀碧四卷　(清)彭遵泗撰　清嘉慶二十年(1815)天祿閣刻本　二冊

220000－0841－0002199　史 2010K

蜀碧四卷附記一卷　(清)彭遵泗撰　清嘉慶刻本　一冊

220000－0841－0002200　史 2009K

蜀碧四卷　(清)彭遵泗撰　清光緒肇經堂刻本　四册

220000－0841－0002201　史 9082
歐陽氏遺書一卷　(清)歐陽直撰　清道光二年(1822)歐陽氏梅花書屋刻本　一册

220000－0841－0002202　史 11422K
孑遺錄一卷　(清)戴名世撰　清宣統復園主人刻本　一册

220000－0841－0002203　史 1881K
燕都日記一卷　(明)馮夢龍撰　清道光刻本　二册

220000－0841－0002204　史 1778F
甲申傳信錄十卷　(明)錢𩇕撰　清光緒八年(1882)上海申報館鉛印申報館叢書本　四册

220000－0841－0002205　史 7139F
酌中志餘二卷　(明)劉若愚輯　清光緒湖北崇文書局刻正覺樓叢刻本　二册

220000－0841－0002206　史 1803K
兩朝剝復錄六卷　(明)吴應箕輯　清同治二年(1863)江西省寓刻當塗夏氏本　四册

220000－0841－0002207　史 2096F
三朝野紀七卷　(明)李遜之輯行　**朝錄六卷**　(清)黄宗羲編撰　清道光古槐山房木活字印荆駝逸史本　八册

220000－0841－0002208　史 1557K
明史竊一百五卷　(明)尹守衡撰　清光緒東官博物圖書館刻本　十八册

220000－0841－0002209　叢 0729K
勝朝遺事初編六卷二編八卷　(清)吴彌光撰　清道光二十三年(1843)南海吴氏芬陀羅館刻本　十四册

220000－0841－0002210　史 4433
備遺錄一卷　(明)張芹撰　明刻本　一册

220000－0841－0002211　史 1869K
二申野錄八卷　(清)孫之騄撰　清道光吟香館刻本　四册

220000－0841－0002212　史 1870K
二申野錄八卷　(清)孫之騄撰　清同治六年(1867)吟香館刻本　二册

220000－0841－0002213　史 2002K
談往二卷　(清)花村看行侍者撰　清道光二十四年(1844)品石山房木活字印崇正叢書十二種本　一册

220000－0841－0002214　史 2070F
幸存錄二卷　(明)夏允彝撰　**續幸存錄一卷**　(明)夏完淳作　**求野錄一卷**　(明)客溪樵隱(鄧凱)撰　**也是錄一卷**　(明)自非逸史(鄧凱)撰　清光緒都城琉璃廠刻明季稗史彙編本　二册

220000－0841－0002215　史 2130K
小腆紀傳六十五卷補遺一卷　(清)徐鼒撰　清光緒十三年(1887)刻本　十八册

220000－0841－0002216　史 2121K
小腆紀年附考二十卷　(清)徐鼒撰　清咸豐十一年(1861)刻本　十二册

220000－0841－0002217　史 2126K
小腆紀年附考二十卷　(清)徐鼒撰　清光緒四年(1878)刻本　十册

220000－0841－0002218　史 11099K
北使紀略一卷　(清)陳洪範撰　清道光古槐山房木活字印荆駝逸史本　一册

220000－0841－0002219　史 10558F
淮城紀事一卷揚州變略一卷京口變略一卷　(明)□□撰　清宣統三年(1911)商務印書館鉛印痛史本　一册

220000－0841－0002220　史 1993F
行朝錄六卷　(清)黄宗羲撰　清光緒三十二年(1906)國學保存會鉛印國粹叢書第三集本　一册

220000－0841－0002221　史 1669K
東南紀事十二卷　(清)邵延采撰　清光緒十年(1884)刻本　四册

220000－0841－0002222　史 1852K

所知録六卷　(清)錢澄之撰　清宣統三年(1911)新學會社鉛活字印本　二冊

220000－0841－0002223　史 9059F

嘉定屠城紀要略一卷　(清)朱子素撰　**幸存録二卷**　(明)夏允彝撰　清光緒刻明季稗史彙編本　一冊

220000－0841－0002224　史 2133K

海東逸史十八卷　(清)翁州老民撰　清光緒十年(1884)飲雪軒刻本　二冊

220000－0841－0002225　史 11372K

九江城守記二卷　(清)徐世溥撰　清光緒石印本　一冊

220000－0841－0002226　史 10366K

福建城守紀二卷　(清)華廷獻撰　清光緒石印本　一冊

220000－0841－0002227　史 2078K

行在陽秋二卷　(明)戴笠撰　清光緒刻本　一冊

220000－0841－0002228　史 7409K

三湘從事錄一卷　(明)蒙正發撰　清光緒三十三年(1907)漢陽黄嗣東刻本　一冊

220000－0841－0002229　史 1752K

明季北略二十四卷南略十八卷　(清)計六奇編輯　清道光都城琉璃廠半松居士刻本　二十四冊

220000－0841－0002230　史 2124K

南疆繹史五十六卷　(清)溫睿臨原本　清道光十年(1830)古高易氏刻本　十六冊

220000－0841－0002231　史 2125K

南疆繹史勘本五十六卷　(清)溫睿臨原本　(清)李瑤勘定　清道光都城琉璃廠半松居士刻本　十六冊

220000－0841－0002232　史 1891K

南天痕二十六卷附錄一卷　(清)凌雪纂修　清宣統二年(1910)復古社鉛活字印本　六冊

220000－0841－0002233　史 7794K

明季續聞　(清)汪光復撰　清宣統三年(1911)商務印書館鉛活字印本　一冊

220000－0841－0002234　史 1560K

明紀事補遺十卷　(清)□□撰　清同治刻本　六冊

220000－0841－0002235　史 10858K

明季稗史彙編　(清)留雲居士輯　清都城琉璃廠刻本　二十冊

220000－0841－0002236　史 1990K

明季稗史彙編　(清)留雲居士輯　清光緒二十二年(1896)上海圖書集成印書局鉛活字印本　六冊

220000－0841－0002237　史 1867K

蜀龜鑒七卷首一卷　(清)劉景伯輯　清咸豐九年(1859)刻本　四冊

220000－0841－0002238　史 7410K

國朝事略八卷　(清)金陵江楚編譯局編　清光緒三十二年(1906)金陵江楚編譯局石印本　四冊

220000－0841－0002239　史 1966K

亡清秘密史一卷　光漢子撰　清宣統三年(1911)大漢書局鉛活字印本　一冊

220000－0841－0002240　史 8925K

清初掌故　(□)□□撰　清抄本　一冊

220000－0841－0002241　史 9543K

國朝遺事紀聞一卷　(清)湯殿三撰　清宣統二年(1910)民興報館鉛活字印本　一冊

220000－0841－0002242　史 1594K

滇事總録二卷　(清)莊士敏撰　清光緒十六年(1890)崇文書局刻本　一冊

220000－0841－0002243　史 10363K

能一編二卷首一卷　(清)金安清撰　清光緒二年(1876)鉛活字印本　二冊

220000－0841－0002244　史 2420K

經畧洪承疇奏對筆記二卷　(清)洪承疇撰　清光緒刻本　二冊

220000－0841－0002245　史 7137K

洪經略奏對筆記二卷 （清）洪承疇撰 清光緒十五年（1889）上海點石齋石印本 一冊

220000－0841－0002246 史6057K
經略洪承疇奏對筆記二卷 （清）洪承疇撰 清光緒十六年（1890）京都二酉齋刻本 二冊

220000－0841－0002247 史1699F
平定羅刹方略四卷 （清）□□撰 清光緒吳縣潘氏刻功順堂叢書本 一冊

220000－0841－0002248 善3538
東征集六卷 （清）藍鼎元撰 （清）王者輔評 清雍正十年（1732）刻本 三冊

220000－0841－0002249 史10573K
東征集六卷 （清）藍鼎元撰 清光緒四年（1878）申報館鉛印申報館叢書本 二冊

220000－0841－0002250 史1873K
征西紀略四卷 （清）曾毓瑜撰 清光緒二十年（1894）京師官書局鉛活字印本 一冊

220000－0841－0002251 史5348K
皇朝藩部要略十八卷 （清）祁韻士纂 清道光二十六年（1846）筠淥山房刻本 八冊

220000－0841－0002252 史5414K
皇朝藩部要略十八卷表四卷 （清）祁韻士纂 （清）毛嶽生編 清光緒十年（1884）浙江書局刻本 八冊

220000－0841－0002253 史1600K
中西紀事二十四卷 （清）夏燮撰 清同治七年（1868）刻本 六冊

220000－0841－0002254 史1588K
中西紀事二十四卷 （清）夏燮撰 清光緒十年（1884）江上草堂木活字印本 六冊

220000－0841－0002255 史7314F
中西紀事二十四卷 （清）夏燮撰 清光緒十三年（1887）申報館鉛印申報館叢書本 八冊

220000－0841－0002256 史1643K
中西紀事二十四卷 （清）夏燮撰 清刻本 四冊

220000－0841－0002257 史1603F
山東軍興紀略二十二卷 （清）管晏等撰 清光緒五年（1879）上海申報館鉛印申報館叢書本 十冊

220000－0841－0002258 史1896K
避寇紀略一卷 （清）程畹撰 清光緒十二年（1886）刻本 一冊

220000－0841－0002259 史10038F
十三日備嘗記一卷附記一卷 （清）曹晟撰 清光緒申報館鉛印申報館叢書本 一冊

220000－0841－0002260 史11004K
平桂紀略四卷 （清）蘇鳳文撰 清光緒十五年（1889）刻本 二冊

220000－0841－0002261 史1886K
股匪總錄三卷堂匪總錄十二卷廣西道里表一卷 （清）蘇鳳文撰 清光緒十五年（1889）刻本 三冊

220000－0841－0002262 史12487K
殉難錄一卷 （清）劉文淇 （清）吳熙載輯 清刻本 一冊

220000－0841－0002263 史1697K
蒙寇志略一卷 （清）胡壽昌撰 清光緒十六年（1890）成都刻本 一冊

220000－0841－0002264 史1710K
畿南濟變紀略一卷 （清）劉春堂撰 清光緒二十七年（1901）鉛活字印本 一冊

220000－0841－0002265 史1957K
盾鼻隨聞錄八卷 （清）樗園退叟編輯 清光緒元年（1875）不懼無悶齋刻本 二冊

220000－0841－0002266 史1885K
東牟守城紀略一卷 （清）戴燮元撰 清同治八年（1869）羊城刻本 一冊

220000－0841－0002267 史10643K
東牟攀轅錄一卷 （清）王啟曾等撰 清同治刻本 一冊

220000－0841－0002268 史8650K
再生記一卷 （清）謝恩浩撰 清同治五年

(1866)刻本　一冊

220000－0841－0002269　史9165K
援守井研記略一卷　(清)董貽清撰　清咸豐刻本　一冊

220000－0841－0002270　史2216K
兩淮勘亂記一卷中興樂府一卷　(清)張瑞墀撰　清宣統元年(1909)夢雨樓鉛活字印本　一冊

220000－0841－0002271　史9099K
漢安徵信錄一卷　(清)徐灼撰　清咸豐十一年(1861)刻本　一冊

220000－0841－0002272　史10892K
信豐守城記事略一卷　(清)吴秉衡撰　清光緒十一年(1885)高郵刻本　一冊

220000－0841－0002273　子2073F
甕牖餘談八卷　(清)王韜撰　清光緒元年(1875)申報館鉛印申報館叢書本　四冊

220000－0841－0002274　史1948K
抄報隨聞錄十卷　(清)樗園退叟編輯　清同治二年(1863)刻本　四冊

220000－0841－0002275　史9018K
灊山守御志一卷外編一卷　(清)孫振銓輯　清同治四年(1865)培本堂刻本　二冊

220000－0841－0002276　史1890K
守蒙紀略一卷附圖　(清)黄平賀撰　清同治三年(1864)刻本　一冊

220000－0841－0002277　史1898K
逆黨禍蜀記不分卷　(清)汪堃撰　清同治五年(1866)不懼無悶齋刻本　二冊

220000－0841－0002278　史9187K
談浙四卷　(清)許瑤光撰　清光緒十四年(1888)刻本　二冊

220000－0841－0002279　史1575K
豫軍紀略十二卷　(清)尹耕雲等輯　清同治十一年(1872)刻本　六冊

220000－0841－0002280　史10076K
尺園佐治續記一卷　(清)尺園氏撰　清宣統二年(1910)石印本　一冊

220000－0841－0002281　史1608K
東方兵事紀略十卷　(清)姚錫光撰　清光緒二十三年(1897)武昌刻本　五冊

220000－0841－0002282　史1690K
東方兵事紀略六卷　(清)姚錫光撰　清光緒通學齋鉛活字印本　一冊

220000－0841－0002283　史8869K
中興別記六十一卷末一卷　(清)李濱撰　清宣統二年(1910)鉛活字印本　二十四冊

220000－0841－0002284　史10660K
宜邑丁卯死事略一卷　(清)涂官俊輯　清光緒十五年(1889)求友齋刻本　一冊

220000－0841－0002285　史1589K
平定關隴紀略十三卷　(清)易孔昭等纂輯　清光緒十三年(1887)刻本　十三冊

220000－0841－0002286　史1633K
蕩平髮逆圖記二十二卷圖一卷　(清)杜文瀾撰　(清)白雲山人繪圖　清光緒十四年(1888)漱六山房石印本　四冊

220000－0841－0002287　史1601K
蕩平髮逆圖記二十二卷圖一卷　(清)杜文瀾撰　(清)白雲山人繪圖　清光緒縮印本　六冊

220000－0841－0002288　史1632K
蕩平髮逆圖記二十二卷圖一卷附錄四卷　(清)杜文瀾撰　(清)白雲山人繪圖　清光緒十七年(1891)上海書局石印本　四冊

220000－0841－0002289　史1584K
平定粤匪紀略十八卷附記四卷　(清)杜文瀾撰　清同治八年(1869)群玉齋木活字印本　八冊

220000－0841－0002290　史1586K
平定粤匪紀略十八卷附記四卷　(清)杜文瀾撰　清同治十年(1871)京都聚珍齋木活字印本　八冊

220000－0841－0002291　史9329K
平定粵寇紀略十八卷附記四卷　(清)杜文瀾撰　清光緒元年(1875)詒穀堂刻曼陀羅華閣叢書本　八册

220000－0841－0002292　史1607F
平定粵寇紀略十八卷附記四卷　(清)杜文瀾撰　清光緒七年(1881)上海申報館鉛印申報館叢書本　六册

220000－0841－0002293　史9136K
湘軍志十六篇　王闓運撰　清光緒十一年(1885)斠微齋刻本　四册

220000－0841－0002294　史1577K
湘軍志十六篇　王闓運撰　清光緒十二年(1886)成都墨香書屋刻本　四册

220000－0841－0002295　史1576K
湘軍志十六篇　王闓運撰　清光緒湖南刻本　二册

220000－0841－0002296　史7852K
湘軍志十六篇　王闓運撰　清宣統元年(1909)東洲刻本　四册

220000－0841－0002297　史1582K
湘軍記二十卷　(清)王定安撰　清光緒十五年(1889)江南書局刻本　十二册

220000－0841－0002298　史1715K
湘軍記二十卷　(清)王定安撰　清光緒十五年(1889)上海書局石印本　四册

220000－0841－0002299　史11395K
吴友如繪圖平長毛書二卷　(清)吴嘉猷繪　清光緒十九年(1893)上海石印本　二册

220000－0841－0002300　史11399K
吴友如繪圖平長毛書二卷　(清)吴嘉猷繪　清光緒十九年(1893)上海石印本　二册

220000－0841－0002301　史10658K
征剿紀略四卷　(清)尹嘉賓撰　清光緒二十六年(1900)刻本　四册

220000－0841－0002302　史1670K
吴中平寇記八卷　(清)錢勖撰　清同治四年(1865)刻本　二册

220000－0841－0002303　史7173F
吴中平寇記八卷　(清)錢勖撰　清光緒元年(1875)申報館鉛印申報館叢書本　二册

220000－0841－0002304　史1915K
武昌紀事二卷附錄一卷遺詩一卷　(清)陳徽言撰　清咸豐七年(1857)章門刻陳炯齋著述本　一册

220000－0841－0002305　史10856K
金陵兵事彙略四卷　(清)李圭撰　清光緒十四年(1888)刻本　二册

220000－0841－0002306　史9044K
金陵兵事彙略四卷　(清)李圭撰　清抄本　一册

220000－0841－0002307　史4346K
從征圖記不分卷(咸豐三年至十一年)　(清)唐訓方撰　清同治六年(1867)繪圖刻本　四册

220000－0841－0002308　史8439K
從征圖記不分卷(咸豐三年至十一年)　(清)唐訓方撰　清光緒十七年(1891)刻本　一册

220000－0841－0002309　史10673K
貞豐里庚申聞見錄二卷　(清)陶煦撰　清光緒八年(1882)陶氏儀一堂刻本　一册

220000－0841－0002310　史9403K
東征紀略總論一卷　(清)羅壬撰　清光緒十八年(1892)刻本　一册

220000－0841－0002311　史1667K
金陵省難紀略一卷　(清)張汝南撰　清光緒十六年(1890)上海著易堂書局鉛活字印本　一册

220000－0841－0002312　史9409K
六合紀事四卷　(清)周長森撰　清同治七年(1868)刻本　一册

220000－0841－0002313　史1982K
蜀燹述略六卷　(清)余鴻觀撰　清光緒二十年(1894)成都昌福公司鉛活字印本　四册

220000－0841－0002314　史8890K

剿逆圖説全考二卷　(□)□□輯　清光緒十九年(1893)上海書局石印本　二冊

220000－0841－0002315　史11403K

剿逆圖説全考二卷　(清)□□編　清光緒二十年(1894)上海書局石印本　二冊

220000－0841－0002316　史11396K

髮逆圖記平長毛書二卷　(清)□□編　清光緒石印本　二冊

220000－0841－0002317　史1583K

平浙紀略十六卷　(清)秦緗業　(清)陳鍾英撰　清同治十二年(1873)浙江書局刻本　四冊

220000－0841－0002318　史1718F

平浙紀略十六卷　(清)秦緗業　(清)陳鍾英撰　清光緒元年(1875)申報館鉛印申報館叢書本　四冊

220000－0841－0002319　史10428K

李秀成供不分卷　(清)李秀成撰　清同治三年(1864)刻本　一冊

220000－0841－0002320　史1861K

李秀成供不分卷　(清)李秀成撰　清同治刻本　一冊

220000－0841－0002321　史1951K

克復金陵城生擒僞忠王親筆口供不分卷　(清)李秀成撰　清同治刻本　三冊

220000－0841－0002322　史1882K

思痛記二卷　(清)李圭撰　清光緒六年(1880)師一齋刻本　一冊

220000－0841－0002323　子0414K

西甯軍務節略一卷　(清)奎順等撰　清光緒石印本　一冊

220000－0841－0002324　史1943K

劉大將軍臺戰實紀二卷續集六卷　(清)□□撰　清光緒二十一年(1895)刻本　三冊

220000－0841－0002325　史11397K

劉大將軍戰書□集　(□)□□撰　清光緒石印本　四冊　存二集(五至六)

220000－0841－0002326　史1942K

劉大將軍平倭戰記初二集　(清)□□編　清光緒書坊石印本　二冊

220000－0841－0002327　史1729K

臺灣戰紀二卷　(清)洪棄父撰　清光緒三十二年(1906)鉛活字印本　二冊

220000－0841－0002328　史10391K

中東戰紀一卷臺灣戰紀二卷　(清)洪棄父撰　清光緒三十二年(1906)鉛活字印本　三冊

220000－0841－0002329　史1947K

臺戰實紀初續集　(□)□□編　清光緒書坊石印本　二冊

220000－0841－0002330　史11398K

黑旗全臺戰事實記六卷　(□)□□撰　清光緒二十一年(1895)石印本　二冊

220000－0841－0002331　史6732K

時事新編六卷　(清)陳耀卿編輯　清光緒二十一年(1895)鉛活字印本　六冊

220000－0841－0002332　史4290K

海龍戰守事蹟六卷　(清)依淩阿輯　清光緒三十二年(1906)關東印書館鉛活字印本　二冊

220000－0841－0002333　史6269K

直東剿匪電存四卷首一卷　(清)林學瑊輯　清光緒三十二年(1906)石印本　四冊

220000－0841－0002334　史2025K

義和拳教門源流考一卷　勞乃宣撰　清光緒刻本　一冊

220000－0841－0002335　史1638K

拳匪紀略八卷圖一卷前編二卷後編二卷　(清)僑析生撰　清光緒二十九年(1903)上洋書局石印本　六冊

220000－0841－0002336　史1740K

拳匪紀略八卷圖一卷前編二卷後編二卷　(清)僑析生撰　清光緒二十七年(1901)香港書局石印本　六冊

220000－0841－0002337　史 1739F
拳匪紀略八卷圖一卷前編二卷後編二卷　(清)僑析生撰　清光緒二十七年(1901)香港書局石印本　二册

220000－0841－0002338　史 10782K
庚子拳變事例一卷　(清)祝芾撰輯　清光緒三十一年(1905)鉛活字印本　一册

220000－0841－0002339　史 1879K
庚子北京事變紀略一卷　(清)鹿完夫撰　清光緒二十七年(1901)刻本　一册

220000－0841－0002340　子 1759K
教務紀略四卷首一卷　李剛己撰　清光緒三十年(1904)山東印書局鉛活字印本　五册

220000－0841－0002341　子 1758K
教務紀略四卷首一卷末一卷　李剛己編　清光緒三十一年(1905)南洋官報局鉛活字印本　六册

220000－0841－0002342　子 1843K
教務紀略四卷首一卷末一卷　李剛己編　清光緒三十一年(1905)河南排印處鉛活字印本　六册

220000－0841－0002343　史 1968K
回鑾紀事一卷　(清)優鉢羅齋主撰　清光緒杭州白話報刻本　一册

220000－0841－0002344　史 1578K
平原拳匪紀事一卷　(清)蔣楷撰　清光緒刻本　一册

220000－0841－0002345　史 2012K
拳教析疑說一卷　勞乃宣撰　(清)桂嵩慶删潤　清光緒刻本　一册

220000－0841－0002346　子 1893K
教案奏議彙編八卷首一卷　(清)程宗裕編輯　清光緒二十七年(1901)上海書局石印本　六册

220000－0841－0002347　史 10364K
江浙鐵路拒款風潮錄不分卷　(清)古潤國民趙氏輯　清光緒石印本　一册

220000－0841－0002348　史 10434K
皖案徐錫林十二節鑑湖遺事編不分卷　(清)□□輯　清光緒三十三年(1907)上海裕記書莊石印本　一册

220000－0841－0002349　史 7221K
蘄春紀略一卷　(清)羅緗撰　清光緒二十五年(1899)四川省城吕德生刻本　一册

220000－0841－0002350　史 1977K
陳天華先生絕命辭一卷　(清)陳天華撰　清石印本　一册

220000－0841－0002351　史 11154K
康梁徐謀財害命鐵證書不分卷　劉作楫輯　清宣統二年(1910)石印本　一册

220000－0841－0002352　史 7140K
戊戌政變記九卷　梁啟超撰　清刻本　三册

220000－0841－0002353　史 8039K
戊戌政變記九卷　梁啟超撰　清鉛活字印本　三册

220000－0841－0002354　史 10337K
戊戌政變記九卷　梁啟超撰　清鉛活字印本　三册

220000－0841－0002355　集 4472K
辛亥濺淚集四卷　蘇輿撰　清宣統三年(1911)長沙龍雲印刷局石印本　二册

220000－0841－0002356　史 1177K
歷代帝王紹運圖一卷　(宋)諸葛深撰　清光緒貴陽陳矩堂靈峯草堂刻本　一册

220000－0841－0002357　善 0369
甲子會紀五卷　(明)薛應旂撰　明嘉靖三十七年(1558)玄津草堂刻本　四册

220000－0841－0002358　史 1184
歷代史表五十三卷　(清)萬斯同撰　清康熙三十一年(1692)刻本　八册

220000－0841－0002359　史 1179K
歷代史表五十九卷　(清)萬斯同撰　清嘉慶元年(1796)留香閣刻本　八册

220000－0841－0002360　善 0496
御定歷代紀事年表一百卷　(清)王之樞等撰　清康熙五十四年(1715)刻本　八十冊

220000－0841－0002361　善 0156
歷代紀元彙考五卷　(清)萬斯同撰　(清)萬經補　清康熙五十四年(1715)刻本　一冊

220000－0841－0002362　史 9398K
歷代紀元彙考八卷續編一卷　(清)萬斯同撰　(清)孫鏘校補　清光緒二十三年(1897)滃洲李氏刻本　一冊

220000－0841－0002363　善 0380
歷代帝王年表不分卷　(清)齊召南撰　清乾隆刻本　一冊

220000－0841－0002364　史 9076F
歷代帝王年表不分卷　(清)齊召南編　(清)阮福續編　**帝王廟謚年諱譜一卷**　(清)齊召南編　(清)阮福續編　清道光四年(1824)小琅嬛僊館刻文選樓叢書本　二冊

220000－0841－0002365　史 3622K
帝王廟謚年諱譜一卷　(清)陸費墀編　清乾隆四十年(1775)刻本　一冊

220000－0841－0002366　史 3636K
帝王廟謚年諱譜一卷　(清)陸費墀編　清同治八年(1869)鐵如意室刻本　一冊

220000－0841－0002367　史 1208K
歷代統紀表十三卷　(清)叚長基撰　清光緒元年(1875)刻二十四史三表本　十冊

220000－0841－0002368　史 1284K
歷代統系歌二卷　(清)張緝光撰　清光緒二十六年(1900)鉛活字印本　二冊

220000－0841－0002369　史 1286K
歷代帝王世系圖一卷　(□)□□撰　清宣統二年(1910)石印本　一冊

220000－0841－0002370　史 1277K
朝代紀元表一卷　(清)萬廷蘭編　清乾隆五十八年(1793)刻本　一冊

220000－0841－0002371　史 9429K
歷代紀元歌一卷續編一卷　(清)劉翊泰編　清道光二十九年(1849)刻本　一冊

220000－0841－0002372　史 1297K
歷代甲子紀元表一卷　(清)董醇撰　清咸豐五年(1855)東阜書堂刻本　二冊

220000－0841－0002373　史 1294K
歷代甲子紀元表一卷　(清)董醇撰　清光緒十年(1884)歸安錢學嘉刻本　一冊

220000－0841－0002374　叢 0773K
紀元四種不分卷　(清)袁守僡輯　(清)六承如鈔　清抄本　一冊

220000－0841－0002375　史 2219K
歷代紀元部表二卷　(清)□□編　清乾隆二十年(1755)刻本　一冊

220000－0841－0002376　史 8841K
歷代年號記略一卷　(清)□□撰　清同治十年(1871)亦園刻本　一冊

220000－0841－0002377　史 10033F
歷代年號記略一卷　(清)□□撰　清光緒刻本　一冊

220000－0841－0002378　史 1291K
歷代紀元一卷後集一卷　(清)徐光奎輯　清嘉慶二十二年(1817)刻本　一冊

220000－0841－0002379　史 1288K
歷代世系紀年編一卷　(清)沈炳震撰　**歷代建元重號一卷**　(清)姚文田增輯　清道光二年(1822)刻本　一冊

220000－0841－0002380　史 1285K
歷代世系紀年編一卷　(清)沈炳震撰　**歷代建元重號一卷**　(清)姚文田增輯　清咸豐六年(1856)漢陽葉氏兩廣督署刻本　一冊

220000－0841－0002381　史 9004K
歷代世系紀年編一卷　(清)沈炳震撰　**歷代建元重號一卷**　(清)姚文田增輯　清同治十年(1871)安徽藩署敬義齋刻半畝園叢書本　一冊

220000－0841－0002382　善 3015

紀元要略二卷 (清)陳景雲撰 清乾隆刻本 一冊

220000－0841－0002383 史9997K

紀元通考十二卷 (清)葉維庚撰 清道光八年(1828)鍾秀山房刻本 四冊

220000－0841－0002384 史9911K

欽定各郊壇廟樂章不分卷 (清)張樂盛撰 清嘉慶二十五年(1820)天壇神樂署刻本 二冊

220000－0841－0002385 史8964K

歷代編年大事表一卷 (清)施彥士輯 清道光十四年(1834)求己堂刻求己堂八種本 一冊

220000－0841－0002386 史10789K

歷代帝王世系紀元考一卷 (清)陳夔齡輯 清光緒十一年(1885)季綸全杭州刻本 一冊

220000－0841－0002387 史10784K

甲子紀年表一卷 (清)徐壽基編 (清)季綸全校 清光緒十四年(1888)萬卷圖書草堂刻本 一冊

220000－0841－0002388 史6169K

新譯列國歲計政要不分卷 (清)傅運森撰 清光緒二十七年(1901)鉛活字印本 十二冊

220000－0841－0002389 史7032K

四裔編年表四卷 (美國)林樂知 (清)嚴良勳同譯 (清)李鳳苞輯 清同治刻本 四冊

220000－0841－0002390 史1190K

四裔編年表四卷 (美國)林樂知 (清)嚴良勳同譯 (清)李鳳苞彙編 清光緒二十三年(1897)石印本 四冊

220000－0841－0002391 史1226K

史目表二卷 (清)洪飴孫撰 清光緒四年(1878)啟秀山房刻本 一冊

220000－0841－0002392 史1293K

甲子紀元集成九卷 (清)吳晉德撰 清道光十四年(1834)妙韞閣刻本 五冊

220000－0841－0002393 史4919K

滇雲歷年傳十二卷 (清)倪蛻輯 (清)倪慎樞校 清道光二十六年(1846)刻本 十冊

220000－0841－0002394 史1298K

三古君臣世譜二卷補遺一卷 (清)鄭淑奝輯 清光緒刻本 一冊

220000－0841－0002395 史6235K

歷代政治沿革考二卷 (清)趙城編 清光緒二十八年(1902)上海南洋七日報館石印本 一冊

220000－0841－0002396 史5893K

歷代政要表二卷 (清)胡子清輯 清光緒二十九年(1903)刻本 二冊

220000－0841－0002397 史4588K

歷代輿地沿革表二十卷 (清)龍學泰撰 清光緒三十三年(1907)石印本 二十冊

220000－0841－0002398 史4918

廣輿古今鈔二卷 (清)程晴川輯 清乾隆三十二年(1767)古歙有誠堂刻本 二冊

220000－0841－0002399 史9055K

歷代治權分合系統表一卷 (清)吳寶忠編 清光緒三十四年(1908)商務印書館石印本 一冊

220000－0841－0002400 史4016K

東山孝貞節烈編八卷 (清)翁志琦等撰 (清)吳從本增編 清同治二年(1863)刻本 三冊

220000－0841－0002401 史1275K

中外紀年通表六卷 (清)著易堂主人輯 清光緒二十三年(1897)上海著易堂影印本 八冊

220000－0841－0002402 史10327K

支那五千年大事一覽表不分卷 (□)□□撰 清光緒杭州武林印刷所鉛活字印本 十冊

220000－0841－0002403 史9481K

十九世紀萬國統計比較表 (□)□□撰 清光緒石印本 一冊

220000－0841－0002404 史11329K

春秋七國統表六卷 (清)魏翼龍編輯 清道光十三年(1833)刻本 二册

220000－0841－0002405 史1417K
春秋諡法表一卷 陳延齡撰 清宣統二年(1910)北京琉璃廠東北園開智石印書局石印本 一册

220000－0841－0002406 史1183K
校漢書八表八卷 (清)夏燮撰 清光緒十六年(1890)刻本 六册

220000－0841－0002407 史9455K
後漢郡國令長考一卷 (清)錢大昭撰 清寒梅館抄本 一册

220000－0841－0002408 史7704F
唐御史臺精舍題名考三卷首一卷末一卷 (清)勞格 (清)趙鉞同撰 清光緒六年(1880)箬溪丁寶書刻月河精舍叢抄本 二册

220000－0841－0002409 史11439K
三國郡縣表補正八卷 (清)吴增僅撰 楊守敬補正 清光緒三十三年(1907)刻本 四册

220000－0841－0002410 史1850K
北宋經撫年表二卷 (清)吴廷燮撰 清宣統三年(1911)鉛活字印本 二册

220000－0841－0002411 史1877K
庚辛之際月表一卷 (清)王延釗撰 清光緒三十三年(1907)京華印書局鉛活字印本 一册

220000－0841－0002412 子0250
慈谿黄氏日抄分類九十七卷古今紀要十九卷 (宋)黄震撰 明正德十四年(1519)書林龔氏刻清乾隆三十二年(1767)新安汪佩鍔修補重印本 四十八册 缺三卷(八十一、八十九、九十二)

220000－0841－0002413 善0483
十七史詳節二百七十四卷 (宋)吕祖謙輯 明正德建陽書戶劉弘毅慎獨齋刻本 一百册

220000－0841－0002414 史10121
廿一史約編八卷首一卷 (清)鄭元慶撰 清康熙三十五年(1696)刻本 八册

220000－0841－0002415 善0544
史記抄九十一卷 (明)茅坤輯 明泰昌元年(1620)吴興閔振業刻套印本 三十二册

220000－0841－0002416 史2205K
史記菁華錄六卷 (清)姚苧田輯 清道光四年(1824)扶荔山房刻朱墨套印本 六册

220000－0841－0002417 史7697K
史記别抄二卷 (清)吴敏樹輯 清同治十一年(1872)刻本 二册

220000－0841－0002418 善0464
增定史記纂不分卷 (明)凌稚隆輯 明萬曆刻本 四册

220000－0841－0002419 史2754
四史鴻裁四十卷 (明)穆文熙輯 明萬曆朱朝聘刻本 十八册

220000－0841－0002420 善0459
史書纂略二百二十卷 (明)馬維銘輯 明萬曆四十三年(1615)刻本 四十册

220000－0841－0002421 善1899
宋史纂略三十卷 (明)馬維銘輯 明萬曆刻史書纂略本 十二册

220000－0841－0002422 善3313
雪廬讀史快編六十卷 (明)趙維寰節選 明天啓四年(1624)刻本 六十册

220000－0841－0002423 善0116:2
閲史約書五卷 (明)王光魯撰 清順治十三年(1656)刻本 二册

220000－0841－0002424 善3542
半窻史略四十二卷 (清)龍體剛撰 清雍正四年(1726)敦厚堂刻本 十二册

220000－0841－0002425 史8960K
史緯三百三十卷 (清)陳允錫删修 (清)羅大春刊補 清同治九年(1870)溫陵輔仁堂刻本 一百二十册

220000－0841－0002426 善3501

讀史備志八卷　(明)范理輯　清雍正十年(1732)繼志堂刻本　四册

220000－0841－0002427　史2211
增定二十一史韻四卷首一卷末一卷續編四卷　(明)趙南星編　(清)仲弘道增續　清康熙三十五年(1696)蘭雪堂刻本　十册

220000－0841－0002428　史1202K
廿一史四譜五十四卷　(清)沈炳震鈔　清同治十年(1871)武林吳氏清來堂刻本　十六册

220000－0841－0002429　史2175K
廿一史提綱歌二卷　(清)李兆洛撰　清同治江楚書局刻本　一册

220000－0841－0002430　子1641K
廿二史紀事提要八卷　(清)吳綏撰　清光緒書坊鉛活字印本　二册

220000－0841－0002431　史8667K
通鑑類纂不分卷　(清)馬佳松椿撰　清光緒二十三年(1897)謙受益齋刻本　四十册

220000－0841－0002432　史7076K
史鑿不分卷　(清)一山氏編　清乾隆刻本　四册

220000－0841－0002433　史9785K
鑑略四字書一卷　(清)王仕雲撰　清光緒李光明莊刻本　一册

220000－0841－0002434　史11339K
新鐫鑑畧釋義一卷提綱釋義一卷　(清)王仕雲(望如)撰　清京都隆福寺同立堂刻本　一册

220000－0841－0002435　史13191K
岣嶁鑑撮四卷　(清)曠敏本撰　**歷代紀年便覽一卷**　(清)陳鍾珂輯　**讀史論略一卷**　(清)杜詔撰　清光緒二十八年(1902)湖南澹雅書局刻本　六册

220000－0841－0002436　史2199K
讀史紀略四卷　(清)蕭濬纂輯　清道光二十年(1840)靈石楊尚文澹靜齋刻本　二册

220000－0841－0002437　史12361K
韻史二卷補一卷　(清)許遯翁撰　(清)朱玉岑補　清咸豐十一年(1861)十年讀書之廬刻本　二册

220000－0841－0002438　史2171K
帝王年系都邑便覽六卷　(清)劉一元輯　清咸豐八年(1858)則畫軒刻本　二册

220000－0841－0002439　史2176K
史鑑節要便讀六卷末一卷　(清)鮑東里編輯　清同治六年(1867)南京李光明莊刻本　二册

220000－0841－0002440　史2195K
史鑑節要便讀六卷末一卷　(清)鮑東里編輯　清光緒二十九年(1903)湖北官書局刻本　二册

220000－0841－0002441　史8911K
史略八十七卷　(清)朱埅輯　清同治五年(1866)皖南朱氏究麓山房刻本　二十册

220000－0841－0002442　史11409K
史略八十七卷　(清)朱埅輯　清光緒十九年(1893)上海宏文閣鉛活字印本　六册

220000－0841－0002443　史2210K
歷代史略六卷　(清)□□編輯　清江楚書局刻本　八册

220000－0841－0002444　史5235K
明州繫年錄七卷　(清)董沛撰　清光緒四年(1878)刻本　二册

220000－0841－0002445　史9140K
讀史正氣錄十八卷　(清)姚德鈞　(清)劉秉衡輯　清光緒十五年(1889)刻本　四册

220000－0841－0002446　史2065K
中國歷史不分卷　陳慶年撰　清光緒二十九年(1903)刻本　六册

220000－0841－0002447　善2303
左國腴詞八卷　(明)凌迪知輯　明萬曆四年(1576)刻文林綺繡本　四册

220000－0841－0002448　善0531
漢雋十卷　(宋)林鉞輯　明萬曆新安吳繼安

刻本　二册

220000－0841－0002449　史7203K
前後漢書精華録六卷蜀漢精華録　(清)□□撰　清光緒二十五年(1899)江左書林石印本　六册

220000－0841－0002450　史9073K
後漢書摘抄不分卷　(清)□□録　清抄本　一册

220000－0841－0002451　史2209K
南史識小録十四卷北史識小録十四卷　(清)沈名蓀　(清)朱昆田原輯　(清)張應昌補正　清同治十年(1871)武林吳氏清來堂刻本　十二册

220000－0841－0002452　子3481K
皇朝掌故二卷　(清)張一鵬撰　(清)陳慰文注　清光緒二十八年(1902)浙江刻本　一册

220000－0841－0002453　史6749K
皇朝掌故彙編六十卷首一卷　張壽鏞等編　清光緒二十八年(1902)鉛活字印本　六十册

220000－0841－0002454　善0372
史通二十卷　(唐)劉知幾撰　(明)李維楨評　(明)郭孔延評釋　明刻清金炳壎重修本　十册

220000－0841－0002455　善0466
史通通釋二十卷　(清)浦起龍撰　清乾隆十七年(1752)浦氏求放心齋刻本　八册

220000－0841－0002456　善2114
史通通釋二十卷　(清)浦起龍撰　清乾隆十七年(1752)浦氏求放心齋刻本　一册

220000－0841－0002457　史2208K
史通通釋二十卷　(唐)劉知幾撰　(清)浦起龍釋　清光緒廣州翰墨園刻本　六册

220000－0841－0002458　史2246K
史通通釋二十卷　(唐)劉知幾撰　(清)浦起龍釋　清光緒二十五年(1899)寶文書局石印本　八册

220000－0841－0002459　史7038K
史通削繁四卷　(唐)劉知幾撰　(清)紀昀評選　清道光十三年(1833)廣州翰墨園刻朱墨印本　四册

220000－0841－0002460　史7170K
史通削繁四卷　(唐)劉知幾撰　(清)紀昀評選　清光緒元年(1875)湖北崇文書局刻本　四册

220000－0841－0002461　史2192K
史通削繁四卷　(唐)劉知幾撰　(清)紀昀評選　清光緒二十二年(1896)湖南新化三味堂刻本　四册

220000－0841－0002462　史2201K
重刊章氏遺書　(清)章學誠撰　清光緒三年(1877)刻本　五册

220000－0841－0002463　史2193F
國史考異六卷　(清)潘檉章撰　清光緒刻功順堂叢書本　三册

220000－0841－0002464　史2245
史通訓故補二十卷　(清)黄叔琳撰　清乾隆十二年(1747)黄叔琳養素堂刻本　四册

220000－0841－0002465　史2245K
史通訓故補二十卷　(唐)劉知幾撰　(明)王惟儉訓故　(清)黄叔琳補　清乾隆十二年(1747)養素堂刻本　四册

220000－0841－0002466　史2230
古今治統二十卷　(明)徐奮鵬撰　清雍正元年(1723)槐柳齋刻本　八册

220000－0841－0002467　史2240K
古今治統不分卷　(明)徐奮鵬撰　**明紀本末評詞不分卷**　(清)谷應泰撰　清抄本　九册

220000－0841－0002468　史2222K
三芝山房讀史隨筆二卷　(清)盧浙撰　清嘉慶二十二年(1817)刻本　二册

220000－0841－0002469　史11016K
味雋齋史義二卷　(清)周濟撰　清光緒十八年(1892)求古堂存稿彙編本　一册

220000－0841－0002470　史2174K

中國歷史戰爭形勢圖說附論二卷　盧彤撰　清宣統二年(1910)鉛活字印本　一冊

220000－0841－0002471　善4305
東萊先生音注唐鑑二十四卷　(宋)范祖禹撰　(宋)呂祖謙註　明刻本　四冊

220000－0841－0002472　史11166F
涉史隨筆二卷　(宋)葛洪撰　清同治八年(1869)永康胡氏退補齋刻金華叢書本　一冊

220000－0841－0002473　史7035K
欽定元王惲承華事略補圖六卷　(元)王惲原撰　(清)徐郙等補圖　清光緒武英殿刻本　一冊

220000－0841－0002474　史7789K
欽定元王惲承華事略補圖六卷　(元)王惲原撰　(清)徐郙等補圖　清光緒石印本　一冊

220000－0841－0002475　善0365
宋儒致堂胡先生讀史管見三十卷　(宋)胡寅撰　明正德七年(1512)建陽劉弘毅慎獨齋刻本　二十八冊

220000－0841－0002476　善2747
重刻定宇陳先生增廣通略四卷　(元)陳櫟撰　明崇禎八年(1635)刻本　四冊

220000－0841－0002477　善2842
霸繩二卷　題(明)朗寧撰　明嘉靖三十八年(1559)刻本　一冊

220000－0841－0002478　善0403
學史十三卷　(明)邵寶撰　明嘉靖二十三年(1544)秦汶刻本　四冊

220000－0841－0002479　善0600
史概十卷　(明)俞思學撰　明萬曆十五年(1587)刻本　六冊　存四卷(一至四)

220000－0841－0002480　善2425
史概十卷　(明)俞思學撰　明萬曆十六年(1588)刻本　十冊

220000－0841－0002481　善0204
史懷十七卷　(明)鍾惺撰　(明)蔣勵志　(明)蔣勵修輯　明刻本　六冊　存十二卷(一至十二)

220000－0841－0002482　史2206F
史懷二十卷　(明)鍾惺撰　清光緒十七年(1891)刻湖北叢書本　十冊

220000－0841－0002483　善2223
新鋟千古一覽一卷　(明)宋文鑑撰　明萬曆三十七年(1609)刻本　二冊

220000－0841－0002484　善0199
史綱要領三十六卷　(明)姚舜牧撰　明萬曆三十八年(1610)刻本　二十冊

220000－0841－0002485　善2949
讀史漫錄十四卷　(明)于慎行撰　明萬曆四十二年(1614)于緯刻本　六冊

220000－0841－0002486　史2207K
讀史漫錄二十卷　(明)于慎行撰　清道光二十六年(1846)寧陽黃氏刻本　十冊

220000－0841－0002487　史2214K
歷代史論十二卷宋史論三卷元史論一卷　(明)張溥撰　(清)孫琮評點　**明史論四卷**　(清)谷應泰撰　**左傳史論二卷**　(清)高士奇撰　清光緒九年(1883)都城蒼松山房朱墨印本　八冊

220000－0841－0002488　善0454
讀史集四卷　(明)楊以任輯　明崇禎書林蔡益所刻本　六冊

220000－0841－0002489　史6904K
帝鑑圖說不分卷　(明)張居正　(明)呂調陽撰　清嘉慶純忠堂刻本　六冊

220000－0841－0002490　史2213
看鑑偶評五卷　(清)尤侗撰　清康熙二十九年(1690)刻本　一冊

220000－0841－0002491　善0226
重刻歷朝捷錄四卷　(明)顧充撰　明刻本　四冊

220000－0841－0002492　史1386
新鐫增定歷代捷錄全編八卷首一卷　(明)顧充撰　(明)陳繼儒增訂　明天啓刻本　五冊

220000－0841－0002493　史 2179
鼎雕陳眉公先生批點歷朝捷錄四卷　(明)顧充撰　(明)陳繼儒批點　明刻本　三冊

220000－0841－0002494　史 7602K
歷朝捷錄大成二卷　(明)顧充撰　清抄本　四冊

220000－0841－0002495　善 0786
溯流史學鈔二十卷　(清)張沐撰　清康熙三十三年(1694)刻本　八冊

220000－0841－0002496　善 0537
青萊續史十八卷　(清)朱里撰　清順治十四年(1657)刻本　二十八冊

220000－0841－0002497　史 2180F
讀通鑑論三十卷　(清)王夫之撰　清同治四年(1865)湘鄉曾氏刻船山遺書本　五冊

220000－0841－0002498　史 9750
鑑語經世編二十七卷　(清)魏裔介撰　清康熙十四年(1675)刻本　十二冊

220000－0841－0002499　史 10199K
讀史論略一卷　(清)杜詔撰　清光緒元年(1875)京都琉璃廠刻本　一冊

220000－0841－0002500　史 10206K
讀史論略一卷　(清)杜詔撰　清光緒三年(1877)京都敬業堂刻本　一冊

220000－0841－0002501　史 2187K
讀史論略一卷　(清)杜詔撰　清光緒二十八年(1902)浦城啟蒙學社刻本　一冊

220000－0841－0002502　史 2226
讀史提要錄十二卷　(清)夏之蓉撰　清乾隆三十七年(1772)刻本　四冊

220000－0841－0002503　史 2186
讀史提要錄十二卷　(清)夏之蓉撰　清乾隆三十七年(1772)刻同治四年(1865)重修本　六冊

220000－0841－0002504　史 7226K
欽定古今儲貳金鑑六卷首一卷　(清)高宗弘曆撰　清光緒二十一年(1895)浙江官書局刻本　四冊

220000－0841－0002505　史 6905K
讀史鏡古編三十二卷　(清)潘世恩輯　清同治十三年(1874)冶城飛霞閣刻本　六冊

220000－0841－0002506　史 10517K
史事論甲編十卷乙編六卷丙編四卷丁編四卷戊編十卷　雷瑨編輯　清光緒二十九年(1903)硯耕山莊石印本　二十冊

220000－0841－0002507　史 7278K
東社讀史隨筆二卷　(清)獨醒主人撰　清光緒三十一年(1905)刻本　二冊

220000－0841－0002508　史 11102K
芝麓山房讀史隨筆不分卷　(清)向時鳴撰　清光緒十三年(1887)刻本　一冊

220000－0841－0002509　叢 1525K
多識錄四卷　(清)練恕撰　清道光十八年(1838)連平練氏上海官舍刻本　二冊

220000－0841－0002510　史 2224K
讀史大略六十卷首一卷　(清)沙張白撰　**小沙子史略一卷**　(清)沙晉撰　清咸豐七年(1857)大興邵綬名刻本　十二冊

220000－0841－0002511　史 10577K
讀史大略六十卷首一卷　(清)沙張白撰　**小沙子史略一卷**　(清)沙晉撰　清光緒二十六年(1900)梅文明等石印本　六冊

220000－0841－0002512　史 9245K
浣香園筆記一卷　(清)李天根撰　清道光二十五年(1845)錢日祥刻本　一冊

220000－0841－0002513　史 7294K
太白劍二卷　(清)姚康撰　清光緒二十一年(1895)姚五桂堂木活字印本　二冊

220000－0841－0002514　史 9533K
平憾錄一卷　(清)吳墀撰　清同治四年(1865)刻本　一冊

220000－0841－0002515　史 1149K
四史發伏十卷　(清)洪亮吉撰　清光緒八年(1882)小石山房刻本　二冊

220000－0841－0002516　史 2178K
歷朝史案十八卷詠史詩二卷　(清)吴裕垂撰　(清)洪亮吉編　清湖北書局刻本　四册

220000－0841－0002517　史 10869K
史微内篇四卷　(清)張采田撰　清光緒三十四年(1908)鉛活字印本　二册

220000－0841－0002518　史 2204K
史微内篇四卷　(清)張采田撰　清宣統三年(1911)木活字印本　二册

220000－0841－0002519　善 0548
十七史商榷一百卷　(清)王鳴盛撰　清乾隆五十二年(1787)洞涇草堂刻本　十六册

220000－0841－0002520　史 1005K
十七史商榷一百卷　(清)王鳴盛撰　清乾隆五十二年(1787)洞涇草堂刻本　二十册

220000－0841－0002521　史 1006K
十七史商榷一百卷　(清)王鳴盛撰　清乾隆五十二年(1787)洞涇草堂刻五十四年(1789)增修本　二十四册

220000－0841－0002522　史 1200K
廿二史劄記三十六卷補遺一卷　(清)趙翼撰　清光緒二十五年(1899)湖南書局刻本　十四册

220000－0841－0002523　史 1197K
廿二史劄記三十六卷補遺一卷　(清)趙翼撰　清光緒二十六年(1900)上海書局石印本　八册

220000－0841－0002524　史 1195K
廿二史劄記三十六卷補遺一卷　(清)趙翼撰　清光緒三十一年(1905)上海廣益書局鉛活字印本　八册

220000－0841－0002525　史 2159F
廿二史考異一百卷　(清)錢大昕撰　清光緒十年(1884)長沙龍氏家塾刻潛研堂全書本　八册

220000－0841－0002526　史 2160F
廿二史考異一百卷　(清)錢大昕撰　清光緒二十年(1894)刻廣雅書局叢書本　九册

220000－0841－0002527　史 1116F
諸史拾遺五卷　(清)錢大昕撰　清光緒十七年(1891)廣雅書局叢書本　一册

220000－0841－0002528　叢 0830K
史學叢書　(清)□□輯　清光緒二十八年(1902)上海文瀾書局石印本　三十二册

220000－0841－0002529　叢 0826K
史學叢書第一集第二集　(清)□□輯　清光緒十九年(1893)武林有三長齋選編縮印廣雅書局叢書本　二十四册

220000－0841－0002530　史 9377K
鑑古齋日記四卷　(清)陳紹箕撰　(清)皮錫瑞評　清光緒二十八年(1902)長沙刻本　四册

220000－0841－0002531　叢 1060K
四家詠史樂府　(清)宋澤元輯　清光緒十二年(1886)山陰宋氏刻懺華盦叢書本　六册

220000－0841－0002532　史 9972K
趙忠毅公儕鶴先生史韻補注四卷　(明)趙南星撰　(清)陳鍾祥等補注　清同治三年(1864)趙瑜刻本　四册

220000－0841－0002533　集 8367K
埽葉亭詠史詩四卷　(清)來秀撰　清同治十二年(1873)埽葉亭刻本　四册

220000－0841－0002534　集 1803K
樹經堂詠史詩八卷　(清)謝啟昆撰　清道光五年(1825)樹經堂刻本　八册

220000－0841－0002535　集 2413K
考古百詠一卷　(清)許增慶撰　清道光二十三年(1843)刻本　一册

220000－0841－0002536　集 2125K
詠史百律一卷　(清)朱宫桂撰　清嘉慶刻本　一册

220000－0841－0002537　叢 1622K
史論五種　(清)李祖陶撰　清同治十年(1871)敖陽李氏尚友樓刻本　三册

220000－0841－0002538　善 2085

用書二十四卷　(明)馮雲路撰　明崇禎十三年(1640)刻本　四冊　存八卷(一至五、九至十一)

220000－0841－0002539　史 2200K

明史論略六卷　(清)彭焯南撰　清光緒二年(1876)古睴草廬刻本　三冊

220000－0841－0002540　集 10583K

東周宮詞五卷　(清)吳養原撰　清光緒十年(1884)刻本　一冊

220000－0841－0002541　史 10174K

全史宮詞二十卷　(清)史夢蘭撰　清咸豐六年(1856)刻止園叢書本　八冊

220000－0841－0002542　史 11338

舊聞證誤四卷　(宋)李心傳撰　清道光五年(1825)刻函海本　一冊

220000－0841－0002543　集 5031K

擬兩晉南北史樂府二卷　(清)洪禮吉撰　清光緒三年(1877)刻本　一冊

220000－0841－0002544　集 9140K

十六國宮詞二卷　(清)周昇撰　清道光十二年(1832)刻本　二冊

220000－0841－0002545　集 2159K

十國宮詞一卷　(清)吳省蘭撰　清乾隆刻本　一冊

220000－0841－0002546　集 2158K

十國宮詞五卷　(清)吳閬撰注　清嘉慶刻本　二冊

220000－0841－0002547　集 9529K

五代新樂府一卷評語一卷　(清)徐寶善撰　清道光刻本　一冊

220000－0841－0002548　集 5059K

擬明史樂府一百首　(清)尤侗撰　清康熙刻西堂全集本　一冊

220000－0841－0002549　集 1485K

明史雜詠箋註四卷　(清)嚴遂成撰　(清)嚴兆元註　清道光七年(1827)刻本　四冊

220000－0841－0002550　集 3654K

長安宮詞一卷　(清)胡延撰　清光緒二十八年(1902)刻本　一冊

220000－0841－0002551　集 10568K

圍城紀事詩一卷　(清)于桓撰　清光緒二十四年(1898)于炳淵刻本　一冊

220000－0841－0002552　善 0148

春秋列傳八卷　(明)劉節撰　明萬曆七年(1579)劉士忠刻本　八冊

220000－0841－0002553　史 11335K

明良志略一卷　(清)劉沅撰　清道光二十九年(1849)豫誠堂刻本　一冊

220000－0841－0002554　史 4269K

草莽私乘一卷　(明)陶宗儀鈔輯　清光緒十五年(1889)新陽趙氏刻本　一冊

220000－0841－0002555　史 4166K

鶴徵錄八卷　(清)李集撰　清嘉慶刻本　二冊

220000－0841－0002556　史 7074K

鶴徵後錄十二卷　(清)李富孫撰　清同治十一年(1872)補刻嘉慶十六年(1811)版本　三冊

220000－0841－0002557　善 0117

歷代君鑒五十卷　(明)代宗朱祁鈺撰　明景泰四年(1453)內府刻本　十冊

220000－0841－0002558　善 0125

歷代臣鑒三十七卷　(明)宣宗朱瞻基撰　明宣德元年(1426)內府刻本　十冊

220000－0841－0002559　善 0479

本朝京省人物考一百十五卷　(明)過庭訓撰　明天啓刻本　二十一冊

220000－0841－0002560　史 11490

安危注四卷　(明)吳甡撰　清刻本　八冊

220000－0841－0002561　史 9454K

史傳甲錄一卷　(清)□□鈔輯　清光緒抄本　一冊

220000－0841－0002562　史7141K
富貴源頭一卷　(清)鄭官應輯　清光緒四年(1878)待鶴齋鉛活字印本　一册

220000－0841－0002563　史9343K
古品節錄六卷　(清)松筠撰　清嘉慶四年(1799)正誼齋叢書本　四册

220000－0841－0002564　史11340K
古品節錄六卷　(清)松筠撰　清宣統二年(1910)守政書局刻本　六册

220000－0841－0002565　史4398K
昭代名人尺牘小傳二十四卷　(清)吳修輯　清光緒六年(1880)亦鹵齋刻本　二册

220000－0841－0002566　史9792K
思舊錄一卷　(清)黃宗羲撰　清光緒五桂樓刻本　一册

220000－0841－0002567　史4285K
文獻徵存錄十卷　(清)錢林輯　清咸豐八年(1858)有嘉樹軒刻本　十册

220000－0841－0002568　史1158K
國朝耆獻類徵初編七百二十卷總目二十卷賢媛類徵初編十二卷　(清)李桓輯　清光緒十年至十六年(1884－1890)刻本　三百册

220000－0841－0002569　史1485K
碑傳集一百六十卷　(清)錢儀吉纂錄　清光緒十九年(1893)江蘇書局刻本　六十册

220000－0841－0002570　史3955K
續碑傳集八十六卷　繆荃孫纂錄　清宣統江楚編譯書局刻本　二十四册

220000－0841－0002571　史8836K
勑封朱大王傳勑封金龍四大王傳勑封黃大王傳勑封栗大王傳　(清)曾國荃輯　清光緒二年(1876)刻本　一册

220000－0841－0002572　史10846K
畿輔人物考八卷　(清)孫奇逢輯　清同治八年(1869)兼山堂刻孫夏峰全集本　八册

220000－0841－0002573　史9339K
三立閣史鈔二卷　(清)李鎔經輯　清道光十七年(1837)晉陽書院刻本　二册

220000－0841－0002574　史8797K
幽芳錄四卷　(清)馬秋水等撰　清嘉慶二年(1797)祁邑孝祠刻本　一册

220000－0841－0002575　史3939K
海岱史略十二卷　(清)王馭超輯　清嘉慶二十三年(1818)刻本　二十四册

220000－0841－0002576　史4399K
晉陵先賢傳四卷　(明)歐陽東鳳撰　清同治七年(1868)刻本　四册

220000－0841－0002577　善0429
東吳名賢記二卷　(明)周復復撰　**先祖通奉府君遺稿一卷**　(明)周元學撰　明萬曆二年(1574)崑山周氏刻本　一册

220000－0841－0002578　史8983K
錫金四哲事實彙存一卷　(清)楊模撰　清宣統二年(1910)鉛活字印本　一册

220000－0841－0002579　史8979K
吳門三相傳略一卷　(清)管晏撰　清刻本　一册

220000－0841－0002580　史7829K
吳門百豔圖五卷　(清)□□撰　清光緒六年(1880)刻本　二册

220000－0841－0002581　史4259K
吳郡名賢圖傳贊二十卷　(清)顧沅撰　清道光九年(1829)長洲顧氏刻本　八册

220000－0841－0002582　史6991K
梨里忠節錄二卷首一卷　(清)蔡丙圻輯　清光緒十六年(1890)刻本　一册

220000－0841－0002583　史9103K
金陵先正言行錄六卷　(清)陳作霖撰　清江楚書局刻本　一册

220000－0841－0002584　史8982K
蘇州府學明倫堂扁額志不分卷　(□)□□輯　清同治刻本　二册

220000－0841－0002585　史3942K

壬癸志稿二十八卷　(清)錢寶琛輯　清光緒六年(1880)刻錢頤壽中丞全集本　八册

220000－0841－0002586　史 10647K
溪上遺聞集錄十卷　(清)尹元煒輯　清道光二十八年(1848)抱珠樓刻本　四册

220000－0841－0002587　史 7536K
桑梓潛德錄三集六卷　(清)湯成烈等纂　清光緒六年(1880)木活字印本　二册

220000－0841－0002588　史 7131K
寶應耆舊傳二卷　(清)范士齡撰　清道光六年(1826)刻本　四册

220000－0841－0002589　史 10724K
續當湖外志五卷　(清)馬承昭撰　清光緒元年(1875)白榆邨舍刻本　一册

220000－0841－0002590　史 4231K
金陵通傳四十五卷補遺四卷續編一卷續傳一卷補傳一卷金陵通紀十卷續四卷　(清)陳作霖撰　清光緒三十年(1904)瑞華館刻本　十六册

220000－0841－0002591　史 10578K
婺書八卷　(清)吴之器撰　清光緒二十六年(1900)刻本　四册

220000－0841－0002592　史 9958K
揚城殉難錄四卷補遺一卷　(清)□□編　清咸豐刻本　一册

220000－0841－0002593　史 4359K
浙江忠義錄十卷續編一卷　浙江采訪忠義總局輯　清光緒刻本　六册

220000－0841－0002594　史 4227K
忠義紀聞錄三十卷　(清)陳繼聰述　清光緒八年(1882)刻本　九册

220000－0841－0002595　史 9281
甘州明季成仁錄四卷　(清)胡秉虔輯　清道光刻本　一册

220000－0841－0002596　史 4236
金華徵獻略二十卷　(清)王崇炳撰　清雍正十年(1732)金華金氏刻本　八册

220000－0841－0002597　集 5030
豫章祀紀四卷附錄一卷　(清)宋犖撰　清康熙刻本　一册

220000－0841－0002598　史 12271F
國朝襄郡忠義錄一卷　(清)恩聯等修　(清)王萬芳等纂　清光緒十一年(1885)刻本　一册

220000－0841－0002599　史 9196K
浦陽人物記二卷　(明)宋濂撰　清嘉慶慎德堂木活字印本　一册

220000－0841－0002600　史 8679K
於越先賢像傳先傳贊二卷　(清)王齡撰　(清)任熊繪像　清咸豐七年(1857)王氏養和堂刻本　二册

220000－0841－0002601　史 4252K
於越先賢像傳先傳贊二卷　(清)王齡撰　(清)任熊繪像　清咸豐六年(1856)刻本　四册

220000－0841－0002602　史 6990K
平湖殉難錄不分卷　(清)彭潤章輯　清同治、光緒刻本　一册

220000－0841－0002603　史 1067K
兩浙名賢錄五十四卷外錄八卷　(明)徐象梅撰　清光緒二十六年(1900)浙江書局刻本　六十二册

220000－0841－0002604　史 10101K
皖學編十三卷首三卷　(清)徐定文輯　清宣統元年(1909)徐氏萬卷樓刻本　六册

220000－0841－0002605　史 4295K
唐市徵獻錄原編二卷續編二卷　(清)倪賜輯　清光緒二十五年(1899)亭林書院刻本　二册

220000－0841－0002606　史 4284K
桐城耆舊傳十二卷　馬其昶撰　清宣統三年(1911)刻本　六册

220000－0841－0002607　史 4350F
廣州人物傳不分卷　(明)黄佐撰　清道光十

一年(1831)刻嶺南遺書本　四册

220000－0841－0002608　史4237K
中州人物考八卷　(清)孫奇逢輯　清道光二十四年(1844)桐城謝益刻孫夏峰全集本　六册

220000－0841－0002609　集8830K
湖北詩徵傳加略四十卷　(清)丁宿章編　清光緒十七年(1891)孝感丁氏涇北草堂刻本　十六册

220000－0841－0002610　史4298K
巴陵人物志十五卷　(清)杜貴墀撰　清光緒二十八年(1902)長沙桐華閣叢書本　二册

220000－0841－0002611　史4275K
漢陽府忠節全錄不分卷漢口採訪殉難節烈錄一卷　(清)嚴日方撰　清光緒五年(1879)刻本　六册

220000－0841－0002612　史5118K
楚寶四十卷外篇五卷　(明)周聖楷輯　清道光九年(1829)刻本　十六册

220000－0841－0002613　史11315K
洞庭忠義編一卷　(清)吳從本編　清同治二年(1863)刻本　一册

220000－0841－0002614　史4303K
西洞庭節孝貞烈志略不分卷　(清)蔡九齡撰　清道光二年(1822)刻本　三册

220000－0841－0002615　史3575K
湘潭節孝志四卷　(清)唐昭儉輯　清同治十三年(1874)刻本　四册

220000－0841－0002616　史9415
會邑仁聲四卷　(清)孟鳳苞輯　清雍正元年(1723)刻本　四册

220000－0841－0002617　善3554
風木圖不分卷　(清)汪作霖輯　清乾隆刻本　三册

220000－0841－0002618　史7188
凝香室鴻雪因緣圖記三集　(清)麟慶撰　(清)汪春泉繪圖　清道光二十七年至二十九年(1847－1849)揚州刻本　六册

220000－0841－0002619　史6938
齒譜九卷　(清)易宗涒輯　清雍正三年(1725)刻本　十六册

220000－0841－0002620　子0293K
張公錦文襄理軍務紀略六卷　(清)丁運樞等編輯　清宣統元年(1909)石印本　六册

220000－0841－0002621　史4268K
錦里新編十四卷　(清)張邦伸撰　清嘉慶五年(1800)刻本　六册

220000－0841－0002622　史4353K
歷代都江堰功小傳一卷　王人文撰　清宣統三年(1911)成都刻本　一册

220000－0841－0002623　善1593
浦陽文獻十三卷列傳七十五卷　(明)鄭岳輯　明萬曆四十四年(1616)黃起龍刻本　十册

220000－0841－0002624　史9060
棠樾鮑氏世孝錄一卷　(清)鮑孟英編　清乾隆四十六年(1781)誦芬書屋刻本　一册

220000－0841－0002625　集10192K
靖獻遺言八卷　(日本)淺見安正輯　清光緒三十四年(1908)甘肅官報書局鉛活字印本　一册

220000－0841－0002626　史8639K
泰西八愛國者傳一卷　(日本)下里彌生撰　中國愛國者譯　清光緒二十九年(1903)鉛活字印本　一册

220000－0841－0002627　史4045K
泰西名人傳六卷泰西地輿圖　徐心鏡增訂　清光緒二十九年(1903)匯報館原本鴻寶齋石印本　四册

220000－0841－0002628　史8892K
泰西人物韻編不分卷　(清)汪成教編輯　清光緒二十九年(1903)新學會社石印本　五册

220000－0841－0002629　史8766K
外國列女傳八卷　(清)陳壽彭譯　(清)薛紅徽編　清光緒三十二年(1906)金陵江楚編譯

局石印本　三冊

220000－0841－0002630　史4312K

世界百傑略傳不分卷　（日本）穀田政德編　黄炎培譯　清光緒二十八年(1902)杭州史學齋石印本　一冊

220000－0841－0002631　史8341K

[江蘇淮安]山陽丁氏族譜不分卷　(清)丁晏重修　清同治七年(1868)刻本　一冊

220000－0841－0002632　史8179K

[江蘇鎮江]京江丁氏支譜不分卷傳略彙録不分卷　(清)丁立中等編纂　清光緒三十一年(1905)松銘堂木活字印本　二冊

220000－0841－0002633　史11235F

[江蘇鎮江]京江丁氏傳略彙録一卷　(清)□□輯　清光緒三十一年(1905)松銘堂金陵刻本　一冊

220000－0841－0002634　史11944K

[江蘇揚州]維揚丁氏重修族譜六卷　(清)丁萬餘等修纂　清道光二十五年(1845)木活字印本　六冊

220000－0841－0002635　史9555K

[山東黄縣]丁氏族譜十二卷　丁在麟修　丁世佳纂　清宣統元年(1909)刻本　十二冊

220000－0841－0002636　善0373

八旗滿洲氏族通譜八十卷目録二卷　(清)鄂爾泰等撰　清乾隆九年(1744)武英殿刻本　三十二冊

220000－0841－0002637　史4474

欽定八旗氏族通譜輯要二卷　(清)阿桂等撰　清乾隆五十七年(1792)武英殿刻本　二冊

220000－0841－0002638　史12212K

[河北滄州]于氏族譜不分卷　(清)于步青　(清)于璞重纂　清同治五年(1866)刻本　二冊

220000－0841－0002639　史12235K

[江蘇江都]培頭于氏家譜十二卷　(清)于邦纂輯　清乾隆六年(1741)刻本　八冊

220000－0841－0002640　史11927K

[江蘇泰州泰興]于氏重修宗譜十卷　(清)□□修　清宣統元年(1909)木活字印本　十冊

220000－0841－0002641　史9568K

王氏通譜一百六卷首二卷　(清)王庸敬輯

[槐政堂]王氏一線譜一卷　(清)王仁恩輯　清光緒二十年(1894)槐政堂木活字印本　八十二冊

220000－0841－0002642　史8388

[北京]宛平王氏宗譜十四卷附二卷　(清)王惺　(清)王元鳳纂修　清乾隆六十年(1795)青箱堂刻本　四冊

220000－0841－0002643　史11675F

[河北]正定王氏家傳六卷　(清)王耕心撰　清光緒十九年(1893)刻本　一冊

220000－0841－0002644　史12093K

[江蘇]維揚江都王氏族譜四卷　(清)王建文等重修　清光緒二十九年(1903)三槐堂木活字印本　四冊

220000－0841－0002645　史12218K

[江蘇武進]潤東苦竹牆門王氏宗譜六卷　(清)王秉綱等修　清道光十六年(1836)刻本　十冊

220000－0841－0002646　史8319K

[江蘇吳縣]洞庭王氏家譜二十八卷首一卷末一卷　(清)葉耀元纂修　清宣統三年(1911)木活字印本　三十冊

220000－0841－0002647　史11811K

[江蘇長洲]莪溪王氏家乘二十四卷　(清)王省主輯　(清)王毓元等同輯　清康熙三十三年(1694)刻本　八冊　缺八卷(十二、十八至二十四)

220000－0841－0002648　史8310K

[江蘇吳縣]王氏宗譜八卷　(清)王堉等重修　清光緒三十一年(1905)三槐堂刻本　八冊

220000－0841－0002649　史8344K

[浙江湖州]太原王氏菱湖支譜不分卷 (清)王枚重修 清光緒二十年(1894)木活字印本 八册

220000－0841－0002650 史11961K

[浙江]鎮海五里牌王氏重修族譜十四卷首一卷末一卷 (清)謝觀黻等重修 清光緒三十二年(1906)仰德堂刻本 十二册

220000－0841－0002651 史8222K

[浙江紹興]山陰前梅王氏宗譜六卷 (清)王鉅筠重修 清道光二年(1822)三槐堂木活字印本 十册

220000－0841－0002652 史11876K

[浙江紹興]中南王氏宗譜十二卷首一卷 (清)王觀懋等纂修 清光緒二十年(1894)三槐堂木活字印本 十六册

220000－0841－0002653 史8282K

[浙江浦江]深溪義門王氏宗譜十四卷 (清)王文炳重修 清光緒三十三年(1907)木活字印本 四册

220000－0841－0002654 史8322K

[浙江]禮江王氏宗譜不分卷 (清)王善輝重修 清嘉慶十三年(1808)三槐堂木活字印本 四册

220000－0841－0002655 史11963K

[浙江]慈谿王氏宗譜十卷首一卷 (清)王介圭等重修 清咸豐十年(1860)崇本堂木活字印本 十二册

220000－0841－0002656 史11877K

[湖南長沙]奎山王氏族譜十二卷 (清)王念修增修 清光緒元年(1875)鼇峯宗祠木活字印本 十册

220000－0841－0002657 史8368K

[湖南桂陽]王氏宗譜不分卷 (清)王吉重修 清道光十二年(1832)刻本 二册

220000－0841－0002658 史8280K

[湖南桂陽]燕溪王氏宗譜不分卷 (清)王英堂續修 清宣統三年(1911)和親堂木活字印本 三册

220000－0841－0002659 史11994K

[安徽樅陽]蕭沖王氏宗譜十七卷末一卷 (清)王駿纂修 清光緒八年(1882)敦睦堂木活字印本 十八册

220000－0841－0002660 史12079K

[浙江紹興]平氏宗譜五卷 (清)平衡重纂修 清嘉慶二十四年(1819)敬齋房木活字印本 四册

220000－0841－0002661 史8116K

[遼寧]瀋陽甘氏宗譜不分卷 (清)甘運濂續修 清嘉慶九年(1804)刻本 一册

220000－0841－0002662 史8318

尤氏閩浙蘇常總譜三卷世系圖二卷蘇常鎮宗譜七卷 (清)尤亮臣等重修 (清)尤雲章纂輯 清乾隆四十七年(1782)遂初堂刻本 二十四册

220000－0841－0002663 史8064

尤氏閩浙蘇常總譜十六卷 (清)尤堃重修 (清)尤洵纂輯 清道光十年(1830)遂初堂刻本 三十册

220000－0841－0002664 史11800K

[江蘇]錫山尤氏宗譜二十八卷 (清)尤文濬重修 清光緒十七年(1891)遂初堂刻木活字印本 三十册

220000－0841－0002665 史8259K

[浙江]蕭山前孔孔氏宗譜八卷 (清)孔毓孝等重修 清道光二十六年(1846)詩禮堂木活字印本 六册

220000－0841－0002666 史8226K

[山東曲阜]孔氏大宗譜不分卷 (清)孔憲璜重修 清道光二十七年(1847)刻本 一册

220000－0841－0002667 史8922K

[山東曲阜]至聖先師世系考一卷 (清)陳敬基輯 清光緒元年(1875)石印本 一册

220000－0841－0002668 史8289K

[江蘇武進]勝西卞氏續修族譜十四卷 (清)

卞汝弼等重修　清光緒十六年(1890)忠孝堂刻本　十册

220000－0841－0002669　史10557K
文節系簡明家譜　(清)□□輯　清稿本　一册

220000－0841－0002670　史9197K
[浙江]蕭山方氏家譜五卷　(清)方國標輯　清康熙四十六年(1707)刻本　五册

220000－0841－0002671　史8306K
[安徽定遠]重修鏕橋方氏家譜四卷首一卷　(清)方汝紹重修　清光緒二十九年(1903)刻本　五册

220000－0841－0002672　史12057K
[安徽定遠]鏕橋方氏家譜四卷首二卷　(清)方克猷等重修　清光緒二十九年(1903)刻本　六册

220000－0841－0002673　善2836
[安徽歙縣]古歙方氏宗譜六卷　(明)方鶚纂修　明隆慶刻本　一册　存三卷(三至四、六)

220000－0841－0002674　史11937K
[浙江諸暨]暨陽石氏志十公房譜　(清)石平遠重修　清道光二十九年(1849)念修堂木活字印本　八册

220000－0841－0002675　史12209K
[浙江紹興]上虞田氏族譜五卷　(清)田聖千續訂　清乾隆四十六年(1781)鳳翽堂木活字印本　四册

220000－0841－0002676　史8157K
[江蘇蘇州]姑蘇申氏世譜八卷首一卷　(清)申祖璠續修　清道光二十一年(1841)賜閒堂刻本　十六册

220000－0841－0002677　史8103K
[湖南桂陽]史氏家譜九卷　(清)史炳文主修　(清)史達斗等編　清光緒三十三年(1907)木活字印本　九册

220000－0841－0002678　史8212K
[山東樂陵]史氏家譜不分卷　(清)史中立修　清乾隆十七年(1752)刻本　一册

220000－0841－0002679　史9590K
[江蘇興化]戎氏三修宗譜六卷首一卷　(清)戎福餘修　(清)戎雲程纂　清光緒十年(1884)木活字印本　六册

220000－0841－0002680　史8382K
[江蘇宜興]吕氏宗譜三十卷首一卷　(清)吕精法等重修　清宣統二年(1910)木活字印本　二十四册

220000－0841－0002681　史11899K
[江蘇武進]毘陵吕氏族譜二十二卷首一卷末一卷　(清)吕繼午等重纂　清光緒四年(1878)木活字印本　十三册

220000－0841－0002682　史8378K
[浙江寧波]寧城木蘭橋吕氏宗譜二十二卷　(清)吕蜚雯編輯　清光緒二十五年(1899)扶雅堂木活字印本　六册

220000－0841－0002683　史8406
[全國]南北朱氏宗譜不分卷　(清)朱祐重修　清康熙玉泉堂抄本　四册

220000－0841－0002684　史8205K
[江蘇寶山昆山]崑羅朱氏合刻世譜八卷　(清)朱詒烈重修　清光緒三十二年(1906)刻本　八册

220000－0841－0002685　史8357K
[江蘇丹徒]京江白沙朱氏六修族譜八卷　(清)朱國瑛重修　清嘉慶二十一年(1816)敬嶽堂木活字印本　八册

220000－0841－0002686　史11928K
[江蘇丹陽]潤東蘆社口朱氏重修宗譜十卷　(清)朱從瑞主修　清光緒二十七年(1901)木活字印本　十册

220000－0841－0002687　史11805K
[江蘇無錫]朱氏宗譜二十四卷首一卷補刻三卷　(清)朱恩沐纂修　清光緒二十五年(1899)注書堂木活字印本　二十四册　缺二

卷(七、十五)

220000－0841－0002688　史12139K

[江蘇宜興]宜荆朱氏宗譜十卷首一卷　(清)朱人鑑重纂　清光緒三十四年(1908)樹滋堂木活字印本　十二册

220000－0841－0002689　史8387K

[江蘇蘇州]古吴朱氏宗譜二十卷　(清)朱瑛編次　清嘉慶元年(1796)敦倫堂刻本　三十二册

220000－0841－0002690　史11924K

[浙江]餘姚朱氏宗譜十六卷首一卷　(清)朱蘭重修　清同治十二年(1873)一本堂木活字印本　十六册

220000－0841－0002691　史11930K

[浙江餘姚]朱氏宗譜二十卷　(清)朱九疇修　清光緒三十年(1904)一本堂木活字印本　二十册

220000－0841－0002692　史8093

[浙江嘉興]朱氏世系家譜不分卷　(清)朱守葆纂修　清乾隆抄本　一册

220000－0841－0002693　史8408K

[浙江]海寧花園朱氏宗譜二十四卷首一卷末一卷　(清)朱維行纂修　清光緒三十三年(1907)奕載堂刻本　四十册

220000－0841－0002694　史9312K

[浙江海寧]海昌小桃源朱氏三世九節録一卷　(清)朱寶篪輯　清光緒七年(1881)刻本　一册

220000－0841－0002695　史8063K

[浙江海鹽]朱氏宗譜二十卷　(清)朱丙壽續修　清光緒十七年(1891)刻本　二十册

220000－0841－0002696　史8340K

[浙江紹興]山陰陡亹朱氏宗譜六卷　(清)朱福青重修　清光緒二十年(1894)思成堂木活字印本　六册

220000－0841－0002697　史8401K

[浙江]山陰白洋朱氏宗譜三十二卷首一卷　(清)朱增重修　清光緒二十一年(1895)玉泉堂木活字印本　二十八册

220000－0841－0002698　史11836K

[浙江上虞]古虞朱氏宗譜十四卷　(清)朱士黻等重修　清光緒十六年(1890)同本堂木活字印本　十四册

220000－0841－0002699　史12005K

[安徽涇縣]涇川張香都朱氏續修支譜三十六卷首一卷末一卷　(清)朱彝纂修　清光緒三十三年(1907)刻本　十册

220000－0841－0002700　史8211K

[安徽休寧]新潭朱氏族譜不分卷　(清)朱承錫抄録　清道光二十年(1840)抄本　八册

220000－0841－0002701　史9675K

[湖北漢陽]朱氏宗譜十卷首一卷　(清)朱曉峯續修　清宣統二年(1910)紫陽堂木活字印本　十三册

220000－0841－0002702　史8105K

[湖南]桂陽廊木朱氏族譜不分卷　(清)朱秉陽重修　清光緒二十二年(1896)木活字印本　三册

220000－0841－0002703　史12023K

[廣東]南海九江朱氏家譜十二卷首一卷　(清)朱宗琦等續修　清同治八年(1869)刻本　十二册

220000－0841－0002704　史12160K

[江蘇泰州]仲氏支譜不分卷　(清)仲文壽纂修　清光緒三十二年(1906)木活字印本　四册

220000－0841－0002705　史8303K

[江西婺源]濟陽江氏統會宗譜二十三卷末一卷　(清)江華鎮等修　清嘉慶二十五年(1820)木活字印本　四十一册

220000－0841－0002706　善2814

[江西婺源]重修濟陽江氏族譜八卷　(明)江來岷　(明)江中淮纂修　明萬曆四十一年(1613)刻本　三册　存六卷(三至八)

220000－0841－0002707　善 2835
［安徽歙縣］蕭江大宗統譜□□卷　（明）江□□纂修　明萬曆刻本　八册　存十八卷（八至二十五）

220000－0841－0002708　史 11923K
［安徽徽州］新安東関濟陽江氏宗譜二十四卷　（清）江上錦纂輯　清乾隆五十四年（1789）木活字印本　十册

220000－0841－0002709　史 12136K
［浙江紹興］會稽東浦前村杜氏家譜十二卷首一卷　（清）杜耀川等原纂　（清）□□重纂　清光緒永言堂木活字印本　十二册

220000－0841－0002710　史 8068K
［全國］李氏近房宗譜不分卷　（清）李長申重修　清嘉慶十六年（1811）刻本　一册

220000－0841－0002711　史 8203K
［江蘇］鎮江揚州李氏合譜不分卷　（清）李增孝纂修　清嘉慶二十四年（1819）抄本　一册

220000－0841－0002712　史 9615K
［江蘇鎮江］京江李氏宗譜二卷　（清）李士鏻纂修　清光緒十三年（1887）惇睦堂木活字印本　二册

220000－0841－0002713　史 12213K
［江蘇］鎮江李氏家乘六卷　（清）李錫齡等纂修　清光緒四年（1878）本立堂木活字印本　五册

220000－0841－0002714　史 11955K
［江蘇丹陽］雲陽肇莊李氏大成宗譜十四卷（清）李利嘉　（清）李利善纂修　清光緒十九年（1893）永忠堂木活字印本　十四册

220000－0841－0002715　史 11875K
［江蘇］金壇李氏宗譜一百二十卷首二卷末一卷　（清）李兆慶等重修　清宣統二年（1910）見龍堂木活字印本　五册　存十二卷（一至四、五十九至六十一、一百十九至一百二十，首二卷，末一卷）

220000－0841－0002716　善 2817
［江蘇盱眙］李氏族譜三卷　（清）李延基續修　清康熙四十六年（1707）師禮堂刻本　三册

220000－0841－0002717　史 12068K
［浙江鄞縣］三橋李氏宗譜二十卷首一卷末一卷　（清）張世訓重纂　清光緒十六年（1890）崇禮堂木活字印本　十册

220000－0841－0002718　史 8276K
［浙江紹興］山陰天樂李氏宗譜七卷首一卷（清）李其翿修　（清）王雪舲纂　清同治九年（1870）芳慶堂木活字印本　七册

220000－0841－0002719　史 9231K
［安徽合肥］李氏五修宗譜摘鈔一卷　（清）李正榮修　清光緒五年（1879）敦睦堂木活字印本　一册

220000－0841－0002720　史 9232:1
［安徽合肥］慎詒堂先世錄一卷　（清）李正榮纂　清光緒五年（1879）揚州康山草堂木活字印本　一册

220000－0841－0002721　史 8120K
［湖南桂陽］富處塘頭李氏族譜不分卷　（清）李典修　（清）李向纂　清雍正十年（1732）木活字印本　一册

220000－0841－0002722　史 8188K
［廣東遂縣］高梅坡李氏族譜不分卷　（清）李曾生續修　清道光二十八年（1848）抄本　二册

220000－0841－0002723　史 12134K
［四川］中江李氏續譜八卷　（清）李星根續輯　清同治二年（1863）洪雅祠刻本　二册

220000－0841－0002724　史 8216K
［江蘇］揚州吴氏宗譜四卷　（清）吴引孫修　清光緒二十一年（1895）刻朱印本　四册

220000－0841－0002725　史 12053K
［江蘇如皋］吴氏族譜十四卷首一卷　（清）趙坤連纂輯　清光緒八年（1882）三讓堂木活字印本　十六册

220000－0841－0002726　史 9606K

[江蘇丹徒]關沙吴氏三修宗譜四卷首一卷怡德堂雜録二卷　(清)吴國楨輯修　清光緒二十一年(1895)怡德堂木活字印本　四册

220000－0841－0002727　史12234K
[江蘇丹陽]雲陽固村吴氏重修宗譜十卷　(清)吴發儉等修　清道光二十四年(1844)木活字印本　四册　存七卷(四至十)

220000－0841－0002728　史12206K
[江蘇常州]延陵吴氏大成宗譜四十二卷首一卷末一卷　(清)吴艧　(清)吴季重修　清光緒元年(1875)留讓堂木活字印本　四十五册

220000－0841－0002729　史11990K
[江蘇常州]延陵吴氏宗譜十卷　(清)吴鳳藻重修　(清)吴邦法主修　清光緒七年(1881)至德堂木活字印本　十册

220000－0841－0002730　史12074K
[江蘇宜興]北渠吴氏族譜六卷首一卷　(清)吴光焯等重修　清光緒五年(1879)木活字印本　八册

220000－0841－0002731　史8193K
[江蘇宜興]北渠吴氏族譜六卷首一卷　(清)吴一清增修　清光緒三十三年(1907)木活字印本　十册

220000－0841－0002732　史12036K
[江蘇宜興]北渠吴氏族譜八卷首一卷　(清)吴潤徵編修　清宣統木活字印本　十二册　缺二卷(八、首一卷)

220000－0841－0002733　史8299K
[江蘇常熟]餘杭吴氏宗譜八集　(清)吴光煜續修　清光緒二十一年(1895)承善堂木活字印本　八册

220000－0841－0002734　史8097K
[江蘇吴縣]延陵吴氏族譜六卷　(清)吴永錫增修　清乾隆三年(1738)刻本　六册

220000－0841－0002735　史12051K
[江蘇吴縣]皋廡吴氏家乘十卷　(清)吴大根等重纂修　清光緒七年(1881)太史第刻本　十册

220000－0841－0002736　史8672
[江蘇吴縣]延陵白沙古柏吴氏增修譜畧三卷續修譜畧二卷　(清)吴宗棣續修　(清)吴文灝增修　清乾隆四十年(1775)白沙古柏吴氏刻本　五册

220000－0841－0002737　史8672K
[江蘇吴縣]延陵白沙古柏吴氏增修譜畧三卷續修譜畧二卷　(清)吴宗棣續修　(清)吴文灝增修　清乾隆四十年(1775)白沙古柏吴氏刻本　五册

220000－0841－0002738　史8375K
[浙江海寧]海鹽吴氏宗譜六卷　(清)吴芸孫等重修　清光緒二十二年(1896)刻本　二册

220000－0841－0002739　史8112K
[浙江海鹽]澉浦吴氏宗譜略存不分卷　(清)吴忘勤重修　清乾隆抄本　六册

220000－0841－0002740　善2834:2
[安徽歙縣]富鐃吴氏會通譜二十卷　(明)吴道進等纂修　明正德刻本　一册

220000－0841－0002741　善2834:1
[安徽歙縣]新安歙邑富饒吴氏四續譜□□卷　明嘉靖十六年(1537)刻本　一册

220000－0841－0002742　史9676K
[安徽歙縣]歙西溪南吴氏先塋志不分卷　(清)吴之騄補訂　清康熙二十八年(1689)刻本　二册

220000－0841－0002743　史4332K
[山東海豐]吴氏世德錄五卷　吴重憙輯　清宣統元年(1909)刻本　五册

220000－0841－0002744　史12008K
[廣西]西林岑氏族譜十卷首一卷　(清)岑毓英纂修　(清)岑毓寶等參訂　清光緒十四年(1888)滇黔節署刻本　十册

220000－0841－0002745　史8128
[河北青縣]山呼莊何氏族譜不分卷　(清)何保基重修　清光緒十七年(1891)何一峰抄本

二冊

220000－0841－0002746　史 11918K
[江蘇丹徒]京江何氏家乘十五卷首一卷末一卷　(清)何志慶重修　清光緒十三年(1887)無違堂木活字印本　十二冊

220000－0841－0002747　史 12174K
[江蘇]泰興何氏家乘二卷　(清)何萱纂修　清道光二十七年(1847)木活字印本　一冊

220000－0841－0002748　史 8309K
[江蘇]泰興何氏家乘十四卷首一卷　(清)何檀重修　清光緒十九年(1893)刻本　十二冊　缺二卷(一、首一卷)

220000－0841－0002749　史 12220K
[江蘇]泰興何氏族譜四卷　(清)何淦　(清)何桂生修　清光緒二十三年(1897)木活字印本　四冊

220000－0841－0002750　史 8323K
[江蘇武進]晉陵何氏家乘八卷　(清)何晉升纂修　清道光五年(1825)尚義堂抄本　六冊

220000－0841－0002751　史 9591K
[江蘇無錫]晉陵遷錫何氏家乘十三卷　(清)何國璋重修　清宣統元年(1909)思敬堂木活字印本　十四冊

220000－0841－0002752　史 12109K
[浙江紹興]峽山何氏六房譜三卷首二卷續譜四卷五房宗譜一卷　(清)何士基纂修　清咸豐元年(1851)刻本　四冊

220000－0841－0002753　史 12099K
[浙江諸暨]暨陽西河何氏宗譜十八卷　(清)何學均等重修　清光緒二年(1876)仁義堂木活字印本　十九冊

220000－0841－0002754　史 8121K
[湖南資興]何氏重修族譜不分卷　(清)何勸賢　(清)何思福重修　清嘉慶十二年(1807)刻本　二冊

220000－0841－0002755　史 8123K
[湖南資興]龍江何氏六修族譜五卷　(清)何海晏等主修　(清)何逢源等纂　清光緒二十六年(1900)東海堂木活字印本　五冊

220000－0841－0002756　史 8147K
[湖南桂陽]泉田何氏宗譜不分卷　(清)何勝惠等續修　清乾隆三十二年(1767)木活字印本　一冊

220000－0841－0002757　史 8101K
[湖南桂陽]泉田何氏宗譜不分卷　(清)何高才等修　清光緒九年(1883)刻本　二冊

220000－0841－0002758　史 8102K
[湖南]桂陽何氏宗譜不分卷　(清)何聚奎重修　清光緒十年(1884)木活字印本　五冊

220000－0841－0002759　史 11966K
[福建上杭]中都何氏四修宗譜不分卷　(清)何茂才編修　清光緒十四年(1888)展親堂木活字印本　十四冊

220000－0841－0002760　善 2871
[遼寧遼陽]佟氏宗譜八卷　(清)佟斌纂修　清康熙五十九年(1720)佟賦偉刻本　一冊　存六卷(三至八)

220000－0841－0002761　史 11853K
[江蘇丹徒]京江余氏宗譜四卷　(清)余景瀚等纂修　清咸豐二年(1852)豐樂堂木活字印本　四冊

220000－0841－0002762　史 12155K
[江蘇江都]維揚江都余氏重修族譜四卷　(清)余文鑑纂修　(清)余有盛主修　清同治五年(1866)九鼎堂木活字印本　四冊

220000－0841－0002763　史 8412K
[江蘇吳縣]吳趨汪氏支譜二十卷首一卷附墓圖卷　(清)汪彤宣纂修　清宣統二年(1910)耕蔭莊木活字印本　十一冊

220000－0841－0002764　史 8413K
[江蘇吳縣]汪氏支譜二十卷首一卷　(清)汪體椿重修　清光緒二十三年(1897)耕蔭莊木活字印本　十冊

220000－0841－0002765　史 8134K

[浙江杭州]平陽汪氏九十一世支譜二卷 (清)汪曾立續修 清同治六年(1867)鉛活字印本 二冊

220000－0841－0002766 史 9648K
[浙江慈谿]慈南汪氏宗譜四卷首一卷 (清)汪源順修 (清)徐暉纂輯 清光緒七年(1881)醇德堂木活字印本 四冊

220000－0841－0002767 善 3017
[安徽歙縣]巖鎮汪氏家譜不分卷 (明)汪道昆纂修 明萬曆二十七年(1599)刻本 一冊 存典籍

220000－0841－0002768 善 2833
[安徽歙縣]重修膳瑩便覽一卷 (明)汪永恩等纂修 明萬曆二十二年(1594)汪明孝抄本 一冊

220000－0841－0002769 史 11424K
[安徽歙縣]歙州汪氏宗譜二卷 (清)□□纂 清光緒木活字印本 一冊

220000－0841－0002770 善 2867
[安徽]新安汪氏統宗譜一百七十二卷 (明)汪湘纂修 明萬曆刻本 一冊 存十二卷(六十九至八十)

220000－0841－0002771 史 8150K
[安徽]新安汪氏統宗正脈譜二十八卷首一卷 (清)汪凱南續修 清乾隆十六年(1751)刻本 二冊

220000－0841－0002772 史 8125K
[山東泰安]汶陽汪氏家乘三卷文獻考四卷汪氏金石志三卷 (清)汪俊峘等監修 (清)汪寶樹等纂修 清光緒二十四年(1898)景徽堂刻本 十冊

220000－0841－0002773 史 11989K
[江蘇常熟]虞陽沈氏宗譜十二卷 (清)沈壽祺纂修 清宣統三年(1911)刻本 五冊

220000－0841－0002774 史 9164K
[江蘇吳江]先考翠嶺府君事畧 (清)沈廷鏞等撰輯 清光緒二十七年(1901)刻本 一冊

220000－0841－0002775 史 12022K
[浙江]蕭山長巷沈氏宗譜四十卷首一卷 (清)沈荇纂輯 清光緒十九年(1893)承裕堂木活字印本 三十冊

220000－0841－0002776 史 11796K
[浙江]蕭山長巷沈氏續修宗譜三十二卷首一卷 (清)沈守謙等重修 清道光二十一年(1841)承裕堂木活字印本 二十冊

220000－0841－0002777 史 8305K
[浙江海鹽]武原沈氏始遷家譜不分卷 (清)沈秩樞續修 (清)沈守謙校補 清光緒三十四年(1908)刻本 一冊

220000－0841－0002778 史 8110K
[浙江會稽]皋部沈氏宗譜□□卷 (清)沈族諸子校纂 清康熙刻本 一冊 存一卷(六)

220000－0841－0002779 史 9671K
[江蘇陽湖]東陽沈氏宗譜八卷 (清)沈仕通修 (清)沈光鑑纂 清光緒三十年(1904)寶忠堂木活字印本 八冊

220000－0841－0002780 史 11819K
[山陰江頭]宋氏世譜二十四卷 (清)宋汝楫纂修 清咸豐十一年(1861)木活字印本 十冊

220000－0841－0002781 史 8148
[湖南郴縣]永江宋氏族譜不分卷 (清)宋孟正續修 清光緒二十五年(1899)木活字印本 三冊

220000－0841－0002782 史 9646F
[浙江]餘姚邵氏宗譜十六卷貽編七卷 (清)邵日濂等修 清光緒十四年(1888)木活字印本 二十四冊

220000－0841－0002783 史 11946K
[浙江]餘姚邵氏宗譜十六卷首一卷貽編七卷 (清)邵日濂 (清)邵友濂編修 清光緒十三年(1887)木活字印本 二十四冊

220000－0841－0002784 史 8370K
[浙江衢州]衢西博陵邵氏宗譜三卷 (清)邵

輔周等重修　清光緒十八年(1892)甘德堂木活字印本　二册

220000－0841－0002785　史8369K
[浙江紹興]敦素堂范氏世系一卷　(清)范世璲修　清嘉慶十一年(1806)刻本　一册

220000－0841－0002786　史8058K
[江蘇丹徒]京口茅氏宗譜八卷　(清)茅奎光重修　清道光九年(1829)刻本　八册

220000－0841－0002787　史8270
[遼寧海城]尚氏宗譜六卷　(清)尚玉德等纂修　清乾隆刻本　五册

220000－0841－0002788　史11798K
[湖南善化]瓦錫田易氏家譜十卷首一卷　(清)易宗藩等續修　清光緒三十二年(1906)添裔堂木活字印本　十册

220000－0841－0002789　史12222K
[江蘇丹徒]潤洲季氏宗譜四卷　(清)□□纂修　清宣統三年(1911)木活字印本　四册

220000－0841－0002790　史8089
[江蘇吴縣]洞庭金氏宗譜不分卷　(清)金居敬纂修　清道光刻光緒續增本　一册

220000－0841－0002791　史12226K
[江蘇揚州]維陽周氏重修族譜四卷　(清)周大圩等纂修　清道光二十八年(1848)愛連堂木活字印本　四册

220000－0841－0002792　史9584K
[江蘇鎮江]潤州周氏重修宗譜十卷首一卷　(清)周承景　(清)周性禾等重修　清光緒三十四年(1908)承敬堂木活字印本　十二册

220000－0841－0002793　史12194K
[江蘇鎮江]潤東洪溪周氏重修族譜六卷　(清)周舜全等續修　清同治十一年(1872)木活字印本　六册

220000－0841－0002794　史9678K
[江蘇常州]蔣灣橋周氏續修宗譜十卷　(清)蔣龍順纂修　清同治八年(1869)愛連堂木活字印本　十册

220000－0841－0002795　善2080
[江蘇無錫]錫山周氏宗譜四卷　(明)周士賢纂修　明萬曆三十八年(1610)刻本　二册

220000－0841－0002796　史8171K
[江蘇無錫]錫山周氏世譜祠祀全編十卷　(清)周士譔等續修　清宣統元年(1909)木活字印本　十六册

220000－0841－0002797　史8138K
[浙江海寧]洛塘周氏家乘十二卷首一卷　(清)周鶴慶　(清)周勲懋纂修　清道光九年(1829)硤川清白堂刻本　十册

220000－0841－0002798　史8201K
[浙江紹興]周氏家譜不分卷　(清)周建中纂修　清刻本　六册

220000－0841－0002799　史8122K
[浙江金華]安穀周氏宗譜三卷　(清)周楨重修　清乾隆四十六年(1781)木活字印本　二册

220000－0841－0002800　史8381K
[浙江鄞縣]桃源周氏宗譜六卷　(清)周永予纂修　清光緒二十七年(1901)世濟堂木活字印本　五册

220000－0841－0002801　史11908
[安徽績溪]梁安城西周氏宗譜二十卷首二卷勘誤記一卷　(清)周之屏　(清)周贊賢編輯　清光緒三十一年(1905)敬愛堂木活字印本　二十一册

220000－0841－0002802　史8100K
[湖南郴縣]周氏族譜不分卷　(清)周興德纂修　(清)周鳳廷續修　清嘉慶三年(1798)刻本(同治續修抄頁)　一册

220000－0841－0002803　史12003K
[山西代縣]雁門郎氏宗譜五卷　(清)郎錦騏重纂修　清嘉慶十七年(1812)世善堂刻本　五册

220000－0841－0002804　史8348K
[湖南桂陽]蓉城北鄉沙里房氏宗譜九卷首一

卷　（清）房昭昕等重修　清光緒二十五年(1899)睦親堂木活字印本　十册

220000－0841－0002805　史 9611K

[四川漢安]内江門氏家乘六卷　（清）門建皋等續修　清光緒二十二年(1896)崇本堂刻本　六册

220000－0841－0002806　史 8210

[福建]福州長樂柯氏家譜不分卷　（清）柯彭年修　（清）柯鴻年撰　清光緒三十年(1904)刻本　一册

220000－0841－0002807　史 8155K

[江蘇吴江]分湖柳氏重修家譜四卷　（清）柳樹芳輯　（清）柳兆薰續輯　清光緒八年(1882)刻本　二册

220000－0841－0002808　史 11974K

[湖南]湘鄉柳氏續修族譜八卷首一卷末一卷　（清）胡謣等重修　清同治八年(1869)河東堂木活字印本　十二册

220000－0841－0002809　史 9571K

[安徽]績溪金紫胡氏家乘二十八卷首三卷末三卷　（清）胡毓麒等修　（清）胡廣植纂　清光緒三十三年(1907)木活字印本　十五册

220000－0841－0002810　史 12065

[安徽]西遞明經胡氏壬派宗譜十二卷　（清）胡尚慶纂修　清道光六年(1826)刻本　十二册

220000－0841－0002811　史 8423K

[江西吉安]鄜城胡氏宗譜不分卷　（清）胡光烈重修　清嘉慶八年(1803)木活字印本　二册

220000－0841－0002812　史 12125K

[湖南湘潭]湧田胡氏七修族譜十六卷　（清）胡嶸重纂　清光緒十一年(1885)春秋堂木活字印本　十六册

220000－0841－0002813　史 8353K

[湖南資興]清溪胡氏族譜十二卷　（清）胡鳳儀重修　清嘉慶八年(1803)會慶堂木活字印本　四册

220000－0841－0002814　史 8354K

[湖南資興]清溪胡氏重修宗譜十二卷　（清）胡良超重修　清道光二十年(1840)治經堂木活字印本　六册

220000－0841－0002815　史 8328K

[湖南資興]胡氏族譜不分卷　（清）胡本金（清）胡本仁纂修　清同治十三年(1874)安定堂木活字印本　六册

220000－0841－0002816　史 8146K

[湖南資興]清溪胡氏蘭忠公房默譜一卷　（清）胡昭憲等修　清光緒三十一年(1905)抄本　一册

220000－0841－0002817　史 8149K

[湖南桂陽]胡氏宗譜不分卷　（清）胡開茂（清）胡開森修　清宣統元年(1909)經義堂刻本　一册

220000－0841－0002818　史 8403K

[湖南桂陽]東塘侯氏宗譜三十一卷首三卷　（清）侯應烜重修　清宣統二年(1910)清忠堂木活字印本　三十九册

220000－0841－0002819　史 8106K

[浙江上虞]虞東俞氏宗譜八卷首一卷　（清）俞晉等重修　清咸豐六年(1856)永錫堂木活字印本　八册

220000－0841－0002820　史 8098

[浙江]臨安俞氏族譜不分卷　（清）俞長纓纂修　清康熙四十六年(1707)可儀堂抄本　一册

220000－0841－0002821　史 8057K

[浙江]蕭山新田施氏宗譜不分卷　（清）施世堂續修　清光緒二十六年(1900)敦睦堂木活字印本　十六册

220000－0841－0002822　史 8374K

[浙江紹興]山陰江墅施氏族譜十卷　（清）施國騏纂修　清道光二十四年(1844)木活字印本　八册

220000－0841－0002823　善 2932
[安徽歙縣]洪源洪氏族譜□□卷　(明)洪寬重編　明成化十二年(1476)刻本　一册

220000－0841－0002824　史 12000
[浙江]餘姚洪氏宗譜十卷首一卷貽編二卷附編二卷　(清)洪嘉桂重纂修　清光緒二十九年(1903)續古堂木活字印本　九册

220000－0841－0002825　史 8965K
[江蘇松江]華亭姜氏恩慶編二卷附録一卷　(清)朱逢寅　(清)姜熙輯録　清道光二十一年(1841)姜氏敬學刻本　一册

220000－0841－0002826　史 8164K
[會稽]姚氏百世源流考二卷　(清)姚振宗續修　清光緒三十年(1904)快閣木活字印本　六册

220000－0841－0002827　史 8442K
[江蘇常州]毘陵姚氏宗譜三十卷首一卷　(清)姚師傳重修　清同治十一年(1872)明恕堂木活字印本　二十八册

220000－0841－0002828　史 11833K
[江蘇鎮江]丹徒姚氏族譜四卷首一卷末二卷　(清)姚承憲纂輯　清宣統三年(1911)木活字印本　八册

220000－0841－0002829　史 8242K
[浙江]紹興姚氏家譜十五卷首三卷存譜三卷　(清)姚振宗增修　清光緒二十八年(1902)增補師石山房抄本　二册　存三卷(家譜二、首一至二)

220000－0841－0002830　史 8258K
[浙江]紹興姚氏譜十五卷首三卷存譜三卷源流考二卷　(清)姚振宗重修　清光緒二十九年(1903)快閣木活字印本　二十册

220000－0841－0002831　史 11975K
[安徽旌德]板橋姚氏宗譜十卷首一卷末一卷　(清)劉純洪編輯　(清)姚時理校正　清光緒十五年(1889)木活字印本　十四册

220000－0841－0002832　史 8198K
[江蘇無錫]錫山秦氏續修宗譜八卷　(清)秦玉川續修　清宣統二年(1910)世德堂木活字印本　八册

220000－0841－0002833　史 8420K
[江蘇吴縣]洞庭秦氏宗譜五卷首三卷末一卷　(清)秦敏樹續修　清同治十二年(1873)詠烈堂刻本　十六册

220000－0841－0002834　史 9564
[浙江慈谿]慈水秦氏宗譜六卷首一卷　(清)秦近水纂修　清嘉慶十九年(1814)抄本　六册

220000－0841－0002835　史 11865K
[浙江紹興]會稽秦氏宗譜不分卷　(清)秦基重修　清宣統三年(1911)石印本　二册

220000－0841－0002836　史 11976K
[安徽潛山]秦氏族譜十九卷首一卷末一卷　(清)秦懋樂等重修　清光緒二十一年(1895)三義堂木活字印本　二十册

220000－0841－0002837　史 8060K
[湖南桂陽]秦氏宗譜十三卷首一卷　(清)秦業登重修　清光緒十八年(1892)刻本　十七册

220000－0841－0002838　史 8307K
[江蘇無錫]錫山袁氏宗譜二十八卷　(清)袁藝庭續修　清光緒二年(1876)維則堂木活字印本　二十八册

220000－0841－0002839　史 9654K
[四川新都]西蜀新都袁氏族譜一卷補序一卷　(清)□□等重修　清抄本　一册

220000－0841－0002840　史 8364K
[郴州興寧]袁氏宗譜不分卷　(清)□□修　清同治木活字印本　二册

220000－0841－0002841　史 12043K
[江蘇無錫]梅里鄉隆亭華氏通四三省公支宗譜十四卷首一卷末一卷　(清)華鴻模等重輯　清光緒七年(1881)存裕堂木活字印本　六册

220000－0841－0002842　史 8356K

［江蘇無錫］華氏通四三省公支宗譜十五卷首三卷末一卷　（清）華鴻模續修　清宣統三年（1911）存裕堂木活字印本　十六册

220000－0841－0002843　史 8339K

［江蘇］無錫隆亭華氏宗譜十四卷　（清）華希閔重修　清乾隆七年（1742）刻本　二十册

220000－0841－0002844　史 8417K

［江蘇無錫］鵝湖華氏通四興二支宗譜三十卷首一卷　（清）華國棨重修　清光緒二十五年（1899）聽彝堂木活字印本　十六册

220000－0841－0002845　史 8346K

［江蘇無錫］鵝湖華氏山桂公支宗譜十二卷首一卷末一卷　（清）華文柏等重輯　清同治十一年（1872）詒穀堂刻本　十册

220000－0841－0002846　史 11878F

［江蘇無錫］鵝湖華氏通四興二支宗譜三十卷首一卷　（清）華季宣等纂修　清光緒二十五年（1899）聽彝堂木活字印本　十六册

220000－0841－0002847　善 3518

華氏奇五支重訂溯源編三卷　（清）華方苞輯　（清）華杰增輯　清乾隆五十一年（1786）繩武堂刻本　一册

220000－0841－0002848　史 8389K

［江蘇無錫］勾吴華氏本書五十四卷補編二卷首一卷末一卷　（清）華渚纂述　（清）華鴻模校補　清光緒三十一年（1905）存裕堂義莊木活字印本　八册　存三十三卷（一至七、九至二十七、二十九至三十、四十四、四十七至四十八，補編二卷）

220000－0841－0002849　史 12102K

［江蘇無錫］蕩口華氏西房支譜不分卷　（清）華贊孝重纂輯　清道光六年（1826）木活字印本　四册

220000－0841－0002850　史 12015K

［江蘇無錫］華氏潭子頭門樓下支譜　（清）華鈞謀　（清）華鳴崗纂修　清咸豐元年（1851）佑啟堂木活字印本　四册

220000－0841－0002851　史 8154K

［江蘇無錫］華氏通四公梯公支宗譜五卷首一卷末一卷　（清）華鴻模纂修　清光緒二十六年（1900）存裕堂木活字印本　四册

220000－0841－0002852　善 3806

［貴州獨山］莫氏家傳合輯一卷　（清）□□撰　清莫氏抄本　一册

220000－0841－0002853　史 12186K

［江蘇武進］毗陵莊氏增修族譜三十二卷首一卷末一卷　（清）莊怡孫修輯　清光緒元年（1875）木活字印本　十六册

220000－0841－0002854　史 6683K

［浙江上虞］連氏義田事略三卷　（清）連芳等輯　清光緒十四年（1888）刻本　一册

220000－0841－0002855　史 8144K

［浙江］上虞桂林夏氏松夏支系七卷首一卷末一卷　（清）夏亦書修　清光緒三十三年（1907）怡壽堂木活字印本　一册

220000－0841－0002856　史 8086K

［河南濟源］河南夏氏家譜不分卷　（□）□□撰　清抄本　二册

220000－0841－0002857　史 8343K

［江蘇無錫］錫山馬氏宗譜不分卷　（清）馬玉樹重修　清嘉慶八年（1803）忠孝堂刻本　十五册

220000－0841－0002858　史 8185K

［江蘇吴縣］洞庭林屬馬氏重修宗譜八卷首一卷　（清）馬廷珠等續修　清光緒元年（1875）刻本　八册

220000－0841－0002859　史 8165K

［江蘇吴縣］洞庭林屬馬氏重修宗譜六卷首一卷　（清）馬世鈞　（清）馬奎續修　清嘉慶二十三年（1818）刻本　十册

220000－0841－0002860　史 8219K

［江蘇吴縣］洞庭南徐里徐氏家譜六卷　（清）徐承修重修　清乾隆四十年（1775）刻本　十二册

220000－0841－0002861　史 12273K
[江蘇泰興]徐氏宗譜十卷　(清)徐秀松等修　(清)徐富元纂輯　清光緒三十三年(1907)世德堂木活字印本　一册　存一卷(一)

220000－0841－0002862　史 12217F
[江蘇江都]維揚大橋鎮徐氏族譜四卷　(清)徐法善　(清)徐增修　清光緒十三年(1887)木活字印本　四册

220000－0841－0002863　史 12094K
[江蘇江都]維揚江都大橋鎮徐氏四修族譜四卷　(清)徐榕重修　清光緒十三年(1887)木活字印本　四册

220000－0841－0002864　史 11859
[江蘇丹徒]潤東丹徒倪氏重修族譜六卷首一卷　(清)倪微嘉主修　(清)嚴崇斌纂修　清咸豐九年(1859)木活字印本　六册

220000－0841－0002865　史 8429K
[江蘇吴縣]堂里徐氏家譜四卷外編一卷　(清)徐錫文等重修　清乾隆四十一年(1776)木活字印本　五册

220000－0841－0002866　史 12197K
[江蘇吴縣]包山徐氏宗譜六卷　(清)徐沾堂等纂修　清嘉慶二十五年(1820)刻本　六册

220000－0841－0002867　史 8428K
[江蘇南通]崇川徐氏族譜六卷首一卷　(清)徐智等纂修　清嘉慶十八年(1813)鋤經堂刻本　四册

220000－0841－0002868　史 11632K
[浙江鄞縣]大墩徐氏宗譜十六卷首一卷　(清)徐時棟纂修　(清)徐時若增訂　(清)徐隆壎續修　清光緒三十四年(1908)思本堂木活字印本　六册

220000－0841－0002869　史 11940K
[浙江紹興]山陰安昌徐氏宗譜六卷　(清)徐樹咸等纂修　清光緒十年(1884)持敬堂木活字印本　六册

220000－0841－0002870　史 4297K
[浙江杭州]武林徐氏誦芬詠烈編八十卷首二十五卷　(清)徐琪編　清光緒十七年(1891)刻本　十二册

220000－0841－0002871　史 4297K
[浙江杭州]武林徐氏誦芬詠烈編八十卷首二十五卷誦芬詠烈後編不分卷　(清)徐琪撰　清光緒十七年(1891)刻本　十二册

220000－0841－0002872　史 11834K
[安徽歙縣]歙北皇呈徐氏族譜十二卷　(清)徐禋重纂　清乾隆五年(1740)刻本　五册

220000－0841－0002873　史 8425
[安徽歙縣]新安徐氏宗譜十八卷首一卷黟南横岡休寧石林休寧西南門徐氏三族合譜三卷　(清)徐禋纂修　清乾隆二年至五年(1737－1740)刻本　二册

220000－0841－0002874　史 8426
[安徽歙縣]新安徐氏宗譜十八卷首一卷　(清)徐禋纂修　清乾隆二年(1737)刻本　一册

220000－0841－0002875　史 8204K
[廣東香山]香山徐氏宗譜　(清)徐潤立續修　清光緒十五年(1889)石印本　十册

220000－0841－0002876　史 8433K
[重修東園]徐氏宗譜五卷首一卷　(清)徐倫繡等重修　清乾隆十年(1745)刻本　十二册

220000－0841－0002877　史 12126K
[東園]徐氏重輯宗譜八卷　(清)徐明琚修　(清)徐正科纂　清嘉慶七年(1802)世德堂刻本　八册

220000－0841－0002878　史 11884K
[渝北]續修徐氏族譜八卷　(清)徐代張等續修　清宣統三年(1911)廣益書局鉛活字印本　八册

220000－0841－0002879　史 8131K
[江蘇吴縣]洞庭東山翁氏宗譜十二卷首一卷　(清)翁遵讓　(清)翁邵巖續修　翁氏廣族名賢譜合鐫二卷　(清)翁叔元輯　清乾隆三

十年(1765)刻本　二十四册

220000－0841－0002880　史12070K
[江蘇鎮江]京江郭氏家乘八卷立齋遺詩六卷舫樓拾遺彙鈔一卷種焦館詩集六卷　(清)郭開泩等續修　清宣統三年(1911)續古室木活字印本　十册

220000－0841－0002881　史8194
[江蘇吴縣]洞庭席氏家譜不分卷世譜十六卷　(清)席啟紘纂修　清康熙刻本　十六册

220000－0841－0002882　史11945K
[江蘇丹陽]潤東陳灣大山唐氏重修宗譜六卷　(清)張軫　(清)唐瑞春等纂修　清光緒二十四年(1898)明德堂木活字印本　十六册

220000－0841－0002883　史12060K
[江蘇鎮江]開沙唐氏族譜十卷　(清)江静亭等纂修　清道光七年(1827)木活字印本　十册

220000－0841－0002884　史8286K
[河北]河間凌氏宗譜十卷首一卷末一卷　(清)凌錫祺等修　清同治九年(1870)木活字印本　六册

220000－0841－0002885　史8329K
[湖南郴陽]凌氏續修族譜不分卷　(清)凌勲華纂修　清光緒二十一年(1895)會和堂木活字印本　九册

220000－0841－0002886　史8296K
[江蘇吴縣]葑溪凌氏近譜二卷　(清)凌欽　(清)凌奕璉重修　清抄乾隆本　六册

220000－0841－0002887　史8183K
[江蘇蘇州]陸氏葑門支譜十七卷　(清)陸錦烺修　清光緒十四年(1888)豐裕義莊刻本　十三册

220000－0841－0002888　史8246K
[江蘇昆山]水東陸氏譜系七卷　(清)陸宏鍾重修　清乾隆三十一年(1766)刻本　二十四册

220000－0841－0002889　史11331K
[江蘇昆山]槎溪陸氏族譜一卷　(清)陸烯續修　清嘉慶六年(1801)在安草堂刻本　一册

220000－0841－0002890　善3812
[江蘇吴縣]平原陸氏聚屋記　(清)陸宿海纂　清同治三年(1864)稿本　一册

220000－0841－0002891　史8081K
[江蘇吴縣]平原陸氏宗譜二十卷　(清)陸懋宗等修　(清)陸增煒　(清)陸繼煇等編　清光緒三十二年(1906)木活字印本　六册

220000－0841－0002892　史12375K
南海陸氏世德記六卷　(清)陸師彦　(清)陸宇瓚纂輯　清同治十二年(1873)刻本　三册

220000－0841－0002893　史8139K
查灣陸氏續修譜略不分卷　(清)陸衔重錄　清嘉慶抄本　一册

220000－0841－0002894　史11887K
[江蘇]泰州陳氏家乘十卷首一卷　(清)陳安策纂修　清嘉慶十一年(1806)刻本　二册　存五卷(一至四、首一卷)

220000－0841－0002895　史8297K
[江蘇]句容陳巷張巷陳氏家乘七卷首一卷　(清)陳會璋重修　清宣統元年(1909)慎遠堂木活字印本　八册

220000－0841－0002896　史11821K
[江蘇武進]晉陵陳氏家乘六卷首一卷　(清)邵之俊纂　(清)陳鳳興修　清光緒七年(1881)延慶堂木活字印本　六册

220000－0841－0002897　史8115K
[江蘇吴江]潁川陳氏重修族譜十卷　(清)陳富有等續修　清道光二十六年(1846)刻本　八册

220000－0841－0002898　史8159K
[江蘇吴江]潁川陳氏近譜不分卷　(清)陳堦琛編　清嘉慶七年(1802)禊湖刻本　十册

220000－0841－0002899　史11968K
[浙江桐廬]分陽儒橋陳氏宗譜六卷　(清)陳元章等纂修　清光緒十六年(1890)衍慶堂木

活字印本　五冊

220000－0841－0002900　史 11848K

[浙江蕭山]長濱陳氏宗譜八卷　(清)陳錫均重修　清同治十一年(1872)敬睦堂木活字印本　八冊

220000－0841－0002901　史 8358K

[浙江蕭山]蕭山湘左陳氏宗譜十卷　(清)陳書重修　清宣統元年(1909)崇本堂木活字印本　十冊

220000－0841－0002902　史 9609K

[浙江鄞縣]鄞東陳氏宗譜三卷　(清)陳世標等纂修　清道光二十二年(1842)光遠堂木活字印本　一冊

220000－0841－0002903　史 9649K

[浙江鄞縣]生薑漕陳氏宗譜七卷首一卷　(清)陳富教續修　清光緒三十年(1904)崇本堂木活字印本　一冊

220000－0841－0002904　史 11958K

[浙江]慈谿獅山陳氏宗譜二卷　(清)陳良琮等纂修　清咸豐十一年(1861)敦本堂木活字印本　二冊

220000－0841－0002905　史 11812K

[浙江]平陽陳氏族譜六卷　(清)陳星炯編輯　清光緒三十一年(1905)木活字印本　五冊　缺一卷(四)

220000－0841－0002906　史 8410K

[浙江]海寧渤海陳氏宗譜二十八首一卷末一卷　(清)陳敬懋重修　清光緒二十二年(1896)刻本　十六冊

220000－0841－0002907　史 8390K

[浙江紹興]漁後陳氏宗譜六卷　(清)陳淦重修　清道光二十年(1840)靜源房抄本　六冊

220000－0841－0002908　史 11929K

[浙江]上虞西横山陳氏宗譜七卷首一卷　(清)陳錫圭　(清)陳渭主修　(清)陳秉漳校正　清宣統三年(1911)仁趾堂木活字印本　六冊

220000－0841－0002909　史 12040K

[浙江浦江]浦陽陳氏宗譜六卷　(清)陳會雲重修　清光緒七年(1881)木活字印本　六冊

220000－0841－0002910　史 11969K

[浙江鄞縣]響巖陳氏宗譜六卷　(清)陳紹芳等纂修　清光緒七年(1881)遺忠堂木活字印本　六冊

220000－0841－0002911　史 8295K

[浙江鎮海]蛟川淩漕村陳氏宗譜八卷首一卷末一卷　(清)陳性榆續修　清光緒三十三年(1907)惇本堂木活字印本　四冊

220000－0841－0002912　史 8076K

[湖南資興]穎川陳氏續修族譜十卷　(清)陳正心續修　清光緒二年(1876)司馬堂木活字印本　十冊

220000－0841－0002913　史 8361K

[福建]莆田陳氏宗譜不分卷　(清)陳友桎等重修　清光緒二十五年(1899)木活字印本　一冊

220000－0841－0002914　史 12104K

[福建]莆田欖巷文峰庫前陳氏族譜　(清)陳其昌等重纂修　清乾隆三十五年(1770)刻本　十冊

220000－0841－0002915　史 12087K

[四川資陽]四甲陳氏族譜三十二卷　(清)陳嵩霄等纂修　(清)陳勵濂等主修　清宣統二年(1910)德星堂木活字印本　三十二冊

220000－0841－0002916　史 8137K

[安徽桐城]孫節愍公後裔世系一卷　(清)□□纂修　清刻本　一冊

220000－0841－0002917　史 12181K

[安徽壽縣]壽州孫氏支譜十卷　(清)孫傳棟編輯　清宣統三年(1911)石印本　十冊

220000－0841－0002918　史 8384

[浙江紹興]會稽陶氏族譜三十卷　(清)陶元藻纂修　清乾隆五十一年(1786)刻本　十六冊

220000－0841－0002919　史12083K
[浙江紹興]會稽陶氏族譜三十三卷末一卷　(清)陶在銘纂修　清光緒二十九年(1903)刻本　二十四册

220000－0841－0002920　史8095K
[浙江]餘姚黄氏家譜六卷首一卷　(清)黄慶曾修　清宣統二年(1910)刻朱印本　一册

220000－0841－0002921　史12084K
[浙江餘姚]姚江四明黄氏宗譜六卷首一卷末一卷　(清)黄福清重輯　清光緒二十三年(1897)樹德堂木活字印本　六册

220000－0841－0002922　史8200K
[浙江]蕭山埭上黄氏家譜九卷首一卷　(清)黄中咸續修　清光緒二十一年(1895)萃渙堂木活字印本　八册

220000－0841－0002923　史11863K
陡亹黄氏宗譜　(清)黄善經纂修　清光緒二十年(1894)追遠堂木活字印本　四册

220000－0841－0002924　史8172K
[安徽桐城]謝河黄氏宗譜二十二卷　(清)黄南垣續修　清光緒三十一年(1905)敦本堂木活字印本　二十二册

220000－0841－0002925　史11867K
[福建閩清]麟峰黄氏家譜十二卷首一卷　(清)黄心菴　(清)黄虞世纂修　清乾隆五十八年(1793)刻本　四册

220000－0841－0002926　史4096K
[山東]即墨黄氏家傳一卷　(明)宗璉等撰　清刻本暨抄本　一册

220000－0841－0002927　史8132K
[湖南長沙]黄氏家乘五卷　(清)黄仁濟修　清光緒二十三年(1897)刻本　六册

220000－0841－0002928　史12364K
[廣東]南海學正黄氏家譜節本　(清)黄任恒編　清宣統三年(1911)保粹堂刻本　一册

220000－0841－0002929　善1942
[安徽青陽]曹氏續修宗譜八卷家傳一卷　(明)曹來鳳續修　明崇禎十六年(1643)刻本　六册

220000－0841－0002930　史8067K
[安徽青陽]陵陽墩頭曹氏宗譜八卷　(清)曹來鳳纂修　清順治五年(1648)刻本　六册

220000－0841－0002931　史8080K
[湖南郴陽]曹氏續修族譜　(清)曹光明續修　(清)曹明楊　(清)曹禮濤纂　清光緒二十二年(1896)繡虎堂木活字印本　五册

220000－0841－0002932　史8749K
曹氏傳芳録一卷　(清)曹希璨輯　清宣統元年(1909)木活字印本　一册

220000－0841－0002933　史8161K
[廣東高明]種學堂麥氏族譜十三卷　(清)麥錫良等修　清宣統二年(1910)羊城漢石樓刻本　十五册

220000－0841－0002934　史8326K
[江蘇丹徒]京江盛氏宗譜六卷　(清)盛景曾重修　清宣統元年(1909)敬養堂木活字印本　六册

220000－0841－0002935　史8169K
[江蘇吴縣]平江盛氏家乘三十八卷首一卷　(清)盛星杉修　(清)盛鍾歧等纂編　清同治十三年(1874)十賢祠木活字印本　十六册

220000－0841－0002936　史11913K
[江蘇吴縣]平江盛氏家乘三十八卷首一卷　(清)盛鍾歧重纂輯　清同治十三年(1874)十賢祠木活字印本　十六册

220000－0841－0002937　史11951K
[江蘇金山]聞湖盛氏家乘　(清)盛沅纂修　清宣統三年(1911)刻本　四册

220000－0841－0002938　史11939K
[浙江]餘姚戚氏宗譜十六卷首一卷末一卷　(清)戚維高等重修　清光緒二十五年(1899)惇倫堂木活字印本　十六册

220000－0841－0002939　史9560K
[浙江鄞縣]鄞東梅江戚氏宗譜四卷　(清)戚

茂燦　(清)戚茂源纂修　清光緒二十四年(1898)三禮堂木活字印本　四冊

220000－0841－0002940　史 12097K
[江蘇江陰]澄江崔氏宗譜四卷　(清)崔紀龍重纂修　清光緒八年(1882)八行堂木活字印本　四冊

220000－0841－0002941　史 8399K
[安徽太平]僊源崔氏支譜六卷首一卷　(清)崔衍祥重修　清宣統二年(1910)懷永堂木活字印本　五冊　缺一卷(四)

220000－0841－0002942　史 8304K
[江蘇無錫]錫山許氏宗譜八卷　(清)許文松重修　清乾隆五十六年(1791)方湖草堂刻本　三十六冊

220000－0841－0002943　史 8055K
[浙江]蕭山許氏宗譜四卷　(清)許詠仙重修　清光緒二十二年(1896)孝思堂木活字印本　四冊

220000－0841－0002944　史 11761
[河南靈寶]許氏家譜一卷　(清)許夢□纂修　清雍正九年(1731)刻本　一冊

220000－0841－0002945　史 12020K
[湖南湘潭]中湘黃榜山許氏三修族譜十二卷　(清)許玉璜等纂修　清同治十年(1871)承文堂木活字印本　十二冊

220000－0841－0002946　史 8221K
[江蘇吳縣]吳郡楓江派高氏家譜十二卷　(清)高治源纂修　清光緒二十五年(1899)刻本　二冊

220000－0841－0002947　史 11842K
[浙江]海寧嚴門高氏五修家譜二十六卷首一卷末一卷　(清)高德　(清)高朝賢修　清咸豐三年(1853)報本堂木活字印本　二十冊

220000－0841－0002948　史 9621K
[安徽績溪]梁安高氏宗譜十二卷常修譜稿一卷　(清)高富浩纂修　清光緒三年(1877)木活字印本　十三冊

220000－0841－0002949　史 11882K
[大港]高氏族譜十卷首一卷　(清)高永和等重修　清道光七年(1827)木活字印本　十冊

220000－0841－0002950　史 9635K
[浙江]富陽長春章氏宗譜　(清)□□纂修　清光緒二十三年(1897)木活字印本　五冊

220000－0841－0002951　史 8338K
[浙江海寧]章氏世譜四卷　(清)章廷泰等重修　清乾隆九年(1744)刻本　四冊

220000－0841－0002952　史 10086K
[浙江餘杭]章氏家譜四卷　(清)章濬重修　清光緒十五年(1889)刻本　四冊

220000－0841－0002953　史 9690K
[全城]章氏世家宗譜青龍支譜　(清)章紹晟續輯　清光緒十九年(1893)章紹淵抄本　一冊

220000－0841－0002954　史 4277K
[浙江蘭溪]章氏傳芳錄二卷　(明)章品原輯　(明)章天衢繪像編輯　(清)章樂山增輯　清光緒十二年(1886)木活字印本　二冊

220000－0841－0002955　史 11846F
[河北]定興鹿氏二續譜十五卷　(清)鹿傳霖重修　(清)鹿瀛理纂輯　清光緒二十三年(1897)刻本　十冊

220000－0841－0002956　史 8091K
[河北]定興鹿氏二續譜十五卷　(清)鹿傳霖重修　(清)鹿瀛理纂輯　清光緒二十二年(1896)刻本　十冊

220000－0841－0002957　史 11216K
[江西吉安]廬陵麻氏親親餘事上編六卷下編六卷續編六卷　(清)麻敬業撰　清道光十五年(1835)、十八年(1838)真樂堂刻本　八冊

220000－0841－0002958　史 12190K
[河北景縣]景州上官張氏支譜六卷　(清)張繼祖主修　清光緒十八年(1892)古行堂抄本　四冊

220000－0841－0002959　史 12166K

[江蘇江都]瓜渚張氏宗譜四卷 (清)張寅祖 (清)張錞纂修 清道光八年(1828)雲陽王延泰木活字印本 四冊

220000－0841－0002960 史8253K
[江蘇]江都張氏重修善二公支譜八卷末一卷 (清)張紹泰重修 (清)張為椿接修 清光緒十一年(1885)思孝堂木活字印本 十冊

220000－0841－0002961 史11925F
[江蘇]江都張氏重修族譜八卷首一卷末一卷 (清)張泗勳等修 (清)張紹南 (清)張紹亮纂 清光緒十一年(1885)思孝堂木活字印本 十冊

220000－0841－0002962 史12001K
[江蘇丹徒]開中遷潤張氏五修族譜十卷首二卷末一卷 (清)張綬青等纂修 清光緒十八年(1892)二銘堂木活字印本 十四冊

220000－0841－0002963 史11886K
[江蘇武進]毗陵張氏宗譜十二卷 (清)張邦忠等主修 (清)張履謙主稿 清光緒二十五年(1899)百忍堂木活字印本 十二冊

220000－0841－0002964 史11803K
[江蘇武進]毗陵張氏世譜彙編三十四卷 (清)張忠乾等編輯 清光緒二十一年(1895)城南書院木活字印本 三十一冊 缺四卷(十七、二十一、二十三、三十)

220000－0841－0002965 史8225K
[江蘇江陰]暨陽張氏會譜十卷 (清)張允恭修 清同治十二年(1873)孝友堂木活字印本 十冊

220000－0841－0002966 史8162K
[浙江杭州]清河張氏[錢塘]族譜不分卷 (清)張景澐重修 清光緒二十七年(1901)世美堂刻本 五冊

220000－0841－0002967 史7749K
[浙江吳興]烏鎮張氏宗譜 (清)張桂森纂修 清咸豐十年(1860)刻本 二冊

220000－0841－0002968 史8142K
重修登榮張氏族譜二十四卷首一卷 (清)張景燾修 清道光二十年(1840)木活字印本 四冊

220000－0841－0002969 史11539K
[浙江紹興]山陰天樂嶽山張氏宗譜十卷 (清)張德馨重修 清同治十二年(1873)木活字印本 十三冊

220000－0841－0002970 史8404K
[浙江紹興]山陰天樂嶽山張氏宗譜十卷首一卷 (清)張紹良重修 清光緒十八年(1892)木活字印本 二十冊

220000－0841－0002971 史8190K
[浙江諸暨]暨陽花園張氏宗譜六卷 (清)張小年重修 清光緒二年(1876)木活字印本 六冊

220000－0841－0002972 史8435K
[安徽蕪湖]張氏續存名錄六卷 (清)張兆才續修 清光緒二十五年(1899)孝友堂木活字印本 六冊

220000－0841－0002973 史11860K
[安徽旌德]旌陽張氏通修宗譜三卷 (清)張慶彬續修 清光緒二十六年(1900)永思堂木活字印本 二十冊

220000－0841－0002974 史11885K
[山東]安丘張氏家乘一卷續一卷 (清)張貞等編 清康熙、乾隆刻本 一冊

220000－0841－0002975 史12072K
[湖南長沙]湖都張氏譜三卷首一卷末一卷 (清)萬轅公房續修 清光緒三十年(1904)念德堂木活字印本 十二冊

220000－0841－0002976 史12305K
張氏祖德述三卷 (清)張敦讓纂 清光緒四年(1878)長無極室刻本 一冊

220000－0841－0002977 史8397K
[湖南桂陽]桂郜夏蓮塘彭氏三修宗譜不分卷 (清)彭行錫等續修 清道光二十九年(1849)述古堂木活字印本 六冊

220000－0841－0002978　史 8352K

[湖南桂陽]桂北夏蓮塘彭氏四修宗譜不分卷　(清)彭遞珪續修　清同治九年(1870)郭倫堂木活字印本　十冊

220000－0841－0002979　史 8083K

[廣東英德]鶴塘彭氏續修族譜二十四卷　(清)彭述賢續修　清光緒十年(1884)刻本　八冊

220000－0841－0002980　善 2782

[江蘇吴縣]葉氏世譜六卷首一卷　(清)葉畝綬纂修　清康熙三十三年(1694)刻本　四冊

220000－0841－0002981　史 8174K

[江蘇吴縣]洞庭東山葉氏大湖頭宗譜不分卷　(清)葉仁鑑修　清抄本　一冊

220000－0841－0002982　史 8262K

[江蘇吴縣]吴中葉氏族譜六十六卷末一卷　(清)葉子誠編纂　清宣統三年(1911)東洞庭逵公宗祠木活字印本　五十二冊

220000－0841－0002983　史 12103F

[江蘇吴縣]吴中葉氏族譜六十六卷首一卷　(清)葉子誠重修　清宣統三年(1911)東洞庭逵公宗祠木活字印本　五十二冊

220000－0841－0002984　史 9598K

[浙江餘姚]葉氏世譜一卷　(□)□□纂修　清抄本　一冊

220000－0841－0002985　史 12150K

[浙江]慈谿鳴鶴葉氏宗譜二十六卷首二卷末二卷　(清)葉韻竹重修　清光緒十六年(1890)引敬堂木活字印本　一冊

220000－0841－0002986　史 12123K

[浙江]慈谿石步葉氏宗譜二十四卷　(清)葉長慶續修　(清)葉方墀等補修　清光緒二十九年(1903)天敘堂木活字印本　二十四冊

220000－0841－0002987　史 11868K

[江西]南昌合口萬氏敦本堂譜存　(清)萬廷蘭續修　清嘉慶九年(1804)計樹園刻本　四冊

220000－0841－0002988　史 11839

[上海]由慈徒滬葛氏祿房支譜一卷　(清)葛繩孝修　(清)郭晉超纂　清光緒三年(1877)韓稺石抄本　一冊

220000－0841－0002989　史 8069K

[江蘇吴縣]洞庭武峰葛氏家譜四卷　(清)葛士鉉輯　清乾隆二十年(1755)刻本　八冊

220000－0841－0002990　史 8411

[江蘇吴縣]五修包山葛氏世譜十卷　(清)葛錫璜纂修　清道光二十七年(1847)刻本　二十四冊

220000－0841－0002991　史 11837K

[浙江慈谿]慈東章橋葛氏宗譜九卷　(清)葛靄庭纂　清光緒二年(1876)明德堂木活字印本　九冊

220000－0841－0002992　史 12114K

[山東]德平葛氏族譜十四卷首一卷末一卷　(清)葛周玉重纂修　清嘉慶六年(1801)樹滋堂刻本　八冊

220000－0841－0002993　史 8333K

[江蘇無錫]梁溪董氏家乘十卷　(清)董耀庭等重修　清光緒二十一年(1895)蒼梧草堂刻本　二十冊

220000－0841－0002994　史 11855K

[浙江紹興]董氏宗譜八卷　(清)董悦龍等重修　清道光十八年(1838)三策堂木活字印本　八冊

220000－0841－0002995　史 9950K

純德彙編八卷首一卷　(清)董華鈞輯　清嘉慶七年(1802)董景沛刻本　六冊

220000－0841－0002996　史 12085K

[安徽宣城]宛東嵇氏宗譜六卷　(清)嵇殿元等重修　清光緒十二年(1886)竹林堂木活字印本　六冊

220000－0841－0002997　史 12154K

[江蘇]丹陽程氏族譜十卷　(清)程其文等纂修　(清)程雲軔主修　清光緒二十三年

(1897)天錫堂木活字印本　六冊

220000－0841－0002998　史 8062K
[江蘇鎮江]溧陽程氏宗譜二十卷　(清)程思普續修　清咸豐二年(1852)世忠堂木活字印本　八冊

220000－0841－0002999　史 8277K
[江蘇鎮江]溧陽程氏宗譜二十二卷首一卷末一卷　(清)程鍾瑞纂修　(清)程雲驤增修　清光緒二十一年(1895)稿本　十二冊

220000－0841－0003000　史 11907
[江蘇吴縣]吴郡程氏支譜四卷　(清)程為烜纂修　清光緒三年(1877)資敬義莊木活字印本　六冊

220000－0841－0003001　史 8267K
[江蘇吴縣]吴郡程氏支譜六卷　(清)程曨續修　清光緒三十一年(1905)成訓義莊木活字印本　六冊

220000－0841－0003002　史 12192
[江蘇南京]江寧敦本堂程氏世譜　(清)程祥蔚補輯　清光緒二十六年(1900)程祥驊重抄本　一冊

220000－0841－0003003　史 12162K
[江蘇江都]維揚江都程氏重修族譜二卷　(清)錢正基修輯　(清)程世沅主修　清宣統三年(1911)木活字印本　二冊

220000－0841－0003004　史 9608K
[安徽]休寧率□程氏續編本宗譜六卷　(明)程景珍續編　清抄本　一冊　存二卷(一至二)

220000－0841－0003005　史 12177K
[安徽]新安休寧程氏家乘四卷　(清)江為霖輯　(清)程兆昱主修　清嘉慶八年(1803)敬恕堂木活字印本　四冊

220000－0841－0003006　史 12176K
[安徽]休寧山門程氏族譜四卷　(清)宋瑜纂修　清光緒二十八年(1902)紹伊堂木活字印本　四冊

220000－0841－0003007　史 12004K
[安徽]績溪仁里程世錄堂世系譜二十二卷首三卷末三卷　(清)程宗宣纂修　(清)程盛錦主修　清宣統三年(1911)木活字印本　六冊

220000－0841－0003008　善 2038
[安徽歙縣]歙托山程氏族譜五卷　(明)程沔續修　明萬曆刻本　一冊　存四卷(一至三、五)

220000－0841－0003009　史 11883K
[安徽懷寧]懷邑程氏宗譜廿八卷末一卷　(清)□□纂修　清敦睦堂木活字印本　二十六冊

220000－0841－0003010　史 9250K
[安徽婺源]程氏廿六派保祖全書不分卷　(清)程兆暉編　清嘉慶十一年(1806)程氏源本堂刻本　一冊

220000－0841－0003011　史 8117K
[廣東乳源]武陽橋傅氏族譜　(清)傅經緯等重修　清道光十三年(1833)木活字印本　四冊

220000－0841－0003012　史 8380K
[廣東乳源]武陽橋傅氏族譜不分卷　(清)傅錦泉等纂修　清宣統元年(1909)木活字印本　五冊

220000－0841－0003013　史 8118K
[廣東乳源]武陽橋傅氏族譜不分卷　(清)傅錦泉等纂修　清宣統元年(1909)木活字印本　六冊

220000－0841－0003014　史 11926K
[江蘇丹徒]潤州鄒氏重修宗譜六卷　(清)鄒寶霖編輯　清光緒二十六年(1900)木活字印本　十四冊

220000－0841－0003015　史 12202K
[江蘇丹陽]范陽鄒氏宗譜六卷　(清)鄒元輔纂修　清光緒六年(1880)五經堂木活字印本　六冊

220000－0841－0003016　史 9663K

[湖北麻城]鄒氏族譜八卷 (清)鄒良盛等修 (清)鄒星鑒等編輯 清光緒二十六年(1900)刻本 八冊

220000－0841－0003017 史 8119K
[江西]駕山鄒氏族譜二卷 (清)鄒守增修 清嘉慶二十五年(1820)東魯堂刻本 二冊

220000－0841－0003018 史 11906K
[江蘇無錫]梁谿強氏宗譜二十二卷 (清)強朝秀纂修 清光緒九年(1883)五雲堂木活字印本 二十四冊

220000－0841－0003019 史 11841K
[江蘇無錫]錫山費氏宗譜十二卷 (清)費琳重修 清道光二十二年(1842)源遠堂刻本 十二冊

220000－0841－0003020 史 11953K
[江蘇鎮江]雲陽延陵費氏重修宗譜二卷 (清)費學元纂修 清光緒十二年(1886)世德堂木活字印本 二冊

220000－0841－0003021 史 12223K
[江蘇鎮江]雲陽延陵費氏宗譜二卷 (清)費學元主修 清光緒十二年(1886)世德堂木活字印本 二冊

220000－0841－0003022 史 11890K
[江蘇鎮江]京江楊氏族譜四卷 (清)楊正洪主修 (清)詹義鴻 (清)舒彝銓編輯 清咸豐元年(1851)木活字印本 四冊

220000－0841－0003023 史 9089K
[江蘇無錫]錫山楊氏家譜□□卷 (清)楊芳燦撰 清光緒十三年(1887)賜書堂木活字印本 一冊

220000－0841－0003024 史 11952K
[江蘇武進]毗陵大街楊氏族譜十五卷 (清)楊葆彝等纂 清光緒二十六年(1900)木活字印本 五冊

220000－0841－0003025 史 9594K
[江蘇鴻山]楊氏宗譜六卷 (清)楊相續修 清同治九年(1870)天樂堂木活字印本 六冊

220000－0841－0003026 史 11943K
[江蘇無錫]江陂楊氏宗譜十二卷首一卷末一卷 (清)楊殿奎重纂輯 (清)楊洪茂主修 清光緒十七年(1891)孝思堂木活字印本 十三冊

220000－0841－0003027 史 8227K
[浙江紹興]山陰柯橋楊氏宗譜六卷 (清)楊鴻兆等修 清道光十五年(1835)敦倫堂木活字印本 六冊

220000－0841－0003028 史 9640K
[浙江上虞]古虞岑倉楊氏續修宗譜六卷首一卷末一卷 (清)金敞 (清)楊舉續修 清咸豐九年(1859)四知堂木活字印本 四冊

220000－0841－0003029 史 8196K
[山東]歷城楊氏族譜不分卷 (清)楊龍泉 (清)楊嘉幹編輯 清乾隆五十九年(1794)教忠堂刻本 一冊

220000－0841－0003030 史 8066K
[山東]歷城楊氏三修族譜不分卷 (清)楊澲修輯 清道光二十二年(1842)見山堂抄本 三冊

220000－0841－0003031 史 8735K
[湖南常德]武陵楊氏瑞芝室家傳一卷 (清)楊琪光撰 清光緒十一年(1885)刻本 一冊

220000－0841－0003032 史 9643K
[四川]弘農郡楊氏續造族譜不分卷 (清)楊陳亮續修 清光緒二十七年(1901)稿本 一冊

220000－0841－0003033 史 11987K
[四川簡陽]蓮宅楊氏族譜四卷 (清)楊秉謙重纂輯 清光緒十八年(1892)刻本 四冊

220000－0841－0003034 史 11791K
[山東齊河]孫耿賈氏族譜不分卷 (清)賈之濂等續修 清光緒十四年(1888)刻本 七冊

220000－0841－0003035 史 8285K
[江西新建]裘氏宗譜不分卷 (□)□□纂修

清道光抄本　一册

220000－0841－0003036　史 11914

[江蘇江都]維揚江都虞氏重修族譜四卷　(清)虞存華主修　(清)吳百川　(清)吳麗泉編輯　清光緒三十一年(1905)錦德堂鉛活字印本　四册

220000－0841－0003037　史 8232K

[江蘇無錫]錫山虞氏宗譜二十四卷首八卷　(清)虞文奇等重修　清同治十一年(1872)年鹿埜堂木活字印本　三十册

220000－0841－0003038　史 8334K

[貴州畢節]畢節路氏長房族譜不分卷　(清)路朝霖　(清)路朝聯編　清光緒二十一年(1895)刻本　一册

220000－0841－0003039　史 8400K

[江西]鴻溪詹氏宗譜二十卷首一卷　(清)詹良等續修　清光緒五年(1879)惇彝堂木活字印本　八册

220000－0841－0003040　史 9681K

[江蘇]無錫廉氏宗譜十二卷首一卷附錄一卷　(清)廉寰清續修　清光緒二十年(1894)孔戒堂木活字印本　十四册

220000－0841－0003041　史 12030K

[浙江]餘杭褚氏家乘八卷首一卷末一卷　(清)褚維培續纂修　清光緒十七年(1891)重熙堂木活字印本　四册

220000－0841－0003042　史 8298K

[全國]河南始祖蔡氏開派各省通譜不分卷　(清)蔡肇春等續修　清同治五年(1866)刻本　二册

220000－0841－0003043　史 8240K

[江蘇吳縣]洞庭東蔡宗譜六卷　(清)蔡琰重修　清乾隆五十八年(1793)刻本　十二册

220000－0841－0003044　史 8218K

[福建蒲縣]浦城後山蔡氏宗譜八卷　(清)蔡錫侯修　清光緒二十四年(1898)木活字印本　八册

220000－0841－0003045　史 8130K

[江蘇丹陽]挽角蔣氏九修宗譜十四卷　(清)蔣彥書主修　清光緒二十五年(1899)積昌堂刻本　十二册

220000－0841－0003046　史 8332K

[江蘇蘇州]蔣氏支譜十卷首一卷末一卷　(清)蔣銘籙重修　清乾隆五十四年(1789)刻本　十二册

220000－0841－0003047　史 12204K

[江蘇江都]維揚江都蔣氏重修族譜八卷　(清)蔣應祥主修　(清)華明山等修　清乾隆四十二年(1777)三經堂木活字印本　十二册

220000－0841－0003048　史 9461K

[江蘇常熟]蔣氏族譜不分卷　(清)□□纂修　清抄本　四册

220000－0841－0003049　史 9870

[江蘇常熟]蔣氏家傳不分卷　(清)□□輯　清抄本　六册

220000－0841－0003050　史 12086K

[江蘇興化]趙氏念初族譜　(清)趙恭生等重修　清同治十二年(1873)木活字印本　八册

220000－0841－0003051　史 8217

[江蘇丹陽]大港趙氏族譜六卷　清康熙二十八年(1689)刻本　六册

220000－0841－0003052　史 8268K

[江蘇丹陽]大港趙氏增刪較正重修家史八卷　(清)趙良瑜　(清)趙中遠纂修　清雍正八年(1730)刻本　十册

220000－0841－0003053　善 4318

[江蘇丹徒]大港趙氏第八大分大二公裔下廣分重修宗譜四卷　(清)趙明錕編輯　清乾隆四十七年(1782)木活字印本　四册

220000－0841－0003054　史 8302K

[江蘇丹陽]大港趙氏門星分宗譜十卷　(清)趙書田續修　清道光三年(1823)門星分木活字印本　十册

220000－0841－0003055　史 12537K
[江蘇丹徒]大港趙氏第八大分大二公裔下福祿分重修分譜四卷　(清)趙德榮等重修　清道光二十六年(1846)木活字印本　四册

220000－0841－0003056　史 12536K
[江蘇丹徒]大港趙氏第四大分仁三公裔下銑澧分續修宗譜六卷　(清)趙明乾　(清)趙明雋纂修　清宣統二年(1910)木活字印本　六册

220000－0841－0003057　史 11902K
[江蘇丹陽]趙氏支譜二卷　(清)趙邦翰等纂修　清光緒十三年(1887)木活字印本　四册

220000－0841－0003058　史 9633K
[江蘇丹陽]洪溪趙氏慶三公支下分譜三卷　(清)趙益齊等纂修　清同治十二年(1873)木活字印本　四册

220000－0841－0003059　史 11920K
[江蘇丹陽]洪溪趙氏慶三公支下分譜六卷　(清)趙清綬重修　(清)趙西金續補　清光緒三十四年(1908)木活字印本　六册

220000－0841－0003060　史 11910K
[江蘇丹陽]古潤洪溪趙氏族譜十六卷　(清)趙明雋纂修　(清)趙明乾纂修　清宣統二年(1910)木活字印本　二十册

220000－0841－0003061　史 9554K
[江蘇丹陽]雲陽趙氏重修宗譜六卷　(清)趙學曾重修　清光緒三十三年(1907)木活字印本　六册

220000－0841－0003062　史 11515K
[江蘇常州]常州觀莊趙氏支譜十六卷首一卷末一卷　(清)趙熙文輯　清光緒二年(1876)刻本　八册

220000－0841－0003063　史 9607K
[江蘇武進]寺莊趙氏宗譜十二卷　(清)趙昉纂修　清光緒十年(1884)敦睦堂木活字印本　十二册

220000－0841－0003064　史 12032K
[江蘇無錫]錫山趙氏宗譜十三卷　(清)趙榮重修　(清)趙錫華等校輯　清光緒八年(1882)木活字印本　十六册

220000－0841－0003065　史 8351K
[浙江]上虞富峰趙氏續修宗譜八卷　(清)趙淞續修　清同治四年(1865)日生堂木活字印本　四册

220000－0841－0003066　史 11889K
[浙江嵊縣]剡源三石趙氏宗譜十卷首一卷　(清)趙智閑重修　清光緒二十八年(1902)木活字印本　二册

220000－0841－0003067　史 8133K
[浙江吴興]平樂天水趙氏族譜不分卷　(清)趙珠奎續修　清道光九年(1829)抄本　十二册

220000－0841－0003068　史 11970K
[江西南豐]趙氏族譜十卷首一卷　(清)趙惟善等纂修　清光緒七年(1881)江樓祠木活字印本　十八册

220000－0841－0003069　史 12147
[山西聞喜]裴氏世譜十二卷　(清)翟鳳翥原纂　(清)裴□度重修　清嘉慶十年(1805)裴正文刻本　十册

220000－0841－0003070　史 9617K
[江蘇江都]塘頭裴氏家乘十四卷首一卷末一卷　(清)裴錡等纂修　清咸豐四年(1854)錄埜堂木活字印本　八册

220000－0841－0003071　史 8363K
[湖南宜章]宜陽廖氏族譜不分卷　(清)廖文思等重修　清光緒十九年(1893)德慶堂木活字印本　三册

220000－0841－0003072　史 11864K
[江蘇吴縣]梁溪榮氏宗譜十六卷　(清)榮汝楫等重修　清同治十一年(1872)三樂堂木活字印本　十六册

220000－0841－0003073　史 8189K
[江蘇無錫]梁溪榮氏宗譜二十二卷　(清)榮

汝棻主修　清宣統二年(1910)三樂堂鉛活字印本　二十二册

220000－0841－0003074　史8224K
[江蘇吴縣]包山鄭氏族譜十二卷　(清)鄭謀□續修　清光緒二十四年(1898)刻本　十二册

220000－0841－0003075　史8236K
[江蘇吴縣]東山鄭氏世譜八卷首一卷　(清)鄭登遠重輯　清乾隆七年(1742)濟美堂刻本　八册

220000－0841－0003076　史11964K
[浙江]慈谿鄭氏宗譜七卷首一卷　(清)鄭顯膺等纂修　清光緒十八年(1892)佑啟堂木活字印本　七册

220000－0841－0003077　史8075K
[湖南桂陽]文溪鄭氏宗譜不分卷　(清)鄭相炳重修　清光緒二十三年(1897)木活字印本　四册

220000－0841－0003078　史8367K
[湖南]三陽寧氏宗譜不分卷　(清)寧世封重修　清道光四年(1824)種德堂木活字印本　二册

220000－0841－0003079　史12047K
[江蘇吴縣]洞庭明月灣鄧氏續輯宗譜四卷首一卷末一卷　(清)鄧若木等續輯　清嘉慶五年(1800)刻本　四册

220000－0841－0003080　史8362K
[湖南宜章]宜章鄧氏族譜不分卷　(清)鄧正道等續修　清乾隆五十八年(1793)木活字印本　一册

220000－0841－0003081　史8317K
[湖南桂陽]桂郡石闌鄧氏宗譜十卷　(清)鄧廷洞等修　清同治三年(1864)十賢堂木活字印本　十册

220000－0841－0003082　史8377K
[湖南新田]鄧氏宗譜九卷首一卷　(清)鄧海清等重修　清光緒雍睦堂木活字印本　十二册

220000－0841－0003083　史9689K
[安徽涇縣]涇川水東翟氏宗譜一卷　(清)翟佑卿錄輯　清光緒十九年(1893)抄本　一册

220000－0841－0003084　史9549K
[浙江鄞縣]甬東樓氏宗譜十二卷首一卷末一卷　(清)樓天熙　(清)樓天然重纂　清光緒三十三年(1907)書錦堂木活字印本　六册

220000－0841－0003085　史8281K
[湖南]桂陽州新塘重修歐陽氏宗譜　(清)歐陽中桂　(清)歐陽煇廷補修　清咸豐十一年(1861)光六堂木活字印本　十册

220000－0841－0003086　史12061K
[山西]洪洞劉氏宗譜六卷　(清)劉大悊重修　清嘉慶十五年(1810)刻本　六册

220000－0841－0003087　史8234K
[山西]洪洞劉氏族譜十五卷首一卷　(清)劉勛　(清)劉元鶴重修　清同治四年(1865)刻本　十六册

220000－0841－0003088　史12169K
[江蘇]寶應劉氏家譜六卷　(清)劉秉鈞等重修　清道光三十年(1850)世德堂刻本　四册

220000－0841－0003089　史12228K
[江蘇]寶應劉氏家譜□□卷　□□纂　清宣統三年(1911)稿本　一册　存一卷(一)

220000－0841－0003090　史12225K
[江蘇丹徒]京江劉氏宗譜四卷　(清)劉明遠輯修　清光緒元年(1875)禮樂堂木活字印本　四册

220000－0841－0003091　史9580K
[江蘇丹徒]京口儒林劉氏族譜六卷首一卷　(清)劉從綸重編　清木活字印本　六册

220000－0841－0003092　史12142K
[江蘇武進]西營劉氏家譜十二卷　(清)劉翊宸等重纂修　清光緒二年(1876)木活字印本　十二册

220000－0841－0003093　史8256K

[江蘇吳縣]劉氏世譜四卷首一卷 (清)劉世祺修 清乾隆二十二年(1757)刻本 八冊

220000－0841－0003094 史12116K
[江蘇江陰]峭岐劉氏宗譜四卷 (清)張子暘重纂輯 清同治十年(1871)藜照堂木活字印本 四冊

220000－0841－0003095 史8324K
[浙江]蕭山劉氏宗譜不分卷 (清)劉仕英等修 清道光八年(1828)藜照堂木活字印本 六冊

220000－0841－0003096 史11824K
[安徽旌德]彭城宛旌禮村劉氏世譜二十九卷 (清)劉笑山 (清)劉僊洲纂修 清光緒三十年(1904)木活字印本 十二冊

220000－0841－0003097 史9733K
[福建崇安]劉氏傳忠錄正續編八卷 (宋)劉學裘輯 (清)程勳續編 清光緒十二年(1886)劉氏三餘書室鉛活字印本 四冊

220000－0841－0003098 史8416K
[山東黃縣]平山劉氏族譜不分卷 (清)劉文熼重修 清同治八年(1869)抄本 一冊

220000－0841－0003099 史8186K
[湖南]新田八甲劉氏宗譜八卷首一卷世系圖 (清)劉績祖等修 (清)劉隆綱等纂 清光緒二十五年(1899)敦敘堂木活字印本 十一冊

220000－0841－0003100 史8414K
[湖南林縣]劉氏族譜十卷 (清)劉光球續修 清光緒二十三年(1897)雍睦堂木活字印本 十冊

220000－0841－0003101 史8244K
[江蘇吳縣]十士江談氏宗譜六卷 (清)談學賢等纂修 清嘉慶五年(1800)登俊堂刻本 十二冊

220000－0841－0003102 史8415
[江蘇]吳縣潘氏支譜 (清)□□修 清咸豐稿本 一冊

220000－0841－0003103 史8245K
[江蘇吳縣]洞庭東山潘氏宗譜三卷首一卷 (清)潘和玉輯 (清)潘良敬纂修 清道光刻本 四冊

220000－0841－0003104 史8113K
[江蘇吳縣]東匯潘氏族譜八卷首一卷上一卷中一卷下一卷末一卷 (清)潘紹徵續修 清光緒十八年(1892)承志堂刻本 三冊 存四卷(一至三、首一卷)

220000－0841－0003105 善2875
[浙江上虞]嵩城潘氏族譜二卷 (明)潘熚續修 (明)潘倧重修 明嘉靖稿本 二冊

220000－0841－0003106 史12129K
[浙江蕭山]蕭江錢清北祠潘氏宗譜六卷 (清)潘元 (清)潘禮纂 清光緒二十一年(1895)永言堂木活字印本 六冊

220000－0841－0003107 史11893K
[浙江]慈谿潘氏宗譜三卷首一卷 (清)潘賡九纂修 (清)潘光亭等修 清光緒三十四年(1908)敬修堂木活字印本 二冊

220000－0841－0003108 史8418K
[安徽歙縣]新安歙南大佛潘氏重修宗譜 (清)潘仲紘重修 清順治八年(1651)稿本 五冊 存五冊(一至四、六)

220000－0841－0003109 史8325K
[安徽歙縣]大阜潘氏族譜 (清)潘潞齡輯 清光緒十七年(1891)抄本 二冊 存二卷(三至四)

220000－0841－0003110 史8840K
潘功甫舍人家傳一卷 (清)吳嘉淦纂 **潘功甫先生暨配嚴宜人墓志銘一卷** (清)馮桂芬纂修 清嘉慶刻本 一冊

220000－0841－0003111 史8114K
[湖南桂陽]深塘蕭氏宗譜五卷 (清)蕭傳選續修 清道光十四年(1834)木活字咸豐增印本 四冊

220000－0841－0003112 史11843K

[江蘇常州]常郡盧氏宗譜十四卷 (清)盧品璋等重修 清光緒十八年(1892)郭本堂木活字印本 八册

220000－0841－0003113 史8202K
[江蘇浙江]吴越錢氏清芬志十種十六卷首一卷 (清)錢日煦纂校 清光緒四年(1878)襭雲閣木活字印本 十五册

220000－0841－0003114 史8316K
[江蘇無錫]錢氏湖頭分支馬橋宗譜六卷首一卷末一卷 (清)錢承康續修 清光緒二十三年(1897)錦樹堂木活字印本 十册

220000－0841－0003115 史11935K
[江蘇]江陰錢氏宗譜四卷 (清)錢德榮 (清)錢德田續修 (清)管彤纂 清光緒二十七年(1901)射潮堂木活字印本 四册

220000－0841－0003116 史12089K
[江蘇武進]茶亭里錢氏宗譜六卷 (清)錢進盛纂修 (清)錢士奎等主修 清光緒十四年(1888)恩本堂木活字印本 六册

220000－0841－0003117 史8561K
[江蘇]金山錢氏支莊全案 (清)錢銘江等輯 清光緒十六年(1890)刻本 一册

220000－0841－0003118 史4355
[浙江]嘉善錢氏家傳四卷 (清)錢以塏輯 **嘉善錢氏家傳二刻四卷錢氏恩綸二卷二刻一卷恩卹錄首一卷** (清)錢佳輯 清康熙五十八年(1719)、乾隆九年(1744)刻本 四册

220000－0841－0003119 史9647K
[浙江]上虞通明錢氏宗譜八卷首一卷 (清)錢紀勳 (清)錢繼祖纂輯 清咸豐四年(1854)木活字印本 六册

220000－0841－0003120 史8392K
[湖南臨武]鄺氏宗譜不分卷 (清)鄺燮理等重修 清道光十八年(1838)木活字印本 一册

220000－0841－0003121 史12002K
[山西汾陽]韓氏支譜四卷 (清)韓錫咸等重修 清光緒十年(1884)恭壽堂木活字印本 四册

220000－0841－0003122 史9616K
[江蘇鎮江]潤州韓氏重修宗譜二卷 (清)韓萬榮重修 (清)舒德灝輯 清宣統元年(1909)廣德堂刻本 二册

220000－0841－0003123 史11938K
[江蘇金壇]金壇韓氏家乘十二卷 (清)韓樹楹重修 清光緒二年(1876)永思堂木活字印本 十二册

220000－0841－0003124 史8223K
[浙江]蕭山義橋韓氏家譜十卷 (清)韓乃建重修 清同治九年(1870)永思堂木活字印本 十册

220000－0841－0003125 史12184K
[江蘇泰興]延令戴氏重修宗譜八卷 (清)楊鳳奇纂 (清)戴康國主修 清宣統元年(1909)敦睦堂木活字印本 八册

220000－0841－0003126 史12172K
[江蘇泰興]延令戴氏重修宗譜八卷 (□)□□修 (清)戴文懷等修 清宣統二年(1910)註禮堂木活字印本 八册

220000－0841－0003127 史9695K
[河北冀縣]冀州魏氏家譜一卷 (清)魏文忠纂修 清光緒二十七年(1901)刻本 一册

220000－0841－0003128 史8284K
[湖南資興]窩邑沃水鍾氏族譜 (清)鍾萬興重修 清咸豐十一年(1861)木活字印本 二册

220000－0841－0003129 史8365K
[湖南資興]沃水鍾氏族譜不分卷 (清)鍾俊運修 清乾隆二十六年(1761)木活字印本 一册

220000－0841－0003130 史11014K
鍾賢支譜文 (□)□□撰 清抄本 一册

220000－0841－0003131 史12210K
[浙江餘姚]續修四門謝氏四房家譜不分卷

(清)謝含聰主修　清嘉慶十六年(1811)抄本　一册

220000－0841－0003132　史8074K
[湖南湘潭]古塘謝氏續修族譜十八卷　(清)謝輝光等纂修　清光緒二十年(1894)起鳳堂木活字印本　十八册

220000－0841－0003133　史8396K
[湖南資興]興寗大波水謝氏寶樹堂續修族譜五卷　(清)謝詩詞等續修　清宣統三年(1911)寶樹堂木活字印本　五册

220000－0841－0003134　史8355K
[湖南]郴陽謝氏續修族譜四卷　(清)謝孝淵等續修　清同治九年(1870)寶樹堂木活字印本　四册

220000－0841－0003135　史8379K
[興寗大波水]謝氏寶樹堂創修族譜三卷　(清)謝聖池修　清道光三十年(1850)木活字印本　三册

220000－0841－0003136　史9367K
[浙江永康]應氏先型錄六卷　(清)應正祿編　清同治五年(1866)上海道署刻本　一册

220000－0841－0003137　史12151K
[江西清江]湖莊聶氏四修族譜不分卷　(清)聶鉅群等重修　清光緒二十四年(1898)肇修堂木活字印本　三册

220000－0841－0003138　史12227K
[江蘇溧水]中山顔氏宗譜六卷　(清)顔延縉等纂修　清道光六年(1826)文禮堂木活字印本　四册

220000－0841－0003139　史11957K
[浙江紹興]山陰天樂顔氏宗譜四卷　(清)顔茂林重修　清光緒七年(1881)德行堂木活字印本　四册

220000－0841－0003140　史8287K
[江蘇長洲]闕氏宗譜三卷　(清)闕志信等輯　清乾隆三十九年(1774)聖隣堂刻本　八册

220000－0841－0003141　史8366K
[湖南祁陽]羅氏宗譜三卷　(清)羅盛儉重修　清宣統元年(1909)藻麗堂木活字印本　二册

220000－0841－0003142　史8371K
[湖南桂陽]蓉城槐子江羅氏族譜十卷首一卷　(清)羅華珊等修　清光緒二十二年(1896)琳琅堂木活字印本　十五册

220000－0841－0003143　史11977K
[四川簡陽]簡州羅氏族譜四卷　(清)羅元德等重纂修　清光緒三十三年(1907)木活字印本　四册

220000－0841－0003144　史12117K
[江蘇武進]毗陵嚴氏宗譜十六卷　(清)嚴全庚主修　(清)虞孝諧纂輯　清宣統二年(1910)客星堂木活字印本　十六册

220000－0841－0003145　史9613K
[浙江]嘉興譚氏家譜十卷首一卷　(清)譚新嘉纂修　清光緒三十一年(1905)慎遠義莊刻本　六册

220000－0841－0003146　史9588K
[江蘇常熟]海虞龐氏家譜二十四卷首一卷　(清)龐鍾璐纂修　清同治十二年(1873)刻本　四册

220000－0841－0003147　史8156K
[廣東]南海吉利下橋關樹德堂家譜二十四卷首一卷末一卷　(清)關蔚煌纂修　清光緒十五年(1889)刻本　四册

220000－0841－0003148　史12029K
[廣東新會]談雅關氏族譜不分卷　(清)關寶霖續修　清光緒十四年(1888)刻本　二册

220000－0841－0003149　史8373K
[江蘇武進]顧氏宗譜十六卷　(清)顧紹燮重修　清光緒二十年(1894)永錫堂木活字印本　十六册

220000－0841－0003150　史8241K
[江蘇江陰]清化顧氏重修宗譜十八卷首一卷末一卷　(清)顧大方等修　(清)沈贊廷纂

清同治十三年(1874)五侯家木活字印本　二十四册

220000－0841－0003151　史 12214K
[江蘇興化]顧氏宗譜二十卷首一卷　(清)顧杏春纂修　清同治十三年(1874)龍津堂木活字印本　十册

220000－0841－0003152　史 8255K
[江蘇吴縣]武陵宗譜八卷　(清)顧行樵續修　清光緒二十五年(1899)刻本　八册

220000－0841－0003153　史 9178K
[江蘇吴縣]顧氏原始一卷　(清)顧大昌纂　清光緒刻本　一册

220000－0841－0003154　史 12161K
[江蘇江都]維揚顧氏七修宗譜六卷　(清)朱炳煌纂輯　清同治四年(1865)木活字印本　八册

220000－0841－0003155　史 9239K
[江蘇江寧]忠貞録一卷　(清)顧雲編輯　清光緒二十二年(1896)刻本　一册

220000－0841－0003156　史 11861K
[浙江]上虞西華顧氏九修宗譜三十二卷　(清)顧乃眷編輯　清宣統三年(1911)格思堂木活字印本　三十二册

220000－0841－0003157　叢 0048
顧氏[亭林]譜系考一卷　(清)顧炎武纂　清光緒三十二年(1906)刻顧亭林先生遺書本　一册

220000－0841－0003158　史 9630K
[福建]福州通賢龔氏家譜三卷　(清)龔鏐續修　清光緒三十二年(1906)刻本　二册

220000－0841－0003159　史 4018K
元和姓纂十卷　(唐)林寶撰　清光緒六年(1880)金陵書局刻本　四册

220000－0841－0003160　子 1644K
古今姓氏書辨證四十卷　(宋)鄧名世撰　**校勘記三卷**　(清)錢熙祚撰　清光緒十五年(1889)上海鴻文書局影印守山閣叢書本　五册

220000－0841－0003161　史 10987K
百家姓考略不分卷　(清)王相箋注　(清)徐士業增補　清光緒三十一年(1905)上海校經山房石印本　一册

220000－0841－0003162　子 0201K
新式百家姓一卷　(宋)王晉升編　(清)王有宗釋義　清光緒三十一年(1905)上海彪蒙書室石印本　一册

220000－0841－0003163　善 0833
古今萬姓統譜一百四十卷歷代帝王姓系統譜六卷氏族博考十四卷　(明)凌迪知輯　明萬曆刻本　三十六册

220000－0841－0003164　善 2325
歷代帝王姓系統譜六卷　(明)凌迪知輯　明萬曆刻本　一册

220000－0841－0003165　史 4509K
校正尚友錄統編二十四卷　題(清)錢湖釣徒編　清光緒十四年(1888)上海文瑞樓石印本　十六册

220000－0841－0003166　史 4511K
尚友錄統編二十二卷　(清)應祖錫編　清光緒二十八年(1902)鴻寶齋石印本　十二册

220000－0841－0003167　子 1636
新纂氏族箋釋八卷　(清)熊峻運撰　清雍正三讓堂刻本　四册

220000－0841－0003168　善 3540
新纂氏族箋釋八卷　(清)熊峻運撰　清光裕堂刻本　四册

220000－0841－0003169　史 8308K
新纂氏族箋釋八卷　(清)熊峻運撰　清刻本　八册

220000－0841－0003170　子 1578K
史姓韻編六十四卷　(清)汪輝祖撰　清同治九年(1870)金陵書局木活字印本　二十四册

220000－0841－0003171　史 9904K
姓氏辨誤三十卷　(清)張澍撰　清道光十八

年(1838)棗花書屋刻本　八冊

220000－0841－0003172　史6982K
太鎮忠義姓氏錄六卷　(清)顧師軾輯　清同治九年(1870)刻本　二冊

220000－0841－0003173　史10449K
八旗奉直同鄉齒錄不分卷　(□)□□輯　清光緒二十四年(1898)刻本　一冊

220000－0841－0003174　子1611K
歷代同姓名錄二十三卷　(清)劉長華撰　清光緒五年(1879)刻本　六冊

220000－0841－0003175　史4250K
九史同姓名略七十二卷　(清)汪輝祖撰　清光緒二十三年(1897)廣雅書局刻本　十二冊

220000－0841－0003176　子1610
宮閨小名錄四卷　(清)尤侗編　**後錄一卷**　(清)余懷編　清康熙刻本　二冊

220000－0841－0003177　子1608K
異號類編二十卷　(清)史夢蘭輯　清同治四年(1865)刻本　四冊

220000－0841－0003178　史6989K
息園舊德錄一卷　(清)胡念萱輯　清光緒二十六年(1900)刻刻鵠齋叢書本　一冊

220000－0841－0003179　史4320K
二希正鵠三卷　(清)潘汝翼輯　清道光八年(1828)敬敷義學刻本　三冊

220000－0841－0003180　史4416K
高忠烈高文恪傳記碑文一卷　(□)□□輯　清抄本　一冊

220000－0841－0003181　叢0333K
宜堂類編　(清)丁立中輯　清光緒二十六年(1900)嘉惠堂丁氏刻本　十冊

220000－0841－0003182　史4274K
世篤忠貞錄不分卷　(清)榮祿輯　清光緒三年(1877)刻本　二冊

220000－0841－0003183　史4308
疑年錄四卷　(清)錢大昕撰　清嘉慶十八年(1813)吳修刻本　四冊

220000－0841－0003184　史4265K
疑年錄四卷續疑年錄四卷　(清)錢大昕編　(清)吳修撰　清同治元年(1862)福山王氏天壤閣刻本　四冊

220000－0841－0003185　史4358K
三續疑年錄十卷　(清)陸心源撰　清光緒五年(1879)刻本　四冊

220000－0841－0003186　史4266K
四史疑年錄七卷　(清)劉文如輯　清宣統元年(1909)刻本　四冊

220000－0841－0003187　史4007K
疑年賡錄二卷　張鳴珂編　清光緒二十四年(1898)寒松閣刻本　一冊

220000－0841－0003188　史11361K
歷代名臣言行錄二十四卷　(清)朱桓輯　清光緒元年(1875)刻本　三十二冊

220000－0841－0003189　善0164
歷代名臣傳三十五卷　(清)朱軾　(清)蔡世遠輯　清雍正七年(1729)刻三傳合刻本　八冊

220000－0841－0003190　善3476
歷代名儒傳八卷　(清)朱軾　(清)蔡世遠輯　清雍正七年(1729)刻三傳合刻本　四冊

220000－0841－0003191　史3968K
歷代名臣傳三十五卷　(清)朱軾　(清)蔡世遠撰　清光緒刻本　十四冊

220000－0841－0003192　史4360K
歷代名臣傳節錄三十卷　(清)朱軾原輯　(清)蕭培元錄訂　(清)崇厚增訂　清同治雲蔭堂刻本　三冊

220000－0841－0003193　善0447
注釋評點古今名將傳十七卷附錄一卷　(明)陳元素輯　明天啓刻本　十冊

220000－0841－0003194　子4196K
百將圖傳二卷　(清)丁日昌輯　清同治八年(1869)江蘇書局刻本　二冊

220000－0841－0003195　史 8040
歷代名吏錄四卷　(清)張星徽輯　清雍正十一年(1733)湖山草堂刻本　四冊

220000－0841－0003196　集 8361
正氣集一卷　(清)汪觀等輯　清雍正靜遠堂刻本　一冊

220000－0841－0003197　史 11246K
正氣集十卷　(清)王式輯　清宣統三年(1911)不讀非道書齋鉛活字印本　四冊

220000－0841－0003198　史 4391K
碧血錄五卷　(清)莊仲方撰　清光緒八年(1882)上海同文書局石印本　五冊

220000－0841－0003199　史 3992K
碧血錄二卷附錄二卷　(明)黄煜原輯　(明)傅以禮重編　清光緒二十二年(1896)七林書堂刻本　四冊

220000－0841－0003200　集 9147K
忠義集四卷　(清)周之冕重輯　清嘉慶二十年(1815)荆溪鴻雪軒刻本　四冊

220000－0841－0003201　史 3935K
人壽全鑑二十二卷　(清)程得齡輯　清光緒元年(1875)湖北崇文書局刻本　六冊

220000－0841－0003202　史 7126K
歷代奸庸殷鑑錄三十二卷　(清)李溆蘭等輯　清光緒三十年(1904)上海開智社石印本　八冊

220000－0841－0003203　善 2084
臺諫寶鑒三卷　(明)耿楚侗撰　明隆慶刻藍印本　一冊

220000－0841－0003204　史 2257K
全史吏鑑十卷　(明)徐元太原撰　(清)張祥雲重輯　清嘉慶八年(1803)刻本　四冊

220000－0841－0003205　善 0536
古今廉鑑八卷　(明)喬懋敬撰　明萬曆刻本　六冊

220000－0841－0003206　善 0456
廉平錄六卷　(明)傅履禮　(明)高為表輯　明萬曆十六年(1588)譚耀刻本　六冊

220000－0841－0003207　善 2912
古今長者錄八卷　(明)丁明登輯　明天啓刻本　四冊

220000－0841－0003208　善 0366
五朝名臣言行錄前集十卷別集十三卷新集十三卷外集十七卷　(宋)朱熹輯　明正德十三年(1518)建陽書肆刻本　十六冊

220000－0841－0003209　史 9414K
宋朱晦庵先生名臣言行錄前集十卷後集十四卷別集二十六卷外集十七卷　(宋)朱熹輯　(明)張采評　**宋名臣言行錄續集八卷**　(宋)李幼武輯　(明)張采評　清道光十年(1830)劉斯嵋、李文耕刻本　十冊　缺四十三卷(別集二十六卷、外集十七卷)

220000－0841－0003210　史 3966K
宋名臣言行錄十卷後集十四卷　(宋)朱熹撰　**宋名臣言行錄續集八卷別集上十三卷下十三卷外集十七卷**　(宋)李幼武輯　清道光二十二年(1842)歙縣洪氏刻本　十二冊

220000－0841－0003211　史 3962K
宋名臣言行錄前集十卷後集十四卷續集八卷別集二十六卷外集十七集　(宋)朱熹撰　清同治七年(1868)臨川桂氏刻本　十二冊

220000－0841－0003212　史 10190K
重刊宋本名臣言行錄五十八卷　(清)洪瑩編　清嘉慶刻本　十二冊

220000－0841－0003213　史 10637K
敕封大王將軍傳一卷　題甯朔任公輯　清光緒七年(1881)刻本　一冊

220000－0841－0003214　史 9453K
明太祖功臣圖不分卷　(□)□□撰　清刻本　一冊

220000－0841－0003215　善 2171
皇明名臣言行錄前集十二卷後集十二卷　(明)徐咸輯　明嘉靖施漸刻本　三冊

220000－0841－0003216　善 0393

皇明表忠記十卷首一卷附錄一卷　(明)錢士升撰　明崇禎六年(1633)刻本　四冊

220000－0841－0003217　史4431K
元祐黨人傳十卷　(清)陸心源撰　清光緒十五年(1889)刻本　四冊

220000－0841－0003218　史6959
宋四大家外紀五十卷　(明)陳之伸編　明崇禎二年(1629)刻本　二冊　存二十五卷(蔡福州外紀一至十、附錄一,黄豫章外紀一至十二,米向陽外紀十至十一)

220000－0841－0003219　史4422K
元朝名臣事略十五卷　(元)蘇天爵撰　清光緒五年(1879)刻畿輔叢書本　四冊

220000－0841－0003220　善1890
昭代明良錄二十卷　(明)童時明輯　明萬曆童文龍刻本　七冊　存七卷(二、七至九、十五至十六、十九)

220000－0841－0003221　史6925K
前明忠義别傳三十二卷　(清)汪有典撰　清道光二十五年(1845)墨花齋木活字印本　八冊

220000－0841－0003222　史4289
史外三十二卷　(清)汪有典撰　清乾隆十三年(1748)刻本　十冊

220000－0841－0003223　史4235K
史外八卷　(清)汪有典撰　清同治三年(1864)廬陵尋樂山房刻本　八冊

220000－0841－0003224　史12465K
史外八卷　(清)汪有典撰　清同治四年(1865)成都刻本　七冊　存七卷(一至七)

220000－0841－0003225　史4264K
史外八卷逮錄一卷　(清)汪有典撰　清光緒三年(1877)刻本　八冊

220000－0841－0003226　善0159
皇明開國臣傳十三卷皇明遜國臣傳五卷首一卷　(明)朱國禎輯　明崇禎刻皇明史概本　四冊

220000－0841－0003227　善2090
皇明遜國臣傳五卷首一卷　(明)朱國禎輯　明崇禎刻皇明史概本　二冊

220000－0841－0003228　善0414
藏書六十八卷　(明)李贄撰　明萬曆二十七年(1599)焦竑金陵刻本　二十八冊

220000－0841－0003229　善0413
續藏書二十七卷　(明)李贄撰　(明)陳仁錫評　明天啓三年(1623)刻本　十冊

220000－0841－0003230　善2179
孔門弟子傳略二卷　(明)夏洪基輯　明崇禎刻清夏之芳重印本　二冊

220000－0841－0003231　子2818K
敏求軒述記十六卷　(清)陳世箴撰　清道光二十八年(1848)刻本　八冊

220000－0841－0003232　史3965
東林列傳二十四卷末二卷　(清)陳鼎輯　清康熙五十年(1711)鐵肩書屋刻本　八冊

220000－0841－0003233　史3964
東林列傳二十四卷末二卷　(清)陳鼎輯　清康熙刻本　十二冊

220000－0841－0003234　史8617
復社姓氏錄不分卷南都防亂公揭一卷　(清)吳□輯　**復社姓氏傳略十卷首一卷**　(清)吳山嘉輯　清道光十一年(1831)吳氏南陔堂刻本　四冊

220000－0841－0003235　史3941K
勝朝殉節諸臣錄十二卷　(清)紀昀等撰　清嘉慶二年(1797)浙江布政司徒謝啟昆刻本　五冊

220000－0841－0003236　史4480K
欽定續纂外藩蒙古回部王公傳十二卷王公表十二卷　(清)□□撰　清刻本　二十四冊

220000－0841－0003237　史3929K
貳臣傳十二卷　(清)國史館撰　清道光刻本　八冊

220000－0841－0003238　史10124K

貳臣傳十二卷逆臣傳四卷 (清)國史館撰 清刻本 八册

220000－0841－0003239 史9939K
逆臣傳[吳三桂]不分卷 (清)□□撰 清抄本 五册

220000－0841－0003240 史4492K
國朝先正事略六十卷 (清)李元度撰 清同治星沙小娜環刻本 二十四册

220000－0841－0003241 史4490K
國朝先正事略六十卷 (清)李元度撰 清光緒十二年(1886)鉛活字印本 十册

220000－0841－0003242 史4491K
國朝先正事略六十卷 (清)李元度撰 清光緒十三年(1887)廣百宋齋鉛活字印本 十册

220000－0841－0003243 史4489K
國朝先正事略六十卷續四卷 (清)李元度撰 清光緒二十八年(1902)上海點石齋石印本 十册

220000－0841－0003244 史4483K
滿洲名臣傳四十八卷漢名臣傳三十二卷 (清)□□輯 清道光、咸豐京都琉璃廠榮錦書坊檢字刻本 八册

220000－0841－0003245 史6927
漢名臣言行錄十二卷 (清)夏之芳輯 清乾隆十七年(1752)積翠軒刻本 六册

220000－0841－0003246 史4421
清初滿漢名臣傳 (□)□□撰 清抄本 六册

220000－0841－0003247 史9969K
良吏述補一卷 (清)錢儀吉撰 清道光二十九年(1849)衎石齋刻本 一册

220000－0841－0003248 史9371K
熙朝宰輔錄一卷 (清)潘世恩編 清道光二十八年(1848)刻本 一册

220000－0841－0003249 史11168K
熙朝宰輔錄一卷 (清)潘世恩編 (清)沈桂芬補 清光緒三年(1877)刻本 一册

220000－0841－0003250 史9898K
熙朝宰輔錄一卷 (清)潘世恩編 (清)王文韶增補 清光緒十一年(1885)刻本 二册

220000－0841－0003251 史4336K
勝朝殉揚錄二卷 (清)劉寶楠輯 清同治十年(1871)淮南書局刻本 二册

220000－0841－0003252 史4021K
中興將帥別傳三十卷續編六卷 (清)朱孔彰撰 清光緒二十三年(1897)刻本 八册

220000－0841－0003253 史4484K
中興將帥別傳三十卷 (清)朱孔彰撰 清光緒二十五年(1899)石印本 六册

220000－0841－0003254 史4427K
中興將帥別傳續編六卷 (清)朱孔彰撰 清光緒三十二年(1906)刻本 二册

220000－0841－0003255 史4058K
中興名臣事略八卷 (清)朱孔彰撰 清光緒上海書局石印本 四册

220000－0841－0003256 史4261K
名宦鄉賢錄不分卷義莊修規一卷 (清)陳慶涵輯 清光緒十四年(1888)陳慶涵刻本 二册

220000－0841－0003257 史4110K
國史循吏傳一卷國史賢良司王大臣小傳二卷國史儒林傳二卷國史文苑傳二卷 (清)阮元撰 清同治刻本 四册

220000－0841－0003258 子3995K
紫光閣功臣小傳並湘軍平定粵匪戰圖二卷 (清)吳嘉猷撰 (清)彭鴻年撰 清光緒二十七年(1901)上海點石齋石印本 一册

220000－0841－0003259 史11639K
平定粵匪功臣戰蹟圖一卷 (清)吳嘉猷繪圖 (清)艾颺春輯 清光緒二十年(1894)石印本 一册

220000－0841－0003260 史9394K
庚申忠義錄不分卷 (清)□□輯 清鉛活字印本 二册

220000－0841－0003261　史 4400K
咸豐以來功臣別傳三十卷　(清)朱孔彰撰　清光緒鉛印浙學廬叢書本　四冊

220000－0841－0003262　史 11724K
孔庭學裔五卷　(清)傅壽彤撰　清同治二年(1863)刻澹勤室著述本　二冊

220000－0841－0003263　子 0083
闕里文獻考一百卷末一卷　(清)孔繼汾撰　清乾隆二十七年(1762)刻本　八冊

220000－0841－0003264　史 4262K
闕里文獻考一百卷末一卷　(清)孔繼汾述　清乾隆刻本　八冊

220000－0841－0003265　史 7889
程朱闕里志八卷彙增一卷首一卷　(明)趙滂編　清雍正十年(1732)刻本　十六冊

220000－0841－0003266　史 5466
闕里志十八卷　(清)□□纂　清康熙刻本　六冊

220000－0841－0003267　史 8037
闕里廣志二十卷　(清)宋際　(清)宋慶長撰　清康熙刻本　七冊　存十八卷(三至二十)

220000－0841－0003268　善 3400
道傳錄二十卷　(清)張恒輯　清康熙四十一年(1702)廣志堂刻本　六冊

220000－0841－0003269　史 4242K
闕里述聞十四卷　(清)鄭曉如撰　清同治七年(1868)廣州華文堂刻鄭氏四種本　八冊

220000－0841－0003270　子 0075K
理學宗傳二十六卷　(清)孫猗逢撰　清光緒六年(1880)浙江書局刻本　十二冊

220000－0841－0003271　子 0047K
理學宗傳辨正十六卷　(清)劉廷詔原本　清同治十一年(1872)六安求我齋刻本　八冊

220000－0841－0003272　子 0036K
道學淵源錄一百卷　(清)黃嗣東撰　清光緒三十四年(1908)鳳山學舍刻本　三十冊

220000－0841－0003273　史 4240
國史儒林傳二卷文苑傳二卷循吏傳一卷賢良傳二卷　(清)阮元撰　清同治刻本　四冊

220000－0841－0003274　子 0251K
宋元學案一百卷　(清)黃宗羲原本　(清)全祖望修定　(清)王梓材增補　清光緒五年(1879)長沙寄廬刻本　四十冊

220000－0841－0003275　子 0007K
宋元學案一百卷　(清)黃宗羲原本　(清)全祖望修定　(清)王梓材增補　清光緒五年(1879)湖南書坊刻本　三十六冊

220000－0841－0003276　子 5112K
宋元學案粹語一卷　吴虞輯　清光緒三十三年(1907)文倫書局鉛活字印本　一冊

220000－0841－0003277　史 10902K
學案小識十四卷末一卷　(清)唐鑑撰　清道光二十六年(1846)四砭齋刻本　八冊

220000－0841－0003278　善 2911
明儒學案六十二卷　(清)黃宗羲撰　清乾隆四年(1739)慈谿鄭氏二老閣刻本　二十四冊

220000－0841－0003279　子 0004K
明儒學案六十二卷　(清)黃宗羲撰　清南昌縣學刻本　三十二冊

220000－0841－0003280　子 4619K
白雲僊表一卷　(清)完顏崇實輯　清道光二十八年(1848)刻本　一冊

220000－0841－0003281　史 7681K
詞科掌錄十七卷餘話七卷　(清)杭世駿輯　清乾隆道古堂刻本　六冊

220000－0841－0003282　史 9500K
群儒考略十六卷　(清)安徽高等學堂編　清鉛活字印本　一冊

220000－0841－0003283　史 6909K
聖賢像贊三卷　(明)□□撰　清光緒四年(1878)曲阜會文堂刻本　四冊

220000－0841－0003284　善 0388
聖學宗傳十八卷　(明)周汝登撰　明萬曆三

十四年(1606)刻本　十二冊

220000－0841－0003285　子 0081K
聖門禮樂志聖賢像贊不分卷　(清)孔慶輔等撰　清光緒十三年(1887)刻本　六冊

220000－0841－0003286　史 10992K
聖門諸賢輯傳不分卷　(清)查光泰輯　清光緒十三年(1887)刻本　一冊

220000－0841－0003287　經 2777K
聖門名字纂詁二卷　(清)洪恩波撰　清光緒二十三年(1897)刻本　二冊

220000－0841－0003288　子 0124K
文廟通考六卷首一卷　(清)牛樹梅輯　清同治十年(1871)浙江書局刻本　二冊

220000－0841－0003289　子 0106K
文廟祀位不分卷　(清)杜宗預補校　清光緒刻本　一冊

220000－0841－0003290　經 1842K
國朝漢學師承記八卷國朝經師經義目錄一卷　(清)江藩撰　清嘉慶二十三年(1818)江都胡培篆刻本　四冊

220000－0841－0003291　經 2556K
國朝漢學師承記八卷國朝經師經義目錄一卷　(清)江藩纂　清光緒二年(1876)木活字印本　二冊

220000－0841－0003292　經 1844K
國朝漢學師承記八卷附國朝經師經義目錄一卷國朝宋學淵源記二卷附記一卷　(清)江藩撰　清光緒十三年(1887)萬婁書室刻本　二冊

220000－0841－0003293　史 11219K
國朝宋學淵源記二卷附記一卷　(清)江藩撰　清道光三年(1823)刻本　一冊

220000－0841－0003294　史 10955F
國朝經師經義目錄一卷國朝宋學淵源記二卷附記二卷　(清)江藩撰　清咸豐伍崇曜刻粤雅堂叢書本　一冊

220000－0841－0003295　子 0020K
國朝學案小識十四卷首一卷末一卷　(清)唐鑑撰　清光緒十年(1884)刻本　十四冊

220000－0841－0003296　史 7705K
金石學錄補三卷　(清)陸心源撰　清光緒十二年(1886)刻潛園總集本　一冊

220000－0841－0003297　子 5663K
科場異聞錄二十二卷附錄三卷　(清)呂相燮輯　清光緒二十四年(1898)莫順成書局石印本　四冊

220000－0841－0003298　史 8909K
澤宮序次舉要二卷全錄一卷附錄一卷　(清)洪恩波撰　清光緒二十三年(1897)金陵書局刻二十五年(1899)補正本　二冊

220000－0841－0003299　史 10572F
疇人傳四十六卷續六卷　(清)阮元撰　(清)羅士林補撰　清道光二十二年(1842)刻本　十六冊

220000－0841－0003300　史 4487K
疇人傳四十六卷　(清)阮元撰　**疇人傳續六卷**　(清)羅士琳撰　清光緒八年(1882)海鹽張氏常惺齋刻本　十二冊

220000－0841－0003301　史 10491K
聖廟從祀賢儒考略不分卷　(清)馮雲鵷輯　(清)馮淇補輯　清同治九年(1870)桂馨書屋刻本　二冊

220000－0841－0003302　史 11759K
先聖先賢先儒崇祀考不分卷　(清)楊錫齡輯　清道光十一年(1831)同學堂刻本　二冊

220000－0841－0003303　史 9770K
儒林宗派十六卷　(清)萬斯同撰　清宣統三年(1911)浙江圖書館刻本　二冊

220000－0841－0003304　經 1689F
兩漢五經博士考三卷　(清)張金吾撰　清光緒十年(1884)後知不足齋刻本　一冊

220000－0841－0003305　史 4024K
船山師友記十七卷首一卷　(清)羅正鈞撰　清光緒三十三年(1907)刻本　四冊

220000－0841－0003306　子 4501K
聖域述聞二十八卷　(清)龍光甸修　(清)黄本驥輯　清道光二十四年(1844)刻本　四册

220000－0841－0003307　子 0008K
聖域述聞二十八卷　(清)龍光甸修　(清)黄本驥輯　清道光二十七年(1847)刻三長物齋叢書本　十二册

220000－0841－0003308　史 6803K
政學録初稿四卷　(清)陸言撰　清道光十二年(1832)刻本　二册

220000－0841－0003309　集 8694K
師友集十卷　(清)梁章鉅撰　清道光二十四年(1844)東北園刻本　二册

220000－0841－0003310　善 0476
殿閣詞林記二十二卷　(明)廖道南撰　明嘉靖刻本　四册

220000－0841－0003311　史 6984K
儒林文苑循吏孝友列傳不分卷　(清)國史館撰　清光緒刻本　一册

220000－0841－0003312　史 3846K
漁洋感舊集小傳四卷　(清)盧見曽撰　清光緒四年(1878)上海淞隱閣鉛活字印本　二册

220000－0841－0003313　史 11631K
唐才子傳十卷　(元)辛文房撰　清遵義黎氏影印元刻本　二册

220000－0841－0003314　集 9149K
東越文苑六卷　(明)陳鳴鶴輯　(清)郭柏蔚增訂　清同治十二年(1873)郭元昌刻本　二册

220000－0841－0003315　史 10890F
國朝詩人徵略六十卷二編六十四卷　(清)張維屏輯　清道光刻本　十六册

220000－0841－0003316　史 3963K
國朝詩人徵略六十卷　(清)張維屏輯　清道光來青閣刻本　十二册

220000－0841－0003317　集 6501F
國朝詩人徵略六十卷　(清)張維屏輯　清道光十年(1830)張南山全集本　十册

220000－0841－0003318　善 2229
本朝名家詩鈔小傳二卷　(清)鄭方坤撰　清乾隆杞菊軒刻本　四册

220000－0841－0003319　子 5619K
歷代畫家姓氏便覽六卷首一卷　(清)馮津編　清道光六年(1826)德聚堂刻本　六册

220000－0841－0003320　史 6917
印人傳二卷　(清)周亮工撰　**續印人傳八卷**　(清)汪啟淑撰　清咸豐刻本　四册

220000－0841－0003321　史 11344K
青樓小名録八卷　(清)趙慶楨輯　清咸豐二年(1852)刻本　一册

220000－0841－0003322　子 2770K
宋人小説類編四卷　(清)秋紅晚翠軒餘叟撰　清同治十年(1871)刻本　四册

220000－0841－0003323　史 10938F
明僮合録不分卷　(清)餘不釣徒撰　(清)殿春生續　清同治十三年(1874)松竹齋刻本　一册

220000－0841－0003324　子 4092K
明僮合録一卷續録一卷　題(清)餘不釣徒　(清)殿春生同撰　清同治十三年(1874)松竹齋刻本　一册

220000－0841－0003325　史 10393K
百美評注一卷補注一卷　(清)林拱陽撰　清嘉慶二十三年(1818)刻本　一册

220000－0841－0003326　史 4913K
百美新詠圖傳不分卷　(清)鑑塘主人　清乾隆集腋軒刻本　一册

220000－0841－0003327　史 6930
列女傳十六卷　(漢)劉向撰　(明)汪□增輯　(明)仇英繪圖　明萬曆汪氏刻清乾隆四十四年(1779)鮑氏知不足齋刻本　十六册

220000－0841－0003328　史 12490K
新刊古列女傳八卷　(漢)劉向撰　(晉)顧凱之繪圖　清道光五年(1825)揚州阮福刻本

二冊

220000－0841－0003329　史 12491K
列女傳八卷　(漢)劉向撰　(清)梁端注　清道光十七年(1837)錢塘汪氏振綺堂刻本　二冊

220000－0841－0003330　史 11758K
列女傳八卷　(漢)劉向撰　(清)梁端注　清刻同治十三年(1874)汪氏振綺堂刻本　二冊

220000－0841－0003331　史 9053K
列女傳補注八卷敘錄一卷校正一卷　(清)王照圓撰　清光緒八年(1882)東路廳署刻本　四冊

220000－0841－0003332　史 11520K
廣列女傳二十卷附錄一卷　(清)劉開輯　清光緒十年(1884)皖城刻本　六冊

220000－0841－0003333　史 7485K
列女樂府五卷補遺二卷　(清)顧光斗撰　清嘉慶二年(1797)刻本　六冊

220000－0841－0003334　史 6119K
歷代名賢列女氏姓譜一百五十七卷　(清)蕭智漢纂　清嘉慶刻本　一百六十冊

220000－0841－0003335　史 7345K
婦人集注一卷　(清)陳維崧撰　(清)冒褒注　**婦人集補一卷**　(清)冒丹書撰　清宣統元年(1909)刻本　一冊

220000－0841－0003336　史 9908K
善女人傳二卷　(清)彭紹升撰　清同治十一年(1872)刻本　一冊

220000－0841－0003337　史 9177K
節婦傳十六卷　(清)楊錫紱撰　清光緒二十六年(1900)刻本　六冊

220000－0841－0003338　史 10709K
女英傳四卷　(清)錢保塘編　清同治十年(1871)刻清風室叢刻本　一冊

220000－0841－0003339　史 4488F
宮閨聯名譜二十二卷　(清)董恂　(清)陸續補輯　清光緒鉛印申報館叢書本　十冊

220000－0841－0003340　史 4066K
中國女史二十一卷　(清)金炳麟　(清)王以銓輯　清宣統元年(1909)鉛活字印本　六冊

220000－0841－0003341　史 4331K
華氏貞節略稿不分卷　(清)華文彬撰　清嘉慶十八年(1813)刻本　一冊

220000－0841－0003342　史 4065K
祖國女界文豪譜不分卷　(清)許是一編　清宣統元年(1909)鉛活字印本　一冊

220000－0841－0003343　善 0383
高士傳三卷　(晉)皇甫謐撰　(明)黃省曾頌　明嘉靖黃省曾刻漢唐三傳本　三冊

220000－0841－0003344　史 4253K
高士傳三卷　(晉)皇甫謐撰　(清)任熊繪像　清咸豐八年(1858)王氏養和堂刻本　四冊

220000－0841－0003345　史 8677K
廣高士傳二卷　(清)倪劍輯　清光緒二十三年(1897)鉛活字印本　二冊

220000－0841－0003346　善 0580
名山藏一百九卷　(明)何喬遠撰　明崇禎刻本　二十一冊　存六十三卷(三至十六、三十至三十四、四十一至四十六、五十八至五十九、六十二至六十五、六十八至六十九、七十二至八十一、八十六至九十五、一百至一百九)

220000－0841－0003347　善 0637
古懽錄八卷　(清)王士禛撰　清康熙刻王漁洋遺書本　二冊

220000－0841－0003348　史 6903
古懽錄八卷　(清)王士禛撰　清康熙刻王漁洋遺書本　三冊

220000－0841－0003349　史 11109F
紹陶錄二卷　(宋)王質撰　清光緒歸安陸氏刻十萬卷樓叢書本　一冊

220000－0841－0003350　史 10991K
江湖異人傳圖詠四卷　題靜庵撰　清石印本　一冊

220000－0841－0003351　史6919K
皇朝貞孝節烈文編六卷　（清）汪正錄　清道光刻本　六冊

220000－0841－0003352　史11416K
懷舊雜記三卷舒藝室雜存四卷　（清）張文虎撰　清光緒十九年（1893）刻覆瓿集本　一冊

220000－0841－0003353　史11576K
東軒吟社畫像十三幅記傳題跋附一卷　（清）費丹旭繪　（清）黃士旭記　（清）朱可賓撰傳　清光緒二年（1876）汪氏振綺堂刻本　一冊

220000－0841－0003354　史3893K
二十二史言行略四十二卷　（清）過元文輯　清嘉慶十五年（1810）刻本　二十四冊

220000－0841－0003355　子7191K
史氏雜吟錄全集不分卷　（清）史致春言　（清）何廷珊撰　清光緒刻本　一冊

220000－0841－0003356　史8855K
古今楹聯彙刻小傳十二卷　（清）吳隱輯　清光緒二十二年（1896）西泠印社刻本　二冊

220000－0841－0003357　史9521K
國史儒林華蘅芳華世芳林徐壽林建寅列傳　（□）□□撰　清光緒鉛活字印本　一冊

220000－0841－0003358　善2848
晏子春秋六卷　明李從先刻本　一冊

220000－0841－0003359　子0286
晏子春秋七卷音義二卷　（清）孫星衍校並撰　清乾隆五十三年（1788）陽湖孫氏刻本　二冊

220000－0841－0003360　史7157K
晏子春秋七卷校勘二卷音義二卷　（清）孫星衍校本　清光緒二十三年（1897）三味書局刻本　六冊

220000－0841－0003361　史7156K
晏子春秋七卷　（清）蘇輿校本　清光緒十八年（1892）思賢斠舍刻本　二冊

220000－0841－0003362　史9529K
東家雜記二卷首一卷　（宋）孔傳撰　清抄本　二冊

220000－0841－0003363　史6944K
孔子世家考二卷弟子列傳考歷代典禮考一卷　（清）鄭環撰　清嘉慶八年（1803）刻本　三冊

220000－0841－0003364　史6943
宗聖志十二卷　（明）呂兆祥撰　明崇禎刻清康熙增修本　五冊

220000－0841－0003365　子0246K
宗聖志二十卷　（清）曾國荃重修　（清）王定安編輯　清光緒十六年（1890）金陵刻本　六冊

220000－0841－0003366　史6957K
孟志編略六卷　（清）孫葆田撰　清光緒十六年（1890）刻本　一冊

220000－0841－0003367　史10323K
孟志編略六卷　（清）孫葆田撰　清光緒十四年（1888）木活字印本　一冊

220000－0841－0003368　史5490
三遷志十二卷　（清）王特選增纂　清康熙六十一年（1722）刻本　四冊

220000－0841－0003369　史5150K
三遷志十卷首一卷　（清）陳錦重纂　清光緒十三年（1887）山東書局刻本　六冊

220000－0841－0003370　史6920
陋巷志八卷　（明）陳鎬撰　（明）顏胤祚輯　（明）呂兆祥重修　明萬曆二十九年（1601）刻崇禎、清康熙增修本　四冊

220000－0841－0003371　子0070K
言子文學錄三卷首一卷末一卷　（清）言如泗增輯　清光緒二十三年（1897）刻本　二冊

220000－0841－0003372　史10117K
乾坤正氣錄八卷　（清）周懋勸編　清光緒二十四年（1898）文華堂刻本　八冊

220000－0841－0003373　史4006F
漢丞相諸葛忠武侯[亮]傳一卷　（宋）張栻撰　清光緒歸安陸氏刻十萬卷樓叢書本　一冊

220000－0841－0003374　史 9340K
忠武祠墓志七卷末一卷　題（清）虛白道人彙輯　清道光刻本　五冊

220000－0841－0003375　史 8614K
忠武祠墓志七卷首一卷末一卷　題（清）虛白道人彙輯　清同治五年（1866）刻本　八冊

220000－0841－0003376　史 4243
忠武志八卷　（清）張鵬翮輯　**臥龍崗志二卷**　（清）羅景纂　清康熙四十四年（1705）冰雪堂刻五十一年（1712）續刻本　十冊

220000－0841－0003377　史 4785
關帝志四卷　（清）張鎮編輯　清乾隆刻本　八冊

220000－0841－0003378　史 4402K
張中丞巡事實集錄三卷首一卷　（清）王德茂輯　清光緒九年（1883）刻本　二冊

220000－0841－0003379　史 10970K
安祿山事蹟三卷校記一卷　（唐）姚汝能撰　清宣統三年（1911）長沙葉氏刻自園先生全書本　一冊

220000－0841－0003380　史 12333
聖蹟圖不分卷　明萬曆二十年（1592）刻本　一冊

220000－0841－0003381　子 4029
聖蹟圖考不分卷　（明）張楷撰　清刻本　一冊

220000－0841－0003382　史 9227K
天后聖母聖蹟圖志全集二卷　（清）上洋壽恩堂原本　（清）閩中兩浙木商增訂　清同治九年（1870）安瀾會館刻本　二冊

220000－0841－0003383　史 11072K
韓魏公［琦］言行錄一卷　（清）崔廷璋編　清光緒十三年（1887）刻本　一冊

220000－0841－0003384　史 6969
忠獻韓魏王家傳十卷　明萬曆三十七年（1609）康丕揚刻韓范二公集本　二冊

220000－0841－0003385　史 9080K
韓忠武王祠墓志六卷首一卷　（清）顧沅輯　清道光十三年（1833）刻本　二冊

220000－0841－0003386　史 8898K
蔡忠惠公［襄］行誼錄一卷　（清）蔡庚緒輯　清光緒二十五年（1899）刻本　一冊

220000－0841－0003387　史 4278
道國元公濂溪周夫子志十五卷首一卷　（清）吳大鎔纂修　清康熙二十四年（1685）刻乾隆增修本　五冊

220000－0841－0003388　史 6935K
東坡事類二十二卷　（清）梁廷枏纂　清道光十年（1830）刻本　十冊

220000－0841－0003389　善 1089
蘇長公外紀十二卷　（明）王世貞輯　（明）璩之璞校補　明萬曆二十二年（1594）璩氏燕石齋刻二十三年（1595）重修本　八冊

220000－0841－0003390　善 2742
刻宋鄭一拂先生祠錄一卷　（明）焦竑輯　明萬曆三十四年（1606）鄧鏻刻本　一冊

220000－0841－0003391　史 4324K
金佗卒編二十八卷續編三十卷　（宋）岳珂撰　清光緒九年（1883）浙江書局刻本　十二冊

220000－0841－0003392　史 7629F
金佗卒編二十八卷續編三十卷　（宋）岳珂撰　清光緒九年（1883）浙江書局刻本　十一冊

220000－0841－0003393　史 7356K
竹垞［朱彝尊］小志五卷　（清）阮元手訂　（清）楊蟠編錄　清嘉慶三年（1798）七錄書閣刻本　二冊

220000－0841－0003394　史 4282K
宋忠定趙周王［汝愚］別錄八卷　葉德輝輯　清光緒三十四年（1908）葉氏刻本　四冊

220000－0841－0003395　善 0386
米襄陽志林十三卷　（明）范明泰輯　**米襄陽遺集一卷海嶽名言一卷寶章待訪錄一卷研史一卷**　（宋）米芾撰　（明）范明泰輯　明萬曆三十二年（1604）刻清宛堂重修本　六冊

220000－0841－0003396　善2070

宋丞相李忠定公別集三卷　(宋)李綱撰　明崇禎元年(1628)大觀堂刻宋三大臣彙志本　一册

220000－0841－0003397　史7593

任邱李少師史略志集合鈔不分卷　(清)李法孟輯　清乾隆十六年(1751)李法孟、李法曾刻本　一册

220000－0841－0003398　子0009K

先儒趙子[復]言行録二卷　(清)陳廷鈞纂述　清同治九年(1870)湖北崇文書局刻本　二册

220000－0841－0003399　集10736K

潛溪録[宋濂]六卷首一卷　(清)丁立中編輯　(清)孫鏘增補　清宣統二年(1910)孫鏘成都刻本　六册

220000－0841－0003400　史4405K

黄文貞[觀]公忠節紀略四卷　(清)柯自遂輯　(清)劉瑞芬重編　清光緒元年(1875)刻本　二册

220000－0841－0003401　集0733K

況太守集十六卷補遺一卷　(清)況廷秀撰　清光緒十年(1884)刻津河廣仁堂所刻書本　四册

220000－0841－0003402　善2309

南京戸部尚書平川先生行實一卷　(明)馬理撰　明嘉靖刻本　一册

220000－0841－0003403　善2946

周忠毅公行實一卷　(明)周廷祚撰　明崇禎熊開元刻本　一册

220000－0841－0003404　史9192

寶華先師見老人行紀一卷　(清)釋性德撰　清康熙刻本　一册

220000－0841－0003405　史4318K

謝忠愛公祠集三卷　(明)謝一夔輯　清道光十八年(1838)刻本　二册

220000－0841－0003406　史3824K

楊椒山先生[繼盛]垂範集不分卷　(清)章淵輯　清咸豐二年(1852)刻本　一册

220000－0841－0003407　史11062K

周玉泉[光訓]先生孝廉贈録七卷行狀一卷　(明)周篤慶輯　清光緒十一年(1885)刻本　一册

220000－0841－0003408　史3563K

袁石公[宗道]遺事録不分卷　(清)袁照輯　清同治八年(1869)刻本　二册

220000－0841－0003409　史9308K

高忠憲公[攀龍]水居志六卷　(清)楊殿奎編纂　清宣統元年(1909)木活字印本　一册

220000－0841－0003410　史9342K

劉公政略一卷　(清)劉鍾秀彙集　(清)傅惺增訂　清木活字印本　一册

220000－0841－0003411　史11267K

海天旭日硯記[劉宗周]一卷　(清)劉瀚輯　清光緒十六年(1890)刻本　一册

220000－0841－0003412　史4002K

楊公[以成]忠節録不分卷　(□)□□編輯　清光緒三十三年(1907)刻本　一册

220000－0841－0003413　史4025K

郝太僕[景春]褒忠録六卷首一卷末一卷　(清)郝明龍輯　**旌孝録一卷**　(清)蕭日曠輯　清道光十八年(1838)刻本　一册

220000－0841－0003414　史11674K

旌忠録[陳良謨]五卷　(清)陳祖確等輯　(清)陳隆珽等補注　清光緒五年(1879)四明倉基陳氏活字印本　二册

220000－0841－0003415　史11049K

忠節録[孫傳庭]一卷　(清)孫義生等輯　清道光二十七年(1847)刻本　一册

220000－0841－0003416　史7492K

鄭奎陽公[鄤]冤獄辨一卷　(清)莊毓鋐輯　清光緒十四年(1888)木活字印本　一册

220000－0841－0003417　史8835K

恂節録[張國維]二集　(清)張德杏編　清嘉慶六年(1801)木活字印本　一册

220000－0841－0003418　善 2881
平南王元功垂範二卷　(清)釋今釋撰　(清)尹源進校定　清康熙刻本　一册　存一卷(上)

220000－0841－0003419　善 2992
崇祀錄一卷　(清)張貞生輯　清康熙六十年(1721)刻張簣山三種本　一册

220000－0841－0003420　史 4449K
寧海將軍固山貝功子績錄一卷　(清)□□撰　清光緒抄嘉慶刻本　一册

220000－0841－0003421　史 3615K
任翼聖先生事略一卷　(清)任泰撰　清光緒七年(1881)刻本　一册

220000－0841－0003422　史 7125K
雙卿傳一卷　(清)史震林撰　清抄本　一册

220000－0841－0003423　史 9507K
純孝紀畧一卷崇祀孝悌祠錄二卷　(清)李翰□等編　清刻本　一册

220000－0841－0003424　史 10867K
家蔭堂來西錄一卷　(清)周奎撰　**家蔭堂一瞬錄一卷**　(清)周際華撰　清道光十八年(1838)貴州刻本　一册

220000－0841－0003425　史 3916K
皇清誥贈朝議大夫原任貴州思州府知府顯考虛齋府君[陳大中]行述一卷　(清)陳心翼撰　清乾隆刻本　一册

220000－0841－0003426　史 11296K
文孝子[世震]圖詩一卷　(清)文三俊繪並輯　清乾隆四十五年(1780)刻本　一册

220000－0841－0003427　史 7592K
吴熊光[昭文]行述一卷　(清)吳華基　(清)吳泜基述　清道光刻本　一册

220000－0841－0003428　史 11215K
葛芑塘先生暨元配吳孺人傳不分卷　(清)李宗昉撰　清道光、咸豐刻本　一册

220000－0841－0003429　史 4424
年華錄四卷　(清)全祖望撰　清嘉慶二十年(1815)日新堂刻本　二册

220000－0841－0003430　史 3528K
葆巖府君[維甸]行述一卷　(清)方傳穆撰　清道光十三年(1833)刻本　一册

220000－0841－0003431　史 11699K
樂園[嚴如熤]府君行述一卷　(清)嚴芝撰　清道光刻本　一册

220000－0841－0003432　史 7246K
養穌齋筆記一卷　(清)霍樹清撰　清光緒刻本　一册

220000－0841－0003433　史 4314K
吳縣吳公[思樹]傳一卷　(清)羅惇衍等撰　清刻本　一册

220000－0841－0003434　史 7077K
強忠烈公克捷遺墨題辭三卷　(清)黄拜彦編　清同治元年(1862)刻本　一册

220000－0841－0003435　史 7194K
泛槎圖六集　(清)張寶撰　清嘉慶二十四年至道光十一年(1819－1831)刻本　二十四册

220000－0841－0003436　史 3672K
紅茶府君潘恭辰行述一卷　(清)潘承霈述　清刻本　一册

220000－0841－0003437　史 11043K
襲芳錄一卷　(清)高德泰輯　清同治十三年(1874)、光緒六年(1880)刻本　一册

220000－0841－0003438　史 3567K
鞠叟公[陳杞]狀行略一卷　(清)陸豪輯　清刻本　一册

220000－0841－0003439　史 3738K
王公暨誥封夫人于夫人合葬墓志銘　(清)江開撰　清光緒刻本　一册

220000－0841－0003440　史 11287K
懷忠錄[湯雨生]六卷首一卷末一卷　(清)湯成烈輯　清咸豐四年(1854)刻本　二册

220000－0841－0003441　史 3713K
翠嶺府君[沈梂悳]事略墓志銘墓表誄辭張太

恭人行述不分卷　(清)沈汝堃等輯　清光緒刻本　一冊

220000－0841－0003442　史 8837K
許槤家傳不分卷　(清)譚獻撰　清光緒刻本一冊

220000－0841－0003443　史 3612K
絅庵府君汪傳懿行述不分卷　(清)汪家政等輯　清咸豐刻本　一冊

220000－0841－0003444　史 4003K
顧太僕[崑揚]致忠錄一卷　(清)顧鳴盛輯　清光緒三十年(1904)木活字印本　一冊

220000－0841－0003445　史 3570K
丁太夫人行述一卷　(清)楊沂孫撰　清刻本一冊

220000－0841－0003446　史 7735K
張之杲崇祀泰州名宦錄一卷泰州保衛記(清)張上龢輯　清宣統二年(1910)張采田鉛活字印本　一冊

220000－0841－0003447　史 7847K
湘煙小錄三卷　(清)陳裴之等撰　清光緒十二年(1886)上海王維鋆刻本　二冊

220000－0841－0003448　史 7201K
鴻雪因緣圖記三集　(清)麟慶撰　清光緒十二年(1886)上海同文書局石印本　三冊

220000－0841－0003449　史 7196K
鴻雪因緣圖記二卷題詞一卷　(清)麟慶撰　清光緒二十四年(1898)刻本　二冊

220000－0841－0003450　史 4429K
竹居[張純]先德錄不分卷　(清)劉師蒼等撰　清光緒二十一年(1895)刻本　一冊

220000－0841－0003451　史 10734K
賢母錄一卷　(清)黃彭年輯　清同治三年(1864)成都刻楓林黃氏家乘本　一冊

220000－0841－0003452　史 3585K
梅通奉公[鍾澍]行述不分卷　(清)梅鑑源等述　清刻本　一冊

220000－0841－0003453　史 3881K
子懷府君[王茂蔭]行狀一卷　王銘紹等撰　清刻本　一冊

220000－0841－0003454　史 3725K
趙太夫人行述一卷　(清)麗鍾璐撰　清刻本一冊

220000－0841－0003455　史 3938K
羅壯節公[遵殿]表忠錄二卷首一卷末一卷名宦錄一卷　(清)羅氏編　清光緒元年(1875)刻本　三冊

220000－0841－0003456　史 3799K
先慈張太恭人行述不分卷　(清)蘇嵩慶撰　清同治刻本　一冊

220000－0841－0003457　史 8886K
勁節樓圖記三卷首一卷末一卷　(清)徐悳原編輯　清光緒十年(1884)楓江徐氏刻本　一冊

220000－0841－0003458　史 3629K
吳和甫行狀一卷　(清)譚廷獻輯　清同治九年(1870)刻本　一冊

220000－0841－0003459　史 10866K
宰英彙記一卷　(清)王榮槐輯　清道光二十六年(1846)刻本　一冊

220000－0841－0003460　史 4004K
碧血錄一卷遺文遺詩試帖　(清)李鎮衡輯　清同治七年(1868)刻本　一冊

220000－0841－0003461　史 4413K
李剛烈公[福培]碧血錄二卷　(清)李鎮衡等撰　清同治十二年(1873)刻本　一冊

220000－0841－0003462　史 7006K
珠城紀蹟一卷　(清)國鈞輯　清光緒二十七年(1901)長白虎爾哈代刻本　一冊

220000－0841－0003463　史 4030K
趨庭記述二卷　(清)經元善輯　清光緒二十三年(1897)刻本　二冊

220000－0841－0003464　史 10225K
趨庭記述二卷　(清)日元善纂輯　清光緒二

十三年(1897)刻本　四冊

220000－0841－0003465　史3758K
劉養素府君[于潯]行述一卷　(清)劉秉樾撰　清光緒刻本　一冊

220000－0841－0003466　史3800K
君梅府君暨蘇太夫人行述一卷　(清)季邦楨等輯　清光緒刻本　一冊

220000－0841－0003467　史3638K
景亭府君[馮桂芬]行狀一卷　(清)馮芬緝等撰　清刻本　一冊

220000－0841－0003468　史3571K
吳少村[昌壽]行述一卷　(清)吳受福撰　清刻本　一冊

220000－0841－0003469　史9382K
戴友梅[肇辰]行述不分卷　(清)戴燮元撰　清光緒刻本　一冊

220000－0841－0003470　史8889K
唐中丞遺集七卷首一卷　(清)唐訓方撰　王闓運輯　清光緒十七年(1891)刻本　一冊　存一卷(首一卷)

220000－0841－0003471　史10135K
孤忠錄二卷　(清)袁祖志輯　清光緒六年(1880)新報館鉛活字印本　二冊

220000－0841－0003472　史10485F
孤忠錄二卷誄文一卷　(清)吳可讀撰　清光緒十二年(1886)萬選樓刻本　三冊

220000－0841－0003473　史4367K
孤忠錄二卷誄文一卷　(清)袁祖志輯　清光緒十二年(1886)萬選樓刻本　二冊

220000－0841－0003474　史7183F
曾文正公[國藩]大事記四卷　(清)王定安撰　清光緒二年(1876)申報館印申報館叢書本　二冊

220000－0841－0003475　史4179K
曾文正公[國藩]事略四卷　(清)王定安撰　清光緒九年(1883)都門刻本　二冊

220000－0841－0003476　史3953K
求闕齋弟子記三十二卷　(清)王定安撰　清光緒二年(1876)刻本　十六冊

220000－0841－0003477　集10714K
祭曾文正公[國藩]文不分卷　(清)黃翼升撰　清刻本　一冊

220000－0841－0003478　史3747K
曾太傅[國藩]毅勇侯傳略一卷　(清)黎庶昌撰　清刻本　一冊

220000－0841－0003479　史9988K
曾太傅[國藩]毅勇侯傳略一卷　(清)黎庶昌撰　清刻本　一冊

220000－0841－0003480　史3746K
陸傳應及汪夫人行述一卷　(清)陸佑善撰　清刻本　一冊

220000－0841－0003481　史3883K
胡林翼行狀一卷　(清)郭嵩燾撰　清同治刻本　一冊

220000－0841－0003482　史8875K
庸閒老人自敘一卷　(清)陳其元撰　清同治十二年(1873)刻本　一冊

220000－0841－0003483　史6770K
左文襄公[宗棠]大事記不分卷　(清)□□編　清光緒十二年(1886)刻本　二冊

220000－0841－0003484　史10606K
劉克蕣養親序一卷　(清)左宗棠撰　清光緒刻本　一冊

220000－0841－0003485　史11237K
石民府君[徐豐玉]行狀一卷　徐宗亮撰　清光緒刻善思齋集本　一冊

220000－0841－0003486　史4097K
陽穀殉難事實[趙文穎]一卷家傳輓詩及趙文穎近體詩　(清)趙達綸撰　清光緒刻本　一冊

220000－0841－0003487　史11605K
魯齋[趙文穎]陽穀徇難事實一卷　(清)趙文龍輯　清光緒十九年(1893)石印本　一冊

220000－0841－0003488　史4403K

魯齋[趙文穎]陽穀徇難事實　(清)趙文龍輯　清光緒三十四年(1908)趙氏祠堂刻本　一册

220000－0841－0003489　史7831K

衡陽彭剛直公[玉麟]行狀一卷　王闓運撰　清光緒十六年(1890)退省盦刻本　一册

220000－0841－0003490　史11664K

何公廉昉[栻]府君行述一卷　(清)何彦達　(清)何彦昇撰　清刻本　一册

220000－0841－0003491　史4273K

鍾伯平先生[啟峋]崇祀鄉賢錄一卷鍾氏忠孝節義圖徵詩啓　(清)鄒蘭馨等撰　清光緒刻本　三册

220000－0841－0003492　史4317K

新建吴公[坤修]墓碑錄不分卷行狀墓志銘墓表　(清)管樂等撰　清同治刻本　一册

220000－0841－0003493　史10963K

皇清誥授中憲大夫記名道廣西鎮安府知府署右江兵備道敕祀昭忠祠伯父黄府君[輔相]行狀一卷　(清)黄彭年編　清同治七年(1868)刻本　一册

220000－0841－0003494　史3892K

劉武慎公[長佑]行狀一卷　(清)王定安撰　清光緒十六年(1890)刻本　一册

220000－0841－0003495　史11011K

黄武靖公[翼升]行述一卷　(清)黄宗炎撰　清光緒二十一年(1895)刻本　一册

220000－0841－0003496　史9298K

童薇研[華譜]行述一卷　(清)童德厚等撰　清光緒十五年(1889)刻本　一册

220000－0841－0003497　史4296K

文文忠公[祥]事略四卷　(清)文祥撰　清光緒八年(1882)刻本　四册

220000－0841－0003498　史3864K

玉池老人自敘一卷　(清)郭嵩燾撰　**玉池府君事述一卷**　(清)郭焯瑩撰　清光緒十九年(1893)養知書屋刻本　一册

220000－0841－0003499　史12469K

諶夫人家傳一卷　(清)丁寶楨撰　清同治刻本　一册

220000－0841－0003500　史8887K

洪廬江[矩]祀典徵實二卷　(清)章世溶等編　清同治八年(1869)涇縣鄉賢祠刻本　一册

220000－0841－0003501　史3535K

薛雲階[允升]行述不分卷　(清)薛浚撰　清光緒刻本　一册

220000－0841－0003502　史4417K

惠耆錄八篇一卷　(清)俞樾撰　清光緒二十九年(1903)刻本　一册

220000－0841－0003503　史8882K

倪中丞[文蔚]國史館本傳一卷　(清)國史館撰　**倪府君行狀一卷**　(清)孫家鼐撰　清光緒二十七年(1901)金陵刻本　一册

220000－0841－0003504　史10638K

心如[王權]府君行述一卷　(清)王念誠等撰　清光緒刻本　一册

220000－0841－0003505　史7048K

李鴻章十二章　梁啟超撰　清光緒二十七年(1901)石印本　一册

220000－0841－0003506　史4446K

李文忠公[鴻章]事略一卷　(清)周玉山撰　清光緒二十七年(1901)石印本　一册

220000－0841－0003507　史4357K

李鴻章不分卷　梁啟超撰　清光緒二十八年(1902)刻本　二册

220000－0841－0003508　史7271K

李鴻章不分卷　梁啟超撰　清光緒鉛活字印本　一册

220000－0841－0003509　史7507K

李秀成供一卷　(清)李秀成撰　清刻本　二册

220000－0841－0003510　史3577K

先大夫行述[羅信南]一卷　(清)羅長裿撰　清光緒二十四年(1898)刻本　一册

220000－0841－0003511　史 3882K
許恭慎公[庚身]行狀一卷　(清)馮煦撰　清光緒二十一年(1895)石印本　一册

220000－0841－0003512　史 3649K
孫詒經行狀一卷　孫寶琦輯　清光緒刻本　一册

220000－0841－0003513　史 3803K
張憲和行狀一卷　(清)張憲和撰　(清)張寶善等述　清光緒二十八年(1902)刻本　一册

220000－0841－0003514　史 11593K
席少保[寶田]行狀一卷　(清)陳三立撰　清光緒十六年(1890)刻本　一册

220000－0841－0003515　史 9313K
沈文節公[炳垣]事實一卷　(清)沈守廉輯　清光緒八年(1882)刻本　一册

220000－0841－0003516　史 3924K
英果敏公[薩爾圖英翰]行狀不分卷　(清)李文敏撰　**英果敏公行狀一卷**　(清)方希孟撰　**英果敏公遺疏**　(清)英翰撰　**英果敏公列傳附御賜英果敏公祭文**　(清)國史館撰　清光緒刻本　五册

220000－0841－0003517　史 3745K
史致謨行述一卷　(清)史悠撫撰　清刻本　一册

220000－0841－0003518　史 8452K
岑襄勤公[毓英]勛德介福圖冊不分卷　(清)包家吉編　清光緒十六年(1890)石印本　一册

220000－0841－0003519　史 9862K
劉坤一一卷　(清)曾崇世編　清光緒二十九年(1903)鉛活字印本　一册

220000－0841－0003520　史 7191K
史氏雜吟錄全集一卷　(清)史致春撰　(清)何廷珊輯　清光緒刻本　一册

220000－0841－0003521　史 3763K
陳寶箴行狀一卷　(清)陳三立撰　清光緒二十六年(1900)刻本　一册

220000－0841－0003522　史 4475K
圖開勝蹟六卷紀恩慕義一卷　(清)劉厚基撰　**劉軍門戰功紀略一卷**　(清)龍聲洋等撰　清光緒二年(1876)刻本　八册

220000－0841－0003523　史 11557K
旬宣輿誦不分卷　(清)章鋆等撰　清同治富文齋刻本　一册

220000－0841－0003524　史 3724K
羅太君[郭松林之母]行述一卷　(清)郭松林撰　清刻本　一册

220000－0841－0003525　史 3662K
吴唐林行述一卷　(清)吴禮演等輯　清光緒十六年(1890)刻本　一册

220000－0841－0003526　史 3572K
陶方之[模]行述一卷　(清)陶葆廉撰　清光緒刻本　一册

220000－0841－0003527　史 4307
幽光集不分卷　(清)王暭輯　清康熙刻本　二册

220000－0841－0003528　史 9232:2
慎詒堂先世錄[榮錄]不分卷　(清)李正榮纂輯　清光緒五年(1879)揚州蕭山草堂刻本　一册

220000－0841－0003529　史 3598K
半隱先生花甲紀略一卷華鄂堂文鈔一卷　(清)鍾燕撰　清光緒元年(1875)刻本　一册

220000－0841－0003530　史 4005K
建威將軍浙寧徐軍門生[傳隆]傳不分卷附題詞　(清)張駿聲撰　清宣統元年(1909)鉛活字印本　一册

220000－0841－0003531　史 3561K
抱冰堂弟子記一卷　(清)□□撰　清光緒武昌鉛活字印本　一册

220000－0841－0003532　集 11071K
張文襄公[之洞]榮哀錄十卷　清宣統北京圖

書公司鉛活字印本　一册　存三卷(三至五)

220000－0841－0003533　史9247K
新出張文襄公事畧十九節　(清)□□撰　清宣統石印本　一册

220000－0841－0003534　史4452K
張之洞一卷　(□)□□撰　清宣統元年(1909)石印本　一册

220000－0841－0003535　史10315K
張文襄公[之洞]事略一卷　金潤庠撰　清宣統元年(1909)上海時中書局鉛活字印本　一册

220000－0841－0003536　史10414F
新出張文襄公[之洞]事畧一卷　題聽雨樓主人編　陶佐廷校　清宣統元年(1909)上海蔣眷記書莊石印本　一册

220000－0841－0003537　史3994K
任學士[蘭生]功績錄不分卷　(□)□□編　清光緒二十一年(1895)鉛活字印本　二册

220000－0841－0003538　史11728K
賡甫[瞿廷韶]府君行述一卷　(清)瞿世琬等撰　清光緒安慶正誼書局木活字印本　一册

220000－0841－0003539　史3985K
葉公[成忠]澄衷榮哀錄一卷　(清)樊棻等輯　清光緒二十八年(1902)鉛活字印本　一册

220000－0841－0003540　史8629K
二樵樵者壯遊圖記四卷　(清)黄璟撰　清光緒二十二年(1896)石印本　四册

220000－0841－0003541　史4081K
節烈錄[管宜人]一卷　(清)李寶淦撰　清光緒刻本　一册

220000－0841－0003542　史10612K
俞侍郎[廉三]乞假還山陰一卷　王闓運輯　清光緒刻本　一册

220000－0841－0003543　史11129K
暨陽輿頌一卷　(清)徐士佳　繆荃孫等撰　清光緒二十四年(1898)江陰禮廷書院刻本　一册

220000－0841－0003544　史3717K
瓞生府君[沈中堅]事略一卷　(清)沈廷鏞等撰　清光緒刻本　一册

220000－0841－0003545　史6956K
念昔齋寤言圖纂不分卷　(清)黄雲鵠撰　清光緒十二年(1886)成都刻本　四册

220000－0841－0003546　史7096K
劉君[作山]誄一卷　(清)徐壽基撰　清光緒刻本　一册

220000－0841－0003547　史3741K
謝家福[家樹]行述一卷　(清)謝景宣撰　清光緒刻本　一册

220000－0841－0003548　史11208K
潛齋尚書[張百熙]六十賜壽圖一卷序一卷詩一卷楹牓一卷　(清)王儀通等輯　清光緒三十三年(1907)京師官書局鉛活字印本　一册

220000－0841－0003549　史11047K
長沙張文達公[百熙]榮哀錄四卷　(清)陳毅輯　清宣統元年(1909)北京德興堂鉛活字印本　一册

220000－0841－0003550　史4053K
曾少鄉[鑄]全傳十節　(□)□□撰　清石印本　一册

220000－0841－0003551　史9316K
媿室先生事略不分卷　高而謙等撰　清宣統石印本　一册

220000－0841－0003552　史4451K
袁世凱不分卷　佩記六郎撰　清宣統元年(1909)石印本　一册

220000－0841－0003553　史9801K
真福和德理傳二卷　(清)郭棟臣譯述　清光緒十五年(1889)刻本　一册

220000－0841－0003554　史2101K
光緒聖德記十五章　(□)□□撰　清光緒二十四年(1898)鉛活字印本　一册

220000－0841－0003555　史10382K
湘亂雜錄一卷　(清)□□輯　清光緒刻本

一冊

220000－0841－0003556　史4457K
徐錫麟遺事一卷　上海裕記書莊編　清光緒三十三年(1907)石印本　一冊

220000－0841－0003557　史10365K
徐錫麟一卷　(□)□□輯　清石印本　一冊

220000－0841－0003558　史10929K
韜廠蹈海錄四卷　胡念修輯　清宣統蘇州鉛活字印本　二冊

220000－0841－0003559　史3566K
奉直大夫仙槎曹君[沅]傳一卷　(清)俞樾撰　清刻本　一冊

220000－0841－0003560　史7606K
熊宋氏節烈集一卷　(清)熊賓輯　清宣統元年(1909)鉛活字印本　一冊

220000－0841－0003561　史12282K
趙似昇[鳳]長生冊　(清)周嵩堯撰　清宣統三年(1911)刻本　二冊

220000－0841－0003562　史5408K
華盛頓全傳八卷　(清)黎汝謙等譯　清光緒十二年(1886)鉛活字印本　八冊

220000－0841－0003563　史7329K
俾斯麥傳不分卷　(清)廣智書局編輯　清光緒二十八年(1902)廣智書局鉛活字印本　一冊

220000－0841－0003564　史3548K
孔子編年四卷孟子編年四卷　(清)狄子奇撰　清道光十年(1830)刻本　四冊

220000－0841－0003565　史4339K
孔孟編年　(清)狄子奇撰　清光緒十三年(1887)浙江書局刻本　二冊

220000－0841－0003566　史9878K
孔子門人考一卷　(清)費崇朱撰　清光緒二十二年(1896)江澄刻本　一冊

220000－0841－0003567　史11754K
孔子編年四卷孟子編年四卷　(清)狄子奇撰　清光緒十三年(1887)浙江書局刻本　二冊

220000－0841－0003568　史9712
大成通志十八卷首一卷　(清)楊慶撰　清康熙刻本　二十一冊

220000－0841－0003569　善3376
聖學知統錄二卷翼錄二卷　(清)魏裔介撰　清康熙五年(1666)、七年(1668)刻本　四冊

220000－0841－0003570　叢493K
豫章先賢九家年譜四朝先賢六家年譜　(清)楊希閔撰　清光緒四年(1878)刻本　八冊

220000－0841－0003571　史3611K
四洪[洪皓洪适洪遵洪邁]年譜四卷　洪汝奎編輯　清宣統元年(1909)晦木齋刻本　四冊

220000－0841－0003572　史3907K
歷代名人年譜十卷附錄一卷　(清)吳榮光輯　清光緒二年(1876)京都寶經書坊刻本　十冊

220000－0841－0003573　史6941K
歷代名人年譜十卷附錄一卷　(清)吳榮光撰　清光緒京都琉璃廠刻本　十冊

220000－0841－0003574　史11353
孱守齋所編年譜五種五卷　(清)錢大昕撰　清嘉慶八年(1803)、十二年(1807)李賡芸刻本　一冊

220000－0841－0003575　史3753K
孝侯公[周處]年譜一卷簡惠公[周葵]年譜一卷　(清)周湛霖撰　清光緒木活字印本　一冊

220000－0841－0003576　史3912K
程子[程顥程頤]年譜十二卷首一卷末一卷　(清)池生春　(清)諸星杓輯　清咸豐五年(1855)刻本　四冊

220000－0841－0003577　史3921
延平四先生年譜四卷　(清)毛念特輯　清康熙刻乾隆十年(1745)張坦重修本　二冊

220000－0841－0003578　史3698K
歸顧朱三先生年譜合刻　(清)金吳瀾輯　清

光緒六年(1880)嘉興金氏刻本　六册

220000－0841－0003579　史11001F

頤志齋四譜四卷　(清)丁晏撰　清道光二十三年(1843)刻頤志齋叢書本　一册

220000－0841－0003580　善1681

韓柳二先生年譜八卷　(清)馬曰琯輯　清雍正七年(1729)馬氏小玲瓏山館刻本　二册

220000－0841－0003581　史7689F

韓柳[韓愈柳宗元]年譜八卷　(清)馬日璐輯　清咸豐五年(1855)刻粵雅堂叢書本　一册

220000－0841－0003582　史3676K

韓柳[韓愈柳宗元]年譜八卷　(宋)吕大防等撰　清光緒元年(1875)小玲瓏山館倣宋刻本　一册

220000－0841－0003583　史3850F

米海嶽[芾]年譜一卷元遺山先生[好問]年譜三卷附録一卷　(清)翁方綱編　清咸豐五年(1855)刻粵雅堂叢書本　一册

220000－0841－0003584　史11357K

煙畫東堂四譜　繆荃孫撰　清光緒南陵徐氏刻本　一册

220000－0841－0003585　史10850K

孔子編年五卷　(宋)胡仔撰　(清)胡培翬注　清嘉慶二十三年(1818)胡仔刻本　二册

220000－0841－0003586　史7371F

孔子編年　(清)狄子奇撰　清光緒十三年(1887)浙江書局刻本　一册

220000－0841－0003587　史3798K

孔子年譜輯注一卷考辨隨筆一卷　(清)黄定宜撰　清道光二十七年(1847)刻本　二册

220000－0841－0003588　史3694K

孔子年譜綱目一卷　(明)夏洪基編　清道光九年(1829)刻本　四册

220000－0841－0003589　史3914K

孔子年譜綱目一卷孔廟正位圖一卷　(明)夏洪基撰　清同治刻本　一册

220000－0841－0003590　史11084F

孔子編年四卷　(清)狄子奇撰　清道光十年(1830)安雅堂刻孔孟編年本　一册

220000－0841－0003591　史3975K

先聖生卒年月日考二卷　(清)孔廣牧撰　清光緒十五年(1889)廣雅書局刻廣雅書局叢書本　一册

220000－0841－0003592　史7348K

先聖生卒年月日考二卷　(清)孔廣牧撰　清光緒四年(1878)刻本　一册

220000－0841－0003593　史7669K

聖蹟編年一卷　(清)費崇朱撰　清同治刻本　一册

220000－0841－0003594　史3837K

鄭司農[玄]年譜一卷　(清)孫星衍撰　清道光刻本　一册

220000－0841－0003595　史11074F

漢諸葛[亮]忠武侯年譜一卷　(清)楊希閔編　清光緒四年(1878)刻四朝先賢六家年譜本　一册

220000－0841－0003596　史3818K

右軍[王羲之]年譜一卷　(清)魯一同編　清咸豐五年(1855)刻魯氏遺著本　一册

220000－0841－0003597　史3737K

陶[潛]靖節先生年譜一卷　(宋)吴仁傑編　清光緒二十一年(1895)刻本　一册

220000－0841－0003598　史3613K

靖節先生[陶潛]年譜考異二卷　(清)陶澍撰　清道光刻本　一册

220000－0841－0003599　史3913

白香山年譜一卷　(清)陳振孫編　清康熙四十二年(1703)一隅草堂刻本　一册

220000－0841－0003600　史3675K

淮海先生[秦觀]年譜一卷　(清)秦瀛重編　清嘉慶刻本　一册

220000－0841－0003601　史11305K

先賢道國元公周子[敦頤]年譜一卷　(清)王

開琸增輯　清道光十二年(1832)永州濂溪書院刻本　一冊

220000－0841－0003602　史7223K
宋孫莘先生[覺]年譜一卷補遺一卷　(清)茆泮林撰　清道光二十五年(1845)刻本　一冊

220000－0841－0003603　史10966K
李忠定公[綱]年譜一卷　(清)楊希閔編　清同治五年(1866)遐憩山房刻本　一冊

220000－0841－0003604　史3900K
太常公[錢薇]年譜一卷　(清)錢泰吉輯　清光緒三十年(1904)刻本　一冊

220000－0841－0003605　史7781
范文正公年譜補遺一卷遺事一卷　明萬曆三十七年(1609)康丕揚刻韓范二公集本　一冊

220000－0841－0003606　史9882
朱子[熹]年譜四卷考異四卷附錄二卷　(清)王懋竑撰　清乾隆白田草堂刻本　四冊

220000－0841－0003607　史3851F
朱子[熹]年譜四卷考異四卷附錄二卷　(清)王懋竑撰　清咸豐刻粵雅堂叢書本　七冊

220000－0841－0003608　史10756K
朱子[熹]年譜四卷朱子年譜考異四卷　(清)王懋竑纂　清同治九年(1870)刻白田草堂本　六冊

220000－0841－0003609　史3654K
朱子[熹]年譜四卷朱子年譜考異四卷朱子論學切要語二卷朱子年譜校勘記三卷　(清)王懋竑撰　清光緒七年(1881)武昌書局校刻白田草堂本　四冊

220000－0841－0003610　史4344K
朱子世家一卷　(清)江永撰　清同治六年(1867)涇縣黃田朱氏刻本　一冊

220000－0841－0003611　史3543F
蘇穎濱年表一卷　(宋)孫汝聽撰　清宣統元年(1909)刻本　一冊

220000－0841－0003612　史7396
象山先生年譜三卷　(宋)李子願撰　(清)李紱增訂　清雍正十年(1732)嚴有俊刻本　一冊

220000－0841－0003613　史7671
宋仁山金先生年譜一卷　(明)徐袍撰　清乾隆九年(1744)金華藕塘賢祠義學刻本　一冊

220000－0841－0003614　善1171
解學士全集十卷年譜二卷　(明)解縉撰　明萬曆晏良棨刻本　十冊

220000－0841－0003615　史3549K
建文[朱允炆]年譜四卷　(明)趙士喆纂　清道光二十九年(1849)木活字印本　五冊

220000－0841－0003616　史10812K
周文襄公[忱]年譜一卷附錄一卷　(明)黃仁俊撰　(清)陸鼎翰校補　清光緒十五年(1889)木活字印本　二冊

220000－0841－0003617　善0563
楓山章文懿公年譜二卷　(明)阮鶚撰　明嘉靖三十三年(1554)唐鉞刻本　一冊

220000－0841－0003618　史3710K
深寧[王應麟]年譜一卷　(清)張大昌輯　清光緒十六年(1890)刻本　一冊

220000－0841－0003619　史3911
薛文清公年譜一卷　(明)楊鶴編　清雍正十二年(1734)刻本　一冊

220000－0841－0003620　史12298K
廣元遺山[好問]年譜二卷　(清)李光廷撰　清同治五年(1866)刻本　二冊

220000－0841－0003621　史3750K
倪高士[瓚]年譜一卷　(清)沈世良編　清宣統元年(1909)刻本　一冊

220000－0841－0003622　善2895
楊繼盛自著年譜一卷　(明)楊繼盛撰　明萬曆二十六年(1598)刻楊忠愍公集本　一冊

220000－0841－0003623　史3697
高陽太傅孫文正公年譜五卷　(明)孫銓輯　清乾隆孫爾然刻本　四冊

220000－0841－0003624　史3791K
明李文正公[東陽]年譜五卷　(清)法式善撰　(清)唐仲冕增補　清嘉慶九年(1804)刻本　二册

220000－0841－0003625　史3807K
歸震川先生[有光]年譜一卷　(清)孫岱撰　清嘉慶四年(1799)刻本　一册

220000－0841－0003626　史3512K
歸震川先生[有光]年譜一卷　(清)孫岱撰　清光緒五年(1879)刻本　一册

220000－0841－0003627　史8607K
楊椒山先生[繼盛]垂範集不分卷　(明)楊繼盛撰　清咸豐二年(1852)刻本　一册

220000－0841－0003628　史3557K
戚少保[繼光]年譜耆編十二卷　(明)戚祚國撰　清道光二十七年(1847)仙遊崇勳祠刻本　二十四册

220000－0841－0003629　史3754K
曹溪憨祖大師[蔡德清]自著年譜二卷後事因緣一卷東遊集法語一卷　(明)釋德清撰　(明)福善(蔡德清)記錄　(明)福徵(譚貞默)述疏　清光緒十七年(1891)紅螺山刻本　二册

220000－0841－0003630　史10235F
顧端文公[憲成]年譜四卷　(明)顧興沐撰　(清)顧樞輯　(清)顧貞觀補　清光緒三年(1877)刻顧端文公遺書本　一册

220000－0841－0003631　史7670K
安我素先生[希範]年譜一卷　(清)安紹傑輯　清乾隆五十九年(1794)刻本　一册

220000－0841－0003632　史4013K
鹿忠節公[繼善]年譜二卷　(清)陳鋐編　清道光刻本　二册

220000－0841－0003633　史3920K
鹿忠節公[繼善]年譜二卷　(清)陳鋐撰　清光緒刻本　二册

220000－0841－0003634　史11234F
黃忠端公[尊素]年譜二卷　(清)黃炳垕撰　清光緒元年(1875)刻留書種閣集本　一册

220000－0841－0003635　史3521F
葉天寥[紹袁]自撰年譜一卷年譜别記一卷續纂别記一卷附錄一卷　(明)葉紹袁撰　(清)鄭實輯附錄　清光緒十三年(1887)國學保存會鉛印國粹叢書第二集本　一册

220000－0841－0003636　史12341F
忠節吳次尾先生[應箕]年譜一卷遺事一卷　(清)夏燮輯　清同治六年(1867)刻樓山堂遺書本　一册

220000－0841－0003637　史3771K
堵文忠公[允錫]年譜一卷　(明)堵允錫撰　(清)張夏編次　清同治十三年(1874)木活字印本　一册

220000－0841－0003638　史12352K
堵文忠公[允錫]年譜一卷　(明)堵允錫撰　(清)張夏編次　清光緒十三年(1887)刻堵文忠公集本　一册

220000－0841－0003639　善4233
徵君孫先生年譜二卷　(清)湯斌等編　(清)方苞訂正　清康熙刻本　一册

220000－0841－0003640　史3757K
節愍華公[允誠]年譜二卷首一卷末一卷　(清)華衷黃述畧　清光緒刻本　一册

220000－0841－0003641　史3691K
吳梅村先生[偉業]年譜四卷世系一卷　(清)顧師軾撰　清光緒三年(1877)刻本　一册

220000－0841－0003642　史3686K
吳梅村先生[偉業]年譜四卷世系一卷　(清)顧師軾編　清光緒二十三年(1897)刻本　一册

220000－0841－0003643　史3539K
黃梨洲先生[宗羲]年譜三卷　(清)黃炳垕編輯　清同治十二年(1873)刻本　一册

220000－0841－0003644　史3609K
張楊園先生[履祥]年譜一卷附錄一卷　(清)蘇惇元撰　清道光二十一年(1841)刻本

一册

220000－0841－0003645　史3610K
張楊園先生[履祥]年譜一卷附録一卷　（清）蘇惇元撰　清同治三年(1864)錢塘丁氏刻本　一册

220000－0841－0003646　史3744K
安道公[陳瑚]年譜二卷　（清）陳溥撰　**世系一卷**　（清）繆朝荃纂　清光緒十八年(1892)東倉書庫刻本　一册

220000－0841－0003647　史3677
顧亭林先生年譜一卷　（清）張穆撰　清道光二十四年(1844)刻本　一册

220000－0841－0003648　史4014K
亭林[顧炎武]年譜一卷　（清）張穆撰　清道光二十四年(1844)刻本　一册

220000－0841－0003649　史3812F
魏貞菴先生[裔介]年譜一卷　（清）魏荔彤編　清光緒五年(1879)定州王氏謙德堂刻畿輔叢書本　一册

220000－0841－0003650　史3806K
王船山[夫之]年譜三卷　（清）劉毓崧撰　清光緒十二年(1886)江南書局刻本　二册

220000－0841－0003651　史9544K
歷年紀畧一卷　（清）惠霮嗣等撰　**潛確録一卷**　（清）李慎言撰　清光緒補印康熙二十六年(1687)刻本　一册

220000－0841－0003652　史3664
陸稼書先生年譜定本二卷附録一卷　（清）吳光酉輯　清乾隆六年(1741)刻本　二册

220000－0841－0003653　史10236F
稼書先生[陸隴其]年譜一卷　（清）陸宸瀓　（清）李鉉撰　清同治十三年(1874)小石山房叢書刻本　一册

220000－0841－0003654　史3919K
陸清獻公[隴其]年譜　（清）吳光酉編　清同治、光緒刻本　一册

220000－0841－0003655　史3858K
翁鐵庵[叔元]年譜一卷　（清）翁叔元撰　清嘉慶刻借月山房彙抄本　一册

220000－0841－0003656　史3665F
蒙齋[田雯]年譜補一卷　（清）田肇麗撰　清康熙刻德州田氏叢書本　一册

220000－0841－0003657　史3674
閻潛丘先生[若璩]年譜一卷　（清）張穆輯　清道光二十七年(1847)祁氏刻本　一册

220000－0841－0003658　史4015K
閻潛丘先生[若璩]年譜一卷　（清）張穆撰　清道光二十七年(1847)刻本　一册

220000－0841－0003659　史3856F
閻潛丘先生[若璩]年譜一卷　（清）張穆撰　清咸豐刻粤雅堂叢書本　四册

220000－0841－0003660　史3787K
張文貞公[玉書]年譜一卷　（清）丁傳靖編　清光緒二十七年(1901)木活字印本　一册

220000－0841－0003661　史9447K
張文貞公[玉書]年譜一卷　（清）丁傳靖編　清光緒三十一年(1905)刻本　一册

220000－0841－0003662　史3910K
李文貞公[光地]年譜二卷　（清）李清植撰　清道光五年(1825)刻本　二册

220000－0841－0003663　史4374K
榕村[李光地]譜録合考二卷　（清）李清馥撰　清道光刻本　二册

220000－0841－0003664　史3594
張清恪公年譜二卷　（清）張師栻　（清）張師載撰　清乾隆四年(1739)刻本　四册

220000－0841－0003665　善3072
檢討公年譜一卷　（清）夏之蓉撰　（清）夏味堂輯　清乾隆刻本　一册

220000－0841－0003666　史3718K
海康陳清端公[璸]年譜　（清）丁宗洛編　清道光六年(1826)不負齋刻本　二册

220000－0841－0003667　史3897K

李恕谷先生[塨]年譜五卷 (清)馮辰撰 清道光十六年(1836)刻本 四冊

220000－0841－0003668 史3860F
李恕谷先生[塨]年譜五卷 (清)馮辰撰 清光緒三十四年(1908)國學保存會鉛印國粹叢書第一集本 一冊

220000－0841－0003669 史3534K
周漁潢先生[起渭]年譜一卷 (清)陳田編 清光緒二十年(1894)刻本 一冊

220000－0841－0003670 史9795K
朱文端公[軾]年譜一卷 (清)朱瀚編 **朱文端公集一卷** (清)朱軾撰 清道光十三年(1833)刻本 一冊

220000－0841－0003671 史3790K
方望溪[苞]年譜一卷附錄一卷 (清)蘇惇元輯 清同治刻本 一冊

220000－0841－0003672 史3870K
澄懷主人[張廷玉]自訂年譜六卷 (清)張廷玉撰 清光緒六年(1880)刻本 二冊

220000－0841－0003673 史3811K
黃昆圃先生[椒琳]年譜三卷 (清)顧鎮編 清光緒五年(1879)定州王氏謙德堂刻畿輔叢書本 一冊

220000－0841－0003674 集5179K
沈端恪公年譜二卷 (清)沈日富撰 清同治十二年(1873)浙江書局刻本 二冊

220000－0841－0003675 史3652F
沈歸愚[德潛]年譜一卷 (清)沈德潛撰 清乾隆教忠堂刻沈歸愚詩文全集本 一冊

220000－0841－0003676 史8910K
[王恕]省身錄六卷 (清)王恕編 清宣統三年(1911)鉛活字印本 二冊

220000－0841－0003677 史3770K
錢文端公[陳群]年譜三卷 (清)錢儀吉編 (清)錢志澄增訂 清光緒二十年(1894)刻本 三冊

220000－0841－0003678 史11236F
尹健餘先生[會一]年譜三卷 (清)呂熾編 清光緒刻畿輔叢書本 一冊

220000－0841－0003679 史3819K
雙池先生[汪紱]年譜 (清)余龍光編 清同治五年(1866)刻本 二冊

220000－0841－0003680 史7075K
泰舒胡先生[寶瑔]年譜一卷 (清)王永祺編 清光緒二十九年(1903)胡祖謙刻本 一冊

220000－0841－0003681 史12294K
先文恭公[陳宏謀]年譜十二卷 (清)陳鍾珂輯 清道光刻本 一冊 存三卷(一至三)

220000－0841－0003682 史3834K
陳文肅公[大受]年譜 (清)陳輝祖等輯 清光緒十六年(1890)刻本 一冊

220000－0841－0003683 史3974K
弇山畢公[沅]年譜一卷 (清)史善長撰 清同治十一年(1872)畢長慶刻本 一冊

220000－0841－0003684 史4083K
病榻夢痕錄二卷 (清)汪輝祖撰 清同治十一年(1872)刻本 二冊

220000－0841－0003685 集9671K
夢痕錄餘一卷 (清)汪輝祖撰 清咸豐五年(1855)刻本 一冊

220000－0841－0003686 史3620K
朱文正公[珪]年譜三卷 (清)朱錫經撰 清嘉慶刻本 一冊

220000－0841－0003687 史7647K
姚惜抱先生[鼐]年譜一卷 (清)鄭福照撰 清同治七年(1868)刻本 一冊

220000－0841－0003688 史3689K
露桐先生[李殿圖]年譜前編四卷續編二卷 (清)錢景星編續編 (清)李轍通撰 清嘉慶八年(1803)刻本 六冊

220000－0841－0003689 史11495K
三松[潘奕雋]自訂年譜一卷 (清)潘奕雋撰 清道光十年(1830)湯晉苑局刻本 一冊

220000－0841－0003690　史 9901K
張息園先生[敦培]自訂年譜不分卷　(清)張敦培撰　清道光七年(1827)刻本　一冊

220000－0841－0003691　史 3862K
洪北江先生[亮吉]年譜一卷　(清)呂培等撰　清咸豐刻本　一冊

220000－0841－0003692　史 2371
李文襄公年譜一卷　(清)程光祜撰　清康熙刻本　十冊

220000－0841－0003693　史 3722K
黃仲則先生[景仁]年譜一卷附錄一卷　(清)毛慶善編　(清)季錫疇增纂　清道光二十七年(1847)尚友齋刻本　一冊

220000－0841－0003694　史 9084K
盛世良圖紀一卷　(清)廣玉撰　(清)張寶繪圖　清道光刻本　一冊

220000－0841－0003695　史 3915K
杏莊府君[左輔]自敘年譜一卷　(清)左輔撰　清道光木活字印本　一冊

220000－0841－0003696　史 3514K
[孫玉庭]自記年譜一卷　(清)孫玉庭撰　清光緒刻本　一冊

220000－0841－0003697　史 3688K
孫淵如[星衍]年譜二卷　(清)張紹南撰　清光緒、宣統江陰繆氏刻本　一冊

220000－0841－0003698　史 9442K
清例贈儒林郎附貢生顯考雲槗府君[葉廷甲]年譜一卷　(清)葉朝慶　(清)葉天慶編　清道光水心齋刻本　一冊

220000－0841－0003699　史 3896K
懋亭[長齡]自定年譜四卷　(清)長齡撰　清道光二十一年(1841)刻本　四冊

220000－0841－0003700　史 3542K
葉石農先生[葆]自編年譜一卷　(清)葉葆編　清咸豐六年(1856)刻本　一冊

220000－0841－0003701　史 4039K
楊忠武公[遇春]年譜一卷　(清)楊國楨撰　清道光二十一年(1841)刻本　一冊

220000－0841－0003702　史 3628K
昇勤直公年譜二卷　(清)寶琳撰　(清)寶珣撰　清道光刻本　二冊

220000－0841－0003703　史 3592K
黃蕘圃先生[丕烈]年譜二卷　(清)江標撰　清光緒二十三年(1897)刻靈鶼閣叢書本　一冊

220000－0841－0003704　史 11003K
雷塘庵主[阮元]弟子記八卷　(清)張鑑等撰　清咸豐嫏環仙館刻本　二冊

220000－0841－0003705　史 3595K
羅壯勇公[思舉]年譜　(清)羅思舉撰　清道光刻本　一冊

220000－0841－0003706　史 9893K
繩枻齋[蔣攸銛]年譜二卷　(清)蔣攸銛撰　清道光十五年(1835)刻本　一冊

220000－0841－0003707　史 3748K
潘文恭公[世恩]自訂年譜一卷　(清)潘世恩撰　清同治二年(1863)潘儀鳳刻本　一冊

220000－0841－0003708　史 3854K
李申耆[兆洛]年譜三卷小德錄一卷　(清)蔣彤撰　清光緒十三年(1887)嘉興金氏刻本　二冊

220000－0841－0003709　史 9166K
恩福堂[英和]年譜一卷　(清)英和撰　清道光刻本　一冊

220000－0841－0003710　史 3623K
鼎甫府君[沈維鐈]年譜　(清)沈宗涵等輯　清光緒刻本　一冊

220000－0841－0003711　史 3917K
齊威烈公[清阿]年譜一卷　(清)納喇常恩撰　清咸豐刻本　一冊

220000－0841－0003712　史 3712K
周稚圭[之琦]年譜一卷　(清)周汝筠編　(清)周汝策編　清同治元年(1862)刻本　一冊

220000－0841－0003713　史 3827K

鼇石府君[蘇廷玉]自訂年譜一卷　(清)蘇廷玉撰　清咸豐刻本　一冊

220000－0841－0003714　史 3762K

先恭勤公[徐澤醇]年譜四卷誄詞一卷　(清)徐彬　(清)徐桐輯　清咸豐刻本　四冊

220000－0841－0003715　史 3789K

杜芝農府君[受田]年譜一卷　(清)杜翰　(清)杜翻撰　清咸豐刻本　一冊

220000－0841－0003716　史 7787K

裕莊毅公[泰]年譜不分卷　(清)長敔等編　清咸豐刻本　四冊

220000－0841－0003717　史 10082K

一瞚錄(周際華自傳)一卷　(清)周際華撰　清咸豐八年(1858)周氏家蔭堂刻本　一冊

220000－0841－0003718　史 8207K

太子太傅先莊毅公東巘府君[裕泰]年譜不分卷　(清)他塔喇長敔撰　清同治九年(1870)廣州刻本　二冊

220000－0841－0003719　史 3693K

丹魁堂[季芝昌]自訂年譜一卷感遇錄一卷　(清)季芝昌撰　清咸豐十一年(1861)文成堂刻本　二冊

220000－0841－0003720　史 3995K

錢警石[泰吉]年譜一卷　(清)錢應溥撰　清同治三年(1864)刻本　一冊

220000－0841－0003721　史 3808K

定盦先生[龔自珍]年譜一卷　吳昌綬編　清光緒三十四年(1908)刻朱印本　一冊

220000－0841－0003722　史 3755K

詒穀老人[彭蘊章]手訂年譜一卷　(清)彭蘊章撰　清同治刻本　一冊

220000－0841－0003723　史 3918K

駱文忠公[秉章]年譜二卷　(清)駱秉章撰　清光緒二十一年(1895)刻本　二冊

220000－0841－0003724　史 3586K

吴竹如先生[廷棟]年譜一卷　(清)方宗誠編　清光緒四年(1878)刻本　一冊

220000－0841－0003725　史 9421K

斯未信齋主人[徐宗幹]自訂年譜一卷　(清)徐宗幹撰　清同治刻本　一冊

220000－0841－0003726　史 3889K

王蘭史先生[錫九]自訂年譜一卷　(清)王錫九撰　清同治六年(1867)刻本　一冊

220000－0841－0003727　史 4330K

趙文恪公[光]遺集年譜不分卷　(清)趙光訂　清光緒刻本　六冊

220000－0841－0003728　史 3829F

啖蔗軒[方士淦]自訂年譜一卷　(清)方士淦撰　清同治十一年(1872)刻啖蔗軒全集本　一冊

220000－0841－0003729　史 3673K

先恭勤公[徐澤醇]年譜四卷門下士祭文　(清)徐彬等輯　清光緒刻本　二冊

220000－0841－0003730　史 3891K

思補齋[徐廣縉]自訂年譜一卷　(清)徐廣縉撰　清宣統二年(1910)鹿邑徐氏鉛活字印本　一冊

220000－0841－0003731　史 3774K

王靖毅公[懿德]年譜二卷行述二卷列傳一卷瑣言一卷　(清)王家勤編　清刻本　六冊

220000－0841－0003732　史 3687K

余䨇山先生[龍光]年譜一卷　(清)余香祖　(清)余家鼎同編　清光緒二十二年(1896)刻本　一冊

220000－0841－0003733　史 3888K

繩其武齋[黃贊湯]自纂年譜一卷　(清)黃贊湯撰　清咸豐十一年(1861)刻本　一冊

220000－0841－0003734　史 3579K

殷譜經侍郎[兆鏞]自訂年譜二卷　(清)殷兆鏞撰　清宣統鉛活字印本　一冊

220000－0841－0003735　史 3667K

還讀我書室老人[董恂]年譜二卷　(清)董恂撰　清光緒刻本　二冊

220000－0841－0003736　史 9428K
遂翁[趙昀]自訂年譜一卷　(清)趙昀撰　清光緒刻本　一册

220000－0841－0003737　史 3886K
余孝惠[治]年譜一卷　(清)吳師澄編　清光緒元年(1875)刻本　一册

220000－0841－0003738　史 7220K
潘韍庭先生[曾綬]自訂年譜一卷　(清)潘曾綬撰　清光緒九年(1883)刻本　一册

220000－0841－0003739　史 3826K
萬清軒先生[斛泉]年譜一卷　(清)張鼎元輯　清光緒三十二年(1906)刻萬青軒全書本　一册

220000－0841－0003740　史 3899K
曾文正公[國藩]年譜十二卷　(清)黎庶昌輯　清光緒二年(1876)傳忠書局刻本　四册

220000－0841－0003741　史 10516K
曾文正公[國藩]年譜十二卷　(清)李翰章訂　(清)黎庶昌輯　清上海著易堂鉛活字印本　二册

220000－0841－0003742　史 3699K
左文襄公[宗棠]年譜十卷　(清)羅正鈞纂　清光緒二十三年(1897)刻本　十册

220000－0841－0003743　史 3867K
吳太夫人[維壎]年譜三卷世系圖一卷　(清)董金鑑編　清光緒刻本　一册

220000－0841－0003744　史 7532K
雪泥鴻爪前編一卷後編一卷閏編一卷　(清)邵亨豫撰　**附末編一卷**　(清)邵松年撰　清光緒刻本　三册

220000－0841－0003745　史 3782K
劉武慎公[長佑]年譜三卷　(清)鄧輔綸　(清)王政慈編　清光緒二十五年(1899)刻本　三册

220000－0841－0003746　史 3761K
惕盦[崇實]年譜一卷　(清)完顔崇實撰　清光緒三年(1877)刻本　一册

220000－0841－0003747　史 3650K
散閒[潘曾瑋]年譜一卷　(清)潘曾瑋撰　清光緒十三年(1887)刻本　一册

220000－0841－0003748　史 7832K
桐溪達叟[嚴辰]自編年譜一卷輯志圖記一卷　(清)嚴辰撰　清光緒十四年(1888)刻本　一册

220000－0841－0003749　史 9836K
章錫卿[邦元]年譜一卷　(清)章家祚撰　清光緒十三年(1887)刻本　一册

220000－0841－0003750　史 3729K
劉鏞年譜一卷　(清)劉錦藻編　清光緒刻本　一册

220000－0841－0003751　史 12344K
鮑公[超]年譜一卷　(清)李叔璠編輯　清光緒元年(1875)刻本　一册

220000－0841－0003752　史 3732K
岑襄勤公[毓英]年譜十卷　(清)趙藩撰　清光緒二十五年(1899)刻本　五册

220000－0841－0003753　史 1640F
霆軍紀略十六卷　(清)陳昌撰　清光緒八年(1882)申報館鉛印申報館叢書本　六册

220000－0841－0003754　史 8859K
成山老人[唐烱]自撰年譜六卷附録一卷　(清)唐烱撰　清宣統二年(1910)鉛活字印本　三册

220000－0841－0003755　史 7456K
蘇溪漁隱[耿文光]讀書譜四卷　(清)耿文光撰　清光緒十五年(1889)刻本　一册

220000－0841－0003756　史 3607K
潘文勤公[祖蔭]年譜一卷　(清)潘祖年撰　清光緒十七年(1891)刻本　一册

220000－0841－0003757　史 9404K
三省軒[王世恩]自記一卷　(清)王世恩撰　清光緒十九年(1893)木活字印本　一册

220000－0841－0003758　史 11757K
龔易圖自訂年譜一卷　(清)龔易圖撰　(清)

龔晉義等編　清光緒刻本　一册

220000－0841－0003759　史12345F
望眉山人[顔嗣徽]年譜一卷　(清)顔嗣徽撰　清光緒二十三年(1897)古築顔氏刻望眉師堂全集本　一册

220000－0841－0003760　史3766K
唐公[友耕]年譜一卷附録一卷　(清)唐鴻學述　清光緒三十四年(1908)石印本　一册

220000－0841－0003761　史9179K
王蓀泉先生行狀一卷　(清)王孝箴等撰　清光緒刻本　一册

220000－0841－0003762　史7059K
長沙張文達公[百熙]榮哀録四卷　(清)陳毅編　清宣統元年(1909)鉛活字印本　一册

220000－0841－0003763　史11250K
養雲主人[王棶官]六旬以前年譜雜記一卷　(清)王棶官撰　清光緒三十二年(1906)石印本　一册

220000－0841－0003764　史3696K
含嘉室[吴士鑑]自訂年譜　(清)吴士鑑撰　清光緒鉛活字印本　一册

220000－0841－0003765　史7595K
北行日札一卷　(清)王弘撰撰　清光緒二十年(1894)敬義堂刻本　一册

220000－0841－0003766　史10005K
陸清獻公日記十卷　(清)陸隴其撰　清道光二十四年(1844)柳氏勝溪草堂刻本　四册

220000－0841－0003767　子3828K
三魚堂日記十卷賸言十二卷　(清)陸隴其撰　清同治九年(1870)浙江書局刻本　五册

220000－0841－0003768　史4958
南行日記一卷(康熙六年八月二十二日至七年三月四日)　(清)曹申吉撰　清康熙刻本　一册

220000－0841－0003769　史11137K
南行日記一卷　(清)曹申吉撰　清康熙五十九年(1720)刻乾隆三十五年(1770)曾孫益厚補刻本　一册

220000－0841－0003770　史11005K
尋樂堂日録二十五卷　(清)竇克勤撰　清光緒四年(1878)朱陽書院刻本　十六册

220000－0841－0003771　史4517K
蜀輶日記四卷　(清)陶澍撰　清光緒七年(1881)刻本　二册

220000－0841－0003772　史7506K:1
使蜀日記一卷　(清)郭尚先撰　清同治七年(1868)刻本　三册

220000－0841－0003773　史11088K
轉漕日記四卷(道光十六年至十七年)　(清)李鈞撰　清道光十七年(1837)河南糧鹽道署刻本　二册

220000－0841－0003774　史9440K
甦餘日記一卷(道光九年至十三年)　(清)蔣階櫝　(清)吳涑輯　清咸豐刻本　一册

220000－0841－0003775　史9844K
道齊正軌二十卷　(清)鄒鳴鶴撰　清光緒七年(1881)刻本　八册

220000－0841－0003776　史5189K
使秦紀程集二卷(道光十四年六月二十五日至十月十四日)　(清)況澄撰　清同治十三年(1874)刻本　二册

220000－0841－0003777　史5455K
度隴記四卷　(清)董醇撰　清咸豐刻本　四册

220000－0841－0003778　史8866K
曾文正公手書日記不分卷　(清)曾國藩撰　清宣統元年(1909)上海中國圖書公司影印本　四十册

220000－0841－0003779　史6932K
虎口日記一卷(咸豐十一年)　(清)魯叔容撰　清光緒二十二年(1896)刻本　一册

220000－0841－0003780　史4555K
秦輶日記一卷瀋陽紀程一卷　(清)潘祖蔭撰　清光緒刻本　一册

220000－0841－0003781　史 4370K
東陵日記一卷　(清)潘祖蔭撰　清宣統元年(1909)刻本　一册

220000－0841－0003782　史 4411K
西陵日記一卷　(清)潘祖蔭撰　清宣統元年(1909)刻本　一册

220000－0841－0003783　史 9864K
三洲日記八卷　(清)張蔭桓撰　清光緒三十二年(1906)石印本　八册

220000－0841－0003784　史 10429F
曾侯日記一卷　(清)曾紀澤撰　清光緒七年(1881)申報館鉛活字印本　一册

220000－0841－0003785　史 4500K
請纓日記十卷　(清)唐景崧撰　清光緒十九年(1893)臺灣布政使署刻本　四册

220000－0841－0003786　史 7531K
入都日記(光緒十三年六月十九日至十五年正月)　(清)李圭撰　清光緒刻本　一册

220000－0841－0003787　史 4371K
扶桑兩月記不分卷　羅振玉撰　清光緒二十八年(1902)石印本　一册

220000－0841－0003788　史 9768K
談瀛錄三卷　(清)王之春撰　清光緒六年(1880)上洋文藝齋刻本　二册

220000－0841－0003789　史 9767K
談瀛錄四卷　(清)王之春撰　清光緒六年(1880)刻本　二册

220000－0841－0003790　史 10358K
癸卯東遊日記(光緒二十九年四月二十五日至六月三日)　(清)張謇撰　清光緒二十九年(1903)通州翰墨林書局鉛活字印本　一册

220000－0841－0003791　史 8861K
魯歸紀程一卷　(清)沈嘉樹撰　清光緒十七年(1891)刻本　一册

220000－0841－0003792　史 5385K
南浦駐雲錄一卷　(清)王廷鼎撰　清光緒十七年(1891)刻紫薇花館雜纂本　一册

220000－0841－0003793　子 3256K
南行日記一卷　(清)江天散吏撰　清光緒鉛活字印本　一册

220000－0841－0003794　史 7129K
使粵日記二卷使蜀日記五卷　(清)孟超然撰　清嘉慶二十年(1815)刻本　三册

220000－0841－0003795　史 7736K
隨軺日記一卷　韓國鈞撰　清光緒二十五年(1899)刻本　一册

220000－0841－0003796　史 8765K
鈍齋東遊日記不分卷　賀綸夔編述　清宣統元年(1909)上海商務印書館鉛活字印本　一册

220000－0841－0003797　史 11297K
籥龕東遊日記　(清)凌文淵撰　清光緒三十年(1904)鉛活字印本　一册

220000－0841－0003798　史 10731K
東遊考察日記不分卷　陳嘉言撰　清宣統二年(1910)北京鉛活字印本　一册

220000－0841－0003799　史 10918K
東瀛紀行不分卷　(清)胡景桂撰　清光緒二十九年(1903)鉛活字印本　一册

220000－0841－0003800　史 5631K
[惕龕乙己]東遊日記　(清)陳鴻年撰　清光緒三十三年(1907)鉛活字印本　一册

220000－0841－0003801　史 10900K
英風六卷　(□)□□撰　(英國)傅蘭雅譯　清抄本　一册

220000－0841－0003802　史 3970
明朝歷科進士題名碑錄不分卷　清乾隆刻本　六册

220000－0841－0003803　史 6918K
[明洪武四年至清道光二年]國朝歷科題名碑錄初集不分卷　(清)李周望等撰　清乾隆十一年至道光二年(1746－1822)刻本　十二册

220000－0841－0003804　史 4127K
[宋建炎二年至清同治九年]師橋沈氏科第考

不分卷　(□)□□撰　清抄本　一冊

220000－0841－0003805　善1835

新箋決科古今源流至論前集十卷後集十卷續集十卷　(宋)林駉撰　明嘉靖刻本　六冊

220000－0841－0003806　善0435

皇明三元考十四卷　(明)張弘道　(明)張凝道輯　明刻本　二冊

220000－0841－0003807　史4434K

[明洪武三年至崇禎十五年]明貢舉考畧二卷[清順治二年至光緒二年]國朝貢舉考畧四卷　(清)黄崇蘭輯　清光緒五年(1879)刻本　四冊

220000－0841－0003808　史4173K

[明洪武二十七年至清道光六年]歷代鼎甲錄不分卷　(清)沈鎬輯　清抄本　一冊

220000－0841－0003809　史4183K

[明洪武三年]毘陵科第考八卷　(清)趙熙鴻編　(清)錢鑄菴等續編　清同治七年(1868)刻本　二冊

220000－0841－0003810　史8041K

[明天順至清光緒十年]毘陵鄉貢考五卷　(清)林湘洲等編　清光緒十年(1884)刻本　一冊

220000－0841－0003811　善0568

嘉靖三十七年戊午科山東鄉試同年齒錄一卷　明隆慶五年(1571)刻本　一冊

220000－0841－0003812　善0567

嘉靖己未科(三十八年)會試齒錄一卷　明隆慶四年至萬曆二年(1570－1574)陳省刻本　一冊

220000－0841－0003813　善1833

萬曆二十三年乙未科會試錄一卷進士履歷一卷萬曆二十三年戊戌科會試錄一卷進士履歷一卷萬曆二十九年辛丑科會試錄一卷進士履歷一卷萬曆三十二年甲辰科會試錄一卷進士履歷便覽一卷　明萬曆刻本　四冊

220000－0841－0003814　史8989K

[明萬曆三十年至清光緒四年]錫山遊庠錄二卷首一卷　(清)邵涵初輯　清光緒四年(1878)刻本　二冊

220000－0841－0003815　史10067K

[明萬曆四十年至清道光七年]淮山肄雅錄二卷　(清)阮鍾瑗續編　清道光十年(1830)刻本　二冊

220000－0841－0003816　史9062K

[明萬曆四十年至清光緒三十年]淮山肄雅錄二卷　(清)□□續編　清光緒刻本　二冊

220000－0841－0003817　史3973K

[清順治元年至光緒十三年]國朝六科漢給事中題名錄不分卷國朝六科滿蒙給事中題名錄不分卷　(清)戴璐原輯　(清)王家相重訂　清光緒十三年(1887)刻本　二冊

220000－0841－0003818　史2253K

[清順治二年至嘉慶三年]清秘述聞十六卷　(清)法式善撰　清嘉慶四年(1799)刻本　六冊

220000－0841－0003819　史4087K

[清順治二年至光緒三十年]蘇州府長元吳三邑諸生譜九卷　(清)陸懋修輯　(清)陸潤庠補編　清光緒三十二年(1906)刻本　二冊

220000－0841－0003820　史4319K

[清順治三年至咸豐二年]吳興科第表不分卷　(清)戴璐輯　(清)戴鼎恒續輯　(清)蔡賡颺重修　清道光二十五年(1845)刻咸豐續刻本　一冊

220000－0841－0003821　史4107K

[清順治三年至光緒二年]吳興科第表九卷　(清)蔡賡颺編　清同治十一年(1872)清遠堂刻光緒續刻本　二冊

220000－0841－0003822　史4140K

[清順治三年至光緒十二年]海昌科名錄一卷　(清)汪以莊輯　清光緒九年(1883)刻本　一冊

220000－0841－0003823　史9979K

[清順治三年至光緒十七年]國朝兩浙科名錄不分卷 (清)黄安綬輯　清咸豐七年(1857)刻本　二册

220000－0841－0003824　史11021K
[清順治三年至光緒十五年]嘉善入泮題名錄不分卷 (清)顧福仁輯　(清)程兼善補輯　清光緒十五年(1889)嘉善林本立堂刻本　二册

220000－0841－0003825　史9246K
[清順治三年至光緒二十九年]錫金科第考六卷 (清)高鑅泉輯　清宣統二年(1910)木活字印本　二册

220000－0841－0003826　史10682K
[清順治三年至道光二十八年]芹香錄一卷 (清)□□輯　清光緒二十三年(1897)木活字印本　一册

220000－0841－0003827　史8811K
[清順治二年至光緒二十五年]國朝太鎮諸生譜二卷 (清)汪鈞照編　清光緒刻本　二册

220000－0841－0003828　史10697K
[清康熙十八年至光緒二十八年]國朝湖州府科第表不分卷 (清)戴璐原輯　(清)沈鋐補輯　清同治十一年(1872)清遠堂刻本　二册

220000－0841－0003829　史6940K
[清康熙十八年]詞科錄十二卷首一卷 (清)秦瀛輯　清光緒十四年(1888)木活字印本　六册

220000－0841－0003830　史4362K
[清乾隆十年至光緒十二年]宗室貢舉備考一卷 (清)睦萕輯　清光緒十三年(1887)刻本　二册

220000－0841－0003831　善2125
康熙三十五年丙子科陝西鄉試錄一卷　清康熙刻本　一册

220000－0841－0003832　史4139
雍正乙卯科序齒錄不分卷　清雍正十三年(1735)刻本　一册

220000－0841－0003833　史7134
乾隆三年戊午科江南鄉試錄一卷　清乾隆刻本　一册

220000－0841－0003834　史4143
乾隆九年甲子科山東鄉試同年齒錄一卷　清乾隆刻本　一册

220000－0841－0003835　史4153
乾隆二十五年庚辰恩科山東鄉試齒錄一卷　清乾隆刻本　一册

220000－0841－0003836　善3558
山東書院同學履歷一卷　清乾隆十二年(1747)刻本　一册

220000－0841－0003837　史4156K
嘉慶己卯科各省鄉試同年譜不分卷 (清)鄂恒輯　清光緒三十三年(1907)上海商務印書館鉛活字印本　一册

220000－0841－0003838　史4137K
道光元年辛巳恩科山東鄉試錄 (清)□□撰　清道光元年(1821)刻本　一册

220000－0841－0003839　史9955K
道光乙酉科各省鄉試齒錄不分卷 (清)□□撰　清道光五年(1825)京都琉璃廠奎光齋刻本　四册

220000－0841－0003840　史11195K
道光十八年戊戌祁宗師歲試同案錄不分卷 (清)芮鴻儀輯　清光緒元年(1875)刻本　一册

220000－0841－0003841　史4181K
道光四川癸卯科第五房同門齒錄不分卷 (清)□□撰　清道光刻本　一册

220000－0841－0003842　史9965K
道光甲辰恩科浙江齒錄一卷 (清)□□撰　清道光二十四年(1844)刻本　一册

220000－0841－0003843　史4150K
道光二十六年丙午科雲南鄉試錄不分卷 (清)潘曾瑩等輯　清道光二十六年(1846)刻本　一册

220000－0841－0003844　史 4086K
咸豐元年辛亥恩科直省同年全錄不分卷　(清)□□撰　清同治六年(1867)刻本　四册

220000－0841－0003845　史 9466K
[清咸豐元年至道光三十年]國朝虞陽科名錄四卷首一卷　(清)王元鍾編輯　清道光三十年(1850)清暉書屋刻本　四册

220000－0841－0003846　史 3601K
咸豐癸丑大挑年譜不分卷　(清)□□撰　清咸豐三年(1853)京都琉璃廠刻本　二册

220000－0841－0003847　史 4165K
咸豐乙卯科直省鄉試同年齒錄不分卷　(清)彭祖賢輯　清同治八年(1869)刻本　四册

220000－0841－0003848　史 4111K
咸豐八年戊午科十八省鄉試同年錄不分卷　(清)□□撰　清咸豐八年(1858)刻本　一册

220000－0841－0003849　史 4117K
咸豐己未恩科十八省鄉試同年錄不分卷　(清)□□撰　清咸豐刻本　二册

220000－0841－0003850　史 4182K
同治元年壬戌河南鄉試錄並補辛酉不分卷　(清)□□撰　清同治刻本　一册

220000－0841－0003851　史 9038K
同治庚午科大同年齒錄一卷　(清)吳蔭培輯　清光緒三十二年(1906)刻本　八册

220000－0841－0003852　史 4145K
同治庚午科並補行同治元年壬戌恩科江南鄉試題名錄不分卷　(清)□□撰　清同治九年(1870)刻本　一册

220000－0841－0003853　史 8692K
光緒二年丙子科江西鄉試錄一卷　(清)文瀓輯　清光緒刻本　一册

220000－0841－0003854　史 4133K
光緒三年丁丑科會試同年齒錄不分卷　(清)□□撰　清光緒三年(1877)刻本　三册

220000－0841－0003855　史 4035K
光緒五年舉行己卯正科浙江鄉試題名錄不分卷　(清)□□撰　清光緒刻本　一册

220000－0841－0003856　史 4184K
光緒五年己卯科江西鄉試錄不分卷　(清)□□撰　清光緒刻本　一册

220000－0841－0003857　史 4366K
[清光緒八年]江南鄉試錄一卷　(清)□□撰　清光緒刻本　二册

220000－0841－0003858　史 4126K
[清光緒九年至二十九年]廣東全省歷科文進士錄不分卷禮部會試進京錄不分卷全省歷科應編官生題名錄不分卷歷科備中薦卷雜姓錄不分卷　(清)□□撰　清光緒十六年至十九年(1890－1893)刻本　一册

220000－0841－0003859　史 4450K
[清光緒十一年至二十年]肇府屬歷案文黌宫錄不分卷惠府屬歷案文黌宫錄廣東十三房薦卷備中　(清)□□撰　清光緒刻本　一册

220000－0841－0003860　史 4042K
[清光緒十二年至二十年]各府黌宫不分卷　(清)□□撰　清光緒刻本　一册

220000－0841－0003861　史 4180K
光緒己丑科會試同年齒錄不分卷　(清)□□撰　清光緒刻本　四册

220000－0841－0003862　史 4121K
光緒十五年己丑恩科十八省正副榜同年全錄不分卷　(清)□□撰　清光緒十五年(1889)刻本　二册

220000－0841－0003863　史 9068K
浙江鄉試錄一卷　(清)殷如璋等撰　清光緒十九年(1893)刻本　一册

220000－0841－0003864　史 4114K
光緒二十七年辛卯科十八省正副榜同年金錄不分卷　(清)□□撰　清光緒十七年(1891)刻本　二册

220000－0841－0003865　史 4125K
廣東十三房薦卷備中不分卷廣東全省歷科拔貢題名錄不分卷撫憲考取全省決科題名錄不

分卷　(清)□□撰　清光緒刻本　一册

220000－0841－0003866　史4124K
廣府屬歷案生員壹等正案不分卷九大書院各課錄不分卷　(清)□□撰　清光緒刻本　一册

220000－0841－0003867　史4119K
光緒二十三年丁酉科十八省正副榜同年全錄不分卷　(清)□□撰　清光緒二十三年(1897)刻本　二册

220000－0841－0003868　史4120K
光緒二十年甲午科十八省正副榜同年全錄不分卷　(清)□□撰　清光緒二十年(1894)刻本　二册

220000－0841－0003869　史4043K
光緒二十年甲午科全省正案不分卷　(清)□□撰　清光緒刻本　一册

220000－0841－0003870　史4157K
光緒丁酉科山東鄉試題名錄不分卷　(清)□□撰　清光緒刻本　一册

220000－0841－0003871　史4249K
光緒二十三年舉行丁酉正科浙江鄉試錄一卷　(清)□□撰　清光緒二十三年(1897)刻本　一册

220000－0841－0003872　史4129K
光緒二十四年進士登科錄不分卷　(清)□□撰　清光緒刻本　一册

220000－0841－0003873　史4152K
光緒二十七年舉行辛丑科並補行庚子恩科廣西鄉試錄不分卷　(清)李傳元等輯　清光緒二十七年(1901)刻本　一册

220000－0841－0003874　史4116K
光緒壬寅補行庚子辛丑恩正併科各省鄉試同年全錄不分卷　(清)□□撰　清光緒二十八年(1902)刻本　二册

220000－0841－0003875　史4131K
光緒壬寅二十八年補行庚子恩正併科陝西鄉試題名錄不分卷　(清)□□撰　清光緒二十八年(1902)刻本　一册

220000－0841－0003876　史4267K
光緒二十八年補行庚子辛丑浙江鄉試錄一卷　(清)□□撰　清光緒刻本　一册

220000－0841－0003877　史4123K
光緒二十八年補行庚子辛丑恩正科江南鄉試題名錄不分卷　(清)□□撰　清光緒刻本　一册

220000－0841－0003878　史9538K
光緒二十八年補行庚子辛丑恩正並科浙江鄉試題名錄浙江闈墨一卷　(清)朱益藩等評定　清光緒二十八年(1902)石印本　一册

220000－0841－0003879　史9539K
光緒壬寅補行庚子辛丑恩正科浙江鄉試題名全錄浙江闈墨一卷　(清)朱益藩等評定　清光緒二十八年(1902)圖書集成局鉛活字印本　一册

220000－0841－0003880　史4132K
光緒二十八年補行庚子辛丑恩正併科山東鄉試題名錄不分卷　(清)□□撰　清光緒二十八年(1902)刻本　一册

220000－0841－0003881　史9541K
光緒壬寅補行庚子辛丑恩正併科江南闈墨一卷　(清)圖書集成局編　清光緒二十八年(1902)圖書集成局鉛活字印本　一册

220000－0841－0003882　史4147K
光緒癸卯補行辛丑壬寅恩正併科會試第二房同門姓氏不分卷　(清)□□撰　清光緒二十九年(1903)刻本　一册

220000－0841－0003883　史4113K
光緒癸卯恩科十八省正副榜同年全錄不分卷　(清)□□撰　清光緒二十九年(1903)刻本　二册

220000－0841－0003884　史9537K
光緒癸卯恩科浙江闈墨一卷　(清)圖書集成局編　清光緒二十九年(1903)鉛活字印本　一册

220000－0841－0003885　史 9764K
［清光緒］貴州第一次考取法官同年齒錄一卷　（清）□□撰　清鉛活字印本　一冊

220000－0841－0003886　史 9719K
宣統元年己酉科四川選拔同年齒錄一卷　（清）□□撰　清宣統鉛活字印本　一冊

220000－0841－0003887　史 4098K
宣統己酉科簡易明經通譜不分卷簡易明行省優貢全錄不分卷　（清）□□撰　清宣統二年（1910）刻本　五冊

220000－0841－0003888　史 4151K
宣統二年庚戌科拔貢授職官職錄不分卷　（清）□□撰　清宣統二年（1910）刻本　四冊

220000－0841－0003889　史 4185K
宣統二年庚戌科直省舉貢會考齒錄一卷　（清）□□撰　清宣統二年（1910）刻本　四冊

220000－0841－0003890　史 4187K
宣統庚戌制科考廉方正錄一卷　（清）□□撰　清宣統二年（1910）刻本　二冊

220000－0841－0003891　史 7257K
［清順治元年至同治三年］國朝御史題名不分卷　（清）黄叔璥編　（清）王應綵續編　（清）戴璐增補　清乾隆至同治刻本　二冊

220000－0841－0003892　史 9527K
［清順治元年至咸豐元年］國都御史題名不分卷　（清）黄玉圃輯　**國朝滿洲蒙古御史題名錄一卷**　（清）瓜爾佳蘇芳阿等輯　清咸豐刻本　三冊

220000－0841－0003893　史 4164K
［清順治元年至光緒十二年］國朝御史題名不分卷　（清）黄玉圃編　**國朝滿洲蒙古御史題名一卷**　（清）瓜爾佳氏蘇芳阿編　清道光至光緒刻本　三冊

220000－0841－0003894　史 4105K
［清順治元年至光緒十六年］國朝御史題名錄一卷　（清）黄玉圃輯　**國朝滿洲蒙古御史題名錄一卷**　（清）蘇樹蕃編輯　清光緒刻本　五冊

220000－0841－0003895　史 8883K
國朝春曹題名錄一卷春曹儀式一卷　（清）曹貽誠續輯　清光緒二十五年（1899）刻本　一冊

220000－0841－0003896　善 3191
國朝歷科館選錄一卷　（清）沈廷芳輯　（清）陸費墀　（清）沈世煒重訂　清乾隆翰林院刻本　一冊

220000－0841－0003897　善 3148
國朝詞垣考鏡五卷　（清）吳鼎雯撰　清乾隆五十八年（1793）刻本　四冊

220000－0841－0003898　史 4135K
［清順治三年至光緒六年］國朝歷科館選錄不分卷　（清）沈廷芳輯　清光緒刻本　四冊

220000－0841－0003899　史 4159K
［清順治三年至光緒二十年］國朝歷科館選錄不分卷　（清）沈廷芳輯　清光緒刻本　二冊

220000－0841－0003900　史 1702F
［清天聰三年至乾隆五十六年］國朝翰詹源流編年二卷　（清）吳鼎雯撰　清乾隆五十八年（1793）刻本　二冊

220000－0841－0003901　史 9366K
［清天聰三年至嘉慶三年］國朝翰詹源流編年二卷館選爵里謚法考三卷　（清）吳鼎雯撰　清乾隆五十八年（1793）刻嘉慶補刻本　四冊

220000－0841－0003902　史 7258K
［清順治三年至雍正十一年］國朝館選爵里謚法考六卷　（清）吳鼎雯原編　（清）勞崇光等續編　清道光刻本　一冊　存二卷（三至四）

220000－0841－0003903　史 7256K
［清雍正元年至同治三年］國朝滿洲蒙古御史題名不分卷　（清）瓜爾佳氏蘇芳阿編　清道光十七年至同治三年（1837－1864）刻本　一冊

220000－0841－0003904　史 4368K
［清乾隆五十年至道光十五年］楚南同官錄不

分卷 (清)錢寶琛輯 清道光十八年(1838)刻本 二冊

220000－0841－0003905 史 9506K
[清道光二十九年至光緒二十四年]中州簡明同官錄二卷 (清)顧琮輯 清光緒二十四年(1898)刻本 二冊

220000－0841－0003906 史 3926K
[清道光至光緒三十一年]中州同官錄不分卷 (清)開封府輯 清光緒三十一年(1905)開封府刻本 四冊

220000－0841－0003907 史 4162K
[清同治七年至光緒]中州簡明同官錄不分卷 (清)王玉山校輯 清光緒二十九年(1903)刻本 二冊

220000－0841－0003908 史 4365K
[清咸豐五年至同治]江西全省同官錄不分卷 (清)□□撰 清光緒十四年(1888)刻本 一冊

220000－0841－0003909 史 3414K
[清咸豐元年至光緒九年]湖北省江蘇同官錄不分卷 (清)□□撰 清光緒九年(1883)刻本 三冊

220000－0841－0003910 史 9183K
[清咸豐六年至光緒二年]關中同官錄不分卷 (清)□□撰 清光緒十一年(1885)刻本 八冊

220000－0841－0003911 史 4158K
[清咸豐七年至光緒四年]江蘇同官錄一卷 (清)許應鑅輯 清光緒刻本 一冊

220000－0841－0003912 史 4160K
[清同治]廣東鄉試同官錄不分卷 (清)□□撰 清同治十二年(1873)刻本 一冊

220000－0841－0003913 史 4128K
[清同治至光緒]廣東同官錄不分卷 (清)□□編 (清)廣東官撰 清光緒三十四年(1908)廣東瑞元堂刻本 一冊

220000－0841－0003914 史 4118K
[清咸豐九年至光緒]中樞備覽二卷 (清)榮錄堂編 清光緒十五年(1889)榮錄堂刻本 二冊

220000－0841－0003915 史 11359K
[清順治元年至同治二年]內閣漢票簽中書舍人題名不分卷 (清)鮑康等輯 清咸豐十一年(1861)直房刻本 一冊

220000－0841－0003916 史 4301K
[清順治十八年至光緒三十年]內閣漢票簽中書舍人題名續編不分卷補遺一卷 (清)顧芳撰 清光緒三十一年(1905)刻本 一冊

220000－0841－0003917 史 2262K
[清光緒元年至三十四年]光緒建元以來巡撫年表一卷 吳廷燮撰 清光緒三十四年(1908)刻本 一冊

220000－0841－0003918 史 4161K
[清光緒三十三年至宣統元年]京師法政學堂同學錄不分卷 (清)法政學堂編 清宣統鉛活字印本 一冊

220000－0841－0003919 史 4100K
[清光緒七年]畿輔宦浙同官錄不分卷 (清)德馨撰 清光緒七年(1881)刻本 一冊

220000－0841－0003920 史 4142K
[清光緒八年至三十一年]安徽同官錄四卷 (清)安徽藩經歷司輯 清光緒三十一年(1905)安徽藩經歷司鉛活字印本 四冊

220000－0841－0003921 史 4462K
[清光緒二十五年至三十三年]江西全省文武同官錄二卷 (清)□□撰 清光緒三十三年(1907)崇善堂刻本 二冊

220000－0841－0003922 史 4138K
[清光緒二十八年至三十四年]湖北全省學堂職員一覽表不分卷 (清)湖北學務處編 清光緒三十四年(1908)鉛活字印本 二冊

220000－0841－0003923 史 4136K
[清光緒二十九年]浙省同官錄不分卷 (清)□□撰 清刻本 三冊

220000－0841－0003924　史 1568K
宗室王公世職章秉爵秩襲次全表一卷　(清)牟其汶撰　清光緒三十二年(1906)石印本　十冊

220000－0841－0003925　史 4309K
[清光緒]虎神營異常出力官弁繕具清單不分卷　清光緒鉛活字印本　一冊

220000－0841－0003926　史 8590K
[清宣統三年]職官錄不分卷　(清)内閣印鑄局編　清宣統三年(1911)鉛活字印本　八冊

220000－0841－0003927　史 12359F
館閣續錄十卷　(宋)陳騤撰　**宋中興學士院題名一卷**　(宋)何異撰　清光緒十二年(1886)武林丁氏刻武林掌故叢編本　一冊　缺七卷(續錄一至七)

220000－0841－0003928　史 7553
雍正九年爵秩新書不分卷　清雍正京都瑠璃廠榮興堂書坊刻本　二冊

220000－0841－0003929　史 10510K
[清乾隆至宣統]大清搢紳全書不分卷　(清)□□撰　清宣統刻本　六十四冊

220000－0841－0003930　善 1819
乾隆三十二年大清搢紳全書不分卷　清乾隆三十二年(1767)實名堂刻本　四冊

220000－0841－0003931　史 4104K
[清乾隆三十七年]大清搢紳全書不分卷　(清)□□撰　清光緒二十六年(1900)刻本　八冊

220000－0841－0003932　史 9860K
[清嘉慶]大清搢紳全書不分卷　(清)榮慶堂編　清嘉慶五年(1800)榮慶堂刻本　六冊

220000－0841－0003933　史 11388K
[清咸豐元年]大清搢紳全書不分卷附中樞備覽　(清)榮華堂輯　清光緒五年(1879)榮華堂刻本　六冊

220000－0841－0003934　史 4170K
[清咸豐元年至同治元年]大清搢紳全書不分卷　(清)榮錄堂編　清同治八年(1869)榮錄堂刻本　六冊

220000－0841－0003935　史 9230K
[清咸豐至同治]爵秩全覽不分卷　(清)□□編　清同治十二年(1873)刻本　二冊

220000－0841－0003936　史 10472K
[清咸豐至宣統]大清搢紳全書不分卷　(清)榮寶齋編　清宣統元年(1909)榮寶齋刻本　五冊

220000－0841－0003937　史 4172K
[清同治元年]大清搢紳全書不分卷　(清)榮錄堂編　清光緒十二年(1886)榮錄堂刻本　六冊

220000－0841－0003938　史 10063K
[清同治]大清搢紳全書六卷　(清)榮錄堂編　清同治四年(1865)榮錄堂刻本　六冊

220000－0841－0003939　史 4203K
[清光緒四年至六年]大清搢紳全書不分卷　(清)文萃堂輯　清光緒六年(1880)文萃堂刻本　四冊

220000－0841－0003940　史 4208K
[清光緒五年]大清搢紳全書不分卷　(清)文蔚堂編　清光緒七年(1881)文蔚堂刻本　四冊

220000－0841－0003941　史 4195K
[清光緒八年至十年]大清搢紳全書不分卷　(清)榮錄堂編　清光緒十年(1884)榮錄堂刻本　六冊

220000－0841－0003942　史 4199K
[清光緒九年至十一年]大清搢紳全書不分卷　(清)□□輯　清光緒十一年(1885)文蔚堂刻本　四冊

220000－0841－0003943　史 4210K
[清光緒十年]大清搢紳全書不分卷　(清)榮錄堂編　清光緒十五年(1889)榮錄堂刻本　四冊

220000－0841－0003944　史 4196K

[清光緒十四年]大清搢紳全書不分卷 （清）榮錄堂編 清光緒十七年(1891)榮錄堂刻本 六冊

220000－0841－0003945 史4207K
[清光緒十四年]大清搢紳全書不分卷 （清）榮錄堂編 清光緒二十一年(1895)榮錄堂刻本 四冊

220000－0841－0003946 史4174K
[清光緒十五年至三十三年]大清搢紳全書不分卷 （清）榮錄堂輯 清光緒三十三年(1907)榮錄堂刻本 四冊

220000－0841－0003947 史4177K
[清光緒十九年]大清搢紳全書不分卷 （清）清秘閣輯 清光緒十九年(1893)松竹齋刻本 四冊

220000－0841－0003948 史4212K
[清光緒三十二年至三十四年]大清搢紳全書不分卷 （清）榮寶齋輯 清光緒三十四年(1908)榮寶齋刻本 五冊

220000－0841－0003949 史4198K
[清光緒三十三年]大清搢紳全書不分卷 （清）榮錄堂輯 清光緒三十三年(1907)榮錄堂刻本 六冊

220000－0841－0003950 史4204
[清光緒三十三年]大清搢紳全書不分卷 （清）榮錄堂編 清光緒三十四年(1908)榮錄堂刻本 四冊

220000－0841－0003951 史4189K
[清光緒三十三年至宣統二年]大清搢紳全書不分卷 （清）榮錄堂編 清宣統元年(1909)榮錄堂刻本 六冊

220000－0841－0003952 史4194K
[清光緒三十四年]大清搢紳全書不分卷 （清）榮錄堂輯 清光緒三十四年(1908)榮錄堂刻本 四冊

220000－0841－0003953 史4197K
[清光緒二十年]大清搢紳全書不分卷 （清）榮錄堂輯 清光緒二十年(1894)榮錄堂刻本 四冊

220000－0841－0003954 史4211K
[清光緒二十一年]大清搢紳全書不分卷 （清）榮錄堂編 清光緒二十二年(1896)榮錄堂刻本 四冊

220000－0841－0003955 史4202K
[清光緒二十一年至二十三年]大清搢紳全書不分卷 （清）懋德堂輯 清光緒二十四年(1898)懋德堂刻本 六冊

220000－0841－0003956 史4206K
[清光緒二十四年]大清搢紳全書不分卷 （清）松竹齋 （清）榮寶齋合編 清光緒二十三年(1897)松竹齋、榮寶齋合刻本 六冊

220000－0841－0003957 史4201K
[清光緒二十四年]大清搢紳全書不分卷 （清）榮錄堂編 清光緒二十四年(1898)榮錄堂刻本 六冊

220000－0841－0003958 史4176K
[清光緒二十六年]大清搢紳全書不分卷 （清）榮寶齋輯 清光緒二十六年(1900)榮寶齋刻本 六冊

220000－0841－0003959 史4191K
[清光緒二十六年]大清搢紳全書不分卷 （清）榮錄堂編 清光緒三十年(1904)榮錄堂刻本 四冊

220000－0841－0003960 史4193K
[清光緒二十六年]大清搢紳全書不分卷 （清）榮錄堂編 清宣統二年(1910)榮錄堂刻本 五冊

220000－0841－0003961 史4190K
[清光緒二十七年]大清搢紳全書不分卷 （清）榮錄堂編 清宣統三年(1911)榮錄堂刻本 五冊

220000－0841－0003962 史4171K
[清光緒]大清搢紳全書不分卷 （清）榮錄堂編 清光緒二十八年(1902)榮錄堂刻本

四冊

220000－0841－0003963　史4192K

[清光緒二十八年]大清搢紳全書不分卷　(清)榮錄堂輯　清光緒三十一年(1905)榮錄堂刻本　四冊

220000－0841－0003964　史4169K

[清光緒二十九年]大清搢紳全書不分卷　(清)榮錄堂輯　清光緒二十九年(1903)榮錄堂刻本　四冊

220000－0841－0003965　史4200K

[清光緒三十年至三十三年]大清搢紳全書不分卷　(清)榮錄堂輯　清光緒三十三年(1907)榮錄堂刻本　四冊

220000－0841－0003966　史4205K

[清光緒三十三年]大清搢紳全書不分卷　(清)榮寶齋編　清光緒三十三年(1907)京都榮寶齋刻本　四冊

220000－0841－0003967　善1834

乾隆二十五年新刻爵秩全覽不分卷　清乾隆二十五年(1760)刻本　二冊

220000－0841－0003968　史4108K

[清道光]爵秩全覽不分卷　(清)□□撰　清道光二十五年(1845)刻本　四冊

220000－0841－0003969　史4109K

[清同治元年]爵秩全覽不分卷　(清)□□撰　清光緒十三年(1887)刻本　四冊

220000－0841－0003970　史8045K

[清同治]爵秩全覽不分卷　(清)□□編　清光緒二十五年(1899)刻本　四冊

220000－0841－0003971　史8049K

[清同治至光緒]爵秩全覽不分卷　(清)□□撰　清光緒十五年(1889)刻本　二冊

220000－0841－0003972　史8047K

[清光緒十年]爵秩全覽不分卷　(清)□□撰　清光緒三十四年(1908)刻本　六冊　存六冊(十二至十七)

220000－0841－0003973　史8048K

[清光緒]內務府爵秩全覽不分卷　(清)□□撰　清光緒十五年(1889)刻本　一冊

220000－0841－0003974　史8046K

[清光緒三十二年]爵秩全覽不分卷　(清)□□撰　清宣統三年(1911)刻本　六冊

220000－0841－0003975　史4215K

[清光緒二十五年]爵秩全覽不分卷　(清)□□撰　清光緒二十九年(1903)刻本　四冊

220000－0841－0003976　史4216K

[清光緒二十五年]爵秩全覽不分卷　(清)□□撰　清光緒三十年(1904)刻本　四冊

220000－0841－0003977　史8783K

[清光緒二十五年]新增爵秩全覽不分卷　(清)□□撰　清光緒二十六年(1900)刻本　二冊

220000－0841－0003978　史4213K

[清光緒]新增爵秩全覽不分卷　(清)□□撰　清光緒二十八年(1902)刻本　二冊

220000－0841－0003979　史4223K

[清光緒二十八年]新增爵秩全覽不分卷　(清)□□撰　清光緒二十八年(1902)刻本　六冊

220000－0841－0003980　史4219K

[清光緒二十八年]爵秩全覽不分卷　(清)□□撰　清光緒二十九年(1903)刻本　四冊

220000－0841－0003981　史4218K

[清光緒三十年]爵秩全覽不分卷　(清)□□撰　清光緒三十一年(1905)刻本　四冊

220000－0841－0003982　史4220K

[清光緒三十年至三十一年]爵秩全覽不分卷　(清)□□撰　清光緒三十一年(1905)刻本　四冊

220000－0841－0003983　史4217K

[清光緒三十一年]爵秩全覽不分卷　(清)□□撰　清光緒三十二年(1906)刻本　四冊

220000－0841－0003984　史10840K

[清光緒]爵秩全覽不分卷　(清)榮錄堂編

清光緒榮錄堂刻本　二十冊

220000－0841－0003985　史 4222K
[清宣統元年]爵秩全覽不分卷　(清)□□撰　清宣統元年(1909)刻本　四冊

220000－0841－0003986　史 4221K
[清宣統元年]爵秩全覽不分卷　(清)□□撰　清宣統元年(1909)刻本　四冊

220000－0841－0003987　史 4214K
[清宣統元年]爵秩全覽不分卷　(清)□□撰　清宣統二年(1910)刻本　六冊

220000－0841－0003988　史 9209K
[清宣統]爵秩全覽不分卷　(清)□□撰　清宣統三年(1911)刻本　四冊

220000－0841－0003989　善 0522
杜氏通典二百卷　(唐)杜佑撰　明嘉靖十八年(1539)王德溢吳鵬刻本　四十冊

220000－0841－0003990　善 0463
杜氏通典二百卷　(唐)杜佑撰　明嘉靖李元陽刻本　五十冊

220000－0841－0003991　史 6739K
通典二百卷　(唐)杜佑纂　清同治十年(1871)學海堂刻本　四十冊

220000－0841－0003992　善 2039
通志二百卷　(宋)鄭樵撰　元大德三山郡庠刻元明遞修本　三冊

220000－0841－0003993　善 0175
文獻通考三百四十八卷　(元)馬端臨撰　明嘉靖三年(1524)司禮監刻本　一百冊

220000－0841－0003994　善 2808
文獻通考三百四十八卷首一卷　(元)馬端臨撰　明嘉靖馮天馭刻本　一百冊

220000－0841－0003995　史 7863
文獻通考二十四卷首一卷　(元)馬端臨撰　清光緒二十九年(1903)上海點石齋縮小石印本　二十四冊

220000－0841－0003996　善 0549
續文獻通考二百五十四卷　(明)王圻撰　明萬曆三十一年(1603)曹時聘、許維新等刻本　六十冊

220000－0841－0003997　史 10971F
三通序不分卷　(清)康綸鈞編　清道光十年(1830)刻本　三冊

220000－0841－0003998　史 11165K
三通序不分卷　(清)蔣德鈞輯　清光緒十四年(1888)蔣氏求實齋刻本　二冊

220000－0841－0003999　史 6741K
皇朝通典一百卷　(清)嵇璜等纂　清光緒元年(1875)學海堂刻本　三十二冊

220000－0841－0004000　史 10266F
皇朝通典一百卷　(清)嵇璜等纂　清光緒八年(1882)浙江書局刻九通全書本　四十冊

220000－0841－0004001　史 6740K
續通典一百五十卷　(清)嵇璜等纂　清光緒元年(1875)學海堂刻本　四十冊

220000－0841－0004002　史 10291F
皇朝文獻通考三百卷　(清)嵇璜等纂　清光緒二十八年(1902)上海鴻寶書局石印本　三十二冊

220000－0841－0004003　史 11212K
皇朝續文獻通考三百二十卷　(清)劉錦藻纂　清光緒三十一年(1905)堅匏盦鉛活字印本　四十一冊　存一百五十四卷(四十二至七十九、一百六十八至一百七十五、一百八十五至二百九十二)

220000－0841－0004004　史 5131K
九通二百卷　(□)□□撰　清光緒二十二年(1896)浙江書局刻本　一千冊

220000－0841－0004005　史 6899K
九通　(□)□□撰　清光緒二十八年(1902)石印本　五十二冊　缺六卷(續通考三十二至三十七)

220000－0841－0004006　史 6114K
九通通二百四十八卷首一卷　(清)劉可毅輯

清光緒二十八年(1902)劉氏校石印本　六十冊

220000－0841－0004007　史 6220K
九通提要十二卷　(清)柴紹炳纂　清光緒二十八年(1902)石印本　四冊

220000－0841－0004008　史 9535K
西漢會要七十卷　(宋)徐天麟撰　清光緒五年(1879)嶺南學海堂刻本　十冊

220000－0841－0004009　史 5856K
西漢會要七十卷　(宋)徐天麟撰　清光緒十年(1884)江蘇書局刻本　十冊

220000－0841－0004010　史 10064K
東漢會要四十卷　(宋)徐天麟撰　清光緒五年(1879)嶺南學海堂刻本　八冊

220000－0841－0004011　史 5858K
東漢會要四十卷　(宋)徐天麟撰　清光緒十年(1884)江蘇書局刻本　八冊

220000－0841－0004012　史 8814K
三國會要二十二卷　(清)楊晨撰　清光緒二十六年(1900)江蘇書局刻本　六冊

220000－0841－0004013　史 5866K
唐會要一百卷　(宋)王溥撰　清光緒江蘇書局刻本　二十四冊

220000－0841－0004014　史 9336K
五代會要三十卷　(宋)王溥撰　清道光十一年(1831)信芳閣木活字印本　六冊

220000－0841－0004015　史 5867K
五代會要三十卷　(宋)王溥撰　清光緒十二年(1886)江蘇書局刻本　六冊

220000－0841－0004016　史 5878K
五代會要三十卷　(宋)王溥撰　**校勘記**　(清)沈鎮　(清)朱福泰撰　清光緒刻本　六冊

220000－0841－0004017　史 6315K
宋朝事實二十卷　(宋)李攸撰　清光緒十九年(1893)刻本　八冊

220000－0841－0004018　史 6151K
建炎以來朝野雜記甲集二十卷乙集二十卷校刊記三卷　(宋)李心傳撰　**校勘記二卷**　(清)孫星華撰　清光緒二十年(1894)刻本　十四冊

220000－0841－0004019　史 6839K
漢制考四卷　(宋)王應麟撰　清光緒十年(1884)刻本　二冊

220000－0841－0004020　史 6628K
元典章六十卷新集不分卷　(明)□□撰　清光緒法律館刻本　二十二冊

220000－0841－0004021　史 7848K
元典章前集六十卷新集不分卷　(元)□□撰　清光緒三十四年(1908)刻本　二十四冊

220000－0841－0004022　善 0417
大明會典二百二十八卷　(明)申時行等纂修　明天啓元年(1621)刻本　三十六冊

220000－0841－0004023　善 0437
皇明世法錄九十二卷　(明)陳仁錫撰　明崇禎刻本　三冊　存六卷(十一至十二、三十八至三十九、四十四至四十五)

220000－0841－0004024　善 0229
皇明制書二十卷　明萬曆張鹵刻本　五冊　存五卷(十六至二十)

220000－0841－0004025　善 0521
國朝典彙二百卷　(明)徐學聚撰　明天啓四年(1624)徐與參刻崇禎七年(1634)徐介壽重修本　四十冊

220000－0841－0004026　史 5864K
明會要八十卷　(清)龍文彬撰　清光緒刻本　二十冊

220000－0841－0004027　善 0376
大清會典一百六十二卷　(清)伊桑阿等纂修　清康熙内府刻本　六十冊

220000－0841－0004028　善 2316
大清會典二百五十卷　(清)尹泰等纂修　清雍正十年(1732)内府刻本　一百冊

220000－0841－0004029　史6410K
大清會典八十卷事例九百二十卷圖一百三十二卷　（清）托津纂　清嘉慶二十三年（1818）武英殿刻本　四百五十二冊

220000－0841－0004030　史6797K
欽定大清會典一百卷　（清）崑岡等纂修　清光緒二十五年（1899）京師官書局石印本　二十八冊

220000－0841－0004031　史10279K
大清會典一百卷事例一千二百二十卷　（清）崑岡等纂修　清光緒三十四年（1908）上海商務印書館石印本　一百六十冊

220000－0841－0004032　史5824F
欽定大清會典圖二百七十卷　（清）崑岡等纂修　清光緒二十五年（1899）石印本　七十四冊

220000－0841－0004033　史12307F
欽定大清會典事例一千二百二十卷　（清）崑岡等纂修　清光緒二十五年（1899）石印本　十一冊　存四十二卷（一百二十六至一百三十七、一千五十八至一千八十七）

220000－0841－0004034　史2279K
欽定大清會典一百卷事例一千二百二十卷圖二百七十卷　（清）崑岡等纂修　清光緒二十五年（1899）石印本　五百三十冊　缺一百三卷（事例八百二十一至九百二十三）

220000－0841－0004035　史6752K
欽定大清會典一百卷事例一千二百二十卷　（清）崑岡等纂修　清宣統元年（1909）商務印書館石印本　一百六十冊

220000－0841－0004036　史5910
資治新書初集十四卷首一卷二集二十卷　（清）李漁輯　清康熙金陵翼聖堂書坊刻本　三十八冊

220000－0841－0004037　善3435
資治新書初集十四卷首一卷二集二十卷　（清）李漁輯　清康熙文錦堂刻翼聖堂續刻本　十六冊

220000－0841－0004038　史6117
資治新書初集十四卷首一卷二集二十卷　（清）李漁輯　清書業堂刻本　二十四冊

220000－0841－0004039　史9545K
資治新書十四卷首一卷二集二十卷　（清）李漁輯　清光緒二十年（1894）上海圖書集成印書局鉛活字印本　十二冊

220000－0841－0004040　史6412
實政錄七卷　（明）呂坤撰　明萬曆二十六年（1598）趙文炳刻本　十冊

220000－0841－0004041　史10431K
歷代政治類編十二卷　（清）柴紹炳輯　清光緒二十七年（1901）上海自強局石印本　六冊

220000－0841－0004042　史5547
本朝政治全書前集十二卷後集六卷附錄八卷　（清）朱植仁輯　清雍正刻本　四冊　存二卷（前集吏部上下）

220000－0841－0004043　史6006K
吾學錄初編二十四卷　（清）吳榮光撰　清道光二十九年（1849）刻本　七冊

220000－0841－0004044　史6004K
吾學錄初編二十四卷　（清）吳榮光撰　清同治九年（1870）江蘇書局刻本　六冊

220000－0841－0004045　史6322K
大清會典便蒙述略二十七卷　（□）□□撰　清光緒三十年（1904）刻本　二冊

220000－0841－0004046　史6037K
西江政要六卷　（清）□□撰　清乾隆至道光刻本　六冊

220000－0841－0004047　史5151K
盛京典制備考八卷首一卷　（清）崇厚撰　清光緒四年（1878）刻本　六冊

220000－0841－0004048　史5472K
盛京典制備考八卷首一卷　（清）崇厚撰　清光緒二十五年（1899）刻本　六冊

220000－0841－0004049　史10325K
石渠餘紀六卷　（清）王慶雲撰　清光緒十六

年(1890)龍氏刻本　六冊

220000－0841－0004050　史7204K
熙朝紀政六卷　(清)王慶雲撰　清光緒二十四年(1898)宛平許葉芬重校縮印本　六冊

220000－0841－0004051　史6768K
熙朝紀政六卷　(清)王慶雲撰　清光緒二十七年(1901)石印本　二冊

220000－0841－0004052　史6453K
康熙政要二十四卷　(清)章梫撰　清宣統二年(1910)鉛活字印本　十一冊

220000－0841－0004053　史6472K
元朝典故編年考十卷　(清)孫承澤撰　清光緒順德龍裕光刻螺樹山房叢書本　四冊

220000－0841－0004054　史11319K
三代正朔通考一卷　(清)崔述撰　清道光四年(1824)東陽縣署刻崔東壁遺書本　一冊

220000－0841－0004055　史6118K
皇朝瑣屑錄四十四卷　(清)鍾琦撰　清光緒二十三年(1897)刻本　十冊

220000－0841－0004056　史6607K
皇朝政典類纂五百卷　沈惟賢等撰　清光緒二十九年(1903)上海圖書集成局鉛活字印本　一百二十冊

220000－0841－0004057　史6508K
探杏譜一卷磨勘條例摘要不分卷　(清)馮文蔚等撰　清光緒十一年(1885)刻本　一冊

220000－0841－0004058　史6248K
考察政治日記(光緒三十一年六月十四日至三十二年六月三日)　(清)載澤等　清光緒三十四年(1908)鉛活字印本　一冊

220000－0841－0004059　集9770K
問心齋學治雜錄二卷續錄四卷延秋吟館詩鈔四卷續鈔四卷　(清)張聯桂撰　清光緒十一年至十八年(1885－1892)刻本　八冊

220000－0841－0004060　史9734K
新政真詮不分卷　(清)何啟等撰　清光緒二十七年(1901)吳雲記廣譯書局鉛活字印本　八冊

220000－0841－0004061　史9530K
奏定城鎮鄉地方自治並選舉章程不分卷　(清)民政部奏定　清光緒三十四年(1908)中國圖書公司鉛活字印本　一冊

220000－0841－0004062　史6149K
中外大略四十八卷　(清)羅傳瑞編　清光緒二十三年(1897)東粵經韻樓倣聚珍式鉛活字印本　二十六冊

220000－0841－0004063　史5922K
中外時務策府統宗四十四卷　(清)文昌書局編　清光緒二十四年(1898)上海寶善書局石印本　二十冊

220000－0841－0004064　史6127K
列國政要一百三十二卷首一卷　(清)端方撰　清光緒三十三年(1907)上海商務印書館石印本　三十二冊

220000－0841－0004065　史10154K
列國政要續編九十四卷　(清)端方撰　清宣統三年(1911)石印本　三十二冊

220000－0841－0004066　史7200K
五大洲政治通考四十八卷　(清)徐準宜輯　清光緒二十七年(1901)江左書林石印本　十二冊

220000－0841－0004067　史6256K
日本政治要覽五編　(□)□□撰　清光緒三十三年(1907)鉛活字印本　一冊

220000－0841－0004068　史12263K
列國政治通考十八卷　(□)□□撰　清石印本　十二冊

220000－0841－0004069　史6393K
地方自治研究會丙午年報告書　(清)地方自治研究會撰　清光緒鉛活字印本　一冊

220000－0841－0004070　叢0628K
政藝叢書　鄧實編　清光緒二十八年至三十三年(1902－1907)上海政藝通報館石印鉛活字印本　一百六冊

220000－0841－0004071　史 5942K

大金德運圖說一卷　(金)尚書省集議德運案牘　清南海孔氏嶽雪樓抄本　一冊

220000－0841－0004072　善 0439

孔廟禮樂考六卷　(明)瞿九思撰　明萬曆三十五年(1607)史學遷刻本　六冊

220000－0841－0004073　善 3319

歷代封建考二十卷　明刻本　四冊

220000－0841－0004074　子 3851K

慮得集四卷附錄二卷　華悰韡撰　清同治十一年(1872)刻本　一冊

220000－0841－0004075　善 2887

太常紀要十五卷　(清)江蘩撰　清康熙四十一年(1702)刻本　四冊

220000－0841－0004076　善 3147

幸魯盛典四十卷　(清)孔毓圻等輯　清康熙五十年(1711)刻本　十二冊

220000－0841－0004077　史 6133K

大清通禮五十四卷　(清)穆克癸額續撰　清道光四年(1824)刻本　十二冊

220000－0841－0004078　史 6136K

欽定大清通禮五十四卷　(清)恆泰等纂　清光緒九年(1883)江蘇書局刻本　十二冊

220000－0841－0004079　史 12295K

大清通禮不分卷　(清)宣宗旻寧續纂　清光緒刻本　二冊

220000－0841－0004080　善 0205

南巡盛典一百二十卷　(清)高晉等輯　清乾隆三十六年(1771)刻本　四十八冊

220000－0841－0004081　史 12304K

南巡盛典一百二十卷　(清)高晉等輯　清乾隆三十六年(1771)武英殿刻本　十八冊　存四十五卷(一至二十六、一百二至一百二十)

220000－0841－0004082　史 7930K

南巡盛典一百二十卷　(清)高晉等輯　清光緒八年(1882)上海點石齋石印本　八冊

220000－0841－0004083　史 7915

西巡盛典二十四卷首一卷　(清)董誥等纂修　清嘉慶十七年(1812)武英殿聚珍版印本　十二冊

220000－0841－0004084　史 9037

俎豆集三十卷　(清)潘承焯撰　清乾隆四十三年(1778)刻本　八冊

220000－0841－0004085　善 0409

蘇州府微顯志八卷　(清)蕭翀撰　清雍正刻本　二冊

220000－0841－0004086　史 9310K

南工廟祠祀典三卷　(清)李奉翰纂輯　清乾隆四十四年(1779)刻本　三冊

220000－0841－0004087　史 9874K

黌宮禮樂圖譜二卷　(清)錢崑秀輯　清道光二十三年(1843)刻本　二冊

220000－0841－0004088　史 7804K

聖廟祀典圖考五卷聖蹟圖一卷孟子聖蹟圖一卷　(清)顧沅輯　清道光六年(1826)刻本　六冊

220000－0841－0004089　史 8891K

聖廟祀典圖考三卷聖蹟圖一卷孟子聖蹟圖一卷　(清)顧沅撰　清上海同文書局縮印本　四冊

220000－0841－0004090　史 6531K

文廟丁祭譜一卷祭祀圖不分卷　(清)□□撰　清同治七年(1868)江蘇書局刻本　一冊

220000－0841－0004091　史 11688K

文廟上丁禮樂備考四卷　(清)吳祖昌等撰　清同治九年(1870)刻本　六冊

220000－0841－0004092　史 9756K

文廟從祀位次考一卷鄒縣孟廟從祀位次考一卷　(清)陳錦輯　清光緒十二年(1886)橘蔭軒刻本　一冊

220000－0841－0004093　史 6142K

文廟祀典考五十卷首一卷　(清)龐鍾璐撰　清光緒四年(1878)刻本　八冊

220000－0841－0004094　子0186K
直省釋奠禮樂記六卷首一卷末一卷　(清)應寶時等纂輯　清同治十二年(1873)仁和吴恒等刻本　四册

220000－0841－0004095　史11655K
同治大婚禮節一卷　清同治刻本　一册

220000－0841－0004096　史11709K
同治大婚典禮不分卷　清同治木活字印本　四册

220000－0841－0004097　經2301K
大婚禮節一卷　清同治刻本　一册

220000－0841－0004098　史6895K
大婚禮節不分卷　清光緒刻本　一册

220000－0841－0004099　史11537K
大行嘉順皇后崩逝應行禮節事宜不分卷　清光緒木活字印本　一册

220000－0841－0004100　史11708K
光緒大婚典禮不分卷　清光緒木活字印本　一册

220000－0841－0004101　史10624K
皇朝祭器樂舞錄二卷關帝文昌樂舞譜一卷　(清)徐暢達輯　清同治十年(1871)湖北崇文書局刻本　三册

220000－0841－0004102　史7649K
皇朝謚法表十卷　(清)楊樹編　清光緒二十八年(1902)刻本　二册

220000－0841－0004103　史3616K
皇朝謚法考五卷續編一卷補編一卷　(清)鮑康輯　**續補編一卷**　(清)徐士鑾等輯　清同治三年(1864)刻本　一册

220000－0841－0004104　史8611K
漢晋迄明謚彙考十卷清謚彙考五卷　(清)劉長華輯　清光緒刻本　三册

220000－0841－0004105　經2131
釋奠蠡言八卷　(清)朱榛編　清乾隆十七年(1752)刻本　一册

220000－0841－0004106　史10575K
奏摺譜一卷　(清)饒旬宣輯　清光緒十三年(1887)京都刻本　一册

220000－0841－0004107　子4730K
聖門樂志一卷　(清)孔繼汾纂　清光緒十三年(1887)刻本　一册

220000－0841－0004108　史11298K
實錄畫一書法一卷　(□)□□撰　清光緒京師京華印書局鉛活字印本　一册

220000－0841－0004109　史10692K
敬避字樣一卷磨勘條例摘要一卷　(清)鄭瓊詔撰　清光緒五年(1879)輯長庚桂林刻本　一册

220000－0841－0004110　史9390K
皇朝謚彙考五卷　(清)劉長華輯　清光緒元年(1875)槐雲閣刻本　二册

220000－0841－0004111　史6049K
吏部考功司修改則例不分卷　(清)吏部修　清光緒刻本　一册

220000－0841－0004112　史6427K
欽定吏部稽勳司則例八卷　(清)吏部修　清咸豐刻本　四册

220000－0841－0004113　史5589
欽定吏部則例四十七卷　(清)吏部修　清乾隆武英撰刻本　二十三册

220000－0841－0004114　史6042K
欽定吏部則例六卷　(清)吏部修　清同治刻本　六册

220000－0841－0004115　史6470
欽定吏部處分則例四十七卷　(清)吏部修　清雍正刻本　十六册

220000－0841－0004116　史5576K
欽定吏部處分則例三十八卷　(清)吏部修　清同治刻本　十册

220000－0841－0004117　史6413K
欽定理藩部則例六十四卷　(清)理藩部修　清光緒三十四年(1908)鉛活字印本　十六册

220000－0841－0004118　史6443K
欽定理藩院則例六十四卷　（清）理藩院修　清光緒十二年(1886)刻本　三十二册

220000－0841－0004119　史6432K
欽定吏部驗封司則例六卷　（清）吏部驗封司修　清道光刻本　二册

220000－0841－0004120　史6422K
欽定吏部處分則例五十二卷　（清）吏部修　清道光刻本　二十册

220000－0841－0004121　史6435
欽定吏部處分則例五十二卷　（清）吏部修　清咸豐刻本　二十册

220000－0841－0004122　史6428K
欽定吏部銓選則例漢官八卷滿官五卷首一卷　（清）吏部修　清光緒刻本　十八册

220000－0841－0004123　史6429K
欽定吏部銓選則例八卷　（清）吏部修　清光緒刻本　八册

220000－0841－0004124　史9465K
欽定吏部章程三十二卷　（清）吏部修　清同治刻本　十二册

220000－0841－0004125　史6426K
欽定吏部文選司銓選章程三十二卷　（清）吏部修　清同治刻本　十二册

220000－0841－0004126　史9847K
布政司衙門刊頒光緒五年至十二年條例不分卷　（清）布政司衙門編　清光緒刻本　八册

220000－0841－0004127　史6424K
欽定臺規二十卷　清嘉慶刻本　八册

220000－0841－0004128　史6421K
欽定臺規四十卷首一卷　清道光刻本　十六册

220000－0841－0004129　史6423K
欽定臺規四十二卷首一卷　清光緒十八年(1892)刻本　二十四册

220000－0841－0004130　史6056K
察吏六條不分卷　（□）□□撰　（清）張之洞鑒定　清同治刻本　一册

220000－0841－0004131　史6436K
欽定戶部則例九十九卷目錄一卷　（清）戶部修　清道光二年(1822)刻本　六十四册

220000－0841－0004132　史10853K
戶部奏捐例不分卷　（清）戶部修　清光緒木活字印本　一册

220000－0841－0004133　史8903K
磨勘條例四卷　清嘉慶刻本　一册

220000－0841－0004134　史6333K
現行常例不分卷　（清）□□撰　清道光刻本　一册

220000－0841－0004135　史5588K
欽定王公處分章程四卷　清道光內府刻本　四册

220000－0841－0004136　史8834K
治浙成規八卷　（清）浙江布政使司編　清道光刻本　二十四册

220000－0841－0004137　史10574K
鼓勵捐輸事例不分卷　（清）戶部撰　清道光十三年(1833)刻本　一册

220000－0841－0004138　史6473K
欽定重修六部處分則例不分卷　清光緒三年(1877)全東書行刻本　二十四册

220000－0841－0004139　史10432K
欽定續纂六部處分則例四十七卷首一卷　清嘉慶十年(1805)刻本　三十二册

220000－0841－0004140　史6438K
欽定宗人府則例二十三卷　（清）宗人府修　清嘉慶內府刻本　十二册

220000－0841－0004141　史8997K
欽定宗人府則例三十一卷首一卷　（清）宗人府修　清光緒刻本　十册

220000－0841－0004142　史11293K
理藩院則例六十四卷通例二卷　（清）理藩院

修　清光緒十七年(1891)刻本　三十二册

220000-0841-0004143　史10477K
理藩部則例六十四卷　(清)□□撰　清光緒三十四年(1908)鉛活字印本　十六册

220000-0841-0004144　子0428K
中樞例限秋審章程刺字彙纂　(清)王文槐等編　清嘉慶刻本　一册

220000-0841-0004145　史6016K
籌餉事例不分卷　(清)□□撰　清同治刻本　四册

220000-0841-0004146　史6823K
[清同治七年至九年各季分條例]不分卷　(清)□□撰　清同治官刻本　一册

220000-0841-0004147　史10071
欽定宫中現行則例四卷　清嘉慶二十五年(1820)武英殿刻本　四册

220000-0841-0004148　史5572K
欽定宫中現行則例四卷　清光緒鉛活字印本　四册

220000-0841-0004149　史10189K
欽定宫中現行則例四卷　清光緒鉛活字印本　四册

220000-0841-0004150　史6471K
欽定工部則例一百十六卷首一卷　(清)工部修　清光緒刻本　四十册

220000-0841-0004151　史9123K
大清礦務章程不分卷　(清)劉坤一　(清)張之洞纂訂　清光緒三十三年(1907)刻本　一册

220000-0841-0004152　史6810K
擬定成規二卷　(清)工部修　清乾隆刻本　二册

220000-0841-0004153　子1553F
鏡鏡詅癡五卷　(清)鄭復光撰　清道光二十七年(1847)刻連筠簃叢書本　二册

220000-0841-0004154　史9779K
黑龍江漠河籌辦礦務章程不分卷　(清)李金鏞撰　清光緒刻本　一册

220000-0841-0004155　史6355K
山西清查章程一卷　(□)□□撰　清光緒九年(1883)江西書局刻本　一册

220000-0841-0004156　史8635K
條例□□卷　(清)□□編　清刻本　四十册

220000-0841-0004157　史6648K
刑部奏定新章四卷　清光緒二十年(1894)續刻本　四册

220000-0841-0004158　史6353K
商辦漢冶萍煤鐵廠股份有限公司推廣加股章程不分卷　盛宣懷等撰　清光緒三十四年(1908)鉛活字印本　一册

220000-0841-0004159　史6824K
武選司現行章程不分卷　清光緒木活字印本　二册

220000-0841-0004160　史6642K
天津府屬試辦審判廳章程不分卷　袁世凱撰　清光緒鉛活字印本　一册

220000-0841-0004161　史6253K
出使章程不分卷　(□)□□撰　清光緒鉛活字印本　一册

220000-0841-0004162　史9470K
交通銀行章程不分卷　(清)度支部修　清光緒鉛活字印本　一册

220000-0841-0004163　史9248K
兩廣學務處章程不分卷　清光緒鉛活字印本　一册

220000-0841-0004164　史9194K
簡州學田章程不分卷　(清)□□輯　清光緒刻本　一册

220000-0841-0004165　史9471K
奏定釐訂各種銀行則例摺不分卷　(清)度支部釐訂　清光緒鉛活字印本　一册

220000-0841-0004166　史9378K

寧紹商輪有限公司章程　(清)寧紹商輪有限公司董事會議訂　清光緒鉛活字印本　一冊

220000－0841－0004167　史 6525K
湖北漢陽府中學堂章程不分卷　(清)余肇康審訂　清光緒木活字印本　一冊

220000－0841－0004168　史 8958K
戶部籌餉海防新章不分卷　(清)戶部編　清光緒榮錄堂刻本　七冊

220000－0841－0004169　史 11068K
廣東錢局銀廠章程不分卷　(清)廣東錢局撰　清光緒刻本　一冊

220000－0841－0004170　史 9493K
浙江諮議局各種規則　(清)浙江諮議局辦事處編　清光緒鉛活字印本　一冊

220000－0841－0004171　史 10860K
城鎮鄉地方自治章程表不分卷　(清)沈爾昌編纂　清宣統元年(1909)預備立憲會議鉛活字印本　一冊

220000－0841－0004172　史 11321K
嘉應種桂第一公司章程不分卷　黃錫銓撰　清宣統二年(1910)粵東編譯公司鉛活字印本　一冊

220000－0841－0004173　史 7793K
清官制中規定各項限期表二卷　(□)□□輯　清抄本　二冊

220000－0841－0004174　史 9485K
造幣總廠鑄造銀幣試辦章程不分卷　(清)造幣總廠核定　清鉛活字印本　一冊

220000－0841－0004175　史 6787K
海參崴公董局城治章程不分卷　李家鏊譯　清光緒鉛活字印本　一冊

220000－0841－0004176　史 12291K
推廣賑捐章不分卷　清光緒刻本　一冊

220000－0841－0004177　史 11713K
詳定整頓命盜案及清理詞訟功過罰銀章程不分卷　(清)刑部撰　清光緒刻本　一冊

220000－0841－0004178　史 6084K
貨物課稅則例不分卷　清光緒刻本　一冊

220000－0841－0004179　史 10826K
樂山縣三費章程一卷　(清)黎金炬訂　清光緒刻本　一冊

220000－0841－0004180　史 6457K
江蘇省例一卷續編一卷三編一卷　(清)□□撰　清同治至光緒江蘇書局刻本　八冊

220000－0841－0004181　史 6460K
江蘇省例一卷續編一卷三編一卷四編一卷　(清)□□撰　清同治至光緒江蘇書局刻本　十二冊

220000－0841－0004182　史 6821K
光緒元年夏季條例不分卷　(清)□□撰　清光緒刻本　一冊

220000－0841－0004183　史 5571K
金吾事例六卷　(清)多羅定郡王撰　清咸豐刻本　十二冊

220000－0841－0004184　史 9443K
欽定科場條例六十卷　(清)麟桂等纂修　清道光刻本　十二冊

220000－0841－0004185　史 6189K
摘錄續增科場條例一卷　(清)□□撰　清光緒刻本　一冊

220000－0841－0004186　史 6041K
摘錄續增科場條例一卷　(清)□□撰　清光緒刻本　一冊

220000－0841－0004187　善 3497
欽定學政全書八十卷　(清)素爾訥等纂修　清乾隆三十九年(1774)武英殿刻本　十二冊

220000－0841－0004188　善 2950
欽定學政全書八十二卷　(清)王杰等續修　清乾隆五十八年(1793)刻本　十六冊

220000－0841－0004189　史 7905K
欽定學政全書八十六卷　(清)童璜等撰　清嘉慶刻本　二十四冊

220000－0841－0004190　史 5904K
欽定學政全書八十六卷　(清)童璜等撰　清嘉慶十七年(1812)刻本　二十四册

220000－0841－0004191　史 5871
續增學政全書　清刻本　四册

220000－0841－0004192　善 3559
許氏五世重修儀徵學記一卷　(清)陳詩等撰　清乾隆刻本　一册

220000－0841－0004193　史 6600K
科名金鍼不分卷　(清)丁心齋撰　清同治刻本　一册

220000－0841－0004194　史 6524K
湖北師範學堂速成章程十八章　湖北師範學堂編　清木活字印本　一册

220000－0841－0004195　史 8871K
學案初模二十卷續編二十卷　(清)伊里布編輯　清光緒七年(1881)刻本　二十册

220000－0841－0004196　史 9013K
學案初模續編二十卷　(清)伊里布編輯　清光緒十九年(1893)刻本　八册

220000－0841－0004197　史 6754K
訓學良規一卷　(清)何鏞撰　清光緒八年(1882)鉛活字印本　一册

220000－0841－0004198　子 5269K
棉陽書院學規節鈔一卷　(清)藍鼎元撰　清同治元年(1862)拙修齋刻本　一册

220000－0841－0004199　史 10798K
兩江法政學堂章程一卷　兩江法政學堂編　清光緒三十四年(1908)南京印書館鉛活字印本　一册

220000－0841－0004200　史 6500K
教育世界十八卷　羅振玉輯　清光緒二十七年(1901)刻本　四册

220000－0841－0004201　叢 1163K
教育叢書初集　羅振玉輯　清光緒二十七年(1901)教育世界出版所刻本　十四册

220000－0841－0004202　史 6546K
學務雜志不分卷　(清)兩江學務處編輯　清光緒三十二年(1906)鉛活字印本　一册

220000－0841－0004203　史 8931K
南菁學約一卷　(清)王雅馴編　清光緒三十年(1904)刻本　一册

220000－0841－0004204　子 0311K
奏定陸軍學堂辦法一卷　(清)奕劻等撰　清光緒三十年(1904)刻本　一册

220000－0841－0004205　子 0404K
奏定陸軍小學堂章程不分卷　(清)奕劻等撰　清光緒三十一年(1905)鉛活字印本　一册

220000－0841－0004206　史 6758K
北洋客籍學堂識小錄不分卷　孫雄撰　清光緒三十四年(1908)木活字印本　一册

220000－0841－0004207　史 6599K
江蘇存古學堂綱要　(清)江蘇存古學堂編制　清光緒三十四年(1908)木活字印本　四册

220000－0841－0004208　史 6549K
東瀛參觀學校記不分卷　(清)呂珮芬撰　清光緒三十四年(1908)呂氏晚節香齋鉛活字印本　一册

220000－0841－0004209　史 6100K
調查日本郵電學堂報告書不分卷　(清)李景銘　(清)方兆鼇編　清宣統元年(1909)圖書通譯局鉛活字印本　一册

220000－0841－0004210　史 6559K
籌辦湖北各學堂摺不分卷　(清)張之洞等撰　清光緒刻本　一册

220000－0841－0004211　史 11023K
海甯州城重設留嬰堂徵信錄不分卷　(清)姚壽祺輯　清光緒刻本　二册

220000－0841－0004212　史 6522K
中東兩路高等小學堂一覽不分卷　(清)中東兩路高等小學堂編訂　清光緒木活字印本　一册

220000－0841－0004213　史 11651K

廣東省各屬學堂報告表式八種　（□）□□撰　清刻本　一冊

220000－0841－0004214　史 8939K

山東省城大學堂暫行試辦章程不分卷　（清）山東省城大學纂　清抄本　一冊

220000－0841－0004215　史 11198K

新疆高等學堂章程不分卷　（□）□□撰　清光緒三十一年（1905）木活字印本　一冊

220000－0841－0004216　史 6535K

通州師範學校章程不分卷　（清）張謇等撰　清光緒二十九年（1903）鉛活字印本　一冊

220000－0841－0004217　史 6498K

奏定學堂章程不分卷　（清）張百熙等撰　清光緒浙江學務處刻本　二冊

220000－0841－0004218　史 6141K

奏定學堂章程不分卷　（清）張百熙等撰　清光緒二十九年（1903）刻本　五冊

220000－0841－0004219　史 6497K

奏定學堂章程校勘記一卷　（清）張百熙等撰　清光緒二十九年（1903）鉛活字印本　五冊

220000－0841－0004220　史 6513K

江蘇中學堂暫用章程　（清）江蘇學務處編　清光緒三十年（1904）鉛活字印本　一冊

220000－0841－0004221　史 10726K

學部奏定各學堂考試章程　（清）學部撰　清光緒三十二年（1906）鉛活字印本　一冊

220000－0841－0004222　史 10852K

陝西賑捐虛銜封典各項章程不分卷　（□）□□撰　清石印本　一冊

220000－0841－0004223　史 6512K

初級師範學堂章程　（清）學務處編　清鉛活字印本　一冊

220000－0841－0004224　史 6511K

初等小學堂章程　（清）學務處編　清鉛活字印本　一冊

220000－0841－0004225　史 9007K

重定學務章程不分卷　（清）張百熙等奏定　清光緒三十年（1904）成都官報書局鉛活字印本　一冊

220000－0841－0004226　史 11146K

廣東武備學堂試辦簡要章程　（□）□□撰　清刻本　一冊

220000－0841－0004227　冀 0215

武安縣鄉土蒙學教科讀本　（清）錢祥保編　清光緒三十二年（1906）刻本　一冊

220000－0841－0004228　集 10217K

高等小學國文讀本四卷　顧倬編　清光緒三十一年（1905）上海文明書局鉛活字印本　一冊

220000－0841－0004229　史 6633K

兩湖文高等學堂一覽不分卷　（清）張之洞等編　清光緒刻本　一冊

220000－0841－0004230　子 0718K

中等算術教科書二卷　（清）陳榥撰　清光緒三十二年（1906）鉛活字印本　二冊

220000－0841－0004231　冀 0229

天津縣地理教科書十章　題集思堂居士撰　清末鉛印本　一冊

220000－0841－0004232　史 10416K

高等小學地理教科書不分卷　張國維撰　清光緒三十一年（1905）上海文明書局鉛活字印本　一冊

220000－0841－0004233　史 10675K

輿地學講義不分卷　（清）韓樸存編　清光緒三十二年（1906）京師譯學館鉛活字印本　一冊　存六十課（六十八至一百二十七）

220000－0841－0004234　史 10523K

蒙學中國歷史教科書八篇　（清）文明書局編纂　清光緒三十二年（1906）上海文明書局鉛活字印本　二冊

220000－0841－0004235　史 1434K

中國歷史教科書七卷　商務印書館編輯　清光緒三十二年（1906）上海商務印書館鉛活字

印本　二冊

220000－0841－0004236　史 5757K

滿蒙史斠義不分卷　馬震昀撰　清滿蒙文高等學堂油印本　一冊

220000－0841－0004237　史 9431K

皇朝事略不分卷　(清)直隸學校司編譯處編　清光緒二十九年(1903)學校司排印局石印本　一冊

220000－0841－0004238　史 8689K

士庶備覽十四卷　題津門佟氏節抄　清光緒十八年(1892)刻本　八冊

220000－0841－0004239　史 6502K

日本學校述略不分卷　(清)姚錫光述　清光緒二十四年(1898)浙江書局刻本　一冊

220000－0841－0004240　史 5663K

東倭表不分卷　(清)□□編　清光緒鉛活字印本　一冊

220000－0841－0004241　史 6509K

日本東京府尋常中學校一覽不分卷　(清)翁崑壽譯　清光緒二十八年(1902)正學堂刻本　一冊

220000－0841－0004242　史 5743K

東洋古今全史紀傳六十五卷　(清)項恩勳輯　清光緒二十九年(1903)鉛活字印本　十二冊

220000－0841－0004243　史 6783K

日本變法次第類考初集二集三集　(清)程恩培集　(清)程堯章譯述　清光緒二十八年(1902)政學譯社鉛活字印本　十二冊

220000－0841－0004244　史 5696K

明治政黨小史不分卷　(清)出洋學生編輯所譯述　清光緒二十八年(1902)鉛活字印本　一冊

220000－0841－0004245　史 5703K

日本新政考二卷　(清)顧厚焜撰　清光緒鉛活字印本　一冊

220000－0841－0004246　史 1737K

掌故時務教科書六卷首一卷終一卷　(清)儲丙鶉撰　清光緒三十年(1904)競化書局鉛活字印本　三冊

220000－0841－0004247　史 6125K

中衢一勺三卷附錄四卷　(清)包世臣撰　清道光刻藝海珠塵癸集本　二冊

220000－0841－0004248　善 0217

守禾日記六卷　(清)盧崇興撰　清乾隆五年(1740)刻本　四冊

220000－0841－0004249　史 6476

治鄞政畧一卷靜庵詩畧一卷　(清)楊懿撰　清木活字印本　一冊

220000－0841－0004250　史 5130K

續纂淮關統志十四卷首一卷　(清)元成續纂　清光緒刻本　六冊

220000－0841－0004251　史 5810K

籌濟編三十二卷首一卷　(清)楊景仁輯　清道光九年(1829)刻本　八冊

220000－0841－0004252　史 5807K

籌濟編三十二卷首一卷　(清)楊景仁輯　清光緒四年(1878)刻本　八冊

220000－0841－0004253　史 5806K

籌濟編三十二卷首一卷　(清)楊景仁輯　清光緒五年(1879)江蘇書局刻本　八冊

220000－0841－0004254　史 5805K

籌濟編三十二卷首一卷　(清)楊景仁輯　清光緒九年(1883)武昌書局刻本　八冊

220000－0841－0004255　史 6856K

經濟實學考八卷　(清)江標撰　清光緒石印本　十二冊

220000－0841－0004256　史 6779K

財政四綱　錢恂撰　清光緒二十七年(1901)石印本　四冊

220000－0841－0004257　史 6587K

農事私議二卷墾荒裕國策一卷　羅振玉撰　清光緒二十六年(1900)刻本　一冊

220000－0841－0004258　史 2491K
墾務奏議不分卷　(清)貽穀等撰　清光緒三十三年(1907)京華書局鉛活字印本　一冊

220000－0841－0004259　史 6386K
東三省移民開墾意見書不分卷　熊希齡撰　清宣統鉛活字印本　一冊

220000－0841－0004260　史 11669K
廿九堡總數冊不分卷　(清)白塔湖編夫局編　清光緒六年(1880)木活字印本　一冊

220000－0841－0004261　史 11678K
白塔湖編夫局珉字流水細號冊不分卷　(清)潘延壽彙集　清光緒五年(1879)木活字印本　一冊

220000－0841－0004262　史 6883K
蒙墾陳訴供狀一卷　(清)貽穀撰　清光緒三十四年(1908)鉛活字印本　一冊

220000－0841－0004263　史 10545K
移民論一卷　齊樹楷撰　清鉛活字印本　一冊

220000－0841－0004264　史 11668K
蜀字流水細號冊一卷厭字流水細號冊一卷　(清)蔣駿堂彙集　清光緒五年(1879)刻本　二冊

220000－0841－0004265　史 11679K
六十二都川堂總分篷受田實在冊不分卷　(清)白塔湖編夫局輯　清光緒八年(1882)木活字印本　一冊

220000－0841－0004266　史 2477K
蒙墾續供一卷　(清)貽穀等撰　清宣統元年(1909)刻本　一冊

220000－0841－0004267　史 6139K
長元吳豐備義倉全案八卷首一卷末一卷　(清)潘遵祁輯　清光緒四年(1878)刻本　十冊

220000－0841－0004268　史 10857K
折漕彙編六卷末一卷　(清)程銛輯　(清)楊恒福續　清光緒九年(1883)刻本　四冊

220000－0841－0004269　善 0227
通漕類編九卷　(明)王在晉撰　明萬曆刻本　四冊　存六卷(二至五、八至九)

220000－0841－0004270　史 11734
海運芻言一卷　(清)施彥士撰　清道光求己堂刻本　一冊

220000－0841－0004271　史 9047K
中漢會訂滇越鐵路章程不分卷　(清)外務部編　清光緒二十九年(1903)鉛活字印本　一冊

220000－0841－0004272　史 6096K
蘇杭甬鐵路始末記不分卷　(□)□□譯　清宣統二年(1910)鉛活字印本　一冊

220000－0841－0004273　史 6468K
鹺政備覽不分卷　(清)方濬師撰　清光緒二年(1876)兩廣運使署刻本　二冊

220000－0841－0004274　史 9729K
鹽法議略二卷　(清)王守基撰　清宣統元年(1909)鉛活字印本　一冊

220000－0841－0004275　史 11207K
調查錄不分卷　(清)陳瀚如撰　清宣統元年(1909)奉天仁和山房鉛活字印本　一冊

220000－0841－0004276　史 5887K
淮鹺駁案類編八卷　(清)陳方坦輯　清光緒十七年(1891)刻本　六冊

220000－0841－0004277　史 5844K
淮鹺備要十卷　(清)李澄輯　清道光二年(1822)刻本　四冊

220000－0841－0004278　史 10581K
張季子說鹽不分卷　(清)張謇撰　清宣統鉛活字印本　二冊

220000－0841－0004279　史 10408K
長蘆鹽務議略一卷　(清)王守基撰　清同治十二年(1873)精一閣鉛活字印本　一冊

220000－0841－0004280　史 5821K
增修河東鹽法備覽八卷首一卷　(清)張元鼎等纂　清光緒八年(1882)刻本　十冊

220000－0841－0004281　史5845
敕修河東鹽法志十二卷　（清）石麟等纂修　清雍正刻本　八册

220000－0841－0004282　史5835
河東鹽法備覽十二卷　（清）蔣兆奎編　清乾隆五十五年(1790)刻本　八册

220000－0841－0004283　史5832K
兩淮鹽法志五十六卷　（清）單渠編纂　清同治九年(1870)淮南書局刻本　二十册

220000－0841－0004284　史5830K
淮南鹽法紀略十卷　（清）方濬頤等撰　清同治十二年(1873)淮南書局刻本　四册

220000－0841－0004285　史5846K
淮北票鹽志略十五卷　（清）童濂撰　清同治七年(1868)刻本　六册

220000－0841－0004286　史5828K
淮北票鹽續略十二卷　（清）許寶書輯　清同治九年(1870)刻本　四册

220000－0841－0004287　史10887K
兩淮鹽庫歲計志略不分卷　（清）程雨亭撰　清光緒二十九年(1903)刻朱印本　一册

220000－0841－0004288　史9778K
兩淮鹽法撰要二卷　（清）陳慶年撰　清光緒十八年(1892)木活字印本　一册

220000－0841－0004289　史10385K
兩淮鹽法撰要二卷　（清）陳慶年撰　清光緒三十年(1904)揚州益智社鉛活字印本　一册

220000－0841－0004290　史6826K
兩淮鹽務奏摺清單不分卷　（清）鐵良撰　清光緒鉛活字印本　一册

220000－0841－0004291　善2162
重修兩浙鹺志二十四卷　（明）王圻纂修　**兩浙訂正鹺規四卷**　（明）楊鶴撰　明萬曆刻天啓、崇禎增修本　六册

220000－0841－0004292　善1895
重修兩浙鹺志二十四卷　（明）王圻纂修　明崇禎刻本　八册　存二十卷(三至二十二)

220000－0841－0004293　史5826K
兩浙鹽法續纂備考十二卷首一卷　（清）楊昌濬等纂　清同治十三年(1874)刻本　十二册

220000－0841－0004294　史5837K
溫處鹽務紀要不分卷　（清）趙舒翹輯　清光緒十九年(1893)刻本　二册

220000－0841－0004295　史5834K
福建票鹽志略不分卷　（清）福建鹽局編　清同治五年(1866)福建鹽局刻本　一册

220000－0841－0004296　史9145K
福建鹽法志二十二卷首一卷　（清）□□輯　清道光刻本　八册

220000－0841－0004297　史10797K
日本財政考略十四卷　林志道撰　清宣統二年(1910)鉛活字印本　四册

220000－0841－0004298　史10613K
度支部會議清理各省財政酌擬册報逾限處分摺不分卷　（清）度支部撰　清館報書局鉛活字印本　一册

220000－0841－0004299　史9498K
度支部清理財政處各省清理財政局辦事章程調查財政條款不分卷　（清）度支部奏定　清宣統鉛活字印本　二册

220000－0841－0004300　史8985K
度支部稅課司奏案輯要三卷　（清）宋壽徵等編　清宣統三年(1911)鉛活字印本　三册

220000－0841－0004301　史6416K
度支部試辦宣統三年預算案總表不分卷　（清）度支部編造　清宣統三年(1911)石印本　六册

220000－0841－0004302　史6278K
中國新舊債表三卷　昌言報館編輯　清光緒二十八年(1902)石印本　三册

220000－0841－0004303　史6835K
中國之金融二卷　潘承諤譯　清光緒三十四年(1908)鉛活字印本　二册

220000－0841－0004304　史11526K

吉林度支司光緒丁未戊申年收支款目報告書　(清)陳玉麟輯　清宣統元年(1909)上海商務印書館鉛活字印本　八冊

220000－0841－0004305　史 6419K
宣統三年全國各省歲入預算表不分卷　(清)度支部彙編　清宣統三年(1911)石印本　七十三冊

220000－0841－0004306　史 6279K
宣統三年上海銀行禍□□卷　砭史編　清宣統三年(1911)石印本　一冊　存一卷(一)

220000－0841－0004307　史 8526K
調查各國銀行義例彙抄六卷　(日本)神津助太郎調查　(清)舒邦傑編述　清光緒三十二年(1906)上海商務總會鉛活字印本　六冊

220000－0841－0004308　史 6554K
商務條議不分卷　(清)張弼士撰　清北洋官報局鉛活字印本　一冊

220000－0841－0004309　史 10182K
通商始末記二十卷　(清)王之春撰　清光緒二十七年(1901)上海申昌社石印本　六冊

220000－0841－0004310　史 1738K
中外通商始末記二十卷　(清)王之春撰　清光緒二十一年(1895)實善書局石印本　六冊

220000－0841－0004311　史 5551K
通商各國條約類編十八卷首一卷末一卷附錄一卷　(□)□□撰　清光緒三年(1877)畿輔通志局刻本　六冊

220000－0841－0004312　史 9322K
通商章程成案彙編三十卷　(□)□□撰　清光緒十二年(1886)鉛活字印本　十二冊

220000－0841－0004313　史 9410K
續通商條約章程成案彙編　(清)李有芬編　清光緒二十五年(1899)秦中書局鉛活字印本　二冊

220000－0841－0004314　史 5574K
通商各國條約不分卷　(□)□□撰　清鉛活字印本　二十五冊

220000－0841－0004315　史 5549K
通商條約不分卷　(□)□□撰　清光緒刻本　六冊

220000－0841－0004316　史 6111K
萬國通商條約　(□)□□撰　清光緒二十八年(1902)上海書局石印本　八冊

220000－0841－0004317　史 8978K
光緒通商列表一卷　(清)楊楷撰　清光緒十七年(1891)刻本　一冊

220000－0841－0004318　史 11616K
光緒十年通商各關警船鐙浮樁總冊不分卷　通商海關造冊處譯　清光緒十年(1884)鉛活字印本　一冊

220000－0841－0004319　史 11603K
光緒二十三年通商各關華洋貿易總冊不分卷　(□)□□編　清光緒二十四年(1898)鉛活字印本　一冊

220000－0841－0004320　史 6045K
光緒二十五年通商各關華洋貿易總冊論略不分卷　(□)□□編　清光緒二十六年(1900)鉛活字印本　一冊

220000－0841－0004321　史 6047K
光緒三十年通商各關華洋貿易總冊一卷　(清)□□編　清光緒三十一年(1905)鉛活字印本　一冊

220000－0841－0004322　史 6048K
宣統二年通商各關華洋貿易總冊論略一卷宣統二年通商各關華洋貿易總冊一卷郵政事務總論不分卷　(□)□□編　清宣統三年(1911)鉛活字印本　二冊

220000－0841－0004323　史 6827K
湘岸收支各款不分卷　(清)湘岸督銷局輯　清光緒鉛活字印本　一冊

220000－0841－0004324　史 11200K
光緒三十年三十一年部庫出入款目比較表不分卷　(□)□□撰　清鉛活字印本　二冊

220000－0841－0004325　史 6822K

光緒會計錄三卷 （清）李希聖撰 清光緒二十二年(1896)上海時報館石印本 二冊

220000－0841－0004326 史 6277K

光緒會計錄二卷 昌言報館編 清光緒二十八年(1902)上海會文學社石印本 一冊

220000－0841－0004327 史 6266K

光緒會計表四卷 （清）劉嶽雲輯 清光緒二十七年(1901)教育世界社石印本 四冊

220000－0841－0004328 史 6389K

光緒朝海關大宗進出貨價表不分卷 張庸編 清宣統三年(1911)鉛活字印本 一冊

220000－0841－0004329 史 10564K

開源節流事宜不分卷 清光緒抄本 一冊

220000－0841－0004330 史 6469K

廣東省出品協會出品說明書不分卷 江孔殷編 清宣統二年(1910)鉛活字印本 六冊

220000－0841－0004331 史 10413K

南洋勸業會出品分類綱目不分卷南洋勸業會事務所代擬各屬物產會通用細則 （清）南洋勸業會訂 清宣統鉛活字印本 二冊

220000－0841－0004332 史 6083K

甲辰商埠調查記初稿不分卷 （清）王清穆撰 清抄本 二冊

220000－0841－0004333 史 6597K

底冊論要七卷 （清）李遵義輯 清宣統元年(1909)鉛活字印本 一冊

220000－0841－0004334 史 5973K

東粵藩儲考十二卷 （清）高崇基撰 清光緒刻本 十二冊

220000－0841－0004335 史 11648K

解州丈清地糧里甲圖說不分卷 （清）馬丕瑤撰 清光緒七年(1881)解州書院刻本 一冊

220000－0841－0004336 史 6852K

正陽關收支各款不分卷 （清）淮北督銷局編 清光緒鉛活字印本 一冊

220000－0841－0004337 史 7635K

酌增捐項常例不分卷 （清）戶部奏定 清道光刻本 一冊

220000－0841－0004338 史 10608K

杭嘉湖三府減漕記略不分卷 （清）戴槃撰 清同治六年(1867)刻本 三冊

220000－0841－0004339 史 10608K

杭嘉湖三府減漕記略一卷 （清）戴槃撰 清同治六年(1867)刻本 二冊

220000－0841－0004340 史 12358K

河東徵榷門不分卷 （□）□□輯 清宣統油印本 一冊

220000－0841－0004341 史 10611K

惠陵隆恩殿全座做法錢糧表一卷 （清）溥善（清）陳璧撰 清光緒二十八年(1902)鉛活字印本 一冊

220000－0841－0004342 史 6168K

軌政紀要初編九卷次編三卷 （清）陳毅編 清光緒郵傳部圖書通譯局鉛活字印本 六冊

220000－0841－0004343 史 6313K

濟荒記略一卷 （清）郁方董輯 清道光三十年(1850)刻本 一冊

220000－0841－0004344 史 6146

賑紀八卷 （清）方觀承輯 清乾隆十九年(1754)刻本 四冊

220000－0841－0004345 史 6145K

賑紀八卷 （清）方觀承輯 清乾隆十九年(1754)刻本 六冊

220000－0841－0004346 史 12285

賑紀摘鈔二卷 （清）□□輯 清乾隆刻本 一冊 存一卷(上)

220000－0841－0004347 善 3506

欽定康濟錄四卷 （清）倪國璉輯 清乾隆五年(1740)武英殿刻本 六冊

220000－0841－0004348 史 5585K

康濟譜二十五卷首一卷 （明）潘遊龍輯 清道光十六年(1836)安康張鵬飛刻本 十六冊

220000－0841－0004349　史 5930K
欽定康濟錄四卷　(清)倪國璉撰　清道光刻本　四册

220000－0841－0004350　史 5932K
欽定康濟錄四卷　(清)倪國璉撰　清同治三年(1864)浙江撫署刻本　三册

220000－0841－0004351　史 6306K
荒政輯要九卷首一卷　(清)汪志伊撰　清同治八年(1869)楚北崇文書局刻本　二册

220000－0841－0004352　史 6305K
荒政輯要九卷首一卷　(清)汪志伊撰　清道光二十一年(1841)錢塘許乃釗刻本　二册

220000－0841－0004353　史 10689K
徵信錄一卷　(清)顧夔撰　清道光刻本　一册

220000－0841－0004354　史 9502K
籌辦秦湘淮義振徵信錄二卷　(清)唐錫晉編　清光緒三十四年(1908)鉛活字印本　二册

220000－0841－0004355　史 11022K
救荒六十策一卷　題(清)寄湘漁父輯　清光緒十一年(1885)上海普育堂刻本　一册

220000－0841－0004356　史 11048K
救荒六十策一卷　題(清)寄湘漁父輯　清光緒二十四年(1898)河南省城刻本　一册

220000－0841－0004357　子 4105K
救荒舉要三卷家政約言一卷　(清)戴百壽撰　清光緒二十年(1894)戴世文博陵官廨刻本　四册

220000－0841－0004358　史 6314K
重刊救荒補遺書二卷　(宋)董煟編　(元)張光大新增　(明)朱熊補遺　(明)王崇慶釋斷　清同治八年(1869)楚北崇文書局刻本　四册

220000－0841－0004359　史 6553K
度量衡新議不分卷　(清)葉在揚撰　清光緒三十一年(1905)石印本　一册

220000－0841－0004360　史 9924K
奏定度量權衡畫一制度圖說總表推行章程不分卷　(清)農工商部訂　清光緒三十四年(1908)鉛活字印本　一册

220000－0841－0004361　史 6012K
度支部幣制奏案輯要不分卷　(清)度支部撰　清宣統北京益森公司鉛活字印本　一册

220000－0841－0004362　史 6020K
抄法彙覽不分卷　(清)□□撰　清咸豐刻本　一册

220000－0841－0004363　史 11486K
變通圜法條議一卷　(清)劉慶汾撰　清光緒三十一年(1905)金陵刻本　一册

220000－0841－0004364　史 11103K
上度支部改革幣制書不分卷幣制問題綱目　(清)陶德琨撰　清鉛活字印本　一册

220000－0841－0004365　史 11141K
經世財政學六卷　宋育仁撰　清光緒三十一年(1905)上海同文書社鉛活字印本　二册

220000－0841－0004366　史 9853K
洋務經濟通考十六卷　(清)應祖錫撰　清光緒二十七年(1901)鴻寶齋石印本　十二册

220000－0841－0004367　史 5872K
奉天省財政沿革利弊說明書六卷　(□)□□撰　清宣統鉛活字印本　八册

220000－0841－0004368　史 6345K
直隸工藝總局調查土產紀略不分卷　周學熙等撰　清光緒鉛活字印本　一册

220000－0841－0004369　史 5567K
直省賦役全書不分卷　(清)□□撰　清光緒刻本　一百六十七册

220000－0841－0004370　史 5874K
黑龍江財政說明書三卷劃分國家地方兩稅意見書一卷　(□)□□撰　清宣統二年(1910)黑龍江清理財政局鉛活字印本　四册

220000－0841－0004371　史 6092K
山西全省財政說明書不分卷　(□)□□撰　清宣統山西清理財政局鉛印石印本　十一册

缺沿革利弊上

220000－0841－0004372　史10859K
山西商務以禁煙為本議不分卷　題𧩙叟撰　清光緒鉛活字印本　一冊

220000－0841－0004373　史11677K
甘肅泰州直隸州禮縣光緒十六年民欠未完糧石徵信冊不分卷　(□)□□撰　清光緒十七年(1891)木活字印本　一冊

220000－0841－0004374　史9812K
甘肅泰州直隸州禮縣光緒十六年民欠未完糧石徵信冊不分卷　(□)□□撰　清光緒十七年(1891)甘肅木活字印本　一冊

220000－0841－0004375　史9912K
山東黃河南岸十三州縣遷民圖說不分卷　(清)黃璣撰　清光緒二十二年(1896)點石齋石印本　二冊

220000－0841－0004376　史10642K
山東濟南府禹城縣現行簡明賦役全書不分卷　(□)□□編　清光緒刻本　一冊

220000－0841－0004377　史6234K
浙路拒款始末記不分數　(清)費有容輯　清光緒三十三年(1907)杭州中合印書公司鉛活字印本　一冊

220000－0841－0004378　史9435K
浙省新定籌餉百貨捐釐章程一卷　(清)□□撰　清同治刻本　一冊

220000－0841－0004379　史12281K
浙江溫州府賦役全書不分卷　江南司署纂編　清咸豐刻本　一冊　存永嘉縣

220000－0841－0004380　史5950K
浙江海運全案初編十卷續編四卷　(清)椿壽等編纂　清咸豐刻本　十四冊

220000－0841－0004381　史6425K
鄞縣戶賦不分卷　(清)周道遵纂　清咸豐刻本　一冊

220000－0841－0004382　史10804K
丹徒洲縣賑徵信錄一卷平糶徵信錄一卷岸工徵信錄一卷　(清)許星璧輯　清光緒二十八年(1902)刻本　一冊

220000－0841－0004383　史6978K
甯屬長江各局統捐捐例表不分卷　(□)□□編　清鉛活字印本　一冊

220000－0841－0004384　史8823
蘇松歷代財賦考一卷各憲請減浮糧疏稿一卷居官備覽一卷　清康熙刻本　二冊

220000－0841－0004385　善3624
小金山公捐義渡簿一卷　(清)江山泰等輯　清道光十八年(1838)木活字印本　一冊

220000－0841－0004386　史6514K
江蘇政法講習所簡要章不分卷　(清)江蘇政法講習所編　清刻本　一冊

220000－0841－0004387　史11317K
皖南茶釐總局章程各莊號里程不分卷　婺德茶稅分局輯　清光緒二十四年(1898)刻本　一冊

220000－0841－0004388　史6975K
江西統捐章程江西簡明稅則章程不分卷　(清)江西統捐局編　清石印稅則民國鉛活字印本　六冊

220000－0841－0004389　史6576K
景德鎮瓷器統捐章程及茭草章程不分卷　(清)景德鎮瓷器統捐局編　清光緒刻本　一冊

220000－0841－0004390　史5929K
鄂省丁漕指掌十卷　(清)林遠村等撰　清光緒元年(1875)刻本　十冊

220000－0841－0004391　史10807K
湖北省徵收過境銷場稅則不分卷　(清)□□輯　清鉛活字印本　一冊

220000－0841－0004392　史8490K
湖南財政說明書四卷　(清)湖南清理財政局編　清宣統三年(1911)鉛活字印本　一冊

220000－0841－0004393　史5974K
湖南財政說明書二十卷　(清)湖南清理財政

局編　清宣統三年(1911)湖南清理財政局鉛活字印本　六冊

220000－0841－0004394　史 9011K
廣西財政沿革利弊説明書十三卷首一卷　(清)劉庚先等編輯　清宣統二年(1910)廣西官書局鉛活字印本　十四冊

220000－0841－0004395　史 11299K
續富國策四卷　(清)瑤林館主撰　清光緒二十二年(1896)刻本　四冊

220000－0841－0004396　子 3952K
續富國策四卷　(清)瑤林館主撰　清光緒二十四年(1898)徐宗師刻本　四冊

220000－0841－0004397　子 1525K
續富國策四卷　(清)瑤林館主撰　清光緒二十四年(1898)中江鵁鶄室刻本　四冊

220000－0841－0004398　史 10181K
中外時務經濟統宗十八卷　(□)□□撰　(清)張之洞鑒定　清光緒二十七年(1901)上海漢讀樓鉛活字印本　四冊

220000－0841－0004399　史 9097K
精選各國政治考四卷　(清)張之洞輯　清光緒二十八年(1902)刻本　四冊

220000－0841－0004400　史 5980K
歐美政治要義十八章　(清)戴鴻慈輯　清光緒三十三年(1907)石印本　四冊

220000－0841－0004401　史 9472K
歐美各國政治詳考不分卷　(清)單啟鵬撰　清光緒刻本　二冊

220000－0841－0004402　史 4910K
歸查叢刻七種三卷　(清)謝希傅撰　清光緒二十四年(1898)鉛活字印本　四冊

220000－0841－0004403　叢 1500K
西政叢書　(清)求自強齋主人編輯　清光緒二十三年(1897)石印本　三十一冊　缺八卷(羅馬志畧一至八)

220000－0841－0004404　史 10453K
五洲各國政治考十卷　(清)錢恂輯　清光緒二十八年(1902)長沙刻本　八冊　存八卷(一至五、八至十)

220000－0841－0004405　史 10175K
五洲各國政治考八卷　(清)錢恂輯　清光緒二十八年(1902)石印本　六冊

220000－0841－0004406　史 12251K
萬國歷史彙編一百卷　(清)江子雲等輯　清光緒二十九年(1903)上海官書局石印本　十六冊

220000－0841－0004407　史 10457K
繪圖外國白話史不分卷　錢宗翰　戴克讓編　清光緒三十一年(1905)上海彪蒙書室石印本　四冊

220000－0841－0004408　史 5752K
萬國近政考略十六卷　(清)鄒弢編　清光緒二十二年(1896)石印本　四冊

220000－0841－0004409　史 5660K
萬國新史大事表十八卷　(□)□□輯　清光緒二十七年(1901)鉛活字印本　十六冊

220000－0841－0004410　史 12320K
五洲列國志彙不分卷　(清)閔萃祥編輯　清光緒二十八年(1902)雲間麗澤學會石印本　三十二冊

220000－0841－0004411　史 10527K
日俄戰紀不分卷　(□)□□撰　清光緒石印本　一冊

220000－0841－0004412　史 4465K
金軺籌筆四卷和約專條章程卡倫單一卷　(清)曾紀澤輯　清光緒十三年(1887)刻本　二冊

220000－0841－0004413　史 7695K
五千年中外交涉史九十七卷　(清)屯廬主人輯　清光緒書坊鉛活字印本　二十冊

220000－0841－0004414　史 6331K
柔遠新書四卷　(清)朱克敬輯　清光緒十年(1884)上海刻本　四冊

220000－0841－0004415　史 5993K

中外交涉類要表光緒通商綜覈表不分卷　(□)□□撰　清光緒二十年(1894)刻本　二册

220000－0841－0004416　史 6774K
中外章程彙編　(清)京師大學堂編　清光緒通學齋鉛活字印本　八册

220000－0841－0004417　史 5590K
約章分類輯要三十八卷首一卷　(清)蔡乃煌等纂　清光緒二十六年(1900)湖南商務局刻本　三十册

220000－0841－0004418　史 6112K
約章分類輯要三十八卷首一卷　(清)蔡乃煌等撰　清光緒二十七年(1901)石印本　三十三册

220000－0841－0004419　史 11076K
交涉約案摘要七卷首一卷附編一卷　王鵬九輯　清光緒二十五年(1899)江西刻本　四册

220000－0841－0004420　史 6569K
局外中立國法則不分卷　吴振麟撰　清光緒三十年(1904)鉛活字印本　二册

220000－0841－0004421　史 6745K
各國立約始末記三十卷　(清)陸元鼎編　清光緒三十二年(1906)鉛活字印本　二十二册

220000－0841－0004422　史 11393K
節相壯游日錄二卷　(清)桃谿漁隱等輯　清光緒二十三年(1897)石印本　二册

220000－0841－0004423　史 5562K
各國條款條約章程四卷　(清)總理各國事務衙門編　清咸豐、光緒刻本　四册

220000－0841－0004424　史 11289K
各國約章纂要六卷附錄一卷　勞乃宣輯　清光緒十七年(1891)刻本　四册

220000－0841－0004425　史 6106F
和約彙抄六卷　(清)謝家福輯　清光緒四年(1878)上海申報館仿聚珍版鉛印申報館叢書本　五册

220000－0841－0004426　史 9264K
奏定出使章程不分卷　清宣統鉛活字印本　一册

220000－0841－0004427　史 6215K
交涉叢編二卷　(清)余乾耀輯　清光緒二十三年(1897)刻本　一册

220000－0841－0004428　史 6727K
光緒丙午年交涉要覽三篇七卷光緒乙巳年二篇五卷　(清)北洋洋務局纂輯　清光緒北洋官報局鉛活字印本　十一册

220000－0841－0004429　史 6433K
光緒丙午年交涉要覽五卷　(清)北洋洋務局纂輯　清光緒鉛活字印本　六册

220000－0841－0004430　史 8709K
光緒乙巳年交涉要覽五卷　(清)北洋洋務局纂輯　清光緒三十一年(1905)鉛活字印本　五册

220000－0841－0004431　史 11440K
光緒乙巳年交涉要覽二篇五卷　(清)北洋洋務局纂輯　清光緒三十三年(1907)鉛活字印本　五册

220000－0841－0004432　史 5851K
與伊藤陸奥往來照會不分卷五次問答節略　(□)□□輯　清光緒石印本　二册

220000－0841－0004433　史 6725K
約章成案匯覽甲編十卷乙編四十二卷　(清)北洋洋務局纂輯　清上海點石齋石印本　四十六册

220000－0841－0004434　史 6376K
新纂約章大全不分卷　陸鳳石輯　清宣統二年(1910)石印本　二册

220000－0841－0004435　史 8850K
辛丑和約全稿不分卷　(□)□□撰　清光緒二十七年(1901)中外日報鉛活字印本　一册

220000－0841－0004436　史 9143K
辛丑各國和約不分卷　(清)李鴻章簽訂　清光緒三十一年(1905)鉛活字印本　一册

220000－0841－0004437　史 9397K
辛丑各國和約不分卷　(清)李鴻章簽訂　清

光緒刻本　一冊

220000－0841－0004438　史10467K

光緒朝與各國立約目錄不分卷　(清)吳葆誠編增　清宣統元年(1909)鉛活字印本　一冊

220000－0841－0004439　史7870K

庚子海外紀事四卷　(清)呂海寰撰　清光緒二十七年(1901)鉛活字印本　四冊

220000－0841－0004440　史9496K

中日通商行船條約續約不分卷　(清)呂海寰等簽訂　清光緒二十九年(1903)鉛活字印本　一冊

220000－0841－0004441　史6282K

論海牙和平會無干涉中國財政之理不分卷　(清)潘敬撰　清宣統三年(1911)鉛活字印本　一冊

220000－0841－0004442　史11172K

東三省交涉輯要十二卷　劉瑞霖等輯　清宣統二年(1910)鉛活字印本　六冊

220000－0841－0004443　史9286K

中俄約章會要三卷續編一卷　(清)總理衙門編　清光緒八年(1882)同文館木活字印本　四冊

220000－0841－0004444　史6765K

中俄交涉記四卷和約陸路通商章程卡倫單　(清)曾紀澤撰　清光緒二十二年(1896)石印本　四冊

220000－0841－0004445　史6285K

中俄國際約注五卷　(清)慶親王等輯　清光緒鉛活字印本　一冊　存三卷(三至五)

220000－0841－0004446　史9294K

光緒七年中俄改定條約不分卷　(清)曾國藩簽訂　清光緒刻本　一冊

220000－0841－0004447　史4865K

中俄界約斠注七卷首一卷　(清)洪鈞撰　清光緒二十年(1894)上海醉六堂刻本　二冊

220000－0841－0004448　史5096K

中俄界約斠注七卷首一卷　(清)洪鈞撰　清光緒二十年(1894)上海書局石印本　二冊

220000－0841－0004449　史9717K

中俄界約斠注七卷中外交涉類要表光緒通商綜覈表　(清)錢恂撰　清光緒二十年(1894)上海書局石印本　四冊

220000－0841－0004450　史5479K

中俄界記二卷　(清)鄒沅帆纂　清宣統三年(1911)湖北武昌亞新地學社鉛活字印本　二冊

220000－0841－0004451　史9505K

大清大法兩國和約不分卷　(清)奕訢簽訂　清咸豐抄本　一冊

220000－0841－0004452　史8858K

法國黃皮書不分卷　(清)曾仰東譯　清光緒二十九年(1903)湖北洋務譯書局刻本　一冊

220000－0841－0004453　史9518K

丁未和會類要四卷　(□)□□撰　清光緒鉛活字印本　三冊

220000－0841－0004454　史10690K

西畺交涉志要六卷　鍾鏞撰　清宣統元年(1909)鉛活字印本　二冊

220000－0841－0004455　史9141K

西畺交涉志要六卷　鍾鏞撰　清宣統三年(1911)鉛活字印本　二冊

220000－0841－0004456　史10877K

再送越南貢使日記二卷　(清)馬先登撰　清同治十一年(1872)刻馬氏叢刻本　一冊

220000－0841－0004457　史9902K

再送越南貢使日記一卷　(清)馬先登編　清同治十一年(1872)刻本　一冊

220000－0841－0004458　史9438K

許竹篔先生出使函稿十四卷奏疏錄存二卷　(清)許景澄撰　清光緒鉛活字印本　五冊

220000－0841－0004459　史4568K

全吳籌患預防錄四卷　(明)陳仁錫纂　清道光二十年(1840)刻本　四冊

220000－0841－0004460　善 2081
經國雄略四十八卷　(明)鄭大郁撰　明弘光元年(1645)觀社刻本　四册

220000－0841－0004461　善 2883
八旗通志初集二百五十卷　(清)鄂爾泰等纂修　清乾隆武英殿刻本　八册

220000－0841－0004462　子 0399K
駐粵八旗志二十四卷首一卷　(清)長善等主纂　(清)樊封等總纂　清光緒五年(1879)刻本　二十五册

220000－0841－0004463　子 0340K
杭州八旗駐防營志略二十五卷　(清)張大昌輯　清光緒十九年(1893)浙江書局刻本　六册

220000－0841－0004464　子 0282K
八旗各營内務府弁兵額數一卷下五旗王公府第甲兵額數一卷　(清)俸餉處纂　清光緒十三年(1887)俸餉處抄本　一册

220000－0841－0004465　史 9947K
欽定中樞政考四十卷　(清)納蘇泰等纂修　清道光五年(1825)殿刻本　三十二册

220000－0841－0004466　史 5578K
欽定中樞政考十六卷　(清)來保等撰　清乾隆武英殿刻本　十册

220000－0841－0004467　史 6115K
五軍道里表不分卷　(清)□□撰　清同治十二年(1873)江蘇書局刻本　十八册

220000－0841－0004468　史 6026K
籌蒙芻議二卷　(清)姚錫光撰　清光緒三十四年(1908)刻本　二册

220000－0841－0004469　史 6019K
籌蒙芻議二卷　(清)姚錫光撰　清光緒三十四年(1908)鉛活字印本　二册

220000－0841－0004470　史 4615K
三省邊防備覽十四卷　(清)嚴如熤輯　清道光二年(1822)刻本　六册

220000－0841－0004471　史 4617K
三省邊防備覽十八卷　(清)嚴如熤輯　清道光十年(1830)來鹿堂刻本　十册

220000－0841－0004472　史 9036K
三省邊防備覽十四卷　(清)嚴如熤輯　清光緒八年(1882)嚴氏三魚書屋刻本　八册

220000－0841－0004473　史 4875K
苗防備覽二十二卷　(清)嚴如熤輯　清道光二十二年(1842)刻本　六册

220000－0841－0004474　史 5413K
洋防輯要二十四卷　(清)嚴如熤輯　清道光、咸豐刻本　十二册

220000－0841－0004475　史 5245K
東三省韓俄交界道路表　(清)聶士成撰　清石印本　一册

220000－0841－0004476　史 4900K
朔方備乘六十八卷首十二卷　(清)何秋濤撰　清光緒七年(1881)刻本　二十四册

220000－0841－0004477　史 5297K
朔方備乘六十八卷首十二卷　(清)何秋濤撰　清光緒七年(1881)鉛活字印本　八册

220000－0841－0004478　史 7088K
朔方備乘札記一卷　(清)李文田撰　清光緒二十二年(1896)鄦鄦學庵刻鄦鄦學庵地理叢刻本　一册

220000－0841－0004479　史 7808K
談邊要冊十二卷　(清)黄壽衮輯　清光緒二十七年(1901)石印本　二册

220000－0841－0004480　史 10482K
調查延吉邊務報告書九章　(清)周維楨纂　清光緒三十四年(1908)吉林官書刷印局鉛活字印本　三册

220000－0841－0004481　史 8523K
險異圖略不分卷　題(清)縠真子撰　(清)錢寶書繪圖　清光緒十四年(1888)石印本　二册

220000－0841－0004482　史 10792K
調查延吉邊務報告書三卷　(清)周維楨撰

清光緒三十四年(1908)吉林省官書刷印局鉛活字印本　三册

220000－0841－0004483　史5524K

延吉邊務報告八章　陳昭常編輯　清光緒三十四年(1908)奉天學務公所再版鉛活字印本　四册

220000－0841－0004484　史7703K

呼倫貝爾邊務調查報告書二卷　(清)齊守謙等纂　清宣統元年(1909)鉛活字印本　一册

220000－0841－0004485　史11660K

光緒勘定西北邊界俄文譯漢圖例言　(□)□□撰　清刻本　一册

220000－0841－0004486　史4821K

西北邊界圖地名譯漢考證二卷　(清)許景澄撰　清光緒二十二年(1896)刻本　二册

220000－0841－0004487　史7807K

西北邊界圖地名譯漢考證二卷例言一卷　(清)許景澄撰　清光緒二十八年(1902)石印本　二册

220000－0841－0004488　史5364K

籌藏芻議不分卷　(清)姚錫光撰　清光緒三十四年(1908)刻本　一册

220000－0841－0004489　史6009K

藏蒙籌筆二卷　熊謙吉撰　清光緒石印本　一册　缺一卷(上)

220000－0841－0004490　史7871K

秦邊紀略六卷　(清)□□撰　清同治十一年(1872)安徽藩署刻半畝園叢書本　二册

220000－0841－0004491　史7161K

藏印邊務錄二卷　(清)升泰輯　清光緒鉛活字印本　一册

220000－0841－0004492　史5474K

新疆國界圖志八卷　王樹枏撰　清宣統元年(1909)刻本　四册

220000－0841－0004493　史5438K

滇緬劃界圖説一卷　(清)薛福成撰　清光緒二十八年(1902)鉛活字印本　一册

220000－0841－0004494　史5434K

雲南勘界籌邊紀二卷　(清)姚文棟撰　清光緒二十三年(1897)成都尊經書院同人刻本　一册

220000－0841－0004495　史5396K

雲南勘界籌邊紀二卷　(清)姚文棟撰　清光緒刻本　二册

220000－0841－0004496　史5616K

湖南苗防屯政考十五卷首一卷　(清)但湘良撰　清光緒九年(1883)蒲圻但氏刻本　十六册

220000－0841－0004497　史9064K

歷代兵制八卷　(宋)陳傅良撰　清道光二十九年(1849)静觀堂刻本　一册

220000－0841－0004498　史12256K

古今戰事圖説平定粤匪之部六卷　(清)陳曾壽纂　(清)陳曾德繪圖　清光緒二十五年(1899)商務印書館鉛活字印本　一册　存一卷(三)

220000－0841－0004499　史5800K

中越勘界往來電稿四卷　□□編　清光緒鉛活字印本　二册

220000－0841－0004500　史9106K

行軍日記二卷　(清)余虎恩撰　清光緒二十年(1894)木活字印本　二册

220000－0841－0004501　史9417K

皖江武備考略七卷圖一卷　(清)袁青綬撰　清同治十三年(1874)刻本　一册

220000－0841－0004502　善0196

籌海圖編十三卷　(明)胡宗憲撰　明天啓四年(1624)胡維極刻本　八册

220000－0841－0004503　史7720K

籌洋芻議一卷　(清)薛福成撰　清光緒十八年(1892)紅格紙殿香手抄本　一册

220000－0841－0004504　史7110K

籌洋芻議四卷　(清)鄒文柏撰　清光緒三十四年(1908)蘋香書屋刻本　二册

220000－0841－0004505　史7604K
羅景山臺灣海防並開山日記不分卷　(清)羅大春撰　清光緒石印本　一冊

220000－0841－0004506　史9129K
海防錄要二卷　(清)蔣德鈞纂　清道光、咸豐刻本　二冊

220000－0841－0004507　子0402K
防海紀略二卷　(清)芍唐居士撰　清光緒六年(1880)上洋文藝齋刻本　二冊

220000－0841－0004508　史9128K
防海節要一卷　(清)施在鈺撰　清光緒三十四年(1908)刻本　二冊

220000－0841－0004509　史5491K
廣東海圖說　(清)張之洞撰　清光緒十五年(1889)刻本　一冊

220000－0841－0004510　史9381K
揚子江籌防芻議一卷　題遊擊撰　清光緒二十四年(1898)廣州書局刻本　一冊

220000－0841－0004511　史6332K
與友人論羅城事書　(清)于成龍撰　清同治四年(1865)湘陰楊昌濬刻本　一冊

220000－0841－0004512　史6200K
治東八策不分卷　陳嘉言撰　清宣統鉛活字印本　一冊

220000－0841－0004513　史5540F
浙東籌防錄四卷　(清)薛福成纂輯　清光緒十三年(1887)刻無錫薛氏刻庸庵全集本　四冊

220000－0841－0004514　子0281K
湘楚軍營制一卷　(清)左宗棠等撰　清抄本　一冊

220000－0841－0004515　史11483K
道光兵法　(清)□□撰　清道光刻本　九冊
存訓練兵丁、訓兵六章、行軍記律、練兵彌盜、營伍弊病、整頓營務、查補營伍

220000－0841－0004516　史11667K
軍營紀律　(清)國瑞撰　清同治四年(1865)刻本　一冊

220000－0841－0004517　史6816K
北洋海軍章程不分卷　(清)奕譞[等]輯　清光緒鉛活字印本　六冊

220000－0841－0004518　子0396K
鄂省營制驛傳彙編四卷　(清)陳仲衡編　清光緒十五年(1889)刻本　四冊

220000－0841－0004519　子0403K
長江礮臺芻議一卷礮臺礮位編目一卷　(清)姚錫光撰　清光緒二十五年(1899)京師鉛活字印本　一冊

220000－0841－0004520　子0350K
長江水師奏稿一卷部議一卷營制一卷　(清)曾國藩撰　清同治刻本　一冊

220000－0841－0004521　子0406K
度支部軍餉司奏案彙編第一編四卷前編一卷附編一卷　(清)度支部軍餉司編輯　清光緒三十四年(1908)鉛活字印本　四冊

220000－0841－0004522　史8758K
重刻張太僕堂邑鄉約保甲規一卷鄉試硃卷一卷　(明)張春撰　清道光刻本　一冊

220000－0841－0004523　史7097K
保甲書輯要四卷　(清)徐棟原編　(清)丁日昌選評　清同治十年(1871)黔陽官署刻本　一冊

220000－0841－0004524　史6239K
保甲書輯要四卷　(清)徐棟原編　(清)丁日昌重校　清同治十二年(1873)羊城書局刻牧令全書本　一冊

220000－0841－0004525　史9041K
保約輯要一卷　(清)王濟宏輯　清咸豐二年(1852)刻本　二冊

220000－0841－0004526　史6150K
武郡保甲事宜摘要五卷　(清)李有棻撰　清光緒十三年(1887)武昌府署刻本　二冊

220000－0841－0004527　史9050K
十家牌法一卷　(清)胡啟文輯　清咸豐七年

(1857)兵部都察院刻本　一冊

220000－0841－0004528　史 8927K
團練鄉守備要八卷　(清)許信臣輯　清咸豐三年(1853)袁青雲刻本　一冊

220000－0841－0004529　史 8616K
鄉守輯要合鈔十卷　(清)許乃劍編　清咸豐三年(1853)武英殿刻本　二冊

220000－0841－0004530　史 6861K
漢律類纂不分卷　(清)張鵬一纂　清光緒三十三年(1907)石印本　一冊

220000－0841－0004531　史 7826K
唐律疏義三十卷　(唐)長孫無忌等撰　清嘉慶十二年(1807)顧千里倣蘭陵孫氏刻本　八冊

220000－0841－0004532　史 6675K
唐律疏義三十卷　(唐)長孫無忌等撰　清光緒十六年(1890)京師刻本　十二冊

220000－0841－0004533　史 6679K
唐律疏義三十卷律音義一卷洗冤録五卷　(唐)長孫無忌等撰　清光緒十七年(1891)錢塘諸氏刻本　八冊

220000－0841－0004534　善 2997
故唐律疏議三十卷　(唐)長孫無忌等撰　清嘉慶十二年(1807)孫星衍刻本　六冊

220000－0841－0004535　史 7252K
故唐律疏義三十卷音義一卷洗冤録五卷　(唐)長孫無忌等撰　(唐)貫治子釋文　(元)王元亮重編釋文　(宋)孫奭撰　(宋)宋慈編　清光緒十七年(1891)江蘇書局彙刻本　八冊

220000－0841－0004536　子 6102
棠陰比事一卷　(宋)桂萬榮撰　清道光二十九年(1849)朱緒曾影宋刻本　一冊

220000－0841－0004537　子 4010K
棠陰比事一卷　(宋)桂萬榮撰　清道光二十九年(1849)朱緒曾影印本　一冊

220000－0841－0004538　善 0223
大明律附解三十卷首一卷　(明)陳遇文撰　明萬曆二十年(1592)陳遇文刻本　八冊

220000－0841－0004539　史 6665K
明律集解附例三十卷　(明)高舉編　清光緒三十四年(1908)刻本　十冊

220000－0841－0004540　善 1938
王儀部先生箋釋三十卷首一卷末一卷　(明)王肯堂撰　(清)顧鼎重編　清康熙三十年(1691)顧鼎刻本　十一冊　存二十九卷(一至二十七、首一卷、末一卷)

220000－0841－0004541　善 0517
棘聽草十二卷　(清)李之芳撰　清康熙四十一年(1702)李鍾麟刻本　四冊

220000－0841－0004542　善 0202
上諭合律鄉約全書二卷　(清)許三禮輯　清康熙十八年(1679)刻本　二冊

220000－0841－0004543　善 2780
鼎鐫欽頒辨疑律例昭代王章五卷首一卷　(明)熊鳴歧輯　(明)錢士晉正訛　明萬曆閩建書林蕭世熙刻本　六冊　存五卷(一至四、首一卷)

220000－0841－0004544　善 2849
鼎鐫刑憲校纂律例正宗法家心訣三卷　(明)沈鼎新撰　明萬曆四十五年(1617)麗春館刻本　一冊

220000－0841－0004545　史 9008K
大明令一卷　(明)□□撰　清刻陸庵叢書本　一冊

220000－0841－0004546　善 0406
風紀輯覽四卷　(明)傅漢臣輯　明嘉靖十年(1531)刻本　四冊

220000－0841－0004547　善 0168
大清律集解附例三十卷附一卷　(清)剛林等纂修　清順治四年(1647)内府刻本　十冊

220000－0841－0004548　善 0172
大清律集解附例三十卷附一卷　(清)剛林等纂修　清康熙四十五年(1706)刻朱墨套印本

十二冊

220000－0841－0004549　史 10657
大清律集解附例三十卷附録一卷　(清)剛林等纂　清康熙五十六年(1717)玉蘭堂刻本　九冊

220000－0841－0004550　善 1897
大清律集解附例三十卷附一卷　(清)剛林等纂修　**刑部新定現行則例二卷**　(清)黄機等纂　清康熙刻本　十二冊

220000－0841－0004551　善 2358
大清律集解附例三十卷附一卷　(清)剛林等纂修　清刻本　十冊

220000－0841－0004552　史 6672
大清律集解附例三十卷圖一卷服制一卷律例總類六卷　(清)朱軾等纂修　清雍正刻本　二十冊

220000－0841－0004553　史 5587
大清律例四十七卷　(清)覺羅長麟等撰　清乾隆五十三年(1788)刻本　十六冊

220000－0841－0004554　史 9349
大清律目附例示掌不分卷　(清)夏敬一摘注　清乾隆三十九年(1774)刻本　四冊

220000－0841－0004555　史 6611K
大清律表不分卷　(清)曹沂編　清乾隆刻本　八冊

220000－0841－0004556　史 9333K
大清律例刑案彙纂集成四十卷督捕則例附纂二卷　(清)姚雨薌纂輯　(清)胡仰山增修　清道光二十二年(1842)刻本　二十四冊

220000－0841－0004557　史 6658K
大清律例刑案新纂集成四十卷刑部説帖刑案匯覽　(清)姚雨薌原纂　(清)胡仰山增輯　清光緒五年(1879)刻本　二十四冊

220000－0841－0004558　史 6738K
大清律例集要新編四十卷　(清)□□撰　清嘉慶刻本　二十四冊

220000－0841－0004559　史 6666K
大清律例總類不分卷　(□)□□撰　清光緒十五年(1889)江蘇書局刻本　四冊

220000－0841－0004560　史 10796K
大清律例通纂四十卷　(清)胡仰山增輯　清光緒二十年(1894)刻本　二十四冊

220000－0841－0004561　子 0474K
大清律例講義三卷　(清)吉同鈞撰　清光緒三十四年(1908)法部律學館鉛活字印本　二冊

220000－0841－0004562　史 11694K
大清律例彙輯便覽四十卷附二卷　(清)張建基等纂　(清)高澍等彙輯　清同治十一年(1872)湖北言獻局刻本　三十二冊

220000－0841－0004563　史 6720K
大清律例增修彙纂大成四十卷附錄不分卷　(清)□□撰　清光緒二十九年(1903)鉛活字印本　二十四冊

220000－0841－0004564　史 6586K
大清刑律草案不分卷　(清)沈家本編纂　清光緒三十三年(1907)法律館抄本　一冊

220000－0841－0004565　史 6618K
大清刑事民事訴訟法不分卷　(清)法律館稿本　清光緒刻本　一冊

220000－0841－0004566　史 6747K
大清律例按語根源一百四卷　(清)黄恩彤纂　清咸豐元年(1851)海山仙館刻本　八十冊

220000－0841－0004567　史 6617K
大清律例根源一百二十四卷　(清)吳珅修編　清同治十年(1871)安徽敷文書局刻木活字印本　一百冊

220000－0841－0004568　善 3081
督捕則例二卷三流道里表不分卷律例館校正洗冤錄四卷　(清)徐本等纂修　清乾隆八年(1743)武英殿刻本　十冊

220000－0841－0004569　善 2882
督捕則例二卷　(清)徐本等重修　清乾隆八年(1743)武英殿刻本　二冊

220000－0841－0004570　史5537
盱江治牘三卷　(清)魏錫祚撰　清雍正刻本　六册

220000－0841－0004571　史6673K
律表三十八卷首一卷　(清)曾恒德編　清嘉慶十八年(1813)刻本　六册

220000－0841－0004572　史6721K
大清法規大全　(清)政學社編輯　清宣統石印本　四十二册

220000－0841－0004573　史7661K
墨刑集成不分卷　(清)劉維政纂　清嘉慶十年(1805)刻本　一册

220000－0841－0004574　史6696K
律例便覽六卷　(清)蔡雲峯編　清同治九年(1870)江蘇書局刻本　六册

220000－0841－0004575　史6699K
律例便覽八卷　(清)蔡雲峯編輯　清同治十一年(1872)刻本　六册

220000－0841－0004576　史9276K
律例須知不分卷　(清)葉世倬撰　清嘉慶二十三年(1818)刻本　一册

220000－0841－0004577　史30919F
删除律例　(清)沈家本[等]纂　清光緒三十一年(1905)鉛活字印本　二册

220000－0841－0004578　史6825K
删除律例不分卷　(清)沈家本[等]纂　清光緒三十一年(1905)鉛活字印本　一册

220000－0841－0004579　史9531K
删除律例二卷　(清)沈家本撰　清光緒石印本　一册

220000－0841－0004580　史6874K
删除律例二卷　(清)沈家本[等]纂　清光緒三十三年(1907)石印本　一册

220000－0841－0004581　史6836K
大清删除新律例不分卷　清光緒三十二年(1906)上海書局石印本　一册

220000－0841－0004582　史8895K
吏律清光緒元年至十一年不分卷　(□)□□撰　清光緒刻本　十二册

220000－0841－0004583　史10155K
法政彙編不分卷　(清)政學社編　清宣統鉛活字印本　十八册

220000－0841－0004584　史9799K
大清法政彙編不分卷　(清)上海政學社編　清石印鉛活字印本　三十册

220000－0841－0004585　史11594K
欽定大清刑律不分卷　(清)沈家本等纂　清宣統三年(1911)刻本　二册

220000－0841－0004586　史6692K
大清現行刑律三十六卷首一卷附錄二卷　(清)沈家本等修　清宣統二年(1910)鉛活字印本　十二册

220000－0841－0004587　史6777K
大清現行刑律案語不分卷　(清)沈家本等編輯　清宣統元年(1909)法律館鉛活字印本　四十二册

220000－0841－0004588　史8856K
大清現行刑律案語附核訂現行刑律不分卷　(清)沈家本等編輯　清宣統三年(1911)普政社鉛活字印本　二十册

220000－0841－0004589　史6613K
大清光緒宣統法令不分卷　(清)商務印書館編譯所編纂　清宣統二年(1910)鉛活字印本　五十五册

220000－0841－0004590　史10169K
大清宣統新法令不分卷　商務印書館編譯所編纂　清宣統二年(1910)鉛活字印本　三十五册

220000－0841－0004591　史6882K
欽定大清商律摘抄不分卷　(清)□□撰　清鉛活字印本　一册

220000－0841－0004592　史5906K
定律彙編一百五十二卷　(□)□□撰　清光

緒江西刻本　一百三十二冊

220000－0841－0004593　史10149K
大清教育新法令二十六章　（清）政學社編　清宣統二年（1910）石印本　八冊

220000－0841－0004594　史9117K
粤東省例新纂八卷　（清）黄恩彤等輯　清道光二十六年（1846）刻本　四冊

220000－0841－0004595　史6708K
比例摘要便覽四卷　（清）劉若璩輯　清光緒九年（1883）刻本　四冊

220000－0841－0004596　史6866K
遵議滿漢通行刑律一卷　（清）沈家本等撰　清光緒二十七年（1901）法律館鉛活字印本　一冊

220000－0841－0004597　史11081K
遵議滿漢通行刑律一卷　（清）沈家本修訂　清光緒三十三年（1907）法律館鉛活字印本　一冊

220000－0841－0004598　史8929K
新刑律修正案彙錄一卷　勞乃宣輯　清宣統三年（1911）鉛活字印本　一冊

220000－0841－0004599　子5634K
有正博士日清戰役中之國際法論十六章　陸軍部輯　清宣統三年（1911）陸軍部鉛活字印本　一冊

220000－0841－0004600　史6654K
和蘭刑法三編　（清）汪有齡校正　清光緒三十三年（1907）鉛活字印本　一冊

220000－0841－0004601　史7723K
示諭彙抄不分卷　（□）□□輯　清抄本　一冊

220000－0841－0004602　史6652K
式敬編五卷　（清）楊景仁撰　清光緒五年（1879）刻本　二冊

220000－0841－0004603　史9805K
憲法古義三卷　（清）衒石生撰　清光緒三十一年（1905）上海點石齋書局鉛活字印本　一冊

220000－0841－0004604　史6862K
中國憲法大綱駁論不分卷　（□）□□撰　清宣統二年（1910）石印本　一冊

220000－0841－0004605　史11347K
訴訟法不分卷　（清）法部編　清光緒官書局鉛活字印本　一冊

220000－0841－0004606　史10788K
奉天司法楊議案不分卷　清宣統二年（1910）鉛活字印本　一冊

220000－0841－0004607　子5138K
上都察院鳴冤呈詞一卷　（清）葉國霖撰　清宣統鉛活字印本　一冊

220000－0841－0004608　史10232K
各國國籍法類輯不分卷　修訂法律館編輯　清鉛活字印本　一冊

220000－0841－0004609　史6860K
萬國憲法志三卷　（清）周逵編譯　清光緒二十八年（1902）鉛活字印本　一冊

220000－0841－0004610　史10367K
各國憲法略不分卷　出洋學生編輯所編　清光緒二十八年（1902）上海商務印書館鉛活字印本　一冊

220000－0841－0004611　史10781K
各國公法不分卷　（清）□□輯　清抄本　一冊

220000－0841－0004612　史9249F
萬國公法釋例二卷　（清）丁祖蔭撰　清光緒二十四年（1898）木活字印本　一冊

220000－0841－0004613　史6028K
各國交通行政律乙編三種　程明超等輯　清宣統元年（1909）鉛活字印本　三冊

220000－0841－0004614　史6515K
比利時國法條論不分卷　（清）曾仰東譯　清光緒二十九年（1903）湖北洋務譯書局刻朱印本　二冊

220000－0841－0004615　史 6143K

中國古今法制表十六卷　孫榮編　清光緒四川刻本　十冊

220000－0841－0004616　史 10921K

日本法規解字不分卷　（清）錢恂　（清）董鴻禕撰　清光緒三十三年（1907）上海商務印書館鉛活字印本　一冊

220000－0841－0004617　史 9923K

日本法規解字不分卷　（清）錢恂等撰　清光緒三十四年（1908）商務印書館鉛活字印本　一冊

220000－0841－0004618　史 6804K

日本鹽專賣法規不分卷　（清）呂嘉榮編譯　清宣統二年（1910）鉛活字印本　一冊

220000－0841－0004619　史 10065K

刑法條例不分卷　（□）□□撰　清抄本　一冊

220000－0841－0004620　史 6616K

日本法規大全二十五類　（清）劉崇傑等譯　清宣統商務印書館鉛活字印本　八十一冊

220000－0841－0004621　史 6580K

日本憲法疏證四卷皇室典範一卷　（清）載澤等撰　清光緒三十四年（1908）政治官報局印本　一冊

220000－0841－0004622　史 9048K

調查日本裁判監獄報告書不分卷　（清）王儀通輯　清光緒三十三年（1907）鉛活字印本　一冊

220000－0841－0004623　叢 1648K

不礙軒讀律六種　（清）王有孚輯　清嘉慶十二年（1807）刻本　三冊

220000－0841－0004624　善 3474

六部新例成案六卷　清雍正九年（1731）刻本　三冊

220000－0841－0004625　史 6703

六部新例成案六卷續增三卷　清雍正十年（1732）刻本　八冊

220000－0841－0004626　子 0484K

折獄便覽一卷　（清）□□纂　清宣統二年（1910）太古山房鉛活字印本　一冊

220000－0841－0004627　史 10717K

折獄龜鑑八卷補六卷　（宋）鄭克輯　（清）胡文炳校定并補輯　清光緒四年（1878）蘭石齋刻本　八冊

220000－0841－0004628　子 0491K

折獄龜鑑八卷首一卷　（宋）鄭克撰　清光緒八年（1882）刻本　二冊

220000－0841－0004629　子 0431K

折獄龜鑑八卷首一卷　（宋）鄭克撰　清光緒十四年（1888）四川集署刻本　二冊

220000－0841－0004630　子 0420K

疑獄集四卷　（五代）和凝編　**補疑獄集六卷**　（明）張景撰　**折獄龜鑑八卷**　（宋）鄭克撰　**棠陰比事一卷錄一卷**　（五代）和凝編纂　（宋）桂萬榮撰　（明）吳訥剛補　清抄本　八冊

220000－0841－0004631　子 0422K

疑獄集十卷附錄一卷　（五代）和凝編纂　清咸豐元年（1851）桐鄉金鳳清刻本　二冊

220000－0841－0004632　善 0391

折獄新語十卷　（清）李清撰　明刻本　四冊

220000－0841－0004633　子 425K

祥刑古鑑二卷附編一卷　（清）朱邦德編輯　清同治三年（1864）刻本　二冊

220000－0841－0004634　善 2951

讀律佩觿八卷　（清）王明德撰　清康熙十三年（1674）冷然閣刻本　十冊

220000－0841－0004635　史 6878K

律例精言歌括不分卷　（清）曹澐錄　清光緒二十五年（1899）桂垣書局刻本　一冊

220000－0841－0004636　史 6711K

律例匯衆不分卷　（清）□□輯　清抄本　二十冊

220000－0841－0004637　史 8878

律例圖說辨僞十卷　(清)萬維翰撰　清乾隆二十八年(1763)芸暉堂刻本　八册　存九卷(一至五、七至十)

220000－0841－0004638　史6690
律例圖說辨僞十卷　(清)萬維翰撰　清乾隆三十六年(1771)芸暉堂刻增訂本　七册

220000－0841－0004639　史6701
律例圖說正編十卷幕學舉要一卷　(清)萬維翰撰　清乾隆三十九年(1774)雲暉堂刻本　十册

220000－0841－0004640　史6663K
律法須知　(清)吕芝田撰　清光緒十三年(1887)廣州刻本　二册

220000－0841－0004641　子0508
覆甕集刑名十卷　(清)張我觀撰　清雍正四年(1726)刻本　四册

220000－0841－0004642　子0492
名法指掌增訂二卷便覽一卷　(清)沈辛田纂修　清乾隆八年(1743)同德堂刻本　三册

220000－0841－0004643　子0488K
名法指掌新例增訂四卷　(清)沈萃田纂輯　(清)鈕大煒增訂　清道光四年(1824)鈕大煒刻本　四册

220000－0841－0004644　子0489K
重修名法指掌圖四卷　(清)沈辛田纂輯　(清)徐灝重纂　清同治九年(1870)湖北崇文書局刻本　四册

220000－0841－0004645　子0493K
重修名法指掌圖四卷　(清)沈辛田纂輯　(清)徐灝重纂　清同治九年(1870)湖南藩署刻本　四册

220000－0841－0004646　子0490K
名法指掌新纂四卷　(清)沈辛田原撰　(清)黄魯溪編輯　清道光十一年(1831)刻本　四册

220000－0841－0004647　史8868K
重修名法指掌圖四卷　(清)徐灝撰　清同治九年(1870)湖北崇文書局刻本　四册

220000－0841－0004648　史6697K
三流道里表不分卷　(清)□□撰　清同治十一年(1872)江蘇書局刻本　二册

220000－0841－0004649　史5946
六部例限圖六卷中樞例限圖秋審章程刺字彙纂　(清)徐靜夫　(清)王蔭庭編輯　清乾隆五十六年(1791)刻本　四册

220000－0841－0004650　史6798K
秋審條款附案五卷　(清)沈家本編纂　清光緒三十二年(1906)刻本　四册

220000－0841－0004651　史6657K
秋審比較條款四卷首一卷　(清)悔不讀書齋校刊　清光緒六年(1880)刻本　五册

220000－0841－0004652　史6674K
秋審實緩比較條款　(清)謝信齋撰　清光緒四年(1878)江蘇書局刻本　二册

220000－0841－0004653　史11020K
秋審實緩比較條款不分卷　(清)謝誠鈞撰　清抄本　一册

220000－0841－0004654　史6724K
秋審實緩比較彙案十六卷續編八卷　(清)□□輯　清光緒三十三年(1907)榮錄堂鉛活字印本　二十六册

220000－0841－0004655　史6609K
同治九年庚午歲秋審不分卷　(□)□□撰　清抄本　三册

220000－0841－0004656　史6719K
秋審摘要四卷秋審節略六卷　(清)□□輯　清抄本　十册

220000－0841－0004657　善3466
錢穀刑名便覽二卷　(清)董公振輯　清乾隆二年(1737)刻本　二册

220000－0841－0004658　善3421
定例成案合鐫三十卷逃人一卷續增一卷　(清)孫綸輯　清康熙刻本　七册　存八卷(一至二、七下至八、二十九至三十,逃人一

卷,續增一卷)

220000－0841－0004659　史 6723K
成案新編二十四卷　(清)律例館編　清道光二十九年(1849)刻本　十一册

220000－0841－0004660　史 6563
刑名一得二卷　(清)白如珍撰　清乾隆四十九年(1784)滇南臬署刻本　一册

220000－0841－0004661　史 6778K
刑部比照加減成案三十二卷首一卷　(清)許梿　(清)熊莪同訂　清道光十四年(1834)刻本　十六册

220000－0841－0004662　史 6784K
刑部比照加減成案續編三十二卷目一卷　(清)許梿訂　清道光十三年(1833)刻本　十六册

220000－0841－0004663　史 8636K
刑案匯覽六十卷首一卷末一卷拾遺備考一卷續編十六卷新增十六卷首一卷　(清)祝慶祺編　清光緒十四年(1888)圖書集成局仿袖珍版鉛活字印本　四十册

220000－0841－0004664　史 8520K
刑案雜登不分卷　(清)秋眉白錄　清光緒抄本　二十册

220000－0841－0004665　子 0463K
刑案集要不分卷　(清)□□輯　清知不足書屋抄本　六册

220000－0841－0004666　史 6557K
庚辛提牢筆記二卷　(清)白會焯撰　清光緒二十八年(1902)刻本　一册

220000－0841－0004667　史 6806K
提牢備考四卷　(清)趙舒翹輯　清光緒十九年(1893)刻本　二册

220000－0841－0004668　史 9198K
續邑唐金山祖墓盜砍盜葬兩案合刊不分卷　(清)汪聲玲等編　清光緒二十一年(1895)刻本　一册

220000－0841－0004669　史 9859K
刑律說帖三十六卷兩岐案不分卷　(□)□□撰　清抄本　四十七册

220000－0841－0004670　史 6702K
增訂刑部說帖八卷通行條例　(清)國英等纂修　清光緒九年(1883)刻本　八册

220000－0841－0004671　史 5732K
新鐫法家透膽寒四卷　(清)補相子撰　清道光刻本　二册

220000－0841－0004672　史 0458K
新鐫法家透膽寒十六卷　(清)補相子撰　清道光十九年(1839)刻本　二册

220000－0841－0004673　善 3099
鹿洲公案二卷　(清)藍鼎元撰　清刻本　二册

220000－0841－0004674　史 6677K
讀法圖存四卷　(清)邵繩清繪編　清道光十六年(1836)刻本　八册

220000－0841－0004675　史 6877K
學治一得編不分卷　(清)何耿繩撰　清道光二十一年(1841)眉壽堂刻本　一册

220000－0841－0004676　史 6568F
學治一得編不分卷　(清)何耿繩輯　清同治十三年(1874)崇文書局刻牧令書四種本　一册

220000－0841－0004677　史 9880K
西曹成案不分卷　(□)□□抄輯　清抄本　十册

220000－0841－0004678　史 6864K
讀律一得歌四卷　(清)宗繼增重編　清光緒十三年(1887)刻本　四册

220000－0841－0004679　史 6705K
讀律一得歌四卷　(清)宗繼增重編　清光緒十六年(1890)江蘇書局刻本　二册

220000－0841－0004680　史 6630K
讀例存疑五十四卷　(清)薛允升撰　清光緒三十一年(1905)京師刻本　八十册

220000－0841－0004681　史6629K

讀例存疑不分卷　(清)薛允升撰　清光緒抄本　五十七册

220000－0841－0004682　史6196K

案事編一卷　(清)沈祖燕撰　清光緒三十四年(1908)刻本　一册

220000－0841－0004683　子0473K

除弊論六章　(清)余兆慶撰　清光緒三十三年(1907)上海商務印書館鉛活字印本　一册

220000－0841－0004684　史6712K

駁案新編三十二卷續編七卷　(清)全士潮等纂輯　清乾隆刻本　二十四册

220000－0841－0004685　史6722K

駁案新編三十二卷續編七卷秋審比較彙案二卷　(清)全士潮等纂輯　清圖書集成局鉛活字印本　十二册

220000－0841－0004686　史10345F

駁案新編三十二卷續編七卷秋書比較彙案二卷　(清)全士潮等纂輯　清圖書集成局鉛活字印本　十二册

220000－0841－0004687　史6670

駁案成編不分卷　(清)洪彬輯　清乾隆三十二年(1767)式穀堂刻本　八册

220000－0841－0004688　子0483K

甘肅省刑供檔案不分卷　(清)□□輯　清抄本　五册

220000－0841－0004689　善2886

棠蔭會編四卷首一卷　(清)王謙志等輯　清康熙刻本　四册

220000－0841－0004690　史8660

明懷紀略不分卷　(清)陳朝圭撰　清雍正刻本　一册

220000－0841－0004691　子5647K

孤女周英呈請捐輸報效全案一卷　(清)□□輯　清光緒三十三年(1907)石印本　一册

220000－0841－0004692　子0466K

弟子案牘碎錦不分卷　(清)□□輯　清抄本一册

220000－0841－0004693　史10198K

居官慎刑錄八卷　(清)劉拱宸撰　清光緒三年(1877)桐花軒書屋刻本　四册

220000－0841－0004694　子0468K

驚天雷四卷內附大清律例　(清)□□撰　清刻本　一册

220000－0841－0004695　史7243K

湖北蘄水縣節烈郭五氏全案不分卷　清同治抄本　一册

220000－0841－0004696　史6865K

明刑管見錄二十九卷　(清)穆翰撰　清道光二十七年(1847)眉壽堂刻本　二册

220000－0841－0004697　史6564K

明刑管見錄一卷　(清)穆翰撰　清光緒二十八年(1902)刻本　一册

220000－0841－0004698　史6566K

明刑管見錄一卷　(清)穆翰撰　清光緒三十年(1904)浙江官書局刻本　一册

220000－0841－0004699　子0471K

續輯明刑圖說不分卷　(清)胡鴻澤撰　清光緒十二年(1886)石印本　一册

220000－0841－0004700　史6573K

秋讞輯要六卷　(清)子良氏輯　清光緒十二年(1886)山西濬文書局刻本　八册

220000－0841－0004701　史6660K

秋讞輯要六卷首一卷　(清)剛毅輯　清光緒十五年(1889)江蘇書局刻本　八册

220000－0841－0004702　子0472K

審看擬式四卷首一卷末一卷　(清)剛毅編輯　清光緒十五年(1889)江蘇書局刻本　四册

220000－0841－0004703　子0447K

洗冤錄義證四卷附錄二卷首一卷　(清)剛毅編輯　清光緒十七年(1891)江蘇書局刻本　二册

220000－0841－0004704　子0482K

審看擬式四卷首一卷末一卷 (清)剛毅編輯 清光緒十八年(1892)浙江書局刻本 二冊

220000－0841－0004705 史10562K

吳中判牘一卷 (清)蒯德模撰 清抄本 一冊

220000－0841－0004706 史6627K

清嘉道間各省司刑案摘抄不分卷 (清)□□輯 清光緒抄本 十六冊

220000－0841－0004707 子5435K

琴堂必讀二卷 (清)白元峰撰 清道光二十一年(1841)芸香館刻本 一冊

220000－0841－0004708 史11000K

山陽縣冤案全卷一卷 (□)□□輯 清宣統鉛活字印本 一冊

220000－0841－0004709 史9405F

汝東判語六卷 (清)董沛輯 清光緒十三年(1887)刻正誼堂全集本 二冊

220000－0841－0004710 史7641K

刺字條款不分卷 (清)□□輯 清抄本 一冊

220000－0841－0004711 史6517K

刺字集四卷 (清)沈家本編輯 清光緒二十四年(1898)江蘇書局刻本 一冊

220000－0841－0004712 子5624K

洗冤錄補注全纂六卷 (宋)宋慈輯 (清)阮其新補注 清道光十五年(1835)刻本 四冊

220000－0841－0004713 子0449K

補注洗冤錄集證四卷作吏要言一卷 (宋)宋慈輯 (清)阮其新補注 清道光二十三年(1843)江都鍾淮刻三色套印本 四冊

220000－0841－0004714 善3088

重刊補注洗冤錄集證六卷 (宋)宋慈輯 (清)王又槐增輯 (清)李觀瀾補輯 (清)阮其新補注 清道光二十四年至二十七年(1844－1847)廣州刻三色套印本 五冊

220000－0841－0004715 子4664K

重刊補注洗冤錄集證六卷 (宋)宋慈輯 (清)阮其新補注 (清)張錫審重訂 清道光二十四年至二十七年(1844－1847)翰墨園刻四色套印本 五冊

220000－0841－0004716 子5202K

重刊補注洗冤錄集證六卷 (宋)宋慈輯 (清)阮其新補注 (清)張錫審重訂 清道光二十四年至二十七年(1844－1847)劉開域刻四色套印本 五冊

220000－0841－0004717 子5839K

重刊補注洗冤錄集證五卷附刊七種 (清)阮其新補注 (清)張錫審重訂 清同治十二年(1873)粵東省署刻三色套印本 六冊

220000－0841－0004718 子0453K

重刊補注洗冤錄集證六卷 (清)阮其新補注 (清)張錫審重訂 清光緒三年(1877)浙江書局刻四色套印本 五冊

220000－0841－0004719 子0459K

重刊補注洗冤錄集證五卷附刊三卷 (宋)宋慈輯 (清)阮其新補注 (清)張錫審重訂 清光緒石印本 五冊

220000－0841－0004720 子4309K

重刊補注洗冤錄集證六卷 (宋)宋慈輯 (清)阮其新補注 清光緒十八年(1892)上海圖書集成印書局鉛活字印本 四冊

220000－0841－0004721 子5852K

洗冤錄詳義四卷首一卷 (清)許槤編校 **摭遺二卷** (清)葛元煦輯 清光緒五年(1879)葛元煦刻本 六冊

220000－0841－0004722 子0448K

洗冤錄詳義四卷首一卷 (清)許槤編校 **摭遺二卷** (清)葛元煦輯 **摭遺補一卷** (清)張開運輯 (宋)鄭克撰 清光緒十六年(1890)湖北官書處刻本 六冊

220000－0841－0004723 子0450K

洗冤錄詳義四卷首一卷 (清)許槤編校 **摭遺二卷** (清)葛元煦輯 清光緒二年(1876)葛氏嘯園刻本 五冊

220000－0841－0004724　子 0457
宋元檢驗三錄九卷　(清)吳鼒編　清嘉慶十七年(1812)刻本　四冊

220000－0841－0004725　子 5353K
洗冤錄外編二卷　(清)程祥棟輯　清同治六年(1867)抱樸山房刻本　一冊

220000－0841－0004726　子 4289K
洗冤錄集證二卷寶鑑編一卷　(清)郎錦騏纂輯　清光緒鄭同文書坊刻本　二冊

220000－0841－0004727　子 5514K
檢驗萃言二卷　(清)周以勲輯　清光緒二十一年(1895)刻本　一冊

220000－0841－0004728　子 3984K
洗冤錄解一卷　(清)姚德豫撰　清道光十一年(1831)刻本　一冊

220000－0841－0004729　子 0451
律例館校正洗冤錄四卷　(清)律例館輯　清刻本　四冊

220000－0841－0004730　史 10984
工程做法七十四卷　(清)允禮等編　清雍正十二年(1734)內府刻本　二十四冊

220000－0841－0004731　史 6743
九卿議定物料價值四卷　(清)邁柱等修　清乾隆內府刻本　八冊

220000－0841－0004732　史 6606
物料價值則例二十四卷　(清)快亮等纂修　清乾隆刻本　二十四冊

220000－0841－0004733　子 0814K
魯班木經三卷首一卷　(清)午榮彙編　清咸豐十年(1860)刻本　二冊

220000－0841－0004734　史 6788K
丙午年考察吉林三姓金礦紀事不分卷　(□)□□撰　清光緒鉛活字印本　一冊

220000－0841－0004735　史 8714
灌江備考一卷　(清)王廷珏輯　清乾隆王來通刻本　一冊

220000－0841－0004736　史 10719
灌江備考一卷　(清)王廷珏輯　清乾隆八年(1743)王來通刻本　一冊

220000－0841－0004737　史 9401K
灌江定考一卷　(清)王來通輯　清嘉慶刻本　一冊

220000－0841－0004738　史 5939F
迴瀾紀要二卷安瀾紀要二卷　(清)徐端撰　清道光二十二年(1842)錢塘許氏刻敏果齋七種本　二冊

220000－0841－0004739　史 5961K
迴瀾紀要二卷安瀾紀要二卷　(清)徐端撰　清道光二十三年(1843)刻本　四冊

220000－0841－0004740　善 0195
河防一覽十四卷　(明)潘季馴撰　明萬曆十八年(1590)刻本　八冊

220000－0841－0004741　史 5171
河防志十二卷　(清)張希良撰　清雍正刻本　十二冊

220000－0841－0004742　善 0425
上虞縣五鄉水利本末二卷　(元)陳恬撰　清康熙刻本　一冊

220000－0841－0004743　史 5767
三江閘務全書二卷　(清)程鶴翥撰　**閘務全書續刻四卷**　(清)平衡撰　清康熙漱玉齋刻咸豐續刻本　四冊

220000－0841－0004744　史 9483K
歷代河防類要六卷　(清)徐璈輯　清道光元年(1821)臥雪書屋刻本　二冊

220000－0841－0004745　叢 1066K
畿輔河道水利叢書九種　(清)吳邦慶輯　清道光四年(1824)益津吳氏刻本　十冊

220000－0841－0004746　史 5199K
浙西水利備考不分卷　(清)王鳳生撰　清光緒四年(1878)浙江書局刻本　四冊

220000－0841－0004747　史 6121K
河工器具圖說四卷　(清)麟慶纂輯　清道光

十六年(1836)南河節署刻本　四冊

220000－0841－0004748　史 5520K

甬上水利志六卷　(清)周道遵考述　清道光二十八年(1848)刻本　二冊

220000－0841－0004749　史 10625K

廣利渠水利鏡一卷　(清)戴寶蓉輯　清道光刻本　一冊

220000－0841－0004750　史 6815K

上虞塘工紀略四卷　(清)連仲愚撰　清光緒十三年(1887)刻本　一冊

220000－0841－0004751　史 8044K

楚漕江程十六卷首一卷　(清)董恂輯　清咸豐四年(1854)刻本　十六冊

220000－0841－0004752　史 5775K

河工簡要四卷　(清)邱步洲輯　清光緒十三年(1887)刻本　二冊

220000－0841－0004753　史 9191K

請復淮水故道圖說一卷　(清)丁顯撰　清光緒十五年(1889)刻本　一冊

220000－0841－0004754　史 8682K

桑園圍志十七卷　(清)何如銓纂修　清光緒十五年(1889)刻本　六冊

220000－0841－0004755　史 5503K

河渠紀略一卷　(清)王世仕撰　清光緒二十二年(1896)刻本　一冊

220000－0841－0004756　史 11723K

疏濬郡河清冊不分卷　(清)寗郡河工局輯　清咸豐六年(1856)木活字印本　一冊

220000－0841－0004757　史 11760K

經野規略全書三卷　(明)劉光復撰　**劉公政略一卷**　(清)劉鍾秀輯　清同治五年(1866)諸暨縣梁溪華木活字印本　五冊

220000－0841－0004758　史 6464K

經野規略全書三卷　(明)劉光復撰　清光緒十八年(1892)周學基刻本　四冊

220000－0841－0004759　史 6790K

荆楚修疏指要五卷首二卷　(清)胡祖翮纂　清同治十三年(1874)崇文書局刻本　二冊

220000－0841－0004760　史 6418K

畿輔水利議一卷　(清)林則徐撰　清光緒二年(1876)三山林氏刻本　一冊

220000－0841－0004761　史 4864K

荆州萬城隄志十卷首一卷末一卷　(清)倪文蔚撰　清光緒二年(1876)刻本　六冊

220000－0841－0004762　史 4863K

荆州萬城堤續志十卷首一卷末一卷　(清)舒惠撰　清光緒二十年(1894)刻本　四冊

220000－0841－0004763　史 6807K

上虞塘工紀要二卷　(清)連蘅擷撰　清光緒刻本　一冊

220000－0841－0004764　史 11010K

李文田與劉忠誠書不分卷　(清)李文田書　清光緒三十一年(1905)影印本　一冊

220000－0841－0004765　史 8683K

峽江救生船志一卷　(清)□□撰　**行川必要一卷**　(清)羅縉紳撰　清光緒刻本　二冊

220000－0841－0004766　史 9432K

東南水利論三卷棲流論一卷　(清)張崇傃撰　清光緒七年(1881)刻本　二冊

220000－0841－0004767　史 7882K

淥江橋志四卷　(清)劉驥修　(清)陽順藻等纂　清光緒八年(1882)刻本　四冊

220000－0841－0004768　史 5377K

運瀆橋道小志一卷　(清)陳作霖編　清光緒十一年(1885)刻本　一冊

220000－0841－0004769　史 11586K

閭圖捷測一卷河堤新測一卷七廳河防指掌一卷　(清)董毓琦撰　清光緒刻本　一冊

220000－0841－0004770　史 9300K

水利輯說不分卷　(清)王蘭蓀輯　清抄本　一冊

220000－0841－0004771　史 5453K

練湖志十卷首一卷　(清)黎世序纂修　清嘉慶十五年(1810)刻本　四冊

220000－0841－0004772　集 2957K
斯未錄二卷　(清)強望泰撰　清同治四年(1865)刻本　二冊

220000－0841－0004773　史 10831K
橫橋堰水利記一卷　(清)徐用福輯　清光緒二十四年(1898)刻本　一冊

220000－0841－0004774　史 6405K
橫橋堰水利記不分卷柳河案牘一卷　(清)徐用福輯　清光緒二十四年(1898)鉛活字印本　一冊

220000－0841－0004775　史 9338K
豫南水利卮言一卷　(清)徐壽兹撰　清光緒十七年(1891)大梁刻本　一冊

220000－0841－0004776　史 5941
靳文襄公治河方略十卷圖一卷　(清)崔應階編　清乾隆三十二年(1767)刻本　八冊

220000－0841－0004777　史 8926K
治河五説一卷續説一卷　(清)劉鶚撰　清光緒刻本　一冊

220000－0841－0004778　史 6802K
治河議不分卷　(□)□□撰　清抄本　一冊

220000－0841－0004779　善 2860
三江水利紀略四卷　(清)蘇爾德等輯　清乾隆刻本　一冊

220000－0841－0004780　史 5170
海塘新志六卷　(清)琅玕撰　清乾隆六十年(1795)徐綬刻本　八冊

220000－0841－0004781　善 0534
行水金鑑一百七十五卷首一卷　(清)傅澤洪撰　清雍正三年(1725)淮揚官署刻本　三十六冊

220000－0841－0004782　史 10889K
續行水金鑑一百五十六卷圖一卷　(清)俞正燮　(清)董士錫等撰修　清道光十二年(1832)河庫道署刻本　八十冊

220000－0841－0004783　史 9027K
星軺考轍四卷　(清)劉啟彤譯述　清光緒十五年(1889)同文書局石印本　四冊

220000－0841－0004784　善 1589
啟雋類函一百二卷職官考五卷目錄九卷　(明)俞安期輯　明萬曆刻本　二十六冊

220000－0841－0004785　史 6619K
法部第二次統計表不分卷　(清)法部編　清光緒三十四年(1908)鉛活字印本　二冊

220000－0841－0004786　史 6650K
法部第三次統計表宣統元年十二卷　(清)法部編　清宣統二年(1910)鉛活字印本　十二冊

220000－0841－0004787　史 11323K
光緒十年冬季起至十一年春夏秋三季止各屬功過次數總冊不分卷　(清)山東等處承宣布政提刑按察使司編　清光緒刻本　一冊

220000－0841－0004788　史 8600K
光緒十九年春季邸鈔全錄不分卷　(清)□□輯　清光緒十九年(1893)字林漢報館鉛活字印本　一冊

220000－0841－0004789　史 8637K
邸抄一卷　(清)時敏新報社編　清光緒鉛活字印本　一冊

220000－0841－0004790　史 10686K
常勝軍案略一卷　(清)謝元壽編輯　清光緒二十一年(1895)成德堂活字印本　一冊

220000－0841－0004791　史 2272K
北洋公牘類纂二十五卷　(清)甘厚慈輯　清光緒三十三年(1907)鉛活字印本　二十冊

220000－0841－0004792　史 2276K
北洋公牘類纂續編二十四卷　(清)甘厚慈輯　清宣統二年(1910)鉛活字印本　二十冊

220000－0841－0004793　史 8624K
報抄光緒拾肆年至光緒叁拾年止恤賞奏咨並猓□案抄件　(清)雲南等處承宣布政使司雲南善後籌餉報銷總局呈　清宣統元年(1909)

抄本　一冊

220000－0841－0004794　史 8654K

布政司呈造光緒陸年地丁初參奏銷未完壹分以上各官職清摺不分卷　(清)覺羅成撰　清抄本　一冊

220000－0841－0004795　史 11226K

擬辦徽州不纏足會公啟不分卷　孫懋紳等啟　清刻本　一冊

220000－0841－0004796　史 6052K

局外中立公牘彙錄二卷　(清)□□撰　清光緒鉛活字印本　二冊

220000－0841－0004797　史 8824K

軍牘集要十二卷　(清)張卿雲等編輯　清光緒二十一年(1895)鉛活字印本　六冊

220000－0841－0004798　史 11085K

隨扈王公大臣住址單不分卷　(清)□□撰　清光緒官刻本　一冊

220000－0841－0004799　史 9274K

內省錄一卷　(清)胡商彝輯　清宣統鉛活字印本　一冊

220000－0841－0004800　史 10878K

卷園書牘　(清)錢康榮撰　清光緒二十二年(1896)刻本　一冊

220000－0841－0004801　史 6159K

農工商部統計表不分卷　(□)□□編　清光緒鉛活字印本　二冊

220000－0841－0004802　史 6403K

政治官報(清光緒三十三年十二月至宣統三年八月)　官報局編　清宣統元年(1909)鉛活字印本　一百六十四冊

220000－0841－0004803　史 6063K

南洋商務報第六十五期　(清)江南商務局編輯　清宣統元年(1909)鉛活字印本　一冊

220000－0841－0004804　史 10061K

新廣東一卷　題(清)太平洋客撰　清鉛活字印本　一冊

220000－0841－0004805　史 11098K

南洋官報　(清)南洋官報館輯　清光緒鉛活字印本　一冊

220000－0841－0004806　史 11130K

交通官報不分卷　(清)郵傳部圖書通譯局官報處編輯　清宣統二年(1910)鉛活字印本　一冊　存一期(十一)

220000－0841－0004807　史 10522K

京報彙編(清宣統元年六至七月)　清宣統元年(1909)鉛活字印本　一冊

220000－0841－0004808　史 10546K

京報合訂(清宣統二年正月)　(□)□□編　清宣統鉛活字印本　四冊

220000－0841－0004809　史 10635K

京報輯要□□卷　清光緒二十八年(1902)鉛活字印本　一冊　存二卷(三至四)

220000－0841－0004810　史 6876K

京報不分卷　(清)申報館編印　清光緒鉛活字印本　二十四冊

220000－0841－0004811　叢 1614K

匯報不分卷　(清)匯報館編　清光緒鉛活字印本　二冊

220000－0841－0004812　史 10698K

匯報　(清)匯報館輯　清鉛活字印本　七冊

220000－0841－0004813　史 11457K

申報不分卷　(清)上海申報館編輯　清光緒十五年至十六年(1889－1890)鉛活字印本　一冊

220000－0841－0004814　史 11131K

新學月報不分卷　(清)尚賢堂編輯　清光緒二十三年(1897)鉛活字印本　一冊　存一冊(丁酉七月第三本)

220000－0841－0004815　史 6888K

蜀學報不分卷　(清)蜀學報編　清光緒二十四年(1898)刻本　二冊

220000－0841－0004816　史 6887K

蜀學報不分卷　(清)蜀學報編　清光緒二十

四年(1898)刻本　一册

220000－0841－0004817　子 5597K

雖園漫記　(清)□□撰　清光緒刻本　一册　存一册(二)

220000－0841－0004818　集 10382K

語言問答一卷　(清)□□撰　清光緒刻本　一册

220000－0841－0004819　史 11126K

知新報不分卷　(清)知新報館編輯　清光緒二十四年(1898)鉛活字印本　一册　存一册(四十七)

220000－0841－0004820　史 7049K

譯林第二期(光緒辛丑二月三十日)　杭州譯林社編　清光緒二十七年(1901)上海商務印書館鉛活字印本　一册

220000－0841－0004821　史 6746K

湘報類纂　(清)唐才常編　清光緒二十八年(1902)鉛活字印本　八册

220000－0841－0004822　叢 1695K

湘學報類編不分卷　(清)王德尚編　清光緒二十八年(1902)上海書局石印本　六册

220000－0841－0004823　史 12276K

奏摺體例輯要四卷　(清)步翼鵬撰　清宣統元年(1909)石印本　一册　存一卷(一)

220000－0841－0004824　子 5835K

北洋學報甲編不分卷　(清)北洋學報編　清鉛活字印本　一册

220000－0841－0004825　子 4789K

證學編十卷附錄一卷　(清)額勒精額撰　清光緒二十年(1894)廣東臬署刻本　二册

220000－0841－0004826　史 11697K

憲政分年籌備事宜表不分卷　(清)□□編　清宣統鉛活字印本　一册

220000－0841－0004827　子 0465K

裸錦備考不分卷　(清)□□輯　清抄本　十九册

220000－0841－0004828　史 8813K

外交公牘不分卷　(□)□□輯抄　清抄本　一册

220000－0841－0004829　史 10085K

上南皮張制軍書一卷　(清)程頌萬撰　清光緒二十二年(1896)鉛活字印本　一册

220000－0841－0004830　史 9721K

直隸册結款式不分卷　(清)直隸布政使司撰　清乾隆刻本　二册

220000－0841－0004831　史 6064K

順直諮議局文牘類要初編不分卷　(清)北洋官報社編　清宣統二年(1910)北洋官報鉛活字印本　二册

220000－0841－0004832　史 5965K

順直諮議局第二會期議案錄二卷　(清)順直諮議局編　清宣統二年(1910)鉛活字印本　三册

220000－0841－0004833　史 10374K

通州博物館敬徵通屬先輩詩文集書畫及所藏金石器啟不分卷　(清)張謇編　清鉛活字印本　一册

220000－0841－0004834　史 6073K

東三省蒙務公牘彙編不分卷　朱啟鈐輯　清宣統元年(1909)鉛活字印本　二册

220000－0841－0004835　史 11097K

吉林官運局第一次報告書不分卷　(清)張弧輯　清宣統元年(1909)鉛活字印本　一册

220000－0841－0004836　史 5570K

吉林官報一至三十三期　吉林公署官報局編輯　清宣統元年(1909)鉛活字印本　三十五册

220000－0841－0004837　史 10004K

黑龍江省諮議局籌辦處報告書不分卷　(清)黑龍江省諮議局籌辦處編　清宣統鉛活字印本　一册

220000－0841－0004838　史 6632K

江蘇學務公牘不分卷　(清)江蘇省學務公所

編　清光緒三十四年(1908)鉛活字印本　四冊

220000－0841－0004839　史 8610K
兩淮案牘鈔存不分卷　(清)兩淮鹽運司編　清宣統鉛印程中丞全集本　三冊

220000－0841－0004840　史 6090K
吏皖存牘三卷　(清)姚錫光撰　清光緒三十四年(1908)鉛活字印本　三冊

220000－0841－0004841　史 6402K
江西官報　(清)江西官報局編　清光緒石印本　一冊

220000－0841－0004842　史 8977K
河南諮議局議決撫部院交議各案不分卷　(清)河南諮議局編　清宣統鉛活字印本　一冊

220000－0841－0004843　史 10793K
河南諮議局議決議員提議各案不分卷　(清)河南諮議局編　清宣統鉛活字印本　一冊

220000－0841－0004844　史 5548K
湖北官報七冊　(清)湖北官報局編　清光緒三十一年(1905)刻朱印本　七冊

220000－0841－0004845　史 6246K
湖北官報第四十二冊　(清)湖北官報局編　清宣統元年(1909)鉛活字印本　一冊

220000－0841－0004846　史 6245K
湖北官報第一百十七冊　(清)湖北官報局編　清宣統二年(1910)鉛活字印本　二冊

220000－0841－0004847　史 11362K
湖南官報不分卷　(清)湖南官報館輯　清光緒鉛活字印本　十冊

220000－0841－0004848　史 6880K
湖南教育官報第六七期　(清)湖南學司編　清宣統元年(1909)鉛活字印本　二冊

220000－0841－0004849　史 6242K
湖南諮議局議事錄一卷　(清)湖南諮議局編　清宣統三年(1911)鉛活字印本　一冊

220000－0841－0004850　史 6013K
湖南諮議局議決地方自治經費案　(清)湖南諮議局編　清鉛活字印本　一冊

220000－0841－0004851　史 6237K
湖南諮議局己酉議決案不分卷　(清)湖南諮議局編　清宣統元年(1909)鉛活字印本　一冊

220000－0841－0004852　史 9204K
湖南地方自治籌辦處第二次報告書不分卷　(清)湖南地方自治籌辦處撰　清宣統二年(1910)鉛活字印本　一冊

220000－0841－0004853　史 7108K
湘藩案牘鈔存四冊　(清)湘藩司等撰　清宣統三年(1911)鉛活字印本　四冊

220000－0841－0004854　史 10832K
撫湘公牘二卷　(清)卞寶第撰　清光緒十五年(1889)湖南士民刻本　二冊

220000－0841－0004855　史 11598K
得一錄八卷　(清)余治輯　清光緒十三年(1887)四川臬署刻本　八冊

220000－0841－0004856　叢 1660K
四川官報不分卷　(清)四川官報局編　清光緒四年(1878)鉛活字印本　八冊　存七冊(一、五、七至八、十八、二十、二十六)

220000－0841－0004857　史 11443K
安順書牘摘抄三卷　(清)易佩紳撰　清光緒四年(1878)刻本　一冊

220000－0841－0004858　史 11134K
雲南政治官報不分卷　(清)雲南憲政調查局編輯　清宣統二年(1910)鉛活字印本　一冊　存宣統二年五月一日至二十七日

220000－0841－0004859　叢 1663K
雲南教育官報第五十期　(清)雲南學務公所編　清宣統三年(1911)鉛活字印本　一冊

220000－0841－0004860　善 2722
問心錄不分卷　(清)金之俊撰　明崇禎刻本　四冊

220000－0841－0004861　史11507K
裕靖節公遺書十二卷首一卷　(清)裕謙撰　清刻本　四冊

220000－0841－0004862　史6122K
勉益齋存稿八卷續存稿十六卷　(清)裕謙撰　清道光十二年(1832)刻本　二十四冊

220000－0841－0004863　史11119K
蒞鳳藺言四卷首一卷　(清)劉澤霖撰　清道光十三年(1833)刻本　四冊

220000－0841－0004864　集7733K
熊襄愍公尺牘四卷　(明)熊廷弼撰　清光緒三十四年(1908)刻本　四冊

220000－0841－0004865　史8563K
浠川政譜二卷　(清)龔鼎孳撰　清道光十四年(1834)永孚刻本　一冊

220000－0841－0004866　史5970K
四此堂稿十卷　(清)魏際瑞撰　清同治二年(1863)寧都謝氏刻本　六冊

220000－0841－0004867　史10914K
息訟安民示一卷　(清)徐棟撰　清道光二十六年(1846)刻本　一冊

220000－0841－0004868　史8998K
謝元淮公牘稿不分卷　(清)謝元淮撰　清道光刻本　一冊

220000－0841－0004869　史10760K
高涼公牘一卷贈行錄一卷　(清)聶繼模撰　清同治六年(1867)粵東高涼官廨刻本　二冊

220000－0841－0004870　史10771K
嚴陵紀略一卷裁嚴郡九姓漁課錄一卷　(清)戴槃撰　清同治七年(1868)刻本　二冊

220000－0841－0004871　史5966K
嶺西公牘彙存十卷　(清)方濬師輯　清光緒四年(1878)刻本　十冊

220000－0841－0004872　子3432K
張文襄公手札　(清)張之洞撰書　清宣統二年(1910)沈秉楧石印本　二冊

220000－0841－0004873　史5546K
頤情館聞過集十二卷　(清)宗源瀚撰　清光緒刻本　六冊

220000－0841－0004874　史7562K
疆恕齋公牘不分卷　(清)惲祖翼撰　清光緒刻本　三冊

220000－0841－0004875　史11256K
芝城公牘雜存一卷　(清)惲祖祁撰　清光緒四年(1878)刻本　一冊

220000－0841－0004876　史11750K
三廉吏牘二卷　(清)冒澄撰　清光緒五年(1879)水繪園刻本　二冊

220000－0841－0004877　史6060F
吳平贅言八卷　(清)董沛輯　清光緒七年(1881)刻本　二冊

220000－0841－0004878　史11303K
函牘舉隅八卷　(清)黃斐默撰　清光緒八年(1882)上海慈母堂鉛活字印本　八冊

220000－0841－0004879　史11201K
不慊齋漫存七卷　(清)徐賡陛撰　清光緒八年(1882)南海官署刻本　六冊

220000－0841－0004880　史2345K
撫吳公牘五十卷　(清)丁日昌撰　清光緒三年(1877)刻本　十冊

220000－0841－0004881　史10764K
官蒲被參紀略二卷首一卷戒煙方　(清)廖潤鴻撰　清光緒九年(1883)鄂垣刻本　二冊

220000－0841－0004882　史2287K
金雜談薈十四卷首一卷　(清)歐陽利見撰　清光緒十五年(1889)鉛活字印本　八冊

220000－0841－0004883　史5811K
秀山公牘五卷　(清)吳光耀撰　清光緒刻本　四冊

220000－0841－0004884　史2295
胡文忠公政書十四卷目錄本傳行狀年譜一卷　(清)胡林翼撰　清光緒湖南糧儲道署刻本　八冊

220000－0841－0004885　集10396K
胡文忠公遺集八十六卷首一卷　（清）胡林翼撰　（清）鄭敦謹　（清）曾國荃編輯　清同治六年（1867）黄鶴樓刻本　三十二册

220000－0841－0004886　集2784K
胡文忠公遺集八十六卷　（清）胡林翼撰　清光緒元年（1875）湖北崇文書局刻本　三十二册

220000－0841－0004887　史5968K
樊山公牘三卷樊山批判十四卷　樊增祥撰　清光緒二十三年（1897）刻樊山全集本　八册

220000－0841－0004888　史5528K
樊山政書二十卷　樊增祥撰　清宣統二年（1910）金陵鉛活字印本　十册

220000－0841－0004889　史5530K
開縣李尚書政書八卷首一卷　（清）李宗義撰　清光緒十一年（1885）刻本　五册

220000－0841－0004890　史10676K
鄉董箴言一卷十三家家訓一卷農桑説略一卷　（清）李應珏撰　清光緒二十六年（1900）蒙城縣署刻本　一册

220000－0841－0004891　史6270K
時務摭言四卷　（清）蔡鈞撰　清光緒二十三年（1897）六先書局石印本　二册

220000－0841－0004892　集5767K
曾文正公洋務尺牘一卷　（清）曾國藩撰　清光緒二十二年（1896）徐州刻本　一册

220000－0841－0004893　史12272F
曾文正公牘六卷　（清）曾國藩撰　清光緒二年（1876）傳忠書局刻曾文正公全集本　六册

220000－0841－0004894　史8760K
昌平遺記一卷　（清）榮恒撰　清光緒三十二年（1906）石印本　一册

220000－0841－0004895　史10654F
晦闇齋筆語六卷　（清）董沛撰　清光緒刻正誼堂全集本　二册

220000－0841－0004896　史6885K
晦闇齋筆語六卷　（清）董沛撰　清抄本　四册

220000－0841－0004897　史6123K
不慊齋漫存十二卷　（清）徐賡陛撰　清光緒刻本　十二册

220000－0841－0004898　集3335K
不慊齋漫存七卷　（清）徐賡陛撰　清光緒八年（1882）南海官署刻本　六册

220000－0841－0004899　史9384K
卞制軍政書四卷　（清）卞寶第撰　清光緒刻本　四册

220000－0841－0004900　史11116K
婺源銀場錄□□卷　（清）廖樹蘅撰　清光緒刻本　一册　存一卷（一）

220000－0841－0004901　史9189K
公牘擇存一卷　（清）關榕祚撰　清光緒刻本　一册

220000－0841－0004902　史11351K
圭山存牘一卷寗陽存牘一卷　（清）李鍾珏撰　清光緒刻本　二册

220000－0841－0004903　史9467K
便宜小效略存二卷　（清）賀宗章撰　清光緒二十七年（1901）雲南書局刻本　二册

220000－0841－0004904　史6216K
痰氣集一卷（靖州決事比）　金蓉鏡撰　清光緒三十四年（1908）刻本　一册

220000－0841－0004905　集5869K
贛中寸牘一卷　（清）汪鍾霖撰　清光緒三十四年（1908）鉛活字印本　一册

220000－0841－0004906　史7674K
求是齋公牘八卷鹽務六卷臬署一卷　（清）陳際唐撰　清宣統二年（1910）山西濬文書局鉛活字印本　六册

220000－0841－0004907　史9932K
引玉編二卷　孫瑞撰　清宣統二年（1910）蜜陀華閣鉛活字印本　二册

220000－0841－0004908　史 6373K
徂東編不分卷　(清)沈祖燕撰　清宣統二年(1910)刻本　一册

220000－0841－0004909　史 10390K
觀乎成山一卷　(清)趙鳳洲撰　清宣統二年(1910)石印本　一册

220000－0841－0004910　史 7093K
毋不敬編三卷續編三卷　(清)慎獨齋主人編　清同治十二年(1873)長沙書局刻本　二册

220000－0841－0004911　史 6274K
中國魂二卷　梁啟超編輯　清光緒二十八年(1902)鉛活字印本　二册

220000－0841－0004912　子 0562K
續富國策四卷　(清)陳熾撰　清光緒二十二年(1896)刻本　四册

220000－0841－0004913　史 11379K
自強齋保富興國論初編六卷　(清)王韜輯　清光緒二十四年(1898)日本閣石印本　四册

220000－0841－0004914　史 10785K
花燭閒談一卷　(清)于鬯撰　清光緒三十三年(1907)刻于香草遺著叢輯本　一册

220000－0841－0004915　史 6769K
庸書内外篇四卷　(清)陳熾撰　清光緒二十四年(1898)刻本　四册

220000－0841－0004916　史 10535K
光緒親政録□□卷　(清)□□編　清光緒鉛活字印本　一册

220000－0841－0004917　集 7305K
普天忠憤全集十四卷　(清)孔廣德編　清光緒二十四年(1898)石印本　八册

220000－0841－0004918　史 7862K
歷代職官表六卷表六十七篇　(清)黄本驥纂　清光緒二十四年(1898)刻本　一册

220000－0841－0004919　史 2260
欽定歷代職官表七十二卷首一卷　(清)紀昀等纂　清乾隆四十五年(1780)武英殿刻本　三十六册

220000－0841－0004920　史 6181K
漢官儀三卷　(宋)劉攽撰　清道光四年(1824)刻本　一册

220000－0841－0004921　史 6252K
漢官答問五卷　(清)陳樹鏞撰　清光緒鉛活字印本　一册

220000－0841－0004922　史 6466K
大唐六典三十卷　(唐)玄宗李隆基撰　(唐)李林甫等補撰　清光緒二十一年(1895)廣雅書局刻本　四册

220000－0841－0004923　史 6182F
歷代刑官考二卷　沈家本撰　清宣統元年(1909)鉛印沈寄簃先生遺書本　一册

220000－0841－0004924　史 6126K
皇朝詞林典故六十四卷　(清)朱珪纂　清光緒十三年(1887)刻本　三十四册

220000－0841－0004925　史 6124K
皇朝詞林典故六十四卷　(清)朱珪纂　清宣統元年(1909)石印本　三十四册

220000－0841－0004926　史 10823K
清秘述聞續八卷　(清)王家相輯　清道光元年(1821)刻本　四册

220000－0841－0004927　史 9884K
清秘述聞十六卷補一卷　(清)法式善撰　(清)錢維福續補　清光緒十三年(1887)刻本　八册

220000－0841－0004928　史 7738K
樞垣紀略十六卷　(清)梁章鉅撰　清道光五年(1825)刻本　四册

220000－0841－0004929　史 2255K
樞垣紀略二十八卷　(清)梁章鉅撰　(清)朱智等補撰　清光緒元年(1875)鉛活字印本　六册

220000－0841－0004930　史 5569
未信編六卷　(清)潘杓燦撰　清康熙三十九年(1700)刻本　四册　存二卷(錢穀一至二)

220000－0841－0004931　子 0424

學優編不分卷 （清）王穀旦撰　清康熙三十四年（1695）刻本　四冊

220000－0841－0004932　史6152

臣鑒錄二十卷 （清）蔣伊輯　清康熙刻本　十冊

220000－0841－0004933　史10447K

吏治摘要不分卷 （清）王玉輯　清道光十九年（1839）茅津官署刻本　一冊

220000－0841－0004934　史11294K

吏治輯要不分卷 （清）高鶚撰　（清）通瑞譯（滿文）（清）孟保譯（蒙文）　清咸豐七年（1857）刻本　二冊

220000－0841－0004935　史9275K

吏治輯要一卷 （清）倭仁撰　清光緒元年（1875）刻本　一冊

220000－0841－0004936　史6017K

奏定閣部院官制不分卷 （清）載澤等編纂　清光緒鉛活字印本　一冊

220000－0841－0004937　史10645K

康南海官制議十四卷 康有為撰　清光緒三十一年（1905）上海廣智書局鉛活字印本　一冊

220000－0841－0004938　史10736K

豫工事例六卷 （□）□□撰　清道光刻本　一冊

220000－0841－0004939　史6032K

州縣提綱四卷 （宋）陳襄撰　清道光十五年（1835）刻本　一冊

220000－0841－0004940　子1338K

為政忠告（三事忠告）四卷 （元）張養浩撰　清道光刻本　一冊

220000－0841－0004941　史7004K

三事忠告四卷 （元）張養浩撰　清道光七年（1827）安邱劉燿椿刻本　二冊

220000－0841－0004942　子4178F

廟堂忠告一卷 （元）張養浩撰　清道光十一年（1831）歷城尹濟源碧鮮齋刻本　一冊

220000－0841－0004943　子4678K

薛文清公從政名言三卷 （明）薛瑄撰　清嘉慶刻本　一冊

220000－0841－0004944　史6134K

實政錄七卷 （明）呂坤撰　清道光七年（1827）刻本　七冊

220000－0841－0004945　史10835K

實政錄七卷 （明）呂坤撰　清同治七年（1868）湖北崇文書局刻本　四冊

220000－0841－0004946　史5545K

實政錄七卷 （明）呂坤撰　清同治十一年（1872）江蘇書局刻本　六冊

220000－0841－0004947　史6388K

州縣初仕小補二卷 （清）褚瑛撰　清光緒木活字印本　二冊

220000－0841－0004948　史11702K

御製人臣儆心錄不分卷 （清）世祖福臨撰　清光緒刻本　一冊

220000－0841－0004949　史6811K

雅江新政不分卷 （清）盧見曾撰　清光緒二年（1876）刻本　一冊

220000－0841－0004950　史9434K

欽定訓飭州縣規條不分卷 （清）田文鏡撰　清道光十六年（1836）慶林山西刻本　一冊

220000－0841－0004951　史5568K

天台治略十卷 （清）戴兆佳撰　清光緒二十三年（1897）聚星堂刻本　四冊

220000－0841－0004952　史8728K

健餘先生撫豫條教四卷 （清）尹會一撰　（清）張受長輯　清乾隆十五年（1750）敦崇堂刻本　一冊

220000－0841－0004953　子4128K

在官法戒錄摘抄四卷 （清）陳宏謀編輯　（清）劉肇紳摘抄　清宣統元年（1909）培遠堂木活字印本　二冊

220000－0841－0004954　史6449F

佐治藥言一卷續一卷 （清）汪輝祖纂　清同

治七年(1868)湖北崇文書局刻牧令書四種本　一冊

220000－0841－0004955　史 6598K
鄉官私議一卷　(清)蔣楷撰　清光緒刻本　一冊

220000－0841－0004956　史 7192K
宦遊紀略二卷　(清)高廷瑤撰　清同治十二年(1873)成都刻本　一冊

220000－0841－0004957　史 5745K
宦遊紀略二卷　(清)高廷瑤撰　清光緒七年(1881)桐鄉嚴錫康刻本　二冊

220000－0841－0004958　史 11070K
宦遊紀略二卷　(清)高廷瑤撰　清光緒九年(1883)資州官舍刻本　一冊

220000－0841－0004959　史 11071K
宦遊紀略二卷　(清)高廷瑤撰　清光緒二十六年(1900)貴築高氏刻朱印本　一冊

220000－0841－0004960　叢 0031K
牧民寶鑒七種　(清)王文韶輯　清光緒二十年(1894)雲南釐金總局刻本　十二冊

220000－0841－0004961　史 6782K
牧令書歌訣十種　(清)程夢元編　(清)劉衡纂輯　清光緒八年(1882)蘇州韓園潘氏刻本　三冊

220000－0841－0004962　史 10108K
牧令書二十三卷末一卷保甲書四卷　(清)徐棟輯　清道光二十八年(1848)楚興國李煒刻本　二十一冊

220000－0841－0004963　史 5542K
牧令全書不分卷　(清)丁日昌輯　清同治七年(1868)江蘇書局刻本　十四冊

220000－0841－0004964　史 5550F
牧令書輯要十卷保甲書輯要二卷牧民忠告二卷　(清)徐棟編　(清)丁日昌評點　清同治七年(1868)江蘇書局刻本　十一冊

220000－0841－0004965　史 5529K
牧令書六種　(清)□□輯　清同治湖北崇文書局刻本　十五冊

220000－0841－0004966　史 7143K
宦鄉要則七卷　清光緒八年(1882)刻本　四冊

220000－0841－0004967　叢 1635K
宦海指南　(清)許乃普輯　清咸豐九年(1859)刻本　六冊

220000－0841－0004968　史 10791K
宦海指南五種　(清)許乃普輯　清光緒十六年(1890)四川臬署刻本　四冊

220000－0841－0004969　史 6518K
牧令須知六卷　(清)剛毅撰　清光緒十五年(1889)江蘇書局刻本　二冊

220000－0841－0004970　史 7495K
東甌記略一卷東甌留別和章三卷　(清)戴槃撰　清同治七年(1868)刻本　二冊

220000－0841－0004971　叢 1316K
劉簾舫吏治三書　(清)劉衡撰　清同治十年(1871)黔陽官署刻本　一冊

220000－0841－0004972　史 6681K
入幕須知　(清)張廷驤輯　清光緒刻本　六冊

220000－0841－0004973　史 6338K
公餘隨錄二卷　(清)王德茂撰　清道光十七年(1837)刻本　一冊

220000－0841－0004974　史 10916K
從政聞見錄三卷　(清)甘鴻撰　清同治六年(1867)焚香山館刻本　一冊

220000－0841－0004975　史 9307K
居官鏡一卷　(清)剛毅撰　清光緒十八年(1892)刻本　一冊

220000－0841－0004976　史 6558K
學治要言不分卷　(清)長順編輯　清光緒十五年(1889)抱芳閣鉛活字印本　一冊

220000－0841－0004977　史 6038K
求牧芻言八卷　(清)阮本焱撰　清光緒十三

年(1887)刻本　二册

220000－0841－0004978　史10947K
平平言四卷　(清)方大湜撰　清光緒十六年(1890)鄂省藩署石印本　四册

220000－0841－0004979　史6066K
平平言四卷　(清)方大湜撰　清光緒三十三年(1907)刻本　四册

220000－0841－0004980　史5543K
敬簡堂學治雜錄四卷求治管見合刻一卷　(清)戴傑撰　清光緒刻本　五册

220000－0841－0004981　史8052K
新編吏治懸鏡八卷　(清)徐文弼編輯　清抄本　五册　存五卷(一、三、六至八)

220000－0841－0004982　史9243K
兩浙宦遊記畧一卷　(清)戴槃撰輯　清同治五年(1866)刻本　二册

220000－0841－0004983　史6358K
内閣官制不分卷内閣辦事章程並原奏不分卷　(□)□□撰　清宣統鉛活字印本　一册

220000－0841－0004984　善2092
皇明詔制八卷　明嘉靖十八年(1539)霍韜、呂柟刻本　一册　存一卷(八)

220000－0841－0004985　史2354
大清太祖高皇帝聖訓四卷大清太宗文皇帝聖訓六卷大清世祖章皇帝聖訓六卷　清乾隆四年(1739)武英殿刻本　四册

220000－0841－0004986　史2280K
十朝聖訓九百二十二卷　清光緒刻本　二百五十册

220000－0841－0004987　史2166K
十朝聖訓九百二十二卷　清光緒鉛活字印本　一百册

220000－0841－0004988　史10255K
十朝聖訓九百二十二卷　清光緒鉛活字印本　四百四十八册　缺一百六十卷(穆宗毅皇帝聖訓一百六十卷)

220000－0841－0004989　史8969K
臥碑訓言一卷　(清)瞿鴻禨輯　清光緒九年至十二年(1883－1886)刻本　一册

220000－0841－0004990　史6441
上諭八旗十三卷　(清)允祿等輯　清乾隆九年(1744)武英殿刻本　十册

220000－0841－0004991　史6440
上諭旗務議覆十二卷　(清)允祿等輯　清雍正九年(1731)刻本　十册

220000－0841－0004992　善2837
硃批諭旨不分卷　(清)世宗胤禛撰　清乾隆三年(1738)内府刻套印本　一百十一册

220000－0841－0004993　史6130K
硃批諭旨不分卷　(清)世宗胤禛撰　清光緒石印本　六十册

220000－0841－0004994　史6688K
乾隆嘉慶兩朝有関秋審之上諭不分卷　(□)□□撰　清嘉慶刻本　四册

220000－0841－0004995　史2472K
清正白旗滿洲戸部筆帖式葆誠聘妻和碩肅親王隆懃側福晉之女封為邵君封册一卷　(清)□□撰　清光緒官刻本　一册

220000－0841－0004996　史5902K
諭摺彙存不分卷　(清)□□輯　清光緒木活字印本　三百九十册

220000－0841－0004997　史6407F
諭摺彙存不分卷　(清)□□撰　清光緒木活字印本　二百三册

220000－0841－0004998　史5997K
光緒二十八年諭旨不分卷　(□)□□撰　清光緒鉛活字印本　一册

220000－0841－0004999　史8642K
上諭及奏摺不分卷　(清)吳廷溥等輯　清抄本　一册

220000－0841－0005000　史10214K
上諭不分卷　(□)□□鈔輯　清同治元年(1862)刻本　一册

220000－0841－0005001　史 2373K
上諭内閣一百五十九卷　（清）蔣廷錫等編　清刻本　三十二册

220000－0841－0005002　史 2643
歷代名臣奏議三百五十卷　（明）黄淮等輯　（明）張溥刪正　明崇禎八年（1635）刻本（卷三百二十至三百二十八、三百四十至三百五十配清抄本）　八十册

220000－0841－0005003　史 2273
歷代名臣奏議三百十九卷　（明）黄淮等輯　（明）張溥刪正　明崇禎八年（1635）刻本　六十四册

220000－0841－0005004　史 10278
歷代名臣奏議三百二十卷　（明）黄淮等輯　（明）張溥刪正　明崇禎八年（1635）刻清聚英堂重修本　八十册

220000－0841－0005005　善 0390
歷代名臣奏議六卷　（明）王錫爵輯　明萬曆二十二年（1594）刻本　二册

220000－0841－0005006　史 2283K
歷代名臣奏議選八卷　（清）趙承恩輯　清光緒二十七年（1901）石印本　十册

220000－0841－0005007　善 0515
東漢書疏八卷　（明）周璀輯　明嘉靖十四年（1535）張琨刻本　四册

220000－0841－0005008　史 2390K
陸宣公奏議十五卷製誥十卷附録一卷　（唐）陸贄撰　清光緒十二年（1886）淮南書局刻本　四册

220000－0841－0005009　史 7095K
陸宣公奏議讀本四卷　（唐）陸贄撰　（清）馬傳庚評點　（清）汪銘謙編輯　清宣統石印本　二册

220000－0841－0005010　史 11534K
包孝肅公奏議十卷　（宋）包拯撰　清同治二年（1863）合肥李瀚章刻本　四册

220000－0841－0005011　史 2474K
石林奏議十五卷　（宋）葉夢得撰　（宋）葉模編　清光緒十一年（1885）吴興陸氏皕宋樓刻本　二册

220000－0841－0005012　善 0178
宋丞相李忠定公奏議六十九卷附錄九卷　（宋）李綱撰　明正德十一年（1516）胡文靜、蕭泮刻本　十六册

220000－0841－0005013　史 2285K
宋李忠定奏議六十九卷　（宋）李綱撰　清光緒二十九年（1903）愛日堂刻本　十八册

220000－0841－0005014　史 2455K
傅獻簡公奏議四卷末一卷　（宋）傅堯俞撰　清光緒二十三年（1897）演慎齋刻本　三册

220000－0841－0005015　史 2479K
宋趙忠定奏議四卷　（宋）趙汝愚撰　葉德輝編輯　清宣統二年（1910）觀古堂刻本　二册

220000－0841－0005016　史 2461
御選明臣奏議四十卷　清乾隆木活字印武英殿聚珍版叢書本　十册

220000－0841－0005017　史 2459K
明臣奏議十二卷　（清）孫桐生輯　清光緒十七年（1891）刻本　六册

220000－0841－0005018　善 0581
皇明經濟文録四十一卷　（明）萬表輯　明嘉靖三十三年（1554）杭郡曲八繩刻本　三十一册　存三十八卷（三至二十八、三十至四十一）

220000－0841－0005019　善 0389
皇明兩朝疏抄□□卷　（明）賈三近輯　明萬曆刻本　五册　存五卷（五至六、八至九、十二）

220000－0841－0005020　史 8583K
于忠肅公奏疏四卷　（明）于謙撰　**于忠肅公年譜一卷**　（清）于繼先撰　清嘉慶十六年（1811）修補雍正刻本　三册

220000－0841－0005021　史 2418F
少保于公奏議十卷于肅愍公集八卷　（明）于

謙撰　清光緒錢塘丁氏嘉惠堂刻武林往哲遺著本　八冊

220000－0841－0005022　史2429

太師王端毅公奏議十五卷　（明）王恕撰　明正德十六年（1521）三原知縣王成章刻本　六冊

220000－0841－0005023　善0347

太師王端毅公奏議十五卷　（明）王恕撰　明正德十六年（1521）三原知縣王成章刻清嘉慶十一年（1806）修補印本　八冊

220000－0841－0005024　史8724K

重刻西沱吳先生蠢愚錄十六卷　（明）吳茂貞撰　（清）趙承恩編　清同治二年（1863）繡谷麗澤書屋刻本　四冊

220000－0841－0005025　史2374K

夏桂洲奏議二十一卷　（明）夏言撰　清光緒十七年（1891）江西書局刻本　十二冊

220000－0841－0005026　史2375K

夏桂洲奏議二十一卷目錄一卷　（明）夏言撰　清道光四年（1824）忠禮書院刻本　十冊

220000－0841－0005027　史9749K

龐石壁諫垣稿三卷首一卷　（明）龐泮撰　（清）齊召南編　清宣統元年（1909）木活字印本　一冊

220000－0841－0005028　善2094

撫漕奏議二卷　（明）馬卿撰　明嘉靖刻本　二冊

220000－0841－0005029　史12577

諭對錄重鐫十卷首一卷　（明）張孚敬撰　清道光刻本　十四冊

220000－0841－0005030　史2409K

胡端敏公奏議十卷　（明）胡世寧撰　清光緒十九年（1893）刻本　四冊

220000－0841－0005031　史9446K

玉玻先生奏議六卷　（明）張原撰　清道光李錫齡惜陰軒刻本　二冊

220000－0841－0005032　集0874K

譚襄敏公奏議十卷　（明）譚綸撰　清嘉慶二十四年（1819）木活字印本　八冊

220000－0841－0005033　史7535K

歐陽二尚書奏疏稿十三卷　（□）□□輯　清光緒十年（1884）刻本　四冊

220000－0841－0005034　史2397K

趙文毅公奏疏五卷附錄一卷　（明）趙用賢撰　清光緒二十二年（1896）常塾趙氏承啟堂刻本　二冊

220000－0841－0005035　史2480K

李大司馬奏議二卷末一卷　（明）李頤撰　清咸豐六年（1856）刻本　四冊

220000－0841－0005036　史11676K

諫草二卷　（明）侯先春撰　清光緒六年（1880）木活字印本　二冊

220000－0841－0005037　善0382

周中丞疏稿十六卷救荒事宜一卷　（明）周孔教撰　明萬曆刻本　四冊　存七卷（西臺疏稿二、江南疏稿五至九，救荒事宜一卷）

220000－0841－0005038　善1230

欲焚草四卷　（明）胡忻撰　清康熙四十二年（1703）胡恒升刻本　二冊

220000－0841－0005039　善2165

撫畿奏疏十卷　（明）汪應蛟撰　明萬曆刻本　一冊　存四卷（七至十）

220000－0841－0005040　史11028K

留垣疏草不分卷　（明）徐憲卿撰　清光緒八年（1882）東海家塾刻本　二冊

220000－0841－0005041　善0408

文肅王公奏草二十三卷　（明）王錫爵撰　明天啓二年（1622）王時敏刻本　二十冊

220000－0841－0005042　善0182

周忠毅公奏議四卷行實一卷　（明）周宗建撰　（明）周廷祚撰行實　明崇禎熊開元刻本　四冊　存四卷（周忠毅公奏議四卷）

220000－0841－0005043　史2402K

凌忠介公奏疏六卷　（明）凌義渠撰　清咸豐

四年(1854)刻本　二冊

220000－0841－0005044　史9242K
凌忠介公奏疏六卷　(明)凌義渠撰　清同治七年(1868)刻本　二冊

220000－0841－0005045　善2089
疏草不分卷　(明)鄧□撰　明崇禎刻本　一冊　存一百葉(一至一百)

220000－0841－0005046　善1869
倪文貞公奏疏十二卷講編四卷　(明)倪元璐撰　(清)倪會鼎訂正　清乾隆三十七年(1772)蔣士銓刻本　四冊

220000－0841－0005047　善0449
綸扉奏草三十卷續十四卷　(明)葉向高撰　明刻本　六冊　存十二卷(二至五、十七至二十、二十三至二十四,續六至七)

220000－0841－0005048　善3065
少師朱襄毅公督黔疏草十二卷　(明)朱燮元撰　清康熙朱人龍刻本　十冊　存十卷(一至四、六至十一)

220000－0841－0005049　史2495
少師朱襄毅公督蜀疏草十二卷　(明)朱燮元撰　清康熙五十八年(1719)朱人龍刻本　二冊　存二卷(一至二)

220000－0841－0005050　善2877
度支奏議一百十九卷　(明)畢自嚴撰　明崇禎刻本　一冊　存一卷(福建司一)

220000－0841－0005051　史2439K
桐城馬太僕[孟禎]奏畧四卷　(明)馬孟貞撰　清光緒六年(1880)刻馬氏家集本　二冊

220000－0841－0005052　史8514K
南庚疏鈔二卷　(明)呂維祺撰　清抄本　二冊

220000－0841－0005053　史6912K
皇清各臣奏議彙編初集六十八卷首一卷　(清)琴川居士編　清光緒二十八年(1902)麗澤學會石印本　八冊

220000－0841－0005054　史2290K
皇清奏議六十八卷首一卷　(清)琴川居士編輯　清嘉慶都城國史館琴川居士木活字印本　四十八冊

220000－0841－0005055　史10183K
聖朝名公奏議八卷　(清)陳弢輯　清光緒元年(1875)上海中西書局石印本　六冊

220000－0841－0005056　史2425K
皇朝道咸同光奏議六十四卷　(清)王廷熙(清)王樹敏編輯　清光緒二十八年(1902)石印本　六冊

220000－0841－0005057　史2485K
同光間諸臣奏稿不分卷　(清)曾國藩等撰　清抄本　一冊

220000－0841－0005058　史2424K
奏疏錄要二卷　(清)友竹齋主人編　清光緒二十一年(1895)石印本　三冊

220000－0841－0005059　史12252K
奏摺叢鈔不分卷　安雅編輯　清宣統三年(1911)鉛活字印本　一冊

220000－0841－0005060　史8956K
奏摺不分卷　(□)□□輯　清光緒刻本　一冊

220000－0841－0005061　史12355K
奏摺不分卷　(清)□□輯　清咸豐刻本　一冊

220000－0841－0005062　史2416K
學部奏咨輯要續編四卷　學部總務司案牘科輯　清光緒鉛活字印本　四冊

220000－0841－0005063　史7628K
郵傳部奏議類編不分卷　(清)郵傳部編覈科編　清光緒三十四年(1908)鉛活字印本　五冊

220000－0841－0005064　史6813K
治河奏議彙編不分卷　(□)□□撰　清光緒抄本　二冊

220000－0841－0005065　史6113K
華制存考不分卷　(清)□□撰　清宣統鉛活

字印本　二百九十二册

220000－0841－0005066　史2316K
龔端毅公奏疏八卷定山堂古文補遺二卷　(清)龔鼎孳撰　清光緒九年(1883)旺彝書屋刻本　四册

220000－0841－0005067　史11721K
龔端毅公奏疏八卷浠川政譜二卷　(清)龔鼎孳撰　清光緒九年(1883)刻本　五册

220000－0841－0005068　史2432K
信心齋疏稿不分卷　(清)李贊元撰　清道光刻本　一册

220000－0841－0005069　善0378
兩江疏草二十卷檄草四卷　(清)董訥撰　清康熙刻本　四册　存四卷(疏草一至四)

220000－0841－0005070　史2372
李文襄公奏議二卷奏疏十卷別錄六卷　(清)李之芳撰　**李文襄公年譜一卷**　(清)程光裋撰　清康熙刻本　十册

220000－0841－0005071　史7428K
張公奏議二十四卷　(清)張鵬翮撰　清嘉慶五年(1800)江南河庫道刻本　二十四册

220000－0841－0005072　善0165
奏疏存稿六卷　(清)趙良棟撰　清康熙刻本　四册　存四卷(一至四)

220000－0841－0005073　史5584
撫豫宣化録四卷　(清)田文鏡撰　清雍正五年(1727)刻本　九册

220000－0841－0005074　集1241
玉華集十三卷　(清)趙弘恩撰　清雍正十二年(1734)刻本　六册

220000－0841－0005075　子1021F
劉文清公手書謝摺一卷　(清)劉墉撰書　清光緒影印本　一册

220000－0841－0005076　史7561K
曹振鏞謝賜壽奏摺及恭紀詩不分卷　(清)曹振鏞撰　清道光刻本　一册

220000－0841－0005077　史9423K
平番奏議四卷輿圖一卷　(清)那清安撰　清咸豐三年(1853)蘭垣阿公祠刻本　四册

220000－0841－0005078　史2503K
那文毅公奏議八十卷　(清)那彥成撰　清道光刻本　三十二册　存五十二卷(一至五十二)

220000－0841－0005079　史6053K
兵垣奏議不分卷　(清)陳子龍輯　清光緒二十三年(1897)刻本　二册

220000－0841－0005080　史9794K
己庚編二卷　(清)祁韻士撰　清道光二十八年(1848)筠淥山房刻本　二册

220000－0841－0005081　史6415K
己庚編二卷　(清)祁韻士撰　清道光二十八年(1848)平定張穆刻本　四册

220000－0841－0005082　史2498K
楊中丞遺稿不分卷　(清)楊健撰　清光緒二十七年(1901)刻本　二册

220000－0841－0005083　史2377K
陶雲汀先生奏疏五十二卷　(清)陶澍撰　清道光刻本　二十六册

220000－0841－0005084　史2327
于清端公政書八卷外集一卷　(清)于成龍撰　(清)蔡方炳等編　清康熙刻本　十册

220000－0841－0005085　史2344K
韓大中丞奏議十二卷　(清)韓文綺撰　(清)王滌源等編　清道光刻本　十二册

220000－0841－0005086　史10973
清忠堂撫粵奏疏十四卷　(清)朱弘祚撰　清康熙刻本　一册　存三卷(十至十二)

220000－0841－0005087　善3152
靳文襄公奏疏八卷　(清)靳輔撰　清雍正靳治豫刻本　四册

220000－0841－0005088　史2352
孫文定公奏疏十二卷南遊記一卷　(清)孫嘉淦撰　清乾隆刻本　十三册

220000－0841－0005089　史6439

諭行旗務奏議十三卷　(清)允祿等編　清乾隆刻本　三冊

220000－0841－0005090　史2388K

林文忠公政書　(清)林則徐撰　清光緒三年(1877)、五年(1879)刻本　十二冊

220000－0841－0005091　史11018K

林文忠公政書　(清)林則徐撰　清光緒刻本　十冊

220000－0841－0005092　史5967K

林文忠公政書甲集九卷乙集十七卷丙集十一卷　(清)林則徐撰　清光緒二十四年(1898)天津文德堂石印本　八冊

220000－0841－0005093　史7586K

三公奏議二十卷補選一卷　盛宣懷選　清光緒二年(1876)武進盛氏思補樓木活字印本　二十冊

220000－0841－0005094　史8708K

四家奏議合鈔　(清)汪瑔輯　清光緒九年(1883)隨山館刻本　十冊

220000－0841－0005095　史8673K

駱大司馬奏稿十六卷　(清)駱秉章撰　清刻本　十六冊

220000－0841－0005096　史2394F

駱文忠公奏稿十卷　(清)駱秉章撰　清光緒十七年(1891)刻左文襄公全集本　十冊

220000－0841－0005097　史2401K

駱文忠公奏議二十七卷附錄三卷　(清)駱秉章撰　清光緒刻本　二十六冊

220000－0841－0005098　史2403K

駱文忠公奏議二十七卷附錄一卷　(清)駱秉章撰　清光緒四年(1878)刻本　二十六冊

220000－0841－0005099　史8992K

胡文忠公奏議一卷　(清)胡林翼撰　清同治長洲宋祖駿刻本　一冊

220000－0841－0005100　史7648K

先文定公奏議二卷　(清)孫瑞珍撰　清咸豐十年(1860)孫毓珠、孫毓汶刻本　二冊

220000－0841－0005101　史6730K

江蘇水師奏稿一卷部議一卷　(清)曾國藩等撰　清同治刻本　一冊

220000－0841－0005102　史2307K

克復金陵中堂奏稿不分卷　(清)曾國藩撰　清同治刻本　一冊

220000－0841－0005103　史9236K

曾爵相奏疏不分卷　(清)曾國藩撰　清抄本　四冊

220000－0841－0005104　史9854K

拜颺漫錄不分卷　(清)王植等撰　清抄本　一冊

220000－0841－0005105　史2299K

李文恭公奏議二十二卷　(清)李星沅撰　(清)李榛等編　清同治四年(1865)芋香山館刻李文忠公遺集本　二十四冊

220000－0841－0005106　史2407:1

水流雲在館奏議二卷　(清)宋雪帆撰　清光緒十二年(1886)刻本　二冊

220000－0841－0005107　史2433F

張大司馬奏稿四卷　(清)張亮基輯　清光緒十七年(1891)刻左文襄公全集本　四冊

220000－0841－0005108　史9111K

臺垣疏稿一卷　(清)丁壽昌撰　**頤伯先生行狀一卷**　(清)丁壽祺撰　清同治四年(1865)刻本　一冊

220000－0841－0005109　史10598K

內閣撰擬文字二卷二編二卷　(清)鮑康　(清)徐士鑾輯　清同治七年(1868)、十年(1871)刻本　四冊

220000－0841－0005110　史2363K

岑襄勤公奏稿三十卷　(清)岑毓英撰　清光緒二十三年(1897)刻本　三十二冊

220000－0841－0005111　史2293K

陸文節公奏議五卷附錄一卷　(清)陸建瀛撰　清同治五年(1866)沔陽盧氏慎始基齋刻本

二冊

220000－0841－0005112　史2286K
劉中丞奏稿八卷　(清)劉崐撰　清光緒二十年(1894)鉛活字印本　八冊

220000－0841－0005113　史2453K
沈文肅公政書七卷　(清)沈葆楨撰　清光緒六年(1880)刻本　十二冊

220000－0841－0005114　史2500K
呂文節公奏議二卷　(清)呂賢基撰　清光緒十七年(1891)慎福堂刻本　一冊

220000－0841－0005115　史2436K
錢敏肅公奏疏七卷　(清)錢鼎銘撰　清光緒六年(1880)刻本　四冊

220000－0841－0005116　史2364K
左恪靖伯奏稿三十八卷　(清)左宗棠編　清同治七年(1868)刻本　十冊

220000－0841－0005117　史2369K
恪靖奏稿初編三十八卷續編七十六卷　(清)左宗棠撰　清光緒刻本　七十冊

220000－0841－0005118　史6682K
船政奏議彙編四十二卷　(清)左宗棠編　清光緒十四年(1888)刻本　二十冊

220000－0841－0005119　史2511K
左文襄公奏疏初編三十八卷續編七十六卷三編六卷　(清)左宗棠編　清光緒十六年(1890)上海圖書集成局鉛活字印本　二十冊

220000－0841－0005120　史2405K
郭侍郎奏疏十二卷　(清)郭嵩燾撰　清光緒十八年(1892)刻本　十二冊

220000－0841－0005121　史7335K
罪言存畧不分卷　(清)郭嵩燾撰　清光緒二十三年(1897)鉛活字印本　一冊

220000－0841－0005122　史8746K
西藏奏疏四卷　(清)孟保撰　清抄本　四冊

220000－0841－0005123　史11096K
進修堂奏稿二卷　(清)白恩佑撰　清光緒二十三年(1897)天津刻本　一冊

220000－0841－0005124　史11578K
徐光祿公奏稿一卷　(清)徐文達撰　清光緒十八年(1892)刻本　一冊

220000－0841－0005125　史2301K
張靖達公奏議八卷　(清)張樹聲撰　清光緒刻本　四冊

220000－0841－0005126　史2355K
丁文誠公奏稿二十六卷十五弗齋詩稿一卷　(清)丁寶楨撰　清光緒十九年(1893)刻丁文誠公遺集本　二十七冊

220000－0841－0005127　史2464K
張文毅公奏稿八卷　(清)張芾撰　清光緒二年(1876)刻本　四冊

220000－0841－0005128　史2267K
彭剛直公奏稿八卷　(清)彭玉麟撰　清光緒十七年(1891)刻本　四冊

220000－0841－0005129　史2302K
張中丞奏議四卷　(清)張聯桂撰　清光緒二十五年(1899)刻本　四冊

220000－0841－0005130　史2291K
陳侍郎奏議八卷　(清)陳士傑撰　清光緒三十二年(1906)刻本　四冊

220000－0841－0005131　史7149K
同治中興奏議選八卷　(清)陳弢編　清光緒元年(1875)京都小西山房刻本　四冊

220000－0841－0005132　史6058K
同治中興京外奏議約編八卷　(清)陳弢輯　清光緒元年(1875)刻本　八冊

220000－0841－0005133　史2336K
出使奏疏二卷　(清)薛福成撰　清光緒二十年(1894)刻本　一冊

220000－0841－0005134　史2343K
合肥李勤恪公政書十卷　(清)李瀚章撰　清光緒石印本　十冊

220000－0841－0005135　史2465K

江楚會奏變法三卷 (清)劉坤一 (清)張之洞撰 清光緒二十七年(1901)兩湖書院刻本 一册

220000－0841－0005136 史2515K
江楚會奏變法三卷摺附片一卷 (清)劉坤一 (清)張之洞撰 清光緒江南布政司刻本 一册

220000－0841－0005137 史2514K
江楚會奏變法三卷摺附片一卷 (清)劉坤一 (清)張之洞撰 清光緒湖南書局刻本 二册

220000－0841－0005138 史2517K
江楚會奏變法三卷摺附片一卷 (清)劉坤一 (清)張之洞撰 清刻本 一册

220000－0841－0005139 史2513K
江楚會奏變法三卷摺附片一卷 (清)劉坤一 (清)張之洞撰 清光緒陶喜雨山房莊刻本 二册

220000－0841－0005140 史9266K
變法三摺三卷 (清)劉坤一 (清)張之洞撰 清光緒二十七年(1901)兩湖書院刻本 一册

220000－0841－0005141 史12351K
變法必讀三卷 (清)劉坤一 (清)張之洞撰 清光緒刻本 一册

220000－0841－0005142 史2506K
變法奏議叢鈔不分卷 (清)劉坤一 (清)張之洞撰 清光緒二十七年(1901)石印本 四册

220000－0841－0005143 史11400K
變法奏議叢鈔不分卷 欣賞齋主人輯 清光緒二十七年(1901)石印本 四册

220000－0841－0005144 史2488K
粵督張粵撫吴奏稿不分卷 (清)張之洞 (清)吴大澂撰 清光緒抄本 一册

220000－0841－0005145 史2270K
李肅毅伯奏議二十卷 (清)李鴻章撰 (清)章洪鈞編輯 清光緒二十五年(1899)上海鴻文書局石印本 二十册

220000－0841－0005146 史2412K
李肅毅伯奏議十三卷 (清)李鴻章撰 清光緒石印本 十三册

220000－0841－0005147 集2788K
李忠武公奏疏一卷書牘二卷褒節錄一卷 (清)李續賓撰 清光緒十七年(1891)刻本 四册

220000－0841－0005148 史2489K
請回鑾疏外三篇 (清)李鴻章撰 清抄本 一册

220000－0841－0005149 史11211K
西雲書院全案不分卷 (清)楊玉科等撰 清光緒刻本 一册

220000－0841－0005150 史1672K
禁煙諭摺輯錄一卷書牘譯件一卷 (清)許珏輯 清光緒二十六年(1900)刻本 一册

220000－0841－0005151 史11446K
竹坡侍郎奏議二卷 (清)寶廷撰 清光緒二十七年(1901)刻本 二册

220000－0841－0005152 史2448K
嘉定長白二先生奏議四卷年譜一卷 (清)徐致祥 (清)寶賢撰 清宣統二年(1910)京邸鉛活字印本 二册

220000－0841－0005153 史2277K
劉莊肅公奏議十卷首一卷 (清)劉銘傳撰 清光緒三十二年(1906)鉛活字印本 六册

220000－0841－0005154 史9463K
陸文慎公奏議一卷 (清)陸寶忠撰 清宣統三年(1911)鉛活字印本 一册

220000－0841－0005155 史2450K
堅正堂摺稾二卷 (清)褚成博撰 清光緒三十一年(1905)刻本 二册

220000－0841－0005156 史6227K
交翠山房條陳不分卷 (清)張集聲撰 清光緒二十年(1894)刻本 一册

220000－0841－0005157　史 2362K
陳文忠公奏議二卷　(清)陳寶琛撰　清光緒閩縣螺江陳氏刻本　二冊

220000－0841－0005158　史 2296K
劉尚書奏議八卷　(清)劉秉璋撰　(清)朱孔璋編　清光緒三十四年(1908)刻本　八冊

220000－0841－0005159　史 7732K
王文敏公奏疏一卷　(清)王懿榮撰　清宣統三年(1911)江寧印刷廠鉛活字印本　一冊

220000－0841－0005160　史 9301K
許竹篔先生奏疏錄存二卷　(清)許景澄撰　清光緒鉛活字印本　二冊

220000－0841－0005161　史 9867K
袁太常戊戌條陳一卷　(清)袁昶撰　清光緒二十八年(1902)平原村舍鉛活字印本　一冊

220000－0841－0005162　史 9873K
汪鑑奏稿一卷　(清)汪鑑撰　清光緒刻本　一冊

220000－0841－0005163　史 2308K
公車上書記一卷　康祖詒等撰　清光緒二十一年(1895)上海石印書局石印本　一冊

220000－0841－0005164　史 2309K
南海先生四上書記五上書記　康有為撰　清光緒上海石印本　二冊　存四書(一、三至五)

220000－0841－0005165　史 2346K
戊戌奏藁一卷　康有為撰　清宣統三年(1911)鉛活字印本　一冊

220000－0841－0005166　史 7019K
戊戌奏稾一卷　康有為撰　清宣統三年(1911)鉛活字印本　四冊

220000－0841－0005167　史 12248K
諫止中東和議奏疏四卷　(清)文廷式等撰　清光緒二十一年(1895)香港書局石印本　一冊　存一卷(一)

220000－0841－0005168　史 2486K
上今上皇帝萬言書不分卷　嚴復撰　清光緒二十七年(1901)刻本　一冊

220000－0841－0005169　史 9109K
諫垣存稿二卷　余誠格撰　清光緒三十四年(1908)誦清閣聚珍鉛活字印本　一冊

220000－0841－0005170　史 8802K
丁未之言不分卷　明遠撰　清光緒三十三年(1907)鉛活字印本　一冊

220000－0841－0005171　史 8801K
辛丑三議不分卷　明遠撰　陳雄藩輯　清光緒二十八年(1902)鉛活字印本　一冊

220000－0841－0005172　史 8441K
庚子奏鈔不分卷　袁爽秩等撰　清抄本　一冊

220000－0841－0005173　史 2423K
變法自強奏議彙編二十卷　毛佩之輯　清光緒二十七年(1901)上海書局石印本　十冊

220000－0841－0005174　史 10737K
富疆務本新策不分卷中外近政聞畧　唐浩鎮等撰　清光緒二十七年(1901)尊經學院刻本　一冊

220000－0841－0005175　史 2404K
許文敏公督河奏議十卷　(清)許振禕撰　清光緒鉛活字印本　四冊

220000－0841－0005176　史 12257K
杭防大事記第一編　題八旗分子輯　清宣統二年(1910)石印本　一冊

220000－0841－0005177　史 2478K
復旦芻言一卷　張琨撰　清宣統二年(1910)刻本　一冊

220000－0841－0005178　史 2487K
駐法孫星使時政奏稾不分卷　(清)孫寶琦撰　清鉛活字印本　一冊

220000－0841－0005179　史 2294K
庸盦尚書奏議十六卷　(清)陳夔龍撰　清宣統鉛活字印本　八冊

220000－0841－0005180　史 9328K

卞制軍奏議十二卷　(清)卞寶第撰　清光緒刻本　十二册

220000－0841－0005181　史 9998K
周中丞撫江奏稾三卷　周樹模撰　清宣統二年(1910)鉛活字印本　五册

220000－0841－0005182　史 10389K
胡思敬奏摺不分卷　(清)胡思敬撰　清宣統抄本　一册

220000－0841－0005183　史 2337K
程中丞奏稾十九卷附錄三卷　程德全撰　清宣統元年(1909)鉛活字印本　十册

220000－0841－0005184　史 6601K
案畧辨正原覆奏稾不分卷　李遵義編輯　清宣統鉛活字印本　一册

220000－0841－0005185　經 2978
蔡氏明堂月令章句一卷明堂月令論一卷月令問答一卷　(漢)蔡邕撰　(清)陸堯春輯　清嘉慶三年(1798)陸氏小蓬山館刻本　一册

220000－0841－0005186　經 2633K
蔡氏月令二卷　(清)蔡雲撰　清道光四年(1824)王氏刻本　二册

220000－0841－0005187　善 2315
月令通考十六卷　(明)盧翰輯　明萬曆十七年(1589)王道刻本　十六册

220000－0841－0005188　善 2818
月令廣義二十四卷首一卷　(明)馮應京輯　明萬曆三十年(1602)刻梅墅石渠閣本　八册

220000－0841－0005189　善 2314
養餘月令三十卷　(明)戴羲輯　清雍正九年(1731)戴後刻本　八册

220000－0841－0005190　善 0793
月令輯要二十四卷圖說一卷　(清)李光地等輯　清康熙五十四年(1715)武英殿刻本　十二册

220000－0841－0005191　史 7214K
月令粹編二十四卷　(清)秦嘉謨編　清嘉慶十七年(1812)刻本　八册

220000－0841－0005192　史 11214
節物出典五卷　(清)王復禮纂　清康熙尊行齋刻本　二册

220000－0841－0005193　史 8845K
歷代沿革表三卷　(清)段長基編輯　清味古山房刻本　三册

220000－0841－0005194　史 11630K
歷代沿革表三卷　(清)段長基編輯　清嘉慶二十二年(1817)小西山房刻本　四册

220000－0841－0005195　史 1445F
歷代地理沿革表四十七卷　(清)陳芳績撰　清光緒二十一年(1895)廣雅書局刻廣雅書局叢書本　二十四册

220000－0841－0005196　史 9413K
輿地沿革表四十卷　(清)楊丕復撰　清光緒十四年(1888)楊琪光刻本　二十四册

220000－0841－0005197　史 8680K
今古地理述十八卷首三卷末一卷　(清)王子音撰　清嘉慶十二年(1807)湖上半畝園刻本　二十二册

220000－0841－0005198　叢 0828K
李氏五種　(清)李兆洛輯　清同治九年(1870)合肥李鴻章彙刻本　十册

220000－0841－0005199　叢 0791K
李氏五種　(清)李兆洛輯　清光緒十八年(1892)金陵書局刻本　十二册

220000－0841－0005200　叢 0771K
李氏五種　(清)李兆洛撰　清光緒十八年(1892)長沙竹素書局刻本　十六册

220000－0841－0005201　叢 0836K
鄦鄭學廬地理叢刊　(清)施世傑輯　清光緒二十三年(1897)會稽施氏鄦鄭學廬刻本　四册

220000－0841－0005202　史 9509K
經世學引初編不分卷圖表　(清)陳聯元編輯　清光緒二十四年(1898)經世文社刻本　一册

220000－0841－0005203　叢1701K
小方壺齋叢鈔六卷　(清)王錫祺輯　清光緒六年(1880)南清河王氏鉛活字印本　三册　缺三卷(一至三)

220000－0841－0005204　叢0734K
小方壺齋輿地叢鈔十二帙補編十二帙再補編十二帙　(清)王錫祺輯　清光緒十七年(1891)補編二十年(1894)再補編二十三年(1897)上海著易堂鉛活字印本　八十四册

220000－0841－0005205　史10891
漢書地理志稽疑六卷　(清)全祖望撰　清嘉慶九年(1804)朱文翰刻本　二册

220000－0841－0005206　叢1389K
皇朝藩屬輿地叢書六集二十八種　(清)浦□撰　清光緒二十九年(1903)金匱浦氏靜寄東軒石印本　四十八册

220000－0841－0005207　叢0392K
問影樓輿地叢書第一集　胡思敬輯　清光緒三十四年(1908)新昌胡氏京師鉛活字印本　十册

220000－0841－0005208　史12475K
七國地理考七卷　(清)顧觀光撰　清光緒五年(1879)刻本　二册

220000－0841－0005209　史10221K
楚漢諸侯疆域志三卷　(清)劉文淇撰　清光緒三年(1877)刻本　一册

220000－0841－0005210　史10783K
楚漢諸侯疆域志三卷　(清)劉文淇撰　(清)王孝則鈔　清光緒十四年(1888)王氏柹葉山房抄本　一册

220000－0841－0005211　善2721
漢書地理志校本二卷　(清)汪遠孫撰　清道光二十八年(1848)汪氏振綺堂刻本　二册

220000－0841－0005212　史5017K
漢書地理志校本二卷　(清)汪遠孫校本　清道光二十七年(1847)退補齋刻本　一册

220000－0841－0005213　史7646K
漢書地理志校注二卷　(清)王紹蘭撰　清光緒二十二年(1896)蕭山陳光淞遺經樓刻本　二册

220000－0841－0005214　史4586K
三國疆域志補十九卷首一卷　(清)洪亮吉撰　(清)謝鐘英補注　清光緒二十四年(1898)湘中刻本　八册

220000－0841－0005215　史4607K
三國郡縣志十二卷　(清)吳增僅撰　清光緒二十一年(1895)刻本　四册

220000－0841－0005216　史4622K
新斠注地理志集釋十六卷　(清)錢坫撰　(清)徐松集釋　清光緒會稽章氏刻本　八册

220000－0841－0005217　史5485K
東晉疆域志四卷　(清)洪亮吉撰　清嘉慶元年(1796)刻北江全集本　二册

220000－0841－0005218　史5484K
十六國疆域志十六卷　(清)洪亮吉撰　清嘉慶三年(1798)刻北江全集本　四册

220000－0841－0005219　史4603F
十六國疆域志十六卷　(清)洪亮吉撰　清光緒十七年(1891)廣雅書局校刻廣雅書局叢書本　四册

220000－0841－0005220　史4927K
晉太康三年地記晉書地道記二卷　(清)畢沅集　清光緒十七年(1891)衆賢講會刻本　一册

220000－0841－0005221　史5122
元和郡縣志四十卷　(唐)李吉甫撰　清乾隆武英殿聚珍版書本　二十四册

220000－0841－0005222　史5121K
元和郡縣志十八卷　(唐)李吉甫撰　清道光二十七年(1847)刻本　七册

220000－0841－0005223　史5123K
元和郡縣圖志四十卷　(唐)李吉甫撰　清道光六年(1826)金陵書局刻本　八册

220000－0841－0005224　史10219K

元和郡縣圖志四十卷　（唐）李吉甫撰　**元和郡縣補志九卷**　（清）嚴觀輯　清光緒八年(1882)刻六年(1880)金陵書局本　十冊

220000－0841－0005225　史9137K
補元和郡縣志四十七鎮圖説不分卷　龐鴻書撰　清光緒三十一年(1905)學務處鉛活字印本　一冊

220000－0841－0005226　史2649K
太平寰宇記二百卷紀元表一卷　（宋）樂史撰　（清）萬廷蘭編　清嘉慶六年(1801)刻本　十三冊

220000－0841－0005227　史5431K
太平寰宇記二百卷　（宋）樂史撰　清光緒八年(1882)金陵書局刻本　三十六冊

220000－0841－0005228　善0488
元豐九域志十卷　（宋）王存等纂修　（清）馮集梧校訂　清乾隆四十九年(1784)馮集梧刻本　二冊

220000－0841－0005229　史4882K
元豐九域志十卷　（宋）王存等撰　清光緒八年(1882)金陵書局刻本　四冊

220000－0841－0005230　史4893K
元豐九域志十卷　（宋）王存等撰　清光緒刻本　六冊

220000－0841－0005231　史4559K
輿地廣記三十八卷　（宋）歐陽忞撰　清光緒六年(1880)金陵書局刻本　四冊

220000－0841－0005232　史4566K
輿地廣記三十八卷校勘記二卷　（宋）歐陽忞撰　清光緒二十一年(1895)刻本　七冊

220000－0841－0005233　史4871K
輿地紀勝二百卷　（宋）王象之撰　**補闕十卷**　（清）岑建功輯　**校勘記五十二卷**　（清）劉文淇撰　清道光二十九年(1849)甘泉岑氏懼盈齋刻同治、光緒李韻亭補修印本　五十冊

220000－0841－0005234　史4620K
輿地紀勝二百卷首一卷　（宋）王象之撰　清咸豐五年(1855)南海伍氏刻本　二十四冊

220000－0841－0005235　善0550
大明一統志九十卷　（明）李賢等纂修　明萬壽堂刻本　二十四冊

220000－0841－0005236　史7366
大明一統志九十卷　（明）李賢等纂修　明萬壽堂刻清印本　四十七冊　存四十七卷(一至十二、五十六至九十)

220000－0841－0005237　善1933
大明一統名勝志二百八卷　（明）曹學佺撰　明崇禎三年(1630)刻本　七十冊

220000－0841－0005238　善2160
皇明地理述二卷　（明）鄭曉撰　明萬曆二十五年(1597)鄭心材刻鄭端簡公全集本　一冊

220000－0841－0005239　善2133
地圖綜要三卷　（明）吳學儼等撰　明刻本　十二冊

220000－0841－0005240　史10277K
天下郡國利病書一百二十卷　（清）顧炎武輯　清道光三年(1823)敷文閣刻聚珍版印本　五十六冊

220000－0841－0005241　史4870K
天下郡國利病書一百二十卷　（清）顧炎武輯　清道光十一年(1831)敷文閣刻本　六十四冊

220000－0841－0005242　史2644K
天下郡國利病書一百二十卷　（清）顧炎武輯　清光緒五年(1879)蜀南桐花書屋薛氏家塾修補校正道光成都龍氏刻本　五十冊

220000－0841－0005243　史5097K
天下郡國利病書一百二十卷　（清）顧炎武輯　清光緒二十五年(1899)上海二林齋石印本　二十八冊

220000－0841－0005244　史2891K
讀史方輿紀要一百三十卷輿圖要覽四卷　（清）顧祖禹輯　清嘉慶敷文閣刻本　七十四冊

220000－0841－0005245　史 2645K
讀史方輿紀要一百三十卷　(清)顧祖禹輯　清光緒五年(1879)蜀南桐花書屋薛氏家塾修補校正刻本　五十册

220000－0841－0005246　史 11380K
讀史方輿紀要一百三十卷方輿全圖總説五卷　(清)顧祖禹輯　清光緒二十七年(1901)圖書集成局鉛活字印本　二十四册　存九十八卷(一至三十三、六十六至一百三十)

220000－0841－0005247　史 5410K
方輿紀要簡覽三十四卷　(清)顧祖禹原本　(清)潘鐸輯錄　清咸豐八年(1858)刻本　十六册

220000－0841－0005248　史 10566K
註釋讀史方輿紀要序二卷　(清)顧祖禹撰　(清)李式揆注釋　清光緒二十八年(1902)養拙山房刻本　二册

220000－0841－0005249　史 5350K
讀史方輿紀要歷代州域形勢論九卷　(清)顧祖禹輯　清鉛活字印本　三册

220000－0841－0005250　史 11454K
讀史方輿紀要州域形勢編二卷　(清)顧祖禹撰　山東學務處鑒定　清兖州府中學刻本　一册

220000－0841－0005251　史 4608K
廣輿記二十四卷圖十七幅　(明)陸應陽撰　(清)蔡方炳增輯　清嘉慶七年(1802)聚文堂刻本　十二册

220000－0841－0005252　史 10777K
廣輿記二十四卷圖十八幅　(明)陸應陽撰　(清)蔡方炳增輯　清光緒四年(1878)綠蔭堂刻本　十二册

220000－0841－0005253　善 2169
大清一統志三百五十六卷　(清)蔣廷錫等纂修　清道光木活字印本　一册　存一卷(一百九十二)

220000－0841－0005254　史 5461K
大清一統志五百卷　(清)蔣廷錫等纂修　清光緒二十三年(1897)竹簡齋石印本　六十册

220000－0841－0005255　史 5433K
大清一統志五百卷　(清)蔣廷錫等纂修　清光緒二十七年(1901)上海寶善齋石印本　五十九册　缺七卷(二百二十六至二百三十二)

220000－0841－0005256　史 5424K
大清一統志五百卷　(清)蔣廷錫等纂修　清光緒二十八年(1902)上海寶善齋石印本　六十册

220000－0841－0005257　史 2648K
大清一統志表無卷數　(清)陳蘭森撰　清乾隆五十八年(1793)刻本　三册

220000－0841－0005258　史 4595K
乾隆府廳州縣圖志五十卷　(清)洪亮吉撰　清乾隆五十三年至嘉慶八年(1788－1803)刻本　十册

220000－0841－0005259　史 4600K
乾隆府廳州縣圖志五十卷　(清)洪亮吉撰　清光緒五年(1879)授經堂刻本　二十册

220000－0841－0005260　史 5120K
地理韻編二十卷　(清)李兆洛輯　(清)六嚴等編　清光緒元年(1875)羊城馬氏集益堂刻本　八册

220000－0841－0005261　史 10102K
皇朝輿地略不分卷　(清)馮焌光編　清同治二年(1863)廣州城西寶華刻本　二册

220000－0841－0005262　史 5114K
皇朝輿地沿革考不分卷　(清)遁天撰　清光緒二十八年(1902)鉛活字印本　一册

220000－0841－0005263　史 12474K
光緒輿地韻編一卷　(清)錢保塘撰　清光緒十九年(1893)海寧錢氏刻清風室叢刻本　一册

220000－0841－0005264　善 2724
車書圖考一卷　(清)薛鳳祚撰　清順治十四年(1657)自刻套印本　一册

220000－0841－0005265　史 4941K
皇朝直省府所州縣歌括不分卷　(清)蔣升撰　清光緒二十四年(1898)鉛活字印本　一冊

220000－0841－0005266　史 7713K
寰區總集不分卷　(清)□□撰　**行川必要一卷**　(清)羅縉紳撰　清抄本　一冊

220000－0841－0005267　史 5310K
示我周行六卷　(清)碧溪鶴輯　清富春堂刻本　二冊

220000－0841－0005268　史 8702K
地學三畧三卷　(清)賈恩紱輯　清光緒二十四年(1898)刻本　一冊

220000－0841－0005269　史 11019K
地學不分卷　(清)桂□□講　(清)陳熙賢記　清光緒三十一年(1905)儀董學堂抄本　一冊

220000－0841－0005270　冀 0013
[光緒]順天府志一百三十卷附錄一卷　(清)萬青藜　(清)周家楣修　(清)張之洞　繆荃孫纂　清光緒二十八年(1902)刻本　六十四冊

220000－0841－0005271　冀 0059
[光緒]延慶州志十二卷首一卷末一卷　(清)何道增等修　(清)張惇德纂　清光緒六年(1880)刻本　十冊

220000－0841－0005272　冀 0026
[康熙]懷柔縣新志八卷　(清)吳景果纂修　清康熙六十年(1721)刻本　四冊

220000－0841－0005273　冀 0018
[光緒]通州志十卷首一卷末一卷　(清)高建勳等修　(清)王維珍等纂　清光緒九年(1883)刻本　十二冊

220000－0841－0005274　蘇 0176
[紹熙]雲間志三卷續志一卷　(宋)楊潛纂　清嘉慶十九年(1814)華亭沈氏金陵刻本　四冊

220000－0841－0005275　蘇 0213
[紹熙]雲間志三卷續志一卷　(宋)楊潛纂　清光緒二十年(1894)刻觀自得齋叢書本　二冊

220000－0841－0005276　蘇 0230
[康熙]松江府志五十四卷圖經一卷　(清)郭廷弼修　(清)周建鼎　(清)包爾庚纂　清康熙二年(1663)刻本　四十冊

220000－0841－0005277　蘇 0002
[嘉慶]松江府志八十四卷首二卷圖一卷　(清)宋如林修　(清)孫星衍　(清)莫晉纂　清嘉慶二十三年(1818)修松江府學倫明堂刻本　四十冊

220000－0841－0005278　叢 0926
[光緒]松江府志摘要一卷　(清)閔山萇輯　清光緒三年(1877)申報館鉛印屑玉叢譚初集本　一冊

220000－0841－0005279　蘇 0080
[光緒]松江府續志四十卷首一卷圖一卷　(清)博潤修　(清)姚先發等纂　清光緒十年(1884)刻本　二十四冊

220000－0841－0005280　蘇 0066
[乾隆]上海縣志十二卷首一卷　(清)李文耀修　(清)談起行　(清)葉承纂　清乾隆十五年(1750)刻本　七冊　缺三卷(九、十一至十二)

220000－0841－0005281　蘇 0273
[乾隆]上海縣志十二卷首一卷　(清)范廷杰修　(清)皇甫樞纂　清乾隆四十九年(1784)刻本　八冊　缺二卷(一、六)

220000－0841－0005282　蘇 0023
[嘉慶]上海縣志二十卷首一卷　(清)王大同修　(清)李林松纂　清嘉慶十九年(1814)刻本　十冊

220000－0841－0005283　蘇 0004
[同治]上海縣志三十卷首一卷末一卷　(清)應寶時等修　(清)俞越　(清)方宗誠纂　清光緒八年(1882)刻本　二十冊

220000－0841－0005284　蘇0235

上海縣志札記六卷　（清）秦榮光纂　清光緒二十八年(1902)鉛活字印本　一册　存一卷(一)

220000－0841－0005285　蘇0288

上海鄉土志　（清）李維清編　清光緒三十三年(1907)上海著易堂鉛活字印本　一册

220000－0841－0005286　蘇0296

[光緒]重修華亭縣志二十四卷首一卷末一卷　（清）楊開第修　（清）姚光發等纂　清光緒四年(1878)刻本　十册

220000－0841－0005287　蘇0112

[乾隆]婁縣志三十卷首二卷　（清）謝庭薰修　（清）陸錫熊纂　清乾隆五十三年(1788)刻本　十六册

220000－0841－0005288　蘇0154

[光緒]婁縣續志二十卷　（清）汪坤厚　（清）程其珏修　（清）張雲望等纂　清光緒五年(1879)刻本　六册

220000－0841－0005289　蘇0106K

[雍正]分建南匯縣志十六卷首一卷　（清）欽璉修　（清）顧成天等纂　清雍正十三年(1735)刻本　四册

220000－0841－0005290　蘇0160

[光緒]南匯縣志二十二卷首一卷末一卷　（清）金福曾　（清）顧思賢修　（清）張文虎等纂　清光緒五年(1879)刻本　十二册

220000－0841－0005291　蘇0207

[道光]川沙撫民廳志十二卷首一卷　（清）何士祁修　（清）姚椿　（清）周墉纂　清道光十六年(1836)刻本　六册

220000－0841－0005292　蘇0157

[光緒]川沙廳志十四卷首一卷末一卷　（清）陳方瀛修　（清）俞樾等纂　清光緒五年(1879)刻本　六册

220000－0841－0005293　蘇0215

[乾隆]奉賢縣志十卷首一卷　（清）李治灝　（清）吳高埈修　（清）王應奎　（清）宋禹颺纂　清乾隆二十三年(1758)刻本　三册

220000－0841－0005294　蘇0028

[光緒]重修奉賢縣志二十卷首一卷末一卷　（清）韓佩金修　（清）張文虎等纂　清光緒四年(1878)刻本　六册

220000－0841－0005295　蘇0087

[光緒]金山縣志三十卷首一卷　（清）龔寶琦　（清）崔廷鏞修　（清）黄厚本等纂　清光緒四年(1878)刻本　八册

220000－0841－0005296　蘇0315

干巷志六卷首一卷　（清）朱棟纂　清光緒二十九年(1903)重印嘉慶本　六册

220000－0841－0005297　蘇0190

重輯楓涇小志十卷首一卷　（清）曹相駿纂　（清）許光墉增纂　清光緒十七年(1891)鉛活字印本　四册

220000－0841－0005298　蘇0144

續修楓涇小志十卷首一卷　（清）程兼善纂　清宣統三年(1911)鉛活字印本　四册

220000－0841－0005299　蘇0040

[光緒]青浦縣志三十卷首二卷末一卷　（清）汪祖綬等修　（清）熊其英　（清）邱式金纂　清光緒五年(1879)刻本　十三册

220000－0841－0005300　蘇0024

[光緒]嘉定縣志三十二卷首一卷末一卷　（清）程其珏修　（清）楊震福等纂　清光緒八年(1882)刻本　十六册

220000－0841－0005301　蘇0012

[光緒]寶山縣志十四卷首一卷　（清）梁蒲貴　（清）吳康壽修　（清）朱延射　（清）潘履祥纂　清光緒八年(1882)刻本　八册

220000－0841－0005302　蘇0276

[康熙]崇明縣志十四卷　（清）朱衣點修　（清）黄國彝纂　清抄本　一册　存二卷(一、五)

220000－0841－0005303　蘇0041

[光緒]崇明縣志十八卷 （清）林達泉（清）譚泰來修 （清）李聯琇 （清）黄清憲纂 清光緒六年(1880)刻本 十二册

220000－0841－0005304 冀0096
[光緒]重修天津府志五十四卷首一卷末一卷 （清）沈家本 （清）榮銓修 （清）徐宗亮（清）蔡啟盛纂 清光緒二十一年(1895)修二十五年(1899)刻本 二十八册

220000－0841－0005305 冀0104
[乾隆]天津縣志二十四卷 （清）朱奎揚（清）張志奇修 （清）吳廷華等纂 清乾隆四年(1739)刻本 八册

220000－0841－0005306 冀0103
[同治]續天津縣志二十卷首一卷 （清）吳惠元修 （清）蔣玉虹 （清）俞樾纂 清同治九年(1870)刻本 八册

220000－0841－0005307 冀0028
[道光]薊州志十卷首一卷 （清）沈鋭纂修 清咸豐二年(1852)刻本 十二册

220000－0841－0005308 冀0022
[乾隆]武清縣志十二卷首一卷末一卷 （清）吳翀修 （清）曹涵 （清）趙晃纂 清乾隆七年(1742)刻本 八册

220000－0841－0005309 冀0101
[同治]静海縣志八卷 （清）鄭士蕙纂修 清同治十二年(1873)刻本 四册

220000－0841－0005310 冀0014
[乾隆]寧河縣志十六卷 （清）關廷牧修（清）徐以觀纂 清乾隆四十四年(1779)刻本 六册

220000－0841－0005311 冀0003
[雍正]畿輔通志一百二十卷 （清）唐執玉（清）李衛修 （清）陳儀 （清）田易纂 清雍正十三年(1735)刻本 四十八册

220000－0841－0005312 冀0001
[同治]畿輔通志三百卷首一卷 （清）李鴻章等修 （清）黄彭年等纂 清光緒十年(1884)刻本 二百四十册

220000－0841－0005313 冀0094
[同治]畿輔通志三百卷首一卷 （清）李鴻章等修 （清）黄彭年等纂 清宣統二年(1910)石印本 二百四十册

220000－0841－0005314 善3333
[嘉靖]兩鎮三關通志□□卷 （明）尹耕纂修 明積善堂抄本 一卷軸 存一卷(十四)

220000－0841－0005315 善3815
[萬曆]四鎮三關志十卷圖一卷 （明）劉應節（明）楊兆修 （明）劉效祖纂 清抄本 一册 存一卷(圖一卷)

220000－0841－0005316 冀0105
[乾隆]正定府志五十卷首一卷 （清）鄭大進纂修 清乾隆二十七年(1762)刻本 三十二册

220000－0841－0005317 冀0107
[順治]真定縣志十四卷 （清）陳謙纂修 清順治三年(1646)刻乾隆、嘉慶修補印本 四册

220000－0841－0005318 冀0106
[光緒]正定縣志四十六卷首一卷末一卷（清）慶之金 （清）賈孝彰修 （清）趙文濂纂 清光緒元年(1875)刻本 十四册

220000－0841－0005319 冀0112
[乾隆]獲鹿縣志十二卷 （清）韓國瓚修（清）石光璽纂 清乾隆元年(1736)刻本 四册

220000－0841－0005320 冀0113
[光緒]獲鹿縣志十四卷首一卷末一卷 （清）俞錫綱修 （清）曹鑠纂 清光緒七年(1881)刻本 十册

220000－0841－0005321 冀0115
[康熙]靈壽縣志十卷末一卷 （清）陸隴其修（清）傅維橒纂 清康熙二十五年(1686)刻本 四册

220000－0841－0005322 冀0117

[同治]靈壽縣志十卷末一卷 (清)陸隴其原本 (清)劉賡年續纂修 清同治十三年(1874)刻本 六册

220000－0841－0005323 冀0145
[康熙]趙州志十卷 (清)祝萬祉修 (清)閻永齡 (清)王懿纂 清康熙十二年(1673)刻本 四册

220000－0841－0005324 冀0165
[光緒]直隸趙州志十六卷首一卷末一卷趙州屬邑志八卷 (清)孫傳栻修 (清)王景美纂 清光緒二十三年(1897)刻本 十册

220000－0841－0005325 冀0111
[雍正]井陘縣志八卷 (清)鍾文英纂修 清雍正八年(1730)刻本 四册

220000－0841－0005326 冀0102
[光緒]續修井陘縣志三十六卷 (清)常善堂修 (清)趙文濂纂 清光緒元年(1875)刻本 三册

220000－0841－0005327 冀0121
[光緒]重修新樂縣志六卷首一卷 (清)雷鶴鳴修 (清)趙文濂纂 清光緒十一年(1885)刻本 六册

220000－0841－0005328 冀0200
[雍正]深澤縣志十二卷首一卷 (清)趙憲修 (清)王植纂 清乾隆九年(1744)刻本 四册

220000－0841－0005329 冀0140
[乾隆]無極縣志十一卷末一卷 (清)黄可潤纂修 清光緒十九年(1893)刻本 四册

220000－0841－0005330 冀0093
[光緒]續修贊皇縣志二十九卷首一卷 (清)史賡雲 (清)周晉堃修 清光緒二年(1876)刻本 四册

220000－0841－0005331 冀0118
[道光]欒城縣志十卷首一卷末一卷 (清)桂超萬 (清)李鈖修 (清)高繼珩纂 清道光二十六年(1846)刻本 四册

220000－0841－0005332 冀0116
[同治]欒城縣志十四卷首一卷末一卷 (清)陳詠修 (清)張惇德纂 清同治十一年(1872)刻本 六册

220000－0841－0005333 冀0250
[咸豐]平山縣志八卷 (清)王滌心修 (清)郭程先纂 清咸豐四年(1854)刻本 六册

220000－0841－0005334 冀0066
[乾隆]口北三廳志十六卷首一卷 (清)黄可潤纂修 清乾隆二十三年(1758)刻本 六册

220000－0841－0005335 冀0180
[乾隆]宣化府志四十二卷首一卷 (清)王者輔 (清)王畹修 (清)吳廷華纂 清乾隆八年(1743)刻本 十六册

220000－0841－0005336 善0642
[康熙]宣化縣志三十卷 (清)陳坦纂修 清康熙五十年(1711)刻本 六册

220000－0841－0005337 冀0164:1
[乾隆]赤城縣志八卷首一卷 (清)孟恩誼修 (清)張曾炳纂 清乾隆十二年(1747)、二十四年(1759)刻本 四册

220000－0841－0005338 冀0164:2
[光緒]赤城縣續志十卷 (清)林牟貽等纂修 清光緒七年(1881)刻本 一册 缺一卷(六)

220000－0841－0005339 冀0179
[乾隆]蔚縣志三十一卷 (清)王育榞修 (清)李舜臣等纂 清乾隆四年(1739)刻本 四册

220000－0841－0005340 冀0175
[乾隆]蔚州志補十二卷首一卷 (清)楊世昌修 (清)吳廷華 (清)楊大猷纂 清乾隆十年(1745)刻本 五册

220000－0841－0005341 冀0176
[光緒]蔚州志二十卷首一卷 (清)慶之金修 (清)楊篤纂 清光緒三年(1877)刻本

八冊

220000－0841－0005342　冀0051
[康熙]保安州志十二卷圖一卷　(清)梁永祚修　(清)張永曙纂　清康熙五十年(1711)刻本　二冊　存六卷(一至六)

220000－0841－0005343　冀0054
[道光]保安州志八卷首一卷　(清)楊桂森纂修　清道光十五年(1835)刻本　四冊

220000－0841－0005344　冀0055
[光緒]保安州續志四卷　(清)尋鑾晉　(清)張毓生纂修　清光緒三年(1877)刻本　一冊

220000－0841－0005345　冀0063
[同治]西寧新志十卷首一卷　(清)韓志超等修　(清)楊篤纂　清光緒元年(1875)宏州書院刻本　二冊

220000－0841－0005346　冀0152
[光緒]懷安縣志八卷首一卷末一卷　(清)蔭祿修　(清)程燮奎纂　清光緒二年(1876)刻本　四冊

220000－0841－0005347　冀0178
[道光]萬全縣志十卷首一卷　(清)左承業原本　(清)施彥士續纂修　清道光十四年(1834)刻本　八冊

220000－0841－0005348　冀0218
[道光]承德府志六十卷首二十六卷　(清)海忠纂修　清道光十一年(1831)刻光緒十三年(1887)重訂本　二十四冊

220000－0841－0005349　冀0067
[光緒]永平府志七十二卷省一卷末一卷　(清)遊智開修　(清)史夢蘭纂　清光緒五年(1879)敬勝書院刻本　三十二冊

220000－0841－0005350　冀0064
[乾隆]遷安縣志三十卷　(清)燕臣仁修　(清)張傑纂　清乾隆二十二年(1757)刻本　五冊　存二十九卷(二至三十)

220000－0841－0005351　冀0062
[同治]遷安縣志十八卷首一卷末一卷　(清)韓耀光修　(清)史夢蘭纂　清光緒十一年(1885)刻本　六冊

220000－0841－0005352　冀0070
[康熙]昌黎縣志八卷　(清)王日翼修　(清)高培纂　清康熙十四年(1675)刻本　二冊

220000－0841－0005353　冀0068
[同治]昌黎縣志十卷　(清)何崧泰修　(清)馬恂　(清)何爾泰纂　清同治五年(1866)刻本　四冊

220000－0841－0005354　冀0231
[光緒]玉田縣志三十卷首一卷　(清)夏子鎏修　(清)李昌時纂　(清)丁維續纂　清光緒十年(1884)刻本　六冊

220000－0841－0005355　冀0078
[乾隆]臨榆縣志十四卷首一卷　(清)鍾和梅纂修　清乾隆二十一年(1756)刻本　六冊

220000－0841－0005356　冀0079
[光緒]臨榆縣志二十四卷首一卷　(清)趙允祐修　(清)高錫疇纂　清光緒四年(1878)刻本　十冊

220000－0841－0005357　冀0160
[乾隆]直隸遵化州志二十卷　(清)傅修纂修　清乾隆五十九年(1794)刻本　八冊

220000－0841－0005358　冀0159
[光緒]遵化通志六十卷首一卷　(清)何崧泰等修　(清)史樸等纂　清光緒十二年(1886)刻本　二十五冊　缺十一卷(二十九、三十二至三十四、三十七至三十八、四十至四十一、四十八至五十)

220000－0841－0005359　冀0196
[光緒]撫寧縣志十六卷首一卷　(清)張上龢修　(清)史夢蘭纂　清光緒三年(1877)刻本　四冊

220000－0841－0005360　冀0075
[乾隆]樂亭縣志十四卷首一卷　(清)陳金駿

纂修　清乾隆二十年(1755)刻本　五冊　缺二卷(一至二)

220000－0841－0005361　冀0255
[光緒]欒亭縣志十五卷首一卷末一卷　(清)蔡志修等修　(清)史夢蘭纂　清光緒三年(1877)刻本　六冊

220000－0841－0005362　冀0252
[嘉慶]灤州志八卷首一卷末一卷　(清)吳士鴻修　(清)孫學恒纂　清嘉慶十五年(1810)刻本　八冊

220000－0841－0005363　冀0072
[光緒]灤州志十八卷首一卷　(清)楊文鼎修　(清)王大本等纂　清光緒二十四年(1898)刻本　十四冊

220000－0841－0005364　冀0155
[光緒]豐潤縣志十二卷　(清)郝增祜等纂修　(清)周晉堃續纂修　清光緒二十三年(1897)抄本　六冊

220000－0841－0005365　冀0015
[乾隆]三河縣志十六卷首一卷　(清)陳昶修　(清)王大信等纂　清乾隆二十五年(1760)刻本　四冊

220000－0841－0005366　冀0189
[康熙]保定縣志四卷　(清)成其範修　(清)柴經國纂　清康熙十二年(1673)刻本　三冊　缺一卷(一)

220000－0841－0005367　冀0010
[咸豐]固安縣志八卷　(清)陳崇砥修　(清)陳福嘉　(清)吳三峰等纂　清咸豐九年(1859)刻本　六冊

220000－0841－0005368　冀0195
[康熙]文安縣志八卷　(清)楊朝麟修　(清)胡滂等纂　清康熙四十二年(1703)刻本　一冊　存一卷(一)

220000－0841－0005369　冀0012
[乾隆]永清縣志二十五篇永清文徵五卷　(清)周震榮修　(清)章學誠纂　清嘉慶十八年(1813)刻本　四冊

220000－0841－0005370　冀0011
[光緒]續永清縣志十四卷文徵二卷　(清)李秉鈞　(清)吳欽修　(清)魏邦翰纂　清光緒元年(1875)刻本　四冊

220000－0841－0005371　冀0039
[康熙]保定府志二十九卷　(清)紀弘謨等修　(清)郭棻纂　清康熙十九年(1680)刻本　十二冊

220000－0841－0005372　冀0037
[光緒]保定府志七十九卷首一卷　(清)李培祐　(清)朱靖旬修　(清)張豫塏等纂　清光緒十二年(1886)刻本　三十二冊

220000－0841－0005373　冀0042
[康熙]清苑縣志十二卷首一卷　(清)時來敏修　(清)郭棻等纂　清康熙十六年(1677)刻本　四冊

220000－0841－0005374　冀0041
[同治]清苑縣志十八卷首一卷　(清)李逢源修　(清)諸崇儉纂　清同治十二年(1873)刻本　八冊

220000－0841－0005375　冀0172
[乾隆]淶水縣志八卷首一卷末一卷　(清)方立經纂修　清乾隆二十七年(1762)刻本　四冊

220000－0841－0005376　冀0025
[乾隆]涿州志二十二卷首一卷[同治]涿州續志十八卷　(清)吳山鳳纂修　(清)石衡修　(清)盧端衡纂　清乾隆三十年(1765)刻本　十二冊

220000－0841－0005377　冀0036
[乾隆]定興縣志十二卷　(清)王錫總纂修　清乾隆四十四年(1779)刻本　六冊

220000－0841－0005378　冀0035
[光緒]定興縣志二十六卷首一卷　(清)張主敬等修　(清)楊晨纂　清光緒十六年(1890)刻本　八冊

220000－0841－0005379　冀 0043

[光緒]蠡縣志十卷　(清)韓志超　(清)何雲諧修　(清)張瑠等纂　清光緒二年(1876)刻本　十册

220000－0841－0005380　冀 0190

[乾隆]博野縣志八卷首一卷末一卷　(清)吳鏊修　(清)朱基　(清)尹啟銓纂　清乾隆三十一年(1766)刻本　六册

220000－0841－0005381　冀 0168

[道光]直隸定州志二十二卷首一卷　(清)寶琳　(清)勞沅恩纂修　清道光三十年(1850)刻本　十二册

220000－0841－0005382　冀 0038

[光緒]唐縣志十二卷首一卷　(清)陳詠修　(清)張惇德纂　清光緒四年(1878)刻本　八册

220000－0841－0005383　冀 0171

[乾隆]直隸易州志十八卷首一卷　(清)楊芊纂修　(清)張登高續纂修　清乾隆十二年(1747)刻本　八册

220000－0841－0005384　冀 0181

雄縣鄉土志一卷　(清)劉崇本編　清光緒三十一年(1905)鉛活字印本　一册

220000－0841－0005385　冀 0061

[乾隆]祁州志八卷　(清)羅以桂等修　(清)張萬銓等纂　清乾隆二十一年(1756)刻本　四册

220000－0841－0005386　冀 0044

望都縣圖説　(清)陸保善　(清)陸是奎編　清光緒三十一年(1905)鉛活字印本　四册

220000－0841－0005387　冀 0224

[雍正]完縣志十卷　(清)朱懋德修　(清)田瑗纂　清雍正十年(1732)刻本　五册

220000－0841－0005388　冀 0046

[乾隆]滿城縣志十二卷　(清)張煥纂修　(清)賈永宗等續修　清乾隆十六年(1751)刻本　八册

220000－0841－0005389　冀 0082

[乾隆]河間府新志二十卷首一卷　(清)杜甲等修　(清)黄文蓮　(清)胡天遊纂　清乾隆二十五年(1760)刻本　十册

220000－0841－0005390　冀 0081

[乾隆]河間縣志六卷　(清)吳山鳳修　(清)黄文蓮　(清)梁志恪纂　清乾隆二十五年(1760)刻本　五册　缺一卷(六)

220000－0841－0005391　冀 0184

[乾隆]滄州志十六卷　(清)徐時作修　(清)胡淦等纂　清乾隆八年(1743)刻本　六册

220000－0841－0005392　冀 0099

[同治]鹽山縣志十六卷首一卷末一卷　(清)王福謙　(清)王毓秀修　(清)潘震乙纂　清同治七年(1868)刻本　八册

220000－0841－0005393　冀 0088

[光緒]吳橋縣志十二卷　(清)倪昌燮修　(清)馮慶楊纂　清光緒元年(1875)刻本　八册

220000－0841－0005394　冀 0089

[光緒]東光縣志十二卷首一卷　(清)周植瀛修　(清)吳潯源纂　清光緒十四年(1888)刻本　十册

220000－0841－0005395　冀 0074

[乾隆]肅寧縣志十卷　(清)尹侃等修　(清)談有典纂　清乾隆二十一年(1756)刻本　五册

220000－0841－0005396　冀 0194

[康熙]南皮縣志八卷首一卷　(清)馬土瓊修　(清)吳維哲　(清)黄得熚纂　清康熙十九年(1680)劉址刻本　一册　存二卷(七至八)

220000－0841－0005397　冀 0098

[光緒]南皮縣志十五卷首一卷末一卷　(清)殷樹森修　(清)汪寶樹　(清)傅金鑅纂　清光緒十四年(1888)刻本　八册

220000－0841－0005398　冀 0069

[乾隆]任邱縣志十二卷首一卷 (清)劉統修 (清)劉炳等纂 清乾隆二十七年(1762)刻本 十册

220000－0841－0005399 冀0085
[乾隆]獻縣志二十卷圖一卷表一卷 (清)萬廷蘭修 (清)戈濤纂 清乾隆二十六年(1761)刻本 十二册

220000－0841－0005400 冀0166
[乾隆]衡水縣志十四卷 (清)陶淑纂修 清乾隆三十二年(1767)刻本 五册

220000－0841－0005401 冀0084
[乾隆]饒陽縣志二卷首一卷末一卷 (清)單作哲纂修 清乾隆十四年(1749)刻本 二册

220000－0841－0005402 冀0090
[乾隆]景州志六卷首一卷 (清)屈成霖纂修 清乾隆十年(1745)刻本 四册

220000－0841－0005403 冀0169
[嘉慶]棗強縣志二十卷 (清)任銜蕙修 (清)楊元錫纂 清嘉慶九年(1804)刻本 六册

220000－0841－0005404 冀0170
棗強縣志補正五卷 (清)方宗誠纂修 清光緒二年(1876)刻本 二册

220000－0841－0005405 冀0143
深州風土記二十二卷表五卷 (清)吳汝綸纂 清光緒二十六年(1900)刻本 八册

220000－0841－0005406 冀0034
[同治]武邑縣光十卷首一卷誥封一卷 (清)彭美修 (清)龍文彬纂 清同治十一年(1872)刻本 五册

220000－0841－0005407 冀0201
[光緒]續修故城縣志十二卷首一卷 (清)丁燦修 (清)王堉德纂 (清)張瑛續修 (清)范翰文續纂 清光緒十一年(1885)刻本 八册

220000－0841－0005408 冀0183
[乾隆]冀州志二十卷續編一卷 (清)范清曠纂修 清乾隆十二年(1747)刻本 九册 缺二卷(十五至十六)

220000－0841－0005409 冀0125
[乾隆]廣平府志二十四卷 (清)吳穀纂修 清乾隆十年(1745)刻本 十册

220000－0841－0005410 冀0163
[咸豐]大名府志二十二卷首一卷續志六卷末一卷 (清)朱煐等纂修 (清)武蔚文續修 (清)郭程先續纂 (清)高繼珩增補 清咸豐三年(1853)刻本 二十四册

220000－0841－0005411 冀0162
[乾隆]大名縣志四十卷首一卷 (清)張維祺修 (清)李棠纂 清乾隆五十四年(1789)刻本 十二册

220000－0841－0005412 冀0199
[康熙]元城縣志六卷首一卷 (清)陳偉等纂修 清康熙十五年(1676)刻本 三册 缺一卷(六)

220000－0841－0005413 冀0198
[同治]續修元城縣志六卷首一卷 (清)吳大鏞修 (清)王仲甡纂 清同治十一年(1872)刻本 四册

220000－0841－0005414 冀0129
[乾隆]邯鄲縣志十二卷首一卷 (清)王炯纂修 清乾隆二十一年(1756)刻本 六册

220000－0841－0005415 冀0024
[雍正]館陶縣志十二卷 (清)趙知希纂修 (清)張興宗增修 清光緒十九年(1893)刻本 四册

220000－0841－0005416 冀0133
[康熙]成安縣志十二卷 (清)王公楷修 (清)張檞纂 清康熙十二年(1673)刻本 六册

220000－0841－0005417 冀0197
[嘉慶]涉縣志八卷 (清)戚學標纂修 清嘉慶四年(1799)刻本 四册

220000－0841－0005418 冀0217

臨漳縣志略備考四卷　(清)駱文光纂修　清同治十三年(1874)刻本　一册

220000－0841－0005419　冀 0177

[光緒]臨漳縣志十八卷首一卷　(清)周秉彝修　(清)周壽梓　(清)李燿中纂　清光緒三十年(1904)刻本　十二册

220000－0841－0005420　冀 0132

[康熙]磁州志十八卷　(清)蔣擢修　(清)樂玉聲等纂　清康熙四十二年(1703)刻同治十三年(1874)修補印本　四册

220000－0841－0005421　冀 0131

[同治]磁州續志六卷首一卷　(清)程光瀅纂修　清同治十三年(1874)刻本　四册

220000－0841－0005422　冀 0186

[乾隆]武安縣志二十卷圖一卷　(清)蔣光祖修　(清)夏兆豐纂　清乾隆四年(1739)刻本　八册

220000－0841－0005423　冀 0136

[乾隆]順德府志十六卷　(清)徐景曾纂修　清乾隆十五年(1750)刻本　六册

220000－0841－0005424　冀 0135

[乾隆]邢臺縣志十八卷首一卷　(清)劉蒸雯修　(清)李崴纂　清乾隆六年(1741)刻本　四册

220000－0841－0005425　冀 0167

[康熙]寧晋縣志十卷　(清)萬任修　清康熙十八年(1679)刻本　八册

220000－0841－0005426　冀 0122

[道光]南宫縣志十六卷　(清)周栻修　清道光十一年(1831)刻本　八册

220000－0841－0005427　冀 0134

[光緒]鉅鹿縣志十二卷首一卷　(清)凌燮修　(清)赫慎修　(清)夏應麟纂　清光緒十二年(1886)刻本　六册

220000－0841－0005428　冀 0123

[道光]内邱縣志四卷　(清)汪匡鼎原本　(清)施彦士續纂修　清道光十二年(1832)刻本　四册

220000－0841－0005429　冀 0138

[同治]廣宗縣志十二卷　(清)羅觀駿修　(清)李汝紹等纂　清同治十三年(1874)刻本　六册

220000－0841－0005430　冀 0141

[乾隆]南和縣志十二卷首一卷　(清)周章煥纂修　清抄本　八册

220000－0841－0005431　晉 0001

[雍正]山西通志二百三十卷　(清)覺羅石麟修　(清)儲大文纂　清雍正十二年(1734)刻本　一百册

220000－0841－0005432　晉 0086

[乾隆]山西志輯要十卷首一卷清涼山志輯要二卷　(清)雅德修　(清)汪本直纂　清乾隆四十五年(1780)刻本　十一册

220000－0841－0005433　晉 0002

[光緒]山西通志一百八十四卷首一卷　(清)曾國荃　(清)張煦等修　(清)王軒　(清)楊篤等纂　清光緒十八年(1892)刻本　九十六册

220000－0841－0005434　晉 0021

[康熙]陽曲縣志十四卷首一卷　(清)戴夢熊修　(清)李方蓁等纂　清康熙二十一年(1682)刻本　八册

220000－0841－0005435　晉 0019

[道光]陽曲縣志十六卷　(清)李培謙　(清)華典修　(清)閻士驤　(清)鄭起昌等纂　清道光二十三年(1843)刻本　十册

220000－0841－0005436　晉 0059

[雍正]重修太原縣志十六卷　(清)龔新　(清)沈繼賢修　(清)高若岐等纂　清雍正九年(1731)刻本　四册

220000－0841－0005437　晉 0061

[道光]太原縣志十八卷圖一卷　(清)員佩蘭修　(清)楊國泰纂　清道光六年(1826)刻本　六册

220000－0841－0005438　晉 0062
[光緒]續太原縣志二卷　(清)薛元釗修　(清)王效尊纂　清光緒八年(1882)刻本　二冊

220000－0841－0005439　晉 0040
[光緒]補修徐溝縣志六卷　(清)王勳祥修　(清)秦憲纂　清光緒七年(1881)刻本　六冊

220000－0841－0005440　晉 0016
[乾隆]大同府志三十二卷首一卷　(清)吳輔宏修　(清)王飛藻纂　(清)文光校訂　清乾隆四十七年(1782)刻本　一冊

220000－0841－0005441　晉 0027
[光緒]靈邱縣補志十卷　(清)雷棣榮　(清)嚴潤林修　(清)陸泰元纂　清光緒八年(1882)刻本　四冊

220000－0841－0005442　晉 0045
[光緒]懷仁縣新志十二卷首一卷續刻一卷　(清)李長華修　清光緒三十二年(1906)刻本　四冊

220000－0841－0005443　晉 0088
[崇禎]山陰縣志六卷　(明)劉以守纂修　清抄本　四冊

220000－0841－0005444　晉 0078
[乾隆]廣靈縣志十卷首一卷末一卷　(清)郭磊纂修　清乾隆十九年(1754)刻光緒七年(1881)重印本　四冊

220000－0841－0005445　晉 0079
[光緒]廣靈縣補志十卷首一卷末一卷　(清)楊亦銘等纂修　清光緒七年(1881)刻本　二冊

220000－0841－0005446　晉 0100
[乾隆]渾源州志十卷　(清)桂敬順纂修　清乾隆二十八年(1763)刻本　五冊

220000－0841－0005447　晉 0101
[乾隆]渾源州志十卷　(清)桂敬順纂修　清同治九年(1870)孔廣培刻本　五冊

220000－0841－0005448　晉 0102
[光緒]渾源州續志十卷　(清)賀澍恩修　清光緒七年(1881)刻本　六冊

220000－0841－0005449　晉 0018
[雍正]朔平府志十二卷　(清)劉士銘修　(清)王霷纂　清雍正九年(1731)清稿本　十一冊　缺一卷(十)

220000－0841－0005450　晉 0103
[光緒]忻州志四十二卷　(清)方戊昌修　(清)方淵如纂　清光緒六年(1880)刻本　八冊

220000－0841－0005451　晉 0039
[光緒]定襄縣補志十三卷圖一卷　(清)鄭繼修等修　(清)邢澍田纂　清光緒六年(1880)刻本　八冊

220000－0841－0005452　晉 0104
[乾隆]直隸代州志六卷　(清)吳重光纂修　清乾隆四十九年(1784)刻本　八冊

220000－0841－0005453　晉 0115
[光緒]代州志十二卷首一卷　(清)俞廉三等修　(清)楊篤纂　清光緒八年(1882)代山書院刻本　六冊

220000－0841－0005454　晉 0072
[乾隆]五臺縣志八卷　(清)王秉韜纂修　清乾隆四十五年(1780)刻本　四冊

220000－0841－0005455　晉 0060
[光緒]續修崞縣志八卷　(清)趙冠卿　(清)龍朝言修　(清)潘肯堂等纂　清光緒八年(1882)刻本　八冊

220000－0841－0005456　晉 0071
[道光]繁峙縣志六卷　(清)吳其均纂修　清光緒十六年(1890)刻本　六冊

220000－0841－0005457　晉 0077
[光緒]繁峙縣志四卷首一卷　(清)何才价修　(清)楊篤纂　清光緒七年(1881)刻本　四冊

220000－0841－0005458　晉 0057
[乾隆]保德州志十二卷首一卷　(清)王克昌

原本　(清)王秉韜續纂修　清乾隆五十年(1785)刻本　十冊

220000－0841－0005459　晉 0054
[同治]河曲縣志八卷　(清)金福增修　(清)張兆魁　(清)金鍾彦纂　清同治十一年(1872)刻本　八冊

220000－0841－0005460　晉 0084
[光緒]神池縣志十卷首一卷　(清)崔長清等修　(清)谷如墉纂　清光緒六年(1880)抄本　四冊

220000－0841－0005461　晉 0043
[光緒]岢嵐州志十二卷　(清)吳光熊等修　(清)史文炳纂　清光緒十年(1884)刻本　四冊

220000－0841－0005462　晉 0070
[萬曆]榆次縣志十卷　(明)張鶴騰修　(明)褚鉄纂　明萬曆三十七年(1609)刻天啓增刻本　二冊　缺三卷(一至三)

220000－0841－0005463　晉 0069
[乾隆]榆次縣志十四卷首一卷　(清)錢之青修　(清)張天澤纂　清乾隆十三年(1748)刻本　三冊

220000－0841－0005464　晉 0024
[同治]榆次縣志十六卷首一卷末一卷　(清)俞世銓等修　(清)王平格　(清)王序賓纂　清同治二年(1863)鳳鳴書院刻本　八冊

220000－0841－0005465　晉 0036
[雍正]遼州志八卷　(清)徐三俊修　(清)劉澐等纂　清雍正十一年(1733)刻本　四冊

220000－0841－0005466　晉 0015
[乾隆]太谷縣志八卷　(清)郭晉修　(清)管粵秀纂　清乾隆六十年(1795)刻本　八冊

220000－0841－0005467　晉 0014
[咸豐]太谷縣志八卷首一卷末一卷　(清)章青選等修　(清)章嗣衡纂　清咸豐五年(1855)刻本　八冊

220000－0841－0005468　晉 0011
[光緒]太谷縣志八卷首一卷末一卷　(清)恩浚等修　(清)王效尊等纂　清光緒十二年(1886)刻本　八冊

220000－0841－0005469　晉 0076
[康熙]重修平遙縣志八卷　(清)王綬修　(清)康乃心纂　清康熙四十五年(1706)刻本　四冊

220000－0841－0005470　晉 0080
[光緒]平遙縣志十二卷　(清)恩端修　(清)武達材　(清)王舒萼纂　清光緒八年(1882)刻本　八冊

220000－0841－0005471　善 2375
[康熙]靈石縣志四卷　(清)侯榮圭纂修　清康熙十一年(1672)刻本　一冊

220000－0841－0005472　晉 0055
[嘉慶]靈石縣志十二卷　(清)王志瀜修　(清)黄憲臣纂　清嘉慶二十二年(1817)刻本　六冊

220000－0841－0005473　晉 0010
[乾隆]孟縣志十卷首一卷末一卷　(清)胡予翼　(清)馬廷俊修　(清)吳森纂　清乾隆四十九年(1784)刻本　八冊

220000－0841－0005474　晉 0012
[光緒]孟縣志二十二卷首一卷末一卷　(清)張嵐奇　(清)劉鴻逵修　(清)武纘緒　(清)劉懋功等纂　清光緒七年(1881)刻本　十冊

220000－0841－0005475　晉 0064
[光緒]壽陽縣志十三卷首一卷　(清)馬家鼎　(清)白昶修　(清)張嘉言　(清)祁世長纂　清光緒八年(1882)刻本　六冊

220000－0841－0005476　晉 0020
[光緒]祁縣志十六卷　(清)劉發岏修　(清)李芬纂　清光緒八年(1882)刻本　十冊

220000－0841－0005477　晉 0089
[乾隆]介休縣志十四卷　(清)王謀文纂修　清乾隆三十五年(1770)刻本　八冊

220000－0841－0005478　晉0090
[嘉慶]介休縣志十四卷　(清)徐品山　(清)陸元鏓修　(清)熊兆占纂　清嘉慶二十四年(1819)刻本　八冊

220000－0841－0005479　晉0099
[乾隆]汾州府志三十四卷首一卷　(清)孫和相修　(清)戴震纂　清乾隆三十六年(1771)刻本　十六冊

220000－0841－0005480　晉0042
[康熙]汾陽縣志八卷首一卷　(清)周超修　(清)邢秉誠纂　清康熙六十年(1721)刻本　十冊

220000－0841－0005481　晉0041
[乾隆]汾湯縣志十四卷首一卷　(清)李文起修　(清)戴震纂　清乾隆三十七年(1772)刻本　八冊

220000－0841－0005482　晉0074
[道光]汾陽縣志十四卷首一卷　(清)周貽纓修　(清)曹樹穀纂　清咸豐元年(1851)刻本　八冊

220000－0841－0005483　晉0075
[光緒]汾陽縣志十四卷首一卷　(清)方家駒　(清)慶文修　(清)王文員纂　清光緒十年(1884)刻本　十冊

220000－0841－0005484　晉0048
[乾隆]孝義縣志二十卷　(清)鄧必安修　(清)鄧常纂　清乾隆三十五年(1770)刻本　八冊

220000－0841－0005485　晉0044
[乾隆]潞安府志四十卷首一卷　(清)張淑渠　(清)姚學瑛修　(清)姚學甲纂　清乾隆三十五年(1770)刻本　二十四冊

220000－0841－0005486　晉0030
[光緒]長治縣志八卷首一卷　(清)李禎　(清)馬鑑修　(清)楊篤等纂　清光緒二十年(1894)刻本　十冊

220000－0841－0005487　晉0031
[乾隆]重修襄垣縣志八卷　(清)李廷芳修　(清)徐珏　(清)陳于廷纂　清光緒六年(1880)刻本　八冊

220000－0841－0005488　晉0032
[光緒]襄垣縣續志二卷　(清)李汝霖纂修　清光緒六年(1880)刻本　二冊

220000－0841－0005489　晉0004
[道光]壺關縣志十卷首一卷　(清)茹金等纂修　清道光十四年(1834)刻本　六冊

220000－0841－0005490　晉0110
[康熙]澤州志三十卷　(清)陶自悅纂修　清康熙四十五年(1706)刻本　一冊　存一卷(一)

220000－0841－0005491　晉0087
[乾隆]鳳臺縣志二十卷首一卷　(清)林荔修　(清)姚學甲纂　清乾隆四十九年(1784)刻本　十二冊

220000－0841－0005492　善3159
[康熙]長子縣志六卷　(清)郭守邦修　(清)霍爆纂　(清)徐颺廷增修　(清)徐介增纂　清康熙四十四年(1705)刻本　四冊　缺三卷(一至三)

220000－0841－0005493　晉0066
[康熙]武鄉縣志六卷　(清)高鉷修　(清)宋蒼霖等纂　清康熙三十一年(1692)刻本　三冊　存三卷(二、四至五)

220000－0841－0005494　晉0063
[乾隆]武鄉縣志六卷首一卷　(清)白鶴修　清乾隆五十五年(1790)刻本　十二冊

220000－0841－0005495　晉0005
[光緒]屯留縣志八卷首一卷　(清)劉鍾麟　(清)何金聲修　(清)楊篤　(清)任來樸纂　清光緒十一年(1885)刻本　八冊

220000－0841－0005496　晉0085
[康熙]平陽府志三十六卷　(清)劉棨修　(清)孔尚任纂　清康熙四十七年(1708)刻本　十三冊　缺八卷(十至十三、十七至十八、

三十四至三十五）

220000－0841－0005497　晉0035
［乾隆］臨汾縣志十卷首一卷末一卷　（清）高嵣　（清）吳士淳修　（清）呂淙　（清）吳克元纂　清乾隆四十四年（1779）刻本　六册

220000－0841－0005498　晉0026
［康熙］曲沃縣志三十卷　（清）潘錦修　（清）仇翊道纂　清康熙四十五年（1706）刻本　四册

220000－0841－0005499　晉0028
［乾隆］續修曲沃縣志八卷　（清）侯長熺修　（清）王安恭纂　清嘉慶二年（1797）刻本　八册

220000－0841－0005500　晉0029
［光緒］續修曲沃縣志三十二卷　（清）張鴻逵　（清）茅丕熙修　（清）韓子泰纂　清光緒六年（1880）刻本　六册

220000－0841－0005501　晉0065
［康熙］永和縣志二十四卷　（清）王士儀纂修　清康熙四十九年（1710）刻本　二册　存十二卷（七至十六、二十三至二十四）

220000－0841－0005502　晉0083
［雍正］洪洞縣志九卷圖考一卷　（清）余世堂修　（清）蔡行仁纂　清同治十一年（1872）刻本　八册

220000－0841－0005503　晉0037
［道光］直隸霍州志二十五卷首一卷　（清）崔允昭修　（清）李培謙纂　清道光六年（1826）刻本　十册

220000－0841－0005504　晉0038
［光緒］續刻直隸霍州志二卷　（清）楊立旭修　（清）白天章纂　清光緒六年（1880）刻本　二册

220000－0841－0005505　晉0068
［乾隆］浮山縣志三十七卷　（清）賈西　（清）張乾元修　（清）張華　（清）皇甫奎纂　清乾隆十年（1745）刻本　六册

220000－0841－0005506　晉0049
［道光］太平縣志十六卷首一卷　（清）李炳彥修　（清）梁棲鸞纂　清道光五年（1825）刻本　八册

220000－0841－0005507　晉0050
［光緒］太平縣志十四卷首一卷　（清）勞文慶　（清）朱光綬修　（清）婁道南纂　清光緒八年（1882）刻本　十册

220000－0841－0005508　晉0053
［光緒］解州志十八卷首一卷　（清）馬丕瑤　（清）魏象乾修　（清）張承熊纂　清光緒七年（1881）刻本　六册

220000－0841－0005509　晉0023
［乾隆］解州安邑縣志十六卷首一卷　（清）言如泗修　（清）呂瀶　（清）鄭必陽纂　清乾隆二十九年（1764）刻解州全志本　四册

220000－0841－0005510　晉0022
［乾隆］解州安邑縣運城志十六卷首一卷　（清）言如泗修　（清）熊名相　（清）呂瀶纂修　清乾隆二十九年（1764）刻解州全志本　四册

220000－0841－0005511　晉0009
［乾隆］直隸絳州志二十卷圖考一卷　（清）張成德修　（清）李友洙等纂　清乾隆三十年（1765）刻本　八册

220000－0841－0005512　晉0008
［光緒］直隸絳州志二十卷首一卷　（清）李煥揚修　（清）張于鑄纂　清光緒五年（1879）刻本　十册

220000－0841－0005513　晉0056
［乾隆］聞喜縣志十二卷首一卷　（清）李遵唐纂修　清乾隆三十年（1765）刻本　六册

220000－0841－0005514　晉0082
［光緒］垣曲縣志十四卷　（清）薛元釗修　（清）張于鑄纂　清光緒五年（1879）刻本　八册

220000－0841－0005515　晉0007

[光緒]絳縣志二十一卷　(清)胡延纂修　清光緒二十五年(1899)刻本　四冊

220000-0841-0005516　晉0052
[光緒]河津縣志十四卷首一卷　(清)茅丕熙　(清)楊漢章修　(清)程象濂　(清)韓秉鈞纂　清光緒六年(1880)刻本　十冊

220000-0841-0005517　晉0091
[同治]稷山縣志十卷　(清)沈鳳翔修　(清)鄧嘉紳等纂　清同治四年(1865)刻本　八冊

220000-0841-0005518　晉0095
[乾隆]解州夏縣志十六卷首一卷　(清)言如泗修　(清)李遵唐纂　清乾隆二十九年(1764)刻解州全志本　四冊

220000-0841-0005519　晉0096
[光緒]夏縣志十卷首一卷　(清)黄縉榮　(清)萬啟鈞修　(清)張承熊纂　清光緒六年(1880)刻本　四冊

220000-0841-0005520　晉0098
[乾隆]解州平陸縣志十六卷首一卷　(清)言如泗　(清)韓夔典修　(清)杜若拙　(清)荆如棠纂　清乾隆二十九年(1764)刻解州全志本　四冊

220000-0841-0005521　晉0097
[光緒]平陸縣續志二卷首一卷末一卷　(清)劉鴻逵修　(清)沈承恩纂　清光緒六年(1880)刻本　二冊

220000-0841-0005522　晉0051
[乾隆]蒲州府志二十四卷圖一卷　(清)周景柱纂修　清乾隆十九年(1754)刻本　十冊

220000-0841-0005523　晉0047
[光緒]永濟縣志二十四卷　(清)李榮和　(清)劉鍾麟修　(清)張元懋纂　清光緒十二年(1886)刻本　十四冊

220000-0841-0005524　晉0017
[光緒]榮河縣志十四卷首一卷　(清)馬鑑　(清)王希濂修　清光緒七年(1881)刻本　六冊

220000-0841-0005525　晉0034
[乾隆]臨晉縣志八卷　(清)王正茂纂修　清乾隆三十八年(1773)刻本　三冊　缺二卷(四至五)

220000-0841-0005526　晉0094
[雍正]猗氏縣志八卷　(清)潘越修　(清)吴啟光　(清)高紹烈纂　(清)宋之樹續修　(清)何世勳等續纂　清雍正七年(1729)刻本　四冊

220000-0841-0005527　晉0092
[同治]續猗氏縣志四卷　(清)周之楨修　(清)崔曾頤纂　清同治六年(1867)刻本　二冊

220000-0841-0005528　晉0093
[光緒]續猗氏縣志二卷　(清)徐浩修　(清)潘夢龍纂　清光緒六年(1880)刻本　二冊

220000-0841-0005529　蒙0002
蒙古游牧記十六卷　(清)張穆纂　(清)何秋濤校補　清同治六年(1867)壽陽祁氏刻本　四冊

220000-0841-0005530　叢0916:3
蒙古遊牧記十六卷　(清)張穆纂　清光緒十七年(1891)鉛印小方壺齋輿地叢抄本　一冊

220000-0841-0005531　叢0916:1
[光緒]河套略一卷　(清)儲大文纂　清光緒十七年(1891)鉛印小方壺齋輿地叢抄本　一冊

220000-0841-0005532　蒙0004
[光緒]綏遠志十卷首一卷　(清)貽穀修　(清)高賡恩纂　清光緒三十四年(1908)刻本　六冊

220000-0841-0005533　蒙0025
[光緒]土默特旗志十卷　(清)貽穀修　(清)高賡恩纂　清光緒三十四年(1908)刻本　一冊　存五卷(六至十)

220000－0841－0005534　叢 0733：6
[康熙]柳邊紀略五卷　(清)楊賓纂　清光緒二十三年(1897)鉛印小方壺齋輿地叢抄本　一冊

220000－0841－0005535　遼 0003
[乾隆]盛京通志四十八卷首一卷　(清)呂耀曾　(清)王河　(清)宋筠修　(清)魏樞等纂　清乾隆元年(1736)刻本　二十冊

220000－0841－0005536　遼 0006
[乾隆]盛京通志四十八卷首一卷　(清)呂耀曾　(清)王河　(清)宋筠修　(清)魏樞等纂　清咸豐二年(1852)雷以諴刻本　二十冊

220000－0841－0005537　遼 0069
盛京総圖不分卷　(清)□□繪　清鉛活字印本　二十九張

220000－0841－0005538　遼 0031
[宣統]承德縣志書十類　(清)都林布修　(清)李巨源等纂　(清)金正元增修　(清)張子瀛等增纂　清宣統二年(1910)增修石印本　二冊

220000－0841－0005539　遼 0049
[宣統]新民府志不分卷　(清)管鳳龢纂修　清宣統元年(1909)鉛活字印本　一冊

220000－0841－0005540　遼 0045
遼陽鄉土志不分卷　(清)洪汝沖修　(清)白永貞纂　清光緒三十四年(1908)鉛活字印本　一冊

220000－0841－0005541　遼 0046
[光緒]海城縣志不分卷　(清)管鳳龢等修　(清)張文藻等纂　清宣統元年(1909)鉛活字印本　一冊

220000－0841－0005542　遼 0042
[宣統]撫順縣志略二十二卷　(清)趙宇航　(清)程廷恒修　(清)黎鏡蓉等纂　清宣統三年(1911)石印本　二冊

220000－0841－0005543　遼 0075
復州疆域山水道路村鎮圖冊彩繪輿圖一幅　(清)□□纂　清稿本　一冊

220000－0841－0005544　叢 0733：2
[道光]吉林外記十卷　(清)薩英額纂　清光緒二十三年(1897)鉛印小方壺齋輿地叢抄本　一冊

220000－0841－0005545　吉 0001
[光緒]吉林通志一百二十二卷圖一卷　(清)長順　(清)訥欽修　(清)李桂林　(清)顧雲纂　清光緒十七年(1891)刻本　四十九冊

220000－0841－0005546　吉 0120
[光緒]吉林輿地略二卷　(清)楊伯馨修　(清)秦世銓等纂　清光緒二十四年(1898)石印本　二冊

220000－0841－0005547　吉 0125
農安縣丁未報告書　(清)李澍恩選　清光緒三十四年(1908)鉛活字印本　一冊

220000－0841－0005548　吉 0053
[宣統]長白彙徵錄八卷首一卷　(清)張鳳臺等修　(清)劉龍光　(清)王大經纂　清宣統二年(1910)鉛活字印本　四冊

220000－0841－0005549　吉 0043
[光緒]奉化縣志十四卷末一卷　(清)錢開震修　陳文焯纂　清光緒十一年(1885)刻本　四冊

220000－0841－0005550　吉 0029
[宣統]西安縣志略十三卷　(清)雷飛鵬等修　(清)段盛梓等纂　清宣統三年(1911)石印本　二冊

220000－0841－0005551　黑 0079
[嘉慶]黑龍江外紀八卷　(清)西清纂　清光緒刻漸西村舍彙刻本　二冊

220000－0841－0005552　叢 0733：5
[嘉慶]黑龍江外紀八卷　(清)西清纂　清光緒二十三年(1897)鉛印小方壺齋輿地叢抄本　一冊

220000－0841－0005553　黑 0081
[光緒]黑龍江述略六卷　(清)徐宗亮纂　清

光緒十五年(1889)浙江金門晚翠軒刻本　二冊

220000－0841－0005554　叢496
[光緒]黑龍江述略六卷　(清)徐宗亮纂　清光緒刻觀自得齋叢書本　二冊

220000－0841－0005555　叢1134
[康熙]龍沙紀略一卷　(清)方式濟纂　清光緒十四年(1888)刻述本堂詩集本　一冊

220000－0841－0005556　叢0733:1
[康熙]龍沙紀略一卷　(清)方式濟纂　清光緒二十三年(1897)鉛印小方壺齋輿地叢抄本　一冊

220000－0841－0005557　叢383
[康熙]寧古塔紀略一卷　(清)吳振臣纂　清道光十年(1830)刻賜硯堂叢書本　一冊

220000－0841－0005558　黑0082
[康熙]寧古塔紀略一卷　(清)吳振臣纂　清道光二十三年(1843)刻舟車所至本　一冊

220000－0841－0005559　叢1266
[康熙]寧古塔紀略一卷　(清)吳振臣纂　清光緒刻漸西村舍彙刻本　一冊

220000－0841－0005560　叢0733:4
[康熙]寧古塔紀略一卷　(清)吳振臣纂　清光緒二十三年(1897)鉛印小方壺齋輿地叢抄本　一冊

220000－0841－0005561　叢0811
[康熙]寧古塔紀略一卷　(清)吳振臣纂　清光緒二十三年(1897)石印漸學廬叢書本　一冊

220000－0841－0005562　秦0001
[雍正]陝西通志一百卷首一卷　(清)劉於義等修　(清)沈青崖纂　清雍正十三年(1735)刻本　一百冊

220000－0841－0005563　秦0055
[道光]陝西志輯要六卷首一卷　(清)王志沂纂　**附秦疆治略一卷**　盧坤撰　**關中漢唐存碑跋一卷**　**漢南遊草一卷**　清道光七年(1827)賜古堂刻本　九冊

220000－0841－0005564　善0381
[熙寧]長安志二十卷圖三卷　(宋)宋敏求纂　(元)李好文繪圖　明嘉靖十年(1531)李經刻本　三冊　存八卷(二至八、圖二)

220000－0841－0005565　秦0052
[道光]續修咸陽縣志一卷　(清)陳堯書纂修　清道光十六年(1836)刻本　四冊

220000－0841－0005566　善3154
[乾隆]三原縣志十八卷首一卷　(清)劉紹攽纂　清乾隆四十八年(1783)刻本　九冊　缺二卷(八至九)

220000－0841－0005567　秦0067
[乾隆]盩厔縣志十四卷　(清)楊儀修　(清)王開沃纂　清乾隆五十年(1785)刻本　五冊

220000－0841－0005568　秦0050
[乾隆]醴泉縣志十四卷圖一卷　(清)蔣騏昌修　(清)孫星衍纂　清乾隆四十九年(1784)刻本　六冊

220000－0841－0005569　秦0057
[乾隆]直隸邠州志二十五卷　(清)王朝爵　(清)王灼修　(清)孫星衍纂　清乾隆四十九年(1784)刻本　四冊

220000－0841－0005570　秦0031
[乾隆]淳化縣志三十卷　(清)萬廷樹修　(清)洪亮吉纂　清乾隆四十九年(1784)刻本　四冊

220000－0841－0005571　秦0075
[宣統]長武縣志十二卷　(清)沈錫榮修　(清)王錫璋等纂　清宣統二年(1910)鉛活字印本　四冊

220000－0841－0005572　秦0019
[光緒]乾州志稿十四卷首一卷別錄四卷乾陽殉難士女錄一卷補正一卷　(清)周銘旂纂修　清光緒十年(1884)、十七年(1891)刻本　八冊

220000－0841－0005573　秦 0030
［萬曆］富平縣志十卷　（明）劉兌修　（明）孫丕揚纂　清乾隆四十三年（1778）吳六鼇刻本　二册

220000－0841－0005574　秦 0021
［乾隆］臨潼縣志九卷圖一卷　（清）史傳遠纂修　清乾隆四十一年（1776）刻清重印本　六册

220000－0841－0005575　秦 0069
［道光］輞川志六卷　（清）胡元煐纂修　清道光十七年（1837）刻本　三册

220000－0841－0005576　秦 0041
［咸豐］同州府志三十四卷首一卷文徵録三卷　（清）李恩繼　（清）文廉修　（清）蔣湘南纂　清咸豐二年（1852）刻本　二十四册

220000－0841－0005577　秦 0086
［光緒］同州府續志十六卷首一卷　（清）饒應祺修　（清）馬先登等纂　清光緒七年（1881）刻本　六册

220000－0841－0005578　秦 0087
［道光］大荔縣志十六卷首一卷足徵録四卷　（清）熊兆麟纂修　清道光三十年（1850）刻本　六册

220000－0841－0005579　善 0451
［正德］朝邑縣志二卷　（明）王道修　（明）韓邦靖纂　**［萬曆］續朝邑縣志八卷**　（明）郭實修　（明）王學謨纂　**［康熙］朝邑縣後志八卷**　（清）王兆鼇修　（清）王鵬翼纂　清康熙五十一年（1712）彙刻本　六册

220000－0841－0005580　秦 0096
［正德］朝邑志二卷　（明）王道修　（明）韓邦靖纂　清抄道光十五年（1835）汪能肅刻本　一册

220000－0841－0005581　叢 0825：2
［正德］朝邑志一卷　（明）王道修　（明）韓邦靖纂　清道光二十六年（1846）刻光緒四年（1878）重印三長物齋叢書本　一册

220000－0841－0005582　秦 0064
校正韓汝慶先生朝邑志一卷　（明）王道修　（明）韓邦靖纂　（清）王元啟訂正　清道光十一年（1831）刻得月簃叢書本　一册

220000－0841－0005583　叢 0125
校正朝邑志一卷　（明）王道修　（明）韓邦靖纂　（清）王元啟訂正　清同治十三年（1874）顧氏刻小石山房叢書本　一册

220000－0841－0005584　秦 0068
［乾隆］朝邑縣志十一卷首一卷　（清）金嘉琰　（清）朱廷模修　（清）錢坫纂　清乾隆四十五年（1780）刻本　四册

220000－0841－0005585　秦 0049
［乾隆］郃陽縣全志四卷　（清）席奉乾修　（清）孫景烈纂　清乾隆三十四年（1769）刻本　五册

220000－0841－0005586　秦 0054
［乾隆］澄城縣志二十卷　（清）戴治修　（清）洪亮吉　（清）孫星衍纂　清乾隆四十九年（1784）刻本　四册

220000－0841－0005587　秦 0022
［乾隆］韓城縣志十六卷首一卷　（清）傅應奎修　（清）錢坫纂　清乾隆四十九年（1784）刻本　六册

220000－0841－0005588　善 0539
［隆慶］華州志二十四卷　（明）李可久修　（明）張光孝纂　明隆慶六年（1572）刻本　六册

220000－0841－0005589　善 0540
［康熙］續華州志四卷　（清）馮昌奕修　（清）劉遇奇纂　清康熙四十五年（1706）刻本　四册

220000－0841－0005590　善 2057
［萬曆］華陰縣志九卷　（明）王九疇修　（明）張毓翰纂　明萬曆四十二年（1614）刻本　四册

220000－0841－0005591　秦 0034

[乾隆]蒲城縣志十五卷 (清)張心鏡修 (清)吳泰來纂 清乾隆四十七年(1782)刻本 六冊

220000－0841－0005592 秦0073
[光緒]蒲城縣新志十三卷首一卷 (清)李體仁修 (清)王學禮纂 清光緒三十一年(1905)刻本 四冊

220000－0841－0005593 秦0032
[嘉靖]喬三石耀州志十一卷 (明)李廷寶修 (明)喬世寧纂 清乾隆二十七年(1762)汪灝刻本 二冊

220000－0841－0005594 秦0033
[乾隆]續耀州志十一卷 (清)汪灝修 (清)鍾麟書纂 清乾隆二十七年(1762)汪灝刻本 二冊

220000－0841－0005595 秦0062
[乾隆]同官縣志十卷 (清)袁文觀纂修 清乾隆三十年(1765)刻本 六冊

220000－0841－0005596 秦0029
[嘉慶]續潼關廳志三卷 (清)向淮修 (清)王森文纂 清嘉慶二十二年(1817)刻本 二冊

220000－0841－0005597 秦0038
[乾隆]續商州志十卷 (清)羅文思纂修 清乾隆二十三年(1758)刻本 二冊

220000－0841－0005598 秦0079
[乾隆]鳳翔縣志八卷首一卷 (清)羅鼇修 (清)周方炯 (清)劉震纂 清乾隆三十二年(1767)刻本 八冊

220000－0841－0005599 秦0093
[康熙]寶雞縣志三卷 (清)何錫爵修 (清)吳之翰纂 清康熙二十一年(1682)刻本 一冊

220000－0841－0005600 秦0071
[乾隆]岐山縣志八卷 (清)平世增 (清)郭履恒修 (清)蔣兆甲纂 清乾隆四十四年(1779)刻本 四冊

220000－0841－0005601 秦0061
[光緒]岐山縣志八卷 (清)胡昇猷修 (清)張殿元纂 清光緒十年(1884)刻本 四冊

220000－0841－0005602 秦0074
[嘉慶]扶鳳縣志十八卷首一卷 (清)宋世犖修 (清)吳鵬翱 (清)王樹棠纂 清嘉慶二十四年(1819)刻本 四冊

220000－0841－0005603 秦0080
[乾隆]郿縣志十八卷首一卷 (清)李帶雙修 (清)張若纂 清乾隆四十三年(1778)刻本 四冊

220000－0841－0005604 秦0011
[宣統]郿縣志十八卷首一卷 (清)李帶雙原本 (清)沈錫榮補纂 清宣統二年(1910)陝西圖書館鉛活字印本 四冊

220000－0841－0005605 秦0060
[康熙]麟遊縣志五卷 (清)吳汝為原修 (清)范光曦續修 (清)羅魁續纂 清康熙四十七年(1708)刻本 二冊

220000－0841－0005606 秦0059
[光緒]麟遊縣新志草十卷首一卷 (清)彭洵纂修 清光緒九年(1883)刻本 四冊

220000－0841－0005607 秦0058
[道光]重修汧陽縣志十二卷首一卷 (清)羅曰璧纂修 清道光二十一年(1841)刻本 四冊

220000－0841－0005608 善1896
[乾隆]隴州續志八卷首一卷末一卷 (清)吳炳纂修 清抄本 四冊

220000－0841－0005609 善203
[正德]武功縣志三卷 (明)康海纂 明正德十四年(1519)刻本 一冊

220000－0841－0005610 秦0082
[正德]武功縣志三卷 (明)康海纂 清雍正十二年(1734)沈華刻本 一冊

220000－0841－0005611 叢0825:1

[正德]武功縣志三卷 (明)康海纂 清道光二十六年(1846)刻光緒四年(1878)重印長物齋叢書本 一册

220000－0841－0005612 秦 0078

[正德]武功縣志三卷首一卷 (明)康海纂 (清)孫景烈評註 清乾隆二十六年(1761)瑪星阿刻本 一册

220000－0841－0005613 秦 0076

武功縣志三卷首一卷 (明)康海纂 (清)孫景烈評註 清同治十二年(1873)崇文書局刻本 一册

220000－0841－0005614 秦 0077

[正德]重刊武功縣志四卷首一卷 (明)康海纂 (清)孫景烈評註 清光緒二十年(1894)海昌許頌鼎刻本 一册

220000－0841－0005615 秦 0081

[光緒]武功縣續志二卷 (清)張世英修 (清)巨國桂纂 清光緒十四年(1888)刻本 二册

220000－0841－0005616 秦 0040

[光緒]鳳縣志十卷首一卷 (清)朱子春修 (清)段澍霖纂 清光緒十八年(1892)刻本 四册

220000－0841－0005617 秦 0003

[道光]榆林府志五十卷首一卷 (清)李熙齡纂修 清道光二十一年(1841)刻本 十二册

220000－0841－0005618 秦 0009

[光緒]米脂縣志十二卷 (清)高照煦纂 (清)高增融補輯 清光緒三十三年(1907)鉛活字印本 四册

220000－0841－0005619 秦 0063

[道光]吴堡縣志四卷首一卷 (清)譚瑀纂修 清道光二十七年(1847)刻本 三册

220000－0841－0005620 秦 0056

[康熙]城固縣志十卷 (清)王穆纂修 清光緒四年(1878)徐德懷刻本 四册

220000－0841－0005621 秦 0090

[光緒]寧羌州志五卷 (清)馬毓華修 (清)鄭書香 (清)曹良模纂 清光緒十四年(1888)刻本 五册

220000－0841－0005622 秦 0014

[光緒]沔陽新志四卷 (清)孫銘鐘等修 (清)彭齡纂 清光緒九年(1883)刻本 四册

220000－0841－0005623 秦 0020

[光緒]定遠廳志二十六卷首一卷 (清)余修鳳纂修 清光緒五年(1879)刻本 六册

220000－0841－0005624 秦 0043

[光緒]佛坪廳志二卷 (清)劉焕纂修 清光緒九年(1883)刻本 一册

220000－0841－0005625 秦 0091

[道光]留壩廳志十卷足徵録四卷 (清)賀仲瑊修 (清)蔣湘南纂 清道光二十二年(1842)刻本 四册

220000－0841－0005626 秦 0070

[嘉慶]安康縣志二十卷 (清)鄭謙修 (清)王森文纂 清嘉慶二十年(1815)刻本 三册 存五卷(一至五)

220000－0841－0005627 秦 0010

[嘉慶]漢陰廳志十卷首一卷 (清)錢鶴年修 (清)董詔纂 清嘉慶二十三年(1818)刻本 六册

220000－0841－0005628 秦 0051

[乾隆]洵陽縣志十四卷 (清)鄧夢琴纂修 清同治九年(1870)增補乾隆四十八年(1783)刻本 四册

220000－0841－0005629 秦 0088

[光緒]洵陽縣志十四卷 (清)劉德全等修 (清)郭焱昌 (清)姜善繼纂 清光緒二十八年(1902)刻本 四册

220000－0841－0005630 秦 0045

[道光]石泉縣志四卷 (清)舒鈞纂修 清道光二十九年(1849)刻本 二册

220000－0841－0005631 善 3193

[乾隆]甘肅通志五十卷首一卷 (清)許容修

（清）李迪等纂　清乾隆元年（1736）刻本　三十六册

220000－0841－0005632　隴 0036
[光緒]甘肅新通志一百卷首五卷　（清）升允　（清）長庚修　（清）安維峻纂　清宣統元年（1909）刻本　七十一册

220000－0841－0005633　隴 0008
[康熙]臨洮府志二十二卷　（清）高錫爵修　（清）郭巍等纂　清康熙二十六年（1687）刻本　三册　缺六卷（一至六）

220000－0841－0005634　隴 0010
[乾隆]皋蘭縣志二十卷　（清）吴鼎新修　（清）黄建中纂　清乾隆四十三年（1778）刻本　四册

220000－0841－0005635　隴 0019
[康熙]鞏昌府志二十八卷　（明）楊恩原本　（清）紀元續修　清康熙二十七年（1688）刻本　十二册

220000－0841－0005636　隴 0023
[乾隆]狄道州志十六卷　（清）呼延華國修　（清）吴鎮纂　清乾隆二十八年（1763）刻本　八册

220000－0841－0005637　隴 0020
[乾隆]狄道州志十六卷　（清）呼延華國修　（清）吴鎮纂　清宣統元年（1909）刻本　八册

220000－0841－0005638　隴 0022
[宣統]狄道州續志十二卷首一卷　（清）聯瑛修　（清）李鏡清纂　清宣統元年（1909）刻本　八册

220000－0841－0005639　隴 0043
[康熙]重纂靖遠衛志六卷首一卷　（清）馬文麟等修　（清）李一鵬等纂　清康熙四十八年（1709）刻本　一册　存一卷（三）

220000－0841－0005640　隴 0028
[乾隆]莊浪縣志略二十卷　（清）邵陸纂修　清乾隆三十六年（1771）刻本　一册　存八卷（十二至十九）

220000－0841－0005641　隴 0018
[乾隆]涇州志二卷　（清）張延福修　（清）李瑾纂　清乾隆十九年（1754）刻本　二册

220000－0841－0005642　善 2130
[乾隆]新修慶陽府志四十二卷　（清）趙本植纂修　清乾隆二十六年（1761）刻本　八册

220000－0841－0005643　隴 0007
[乾隆]合水縣志二卷　（清）陶奕會纂修　清乾隆二十六年（1761）、道光二十二年（1842）刻本　一册　存一卷（二）

220000－0841－0005644　隴 0029
[乾隆]正甯縣志十八卷　（清）折遇蘭纂修　清抄乾隆二十八年（1763）本　二册　存六卷（一至三、八至十）

220000－0841－0005645　隴 0015
[乾隆]直隸秦州新志十二卷首一卷末一卷　（清）費廷珍修　（清）胡釴等纂　清乾隆二十九年（1764）刻本　十六册

220000－0841－0005646　隴 0013
[光緒]重纂秦州直隸州新志二十四卷首一卷　（清）余澤春修　（清）王權　（清）任其昌纂　清光緒十五年（1889）隴南書院刻本　二十四册

220000－0841－0005647　善 0424
[嘉靖]秦安志九卷　（明）舂纘宗纂　明嘉靖十四年（1535）刻清順治增刻本　二册

220000－0841－0005648　隴 0025
[道光]秦安縣志十四卷　（清）嚴長宦修　（清）劉德熙纂　清道光十八年（1838）刻本　四册

220000－0841－0005649　隴 0021
[乾隆]清水縣志十六卷　（清）朱超纂修　清乾隆六十年（1795）刻本　四册

220000－0841－0005650　隴 0030
[乾隆]伏羌縣志十四卷　（清）周銑修　（清）葉芝纂　清乾隆三十五年（1770）刻本　四册

220000－0841－0005651　隴0031

[同治]**續伏羌縣志六卷**　(清)侯新嚴修　(清)方承宣纂　清同治十一年(1872)刻本　二冊

220000－0841－0005652　隴0006

[嘉慶]**武階備記二十二卷**　(清)吳鵬翱纂修　清同治十二年(1873)洪惟善刻本　四冊

220000－0841－0005653　隴0002

[康熙]**文縣志八卷**　(清)江景瑞纂修　清康熙四十一年(1702)刻本　一冊　存二卷(一至二)

220000－0841－0005654　隴0003

[光緒]**文縣志八卷**　(清)長贇纂修　清光緒二年(1876)刻本　一冊　存二卷(五至六)

220000－0841－0005655　隴0035

[乾隆]**五涼考治六德集全志五卷**　(清)張玿美修　(清)曾鈞纂　清乾隆十四年(1749)刻本　四冊　缺一卷(四)

220000－0841－0005656　隴0032

[嘉慶]**玉門縣志不分卷**　(□)□□纂　清抄本　一冊

220000－0841－0005657　史7662:2

沙州志　(唐)□□纂　**沙州志殘卷校錄劄記一卷**　羅振玉撰　清宣統元年(1909)鉛印敦煌石室遺書本　一冊

220000－0841－0005658　隴0005

[道光]**敦煌縣志七卷首一卷**　(清)蘇履吉修　(清)曾誠纂　清道光十一年(1831)刻本　四冊

220000－0841－0005659　善2606

[萬曆]**朔方新志五卷**　(明)楊壽修　(明)黃機纂　明萬曆四十五年(1617)刻本　五冊

220000－0841－0005660　隴0027

[道光]**平羅記略八卷**　(清)徐保字纂修　清道光九年(1829)刻新堡官舍本　二冊

220000－0841－0005661　隴0009

[宣統]**新修固原直隸州志十一卷附一卷**　(清)王學伊修　(清)錫麒纂　清宣統元年(1909)官報書局鉛活字印本　十冊　缺二卷(十一、附一卷)

220000－0841－0005662　青0002

[乾隆]**西寧府新志四十卷**　(清)楊應琚纂修　清乾隆十二年(1747)刻本　十冊

220000－0841－0005663　史4886

[乾隆]**欽定皇輿西域圖志四十八卷首四卷**　(清)傅恒等修　(清)褚廷璋等纂　(清)黃廉等增纂　清光緒鉛活字印本　二十四冊

220000－0841－0005664　新0025

西域聞見錄八卷首一卷　(清)七十一(椿園)纂　清乾隆四十二年(1777)刻本　四冊

220000－0841－0005665　叢1701:1

新疆紀略一卷　(清)七十一(椿園)纂　清光緒六年(1880)鉛印小方壺齋叢抄本　一冊

220000－0841－0005666　叢0733:8

外藩列傳　(清)七十一(椿園)纂　清光緒十七年(1891)鉛印小方壺齋輿地叢抄本　一冊

220000－0841－0005667　叢0733:7

軍臺道里表一卷　(清)七十一(椿園)纂　清光緒十七年(1891)鉛印小方壺齋輿地叢抄本　一冊

220000－0841－0005668　史5262

西域舊聞一卷　(清)七十一(椿園)纂　(清)鄭光祖編輯　清道光二十三年(1843)刻舟車所至本　一冊

220000－0841－0005669　史4880

[乾隆]**西陲總統事略十二卷**　(清)汪廷楷原輯　(清)松崧纂　(清)祁韻士編　清嘉慶十四年(1809)程振甲刻本　八冊

220000－0841－0005670　新0005

[乾隆]**欽定新疆識略十二卷首一卷**　(清)松筠纂修　清道光元年(1821)武英殿刻本　十冊

220000－0841－0005671　新0010

[乾隆]**欽定新疆識略十二卷首一卷**　(清)松

筠纂修　清刻本　十冊

220000－0841－0005672　叢 0602
西陲要略四卷　（清）祁韻士纂　清同治元年(1862)刻粵雅堂叢書本　一冊

220000－0841－0005673　史 4811
西陲要略四卷　（清）祁韻士纂　清光緒四年(1878)同文館鉛活字印本　二冊

220000－0841－0005674　叢 1701:2
西陲要略四卷　（清）祁韻士纂　清光緒六年(1880)鉛印小方壺齋叢抄本　一冊

220000－0841－0005675　新 0014
新疆大記六卷首一卷　（清）闞鳳樓纂　清光緒三十三年(1907)鉛活字印本　一冊

220000－0841－0005676　新 0003
新疆國界圖志八卷　王樹枏纂　清宣統元年(1909)刻陶廬叢刻本　四冊

220000－0841－0005677　新 0004
新疆山脈圖志六卷　王樹枏纂　清宣統元年(1909)刻陶廬叢刻本　六冊

220000－0841－0005678　新 0002
[嘉慶]三州輯略九卷　（清）和瑛纂　清嘉慶十年(1805)刻本　三冊　存三卷(六至八)

220000－0841－0005679　叢 0733:3
[光緒]西域南八城紀略一卷　（清）王文錦纂　清光緒二十三年(1897)鉛活字印小方壺齋輿地叢抄本　一冊

220000－0841－0005680　史 7662:1
西州志殘卷　（唐）□□纂　清宣統元年(1909)鉛活字印敦煌石室遺書本　一冊

220000－0841－0005681　善 0436
[至正]齊乘六卷釋音一卷　（元）于欽纂（元）于潛釋音　明嘉靖四十三年(1564)刻本　六冊

220000－0841－0005682　魯 0058
[至元]齊乘六卷釋音一卷考證六卷　（元）于欽纂　（元）于潛釋音　（清）周嘉猷考證　清乾隆四十六年(1781)刻本　六冊

220000－0841－0005683　魯 0005
[雍正]山東通志三十六卷首一卷　（清）岳濬　（清）法敏修　（清）杜詔等纂　清道光十七年(1837)刻本　四十冊

220000－0841－0005684　魯 0092
[康熙]濟南府志五十四卷首一卷　（清）蔣焜修　（清）唐蘿賫纂　清康熙三十一年(1692)刻本　二十冊

220000－0841－0005685　魯 0091
[道光]濟南府志七十二卷首一卷　（清）王贈芳　（清）王鎮修　（清）成瓘等纂　清道光二十年(1840)刻本　四十一冊

220000－0841－0005686　魯 0015
[乾隆]歷城縣志五十卷首一卷　（清）胡德琳修　（清）李文藻纂　清乾隆三十八年(1773)刻本　十六冊

220000－0841－0005687　魯 0103
[乾隆]淄川縣志八卷首一卷　（清）張鳴鐸修　（清）張廷寀等纂　清乾隆四十一年(1776)刻本　十四冊

220000－0841－0005688　魯 0032
[乾隆]博山縣志十卷首一卷　（清）富申修（清）田士麟纂　清乾隆十八年(1753)刻本　四冊

220000－0841－0005689　魯 0108
[康熙]臨淄縣志十六卷　（清）鄧性修（清）李煥章等纂　清康熙十一年(1672)刻本　四冊　缺一卷(十六)

220000－0841－0005690　魯 0106
[乾隆]嶧縣志十卷首一卷　（清）忠璉纂修　清乾隆二十六年(1761)刻本　六冊

220000－0841－0005691　魯 0075
[乾隆]德州志十二卷首一卷　（清）王道亨修　（清）張慶源等纂　清乾隆五十三年(1788)刻本　八冊

220000－0841－0005692　魯 0076
[道光]陵縣志二十二卷首一卷　（清）沈淮修

（清）李圖等纂 ［光緒］陵縣志續增十三卷 （清）戴杰續纂 清光緒元年（1875）刻本 十冊

220000－0841－0005693 魯0206
［光緒］德平縣志十二卷首一卷 （清）凌錫祺修 （清）李敬熙纂 清光緒十九年（1893）刻本 六冊

220000－0841－0005694 魯0025
［雍正］齊河縣志十卷首一卷 （清）上官有儀修 （清）許琰纂 清乾隆二年（1737）刻本 四冊

220000－0841－0005695 魯0140
［乾隆］濟陽縣志十四卷首一卷 （清）胡德琳修 （清）何明禮 （清）章承茂纂 清乾隆三十年（1765）刻本 八冊

220000－0841－0005696 魯0023
［同治］臨邑縣志十六卷首一卷末一卷 （清）沈淮原本 （清）陳洪翩續修 （清）翟振慶 （清）王善澤續纂 清同治十三年（1874）刻本 八冊

220000－0841－0005697 魯0051
［乾隆］平原縣志十卷首一卷 （清）黃懷祖纂修 清乾隆十四年（1749）刻本 四冊

220000－0841－0005698 魯0139
［乾隆］樂陵縣志八卷首一卷 （清）王謙益修 （清）鄭成中纂 清乾隆二十七年（1762）刻本 八冊

220000－0841－0005699 魯0078
［道光］商河縣志八卷首一卷 （清）龔廷煌等纂修 清道光十六年（1836）刻本 八冊

220000－0841－0005700 魯0081
［乾隆］夏津縣志十卷首一卷 （清）方學成修 （清）梁大鯤等纂 清乾隆六年（1741）刻本 六冊

220000－0841－0005701 魯0046
［萬曆］恩縣志六卷 （明）孫居相修 （明）雷金聲纂 明萬曆二十六年（1598）刻本 三冊

220000－0841－0005702 魯0047
［雍正］恩縣續志五卷 （清）陳學海修 （清）韓天篤等纂 清雍正元年（1723）刻本 一冊

220000－0841－0005703 魯0040
［宣統］重修恩縣志十卷首一卷 （清）汪鴻孫修 （清）劉儒臣 （清）王金階纂 清宣統元年（1909）刻本 四冊

220000－0841－0005704 冀0077
［光緒］寧津縣志十二卷首一卷 （清）祝嘉庸修 （清）吳潯源纂 清光緒二十六年（1900）刻本 八冊

220000－0841－0005705 冀0110
［咸豐］慶雲縣志三卷首一卷末一卷 （清）戴炯孫 （清）崔光笏纂修 清咸豐五年（1855）刻本 三冊

220000－0841－0005706 魯0083
［乾隆］武定府志三十八卷首一卷 （清）赫達色修 （清）莊肇奎 （清）沈中行纂 清乾隆二十四年（1759）刻本 二十冊

220000－0841－0005707 魯0013
［咸豐］武定府志三十八卷首一卷 （清）李熙齡修 （清）鄒恒纂 清咸豐九年（1859）刻本 二十四冊

220000－0841－0005708 魯0071
［光緒］惠民縣志三十卷首一卷末一卷 （清）沈世銓修 （清）李勖纂 清光緒二十五年（1899）柳堂刻本 六冊

220000－0841－0005709 魯0016
［乾隆］陽信縣志八卷首一卷 （清）王允深修 （清）沈佐清等纂 清乾隆二十四年（1759）刻本 五冊

220000－0841－0005710 魯0054
［康熙］海豐縣志十二卷首一卷 （清）胡公著修 （清）張克家纂 清康熙九年（1670）刻民國印本 四冊 缺二卷（九、十二）

220000－0841－0005711　魯 0012

[咸豐]濱州志十二卷首一卷　(清)李熙齡纂修　清咸豐十年(1860)刻本　四册

220000－0841－0005712　魯 0038

[康熙]利津縣新志十卷　(清)韓文焜纂修　清乾隆二十三年(1758)刻本　二册

220000－0841－0005713　魯 0042

[乾隆]利津縣志續編十卷　(清)劉文確修　(清)劉永祚等纂　清乾隆二十三年(1758)刻本　一册

220000－0841－0005714　魯 0041

[乾隆]利津縣志補六卷　(清)程士範纂修　清乾隆三十五年(1770)刻本　一册

220000－0841－0005715　魯 0073

[光緒]利津縣志十卷文徵五卷　(清)盛贊熙修　(清)余朝棻纂　清光緒九年(1883)刻本　四册

220000－0841－0005716　魯 0194

[光緒]霑化縣志十六卷首一卷　(清)聯印修　(清)張會一　(清)耿翔儀纂　清光緒十七年(1891)刻本　四册

220000－0841－0005717　魯 0138

[道光]鄒平縣志十八卷　(清)羅宗瀛修　(清)成瓘纂　清道光十六年(1836)刻本　八册

220000－0841－0005718　魯 0116

[嘉靖]長山縣志十六卷首一卷　(清)倪企望修　(清)鍾廷瑛　(清)徐果行纂　清嘉慶六年(1801)刻本　十册

220000－0841－0005719　魯 0098

[道光]重修博興縣志十三卷　(清)周壬福修　(清)李同纂　清道光二十年(1840)刻本　四册

220000－0841－0005720　魯 0099

[乾隆]蒲臺縣志四卷首一卷　(清)嚴文典修　(清)任相纂　清乾隆二十八年(1763)、光緒七年(1881)刻本　四册

220000－0841－0005721　魯 0080

[乾隆]青城縣志十二卷　(清)方鳳修　(清)戴文熾　(清)周珹纂　清乾隆二十四年(1759)刻本　四册

220000－0841－0005722　魯 0107

[乾隆]高苑縣志十卷　(清)張耀璧纂修　清乾隆二十三年(1758)刻本　三册

220000－0841－0005723　魯 0063

[康熙]新城縣志十四卷首一卷　(清)崔懋修　(清)嚴濂曾纂　**[康熙]新城縣志二卷**　(清)孫元衡續纂　清康熙三十二年(1693)刻本　六册

220000－0841－0005724　魯 0187

[萬曆]青州府志二十卷　(明)王家賓修　(明)鍾羽正纂　明萬曆四十三年(1615)刻本　四册　存五卷(十二、十五至十六、十九至二十)

220000－0841－0005725　善 0442

[康熙]青州府志二十二卷　(清)陶錦修　(清)王昌學等纂　清康熙六十年(1721)刻本　八册

220000－0841－0005726　魯 0094

[咸豐]青州府志六十四卷　(清)毛永柏等修　(清)李圖　(清)劉耀椿纂　清咸豐九年(1859)刻本　十六册

220000－0841－0005727　魯 0109

[康熙]益都縣志十四卷首一卷　(清)陳食花修　(清)鍾諤纂　清康熙十一年(1672)刻本　六册

220000－0841－0005728　魯 0152

[光緒]益都縣圖志五十四卷首一卷　(清)張承燮修　(清)法偉堂等纂　清光緒三十三年(1907)刻本　十六册

220000－0841－0005729　魯 0057

[嘉慶]壽光縣志二十卷　(清)劉翰周纂修　清嘉慶五年(1800)刻本　七册

220000－0841－0005730　魯 0101

[嘉慶]昌樂縣志三十二卷首一卷　(清)魏禮焯等修　(清)閻學夏等纂　清嘉慶十四年(1809)刻本　六册

220000－0841－0005731　魯0077
[光緒]臨朐縣志十六卷首一卷　(清)姚延福修　(清)鄧嘉緝　(清)蔣師轍纂　清光緒七年(1881)刻本　三册

220000－0841－0005732　善2152
[萬曆]安丘縣志二十八卷　(明)熊元修　(明)馬文煒纂　明萬曆十七年(1589)刻本　三册　存二十六卷(三至二十八)

220000－0841－0005733　魯0009
[乾隆]諸城縣志四十六卷　(清)宫懋讓修　(清)李文藻纂　清道光十四年(1834)刻本　八册

220000－0841－0005734　魯0006
[道光]諸城縣續志二十三卷　(清)劉光斗修　(清)朱學海纂　清道光十四年(1834)刻本　四册

220000－0841－0005735　魯0031
[乾隆]昌邑縣志八卷　(清)周來邰纂修　清乾隆七年(1742)刻本　四册

220000－0841－0005736　魯0160
[乾隆]濰縣志六卷首一卷末一卷　(清)張耀璧修　(清)王誦芬纂　清乾隆二十五年(1760)刻本　六册

220000－0841－0005737　魯0010
[道光]重修膠州志四十卷　(清)張同聲修　(清)李圖等纂　清道光二十五年(1845)刻本　八册

220000－0841－0005738　魯0074
[乾隆]高密縣志十卷首一卷末一卷　(清)張乃史修　(清)錢廷熊纂　清乾隆十九年(1754)刻本　四册

220000－0841－0005739　魯0144
[光緒]高密縣志十卷首一卷末一卷　(清)羅邦彦　(清)傅賫予修　(清)李勷運纂　清光緒二十二年(1896)刻本　八册

220000－0841－0005740　魯0052
[道光]重修平度州志二十七卷　(清)保忠　(清)吴慈修　(清)李圖　(清)王大鑰纂　清道光二十九年(1849)刻本　八册

220000－0841－0005741　魯0105
[乾隆]萊州府志十六卷首一卷　(清)嚴有禧纂修　清乾隆五年(1740)刻本　八册

220000－0841－0005742　魯0129
掖縣全志四種十八卷首二卷　(清)魏起鵬編輯　清光緒十九年(1893)合刻本　十六册

220000－0841－0005743　魯0053
[同治]即墨縣志十二卷首一卷　(清)林溥修　(清)周翕鐄纂　清同治十三年(1874)刻本　八册

220000－0841－0005744　魯0065
[光緒]增修登州府志六十九卷首一卷　(清)方汝翼　(清)賈瑚修　(清)周悦讓　(清)莫榮幹纂　清光緒七年(1881)刻本　二十四册

220000－0841－0005745　魯0176
[康熙]蓬萊縣志八卷　(清)高崗修　(清)蔡永華纂　清康熙十二年(1673)刻本　二册

220000－0841－0005746　魯0037
[道光]重修蓬萊縣志十四卷　(清)王文壽修　(清)張本等纂　清道光十九年(1839)刻本　八册

220000－0841－0005747　魯0161
[光緒]蓬萊縣續志十四卷　(清)鄭錫鴻　(清)江端采修　(清)王爾植纂　清光緒八年(1882)刻本　四册

220000－0841－0005748　魯0022
[同治]黄縣志十四卷首一卷末一卷　(清)尹繼美纂修　清同治十年(1871)刻本　四册

220000－0841－0005749　魯0110
[乾隆]福山縣志十二卷　(清)何樂善修　(清)蕭劼　(清)王積熙纂　清乾隆二十八年

(1763)刻本　七冊　缺四卷(三至六)

220000－0841－0005750　魯 0150:1
[乾隆]棲霞縣志十卷　(清)衛萇纂修　清乾隆十九年(1754)刻本　八冊

220000－0841－0005751　魯 0150:2
[光緒]棲霞縣續志十卷首一卷　(清)黄麗中修　(清)于如川纂　清光緒五年(1879)刻本　八冊

220000－0841－0005752　魯 0069
[順治]招遠縣志十二卷　(清)張作礪修　(清)張鳳羽纂　清道光二十六年(1846)刻本　四冊

220000－0841－0005753　魯 0070
[道光]招遠縣續志四卷　(清)陳國器　(清)邊象曾等修　(清)李蔭等纂　清道光二十六年(1846)刻本　四冊

220000－0841－0005754　魯 0159
[同治]重修寧海州志二十六卷　(清)舒孔安　(清)王厚階修　清同治三年(1864)刻本　八冊

220000－0841－0005755　魯 0033
[乾隆]海陽縣志八卷　(清)包桂纂修　清乾隆七年(1742)刻本　四冊

220000－0841－0005756　魯 0034
[光緒]海陽縣續志十卷首一卷　(清)王敬勳修　(清)李爾梅等纂　清光緒六年(1880)刻本　六冊

220000－0841－0005757　魯 0131
[康熙]沂州志八卷　(清)邵士修　(清)王壎等纂　清康熙十三年(1674)刻本　八冊

220000－0841－0005758　魯 0096
[乾隆]沂州府志三十六卷首一卷　(清)李希賢修　(清)潘遇華　(清)丁愷曾纂　清乾隆二十五年(1760)刻本　十二冊

220000－0841－0005759　魯 0128
[光緒]費縣志十六卷首一卷　(清)李敬修等修　(清)劉寶鼎等纂　清光緒二十五年(1899)謝爔刻本　六冊

220000－0841－0005760　魯 0134
[嘉慶]莒州志十六卷首一卷　(清)許紹錦纂修　清嘉慶元年(1796)刻本　六冊

220000－0841－0005761　魯 0026
[道光]沂水縣志十卷　(清)張爕修　(清)劉承謙等纂　清道光七年(1827)刻本　四冊

220000－0841－0005762　魯 0067
[光緒]日照縣志十二卷首一卷　(清)陳懋修　(清)張庭詩　(清)李堉纂　清光緒十二年(1886)刻本　八冊

220000－0841－0005763　魯 0100
[乾隆]泰安府志三十卷前一卷首一卷　(清)顏希深等修　(清)成城纂　清乾隆二十五年(1760)刻本　二十冊

220000－0841－0005764　魯 0082
[乾隆]泰安縣志十二卷首一卷末一卷　(清)黄鈐修　(清)蕭儒林等纂　清乾隆四十七年(1782)刻本　十三冊

220000－0841－0005765　魯 0193
[道光]泰安縣志十二卷首一卷末一卷　(清)徐宗幹修　(清)蔣大慶纂　清道光八年(1828)刻本　十四冊

220000－0841－0005766　魯 0044
[道光]泰安縣志十二卷首一卷末一卷　(清)徐宗幹修　(清)蔣大慶纂　清同治六年(1867)補道光刻本　十四冊

220000－0841－0005767　魯 0125
[嘉慶]肥城縣志十九卷首一卷　(清)曾冠英修　(清)李基熙纂　清嘉慶二十年(1815)裕德堂刻本　六冊

220000－0841－0005768　魯 0036
肥城縣鄉土志九卷　(清)鍾樹森修　(清)李傳煦纂　清光緒三十四年(1908)石印本　一冊

220000－0841－0005769　魯 0020
[道光]長清縣志十六卷首四卷末二卷　(清)

舒化民修　(清)徐德城纂　清道光十五年(1835)刻本　八册

220000－0841－0005770　魯 0195
[乾隆]新泰縣志二十卷首一卷　(清)江乾達修　(清)牛士瞻等纂　清乾隆四十九年(1784)刻本　六册

220000－0841－0005771　魯 0007
[乾隆]新泰縣志二十卷首一卷　(清)江乾達原修　(清)徐致愉增纂修　清光緒十七年(1891)刻本　六册

220000－0841－0005772　魯 0137
新泰縣鄉土志一卷　(清)湯宗幹纂修　清光緒三十四年(1908)石印本　一册

220000－0841－0005773　魯 0148
[道光]章邱縣志十六卷首一卷末一卷　(清)吳璋修　(清)曹楙堅纂　清道光十三年(1833)刻本　八册

220000－0841－0005774　魯 0205
章邱縣鄉土志二卷　(清)楊學淵修　(清)李洪鈺等纂　清光緒三十三年(1907)石印本　二册

220000－0841－0005775　魯 0123
[乾隆]東平州志二十卷首一卷　(清)沈維基修　(清)胡彥昇纂　清乾隆三十六年(1771)刻本　十册

220000－0841－0005776　魯 0124
[道光]東平州志三十卷圖一卷首編二卷　(清)周雲鳳修　(清)唐鑑等纂　清道光五年(1825)刻本　六册

220000－0841－0005777　魯 0121
東平州志二十七卷圖一卷首編四卷　(清)左宜似等修　(清)盧崟纂　清光緒七年(1881)刻本　二十册

220000－0841－0005778　魯 0120
[嘉慶]平陰縣志四卷　(清)喻春林修　(清)朱續孜纂　清嘉慶十三年(1808)刻本　四册

220000－0841－0005779　魯 0126
[乾隆]兗州府志三十二卷首二卷圖考一卷　(清)覺羅普爾泰修　(清)陳顧聯纂　清乾隆三十五年(1770)刻本　十三册　缺一卷(六)

220000－0841－0005780　魯 0002
[光緒]滋陽縣志十四卷　(清)莫熾修　(清)黄恩彤纂　(清)李兆霖續修　(清)黄師誾續纂　清光緒十四年(1888)刻本　十册

220000－0841－0005781　魯 0155
[乾隆]曲阜縣志一百卷　(清)潘相纂修　清乾隆三十九年(1774)刻本　十二册

220000－0841－0005782　魯 0153
[康熙]鄒縣志三卷　(清)婁一均修　(清)周翼等纂　清康熙五十五年(1716)刻本　四册

220000－0841－0005783　魯 0154
[光緒]鄒縣續志十二卷首一卷　(清)吳若灝修　(清)錢檯等纂　清光緒十八年(1892)刻本　五册

220000－0841－0005784　魯 0178
鄒縣鄉土志一卷　(清)胡煒纂修　清光緒三十三年(1907)山東圖文報館石印本　一册

220000－0841－0005785　魯 0127
[道光]滕縣志十四卷首一卷　(清)王政修　(清)王庸立　(清)黄來麟纂　清道光二十六年(1846)刻本　八册

220000－0841－0005786　魯 0102
[咸豐]金鄉縣志略十二卷首一卷　(清)李壘纂修　清同治元年(1862)刻本　四册

220000－0841－0005787　善 0197
[萬曆]汶上縣志八卷　(明)栗可仕修　(明)王命新等纂　明萬曆三十六年(1608)刻本　六册

220000－0841－0005788　魯 0111
[康熙]續修汶上縣志六卷　(清)聞元炅纂修　清康熙五十六年(1717)刻本　二册

220000－0841－0005789　魯 0141

[康熙]曹州志二十卷 (清)佟企聖修 (清)蘇毓眉纂 清康熙十三年(1674)刻本 一册 存四卷(一至二、十九至二十)

220000－0841－0005790 魯0122
[乾隆]曹州府志二十二卷 (清)周尚質修 (清)李登明 (清)謝冠纂 清乾隆二十一年(1756)刻本 十二册

220000－0841－0005791 魯0146
[光緒]菏澤縣志十八卷首一卷 (清)凌壽柏修 (清)葉道源纂 清光緒十一年(1885)刻本 六册

220000－0841－0005792 魯0093
[康熙]單縣志十二卷 (清)王鏞修 (清)秦寅纂 清康熙稿本 四册 存四卷(三、六至七、九)

220000－0841－0005793 魯0030
[乾隆]單縣志十三卷 (清)覺羅普爾泰等纂修 清乾隆二十五年(1760)刻紀略本 十三册

220000－0841－0005794 魯0011
[道光]城武縣志十五卷首一卷 (清)袁章華修 (清)劉士瀛纂 清道光十年(1830)刻本 八册

220000－0841－0005795 魯0004
[道光]鉅野縣志二十四卷首一卷 (清)黄維翰纂修 (清)袁傳裘續纂修 清道光二十六年(1846)刻本 十六册

220000－0841－0005796 魯0136
[康熙]兖州府曹縣志十八卷 (清)朱琦修 (清)藍庚生纂 清康熙五十五年(1716)郭道光刻本 九册

220000－0841－0005797 魯0008
[光緒]曹縣志十八卷首一卷 (清)陳嗣良修 (清)孟廣來 (清)賈迺延纂 清光緒十年(1884)居敬書院刻本 十二册

220000－0841－0005798 魯0132
[乾隆]定陶縣志十卷首一卷 (清)雷宏宇修 (清)劉珠等纂 清光緒二年(1876)刻本 四册

220000－0841－0005799 魯0045
[宣統]聊城縣志十二卷首一卷耆獻文徵三卷 (清)陳慶蕃等修 (清)葉錫麟纂 (清)靳維熙續纂 清宣統二年(1910)刻本 八册

220000－0841－0005800 魯0029
[康熙]堂邑縣志二十卷 (清)盧承琰修 (清)劉淇纂 清光緒十八年(1892)刻本 四册

220000－0841－0005801 魯0149
[道光]博平縣志六卷 (清)楊祖憲等修 (清)烏竹方等纂 清道光十一年(1831)刻本 十二册

220000－0841－0005802 魯0145
[康熙]茌平縣志五卷 (清)王世臣修 (清)孫克緒纂 清康熙四十九年(1710)刻本 五册

220000－0841－0005803 魯0028
[道光]東阿縣志二十四卷首一卷 (清)李賢書修 (清)吴怡等纂 清道光九年(1829)刻本 十二册

220000－0841－0005804 魯0179
[康熙]壽張縣志八卷 (清)滕永禎修 (清)馬珩纂 清康熙五十六年(1717)刻本 四册

220000－0841－0005805 魯0157
[光緒]壽張縣志十卷首一卷 (清)劉文煃修 (清)王守謙纂 清光緒二十六年(1900)刻本 六册

220000－0841－0005806 魯0095
[乾隆]臨清州志十二卷 (清)王俊修 (清)李森纂 清乾隆十四年(1749)刻本 十六册

220000－0841－0005807 魯0035
[乾隆]臨清直隸州志十一卷首一卷 (清)張度 (清)鄧希曾纂修 清乾隆五十年(1785)

刻本　十一册

220000－0841－0005808　蘇 0001

[乾隆]江南通志二百卷首四卷序目一卷　(清)尹繼善等修　(清)黄方雋等纂　清乾隆元年(1736)刻本　八十册

220000－0841－0005809　蘇 0143

[景定]建康志五十卷　(宋)馬光祖修　(宋)周應合纂　清嘉慶七年(1802)金陵忠愍祠刻本　二十册

220000－0841－0005810　蘇 0227

[康熙]江寧府志三十四卷　(清)陳開虞修　清嘉慶七年(1802)刻本　十四册

220000－0841－0005811　蘇 0110

[嘉慶]新修江寧府志五十六卷　(清)呂燕昭修　(清)姚鼐纂　清光緒六年(1880)刻本　十二册

220000－0841－0005812　蘇 0221

[同治]續纂江寧府志十五卷首一卷　(清)蔣啟勳　(清)趙佑宸修　(清)汪士鐸纂　清光緒六年(1880)刻本　十册

220000－0841－0005813　史 9373K

江寧府七縣地形考畧一卷圖一卷　(□)□□撰　清光緒江楚書局刻本　一册

220000－0841－0005814　蘇 0055

[同治]上江兩縣志二十九卷首一卷　(清)莫祥芝修　(清)甘紹盤纂　清同治十三年(1874)刻本　十二册

220000－0841－0005815　蘇 0266

上元江寧鄉土合志六卷　(清)陳作霖纂　清宣統二年(1910)刻本　一册　存三卷(一至三)

220000－0841－0005816　蘇 0217

[光緒]江浦埤乘四十卷首一卷　(清)侯宗海　(清)夏錫寶纂　清光緒十七年(1891)刻本　十四册

220000－0841－0005817　蘇 0109

[光緒]六合縣志八卷圖説一卷附錄一卷　(清)謝廷庚等修　(清)賀廷壽等纂　清光緒十年(1884)刻本　十册

220000－0841－0005818　蘇 0320

吴地記一卷　(唐)陸廣微纂　**後集一卷**　(宋)□□輯　清同治十二年(1873)江蘇書局刻本　一册

220000－0841－0005819　蘇 0231

[元豐]吴郡圖經續記三卷　(宋)朱長文纂修　清同治十二年(1873)江蘇書局刻本　一册

220000－0841－0005820　叢 0080

[元豐]吴郡圖經續記三卷　(宋)朱長文纂修　清光緒十四年(1888)董氏木活字印琳琅秘室叢書本　一册

220000－0841－0005821　蘇 0322

[紹定]吴郡志五十卷　(宋)范成大纂　(宋)汪泰亨等增訂　清嘉慶刻墨海金壺本　六册

220000－0841－0005822　叢 0727

[紹定]吴郡志五十卷　(宋)范成大纂　(宋)汪泰亨等增訂　清光緒十五年(1889)鴻文書局石印本　五册

220000－0841－0005823　善 1941

[正德]姑蘇志六十卷　(明)林世遠修　(明)王鏊等纂　明嘉靖刻本　九册　存二十四卷(一至五、七至十三、二十四至二十七、三十二至三十五、四十一至四十二、五十至五十一)

220000－0841－0005824　蘇 0007

[乾隆]蘇州府志八十卷首一卷　(清)雅爾哈善等修　(清)習寯等纂　清乾隆十三年(1748)刻本　三十九册

220000－0841－0005825　蘇 0013

吴門補乘十卷首一卷　(清)錢思元纂　(清)錢士奇補輯　清道光十年(1830)刻本　十二册

220000－0841－0005826　蘇 0006

[同治]蘇州府志一百五十卷首三卷　(清)李

銘皖修　(清)馮桂芬纂　清光緒八年(1882)江蘇書局刻本　八十冊

220000－0841－0005827　史4957
[嘉靖]吳邑志十六卷　(明)楊循吉　(明)蘇祐纂　**圖說一卷**　(明)曹自守撰　清抄本　四冊

220000－0841－0005828　蘇0116
[崇禎]吳縣志五十四卷首一卷　(明)牛若麟修　(明)王煥如纂　明崇禎十五年(1642)刻本　十七冊　存四十四卷(一、三至十、十九至四十三、四十六至五十四,首一卷)

220000－0841－0005829　蘇0037
[乾隆]長洲縣志三十四卷首一卷　(清)李光祚修　(清)顧詒祿等纂　清乾隆十八年(1753)刻本　十冊

220000－0841－0005830　蘇0164
[乾隆]元和縣志三十六卷　(清)許治修　(清)沈德潛　(清)顧詒祿纂　清乾隆二十六年(1761)刻本　十二冊

220000－0841－0005831　蘇0319
滸墅關志十八卷　(清)凌壽祺纂　清道光七年(1827)刻本　六冊

220000－0841－0005832　蘇0278
貞豐擬乘二卷　(清)章騰龍纂　(清)陳勰增輯　清嘉慶十五年(1810)聚星堂刻本　二冊

220000－0841－0005833　蘇0267
周莊鎮識六卷首一卷　(清)陶煦纂　清光緒六年(1880)稿本　五冊

220000－0841－0005834　蘇0172
周莊鎮志六卷首一卷貞豐里庚申見聞錄二卷　(清)陶煦纂　清光緒八年(1882)刻本　六冊

220000－0841－0005835　蘇0146:2
[淳祐]玉峯志三卷續志一卷　(宋)凌萬頃　(宋)邊實纂　清宣統元年(1909)刻太倉舊志五種本　二冊

220000－0841－0005836　善0187
[至正]崑山郡志六卷　(元)楊譓纂　清抄本　三冊

220000－0841－0005837　蘇0225
[至正]崑山郡志六卷　(元)楊譓纂　清咸豐元年(1851)嘉定錢氏刻本　一冊

220000－0841－0005838　叢0496
[至正]崑山郡志六卷　(元)楊譓纂　清光緒二十年(1894)石碌徐氏刻顧自得齋叢書本　一冊

220000－0841－0005839　蘇0146:3
[至正]崑山郡志六卷　(元)楊譓纂　清宣統元年(1909)刻太倉舊志五種本　一冊

220000－0841－0005840　蘇0102
[乾隆]崑山新陽合志三十八卷首一卷末一卷　(清)張予介　(清)鄒召南修　(清)王峻等纂　清乾隆十六年(1751)刻本　十二冊　存三十六卷(一至二十五、三十至三十八,首一卷,末一卷)

220000－0841－0005841　蘇0067
[光緒]崑新兩縣續修合志五十二卷首一卷末一卷　(清)金吳瀾等修　(清)汪堃等纂　清光緒六年(1880)刻本　二十四冊

220000－0841－0005842　蘇0146:1
[弘治]太倉州志十卷　(明)李端修　(明)桑悅纂　清宣統元年(1909)刻太倉舊志五種本　三冊

220000－0841－0005843　蘇0178
[咸豐]壬癸志稿二十八卷　(清)錢寶琛纂　清光緒六年(1880)刻錢頤壽中丞全集續編本　四冊

220000－0841－0005844　蘇0262
璜涇志略不分卷　(清)趙曜纂　清抄本　二冊

220000－0841－0005845　蘇0293
[寶祐]重修琴川志十五卷圖一卷　(宋)孫應時原纂　(宋)鮑廉增補　(元)盧鎮等纂修　清光緒虞陽東河俞氏抄鐵琴銅劍樓影元抄本

四册

220000－0841－0005846　蘇 0039
[康熙]常熟縣志二十六卷末一卷　(清)高士鸃等修　(清)錢陸燦等纂　清康熙二十六年(1687)刻本　十二册

220000－0841－0005847　善 0450
[康熙]常熟縣志八卷　(清)章曾印修　(清)曾倬纂　清康熙五十一年(1712)刻本　八册

220000－0841－0005848　蘇 0084
[乾隆]常昭合志十二卷首一卷　(清)王錦等修　(清)言如泗等纂　清乾隆六十年(1795)刻本　十二册

220000－0841－0005849　蘇 0014
[乾隆]常昭合志十二卷首一卷　(清)王錦等修　(清)言如泗等纂　清光緒二十四年(1898)丁祖蔭木活字印本　十四册

220000－0841－0005850　蘇 0165
琴川三志補記續八卷　(清)黄廷鑑纂　清光緒二十四年(1898)木活字印本　三册

220000－0841－0005851　蘇 0016
[光緒]常昭合志稿四十八卷首一卷末一卷　(清)鄭鍾祥　(清)張瀛修　(清)龐鴻文纂　清光緒三十年(1904)木活字印本　十六册

220000－0841－0005852　叢 0734
穿山小識二卷　(清)邵廷烈輯　清光緒二十年(1894)鉛印小方壺齋輿地叢抄補編本　一册

220000－0841－0005853　蘇 0130
泰伯梅里志八卷　(清)吳熙纂修　清光緒二十三年(1897)金匱泰伯廟刻本　四册

220000－0841－0005854　蘇 0118
梅里志四卷附一卷　(清)吳存禮編　清道光四年(1824)刻本　四册

220000－0841－0005855　蘇 0170
[嘉靖]吳江縣志二十八卷首一卷　(明)魯一麟修　(明)徐師曾等纂　明嘉靖四十年(1561)刻本　一册　存六卷(四至九)

220000－0841－0005856　蘇 0049
[光緒]吳江縣續志四十卷首一卷　(清)金福曾修　(清)熊其英纂　清光緒五年(1879)刻本　八册

220000－0841－0005857　蘇 0238
[乾隆]震澤縣志三十八卷首一卷　(清)陳和志修　(清)倪師孟　(清)沈彤纂　清乾隆十一年(1746)刻本　八册

220000－0841－0005858　蘇 0038
[乾隆]震澤縣志三十八卷首一卷　(清)陳和志修　(清)倪師孟　(清)沈彤纂　清光緒十九年(1893)吳仁傑刻本　八册

220000－0841－0005859　善 0558
[康熙]具區志十六卷　(清)翁澍撰　清康熙二十八年(1689)刻本　十册

220000－0841－0005860　蘇 0032
黎里志十六卷首一卷　(清)徐達源纂　清嘉慶十年(1805)吳江徐氏孚遠堂刻本　四册

220000－0841－0005861　蘇 0132
黎里續志十六卷首一卷　(清)蔡丙圻纂　清光緒二十五年(1899)禊湖書院刻本　六册

220000－0841－0005862　蘇 0031
同里志二十四卷首一卷　(清)閻登雲修　(清)周之楨纂　清嘉慶十七年(1812)刻本　四册

220000－0841－0005863　蘇 0035
平望續志十二卷首一卷　(清)黄兆檉纂　清光緒十三年(1887)刻本　四册

220000－0841－0005864　叢 1750
分湖小識六卷　(清)柳樹芳纂　清道光二十七年(1847)勝谿草堂柳氏刻本　二册

220000－0841－0005865　善 0410
[洪武]無錫縣志四卷　(明)□□纂　清抄本　四册

220000－0841－0005866　蘇 0224
[光緒]無錫金匱縣志四十卷首一卷　(清)裴

大中等修　(清)秦緗業等纂　清光緒七年(1881)刻本　二十册

220000－0841－0005867　蘇0236
錫金鄉土地理二卷　(清)侯鴻鑑編　清光緒三十二年(1906)無錫藝文齋木活字印本　一册

220000－0841－0005868　蘇0291
錫金鄉土地理二卷　(清)侯鴻鑑編　清光緒三十四年(1908)梁溪文苑閣木活字印本　一册

220000－0841－0005869　蘇0093
[光緒]江陰縣志三十卷首一卷　(清)盧思誠等修　(清)季念詒　(清)夏煒如纂　清光緒四年(1878)刻本　二十册

220000－0841－0005870　蘇0104
[嘉定]鎮江志二十二卷首一卷附録一卷　(宋)盧憲纂　**校勘記二卷**　(清)劉文淇　(清)劉毓崧撰　清宣統二年(1910)丹徒朱氏刻本　八册

220000－0841－0005871　蘇0163
開沙志二卷　(清)王錫極纂　(清)丁時霈增纂　(清)王之瑚删訂　清宣統三年(1911)鉛活字印本　二册

220000－0841－0005872　蘇0086
[嘉慶]丹徒縣志四十七卷首四卷　(清)貴中孚　(清)黄承紀　(清)蔣宗海等纂　清嘉慶十年(1805)刻本　八册　存三十一卷(一至二十七、首四卷)

220000－0841－0005873　蘇0088
[光緒]丹徒縣志六十卷首四卷　(清)何紹章等修　(清)吕燿斗纂　清光緒五年(1879)刻本　三十二册

220000－0841－0005874　蘇0277
[光緒]丹徒地理志略　(清)萬本惠纂　清光緒三十三年(1907)稿本　一册

220000－0841－0005875　蘇0121
[光緒]重修丹陽縣志三十六卷首一卷　(清)凌焯等修　(清)徐錫麟等纂　清光緒十一年(1885)鳴鳳書院刻本　十六册

220000－0841－0005876　蘇0047
[乾隆]溧陽縣志十二卷首一卷　(清)吴學濂纂修　清乾隆八年(1743)刻本　五册　存八卷(一至五、十一至十二,首一卷)

220000－0841－0005877　蘇0090:1
[嘉慶]溧陽縣志十六卷　(清)李景嶧　(清)陳鴻壽修　(清)史炳等纂　清光緒二十二年(1896)木活字印本　十六册

220000－0841－0005878　蘇0090:2
[光緒]溧陽縣續志十六卷末一卷　(清)朱畯等修　(清)馮煦等纂　清光緒二十五年(1899)木活字印本　八册

220000－0841－0005879　蘇0128
[光緒]金壇縣志十六卷首一卷　(清)夏宗彝等修　(清)汪國鳳等纂　清光緒十一年(1885)木活字印本　十二册

220000－0841－0005880　蘇0212
[康熙]溧水縣志十一卷首一卷　(清)劉登科修　(清)王芝藻等纂　清康熙十五年(1676)刻本　三册　存九卷(三至十一)

220000－0841－0005881　蘇0140
[光緒]高淳縣志二十八卷首一卷　(清)楊福鼎修　(清)陳嘉謀等纂　清光緒七年(1881)刻本　十册

220000－0841－0005882　蘇0208
[乾隆]句容縣志十卷首一卷末一卷　(清)曹襲先纂修　清光緒二十六年(1900)楊世沅刻本　八册

220000－0841－0005883　蘇0229
[康熙]常州府志三十八卷首一卷　(清)于琨修　(清)陳玉璂纂　清康熙三十四年(1695)刻本　十八册

220000－0841－0005884　蘇0114
[康熙]常州府志三十八卷首一卷校勘記一卷　(清)于琨修　(清)陳玉璂纂　清光緒十二

年(1886)木活字印本　二十一册

220000－0841－0005885　蘇0169
[乾隆]**武進縣志十四卷首一卷**　(清)王祖肅等修　(清)虞鳴球纂　清乾隆三十年(1765)刻本　六册　存十二卷(一至八、十一至十四)

220000－0841－0005886　蘇0085
[乾隆]**陽湖縣志十二卷**　(清)陳廷柱(清)汪邦憲修　(清)虞鳴球　(清)董朝纂　清乾隆三十年(1765)刻本　五册　存九卷(一至八、十)

220000－0841－0005887　蘇0218
[道光]**武進陽湖縣合志三十六卷首一卷**(清)孫琬　(清)王德茂修　(清)李兆洛(清)周儀暐纂　清道光二十三年(1843)刻本　三十二册

220000－0841－0005888　蘇0216
[道光]**武進陽湖縣合志三十六卷首一卷**(清)孫琬　(清)王德茂修　(清)李兆洛(清)周儀暐纂　清光緒十二年(1886)木活字印本　三十册

220000－0841－0005889　蘇0300
[光緒]**武進陽湖縣志三十卷首一卷武陽官書錄二卷**　(清)王其淦等修　(清)湯成烈纂　清光緒五年(1879)刻本　二十一册

220000－0841－0005890　蘇0015
[光緒]**武陽志餘十二卷首一卷**　(清)莊毓鋐(清)陸鼎翰纂　清光緒十四年(1888)木活字印本　十册

220000－0841－0005891　蘇0198
[嘉慶]**增修宜興縣舊志十卷首一卷末一卷**(清)李先榮　(清)徐喈鳳纂修　(清)阮升基等增修　(清)寧楷等增纂　清光緒八年(1882)刻宜興荆溪舊志五種本　十册

220000－0841－0005892　蘇0200
[嘉慶]**新修宜興縣志四卷首一卷**　(清)阮升基修　(清)寧楷纂　清光緒八年(1882)刻宜興荆溪舊志五種本　二册

220000－0841－0005893　蘇0196
[嘉慶]**新修荆溪縣志四卷首一卷**　(清)唐仲冕修　(清)寧楷纂　清嘉慶二年(1797)刻本　二册

220000－0841－0005894　蘇0193
[嘉慶]**新修荆溪縣志四卷首一卷**　(清)唐仲冕修　(清)寧楷纂　清光緒八年(1882)刻宜興荆溪舊志五種本　二册

220000－0841－0005895　蘇0199
[道光]**重刊續纂宜荆縣志十卷首一卷**　(清)顧名　(清)龔潤森　(清)李紋等修　(清)吴德旋纂　清光緒八年(1882)刻宜興荆溪縣志本　四册

220000－0841－0005896　蘇0194
[光緒]**宜興荆溪縣新志十卷首一卷末一卷**(清)施惠等修　(清)吴景牆等纂　清光緒八年(1882)刻宜興荆溪舊志五種本　八册

220000－0841－0005897　蘇0069
[康熙]**揚州府志四十卷**　(清)金鎮原本(清)崔華　(清)張萬壽續修　(清)王方歧續纂　清康熙二十四年(1685)刻本　十二册

220000－0841－0005898　蘇0022
[雍正]**揚州府志四十卷**　(清)尹會一等纂修　清雍正十一年(1733)刻本　二十册

220000－0841－0005899　蘇0100
[嘉慶]**重修揚州府志七十二卷首一卷**　(清)阿克當阿修　(清)姚文田等纂　清嘉慶十五年(1810)刻本　四十册

220000－0841－0005900　蘇0068
[同治]**續纂揚州府志二十四卷**　(清)方濬頤修　(清)晏端書等纂　清同治十三年(1874)刻本　八册

220000－0841－0005901　蘇0168
[乾隆]**江都縣志三十二卷**　(清)五格(清)黄湘纂修　清光緒七年(1881)劉汝賢刻本　十册

220000－0841－0005902　蘇0259

[嘉慶]江都縣續志十二卷首一卷 (清)王逢源 (清)李保泰纂修 清光緒七年(1881)刻本 四冊

220000－0841－0005903 蘇0050
[光緒]江都縣續志三十卷首一卷 (清)謝延庚修 (清)劉壽曾纂 清光緒十年(1884)刻本 六冊 存十二卷(一至十二)

220000－0841－0005904 史5480
北湖小志六卷首一卷 (清)焦循輯 清嘉慶十三年(1808)揚州阮氏刻本 二冊

220000－0841－0005905 蘇0318
甘棠小志四卷首一卷末一卷 (清)董醇纂 清咸豐五年(1855)甘棠董氏刻本 四冊

220000－0841－0005906 蘇0122
[乾隆]甘泉縣志二十卷首一卷 (清)吳鶚峙等修 (清)厲鶚等纂 清乾隆八年(1743)刻本 九冊 存十六卷(一至六、九至十五、十九至二十,首一卷)

220000－0841－0005907 蘇0094
[光緒]增修甘泉縣志二十四卷首一卷圖一卷 (清)徐成敟 (清)陳浩恩等纂 清光緒七年(1881)木活字印本 三十冊

220000－0841－0005908 史11715
[嘉慶]廣陵事略七卷 (清)姚文田輯 清嘉慶十七年(1812)歸安開封節院刻本 三冊 存五卷(一至三、六至七)

220000－0841－0005909 蘇0079
[道光]重修儀徵縣志五十卷首一卷 (清)王檢心修 (清)劉文淇纂 清光緒十六年(1890)刻本 十六冊

220000－0841－0005910 蘇0183
[嘉慶]高郵州志十二卷首一卷 (清)楊宜崙修 (清)夏之蓉 (清)沈之本纂 (清)馮聲增修 清道光二十五年(1845)刻本 十六冊

220000－0841－0005911 蘇0182
[道光]續增高郵州志不分卷 (清)左輝春等纂修 清道光二十三年(1843)刻本 六冊

220000－0841－0005912 蘇0180
[光緒]再續高郵州志八卷首一卷 (清)龔定瀛修 (清)夏子鐊纂 清光緒九年(1883)刻本 八冊

220000－0841－0005913 蘇0051
[咸豐]重修興化縣志十卷 (清)梁園棣修 (清)鄭之僑 (清)趙彥俞纂 清咸豐二年(1852)刻本 十二冊

220000－0841－0005914 蘇0003
[道光]重修寶應縣志二十八卷首一卷 (清)孟毓蘭修 (清)喬載繇纂 清道光二十年(1840)湯氏沐華堂刻本 十冊

220000－0841－0005915 蘇0044
[道光]寶應圖經六卷首二卷 (清)劉寶楠纂 清光緒九年(1883)淮南書局刻本 四冊

220000－0841－0005916 蘇0134:1
[道光]泰州志三十六卷首一卷 (清)王有慶 (清)陳道坦修 (清)梁桂 (清)陳世鎔纂 清道光七年(1827)刻本 十二冊

220000－0841－0005917 蘇0134:2
泰州新志刊謬二卷首一卷 (清)任鈺等纂輯 清道光十年(1830)刻本 一冊

220000－0841－0005918 蘇0237
[道光]泰州志三十六卷首一卷 (清)王有慶 (清)陳道坦修 (清)梁桂 (清)陳世鎔纂 清光緒三十四年(1908)刻本 十二冊

220000－0841－0005919 蘇0303
泰州鄉土志 (清)馬錫純編 清光緒三十四年(1908)上海錦章書局石印本 一冊

220000－0841－0005920 蘇0223
[康熙]泰興縣志四卷 (清)錢見龍 (清)吳樸纂修 清康熙二十七年(1688)刻本 八冊

220000－0841－0005921 蘇0036
[光緒]泰興縣志二十六卷首一卷末一卷 (清)楊激雲修 (清)顧曾烜等纂 清光緒十

二年(1886)刻本　十冊

220000－0841－0005922　蘇0203
[光緒]**靖江縣志十六卷首一卷**　(清)葉滋森修　(清)褚翔纂　清光緒五年(1879)刻本　八冊

220000－0841－0005923　蘇0034
州乘資四卷　(明)邵潛纂修　清抄本　八冊

220000－0841－0005924　蘇0082
[光緒]**通州直隸州志十六卷首一卷末一卷**　(清)梁悅馨等修　(清)季念詒等纂　清光緒元年(1875)刻本　十六冊

220000－0841－0005925　蘇0127
[光緒]**海門廳圖志二十卷首一卷**　(清)劉文徹等修　(清)周家祿等纂　清光緒二十六年(1900)刻本　四冊

220000－0841－0005926　蘇0052
[乾隆]**如皋縣志三十二卷**　(清)鄭見龍修　(清)周植纂　清乾隆十五年(1750)刻本　八冊　存二十九卷(一至二十九)

220000－0841－0005927　蘇0139
[嘉慶]**如皋縣志二十四卷**　(清)楊受廷　(清)左元鎮修　(清)馬汝舟　(清)江大鍵纂　清嘉慶十三年(1808)刻本　十冊

220000－0841－0005928　蘇0137
[道光]**如皋縣續志十二卷**　(清)范仕義修　(清)吳鎧纂　清道光十七年(1837)刻本　二冊

220000－0841－0005929　蘇0204
[同治]**如皋縣續志十六卷**　(清)周際霖　(清)胡維藩修　(清)周項　(清)吳開陽纂　清同治十二年(1873)刻本　六冊

220000－0841－0005930　蘇0289
海安考古録四卷　(清)王華封纂　清道光二十九年(1849)稿本　一冊　存一卷(一)

220000－0841－0005931　蘇0092
[乾隆]**淮安府志三十二卷**　(清)衛哲治等修　(清)葉長揚　(清)顧棟高纂　清咸豐二年(1852)刻本　十六冊

220000－0841－0005932　蘇0101
[光緒]**淮安府志四十卷首一卷**　(清)孫雲錦修　(清)吳昆田等纂　清光緒十年(1884)刻本　十六冊

220000－0841－0005933　蘇0021
山陽志遺四卷　(清)吳玉搢纂　清乾隆抄本　三冊

220000－0841－0005934　蘇0147
[同治]**重修山陽縣志二十一卷圖一卷**　(清)張兆棟　(清)孫雲修　(清)何紹基　(清)丁晏纂　清同治十二年(1873)刻本　八冊

220000－0841－0005935　蘇0115
[乾隆]**清河縣志十四卷**　(清)朱元豐纂修　清乾隆十五年(1750)刻本　八冊

220000－0841－0005936　蘇0258:1
[咸豐]**清河縣志二十四卷首一卷**　(清)吳棠修　(清)魯一同纂　清同治元年(1862)刻本　六冊

220000－0841－0005937　蘇0258:2
[同治]**清河縣志附編二卷**　(清)吳昆田修　(清)魯蕡纂　清同治四年(1865)刻本　一冊

220000－0841－0005938　蘇0258:3
[同治]**清河縣志再續編二卷**　(清)劉咸修　(清)吳昆田纂　清同治十二年(1873)刻本　一冊

220000－0841－0005939　蘇0135
光緒丙子清河縣志二十六卷　(清)胡裕燕　(清)萬青選修　(清)吳昆田　(清)魯蕡纂　清光緒五年(1879)刻本　六冊

220000－0841－0005940　蘇0045
[光緒]**安東縣志十五卷首一卷**　(清)金元烺修　(清)吳昆田　(清)魯蕡纂　清光緒元年(1875)刻本　四冊

220000－0841－0005941　蘇0211
[康熙]**沭陽縣志四卷**　(清)張奇抱修　(清)胡簡敬纂　清康熙十三年(1674)刻本

三册　存三卷(二至四)

220000－0841－0005942　蘇 0103
[同治]宿遷縣志十九卷　(清)李德溥等修　(清)方駿謨纂　清同治十三年(1874)刻本　六册

220000－0841－0005943　蘇 0120
[光緒]盱眙縣志稿十七卷首一卷　(清)王錫元修　(清)高延第纂　清光緒二十九年(1903)重校十七年(1891)刻本　八册

220000－0841－0005944　蘇 0089
[乾隆]鹽城縣志十六卷　(清)黄垣修　(清)沈儼纂　清乾隆十二年(1747)刻本　四册

220000－0841－0005945　蘇 0179
[光緒]鹽城縣志十七卷首一卷　(清)劉崇照修　(清)龍繼棟　(清)陳玉樹纂　清光緒二十一年(1895)刻本　八册

220000－0841－0005946　蘇 0155
[光緒]阜寧縣志二十四卷首一卷　(清)阮本焱修　(清)陳肇祁等纂　清光緒十二年(1886)刻本　十册

220000－0841－0005947　蘇 0048
[嘉慶]東臺縣志四十卷　(清)周右修　(清)蔡復午等纂　清嘉慶二十一年(1816)刻本　十册

220000－0841－0005948　蘇 0070
[康熙]徐州志三十六卷　(清)姜焯纂修　清康熙六十一年(1722)刻本　十册　存二十六卷(一至二十六)

220000－0841－0005949　蘇 0071
[乾隆]徐州府志三十卷首一卷　(清)王峻　(清)石杰纂修　清乾隆七年(1742)刻本　十二册

220000－0841－0005950　蘇 0005
[同治]徐州府志二十五卷　(清)朱忻等修　(清)劉庠纂　清同治十三年(1874)刻本　三十二册

220000－0841－0005951　蘇 0150
[道光]銅山縣志二十四卷首一卷　(清)崔志元修　(清)金左泉纂　清道光十年(1830)刻本　十二册

220000－0841－0005952　蘇 0233
徐州府銅山縣鄉土志　(清)袁國鈞修　(清)楊世楨纂　清光緒三十年(1904)刻本　二册

220000－0841－0005953　蘇 0141
[光緒]豐縣志十六卷首一卷　(清)姚鴻傑等纂修　清光緒二十年(1894)刻本　八册

220000－0841－0005954　蘇 0091
[咸豐]邳州志二十卷首一卷　(清)董用威　(清)馬軼群修　(清)魯一同纂　清咸豐元年(1851)刻本　四册

220000－0841－0005955　蘇 0197
[光緒]睢寧縣志稿十八卷　(清)侯紹瀛修　(清)丁顯纂　清光緒十二年(1886)刻本　六册

220000－0841－0005956　蘇 0008
[嘉慶]海州直隸州志三十二卷首一卷　(清)唐仲冕修　(清)汪梅鼎等纂　清嘉慶十六年(1811)修補十三年(1808)刻本　二十册

220000－0841－0005957　蘇 0316
海州文獻錄十六卷　(清)許喬林編　清道光二十五年(1845)刻本　六册

220000－0841－0005958　蘇 0283
古朐考略十二卷末一卷　(清)喬紹傅纂　清抄本　四册

220000－0841－0005959　蘇 0167
[光緒]贛榆縣志十八卷　(清)王豫熙修　(清)張謇纂　清光緒十四年(1888)刻本　四册

220000－0841－0005960　皖 0006
[道光]安徽通志二百六十卷首六卷　(清)陶澍　(清)鄧廷楨修　(清)李振庸　(清)韓玖纂　清道光十年(1830)刻本　一百册

220000－0841－0005961　皖 0001:1

[光緒]重修安徽通志三百五十卷補遺十卷 (清)吳坤等修 (清)何紹基等纂 清光緒七年(1881)馮焯刻本 一百九十冊

220000－0841－0005962 皖0001:2
安徽忠義表前編十三卷末一卷後編六十卷安徽節烈表前編十三卷末一卷後編六十卷安徽節孝待旌錄六十卷末一卷 (清)王志行纂輯 清光緒七年(1881)木活字印本 一冊

220000－0841－0005963 皖0075
[嘉慶]廬州府志五十四卷圖一卷 (清)張祥雲修 (清)孫星衍等纂 清嘉慶八年(1803)刻本 十六冊

220000－0841－0005964 皖0090
[光緒]合肥縣志不分卷 (清)□□纂 清光緒稿本 八冊

220000－0841－0005965 皖0031
[乾隆]歷陽典錄三十四卷 (清)陳廷桂纂 清同治六年(1867)刻本 十冊

220000－0841－0005966 皖0032
[乾隆]歷陽典錄補六卷 (清)陳廷桂纂 清同治六年(1867)刻本 二冊

220000－0841－0005967 皖0029
[嘉慶]無為州志三十六卷首一卷 (清)顧浩修 (清)吳元慶纂 清嘉慶八年(1803)木活字印本 十冊

220000－0841－0005968 皖0021
[光緒]廬江縣志十六卷首一卷 (清)錢鑅修 (清)盧鈺等纂 清光緒十一年(1885)木活字印本 十六冊

220000－0841－0005969 善2058
[康熙]安慶府懷寧縣志三十六卷 (清)段鼎臣等修 (清)方都泰等纂 清康熙十二年(1673)刻本 四冊 存十九卷(一至五、十一至十五、二十一至二十六、二十八至三十)

220000－0841－0005970 皖0046
[乾隆]望江縣志八卷 (清)鄭交泰等修 (清)曹京等纂 清乾隆三十三年(1768)刻本 九冊 存七卷(一至四、六至八)

220000－0841－0005971 皖0007
[道光]宿松縣志二十八卷首一卷 (清)鄔正階 (清)鄭敦亮修 (清)石葆元等纂 清道光八年(1828)刻本 九冊 存二十五卷(一至二、七至二十八,首一卷)

220000－0841－0005972 皖0002
[同治]霍邱縣志十六卷首一卷 (清)陸鼎斅 (清)王寅清纂修 清同治八年(1869)木活字印本 十六冊

220000－0841－0005973 皖0074
[乾隆]壽州志十二卷首一卷末一卷 (清)席芑纂修 清乾隆三十二年(1767)刻本 六冊

220000－0841－0005974 皖0025
[光緒]續修舒城縣志五十卷首一卷末一卷 (清)呂林鍾等修 (清)趙鳳詔等纂 清光緒三十三年(1907)木活字印本 十六冊

220000－0841－0005975 皖0026
[光緒]霍山縣志十五卷首一卷 (清)秦達章修 (清)何國佑等纂 清光緒三十一年(1905)木活字印本 六冊

220000－0841－0005976 皖0055
[乾隆]潁州府志十卷 (清)王斂福纂修 清乾隆十七年(1752)刻本 十六冊

220000－0841－0005977 皖0078
[光緒]亳州志二十卷首一卷 (清)鍾泰 (清)宗能徵纂修 清光緒二十年(1894)木活字印本 十四冊

220000－0841－0005978 皖0077
[光緒]鳳臺縣志二十五卷首一卷 (清)石成之 (清)李師沆修 (清)葛蔭南 (清)周爾儀纂 清光緒十八年(1892)木活字印本 十冊

220000－0841－0005979 皖0051
[乾隆]太和縣志八卷 (清)成兆豫修 (清)吳中最纂 清乾隆十七年(1752)刻本 四冊

220000－0841－0005980　皖0042
[光緒]宿州志三十六卷　(清)何慶釗修　(清)丁遜之等纂　清光緒十五年(1889)刻本　十六册

220000－0841－0005981　皖0009
[嘉慶]蕭縣志十八卷首一卷　(清)潘鎔修　(清)沈學淵等纂　清嘉慶二十年(1815)刻本　十册

220000－0841－0005982　皖0054
[同治]續蕭縣志十八卷首一卷　(清)顧景濂　(清)段廣瀛纂修　清光緒元年(1875)刻本　六册

220000－0841－0005983　皖0010
[光緒]泗虹合志十九卷　(清)方瑞蘭修　(清)江殿颺　(清)許湘甲纂　清光緒十四年(1888)刻本　八册

220000－0841－0005984　皖0041
[光緒]重修五河縣志二十卷首一卷末一卷　(清)賴同晏　(清)孫玉銘修　(清)俞宗誠纂　清光緒二十年(1894)刻本　八册

220000－0841－0005985　皖0027
[嘉慶]懷遠縣志二十八卷首一卷　(清)孫讓纂修　清嘉慶二十四年(1819)木活字印本　十二册

220000－0841－0005986　皖0076
[光緒]鳳陽府志二十一卷　(清)馮煦修　(清)魏家驊等纂　(清)張德霈續纂　清光緒三十四年(1908)木活字印本　二十四册

220000－0841－0005987　皖0015
[光緒]滁州志十卷首一卷末一卷　(清)熊祖詒纂修　清光緒二十二年(1896)木活字印本　十册

220000－0841－0005988　皖0080
[乾隆]鳳陽縣志十六卷首一卷　(清)于萬培修　(清)吳之員等纂　清乾隆四十年(1775)刻本　八册

220000－0841－0005989　皖0053
[光緒]鳳陽縣志十六卷首一卷　(清)于萬培修纂　(清)謝永泰續修　(清)王汝琛續纂　清光緒十三年(1887)刻本　十二册

220000－0841－0005990　皖0048
[光緒]廣德州志六十卷首一卷末一卷　(清)胡有誠修　(清)丁寶書纂　清光緒七年(1881)刻本　二十册

220000－0841－0005991　皖0102
宛陵郡志備要四卷太平郡志二卷　(清)謝庭氏纂　清光緒二年(1876)寧郡清華齋刻本　四册

220000－0841－0005992　皖0095
[光緒]宣城縣志餘二卷　(清)李應泰等修　(清)章綬纂　清光緒十四年(1888)刻本　二册

220000－0841－0005993　皖0008
[乾隆]涇縣志四十五卷首一卷　(清)鄭相如纂　清乾隆十八年(1753)刻本　八册　存二十一卷(一至十五、二十二至二十四、二十九至三十,首一卷)

220000－0841－0005994　皖0073
[嘉慶]涇縣志三十二卷首一卷　(清)李德淦　(清)周鶴立修　(清)洪亮吉纂　清嘉慶十一年(1806)刻本　十四册

220000－0841－0005995　皖0034
南陵小志四卷首一卷　(清)宗能徵纂　清光緒二十五年(1899)木活字印本　六册

220000－0841－0005996　皖0033
[淳熙]新安志十卷附錄一卷　(宋)羅願纂　清光緒十四年(1888)黟邑李氏刻本　四册

220000－0841－0005997　善404
[嘉靖]徽州府志二十二卷　(明)何東序修　(明)汪尚寧等纂　明嘉靖四十五年(1566)刻本　十二册

220000－0841－0005998　皖0085
[康熙]徽州府志十八卷　(清)丁廷楗等修　(清)趙吉士等纂　清康熙三十八年(1699)刻

本　十冊

220000－0841－0005999　皖 0072
[康熙]休寧縣志八卷首一卷　(清)廖騰煃修　(清)汪晉徵纂　清康熙三十二年(1693)刻本　五冊

220000－0841－0006000　皖 0081
[嘉慶]績溪縣志十二卷　(清)清愷修　(清)席存泰纂　清抄本　四冊　存五卷(一至二、十至十二)

220000－0841－0006001　皖 0052
[道光]祁門縣志三十六卷首一卷　(清)王讓修　(清)桂超萬纂　清道光七年(1827)刻本　八冊

220000－0841－0006002　皖 0022
[同治]祁門縣志三十六卷首一卷　(清)周溶修　(清)汪韻珊纂　清同治十二年(1873)刻本　十二冊

220000－0841－0006003　皖 0003:2
[嘉慶]黟縣志十六卷首一卷　(清)吳甸華修　(清)俞正燮等纂　清同治十年(1871)刻本　十六冊

220000－0841－0006004　皖 0003:1
[道光]黟縣續志　(清)吕子珏修　(清)詹錫齡纂　清同治十年(1871)刻本　十六冊

220000－0841－0006005　皖 0003:3
[同治]黟縣三志十六卷首一卷末一卷　(清)謝永泰修　(清)程鴻詔等纂　清同治十年(1871)刻本　十六冊

220000－0841－0006006　善 3532:1
[康熙]貴池縣志略八卷圖一卷　(清)梁國標輯　清康熙三十一年(1692)、乾隆九年(1744)刻本　四冊　存五卷(三至六、八)

220000－0841－0006007　善 3532:2
[乾隆]貴池縣志續編八卷首一卷　(清)謝錫伯修　(清)汪廷霖纂　清乾隆十年(1745)刻本　一冊　存五卷(一至四、首一卷)

220000－0841－0006008　皖 0023
[光緒]貴池縣志四十四卷首一卷　(清)陸延齡修　(清)桂迓衡等纂　清光緒九年(1883)木活字印本　二十冊

220000－0841－0006009　皖 0092
[光緒]貴池縣沿革表一卷　(清)劉世珩纂　清光緒二十八年(1902)刻本　一冊

220000－0841－0006010　善 0545
[康熙]浙江通志五十卷首一卷　(清)王國安等修　(清)黄宗羲等纂　清康熙二十三年(1684)刻本　四十冊

220000－0841－0006011　浙 0001
[雍正]浙江通志二百八十卷首三卷　(清)嵇曾筠等修　(清)沈翼機等纂　清光緒二十五年(1899)浙江書局刻本　一百二十冊

220000－0841－0006012　浙 0108
乾道臨安志十五卷　(宋)周淙纂　清光緒二十年(1894)壽松堂孫氏刻本　二冊　存三卷(一至三)

220000－0841－0006013　叢 1395
乾道臨安志十五卷　(宋)周淙纂　清光緒元年(1875)刻粤雅堂叢書本　一冊

220000－0841－0006014　叢 0489
乾道臨安志十五卷　(宋)周淙纂　清光緒四年(1878)刻式訓堂叢書本　一冊

220000－0841－0006015　叢 0490
乾道臨安志十五卷　(宋)周淙纂　清光緒七年(1881)刻武林掌故叢編本　一冊

220000－0841－0006016　浙 0105
淳祐臨安志十五卷　(宋)施諤纂　清光緒七年(1881)錢塘丁氏武林掌故叢編本　一冊　存六卷(五至十)

220000－0841－0006017　浙 0048
咸淳臨安志一百卷　(宋)潛説友纂　**校栞札記三卷**　(清)黄士珣撰　清道光十年(1830)錢塘汪氏振綺堂刻本　十六冊　存九十六卷(一至八十九、九十一至九十七)

220000－0841－0006018　集 1127

杭志三詰三誤辨一卷 (清)毛奇齡纂 清康熙西河合集本 一册

220000－0841－0006019 浙0086
[乾隆]杭州府志一百十卷首六卷 (清)邵齊然原修 (清)汪沆原纂 (清)鄭澐續修 (清)邵晉涵續纂 清乾隆四十九年(1784)刻本 四十册

220000－0841－0006020 浙0215
杭州鄉土地理二編 (清)□□修 清宣統元年(1909)仁和學堂石印本 一册 存一編(上)

220000－0841－0006021 浙0158
[萬曆]錢塘縣志十紀 (明)聶心湯纂修 清光緒十九年(1893)丁氏校刻武林掌故叢編(十六集)本 六册

220000－0841－0006022 浙0156
[康熙]錢塘縣志三十六卷首一卷 (清)魏□修 (清)裘璉等纂 清康熙五十七年(1718)刻本 八册 存二十三卷(十四至三十六)

220000－0841－0006023 浙0044
[嘉靖]仁和縣志十四卷 (明)沈朝宣纂 清光緒十九年(1893)武林掌故叢編本 六册

220000－0841－0006024 浙0119
唐棲志二十卷 (清)王同纂 清光緒十五年(1889)刻本 八册

220000－0841－0006025 浙0211
湖墅小志四卷 (清)高鵬年纂 清光緒二十二年(1896)石印本 二册

220000－0841－0006026 浙0183
光緒餘杭縣志稿不分卷 (清)褚成博纂 清光緒三十二年(1906)刻本 二册

220000－0841－0006027 浙0056
[光緒]富陽縣志二十四卷首一卷 (清)汪文炳纂修 清光緒二十八年(1902)刻本 十六册

220000－0841－0006028 浙0015
[宣統]臨安縣志八卷首一卷末一卷 (清)彭循堯修 (清)董運昌 (清)周鼎纂 清宣統二年(1910)木活字印本 六册

220000－0841－0006029 浙0037
[嘉慶]於潛縣志十六卷首一卷末一卷 (清)蔣光弼修 (清)李江 (清)張燮纂 清嘉慶十七年(1812)木活字印本 十二册

220000－0841－0006030 浙0147
[淳熙]嚴州圖經八卷 (宋)董弅修 (宋)喻彥先校訂 (宋)陳公亮重修 (宋)劉文富訂正 **校字記一卷** (清)袁昶撰 清光緒二十二年(1896)漸西村舍彙刻本 二册

220000－0841－0006031 浙0149
景定嚴州續志十卷 (宋)鄭瑤 (宋)方仁榮纂 清光緒二十六年(1900)鵠齋刻本 二册

220000－0841－0006032 浙0146
景定嚴州續志十卷 (宋)鄭瑤 (宋)方仁榮纂 清光緒二十二年(1896)漸西村舍彙刻本 二册

220000－0841－0006033 浙0143
[光緒]嚴州府志三十八卷首一卷 (清)吴士進原本 (清)吴士榮續修 (清)鄒伯森等續纂 清光緒九年(1883)刻本 二十八册

220000－0841－0006034 浙0046
[光緒]建德縣志二十一卷首一卷 (清)謝仁澍等修 (清)俞觀旭等纂 清光緒十八年(1892)刻本 十册

220000－0841－0006035 浙0121
[光緒]淳安縣志十六卷首一卷 (清)劉世甯原本 (清)李詩續修 (清)陳中元 (清)竺士彥續纂 清光緒十年(1884)刻本 八册

220000－0841－0006036 浙0124
[乾隆]遂安縣志十卷首一卷 (清)鄒錫疇等修 (清)方引彥等纂 清光緒十六年(1890)木活字印本 十六册

220000－0841－0006037 浙0061
[道光]分水縣志十卷首一卷末一卷 (清)王承楷修 (清)王椿煜集 清道光二十五年

(1845)刻本　三册　存七卷(一至二、六至十)

220000－0841－0006038　浙0059
[光緒]分水縣志十卷首一卷末一卷　(清)陳常鏵等修　(清)臧承宣等纂　清光緒三十二年(1906)刻本　六册

220000－0841－0006039　浙0175
[康熙]新城縣志八卷　(清)張瓚修　(清)張戬　(清)袁幹纂　清康熙十二年(1673)刻本　一册

220000－0841－0006040　浙0134
[道光]新城縣志二十四卷首一卷　(清)吳埔修　(清)張吉安纂　清道光三年(1823)刻本　一册　存五卷(十四至十八)

220000－0841－0006041　浙0071
[乾隆]蕭山縣志四十卷　(清)黄鈺纂修　清乾隆十六年(1751)刻本　十册

220000－0841－0006042　浙0239
孝感里志十二卷首一卷　(清)張廉纂　清嘉慶二十四年(1819)木活字印本　四册

220000－0841－0006043　善0491
[至元]嘉禾志三十二卷　(元)單慶修　(元)徐碩纂　清抄本　六册

220000－0841－0006044　浙0042
至元嘉禾志三十二卷　(元)單慶修　(元)徐碩纂　**澉水志二卷**　(宋)常棠撰　清嘉禾舊志合刻本　八册

220000－0841－0006045　浙0041
[康熙]嘉興府志十六卷　(清)吳永芳修　(清)錢以塏纂　清康熙六十年(1721)刻本　二十册

220000－0841－0006046　浙0203
[嘉慶]嘉興府志八十卷首三卷　(清)伊湯安修　(清)馮應榴　(清)沈啟震纂　清嘉慶五年(1800)刻本　四十册

220000－0841－0006047　浙0204
[光緒]嘉興府志八十八卷首二卷　(清)許瑤光修　(清)吳仰賢纂　清光緒四年(1878)鴛湖書院刻本　四十八册

220000－0841－0006048　浙0155
梅里志十八卷　(清)楊謙纂　(清)李富孫補輯　(清)余楙續補　清光緒三年(1877)刻本　六册

220000－0841－0006049　浙0178
[嘉慶]重修嘉善縣志二十卷首一卷　(清)萬相賓纂修　清嘉慶五年(1800)刻本　二十册

220000－0841－0006050　浙0166
[光緒]重修嘉善縣志三十六卷首一卷　(清)江峯清修　(清)顧福仁纂　清光緒二十年(1894)刻本　十六册

220000－0841－0006051　浙0052
[光緒]平湖縣志二十五卷首一卷末一卷殉難録一卷　(清)彭潤章等修　(清)葉廉鍔等纂　清光緒十二年(1886)刻本　十三册

220000－0841－0006052　浙0120
[光緒]海鹽縣志二十二卷首一卷末一卷　(清)王彬修　(清)徐用儀纂　清光緒三年(1877)蔚文書院刻本　十六册

220000－0841－0006053　浙0189
[嘉靖]海寧縣志九卷附録一卷　(明)蔡完修　(明)董穀纂　清光緒二十四年(1898)刻本　二册

220000－0841－0006054　浙0187
[乾隆]海寧州志十六卷首一卷　(清)戰効曾修　(清)高瀛洲纂　清道光二十八年(1848)刻本　十二册

220000－0841－0006055　浙0094
海昌備志五十二卷附録二卷　(清)錢泰吉等纂修　清道光二十七年(1847)刻本　十四册

220000－0841－0006056　浙0057
硤川續志二十卷　(清)王德浩纂　清嘉慶十七年(1812)刻本　七册

220000－0841－0006057　浙0114
[光緒]桐鄉縣志二十四卷首四卷附録四卷

(清)嚴辰輯　清光緒十三年(1887)刻本　二十四册

220000－0841－0006058　浙0030
[嘉慶]石門縣志二十六卷首一卷　(清)耿維祜修　(清)潘文輅等纂　清道光元年(1821)刻本　八册　存二十卷(七至二十六)

220000－0841－0006059　浙0022
[光緒]石門縣志十一卷首一卷　(清)余麗元纂修　清光緒五年(1879)刻本　十四册

220000－0841－0006060　浙0232
濮川所聞記六卷續記二卷　(清)金淮纂　(清)濮璜續纂　**垂訓樸語一卷**　(清)陳其德纂　清嘉慶二十五年(1820)刻本　三册

220000－0841－0006061　浙0194
[乾隆]湖州府志四十八卷首一卷　(清)李堂纂修　清乾隆二十三年(1758)刻本　二十四册

220000－0841－0006062　浙0195
[同治]湖州府志九十六卷首一卷　(清)宗源瀚等修　(清)陸心源等纂　清同治十三年(1874)愛山書院刻本　四十八册

220000－0841－0006063　浙0131
[光緒]烏程縣志三十六卷　(清)潘玉璿　(清)馮健修　(清)周學濬　(清)汪曰楨纂　清光緒七年(1881)刻本　十二册

220000－0841－0006064　浙0154
[康熙]歸安縣志十卷　(清)姚時亮等修　(清)嚴經世等纂　清康熙十二年(1673)刻本　五册

220000－0841－0006065　浙0220
[光緒]歸安縣志五十二卷首一卷　(清)李昱修　(清)陸心源纂　清光緒八年(1882)刻本　十五册　存四十九卷(一至二十三、二十七至五十二)

220000－0841－0006066　浙0127
南潯鎮志四十卷首一卷蓮漪文鈔八卷　(清)汪曰楨纂修　清同治二年(1863)刻本　十二册

220000－0841－0006067　浙0019
[同治]長興縣志三十二卷　(清)趙定邦等修　(清)丁寶書等纂　清光緒元年(1875)刻本　十六册

220000－0841－0006068　浙0224
長興志拾遺二卷首一卷　(清)朱鎮纂　清光緒二十二年(1896)刻本　一册

220000－0841－0006069　浙0006
[同治]安吉縣志十八卷首一卷　(清)汪榮等修　(清)張行孚等纂　清同治十三年(1874)刻本　十六册

220000－0841－0006070　浙0069
[康熙]孝豐縣志十卷　(清)羅為賡修　(清)張暹等纂　清康熙十二年(1673)刻本　四册

220000－0841－0006071　浙0067
[同治]孝豐縣志十卷首一卷　(清)劉濬修　(清)潘宅仁等纂　清光緒五年(1879)刻本　十册

220000－0841－0006072　浙0200
[康熙]德清縣志十卷　(清)侯元棐修　(清)王振孫等纂　清康熙十二年(1673)刻本　四册

220000－0841－0006073　善1857
[嘉靖]寧波府志四十二卷　(明)周希哲監修　(明)張時徹纂　明嘉靖三十九年(1560)刻本　二十六册

220000－0841－0006074　浙0029
[雍正]寧波府志三十六卷首一卷　(清)曹秉仁修　(清)萬經等纂　清雍正十一年(1733)刻本　十六册

220000－0841－0006075　浙0031
[雍正]寧波府志三十六卷首一卷　(清)曹秉仁修　(清)萬經等纂　清道光二十五年(1845)介祉堂刻本　十六册

220000－0841－0006076　浙0192

[乾隆]鄞縣志三十卷首一卷 (清)錢維喬修 (清)錢大昕等纂 清乾隆五十三年(1788)刻本 十六册

220000－0841－0006077 浙0205
[同治]鄞縣志七十五卷 (清)戴枚修 (清)張恕等纂 清光緒三年(1877)刻本 三十四册

220000－0841－0006078 浙0213
[乾隆]奉化縣志十四卷首一卷 (清)曹膏 (清)唐宇霈修 (清)陳琦纂 清乾隆三十八年(1773)刻本 六册

220000－0841－0006079 浙0038
[光緒]奉化縣志四十卷首一卷 (清)李前泮修 (清)張美翊等纂 清光緒三十四年(1908)刻本 十二册

220000－0841－0006080 浙0109
忠義鄉志二十卷首一卷 (清)吳文江纂 (清)劉紹琮校 清光緒二十七年(1901)瓶醁樓稿本 五册

220000－0841－0006081 浙0201
[乾隆]鎮海縣志八卷首一卷 (清)王夢弼等纂修 清乾隆十七年(1752)刻本 十册

220000－0841－0006082 浙0171
[光緒]鎮海縣志四十卷 (清)于萬川修 (清)俞樾等纂 清光緒五年(1879)鯤池書院刻本 十六册

220000－0841－0006083 浙0032
[雍正]慈谿縣志十六卷 (清)楊正筍修 (清)馮鴻模等纂 清乾隆三年(1738)刻本 八册

220000－0841－0006084 浙0112
[光緒]慈谿縣志五十六卷 (清)楊泰亨修 (清)馮可鏞纂 清光緒二十五年(1899)德潤書院刻本 二十四册

220000－0841－0006085 浙0184
[乾隆]餘姚志四十卷 (清)唐若瀛修 (清)邵晉涵纂 清乾隆四十六年(1781)刻本 八册

220000－0841－0006086 浙0123
[光緒]餘姚縣志二十七卷首一卷末一卷 (清)周炳麟修 (清)邵友濂 (清)孫德祖纂 清光緒二十五年(1899)刻本 十六册

220000－0841－0006087 浙0040
[康熙]寧海縣志十二卷首一卷 (清)崔秉鏡修 (清)華大琰纂 清康熙十七年(1678)刻本 八册

220000－0841－0006088 善0448
大德昌國州圖志七卷 (元)馮福京 (元)郭薦纂修 清烏絲欄抄本 二册

220000－0841－0006089 浙0090
[康熙]定海縣志八卷 (清)繆燧修 (清)陳瑄等纂 清康熙五十四年(1715)刻本 四册

220000－0841－0006090 浙0089
[光緒]定海廳志三十卷首一卷 (清)史致馴修 (清)陳重威等纂 清光緒十一年(1885)刻本 十册

220000－0841－0006091 浙0163
寶慶會稽續志八卷 (宋)張淏纂修 清嘉慶十三年(1808)采鞠軒刻本 二册

220000－0841－0006092 善0171
嘉泰會稽志二十卷 (宋)沈作賓修 (宋)施宿等纂 清藕香簃抄本 四十册

220000－0841－0006093 浙0164
嘉泰會稽志二十卷 (宋)沈作賓修 (宋)施宿等纂 清嘉慶十三年(1808)采鞠軒刻本 六册

220000－0841－0006094 浙0152
[康熙]紹興府志五十八卷 (清)王之賓修 (清)董欽德纂 清康熙二十二年(1683)刻本 二十四册

220000－0841－0006095 浙0014
[康熙]山陰縣志三十八卷 (清)高登先修 (清)沈麟趾 (清)單國驥纂 清康熙二十二

年(1683)范其鑄、高荃刻本　九冊　存三十四卷(五至三十八)

220000－0841－0006096　浙0011
[嘉慶]山陰縣志三十卷首一卷　(清)徐元梅修　(清)朱文翰等纂　清嘉慶八年(1803)刻本　八冊

220000－0841－0006097　浙0219
三江所志一卷　(清)陳宗洛纂　(清)傅月樵補纂　**江城文獻一卷**　(明)張應鰲編　(清)邢振綸增　清曾子翰抄本　二冊

220000－0841－0006098　浙0113
[光緒]諸暨縣志六十卷首一卷貞孝節烈表一卷　(清)陳遹聲修　(清)蔣鴻藻纂　清宣統二年(1910)刻本　十八冊

220000－0841－0006099　浙0103
[康熙]上虞縣志二十卷首一卷　(清)鄭僑修　(清)唐徵麟等纂　清康熙十年(1671)刻本　一冊　存三卷(一至二、首一卷)

220000－0841－0006100　浙0009
[嘉慶]上虞縣志十四卷首一卷　(清)崔鳴玉修　(清)李方湛　(清)朱文紹纂　清嘉慶十六年(1811)刻本　十冊

220000－0841－0006101　浙0013
[光緒]上虞縣志四十八卷首一卷末一卷　(清)唐煦春修　(清)朱士黻等纂　清光緒十七年(1891)刻本　二十冊

220000－0841－0006102　浙0020
[光緒]上虞縣志校續五十卷首一卷末一卷　(清)儲家藻修　(清)徐致靖纂　清光緒二十四年(1898)刻本　二十冊

220000－0841－0006103　史4948
[嘉定]剡錄十卷　(宋)高似孫纂　清同治九年(1870)刻本　二冊

220000－0841－0006104　叢104
[嘉定]剡錄十卷　(宋)史安之修　(宋)高似孫纂　清光緒刻邵武徐氏叢書(第二集)本　二冊

220000－0841－0006105　浙0092
[道光]嵊縣志十四卷首一卷末一卷　(清)李式圃修　(清)朱湪等纂　清道光八年(1828)刻本　八冊

220000－0841－0006106　浙0141
[同治]嵊縣志二十六卷首一卷末一卷　(清)嚴思忠　(清)陳仲麟修　(清)蔡以瑺纂　清同治九年(1870)刻本　十二冊

220000－0841－0006107　浙0193
[康熙]新昌縣志十八卷　(清)劉作樑修　(清)呂曾枏纂　清康熙十年(1671)刻本　四冊

220000－0841－0006108　浙0066
[嘉定]赤城志四十卷　(宋)黃□修　(宋)陳耆卿纂　清嘉慶二十三年(1818)臨海宋氏刻台州叢書(乙集)本　六冊

220000－0841－0006109　浙0050
[康熙]台州府志十八卷首一卷　(清)張聯元修　(清)方景濂纂　清康熙六十一年(1722)刻本　十八冊

220000－0841－0006110　集8750:2
台州外書二十卷　(清)戚學標輯　清嘉慶四年(1799)刻戚鶴泉所著書本　五冊

220000－0841－0006111　浙0198
[康熙]臨海縣志十五卷首一卷　(清)洪若臯纂修　清康熙二十二年(1683)刻本　八冊

220000－0841－0006112　浙0017
[康熙]天台縣志十五卷首一卷　(清)李德耀纂修　清康熙二十三年(1684)刻本　四冊　存八卷(一至四、十二至十五)

220000－0841－0006113　浙0018
[康熙]天台縣志十五卷首一卷　(清)李德耀　(清)黃執中纂修　清咸豐六年(1856)刻本　二冊　存三卷(一、十四至十五)

220000－0841－0006114　浙0125
[光緒]僊居志二十四卷首一卷僊居集二十四卷　(清)王壽頤　(清)潘紀恩修　(清)王

棻　(清)李仲昭纂　清光緒二十年(1894)木活字印本　十八册

220000－0841－0006115　浙0144
[光緒]黄巖縣志四十卷首一卷　(清)陳寶善　(清)孫憙修　(清)王棻纂　(清)陳鍾英等續修　(清)王詠霓等續纂　清光緒三年(1877)刻本　十六册

220000－0841－0006116　浙0024
[嘉慶]太平縣志十八卷　(清)慶霖修　(清)戚學標纂　清光緒二十二年(1896)刻本　十册

220000－0841－0006117　浙0026
光緒太平續志二十卷　(清)陳汝霖　(清)鄧之瑛修　(清)王棻纂　清光緒二十年(1894)稿本　七册　存十一卷(一至五、八至十三)

220000－0841－0006118　蘇0025
光緒太平續志十八卷首一卷　(清)陳汝霖　(清)鄧之瑛修　(清)王棻纂　清光緒二十年(1894)刻本　八册

220000－0841－0006119　浙0064
[光緒]玉環廳志十四卷首一卷補遺一卷續增全浙海圖一卷　(清)杜冠英　(清)胥壽榮修　(清)呂鴻壽纂　清光緒十四年(1888)刻本　九册

220000－0841－0006120　善2067
[萬曆]金華府志三十卷　(明)胡頌纂修　明萬曆二十六年(1598)刻本　一册　存三卷(十至十二)

220000－0841－0006121　浙0078
[康熙]金華府志三十卷　(清)張藎修　(清)沈麟趾等纂　清宣統元年(1909)石印本　十二册

220000－0841－0006122　浙0045
[光緒]蘭谿縣志八卷首一卷補遺一卷　(清)秦簧等修　(清)唐壬森纂　清光緒十五年(1889)刻本　十册

220000－0841－0006123　浙0102
[嘉慶]武義縣志十二卷首一卷　(清)張誉堠修　(清)周家駒纂　清嘉慶九年(1804)刻本　一册　存二卷(九至十)

220000－0841－0006124　浙0012
[嘉慶]武義縣志十二卷首一卷　(清)張誉堠修　(清)周家駒纂　清宣統二年(1910)石印本　六册

220000－0841－0006125　浙0110
[道光]永康縣志十二卷首一卷　(清)廖重機修　(清)應曙霞　(清)潘國詔纂　清道光十七年(1837)刻本　七册　缺一卷(十一)

220000－0841－0006126　浙0070
[光緒]永康縣志十六卷首一卷　(清)李汝為　(清)郭文翹修　(清)潘樹棠等纂　清光緒十八年(1892)刻本　十二册

220000－0841－0006127　浙0091
[康熙]新修東陽縣志二十二卷首一卷末一卷　(清)胡啟甲　(清)俞允撰修　(清)東湯　(清)趙衍等纂　清康熙二十年(1681)刻本　十一册　缺八卷(三至四、十二至十四、十八至二十)

220000－0841－0006128　浙0096
[道光]東陽縣志二十七卷首一卷　(清)黨金衡修　(清)王恩注纂　清道光十二年(1832)刻本　十册

220000－0841－0006129　浙0174
[嘉慶]義烏縣志二十二卷首一卷　(清)諸自穀修　(清)程瑜　(清)李錫齡纂　清嘉慶七年(1802)刻本　十册

220000－0841－0006130　浙0190
[康熙]衢州府志四十卷首一卷　(清)楊廷望纂修　清光緒八年(1882)刻本　十二册

220000－0841－0006131　浙0063
[嘉慶]西安縣志四十八卷首一卷　(清)姚寶煃修　(清)范崇楷等纂　清嘉慶十六年(1811)刻本　十册

220000－0841－0006132　浙0076

[康熙]龍遊縣志十二卷首一卷 (清)盧爔修 (清)余恂纂 清光緒八年(1882)刻本 十六冊

220000－0841－0006133 善1870
[萬曆]常山縣志十五卷 (明)傅良言修 (明)詹萊纂 清順治十七年(1660)刻本 五冊 存五卷(一至四、十一)

220000－0841－0006134 浙0133
[嘉慶]常山縣志十二卷首一卷 (清)陳珪纂修 清嘉慶十八年(1813)刻本 八冊

220000－0841－0006135 浙0136
[光緒]常山縣志六十八卷首一卷末一卷 (清)李端鍾修 (清)徐鳴盛纂 清光緒十二年(1886)刻本 十二冊

220000－0841－0006136 浙0062
[同治]江山縣志十二卷首一卷末一卷 (清)王彬等修 (清)朱寶慈等纂 清同治十二年(1873)刻本 八冊

220000－0841－0006137 浙0004
[乾隆]溫州府志三十卷首一卷 (清)李琬修 (清)齊召南等纂 清同治四年(1865)刻本 二十冊

220000－0841－0006138 浙0212
甌乘拾遺二卷 (清)洪守一纂 清道光二十九年(1849)愛吾堂刻本 一冊

220000－0841－0006139 浙0051
[乾隆]平陽縣志二十卷首一卷 (清)杭世駿 (清)徐恕修 (清)孫謙 (清)張南英纂 清乾隆二十五年(1760)刻本 八冊

220000－0841－0006140 浙0236
[同治]泰順分疆錄十二卷首一卷 (清)林鶚纂輯 (清)林用霖續編 清光緒四年(1878)望山堂刻本 六冊

220000－0841－0006141 浙0191
[光緒]處州府志三十卷首一卷末一卷 (清)潘紹詒修 (清)周榮椿等纂 清光緒三年(1877)刻本 十六冊

220000－0841－0006142 浙0181
[同治]麗水縣志十五卷 (清)彭潤章等纂修 清同治十三年(1874)刻本 八冊

220000－0841－0006143 浙0138
[同治]景寧縣志十四卷首一卷末一卷 (清)周傑修 (清)嚴用光等纂 清同治十二年(1873)刻本 八冊

220000－0841－0006144 浙0130
[光緒]宣平縣志二十卷首一卷 (清)皮樹棠纂修 清光緒四年(1878)刻本 八冊

220000－0841－0006145 浙0035
[光緒]青田縣志十八卷首一卷 (清)雷銑修 (清)王棻纂 清光緒二年(1876)刻本 十二冊

220000－0841－0006146 浙0142
[道光]縉雲縣志十八卷首一卷 (清)湯成烈纂修 清道光二十九年(1849)刻本 十冊

220000－0841－0006147 浙0101
[光緒]縉雲縣志十六卷首一卷末一卷 (清)何乃容修 (清)潘樹棠纂 清光緒七年(1881)刻本 十二冊

220000－0841－0006148 浙0188
[光緒]松陽縣志十二卷首一卷 (清)支恒椿等纂修 清光緒元年(1875)刻本 六冊

220000－0841－0006149 浙0003
[光緒]遂昌縣志十二卷首一卷 (清)胡壽海等修 (清)褚成允等纂 清光緒二十二年(1896)尊經閣刻本 十二冊

220000－0841－0006150 浙0075
[光緒]龍泉縣志十二卷首一卷 (清)顧國詔等纂修 清光緒四年(1878)刻本 六冊

220000－0841－0006151 浙0055
[同治]雲和縣志十六卷首一卷 (清)伍承吉修 (清)涂冠續修 (清)王士鈖纂 清同治三年(1864)刻本 六冊

220000－0841－0006152 浙0034
[道光]慶元縣志十二卷圖一卷 (清)吳綸彰

修　(清)周大成等纂　清道光二十三年(1843)補十二年(1832)刻本　五冊　存十卷(三至十二)

220000－0841－0006153　浙0033
[光緒]慶元縣志十二卷首一卷　(清)林步瀛　(清)史恩緯修　(清)史恩緒纂　清光緒三年(1877)刻本　十冊

220000－0841－0006154　善1934
閩書一百五十四卷　(明)何喬遠纂　明崇禎二年(1629)刻本　九十五冊　缺六卷(一百四十九至一百五十四)

220000－0841－0006155　閩0001
[道光]重纂福建通志二百七十八卷首七卷　(清)孫爾准等修　(清)陳壽祺等纂　(清)程祖洛續修　(清)魏敬中續纂　清同治十年(1871)正誼書院刻本　一百冊

220000－0841－0006156　史4908
[萬曆]閩都記三十三卷　(明)王應山纂　清道光十一年(1831)求放心齋刻本　六冊

220000－0841－0006157　閩0044
[乾隆]福州府志七十六卷首一卷　(清)徐景熹修　(清)魯曾煜等纂　清道光十九年(1839)刻本　三十二冊

220000－0841－0006158　閩0062
[道光]廈門志十六卷　(清)周凱纂修　清道光十九年(1839)玉屏書院刻本　十二冊　缺一卷(七)

220000－0841－0006159　閩0053
[乾隆]馬巷廳志十八卷首一卷附錄三卷　(清)萬友正纂修　清光緒十九年(1893)黃家鼎刻本　八冊　缺五卷(一至三、十三至十四)

220000－0841－0006160　閩0051
[乾隆]馬巷廳志附錄一卷　(清)黃家鼎纂　清光緒刻朱印本　一冊

220000－0841－0006161　閩0059
[康熙]建寧府志四十八卷　(清)張琦修　(清)鄒山等纂　清康熙三十二年(1693)刻本　二十冊　存三十六卷(十一、十三下、十四至四十二、四十四至四十八)

220000－0841－0006162　閩0017
[嘉慶]崇安縣志十卷　(清)魏大名修　(清)章朝栻纂　清嘉慶十三年(1808)刻本　四冊　存六卷(一至六)

220000－0841－0006163　閩0043
[光緒]續修浦城縣志四十二卷首一卷　(清)翁天祐　(清)吳渭英修　(清)翁昭泰纂　清光緒二十六年(1900)南浦書院刻本　二十冊

220000－0841－0006164　閩0003
[光緒]重纂邵武府志三十卷首一卷　(清)王琛　(清)徐兆豐修　(清)張景祁等纂　清光緒二十四年(1898)刻本　二十冊

220000－0841－0006165　閩0045
[乾隆]福寧府志四十四卷首一卷　(清)李拔纂修　清乾隆二十七年(1762)刻本　十九冊　缺九卷(四至五、十至十一、三十一至三十三、四十三至四十四)

220000－0841－0006166　閩0016
[光緒]福安縣志三十八卷首一卷　(清)張景祁修　(清)黃錦燦纂　清光緒十年(1884)刻本　十二冊

220000－0841－0006167　閩0022
[道光]新修羅源縣志三十卷首一卷　(清)盧鳳棽修　(清)林春溥纂　清道光十一年(1831)刻本　十冊

220000－0841－0006168　閩0033
[乾隆]古田縣志八卷　(清)辛竟可修　(清)林咸吉等纂　清乾隆十六年(1751)刻本　八冊

220000－0841－0006169　閩0040
[弘治]重刊興化府志五十四卷　(明)陳效修　(明)周瑛　(明)黃仲昭纂　清同治十年(1871)林慶貽刻本　二十四冊

220000－0841－0006170　閩0029

[乾隆]興化府莆田縣志三十六卷首一卷 (清)汪大經等修 (清)廖必琦 (清)林黌纂 清光緒五年(1879)潘文鳳刻本 二十冊

220000-0841-0006171 閩0041
[乾隆]僊遊縣志五十三卷首一卷 (清)胡啟植 (清)王椿修 (清)葉和侃等纂 清同治十二年(1873)吳森刻本 十六冊

220000-0841-0006172 閩0061
[乾隆]福清縣志二十卷圖一卷 (清)饒安鼎修 (清)林昂 (清)李修卿纂 清乾隆十二年(1747)刻本 十六冊

220000-0841-0006173 閩0018
[同治]長樂縣志二十卷首一卷 (清)彭光藻 (清)王家駒修 (清)楊希閔等纂 清同治八年(1869)刻本 十冊

220000-0841-0006174 閩0019
[乾隆]泉州府志七十六卷首一卷 (清)懷蔭布修 (清)黄任 (清)郭賡武纂 清同治九年(1870)刻本 六十冊

220000-0841-0006175 閩0005
[乾隆]永春州志十六卷首一卷 (清)鄭一崧修 (清)顏璹等纂 清乾隆五十二年(1787)刻本 十二冊

220000-0841-0006176 閩0006
[萬曆]漳州府志三十八卷 (明)袁業泗 (明)劉庭蕙纂修 明萬曆四十一年(1613)刻本 二冊 存五卷(三十四至三十八)

220000-0841-0006177 閩0028
[康熙]漳州府志三十四卷首一卷 (清)魏荔彤修 (清)蔡世遠等纂 清康熙五十四年(1715)刻本 二十冊

220000-0841-0006178 閩0015
[乾隆]海澄縣志二十四卷首一卷 (清)陳瑛等修 (清)葉廷推等纂 清乾隆二十七年(1762)刻本 八冊

220000-0841-0006179 閩0012
[康熙]詔安縣志十二卷志餘一卷 (清)秦炯纂修 清同治十三年(1874)刻本 六冊

220000-0841-0006180 閩0011
[乾隆]汀州府志四十五卷首一卷 (清)曾日英等修 (清)李紱等纂 清同治六年(1867)延楷刻本 二十冊

220000-0841-0006181 閩0020
[同治]寧洋縣志十二卷首一卷 (清)董鍾驥修 (清)陳天樞 (清)吳正南纂 清光緒元年(1875)刻本 四冊

220000-0841-0006182 閩0014
[乾隆]上杭縣志十二卷首一卷末一卷 (清)顧人驥等修 (清)沈成國等纂 (清)郭應階等增 清同治三年(1864)刻本 七冊

220000-0841-0006183 閩0021
[乾隆]延平府志四十六卷首一卷 (清)傅爾泰修 (清)陶元藻纂 清乾隆三十年(1765)刻同治十二年(1873)徐震耀補刻本 二十四冊

220000-0841-0006184 閩0010
[康熙]寧化縣志七卷 (清)祝文郁修 (清)李世熊纂 清康熙二十三年(1684)刻本 八冊

220000-0841-0006185 閩0048
[康熙]寧化縣志七卷 (清)祝文郁修 (清)李世熊纂 清同治八年(1869)蔣澤沅刻本 八冊

220000-0841-0006186 閩0073
[康熙]臺灣府志十卷首一卷 (清)高拱乾纂修 清康熙三十五年(1696)刻本 四冊 存六卷(五至十)

220000-0841-0006187 閩0066
[乾隆]續修臺灣府志二十六卷首一卷 (清)余文儀修 (清)黄佾纂 清乾隆三十九年(1774)刻同治十一年(1872)補刻本 十二冊

220000-0841-0006188 閩0065
[咸豐]臺灣府噶瑪蘭廳志八卷 (清)薩廉修 (清)陳叔均纂 (清)董正官續修 (清)

李琪生續纂　清咸豐二年(1852)刻本　二册

220000－0841－0006189　閩0055
[同治]淡水廳志十六卷　(清)陳培桂等纂修　清同治十年(1871)刻本　八册

220000－0841－0006190　臺0064
[乾隆]臺灣縣志十五卷　(清)魯鼎梅修　(清)王必昌纂　清乾隆十七年(1752)刻本　五册　存四卷(一至二、八、十五)

220000－0841－0006191　豫0052
[康熙]河南通志五十卷　(清)賈漢復修　(清)沈荃纂　(清)徐化成增修　清康熙九年(1670)刻本　十四册

220000－0841－0006192　豫0001
[雍正]河南通志八十卷　(清)田文鏡等修　(清)孫灝等纂　清光緒二十八年(1902)刻本　四十册

220000－0841－0006193　豫0002
[乾隆]續河南通志八十卷首四卷　(清)阿思哈　(清)嵩貴纂修　清光緒二十八年(1902)刻本　二十册

220000－0841－0006194　豫0101
[乾隆]鄭州志十二卷首一卷　(清)張鉞等修　(清)毛如詵纂　清乾隆十三年(1748)刻本　六册

220000－0841－0006195　豫0062
[康熙]河陰縣志四卷　(清)申奇彩修　(清)毛泰徵纂　清康熙三十年(1691)刻本　四册

220000－0841－0006196　豫0034
[康熙]開封府志四十卷　(清)管竭忠修　(清)張沐纂　清康熙三十四年(1695)刻本　十二册

220000－0841－0006197　豫0023
[康熙]開封府志四十卷　(清)管竭忠修　(清)張沐纂　清同治二年(1863)刻本　十册

220000－0841－0006198　豫0139
[乾隆]祥符縣志二十二卷　(清)張淑載修　(清)魯曾煜纂　清乾隆四年(1739)刻本　十二册

220000－0841－0006199　豫0122
[光緒]祥符縣志二十四卷首一卷　(清)沈傳義　(清)俞紀瑞修　(清)黄舒昺纂　清光緒二十四年(1898)刻本　二十四册

220000－0841－0006200　豫0076
[宣統]陳留縣志四十二卷首一卷　(清)鍾定纂修　(清)武從超續修　(清)趙文琳續纂　清宣統二年(1910)石印本　八册

220000－0841－0006201　豫0015
[道光]尉氏縣志二十卷首一卷　(清)劉厚滋　(清)沈湜修　(清)王觀潮等纂　清道光十一年(1831)刻本　八册

220000－0841－0006202　豫0009
[嘉慶]洧川縣志八卷首一卷　(清)何文明修　(清)李紳纂　清嘉慶二十三年(1818)刻本　四册

220000－0841－0006203　豫0010
[乾隆]登封縣志三十二卷　(清)陸繼萼修　(清)洪亮吉纂　清乾隆五十二年(1787)刻本　八册

220000－0841－0006204　豫0044
[乾隆]儀封縣志十二卷首一卷末一卷　(清)紀黄中　(清)王績修　(清)宋宣纂　清乾隆二十九年(1764)刻本　十二册

220000－0841－0006205　豫0074
[康熙]考城縣志四卷　(清)陳惠敏修　清康熙三十七年(1698)刻本　四册

220000－0841－0006206　豫0090
[乾隆]通許縣志十卷　(清)阮龍光修　(清)邵自祐纂　清乾隆三十五年(1770)刻本　六册

220000－0841－0006207　豫0045
[同治]中牟縣志十二卷首一卷末一卷　(清)吴若烺修　(清)焦子蕃纂　清同治九年(1870)刻本　六册

220000－0841－0006208　豫0011
[嘉慶]密縣志十六卷首一卷　(清)景綸修　(清)謝增纂　清嘉慶二十二年(1817)刻本　四冊

220000－0841－0006209　豫0136
[乾隆]鞏縣志二十卷首一卷　(清)李述武修　(清)張紫峴纂　清乾隆五十四年(1789)刻本　六冊

220000－0841－0006210　豫0108
[乾隆]新鄉縣志三十四卷首一卷　(清)趙開元修　(清)暢俊纂　清乾隆十二年(1747)刻本　十二冊

220000－0841－0006211　豫0130
[乾隆]汲縣志十四卷首一卷末一卷　(清)徐汝瓚修　(清)杜昆纂　清乾隆二十年(1755)刻本　六冊

220000－0841－0006212　豫0068
[順治]封邱縣志九卷首一卷　(清)余縉修　(清)李嵩陽等纂　**[康熙]封邱縣續志五卷**　(清)王賜魁修　(清)李會生　(清)宋作賓纂　**[康熙]封邱縣續志五卷**　(清)孟鏐　(清)耿紘祚修　(清)李承紱纂　清順治十六年(1659)、康熙十九年(1680)、康熙三十六年(1697)刻本　八冊

220000－0841－0006213　豫0129
[乾隆]獲嘉縣志十六卷首一卷　(清)吳喬齡修　(清)李棟纂　清乾隆二十一年(1756)刻本　六冊

220000－0841－0006214　豫0121
[乾隆]溫縣志十二卷首一卷　(清)王其華修　(清)苗于京纂　清乾隆二十四年(1759)刻本　四冊

220000－0841－0006215　豫0016
[乾隆]濟源縣志十六卷首一卷末一卷　(清)蕭應植修　(清)沈樗莊纂　清乾隆二十六年(1761)刻本　七冊

220000－0841－0006216　豫0017
[嘉慶]濟源縣志十二卷　(清)何荇芳修　(清)劉大觀纂　清嘉慶十八年(1813)刻本　三冊

220000－0841－0006217　豫0046
[道光]輝縣志二十卷首一卷末一卷　(清)周際華修　(清)戴銘纂　清道光十五年(1835)刻本　十六冊

220000－0841－0006218　豫0063
[康熙]延津縣志十卷　(清)余心孺纂修　清康熙四十一年(1702)刻本　四冊

220000－0841－0006219　豫0133
[乾隆]陽武縣志十二卷　(清)談諟曾修　(清)楊仲震等纂　清乾隆十年(1745)刻本　十冊

220000－0841－0006220　豫0003
[道光]武陟縣志三十六卷　(清)王榮陛修　清道光九年(1829)刻本　八冊

220000－0841－0006221　豫0019
[乾隆]孟縣志十卷　(清)仇汝瑚修　(清)馮敏昌纂　清乾隆五十五年(1790)刻本　十冊

220000－0841－0006222　豫0134
[乾隆]新修懷慶府志三十二卷首二卷　(清)唐侍陛　(清)杜琮修　(清)洪亮吉纂　清乾隆五十四年(1789)刻本　十六冊

220000－0841－0006223　豫0120
[萬曆]河內縣志五卷　(明)盧夢麟修　(明)王所用纂　明萬曆二十五年(1597)刻本　一冊

220000－0841－0006224　豫0069
[道光]河內縣志三十六卷　(清)袁通修　(清)方履籛纂　(清)吳育纂輯　清道光五年(1825)刻本　二十冊

220000－0841－0006225　豫0070
[道光]修武縣志十卷首一卷　(清)馮繼照修　(清)金皋　(清)袁俊纂　清道光十九年(1839)刻本　十冊

220000－0841－0006226　豫0079

[乾隆]彰德府志三十二卷首一卷 (清)盧崧修 (清)江大鍵 (清)程煥纂 清乾隆五十二年(1787)刻本 二十四册

220000－0841－0006227 豫0014
[嘉慶]安陽縣志二十八卷首一卷 (清)貴泰修 (清)武穆淳纂 清嘉慶二十四年(1819)刻本 十册

220000－0841－0006228 魯0158
[康熙]濮州志六卷 (清)張實斗修 (清)南洙源纂 清康熙十二年(1673)刻本 四册

220000－0841－0006229 豫0047
[同治]滑縣志十二卷 (清)姚錕修 (清)徐光第纂 清同治六年(1867)刻本 八册

220000－0841－0006230 豫0029
[嘉慶]濬縣志二十二卷 (清)熊象階修 (清)武穆淳纂 清嘉慶六年(1801)刻本 五册

220000－0841－0006231 豫0030
[光緒]續濬縣志八卷 (清)黄璟修 (清)李作霖 (清)喬景濂纂 清光緒十二年(1886)刻本 二册

220000－0841－0006232 豫0059
[乾隆]内黄縣志十八卷首一卷 (清)李湞修 (清)黄之徵纂 清乾隆四年(1739)刻本 六册

220000－0841－0006233 豫0110
[嘉慶]開州志八卷首一卷 (清)李符清修 (清)沈樂善纂 清嘉慶十一年(1806)刻本 六册

220000－0841－0006234 豫0048
[光緒]開州志八卷首一卷 (清)陳兆麟修 (清)祁德昌纂 清光緒七年(1881)刻本 八册

220000－0841－0006235 豫0025
[嘉慶]長垣縣志十六卷 (清)李于垣修 (清)楊元錫纂 清嘉慶十五年(1810)刻本 八册

220000－0841－0006236 豫0095
[道光]續修長垣縣志二卷 (清)葛之鏞 (清)陳壽昌修 (清)蔣庸 (清)郭餘裕纂 清道光二十九年(1849)刻本 二册

220000－0841－0006237 豫0102
[乾隆]湯陰縣志十卷 (清)楊世達纂修 清乾隆三年(1738)刻本 四册

220000－0841－0006238 豫0072
[順治]淇縣志十卷圖考一卷 (清)王謙吉等纂 清順治十七年(1660)刻本 二册

220000－0841－0006239 豫0035
[乾隆]林縣志十卷首一卷末一卷 (清)楊潮觀纂修 清乾隆十七年(1752)黄華書院刻本 八册

220000－0841－0006240 豫0012
[康熙]商邱縣志二十卷首一卷 (清)劉德昌修 (清)葉澐纂 清光緒十一年(1885)刻本 六册

220000－0841－0006241 豫0091
[光緒]虞城縣志十卷 (清)張元鑑纂 (清)李淇修 (清)席慶雲增纂 清光緒二十一年(1895)刻本 六册

220000－0841－0006242 豫0041
[光緒]永城縣志三十八卷首一卷 (清)岳廷楷修 (清)胡贊采 (清)呂永輝纂 清光緒二十九年(1903)刻本 八册

220000－0841－0006243 豫0026
[康熙]寧陵縣志十二卷首一卷 (清)王圖寧修 (清)王肇棟纂 清光緒十九年(1893)汪鈞澤刻本 八册

220000－0841－0006244 豫0043
[乾隆]商水縣志十卷首一卷 (清)張崇樸修 (清)郭熙纂 清乾隆十二年(1747)刻本 八册

220000－0841－0006245 豫0089
[道光]扶溝縣志十三卷 (清)王德瑛纂修 清道光十三年(1833)刻本 四册

220000－0841－0006246　豫 0060
［光緒］扶溝縣志十六卷首一卷　（清）熊燦修　（清）張文楷纂　清光緒十九年（1893）刻本　六冊

220000－0841－0006247　豫 0078
［光緒］鹿邑縣志十六卷首一卷　（清）于滄瀾　（清）馬家彥修　（清）蔣師轍纂　清光緒二十二年（1896）刻本　六冊

220000－0841－0006248　豫 0013
［乾隆］陳州府志三十卷首一卷　（清）崔應階修　（清）姚之琅纂　清乾隆十二年（1747）刻本　二十冊

220000－0841－0006249　豫 0131
［乾隆］項城縣志十卷首一卷　（清）韓儀修　（清）張延福纂　清乾隆十一年（1746）刻本　六冊

220000－0841－0006250　豫 0137
［乾隆］沈丘縣志十二卷　（清）何源洙修　（清）魯之璠纂　清乾隆十一年（1746）刻本　四冊

220000－0841－0006251　豫 0138
［乾隆］西華縣志十四卷首一卷　（清）宋恂修　（清）于大猷纂　清乾隆十九年（1754）刻本　六冊

220000－0841－0006252　豫 0065
［道光］太康縣志八卷　（清）戴鳳翔修　（清）高崧等纂　清道光八年（1828）刻本　八冊

220000－0841－0006253　豫 0007
［道光］許州志十六卷首一卷　（清）蕭元吉修　（清）李堯觀等纂　清道光十八年（1838）刻本　十二冊

220000－0841－0006254　豫 0038
［道光］鄢陵縣志十八卷　（清）何鄂聯修　（清）洪符孫纂　清道光十三年（1833）刻本　十二冊

220000－0841－0006255　豫 0112
［同治］鄢陵文獻志四十卷補遺一卷　（清）蘇源生纂　清同治四年（1865）刻本　二十冊

220000－0841－0006256　豫 0008
［乾隆］郾城縣志十八卷　（清）傅豫纂修　清乾隆十九年（1754）刻本　六冊

220000－0841－0006257　豫 0132
［乾隆］長葛縣志十卷　（清）阮景咸纂修　清乾隆十二年（1747）刻本　四冊

220000－0841－0006258　豫 0036
［道光］舞陽縣志十二卷　（清）王德瑛纂修　清道光十五年（1835）刻本　四冊

220000－0841－0006259　豫 0028
［同治］葉縣志十卷首一卷　（清）歐陽霖修　（清）倉景恬　（清）胡廷楨纂　清同治十一年（1872）刻本　八冊

220000－0841－0006260　豫 0064
［同治］禹州志二十六卷續二卷　（清）朱煒修　（清）姚椿等纂　（清）宮國勳增修　（清）楊景純等纂　清同治九年（1870）刻本　十四冊

220000－0841－0006261　豫 0124
［乾隆］確山縣志四卷　（清）周之瑚修　（清）嚴克嶟纂　清乾隆十一年（1746）刻本　四冊

220000－0841－0006262　豫 0113
［康熙］西平縣志十卷　（清）沈棻纂修　（清）李植續修　清康熙九年（1670）刻三十一年（1692）續刻本　四冊

220000－0841－0006263　豫 0109
［乾隆］遂平縣志十六卷首一卷　（清）金忠濟修　（清）祝暘等纂　清乾隆二十四年（1759）刻本　四冊

220000－0841－0006264　豫 0098
［康熙］上蔡縣志十五卷　（清）楊廷望修　（清）張沐等纂　清康熙二十九年（1690）刻本　八冊

220000－0841－0006265　豫 0042

[乾隆]信陽州志十二卷首一卷 (清)張鉞修 (清)萬候纂 清乾隆十四年(1749)刻本 八册

220000－0841－0006266 豫0032

[嘉慶]息縣志八卷首一卷 (清)劉光輝修 (清)任鎮及纂 清嘉慶四年(1799)刻本 八册

220000－0841－0006267 豫0061

[嘉慶]商城縣志十四卷首一卷末一卷 (清)武開吉修 (清)周之騄纂 清嘉慶八年(1803)刻本 十二册

220000－0841－0006268 豫0022

[光緒]南陽縣志十二卷首一卷 (清)潘守廉修 (清)張嘉謀 (清)張鳳岡纂 清光緒三十年(1904)刻本 八册

220000－0841－0006269 豫0088

[乾隆]裕州志六卷 (清)董學禮修 (清)宋名立續纂 清乾隆五年(1740)刻本 八册

220000－0841－0006270 豫0106

[乾隆]新野縣志九卷首一卷 (清)徐金位纂修 清乾隆十九年(1754)刻本 四册

220000－0841－0006271 豫0071

[乾隆]鄧州志二十四卷首一卷末一卷 (清)蔣光祖修 (清)姚之琅纂 清乾隆二十年(1755)刻本 八册

220000－0841－0006272 豫0104

[咸豐]淅川廳志四卷 (清)徐光第纂修 清咸豐十年(1860)刻本 四册

220000－0841－0006273 豫0067

[乾隆]南召縣志四卷 (清)陳之熉修 (清)張睿 (清)曹鵬翊纂 清乾隆十一年(1746)刻本 四册

220000－0841－0006274 豫0021

[光緒]鎮平縣志六卷 (清)吳聯元修 (清)王翊運纂 清光緒二年(1876)刻本 四册

220000－0841－0006275 叢0413

河南志四卷 (清)宋敏求纂修 清光緒三十四年(1908)刻藕香零拾本 二册

220000－0841－0006276 豫0125

[乾隆]河南府志一百十六卷首四卷 (清)施誠修 (清)裴希純 (清)孫枝榮纂 清同治六年(1867)刻本 二十四册

220000－0841－0006277 豫0031

[順治]洛陽縣志十二卷首一卷 (清)武攀龍修 (清)吳源起增修 清康熙四十年(1701)刻本 五册

220000－0841－0006278 豫0027

[乾隆]重修洛陽縣志三十六卷首一卷 (清)龔崧林修 (清)汪堅纂 清乾隆十五年(1750)刻本 三十二册

220000－0841－0006279 豫0073

[康熙]孟津縣志四卷 (清)孟常裕原本 (清)徐元燦增訂 清康熙四十八年(1709)刻本 四册

220000－0841－0006280 豫0107

[乾隆]嵩縣志三十卷首一卷 (清)康基淵纂修 清乾隆三十二年(1767)刻本 四册

220000－0841－0006281 豫0119

[光緒]重修靈寶縣志八卷 (清)周淦 (清)方胙勳修 (清)高錦榮 (清)李鏡江纂 清光緒二年(1876)刻本 八册

220000－0841－0006282 豫0018

[乾隆]偃師縣志三十卷首一卷 (清)湯毓倬修 (清)孫星衍 (清)武億纂 清乾隆五十四年(1789)刻本 十六册

220000－0841－0006283 鄂0022

[乾隆]湖北下荆南通志二十八卷 (清)魯之裕修 (清)靖道謨纂 清乾隆五年(1740)刻本 十五册 缺二卷(二十七至二十八)

220000－0841－0006284 鄂0050

[乾隆]漢陽府志五十卷首一卷 (清)陶士偰修 (清)劉湘煃纂 清乾隆十二年(1747)刻本 十六册

220000－0841－0006285　善 2055K

[嘉靖]大冶縣志七卷　(明)趙鼒修　(明)冷儒宗纂　清木活字印本　一册

220000－0841－0006286　善 1871K

[康熙]大冶縣志十二卷首一卷　(清)陳邦寄修　(清)胡繩祖纂　清康熙二十二年(1683)刻本　四册

220000－0841－0006287　鄂 0075

[光緒]孝感縣志二十四卷　(清)朱希白修　(清)沈用增纂　清光緒九年(1883)刻本　十二册

220000－0841－0006288　鄂 0002

[康熙]黄陂縣志十五卷　(清)楊廷藴纂修　清康熙五年(1666)刻本　四册

220000－0841－0006289　鄂 0060

[同治]漢川縣志二十二卷首一卷　(清)德廉　(清)袁鳴珂修　(清)林祥瑗纂　清同治十二年(1873)刻本　十二册

220000－0841－0006290　鄂 0052

[道光]雲夢縣志略十二卷首一卷末一卷　(清)吕錫麟修　(清)程懷璟纂　清道光二十年(1840)刻本　六册

220000－0841－0006291　鄂 0053

[光緒]續雲夢縣志略十卷首一卷末一卷　(清)吴念椿修　(清)程壽昌　(清)曾廣浚纂　清光緒九年(1883)刻本　四册

220000－0841－0006292　鄂 0013

[同治]續輯漢陽縣志二十八卷　(清)黄式度等修　(清)王柏心纂　清同治七年(1868)刻本　二十册

220000－0841－0006293　鄂 0041

[光緒]應城縣志十四卷首一卷　(清)羅緗　(清)陳豪修　(清)王承禧纂　清光緒八年(1882)蒲陽書院刻本　八册

220000－0841－0006294　鄂 0049

[光緒]德安府志二十卷首一卷末一卷　(清)賡音布修　(清)劉國光等纂　清光緒十四年(1888)刻本　二十册

220000－0841－0006295　鄂 0048

[光緒]黄州府志四十卷首一卷　(清)英啟修　(清)鄧琛等纂　清光緒十年(1884)刻本　四十册

220000－0841－0006296　鄂 0003

[光緒]黄岡縣志二十四卷首一卷　(清)戴昌言修　(清)劉恭冕纂　清光緒八年(1882)刻本　二十四册

220000－0841－0006297　鄂 0054

[光緒]麻城縣志五十六卷首一卷末一卷　(清)鄭慶華修　(清)潘頤福纂　清光緒三年(1877)刻本　二十三册　缺九卷(四十九至五十六、末一卷)

220000－0841－0006298　鄂 0035

[光緒]黄梅縣志四十卷首一卷　(清)覃瀚元　(清)袁瓚修　(清)宛名昌　(清)余邦士纂　清光緒二年(1876)刻本　十二册

220000－0841－0006299　鄂 0055

[同治]廣濟縣志十六卷首一卷　(清)劉宗元　(清)朱榮實修　(清)劉燡纂　清同治十一年(1872)木活字印本　十二册

220000－0841－0006300　鄂 0007

[同治]通山縣志八卷首一卷　(清)羅登瀛　(清)胡昌銘修　(清)朱美燮　(清)樂純青纂　清同治七年(1868)心田局木活字印本　八册

220000－0841－0006301　鄂 0016

[同治]江夏縣志八卷文徵二卷　(清)王庭楨修　(清)彭崧毓纂　清同治八年(1869)刻本　十册

220000－0841－0006302　鄂 0083

[寶祐]壽昌乘不分卷　(宋)□□　(清)文廷式纂　清光緒三十三年(1907)武昌柯氏息園刻本　一册

220000－0841－0006303　鄂 0037

[乾隆]武昌縣志十卷首一卷　(清)邵遐齡修

（清）談有典纂　清乾隆二十八年（1763）刻本　十册

220000－0841－0006304　鄂0006

[光緒]武昌縣志二十六卷首一卷末一卷　（清）鍾桐山修　（清）柯逢時纂　清光緒十一年（1885）刻本　十册

220000－0841－0006305　鄂0026

[同治]崇陽縣志十二卷首一卷　（清）高佐廷修　（清）傅燮鼎纂　清同治五年（1866）木活字印本　十二册

220000－0841－0006306　鄂0033

[光緒]荆州府志八十卷首一卷　（清）倪文蔚等修　（清）顧嘉蘅等纂　清光緒六年（1880）刻本　三十二册

220000－0841－0006307　鄂0024

[光緒]江陵縣志六十五卷首一卷　（清）蒯正昌　（清）吴耀斗修　（清）胡九皋　（清）劉長謙纂　清光緒二年（1876）刻本　二十四册

220000－0841－0006308　鄂0073

[同治]荆門直隸州志十二卷首一卷　（清）恩榮修　（清）張圻纂　清同治七年（1868）明倫堂刻本　十六册

220000－0841－0006309　鄂0005

[同治]鍾祥縣志二十卷補編二卷　（清）孫福海纂修　清同治六年（1867）刻本　十四册

220000－0841－0006310　鄂0012

[同治]監利縣志十二卷首一卷　（清）徐兆英　（清）林瑞枝修　（清）王柏心纂　清同治十一年（1872）刻本　十册

220000－0841－0006311　叢0916:4

監利風土志一卷　（清）王柏心纂　清光緒十七年（1891）刻小方壺齋輿地叢抄本　一册

220000－0841－0006312　鄂0032

[同治]石首縣志八卷　（清）朱榮實修　（清）傅如筠等纂　清同治五年（1866）刻本　八册

220000－0841－0006313　鄂0044

[光緒]潛江縣志續二十卷首一卷　（清）史致謨修　（清）劉恭冕　（清）郭士元纂　清光緒五年（1879）傳經書院刻本　八册

220000－0841－0006314　鄂0061

[同治]宜昌府志十六卷首一卷　（清）聶光鑾修　（清）王柏心纂　清同治四年（1865）刻本　十六册

220000－0841－0006315　鄂0034

[同治]東湖縣志三十卷首一卷續補藝文一卷　（清）金大鏞修　（清）王柏心纂　清同治三年（1864）刻本　十册

220000－0841－0006316　鄂0045

[同治]遠安縣志八卷首一卷　（清）鄭燡林修　（清）周葆恩纂　清同治五年（1866）刻本　八册

220000－0841－0006317　鄂0019

[同治]當陽縣志十八卷首一卷末一卷　（清）阮恩光修　（清）王柏心纂　清同治五年（1866）刻本　十册

220000－0841－0006318　鄂0030

[光緒]當陽縣補續志四卷首一卷　（清）李元才修　（清）李葆貞等纂　清光緒十五年（1889）刻本　四册

220000－0841－0006319　鄂0028

[康熙]宜都縣志十二卷首一卷末一卷　（清）劉顯功纂修　清康熙三十六年（1697）刻本　四册

220000－0841－0006320　鄂0009

[同治]宜都縣志四卷首一卷末一卷　（清）崔培元　（清）朱甘霖修　（清）龔紹仁纂　清同治五年（1866）刻本　四册

220000－0841－0006321　鄂0036

[光緒]長樂縣志十六卷首一卷末一卷　（清）李煥春原本　（清）龍兆霖續　（清）鄭敦祐再續　清光緒元年（1875）刻本　八册

220000－0841－0006322　鄂0023

[嘉慶]歸州志十卷　（清）李炘修　（清）陸

仲達纂　清同治五年(1866)余思訓刻本　四冊

220000－0841－0006323　鄂0038

[光緒]興山縣志二十二卷　(清)黃世崇纂修　清光緒十年(1884)經心書院刻本　四冊

220000－0841－0006324　鄂0017

[同治]增修施南府志三十卷首一卷　(清)松林　(清)周慶榕修　(清)何遠鑒等纂　清同治十年(1871)刻本　十四冊

220000－0841－0006325　鄂0056

[光緒]施南府志續編十卷　(清)王庭楨　(清)李謙修　(清)雷春沼等纂　清光緒十年(1884)刻施南府新舊志合編本　四冊

220000－0841－0006326　鄂0062

[同治]恩施縣志十二卷首一卷　(清)多壽修　(清)羅淩漢纂　清同治七年(1868)朱三恪刻本　八冊

220000－0841－0006327　鄂0018

[同治]建始縣志八卷首一卷　(清)熊啟詠纂修　清同治五年(1866)刻本　四冊

220000－0841－0006328　鄂0011

[同治]巴東縣志十六卷首一卷　(清)廖恩樹修　(清)蕭佩聲纂　清光緒六年(1880)刻本　六冊

220000－0841－0006329　鄂0063:1

[道光]鶴峯州志十四卷首一卷　(清)吉鍾穎修　(清)洪先燾纂　清道光二年(1822)刻本　六冊

220000－0841－0006330　鄂0063:2

[同治]鶴峯州志續修十四卷首一卷　(清)徐澍楷修　(清)雷春沼纂　清同治六年(1867)刻本　與220000－0841－0006329、220000－0841－0006331合冊

220000－0841－0006331　鄂0063:3

[光緒]鶴峯州志續修十四卷首一卷　(清)長庚等修　(清)陳鴻漸纂　清光緒十一年(1885)刻本　與220000－0841－0006329、220000－0841－0006330合冊

220000－0841－0006332　鄂0051

[同治]宣恩縣志二十卷首一卷　(清)張金瀾修　(清)蔡景星　(清)張金圻纂　清同治二年(1863)刻本　六冊

220000－0841－0006333　鄂0029

[同治]鄖陽志八卷首一卷　(清)吳葆儀修　(清)王嚴恭纂　清同治九年(1870)刻本　十二冊

220000－0841－0006334　鄂0057

[同治]鄖縣志十卷首一卷　(清)周瑞　(清)定熙修　(清)余瀊廷　(清)崔誥纂　清同治五年(1866)刻本　八冊

220000－0841－0006335　鄂0010

[同治]房縣志十二卷首一卷　(清)楊延烈修　(清)郁方董　(清)劉元棟纂　清同治五年(1866)刻本　六冊

220000－0841－0006336　鄂0020

[光緒]續輯均州志十六卷首一卷　(清)馬雲龍修　(清)賈洪詔纂　清光緒十年(1884)刻本　八冊

220000－0841－0006337　鄂0004

[同治]竹山縣志二十九卷　(清)周士楨修　(清)黃子遂纂　清同治四年(1865)刻本　六冊

220000－0841－0006338　鄂0064

[同治]鄖西縣志二十卷首一卷　(清)程光第修　(清)葉年棻　(清)楊卿雲纂　清同治五年(1866)刻本　十二冊

220000－0841－0006339　鄂0014

[光緒]襄陽府志二十六卷志餘一卷國朝襄郡忠義錄一卷　(清)恩聯等修　(清)王萬芳等纂　清光緒十一年(1885)刻本　十六冊

220000－0841－0006340　鄂0047

[同治]襄陽縣志七卷首一卷　(清)楊宗時修　(清)崔淦纂　(清)吳燿斗續修　(清)李士彬續纂　清同治十三年(1874)刻本　六冊

220000－0841－0006341　鄂 0027
[同治]穀城縣志八卷　(清)承印修　(清)蔣海澄　(清)黃定鏞纂　清同治六年(1867)刻本　八冊

220000－0841－0006342　鄂 0008
[同治]棗陽縣志三十卷首一卷末一卷　(清)張聲正修　(清)史策先纂　清同治四年(1865)刻本　八冊

220000－0841－0006343　鄂 0042
[同治]宜城縣志十卷　(清)程啟安修　(清)張炳鍾等纂　清同治五年(1866)刻本　八冊

220000－0841－0006344　鄂 0043
[光緒]宜城縣續志二卷　(清)李連騎修　(清)姚德華纂　清光緒八年(1882)刻本　一冊

220000－0841－0006345　湘 0001
[光緒]湖南通志二百八十八卷首八卷末十九卷　(清)卞寶第　(清)李瀚章等修　(清)曾國荃　(清)郭嵩燾等纂　清光緒十一年(1885)刻本　一百六十八冊

220000－0841－0006346　湘 0036
[同治]長沙縣志三十六卷首一卷　(清)劉采邦等修　(清)張延珂等纂　清同治十年(1871)刻本　十六冊

220000－0841－0006347　湘 0039
[嘉慶]善化縣志三十卷首一卷末一卷　(清)王餘英等纂修　清嘉慶二十三年(1818)刻本　二十冊

220000－0841－0006348　湘 0032
[光緒]善化縣志三十四卷首一卷　(清)吳兆熙　(清)冒沅修　(清)張先掄等纂　清光緒三年(1877)刻本　二十冊

220000－0841－0006349　湘 0038
[同治]巴陵縣志三十卷首一卷　(清)嚴鳴琦　(清)潘兆奎修　(清)吳敏樹等纂　清同治十一年(1872)刻本　十六冊

220000－0841－0006350　湘 0007
[光緒]巴陵縣志六十三卷首一卷洞庭君山岳陽樓詩文集十八卷　(清)姚詩德　(清)鄭桂星修　(清)杜貴墀纂　清光緒二十六年(1900)刻本　十六冊

220000－0841－0006351　湘 0042
[同治]臨湘縣志十三卷首一卷末一卷　(清)恩榮修　(清)歐陽恩霖等纂　清同治十一年(1872)刻本　六冊

220000－0841－0006352　湘 0043
[同治]平江縣志五十五卷首二卷末一卷　(清)張培仁等修　(清)李元度纂　清同治十三年(1874)刻本　十六冊

220000－0841－0006353　湘 0027
[光緒]湘陰縣圖志三十四卷首一卷末一卷　(清)郭嵩燾纂修　清光緒六年(1880)刻本　六冊

220000－0841－0006354　湘 0051
[嘉慶]湘潭縣志四十卷　(清)張雲璈修　(清)周系英纂　清嘉慶二十二年(1817)刻本　十八冊

220000－0841－0006355　湘 0041
[光緒]湘潭縣志十二卷　(清)陳嘉榆等修　王闓運等纂　清光緒十五年(1889)刻本　十冊

220000－0841－0006356　湘 0012
[同治]瀏陽縣志二十四卷　(清)王汝惺修　(清)鄒焌傑等纂　清同治十二年(1873)刻本　十三冊

220000－0841－0006357　湘 0004
[同治]醴縣志二十卷首一卷　(清)唐榮邦等修　(清)周作翰等纂　清同治十二年(1873)刻本　八冊

220000－0841－0006358　湘 0033
[同治]湘鄉縣志二十三卷首一卷末一卷　(清)齊德五　(清)溫圻修　(清)黃楷盛纂　清同治十三年(1874)刻本　二十四冊

220000－0841－0006359　湘 0028

[光緒]興寧縣志十八卷首一卷末一卷　(清)郭樹馨等修　(清)黄榜元等纂　清光緒元年(1875)刻本　八册　缺七卷(三至六、十至十一、十四)

220000－0841－0006360　湘 0015

[同治]桂陽直隸州志二十七卷　(清)汪敩灝修　王闓運纂　清同治七年(1868)刻本　十三册

220000－0841－0006361　湘 0025

[光緒]耒陽縣志八卷首一卷　(清)李師濂　(清)于學琴修　(清)宋世煦纂　清光緒十一年(1885)刻本　十册

220000－0841－0006362　湘 0024

[乾隆]衡州府志三十三卷首一卷　(清)饒佺修　(清)曠敏本纂　清乾隆二十八年(1763)刻本　二十册

220000－0841－0006363　湘 0009

[同治]衡陽縣志十二卷　(清)羅慶薌修　(清)彭玉麟等纂　清同治十三年(1874)刻本　七册

220000－0841－0006364　湘 0037

[乾隆]清泉縣志三十六卷首一卷　(清)江恂纂修　清乾隆二十八年(1763)刻本　十册

220000－0841－0006365　湘 0044

[同治]清泉縣志十卷首一卷末一卷　(清)王開運修　(清)張修府纂　清同治八年(1869)刻本　二册

220000－0841－0006366　湘 0071

[同治]祁陽縣志二十四卷首一卷　(清)陳玉祥修　(清)劉希關等纂　清同治九年(1870)刻本　十八册

220000－0841－0006367　湘 0016

[道光]永州府志十八卷首一卷　(清)吕恩湛等修　(清)宗績辰纂　清同治六年(1867)刻本　三十二册

220000－0841－0006368　湘 0052

[同治]藍山縣志十六卷末一卷　(清)胡鶚薦　(清)洪錫綬修　(清)鍾範纂　清同治六年(1867)刻本　十册

220000－0841－0006369　湘 0010

[光緒]道州志十二卷　(清)盛賡　(清)李鏡蓉修　(清)許清源　(清)洪廷揆纂　清光緒四年(1878)刻本　八册

220000－0841－0006370　湘 0031

[乾隆]東安縣志八卷首一卷　(清)吴德潤修　(清)毛世卿　(清)鄧錫爵纂　清乾隆十七年(1752)刻本　三册　缺一卷(三)

220000－0841－0006371　湘 0059

[光緒]東安縣志八卷　(清)黄心菊修　(清)席寶田等纂　清光緒二年(1876)刻本　四册

220000－0841－0006372　湘 0003

[道光]寶慶府志一百四十三卷首二卷末三卷　(清)黄宅中等修　(清)鄧顯鶴等纂　清道光二十九年(1849)刻本　六十册

220000－0841－0006373　湘 0026

[同治]武岡州志五十四卷首一卷　(清)黄維瓚　(清)潘清修　(清)鄧繹纂　清同治十二年(1873)刻本　二十册

220000－0841－0006374　湘 0045

[同治]新化縣志三十五卷首二卷　(清)關培鈞等修　(清)劉洪澤纂　清同治十一年(1872)刻本　十六册

220000－0841－0006375　湘 0049

[乾隆]辰州府志五十卷首一卷　(清)席紹葆等修　(清)謝鳴謙等纂　清乾隆三十年(1765)刻本　十八册　缺四卷(三十八至三十九、四十八,首一卷)

220000－0841－0006376　湘 0019

[光緒]重修會同縣志十四卷首一卷　(清)孫炳煜修　(清)黄世昌等纂　清光緒二年(1876)刻本　六册

220000－0841－0006377　湘 0029

靖州鄉土志四卷 金蓉鏡纂修 清光緒三十四年(1908)刻本 二冊

220000－0841－0006378 湘0005

[同治]湖南沅州府志四十二卷首一卷 (清)張官五原修 (清)吳嗣仲續修 清同治十二年(1873)刻本 二十四冊

220000－0841－0006379 湘0030

[光緒]乾州廳志十六卷首一卷 (清)蔣琦溥原本 (清)林書勳續修 (清)張先達續纂 清同治十一年(1872)、光緒三年(1877)刻本 二十冊

220000－0841－0006380 湘0008

[同治]保靖縣志十二卷首一卷 (清)林繼欽 (清)龔南金修 (清)袁祖綬纂 清同治十年(1871)刻本 八冊

220000－0841－0006381 湘0013

[康熙]鼎修常德府志十卷附卷一卷 (清)胡向華修 (清)賀奇纂 清康熙九年(1670)刻本 八冊 缺三卷(四、十,附卷一卷)

220000－0841－0006382 湘0040

[道光]桃源縣志二十卷首一卷 (清)譚震修 (清)方堃 (清)文運陞纂 清道光三年(1823)刻本 十冊 缺五卷(六至八、十八至十九)

220000－0841－0006383 湘0048

[光緒]桃源縣志十七卷首一卷末一卷 (清)余良棟修 (清)劉鳳苞纂 清光緒十八年(1892)刻本 十六冊 缺五卷(一、四至六,首一卷)

220000－0841－0006384 湘0046

[光緒]慈利縣志十卷首一卷 (清)郭恭亨纂修 清光緒二十二年(1896)刻本 二冊

220000－0841－0006385 湘0070

[同治]益陽縣志二十五卷首一卷 (清)姚念楊等修 (清)趙裴哲纂 清同治十三年(1874)刻本 十六冊

220000－0841－0006386 湘0020

[同治]續修寧鄉縣志四十四卷首一卷 (清)郭慶颺修 (清)童秀春纂 清同治六年(1867)刻本 十八冊

220000－0841－0006387 湘0011

[嘉慶]重修安化縣志二十卷首一卷 (清)周文重修 (清)雷聲 (清)陶澍纂 清嘉慶十六年(1811)刻本 七冊 缺七卷(三至九)

220000－0841－0006388 善2564

[嘉靖]江西省大志七卷 (明)王宗沐纂修 明嘉靖三十五年(1556)刻本 一冊 存一卷(五)

220000－0841－0006389 贛0069

[雍正]江西通志一百六十二卷首三卷 (清)謝旻等修 (清)陶成 (清)惲鶴生纂 清雍正十年(1732)刻本 六十冊

220000－0841－0006390 贛0001

[光緒]江西通志一百八十卷首五卷 (清)劉坤一等修 (清)劉繹等纂 清光緒七年(1881)刻本 一百二十冊

220000－0841－0006391 史6219K

江西政要一覽定例彙編二卷 (清)江西布政司衙門輯 清乾隆江西布政司衙門刻本 六冊

220000－0841－0006392 贛0038

[乾隆]南昌縣志三十二卷首一卷末一卷 (清)徐午修 (清)萬廷蘭等纂 清乾隆五十九年(1794)刻本 十二冊

220000－0841－0006393 贛0027

[同治]萍鄉縣志十卷首一卷 (清)錫榮 (清)王明潘纂修 清同治十一年(1872)尊經堂刻本 八冊

220000－0841－0006394 贛0070

[同治]九江府志五十四卷首一卷末一卷 (清)達春布等修 (清)黃鳳樓 (清)歐陽壽纂 清同治十三年(1874)刻本 二十四冊

220000－0841－0006395 贛0044

[同治]德化縣志五十四卷首一卷 (清)陳鼒

修　(清)吳彬等纂　清同治十一年(1872)刻本　十六冊

220000－0841－0006396　贛0045

[乾隆]德安縣志十五卷首一卷　(清)曹師聖纂修　清乾隆二十一年(1756)刻本　五冊　缺四卷(一至三、首一卷)

220000－0841－0006397　贛0036

[同治]瑞昌縣志十卷首一卷　(清)姚暹修　(清)馮士傑等纂　清同治十年(1871)瀼溪書院刻本　十二冊

220000－0841－0006398　贛0017

[嘉慶]湖口縣志十八卷首一卷　(清)宋庚等修　(清)洪宗訓等纂　清嘉慶二十三年(1818)刻本　十冊

220000－0841－0006399　贛0075

[同治]湖口縣志十卷首一卷　(清)殷禮　(清)張興言修　(清)周謨等纂　清同治十三年(1874)湖邑傳二酉堂刻本　十二冊

220000－0841－0006400　贛0074

[同治]南康府志二十四卷首一卷　(清)盛元等纂修　清同治十一年(1872)刻本　十二冊

220000－0841－0006401　贛0061

[同治]星子縣志十四卷首一卷　(清)藍煦　(清)徐鳴皋修　(清)曹徵甲等纂　清同治十年(1871)刻本　十二冊

220000－0841－0006402　贛0086

[同治]廣信府志十二卷首一卷　(清)蔣繼洙纂修　清同治十二年(1873)刻本　三十冊

220000－0841－0006403　贛0023

[同治]上饒縣志二十六卷首一卷　(清)王恩溥等修　(清)李樹藩纂　清同治十一年(1872)刻本　十九冊　缺二卷(六至七)

220000－0841－0006404　贛0006

[道光]玉山縣志三十二卷首一卷　(清)武次韶等纂修　清道光三年(1823)刻本　八冊

220000－0841－0006405　贛0068

[同治]玉山縣志十卷首一卷補遺一卷　(清)黃壽祺修　(清)吳華辰　(清)任廷槐纂　清同治十二年(1873)刻本　十冊

220000－0841－0006406　贛0073

[同治]貴溪縣志十卷首一卷　(清)楊長傑等修　(清)黃聯珏等纂　清同治十年(1871)刻本　十四冊

220000－0841－0006407　善2297

[道光]廣豐縣志三十二卷首一卷　(清)文炳修　(清)徐奕溥纂　清道光三年(1823)刻本　四冊

220000－0841－0006408　贛0039

[同治]廣豐縣志十卷首一卷　(清)雙全等修　(清)顧蘭生等纂　清同治十三年(1874)刻本　十冊

220000－0841－0006409　贛0007

[乾隆]婺源縣志三十九卷首一卷　(清)彭家桂修　(清)張圖南纂　清乾隆五十二年(1787)刻本　十二冊

220000－0841－0006410　贛0004

[光緒]婺源縣志六十四卷首一卷　(清)吳鶚修　(清)汪正元等纂　清光緒九年(1883)刻本　二十四冊

220000－0841－0006411　贛0019

[同治]德興縣志十卷首一卷末一卷　(清)孟慶雲修　(清)楊重雅纂　清同治十一年(1872)興賢書院刻本　十二冊

220000－0841－0006412　贛0005

[乾隆]袁州府志三十八卷首一卷　(清)陳廷枚修　(清)熊日華　(清)魯鴻纂　清乾隆二十五年(1760)刻本　六冊　存二十四卷(一至二十三、首一卷)

220000－0841－0006413　贛0009

[康熙]宜春縣志二十卷首一卷末一卷　(清)王光烈主修　(清)周家禎等纂　清康熙二十二年(1683)刻本　九冊　存二十卷(二至二十、末一卷)

220000－0841－0006414　贛0049

[同治]宜春縣志十卷首一卷　(清)路青雲修　(清)李佩琳　(清)陳瑜纂　清同治十年(1871)刻本　八册　存二卷(五、七)

220000－0841－0006415　贛 0051
萬載縣土著志三十卷首一卷　(清)衛鵷明修　(清)郭大經纂　(清)辛辰雲增訂　清道光二十九年(1849)刻本　十册

220000－0841－0006416　贛 0040
[同治]瑞州府志二十四卷首一卷　(清)黄廷金修　(清)蕭浚蘭等纂　清同治十二年(1873)刻本　十二册　缺五卷(二十至二十四)

220000－0841－0006417　贛 0012
[同治]新昌縣志三十二卷首一卷末一卷　(清)朱慶萼纂修　清同治十一年(1872)木活字印本　二十册

220000－0841－0006418　贛 0024
[同治]臨江府志三十二卷首一卷　(清)德聲　(清)鮑孝光修　(清)朱孫詒　(清)陳錫麟等纂　清同治十年(1871)刻本　六册

220000－0841－0006419　贛 0067
[同治]清江縣志十卷首一卷　(清)潘懿　(清)胡湛修　(清)朱孫詒纂　清同治九年(1870)刻本　十册

220000－0841－0006420　贛 0028
[同治]新喻縣志十六卷首一卷　(清)文聚奎　(清)祥安修　(清)吳增逵纂　清同治十二年(1873)瀛洲書院刻本　十二册

220000－0841－0006421　贛 0002
[同治]安義縣志十六卷首一卷末一卷　(清)杜林修　(清)彭斗山　(清)熊寶善纂　清同治十年(1871)木活字印本　八册

220000－0841－0006422　贛 0043
[道光]豐城縣志二十四卷首一卷　(清)徐清　(清)李培緒修　(清)毛輝鳳等纂　清道光五年(1825)刻本　十二册

220000－0841－0006423　贛 0063
[同治]豐城縣志二十八卷首一卷　(清)王家傑等修　(清)周文鳳　(清)李庚纂　清同治十二年(1873)刻本　十六册

220000－0841－0006424　贛 0064
[光緒]撫州府志八十六卷首一卷　(清)許應鑅等修　(清)謝煌纂　清光緒二年(1876)刻本　四十册

220000－0841－0006425　贛 0018
[同治]臨川縣志五十四卷首一卷末一卷　(清)童範儼修　(清)陳慶齡等纂　清同治九年(1870)刻本　二十四册

220000－0841－0006426　贛 0065
[同治]金谿縣志三十六卷首一卷末一卷　(清)程芳修　(清)鄭浴脩等纂　清同治九年(1870)刻本　十六册

220000－0841－0006427　贛 0015
[同治]宜黃縣志五十卷首一卷　(清)張興言　(清)夏燮修　清同治十年(1871)刻本　二十四册

220000－0841－0006428　贛 0052
[同治]樂安縣志十一卷首一卷　(清)朱奎章修　(清)胡芳杏纂　清同治十年(1871)刻本　八册

220000－0841－0006429　贛 0011
[同治]東鄉縣志十六卷首一卷末一卷　(清)李士棻　(清)王維新修　(清)胡業恒纂　清同治八年(1869)刻本　十二册

220000－0841－0006430　贛 0084
[同治]建昌府志十卷首一卷　(清)邵子彝修　(清)魯琪光纂　清同治十一年(1872)刻本　二十八册

220000－0841－0006431　贛 0085
[光緒]吉安府志五十三卷首一卷　(清)定祥　(清)特克紳布修　(清)劉繹　(清)周立瀛纂　清光緒二年(1876)刻本　四十册

220000－0841－0006432　贛 0030
[同治]廬陵縣志五十六卷首一卷補編一卷

（清）陳汝楨等修　（清）匡汝諧等纂　清同治十二年（1873）刻本　三十二册

220000－0841－0006433　贛 0053
［光緒］泰和縣志三十卷首一卷　（清）宋瑛等修　（清）彭啟瑞等纂　清光緒四年（1878）周之鏞續修刻本　十六册

220000－0841－0006434　贛 0057
［同治］永豐縣志四十卷　（清）雙貴　（清）王建中修　（清）劉繹等纂　清同治十三年（1874）刻本　二十册

220000－0841－0006435　贛 0056
［乾隆］安福縣志二十二卷首一卷　（清）高崇基等修　（清）王基　（清）劉映璧纂　清乾隆四十七年（1782）刻本　十六册

220000－0841－0006436　贛 0025
［同治］萬安縣志二十卷首一卷末一卷　（清）歐陽駿修　（清）周之鏞纂　清同治十二年（1873）刻本　十二册

220000－0841－0006437　贛 0083
［同治］安福縣志十八卷首一卷末一卷　（清）姚濬昌修　（清）周立瀛等纂　清同治十一年（1872）刻本　十五册　缺二卷（六、末一卷）

220000－0841－0006438　贛 0062
［同治］永寧縣志十卷首一卷　（清）楊輔宜修　（清）蕭應乾纂　清同治十三年（1874）刻本　八册

220000－0841－0006439　贛 0100
禾川書糾繆二卷　（清）尹繼隆纂　清光緒五年（1879）刻本　二册

220000－0841－0006440　贛 0026
［同治］永新縣志稿十卷永新舊志糾繆二卷　（清）尹繼隆纂修　清光緒五年（1879）刻本　十二册

220000－0841－0006441　贛 0072
［同治］新淦縣志十卷首一卷　（清）王肇賜等修　（清）陳錫麟纂　清同治十二年（1873）木活字印本　十六册

220000－0841－0006442　贛 0066
［同治］峽江縣志十卷首一卷　（清）暴大儒等修　（清）廖其觀纂　清同治十年（1871）刻本　八册

220000－0841－0006443　贛 0020
［乾隆］贛州府志四十四卷首一卷　（清）朱扆等修　（清）林有席等纂　清乾隆四十七年（1782）刻本　十四册　存二十六卷（一至二、十一至十四、十七至三十六）

220000－0841－0006444　贛 0016
［同治］贛州府志七十八卷首一卷　（清）魏瀛修　（清）魯琪光　（清）鍾音鴻纂　清同治十二年（1873）刻本　二十六册

220000－0841－0006445　贛 0041
［同治］贛縣志五十四卷首一卷　（清）黄德溥　（清）崔國榜修　（清）褚景昕纂　清同治十一年（1872）刻本　十八册

220000－0841－0006446　贛 0047
［光緒］瑞金縣志十六卷首一卷　（清）張國英等修　（清）陳芳等纂　清光緒元年（1875）刻本　十六册

220000－0841－0006447　贛 0042
［同治］定南廳志八卷序目一卷　（清）王大枚等修　（清）黄正琅等纂　清同治十一年（1872）刻本　七册　缺二卷（一、序目一卷）

220000－0841－0006448　贛 0010
［同治］南安府志三十二卷首一卷　（清）黄鳴珂修　清同治七年（1868）刻本　十五册

220000－0841－0006449　贛 0088：1
［乾隆］南安府大庾縣志二十卷首一卷　（清）余光璧纂修　清乾隆十三年（1748）刻本　十册

220000－0841－0006450　贛 0088：2
［咸豐］大庾縣續志二卷　（清）袁翼修　（清）□子瀟纂　清咸豐元年（1851）刻本　十册

220000－0841－0006451　贛 0054

[同治]大庾縣志二十六卷首一卷　(清)陳蔭昌等修　(清)石景芳纂　清同治十三年(1874)刻本　十三册　缺六卷(三至六、十至十一)

220000－0841－0006452　贛0082
[同治]南康縣志十四卷首一卷　(清)沈恩華修　(清)盧鼎峋纂　清同治十一年(1872)刻本　十二册

220000－0841－0006453　贛0050
[同治]廣昌縣志十卷首一卷　(清)曾毓璋纂修　清同治六年(1867)刻本　十册

220000－0841－0006454　粵0080
[雍正]廣東通志六十四卷　(清)郝玉麟等修　(清)魯曾煜纂　清雍正九年(1731)刻本　四十六册

220000－0841－0006455　粵0001
[道光]廣東通志三百三十四卷首一卷　(清)阮元等纂　(清)陳昌齊等纂　清同治三年(1864)刻本　一百二十册

220000－0841－0006456　粵0088
羊城古鈔八卷首一卷　(清)仇池石纂　清嘉慶十一年(1806)文畬堂刻本　六册

220000－0841－0006457　粵0003
[同治]番禺縣志五十四卷首一卷附錄一卷　(清)李福泰修　(清)史澄　(清)何若瑤纂　清同治十年(1871)刻本　十六册

220000－0841－0006458　粵0047
[光緒]曲江縣志十六卷　(清)張希京修　(清)歐樾華等纂　清光緒元年(1875)刻本　八册

220000－0841－0006459　粵0010
[同治]韶州府志四十卷　(清)額哲克修　(清)單興詩　(清)歐樾華纂　清同治十三年(1874)刻本　二十四册

220000－0841－0006460　粵0098
[同治]樂昌縣志十二卷首一卷　(清)徐寶符　(清)段縱傅　(清)李穮等纂　清同治十年(1871)刻本　五册

220000－0841－0006461　粵0027
[道光]直隸南雄州志三十四卷首一卷　(清)余保純等修　(清)董其勤纂　清道光四年(1824)刻本　十六册

220000－0841－0006462　粵0002
[嘉慶]翁源縣新志十二卷首一卷末一卷　(清)謝崇俊等修　(清)顏爾樞纂　清嘉慶二十五年(1820)刻本　八册

220000－0841－0006463　粵0063
[光緒]清遠縣志十六卷首一卷　(清)李文烜修　清光緒六年(1880)刻本　八册

220000－0841－0006464　粵0019
[道光]永安縣三志五卷首一卷末一卷　(清)宋如楠　(清)葉廷芳修　(清)賴朝侶纂　清道光二年(1822)刻本　八册

220000－0841－0006465　粵0017
[光緒]嘉應州志三十二卷首一卷　(清)吳宗焯等修　(清)溫仲和纂　清光緒二十七年(1901)刻本　十四册

220000－0841－0006466　粵0006
[道光]石窟一徵九卷　(清)黄釗纂　清光緒六年(1880)刻本　四册

220000－0841－0006467　粵0066
[乾隆]潮州府志四十二卷首一卷　(清)周碩勳纂修　清光緒十九年(1893)刻本　二十五册

220000－0841－0006468　粵0092
潮州鄉土地理教科書　(清)鄭剀亮纂　清鉛活字印本　一册

220000－0841－0006469　粵0056
[嘉慶]澄海縣志二十六卷首一卷　(清)李書吉等纂修　清嘉慶二十年(1815)刻本　八册

220000－0841－0006470　粵0049
[光緒]海陽縣志四十六卷首一卷　(清)盧蔚猷修　(清)吳道鎔纂　清光緒二十六年(1900)刻本　十二册

220000－0841－0006471　粤0023

[乾隆]陸豐縣志十二卷　(清)王之正修　(清)沈展才纂　清乾隆十年(1745)刻本　四册

220000－0841－0006472　粤0085

[同治]南海縣志二十六卷　(清)鄭夢玉等修　(清)梁紹獻等纂　清同治十一年(1872)刻本　十二册

220000－0841－0006473　粤0028

[宣統]南海縣志二十六卷末一卷　(清)張鳳喈等修　(清)桂坫等纂　清宣統三年(1911)刻本　十五册

220000－0841－0006474　粤0031

[嘉慶]三水縣志十六卷首一卷　(清)李友榕　(清)汪雲任等修　(清)鄧雲龍　(清)董思誠纂　清嘉慶二十四年(1819)刻本　八册

220000－0841－0006475　粤0009

[咸豐]順德縣志三十二卷　(清)郭汝誠修　(清)馮奉初等纂　清咸豐三年(1853)刻本　十六册

220000－0841－0006476　粤0050

龍山鄉志十四卷首一卷　(清)溫汝能纂　清嘉慶十年(1805)刻本　四册

220000－0841－0006477　粤0033

[道光]香山縣志八卷首一卷　(清)祝淮修　(清)黄培芳纂　清道光七年(1827)刻本　八册

220000－0841－0006478　史4935K

[乾隆]澳門紀略二卷首一卷末一卷　(清)印光任　(清)張汝霖纂　清嘉慶五年(1800)刻本　四册

220000－0841－0006479　叢126K

[乾隆]澳門紀略一卷　(清)印光任　(清)張汝霖纂　清道光二十四年(1844)刻昭代叢書本　一册

220000－0841－0006480　粤0069

[道光]新會縣志十四卷首一卷　(清)林星章修　(清)黄培芳　(清)曾釗纂　清道光二十年(1840)刻本　十二册

220000－0841－0006481　粤0034

[道光]新寧縣志十卷　(清)張深修　(清)曾釗　(清)溫訓纂　清道光十九年(1839)刻本　五册

220000－0841－0006482　粤0037

[光緒]新寧縣志二十六卷首一卷　(清)何福海　(清)鄭守昌修　(清)林國賡　(清)黄榮熙纂　清光緒十九年(1893)刻本　六册

220000－0841－0006483　粤0078

新甯鄉土地理二卷　(清)雷澤普纂　清宣統元年(1909)刻本　一册

220000－0841－0006484　粤0077

新甯鄉土歷史二卷　(清)雷澤普纂　清宣統元年(1909)刻本　二册

220000－0841－0006485　粤0004

[道光]瓊州府志四十四卷首一卷　(清)明誼修　(清)張岳崧纂　清道光二十一年(1841)刻本　三十一册

220000－0841－0006486　粤0052

[咸豐]瓊山縣志三十卷首一卷　(清)李文烜修　(清)鄭文彩纂　清咸豐七年(1857)刻本　十六册

220000－0841－0006487　粤0082

[道光]高州府志十六卷　(清)黄安濤　(清)海壽等修　(清)潘眉纂　清道光七年(1827)刻本　十六册

220000－0841－0006488　粤0039

[光緒]石城縣志九卷首一卷末一卷　(清)蔣廷桂修　(清)陳蘭彬纂　清光緒十八年(1892)刻本　八册

220000－0841－0006489　粤0059

[道光]陽春縣志十四卷首一卷　(清)陸向榮等修　(清)劉彬華纂　清道光元年(1821)刻本　四册

220000－0841－0006490　粤0084

[道光]陽江縣志八卷　(清)李澐等修　(清)區敞科等纂　清道光二年(1822)刻本　五冊

220000－0841－0006491　粵0051
[道光]重修電白縣志二十卷　(清)章鴻　(清)葉廷芳修　(清)邵詠　(清)崔翼周纂　清道光六年(1826)刻本　五冊

220000－0841－0006492　粵0014
[嘉慶]雷州府志二十卷首一卷　(清)雷學海修　(清)陳昌齊纂　清嘉慶十六年(1811)刻本　十冊

220000－0841－0006493　粵0071
[道光]肇慶府志二十二卷首一卷　(清)屠英等修　(清)江藩等纂　清光緒二年(1876)刻本　二十二冊

220000－0841－0006494　粵0044
[道光]高要縣志二十二卷首一卷　(清)韓際飛修　(清)何元等纂　清道光六年(1826)刻本　七冊

220000－0841－0006495　粵0045
[同治]續修高要縣志稿二卷首一卷　(清)吳信臣修　(清)黃登瀛纂　清同治二年(1863)刻本　一冊

220000－0841－0006496　粵0095
[同治]懷集縣志十卷　(清)孫汝霖　(清)趙準修　(清)曾浤仁纂　清光緒元年(1875)刻本　四冊　缺二卷(二至三)

220000－0841－0006497　粵0022
[光緒]四會縣志十編首一編末一編　(清)陳志喆　(清)劉德恒修　(清)吳大猷纂　清光緒二十二年(1896)刻本　十二冊

220000－0841－0006498　善2298
[乾隆]新興縣志三十卷　(清)劉芳纂修　清乾隆二十三年(1758)刻本　八冊

220000－0841－0006499　粵0018
[雍正]羅定州志六卷首一卷　(清)王植纂修　清雍正九年(1731)刻本　六冊

220000－0841－0006500　桂0002
[雍正]廣西通志一百二十八卷　(清)金鉷等修　(清)錢元昌　(清)陸綸纂　清雍正十一年(1733)刻本　四十二冊　缺十四卷(五、三十九至四十五、五十九至六十二、一百二十七至一百二十八)

220000－0841－0006501　桂0001
[嘉慶]廣西通志二百七十九卷首一卷　(清)謝啟昆修　(清)胡虔纂　清嘉慶六年(1801)刻同治四年(1865)、光緒十七年(1891)遞修本　八十冊

220000－0841－0006502　叢1151K
廣西昭忠錄八卷平桂紀略四卷股匪總錄三卷堂匪總錄十二卷廣西道里表一卷　(清)蘇鳳文纂　清光緒十五年(1889)刻本　八冊

220000－0841－0006503　桂0007
[嘉慶]平樂府志四十卷首一卷　(清)清柱修　(清)王人作纂　清光緒三年(1877)刻本　十二冊

220000－0841－0006504　桂0003
[光緒]賀縣志八卷　(清)全文炳修　(清)蘇煜坡等纂　清光緒十六年(1890)刻本　六冊

220000－0841－0006505　桂0009
[光緒]鬱林州志二十卷首一卷　(清)馮德材　(清)全文炳修　(清)文德馨　(清)牟懋圻纂　清光緒二十年(1894)刻本　十冊

220000－0841－0006506　桂0019
[嘉靖]續修興業縣志十卷首一卷　(清)蘇勒通阿修　(清)彭焜基等纂　清抄本　四冊

220000－0841－0006507　桂0006
[光緒]平南縣志二十四卷首一卷　(清)裘彬修　(清)周壽祺纂　清光緒十年(1884)刻本　十冊

220000－0841－0006508　桂0008
[光緒]北流縣志二十四卷　(清)徐作梅修　(清)李士琨纂　清光緒六年(1880)刻本　十二冊

220000－0841－0006509　桂0018
[光緒]貴縣志八卷　(清)王仁鍾修　(清)梁吉祥纂　清光緒二十年(1894)紫泉書院刻本　五册

220000－0841－0006510　蜀0002
[雍正]四川通志四十七卷首一卷　(清)黄廷桂等修　(清)張晉生等纂　清乾隆元年(1736)刻本　四十八册

220000－0841－0006511　蜀0001
[嘉慶]四川通志二百四卷首二十二卷　(清)常明等修　(清)楊芳燦等纂　清嘉慶二十一年(1816)刻本　一百二十册

220000－0841－0006512　史4405
蜀典十二卷　(清)張澍纂　清光緒二年(1876)刻本　四册

220000－0841－0006513　蜀0279
蜀故二十七卷　(清)彭遵泗纂　清光緒二年(1876)刻本　六册

220000－0841－0006514　蜀0159
[嘉慶]成都縣志六卷首一卷　(清)王泰雲等修　(清)衷以壎等纂　(清)楊芳燦續纂　清嘉慶二十一年(1816)、咸豐十年(1860)刻本　六册

220000－0841－0006515　蜀0160
[同治]重修成都縣志十六卷首一卷　(清)李玉宣等修　(清)衷興鑑等纂　清同治十二年(1873)刻本　十六册

220000－0841－0006516　蜀0163
[光緒]雙流縣志四卷首一卷　(清)彭琬等纂修　清光緒三年(1877)刻本　八册

220000－0841－0006517　蜀0162
[光緒]雙流縣志二卷　(清)彭琬原修　(清)吳特仁續纂　清光緒二十年(1894)刻本　四册

220000－0841－0006518　蜀0073
[嘉慶]金堂縣志九卷首一卷末一卷　(清)謝維傑修　(清)黄烈　(清)陳一津纂　清道光二十四年(1844)楊得質刻本　十册

220000－0841－0006519　蜀0085
[同治]續金堂縣志八卷首一卷末一卷　(清)王樹桐　(清)徐璞玉修　(清)米繪裳等纂　清同治六年(1867)刻本　二册

220000－0841－0006520　蜀0208
[道光]重慶府志九卷　(清)王夢庚修　(清)寇宗纂　清道光二十三年(1843)刻本　十二册

220000－0841－0006521　蜀0149
[乾隆]巴縣志十七卷首一卷　(清)王爾鑑修　(清)王世沿等纂　清嘉慶二十五年(1820)刻本　十二册

220000－0841－0006522　蜀0051
[嘉慶]溫江縣志三十六卷首一卷　(清)李紹祖等修　(清)徐文賁等纂　清嘉慶二十年(1815)刻本　六册　缺一卷(三)

220000－0841－0006523　蜀0048
溫江縣鄉土志十二卷　曾學傳纂　清宣統元年(1909)刻本　四册

220000－0841－0006524　蜀0042
[同治]郫縣志四十四卷　(清)陳慶熙修　(清)高升之等纂　清同治九年(1870)刻本　八册

220000－0841－0006525　蜀0197
[嘉慶]崇寧縣志四卷　(清)劉壇等纂修　清嘉慶二十一年(1816)刻本　四册

220000－0841－0006526　蜀0024
[乾隆]灌縣志十二卷首一卷　(清)孫天寧纂修　清乾隆五十一年(1786)刻本　十二册

220000－0841－0006527　蜀0004
[光緒]增修灌縣志十四卷首一卷　(清)莊思恒等修　(清)鄭珶山纂　清光緒十二年(1886)刻本　十二册

220000－0841－0006528　蜀0027
灌縣鄉土志二卷圖考一卷　(清)鍾文虎修　(清)徐昱等纂　清光緒三十三年(1907)刻本

二冊

220000－0841－0006529　蜀 0062
[嘉慶]彭縣志四十二卷　(清)王鍾鈁修　(清)彭以懋等纂　清嘉慶十八年(1813)刻本　八冊

220000－0841－0006530　蜀 0063
[光緒]重修彭縣志十三卷首一卷末一卷補遺一卷　(清)張龍甲修　(清)呂調陽等纂　清光緒六年(1880)刻本　八冊

220000－0841－0006531　蜀 0154:2
[嘉慶]漢州志四十卷首一卷末一卷　(清)劉長庚修　(清)侯肇元　(清)張懷泗纂　清嘉慶二十二年(1817)刻本　十二冊

220000－0841－0006532　蜀 0154:1
[同治]續漢州志二十四卷首一卷補一卷　(清)張超等修　(清)曾履中　(清)張敏行纂　清同治八年(1869)刻本　八冊

220000－0841－0006533　蜀 0199
[道光]新都縣志十八卷首一卷　(清)張奉書修　(清)張懷洵纂　清道光二十四年(1844)刻本　十二冊

220000－0841－0006534　蜀 0047
[嘉慶]新繁縣志四十三卷首一卷　(清)顧德昌等修　(清)張粹德等纂　清嘉慶十九年(1814)刻本　四冊

220000－0841－0006535　蜀 0046
[同治]新繁縣志十六卷首一卷　(清)張文珍　(清)李應觀修　(清)楊益豫等纂　清同治十二年(1873)刻本　八冊

220000－0841－0006536　蜀 0041
新繁縣鄉土志十卷　(清)余慎　(清)陳彥升纂修　清光緒三十三年(1907)鉛活字印本　二冊

220000－0841－0006537　蜀 0115
[同治]大邑縣志二十卷　(清)趙霦等纂修　清同治六年(1867)刻本　八冊

220000－0841－0006538　蜀 0021
[光緒]增修崇慶州志十二卷首一卷　(清)沈思培等修　(清)胡麟等纂　清光緒三年(1877)刻本　八冊

220000－0841－0006539　蜀 0239
[道光]龍安府志十卷　(清)鄧存詠等纂修　清道光二十二年(1842)刻本　八冊

220000－0841－0006540　蜀 0102
[光緒]新修潼川府志三十卷　(清)阿麟修　(清)王龍勳等纂　清光緒二十三年(1897)刻本　十六冊

220000－0841－0006541　蜀 0114
[同治]直隸緜州志五十五卷　(清)文棨　(清)董貽清修　(清)何肇齡　(清)何天祥纂　清同治十二年(1873)刻本　二十冊

220000－0841－0006542　蜀 0170
[光緒]江油縣志二十四卷　(清)武丕文修　(清)歐培槐等纂　清光緒二十九年(1903)刻本　六冊

220000－0841－0006543　蜀 0055
[同治]彰明縣志五十七卷首二卷　(清)何慶恩等修　(清)李朝棟等纂　清同治十三年(1874)刻本　十冊

220000－0841－0006544　蜀 0096
[道光]重修昭化縣志四十八卷　(清)張紹齡等纂修　清同治三年(1864)曾寅光刻本　六冊

220000－0841－0006545　蜀 0238
[同治]劍州志十卷　(清)李溶　(清)余文煥修　(清)李榕等纂　清同治十二年(1873)刻本　四冊

220000－0841－0006546　蜀 0005
[咸豐]重修梓潼縣志六卷　(清)張香海修　(清)楊曦等纂　清咸豐八年(1858)刻本　六冊

220000－0841－0006547　蜀 0133
[嘉慶]三臺縣志八卷　(清)沈昭興纂修　清嘉慶十九年(1814)刻本　八冊

220000－0841－0006548　蜀0017

[光緒]射洪縣志十八卷首一卷　(清)謝廷鈞等修　(清)羅錦城等纂　清光緒十年(1884)刻本　十冊

220000－0841－0006549　蜀0129

[乾隆]遂寧縣志十二卷首一卷　(清)李培峘修　(清)寇賚言纂　清乾隆五十二年(1787)刻本　十冊

220000－0841－0006550　蜀0127

[光緒]遂寧縣志六卷首一卷　(清)孫海等修　(清)李星根等纂　清光緒五年(1879)刻本　六冊

220000－0841－0006551　蜀0037

[道光]蓬溪縣志十六卷首一卷　(清)吳章祁等修　(清)顧士英等纂　清道光二十五年(1845)刻本　八冊

220000－0841－0006552　蜀0040

[光緒]蓬溪縣續志十四卷首一卷　(清)周學銘修　(清)熊祥謙等纂　清光緒二十五年(1899)刻本　四冊

220000－0841－0006553　蜀0140

[道光]中江縣新志八卷首一卷　(清)楊霈修　(清)李福源　(清)范泰衡纂　清道光十九年(1839)刻本　七冊

220000－0841－0006554　蜀0141

[同治]中江縣志補遺一卷續編一卷　(清)李星根纂　清同治五年(1866)刻本　一冊

220000－0841－0006555　蜀0036

[道光]德陽縣新志十二卷首一卷末一卷　(清)裴顯忠修　(清)劉碩輔纂　清道光十七年(1837)刻本　四冊

220000－0841－0006556　蜀0008

[光緒]德陽縣志續編十卷首一卷末一卷補遺一卷　(清)鈕傳善修　(清)李炳靈　(清)楊藻纂　清光緒三十一年(1905)刻本　三冊

220000－0841－0006557　蜀0044

綿竹縣鄉土志不分卷　(清)田明理　(清)黃尚毅纂修　清光緒三十四年(1908)刻本　二冊

220000－0841－0006558　蜀0182

[嘉慶]安縣志三十卷首一卷　(清)楊英燦纂修　清嘉慶十八年(1813)刻本　二冊

220000－0841－0006559　蜀0081

[嘉慶]羅江縣志十卷　(清)李調元纂修　清嘉慶七年(1802)刻本　二冊

220000－0841－0006560　叢1572

[嘉慶]羅江縣志十卷　(清)李調元纂修　清道光五年(1825)李朝夔刻函海本　一冊

220000－0841－0006561　蜀0079

[嘉慶]羅江縣志三十六卷　(清)李桂林纂修　清同治四年(1865)刻本　四冊

220000－0841－0006562　蜀0080

[同治]續修羅江縣志二十四卷　(清)馬傳業修　(清)劉正慧等纂　清同治四年(1865)刻本　二冊

220000－0841－0006563　蜀0104

[道光]石泉縣志十卷　(清)趙德林等修　(清)張沆纂　清道光十四年(1834)刻本　六冊

220000－0841－0006564　蜀0152

[道光]樂至縣志十六卷首一卷　(清)裴顯忠修　(清)劉碩輔纂　清道光二十年(1840)刻本　四冊

220000－0841－0006565　蜀0144

[道光]安岳縣志十六卷首一卷　(清)濮瑗修　(清)周國頤等纂　清道光十六年(1836)刻本　八冊

220000－0841－0006566　蜀0143

[光緒]續修安岳縣志四卷　(清)陳其寬修　(清)鄒宗垣等纂　清光緒二十三年(1897)刻本　四冊

220000－0841－0006567　蜀0060

[乾隆]威遠縣志八卷首一卷　(清)李南暉修　(清)張翼儒纂　清乾隆四十年(1775)刻本

八册

220000－0841－0006568　蜀0016
[咸豐]資陽縣志四十八卷首二卷　(清)范涞清修　(清)何華元纂　清咸豐十年(1860)刻本　十册

220000－0841－0006569　蜀0072
[乾隆]簡州志八卷　(清)劉如基修　(清)楊汩等纂　清乾隆五十八年(1793)刻本　三册

220000－0841－0006570　蜀0070
[咸豐]簡州志十四卷　(清)濮瑗修　(清)黄樸等纂　清咸豐三年(1853)刻本　十册

220000－0841－0006571　蜀0110
[光緒]敘州府志四十三卷首一卷末一卷　(清)王麟祥修　(清)邱晉成等纂　清光緒二十二年(1896)刻本　二十八册

220000－0841－0006572　蜀0137
[嘉慶]宜賓縣志五十四卷首一卷　(清)劉元熙修　(清)李世芳纂　清嘉慶十七年(1812)刻本　十册

220000－0841－0006573　蜀0025
[乾隆]富順縣志五卷首一卷　(清)段玉裁修　(清)李芝纂　清光緒八年(1882)刻本　五册

220000－0841－0006574　蜀0028
[同治]富順縣志三十八卷　(清)羅廷權等修　(清)呂上珍纂　清同治十一年(1872)刻本　八册

220000－0841－0006575　蜀0058
[同治]南溪縣志八卷　(清)福倫修　(清)胡元翔　(清)唐毓彤纂　清同治十三年(1874)刻本　八册

220000－0841－0006576　蜀0142
[嘉慶]江安縣志六卷　(清)趙樸修　(清)鄭存仁纂　清嘉慶十七年(1812)刻本　六册

220000－0841－0006577　蜀0227
[光緒]直隸瀘州志十二卷　(清)田秀栗纂修　(清)華國清　(清)施澤久纂　清光緒八年(1882)刻本　十二册

220000－0841－0006578　蜀0145
[同治]合江縣志五十四卷首一卷　(清)瞿樹蔭等修　(清)羅增垣等纂　清同治十年(1871)刻本　十二册

220000－0841－0006579　蜀0183
[光緒]興文縣志六卷首一卷　(清)江亦顯等修　(清)黄相堯纂　清光緒十三年(1887)刻本　八册

220000－0841－0006580　善2091
[乾隆]筠連縣志不分卷　(清)□□纂　清抄本　一册

220000－0841－0006581　蜀0097
[同治]筠連縣志十六卷　(清)程熙春修　(清)文爾炘等纂　清同治十二年(1873)刻本　六册

220000－0841－0006582　蜀0075
[乾隆]屏山縣志八卷首一卷續編一卷　(清)張曾敏等纂　(清)敬大科等續編　清嘉慶五年(1800)刻本(卷一至二抄配)　九册

220000－0841－0006583　蜀0098
[同治]嘉定府志四十八卷首一卷　(清)宋鳴琦原修　(清)陳一沺原纂　(清)文良等重修　(清)陳堯采等增纂　清同治三年(1864)刻本　十六册

220000－0841－0006584　蜀0219
[嘉慶]夾江縣志十二卷首一卷　(清)王佐纂修　清光緒十四年(1888)刻本　四册

220000－0841－0006585　蜀0204
[嘉慶]洪雅縣志二十五卷首一卷　(清)王好音修　(清)張桂等纂　清嘉慶十八年(1813)刻本　七册

220000－0841－0006586　蜀0203
[光緒]洪雅縣志十二卷首一卷　(清)郭世棻修　(清)鄧敏修等纂　清光緒十年(1884)刻本　五册

220000－0841－0006587　蜀 0171

[光緒]丹稜縣志十卷首一卷　(清)顧汝萼修　(清)朱文瀚等纂　清光緒十八年(1892)刻本　四册

220000－0841－0006588　蜀 0087

[嘉慶]眉州屬志十九卷　(清)涂長發修　(清)王昌年纂　清嘉慶五年(1800)刻本　十二册

220000－0841－0006589　蜀 0158

光緒井研志四十二卷　(清)高承瀛修　(清)吳嘉謨　(清)龔煦春纂　清光緒二十六年(1900)刻本　十二册

220000－0841－0006590　蜀 0165

[道光]仁壽縣新志八卷　(清)馬百齡修　(清)魏崧　(清)鄭宗垣纂　清道光十七年(1837)刻本　八册

220000－0841－0006591　蜀 0032

[嘉慶]犍為縣志十卷首一卷　(清)王夢庚　(清)呂朝恩纂修　清嘉慶十九年(1814)刻本　四册

220000－0841－0006592　蜀 0015

[嘉慶]峨眉縣志十卷首一卷　(清)王燮修　(清)張希縉　(清)張希珝纂　清宣統三年(1911)李錦成刻本　四册

220000－0841－0006593　蜀 0148

[光緒]永川縣志十卷首一卷　(清)許曾蔭等修　(清)馬慎修纂　清光緒二十年(1894)刻本　十册

220000－0841－0006594　蜀 0180

[光緒]大足縣志八卷　(清)王德嘉等修　(清)高雲從等纂　清光緒三年(1877)刻本　五册

220000－0841－0006595　蜀 0019

[光緒]銅梁縣志十六卷首一卷　(清)韓清桂　(清)邵坤修　(清)陳昌等纂　清光緒元年(1875)刻本　八册

220000－0841－0006596　蜀 0067

銅梁縣鄉土志不分卷　(清)夏雲程纂　清光緒抄本　一册

220000－0841－0006597　蜀 0212

[光緒]合州志十六卷　(清)費兆鉞修　(清)程業修纂　清光緒四年(1878)刻本　八册

220000－0841－0006598　蜀 0053

[同治]璧山縣志十卷首一卷末一卷　(清)寇用平修　(清)陳錦堂　(清)盧有徽纂　清同治四年(1865)刻本　十二册

220000－0841－0006599　蜀 0222

[嘉慶]江津縣志二十二卷　(清)曾受一修　(清)王家駒纂　(清)徐鼎續修　(清)楊彥青續纂　(清)李寶昌再續纂　清嘉慶十七年(1812)刻本　十册

220000－0841－0006600　蜀 0086

[光緒]榮昌縣志二十二卷　(清)文康原本　(清)施學煜等續修　(清)敖册賢等續纂　清光緒十年(1884)刻本　八册

220000－0841－0006601　蜀 0038

[光緒]酆都縣志四卷首一卷典禮備考八卷　(清)田秀栗　(清)徐昌緒等原本　(清)蔣履泰等增纂　清光緒十九年(1893)刻本　八册

220000－0841－0006602　蜀 0120

[道光]補輯石砫廳新志十二卷　(清)王槐齡纂修　清道光二十三年(1843)刻本　四册

220000－0841－0006603　蜀 0077

[光緒]秀山縣志十四卷首一卷　(清)王壽松修　(清)李稽勳等纂　清光緒十七年(1891)刻本　四册

220000－0841－0006604　蜀 0101

[光緒]黔江縣志五卷首一卷　(清)張九章修　(清)陳藩垣等纂　清光緒二十年(1894)刻本　五册

220000－0841－0006605　蜀 0111

[道光]夔州府志三十六卷首一卷　(清)恩成

修 (清)劉德銓纂 清光緒十七年(1891)刻本 二十四册

220000－0841－0006606 蜀0185
[同治]增修萬縣志三十六卷首一卷典禮備考八卷 (清)王玉鯨 (清)張琴修 (清)范泰衡等纂 清同治五年(1866)刻本 八册

220000－0841－0006607 蜀0103
[咸豐]開縣志二十七卷首一卷 (清)李肇奎等修 (清)陳崑等纂 清咸豐三年(1853)刻本 六册

220000－0841－0006608 蜀0121
[乾隆]大寧縣志四卷 (清)閻源清修 (清)焦懋熙纂 清乾隆十一年(1746)刻本 二册

220000－0841－0006609 蜀0119
[光緒]大寧縣志八卷首一卷 (清)高維嶽修 (清)魏遠猷等纂 清光緒十一年(1885)刻本 八册

220000－0841－0006610 蜀0095
[光緒]奉節縣志三十六卷首一卷 (清)曾秀翹修 (清)楊德坤等纂 清光緒十九年(1893)刻本 八册

220000－0841－0006611 蜀0078
[道光]忠州直隸州志八卷首一卷 (清)吳友箎修 (清)熊履青纂 清道光六年(1826)刻本 八册

220000－0841－0006612 蜀0030
[光緒]梁山縣志十卷首一卷 (清)朱言詩纂修 清光緒二十年(1894)刻本 十二册

220000－0841－0006613 蜀0109
[道光]保寧府志六十二卷圖考一卷補遺一卷 (清)黎學錦修 (清)史觀纂 清道光二十三年(1843)刻本 十六册

220000－0841－0006614 蜀0196
[嘉慶]南充縣志八卷 (清)袁鳳孫修 (清)陳榕等纂 (清)洪璋增輯 清咸豐七年(1857)刻本 六册

220000－0841－0006615 蜀0023
[咸豐]閬中縣志八卷 (清)徐繼鏞修 (清)李惺等纂 清咸豐元年(1851)刻本 四册

220000－0841－0006616 蜀0184
[同治]儀隴縣志六卷 (清)曹紹樾等修 (清)胡輯瑞等纂 清同治十年(1871)刻本 六册

220000－0841－0006617 蜀0177
[光緒]西充縣志十四卷 (清)高培穀修 (清)劉藻纂 清光緒元年(1875)刻本 六册

220000－0841－0006618 蜀0007
[同治]營山縣志三十卷 (清)翁道均原修 (清)熊毓藩等原纂 (清)劉域等補修 清光緒十五年(1889)刻本 八册

220000－0841－0006619 蜀0068
[光緒]蓬州志十五卷 (清)方旭修 (清)張禮傑等纂 清光緒二十三年(1897)刻本 三册

220000－0841－0006620 蜀0112
[光緒]岳池縣志二十卷首一卷 (清)何其泰等修 (清)吳新德纂 清光緒元年(1875)刻本 十册

220000－0841－0006621 蜀0138
[光緒]定遠縣志六卷 (清)姜由範等修 (清)王鏞等纂 清光緒元年(1875)刻本 六册

220000－0841－0006622 蜀0178
[嘉慶]達縣志五十二卷 (清)魯鳳輝等修 (清)王廷偉等纂 清嘉慶二十年(1815)刻本 六册

220000－0841－0006623 蜀0156
[光緒]太平縣志十卷首一卷 (清)楊汝偕纂修 清光緒十九年(1893)刻本 四册

220000－0841－0006624 蜀0151
[嘉慶]東鄉縣志三十三卷 (清)徐陳謨纂修 清嘉慶二十年(1815)刻本 五册

220000－0841－0006625　蜀 0054
[道光]鄰水縣志六卷首一卷　(清)曾燦奎　(清)劉光第修　(清)甘家斌等纂　清道光十五年(1835)刻本　六册

220000－0841－0006626　蜀 0118
[道光]大竹縣志四十卷　(清)瞿瑔修　(清)王懷孟等纂　(清)蔡以修續修　(清)劉漢昭等續纂　清道光二年(1822)刻本　六册

220000－0841－0006627　蜀 0150
[道光]巴州志十卷首一卷　(清)朱錫穀修　(清)陳一津等纂　清道光十三年(1833)刻本　四册

220000－0841－0006628　蜀 0065
[道光]通江縣志十五卷　(清)錫檀修　(清)陳瑞生　(清)鄧范之纂　清道光二十八年(1848)刻本　十册

220000－0841－0006629　蜀 0012
[乾隆]雅州府志十六卷　(清)曹掄彬修　(清)曹掄翰纂　清光緒十三年(1887)修補乾隆四年(1739)刻本　十二册

220000－0841－0006630　蜀 0213
[光緒]名山縣志十五卷　(清)趙懿纂修　清光緒十八年(1892)刻本　八册

220000－0841－0006631　蜀 0220
[咸豐]天全州志八卷首一卷　(清)陳松齡纂修　清咸豐八年(1858)刻本　二册

220000－0841－0006632　蜀 0132
[同治]會理州志十二卷　(清)鄧仁垣等修　(清)吳鍾崙等纂　**[光緒]會理州續志二卷**　(清)蔣金生修　(清)徐置纂　清同治十三年(1874)、光緒三十一年(1905)刻本　九册

220000－0841－0006633　蜀 0123
[同治]松潘記略不分卷　(清)何遠慶纂修　清同治十二年(1873)刻本　一册

220000－0841－0006634　蜀 0049
[道光]茂州志四卷首一卷　(清)楊迦懌等修　(清)劉輔廷纂　清道光十一年(1831)刻本　四册

220000－0841－0006635　蜀 0215
[嘉慶]汶志紀略四卷　(清)李錫書纂修　清嘉慶十年(1805)刻本　四册

220000－0841－0006636　蜀 0013
[同治]直隸理番廳志六卷首一卷　(清)吳羹梅修　(清)周祚嶧纂　清同治五年(1866)刻本　六册

220000－0841－0006637　蜀 0091
四川新設鑪霍屯志略不分卷公牘一卷條陣一卷　(清)李之珂纂修　清光緒三十二年(1906)鉛活字印本　二册

220000－0841－0006638　叢 1665
章谷屯志略一卷　(清)吳德煦纂　清宣統二年(1910)鉛印振綺堂叢書本　一册

220000－0841－0006639　蜀 0071
[光緒]雷波廳志三十六卷首一卷　(清)秦雲龍修　(清)萬科進纂　清光緒十九年(1893)刻本　六册

220000－0841－0006640　蜀 0003
[光緒]越巂廳全志十二卷　(清)馬忠良原纂　(清)馬湘　(清)馬枬續纂　(清)孫鏘增修　清光緒三十二年(1906)鉛活字印本　六册

220000－0841－0006641　善 0200
[康熙]貴州通志三十六卷　(清)衛既齊修　(清)薛載德纂　清康熙三十一年(1692)刻本　十八册

220000－0841－0006642　黔 0001
[乾隆]貴州通志四十六卷首一卷　(清)鄂爾泰　(清)張廣泗修　(清)靖道謨　(清)杜詮纂　清乾隆六年(1741)刻嘉慶重修本　四十册

220000－0841－0006643　史 5143
[乾隆]黔南識略三十二卷　(清)愛必達纂修　清道光二十七年(1847)刻光緒三十二年

(1906)重修本　四冊

220000－0841－0006644　史 5487
[道光]黔南職方紀略九卷　(清)羅繞典纂　清道光二十七年(1847)刻本　二冊

220000－0841－0006645　黔 0023
[道光]遵義府志四十八卷首一卷　(清)平翰修　(清)鄭珍　(清)莫友芝纂　清道光二十一年(1841)刻本　二十冊

220000－0841－0006646　黔 0004
[道光]平遠州志二十卷　(清)徐豐玉修　(清)諶厚光纂　清光緒十六年(1890)刻本　三冊

220000－0841－0006647　黔 0022
[咸豐]安順府志五十四卷首一卷　(清)常恩修　(清)鄒漢勳　(清)吳寅邦纂　清光緒十六年(1890)刻本　十六冊

220000－0841－0006648　黔 0003
[康熙]天柱縣志二卷　(清)王復宗纂修　清康熙二十四年(1685)刻本　一冊

220000－0841－0006649　黔 0006
[道光]廣順州志十二卷首一卷末一卷　(清)金臺修　(清)但明倫纂　清道光二十七年(1847)刻本　四冊

220000－0841－0006650　滇 0053
[乾隆]雲南通志三十卷　(清)鄂爾泰　(清)尹繼善修　(清)靖道謨纂　清乾隆元年(1736)刻本　十九冊　存二十卷(一至十、二十至二十九)

220000－0841－0006651　滇 0002
[嘉慶]滇繫四十卷　(清)師範纂　清光緒十三年(1887)雲南通志局刻本　四十冊

220000－0841－0006652　滇 0003
[道光]雲南通志稿二百十六卷首三卷　(清)阮元　(清)伊里布等修　(清)王崧　(清)李誠纂　清道光十五年(1835)刻本　二百十八冊

220000－0841－0006653　滇 0004
[光緒]續雲南通志稿一百九十四卷首六卷　(清)王文韶　(清)魏光燾修　(清)唐炯等纂　清光緒二十七年(1901)四川岳池縣刻本　一百冊

220000－0841－0006654　滇 0072
[光緒]全滇紀要不分卷　(清)雲南課吏館纂　清光緒三十一年(1905)鉛活字印本　十冊

220000－0841－0006655　滇 0020
[道光]昆明縣志十卷　(清)戴絅孫纂修　清光緒二十七年(1901)刻本　六冊

220000－0841－0006656　滇 0040
[道光]晉寧州志十二卷　(清)朱慶椿修　(清)陳金堂纂　清道光二十三年(1843)刻本　七冊　存六卷(三至五、九至十、十二)

220000－0841－0006657　滇 0048
[光緒]呈貢縣志八卷　(清)朱若功原本　(清)李明□續修　(清)李蔚文等續纂　清光緒十一年(1885)刻本　八冊

220000－0841－0006658　滇 0054
[光緒]鎮雄州志六卷　(清)吳光漢修　(清)宋成基纂　清光緒十三年(1887)刻本　七冊　缺一卷(三)

220000－0841－0006659　滇 0065
[咸豐]南寧縣志十卷首一卷　(清)毛玉成修　(清)張翊辰　(清)喻懷信纂　清咸豐二年(1852)刻本　三冊　缺三卷(一至二、首一卷)

220000－0841－0006660　滇 0030
[咸豐]南寧縣志十卷首一卷　(清)毛玉成修　(清)張翊辰　(清)喻懷信纂　清咸豐二年(1852)刻本　二冊　存二卷(九至十)

220000－0841－0006661　滇 0016
[光緒]續修嵩明州志八卷　(清)胡昌緒　(清)葉如桐修　(清)三沂淵　(清)梁思明纂　清光緒十三年(1887)刻本　四冊

220000－0841－0006662　滇 0067
[道光]澂江府志十六卷首一卷　(清)李熙齡

纂修　清咸豐三年(1853)刻本　八冊　缺五卷(四至五、十二至十三、十六)

220000－0841－0006663　滇 0060
[光緒]續順寧府志稿三十八卷　(清)党蒙等修　(清)周宗洛纂　清光緒三十一年(1905)刻本　十二冊

220000－0841－0006664　滇 0061
[道光]永昌府志二十六卷首一卷　(清)陳廷焴纂修　清道光六年(1826)刻本　六冊　缺一卷(二十六)

220000－0841－0006665　滇 0047
[乾隆]雲南騰越州志十三卷　(清)屠述濂纂修　清乾隆五十五年(1790)刻本　四冊　缺二卷(十至十一)

220000－0841－0006666　滇 0023
[乾隆]雲南騰越州志十三卷　(清)屠述濂纂修　清光緒二十三年(1897)刻本　一冊

220000－0841－0006667　滇 0012
[光緒]騰越廳志稿二十卷首一卷　(清)陳宗海修　(清)趙端禮纂　清光緒十三年(1887)刻本　十一冊　缺二卷(四至五)

220000－0841－0006668　滇 0038
[道光]廣南府志四卷　(清)李熙齡纂修　清光緒抄本　十六冊

220000－0841－0006669　滇 0022
[嘉慶]臨安府志二十卷　(清)瀋源修　(清)羅惠恩　(清)楊懷誠纂　清嘉慶四年(1799)刻本　十六冊

220000－0841－0006670　滇 0042
[乾隆]石屏州志八卷　(清)管學宣纂修　清乾隆二十四年(1759)刻四十五年(1780)重印本　四冊　存四卷(二至五)

220000－0841－0006671　滇 0043
[乾隆]石屏州續志二卷　(清)呂纘先修　(清)羅元綺纂　清乾隆四十五年(1780)刻本　一冊

220000－0841－0006672　滇 0028
[光緒]羅次縣志四卷　(清)胡毓麒等修　(清)楊鍾璧纂　清光緒十三年(1887)刻本(卷一至三抄配)　八冊

220000－0841－0006673　滇 0031
[光緒]鎮南州志略十一卷　(清)李毓蘭修　(清)甘夢賢纂　清光緒十八年(1892)刻本　八冊　存八卷(二至五、七至八、十至十一)

220000－0841－0006674　滇 0041
[光緒]姚州志十一卷首一卷志餘瑣錄一卷　(清)陸宗鄭修　(清)甘雨纂　清光緒十一年(1885)刻本　十二冊

220000－0841－0006675　滇 0037
[光緒]續修白鹽井志十一卷首一卷　(清)李訓鋐等修　(清)羅其澤等纂　清光緒三十三年(1907)刻本　十二冊

220000－0841－0006676　滇 0029
[咸豐]鄧川州志一卷首一卷　(清)鈕方圖修　(清)侯允欽纂　清咸豐四年(1854)楊炳錕刻五年(1855)侯允欽第九卷抽印本　一冊

220000－0841－0006677　滇 0058
[康熙]蒙化府志六卷首一卷　(清)蔣旭修　(清)陳金珏纂　清光緒七年(1881)刻本　二冊　存四卷(一、五至六,首一卷)

220000－0841－0006678　滇 0059
[乾隆]續修蒙化直隸廳志六卷首一卷　(清)劉垲　(清)席慶年修　(清)吴蒲等纂　清光緒七年(1881)刻本　二冊　存四卷(二至五)

220000－0841－0006679　滇 0013
[光緒]雲南縣志十二卷　(清)項聯晉修　(清)黃炳堃纂　清光緒十六年(1890)刻本(卷一至五抄配)　五冊

220000－0841－0006680　藏 0003
西藏見聞錄二卷　(清)蕭騰麟纂　清乾隆二十四年(1759)刻本　二冊

220000－0841－0006681　藏 0002
[嘉慶]衛藏通志十六卷首一卷　(清)和琳纂　清光緒二十一年(1895)刻漸西村舍彙刻本

八册

220000－0841－0006682　叢 655

西藏記二卷　(清)□□纂　清乾隆五十九年(1794)刻龍威秘書本　二册

220000－0841－0006683　史 5261

[道光]西藏紀聞　(清)鄭先祖輯　清道光二十三年(1843)刻舟車所至本　二册

220000－0841－0006684　藏 0005

[光緒]西藏圖考八卷首一卷　(清)黃沛翹纂　清光緒二十年(1894)京都申榮堂刻本　四册

220000－0841－0006685　藏 0004

[光緒]西藏圖考八卷首一卷　(清)黃沛翹纂　清光緒二十三年(1897)刻本　四册

220000－0841－0006686　叢 0916:2

西藏紀略一卷　(清)龔柴纂　清光緒十七年(1891)鉛印小方壺齋輿地叢抄本　一册

220000－0841－0006687　子 5351F

西藏考一卷　(清)□□撰　清光緒會稽趙氏刻仰視千七百二十九鶴齋叢書本　一册

220000－0841－0006688　叢 0809

西藏考一卷　(清)□□纂　清光緒六年(1880)刻仰視千七百二十九鶴齋叢書本　一册

220000－0841－0006689　藏 0012

[宣統]西藏新志三卷　(清)許光世　(清)蔡晉成纂　清宣統三年(1911)上海自治編輯社鉛活字印本　一册

220000－0841－0006690　善 0535

三輔黃圖六卷　明萬曆吳琯刻古今逸史本　一册

220000－0841－0006691　史 5482K

三輔黃圖六卷補遺一卷　(漢)□□撰　清光緒十七年(1891)思賢講舍刻本　一册

220000－0841－0006692　史 10787K

滄浪小志二卷　(清)宋犖編　清光緒十年(1884)江蘇書局刻本　一册

220000－0841－0006693　史 5335K

大觀亭志二卷　(清)李炳榮編輯　清宣統三年(1911)鉛活字印本　一册

220000－0841－0006694　史 5134K

御製圓明園圖詠二卷　(清)高宗弘曆撰　(清)鄂爾泰等注　清光緒十三年(1887)石印本　二册

220000－0841－0006695　史 5638K

文瀾閣志二卷首一卷附錄一卷　孫樹禮等撰　清光緒二十四年(1898)刻本　三册

220000－0841－0006696　史 5596K

竹垞小志五卷　(清)阮元手訂　(清)楊蟠編　清嘉慶刻本　四册

220000－0841－0006697　史 5793K

金山衛廟學紀畧一卷　(清)翁淳撰　清光緒十年(1884)刻本　一册

220000－0841－0006698　史 4714K

吳山城隍廟志八卷首一卷　(清)盧崧撰　清光緒四年(1878)刻本　四册

220000－0841－0006699　史 4783:1

雲林寺志八卷　(清)厲鶚撰　清光緒十四年(1888)錢塘丁氏刻武林掌故叢編本　五册

220000－0841－0006700　善 3079

增修雲林寺志八卷　(清)厲鶚增輯　清乾隆九年(1744)刻本　一册　存五卷(一至五)

220000－0841－0006701　史 4783:2

續修雲林寺志八卷　(清)沈鑅彪纂　清光緒十四年(1888)錢塘丁氏嘉惠堂刻武林掌故叢編本　三册

220000－0841－0006702　史 4393K

岳廟志畧十卷首一卷　(清)馮培撰　清光緒五年(1879)浙江書局刻本　四册

220000－0841－0006703　史 4661K

吳山伍公廟志五卷首一卷附錄一卷　(清)金文淳撰　(清)沈永青增補　清光緒二年(1876)刻本　二册

220000－0841－0006704　史 4778K

曹江孝女廟志八卷首一卷末一卷 (清)金廷棟編輯 清光緒八年(1882)刻本 二册

220000－0841－0006705 史 7887K
悦城龍母廟志二卷首一卷末一卷補刻一卷 (清)黄應奎等編 清光緒十三年(1887)刻本 一册

220000－0841－0006706 史 9803K
汪王廟志畧不分卷 (清)汪文炳輯 清光緒三十一年(1905)刻本 一册

220000－0841－0006707 史 8715K
潭柘山岫雲寺志二卷 (清)釋慈雲續修 清光緒刻本 二册

220000－0841－0006708 史 7893
[溫州府瑞安縣]仙巖寺志十卷 (清)釋佛彥撰 (清)釋佛臯增輯 清康熙刻本 六册

220000－0841－0006709 史 4920K
鶴林寺志不分卷 (明)釋明賢纂 清光緒三十四年(1908)刻本 三册

220000－0841－0006710 史 7892K
鶴林寺志不分卷 (明)釋明賢撰 清宣統元年(1909)釋福登刻本 一册

220000－0841－0006711 史 4786K
廣福廟志一卷 (清)丁申輯 清光緒三年(1877)刻本 一册

220000－0841－0006712 史 8641K
靈巖志畧一卷 (清)王鎬編輯 (清)袁緡重輯 清光緒石印本 一册

220000－0841－0006713 史 4657K
京口夾山竹林寺志二卷首一卷 (清)釋越伊纂 清嘉慶十五年(1810)木活字印本 一册

220000－0841－0006714 史 8042K
建隆寺志畧十卷 (清)釋昌立小支纂 清道光二十二年(1842)刻本 二册

220000－0841－0006715 史 4683K
天童寺志十卷首一卷 (清)聞性道撰 清咸豐元年(1851)刻本 四册

220000－0841－0006716 史 4721K
棲霞寺志二卷 (清)趙炯撰 **浩氣吟一卷** (明)瞿式耜 (明)張同敞撰 清道光十四年(1834)刻本 四册 存四册

220000－0841－0006717 史 9843F
金鼓洞志八卷首一卷 (清)朱文藻輯 清光緒五年(1879)丁氏嘉惠堂刻武林掌故叢編本 一册

220000－0841－0006718 史 4787F
淨慈寺志二十八卷首一卷末一卷 (清)釋際祥輯 清光緒十四年(1888)錢塘丁氏嘉惠堂刻武林掌故叢編本 十二册

220000－0841－0006719 史 4712F
龍興祥符戒壇寺志十二卷 (清)張大昌輯 清光緒十九年(1893)嘉惠堂丁氏刻武林掌故叢編本 四册

220000－0841－0006720 史 9079K
雲和縣大慶寺志一卷 (清)梅榕輯 清咸豐二年(1852)梅氏懷忠堂刻本 一册

220000－0841－0006721 史 8968K
天台山真覺塔寺重建緣起不分卷天台智者大師傳記別傳不分卷 (清)許淨中輯 清光緒九年(1883)天台山真覺塔寺刻本 一册

220000－0841－0006722 史 4678K
靈隱寺志八卷 (清)孫治輯 清光緒十四年(1888)錢塘丁氏嘉惠堂刻武林掌故叢編本 三册

220000－0841－0006723 史 9693K
聖水寺志六卷補遺一卷 (清)釋明倫原輯 (清)釋實懿重纂 清光緒十八年(1892)刻本 二册

220000－0841－0006724 善 0415
洛陽伽藍記五卷 (北魏)楊衒之撰 明萬曆二十年(1592)刻廣漢魏叢書本 一册

220000－0841－0006725 善 2329
洛陽伽藍記五卷 (北魏)楊衒之撰 (清)吳若準撰集證 明毛氏綠君亭刻本 一册

220000－0841－0006726　史 11332F
伽藍記五卷　(北魏)楊衒之撰　清乾隆五十六年(1791)玉谿王氏刻增訂漢魏叢書本　二冊

220000－0841－0006727　史 9365K
洛陽伽藍記五卷　(北魏)楊衒之撰　清嘉慶十六年(1811)璜川吳氏木活字印真意堂三種本　一冊

220000－0841－0006728　史 12573
洛陽伽藍記五卷　(北魏)楊衒之撰　**集證一卷**　(清)吳若準撰　清道光十四年(1834)吳若準刻本　二冊

220000－0841－0006729　史 7741K
洛陽伽藍記五卷　(北魏)楊衒之撰　**集證一卷**　(清)吳若準撰　清光緒二十九年(1903)義門李葆恂說劍齋刻本　一冊

220000－0841－0006730　史 7891K
昭覽寺志八卷首一卷　(清)釋中恂修　(清)羅用霖纂　清光緒二十二年(1896)刻本　四冊

220000－0841－0006731　集 8643
越中名勝賦一卷　(清)李壽朋撰　清乾隆二十七年(1762)刻本　一冊

220000－0841－0006732　史 9148
東壽昌寺志略二卷　(清)聞惢泉撰　清康熙二十九年(1690)刻本(有抄補)　二冊

220000－0841－0006733　善 3416
玉泉山寺志三卷　(清)栗引之纂輯　清康熙十年(1671)刻本　三冊

220000－0841－0006734　史 8733
敕建弘慈廣濟寺新志三卷　(清)釋湛祐撰　清康熙大悲壇刻本　一冊

220000－0841－0006735　史 4658
鼎湖山慶雲寺志八卷首一卷　(清)丁易修　(清)釋成鷲纂述　清康熙刻本　四冊

220000－0841－0006736　史 5373K
世忠錄不分卷　(□)□□輯　清咸豐刻本　一冊

220000－0841－0006737　史 10552K
流香一覽一卷　(清)釋明開撰　清光緒四年(1878)刻本　一冊

220000－0841－0006738　史 4955K
僊源攬勝識畧不分卷　(清)馬徵慶等撰　清光緒刻本　一冊

220000－0841－0006739　史 9943K
南朝佛寺志二卷　(清)孫文川茸述　(清)陳作霖編纂　清宣統刻本　一冊

220000－0841－0006740　史 4628K
元妙觀志十二卷首一卷　(清)顧沅輯　清道光十二年(1832)刻本　四冊

220000－0841－0006741　史 4750K
逍遙山萬壽宮志二十二卷　(清)金桂馨撰　清光緒四年(1878)刻本　十冊

220000－0841－0006742　史 5794K
靈谷禪林志十五卷首一卷　(清)釋德鎧撰　清光緒十二年(1886)刻本　二冊

220000－0841－0006743　史 4947K
圓津禪院小志六卷　(清)釋覺銘輯　清光緒二十二年(1896)禪院僧能證刻本　二冊

220000－0841－0006744　史 7551K
忍草庵志四卷　(清)劉繼增撰　清光緒十三年(1887)錫山遂初堂尤氏聚珍本　一冊

220000－0841－0006745　史 5661F
歷代陵寢備考五十卷歷代宗廟附考八卷　(清)朱孔陽輯　清光緒申報館鉛印申報館叢書本　十四冊

220000－0841－0006746　史 10405K
西陵蹕程錄一卷　(清)傅雲龍撰　清光緒十一年(1885)紅餘籀室刻本　一冊

220000－0841－0006747　史 9392K
平番龍神祠圖紀不分卷　(清)豫師撰　清同治刻本　一冊

220000－0841－0006748　史 9118K

曾廟從祀議薈二卷鄒縣孟廟祀位考一卷 (清)洪恩波撰　清光緒二十九年(1903)刻本　二冊

220000－0841－0006749　史10958K
紀事續編四卷　(清)尹景叔輯　清光緒二十五年(1899)六有堂木活字印本　二冊

220000－0841－0006750　集11170K
澗上草堂紀畧不分卷　(清)徐達源編輯　清嘉慶十四年(1809)刻本　二冊

220000－0841－0006751　史4415K
崔府君祠禱嗣集錄不分卷　(清)鄭烺輯　清宣統元年(1909)南陵徐氏刻懷幽雜俎本　一冊

220000－0841－0006752　史5126K
兩浙防護陵寢祠墓錄十二卷　(清)阮元撰　清光緒十五年(1889)刻本　二冊

220000－0841－0006753　史8606K
西湖林小巖祠墓志不分卷　(清)程鍾瑞輯　清同治八年(1869)刻本　一冊

220000－0841－0006754　史11725K
平湖陸清獻祠產徵信錄一卷　(清)姚光宇輯　清光緒元年(1875)刻本　一冊

220000－0841－0006755　史9086K
越中先賢祠目序例一卷　(清)李慈銘撰　清光緒十一年(1885)刻本　一冊

220000－0841－0006756　史9193K
學宮圖考三卷首一卷附二卷　(清)寇宗撰　清道光二十二年(1842)滎昌縣學署刻本　六冊

220000－0841－0006757　史4655K
祠山志十卷首一卷　(宋)周秉秀纂　(元)周憲敬重編　清光緒十二年(1886)刻本　四冊

220000－0841－0006758　史5264K
三公祠紀畧不分卷　(清)□□輯　清道光十一年(1831)刻本　一冊

220000－0841－0006759　史10795K
永思錄四卷續永思錄一卷　(清)方傳檖輯　清道光刻本　二冊

220000－0841－0006760　史9031K
崇德祠志畧三卷　(清)李心正輯　清同治刻本　一冊

220000－0841－0006761　史11188K
遺愛堂徵信錄一卷　(清)義塚遺愛堂輯　清光緒九年(1883)遺愛堂刻本　一冊

220000－0841－0006762　史9971K
宋潛溪先生祠墓防護錄一卷　(清)孫鏘編輯　**潛溪錄目錄六卷首一卷**　(清)丁立中編　清光緒三十三年(1907)刻本　一冊

220000－0841－0006763　史7148K
東林書院志二十二卷　(清)張師載等鑒定　(清)高崨等增輯　清光緒七年(1881)刻本　八冊

220000－0841－0006764　史8613K
吳中書院志不分卷　(清)□□輯　清咸豐抄本　一冊

220000－0841－0006765　善3522
姚江書院志略二卷　(清)邵廷采等撰　清乾隆五十九年(1794)姚江書院刻本　二冊

220000－0841－0006766　史4995
姚江書院志略二卷　(清)邵廷采等撰　清乾隆刻本　一冊

220000－0841－0006767　史9528
祠塾規條十卷首一卷　(清)王昶撰　清乾隆四十五年(1780)刻本　一冊　存五卷(一至五)

220000－0841－0006768　史4826K
西湖書院課程不分卷　(清)西湖書院編　清光緒刻本　五冊

220000－0841－0006769　史4996
白鹿書院志十九卷　(清)毛德琦撰　清康熙五十九年(1720)刻本　六冊

220000－0841－0006770　史5750K
學海堂志一卷　(清)林伯桐原編　(清)陳澧續編　清同治五年(1866)刻修本堂叢書本

一册

220000－0841－0006771　史5756K
東坡書院志畧二卷　（清）崔書黼輯　清道光木活字印本　一册

220000－0841－0006772　史11596K
端溪書院志七卷　（清）黎佩蘭撰　清光緒二十六年（1900）端溪書院刻本　二册

220000－0841－0006773　史4997K
寶晉書院志十一卷　（清）貴中孚輯　（清）趙佑宸續修　清光緒六年（1880）刻本　二册

220000－0841－0006774　史4998K
問津院志六卷首一卷末一卷　（清）王會鳌纂　清光緒三十一年（1905）刻本　五册

220000－0841－0006775　史9697K
沃洲古蹟一卷　（清）陳寧燮撰　清道光十二年（1832）刻本　一册

220000－0841－0006776　史12353K
闕里廣志二十卷　（清）宋際　（清）宋慶長同纂　清同治九年（1870）刻本　十二册

220000－0841－0006777　史10993K
曲阜遊覽指南不分卷　（清）□□編　清光緒曲阜會文堂刻本　一册

220000－0841－0006778　史11767K
山東省保存古蹟表不分卷　山東省調查局統計科編輯　清宣統二年（1910）石印本　一册

220000－0841－0006779　史5597
平山堂小志十二卷　（清）程夢星輯　清乾隆十六年（1751）刻本　十二册

220000－0841－0006780　子4523
平山堂圖志十卷圖一卷　（清）趙之壁纂　清乾隆刻本　八册

220000－0841－0006781　史5153K
平山堂圖志十卷首一卷　（清）趙之壁編　清光緒九年（1883）三吾後裔歐陽利見刻本　四册

220000－0841－0006782　史5470K
平山堂圖志十卷首一卷　（清）趙之壁編纂　清光緒十四年（1888）上海同文書局石印本　四册

220000－0841－0006783　史8756K
廣陵覽古七卷　（清）顧鑾撰　清嘉慶十三年（1808）顧氏研經室刻本　六册

220000－0841－0006784　善3786
江城名蹟記二卷　（清）陳弘緒撰　**古今名詩補一卷**　（清）陳順龍等輯　清乾隆二十三年（1758）西山潢源三益堂刻本　一册

220000－0841－0006785　史4848K
孤嶼志八卷首一卷　（清）陳舜咨撰　清嘉慶十四年（1809）介和堂刻本　五册

220000－0841－0006786　史4968K
鸚鵡洲小志四卷首一卷　（清）胡鳳丹編輯　清同治十三年（1874）刻本　二册

220000－0841－0006787　史4774K
長沙府嶽麓志八卷首一卷續四卷終一卷　（清）趙寧纂修　清同治六年（1867）半學齋刻本　六册

220000－0841－0006788　史9876K
白雲洞志不分卷　（清）黄亨纂輯　清道光刻光緒十三年（1887）刻本　一册

220000－0841－0006789　史9727K
蜀景彙考一卷　（清）鍾登甲撰　清光緒十一年（1885）樂道齋刻本　二册

220000－0841－0006790　史9088K
劍津名勝一卷　（清）唐贊衮編輯　清光緒十六年（1890）刻本　一册

220000－0841－0006791　史4679K
錫山景物畧十卷　（清）王永積撰　清光緒二十四年（1898）刻本　五册

220000－0841－0006792　史5288K
春明夢餘錄七十卷　（清）孫承澤撰　清光緒九年（1883）刻本　二十四册

220000－0841－0006793　史5287
帝京景物略八卷　（明）劉侗　（明）于奕正撰

明崇禎刻本　六冊

220000－0841－0006794　善 2944

東京夢華錄十卷　(宋)孟元老撰　明崇禎毛氏汲古閣刻津逮秘書本　二冊

220000－0841－0006795　善 0490

宋東京考二十卷　(清)周城撰　清乾隆刻本　四冊

220000－0841－0006796　史 4937

宋東京考二十卷　(清)周城纂　清乾隆三年(1738)刻本　六冊

220000－0841－0006797　史 5225

日下舊聞四十二卷補遺　(清)朱彝尊撰　(清)朱昆田補遺　清康熙二十六年至二十七年(1687－1688)六峰閣刻本　十二冊

220000－0841－0006798　史 5227

欽定日下舊聞考一百六十卷譯語總目一卷　(清)朱彝尊撰　(清)于敏中等輯　清乾隆四十三年(1778)刻本　四十八冊

220000－0841－0006799　子 1562K

藤陰雜記十二卷　(清)吟梅居士輯　清光緒三年(1877)吳興會館刻本　二冊

220000－0841－0006800　史 5283K

日下尊聞錄五卷　(清)曹鴻勛等錄　清光緒十七年(1891)同文書局石印本　二冊

220000－0841－0006801　史 5281F

京師五城坊巷衚衕集不分卷　(明)張爵纂　清同治南林劉氏求恕齋刻求恕齋叢書本　一冊

220000－0841－0006802　史 10696F

唐兩京城坊考五卷　(清)徐松撰　(清)張穆校補　清光緒五年(1879)定州王氏謙德堂刻畿輔叢書本　二冊

220000－0841－0006803　史 5290K

都門彙纂不分卷　(清)楊靜亭編輯　清同治刻本　七冊

220000－0841－0006804　史 5289K

朝市叢載八卷　(清)李虹若撰　清光緒十三年(1887)京都秀文齋刻本　七冊

220000－0841－0006805　史 7717K

燕京歲時記一卷　(清)富察敦崇編　清光緒三十二年(1906)刻本　一冊

220000－0841－0006806　史 7323F

雲間據目鈔五卷　(明)泛濂撰　清光緒四年(1878)申報館鉛印申報館叢書本　二冊

220000－0841－0006807　史 5489K

瀛壖雜志六卷　(清)王韜撰　清光緒元年(1875)刻本　二冊

220000－0841－0006808　子 3722K

淞南夢影錄四卷　(清)畹香留夢室戲編　清光緒上海申報館鉛活字印本　一冊

220000－0841－0006809　集 4655K

海上竹枝詞不分卷　(清)袁翔甫撰　清光緒二年(1876)刻本　一冊

220000－0841－0006810　史 7308F

滬城備考六卷　(清)褚華撰　清光緒四年(1878)申報館鉛印申報館叢書本　二冊

220000－0841－0006811　史 5176K

上海指南附錄各省旅行須知上海城廂租界地名表　商務印書館編輯　清宣統元年(1909)石印本　一冊

220000－0841－0006812　史 5187K

上海地名表不分卷　商務印書館編譯所編纂　清宣統二年(1910)鉛活字印本　一冊

220000－0841－0006813　史 5291

宸垣識略十六卷　(清)吳長元輯　清乾隆五十三年(1788)池北草堂刻本　八冊

220000－0841－0006814　史 5292K

宸垣識畧十六卷　(清)吳長元輯　清光緒二年(1876)刻本　八冊

220000－0841－0006815　史 5067K

蒙古遊牧記十六卷　(清)張穆撰　清光緒二十年(1894)上海復古書局石印本　六冊

220000－0841－0006816　史 5254K

吉林外記十卷　(清)薩英額撰　清光緒二十一年(1895)漸西村舍刻本　四册

220000－0841－0006817　史 10926K
時務一斑不分卷　曹廷傑撰　清宣統二年(1910)上海中國圖書公司鉛活字印本　一册

220000－0841－0006818　史 11039K
汧陽述古編二卷　(清)李嘉績撰　清光緒十五年(1889)青門寓廬刻代耕堂全集本　一册

220000－0841－0006819　史 10610K
華原風土詞一百首不分卷　(清)顧曾烜　清光緒十九年(1893)刻本　一册

220000－0841－0006820　史 5241K
榆塞紀行錄四卷　(清)潞河漁者纂　清光緒十二年(1886)李氏代耕堂刻本　一册

220000－0841－0006821　史 5101K
西域聞見錄八卷　(清)七十一(椿園)撰　清乾隆刻本　四册

220000－0841－0006822　史 5309K
西域聞見錄八卷　(清)七十一(椿園)撰　清刻本　四册

220000－0841－0006823　史 4880K
西陲總統事畧十二卷　(清)松筠撰　清嘉慶十四年(1809)刻本　八册

220000－0841－0006824　史 4823K
西陲要畧四卷　(清)祁韻士輯　清道光十七年(1837)刻本　四册

220000－0841－0006825　史 4811K
西陲要畧四卷　(清)祁韻士輯　清光緒四年(1878)同文館聚珍版印本　二册

220000－0841－0006826　史 5347K
西域釋地　(清)祁韻士輯　清道光十六年(1836)刻本　一册

220000－0841－0006827　史 8953K
西域紀要八卷　(清)貢三撰　清道光六年(1826)唐刻書鋪刻本　四册

220000－0841－0006828　史 9134K
西域輿地三種彙刻不分卷　(清)徐崇立輯　清光緒三十二年(1906)盍簪行館刻本　一册

220000－0841－0006829　史 4802K
冰嶺紀程附度嶺吟不分卷　(清)秋坪撰　清光緒五年(1879)刻本　一册

220000－0841－0006830　史 5782F
輪臺雜記二卷東還紀畧二卷　(清)史善長撰　清光緒刻味根山房全集本　二册

220000－0841－0006831　史 5723K
西疆雜述詩四卷　(清)蕭雄撰　清光緒十八年(1892)鉛活字印本　一册

220000－0841－0006832　史 5201F
遣戍伊犁日記一卷天山客話一卷外家紀聞一卷　(清)洪亮吉撰　清光緒三年(1877)刻洪北江全集本　一册

220000－0841－0006833　史 4569K
山東考古錄一卷　(清)顧炎武撰　**續山東考古錄三十二卷首一卷**　(清)葉圭綬撰　清光緒八年(1882)山東書局刻本　七册

220000－0841－0006834　史 5598K
續山東考古錄三十二卷　(清)葉圭綬述　清咸豐元年(1851)刻本　六册

220000－0841－0006835　史 6980K
般上舊聞六卷　(清)葛周玉撰　清嘉慶七年(1802)樹滋堂刻本　二册

220000－0841－0006836　史 5749K
東原考古錄一卷　(清)蔣作錦撰　清光緒十八年(1892)刻本　一册

220000－0841－0006837　史 4952K
吴郡圖經續記三卷　(宋)朱長文撰　清同治十二年(1873)江蘇書局刻本　一册

220000－0841－0006838　史 4976K
六朝事蹟編類十四卷　(宋)張敦頤撰　清光緒十三年(1887)寶章閣刻本　四册

220000－0841－0006839　史 5243K
六朝事蹟編類十四卷　(宋)張敦頤撰　清道光二十年(1840)江寧顧氏刻本　一册

220000－0841－0006840　史8962F
吳中舊事一卷　(元)陸友仁撰　**平江記事一卷**　(元)高德基撰　清光緒刻望炊樓叢書本　一冊

220000－0841－0006841　叢1021K
金陵瑣志五種　(清)陳作霖編　清光緒江寧陳氏可園刻本　五冊

220000－0841－0006842　史7683K
金陵待徵錄十卷　(清)金鰲輯　清道光二十五年(1845)刻本　一冊

220000－0841－0006843　史4382K
金陵待徵錄十卷　(清)金鰲輯　清光緒二年(1876)刻本　一冊

220000－0841－0006844　史8981K
金陵涇縣會館錄不分卷　(清)趙良□等輯　(清)查鍾泰續輯　清宣統三年(1911)續刻本　一冊

220000－0841－0006845　史7326K
松窗快筆十卷　(明)龔立本撰　清光緒二十一年(1895)抄本　三冊

220000－0841－0006846　史4985K
廣陵通典十卷　(清)汪中撰　清道光三年(1823)刻本　三冊

220000－0841－0006847　史4894K
廣陵通典十卷　(清)汪中撰　清同治八年(1869)揚州書局刻本　二冊

220000－0841－0006848　史11715K
廣陵事畧七卷　(清)姚文田輯　清嘉慶十七年(1812)開封節院刻本　三冊　存五卷(一至三、六至七)

220000－0841－0006849　史4376K
松陵見聞錄十卷　(清)王鯤輯　清道光九年(1829)話雨樓刻本　十冊

220000－0841－0006850　史7211K
白下瑣言十卷　(清)甘熙撰　清光緒十六年(1890)築野堂刻本　四冊

220000－0841－0006851　史5378K
吳郡地理志要十七章　(清)崇辦蒙塾編輯　清光緒二十八年(1902)刻本　一冊

220000－0841－0006852　史4903K
江蘇海塘新志八卷　(清)李慶雲修　(清)蔣師轍纂　清光緒十六年(1890)刻本　四冊

220000－0841－0006853　史10476K
清嘉錄十二卷　(清)顧祿撰　清道光十年(1830)刻本　六冊

220000－0841－0006854　史10663K
清嘉錄十二卷　(清)顧祿撰　清道光十年(1830)刻本　四冊

220000－0841－0006855　史4610K
清嘉錄十二卷　(清)顧祿撰　清光緒四年(1878)刻本　六冊

220000－0841－0006856　史5468K
揚州畫舫錄十八卷　(清)李斗撰　清道光十九年(1839)刻本　四冊

220000－0841－0006857　史6158K
江寧府重建普育堂志八卷　(清)涂宗瀛述　清同治十年(1871)刻本　八冊

220000－0841－0006858　史5248K
錫金小識錄十二卷　(清)黄印撰　清光緒二十二年(1896)刻本　六冊

220000－0841－0006859　史4542K
邗記六卷　(清)焦循撰　清光緒十一年(1885)刻傳硯齋叢書本　四冊

220000－0841－0006860　史4386K
分湖小識六卷　(清)柳樹芳撰　清道光二十七年(1847)勝谿草堂刻本　二冊

220000－0841－0006861　史9087K
蘇郡育嬰堂志一卷　(清)程肇清輯　清光緒九年(1883)刻本　一冊

220000－0841－0006862　集9739K
海門二十景詩一卷　(清)楊鏡涵撰　清咸豐十一年(1861)刻本　一冊

220000－0841－0006863　史11145K

石埭會館録四卷首一卷　(清)徐志焯輯　清光緒三年(1877)刻本　一册

220000－0841－0006864　史5352K
西石城風俗志不分卷　陳慶年撰　清光緒三十四年(1908)鉛活字印本　一册

220000－0841－0006865　史5045F
金陵歷代建置表　(清)傅春官纂　清光緒二十三年(1897)江寧傅氏晦齋刻金陵叢刻本　一册

220000－0841－0006866　史4564K
鳳麓小志四卷首一卷末一卷　(清)陳作霖編　清光緒二十五年(1899)可園刻本　三册

220000－0841－0006867　史5383K
浙志便覽七卷　(清)李應珏撰　清光緒十七年(1891)刻本　四册

220000－0841－0006868　史5238K
浙志便覽十卷　(清)李應珏撰　清光緒二十二年(1896)刻本　四册

220000－0841－0006869　史4978K
浙江海島表一卷　(清)□□編　清石印本　一册

220000－0841－0006870　史5298K
東城雜記二卷　(清)厲鶚撰　清抄本　二册

220000－0841－0006871　善3462
桃溪客語五卷　(清)吳騫撰　清乾隆五十三年(1788)刻拜經樓叢書本　一册

220000－0841－0006872　善0221
龍井見聞録十卷宋僧元淨外傳二卷　(清)汪孟鋗輯　清乾隆二十七年(1762)刻本　四册

220000－0841－0006873　史4703K
湖墅小志四卷　(清)高鵬年撰　清光緒二十二年(1896)刻本　四册

220000－0841－0006874　叢1465K
西湖集覽　(清)丁丙輯　清光緒九年(1883)錢塘丁氏嘉惠堂刻本　十册

220000－0841－0006875　集3696F
西湖遺事詩一卷　(清)朱彭撰　清光緒二十年(1894)錢塘丁氏刻武林掌故叢編本　一册

220000－0841－0006876　集1737K
西湖竹枝詞一卷　(清)陳璨撰　清乾隆三十五年(1770)刻本　一册

220000－0841－0006877　史4279K
西湖三祠名賢考略　(清)戴啓文輯　清光緒三十年(1904)刻本　二册

220000－0841－0006878　史4026K
陳氏鄉賢録四卷　(清)陳鋭編　清光緒十七年(1891)刻本　一册

220000－0841－0006879　史5311K
吳興合璧四卷首一卷　(清)陳文煜編　清乾隆張宗焕刻本　一册

220000－0841－0006880　善3332
萊州府修城志三卷　(明)董基編　(明)梁淳輯　明萬曆刻本　一册　存一卷(中)

220000－0841－0006881　史9985K
約園志一卷　(清)徐樹銘輯　清光緒二十三年(1897)刻本　一册

220000－0841－0006882　史5599
石柱記五卷　(唐)顔真卿撰　(清)朱彝尊補　(清)鄭元慶箋釋　清康熙四十一年(1702)魚計亭刻本　二册

220000－0841－0006883　史10733K
句餘土音三卷甬上族望表二卷　(清)全祖望撰　清嘉慶十九年(1814)刻本　三册

220000－0841－0006884　集1927K
句餘土音三卷全謝山遺詩一卷　(清)全祖望撰　清宣統三年(1911)鉛活字印本　一册

220000－0841－0006885　史11394K
明張得中四明形勝賦一卷　(明)張得中撰　(清)沈凌騳注　清道光九年(1829)刻本　一册

220000－0841－0006886　史4515F
歷代帝王宅京記二十卷　(清)顧炎武撰　清光緒十四年(1888)吳縣朱氏槐廬刻槐廬叢書

本　四册

220000－0841－0006887　子 1238F

北隅掌錄二卷　(清)黄士珣撰　清道光二十五年(1845)錢塘汪氏振綺堂刻本　二册

220000－0841－0006888　史 5504K

四明談助四十六卷　(清)徐兆昺撰　清道光八年(1828)木活字印本　二十册

220000－0841－0006889　集 5922K

谿上詩輯十四卷續編二卷補編一卷谿上遺聞集錄十卷别錄二卷　(清)尹元煒　(清)馮本懷同輯　清道光二十九年(1849)抱珠樓刻本　六册

220000－0841－0006890　善 3327

重刻會稽三賦四卷　(宋)王十朋撰　(明)南逢吉注　(明)尹壇補注　明朱啟元刻本　二册

220000－0841－0006891　史 7375

王梅溪先生會稽三賦四卷　(宋)王十朋撰　(明)南逢吉注　(明)周炳曾增注　清康熙刻本　四册

220000－0841－0006892　史 11547K

會稽三賦注三卷　(宋)王十朋撰　(清)周世則注　(清)史鑄增注　清道光十五年(1835)杜春生刻本　一册

220000－0841－0006893　史 7365K

會稽三賦注三卷　(宋)王十朋撰　(明)南逢吉注　(明)尹壇補注　清同治十二年(1873)會稽章壽康刻本　二册

220000－0841－0006894　史 5249K

剡錄十卷　(宋)高似孫撰　清同治九年(1870)刻本　二册

220000－0841－0006895　史 5501F

夢粱錄二十卷　(宋)吳自牧撰　清嘉慶十年(1805)虞山張氏照曠閣刻學津討原本　五册

220000－0841－0006896　史 4827F

湖壖雜記一卷　(清)陸次雲撰　清光緒七年(1881)錢塘丁氏刻武林掌故叢編本　一册

220000－0841－0006897　史 9909K

甬上族望表二卷　(清)全祖望撰　清嘉慶十九年(1814)刻本　一册

220000－0841－0006898　史 9933K

瓊臺紀事錄一卷　(清)戴肇辰撰　(清)雲茂濟輯　清同治八年(1869)刻本　一册

220000－0841－0006899　史 5458K

永嘉聞見錄二卷　(清)孫同光撰　清光緒十四年(1888)刻本　二册

220000－0841－0006900　浙 0225

嘉府典故纂要八卷　(清)王惟梅輯　清光緒元年(1875)麟石書屋刻本　二册

220000－0841－0006901　史 8555K

新安崇道堂徵信全錄不分卷　(清)吳雲芝等撰　清光緒二十一年(1895)木活字印本　二册

220000－0841－0006902　史 4859K

歐江小記一卷　(清)郭鍾岳撰　**溫州竹枝詞一卷**　(清)方鼎銳輯　清光緒四年(1878)刻本　一册

220000－0841－0006903　集 5090K

歐江竹枝詞一卷　(清)郭鍾岳撰　**溫州竹枝詞一卷**　(清)方鼎銳輯　清同治十一年(1872)和天倪齋刻本　一册

220000－0841－0006904　集 3726K

歐江竹枝詞一卷　(清)戴文儁撰　清光緒六年(1880)刻本　一册

220000－0841－0006905　史 4962K

皖志便覽六卷　(清)李應珏撰　清光緒二十八年(1902)安省鏤雲閣刻本　二册

220000－0841－0006906　史 4923K

皖志便覽六卷　(清)李應珏撰　清光緒官紙印刷局鉛活字印本　一册

220000－0841－0006907　集 5050K

太湖竹枝詞二卷　(清)葉承桂撰　清咸豐三年(1853)刻本　一册

220000－0841－0006908　集 10167K

徽城竹枝詞不分卷　(清)吳熊撰　清乾隆四十四年(1779)刻本　一冊

220000－0841－0006909　史10518K
新安景物約編五卷補遺一卷　(清)江中儁(清)江正心撰　清同治四年(1865)青雲堂刻本　二冊

220000－0841－0006910　史4538K
安徽輿圖表説十卷　(□)□□撰　清光緒二十二年(1896)石印本　二冊

220000－0841－0006911　史8952K
江西要覽二十卷　(清)陳炳星纂輯　清光緒五年(1879)漱芳齋刻本　四冊

220000－0841－0006912　史5367K
江西考古錄十卷　(清)王謨撰　清光緒十七年(1891)刻本　四冊

220000－0841－0006913　史5299K
渡海輿記一卷寧古塔紀畧一卷　(清)周于仁採集　清抄本　一冊

220000－0841－0006914　善2829
臺海使槎錄八卷　(清)黃叔璥撰　清乾隆元年(1736)刻本　四冊

220000－0841－0006915　史5804F
東槎紀畧五卷　(清)姚瑩撰　清道光刻中復堂全集本　一冊

220000－0841－0006916　史7320F
東槎紀畧五卷　(清)姚瑩撰　清光緒四年(1878)鉛印申報館叢書本　二冊

220000－0841－0006917　史4908K
閩都記三十三卷　(明)王應山撰　清道光二十一年(1841)刻本　六冊

220000－0841－0006918　集10387K
使閩紀程詩一卷　(清)張祥河撰　清道光八年(1828)刻本　一冊

220000－0841－0006919　史4974F
閩産錄異六卷　(清)郭柏蔭撰　清光緒十二年(1886)刻郭氏叢刻本　四冊

220000－0841－0006920　子2654F
閩雜記十二卷　(清)施鴻保輯　清光緒四年(1878)申報館鉛印申報館叢書本　四冊

220000－0841－0006921　善3063
臺海采風圖考二卷　(清)六十七撰　清乾隆十一年(1746)刻本　二冊

220000－0841－0006922　史8706K
臺灣雜詠合刻三卷　(清)楊希閔輯　清光緒七年(1881)刻本　一冊

220000－0841－0006923　史2322K
治臺必告錄八卷　(清)丁日健編　清同治六年(1867)刻本　八冊

220000－0841－0006924　史8581K
臺陽見聞錄一卷　(清)唐贊衮撰　清光緒十八年(1892)臺灣道署刻本　一冊

220000－0841－0006925　史5397K
汴京遺蹟志二十四卷　(明)李濂輯　清同治元年(1862)河南官書局刻本　六冊

220000－0841－0006926　史4971K
如夢錄十卷　(明)□□撰　(清)常茂徠補輯　清同治五年(1866)河南官書局刻本　一冊

220000－0841－0006927　史5443K
豫誠識小錄二卷　(清)朱雲錦撰　清同治十二年(1873)刻本　二冊

220000－0841－0006928　史7752
芯題上方二山紀遊集一卷　(清)查禮撰　清乾隆十二年(1747)刻本　一冊

220000－0841－0006929　善3464
九華日錄一卷　(清)周天度撰　清乾隆二十六年(1761)沈士濂刻本　一冊

220000－0841－0006930　史5780K
荆州記三卷附錄一卷　(南朝宋)盛弘之撰(清)陳邊溶集證　清光緒二十四年(1898)湘西陳氏刻麓山精舍叢書本　一冊

220000－0841－0006931　集4997K
漢口竹枝詞六卷　(清)葉調元撰　清道光三十年(1850)刻本　二冊

220000－0841－0006932　史 8476K
[光緒]湖北輿地記二十四卷　(清)湖北輿圖局纂　清光緒二十年(1894)湖北輿圖局刻本　二十四册

220000－0841－0006933　史 7537
岳陽風土記一卷　(宋)范致明撰　**真臘風土記一卷**　(元)周達觀撰　清順治刻説郛本　一册

220000－0841－0006934　史 11405K
增補湖南考古畧十一卷　(清)盧峻　(清)戚業襄輯　清光緒八年(1882)長沙沈善山房刻本　四册

220000－0841－0006935　史 5069K
廣湖南考古畧三十卷　(清)同德齋主人輯　清光緒十四年(1888)石印本　六册

220000－0841－0006936　史 5014K
湖南方物志八卷　(清)黄本驥編輯　清道光二十六年(1846)知敬學齋刻本　二册

220000－0841－0006937　史 3972K
濂溪志七卷濂溪遺芳集一卷　(清)周誥重修　清道光十九年(1839)愛遵堂刻本　四册

220000－0841－0006938　史 8513
廣東新語二十八卷　(清)屈大均撰　清康熙水天閣刻本　十册

220000－0841－0006939　史 7942K
羊城古鈔八卷首一卷　(清)仇池石撰　清嘉慶十一年(1806)刻本　四册

220000－0841－0006940　集 4996K
南海百詠續編四卷　(清)樊封撰　清道光二十九年(1849)刻本　二册

220000－0841－0006941　集 4944K
南海百詠一卷　(宋)方信孺撰　清光緒八年(1882)學海堂刻本　一册

220000－0841－0006942　史 6316K
南越筆記十六卷　(清)李調元輯　清道光五年(1825)刻函海本　七册

220000－0841－0006943　史 4917K
粤西筆述不分卷　(清)張祥河輯　清道光二十五年(1845)刻本　二册

220000－0841－0006944　史 5037K
粤西筆述録一卷　(清)張祥河輯　清光緒桂林蔣存遠堂刻本　一册

220000－0841－0006945　史 7309F
粤屑四卷　(清)劉世馨撰　清光緒三年(1877)申報館鉛印申報館叢書本　二册

220000－0841－0006946　史 9116K
粤遊小識七卷　(清)張心泰撰　清光緒二十六年(1900)夢楳僊館刻本　一册

220000－0841－0006947　史 7277F
赤溪雜志二卷　(清)金武祥撰　清光緒十七年(1891)刻粟香室叢書本　一册

220000－0841－0006948　史 9936K
龍溪志畧三卷　(清)陳炬墀纂輯　清鉛活字印本　一册

220000－0841－0006949　史 5735K
雷波瑣記一卷　(清)劉文蔚撰　清光緒二年(1876)初日樓刻本　一册

220000－0841－0006950　史 10492K
華陽國志十二卷　(晉)常璩撰　**補華陽國志三州郡縣目録一卷**　(清)廖寅撰　清嘉慶九年(1804)益州佳史館刻本　六册

220000－0841－0006951　史 2647K
華陽國志十二卷補華陽國志三州郡縣目録一卷　(晉)常璩撰　**補郡縣目録**　(清)廖寅撰　清嘉慶十九年(1814)題襟館刻本　六册

220000－0841－0006952　史 10979K
華陽國志十二卷　(晉)常璩撰　清光緒刻函海叢書本　四册

220000－0841－0006953　史 10964
隴蜀餘聞一卷　(清)王士禛撰　清康熙刻王漁洋遺書本　一册

220000－0841－0006954　史 4991K
蜀中名勝記三十卷　(明)曹學佺撰　清宣統二年(1910)刻本　十册

220000－0841－0006955　史 10965
蜀道驛程記二卷　(清)王士禛撰　清康熙刻本　二冊

220000－0841－0006956　史 4838K
蜀典十二卷　(清)張澍編　清光緒二年(1876)刻本　四冊

220000－0841－0006957　史 5113K
蜀事答問八章　(清)天眉撰　清光緒寒杉館刻本　一冊

220000－0841－0006958　史 8880K
黔記四卷　(清)李宗昉撰　清光緒十五年(1889)刻本　一冊

220000－0841－0006959　史 11682K
黔語二卷　(清)吳振棫撰　清咸豐四年(1854)刻本　一冊

220000－0841－0006960　史 5487K
黔南職方紀略九卷　(清)羅繞典輯　清道光二十七年(1847)刻本　二冊

220000－0841－0006961　史 2132K
南詔野史二卷　(明)楊慎編輯　(清)胡蔚訂正　清光緒六年(1880)刻本　二冊

220000－0841－0006962　史 8817K
南詔野史二卷　(明)楊慎編輯　(清)胡蔚訂正　清光緒刻本　一冊

220000－0841－0006963　史 5488F
黔書二卷　(清)田雯撰　清康熙、乾隆刻德州田氏叢書本　二冊

220000－0841－0006964　史 5758K
苗圖不分卷　(清)儲鶴樵撰　清抄本　一冊

220000－0841－0006965　史 5143K
黔南識略三十二卷　(清)愛必達撰　清光緒三十二年(1906)刻本　四冊

220000－0841－0006966　史 4930K
馮少司寇滇考一卷　(清)馮甦編　清道光臨海宋氏刻本　二冊

220000－0841－0006967　史 7350K
雲南風土紀事詩　(清)彭崧毓撰　清同治刻本　一冊

220000－0841－0006968　史 9937K
雲南初勘緬界記一卷　(清)姚文棟輯　清光緒十八年(1892)刻本　一冊

220000－0841－0006969　史 5119K
全滇紀要不分卷　(清)雲南課吏館編輯　清光緒三十一年(1905)鉛活字印本　十冊

220000－0841－0006970　史 8585K
三省入藏程站紀一卷　(清)范壽金編輯　清光緒三十三年(1907)石印本　一冊

220000－0841－0006971　史 5790K
西藏民族源流考不分卷　(英國)愛第巴喀撰　清外交報鉛活字印本　一冊

220000－0841－0006972　史 10659K
域外叢書　(清)王蘊香撰　清道光二十二年(1842)靜觀齋刻本　二冊　存海錄、海島逸志摘略、紅毛番英吉利考略、番社采風圖考摘略、高厚蒙求摘略、崑崙、三寶壠、爪亞風土拾遺、行軍紀律

220000－0841－0006973　史 4990K
得一齋雜著四種　(清)黄楙材撰　清光緒十二年(1886)夢花軒刻本　六冊

220000－0841－0006974　史 5329K
柳邊紀畧五卷　(清)楊賓撰　清光緒刻本　二冊

220000－0841－0006975　史 5814
欽定滿洲源流考二十卷　(清)阿桂等撰　清乾隆武英殿刻本　八冊

220000－0841－0006976　史 9536K
滿洲源流考二十卷　(清)阿桂等撰　**皇輿西域圖志四十八卷首四卷**　(清)傅恒等撰　清光緒十九年(1893)便宜書局石印本　十六冊

220000－0841－0006977　史 5746K
滿洲源流考二十卷　(清)阿桂等撰　清光緒十九年(1893)石印本　四冊

220000－0841－0006978　史 10317K

滿洲源流考二十卷首一卷　(清)阿桂等撰　清光緒三十年(1904)中西書局石印本　四冊

220000－0841－0006979　史5635K
啟東錄六卷　(清)林壽圖撰　清光緒二十八年(1902)刻本　二冊

220000－0841－0006980　史5312K
東三省地理志不分卷　(清)希元贊撰　清光緒二十八年(1902)鉛活字印本　一冊

220000－0841－0006981　史7712K
東三省政畧十二卷圖七十二種　徐世昌輯　清宣統三年(1911)鉛活字印本　四十冊

220000－0841－0006982　史8443K
東三省沿革表六卷　(清)吳廷燮撰　清宣統元年(1909)刻本　六冊

220000－0841－0006983　史5011K
三晉見聞錄一卷　(清)齊翀撰　清光緒六年(1880)天空海濶之居刻本　二冊

220000－0841－0006984　史11327K
沮江隨筆二卷　(清)朱錫綬撰　清光緒十六年(1890)羊城刻本　四冊

220000－0841－0006985　史9460K
乙巳年桂師講義甘肅新疆蒙古不分卷　(□)□□撰　清光緒三十一年(1905)抄本　二冊

220000－0841－0006986　史5338F
峽石山水志一卷　(清)蔣宏任撰　清道光十七年(1837)海昌蔣氏刻別下齋叢書本　一冊

220000－0841－0006987　史9110K
寰瀛山水略四卷　(清)葛銘撰　清光緒五年(1879)葛氏家塾木活字印本　二冊

220000－0841－0006988　史5428K
圖史提綱三卷　(清)胡宣慶編　清光緒十七年(1891)星沙胡氏刻本　一冊

220000－0841－0006989　史4768K
京口山水志十八卷首二卷末二卷　(清)楊棨撰　清道光二十四年(1844)刻本　六冊

220000－0841－0006990　史8993K
吳興合璧四卷首一卷　(清)陳文煜纂輯　清道光木活字印本　一冊

220000－0841－0006991　善1892
名山勝槩記四十六卷名山圖一卷　(明)何鏜輯　明崇禎刻本　七十四冊　缺一百四篇

220000－0841－0006992　善0500
遊名山一覽記十六卷　(明)慎蒙輯　明萬曆四年(1576)刻本　八冊

220000－0841－0006993　史4668K
京口三山志　(清)□□輯　清同治、光緒刻本　二十六冊

220000－0841－0006994　善0440
新刻名山勝景一覽圖　清銅版刻本　一冊

220000－0841－0006995　史4649
盤山志十卷補遺四卷　(清)釋智朴輯　清康熙刻本　四冊

220000－0841－0006996　善1945
盤山志十六卷首五卷　(清)蔣溥等纂修　清乾隆二十年(1755)武英殿刻本　十冊

220000－0841－0006997　史4752K
萬山綱目賸稿二十一卷　(清)李誠纂　清光緒二十六年(1900)長沙刻本　八冊

220000－0841－0006998　史4776K
清凉山志十卷　(明)釋鎮澄修　清光緒刻本　四冊

220000－0841－0006999　史4718
恒岳志三卷　(清)張崇德纂修　清順治十八年(1661)刻本　三冊

220000－0841－0007000　善3078
恒山志五卷圖一卷　(清)桂敬順纂修　清乾隆二十八年(1763)刻本　五冊

220000－0841－0007001　史4684K
華嶽志八卷首一卷　(清)李榕纂輯　清道光十一年(1831)清白別墅刻本　四冊

220000－0841－0007002　史4685K
華嶽志八卷首一卷　(清)李榕纂輯　清光緒

九年(1883)刻本　四册

220000－0841－0007003　善 2763
岱史十八卷　(明)查志隆撰　(清)張縉彦刪補　明萬曆十五年(1587)戴相堯刻清順治、康熙增修本　七册

220000－0841－0007004　史 4653K
岱覽三十二卷首編七卷　(清)唐仲冕撰　清嘉慶十二年(1807)刻本　十一册　缺四卷(十八至二十一)

220000－0841－0007005　史 11210
泰山道里記不分卷　(清)聶鈫撰　清乾隆三十八年(1773)聶氏杏雨山堂刻本　一册

220000－0841－0007006　史 4748K
泰山道里記不分卷　(清)聶鈫撰　清道光六年(1826)修補重印乾隆聶氏杏雨堂刻本　一册

220000－0841－0007007　史 4749K
泰山道里記不分卷　(清)聶鈫撰　(清)增瑞補圖　清光緒四年(1878)增補乾隆聶氏杏雨山堂刻本　一册

220000－0841－0007008　史 7805K
泰山志二十卷　(清)金棨撰　清嘉慶十五年(1810)刻本　十册

220000－0841－0007009　史 4742
泰山小史一卷　(明)蕭協中撰　清乾隆五十四年(1789)宋思仁刻本　一册

220000－0841－0007010　史 4847K
虎邱山志十卷首一卷　(清)顧湄重修　清宣統三年(1911)集群圖書館鉛活字印本　二册

220000－0841－0007011　史 4722
虎邱山志十卷首一卷　(清)顧湄重修　清康熙四十一年(1702)吳門懷嵩堂刻本　四册

220000－0841－0007012　史 5125
虎阜志十卷　(清)陸肇域編纂　清乾隆五十七年(1792)刻本　十册

220000－0841－0007013　史 7888
靈巖志六卷　(清)李興祖　(清)馬大相撰　清康熙刻本　四册

220000－0841－0007014　史 4644
說嵩三十二卷　(清)景日昣撰　清康熙嶽生堂刻本　十册

220000－0841－0007015　史 4660K
慧山記四卷續編三卷首一卷　(明)釋圓顯輯　(清)邵涵初纂　清同治七年(1868)刻本　六册

220000－0841－0007016　史 4697
攝山志八卷首一卷　(清)陳毅撰　清乾隆五十五年(1790)汪志伊刻本　四册

220000－0841－0007017　善 3413
茅山志十四卷　(清)笪蟾光輯　清康熙八年(1669)刻本　十六册

220000－0841－0007018　史 4666K
茅山志十四卷　(清)笪蟾光編　清光緒三年(1877)刻本　十二册

220000－0841－0007019　史 4637
南通州五山全志二十卷　(清)劉名芳撰　清乾隆刻本　十册

220000－0841－0007020　史 4651K
寶華山志十五卷首一卷　(清)劉名芳纂修　清同治刻本　四册

220000－0841－0007021　史 4693K
金山志十卷續二卷首一卷　(清)盧見曾撰　(清)翁曾榮續撰　清光緒二十六年(1900)雅雨堂刻本　六册

220000－0841－0007022　史 4696
招隱山志十二卷首一卷　(清)繆潛纂修　清宣統三年(1911)刻本　四册

220000－0841－0007023　史 4698F
焦山志二十六卷首一卷　(清)吳雲輯　清同治十三年(1874)刻京口三山志本　八册

220000－0841－0007024　史 4699K
焦山志二十六卷首一卷續志八卷　(清)吳雲輯　清同治十三年(1874)、光緒三十年(1904)刻本　十册

220000－0841－0007025　史 4671F

北固山志十四卷首一卷　(清)周伯義編　清光緒三十年(1904)刻京口三山志本　六册

220000－0841－0007026　史 4769K

北固山志十二卷　(清)釋了璞輯　清道光十六年(1836)刻本　四册

220000－0841－0007027　史 8812K

雲臺新志十八卷　(清)謝元淮修　(清)許喬林纂　清道光十六年(1836)刻本　六册

220000－0841－0007028　史 4638K

馬蹟山志八卷首一卷　(清)許棫撰　清光緒五年(1879)木活字印本　八册

220000－0841－0007029　史 4681K

重修普陀山志二十卷首一卷　(清)秦耀曾輯　清道光十二年(1832)刻本　四册

220000－0841－0007030　史 7199

明州阿育王山志十卷　(明)郭子章撰　**續六卷**　(清)釋畹荃撰　明萬曆刻清乾隆續刻本　十册

220000－0841－0007031　史 4780

阿育王山志略二卷　(明)郭子章撰　明天啓陸基志刻本　一册

220000－0841－0007032　史 4717

四明山志九卷　(清)黄宗羲輯　清康熙黄仲簡刻本　一册

220000－0841－0007033　史 4647K

西天目祖山志八卷首二卷末二卷　(明)釋廣賓纂輯　(清)釋際界增訂　清光緒二年(1876)刻本　四册

220000－0841－0007034　史 4641K

委羽山志六卷　(明)胡昌賢撰　清同治九年(1870)刻本　一册

220000－0841－0007035　善 3425

天台山全志十八卷　(清)張聯元輯　清康熙六十年(1721)刻本　六册

220000－0841－0007036　史 4782K

天台山方外志三十卷　(明)釋傳燈撰　清光緒二十年(1894)刻本　八册

220000－0841－0007037　史 4795K

天台山方外志要十二卷首一卷　(清)齊召南原撰　(清)阮元重訂　(清)陳韶纂修　清嘉慶七年(1802)刻本　四册

220000－0841－0007038　史 12250

廣雁蕩山志二十八卷首一卷末一卷　(清)曾唯撰　清乾隆五十五年(1790)東嘉依緑園刻本　八册

220000－0841－0007039　史 4759

廣雁蕩山志二十八卷首一卷末一卷　(清)曾唯撰　清乾隆二十五年(1760)東甌郭博古齋刻本　八册

220000－0841－0007040　史 4760K

廣雁蕩山志二十八卷首一卷末一卷　(清)曾唯撰　清乾隆五十五年(1790)、嘉慶十三年(1808)、同治八年(1869)刻本　八册

220000－0841－0007041　史 10968K

招寶山志二卷　(清)陳景沛輯　(清)周道遵修校　清道光二十六年(1846)刻本　二册

220000－0841－0007042　史 4689K

招寶山志二卷圖一卷　(清)陳景沛輯　(清)周道遵修校　清道光二十五年(1845)木活字印本　一册

220000－0841－0007043　史 7634K

乍浦集詠十六卷　(清)沈筠編　清道光二十六年(1846)刻本　四册

220000－0841－0007044　史 4788K

天竺山志十二卷首一卷　(清)管庭芬原輯　(清)曹籀刪訂　清光緒元年(1875)刻本　六册

220000－0841－0007045　史 4724K

龍潭山志七卷首一卷末一卷　(清)康阜撰　清光緒五年(1879)刻本　八册

220000－0841－0007046　史 4720K

白石山志六卷首一卷末一卷　(清)施元孚纂輯　(清)陳瑋重輯　清光緒七年(1881)刻本

四册

220000－0841－0007047　史 4688K
金蓋山志四卷首一卷閔小艮金蓋山志略一卷　（清）李宗蓮編輯　清光緒二十二年（1896）古書隱樓刻本　二册

220000－0841－0007048　善 2725
黄山導四卷　（清）汪璂輯　清乾隆二十六年（1761）汪氏一鷗草堂刻本　八册

220000－0841－0007049　史 4656
黄山志定本七卷首一卷　（清）閔麟嗣輯　清康熙刻本　七册

220000－0841－0007050　史 9437
九華山志十二卷　（清）喻成龍　（清）李燦重輯　（清）李暲補輯　清乾隆四年（1739）刻本　四册

220000－0841－0007051　史 4723K
九華山志十卷首二卷末二卷　（清）謝維喈修　（清）周贇纂　清光緒二十六年（1900）刻本　七册

220000－0841－0007052　史 4630K
齊山岩洞志二十六卷首一卷　（清）陳蔚纂輯　清光緒二十七年（1901）刻本　八册

220000－0841－0007053　史 4625K
廬山志十五卷　（清）毛德琦撰　清同治十二年（1873）刻康熙順德堂本　十六册

220000－0841－0007054　史 4639K
龍虎山志十六卷　（清）妙正真人婁近垣重纂　清道光十二年（1832）刻本　六册

220000－0841－0007055　史 4775K
麻姑山志十二卷　（清）黄家駒編　清同治五年（1866）刻本　六册

220000－0841－0007056　史 9147
續刻麻姑山丹霞洞天志十七卷　（明）左宗郢輯　（清）邱時彬增輯　清康熙五十六年（1717）瀧溪曉樓刻本　六册

220000－0841－0007057　史 4771K
石鐘山志十六卷首一卷　（清）李成謀　（清）丁義方纂　清光緒九年（1883）聽濤眺函軒刻本　八册

220000－0841－0007058　史 5601
武夷山志十九卷　（明）衷仲孺輯　明崇禎十六年（1643）刻本　六册

220000－0841－0007059　史 9698K
武夷山志二十四卷首一卷　（清）董天工編　清道光二十七年（1847）羅氏尺木軒刻本　十册

220000－0841－0007060　史 4659
鼓山志十四卷首一卷　（清）黄任纂　清乾隆刻光緒二年（1876）重修本　六册

220000－0841－0007061　史 4665
大嶽太和山紀略八卷　（清）王槩等撰　清乾隆九年（1744）刻本　八册

220000－0841－0007062　史 5649K
烏石山志九卷　（清）郭柏蒼等輯　清道光刻本　四册

220000－0841－0007063　史 7885K
九峰山志四卷　（清）陳祚康　（清）魏傑編　清同治六年（1867）刻本　一册

220000－0841－0007064　史 8879K
滴水巖紀略一卷附補錄　（清）黄崇惺撰　清光緒二年（1876）刻本　一册

220000－0841－0007065　史 4664K
黄鵠山志十二卷首一卷　（清）胡鳳丹纂　清同治十三年（1874）退補齋刻本　六册

220000－0841－0007066　史 4634K
南嶽志二十六卷　（清）李元度纂　清光緒六年（1880）刻本　十四册

220000－0841－0007067　史 4632K
九嶷山志四卷　（清）吳繩祖纂　清嘉慶元年（1796）刻本　二册

220000－0841－0007068　史 9075K
湘山志一卷　（清）張瀹煙撰　清乾隆五十九年（1794）劉首文刻本　一册

220000－0841－0007069　史 4645K
石虎山志　(清)黄楚珩纂修　清道光二十一年(1841)木活字印本　一册

220000－0841－0007070　史 7600
羅浮山志十二卷　(清)李嗣鈺編　清康熙四十四年(1705)刻本　六册

220000－0841－0007071　善 3402
羅浮山志會編二十二卷首一卷　(清)宋廣業輯　清康熙五十五年(1716)宋志益刻本　十册

220000－0841－0007072　史 4754K
浮山志五卷　(清)陳銘珪輯　清光緒七年(1881)刻本　五册

220000－0841－0007073　史 4846K
浮山小志不分卷　(清)黄培芳撰　清嘉慶十四年(1809)刻本　二册

220000－0841－0007074　史 7931K
浮山小志三卷　(清)黄培芳原本並重訂　清嘉慶十八年(1813)刻本　一册

220000－0841－0007075　史 4751K
禺峽山志四卷　(清)孫純祖纂修　清光緒十年(1884)刻本　四册

220000－0841－0007076　史 9224K
桑園圍總志十四卷　(清)明之綱纂輯　清同治九年(1870)河神廟刻本　七册

220000－0841－0007077　史 4704K
爛柯山志十三卷　(清)鄭永禧補輯　清光緒三十三年(1907)不其山館刻本　四册

220000－0841－0007078　史 4849K
粤西獨秀峯題壁即事詩不分卷　(□)□□編　清抄本　一册

220000－0841－0007079　史 12347K
盔山志八卷　(清)顧雲編　清光緒九年(1883)金陵盋山精舍刻本　三册

220000－0841－0007080　史 4654
秀山志十八卷　(清)陳竑原纂　(清)釋方略重輯　清乾隆三十七年(1772)刻藍印本　八册

220000－0841－0007081　善 3403
太姥山志三卷　(明)謝肇淛撰　清康熙二十三年(1684)郭名遠刻本　二册

220000－0841－0007082　善 0181
水經注四十卷　(北魏)酈道元撰　明萬曆十三年(1585)吳琯刻本　十六册

220000－0841－0007083　善 2453
水經注四十卷　(北魏)酈道元撰　(明)朱無易　(明)鍾惺　(明)譚元春批點　明崇禎二年(1629)嚴忍公等刻本　二十四册

220000－0841－0007084　善 0185
水經注四十卷　(北魏)酈道元撰　清康熙五十三年至五十四年(1714－1715)項絪羣玉書堂刻本　十册

220000－0841－0007085　善 2870
水經注四十卷　(北魏)酈道元撰　清乾隆十八年(1753)黄晟槐蔭草堂刻本　十册

220000－0841－0007086　善 0477
水經注箋四十卷　(明)朱謀□撰　明萬曆四十三年(1615)李長庚刻本　十册

220000－0841－0007087　善 0480
水經注箋四十卷　(明)朱謀□撰　明萬曆四十三年(1615)李長庚刻本　二十册

220000－0841－0007088　史 12461K
水經注　(北魏)酈道元撰　(清)戴震校訂　清乾隆孔繼涵微波榭刻本　十册

220000－0841－0007089　史 7684K
水經注四十卷　(北魏)酈道元撰　清同治十三年(1874)江西書局刻本　十二册

220000－0841－0007090　史 5196F
水經注四十卷　(北魏)酈道元撰　清光緒三年(1877)湖北崇文書局刻崇文書局彙刻書本　十二册

220000－0841－0007091　史 9115K
水經注四十卷補遺一卷附錄二卷附正誤一卷　(北魏)酈道元撰　(清)全祖望校　清光緒

十四年(1888)薛福成刻本　十二册

220000－0841－0007092　史 5205K
水經注四十卷　(北魏)酈道元撰　王先謙校　**附錄二卷**　(清)趙一清撰　清光緒十八年(1892)刻本　十六册

220000－0841－0007093　史 5215K
水經注四十卷　(北魏)酈道元撰　王先謙校　**附錄二卷**　(清)趙一清撰　清光緒二十三年(1897)新化三味書室刻本　二十四册

220000－0841－0007094　史 9452K
水經注匯校四十卷附錄二卷　(清)楊希閔撰　清光緒七年(1881)福州刻本　十二册

220000－0841－0007095　史 5204K
水經注圖四十卷　楊守敬撰　清光緒三十一年(1905)刻本　八册

220000－0841－0007096　史 8440K
水經注圖及附錄二卷　(清)汪士鐸撰　清咸豐十一年(1861)刻本　一册

220000－0841－0007097　史 8996K
水經注釋四十卷朱箋刊誤十二卷首一卷附錄二卷　(清)趙一清撰　**水經注釋地八卷**　(清)孔繼涵撰　**水經注圖説殘稿四卷**　(清)董佑誠撰　**今水經一卷**　(清)黄宗羲撰　清光緒六年(1880)會稽章氏刻本　二十四册

220000－0841－0007098　史 5600K
水經注釋四十卷首一卷附錄二卷刊誤十二卷　(清)趙一清撰　清光緒六年(1880)蛟川張氏花雨樓刻本　二十册

220000－0841－0007099　史 5197K
水經注箋刊誤十二卷　(清)趙一清撰　清光緒六年(1880)會稽章氏刻本　八册

220000－0841－0007100　善 0478
水經注釋四十卷首一卷附錄二卷水經注箋刊誤十二卷　(清)趙一清撰　清乾隆五十一年(1786)趙氏小山堂刻五十九年(1794)修改印本　二十册

220000－0841－0007101　史 8912K
水經注釋地四十卷　(清)張匡學撰　清嘉慶二年(1797)上池書屋刻本　六册

220000－0841－0007102　史 5198K
水經注疏要刪四十卷　楊守敬撰　清光緒三十一年(1905)觀海堂刻本　六册

220000－0841－0007103　史 9002K
今水經一卷表一卷　(清)黄宗羲撰　清光緒六有齋刻本　一册

220000－0841－0007104　史 5303K
禹貢水道考異十卷首一卷　(清)方堃撰　清道光紫霞仙館刻本　二册

220000－0841－0007105　史 5208K
水道源流五卷　(清)胡宣慶纂編　清光緒十七年(1891)長沙胡氏刻本　一册

220000－0841－0007106　史 5166K
水道提綱二十八卷　(清)齊召南撰　清光緒四年(1878)霞城精舍刻本　八册

220000－0841－0007107　史 5165K
永定河志三十二卷　(清)李逢亨撰　清嘉慶二十年(1815)刻本　十六册

220000－0841－0007108　史 5505K
潞水客談一卷　(明)徐貞明撰　清嘉慶十五年(1810)震元砦齋刻本　一册

220000－0841－0007109　史 5457K
潞水客談一卷　(明)徐貞明撰　清道光三年(1823)刻本　一册

220000－0841－0007110　史 5465
趵突泉志二卷　(清)任弘遠撰　清乾隆七年(1742)刻本　四册

220000－0841－0007111　善 2071
後湖志十卷　(明)趙官撰　(明)葛文彩　(明)陸鳳儀重修　明刻本　一册　存二卷(一至二)

220000－0841－0007112　史 4855K
後湖志不分卷　(清)王作棫初纂　(清)錢福臻增輯　清宣統二年(1910)鉛活字印本　一册

220000－0841－0007113　史4830K
莫愁湖志六卷首一卷　(清)馬士圖輯　清嘉慶二十年(1815)刻本　二册

220000－0841－0007114　史5169K
莫愁湖志六卷首一卷　(清)馬士圖輯　清光緒八年(1882)刻本　二册

220000－0841－0007115　史4922K
揚州北湖小志六卷首一卷　(清)焦循撰　清嘉慶二十四年(1819)刻本　二册

220000－0841－0007116　史5228K
揚州水道記四卷　(清)劉文淇撰　清同治十一年(1872)淮南書局刻本　二册

220000－0841－0007117　史5154
太湖備考十六卷首一卷　(清)金友理纂述
湖程紀略一卷　(清)吳萊庭撰　清乾隆十五年(1750)金氏藝蘭圃刻本　八册

220000－0841－0007118　善2852
西湖志四十八卷　(清)李衛等纂修　清雍正十三年(1735)兩浙鹽驛道刻本　二十册

220000－0841－0007119　史5133
西湖志四十八卷　(清)李衛撰　清雍正刻本　二十册

220000－0841－0007120　史5146K
西湖志四十八卷　(清)李衛等纂　清光緒四年(1878)浙江書局刻本　二十册

220000－0841－0007121　史5012
西湖志纂十五卷首一卷　(清)沈德潛等撰　清乾隆二十七年(1762)增輯刻本　六册

220000－0841－0007122　善0499
西湖志餘十八卷　(明)田汝成撰　(清)姚靖增删　清康熙刻本　十六册　缺八卷(西湖志八卷)

220000－0841－0007123　善0501
西湖遊覽志餘二十六卷　(明)田汝成撰　明萬曆商維濬刻本　十六册

220000－0841－0007124　善0222
西湖覽勝詩志八卷　(清)夏基輯　清順治刻乾隆三十七年(1772)陳愷補刻本　四册

220000－0841－0007125　史9846
湖山便覽十二卷　(清)翟灝等輯　清乾隆三十年(1765)刻本　六册

220000－0841－0007126　史5304K
湖山便覽十二卷　(清)翟灝　(清)翟瀚輯　清光緒元年(1875)槐蔭堂王氏刻本　六册

220000－0841－0007127　集9123
西湖賦一卷　(清)柴紹炳撰　(清)柴傑箋　清乾隆三十九年(1774)洽禮堂刻本　二册

220000－0841－0007128　史5173K
西湖手鏡不分卷　(清)季嬰撰　清抄本　二册

220000－0841－0007129　史9315K
牟山湖志一卷　(清)劉福升撰　清光緒二十五年(1899)刻本　一册

220000－0841－0007130　史5167K
江西水道考五卷　(清)蔣湘南撰　清資益館鉛活字印本　二册

220000－0841－0007131　史7880K
小西湖志略一卷　(清)潘□□輯　清道光木活字印本　一册

220000－0841－0007132　史8564K
洞庭湖志十四卷　(清)陶澍修　(清)綦世基原本　(清)沈廷瑛總纂　(清)夏大觀補輯　(清)萬年淳再訂　清道光五年(1825)刻本　十册

220000－0841－0007133　史5502K
蜀水考四卷　(清)陳登龍撰　(清)朱錫穀補注　清道光五年(1825)刻本　二册

220000－0841－0007134　史5057K
蜀水考四卷　(清)陳登龍撰　(清)朱錫穀補注　清道光刻本　二册

220000－0841－0007135　史10421K
岷江源委三卷　(漢)桑欽撰　(北魏)酈道元注　(清)鍾登甲校訂　清光緒十五年(1889)樂道齋刻本　一册

220000－0841－0007136　史 9081K
慈谿縣杜白二湖全書不分卷　（明）□□輯　清嘉慶十年（1805）沈氏家廟刻本　一册

220000－0841－0007137　史 5748K
鱷渚迴瀾記八卷治潮芻言一卷　（清）陳坤撰　清咸豐刻本　一册

220000－0841－0007138　史 10886K
沮江隨筆二卷　（清）朱錫綬撰　清光緒十六年（1890）羊城刻本　一册

220000－0841－0007139　子 5781K
南遊記一卷　（清）孫嘉淦撰　清嘉慶十年（1805）守意龕刻本　一册

220000－0841－0007140　史 9219F
南遊記一卷　（清）孫嘉淦撰　清光緒二十二年（1896）姑豐張氏刻暢園叢書本　一册

220000－0841－0007141　史 9426
天目遊紀一卷　（明）黄汝亨撰　明萬曆繡水沈氏刻寶顔堂秘笈本　一册

220000－0841－0007142　史 6994
南征紀略二卷　（清）孫廷詮撰　清康熙刻孫文定公叢書本　一册

220000－0841－0007143　子 2889K
航海瑣記二卷　（清）余思怡撰　清光緒二十七年（1901）石印本　二册

220000－0841－0007144　史 8785K
川楚紀遊一卷　（清）鍾靈撰　清宣統三年（1911）鉛活字印本　一册

220000－0841－0007145　史 5110K
滬遊雜記四卷　（清）葛元煦撰　清光緒刻本　四册

220000－0841－0007146　史 8722K
青墅筆記二種　（清）李燧撰　清道光十三年（1833）河南府署刻本　二册

220000－0841－0007147　史 8670K
瀋陽紀程一卷　（清）何汝霖撰　清光緒元年（1875）刻本　一册

220000－0841－0007148　史 3971K
瀋陽紀程一卷　（清）潘祖蔭撰　清宣統元年（1909）刻本　一册

220000－0841－0007149　史 6995
顔山雜記四卷　（清）孫廷詮撰　清康熙刻孫文定公集本　一册

220000－0841－0007150　史 11383：3
登岱詩記一卷　（清）金安清撰　清同治十三年（1874）刻本　一册

220000－0841－0007151　史 9804K
謁岱記一卷　（清）輔廷撰　清光緒八年（1882）金衢巖道蜀刻本　一册

220000－0841－0007152　史 11383：1
遊西山詩文一卷　（清）許宗衡撰　清同治元年（1862）刻本　一册

220000－0841－0007153　史 10844K
西湖遊覽志二十四卷志餘二十六卷　（明）田汝成撰　清光緒二十二年（1896）錢塘丁氏嘉惠堂刻本　十二册

220000－0841－0007154　史 11026F
西湖夢尋五卷　（清）張岱撰　清光緒九年（1883）刻武林掌故叢編本　一册

220000－0841－0007155　史 5296K
西湖佳話十六卷　（清）古吳墨浪子搜輯　清光緒十八年（1892）上海文選局石印本　四册

220000－0841－0007156　史 5307
西湖佳話古今遺蹟十六卷　題（清）古吳墨浪子輯　清乾隆五十二年（1787）孫氏蔚文堂刻本　十册

220000－0841－0007157　善 0623
西湖佳話古今遺蹟十六卷　題（清）古吳墨浪子輯　清康熙金陵王衙刻五色套印本　八册

220000－0841－0007158　集 5147K
西泠閨詠十六卷　（清）陳文述撰　清道光七年（1827）刻本　三册　存十二卷（一至十二）

220000－0841－0007159　集 10110F
西泠仙詠三卷　（清）陳文述撰　清光緒八年

(1882)翠螺仙館刻武林掌故叢編本　二冊

220000－0841－0007160　集8584F
西泠懷古集十卷　(清)陳文述撰　清光緒九年(1883)越中刻武林掌故叢編本　六冊

220000－0841－0007161　集8631K
東甌百詠不分卷　(清)郭鍾岳　(清)方鼎銳撰　清同治十一年(1872)刻本　一冊

220000－0841－0007162　史9725K
黃山遊草二卷　(清)余鴻撰　清宣統元年(1909)刻本　一冊

220000－0841－0007163　史9078K
廬山紀遊一卷　(清)蔣湘南撰　清光緒十四年(1888)湘南臬署會心閣刻本　一冊

220000－0841－0007164　史7534K
犢鼻山房小稿二卷東遊筆記二卷　(清)劉侃撰　清光緒九年(1883)刻本　二冊

220000－0841－0007165　集6044K
洞庭遊草三卷　(清)王之佐輯　**洞庭遊記一卷**　(清)王之佐撰　清道光刻本　一冊

220000－0841－0007166　史5508K
南越遊記三卷　(清)陳徽言撰　清咸豐七年(1857)刻本　一冊

220000－0841－0007167　史5320K
粵遊合筆不分卷　(清)陳鴻壽等撰　清光緒十五年(1889)戴穗孫抄本　一冊

220000－0841－0007168　史10751K
粵遊記程一卷　(清)晏端書撰　清光緒十九年(1893)晏彤甫大中丞程記三種本　一冊

220000－0841－0007169　史4587K
粵遊小志八卷　(清)張心泰撰　清光緒刻本　二冊

220000－0841－0007170　史4934K
河海崑崙錄四卷　(清)裴景福撰　清宣統上海文明書局鉛活字印本　四冊

220000－0841－0007171　史9107K
出蜀記一卷　(清)方濬頤撰　清光緒九年(1883)刻本　一冊

220000－0841－0007172　史9112K
彭遊行紀一卷　(清)黃雲鵠撰　清光緒十二年(1886)刻本　一冊

220000－0841－0007173　史5052K
繪圖遊歷上海雜記八卷圖一卷　(清)藜牀卧讀生輯　清光緒三十二年(1906)文寶書局石印本　五冊

220000－0841－0007174　史9023K
峨眉紀遊一卷　(清)樓藜然撰　清宣統元年(1909)成都昌福公司鉛活字印本　一冊

220000－0841－0007175　史5025
貞豐八景唱和集不分卷　(清)戴其相撰　清道光二十四年(1844)刻本　一冊

220000－0841－0007176　史4943K
貞豐擬乘二卷　(清)章騰龍撰　(清)陳勰增輯　清嘉慶十五年(1810)聚星堂刻本　二冊

220000－0841－0007177　史4929K
滇軺紀程一卷荷戈紀程一卷國朝本傳一卷　(清)林則徐撰　清光緒三年(1877)宣城刻本　一冊

220000－0841－0007178　史8580K
藏輶隨記一卷　(清)陶思曾撰　清宣統三年(1911)鉛活字印本　一冊

220000－0841－0007179　史9914K
福廬靈巖志三卷　(清)□□編　清道光刻本　二冊

220000－0841－0007180　史7240K
宦海浮沉錄二卷　張心泰撰　清光緒三十二年(1906)夢樓仙館刻本　一冊

220000－0841－0007181　史5184K
烏桓紀行一卷　夏素菲撰　清宣統元年(1909)鉛活字印本　一冊

220000－0841－0007182　史11406K
嘉慶十六年巡幸山西五臺鑾經由直隸程站並古蹟圖說一卷　(清)□□撰　清嘉慶內府刻本　一冊

220000－0841－0007183　集 3602K
鞠江遊草一卷　(清)沈烺撰　清抄本　一册

220000－0841－0007184　史 9270K
西遊錄一卷　(元)耶律楚材撰　清光緒刻本　一册

220000－0841－0007185　史 11209F
元耶律楚材西遊錄一卷　(清)李文田注　清光緒二十三年(1897)刻鄦鄭學廬地理叢刻本　一册

220000－0841－0007186　史 7664K
黔輶紡行集一卷　(清)蔣攸銛撰　清道光三十年(1850)刻本　一册

220000－0841－0007187　史 5242K
西行日記三卷　(清)趙鈞彤撰　清光緒九年(1883)鉛活字印本　二册

220000－0841－0007188　史 10395F
西征日記一卷　(清)黄家鼎撰　清光緒八年(1882)刻補不足齋雜著本　一册

220000－0841－0007189　史 5005K
西征述一卷後西征述一卷　(清)蔣湘南撰　清道光十九年(1839)刻本　一册

220000－0841－0007190　史 6953F
東還紀略一卷　(清)史善長撰　清光緒刻本　一册

220000－0841－0007191　集 8089K
聽蕉樓外集題詞蜀遊日記不分卷　(清)黄勤業撰　清咸豐元年(1851)刻本　二册

220000－0841－0007192　史 7286K
驂鸞小記一卷　(清)方炳奎撰　清同治五年(1866)刻中隱堂雜著本　一册

220000－0841－0007193　史 11383:2
西山遊草一卷　(清)王軒撰　清同治八年(1869)洪洞王氏刻本　一册

220000－0841－0007194　史 4304K
乘杳筆記二卷海國勝遊草一卷天外歸帆草一卷　(清)斌椿撰　清同治七年(1868)文寶堂刻本　三册

220000－0841－0007195　史 11336K
鳳臺袛謁筆記一卷　(清)董恂撰　清同治九年(1870)刻本　一册

220000－0841－0007196　史 5740K
西征紀程四卷　(清)鄒代鈞撰　清光緒十七年(1891)石印本　四册

220000－0841－0007197　史 4964K
使俄草八卷　(清)王之春撰　清光緒二十一年(1895)石印本　四册

220000－0841－0007198　史 14494K
使俄日記八卷附錄一卷　(清)王之春撰　清光緒二十二年(1896)上海石印本　六册

220000－0841－0007199　史 10324K
俄遊彙編十二卷　(清)繆祐孫撰　清光緒十五年(1889)海上秀文書局石印本　四册

220000－0841－0007200　史 5103K
俄遊彙編八卷　(清)繆祐孫撰　清光緒二十一年(1895)江左書林石印本　四册

220000－0841－0007201　史 7376K
適可齋紀行六卷　(清)馬建忠撰　清光緒二十二年(1896)刻本　四册

220000－0841－0007202　史 8950K
使西紀程二卷　(清)郭嵩燾撰　清光緒刻本　一册

220000－0841－0007203　史 9769K
使西紀程不分卷　(清)郭嵩燾撰　清光緒鉛活字印本　一册

220000－0841－0007204　史 6751K
東遊叢錄四卷　(清)吳汝綸撰　清光緒二十八年(1902)石印本　四册

220000－0841－0007205　史 5354K
扶桑兩月記不分卷　羅振玉撰　清光緒二十八年(1902)教育世界社石印本　一册

220000－0841－0007206　史 9716K
重訂東游叢錄不分卷　(清)吳汝綸筆受　清光緒二十八年(1902)鉛活字印本　四册

220000－0841－0007207　史10451K
西行紀程二卷西征集一卷　（清）孟傳鑄撰　清咸豐六年（1856）刻本　一册

220000－0841－0007208　史5403K
西征集不分卷　（清）黄家鼎撰　清光緒八年（1882）刻本　四册

220000－0841－0007209　史11093K
西征日記一卷　（清）汪振聲撰　清光緒二十六年（1900）夢花軒刻本　一册

220000－0841－0007210　史5047K
西行日記二卷　（清）池仲佑撰　清光緒三十四年（1908）上海商務印書館鉛活字印本　一册

220000－0841－0007211　史5653K
辛卯侍行記六卷　（清）陶保廉撰　清光緒二十三年（1897）養樹山房刻本　六册

220000－0841－0007212　史5722K
隨軺遊紀初集四卷　鳳淩等編輯　清光緒時務報館石印本　一册

220000－0841－0007213　史4567K
大唐西域記十二卷　（唐）釋玄奘　（唐）釋辯機撰　清宣統元年（1909）刻本　四册

220000－0841－0007214　史5127K
諸藩志二卷　（宋）趙汝适撰　（清）李調元校　清道光五年（1825）刻本　二册

220000－0841－0007215　善0041
新刻星槎勝覽一卷　（明）費信撰　明萬曆胡文煥刻格致叢書本　一册

220000－0841－0007216　史10448K
海國聞見錄二卷　（清）陳倫炯撰　清同治七年（1868）粵東三元堂刻本　一册

220000－0841－0007217　史9540K
海外見聞錄一卷　題漁隱等輯　清光緒二十二年（1896）鉛活字印本　一册

220000－0841－0007218　史10855K
海錄一卷　（清）謝清高口述　（清）楊炳南錄　清道光刻本　一册

220000－0841－0007219　史5145K
海國圖志六十卷　（清）魏源撰　清道光二十七年（1847）古微堂刻本　二十四册

220000－0841－0007220　史5099K
海國圖志一百卷　（清）魏源撰　清光緒二十一年（1895）上海積山書局石印本　十六册

220000－0841－0007221　史8707K
海國圖志一百卷　（清）魏源撰　清光緒二十一年（1895）上海書局石印本　十六册

220000－0841－0007222　史4876K
瀛環志略十卷　（清）徐繼畬撰　清同治五年（1866）刻本　六册

220000－0841－0007223　史5435K
瀛環志略十卷　（清）徐繼畬撰　清同治十二年（1873）刻本　四册

220000－0841－0007224　史4844K
瀛環志略十卷　（清）徐繼畬撰　清光緒二十四年（1898）掃葉山房鉛活字印本　八册

220000－0841－0007225　史5336K
瀛環譯音異名記十二卷　（清）杜宗預編　清光緒三十年（1904）刻本　六册

220000－0841－0007226　史5369K
乘槎筆記二卷　（清）斌椿撰　清同治八年（1869）刻本　二册

220000－0841－0007227　史5308K
西洋各國乘槎筆記二卷　（清）斌椿撰　清同治八年（1869）刻本　一册

220000－0841－0007228　史7631K
乘槎筆記二卷　（清）斌椿撰　清同治八年（1869）刻本　一册

220000－0841－0007229　史10430K
乘槎筆記二卷　（清）斌椿撰　清同治八年（1869）刻本　一册

220000－0841－0007230　史5300K
西洋各國乘槎筆記二卷　（清）斌椿撰　清同治十三年（1874）刻本　二册

220000－0841－0007231　史 5082K
遊歷巴西圖經十卷　(清)傅雲龍撰　清光緒二十八年(1902)石印本　二冊

220000－0841－0007232　史 5081K
遊歷秘魯圖經四卷　(清)傅雲龍撰　清光緒二十八年(1902)石印本　二冊

220000－0841－0007233　史 5080K
遊歷加拿大圖經八卷　(清)傅雲龍撰　清光緒二十八年(1902)石印本　二冊

220000－0841－0007234　史 5106K
瀛海論箋正九卷首二卷末二卷　(清)凌鶴書箋　清光緒十八年(1892)甫文寶石印本　四冊

220000－0841－0007235　史 5244K
海客日譚六卷首一卷　(清)王芝撰　清光緒二年(1876)刻本　四冊

220000－0841－0007236　史 7346K
環遊地球新錄四卷　(清)李圭撰　清光緒四年(1878)鉛活字印本　四冊

220000－0841－0007237　史 5102K
各國地球新錄四卷　(清)李圭撰　清光緒二十一年(1895)寶善書局石印本　一冊

220000－0841－0007238　史 5801K
泰西各國采風記五卷紀程詩感事詩時務論一卷　宋育仁撰　清光緒二十一年(1895)袖海山房石印本　四冊

220000－0841－0007239　史 5658K
泰西各國采風記五卷紀程詩感事詩時務論一卷　宋育仁撰　清光緒二十二年(1896)袖海山房石印本　四冊

220000－0841－0007240　史 5667K
泰西風土事物考四卷　(清)藜牀臥讀生輯　清光緒二十八年(1902)鉛活字印本　一冊

220000－0841－0007241　史 5639K
西被考略六卷　(清)金永森撰　清光緒二十九年(1903)武昌刻本　五冊

220000－0841－0007242　史 7136K
泰西各國名人言行錄十六卷　(清)張兆蓉編　清光緒二十九年(1903)石印本　六冊

220000－0841－0007243　史 10322K
四述奇十六卷　(清)張德彝撰　清光緒九年(1883)著易堂鉛活字印本　八冊

220000－0841－0007244　史 5319K
出洋瑣記一卷附錄一卷　(清)蔡鈞輯　清光緒十一年(1885)刻本　一冊

220000－0841－0007245　史 8506K
五大洲圖說簡明萬國公法三卷　(清)時報館輯　清光緒十六年(1890)石印本　一冊

220000－0841－0007246　史 1323K
五洲事類匯表四十八卷　趙士無　孔昭紱編輯　清光緒二十九年(1903)石印本　十九冊

220000－0841－0007247　史 4495K
出使日記續刻十卷　(清)薛福成輯　清光緒二十七年(1901)石印本　十冊

220000－0841－0007248　史 4499K
出使英法義比四國日記六卷　(清)薛福成撰　清光緒十八年(1892)上海鴻寶齋石印本　三冊

220000－0841－0007249　史 4501K
出使英法義比四國日記六卷　(清)薛福成撰　清光緒二十年(1894)刻本　二冊

220000－0841－0007250　史 4458K
出使美日秘國日記十六卷　(清)崔國因撰　清光緒二十年(1894)鉛活字印本　十二冊

220000－0841－0007251　史 4824K
地球韻言四卷　(清)張士瀛撰　清光緒二十四年(1898)鄂垣務急書館刻本　二冊

220000－0841－0007252　史 11404K
各國日記彙編不分卷　(清)萬選樓主人輯　清光緒二十四年(1898)上海書局石印本　一冊

220000－0841－0007253　叢 0287K
海國公餘輯錄六種雜著三種　(清)張煜南輯　清光緒二十六年(1900)刻本　十冊

220000－0841－0007254　史 8693K
日遊彙編一卷　繆荃孫撰　清光緒二十九年(1903)刻本　一冊

220000－0841－0007255　史 8951K
遊歷聞見錄十六卷　(清)洪勳撰　清光緒石印本　三冊　存十二卷(五至十六)

220000－0841－0007256　史 11751K
四塞紀略賦一卷　(清)文守元撰　清嘉慶刻本　一冊

220000－0841－0007257　史 7730K
四塞紀略賦一卷　(清)文守元撰　清嘉慶刻本　一冊

220000－0841－0007258　史 5262K
舟車所至不分卷　(清)青玉山房居士輯　清道光二十三年(1843)刻本　五冊

220000－0841－0007259　史 7528K
異域風謠不分卷　(清)寥園主人撰　清光緒刻本　一冊

220000－0841－0007260　史 5179K
異域錄二卷　(清)葉赫圖理琛撰　清嘉慶十三年(1808)刻本　二冊

220000－0841－0007261　史 8730K
節相壯遊日錄二卷　(清)桃谿等輯　清光緒二十二年(1896)天津絳雪齋刻本　二冊

220000－0841－0007262　史 8535K
小亞細亞志　(清)學部圖書局編纂　清光緒三十三年(1907)鉛活字印本　一冊

220000－0841－0007263　史 8541K
亞細亞洲志不分卷　(清)學部圖書局編纂　清光緒三十四年(1908)鉛活字印本　一冊

220000－0841－0007264　史 10759K
東遊日記一卷　(清)黄慶澄撰　清光緒二十年(1894)刻本　一冊

220000－0841－0007265　史 11719K
東遊日記不分卷　(清)沈翊清撰　清光緒二十六年(1900)刻本　一冊

220000－0841－0007266　史 5094K
東遊日記不分卷　(清)李光鄴撰　清宣統二年(1910)廣東開敏公司鉛活字印本　一冊

220000－0841－0007267　史 5375K
東遊日記不分卷　(清)袁大化撰　清光緒三十三年(1907)鉛活字印本　一冊

220000－0841－0007268　史 9113K
東遊日記一卷　(清)蔣黼撰　清光緒刻本　一冊

220000－0841－0007269　史 5664K
朝鮮志十二卷補遺一卷　(清)薛培榕輯　清光緒八年(1882)鉛活字印本　四冊

220000－0841－0007270　叢 0064K
奥簃朝鮮三種　(清)周家禄撰　清光緒二十五年(1899)廬江吳保初刻本　一冊

220000－0841－0007271　史 11245K
日本考略一卷　(明)薛俊撰　清道光十一年(1831)刻得月簃叢書本　一冊

220000－0841－0007272　善 1886
中山傳信錄六卷　(清)徐葆光撰　清康熙六十年(1721)二友齋刻本　八冊

220000－0841－0007273　史 5606K
日本國志四十卷　(清)黄遵憲撰　清光緒十六年(1890)刻本　十四冊

220000－0841－0007274　史 5709K
日本國志四十卷中東年表一卷　(清)黄遵憲撰　清光緒二十四年(1898)上海圖書集成印書局鉛活字印本　八冊

220000－0841－0007275　史 5761K
琉球小志一卷補遺一卷琉球説略一卷　(清)姚文棟撰　清光緒九年(1883)刻本　一冊

220000－0841－0007276　善 0487
東瀛紀典不分卷　(清)蔣允□輯　清乾隆刻本　二冊

220000－0841－0007277　史 8821K
東瀛識略八卷　(清)丁紹儀撰　清同治十二年(1873)刻本　二冊

220000－0841－0007278　史 5091K

東瀛百詠不分卷　(清)齊鯤撰　清嘉慶十三年(1808)知今堂刻本　一冊

220000－0841－0007279　史 12292K

四川派赴東瀛遊歷閱操日記二卷　(清)丁鴻臣撰　清光緒二十六年(1900)蓉城李氏刻本　一冊　存一卷(上)

220000－0841－0007280　史 9771K

乙巳東瀛遊記一卷　周錫瑋撰　清光緒三十一年(1905)鉛活字印本　一冊

220000－0841－0007281　史 4642K

丙午日本遊記不分卷　(清)程淯撰　清光緒三十三年(1907)鉛活字印本　一冊

220000－0841－0007282　史 9009K

東瀛日記不分卷　(清)劉桐甲撰　清抄本　一冊

220000－0841－0007283　史 5088K

日本雜事詩二卷　(清)黃遵憲撰　清光緒刻本　二冊

220000－0841－0007284　史 9180K

日本各校紀略一卷　(清)張大鏞撰　清光緒二十五年(1899)浙江書局刻本　一冊

220000－0841－0007285　史 6603K

日本食貨志不分卷　(清)黃遵憲編纂　清光緒三十二年(1906)成都官報局鉛活字印本　二冊

220000－0841－0007286　史 11086K

日本統計釋例六卷　題考察政治大臣咨送　清光緒政治官報局鉛活字印本　一冊　存三卷(一至三)

220000－0841－0007287　史 8967K

日本地理兵要十卷　(清)姚文棟撰　清光緒十年(1884)同文館聚珍版本　八冊

220000－0841－0007288　史 4885

琉球國志略十六卷首一卷　(清)周煌輯　清乾隆四十二年(1777)福建刻武英殿聚珍版書本　六冊

220000－0841－0007289　史 8560

續琉球國志略五卷首一卷　(清)齊鯤等撰　清嘉慶内府聚珍本　六冊

220000－0841－0007290　史 9395K

緬述一卷緬甸地輿圖一卷　(清)彭崧毓撰　**緬甸風土詩一卷**　(清)王家璧撰　清同治刻求是齋雜存本　一冊

220000－0841－0007291　史 8543K

緬甸國志英領緬甸志緬甸新志暹羅國志布哈爾志　(清)學部圖書局編纂　清光緒三十三年(1907)鉛活字印本　一冊

220000－0841－0007292　史 5141K

越南輯略二卷　(清)徐延旭輯　清光緒三年(1877)梧州郡蜀刻本　一冊　缺一卷(下)

220000－0841－0007293　史 10677K

爪哇志蘇門答拉志附新志　(清)學部圖書局編纂　清光緒三十三年(1907)鉛活字印本　一冊

220000－0841－0007294　史 5362K

印度劄記二卷　(清)黃楙材述　清光緒十二年(1886)刻新陽趙氏叢刻本　一冊

220000－0841－0007295　史 8538K

印度志　(清)學部圖書局編纂　清光緒三十三年(1907)鉛活字印本　一冊

220000－0841－0007296　史 8530K

印度新志不分卷　(清)學部圖書局編纂　清光緒三十三年(1907)鉛活字印本　一冊

220000－0841－0007297　史 5357K

俾路芝志馬留土股志紉志尼亞島志西里伯島志西里伯島新志不分卷　(清)學部編譯圖書局編纂　清光緒三十三年(1907)鉛活字印本　一冊

220000－0841－0007298　史 8544K

阿富汗土耳基斯坦志阿富汗斯坦志新志土耳基斯坦志東土耳基斯坦志　(清)學部編譯圖書局編　清光緒三十三年(1907)鉛活字印本　一冊

220000－0841－0007299　史 8537K
亞拉伯志附新志　(清)學部圖書館編纂　清光緒三十三年(1907)鉛活字印本　一册

220000－0841－0007300　史 8539K
土耳基志附新志　(清)學部圖書局編纂　清光緒三十三年(1907)鉛活字印本　一册

220000－0841－0007301　史 8531K
波斯志不分卷　(清)學部圖書局編纂　清光緒三十三年(1907)鉛活字印本　一册

220000－0841－0007302　史 4563K
策鰲雜摭八卷首一卷　(清)葉慶頤輯　清光緒十五年(1889)刻本　四册

220000－0841－0007303　史 8540K
西比里亞志附新志　(清)學部圖書局編纂　清光緒三十四年(1908)鉛活字印本　一册

220000－0841－0007304　史 5415K
歐遊雜錄二卷　(清)徐建寅撰　清光緒刻本　二册

220000－0841－0007305　史 4611K
北徼彙編　(清)何秋濤編錄　清同治四年(1865)京都龍威閣刻本　六册

220000－0841－0007306　史 10185K
俄羅斯紀要一卷　(清)林則徐輯　**俄羅斯方域一卷英俄二夷兵一卷**　(清)姚瑩撰　清光緒八年(1882)上海刻本　一册

220000－0841－0007307　史 4521K
英軺日記十二卷　(清)載振撰　清光緒二十九年(1903)上海文明書局鉛活字印本　四册

220000－0841－0007308　史 8534K
開浦殖民地志不分卷　(清)學部圖書局編纂　清光緒三十四年(1908)鉛活字印本　一册

220000－0841－0007309　史 8542K
亞裴利加洲志附新志不分卷　(清)學部圖書局編纂　清宣統元年(1909)鉛活字印本　一册

220000－0841－0007310　史 9532K
西學原始考一卷　(清)王韜撰　清光緒十六年(1890)鉛活字印本　一册

220000－0841－0007311　史 5647K
普法戰紀十四卷　(清)張宗良口譯　(清)王韜輯　清同治十二年(1873)中華印務總局鉛活字印本　八册

220000－0841－0007312　史 5713K
普法戰紀二十卷　(清)張宗良口譯　(清)王韜輯　清光緒二十一年(1895)鉛活字印本　十册

220000－0841－0007313　史 5711K
普法戰紀輯要四卷　(清)張宗良口譯　(清)王韜輯　清光緒二十七年(1901)石印本　八册

220000－0841－0007314　史 5710K
歐洲族類源流略五卷　王樹枏撰　清光緒三十二年(1906)影印王氏刻本　一册

220000－0841－0007315　史 5613K
泰西新史攬要二十四卷　蔡爾康譯　清光緒二十六年(1900)廣雅書局刻本　八册

220000－0841－0007316　史 5742K
泰西各國史略二卷　(□)□□輯　清光緒二十三年(1897)石印本　二册

220000－0841－0007317　史 9200K
西史通志一百二十四卷　(清)袁宗濂等編輯　清光緒二十八年(1902)萃新書館石印本　二十八册

220000－0841－0007318　史 11386K
采風記五卷紀程感事詩一卷時務論一卷　宋育仁撰　清光緒二十一年(1895)袖海山房石印本　四册

220000－0841－0007319　史 10560K
英政概一卷法政概一卷英藩政概四卷　(清)劉啟彤撰　清光緒二十二年(1896)成都刻本　二册

220000－0841－0007320　史 5708K
英吉利志譯略一卷　(清)吳宗濂譯　(清)趙元益述　**法蘭西志一卷義大利志一卷比利時**

志譯略一卷　(清)世增譯　(清)顏錫爵述　清光緒二十五年(1899)上海石印本　二冊

220000－0841－0007321　史 5719K
法國志略二十四卷　(清)王韜撰　清光緒十五年(1889)鉛活字印本　十冊

220000－0841－0007322　史 10339K
法國志略二十四卷　(清)王韜等輯　(清)葉耀元校　清光緒十六年(1890)淞隱廬鉛活字印本　十冊

220000－0841－0007323　史 5625K
法蘭西史五卷　(清)商務印書館編譯　清光緒二十九年(1903)鉛活字印本　一冊

220000－0841－0007324　史 8571K
德國新志一卷檀香山群島志一卷　(清)謝希傳撰　清光緒二十四年(1898)通學齋鉛活字印本　一冊

220000－0841－0007325　史 11434F
羅馬志略十三卷　(□)□□撰　清光緒十二年(1886)總稅務司刻本　一冊

220000－0841－0007326　史 5704K
羅馬志略十三卷歐洲史略十三卷希臘志略七卷富國養民策十六章　(□)□□撰　清光緒二十四年(1898)石印本　四冊

220000－0841－0007327　史 5657K
籌鄂龜鑑七卷首一卷　(清)陳俠君輯錄　清光緒二十二年(1896)石印本　六冊

220000－0841－0007328　史 5656K
俄事新書二卷　(清)陳俠群編輯　清光緒二十二年(1896)石印本　二冊

220000－0841－0007329　史 5619K
亞美利加洲通史十編　戴彬編輯　清光緒二十八年(1902)商務印書館鉛活字印本　二冊

220000－0841－0007330　史 8957K
檀香山群島志一卷墨西哥述略一卷　(清)謝希傳撰　清光緒二十四年(1898)鉛活字印本　一冊

220000－0841－0007331　史 5326K
李傅相歷聘歐美記二卷　蔡爾康纂輯　清光緒二十五年(1899)鉛活字印本　二冊

220000－0841－0007332　史 5817K
西國近事彙編一百四卷　(美國)金楷理口譯　(清)姚棻等譯　清同治十二年至光緒二十四年(1873－1898)鉛活字印本　一百四冊

220000－0841－0007333　史 5818K
續西國近事彙編　(清)鍾天緯等編輯　清光緒八年至二十三年(1882－1897)石印本　十四冊　存十四卷(一至十四)

220000－0841－0007334　史 8701K
古巴島近日大概情形呈摺一卷　(清)余思詒撰　清光緒十九年(1893)石印本　一冊

220000－0841－0007335　史 8528K
阿連曼群島志附新志婆羅島志不分卷　(清)學部圖書局編纂　清光緒三十四年(1908)鉛活字印本　一冊

220000－0841－0007336　史 7729K
安南志略十九卷首一卷　(元)黎崱撰　清光緒十年(1884)旅滬日人岸吟香樂善堂鉛活字印本　四冊

220000－0841－0007337　史 4987K
地輿圖考四卷　(清)龔柴撰　清光緒九年(1883)鉛活字印本　一冊

220000－0841－0007338　史 4614K
萬國地輿圖考五卷　(清)陳兆桐撰　清光緒二十八年(1902)石印本　八冊

220000－0841－0007339　史 5259K
五洲圖考不分卷　(清)龔柴撰　(清)許彬編輯　清光緒二十四年(1898)鉛活字印本　四冊

220000－0841－0007340　史 7608K
越南地輿圖說六卷圖一卷　(清)盛慶紱撰　清光緒九年(1883)求忠堂刻本　一冊　存三卷(一至三)

220000－0841－0007341　史 12264K
中外地輿圖說集成一百三十卷首一卷　題

（清）同康廬編　清光緒二十年（1894）上海順成書局石印本　二十四冊

220000－0841－0007342　善0565
歷代地理指掌圖不分卷　題（宋）蘇軾撰　明刻本　二冊

220000－0841－0007343　史8457K
歷代輿地沿革險要圖說　（清）饒敦秩等原撰　王尚德重繪　清光緒二十四年（1898）上海文賢閣石印本　一冊

220000－0841－0007344　史8502K
歷代沿革輿圖二十幅　（清）葉裕仁繪　清同治九年（1870）朱墨套印本　一冊

220000－0841－0007345　史5183K
中國歷代疆域沿革考不分卷　（日本）重野安繹　（日本）河田羆編輯　（清）滌盦居士譯　清光緒二十八年（1902）商務印書館鉛活字印本　一冊

220000－0841－0007346　史12460K
漢西域圖考七卷首一卷　（清）李光廷撰　清同治九年（1870）廣州刻本　四冊

220000－0841－0007347　史11389F
漢西域圖考七卷首一卷　（清）李光廷撰　清同治九年（1870）刻本　四冊

220000－0841－0007348　史4963K
漢西域圖考七卷首一卷　（清）李光廷撰　清光緒陽湖趙氏壽諼草堂刻本　四冊

220000－0841－0007349　史4879K
漢西域圖考七卷　（清）李光廷撰　清同治九年（1870）刻本　四冊

220000－0841－0007350　史10161K
皇朝一統輿地全圖不分卷　題欸乃軒主人繪編　清光緒二十年（1894）上海鴻寶齋石印本　二冊

220000－0841－0007351　史4883K
欽定皇輿西域圖志四十八卷首四卷　（清）傅恒等撰　清光緒鉛活字印本　二十四冊

220000－0841－0007352　史11764K
丁未保送會考地理科行表不分卷　（清）農工商部輯　清鉛活字印本　一冊

220000－0841－0007353　史2137F
鮮虞中山國事表疆域圖說不分卷　王先謙撰　清光緒九年（1883）長沙王氏刻王益吾所著書本　一冊

220000－0841－0007354　史4839K
續瀛環志畧初編不分卷　（清）瞿來昂譯　清光緒二十八年（1902）無錫傳經樓石印本　八冊

220000－0841－0007355　史9105K
輿圖總論注釋一卷　（清）謝蘭生撰　清光緒刻酌古準今叢書本　一冊

220000－0841－0007356　史4294K
海隴戰守事蹟六卷　（清）依淩阿輯　清光緒三十二年（1906）鉛活字印本　二冊

220000－0841－0007357　史10582K
中國白話地理七章　（□）□□編　清上海彪蒙書室石印本　四冊

220000－0841－0007358　史9974K
中國近世輿地圖說二十三卷　羅汝楠編纂　清宣統元年（1909）廣東教忠學堂石印本　八冊

220000－0841－0007359　史4868K
江浙閩三省沿海圖說　（清）朱正元撰　清光緒二十五年（1899）上海聚珍版鉛活字印本　三冊

220000－0841－0007360　史9259K
河套圖考一卷　（清）楊江撰　清咸豐七年（1857）刻本　一冊

220000－0841－0007361　史7898K
奉天全省地輿圖說圖表不分卷　（清）王志修編　清光緒二十年（1894）刻本　一冊

220000－0841－0007362　史12424K
山東郡縣圖考一卷　（清）葉圭綬繪製　清光緒八年（1882）山東書局刻本　一冊

220000－0841－0007363　史10166K

江蘇全省輿圖　(清)諸可寶撰　清光緒二十一年(1895)刻本　三冊

220000－0841－0007364　史8477K
蘇省輿地圖說不分卷　(清)丁日昌編　清同治刻本　二十三冊

220000－0841－0007365　史5496K
江蘇沿海圖說不分卷　(清)朱正元撰　清光緒二十五年(1899)上海聚珍版鉛活字印本　一冊

220000－0841－0007366　史9287K
揚州歷代疆域沿革圖說一卷　(清)徐庭曾　(清)汪桂森編輯　清刻本　一冊

220000－0841－0007367　史4986
浙江通省志圖說　(清)沈德潛撰　清乾隆教忠堂刻沈歸愚詩文全集本　一冊

220000－0841－0007368　史5498K
浙江沿海圖說不分卷　(清)朱正元撰　清光緒二十五年(1899)上海聚珍版鉛活字印本　一冊

220000－0841－0007369　史8499K
淇縣輿地圖說二卷　(清)曹廣權撰　清光緒二十七年(1901)刻本　一冊

220000－0841－0007370　史8480K
湖南全省輿圖說不分卷　(清)彭言考撰　清光緒二十三年(1897)刻本　二冊

220000－0841－0007371　史11602K
湖南輿圖不分卷　(清)彭清瑋　(清)左學呂摹繪　清光緒二十三年(1897)刻本　四冊

220000－0841－0007372　史10153K
廣東圖說九十二卷首一卷　(清)桂文燦撰　清同治刻本　十八冊

220000－0841－0007373　史5395K
廣東輿地圖說十四卷首一卷　(清)廖廷相等纂　清宣統元年(1909)鉛活字印本　四冊

220000－0841－0007374　史5483K
南部縣輿圖說不分卷　(清)袁用賓增補　清光緒十六年(1890)刻本　四冊

220000－0841－0007375　史8816K
西招圖略不分卷　(清)陸為柄重訂　清道光二十七年(1847)刻本　一冊

220000－0841－0007376　史10303K
天下名山圖詠四卷　(清)沈錫齡輯　清光緒二十一年(1895)石印本　二冊

220000－0841－0007377　史10687K
荆南高山大川圖考不分卷　(清)榮錫勳撰　清光緒三十四年(1908)刻本　一冊

220000－0841－0007378　史4741K
瓊管山海圖說二卷　(明)顧可久輯　清光緒十九年(1893)如不及齋刻本　二冊

220000－0841－0007379　史4694K
峨山圖志二卷　(清)黃綬英等纂　清光緒十七年(1891)刻本　二冊

220000－0841－0007380　史4796K
匡山圖志四卷　(清)蔣德鈞纂　清光緒刻本　一冊

220000－0841－0007381　史5172K
歷代黃河變遷圖考四卷　(清)孫寶琦重訂　清宣統二年(1910)山東河工研究所石印本　四冊

220000－0841－0007382　史1774K
[山東直隸河南]三省黃河全圖　(清)李鴻章等監修　(清)顧潮等測繪　清光緒十六年(1890)上海鴻文書局石印本　五冊

220000－0841－0007383　史11772K
長江圖說十二卷首一卷　(清)馬徵麟撰　清同治九年(1870)金陵提署刻本　五冊

220000－0841－0007384　史8469K
長江圖說十二卷首一卷　(清)馬徵麟製圖　清同治十年(1871)湖北崇文書局刻本　十二冊

220000－0841－0007385　史5516K
鶴陽新河紀略不分卷　(清)朱洪章撰　清光緒十八年(1892)梓文閣刻本　一冊

220000－0841－0007386　善3032

名勝園亭圖說不分卷 （清）□□繪 清乾隆刻本 一冊

220000－0841－0007387 史 9063K
湘湖考略一卷 （清）于士達撰 清道光二十七年（1847）學忍堂刻本 一冊

220000－0841－0007388 史 8697K
寧郡城河丈尺圖志二卷 （清）汪海鶴繪圖 清光緒七年（1881）河工局木活字印本 一冊

220000－0841－0007389 史 4831K
曹娥江志八卷首一卷 （清）胡鳳丹編輯 清光緒三年（1877）永康胡氏退補齋刻本 二冊

220000－0841－0007390 史 5515K
江蘇水利圖說不分卷 （清）李慶雲纂 清宣統二年（1910）刻本 二冊

220000－0841－0007391 史 10223K
續纂江蘇水利全案圖說不分卷 （清）李慶雲撰 清光緒十五年（1889）刻本 一冊

220000－0841－0007392 史 9830K
淮揚水利圖說一卷 （清）馮道立撰 清道光十九年（1839）刻本 一冊

220000－0841－0007393 史 9005K
南湖考一卷 （明）陳幼學纂 （清）梁恭辰增輯 清光緒五年（1879）刻本 一冊

220000－0841－0007394 史 9296
南湖事略一卷 （明）陳幼學纂 （清）梁恭辰增輯 清光緒五年（1879）梅氏刻本 一冊

220000－0841－0007395 史 5507K
續後南湖圖志不分卷 （清）崧駿撰 清光緒刻本 一冊

220000－0841－0007396 史 11756K
續後南湖圖志 （清）潘鴻等校 清光緒浙江官書局刻本 一冊

220000－0841－0007397 史 10983K
峽江圖考不分卷 （清）江國璋增輯 清光緒二十年（1894）石印本 二冊

220000－0841－0007398 史 5039K
天下三大龍圖說不分卷 （清）馬貞榆撰 清光緒二十四年（1898）馬氏家塾刻本 一冊

220000－0841－0007399 善 3102
太平天國戰役圖六十三幅 （清）吳嘉猷繪 清刻本 一冊

220000－0841－0007400 叢 1106K
金石三例 （清）盧見曾輯 （清）王芑孫評 清光緒四年（1878）南海馮氏讀有用書齋刻金石全例本 六冊

220000－0841－0007401 叢 1102K
金石三例續編 （清）朱記榮輯 清光緒十一年（1885）吳縣朱氏行素草堂刻槐廬叢書本 六冊

220000－0841－0007402 叢 1101K
金石三例再續編 （清）朱記榮輯 清光緒十四年（1888）吳縣朱氏行素草堂刻本 四冊

220000－0841－0007403 叢 1470
金石全例 （清）朱記榮輯 清光緒十八年（1892）吳縣朱氏彙印本 十六冊

220000－0841－0007404 叢 0669K
學古齋金石叢書 （清）董金南輯 清光緒八年（1882）會稽董氏學古齋刻本 二十四冊

220000－0841－0007405 叢 0801K
行素草堂金石叢書 （清）朱記榮輯 清光緒十四年（1888）吳縣朱氏槐廬刻本 四十冊

220000－0841－0007406 史 3327
金石錄三十卷 （宋）趙明誠撰 清順治七年（1650）謝世箕刻本 六冊

220000－0841－0007407 史 3347F
金石略三卷 （宋）鄭樵撰 清光緒崇川葛氏刻學古齋金石叢書本 三冊

220000－0841－0007408 史 3076F
集古錄目十卷原目一卷 （宋）歐陽棐撰 繆荃孫校輯 清光緒江陰繆氏刻雲自在龕叢書朱印本 一冊

220000－0841－0007409 史 2573K
攈古錄二十卷 （清）吳式芬輯 清光緒吳重

熹刻本　二十冊

220000－0841－0007410　史0256K
藝風堂金石文字目十八卷　繆荃孫輯　清光緒三十二年(1906)刻本　八冊

220000－0841－0007411　史0101K
竹崦盦金石目錄五卷　(清)趙魏輯　清宣統元年(1909)刻本　五冊

220000－0841－0007412　史2884
金石圖不分卷　(清)褚峻摹　(清)牛運震說　清乾隆八年(1743)刻並拓印本　四冊

220000－0841－0007413　史11643K
金石圖說四卷　(清)牛運震集說　(清)褚峻摹圖　(清)劉世珩補編　清光緒十九年(1893)、二十一年(1895)聚學軒劉氏刻本　四冊

220000－0841－0007414　史2841
求古精舍金石圖初集四卷　(清)陳經撰　清嘉慶二十二年(1817)陳氏說劍樓刻本　四冊

220000－0841－0007415　史2600
重定金石契不分卷　(清)張燕昌撰　清乾隆三十六年(1771)刻四十三年(1778)重定本　四冊

220000－0841－0007416　史2616K
金石契五卷石鼓文釋考　(清)張燕昌撰　清光緒二十二年(1896)貴池劉世珩聚學軒刻本　五冊

220000－0841－0007417　史9777K
香南精舍金石契一卷　(清)覺羅崇恩撰　清光緒二十六年(1900)影印本　二冊

220000－0841－0007418　史2594K
金石索十二卷　(清)馮雲鵬　(清)馮雲鵷同輯　清光緒十九年(1893)上海積石書局影印道光元年(1821)滋陽縣署刻本　二十四冊

220000－0841－0007419　史12258K
金石索十二卷　(清)馮雲鵬　(清)馮雲鵷撰　清道光元年(1821)滋陽縣署刻本　二冊　存二卷(金一、石一)

220000－0841－0007420　史3402K
二百蘭亭齋金文文字五種　(清)吳雲輯　清同治五年(1866)刻本　五冊

220000－0841－0007421　史2885K
金石屑四卷附編一卷　(清)鮑昌熙摹　清光緒三年(1877)刻本　四冊

220000－0841－0007422　史2640K
金石續編二十一卷首一卷　(清)陸耀遹撰　(清)陸增祥校訂　清同治十三年(1874)毘陵雙白燕堂刻本　十冊

220000－0841－0007423　史3413K
金石續編摘鈔一卷　歸安石氏春仁堂鈔　清春仁堂抄本　一冊

220000－0841－0007424　史10114K
碑版文廣例十卷　(清)王芑孫撰　清道光二十一年(1841)江元文刻本　四冊

220000－0841－0007425　史7364F
漢魏六朝墓銘纂例四卷　(清)李富孫撰　清光緒十四年(1888)刻金石全例本　一冊

220000－0841－0007426　史2571K
隸釋二十七卷隸續二十一卷附汪本隸釋　(宋)洪適撰　**刊誤一卷**　(清)黃丕烈撰　清同治十年(1871)刻洪氏晦木齋叢書本　八冊

220000－0841－0007427　史2559
隸續二十一卷　(宋)洪適撰　清康熙四十五年(1706)曹寅揚州使院刻本　二冊

220000－0841－0007428　善0361
金石存十五卷　(清)吳玉搢撰　清嘉慶二十四年(1819)李氏聞妙香室刻本　六冊

220000－0841－0007429　史3345K
金石存十五卷　(清)吳玉搢撰　清光緒影印嘉慶二十四年(1819)山陽李氏刻本　四冊

220000－0841－0007430　史2522K
金石萃編一百六十卷　(清)王昶輯　清嘉慶十年(1805)經訓堂刻本　五十六冊　缺二十卷(四十六至六十五)

220000－0841－0007431　史10289K

金石萃編一百六十卷 (清)王昶撰 **金石續編二十一卷** (清)陸耀遹撰 清光緒十九年(1893)上海醉六堂石印本 二十四册

220000－0841－0007432 史3108K
金石萃編補正四卷 (清)方履籛撰 清光緒二十年(1894)上海醉六堂石印本 四册

220000－0841－0007433 史2865K
金石萃編補略二卷 (清)王言撰 清光緒八年(1882)刻本 四册

220000－0841－0007434 史3339
金石續録四卷 (清)劉青藜撰 清康熙四十九年(1710)傳經堂刻本 一册

220000－0841－0007435 史2908K
[二銘草堂]金石聚十六卷 (清)張德容輯 清同治十一年(1872)自刻雙鉤本 十六册

220000－0841－0007436 史2615K
兩漢金石記二十二卷 (清)翁方綱撰 清乾隆五十四年(1789)南昌使院自刻蘇齋叢書本 八册

220000－0841－0007437 史9364K
小蓬萊閣金石文字九種 (清)黄易輯 清道光二十二年(1842)陵苕館重摹本 五册

220000－0841－0007438 史3104K
小蓬萊閣金石文字十種 (清)黄易輯 清道光十四年(1834)石墨軒刻本 五册

220000－0841－0007439 史3455K
小蓬萊閣金石文字十種 (清)黄易輯 清嘉慶五年(1800)雙鉤刻本 五册

220000－0841－0007440 史3123
偃師金石記四卷 (清)武億撰 清乾隆五十三年(1788)刻本 一册

220000－0841－0007441 史3286K
金石文鈔八卷續鈔二卷 (清)趙紹祖輯 清光緒二年(1876)趙集成刻本 十册

220000－0841－0007442 史3296K
張叔未所藏金石文字不分卷 (清)張廷濟輯 清光緒十一年(1885)四會嚴荄鶴緣齋石印本 二册

220000－0841－0007443 史2638K
筠清館金石文字五卷 (清)吳榮光撰 (清)瞿樹辰校字 清道光二十二年(1842)刻本 五册

220000－0841－0007444 史3199K
筠清館金石文字五卷 (清)吳榮光撰 (清)瞿樹辰校字 清道光二十二年(1842)南海吳氏刻本 五册

220000－0841－0007445 史2607K
隨軒金石文字九種 (清)徐渭仁輯 清同治七年(1868)徐大有刻本 四册

220000－0841－0007446 史2877K
望堂金石初集三十四碑二集十八碑 楊守敬輯 清同治至宣統宜都楊氏飛青閣雙鉤刻本 十二册

220000－0841－0007447 史2882
望堂金石文字 楊守敬輯 清同治至宣統飛青閣雙鉤刻本 八册

220000－0841－0007448 史9085K
吉金志憙不分卷 (清)王鐵伽輯 清光緒稿本 一册

220000－0841－0007449 善2060
金石古文十四卷 (明)楊慎輯 明嘉靖三十三年(1554)孫昭李懿刻本 一册

220000－0841－0007450 史3399K
來齋金石刻考略三卷 (清)林侗撰 清同治十二年(1873)吳蓮舟鐵如意室抄本 三册

220000－0841－0007451 史0668K
來齋金石刻考略三卷 (清)林侗撰 清嘉慶二十一年(1816)馮縉刻本 三册

220000－0841－0007452 史3105K
曝書亭金石文字跋尾六卷 (清)朱彝尊撰 清光緒九年(1883)朱氏槐廬叢書本 二册

220000－0841－0007453 史3174K
金石録補二十七卷續跋七卷 (清)葉奕苞撰 清咸豐海昌蔣氏刻涉聞梓舊本 六册

220000－0841－0007454　史7406

觀妙齋藏金石文考略十六卷　(清)李光映撰　清雍正七年(1729)刻本　六册

220000－0841－0007455　史3050K

清儀閣題跋四卷　(清)張廷濟撰　(清)魏錫曾輯　清光緒十九年(1893)錢塘丁立誠刻本　四册

220000－0841－0007456　史3285

清儀閣題跋不分卷　(清)張廷濟撰　清光緒十九年(1893)蘇州振新書社石印本　六册

220000－0841－0007457　史10521K

石經閣金石跋文一卷　(清)馮登府撰　清光緒二十二年(1896)湯聘伊補抄本　一册

220000－0841－0007458　史2682K

枕經堂金石書畫題跋三卷　(清)方朔撰　清同治三年(1864)刻本　一册

220000－0841－0007459　史7687K

退盦所藏金石書畫跋尾二十卷　(清)梁章鉅撰　清道光二十五年(1845)刻本　八册

220000－0841－0007460　史9418K

九鍾精舍金石跋尾甲編一卷乙編一卷　(清)吳士鑑撰　清宣統二年(1910)刻本　二册

220000－0841－0007461　史3377K

寶鴨齋題跋三卷　徐樹鈞撰　清宣統二年(1910)宏文社石印手稿本　一册

220000－0841－0007462　史12357K

京畿金石考二卷　(清)孫星衍撰　清乾隆問字堂木活字印本　一册　存一卷(上)

220000－0841－0007463　史3429K

京畿金石考二卷　(清)孫星衍撰　**吳郡金石目一卷**　(清)程祖慶撰　**日本金石年表一卷**　(日本)西田直養撰　**百塼考一卷**　(清)呂佺孫撰　清同治、光緒吳子潘氏京師刻滂喜齋叢書本　四册

220000－0841－0007464　史10946K

山左訪碑錄十三卷　(清)法偉堂輯　清宣統元年(1909)山東提學司石印本　二册

220000－0841－0007465　史3118K

山左金石志二十四卷　(清)畢沅　(清)阮元撰　清嘉慶二年(1797)阮氏小琅嬛僊館刻本　二十册

220000－0841－0007466　史3191K

山右金石錄一卷跋尾一卷校語一卷　(清)夏寶晉撰　清光緒八年(1882)歸安石宗建古觀閣刻本　一册

220000－0841－0007467　史3131K

山右金石記十卷　(清)王軒纂　(清)張煦監修　清光緒十五年(1889)刻山西通志單行本　六册

220000－0841－0007468　史3125K

山右石刻叢編四十卷　(清)胡聘之輯　清光緒二十七年(1901)刻本　十九册

220000－0841－0007469　史3170

關中金石記八卷　(清)畢沅撰　清乾隆六年(1741)經訓堂刻本　六册

220000－0841－0007470　史3343K

關中金石記八卷　(清)畢沅撰　清道光二十七年(1847)渭陽焦興儒刻本　四册

220000－0841－0007471　史3201K

關中金石記八卷　(清)畢沅撰　**附記一卷**　(清)蔡汝霖增編　清光緒三十四年(1908)渭南嚴氏刻本　四册

220000－0841－0007472　史3129K

關中金石文字存逸考十二卷　(清)毛鳳枝撰　清光緒二十七年(1901)會稽顧家相萍鄉縣署刻本　八册

220000－0841－0007473　史10544K

關中漢唐存碑跋一卷　(清)王志沂撰　清道光七年(1827)刻本　一册

220000－0841－0007474　史3204K

濟南金石志四卷　(清)王鎮　(清)馮雲鵷同撰　清道光二十年(1840)郡齋刻本　八册

220000－0841－0007475　史3115F

中州金石記五卷　(清)畢沅撰　清乾隆刻經

訓堂叢書本　一冊

220000－0841－0007476　史 3116F
中州金石目録八卷　(清)楊鐸輯　清光緒二十六年(1900)南陵徐乃昌刻鄦齋叢書本　一冊

220000－0841－0007477　史 3184K
蜀碑記十卷　(宋)王象之撰　(清)李調元編　**蜀碑記補十卷金石品二卷**　(清)李調元編　清抄本　二冊

220000－0841－0007478　史 10240F
蜀碑記十卷首一卷　(宋)王象之撰　**辨譌考異二卷**　(清)胡鳳丹撰　清同治八年(1869)刻金華叢書本　一冊

220000－0841－0007479　史 10170K
趙州石刻全録三卷　(清)陳鍾祥編次　(清)蔡壽增　(清)查輅同輯　清同治元年(1862)刻本　三冊

220000－0841－0007480　史 7772K
荆南石刻三種雙鉤本　(清)劉瀚輯　清光緒三十年(1904)海天旭日硯齋刻本　一冊

220000－0841－0007481　史 3481K
荆南萃古編一卷附續　(清)周懋琦　(清)劉瀚同輯　清光緒二十年(1894)鴻寶署齋刻本　二冊

220000－0841－0007482　史 8043K
常山貞石志二十四卷　(清)沈濤撰　清道光二十二年(1842)刻本　八冊

220000－0841－0007483　史 3133K
常山貞石志二十四卷　(清)沈濤撰　清光緒二十三年(1897)靈溪精舍刻本　十冊

220000－0841－0007484　史 3442F
雍州金石記十卷記餘一卷　(清)朱楓撰　清道光刻惜陰軒叢書本　二冊

220000－0841－0007485　史 9108K
敦煌石室記不分卷　羅振玉撰　清宣統三年(1911)鉛活字印本　一冊

220000－0841－0007486　史 3332K
益都金石記四卷　(清)段松苓撰　清光緒九年(1883)知益都孫事李湊刻本　二冊

220000－0841－0007487　史 3420K
江寧金石記八卷待訪目二卷　(清)嚴觀輯　清宣統二年(1910)江楚編譯書局刻本　二冊

220000－0841－0007488　史 9388K
句容金石記十卷附録一卷　(清)楊世沅撰　清光緒三十四年(1908)鉛活字印本　十冊

220000－0841－0007489　史 3283K
淮陰金石僅存録一卷附編一卷補遺一卷　羅振玉輯　清光緒十八年(1892)鉛印小方壺齋叢書本　一冊

220000－0841－0007490　史 3424K
兩浙金石志十八卷　(清)阮元編　**兩浙金石志補遺一卷**　(清)阮福編　清光緒十六年(1890)浙江書局刻本　十二冊

220000－0841－0007491　史 3117K
兩浙金石志補遺一卷　(清)阮福編録　清同治、光緒抄本　一冊

220000－0841－0007492　史 3425K
吴興金石記十六卷　(清)陸心源撰　清光緒十六年(1890)自刻潛園總集本　四冊

220000－0841－0007493　史 3193K
越中金石記十卷目二卷　(清)杜春生撰　清道光十年(1830)詹波館刻本　十六冊

220000－0841－0007494　史 3160K
東甌金石志十卷　(清)戴咸弼撰　清光緒二年(1876)浙江溫州郡庠木活字印本　四冊

220000－0841－0007495　史 3161K
東甌金石志十二卷　(清)戴咸弼撰　(清)孫詒讓校補　清光緒九年(1883)孫氏刻本　六冊

220000－0841－0007496　史 3155K
栝蒼金石志十二卷續四卷　(清)李遇孫輯　(清)鄒柏森補　清光緒元年(1875)處州府署刻本　八冊

220000－0841－0007497　史 11169F

續栝蒼金石志四卷　(清)李遇孫輯　(清)鄒柏森增補　清光緒元年(1875)處州府署刻本　一册

220000－0841－0007498　史3200F
栝蒼金石志補遺四卷　(清)鄒柏森輯　清光緒貴池劉氏校刻聚學軒叢書本　二册

220000－0841－0007499　史3120F
安徽金石略十卷涇川金石記一卷　(清)趙紹祖輯　清光緒貴池劉氏刻聚學軒叢書本　五册

220000－0841－0007500　史3192K
安陽縣金石錄十二卷　(清)武億撰　清嘉慶二十四年(1819)鐵嶺貴泰刻安陽縣志刻本　二册

220000－0841－0007501　史3437K
安陽縣金石錄十二卷　(清)武億　(清)趙希璜同撰　清嘉慶四年(1799)刻本　四册

220000－0841－0007502　史8036
湖北金石志十四卷　楊守敬撰　清光緒湖北通志局刻本　十四册

220000－0841－0007503　史3208
粵東金石略十卷　(清)翁方綱撰　清乾隆三十六年(1771)石洲草堂刻本　二册

220000－0841－0007504　史10039K
粵東金石略九卷首一卷附二卷　(清)翁方綱撰　清光緒十七年(1891)石經堂書局影印乾隆三十六年(1771)石洲草堂刻本　四册

220000－0841－0007505　史8990K
高要金石略四卷　(清)彭泰來撰　清道光、咸豐元暉刻本　一册

220000－0841－0007506　史3169K
粵西金石略十五卷　(清)謝啟昆撰　清嘉慶六年(1801)銅鼓亭刻本　四册

220000－0841－0007507　史7748K
粵西得碑記一卷　(清)楊翰撰　清光緒二年(1876)浯上息園刻息柯居士全集本　一册

220000－0841－0007508　史3124K
萬邑西南山石刻記二卷南浦郡兩唐碑釋文一卷　況周儀撰　清光緒二十九年(1903)刻本　一册

220000－0841－0007509　史8671F
滇南古金石錄一卷　(清)阮福撰　清道光刻小琅嬛叢記本　一册

220000－0841－0007510　史3436K
海東金石苑四卷　(清)劉喜海撰　清光緒七年(1881)衢州張德容二銘草堂刻本　四册

220000－0841－0007511　史2691K
長安獲古編二卷補一卷　(清)劉喜海撰　清光緒三十一年(1905)劉鶚刻本　二册

220000－0841－0007512　善0458
至大重修宣和博古圖錄三十卷　(宋)王黼等撰　元刻本　十三册

220000－0841－0007513　善0457
至大重修宣和博古圖錄三十卷　(宋)王黼等撰　明嘉靖七年(1528)蔣暘刻本　十四册

220000－0841－0007514　善0189
亦政堂重修宣和博古圖錄三十卷　(宋)王黼等撰　**亦政堂重修考古圖十卷**　(宋)吕大臨撰　明萬曆三十一年(1603)寶古堂刻清乾隆十七年(1752)亦政堂得版改刻印本　三十二册

220000－0841－0007515　史2900
博古圖錄三十卷　(宋)王黼等撰　清乾隆十七年(1752)黄晟亦政堂刻本　十六册

220000－0841－0007516　史2641
泊如齋重修宣和博古圖錄三十卷　(宋)王黼等撰　明萬曆十六年(1588)泊如齋刻本　十六册

220000－0841－0007517　善0455
泊如齋重修宣和博古圖錄三十卷　(宋)王黼等撰　明萬曆十六年(1588)泊如齋刻本(卷五、十至十二、十五至十六、十九至二十四、二十六至三十配萬曆刻重修宣和博古圖錄本)　十六册

220000－0841－0007518　史 10202F
簠齋傳古別錄一卷陳簠齋丈筆記一卷手札一卷　(清)陳介祺撰　**鮑臆園丈手札一卷**　(清)鮑康撰　清同治、光緒吳縣潘氏京師刻滂喜齋叢書本　一冊

220000－0841－0007519　史 2898
考古圖十卷　(宋)呂大臨撰　清乾隆十七年(1752)亦政堂刻本　七冊

220000－0841－0007520　史 2896F
續考古圖五卷考古圖釋文一卷　(宋)□□撰　清光緒刻十萬卷樓叢書本　二冊

220000－0841－0007521　史 2635K
西清古鑑四十卷錢錄十六卷　(清)梁詩正等撰　清光緒十四年(1888)邁宋書館銅活字印本　二十四冊

220000－0841－0007522　史 2667K
西清古鑑四十卷錢錄十六卷　(清)梁詩正等撰　清光緒十四年(1888)上海鴻文書局縮小石印本　二十四冊

220000－0841－0007523　史 2666K
西清續鑑甲編二十卷附錄一卷　(清)王傑等輯　清宣統二年(1910)涵芬樓依寧壽宮寫本縮小石印本　四十二冊

220000－0841－0007524　善 0570
焦山鼎銘考一卷　(清)翁方綱撰　清乾隆三十八年(1773)刻蘇齋叢書本　一冊

220000－0841－0007525　史 11006K
周遂鼎圖欵識不分卷　(清)葉志詵輯　清道光刻本　二冊

220000－0841－0007526　史 2874K
陶齋吉金錄八卷　(清)端方撰　清光緒三十四年(1908)石印本　八冊

220000－0841－0007527　史 2871K
陶齋吉金續錄二卷附補錄　(清)端方撰　清宣統元年(1909)石印本　二冊

220000－0841－0007528　史 2721K
吉金志存四卷　(清)李光庭輯　清咸豐九年(1859)刻本　四冊

220000－0841－0007529　史 3098K
兩罍軒彝器圖釋十二卷　(清)吳雲撰　清同治十一年(1872)刻本　四冊

220000－0841－0007530　史 7771K
虢季子白盤銘考一卷　(清)吳雲撰　清同治五年(1866)二百蘭亭齋刻本　一冊

220000－0841－0007531　史 10630K
虢季子白盤銘考一卷盤亭記一卷　(清)吳雲撰　清同治十二年(1873)刻本　一冊

220000－0841－0007532　史 7765K
漢建安弩機一卷　(清)吳雲摹　清光緒六年(1880)刻本　一冊

220000－0841－0007533　史 3095K
攀古廔彝器款識不分卷　(清)潘祖蔭撰　清同治十一年(1872)京師滂喜齋刻本　二冊

220000－0841－0007534　史 3099K
恒軒所見所藏吉金錄一卷　(清)吳大澂撰　清光緒十一年(1885)刻本　二冊

220000－0841－0007535　史 9824K
敬吾心室識篆圖一卷　(清)朱善旂輯　清光緒三十四年(1908)石印本　二冊

220000－0841－0007536　史 2782K
敬吾心室彝器款識不分卷　(清)朱善旂輯　清光緒三十四年(1908)石印本　二冊

220000－0841－0007537　子 3685K
嘯堂集古錄二卷考異二卷　(宋)王球輯　清嘉慶十七年(1812)醉經堂刻本　二冊

220000－0841－0007538　善 1738
歷代鐘鼎彝器款識法帖二十卷　(宋)薛尚功撰　明崇禎六年(1633)朱謀垔刻本　四冊

220000－0841－0007539　史 2602K
歷代鐘鼎彝器款識法帖二十卷　(宋)薛尚功撰　清嘉慶二年(1797)儀徵阮元刻本　四冊

220000－0841－0007540　史 2652K
歷代鐘鼎彝器款識法帖二十卷　(宋)薛尚功

撰　清光緒八年(1882)上海點石齋石印本　四册

220000－0841－0007541　史 2606K

歷代鐘鼎彝器款識法帖二十卷　(宋)薛尚功撰　**札記一卷**　(清)劉世珩撰　清光緒二十九年(1903)貴池劉氏刻朱印本　四册

220000－0841－0007542　善 3295

鐘鼎款識一卷　(宋)王厚之輯　清嘉慶七年(1802)阮元積古齋影刻宋拓本　一册

220000－0841－0007543　經 1997K

積古齋鐘鼎彝器欵識十卷　(清)阮元編録　清嘉慶九年(1804)刻本　六册

220000－0841－0007544　史 2604

積古齋鐘鼎彝器欵識十卷　(清)阮元撰　清光緒五年(1879)華亭林長慶武昌刻本　六册

220000－0841－0007545　史 2598F

積古齋鐘鼎彝器欵識十卷　(清)阮元編　清光緒九年(1883)鮑廷爵重校刻後知不足齋叢書本　四册

220000－0841－0007546　經 1984K

積古齋鐘鼎欵識稿本四卷諸家跋記一卷　(清)朱為弼撰書　清光緒三十二年(1906)朱之榛石印本　三册

220000－0841－0007547　史 2590K

從古堂款識學十六卷　(清)徐同柏撰　清光緒三十二年(1906)蒙學報館石印本　十二册

220000－0841－0007548　史 9419K

建昭雁足鐙考二卷　(清)徐渭仁撰　清道光十七年(1837)刻本　一册

220000－0841－0007549　史 2574K

攈古録金文三卷　(清)吳式芬撰　清光緒二十一年(1895)刻本　九册

220000－0841－0007550　史 11559K

毛公鼎不分卷附釋文　(清)吳大澂撰　清光緒十三年(1887)上海同文書局石印本　一册

220000－0841－0007551　史 3047K

齊陳氏韶舞樂罍通釋上下篇　(清)陳慶鏞撰　清道光十六年(1836)何秋濤一燈精舍刻本　一册

220000－0841－0007552　史 3472K

古文審八卷　(清)劉心源撰　清光緒十七年(1891)劉氏龍江樓刻本　四册

220000－0841－0007553　史 7516K

奇觚室吉金文述二十卷首一卷　(清)劉心源撰　清光緒二十八年(1902)石印本　十册

220000－0841－0007554　史 9267F

淮安北門城樓金天德年大鐘款識一卷附錄一卷　(清)丁晏撰　清道光二十四年(1844)山陽丁氏六藝堂刻頤志齋叢書本　一册

220000－0841－0007555　史 2733K

泉志十五卷譜雙五卷　(宋)洪遵撰　清光緒元年(1875)隸釋齋刻本　二册

220000－0841－0007556　史 2722K

錢錄十六卷　(清)梁詩正等撰　清光緒五年(1879)茹古室刻本　三册

220000－0841－0007557　史 2723K

古今錢略三十二卷首一卷末一卷　(清)倪模輯　清光緒五年(1879)望江倪氏兩疆勉齋刻本　十六册

220000－0841－0007558　史 9406K

巽齋所藏錢錄十二卷　(清)費錫申編　清光緒十六年(1890)刻本　四册

220000－0841－0007559　史 2714K

吉金所見錄十六卷首一卷末一卷　(清)初尚齡輯　清道光七年(1827)古香書舍刻本　四册

220000－0841－0007560　史 8519K

錢志新編二十卷首一卷　(清)張崇懿校輯　清道光十年(1830)酌春堂刻本　二册

220000－0841－0007561　史 9984K

古泉叢話三卷　(清)戴熙撰　清同治十一年(1872)潘氏滂喜齋刻本　一册

220000－0841－0007562　史 2710K

古泉匯六十四卷　(清)李佐賢編　**續十四卷**

補遺二卷　(清)鮑康　(清)李佐賢編　清同治三年(1864)、光緒元年(1875)刻本　二十册

220000－0841－0007563　善 0757
癖談六卷清白士集校補一卷　(清)蔡雲撰　清道光七年(1827)刻本　一册

220000－0841－0007564　史 10747K
癖談六卷清白士集校補一卷　(清)蔡雲撰　清道光七年(1827)刻本　二册

220000－0841－0007565　史 2712F
泉志校誤四卷　(清)金嘉采撰　清光緒石埭徐士愷刻觀自得齋叢書本　二册

220000－0841－0007566　子 3924K
古泉錄不分卷　(清)□□輯　清抄本　六册　缺一册(一)

220000－0841－0007567　史 11666K
泉布統志九卷首一卷附一卷　(清)孟麟撰　清道光十三年(1833)刻本　三十二册

220000－0841－0007568　子 3708K
嘉蔭簃論泉截句二卷　(清)劉喜海撰　(清)劉虞采等注　清道光十八年(1838)嘉蔭簃刻本　一册

220000－0841－0007569　史 2732K
古泉雜詠四卷　葉德輝撰並註　清光緒二十七年(1901)刻觀古堂所著書本　一册

220000－0841－0007570　史 10725K
鑄錢述略一卷　韓國鈞撰　清光緒二十五年(1899)刻本　一册

220000－0841－0007571　史 6789K
鑄錢述略二篇　韓國鈞撰　清光緒二十五年(1899)刻本　一册

220000－0841－0007572　史 2728K
癖泉臆說六卷　(清)高煥文撰　清宣統三年(1911)隸書石印本　一册

220000－0841－0007573　史 2656K
封泥考略十卷　(清)吳式芬　(清)陳介祺同輯　清光緒三十年(1904)滬上石印本　十册

220000－0841－0007574　史 10204K
鄭庵所藏泥封一卷　(清)潘祖蔭藏　羅振玉編　清光緒二十九年(1903)石印本　一册

220000－0841－0007575　史 2925K
集古官印考證十七卷集古虎符魚符考一卷　(清)瞿中溶編　清同治十三年(1874)刻本　六册

220000－0841－0007576　史 10714K
金貞祐銅印題詞一卷　(清)兀魯特錫縝編　清同治刻本　一册

220000－0841－0007577　史 2946:1
漢印分韻二卷　(清)袁日省原本　(清)謝景卿纂訂　清嘉慶二年(1797)漱藝堂刻本　四册

220000－0841－0007578　史 2946:2
漢印分韻二卷　(清)謝景卿纂　清嘉慶八年(1803)刻本　四册

220000－0841－0007579　史 3071K
輿地碑記目四卷　(宋)王象之原撰　(明)□□錄　清同治九年(1870)吳縣潘氏滂喜齋刻本　四册

220000－0841－0007580　子 3932K
寶刻類編八卷　(宋)□□撰　清道光十八年(1838)東武劉氏十七樹梅花山館刻本　八册

220000－0841－0007581　史 3476K
寰宇訪碑錄十二卷　(清)孫星衍　(清)邢澍撰　清光緒九年(1883)江蘇書局刻本　四册

220000－0841－0007582　史 3454F
寰宇訪碑錄十二卷　(清)孫星衍　(清)邢澍撰　**寰宇訪碑錄刊謬一卷**　羅振玉撰　清光緒十一年(1885)吳縣朱記榮刻本　六册

220000－0841－0007583　史 2677K
補寰宇訪碑錄五卷失編一卷　(清)趙之謙撰　清同治三年(1864)刻本　二册

220000－0841－0007584　史 12483K
寰宇貞石圖不分卷　楊守敬輯　清光緒宜都楊氏飛青閣石印剪貼本　六册

220000－0841－0007585　史 3209K

至聖林廟碑目六卷　（清）孔昭薰　（清）孔憲庚編　清光緒二十二年（1896）積學齋刻本　一册

220000－0841－0007586　史 1095K

大瓢偶筆八卷鐵函齋書跋四卷　（清）楊賓撰　（清）楊霈編　清道光二十七年（1847）粵東刻本　六册

220000－0841－0007587　史 2688K

匡喆刻經頌十二卷釋文　楊守敬輯　清光緒三十三年（1907）楊氏雙鉤刻本　六册

220000－0841－0007588　善 2800

金薤琳琅二十卷　（明）都穆撰　**補遺一卷**　（清）宋振譽撰　清乾隆四十三年（1778）汪荻洲刻本　二册

220000－0841－0007589　史 9806K

任城太守孫夫人碑考一卷　（清）江秬香輯　清光緒影印本　一册

220000－0841－0007590　史 7770K

惠山聽松石牀題字一卷　（清）吳雲摹　清同治五年（1866）二百蘭亭齋刻本　一册

220000－0841－0007591　史 3065K

攀古樓漢石紀存　（清）張之洞釋　**古泉叢話三卷又一卷**　（清）戴熙撰　清同治十一年（1872）、十二年（1873）潘氏滂喜齋刻本　一册

220000－0841－0007592　史 2675K

陶齋藏石記四十四卷藏塼記二卷　（清）端方撰　清宣統元年（1909）石印本　十二册

220000－0841－0007593　史 0650K

莫高窟石室秘錄一卷　羅振玉輯　清宣統元年（1909）鉛活字印本　一册

220000－0841－0007594　史 3363K

讀碑小箋一卷　羅振玉撰　清光緒十年（1884）刻本　一册

220000－0841－0007595　史 9519K

高麗國永樂好太王碑釋文纂考一卷　鄭文焯撰　清光緒二十六年（1900）朱氏經注經齋刻本　一册

220000－0841－0007596　史 9709

石鼓紀實二卷　（清）李棠輯　清乾隆四十五年（1780）刻本　二册

220000－0841－0007597　史 8799K

石鼓文釋存一卷補注一卷　（清）張燕昌撰　清光緒二十八年（1902）劉世珩刻本　一册

220000－0841－0007598　史 3329K

校補石鼓文音訓一卷　（清）周庠撰　清光緒二十三年（1897）刻本　一册

220000－0841－0007599　史 3077K

墨妙亭碑目考四卷附考一卷　（清）張鑑撰　清光緒十年（1884）江蘇書局刻本　二册

220000－0841－0007600　善 2900

華山碑跋一卷　（清）陳崇本輯　清乾隆刻本　一册

220000－0841－0007601　史 12370K

漢延熹西嶽華山碑考四卷　（清）阮元編　清嘉慶十八年（1813）文選樓刻本　一册

220000－0841－0007602　史 11618K

漢西嶽華山廟碑　清光緒十一年（1885）石印本　一册

220000－0841－0007603　子 4915K

西嶽華山廟碑　（漢）郭香察書　清同治六年（1867）兩罍軒刻雙鉤長垣本　一册

220000－0841－0007604　子 4703K

西嶽華山廟碑　（漢）郭香察書　清影印華陰本長垣本四明本　三册

220000－0841－0007605　史 2632F

漢石例六卷　（清）劉寶楠撰　清道光二十九年（1849）靈石楊氏刻連筠簃叢書本　二册

220000－0841－0007606　史 7825F

金石訂例四卷　（清）鮑振方撰　清光緒十年（1884）刻後知不足齋叢書本　一册

220000－0841－0007607　史 3335K

歷代碑考不分卷　(清)□□輯　清同治抄本　一册

220000－0841－0007608　史 2849F
周秦刻石釋音一卷　(元)吾丘衍撰　清光緒歸安陸氏刻十萬卷樓叢書本　一册

220000－0841－0007609　史 3384K
歷代石經略二卷　(清)桂馥撰　清光緒九年(1883)海豐吳氏陳州郡齋刻本　二册

220000－0841－0007610　史 2564K
語石十卷　葉昌熾撰　清宣統元年(1909)蘇城徐釋圃刻本　四册

220000－0841－0007611　史 2854K
漢碑錄文四卷　(清)馬邦玉輯　清道光二十七年(1847)連筠簃靈石楊氏刻本　四册

220000－0841－0007612　史 2617K
漢碑錄文四卷　(清)馬邦玉輯　清光緒七年(1881)補道光二十七年(1847)板印本　四册

220000－0841－0007613　史 2881K
思古齋雙鉤漢碑篆額三十二種隶曹魏四種　(清)何澂輯　清光緒九年(1883)雙鉤刻本　三册

220000－0841－0007614　史 2876K
石刻鉤本(篆存)不分卷　(清)丁彦臣鉤摹　清同治十一年(1872)湖州丁氏梅花草盦雙鉤刻本　四册

220000－0841－0007615　史 3365
漢魏六朝志墓金石例三卷唐人志墓諸例一卷附論一卷　(清)吳鎬撰　清嘉慶十七年(1812)蟾波閣刻本　一册

220000－0841－0007616　史 3082F
漢魏六朝志墓金石例三卷唐人志墓諸例一卷　(清)吳鎬撰　清光緒十年(1884)常熟鮑氏刻後知不足齋叢書本　二册

220000－0841－0007617　史 3346
元豐金石跋尾一卷　(宋)曾鞏撰　清光緒八年(1882)崇川葛氏刻學古齋金石叢書本　一册

220000－0841－0007618　史 11063K
拙存堂題跋一卷　(清)蔣衡撰　清宣統二年(1910)江浦陳氏刻房山山房叢書本　一册

220000－0841－0007619　史 3054F
平津讀碑記八卷續記一卷　(清)洪頤煊撰　清光緒十二年(1886)吳縣朱氏刻槐廬叢書本　四册

220000－0841－0007620　史 9176K
漢孟孝琚碑題跋一卷　雲南圖書館編　清宣統二年(1910)鉛活字印本　一册

220000－0841－0007621　史 7895K
黃小松藏漢碑五種　(清)黃易輯　清上海有正書局石印本　五册

220000－0841－0007622　史 3081K
碑別字五卷　(清)羅振鋆撰　清光緒二十年(1894)刻本　二册

220000－0841－0007623　善 2901
金石史二卷　(明)郭宗昌撰　清康熙二年(1663)王弘撰刻本　一册

220000－0841－0007624　史 8684
金石史二卷　(明)郭宗昌撰　清乾隆刻本　二册

220000－0841－0007625　史 3348F
金石史二卷　(明)郭宗昌撰　清光緒八年(1882)崇川葛氏刻學古齋金石叢書本　一册

220000－0841－0007626　史 3043
沙南侯獲碑　(清)張之洞釋文　清同治十二年(1873)吳縣潘祖蔭刻本　一册

220000－0841－0007627　史 8696K
陵苕館續刻不分卷　(清)高學治鉤摹　清道光二十三年(1843)刻本　三册

220000－0841－0007628　史 9065K
漢夏承碑　(清)許槤鉤勒　清光緒二十年(1894)刻本　一册

220000－0841－0007629　史 11700K
吳天璽紀功碑　(清)黃易輯　清道光二十三年(1843)刻本　一册

220000－0841－0007630　史 3289K

高麗好大王碑六卷　楊守敬輯　清宣統元年(1909)雙鉤刻本　六册

220000－0841－0007631　子 4714K

龍藏寺碑　(隋)張公禮撰　清光緒三十四年(1908)影印宋拓本　一册

220000－0841－0007632　善 4304

瘞鶴銘考一卷　(清)汪士鋐撰　清康熙五十三年(1714)松南書屋刻本　一册

220000－0841－0007633　善 3130

瘞鶴銘考一卷　(清)汪士鋐撰　清康熙五十三年(1714)松南書屋刻蘇齋叢書本　一册

220000－0841－0007634　史 7297K

瘞鶴銘考一卷焦山鼎銘考一卷　(清)翁方綱等撰　清咸豐二年(1852)漢陽葉志詵刻本　一册

220000－0841－0007635　史 2831F

昭陵碑錄三卷附錄一卷　羅振玉輯　清宣統元年(1909)刻番禺沈氏晨風閣叢書本　一册

220000－0841－0007636　史 3471

古玉圖譜一百卷　(宋)龍大淵撰　清乾隆四十四年(1779)江氏康山草堂刻本　十六册

220000－0841－0007637　史 3396K

古玉圖考不分卷　(清)吳大澂撰　清光緒十五年(1889)石印本　四册

220000－0841－0007638　史 2899

古玉圖二卷　(元)朱德潤撰　清乾隆十七年(1752)天都黄氏亦政堂重修明萬曆吳萬化刻本　一册

220000－0841－0007639　子 4459K

玉譜類編四卷　(清)徐壽基輯　清光緒十五年(1889)源陽官署刻本　四册

220000－0841－0007640　史 2907

秦漢瓦當文字二卷續一卷　(清)程敦撰　清乾隆五十二年(1787)横渠書院刻五十九年(1794)續刻本　三册

220000－0841－0007641　史 9503K

寒玉堂瓦當甎目一卷　(清)寒玉堂編　清寒玉堂抄本　一册

220000－0841－0007642　史 12360K

千甓亭磚錄六卷續錄四卷　(清)陸心源纂　清光緒七年(1881)吳興陸氏萬卷樓刻潛園總集本　三册

220000－0841－0007643　善 3507

唐賜鐵券考一卷金塗銅塔考一卷　(清)錢詠輯　清乾隆五十九年(1794)表忠觀刻本　一册

220000－0841－0007644　史 2813K

殷商貞卜文字考一卷　羅振玉撰　清宣統二年(1910)玉簡齋石印本　一册

220000－0841－0007645　史 2544

鐵雲藏龜不分卷鐵雲藏陶不分卷附泥封　(清)劉鶚藏編　清光緒抱殘守缺齋石印本　十册

220000－0841－0007646　善 0712

經籍會通四卷　(明)胡應麟撰　明萬曆刻少室山房四集本　二册

220000－0841－0007647　史 0700K

校讎通義四卷　(清)章學誠撰　清光緒四年(1878)上海會文堂影印本　二册

220000－0841－0007648　史 10727K

鄉土志例目不分卷　京師編書局擬　清光緒鉛活字印本　一册

220000－0841－0007649　史 0004F

漢書藝文志考證十卷　(宋)王應麟撰　清光緒玉海刻本　二册

220000－0841－0007650　史 0244K

補後漢書藝文志一卷首一卷補後漢書藝文志考十卷　(清)曾樸撰　清光緒二十一年(1895)常熟曾氏叢書木活字印本　一册

220000－0841－0007651　史 11558F

補續漢書藝文志四卷　(清)錢大昭撰　清光緒十四年(1888)廣雅書局刻廣雅書局叢書本　一册

220000－0841－0007652　史11510F
補三國藝文志四卷　(清)侯康撰　清光緒三年(1877)廣雅書局刻廣雅書局叢書本　一冊

220000－0841－0007653　史0437K
補晉書經籍志四卷　(清)吳士鑑撰　清光緒二十一年(1895)刻含嘉室舊著本　一冊

220000－0841－0007654　史0587K
隋書經籍志四卷　(唐)長孫無忌等撰　清光緒八年(1882)成都御風樓刻本　四冊

220000－0841－0007655　史0441K
隋經籍志考證六卷　(清)章宗源撰　清光緒三年(1877)刻本　二冊

220000－0841－0007656　史0255F
補遼金元藝文志一卷　(清)倪燦撰　清光緒十七年(1891)廣雅書局刻廣雅書局叢書本　一冊

220000－0841－0007657　史9887K
八史經籍志　(日本)□□輯　清光緒九年(1883)鎮海張壽榮刻本　十二冊

220000－0841－0007658　史0283K
崇文總目五卷補遺一卷附錄一卷　(宋)王堯臣等編次　(清)錢東垣輯　清嘉慶四年(1799)刻汗筠齋叢書本　五冊

220000－0841－0007659　史0855F
崇文總目五卷補遺一卷附錄一卷　(宋)王堯臣等編次　(清)錢東垣輯　清咸豐南海伍氏刻粵雅堂叢書本　五冊

220000－0841－0007660　史0233
欽定四庫全書簡明目錄二十卷　(清)紀昀等纂　清乾隆四十九年(1784)趙懷玉刻本　八冊

220000－0841－0007661　史0713
欽定四庫全書簡明目錄二十卷　(清)紀昀等纂　清乾隆刻本　八冊

220000－0841－0007662　史10313K
欽定四庫全書簡明目錄二十卷首一卷　(清)紀昀等纂　清同治七年(1868)廣東書局刻本　十六冊

220000－0841－0007663　史0228K
欽定四庫全書簡明目錄二十卷　(清)紀昀等纂　清同治廣東刻本　十二冊

220000－0841－0007664　史0416K
欽定四庫全書簡明目錄二十卷　(清)紀昀等纂　清光緒元年(1875)成都志古堂刻本　十五冊

220000－0841－0007665　史0225K
四庫書目略二十卷附錄一卷　(清)費莫文良編　清同治九年(1870)刻本　十二冊

220000－0841－0007666　史0229K
四庫全書目錄不分卷附四庫未收書目簡明書目校勘記簡明書目十二種　(清)何遵先編　清光緒十二年(1886)祁縣對蒙軒刻本　三冊

220000－0841－0007667　史0785K
四庫簡明目錄標注二十卷附錄一卷附錄補四卷　(清)邵懿辰編　清宣統三年(1911)邵章刻半巖廬所著書本　六冊

220000－0841－0007668　史12426K
欽定四庫全書總目提要四部類敘一卷　(清)紀昀輯　清光緒二十二年(1896)貴州書局刻本　一冊

220000－0841－0007669　史305K
天祿琳琅書目十卷續編二十卷　(清)彭元瑞等輯　清光緒十年(1884)長沙王氏刻本　十冊

220000－0841－0007670　史0221K
河南圖書館書目六卷　(清)李濱輯　清宣統元年(1909)鉛活字印本　一冊

220000－0841－0007671　史0706K
直隸津局運售各省書籍總目一卷　天津官書局輯　清光緒刻本　一冊

220000－0841－0007672　史0258K
直隸運售各省官刻書籍總目不分卷　直隸官書局編　清光緒七年(1881)刻本　一冊

220000－0841－0007673　史9172K

直隸運售各省官刻書籍總目不分卷 (清)畿輔通志局編 清光緒七年(1881)刻本 一册

220000－0841－0007674 史0499
浙江採集遺書總錄十卷 (清)沈初等編 清乾隆三十九年(1774)刻本 二十册 缺一卷(閏集一卷)

220000－0841－0007675 史6178
武英殿聚珍版程式一卷 (清)金簡撰 清乾隆蘇州刻本 二册

220000－0841－0007676 史0385K
古越藏書樓書目二十卷 (清)徐樹蘭輯 清光緒三十年(1904)崇實書局石印本 八册

220000－0841－0007677 史0623K
萬卷樓藏書總目不分卷 (清)黄彭年編 清光緒八年(1882)刻本 一册

220000－0841－0007678 史11350K
學古堂藏書目一卷捐藏書目一卷 (清)□□輯 清光緒刻本 一册

220000－0841－0007679 史11163K
杭州藏書樓書目不分卷 杭州藏書樓編 清光緒二十八年(1902)刻朱印本 一册

220000－0841－0007680 史0002K
江南圖書館書目不分卷 江南圖書館編 清光緒江南圖書館鉛活字印本 八册

220000－0841－0007681 史0173K
江南圖書館善本書目不分卷 江南圖書館編 清光緒江南圖書館鉛活字印本 一册

220000－0841－0007682 史0645K
江蘇官書坊重訂各種書核實價目 江蘇官書坊編 清光緒刻本 一册

220000－0841－0007683 史0460K
東吳大學堂藏書樓書目不分卷 東吳大學堂藏書樓編 清光緒刻本 一册

220000－0841－0007684 史10601K
經訓堂藏書總目一卷管書閲書章程 (清)查恩綬編 清光緒二十七年(1901)刻本 一册

220000－0841－0007685 史11322K
京師廣東學堂書藏捐書目錄一卷 (清)廣東學堂編 清宣統二年(1910)鉛活字印本 一册

220000－0841－0007686 史0827K
郡齋讀書志十卷趙氏 (宋)晁公武撰 **附志二卷** (清)趙希弁撰 清光緒十年(1884)長沙王氏刻本 十册

220000－0841－0007687 史0332K
郡齋讀書志二十卷 (宋)晁公武撰 **附志二卷** (清)趙希弁撰 清光緒十年(1884)刻本 十册

220000－0841－0007688 善0528
昭德先生郡齋讀書志二十卷 (宋)晁公武撰 (宋)姚應續輯 清嘉慶二十四年(1819)汪氏藝芸書舍刻本 四册

220000－0841－0007689 史0445K
直齋書錄解題二十二卷 (宋)陳振孫撰 清乾隆江蘇刻本 四册

220000－0841－0007690 史0353F
直齋書錄解題二十二卷 (宋)陳振孫撰 清乾隆四十二年(1777)福建刻道光、同治遞修光緒二十一年(1895)增刻武英殿聚珍版書本 十二册

220000－0841－0007691 史0350K
直齋書錄解題二十二卷 (宋)陳振孫撰 (元)程棨批注 清光緒九年(1883)江蘇書局刻本 六册

220000－0841－0007692 史0210K
天一閣見存書目五卷 (清)薛福成輯 清光緒十五年(1889)刻本 四册

220000－0841－0007693 史0330K
天一閣書目十卷碑目一卷 (清)范懋桂輯 清嘉慶十三年(1808)刻本 十册

220000－0841－0007694 善0331
汲古閣珍藏秘本書目一卷 (清)毛扆輯 清嘉慶五年(1800)黄氏士禮居刻本 一册

220000－0841－0007695　史11050F
汲古閣校刻書目一卷補遺一卷刻板存亡考一卷　(清)鄭德懋輯　**隱綠軒題識一卷**　(清)陳奕禧撰　**砥齋題跋一卷**　(清)王弘撰撰　**湛園題跋一卷**　(清)姜宸英撰　**義門題跋一卷**　(清)何焯撰　清同治十三年(1874)廬山顧氏刻小石山房叢書本　一册

220000－0841－0007696　史9095F
汲古閣珍藏秘本書目一卷　(清)毛扆撰　**季滄葦藏書目一卷**　(清)季振宜撰　**藏書記要一卷**　(清)季振宜撰　清光緒十三年(1887)影印黄氏士禮居叢書本　一册

220000－0841－0007697　史9372K
澹生堂藏書目十四卷藏書約一卷整書小記一卷略例一卷　(明)祁承㸁撰　清光緒十八年(1892)徐氏鑄學齋刻紹興先正遺書本　四册

220000－0841－0007698　史9168K
絳雲樓書目四卷　(清)錢謙益撰　清道光抄本　二册

220000－0841－0007699　史0143K
述古堂書目不分卷　(清)錢曾編　(清)朱邦衡校録　清抄本　四册

220000－0841－0007700　史0160K
五桂樓書目四卷　(清)黄澄量藏編　清光緒二十一年(1895)黄承乙刻本　一册

220000－0841－0007701　史8669
雪泥屋遺書目録一卷補遺一卷　(清)牟庭撰　(清)牟房輯　清道光二十三年(1843)棲霞牟氏刻本　一册

220000－0841－0007702　史0142K
稽瑞樓書目一卷　(清)陳揆編　清光緒三年(1877)八囍齋刻本　一册

220000－0841－0007703　史0284K
持静齋書目四卷續增一卷　(清)丁日昌輯　**藏書記要二卷**　(清)莫友芝編　清同治九年(1870)豐順丁刻本　五册　缺二卷(藏書紀要二卷)

220000－0841－0007704　史0280K
持静齋書目四卷續增一卷　(清)丁日昌輯　**藏書記要二卷**　(清)莫友芝編　清同治九年(1870)豐順丁刻本　二册

220000－0841－0007705　史0278K
金山錢氏家刻書目十卷　(清)錢培蓀彙録　清光緒四年(1878)刻本　八册

220000－0841－0007706　史0370K
行素草堂目覩書録十編汲古珍藏秘本書目一卷　(清)朱記榮編　清光緒十一年(1885)朱氏槐廬家塾刻本　十册

220000－0841－0007707　史0514K
共讀樓書目十卷　(清)國英編　清光緒六年(1880)索綽絡氏家塾刻本　四册

220000－0841－0007708　史8913K
清苑樊氏退安藏書總目不分卷　(清)退安老人編　清光緒稿本　一册

220000－0841－0007709　史0250K
鐵琴銅劍樓藏書目録二十四卷　(清)瞿鏞輯　清光緒二十四年(1898)常熟瞿氏刻鐵琴銅劍樓叢書本　十二册

220000－0841－0007710　史0471K
測海樓藏書目録十二卷　吴引孫輯　清宣統二年(1910)刻本　六册

220000－0841－0007711　史0436K
羣碧樓書目初編九卷書衣雜議一卷　鄧邦述撰　清宣統三年(1911)鉛活字印本　四册

220000－0841－0007712　史4969K
楚寶目録一卷　(清)劉人熙編　清光緒十四年(1888)刻本　一册

220000－0841－0007713　史10128F
袁氏藝文志一卷文録一卷詩録一卷金石録一卷附録一卷　(清)袁昶輯　清光緒二十三年(1897)桐廬袁氏刻漸西村舍彙刻本　一册

220000－0841－0007714　史9096K
臺書存目一卷　陳樹鈞編　清宣統二年(1910)石印本　一册

220000－0841－0007715　史 11052F
藝芸書舍宋元本書目二卷　(清)汪士鐘藏編　清宣統元年(1909)番禺沈氏晨風閣叢書本　一冊

220000－0841－0007716　史 0140K
五萬卷閣書目記四卷　(清)李嘉績撰　清光緒三十年(1904)刻代耕堂全集本　一冊

220000－0841－0007717　史 10104K
尊經閣藏書目一卷　(清)王呈祥編　清同治麗澤堂刻本　一冊

220000－0841－0007718　史 0149K
帶經堂書目五卷　(清)陳樹杓編　清宣統順德鄧氏鉛印風雨樓叢書本　三冊

220000－0841－0007719　史 0671F
海源閣藏書目一卷　(清)江標編　清光緒十四年(1888)江氏刻江刻書目三種本　一冊

220000－0841－0007720　史 0071K
海虞藝文志六卷　(清)姚福均輯　清光緒二十三年(1897)刻本　二冊

220000－0841－0007721　史 0544K
杭州藝文志十卷　(清)吳慶坻撰　清光緒三十四年(1908)長沙刻本　四冊

220000－0841－0007722　史 0497K
常郡八邑藝文志十二卷　(清)盧文弨纂　清光緒十六年(1890)刻本　十六冊

220000－0841－0007723　史 0651K
武林往哲遺著總目不分卷武林掌故叢編目錄不分卷　(清)丁立中編　清光緒刻本　一冊

220000－0841－0007724　史 0712K
關中書院志學齋書總目不分卷　彭懋謙等編　清光緒刻本　一冊

220000－0841－0007725　史 0539K
廣西存書目錄一卷　(清)桂垣書局編　清光緒十六年(1890)刻本　一冊

220000－0841－0007726　史 11541K
焦山書藏書目不分卷　(清)□□編　清光緒稿本　一冊

220000－0841－0007727　史 0120K
八旗藝文編目一卷　(清)巴噜特恩華詠春輯　清光緒二年(1876)鉛活字印本　一冊

220000－0841－0007728　史 0524K
彙刻書目初編十冊　(清)顧修輯　清嘉慶四年(1799)顧氏刻本　三冊

220000－0841－0007729　史 0509K
彙刻書目初編十冊補編續編新編一冊　(清)顧修編　清光緒元年(1875)北京琉璃廠書坊刻本　十一冊

220000－0841－0007730　史 0512K
彙刻書目二十冊　(清)顧修原編　(清)朱學勤增訂　(清)王懿榮重編　清光緒十五年(1889)上海福瀛分局刻本　二十冊

220000－0841－0007731　史 9755F
潛采堂書目四種　(清)朱彝尊編　清宣統元年(1909)沈氏晨風閣刻晨風閣叢書本　一冊

220000－0841－0007732　史 0341K
江刻書目三種　(清)江標編　清光緒二十三年(1897)元和江氏靈鶼閣刻本　四冊

220000－0841－0007733　史 0072K
觀古堂所刻書目五種　葉德輝輯　清光緒二十八年(1902)湘潭葉氏刻本　四冊

220000－0841－0007734　史 0689K
孫淵如書目鈔一卷摘鈔錢塘丁氏舊板書目一卷恬裕齋藏書目一卷摘鈔吳興陸氏書目一卷郁氏書目一卷　(清)洪□□輯　清霞浪吟館洪氏抄本　一冊

220000－0841－0007735　叢 1693
葉氏存古叢書　葉銘輯　清宣統二年(1910)西泠印社鉛活字印本　二冊

220000－0841－0007736　史 0627K
徵訪明季遺書目不分卷　劉世瑗編　清宣統二年(1910)鉛活字印本　一冊

220000－0841－0007737　史 11282K
江蘇採訪書目不分卷　(清)黃體芳撰　清光緒九年(1883)刻本　二冊

220000－0841－0007738　史0556K

禁書總目不分卷　(清)□□撰　清道光抄本　二冊

220000－0841－0007739　史0565F

禁書總目銷燬抽燬書目違碍書目不分卷　(清)□□撰　清光緒九年(1883)歸安姚氏刻咫進齋叢書本　四冊

220000－0841－0007740　史0564

違碍書籍目錄不分卷　清乾隆刻本　四冊

220000－0841－0007741　史224K

四庫全書總目二百卷首四卷四庫全書簡明目錄二十卷四庫全書附存目錄十卷　(清)胡虔錄　清同治廣東書局刻本　一百三十冊

220000－0841－0007742　史10280K

四庫全書總目二百卷首四卷　(清)江標輯　清同治七年(1868)廣東書局刻本　一百二十六冊

220000－0841－0007743　史0234K

四庫全書總目提要二百卷首四卷　(清)江標輯　**四庫未收書目提要(研經室外集)五卷**　(清)阮元撰　**[欽定]四庫全書簡明目錄二十卷**　(清)紀昀等纂　清光緒十四年(1888)上海漱六山莊石印本　二十四冊

220000－0841－0007744　史0854K

四庫全書總目提要二百卷未收書目五卷　(清)江標輯　清光緒二十年(1894)點石齋石印本　二十冊

220000－0841－0007745　史0237K

四庫未收書目提要五卷　(清)阮元等撰　清光緒九年(1883)成都御風樓刻本　三冊

220000－0841－0007746　善2116

直齋書錄解題二十二卷　(宋)陳振孫撰　清乾隆武英殿活字印武英殿聚珍版叢書本　十冊

220000－0841－0007747　史0297

讀書敏求記四卷　(清)錢曾撰　清乾隆十年(1745)沈尚傑刻十六年(1751)沈炎重修本　二冊

220000－0841－0007748　史11705K

讀書敏求記四卷　(清)錢曾輯　清道光五年(1825)小琅嬛僊館刻本　四冊

220000－0841－0007749　史0008K

皕宋樓藏書志一百二十卷續四卷　(清)陸心源編　清光緒八年(1882)陸氏十萬卷樓刻潛園總集本　四十冊

220000－0841－0007750　史0051K

善本書室藏書志四十卷附錄一卷　(清)丁丙撰　清光緒二十七年(1901)錢塘丁氏刻本　十六冊

220000－0841－0007751　史8645K

東西學書錄二卷附錄一卷　(清)徐維則輯　清光緒二十五年(1899)石印本　一冊

220000－0841－0007752　史0037K

東西學書錄四卷附錄一卷　(清)徐維則輯　(清)顧燮光補　清光緒二十八年(1902)石印本　六冊

220000－0841－0007753　史0055K

愛日精廬藏書志三十六卷續志四卷　(清)張金吾撰　清光緒十三年(1887)木活字印本　十四冊

220000－0841－0007754　史0502K

開有益齋讀書志六卷續志一卷金石文字記一卷　(清)朱緒曾撰　清光緒六年(1880)金陵翁氏茹古閣刻本　二冊

220000－0841－0007755　史0323K

宋元舊本書經眼錄二卷附錄一書衣筆識一卷附錄二金石筆識一卷　(清)莫友芝輯撰　(清)莫繩孫編　清同治十二年(1873)刻本　一冊

220000－0841－0007756　史0127K

宋元舊本書經眼錄三卷附錄二卷　(清)莫友芝撰　清光緒十年(1884)上海還讀樓刻本　一冊

220000－0841－0007757　史208K

楹書隅錄五卷續四卷 (清)楊紹和輯 清光緒二十年(1894)刻本 八冊

220000-0841-0007758 史12463K
楹書隅錄五卷續四卷 (清)楊紹和輯 清光緒二十年(1894)海源閣刻本 八冊

220000-0841-0007759 史0405K
書目提要初編不分卷 湖南學報中所輯 清光緒二十四年(1898)刻本 一冊

220000-0841-0007760 史0134F
國朝未刻遺書志略一卷 (清)朱記榮輯 清光緒十八年(1892)刻觀自得叢書本 一冊

220000-0841-0007761 史10565K
序文雜鈔一卷 (宋)李綱等撰 清抄本 一冊

220000-0841-0007762 史0538K
紅雨樓題跋二卷 (明)徐□撰 (清)鄭傑輯 清嘉慶三年(1798)刻本 二冊

220000-0841-0007763 史9890K
知聖道齋讀書跋二卷 (清)彭元瑞撰 清嘉慶刻本 一冊

220000-0841-0007764 史546K
拜經樓藏書題跋記五卷附錄一卷 (清)吳壽暘纂 清道光二十七年(1847)刻本 五冊

220000-0841-0007765 史0001K
平津館鑒藏記書籍三卷補遺一卷續編一卷 (清)孫星衍撰 清道光十九年(1839)刻本 四冊

220000-0841-0007766 史0693F
平津館鑒藏記書籍三卷補遺一卷續編一卷廉石居藏書記二卷 (清)孫星衍撰 清光緒十一年至十二年(1885-1886)德化李氏木犀軒刻木犀軒叢書本 一冊

220000-0841-0007767 史0163K
廉石居藏書記二卷 (清)孫星衍撰 清道光刻本 一冊

220000-0841-0007768 史10996F
經籍跋文一卷 (清)陳鱣撰 清道光十七年(1837)刻別下齋叢書本 一冊

220000-0841-0007769 史0102K
士禮居藏書題跋記六卷 (清)黄丕烈輯 清光緒刻袖珍印本 二冊

220000-0841-0007770 史0477K
士禮居藏書題跋記六卷 (清)黄丕烈輯 (清)潘祖陰輯 清光緒十年(1884)潘氏滂喜齋刻本 四冊

220000-0841-0007771 史7760F
百宋一廛賦注一卷 (清)顧廣圻撰 (清)黄丕烈注 **藏書記要一卷** (清)孫從添撰 清光緒三年(1877)、九年(1883)吳縣潘祖蔭刻五種叢書本 一冊

220000-0841-0007772 叢1156K
勞氏碎金三卷附錄一卷 (清)勞經原等撰 (清)吳昌綬輯錄 清宣統元年(1909)仁和吳氏雙照樓鉛活字印本 一冊

220000-0841-0007773 史7743K
花近樓叢書序跋記二卷 (清)管庭芬撰 清宣統三年(1911)鉛印張氏適園叢書本 一冊

220000-0841-0007774 史8638K
嘉定錢氏藝文識略一卷 (清)錢師璟撰 清光緒抄本 一冊

220000-0841-0007775 經2293K
今韻三辨七卷 (清)孫同元撰 清道光二十七年(1847)刻本 一冊

220000-0841-0007776 集3630K
儀顧堂題跋十六卷續跋十六卷 (清)陸心源撰 清光緒十六年(1890)刻十八年(1892)續刻本 八冊

220000-0841-0007777 史7902F
經史百家序錄七種 (清)邵伯蘋輯 清光緒二十八年(1902)上海書坊石印本 十五冊

220000-0841-0007778 史0628K
宋遺民類集序例總目一卷 黄允中編 清宣統二年(1910)鉛活字印本 一冊

220000-0841-0007779 史0781K

日本訪書志十六卷　楊守敬藏撰　清光緒二十三年(1897)鄰蘇園刻本　八冊

220000－0841－0007780　史 10362K
日本書目志十五卷　康有為編　清光緒上海大同譯書局石印本　八冊

220000－0841－0007781　史 0274K
藝風藏書記八卷續記八卷　繆荃孫撰　清光緒二十七年(1901)、二十八年(1902)刻本　二冊

220000－0841－0007782　史 0261K
華延年室題跋三卷　(清)傅以禮撰　清宣統元年(1909)鉛活字印本　一冊

220000－0841－0007783　善 3447
經義考三百卷　(清)朱彝尊撰　清乾隆二十年(1755)盧見曾刻本　四十八冊

220000－0841－0007784　經 1656K
經義考三百卷　(清)朱彝尊撰　清光緒二十三年(1897)浙江書局刻本　五十冊

220000－0841－0007785　經 1697K
經義考補正十二卷　(清)翁方綱撰　清乾隆五十七年(1792)刻本　四冊

220000－0841－0007786　經 0539K
皇清經解檢目八卷通用表一卷　(清)蔡啟盛撰　清光緒十二年(1886)刻本　二冊

220000－0841－0007787　史 0656F
通志堂經解目錄一卷　(清)翁方綱撰　清乾隆刻蘇齋叢書本　一冊

220000－0841－0007788　史 7926K
欽定續三通目錄十四卷　(清)□□輯　清光緒二十九年(1903)圖書集成局石印本　四冊

220000－0841－0007789　史 9850K
欽定古今圖書集成目錄三十二卷　(清)蔣廷錫等編校　清光緒十年(1884)上海圖書集成鉛版印書局重印本　八冊

220000－0841－0007790　史 0857K
全上古三代秦漢三國晋南北朝文編目一百三卷　(清)蔣壑編　清光緒五年(1879)蔣錫礽刻本　十二冊

220000－0841－0007791　子 1165K
甌缽羅室書畫過目考四卷附卷一卷　(清)李玉棻編　清光緒二十三年(1897)潞河李氏刻本　四冊

220000－0841－0007792　史 10424F
鮮盧碑帖目錄一卷書畫目錄一卷　(□)□□輯　清石印本　一冊

220000－0841－0007793　史 10442K
清學部圖書館方志目不分卷　(清)學部圖書館編　清鉛活字印本　二冊

220000－0841－0007794　子 1672
大明三藏法數五十卷　(明)釋一如等集注　明興聖萬壽禪寺刻徑山藏本　十六冊

220000－0841－0007795　史 8745F
經籍舉要一卷家塾課程一卷　(清)龍啟瑞撰　清光緒十九年(1893)中江講院刻漸西村舍叢書本　一冊

220000－0841－0007796　史 0094
讀書引十二卷　(清)王謨輯　清乾隆四十八年(1783)刻本　二冊

220000－0841－0007797　史 0863K
書目答問不分卷　(清)張之洞撰　清光緒元年(1875)四川成都局刻小字本　二冊

220000－0841－0007798　史 8552K
書目答問不分卷附姓名略　(清)張之洞撰　清光緒元年(1875)四川成都局刻小字本　二冊

220000－0841－0007799　史 0414K
書目答問不分卷輶軒語不分卷　(清)張之洞撰　清光緒二年(1876)四川刻本　一冊

220000－0841－0007800　史 0408K
輶軒語不分卷書目答問不分卷姓名略　(清)張之洞撰　清光緒三年(1877)濠上書齋刻本　四冊

220000－0841－0007801　史 8626K
書目答問不分卷輶軒語一卷姓名略　(清)張

之洞撰　清光緒五年(1879)貴陽刻本　三冊

220000－0841－0007802　史0410K
書目答問不分卷姓名略　(清)張之洞撰　清光緒刻本　一冊

220000－0841－0007803　史0406K
書目答問不分卷姓名略　(清)張之洞撰　清光緒十四年(1888)蜚英館石印本　二冊

220000－0841－0007804　蔣0143
桂學答問一卷　康有為撰　清光緒上海大同譯書局刻本　一冊

220000－0841－0007805　史10743K
中西普通書目表三卷　(清)黄慶澄編　清光緒二十四年(1898)刻本　一冊

220000－0841－0007806　史0226K
西學書目答問一卷　趙惟熙撰　清光緒二十七年(1901)貴陽學署刻本　一冊

220000－0841－0007807　史0631K
西學書目表三卷附一卷讀西學書法一卷　梁啟超編　清光緒二十三年(1897)刻本　一冊

220000－0841－0007808　史0409K
書林揚觶二卷　(清)方東樹撰　清光緒二十三年(1897)刻寶墨齋叢書本　一冊

220000－0841－0007809　史0862F
曝書雜記三卷　(清)錢泰吉撰　清光緒刻式訓堂叢書本　一冊

220000－0841－0007810　史0840K
曝書雜記三卷　(清)錢泰吉撰　清同治七年(1868)刻本　一冊

220000－0841－0007811　史769K
武林藏書錄三卷首一卷末一卷　(清)丁申撰　清光緒十六年(1890)嘉惠堂刻本　二冊

220000－0841－0007812　史0122F
藏書紀事詩六卷　葉昌熾撰　清光緒二十三年(1897)刻靈鶼閣叢書本　六冊

220000－0841－0007813　史0731K
藏書紀事詩七卷　葉昌熾撰　清宣統二年(1910)長洲葉氏刻本　六冊

220000－0841－0007814　史0655F
藏書記要一卷　(清)孫從添撰　清嘉慶十六年(1811)黄丕烈刻士禮居黄氏叢書本　一冊

220000－0841－0007815　史12464F
藏書記要一卷　(清)孫從添撰　**百宋一廛賦一卷**　(清)顧廣圻撰　(清)黄丕烈注　清光緒刻潘刻五種本　一冊

220000－0841－0007816　史8795F
尊經閣藏書章程一卷祀典錄一卷　(清)中江書院編　清光緒刻漸西村舍彙刻本　一冊

220000－0841－0007817　史11717K
書藏四約一卷　豐湖書院編　清樂群堂刻本　一冊

220000－0841－0007818　史10627K
梁祠圖書館章程附五約一卷　梁鼎芬編　清宣統三年(1911)粤東編譯公司鉛活字印本　一冊

220000－0841－0007819　史0318K
宋元本行格表二卷　(清)江標撰　清光緒二十三年(1897)刻本　四冊

220000－0841－0007820　史0096K
古今書刻二卷　(明)周弘祖集　清光緒三十二年(1906)長沙葉氏觀古堂刻觀古堂刻書本　一冊

220000－0841－0007821　史0577K
留真譜初編十二卷二編八卷　楊守敬輯　清光緒二十七年(1901)宜都楊氏刻民國六年(1917)觀悔堂續刻本　三冊

220000－0841－0007822　善2182
明刊集錦　明刻本　一冊

220000－0841－0007823　善2025
宋元明版書葉　宋元明刻本　二冊

220000－0841－0007824　史9484K
中國民族志不分卷　(清)光漢子撰　清光緒二十九年(1903)中國青年會鉛活字印本　一冊

220000－0841－0007825　史5624K
戰史大略一卷　潘任撰　清宣統鉛活字印本　一册

220000－0841－0007826　善2112
六子書六十卷　明刻本　二十册

220000－0841－0007827　善0636
中立四子集六十四卷　(明)朱東光輯　(明)張登雲參補　明萬曆七年(1579)刻本　二十四册

220000－0841－0007828　善1705
十四子選不分卷　(明)陸穩選輯　明刻本　四册

220000－0841－0007829　善2574
註釋六子要語六卷　(明)桂天祥選編　(明)王良材注釋　明萬曆六年(1578)金陵書肆吳繼宗刻本　八册

220000－0841－0007830　善2524
呂覽纂一卷韓非子纂二卷揚子法言纂一卷淮南鴻烈解輯略二卷　(明)張榜輯　明萬曆三十九年(1611)刻本　二册

220000－0841－0007831　善3520
諸子彙函二十六卷　(明)歸有光輯　明刻本　八册　存八卷(一至六、八、十四)

220000－0841－0007832　善2952
諸子彙函二十六卷　(明)歸有光輯　明刻本　二十四册　缺二卷(十七至十八)

220000－0841－0007833　子5441K
諸子彙函二十六卷　(明)歸有光輯　清聚榮堂修補重印明天啓六年(1626)立達堂刻本　二十四册

220000－0841－0007834　善3535
述記四卷　(清)任兆麟輯　清乾隆五十三年(1788)映雪草堂刻本　六册

220000－0841－0007835　子1266K
任氏述記四卷　(清)任兆麟撰　清光緒十年(1884)蜀西廖氏閒雲精舍刻本　四册

220000－0841－0007836　叢0478K
十子全書　(清)王子典輯　清嘉慶九年(1804)姑蘇王氏聚文堂刻本　四十册

220000－0841－0007837　叢1580K
十子全書　(清)王子典輯　清嘉慶九年(1804)寶慶經綸堂刻本　三十二册

220000－0841－0007838　子5827
九子全書　(清)王子興輯　清嘉慶九年(1804)姑蘇聚文堂刻本　二十册　存七種

220000－0841－0007839　叢0427K
廿二子全書　(清)王纕堂輯　清道光十三年(1833)王氏棠蔭館刻本　八册

220000－0841－0007840　子5767K
二十二子　(清)浙江書局輯　清光緒浙江書局刻本　八十三册

220000－0841－0007841　叢0410K
子書百家　(清)崇文書局輯　清光緒元年(1875)湖北崇文書局刻本　一百十册

220000－0841－0007842　子4401F
子書百家　(清)崇文書局輯　清光緒元年(1875)湖北崇文書局刻本　二十八册　缺六種

220000－0841－0007843　子4402F
子書百家　(清)崇文書局輯　清光緒元年(1875)湖北崇文書局刻本　三十八册　缺九種

220000－0841－0007844　叢0468K
二十五子彙函　(清)鴻文書局輯　清光緒十九年(1893)上海鴻文書局石印本　十六册

220000－0841－0007845　子4585K
諸子詹詹錄二卷　(清)袁樹輯　清光緒九年(1883)濟南臥雪堂刻本　二册

220000－0841－0007846　子4821K
諸子詹詹錄二卷　(清)袁樹輯　清光緒二十一年(1895)善化章氏經濟堂刻本　二册

220000－0841－0007847　叢0316K
三槐堂叢書　(清)王拯輯　清道光二十二年(1842)刻本　四册

220000－0841－0007848　叢 0305K
桐城吳先生點勘諸子七種　(清)吳汝綸評點　清宣統二年(1910)衍星社印本　七册

220000－0841－0007849　子 5272K
宋本校刊韓晏合編　(清)吳鼒輯　清道光二十五年(1845)揚州汪氏刻本　八册

220000－0841－0007850　叢 1476K
關中道脈四種書　(清)李元春輯　清道光十年(1830)刻本　六册

220000－0841－0007851　叢 1735K
五種遺規　(清)陳宏謀撰　清道光十年(1830)培遠堂刻本　十二册

220000－0841－0007852　叢 0937F
五種遺規　(清)陳宏謀撰　清同治七年(1868)崇文書局刻本　八册

220000－0841－0007853　叢 1069K
五種遺規　(清)陳宏謀撰　清光緒二十一年(1895)浙江書局刻本　十册

220000－0841－0007854　叢 1731K
五種遺規　(清)陳宏謀撰　清光緒刻本　六册　缺三種

220000－0841－0007855　子 0222K
關中道脈四種書　(清)李元春輯　清道光十年(1830)刻桐閣全書本　六册

220000－0841－0007856　叢 1089K
沈余遺書　(清)趙舒翹輯　清光緒二十二年(1896)江蘇書局刻本　四册

220000－0841－0007857　子 4467K
學仕遺規四卷補四卷　(清)陳宏謀輯　清光緒五年(1879)江蘇書局刻本　五册

220000－0841－0007858　子 5519K
格言彙編　(清)王乃徵編　清光緒三十四年(1908)撫州署鉛活字印本　八册

220000－0841－0007859　叢 0232K
東聽雨堂刻書　(清)張承燮輯　清光緒二十七年(1901)膠州聽雨何時軒刻本　十一册　缺八種

220000－0841－0007860　叢 0098F
女兒書輯八種　(清)張承燮輯　清光緒二十六年(1900)膠州聽雨何時軒刻東聽雨堂刻書本　三册

220000－0841－0007861　善 2903
徐氏三種　(清)徐士業編　清康熙徐氏刻本　二册　缺一種

220000－0841－0007862　子 4454K
徐氏三種　(清)徐士業輯　清光緒十年(1884)藜光閣刻本　四册

220000－0841－0007863　子 0254K
徐氏三種　(清)徐士業輯　清光緒十年(1884)京都文興堂刻本　三册

220000－0841－0007864　子 0035K
孔氏家語十卷札記一卷　(三國魏)王肅注　(清)劉世珩撰　清光緒二十四年(1898)貴池劉氏玉海堂刻本　四册

220000－0841－0007865　子 5928K
孔氏家語十卷　(三國魏)王肅注　清勤思堂刻汲古閣本　四册

220000－0841－0007866　子 5490
家語疏證六卷　(清)孫志祖撰　清嘉慶刻本　一册

220000－0841－0007867　子 4626K
曾子家語六卷　(清)王定安輯　清光緒十六年(1890)金陵刻本　二册

220000－0841－0007868　子 0111
子思子全書一卷　(宋)汪晫輯　明隆慶四年(1570)續邑西園汪氏刻曾思二子全書本　一册

220000－0841－0007869　善 0679
荀子二十卷　(唐)楊倞注　明刻六子書本　二十册

220000－0841－0007870　子 0046
荀子二十卷　(唐)楊倞注　**校勘補遺一卷**　(清)謝墉撰　清乾隆五十一年(1786)嘉善謝氏刻本　四册

220000－0841－0007871　善 0809
荀子二十卷　(唐)楊倞注　**校勘補遺一卷**　(清)謝墉撰　清乾隆五十一年(1786)謝墉刻本　三冊

220000－0841－0007872　子 4220
荀子二十卷　(唐)楊倞注　**校勘補遺一卷**　(清)謝墉撰　清光緒二年(1876)浙江書局刻二十二子本　六冊

220000－0841－0007873　子 0032F
荀子二十卷　清光緒十年(1884)遵義黎氏影刻古逸叢書本　六冊

220000－0841－0007874　子 4179K
荀子補注二卷　(清)郝懿行撰　清刻齊魯先喆遺書本　一冊

220000－0841－0007875　子 4869K
荀子集解二十卷首一卷　(唐)楊倞注　王先謙集解　清光緒十七年(1891)長沙王氏刻本　六冊

220000－0841－0007876　子 1926K
荀子集解二十卷首一卷　王先謙集解　清光緒十七年(1891)思賢講舍刻本　六冊

220000－0841－0007877　子 5154K
荀子集解二十卷首一卷　(唐)楊倞注　王先謙集解　清光緒十七年(1891)思賢講舍刻本　六冊

220000－0841－0007878　子 4333K
孔叢子七卷　(漢)孔鮒撰　(宋)宋咸注　清光緒元年(1875)海昌陳氏刻本　四冊

220000－0841－0007879　子 5483F
新書十卷　(漢)賈誼撰　(清)盧文弨校　清乾隆五十四年(1789)餘杭錢氏刻抱經堂叢書本　二冊

220000－0841－0007880　子 0132F
新書十卷　(漢)賈誼撰　(清)盧文弨校　清光緒六年(1880)浙江書局刻二十二子本　二冊

220000－0841－0007881　子 4539K
賈子十六卷　(漢)賈誼撰　清光緒二十九年(1903)正定王氏龍樹精舍刻本　二冊

220000－0841－0007882　善 0553
鹽鐵論十二卷　(漢)桓寬撰　(明)張之象注　明嘉靖三十三年(1554)張氏猗蘭堂刻本　十二冊

220000－0841－0007883　善 0621
鹽鐵論十卷　(漢)桓寬撰　**鹽鐵論考證一卷**　(清)張敦仁撰　清嘉慶十二年(1807)張敦仁刻本　六冊

220000－0841－0007884　子 0088F
鹽鐵論二卷　(漢)桓寬撰　清光緒元年(1875)湖北崇文書局刻子書百家本　二冊

220000－0841－0007885　子 4870K
鹽鐵論十卷考證一卷　(漢)桓寬撰　(清)張敦仁考證　清嘉慶十二年(1807)陽城張敦仁刻本　二冊

220000－0841－0007886　子 0074K
鹽鐵論十卷校勘小識一卷　(漢)桓寬撰　王先謙校識　清光緒十七年(1891)長沙思賢講舍刻本　二冊

220000－0841－0007887　善 2345
劉向新序十卷　(漢)劉向撰　明刻本　二冊

220000－0841－0007888　善 0801
揚子法言十三卷音義一卷　(漢)揚雄撰　(晉)李軌注　清嘉慶二十三年(1818)秦氏石研齋仿宋刻本　二冊

220000－0841－0007889　子 4048K
揚子法言十三卷音義一卷　(漢)揚雄撰　(晉)李軌注　清嘉慶二十三年(1818)石研斎秦氏刻宋治平監本　二冊

220000－0841－0007890　子 0183F
揚子法言十三卷音義一卷　(漢)揚雄撰　(晉)李軌注　清光緒二年(1876)浙江書局刻二十二子本　一冊

220000－0841－0007891　子 0038F
潛夫論箋十卷　(漢)王符撰　(清)汪繼培箋

清嘉慶二十二年(1817)蕭山陳氏刻湖海樓叢書本　四冊

220000－0841－0007892　于5656K
潛夫論十卷　(漢)王符撰　清光緒十七年(1891)思賢講舍刻本　四冊

220000－0841－0007893　善2075
徐幹中論二卷　(漢)徐幹撰　明萬曆十年(1582)刻兩京遺編十二種本　二冊

220000－0841－0007894　善0683
中說十卷　(隋)王通撰　(宋)阮逸注　明桐陰書屋刻六子書本　二冊

220000－0841－0007895　子4182K
中說十卷　(隋)王通撰　(宋)阮逸注　清嘉慶九年(1804)聚文堂刻本　二冊

220000－0841－0007896　子0037K
中說十卷　(隋)王通撰　(宋)阮逸注　清道光二年(1822)並門六山閻氏力恕堂刻本　四冊

220000－0841－0007897　子0152F
文中子中說十卷　(隋)王通撰　(宋)阮逸注　清光緒二年(1876)浙江書局刻二十二子本　二冊

220000－0841－0007898　子4763K
中說十卷　(隋)王通撰　(宋)阮逸注　清光緒十六年(1890)刻陳氏所刻書本　一冊

220000－0841－0007899　善0897
大學衍義四十三卷　(宋)真德秀撰　明弘治周津刻本　二十冊

220000－0841－0007900　子0210
大學衍義四十三卷真文忠公心經一卷政經一卷　(宋)真德秀撰　**西山真文忠公年譜一卷**　(清)真采撰　清康熙刻同治印真西山全集本　十三冊

220000－0841－0007901　子0213K
大學衍義四十三卷　(宋)真德秀撰　清同治十一年(1872)浙江書局刻本　十冊

220000－0841－0007902　子0198K
大學衍義四十三卷　(宋)真德秀撰　清同治十三年(1874)金陵書局刻本　八冊

220000－0841－0007903　子0209K
大學衍義輯要六卷　(宋)真德秀撰　清道光二十二年(1842)寶恕堂刻本　四冊

220000－0841－0007904　子0202K
大學衍義輯要六卷　(宋)真德秀撰　清宣統元年(1909)大學堂鉛活字印本　三冊

220000－0841－0007905　善0740
大學衍義補一百六十卷　(明)邱濬撰　明宗文堂刻本　三十冊

220000－0841－0007906　子0079K
大學衍義補輯要十二卷　(明)邱濬撰　清道光二十二年(1842)寶恕堂刻本　十二冊

220000－0841－0007907　子0203K
大學衍義補輯要十二卷首一卷　(明)邱濬撰　清宣統元年(1909)大學堂鉛活字印本　九冊

220000－0841－0007908　子0214
大學衍義補摘要四卷　明嘉靖十二年(1533)孫應奎刻本　四冊

220000－0841－0007909　子4715K
于氏中說二卷　(明)于鎰撰　清光緒四年(1878)于馭良刻本　一冊

220000－0841－0007910　子4500F
昭代經濟言十四卷　(明)陳子壯撰　清道光三十年(1850)南海伍氏粵雅堂刻嶺南遺書本　六冊

220000－0841－0007911　子5999K
繹志十九卷　(清)胡承諾撰　清道光十七年(1837)婁東顧氏謏聞書屋刻本　四冊

220000－0841－0007912　子0266K
繹志十九卷　(清)胡承諾撰　清同治十一年(1872)浙江書局刻本　八冊

220000－0841－0007913　子3758K
明夷待訪錄一卷　(清)黄宗羲撰　清光緒五年(1879)餘姚黄氏五桂樓刻本　一冊

220000－0841－0007914　史 6276K
明夷待訪錄一卷　（清）黄宗羲撰　清光緒刻本　二册

220000－0841－0007915　史 9981K
噩夢一卷　（清）王夫之撰　清宣統二年（1910）成都寓廬刻本　一册

220000－0841－0007916　子 4781K
黄書一卷　（清）王夫之撰　清宣統二年（1910）成都寓廬刻本　一册

220000－0841－0007917　史 7426K
策略六卷　（清）汪紱撰　清光緒二十三年（1897）刻汪雙池先生叢書本　四册

220000－0841－0007918　子 4577F
供冀小言一卷　（清）林伯桐撰　清道光二十四年（1844）林世懋刻修本堂叢書本　一册

220000－0841－0007919　史 5565K
圖民錄四卷　（清）袁守定撰　清同治十一年（1872）江西書局刻本　二册

220000－0841－0007920　史 5563K
圖民錄四卷　（清）袁守定撰　清同治湘鄉楊昌濬刻本　二册

220000－0841－0007921　史 5556K
圖民錄四卷　（清）袁守定撰　清光緒九年（1883）江蘇書局刻本　二册

220000－0841－0007922　史 5555K
圖民錄四卷　（清）袁守定撰　清光緒十二年（1886）刻本　二册

220000－0841－0007923　史 5552K
圖民錄四卷　（清）袁守定撰　清光緒三十三年（1907）刻本　二册

220000－0841－0007924　善 1884
御覽經史講義三十卷首一卷　（清）蔣溥等輯　清乾隆內府刻本　三十二册

220000－0841－0007925　史 6262K
呰窳子三卷越俎危言二卷呰窳子集證五卷　（清）江順詒撰　清同治刻本　二册

220000－0841－0007926　子 4817K
藷言一卷　（清）劉嶽雲（呰窳道人）撰　清光緒九年（1883）刻本　一册

220000－0841－0007927　善 3445
遺安集四卷　（清）胡宗鶴輯　清乾隆二十七年（1762）刻本　二册

220000－0841－0007928　子 1190
雷翠庭先生讀書偶記三卷　（清）雷鋐撰　（清）朱坤編　清乾隆三十年（1765）星湖刻本　三册

220000－0841－0007929　子 4201K
朱子議政錄一卷　（清）邢廷莢撰　清光緒二十五年（1899）刻本　一册

220000－0841－0007930　史 7337K
喚醒集不分卷　（清）澄清主人輯　清宣統元年（1909）鉛活字印本　一册

220000－0841－0007931　子 4070K
起黄二卷質顧一卷廣王二卷　吳光耀撰　清宣統元年（1909）刻本　五册

220000－0841－0007932　史 7250K
校邠廬抗議二卷　（清）馮桂芬撰　清光緒十年（1884）豫章刻本　二册

220000－0841－0007933　子 3870K
校邠廬抗議二卷　（清）馮桂芬撰　清光緒十八年（1892）吳縣潘氏敏德堂刻本　一册

220000－0841－0007934　史 7533K
校邠廬抗議二卷　（清）馮桂芬撰　清光緒二十三年（1897）新甯明善社刻本　二册

220000－0841－0007935　史 7290K
校邠廬抗議二卷　（清）馮桂芬撰　清光緒二十三年（1897）弢園老民校鉛活字印本　二册

220000－0841－0007936　史 7349K
校邠廬抗議別論不分卷　（清）陳鼎撰　清光緒二十四年（1898）刻本　一册

220000－0841－0007937　史 7247K
校邠廬抗議二卷　（清）馮桂芬撰　清光緒天津廣仁堂刻本　二册

220000－0841－0007938　史7330K
校邠廬抗議二卷　（清）馮桂芬撰　清光緒二十四年（1898）北洋石印官書局石印本　一册

220000－0841－0007939　史7305K
校邠廬抗議二卷　（清）馮桂芬撰　清石印本　二册

220000－0841－0007940　子5540K
林和靖省心録一卷　（宋）林逋撰　清同治九年（1870）高志堂刻本　一册

220000－0841－0007941　子0104K
周子全書四卷　（宋）周敦頤撰　清光緒十三年（1887）傳經堂刻西京清麓叢書本　一册

220000－0841－0007942　子4782K
我箴釋證十五卷　（宋）司馬光撰　清光緒三十二年（1906）成都刻本　六册

220000－0841－0007943　子3522K
張子全書十四卷附録一卷　（宋）張載撰　清同治九年（1870）鳳翔府祠堂刻本　八册

220000－0841－0007944　子0013K
二程全書六十八卷　（宋）程顥　（宋）程頤撰　清同治十年（1871）六安涂氏求我齋刻洪氏唐石經館叢書本　十六册

220000－0841－0007945　善0649
二程先生書五十一卷　（宋）程顥　（宋）程頤撰　（明）閻禹錫輯　明隆慶四年（1570）金立敬刻本　十册

220000－0841－0007946　子0016
河南二程全書六十七卷　（宋）程顥　（宋）程頤撰　（宋）朱熹輯　清康熙呂氏寶誥堂刻本　十册

220000－0841－0007947　子0077
二程子遺書纂二卷外書纂一卷　（清）李光地纂輯　清康熙浙江學院汪灝刻本　二册

220000－0841－0007948　子0015
程書五十一卷拾遺一卷　（宋）程顥　（宋）程頤撰　（宋）朱熹輯　清康熙二十五年（1686）程湛、程福亮刻本　十册

220000－0841－0007949　善3335
程子詳本二十卷　（明）陳龍正輯　明刻本　四册

220000－0841－0007950　子5584K
上蔡先生語録三卷　（宋）謝良佐撰　清道光刻本　一册

220000－0841－0007951　善2458
邵子全書二十四卷　（宋）邵雍撰　明萬曆三十四年（1606）徐必達刻本　十六册

220000－0841－0007952　善0727
近思録十四卷　（宋）朱熹　（宋）呂祖謙撰　明刻本　四册

220000－0841－0007953　子0239K
近思録十四卷　（宋）朱熹撰　清同治七年（1868）崇文書局刻本　四册

220000－0841－0007954　子4071
近思録集解十四卷　（宋）朱熹　（宋）呂祖謙輯　（宋）葉采集解　清康熙刻本　二册

220000－0841－0007955　子5977K
近思録集解十四卷　（宋）朱熹撰　清乾隆元年（1736）陳氏培遠堂刻本　一册　存四卷（一至四）

220000－0841－0007956　子0237K
近思録集解十四卷　（宋）朱熹撰　清同治八年（1869）江蘇書局刻本　四册

220000－0841－0007957　子0240K
近思録十四卷　（宋）朱熹撰　清光緒十五年（1889）浙江官書局刻本　四册

220000－0841－0007958　子0067K
近思録十四卷　（宋）朱熹撰　清光緒刻本　四册

220000－0841－0007959　善0678
淵鑒齋御纂朱子全書六十六卷　（清）熊賜履　（清）李光地等纂修　清康熙五十三年（1714）武英殿刻本　二十五册

220000－0841－0007960　善0675
淵鑒齋御纂朱子全書六十六卷　（清）熊賜履

(清)李光地等纂修　清刻本　二十五册

220000－0841－0007961　善0794
古香齋新刻袖珍御纂朱子全書六十六卷　(清)熊賜履　(清)李光地等纂修　清乾隆内府刻古香齋袖珍十種本　三十册　缺三卷(五十二、六十五至六十六)

220000－0841－0007962　子4405K
御纂朱子全書六十六卷　(宋)朱熹撰　清光緒江西書局刻本　四十册

220000－0841－0007963　子0233K
御纂朱子全書六十六卷　(宋)朱熹撰　清宏道堂刻本　四十八册

220000－0841－0007964　子0044
朱子經濟文衡類編前集二十五卷後集二十五卷續集二十二卷　(宋)滕珙輯　清乾隆四年(1739)楊雲服刻本　十二册

220000－0841－0007965　子0783K
朱子語類一百四十卷　(宋)朱熹撰　清光緒二年(1876)傳經堂刻西京清麓叢書本　四十八册

220000－0841－0007966　善0792
學的二卷　(明)邱濬撰　明天順七年(1463)刻本　八册

220000－0841－0007967　善2859
性理吟二卷　(宋)朱熹撰　明萬曆三十三年(1605)高攀龍刻本　一册

220000－0841－0007968　子0419K
北溪先生字義二卷　(宋)陳淳撰　清光緒二十六年(1900)河溯洪育石印局石印本　二册

220000－0841－0007969　子0136K
潛室陳先生木鍾集十一卷　(宋)陳埴撰　清同治六年(1867)東甌郡斎刻本　四册

220000－0841－0007970　子3627K
西山先生真文忠公讀書記四十卷　(宋)真德秀撰　清同治三年(1864)真氏宗祠刻本　三十册

220000－0841－0007971　子3495
真西山心經一卷政經一卷　(宋)真德秀撰　清光緒二十二年(1896)武英殿影宋刻本　二册

220000－0841－0007972　子5257K
真文忠公心經一卷政經一卷　(宋)真德秀撰　清光緒元年(1875)劉氏述荆堂刻西京清麓叢書本　二册

220000－0841－0007973　子0153K
心經政經合編　(宋)真德秀撰　清光緒江蘇書局刻本　一册

220000－0841－0007974　子0110K
史子朴語十卷　(宋)史彌大撰　清光緒二十六年(1900)木活字印本　一册

220000－0841－0007975　善3457
讀書錄十一卷續錄十二卷　(明)薛瑄撰　清康熙呂氏天蓋樓刻本　四册

220000－0841－0007976　善2999
薛文清公讀書全錄類編二十卷　(明)薛瑄撰　(明)侯鶴齡輯　明萬曆二十四年(1596)刻本　六册　存十五卷(一至九、十五至二十)

220000－0841－0007977　子5472
居業錄四卷　(明)胡居仁撰　清康熙詠豳堂刻本　二册

220000－0841－0007978　子0207
胡敬齋先生居業錄八卷　(明)胡居仁撰　(清)張伯行輯　清乾隆儀封張氏正誼堂刻本　二册

220000－0841－0007979　子0179K
朱子晚年定認評述一卷王文成公示弟立志說一卷　(明)王守仁撰　清光緒十九年(1893)歸安周氏刻本　一册

220000－0841－0007980　子5603K
俟後編六卷末一卷　(明)王敬臣撰　清同治八年(1869)木活字印本　一册

220000－0841－0007981　子4547K
來瞿唐先生日錄内篇六卷外篇七卷　(明)來如德撰　清道光十一年(1831)刻本　十四册

220000－0841－0007982　子 4602
閑闢録十卷　（明）程曈撰　明嘉靖四十三年（1564）程纘洛刻本　二册

220000－0841－0007983　善 2846
性理標題彙要二十二卷　（明）詹淮　（明）陳仁錫編　明崇禎刻本　十二册

220000－0841－0007984　善 2328
何氏心訓不分卷　（明）何倫撰　明萬曆刻本　一册

220000－0841－0007985　子 0259K
呂子遺書二十九卷附録一卷　（明）呂坤撰　清道光七年（1827）開封府署刻本　二十四册

220000－0841－0007986　子 0048F
實政録七卷　（明）呂坤撰　清道光七年（1827）開封府署刻呂子遺書本　六册

220000－0841－0007987　子 0026F
呻吟語六卷呻吟語疑一卷　（明）呂坤撰　清道光七年（1827）開封府署刻呂子遺書本　六册

220000－0841－0007988　子 0184
小心齋劄記十八卷東林會約一卷　（明）顧憲成撰　清康熙刻顧端文公遺書本　二册

220000－0841－0007989　子 0164K
呂子節録補遺二卷　（明）呂坤撰　清道光十七年（1837）刻培遠堂全集本　二册

220000－0841－0007990　子 5191K
單子寤言二卷　（明）單允昌撰　清咸豐二年（1852）原甲第芑詒堂刻本　一册

220000－0841－0007991　子 4559K
斯文正統十二卷　（清）刁包輯　清同治三年（1864）刁懷瑾積樓刻用六居士所著書本　十三册

220000－0841－0007992　子 5116K
恥言二卷　（明）徐禎稷撰　清光緒三十二年（1906）南扶山房刻本　一册

220000－0841－0007993　子 0039
明孫石臺先生質疑稿三卷　（明）孫揚撰　清乾隆二十八年（1763）刻本　一册

220000－0841－0007994　善 1195
卓吾先生批評龍谿王先生語録鈔八卷　（明）王畿撰　（明）李贄評　明萬曆刻本　四册　存四卷（一至四）

220000－0841－0007995　善 2802
論語逸編三十一卷　（明）鍾韶輯　明萬曆刻本　四册　存三十卷（一至三十）

220000－0841－0007996　善 3397
感述録六卷續録四卷　（明）趙維新撰　清康熙五年（1666）刻茌邑三先生合刻本　二册

220000－0841－0007997　子 0247K
思辨録輯要前集廿二卷後集十三卷　（清）陸世儀撰　清光緒三年（1877）江蘇書局刻本　八册

220000－0841－0007998　子 5092
靜怡齋約言録二卷外篇一卷　（清）魏裔介撰　清康熙龍江書院刻本　一册　存一卷（外篇一卷）

220000－0841－0007999　子 4464K
復齋録六卷　（清）王建常撰　清光緒元年（1875）劉氏述荆堂刻本　四册

220000－0841－0008000　子 0280K
荆園語録二卷　（清）申涵光撰　清光緒三年（1877）仁和葛氏刻嘯園叢書本　一册

220000－0841－0008001　善 2917
晚邨先生家訓真蹟五卷　（清）呂留良撰　清康熙四十二年（1703）刻本　二册

220000－0841－0008002　善 2978
下學堂劄記三卷　（清）熊賜履撰　清康熙二十四年（1685）刻本　一册

220000－0841－0008003　史 7081
萬世玉衡録四卷　（清）蔣伊輯　清康熙刻本　四册

220000－0841－0008004　善 3034
先儒正修録三卷齊治録三卷　（清）于準輯　清康熙四十七年（1708）刻本　六册

220000－0841－0008005　子 4824

事親庸言二十卷　(清)竇克勤撰　清康熙五十九年(1720)朱陽書院刻光緒四年(1878)修補本　七册　缺二卷(一至二)

220000－0841－0008006　善 2767

靜用堂偶編十卷　(清)涂天相撰　清康熙五十七年(1718)刻本　四册

220000－0841－0008007　子 3528

靜用堂偶編十卷續編十卷　(清)涂天相撰　清雍正二年(1724)刻本　六册

220000－0841－0008008　善 0666

三魚堂賸言十二卷　(清)陸隴其撰　(清)陳濟輯　清乾隆八年(1743)陳氏三蕉書屋刻本　四册

220000－0841－0008009　子 0050K

御纂性理精義十二卷　(清)李光地等輯　清道光三十年(1850)刻本　四册

220000－0841－0008010　子 4783K

御纂性理精義十二卷　(清)李光地等輯　清刻本　四册

220000－0841－0008011　子 4662F

顏習齋先生言行錄二卷闢異錄二卷　(清)鍾錂輯　清光緒五年(1879)定州王氏謙德堂刻畿輔叢書本　一册

220000－0841－0008012　子 5283K

合意編五卷　(清)朱澤澐撰　清道光元年(1821)刻本　一册

220000－0841－0008013　集 10429F

勵志錄二卷　(清)沈近思撰　清同治十二年(1873)浙江書局刻本　二册

220000－0841－0008014　子 5278K

儒門法語一卷　(清)彭定求輯　清同治四年(1865)衣言堂刻本　一册

220000－0841－0008015　子 5077K

儒門法語一卷　(清)彭定求輯　清同治四年(1865)衣言堂刻本　一册

220000－0841－0008016　子 3436K

儒門法語輯要一卷　(清)彭定求原編　清光緒元年(1875)江蘇學政署刻本　一册

220000－0841－0008017　子 0122K

儒門法語輯要一卷　(清)彭定求原編　清光緒十六年(1890)浙江書局刻本　一册

220000－0841－0008018　子 0200K

習是編二卷　(清)屈成霖編輯　清咸豐六年(1856)許氏衍祥堂刻本　四册

220000－0841－0008019　子 4093K

讀性理敬述一卷　(清)佟景文撰　清道光七年(1827)寶翰樓書坊刻本　一册

220000－0841－0008020　子 5279K

讀性理敬述一卷　(清)佟景文撰　清刻本　一册

220000－0841－0008021　子 5587K

日知筆記一卷　(清)胡光琦撰　清道光十五年(1835)婺源遺訓堂刻本　一册

220000－0841－0008022　子 4708K

咫聞錄二卷　(清)溫汝适撰　清道光粵東省城簡書齋刻本　一册

220000－0841－0008023　子 2849K

咫聞錄十二卷　(清)慵訥居士撰　清道光八年(1828)尚古堂刻本　十二册

220000－0841－0008024　子 4844K

懺摩錄一卷　(清)彭兆蓀撰　清道光十六年(1836)勝谿草堂刻本　一册

220000－0841－0008025　子 0150F

懺摩錄一卷　(清)彭兆蓀撰　清光緒二十三年(1897)胡氏刻鵠齋叢書本　一册

220000－0841－0008026　子 1198K

平平摘錄一卷　(清)楊芳撰　清道光十五年(1835)靜一堂刻本　一册

220000－0841－0008027　子 5277F

志學錄八卷　(清)方宗誠撰　清光緒三年(1877)桐城方氏刻柏堂遺書本　四册

220000－0841－0008028　子 4205K

粹語合刊五卷　(清)崑岡輯　清光緒七年(1881)龍雲齋刻本　一册

220000－0841－0008029　子0146K
漢學商兑三卷　(清)方東樹撰　清光緒二十六年(1900)浙江書局刻本　四册

220000－0841－0008030　子5355K
冰言一卷　(清)李惺撰　清同治三年(1864)刻本　一册

220000－0841－0008031　子1215K
養一齋札記九卷　(清)潘德輿撰　清同治十一年(1872)刻本　四册

220000－0841－0008032　子5050K
姚家學辨二卷　(清)羅澤南撰　清咸豐九年(1859)長沙刻羅忠節公遺集本　一册

220000－0841－0008033　子4731F
忱行錄一卷　(清)邵懿辰撰　清同治五年(1866)丁氏刻當歸草堂叢書本　一册

220000－0841－0008034　子5071F
持志塾言二卷　(清)劉熙載撰　清同治六年(1867)刻古桐書屋六種本　一册

220000－0841－0008035　子4106K
思辨錄疑義一卷　(清)劉蓉撰　清光緒三年(1877)思賢講舍刻本　一册

220000－0841－0008036　子3762K
探本錄二十三卷　(清)雲茂琦撰　清咸豐元年(1851)雲逢曜刻本　六册

220000－0841－0008037　子4565K
五子會要不分卷　(清)張官德集注　清同治九年(1870)菴原堂刻本　一册

220000－0841－0008038　子4190K
安溪四種書注五卷　(清)宋懿修撰　清道光十九年(1839)刻本　三册

220000－0841－0008039　子0056K
顔氏學記十卷　(清)戴望輯　清同治十年(1871)冶城山館刻本　四册

220000－0841－0008040　子4145K
顔學辨八卷　(清)程仲威撰　清光緒十年(1884)安徽官紙印刷局鉛活字印本　四册

220000－0841－0008041　子5024K
志學編二卷　(清)余寅止輯　清嘉慶十八年(1813)務本堂刻本　一册

220000－0841－0008042　子4819K
困學記三卷　(清)馮廷桂撰　清光緒十四年(1888)刻本　一册

220000－0841－0008043　史6214K
求己錄三卷　(清)蘆涇遯士編　清光緒二十一年(1895)刻本　一册

220000－0841－0008044　史5592K
求己錄三卷　(清)蘆涇遯士編　清光緒二十八年(1902)江南製造總局鉛活字印本　三册

220000－0841－0008045　子3443
時習編六卷　(清)周炳琦撰　清光緒十六年(1890)詒經堂刻本　二册

220000－0841－0008046　子5145K
守已草廬日記五卷　(清)丁逢辰撰　清光緒三十二年至宣統二年(1906－1910)柘湖丁氏刻本　三册

220000－0841－0008047　子5266F
庭聞憶畧二卷竹坡先生遺文一卷　(清)寶廷撰　(清)夏鼎武輯　清光緒二十二年(1896)富陽夏氏叢刻本　一册

220000－0841－0008048　子0148F
庭聞憶略二卷竹坡先生遺文一卷　(清)寶廷撰　(清)夏鼎武輯　清光緒二十二年(1896)富陽夏氏叢刻本　一册

220000－0841－0008049　子0096K
聖祖仁皇帝庭訓格言一卷　(清)世宗胤禛纂　清同治江蘇書局刻本　一册

220000－0841－0008050　子4597
聖祖仁皇帝庭訓格言一卷　(清)世宗胤禛纂　清雍正八年(1730)内府刻本　一册

220000－0841－0008051　子0109K
聖祖仁皇帝庭訓格言一卷　(清)世宗胤禛纂

清同治官刻本　一冊

220000－0841－0008052　子 0138K
聖祖仁皇帝庭訓格言一卷　（清）世宗胤禛纂　清光緒二十三年（1897）唐寶鑑刻本　一冊

220000－0841－0008053　善 2347
欽定執中成憲八卷　（清）世宗胤禛輯　清乾隆元年（1736）內府刻本　四冊

220000－0841－0008054　史 7012
日知薈說四卷　（清）高宗弘曆撰　清乾隆元年（1736）刻本　四冊

220000－0841－0008055　善 3192
日知薈說四卷　（清）高宗弘曆撰　清乾隆元年（1736）內府刻本　四冊

220000－0841－0008056　子 4627K
聶氏重編家政學二卷　（清）聶其昌等輯　清光緒三十年（1904）浙江官書局刻本　二冊

220000－0841－0008057　子 5780K
集字避復不分卷　（清）□□撰　清光緒二十九年（1903）忠襄公祠刻本　一冊

220000－0841－0008058　集 10474K
西山先生真文忠公文集五十五卷　（宋）真德秀撰　清同治四年（1865）既望署趙符銅刻本　二十七冊

220000－0841－0008059　子 0269K
［程氏家塾］讀書分年日程三卷綱領一卷　（元）程端禮撰　清同治七年（1868）湖北崇文書局刻本　二冊

220000－0841－0008060　子 0092K
［程氏家塾］讀書分年日程三卷綱領一卷　（元）程端禮撰　清同治八年（1869）江蘇書局刻本　二冊

220000－0841－0008061　子 3666K
［程氏家塾］讀書分年日程三卷綱領一卷　（元）程端禮撰　清同治十年（1871）山東尚志堂刻本　二冊

220000－0841－0008062　善 2862
學言三卷　（明）陳龍正輯　明崇禎四年（1631）刻本　一冊

220000－0841－0008063　子 5027K
家塾邇言六卷　（清）楊汝穀撰　清同治五年（1866）刻本　一冊

220000－0841－0008064　子 1357K
先正讀書诀一卷　（清）周永年輯　清光緒四年（1878）刻本　一冊

220000－0841－0008065　子 1234K
先正讀書訣一卷　（清）周永年撰　清光緒二十一年（1895）嚴修貴陽刻本　一冊

220000－0841－0008066　子 4449F
先正讀書訣一卷　（清）周永年輯　清光緒二十一年（1895）江氏湖南使院刻雲鶼閣叢書本　一冊

220000－0841－0008067　子 0273K
人範六卷　（清）蔣元輯　清光緒十六年（1890）守拙軒刻本　二冊

220000－0841－0008068　子 0225K
輶軒語不分卷　（清）張之洞撰　清光緒二十一年（1895）湖北官書處刻本　一冊

220000－0841－0008069　子 5264K
增訂輶軒語不分卷　（清）張之洞撰　清光緒二十一年（1895）陝北學署刻本　一冊

220000－0841－0008070　子 5073K
輶軒語不分卷　（清）張之洞撰　清光緒李文敏木活字印本　一冊

220000－0841－0008071　子 5265K
輶軒語不分卷　（清）張之洞撰　清光緒二十一年（1895）福建學署石印本　一冊

220000－0841－0008072　子 4753K
繙譯醒世要言四卷　（清）和素輯　（清）孟保譯　清同治六年（1867）武英殿刻滿漢合璧本　四冊

220000－0841－0008073　子 0045K
人譜正篇一卷續編二卷類記增訂六卷　（明）劉宗周撰　清同治七年（1868）吳興丁氏濟南刻本　二冊

220000－0841－0008074　善 1752

迪吉錄八卷首一卷　(明)顔茂猷輯　(明)顧錫疇評　明刻本　八册

220000－0841－0008075　子 5342K

昨非錄十二卷　(明)鄭瑄明撰　清光緒十一年(1885)胡熽棻刻本　二册

220000－0841－0008076　子 4851

範行恒言一卷　(清)世祖福臨撰　清順治十二年(1655)内府刻本　一册

220000－0841－0008077　善 2815

御製勸善要言一卷　(清)世祖福臨撰　清順治十二年(1655)内府刻本　一册

220000－0841－0008078　子 4919K

御製勸善要言一卷　(清)世祖福臨撰　清咸豐内府刻本　一册

220000－0841－0008079　子 4920K

御製勸善要言一卷　(清)世祖福臨撰　清光緒内府刻本　一册

220000－0841－0008080　史 7025K

御製勸善要言一卷　(清)世祖福臨撰　清内府刻本　一册

220000－0841－0008081　子 5664

御製資政要覽三卷　(清)世祖福臨撰　清順治十二年(1655)内府刻本　三册

220000－0841－0008082　史 11601K

聖諭廣訓一卷　(清)聖祖玄燁撰　清三槐堂刻本　一册

220000－0841－0008083　史 6294K

聖諭廣訓一卷　(清)聖祖玄燁撰　清同治刻本　一册

220000－0841－0008084　史 6296K

聖諭廣訓直解一卷　(清)聖祖玄燁撰　(清)世宗胤禛解　清道光刻本　二册

220000－0841－0008085　史 6293K

聖諭廣訓直解一卷　(清)聖祖玄燁撰　(清)世宗胤禛解　清道光刻本　一册

220000－0841－0008086　史 7080K

聖諭廣訓直解一卷　(清)聖祖玄燁撰　(清)世宗胤禛解　清同治刻本　二册

220000－0841－0008087　史 7026K

聖諭廣訓一卷直解一卷　(清)聖祖玄燁撰　(清)世宗胤禛解　清同治刻本　三册

220000－0841－0008088　史 6292K

聖諭廣訓直解不分卷　(清)聖祖玄燁撰　(清)世宗胤禛解　清同治刻本　二册

220000－0841－0008089　子 4256K

聖諭像解二十卷　(清)聖祖玄燁撰　(清)梁延年編輯　清光緒二十八年(1902)江蘇撫署石印本　十册

220000－0841－0008090　善 3625

聖諭廣訓一卷　(清)世宗胤禛輯　清雍正二年(1724)内府刻本　一册

220000－0841－0008091　子 0099K

聖諭十六条律易解一卷　(清)夏炘譯　清同治九年(1870)江蘇書局刻本　一册

220000－0841－0008092　善 3358

畜德錄二十卷　(清)席啟圖輯　清康熙繩武堂刻本　十册

220000－0841－0008093　善 0653

願體集不分卷增纂願體集一卷　(清)史典撰　清康熙刻本　六册

220000－0841－0008094　子 0278K

增訂願體集四卷首一卷經驗良方一卷　(清)李仲麟重輯　(清)于鋁增校　清光緒二年(1876)于鋁刻本　四册

220000－0841－0008095　史 9290

倫風十六卷　(清)向廷賡撰　清乾隆四年(1739)刻本　四册

220000－0841－0008096　子 5354K

百警篇一卷　(清)□□撰　(清)丁鈺校補　清道光十七年(1837)潛確精廬刻本　一册

220000－0841－0008097　經 2737K

庸言知旨二卷　(清)桂圃纂　清嘉慶二十四

年(1819)芸圃查清阿刻本　二册

220000－0841－0008098　子 4492K
繙譯六事箴言四卷　(清)葉玉屏撰　(清)孟保譯　清咸豐元年(1851)孟保刻本　四册

220000－0841－0008099　子 5158K
吏事良言二十六卷首一卷　(清)周百順輯　清道光十一年(1831)姑蘇按察司刻本　十二册

220000－0841－0008100　子 4554K
先正格言十卷　(清)瓣香書屋輯　清道光十六年(1836)刻本　四册

220000－0841－0008101　子 1216F
古格言十二卷　(清)梁章鉅輯　清光緒元年(1875)福州梁氏刻二思堂叢書本　二册

220000－0841－0008102　子 4261K
瘦石山房筆記一卷　(清)陸向榮撰　清道光十六年(1836)刻本　一册

220000－0841－0008103　子 4452K
身世繩規不分卷　(清)朱潮增輯　清道光二十六年(1846)山陰何氏福仙堂刻本　四册

220000－0841－0008104　子 0255K
曾文正公雜著四卷　(清)曾國藩撰　清同治十三年(1874)傳忠書局刻本　二册

220000－0841－0008105　子 0181F
曾文正公雜著二卷　(清)曾國藩撰　清光緒二年(1876)傳忠書局刻曾文正公全集本　二册

220000－0841－0008106　子 4472K
仕孝苦言一卷　(清)左宗棠輯　清同治四年(1865)刻本　一册

220000－0841－0008107　子 5363K
格言聯璧不分卷　(清)金纓輯　清同治八年(1869)彭澤高梯刻本　一册

220000－0841－0008108　子 4804K
程式編三卷　(清)沈應彤原編　(清)崔家睞删訂　清光緒元年(1875)李續燾刻本　三册

220000－0841－0008109　子 0018K
詒謀隨筆二卷　(清)但明倫撰　清光緒四年(1878)但氏刻本　四册

220000－0841－0008110　史 6527K
國朝先正學規彙抄楊忠愍公家訓不分卷　(清)黄舒昺編　清光緒九年(1883)刻本　二册

220000－0841－0008111　史 6287K
化愚俗歌不分卷　(清)潘席卿撰　清光緒十九年(1893)刻本　一册

220000－0841－0008112　子 5111K
弟子箴言十六卷　(清)胡達源撰　清光緒二十四年(1898)京都官書局刻本　四册

220000－0841－0008113　子 5005K
訓俗常談一卷治平牧令格一卷　金蓉鏡撰　清光緒三十三年(1907)鉛活字印本　一册

220000－0841－0008114　史 6863K
公民必讀初編不分卷　(清)孟昭常撰　清光緒三十三年(1907)鉛活字印本　一册

220000－0841－0008115　子 5290K
當家雜字居家必用一卷　(□)□□撰　清萃文書屋黄氏刻本　一册

220000－0841－0008116　善 4296
顔氏家訓二卷　(北齊)顔之推撰　明萬曆三年(1575)顔嗣慎刻本　四册

220000－0841－0008117　善 0596
顔氏家訓七卷　(北齊)顔之推撰　(清)趙曦明注　**附録一卷**　(清)盧文弨撰　清乾隆五十四年(1789)盧文弨刻抱經堂叢書本　二册

220000－0841－0008118　子 1393K
顔氏家訓二卷　(北齊)顔之推撰　清光緒元年(1875)湖北崇文書局刻本　一册

220000－0841－0008119　史 6635
家範十卷　(宋)司馬光撰　(清)朱軾評　清乾隆十四年(1749)臨汾劉組曾刻本　二册

220000－0841－0008120　子 1451K
了凡四訓一卷　(明)袁黄撰　清光緒十五年

(1889)湖北官書處刻本　一册

220000－0841－0008121　集1634K
篤素堂文集四卷　(清)張英撰　**澄懷園語四卷澄懷主人自訂年譜六卷**　(清)張廷玉撰　清光緒六年(1880)刻本　四册

220000－0841－0008122　集1242K
篤素堂集鈔三卷　(清)張英撰　清光緒十七年(1891)刻本　一册

220000－0841－0008123　史6295
止軒家言不分卷　(清)止軒主人撰　清乾隆刻本　一册

220000－0841－0008124　子4733K
恒産瑣言一卷飯有十二合說一卷　(清)張英撰　清光緒寶硯齋刻本　一册

220000－0841－0008125　子0097K
誡子書一卷　(清)聶繼模撰　清光緒二十三年(1897)長安趙舒翹刻本　一册

220000－0841－0008126　子0244K
雙節堂庸訓六卷　(清)汪輝祖撰　清同治七年(1868)湖北崇文書局刻本　二册

220000－0841－0008127　子5288K
雲卧山莊家訓二卷　(清)郭崑燾撰　清光緒十年(1884)岵瞻堂刻本　一册

220000－0841－0008128　子4667K
雲卧山莊家訓二卷　(清)郭崑燾撰　清光緒十一年(1885)湘陰郭氏岵瞻堂刻本　一册

220000－0841－0008129　子5222K
姚氏家訓文法直指一卷　(清)姚澍撰　清光緒二十五年(1899)北京琉璃廠翰藻齋刻本　一册

220000－0841－0008130　子5021K
詒穀堂家訓一卷　(清)王德固撰　清光緒十年(1884)京都刻本　一册

220000－0841－0008131　子5058K
詒穀堂家訓二卷　(清)王德固撰　清光緒二十四年(1898)杭州任有容齋刻本　一册

220000－0841－0008132　子5175K
曹大家女誡一卷　(漢)班昭撰　清道光十二年(1832)種桂山房刻本　一册

220000－0841－0008133　子5131K
女四書　(明)王相箋注　清光緒六年(1880)南京李光明莊刻本　二册

220000－0841－0008134　子5171K
婦女一說曉一卷　(清)□□輯　清光緒九年(1883)刻本　一册

220000－0841－0008135　善2744
同文千字文二卷　(明)汪以成撰　明萬曆十年(1582)汪以成刻本　二册

220000－0841－0008136　子605K
小學六卷音義考昺名賢姓氏號諡　(宋)朱熹輯　清道光十九年(1839)祁寯藻刻無注本　一册

220000－0841－0008137　子0193
小學書註解十卷　(宋)朱熹　(明)史啟英注　明崇禎刻本　四册

220000－0841－0008138　子0271K
小學集解六卷　(明)吳訥集解　清同治八年(1869)江蘇書局刻本　二册

220000－0841－0008139　子0192K
小學集註六卷　(明)陳選集注　清光緒京都文成堂刻本　二册

220000－0841－0008140　經2492K
小學集注六卷　(明)陳選集注　清光緒金陵書局刻本　二册

220000－0841－0008141　子0197K
小學集解六卷　(清)張伯行輯註　清同治六年(1867)湖北崇文書局刻本　三册

220000－0841－0008142　子0274K
小學集解六卷　(清)張伯行輯註　清光緒八年(1882)湖南書局刻本　五册

220000－0841－0008143　子0272K
小學纂註六卷朱子年譜一卷小學總論一卷　(清)高愈纂註　清同治八年(1869)江蘇書局

刻本　二冊

220000－0841－0008144　子 0277K
尹氏小學大全　(清)尹嘉銓撰　清光緒二十二年(1896)刻本　五冊

220000－0841－0008145　子 3813K
小學義疏六卷　(清)尹嘉銓撰　清同治刻本　二冊

220000－0841－0008146　子 3707K
小學韻語一卷　(清)羅澤南撰　清光緒八年(1882)湘鄉魏綸先刻本　一冊

220000－0841－0008147　子 1572
純正蒙求三卷　(元)胡炳文撰　明嘉靖十六年(1537)潘璜刻本　三冊

220000－0841－0008148　經 3079K
六藝綱目二卷六藝發原一卷字原一卷　(元)舒天民撰　(元)舒恭注　(明)趙宜中附注　清道光二十八年(1848)劉喜海嘉蔭簃刻本　一冊

220000－0841－0008149　經 3124K
六藝綱目二卷六藝發原一卷字原一卷　(元)舒天民撰　(元)舒恭注　(明)趙宜中附注　清咸豐三年(1853)海源閣刻海源閣叢書本　二冊

220000－0841－0008150　經 1720K
六藝綱目二卷附錄二卷札記一卷　(元)舒天民撰　(元)舒恭注　(明)趙宜中附注　清光緒七年(1881)汪氏籀書誃覆刻道光東武劉氏本　二冊

220000－0841－0008151　子 5127K
徐文貞公蒙訓四卷　(明)徐階撰　清嘉慶書三味樓刻本　一冊

220000－0841－0008152　子 0236
正蒙集說十七卷　(清)楊方達撰　清乾隆六年(1741)復初堂刻楊符蒼七種本　四冊

220000－0841－0008153　子 6100
養正圖解不分卷　(明)焦竑撰　清光緒二十一年(1895)武英殿刻本　四冊

220000－0841－0008154　子 0120K
小兒語一卷女小兒語一卷續小兒語三卷演小兒語一卷　(明)呂得勝撰　(明)呂坤撰　清同治六年(1867)徐傅善刻本　一冊

220000－0841－0008155　子 5270K
誨兒編二卷楊園訓子語一卷　(清)賀瑞麟輯　(清)張履祥撰　清光緒十六年(1890)勉學堂刻西京清麓叢書本　一冊

220000－0841－0008156　子 0073K
課子隨筆節抄六卷續編一卷　(清)張師載輯　清同治十二年(1873)刻本　四冊

220000－0841－0008157　子 5389K
御題養正圖詩一卷御製養正圖讚一卷　(清)高宗弘曆撰　(清)仁宗顒琰撰　清光緒二十二年(1896)武英殿刻本　二冊

220000－0841－0008158　子 0206K
童蒙必讀書十四種　(清)徐宗瀛輯　清光緒九年(1883)武昌書局刻本　四冊

220000－0841－0008159　子 4512K
點勘記二卷省堂筆記一卷　(清)歐陽泉撰　清同治九年(1870)刻本　四冊

220000－0841－0008160　子 3488K
童歌養正一卷　(清)歸繼光輯　清光緒九年(1883)武昌書局刻本　一冊

220000－0841－0008161　子 4642K
開講引蒙一卷　(清)吳鴻恩撰　清光緒十二年(1886)如不及齋刻本　一冊

220000－0841－0008162　子 5063K
堲室錄感一卷　(清)李顒撰　清光緒元年(1875)述荆堂刻本　一冊

220000－0841－0008163　子 4160K
釀齋雜編一卷　(清)鮑東里撰　清同治七年(1868)刻本　一冊

220000－0841－0008164　子 4729K
釀齋訓蒙雜編一卷　(清)鮑東里撰　清光緒十年(1884)刻本　一冊

220000－0841－0008165　子 0180K

學堂日記不分卷 （清）佘蓮村撰 清同治七年(1868)常州郡廟樂善堂刻本 一册

220000－0841－0008166 子 4728K
平遙李氏塾議一卷 （清）李子壽撰 清光緒二十年(1894)刻本 一册

220000－0841－0008167 子 4276K
中外故事讀本五十課 （清）張肇桐輯 清光緒二十八年(1902)上海文明書局鉛活字印本 一册

220000－0841－0008168 子 5083K
啟蒙課本一卷 （清）陳文瀚撰 清光緒三十一年(1905)南洋官書局石印本 一册

220000－0841－0008169 子 5261K
便蒙叢編初集一至十二號 （清）中西小學堂編 清光緒二十六年(1900)蘇州刻本 十二册

220000－0841－0008170 集 10920K
小學普通學讀本不分卷 （清）張一鵬撰 清刻本 一册

220000－0841－0008171 子 4074K
千字文考一卷 （清）王開沃撰 清嘉慶刻本 一册

220000－0841－0008172 子 5182K
繪圖白話注解四千字文不分卷 彪蒙書室編 清光緒上海彪蒙書室石印本 一册

220000－0841－0008173 子 4839K
學堂歌一卷 （清）張之洞撰 清光緒三十年(1904)刻本 一册

220000－0841－0008174 子 5863
勸學文一卷 （清）世祖福臨撰 清順治十三年(1656)内府刻本 一册

220000－0841－0008175 史 9931K
勸學篇二卷 （清）張之洞撰 清光緒二十四年(1898)江蘇書局刻本 二册

220000－0841－0008176 子 4791K
勸學篇二卷 （清）張之洞撰 清光緒二十四年(1898)廣雅書局刻本 一册

220000－0841－0008177 子 4803K
勸學篇二卷 （清）張之洞撰 清光緒二十四年(1898)秦中書局刻本 一册

220000－0841－0008178 子 3961K
勸學篇二卷 （清）張之洞撰 清光緒二十四年(1898)兩湖書院刻本 一册

220000－0841－0008179 子 5271K
老子道德經上下篇 （漢）河上公注 清道光二十五年(1845)竹山堂刻本 二册

220000－0841－0008180 善 0687
道德經二卷老子考異一卷 （宋）蘇轍注 （明）凌以棟批點 明凌刻套印本 四册

220000－0841－0008181 善 0789
鬳齋老子口義二卷 （宋）林希逸撰 明萬曆二年(1574)施觀民刻鬳齋三子口義本 一册

220000－0841－0008182 子 4596K
道德經釋義二卷常清淨經一卷金玉經一卷道德經轉語二卷孜正二卷 （唐）吕喦撰 （元）陳致虚撰 （清）牟允中訂 清嘉慶十四年(1809)羊城汗簡齋刻本 二册

220000－0841－0008183 子 5078K
道德真經註四卷 （元）吴澄註 清嘉慶八年(1803)致和堂刻本 四册

220000－0841－0008184 子 1868K
老子道德經解二卷觀老莊影響論一卷 （明）釋德清撰 清光緒十二年(1886)金陵刻經處刻本 二册

220000－0841－0008185 子 1870K
老子翼八卷 （明）焦竑輯 清光緒二十一年(1895)漸西村舍刻本 四册

220000－0841－0008186 善 2980
老子元翼二卷考異一卷附錄一卷 （明）焦竑原輯 （清）郭乾泗重校 清乾隆十五年(1750)三多齋刻本 二册

220000－0841－0008187 善 0625
老子翼三卷莊子翼八卷 （明）焦竑撰 明萬曆十六年(1588)王元貞金陵刻本 十册

220000－0841－0008188　善0671
老子解二卷　（明）徐學謨撰　明萬曆十八年(1590)申用嘉刻本　四册

220000－0841－0008189　善2723
御注道德經二卷　（清）世祖福臨撰　清順治十三年(1656)内府刻本　二册

220000－0841－0008190　善2820
文子二卷　（明）彭好古輯　明萬曆刻本　二册

220000－0841－0008191　善2302
文子纘義十二卷　（宋）杜道堅撰　清乾隆武英殿聚珍版叢書本　二册

220000－0841－0008192　善2370
關尹子二卷　（宋）陳顯微注　（明）孫鑛等評　明天啓刻合諸名家批點諸子全書本　一册

220000－0841－0008193　子5588K
陰符經發隱一卷道德經發隱一卷沖虛經發隱一卷南華經發隱一卷　（清）楊文會撰　清光緒二十二年(1896)金陵刻經處刻本　一册　缺一種

220000－0841－0008194　子1906K
老子章義二卷　（清）姚鼐撰　清同治九年(1870)桐城吴氏刻本　一册

220000－0841－0008195　子5153F
老子約説四卷　（清）紀大奎撰　（清）紀大婁評註　清嘉慶十三年(1808)刻紀慎齋先生全集本　一册

220000－0841－0008196　子4080K
老子本義二卷　（清）鄭環撰　清嘉慶七年(1802)甘泉尋樂堂刻本　一册

220000－0841－0008197　子4194K
讀老札記二卷補遺一卷　（清）易順鼎撰　清光緒十年(1884)程頌藩刻本　一册

220000－0841－0008198　子1920F
文子纘義十二卷　（宋）杜道堅纘義　清光緒三年(1877)浙江書局刻本　二册

220000－0841－0008199　子1928K
莊子十卷　（晉）郭象注　（唐）陸德明音義　清光緒二十三年(1897)新化三味書室刻本　三册

220000－0841－0008200　善0798
莊子郭注十卷　（晉）郭象注　（唐）陸德明音義　明萬曆三十三年(1605)鄒之嶧刻本　十册

220000－0841－0008201　善4301
南華真經十卷　（晉）郭象注　（唐）陸德明音義　明嘉靖顧春世德堂刻六子書本　四册

220000－0841－0008202　善0664
南華真經十卷　（晉）郭象注　（唐）陸德明音義　明刻六子書本　十册

220000－0841－0008203　善0686
南華經十六卷　（晉）郭象注　（宋）林希逸口義　（宋）劉辰翁點校　（明）王世貞評點　（明）陳仁錫批注　明凌刻四色套印本　八册

220000－0841－0008204　子3610F
南華真經注疏十卷　（晉）郭象注　清光緒遵義黎庶昌日本東京使署景刻古逸叢書本　十册

220000－0841－0008205　善0732
南華真經副墨八卷讀南華真經雜説一卷　（明）陸西星撰　明萬曆六年(1578)李齋芳刻本　八册

220000－0841－0008206　善2795
南華真經旁注五卷　（明）方虛名撰　明萬曆二十二年(1594)刻本　五册

220000－0841－0008207　善3229
南華真經評注五卷　（晉）向秀注　明刻清修本　五册

220000－0841－0008208　善4298
孫月峰先生批點南華真經八卷　（明）孫鑛批點　明萬曆三十九年(1611)王澍刻本　四册

220000－0841－0008209　子1864
新刻韓會狀注釋莊子南華真經狐白四卷　（明）韓敬撰　明萬曆四十二年(1614)書林余

氏自新齋刻本　二冊

220000－0841－0008210　子 1925

南華發覆八卷　(明)釋性通撰　明天啓刻本　四冊

220000－0841－0008211　善 2856

莊子南華真經三卷　(明)譚元春評　明崇禎八年(1635)張溥刻本　三冊

220000－0841－0008212　子 1933

南華真經解三卷　(清)宣穎撰　清康熙六十年(1721)寶旭齋刻本　六冊

220000－0841－0008213　子 1932K

南華經解六卷　(清)宣穎撰　清四川順慶海清樓書坊刻本　六冊

220000－0841－0008214　子 3537F

南華經解三十三卷　(清)宣穎撰　清同治五年(1866)刻半畝園叢書本　六冊

220000－0841－0008215　子 4475K

南華真經正義不分卷識餘三種　(清)陳壽昌撰　清光緒十九年(1893)怡顏齋刻本　六冊

220000－0841－0008216　子 1882K

莊子内篇註四卷　(明)釋德清撰　清光緒十四年(1888)金陵刻經處刻本　二冊

220000－0841－0008217　善 3259

莊子獨見不分卷　(清)胡文英撰　清乾隆三多齋刻本　六冊

220000－0841－0008218　子 1923K

莊子雪三卷　(清)陸樹芝輯　清嘉慶四年(1799)文選樓刻本　六冊

220000－0841－0008219　子 1934K

莊子約解四卷　(清)劉鴻典輯注　清同治五年(1866)威邑玉成堂刻本　四冊

220000－0841－0008220　子 4840K

莊子内篇二卷雜篇二篇　王闓運注　清同治八年(1869)刻本　二冊

220000－0841－0008221　子 1660K

南華雪心編八卷　(清)劉鳳苞撰　清光緒二十三年(1897)晚香堂刻本　八冊

220000－0841－0008222　子 4846K

莊子集解八卷　王先謙注　清宣統元年(1909)思賢書局刻本　三冊

220000－0841－0008223　子 3529K

莊子集釋十卷　(晉)郭象注　(唐)陸德明釋文　(清)郭慶藩集釋　清光緒二十年(1894)長沙思賢講舍刻本　八冊

220000－0841－0008224　子 3717K

莊子集釋十卷　(晉)郭象注　(唐)陸德明釋文　(清)郭慶藩集釋　清上海掃葉山房石印本　十冊

220000－0841－0008225　子 3561K

莊子集釋十卷　(晉)郭象注　(唐)陸德明釋文　(清)郭慶藩集釋　清上海掃葉山房石印本　八冊

220000－0841－0008226　善 3100

莊子因六卷　(清)林雲銘撰　清康熙刻本　六冊

220000－0841－0008227　善 3448

莊子因六卷　(清)林雲銘撰　清康熙五十五年(1716)挹奎樓刻本　三冊

220000－0841－0008228　善 2844

莊子旁注五卷　(清)吳承漸輯注　清康熙三十八年(1699)思訓堂刻本　四冊

220000－0841－0008229　子 3448

莊子解三卷　(清)吳世尚撰　清康熙五十四年(1715)光裕堂刻本　二冊

220000－0841－0008230　子 1904

列子沖虛至德真經二卷　明萬曆二十三年(1595)董逢元秋聲閣刻四子全書本　一冊

220000－0841－0008231　善 0688

列子沖虛真經一卷音義一卷　明閔齊伋刻套印三子合刻本　一冊

220000－0841－0008232　善 3012

列子釋文二卷　(唐)殷敬順撰　(宋)陳景元補遺　**列子釋文考異一卷**　(清)任大椿撰

清乾隆五十二年(1787)刻本　一冊

220000－0841－0008233　善3469

沖虛至德真經八卷　(晉)張湛注　(唐)殷敬順釋文　**韓非子二十卷**　清嘉慶九年(1804)姑蘇王氏聚文堂刻九子全書本　六冊

220000－0841－0008234　子4775K

沖虛至德真經八卷　(晉)張湛註　(唐)陸德明釋文　清嘉慶九年(1804)姑蘇聚文堂刻本　二冊

220000－0841－0008235　子5320K

沖虛至德真經八卷　(晉)張湛註　(唐)陸德明釋文　清光緒二十八年(1902)鄭觀應影印宋刻本　一冊

220000－0841－0008236　子4120K

魏武帝註孫子三卷　(三國魏)曹操註　清光緒二十五年(1899)說斂書屋刻本　一冊

220000－0841－0008237　子0326K

孫子集解十三卷　(清)顧福堂集解　清光緒二十六年(1900)木活字印本　二冊

220000－0841－0008238　子1250F

司馬法三卷音義一卷　(清)曹元忠音義　清光緒二十年(1894)曹氏刻箋經室叢書本　一冊

220000－0841－0008239　子6014K

軍禮司馬法考徵二卷　(清)黃以周撰　清光緒十八年(1892)刻本　一冊

220000－0841－0008240　子5115K

素書三卷　(漢)黃石公撰　清道光十九年(1839)紫柏山張文成公祠刻本　一冊

220000－0841－0008241　子0299K

素書注一卷　(漢)黃石公撰　清海幢經房刻本　一冊

220000－0841－0008242　子5223K

素書一卷　(漢)黃石公撰　(明)朱權注　清光緒沈海祥刻藍印本　一冊

220000－0841－0008243　子4109K

守城錄四卷　(宋)陳規撰　清道光二十八年(1848)刻瓶華書屋叢書本　一冊

220000－0841－0008244　善1823

江南經略八卷　(明)鄭若曾撰　明隆慶二年(1568)福建莆田林潤刻本　十冊　存七卷(一至七)

220000－0841－0008245　子4110K

陣紀四卷　(明)何良臣撰　清道光二十八年(1848)瓶華書屋刻瓶華書屋叢書本　一冊

220000－0841－0008246　子3506K

紀效新書十八卷首一卷　(明)戚繼光撰　清嘉慶九年(1804)張海鵬照曠閣刻本　六冊

220000－0841－0008247　子0336K

紀效新書十八卷首一卷　(明)戚繼光撰　清道光二十三年(1843)許乃釗刻本　六冊

220000－0841－0008248　子0312K

紀效新書十八卷首一卷　(明)戚繼光撰　清咸豐湖南邵陽縣署刻本　四冊

220000－0841－0008249　子4549K

金湯借箸十二籌十二卷　(明)李盤撰　清咸豐五年(1855)淮南李氏刻本　八冊　存十卷(一至六、九至十二)

220000－0841－0008250　史10470K

金湯借箸十二籌十二卷　(明)李盤撰　清刻本　八冊

220000－0841－0008251　子5023K

救命書二卷　(明)呂坤撰　清咸豐三年(1853)淮安公局刻本　一冊

220000－0841－0008252　善0842

古今紆籌十卷　(明)朱錦輯　明崇禎十二年(1639)朱泌之刻本　四冊　存八卷(一至八)

220000－0841－0008253　善2847

彈柳居精纂百將類編十卷　(明)李元瑛撰　明建業書林聚奎樓刻本　一冊

220000－0841－0008254　善2865

登壇必究四十卷　(明)王鳴鶴撰　明萬曆刻本　四十八冊

220000－0841－0008255　子 3756K
增訂慎守編十五卷　(明)周臺公參訂　(清)陳錫蕃增訂　清咸豐四年(1854)雲嶺則古軒刻本　四册

220000－0841－0008256　子 0001
武備志二百四十卷　(清)茅元儀撰　明天啓刻蓮溪草堂刻本　一百二十册

220000－0841－0008257　子 5328K
草廬經略十二卷　(明)□□撰　清光緒七年(1881)成都刻本　四册

220000－0841－0008258　子 0374K
洴澼百金方十四卷首一卷　(清)袁宫桂編　清道光二十年(1840)陳階平刻本　五册

220000－0841－0008259　子 0319K
讀史兵略四十六卷　(清)胡林翼纂　清咸豐十一年(1861)武昌節署刻本　十六册

220000－0841－0008260　子 4072K
讀史兵略四十六卷　(清)胡林翼撰　清光緒元年(1875)湖北崇文書局刻本　十六册

220000－0841－0008261　子 0324K
讀史兵略續篇十卷　(清)胡林翼撰　清光緒二十八年(1902)湘省學堂刻本　十册

220000－0841－0008262　子 0405K
守城補遺不分卷　(清)凌益之纂輯　清咸豐十一年(1861)傳經堂刻本　二册

220000－0841－0008263　子 5146K
十陣圖一卷　(清)尹嘉賓撰　清光緒二十六年(1900)刻本　一册

220000－0841－0008264　子 0411K
江南陸師學堂學案二卷　(清)羅長裿撰　清光緒刻本　一册

220000－0841－0008265　史 6166F
權制八卷　陳澹然撰　清光緒二十六年(1900)陳澹然三種刻本　四册

220000－0841－0008266　子 0401K
兩江督練公所兵事雜志章程三章　(清)朱恩紱　(清)徐紹楨撰　清鉛活字印本　一册

220000－0841－0008267　史 6538K
應用戰法命令正篇一卷　(清)賀忠良撰　清光緒三十二年(1906)鉛活字印本　一册

220000－0841－0008268　子 0410K
籌海軍芻議二卷　(清)姚錫光撰　清光緒三十四年(1908)京師廣齋鉛活字印本　二册

220000－0841－0008269　子 0339K
外國師船圖表十二卷　(清)許景澄輯　清光緒二十二年(1896)浙江官書局石印本　四册

220000－0841－0008270　子 6067K
前敵須知圖　(□)□□編　清石印本(附二十圖)　一册

220000－0841－0008271　子 4809K
練勇芻言五卷　(清)王鑫撰　清咸豐七年(1857)刻本　一册

220000－0841－0008272　叢 1555K
戚大將軍練兵紀效合刻　(明)戚繼光撰　清光緒元年(1875)京都寶林堂刻本　十二册

220000－0841－0008273　子 5262
心略　(明)施永圖輯　清康熙刻本　五册

220000－0841－0008274　善 2049
蹶張心法一卷　(明)程宗猷撰　明萬曆、天啓程禹跡等刻本　一册

220000－0841－0008275　子 4640K
槍法準繩一卷　(清)吴大澂撰　清光緒十九年(1893)江西書局刻本　一册

220000－0841－0008276　子 0315K
子藥準則不分卷　(清)丁友雲撰　清光緒十四年(1888)江南製造局鉛活字印本　一册

220000－0841－0008277　子 3703K
劍學法要新編三卷　(清)宋仔鳳撰　清光緒三十四年(1908)四川廣石山房刻本　三册

220000－0841－0008278　善 0838
兵垣四編四卷附四卷　(明)閔聲編　明天啓元年(1621)閔氏刻套印本　四册　存五卷(兵垣四編四卷、附一)

220000－0841－0008279　善 0805
孫子參同五卷　(明)閔于忱輯　明萬曆四十八年(1620)閔于忱松筠館刻套印本　六册

220000－0841－0008280　子 0329K
重刻武經七書彙解七卷首一卷末一卷　(清)朱墉輯　清光緒二年(1876)古經閣書坊刻本　一册

220000－0841－0008281　子 0342K
兵書三種　(清)王鑫輯　清光緒二十一年(1895)湖北官書處刻本　一册

220000－0841－0008282　子 0283K
中西武備兵書廿一種　(清)湖北武備學堂輯　清光緒二十九年(1903)石印本　十六册

220000－0841－0008283　善 0760
管子二十四卷　(唐)房玄齡注　(明)劉績　(明)朱長春補注　(明)張榜等評　明刻本　四册　存六卷(一至六)

220000－0841－0008284　善 2307
管子二十四卷　(唐)房玄齡注　(明)劉績　(明)朱長春補注　(明)張榜等評　明刻本　六册

220000－0841－0008285　子 4134K
管子二十四卷　(唐)房玄齡注　清光緒五年(1879)影刻瞿氏藏宋紹興本　四册

220000－0841－0008286　善 0743
管子二十四卷　(明)趙用賢等評　明萬曆四十八年(1620)凌汝亨刻朱墨套印本　十册

220000－0841－0008287　善 0744
管韓合刻四十四卷　(明)趙用賢編　明萬曆十年(1582)刻本　十册

220000－0841－0008288　善 0796
管子榷二十四卷　(明)朱長春撰　明萬曆四十年(1612)張維樞刻本　四册　存二十卷(一至二十)

220000－0841－0008289　善 2855
管子纂二卷　(明)張榜撰　明刻管韓合纂本　二册

220000－0841－0008290　善 2301
詮敘管子成書十五卷　(明)梅士亨撰　明天啓五年(1625)賈毓祥刻本　八册

220000－0841－0008291　子 0455K
管子校正二十四卷　(清)戴望撰　清同治十一年(1872)刻本　四册

220000－0841－0008292　子 4348K
管子地員篇注四卷　(清)王紹蘭撰　清光緒十七年(1891)寄虹山館刻本　四册

220000－0841－0008293　子 0440F
管子義證八卷　(清)洪頤煊撰　清光緒十五年(1889)南陵徐氏刻積學齋叢書本　二册

220000－0841－0008294　子 5530K
弟子職集解一卷考證一卷　(清)莊述祖撰　(清)黄彭年輯　清光緒七年(1881)四川鹽茶道署刻本　一册

220000－0841－0008295　子 0479K
弟子職集解一卷句讀一卷考證一卷補言一卷　(清)莊述祖撰　(清)黄彭年輯　清光緒十四年(1888)江蘇書局刻本　一册

220000－0841－0008296　子 3774
商子五卷　明萬曆吳勉學刻黄之寀重修二十子全書本　一册

220000－0841－0008297　善 2359
韓非子二十卷　(戰國)韓非撰　**識誤三卷**　(清)顧廣圻撰　清嘉慶二十三年(1818)吳鼒影宋刻本　八册

220000－0841－0008298　善 2729
韓非子二十卷　(戰國)韓非撰　**識誤三卷**　(清)顧廣圻撰　清光緒元年(1875)浙江書局刻二十二子本　四册

220000－0841－0008299　子 0432F
韓非子二十卷　(戰國)韓非撰　清光緒元年(1875)湖北崇文書局刻子書百家本　四册

220000－0841－0008300　善 0738
韓子迂評二十卷附錄一卷　題(明)門無子撰　明刻本　八册

220000－0841－0008301　子 3637K
韓非子集解二十卷　(清)王先慎撰　清光緒二十二年(1896)刻本　六册

220000－0841－0008302　子 5779K
韓非子解老一卷喻老一卷　(戰國)韓非撰　清光緒十三年(1887)刻本　一册

220000－0841－0008303　子 5193K
區種五種五卷附錄一卷　(清)趙夢齡輯　清光緒四年(1878)蓮花池蓮池四種刻本　一册

220000－0841－0008304　叢 0537K
農學叢書　(清)上海農學會譯　清光緒间江南總會石印本　七十二册　存六集(一至六)

220000－0841－0008305　子 4584K
重訂增補陶朱公致富全書四卷　(春秋)范蠡撰　(明)陳繼儒纂輯　(清)石巖逸叟增定　清道光二年(1822)裕文堂刻本　四册

220000－0841－0008306　善 3436
重訂增補陶朱公致富奇書八卷　題(明)陳繼儒輯　(清)鍾山逸叟增補　清鶴起堂刻本　四册

220000－0841－0008307　子 5312
重訂增補陶朱公致富奇書八卷　題(明)陳繼儒輯　(清)鍾山逸叟增補　清康熙十七年(1678)英秀堂刻本　二册

220000－0841－0008308　子 0520K
農桑輯要七卷　(元)司農司撰　清光緒陝西撫署刻本　三册

220000－0841－0008309　子 0525K
農桑輯要七卷　(元)司農司撰　清宣統二年(1910)湖南地方自治籌辦處鉛活字印本　一册

220000－0841－0008310　善 4297
農書三十六卷　(元)王禎撰　明萬曆四十五年(1617)鄧渼刻本　五册　存三十二卷(五至三十六)

220000－0841－0008311　善 2487
農政全書六十卷　(明)徐光啟撰　明崇禎平露堂刻本　三十二册

220000－0841－0008312　子 0567K
農政全書六十卷　(明)徐光啟纂輯　清道光十七年(1837)貴州官刻本　十六册

220000－0841－0008313　子 0561K
農政全書六十卷　(明)徐光啟纂輯　清道光二十三年(1843)滬上曙海樓刻本　二十四册

220000－0841－0008314　子 0528K
農政全書六十卷　(明)徐光啟撰　清宣統元年(1909)上海求學齋影印道光癸卯刻本　八册

220000－0841－0008315　子 5056K
補農書二卷　(明)沈□撰　(清)張履祥補　清光緒二十三年(1897)然黎閣木活字印本　一册

220000－0841－0008316　子 5006K
御製耕織圖二卷　(清)聖祖玄燁撰　清光緒十二年(1886)上海點石齋石印本　二册

220000－0841－0008317　善 3181
豳風廣義三卷　(清)楊屾撰　清乾隆六年(1741)刻本　二册　存二卷(一至二)

220000－0841－0008318　子 0513K
豳風廣義三卷　(清)楊屾撰　清光緒八年(1882)濟南刻本　二册

220000－0841－0008319　子 4823F
山居瑣言一卷　(清)王晉之撰　清光緒十年(1884)刻津河廣仁堂所刻書本　一册

220000－0841－0008320　子 4191
三農紀二十四卷　(清)張宗法撰　清乾隆二十五年(1760)刻本　十二册

220000－0841－0008321　子 4139
三農紀二十四卷　(清)張宗法撰　清乾隆二十五年(1760)刻道光十年(1830)重修本　十册

220000－0841－0008322　子 5457K
桑麻水利族學彙存四卷　(清)李有棻撰　清光緒十三年(1887)武昌府署刻本　一册

220000－0841－0008323　子3846K

占候一卷　(明)徐光啟撰　清光緒二十五年(1899)江陰季綸全栩園刻江陰季氏叢刻本　一册

220000－0841－0008324　子0571

欽定授時通考七十八卷　(清)蔣溥等輯　清乾隆七年(1742)武英殿刻本　二十四册

220000－0841－0008325　子0566K

欽定授時通考七十八卷　(清)蔣溥等輯　清道光六年(1826)四川藩署刻本　二十四册

220000－0841－0008326　子0495F

農候雜占四卷　(清)梁章鉅撰　清同治十二年(1873)福州梁氏刻二思堂叢書本　二册

220000－0841－0008327　子5053K

區田法不分卷　(清)潘曾沂等輯　清光緒三年(1877)荻訓堂刻本　一册

220000－0841－0008328　子0521K

撫郡農産攷略二卷種田雜説一卷　(清)黄維翰等撰　清光緒三十三年(1907)蘇省刷印局鉛活字印本　二册

220000－0841－0008329　善3528

西石梁農圃便覽六卷　(清)丁宜曾輯　清乾隆二十年(1755)強善齋刻本　四册

220000－0841－0008330　子0516K

捕蝗要訣一卷除蝻八要一卷　(清)錢炘和輯　清同治八年(1869)湖北崇文書局刻本　一册

220000－0841－0008331　子0514K

捕蝗要訣一卷除蝻八要一卷　(清)錢炘和輯　清光緒十七年(1891)江蘇書局刻本　一册

220000－0841－0008332　子4142K

治蝗全法四卷　(清)顧彦輯　清光緒十四年(1888)猶白雪齋刻本　一册

220000－0841－0008333　子5566K

治蝗書一卷　(清)陳崇砥撰　清光緒六年(1880)滂喜齋刻本　一册

220000－0841－0008334　子4346K

裨農最要三卷　(清)陳開沚撰　清光緒二十三年(1897)敘州府大同書局鉛活字印本　一册

220000－0841－0008335　子5072K

裨農最要三卷　(清)陳開沚撰　清光緒二十三年(1897)潼川文明堂刻本　一册

220000－0841－0008336　史11278

棉業圖説八卷　(清)農工商部編　清宣統三年(1911)鉛活字印本　二册

220000－0841－0008337　子5141F

士那補釋一卷　(清)張義澍撰　清光緒十八年(1892)金陵刻本　一册

220000－0841－0008338　子4879K

樗繭譜一卷　(清)鄭珍撰　(清)莫友芝註　清光緒七年(1881)遵義華氏瀘州刻本　一册

220000－0841－0008339　子5604K

湖蠶述四卷　(清)汪曰楨撰　清光緒六年(1880)刻本　二册

220000－0841－0008340　子0518K

蠶桑簡明輯説一卷補遺一卷　(清)黄世本輯　清光緒十四年(1888)刻本　一册

220000－0841－0008341　子0494K

蠶桑會粹二種　(清)何品玉輯　清光緒二十二年(1896)龍南知縣何品玉刻本　一册

220000－0841－0008342　子4842K

蠶桑實濟六卷紀韓來安遺政一卷　(清)□□撰　(清)王效成撰　清光緒四年(1878)滂喜齋刻本　一册

220000－0841－0008343　子5534K

蠶桑實濟六卷　(清)□□撰　清光緒羊城富文齋刻本　二册

220000－0841－0008344　子5137K

廣蠶桑説一卷　(清)沈練撰　清光緒昆陵公善堂刻本　一册

220000－0841－0008345　子4847K

蠶桑説一卷　(清)沈練撰　清光緒十四年(1888)沈氏歸安縣署刻本　一册

220000－0841－0008346　子 5090K
蠶桑說一卷　(清)趙敬如撰　清光緒二十二年(1896)太平縣署木活字印本　一冊

220000－0841－0008347　子 5337K
蠶桑寶要二卷　(清)葉健蓀撰　清道光二十二年(1842)羅江縣六村公局刻本　一冊

220000－0841－0008348　子 4378K
蠶桑圖說三卷蠶桑淺說一卷　(清)衛杰撰　清光緒二十一年(1895)刻本　四冊

220000－0841－0008349　子 0568K
蠶桑萃編十五卷首一卷　(清)衛杰撰　清光緒二十六年(1900)浙江書局刻本　八冊

220000－0841－0008350　子 4237K
蠶桑答問二卷續編一卷　(清)朱祖榮編輯　清光緒二十五年(1899)尊經學舍刻本　一冊

220000－0841－0008351　子 5602K
蠶桑答問二卷續編一卷　(清)朱祖榮編輯　清刻本　一冊

220000－0841－0008352　子 4756K
教種山蠶譜一卷樗繭譜一卷　(清)江國璋訂　(清)鄭珍撰　(清)莫友芝註　清光緒二十年(1894)宜賓官署刻本　一冊

220000－0841－0008353　子 5592K
飼蠶新法一卷　(清)鄭愷撰　清光緒二十八年(1902)新學書室刻本　一冊

220000－0841－0008354　子 4102K
海棠譜三卷　(宋)陳思撰　清咸豐丁氏竹書堂刻本　一冊

220000－0841－0008355　子 0570
二如亭群芳譜二十八卷首一卷　(明)王象晉纂輯　明文富堂刻本　十六冊

220000－0841－0008356　善 2773
二如亭群芳譜二十八卷首一卷　(明)王象晉纂輯　明刻清修本　十四冊

220000－0841－0008357　善 2496
佩文齋廣羣芳譜一百卷目錄二卷　(清)汪灝撰　清康熙四十七年(1708)內府刻本　三十二冊

220000－0841－0008358　善 0713
花事錄二卷附錄一卷　(明)袁宏道輯　明刻本　二冊

220000－0841－0008359　子 4199
秘傳花鏡六卷圖一卷　(清)陳淏子輯　清康熙二十七年(1688)刻本　六冊

220000－0841－0008360　善 2369
藝菊十三則一卷菊名詩一卷　(清)徐京撰　清嘉慶四年(1799)刻本　一冊

220000－0841－0008361　子 5096K
藝菊瑣言一卷　(清)陳葆善撰　清光緒二十八年(1902)里殷堂鉛活字印本　一冊

220000－0841－0008362　子 6042K
東籬中正一卷　(清)許兆熊撰　**池上菊賦一卷**　(清)沈欽韓撰　**池上菊賦注一卷**　(清)徐保撰　**渡花居東籬集一卷**　(明)屠承櫆撰　清光緒七年(1881)許玉瑑刻本　一冊

220000－0841－0008363　子 5172K
問秋館錄一卷霜圃識餘二卷　題(清)竹西菊隱翁撰　清光緒十四年(1888)刻本　一冊

220000－0841－0008364　子 5520
蘭蕙同心錄不分卷　(清)許鼐龢輯撰　清光緒十七年(1891)竟芳仙館石印本　一冊

220000－0841－0008365　子 5564K
蘭言述略四卷首一卷　(清)袁世俊輯　清光緒二年(1876)六俊世家刻本　一冊

220000－0841－0008366　子 5510K
蘭言述略四卷首一卷　(清)袁世俊輯　清光緒二年(1876)六俊世家刻二十三年(1897)重修本　一冊

220000－0841－0008367　子 5055K
水蜜桃譜一卷　(清)褚華撰　清嘉慶十八年(1813)刻本　一冊

220000－0841－0008368　子 0527K
佩大齋廣群芳譜一百卷目錄二卷　(清)劉灝等撰　清同治七年(1868)姑蘇亦西齋刻本

四十冊

220000－0841－0008369　子 0576K
植物名實圖考三十八卷長編二十二卷　(清)吳其濬撰　清道光十八年(1838)太原府署刻本　六十冊

220000－0841－0008370　子 0784K
植物名實圖考三十八卷長編二十二卷　(清)吳其濬撰　清道光十八年(1838)太原府署刻本　四十六冊

220000－0841－0008371　子 5968K
蠕範八卷　(清)李元撰　清乾隆五十六年(1791)刻本　一冊　存四卷(一至四)

220000－0841－0008372　子 3755K
海錯百一錄五卷　(清)郭柏蒼輯　清光緒十二年(1886)刻李氏叢刻本　三冊

220000－0841－0008373　子 5633K
蟋蟀譜一卷　(清)聚珍主人撰　清光緒十四年(1888)京都聚珍堂木活字印本　一冊

220000－0841－0008374　子 5377K
小演雅一卷續錄一卷附錄一卷　(清)楊浚撰　清光緒四年(1878)冠悔堂刻本　一冊

220000－0841－0008375　子 4451K
元亨療馬集六卷水黃牛經二卷馬經一卷　(明)喻本元　(明)喻本亨撰　清光緒三年(1877)京都泰山堂刻本　六冊

220000－0841－0008376　善 2076:2
蠙衣生馬記一卷　(明)郭子章撰　明萬曆繡水沈氏刻寶顏堂秘笈本　一冊

220000－0841－0008377　子 5321K
蜜蜂飼養法二卷　(日本)花房柳條撰　清光緒北洋官報局石印本　一冊

220000－0841－0008378　子 1124K
物詮八卷校勘記一卷　(清)汪烜撰　清光緒九年(1883)紫陽書院刻本　二冊

220000－0841－0008379　子 3916K
格致古微六卷　(清)王仁俊撰　清光緒二十二年(1896)吳縣王氏刻本　二冊

220000－0841－0008380　子 5327F
格致精華錄四卷後附德國議院章程合盟紀事本末　(清)江標輯　清光緒石印本　四冊

220000－0841－0008381　叢 1477K
醫學十書　(明)□□輯　清光緒七年(1881)羊城雲林閣刻本　十六冊

220000－0841－0008382　叢 1498K
東垣十書　(明)□□輯　清光緒三十三年(1907)上海書局石印本　六冊

220000－0841－0008383　子 0602K
仲景全書二十四集六十四卷　(漢)張机等撰　清光緒二十年(1894)成都鄧氏崇文齋刻本　八冊

220000－0841－0008384　子 5672K
丹溪先生心法五卷論一卷附錄一卷丹溪附餘六種　(元)朱震亨撰　清二酉堂刻本　十二冊

220000－0841－0008385　子 4416
景岳全書六十四卷　(明)張介賓撰　清康熙四十九年(1710)魯超刻本　二十四冊

220000－0841－0008386　子 5820
景岳全書六十四卷　(明)張介賓撰　清康熙三十九年(1700)魯超刻本　十二冊　存三十九卷(一至三十九)

220000－0841－0008387　子 0595K
脉草經絡五種會編　(清)汪昂輯　清光緒七年(1881)京都老二酉堂刻本　六冊

220000－0841－0008388　子 0559K
豫醫雙璧　(清)吳重熹輯　清宣統元年(1909)梁園節署印本　八冊

220000－0841－0008389　子 4684K
重慶堂隨筆二卷　(清)王學權撰　清光緒八年(1882)汪嘉銳抄本　一冊

220000－0841－0008390　子 0621
劉河間傷寒六書　(金)劉完素撰　明萬曆吳勉學刻清修補本　六冊　缺一種

220000－0841－0008391　叢 1499K
劉河間傷寒三書　(金)劉完素撰　清宣統元

年(1909)上海千頃堂石印本　八册

220000－0841－0008392　子4414K
薛氏醫按二十四種　(明)吴琯輯　清嘉慶十四年(1809)書業堂刻本　四十册

220000－0841－0008393　子5591K
徐靈胎十二種全集　(清)徐大椿撰　清同治三年(1864)善成堂刻本　十六册

220000－0841－0008394　子5218K
醫書八種　(清)徐大椿撰　清光緒四年(1878)掃葉山房刻本　十册

220000－0841－0008395　子3419K
陳氏醫書二十一種　(清)陳念祖撰　清光緒三十一年(1905)泰和蕭氏趣園刻本　四十册

220000－0841－0008396　子5442K
增註醫宗教已任編八卷　(清)楊乘六輯　清光緒十七年(1891)南京李光明莊刻本　四册

220000－0841－0008397　子0593K
六醴齋醫書　(清)程永培輯　清乾隆五十九年(1794)修敞堂刻本　十四册

220000－0841－0008398　子5329K
醫林指月　(清)王琦撰　清光緒二十二年(1896)上海圖書集成印書局鉛活字印本　八册

220000－0841－0008399　子5366K
六醴齋醫書十種　(清)程永培輯　清光緒十七年(1891)廣州儒雅堂刻本　二十四册

220000－0841－0008400　子4489K
御纂醫宗金鑑九十卷　(清)吴謙等輯　清乾隆内府刻本　十六册　存二十五卷(一至二、四至六、十二至十七、二十八、三十六至三十七、七十八至八十八)

220000－0841－0008401　子4408K
御纂醫宗金鑑九十卷首一卷　(清)吴謙等纂輯　清大文堂刻本　四十册

220000－0841－0008402　子5879K
御纂醫宗金鑑九十卷首一卷　(清)吴謙等纂輯　清光緒三年(1877)江西書局刻本　四十册　存二十三卷(一至二十二、首一卷)

220000－0841－0008403　子4407K
御纂醫宗金鑑九十卷首一卷　(清)吴謙等纂輯　清光緒三年(1877)江西書局刻本　七十册

220000－0841－0008404　子4581K
三家醫案合刻三卷醫效秘傳三卷　(清)吴金壽輯　清道光十一年(1831)吴氏貯春仙館刻本　五册

220000－0841－0008405　子5769K
韓園醫學六種　(清)潘霨輯　清光緒九年(1883)江西書局刻本　十四册　存二種

220000－0841－0008406　子5369K
世補齋醫書　(清)陸懋修撰　清光緒十年(1884)刻本　十六册

220000－0841－0008407　子4814K
醫學五則　(清)廖雲溪撰　清光緒十三年(1887)興發堂刻本　五册

220000－0841－0008408　子5719K
中西匯通醫書五種　(清)唐宗海撰　清光緒三十四年(1908)上海千頃堂石印本　十二册

220000－0841－0008409　子5313K
婦嬰至寶八卷　(清)王兆鼇輯　清光緒二十九年(1903)蔣紹基刻本　二册

220000－0841－0008410　子4418
沈氏尊生書七十二卷　(清)沈金鰲撰　清乾隆四十九年(1784)無錫沈氏刻本　二十四册

220000－0841－0008411　善3384
飲食須知不分卷　題(清)朱本中撰　清康熙二十八年(1689)刻四種須知本　一册

220000－0841－0008412　子0613F
啟蒙真諦　(清)胡崧輯　清光緒七年(1881)上海申報館鉛印申報館叢書本　二册

220000－0841－0008413　子4116K
黄帝内經素問二十四卷　(唐)王冰注　(宋)林億等校正　清影印宋刻本　八册

220000－0841－0008414　于5766

黄帝内經素問二十四卷靈樞二十四卷校記二卷　(唐)王冰注　(宋)林億等校正　清咸豐二年(1852)守山閣刻本　五册

220000－0841－0008415　子0616F

補註黄帝内經素問二十四卷遺篇一卷靈樞十二卷　(唐)王冰注　(宋)林億等校正　清光緒三年(1877)浙江書局刻二十二子本　十册

220000－0841－0008416　子0620F

補註黄帝内經素問二十四卷遺篇一卷　(唐)王冰注　(宋)林億等校正　清光緒三年(1877)浙江書局刻二十二子本　八册

220000－0841－0008417　子5177F

黄帝内經靈樞十二卷　(唐)王冰注　(宋)林億等校正　清光緒三年(1877)浙江書局刻二十二子本　二册

220000－0841－0008418　子0582K

黄帝内經素問九卷　(清)張志聰集註　清光緒十六年(1890)浙江書局刻本　六册

220000－0841－0008419　子0575K

内經評文素問二十四卷遺篇一卷　(唐)王冰注　(宋)林億等校正　清光緒二十四年(1898)皖南建德周氏刻本　八册

220000－0841－0008420　子4137K

素問釋義十卷　(清)張琦撰　清道光十年(1830)宛鄰書屋刻本　二册

220000－0841－0008421　子0627K

黄帝内經素問靈樞合編十八卷　(清)張志聰集註　清光緒二十九年(1903)善成堂刻本　二十册

220000－0841－0008422　子0583K

靈樞經九卷　(清)張志聰集註　清光緒十六年(1890)浙江書局刻本　八册

220000－0841－0008423　子4624K

傷寒補亡論二十卷　(宋)郭雍撰　清宣統三年(1911)武昌醫館刻本　四册　缺一卷(十六)

220000－0841－0008424　子0524K

增註類證活人書二十二卷釋言一卷藥性一卷辨誤一卷　(宋)朱肱撰　清光緒十年(1884)江南機器製造總局刻本　四册

220000－0841－0008425　子5589K

傷寒瘟疫條辯六卷　(清)楊璿撰　清光緒十五年(1889)刻本　六册

220000－0841－0008426　子3484K

隨息居飲食譜不分卷　(清)王士雄撰　清光緒十八年(1892)上海醉六堂刻潛齋醫書五種本　二册

220000－0841－0008427　子0614K

醫門法律六卷　(清)喻昌撰　清道光奎壁堂刻本　四册

220000－0841－0008428　子5198

石室秘籙六卷　(清)陳士鐸撰　清康熙二十八年(1689)義烏金以謀刻本　六册

220000－0841－0008429　子0628

石室秘籙六卷　(清)陳士鐸撰　清康熙二十八年(1689)本澄堂刻本　四册

220000－0841－0008430　子5211K

醫略稿六十七卷　(清)蔣寶素撰　清道光三十年(1850)快志堂刻本　六册

220000－0841－0008431　子0531K

時病論八卷　(清)雷豐撰　清光緒二十四年(1898)上海著易堂刻本　四册

220000－0841－0008432　子5184K

十藥神書一卷　(元)葛乾孫撰　(清)潘尉增注　清光緒五年(1879)潘氏敏德堂刻本　一册

220000－0841－0008433　子0612K

新刊補注銅人腧穴鍼灸圖經五卷　(宋)王惟一撰　清宣統元年(1909)貴池劉氏玉海堂影金刻本　二册

220000－0841－0008434　子4572K

刺疗捷法一卷　(清)張鏡輯　清光緒五年(1879)王鑒刻本　一册

220000－0841－0008435　子 0601K
推拿廣意三卷　(清)熊應雄輯　清書業德刻本　二册

220000－0841－0008436　子 0579K
本草經疏三十卷　(明)繆希雍撰　清光緒十七年(1891)沔陽周氏刻本　十册

220000－0841－0008437　子 4222K
本草三家合註三卷　(清)郭汝驄集注　清道光刻本　六册

220000－0841－0008438　子 0541K
本草綱目五十二卷圖三卷瀕湖脈學一卷奇經八脈考一卷本草萬方針綫八卷藥品總目一卷　(明)李時珍撰　**本草萬方針綫八卷藥品總目一卷**　(清)蔡烈先撰　清乾隆芥子園重訂刻本　十册

220000－0841－0008439　子 4412K
本草綱目五十二卷圖三卷瀕湖脈學一卷奇經八脈考一卷　(明)李時珍撰　(清)蔡烈先撰　清嘉慶同文堂刻本　四十册

220000－0841－0008440　子 4410K
本草綱目五十二卷首一卷藥品總目一卷圖三卷奇經八脈攷一卷瀕湖脈學一卷蔡氏萬方鍼綫八卷趙氏本草綱目拾遺十卷　(明)李時珍撰　(清)張紹棠重校　清光緒十一年(1885)張氏味古齋刻本　四十八册

220000－0841－0008441　子 0578K
本草綱目拾遺十卷首一卷　(清)趙學敏輯　清同治十年(1871)吉心堂刻本　八册

220000－0841－0008442　子 0558K
本草述三十三卷首一卷　(清)劉若金撰　清嘉慶十五年(1810)還讀山房刻本　十六册

220000－0841－0008443　子 4421K
本草備要八卷　(清)汪昂撰　清道光二十五年(1845)京口包氏刻本　四册

220000－0841－0008444　子 4650K
本草從新十八卷藥性總義一卷　(清)吳儀洛撰　清光緒六年(1880)掃葉山房刻本　六册

220000－0841－0008445　子 5493F
史載之方二卷　(宋)史堪撰　清光緒二年(1876)陸心源刻十萬卷樓叢書本　一册

220000－0841－0008446　善 2861
重訂駱龍吉内經拾遺方論四卷種子論一卷　(宋)駱友吉撰　(明)劉浴德　(明)朱練增補　清康熙四十九年(1710)林儒刻本　一册

220000－0841－0008447　善 3430
名醫方論四卷　(清)羅美輯　清康熙十四年(1675)刻本　二册

220000－0841－0008448　子 5216
醫方集解三卷　(清)汪昻撰　清康熙敦化堂刻本　六册

220000－0841－0008449　子 3769
奇方類編二卷　(清)吳世昌輯　清康熙五十八年(1719)鄂奇善刻本　一册

220000－0841－0008450　善 3548
絳雪園古方選注三卷　(清)王子接注　清雍正十年(1732)刻本　一册　存一卷(上)

220000－0841－0008451　子 0522K
醫方集成不分卷　(清)汪昂輯　清光緒十一年(1885)上海掃葉山房刻本　六册

220000－0841－0008452　子 5665K
經驗簡便良方一卷　(清)□□輯　清鉛活字印本　一册

220000－0841－0008453　子 4420K
問心堂溫病條辨六卷首一卷　(清)吳塘撰　清同治九年(1870)六安求我齋刻本　四册

220000－0841－0008454　子 5052K
溫症痲疹辨證一卷　(清)許汝楫撰　清光緒十四年(1888)刻本　一册

220000－0841－0008455　子 0505K
霍亂然犀說二卷末一卷　(清)許起撰　清光緒十四年(1888)刻本　一册

220000－0841－0008456　善 2327
幼科類萃二十八卷　(明)王鑾撰　明刻本　二册

220000－0841－0008457　善 4264
蔡氏小兒痘疹袖金方論一卷　（明）蔡維藩撰　明嘉靖四十二年（1563）劉贇刻本　一册

220000－0841－0008458　子 5763
鼎鍥幼幼集成六卷　（清）陳復正輯　清乾隆十六年（1751）刻本　六册

220000－0841－0008459　子 0622
濟陰綱目十四卷　（明）武之望撰　（清）汪淇箋釋　**保命碎事一卷**　（清）汪淇撰　清雍正天德堂刻本　十册

220000－0841－0008460　子 6103
外科正宗十二卷　（明）陳實功撰　（清）許楣訂　（清）徐大椿評　清咸豐十年（1860）刻本　六册

220000－0841－0008461　子 5532K
外科症治全集四卷　（清）王維德撰　**金瘡鐵扇散醫案一卷**　（清）仇大潤撰　清光緒元年（1875）潘祖蔭鉛活字印本　一册

220000－0841－0008462　子 5655K
瘍醫大全四十卷　（清）顧世澄撰　清同治九年（1870）敦仁堂刻本　三十六册　缺十卷（三十一至四十）

220000－0841－0008463　子 0600K
傅氏眼科審視瑤函六卷首一卷　（明）傅仁宇纂輯　（明）林長生補　清善成堂刻本　六册

220000－0841－0008464　子 0618K
傅氏眼科審視瑤函六卷首一卷　（明）傅仁宇纂輯　（明）林長生補　清道光藜照書屋刻本　六册

220000－0841－0008465　叢 0850
石山醫案八種三十二卷　（明）汪機撰　明嘉靖元年至崇禎六年（1522－1633）樸墅刻本　五册　存三種

220000－0841－0008466　子 0548K
古今醫按十卷　（清）俞震纂輯　清宣統元年（1909）上海會文堂石印本　十册

220000－0841－0008467　子 5365K
老老恒言五卷　（清）曹庭棟撰　清同治九年（1870）刻本　二册

220000－0841－0008468　子 0589K
白喉證治通攷一卷　（清）張采田撰　清光緒二十九年（1903）刻本　一册

220000－0841－0008469　子 0552K
增補痘疹玉髓金鏡録真本三卷首一卷圖像一卷　（明）翁仲仁輯　清道光六年（1826）英華樓刻本　二册

220000－0841－0008470　善 3516
墨子十六卷篇目考一卷　（清）畢沅校注　清乾隆四十九年（1784）畢氏靈岩山館刻經訓堂叢書本　二册

220000－0841－0008471　善 3553
墨子十六卷篇目考一卷　（清）畢沅校注　清乾隆四十九年（1784）畢氏靈岩山館刻經訓堂叢書本　四册

220000－0841－0008472　子 4828K
墨子七十一篇三卷　王闓運注　清光緒三十年（1904）江西官書局刻本　三册

220000－0841－0008473　子 4227K
墨子箋十五卷　（清）曹耀湘撰　清光緒三十二年（1906）湖南官書報局鉛活字印本　一册

220000－0841－0008474　子 3837K
墨子閒詁十五卷目録一卷附録一卷後語二卷　（清）孫詒讓撰　清光緒二十一年（1895）蘇州毛上珍木活字印本　四册

220000－0841－0008475　子 4249K
墨子閒詁十五卷目録一卷附録一卷後語二卷　（清）孫詒讓撰　清光緒三十三年（1907）刻本　八册

220000－0841－0008476　子 4396K
墨子閒詁十五卷目録一卷附録一卷後語二卷　（清）孫詒讓撰　清光緒三十三年（1907）刻本　八册

220000－0841－0008477　子 1327K
墨子閒詁十五卷目録一卷附録一卷後語二卷

（清）孫詒讓撰　清光緒三十三年（1907）刻本　八册

220000－0841－0008478　子4618K
墨商三卷補遺一卷　（清）王景義撰　清宣統二年（1910）刻本　二册

220000－0841－0008479　子4615K
子華子二卷　清道光錢熙祚刻珠叢别録本　一册

220000－0841－0008480　子5195K
鄧析子二卷校文一卷　清同治十一年（1872）江山劉氏摹宋刻本　一册

220000－0841－0008481　子5849
鶡冠子三卷　（宋）陸佃解　清乾隆武英殿聚珍版木活字印本　一册

220000－0841－0008482　善3450
公孫子注解一卷　（清）華傑撰　清乾隆三十八年（1773）劍光閣刻本　一册

220000－0841－0008483　善2906
於陵子一卷　明萬曆三十一年（1603）趙開美刻本　一册

220000－0841－0008484　善2443
鬼谷子三卷　（南朝梁）陶弘景注　（清）秦恩復校正　**篇目考一卷附録一卷**　（清）秦恩復輯　清乾隆五十四年（1789）秦氏石研齋刻本　二册

220000－0841－0008485　善0714
鬼谷子三卷　（南朝梁）陶弘景注　（清）秦恩復校正　**篇目考一卷附録一卷**　（清）秦恩復輯　清乾隆五十四年（1789）秦氏石研齋刻本　三册

220000－0841－0008486　善2752
鬼谷子三卷　（南朝梁）陶弘景注　（清）秦恩復校正　**篇目考一卷附録一卷**　（清）秦恩復輯　清嘉慶十年（1805）秦氏石研齋刻本　一册

220000－0841－0008487　子3628F
獨斷二卷　（漢）蔡邕撰　（清）盧文弨校　清乾隆五十五年（1790）餘姚盧氏刻抱經堂叢書本　一册

220000－0841－0008488　子5848K
兼明書五卷　（五代）邱光庭撰　清嘉慶十六年（1811）璜川吴氏活字印真意堂三種本　一册

220000－0841－0008489　善0730
東觀餘論二卷附録一卷　（宋）黄伯思撰　明崇禎毛氏汲古閣刻津逮秘書本　四册

220000－0841－0008490　善0766
能改齋漫録十八卷　（宋）吴曾撰　清乾隆武英殿聚珍版書本　十册

220000－0841－0008491　善2449
雲穀雜記四卷首一卷末一卷　（宋）張淏撰　清乾隆武英殿聚珍版書本　四册

220000－0841－0008492　善2335
甕牖閒評八卷　（宋）袁文撰　清乾隆武英殿聚珍版書本　二册

220000－0841－0008493　子1473K
甕牖閒評八卷　（宋）袁文撰　清乾隆浙江刻武英殿聚珍版書本　二册

220000－0841－0008494　子4132K
程氏考古編十卷　（宋）程大昌撰　清蘇州文學山房木活字印本　四册

220000－0841－0008495　善0773
程氏演繁露十六卷續集六卷　（宋）程大昌撰　明嘉靖三十年（1551）程煦刻本　五册

220000－0841－0008496　子1403
考古質疑六卷　（宋）葉大慶撰　清乾隆武英殿聚珍版書本　二册

220000－0841－0008497　子1409K
賓退録十卷　（宋）趙與時撰　清光緒江陰繆荃孫刻對雨樓叢書本　四册

220000－0841－0008498　善0385
古今考三十八卷　（宋）魏了翁撰　（元）方回續　明萬曆十二年（1584）王圻刻本　八册

220000－0841－0008499　善 0769

困學紀聞二十卷　(宋)王應麟撰　(清)閻若璩箋　清乾隆三年(1738)馬氏叢書樓刻本　四冊

220000－0841－0008500　子 1406

困學紀聞二十卷　(宋)王應麟撰　(清)何焯箋　清乾隆桐鄉汪氏刻本　六冊

220000－0841－0008501　子 1556K

困學紀聞二十卷　(宋)王應麟撰　(清)閻若璩校　清同治九年(1870)揚州書局刻叢書樓本　四冊

220000－0841－0008502　子 3976K

困學紀聞注二十卷　(宋)王應麟撰　(清)翁元圻輯注　清道光五年(1825)餘姚守福堂刻本　十六冊

220000－0841－0008503　子 1298K

困學紀聞注二十卷　(宋)王應麟撰　(清)翁元圻輯注　清光緒十五年(1889)上海積石書局石印本　六冊

220000－0841－0008504　子 4332K

翁注困學紀聞二十卷首一卷　(宋)王應麟撰　(清)翁元圻輯注　清光緒十五年(1889)上海點石齋石印本　六冊

220000－0841－0008505　善 3226

校訂困學紀聞三箋二十卷　(宋)王應麟撰　(清)閻若璩箋　清嘉慶九年(1804)刻本　八冊

220000－0841－0008506　子 1555K

校訂困學紀聞集證二十卷　(宋)王應麟撰　(清)閻若璩等箋　(清)萬希槐集證　清嘉慶二十四年(1819)山壽齋胡氏刻本　八冊

220000－0841－0008507　子 1300K

校訂困學紀聞集證二十卷　(宋)王應麟撰　(清)閻若璩等箋　(清)萬希槐集證　清咸豐二年(1852)黟縣臨川書屋刻本　八冊

220000－0841－0008508　善 3342

試筆一卷　(宋)歐陽修撰　明天啓刻天都閣藏本　一冊

220000－0841－0008509　子 5606K

日損齋筆記一卷考證一卷　(元)黃溍撰　(清)陳熙晉考證　清道光刻本　一冊

220000－0841－0008510　善 0818

丹鉛總錄二十七卷　(明)楊慎撰　明萬曆刻本　六冊

220000－0841－0008511　善 2115

青藤山人路史二卷　(明)徐渭撰　明刻本　一冊

220000－0841－0008512　善 0533

通雅五十二卷　(明)方以智撰　清康熙五年(1666)刻本　二十冊

220000－0841－0008513　子 1459K

通雅五十二卷　(明)方以智撰　清光緒六年(1880)桐城方氏刻本　十冊

220000－0841－0008514　經 2818K

譚誤四卷　(明)馬樸撰　清同治八年(1869)關中馬氏敦倫堂刻馬氏叢刻本　二冊

220000－0841－0008515　子 3711

櫜瓦編十卷　(明)吳安國撰　清道光十三年(1833)吳錫祺刻本　二冊

220000－0841－0008516　善 3324

望崖錄内編一卷外編一卷　(明)王世懋撰　明萬曆刻王奉常雜著本　一冊

220000－0841－0008517　善 2572

日知錄三十二卷　(清)顧炎武撰　清康熙三十四年(1695)潘耒遂初堂刻本　八冊

220000－0841－0008518　善 0720

日知錄三十二卷　(清)顧炎武撰　清康熙三十四年(1695)潘耒遂初堂刻本　六冊

220000－0841－0008519　善 3396

日知錄三十二卷　(清)顧炎武撰　清經義齋刻本　十六冊

220000－0841－0008520　子 6125

日知錄集釋三十二卷刊誤二卷續刊誤二卷

(清)顧炎武撰　(清)黄汝成集釋　清道光十四年(1834)、十五年(1835)、十八年(1838)黄氏西谿草廬刻本　十二册

220000－0841－0008521　子 4832K
日知錄集釋三十二卷刊誤二卷續刊誤二卷　(清)顧炎武撰　(清)黄汝成集釋　清道光十四年至十八年(1834－1838)黄氏西溪草廬刻本　十六册

220000－0841－0008522　子 1389K
日知錄集釋三十二卷刊誤二卷續刊誤二卷　(清)顧炎武撰　(清)黄汝成集釋　清光緒元年(1875)湖北崇文書局修改重印同治十一年(1872)刻本　十六册

220000－0841－0008523　子 1563K
日知錄集釋三十二卷刊誤二卷續刊誤二卷　(清)顧炎武撰　(清)黄汝成集釋　清同治八年(1869)刻本　二十册

220000－0841－0008524　子 4389K
日知錄集釋三十二卷刊誤二卷續刊誤二卷　(清)顧炎武撰　(清)黄汝成集釋　清同治十二年(1873)湖北崇文書局刻本　十六册

220000－0841－0008525　子 4281K
日知錄集釋三十二卷刊誤二卷續刊誤二卷　(清)顧炎武撰　(清)黄汝成集釋　清光緒三年(1877)京都善成堂刻本　二十册

220000－0841－0008526　子 3650K
日知錄集釋三十二卷刊誤二卷續刊誤二卷　(清)顧炎武撰　(清)黄汝成集釋　清光緒十三年(1887)上海同文書局石印本　四册

220000－0841－0008527　子 4065K
日知錄集釋三十二卷刊誤二卷續刊誤二卷　(清)顧炎武撰　(清)黄汝成集釋　清光緒朝宗書室木活字印本　二十册

220000－0841－0008528　子 1219K
日知錄之餘四卷　(清)顧炎武撰　清宣統二年(1910)風雨樓鉛活字印本　二册

220000－0841－0008529　子 1237K
日知錄之餘四卷　(清)顧炎武撰　清宣統二年(1910)元和鄒福保吳中刻本　二册

220000－0841－0008530　善 0673
息齋藏書十二卷　(清)裴希度撰　清康熙二年(1663)刻本　四册

220000－0841－0008531　子 1449
因樹屋書影十卷　(清)周亮工撰　清雍正三年(1725)刻本　三册

220000－0841－0008532　善 0590
辨物志六卷　(清)湯調鼎撰　清順治十一年(1654)刻本　十二册

220000－0841－0008533　子 1414K
湛園札記四卷　(清)姜宸英撰　清嘉慶葉元堦鶴麓山房刻本　四册

220000－0841－0008534　子 5037K
湛園札記四卷　(清)姜宸英撰　清光緒七年(1881)見山樓刻本　二册

220000－0841－0008535　史 2421
大義覺迷錄四卷　(清)世宗胤禛輯　清雍正内府刻本　六册

220000－0841－0008536　子 1410
書隱叢説十九卷　(清)袁棟撰　清乾隆刻本　二册　存三卷(一至三)

220000－0841－0008537　善 3388
古今釋疑十八卷　(清)方中履撰　清康熙二十一年(1682)汗青閣刻本　十二册

220000－0841－0008538　經 1703K
羣書疑辨十二卷　(清)萬斯同撰　清嘉慶二十一年(1816)供石亭刻本　四册

220000－0841－0008539　善 0755
義門讀書記五十八卷　(清)何焯撰　(清)蔣維鈞輯　清乾隆三十四年(1769)刻本　十二册

220000－0841－0008540　子 3964K
義門讀書記五十八卷　(清)何焯撰　清乾隆三十四年(1769)蔣維鈞刻本　十六册

220000－0841－0008541　子1204
螺江日記八卷　(清)張文韱撰　清乾隆十七年(1752)二銘軒刻本　三十二册

220000－0841－0008542　善3238
西圃叢辨三十二卷　(清)田同之撰　清乾隆十九年(1754)李世垣刻本　八册

220000－0841－0008543　子1435K
讀書記疑十六卷　(清)王懋竑撰　清同治十一年(1872)福建撫署刻本　八册

220000－0841－0008544　善3407
畏壘筆記四卷　(清)徐昂發撰　清康熙五十七年(1718)桂風堂刻本　一册

220000－0841－0008545　善0778
援鶉堂筆記五十卷　(清)姚範撰　清道光十五年(1835)姚瑩刻本　八册

220000－0841－0008546　子1404K
援鶉堂筆記五十卷刊誤一卷補一卷　(清)姚範撰　(清)方東樹刊誤　清道光十五年(1835)姚瑩刻本　十六册

220000－0841－0008547　子1235
韓門綴學五卷續編一卷談書錄一卷　(清)汪師韓撰　清乾隆刻上湖遺集本　二册　存四卷(一至二、續編一卷、談書錄一卷)

220000－0841－0008548　子1229
談書錄一卷　(清)汪師韓撰　清乾隆刻上湖遺集本　一册

220000－0841－0008549　子0066K
經史問答十卷　(清)全祖望撰　清光緒八年(1882)上海王氏刻本　四册

220000－0841－0008550　善0733
鍾山札記四卷　(清)盧文弨撰　清乾隆五十五年(1790)刻抱經堂叢書本　四册

220000－0841－0008551　子3951K
羣書拾補不分卷　(清)盧文弨撰　清光緒十三年(1887)上海蜚英館影印抱經堂本　八册

220000－0841－0008552　子1379F
十駕齋養新錄二十卷餘錄三卷年譜一卷　(清)錢大昕撰　**續年譜一卷**　(清)錢慶曾撰　清光緒二年(1876)浙江書局刻本　八册

220000－0841－0008553　子1390K
札樸十卷　(清)桂馥撰　清光緒九年(1883)長洲蔣氏心矩齋刻本　四册

220000－0841－0008554　子1181K
讀書脞錄七卷　(清)孫志祖撰　清嘉慶四年(1799)孫氏刻本　四册

220000－0841－0008555　子4861F
溉亭述古錄二卷　(清)錢塘撰　(清)阮元錄　清嘉慶儀徵阮氏刻文選樓叢書本　二册

220000－0841－0008556　善0237
義府二卷　(清)黃生撰　清道光二十二年(1842)黃承吉刻本　四册

220000－0841－0008557　善0677
潛邱劄記六卷　(清)閻若璩撰　**左汾近藁一卷**　(清)閻詠撰　清乾隆九年(1744)閻學林眷西堂刻本　六册

220000－0841－0008558　子4111
天祿識餘十二卷　(清)高士奇輯　清康熙二十九年(1690)刻本　二册

220000－0841－0008559　子1312
管城碩記三十卷　(清)徐文靖撰　清乾隆九年(1744)志寧堂刻徐位山六種本　八册

220000－0841－0008560　子5527K
灤源問答十二卷　(清)沈可培撰　清嘉慶二十年(1815)雪浪齋刻本　六册

220000－0841－0008561　善0031
通藝錄二十五種五十四卷　(清)程瑤田撰　清嘉慶刻本　二十六册

220000－0841－0008562　子1441
陔餘叢考四十三卷　(清)趙翼撰　清乾隆五十五年(1790)湛貽堂刻甌北全集本　十六册

220000－0841－0008563　子1440
陔餘叢考四十三卷　(清)趙翼撰　清乾隆五十五年(1790)壽考堂刻本　十册

220000－0841－0008564　善 1881
竹汀先生日記鈔三卷　(清)錢大昕撰　(清)何元錫輯　清嘉慶十年(1805)錢塘何氏夢華館刻本　二冊

220000－0841－0008565　善 0803
札樸十卷　(清)桂馥撰　清嘉慶十八年(1813)小李山房刻本　五冊

220000－0841－0008566　善 0724
讀書雜志八十二卷餘編二卷　(清)王念孫撰　清嘉慶、道光刻本　二十四冊

220000－0841－0008567　子 3818K
讀書雜志八十二卷餘編二卷　(清)王念孫撰　清同治九年(1870)金陵書局刻本　二十四冊

220000－0841－0008568　善 0745
庭立紀聞四卷　(清)梁學昌撰　清嘉慶十七年(1812)刻清白士集本　二冊

220000－0841－0008569　子 4812
經史管窺六卷　(清)蕭曇撰　清嘉慶二十三年(1818)蕭氏刻本　二冊

220000－0841－0008570　善 0648
經史雜記八卷　(清)王玉樹撰　清道光十年(1830)芳梫堂刻本　四冊

220000－0841－0008571　子 5744K
覺非盦筆記八卷　(清)顧堃撰　清光緒八年(1882)刻本　四冊

220000－0841－0008572　子 3695K
炳燭編四卷　(清)李賡芸撰　清光緒四年(1878)宏達堂刻本　二冊

220000－0841－0008573　子 5103K
猶賢錄十二卷　(清)傅學沆撰　清嘉慶刻本　四冊

220000－0841－0008574　子 3970K
艾學閒譚二十卷唐石經考正一卷　(清)王朝璩撰　清嘉慶五年至八年(1800－1803)義寧尋孔顏樂處刻本　十二冊

220000－0841－0008575　子 4563F
讀書叢錄七卷　(清)洪頤煊撰　清光緒十五年(1889)廣雅書局刻廣雅書局叢書本　一冊

220000－0841－0008576　子 4820K
潘瀾筆記二卷　(清)彭兆蓀撰　清同治十三年(1874)刻小石山房叢書本　一冊

220000－0841－0008577　子 4995K
小坡識小錄四卷　(清)馬騰蛟撰　清同治十三年(1874)敦倫堂刻馬氏叢刻本　四冊

220000－0841－0008578　子 5728K
三餘偶筆十六卷　(清)左暄撰　清嘉慶十六年(1811)桂林書屋刻本　四冊

220000－0841－0008579　子 1188K
合肥學舍札記十二卷　(清)陸繼輅撰　清光緒四年(1878)興國州署刻本　二冊

220000－0841－0008580　子 4784F
癸巳存稿十五卷　(清)俞正燮撰　清道光二十八年(1848)靈石楊氏刻連筠簃叢書本　五冊

220000－0841－0008581　子 3526K
癸巳存稿十五卷　(清)俞正燮撰　清光緒十年(1884)黟縣李氏刻本　八冊

220000－0841－0008582　子 3527K
癸巳類稿十五卷　(清)俞正燮撰　清道光十三年(1833)通州王藻求日益齋刻本　五冊

220000－0841－0008583　子 1646K
談徵不分卷　(清)外方山人輯　清道光三十年(1850)拾芥園刻本　八冊

220000－0841－0008584　子 5661K
辨訛釋義錄十卷　(清)張均撰　清嘉慶二十二年(1817)刻本　四冊

220000－0841－0008585　子 3800:2
過庭錄十六卷　(清)宋翔鳳撰　清光緒七年(1881)會稽章壽康刻式訓堂叢書三集本　四冊

220000－0841－0008586　子 6177
蛾術編八十二卷　(清)王鳴盛撰　清道光二十一年(1841)世楷堂刻本　十六冊

220000－0841－0008587　子 5039K
菉友蛾術編二卷　(清)王筠撰　清咸豐十年(1860)刻王菉友九種本　二册

220000－0841－0008588　子 3747K
北埜閒抄四卷成臯雜著一卷　(清)婁謙撰　清道光十三年(1833)刻本　四册

220000－0841－0008589　子 1427K
東塾讀書記十二卷又三卷又一卷　(清)陳澧撰　清光緒八年(1882)廣州刻本　六册

220000－0841－0008590　子 4388K
東塾讀書記十二卷又三卷　(清)陳澧撰　清光緒八年(1882)廣州刻本　六册

220000－0841－0008591　子 1428K
東塾讀書記十二卷又三卷　(清)陳澧撰　清光緒二十四年(1898)北京文瀾堂刻本　五册

220000－0841－0008592　子 0160F
求闕齋讀書錄十卷　(清)曾國藩撰　清光緒二年(1876)傳忠書局刻曾文正公全集本　四册

220000－0841－0008593　子 1344K
南潯楛語八卷　(清)蔣超伯撰　清同治十年(1871)兩廬山房刻本　二册

220000－0841－0008594　子 3773F
窺豹集二卷　(清)蔣超伯撰　清同治三年(1864)高涼郡齋刻通齋全集本　二册

220000－0841－0008595　子 4797K
儉德堂讀書隨筆二卷　(清)劉庠撰　清宣統二年(1910)鉛活字印本　二册

220000－0841－0008596　子 3656K
耐安類稿十卷　(清)陳偉撰　清光緒二十二年(1896)刻本　六册

220000－0841－0008597　子 5001K
聚星札記一卷　(清)尚鎔撰　清同治七年(1868)成都刻本　一册

220000－0841－0008598　子 5541K
三冬識餘二卷　(清)劉希向撰　清咸豐八年(1858)刻本　二册

220000－0841－0008599　子 1504F
九九銷夏錄十四卷　(清)俞樾撰　清光緒二十五年(1899)刻春在堂全書本　四册

220000－0841－0008600　子 0270F
古書疑義舉例七卷　(清)俞樾撰　清光緒二十五年(1899)刻春在堂全書本　二册

220000－0841－0008601　子 1236K
古書疑義舉例七卷　(清)俞樾撰　清光緒蘇州文學山房鉛活字印本　二册

220000－0841－0008602　子 1413K
無邪堂答問五卷　(清)朱一新撰　清光緒二十一年(1895)廣雅書局刻本　五册

220000－0841－0008603　子 1411K
無邪堂答問五卷　(清)朱一新撰　清光緒二十一年(1895)廣東順德大良龍氏刻本　五册

220000－0841－0008604　子 3662K
札迻十二卷　(清)孫詒讓撰　清光緒二十年(1894)瑞安孫氏刻本　四册

220000－0841－0008605　子 1249K
食舊德齋雜著不分卷　(清)劉嶽雲撰　清光緒八年(1882)刻本　二册

220000－0841－0008606　子 5666K
傅莫菴先生博雅錄三卷　(清)傅□□撰　清道光刻本　一册

220000－0841－0008607　叢 1480K
葉調生遺書二種十二卷　(清)葉廷琯撰　清同治八年(1869)刻本　四册

220000－0841－0008608　子 1224K
黄學廬雜述三卷　(清)陳士芑撰　清宣統元年(1909)鉛活字印本　一册

220000－0841－0008609　子 4177K
明堂圖説一卷　(清)熊羅宿撰　清宣統二年(1910)刻本　一册

220000－0841－0008610　子 5332K
孔子改制考廿一卷　康有為撰　清光緒二十三年(1897)上海大同譯書局刻本　九册

220000－0841－0008611　子1453K
諸子考略二卷　姚永樸撰　清光緒三十一年(1905)靈護室倩正誼書局鉛活字印本　二册

220000－0841－0008612　子6040K
眼學偶得一卷　羅振玉撰　清光緒十七年(1891)刻本　一册

220000－0841－0008613　善3496
呂氏春秋二十六卷　(漢)高誘注　(清)畢沅校　**附考一卷**　(清)畢沅輯　清乾隆五十三年(1788)畢氏靈岩山館刻經訓堂叢書本　四册

220000－0841－0008614　善2424
呂氏春秋二十六卷　題(宋)陸遊評　(明)凌稚隆批　明萬曆凌氏套印本　六册　存十九卷(一至十九)

220000－0841－0008615　子1342F
呂氏春秋二十六卷附考一卷　(秦)呂不韋撰　(漢)高誘注　(清)畢沅校　清光緒元年(1875)浙江書局刻二十二子本　六册

220000－0841－0008616　善0624
淮南鴻烈解二十一卷　(漢)劉安撰　(漢)高誘注　明萬曆八年(1580)茅一桂刻本　六册

220000－0841－0008617　善0721
淮南鴻烈解二十一卷　(漢)劉安撰　(明)茅坤等評　明刻朱墨套印本　八册

220000－0841－0008618　子1339F
淮南鴻烈解二十一卷　(漢)劉安撰　(漢)高誘注　清光緒元年(1875)湖北崇文書局刻子書百家本　四册

220000－0841－0008619　子1340F
淮南天文訓補注二卷　(清)錢塘撰　清光緒三年(1877)崇文書局刻三十三種叢書本　二册

220000－0841－0008620　子1328K
淮南子二十一卷　(漢)劉安撰　(漢)高誘注　(清)莊達吉校　清光緒二十三年(1897)新化三味書局刻本　八册

220000－0841－0008621　子1349K
淮南許註異同詁四卷補遺一卷續補一卷　(清)陶方琦撰　清光緒七年至八年(1881－1882)湘南使院刻本　三册

220000－0841－0008622　善4295
論衡三十卷　(漢)王充撰　明嘉靖十四年(1535)蘇獻可通津草堂刻本　十六册

220000－0841－0008623　善0602
論衡三十卷　(漢)王充撰　(明)劉光斗評　明天啓六年(1626)閻光表刻本　六册

220000－0841－0008624　子1389
論衡三十卷　(漢)王充撰　明錢震瀧刻本(卷二十七至三十配明天啓閻光表刻本)　八册

220000－0841－0008625　子1311F
論衡三十卷　(漢)王充撰　清光緒元年(1875)湖北崇文書局刻子書百家本　六册

220000－0841－0008626　子4579K
風俗通義十卷　(漢)應劭撰　清道光六年(1826)廣州喜聞過齋刻本　一册　存五卷(一至五)

220000－0841－0008627　子5081K
蔡邕十意輯存十六卷　(漢)蔡邕撰　(清)于文華輯　清光緒東陽于氏鉛印東陽于氏味腴草堂叢書本　二册

220000－0841－0008628　善3323
天禄閣外史八卷　題(漢)黄憲撰　明刻本　二册

220000－0841－0008629　善0705
秘傳天禄閣寓言外史八卷　題(漢)黄憲撰　明隆慶四年(1570)沈松石留春書館刻本　二册

220000－0841－0008630　善0731
秘傳天禄閣寓言外史八卷　題(漢)黄憲撰　明朱養和花齋刻本　二册

220000－0841－0008631　子1388K
麈史三卷　(宋)王得臣撰　清道光二十四年

(1844)安州章山書屋刻本　四册

220000－0841－0008632　子 5482K
魏公譚訓十卷　(宋)蘇頌撰　(宋)蘇象先編録　清道光十年(1830)蘇廷玉刻本　四册

220000－0841－0008633　子 1253:1
魏公譚訓十卷　(宋)蘇頌撰　(宋)蘇象先編録　清道光二十三年(1843)刻本　二册

220000－0841－0008634　子 1253:2
金陵雜興一卷　(宋)蘇泂撰　清道光二十三年(1843)刻本　二册

220000－0841－0008635　子 1439
東坡先生志林十二卷　(宋)蘇軾撰　清刻本　四册

220000－0841－0008636　子 1178
夢溪筆談二十六卷補筆談三卷續筆談一卷　(宋)沈括撰　明崇禎四年(1631)馬元調刻本　十册

220000－0841－0008637　子 1554K
夢溪筆談二十六卷補筆談三卷續筆談一卷　(宋)沈括撰　**校字記一卷**　(清)陶福祥撰　清光緒三十二年(1906)番禺陶氏愛廬刻本　一册

220000－0841－0008638　子 1244
文昌雜録六卷補遺一卷　(宋)龐元英撰　清乾隆二十一年(1756)德州盧氏刻雅雨堂叢書本　二册

220000－0841－0008639　集 6400
厚德録四卷　(宋)李元綱撰　明萬曆商維濬刻稗海本　一册

220000－0841－0008640　子 3980
貴耳集三卷　(宋)張端義撰　明崇禎毛氏汲古閣刻津逮秘書本　一册

220000－0841－0008641　子 4543K
元城語録三卷元城行録一卷　(宋)馬永卿撰　清光緒二十一年(1895)貴鄉書院刻本　二册

220000－0841－0008642　善 3348
避暑録話二卷　(宋)葉夢得撰　明崇禎毛氏汲古閣刻津逮秘書本　四册

220000－0841－0008643　子 6098
避暑録話二卷　(宋)葉夢得撰　清道光二十五年(1845)葉鍾刻本　二册

220000－0841－0008644　善 3515
御覽曲洧舊聞十卷　(宋)朱弁撰　清乾隆四十九年(1784)汪汝瑮刻本　一册

220000－0841－0008645　子 5334K
御覽曲洧舊聞十卷　(宋)朱弁撰　清光緒二十二年(1896)儷峰書屋刻本　一册

220000－0841－0008646　子 3449
容齋隨筆十六卷續筆十六卷三筆十六卷四筆十六卷五筆十卷　(宋)洪邁撰　明崇禎三年(1630)馬元調刻本　十六册

220000－0841－0008647　子 1481K
容齋隨筆十六卷續筆十六卷三筆十六卷四筆十六卷五筆十卷　(宋)洪邁撰　清光緒九年(1883)刻本　十四册

220000－0841－0008648　子 1527K
老學庵筆記二卷　(宋)陸游撰　清宣統三年(1911)上海掃葉山房石印本　二册

220000－0841－0008649　子 3584K
習學記言序目五十卷　(宋)葉適撰　清光緒十年(1884)瑞安黄體芳刻本　十册

220000－0841－0008650　子 1402
澗泉日記三卷　(宋)韓淲撰　清乾隆刻武英殿聚珍版書本　二册

220000－0841－0008651　善 0764
鶴林玉露十六卷補遺一卷　(宋)羅大經撰　明刻萬曆七年(1579)林大黼重修三十六年(1608)孫礦遞修本　四册

220000－0841－0008652　子 4514
敬齋古今黈八卷　(元)李冶撰　清乾隆刻本　二册

220000－0841－0008653　子 5963K
敬齋古今黈八卷　(元)李冶撰　清乾隆浙江

刻本　一冊

220000－0841－0008654　善0802
南村輟耕錄三十卷　（明）陶宗儀撰　明玉蘭草堂刻萬曆六年（1578）徐球重修本　六冊

220000－0841－0008655　子1171
輟耕錄三十卷　（明）陶宗儀撰　明崇禎毛氏汲古閣刻津逮秘書本　六冊

220000－0841－0008656　子1382
輟耕錄三十卷　（明）陶宗儀撰　清刻本　十冊

220000－0841－0008657　子1179K
輟耕錄三十卷　（明）陶宗儀撰　清光緒十一年（1885）上海福瀛書局刻本　十冊

220000－0841－0008658　子1337K
草木子四卷　（明）葉子奇撰　清道光抄明正德丙子本　一冊

220000－0841－0008659　子1336K
草木子四卷　（明）葉子奇撰　清光緒四年（1878）刻本　二冊

220000－0841－0008660　子1247
筆疇二卷　（明）王達撰　明萬曆榮壽堂刻本　二冊

220000－0841－0008661　善0785
餘冬序錄六十五卷　（明）何孟春撰　明嘉靖七年（1528）郴州家塾自刻藍印本　十冊　存六十卷（一至六十）

220000－0841－0008662　子1315
餘冬敍錄六十卷閏五卷　（明）何孟春撰　清乾隆二十三年（1758）世讀軒刻本　十六冊

220000－0841－0008663　子1316
餘冬敘錄六十卷閏五卷　（明）何孟春撰　清乾隆二十三年（1758）世讀軒刻本　十二冊　缺五卷（閏五卷）

220000－0841－0008664　子5260K
餘冬錄六十一卷何燕泉先生行述一卷　（明）何孟春撰　清同治三年（1864）恭壽堂刻本　十二冊

220000－0841－0008665　子1296
七修類稿五十一卷續稿七卷　（明）郎瑛撰　清乾隆四年（1739）錢塘周棨耕煙草堂刻本　十六冊

220000－0841－0008666　子1319K
七修類稿五十一卷續稿七卷　（明）郎瑛撰　清光緒六年（1880）廣州翰墨園刻本　十二冊

220000－0841－0008667　子4595F
戒菴老人漫筆八卷　（明）李詡撰　清光緒二十二年（1896）武進盛氏刻常州先哲遺書本　二冊

220000－0841－0008668　子3697K
芝園外集二十四卷　（明）張時徹撰　清抄本　二冊

220000－0841－0008669　子0094F
叔苴子内篇六卷外篇二卷　（明）莊元臣撰　清光緒元年（1875）湖北崇文書局刻子書百家本　二冊

220000－0841－0008670　善2059
經濟錄二卷　（明）張鍊撰　明崇禎二年（1629）刻本　一冊

220000－0841－0008671　善0665
閒適劇談五卷　（明）鄧球撰　明萬曆五年（1577）刻本　四冊　存四卷（一至四）

220000－0841－0008672　善0750
林子三教會編要略九卷　（明）林兆恩撰　（明）林兆誥選輯　明嘉靖四十二年（1563）刻本　八冊

220000－0841－0008673　善0632
鴻苞四十八卷　（明）屠隆撰　明萬曆三十八年（1610）西吳茅元儀刻本（卷一配抄本）　三十二冊

220000－0841－0008674　子1412K
鴻苞節錄十卷　（明）屠隆撰　（清）屠繼烈節錄　清咸豐七年（1857）章邱縣署刻本　十冊

220000－0841－0008675　善3002
五雜組十六卷　（明）謝肇淛撰　明萬曆潘膺

祉如韋館刻本　六冊

220000－0841－0008676　善 0574
焦氏筆乘六卷續集八卷　（明）焦竑撰　明萬曆三十四年（1606）謝與棟刻本　八冊

220000－0841－0008677　善 0790
重刻讀書鏡十卷　（明）陳繼儒撰　清康熙刻本　三冊

220000－0841－0008678　善 2851
槎菴小乘四十一卷　（明）來斯行撰　明崇禎刻本　九冊　存二十九卷（八至十三、十八至四十）

220000－0841－0008679　子 2652F
文海披沙八卷　（明）謝肇淛撰　清光緒三年（1877）申報館鉛印申報館叢書本　四冊

220000－0841－0008680　子 1231K
菜根譚一卷　（明）洪應明撰　清光緒常州天寧寺刻本　一冊

220000－0841－0008681　善 2470
雅尚齋遵生八箋十九卷　（明）高濂撰　明萬曆刻本　四冊　存一卷（十五）

220000－0841－0008682　善 3343
弦雪居重訂遵生八牋十九卷　（明）高濂撰　明刻本　十二冊

220000－0841－0008683　善 1750
古今譚槩三十六卷　（明）馮夢龍輯　明刻本　四冊　存十六卷（一至十六）

220000－0841－0008684　善 0662
福壽全書二十卷　（明）陳繼儒輯　明金閶張叔籟刻本　七冊　存十七卷（一至十七）

220000－0841－0008685　善 1723
玉芝堂談薈三十六卷　（明）徐應秋輯　明崇禎脩園刻清康熙、乾隆遞修本　三十六冊

220000－0841－0008686　子 3824
玉芝堂談薈三十六卷　（明）徐應秋輯　明崇禎脩園刻清康熙四十二年（1703）、乾隆三十八年（1773）、道光二十九年（1849）、光緒元年（1875）吳善述遞修本　十八冊

220000－0841－0008687　子 1210K
嗇庵隨筆六卷末一卷　（清）陸文衡撰　清光緒二十三年（1897）陸同壽刻本　二冊

220000－0841－0008688　子 1205K
嗇庵隨筆六卷末一卷　（清）陸文衡撰　清光緒石印本　二冊

220000－0841－0008689　善 3499
蒿菴閒話二卷　（清）張爾岐撰　清乾隆四十年（1775）潮陽縣衙刻本　一冊

220000－0841－0008690　子 1303
山志六卷二集五卷大明世系一卷　（清）王弘撰撰　清乾隆五十三年（1788）紹衣堂刻本　六冊

220000－0841－0008691　子 5155K
菰中隨筆一卷　（清）顧炎武撰　清道光十二年（1832）長白鄂山刻本　一冊

220000－0841－0008692　子 4788F
無欺錄二卷　（清）朱用純撰　清光緒二十六年（1900）玉山書院刻玉山朱氏遺書本　二冊

220000－0841－0008693　子 4603
天中許子政學合一集八卷　（清）許三禮撰　清康熙刻本　八冊

220000－0841－0008694　子 1314
天中許子政學合一集八卷續集一卷　（清）許三禮撰　**別錄一卷**　（清）許告樟輯　清康熙刻乾隆八年（1743）續刻本　十二冊

220000－0841－0008695　子 0069
政學合一集十卷首一卷　（清）許三禮撰　清康熙刻乾隆續刻本　八冊

220000－0841－0008696　子 1203K
潛書二卷　（清）唐甄撰　清光緒九年（1883）中江李氏刻本　四冊

220000－0841－0008697　子 1246
讀書雜述十卷　（清）李鎧撰　清康熙四十年（1701）李景賢刻本　二冊

220000－0841－0008698　子 1419
古夫于亭雜錄五卷　（清）王士禎撰　清康熙

刻本　四冊

220000－0841－0008699　子 1426
分甘餘話四卷　(清)王士禎撰　清康熙四十九年(1710)淮南黄叉刻本　二冊

220000－0841－0008700　子 3629
分甘餘話四卷　(清)王士禎撰　清康熙刻本　一冊

220000－0841－0008701　子 1421
香祖筆記十二卷　(清)王士禎撰　清康熙刻本　八冊

220000－0841－0008702　子 1425
香祖筆記十二卷　(清)王士禎撰　清刻本　四冊

220000－0841－0008703　子 1476K
香祖筆記十二卷　(清)王士禎撰　清宣統二年(1910)上海掃葉山房石印本　四冊

220000－0841－0008704　子 1420
池北偶談二十六卷　(清)王士禎撰　清康熙三十九年(1700)臨汀郡署刻本　六冊

220000－0841－0008705　善 3010
池北偶談二十六卷　(清)王士禎撰　清康熙刻本　八冊

220000－0841－0008706　子 1255
千一集一卷　(清)劉運祺撰　清康熙十二年(1673)刻本　一冊

220000－0841－0008707　善 0780
居易錄三十四卷　(清)王士禎撰　清康熙刻王漁洋遺書本　八冊

220000－0841－0008708　子 1265K
容膝居雜錄六卷　(清)葛芝撰　清光緒鉛活字印本　一冊

220000－0841－0008709　子 1524K
廣陽雜記五卷　(清)劉獻廷撰　清光緒三十四年(1908)上海國學保存會鉛印國粹叢書第一集本　二冊

220000－0841－0008710　子 1520K
人海記二卷　(清)查慎行撰　清光緒七年(1881)刻本　二冊

220000－0841－0008711　子 5003K
幽夢影二卷　(清)張潮撰　清同治十三年(1874)遲雲樓主人刻本　二冊

220000－0841－0008712　子 5567K
幽夢影二卷　(清)張潮撰　清鉛活字印本　二冊

220000－0841－0008713　子 2984F
柳南隨筆六卷續筆四卷　(清)王應奎撰　清光緒四年(1878)上海申報館鉛印申報館叢書本　四冊

220000－0841－0008714　善 2233
此木軒雜著八卷　(清)焦袁熹撰　清嘉慶九年(1804)刻本　二冊

220000－0841－0008715　子 5066K
此木軒雜著八卷　(清)焦袁熹撰　清光緒八年(1882)席氏掃葉山房刻本　四冊

220000－0841－0008716　子 1493K
遯齋偶筆二卷　(清)徐崑撰　清光緒六年(1880)毘陵刻毘陵徐氏家集本　一冊

220000－0841－0008717　子 1458K
遯翁隨筆二卷　(清)祁駿佳撰　清道光二十年(1840)刻本　二冊

220000－0841－0008718　子 1445K
佔畢叢談六卷勸學卮言一卷時文蠡測一卷　(清)袁守定撰　清光緒十年(1884)刻本　四冊

220000－0841－0008719　子 5065K
適來子四卷　(清)張潤貞撰　清嘉慶十九年(1814)書之味樓刻本　一冊

220000－0841－0008720　子 2705K
茶餘客話二十二卷　(清)阮葵生撰　清光緒十四年(1888)鉛活字印本　四冊

220000－0841－0008721　子 1202
味餘書室隨筆二卷　(清)仁宗顒琰撰　清嘉慶十二年(1807)武英殿刻本　二冊

220000－0841－0008722　子4304K
聞見瓣香録四卷　(清)秦武域撰　清嘉慶八年(1803)郁文堂刻本　四册

220000－0841－0008723　子1212K
章實齋乙卯劄記丙辰劄記合刻　(清)章學誠撰　清宣統順德鄧氏鉛活字印本　二册

220000－0841－0008724　子3733K
居易金箴二卷　(清)潘奕雋撰　清同治七年(1868)潘遵祁刻本　一册

220000－0841－0008725　子1182K
孟廬札記八卷　(清)沈銘彝撰　清道光八年(1828)刻本　二册

220000－0841－0008726　子1223K
羣書札記十六卷　(清)朱亦棟撰　清光緒四年(1878)武林竹簡齋刻本　六册

220000－0841－0008727　集9779K
禮耕堂叢説一卷史論五答一卷吉貝居暇唱一卷　(清)施國祁撰　清宣統三年(1911)鉛活字印本　一册

220000－0841－0008728　史6321K
伊江筆録二卷首一卷　(清)吳熊光撰　清光緒廣雅書局刻本　二册

220000－0841－0008729　集9679K
對策六卷　(清)陳鱣撰　清嘉慶十年(1805)士鄉堂刻本　一册

220000－0841－0008730　子3710K
履園叢話二十四卷　(清)錢泳撰　清道光十八年(1838)述德堂刻本　十一册　缺二卷(十五至十六)

220000－0841－0008731　子1225K
履園叢話二十四卷　(清)錢泳撰　清同治九年(1870)日壽修補道光刻本　八册

220000－0841－0008732　子4506K
小滄浪筆談四卷　(清)阮元撰　清嘉慶七年(1802)浙江節院刻本　二册

220000－0841－0008733　集6308K
定香亭筆談四卷　(清)阮元撰　清光緒二十五年(1899)浙江書局刻本　四册

220000－0841－0008734　子1261K
黄孄餘話八卷　(清)陳錫路撰　清光緒二年(1876)仁和葛元煦刻嘯園叢書本　八册

220000－0841－0008735　子2708K
豈有此理四卷　(清)□□撰　清嘉慶四年(1799)絳雪草廬刻本　四册

220000－0841－0008736　子1274K
春宵藝語一卷　(清)裘行素撰　清嘉慶二十三年(1818)刻本　四册

220000－0841－0008737　子4850K
通書十三篇　(清)□□撰　清道光刻本　一册

220000－0841－0008738　集3514K
悔翁筆記六卷　(清)汪士鐸撰　清光緒合肥張士珩味古齋刻本　一册

220000－0841－0008739　子5034K
粤嶽子二卷虎坊雜識四卷　(清)黄培芳撰　清嘉慶二十五年(1820)刻本　一册

220000－0841－0008740　子5563K
留香書屋庸言一卷　(清)章世元撰　清道光十六年(1836)刻本　一册

220000－0841－0008741　子1286K
約書十二卷　(清)謝階樹撰　清光緒二十八年(1902)刻本　四册

220000－0841－0008742　子3803K
費隱與知録一卷　(清)鄭復光撰　清道光二十二年(1842)木活字印本　一册

220000－0841－0008743　子4690K
癡説八卷　(清)紀森撰　清道光元年(1821)戈熾懷清堂刻本　八册

220000－0841－0008744　子3587K
重論文齋筆録十二卷　(清)王端履撰　清道光二十六年(1846)受宜堂刻本　四册

220000－0841－0008745　子1245
鈍硯巵言不分卷　(清)錢綺撰　清道光刻本

四册

220000－0841－0008746　子 3659K

鈍硯巵言一卷　(清)錢綺撰　清咸豐二年(1852)刻本　一册

220000－0841－0008747　子 5128K

吹網錄六卷鷗陂漁話六卷　(清)葉廷琯撰　清同治八年(1869)蘇州刻本　四册

220000－0841－0008748　子 4752K

三餘雜志八卷辨誣二卷　(清)張定鋆撰　清咸豐元年(1851)補拙山房刻本　二册

220000－0841－0008749　子 3694

交翠軒筆記四卷　(清)沈濤撰　清道光刻本　一册

220000－0841－0008750　子 1174K

讀有用書齋雜著二卷　(清)韓應陛撰　清同治九年(1870)古婁韓氏刻本　一册

220000－0841－0008751　子 1196F

銅熨斗齋隨筆八卷　(清)沈濤撰　清光緒會稽章氏刻式訓堂叢書本　二册

220000－0841－0008752　子 1720K

集説詮真不分卷續編不分卷提要不分卷　(清)黄伯祿輯　清光緒三十二年(1906)上海慈母堂鉛活字印本　六册

220000－0841－0008753　子 1335K

浮邱子十二卷　(清)湯鵬撰　清同治四年(1865)湘陰李鱐堂刻本　四册

220000－0841－0008754　子 1283K

冷廬雜識八卷續編一卷　(清)陸以湉撰　清咸豐六年(1856)刻本　八册

220000－0841－0008755　子 1264K

雨韭盦筆記四卷　(清)汪鼎撰　清咸豐八年(1858)汪瑔刻佛山本　四册

220000－0841－0008756　經 0087F

易餘籥錄二十卷　(清)焦循撰　清光緒十二年(1886)刻本犀軒叢書本　四册

220000－0841－0008757　子 1482K

河壖贅筆二卷　(清)方炳奎撰　清同治六年(1867)中隱堂刻中隱堂雜著本　一册

220000－0841－0008758　子 4989K

游藝錄三卷　(清)蔣湘南撰　清光緒十四年(1888)長白豫山湘南臬署會心閣刻春暉閣雜著本　二册

220000－0841－0008759　子 2796K

采菽堂筆記二卷元穆文抄二卷　(清)杜俞撰　清光緒三十三年(1907)鉛活字印本　二册

220000－0841－0008760　子 5684K

望湖隨筆五卷　(清)王開益撰　清光緒五年(1879)刻本　一册

220000－0841－0008761　集 3203K

司直寄適草六卷　(清)何邦彦撰　清同治九年(1870)恩溪山房刻本　四册

220000－0841－0008762　子 1391K

思益堂日札十卷　(清)周壽昌撰　清光緒九年(1883)長沙思賢講舍刻本　三册

220000－0841－0008763　子 2938F

思益堂日札五卷　(清)周壽昌撰　清光緒申報館鉛印申報叢書本　二册

220000－0841－0008764　子 5183K

十二硯齋隨錄四卷　(清)汪鋆撰　清同治十一年(1872)儀徵汪氏刻十二硯齋三種本　一册

220000－0841－0008765　集 10004K

飧芍華館隨筆二卷　(清)周騰虎撰　清光緒三十一年(1905)刻本　一册

220000－0841－0008766　子 1170K

茶香室叢抄二十三卷　(清)俞樾撰　清光緒九年(1883)吳下春在堂刻本　六册

220000－0841－0008767　善 2134

心影集四卷　(清)李士麟輯　清康熙二十三年(1684)李氏敬恕堂刻本　一册

220000－0841－0008768　集 6445K

旅譚五卷　(清)汪瑔撰　清光緒十一年(1885)刻隨山館全集本　二册

220000－0841－0008769　子 2737K
珊瑚舌雕談初筆八卷　（清）許起撰　清光緒十一年（1885）弢園王氏木活字印本　四冊

220000－0841－0008770　子 4998F
王志二卷　王闓運撰　（清）陳兆奎輯　清光緒三十三年（1907）承陽刻湘綺樓全書本　一冊

220000－0841－0008771　子 1189K
小坡識小錄四卷　（清）馬騰蛟撰　清同治十三年（1874）敦倫堂刻本　二冊

220000－0841－0008772　子 1260F
談古偶錄二卷　（清）陳星瑞撰　（清）姚成濟注　清光緒二年（1876）申報館鉛印申報館叢書本　二冊

220000－0841－0008773　子 2637F
小家語四卷　（清）黄漢鴻撰　**梟林小史一卷**　（清）黄本銓撰　清光緒二年（1876）申報館鉛印申報館叢書本　一冊　存二卷（一、四）

220000－0841－0008774　子 5045K
負暄閒語十二卷　（清）周馥撰　清宣統元年（1909）鉛活字印本　二冊

220000－0841－0008775　史 7151K
郎潛紀聞十四卷二筆十六卷　（清）陳康祺撰　清光緒六年至七年（1880－1881）刻本　八冊

220000－0841－0008776　史 6961K
郎潛紀聞初筆七卷二筆八卷三筆六卷　（清）陳康祺撰　清宣統二年（1910）上海掃葉山房石印本　十冊

220000－0841－0008777　史 6773K
中外政治策論彙編二十四卷　（清）鴻寶齋主人輯　清光緒二十七年（1901）鴻寶書局石印本　二十四冊

220000－0841－0008778　子 5432K
管刻易言二卷　（清）杞憂生撰　清光緒十二年（1886）管可壽齋刻本　二冊

220000－0841－0008779　子 4513K
雲山讀書記內學四卷外治四卷　（清）鄧繹撰　清光緒刻藻川堂全集本　四冊

220000－0841－0008780　子 1818K
經濟尋源九卷後集三卷　（清）金鶩臥雲撰　清光緒十七年（1891）刻本　十二冊

220000－0841－0008781　子 5561K
味道集一卷　（清）段楨齡撰　清光緒十七年（1891）貴築縣署刻本　一冊

220000－0841－0008782　子 4538K
御覽說教一卷　（清）彭先譽撰　清光緒二十二年（1896）琉璃廠文光齋刻本　一冊

220000－0841－0008783　史 6162K
危言四卷　（清）湯震撰　清光緒十六年（1890）刻本　四冊

220000－0841－0008784　史 7276K
危言四卷　（清）湯震撰　清光緒二十一年（1895）影印本　四冊

220000－0841－0008785　子 3573K
危言四卷　（清）湯震撰　清光緒二十二年（1896）上海圖書集成印書局鉛活字印本　二冊

220000－0841－0008786　史 7296K
盛世危言十四卷　（清）鄭觀應撰　清光緒二十一年（1895）鉛活字印本　八冊

220000－0841－0008787　史 7303K
盛世危言五卷　（清）鄭觀應撰　清光緒二十一年（1895）上海古香閣鉛活字印本　五冊

220000－0841－0008788　史 7301K
盛世危言五卷續編五卷三編四卷外編四卷　（清）鄭觀應撰　清光緒二十四年（1898）上海六藝書局石印本　八冊

220000－0841－0008789　史 7377K
盛世危言六卷二編四卷三編六卷　（清）鄭觀應撰　清光緒二十四年（1898）上海圖書集成局鉛活字印本　六冊

220000－0841－0008790　史 7827K
盛世危言六卷續編五卷　（清）鄭觀應撰　清

光緒二十四年(1898)上海宏文閣石印本 十冊

220000－0841－0008791 史7237K
增訂盛世危言全集十四卷 (清)鄭觀應撰 清光緒二十三年(1897)劍南同德會刻本 八冊

220000－0841－0008792 史7235K
盛世危言八卷 (清)鄭觀應撰 清光緒二十六年(1900)待鶴齋鉛活字印本 八冊

220000－0841－0008793 子4121K
盛世危言全編十四卷 (清)鄭觀應撰 清光緒二十七年(1901)刻本 十四冊

220000－0841－0008794 史6764K
時事昌言四卷 (清)湯震輯 清光緒二十四年(1898)上海書局石印本 四冊

220000－0841－0008795 集6032K
婺學治事文編五卷 (清)湯壽潛評選 清光緒二十四年(1898)刻本 四冊

220000－0841－0008796 史11387K
中外經世緒言十六卷 (清)余貽範撰 清光緒二十三年(1897)上海書局石印本 八冊

220000－0841－0008797 子2501K
鑄鼎餘聞四卷 (清)姚福均撰 清光緒二十五年(1899)常熟劉氏達經堂刻本 四冊

220000－0841－0008798 集7786K
湘學報類編西政叢鈔 題(清)養春堂主人輯 清光緒上海書坊石印本 六冊

220000－0841－0008799 子5550K
徹香堂經史論一卷 (清)鄒福保撰 清宣統元年(1909)江蘇存古學堂鉛活字印本 一冊

220000－0841－0008800 史6177K
不纏足淺說 (清)茅謙撰 清光緒上海印書公會鉛活字印本 一冊

220000－0841－0008801 子1491K
風月談餘錄六卷 (清)徐兆豐撰 清光緒三十三年(1907)福州刻本 二冊

220000－0841－0008802 子1448K
紀略七卷摘抄一卷 (清)鄒文柏撰 清光緒三十四年(1908)文苑閣木活字印本 三冊

220000－0841－0008803 子3768K
泖東草堂筆記二十卷 (清)沈宗祉撰 清宣統二年(1910)上海集成圖書公司鉛活字印本 四冊

220000－0841－0008804 子1463K
懺盦隨筆六卷 (清)沈澤棠撰 清宣統二年(1910)刻本 二冊

220000－0841－0008805 集3323F
寤言二卷 陳澹然撰 清光緒二十八年(1902)長沙刻陳澹然三種本 一冊

220000－0841－0008806 子5676K
翼教叢編七卷 (清)蘇輿撰 清光緒二十五年(1899)上海書局石印本 四冊

220000－0841－0008807 子1505K
翼教叢編六卷 (清)蘇輿撰 清光緒二十四年(1898)武昌刻本 三冊

220000－0841－0008808 子1509K
翼教叢編六卷附一卷 (清)蘇輿撰 清光緒二十四年(1898)刻本 三冊

220000－0841－0008809 子2631F
零金碎玉四卷 (清)鄭錫祺撰 清光緒申報館鉛申報館叢書本 二冊

220000－0841－0008810 子1345K
阮盦筆記五種 況周儀撰 清光緒三十三年(1907)刻本 三冊

220000－0841－0008811 子5009K
媿生叢錄二卷 (清)李詳撰 清宣統元年(1909)江寗刻本 一冊

220000－0841－0008812 集3423K
囈語摘抄二卷 題(清)雲溪居士撰 清光緒十五年(1889)刻本 二冊

220000－0841－0008813 子5595K
惲子不分卷 惲福成撰 清宣統元年(1909)金陵明通印刷社鉛活字印本 一冊

220000－0841－0008814　集 9670K
蜀抱軒文雜抄不分卷　(清)吳蔭培撰　清宣統三年(1911)鉛活字印本　一冊

220000－0841－0008815　子 4193K
清異録二卷　(宋)陶穀撰　清光緒元年(1875)陳氏庸閒齋刻本　二冊

220000－0841－0008816　善 0700
新增格古要論十三卷　(明)曹昭撰　(明)王佐增補　明黃正位刻清淑躬堂重修本　六冊

220000－0841－0008817　子 4313K
骨董十三説一卷　(明)董其昌撰　清光緒二十三年(1897)楊氏香海閣刻本　一冊

220000－0841－0008818　子 5297F
韻石齋筆談二卷　(明)姜紹書撰　清光緒五年(1879)葛氏刻嘯園叢書本　一冊

220000－0841－0008819　子 1285K
弦雪居重訂遵生八牋十九卷目録一卷　(明)高濂撰　清光緒十年(1884)刻本　二十冊

220000－0841－0008820　子 1416F
意林五卷補遺一卷　(唐)馬總編　(清)張海鵬補遺　清光緒三年(1877)崇文書局刻本　二冊

220000－0841－0008821　善 0749
清異録二卷　(宋)陶穀撰　清康熙陳世修漱六閣刻本　二冊

220000－0841－0008822　善 3427
清異録二卷　(宋)陶穀撰　清康熙陳氏漱六閣刻清重修本　二冊

220000－0841－0008823　善 0767
紺珠集十三卷　(宋)□□撰　明天順刻本　四冊

220000－0841－0008824　善 0728
誠齋襍記二卷　(元)林坤輯　明崇禎毛氏汲古閣刻津逮秘書本　二冊

220000－0841－0008825　善 1177
刻徐文長先生秘集十二卷　(明)徐渭撰　明天啓刻本　四冊

220000－0841－0008826　善 0837
初潭記三十卷　(明)李贄撰　明萬曆刻本　六冊

220000－0841－0008827　善 0718
焦氏類林八卷　(明)焦竑撰　明萬曆十五年(1587)王元貞刻本　八冊

220000－0841－0008828　善 1860
清賞録十二卷　(明)包衡　(明)張翼輯　明萬曆刻本　四冊

220000－0841－0008829　子 5645K
益智編四十一卷　(明)孫能傳撰　清光緒十七年(1891)刻本　十二冊

220000－0841－0008830　子 1438
智囊二十八卷　(明)馮夢龍輯　明刻本　八冊

220000－0841－0008831　子 5245K
增廣智囊補二十八卷　(明)馮夢龍輯　清宣統二年(1910)上海文盛書局石印本　六冊

220000－0841－0008832　子 2655K
情史類畧二十四卷　(明)詹詹外史評輯　清道光二十八年(1848)經國堂刻本　十二冊

220000－0841－0008833　子 1294F
湘煙録十六卷　(明)閔元京　(明)凌義渠撰　清嘉慶三年(1798)刻本　四冊

220000－0841－0008834　善 2161
醉古堂劍掃十二卷　(明)陸紹珩輯　明天啓四年(1624)刻套印本　一冊

220000－0841－0008835　子 0234K
媿林漫録二卷　(明)瞿式耜撰　清光緒十六年(1890)江蘇書局刻本　二冊

220000－0841－0008836　子 4209K
媿林漫録二卷　(明)瞿式耜撰　清光緒十六年(1890)江蘇書局刻本　二冊

220000－0841－0008837　子 1306
物理小識十二卷總論一卷　(明)方以智撰　清康熙三年(1664)于藻刻本　二冊

220000－0841－0008838　子 5674K
新鐫校正詳注分類百子金丹全書十卷　（清）郭偉選注　（清）王星聚校訂　清光緒二十年(1894)上海袖海山房石印本　六册

220000－0841－0008839　子 1308
倘湖樵書初集六卷　（清）來集之纂　清康熙二十三年(1684)倘湖小築刻乾隆五十三年(1788)慎儉堂重修本　六册

220000－0841－0008840　集 7387
閒情偶寄十六卷　（清）李漁撰　清康熙十年(1671)刻本　十六册

220000－0841－0008841　子 3634
閒情偶寄十六卷　（清）李漁撰　清刻本　十册

220000－0841－0008842　善 2965
庸行編八卷　（清）史典輯　（清）牟允中補　清康熙三十一年(1692)澹寧堂刻本　四册

220000－0841－0008843　善 3453
重刻添補傳家寶俚言新本初集八卷二集八卷三集八卷四集八卷　（清）石成金撰　清乾隆刻本　十六册

220000－0841－0008844　善 3258
筆記二卷附録一卷　（清）程大純撰　清乾隆三年(1738)程光鉅刻本　二册

220000－0841－0008845　子 1540K
讀書樂趣八卷　（清）蔣一桂輯　清光緒四年(1878)刻本　一册

220000－0841－0008846　子 1518K
島居隨録十卷續録十卷三録十卷　（清）楊浚撰　清光緒十三年至十四年(1887－1888)刻本　六册

220000－0841－0008847　子 5578K
巾經纂二十卷　（清）宋宗元撰　清同治十年(1871)陸川李廷樟刻本　五册

220000－0841－0008848　子 5870K
海南日抄三十卷　（清）張眉大撰　清嘉慶元年(1796)刻本　六册

220000－0841－0008849　子 3823K
篷窗隨録十四卷附録二卷續録二卷　（清）沈兆澐撰　清咸豐七年(1857)刻本　十四册

220000－0841－0008850　子 2605K
寄閒齋雜志八卷三槎浦櫂歌一卷　（清）朱淞撰　清嘉慶二年(1797)學餘堂刻本　四册

220000－0841－0008851　集 9749K
經餘必讀八卷　（清）雷琳等輯　清嘉慶八年(1803)致和堂刻本　四册

220000－0841－0008852　子 4876K
意林逸文補二卷　（清）李遇孫輯　（清）錢保塘　（清）張孝楷案　清光緒四年(1878)貴築楊氏刻訓纂堂叢書本　一册　缺一卷(一)

220000－0841－0008853　子 5950K
江南鐵淚圖編一卷　（清）余治撰　清光緒刻本　一册

220000－0841－0008854　子 5382K
遊戲録二卷　（清）程景沂撰　清光緒八年(1882)刻本　一册

220000－0841－0008855　子 5673K
時務經濟策論統宗二十四卷　（清）秀湖漁隱撰　清光緒二十四年(1898)上海文賢閣石印本　十二册

220000－0841－0008856　叢 1549K
中西教會報　（清）中西教會報編　清光緒二十二年(1896)上海美華書館鉛活字印本　一册

220000－0841－0008857　叢 1611K
實學報　（清）實學報館編　清光緒二十三年(1897)石印本　九册　存九册(二至十)

220000－0841－0008858　叢 1656K
東亞報　東亞報館編　清光緒二十四年(1898)鉛活字印本　二册　存二册(一至二)

220000－0841－0008859　叢 1655K
杭州白話報　（清）杭州白話報編　清光緒二十七年(1901)刻本　十一册

220000－0841－0008860　叢 1630K

選報　(清)選報館編　清光緒二十七年(1901)鉛活字印本　二冊

220000－0841－0008861　史 9855K
譯林　杭州譯林社編　清光緒二十七年(1901)上海商務印書館鉛活字印本　七冊　存七期(一至六、八)

220000－0841－0008862　史 10029K
勵學譯編　蘇州勵學譯社編　清光緒二十七年至二十八年(1901－1902)刻本　四冊　存四期(九至十二)

220000－0841－0008863　子 2914K
吳乘一卷　(清)獨立報館編　清光緒鉛活字印本　一冊

220000－0841－0008864　叢 1687K
新民叢報彙編　梁啟超編　清光緒三十年至三十一年(1904－1905)石印本　十四冊

220000－0841－0008865　叢 1552K
廣益叢報　(清)華美廣益叢報局編　清光緒三十一年至宣統三年(1905－1911)重慶華美廣益叢報局鉛印本　五冊

220000－0841－0008866　集 9892K
國粹學報　上海國粹學報館編　清光緒三十一年至宣統三年(1905－1911)鉛活字印本　四冊　存四篇(學篇、史篇、文篇、美術篇)

220000－0841－0008867　叢 1332K
著作林　(清)陳栩編　清光緒三十二年至三十三年(1906－1907)杭州刻本　十六冊　存十六期(一至十六)

220000－0841－0008868　集 11085K
雁來紅叢報　蘇州殷元順刻字店編　清光緒三十二年(1906)鉛印摘編本　一冊

220000－0841－0008869　叢 1703K
北新雜志　北新雜志社編　清光緒三十三年(1907)鉛活字印本　一冊　存一卷(三十四)

220000－0841－0008870　史 11107K
大公報(光緒三十三年七月全本)　(清)大公報館編　清光緒三十三年(1907)大公報館鉛活字印本　一冊

220000－0841－0008871　叢 1587K
中外日報　(清)中外日報館編　清光緒三十四年(1908)鉛活字印本　三冊

220000－0841－0008872　叢 1659K
趣報　(清)趣報館編　清宣統元年(1909)鉛活字印本　一冊

220000－0841－0008873　叢 1606K
月報□□卷　(清)中國聖教書會編　清宣統二年(1910)鉛活字印本　一冊　存一卷(十二)

220000－0841－0008874　子 5621K
圖畫演說報　圖畫演說報館編　清鉛活字印本　一冊

220000－0841－0008875　善 0605
世說新語八卷　(南朝宋)劉義慶撰　(南朝梁)劉孝標注　(明)王世懋評　明凌瀛初刻四色套印本　八冊

220000－0841－0008876　子 3878F
世說新語六卷　(南朝宋)劉義慶撰　(南朝梁)劉孝標注　清光緒三年(1877)刻崇文書局彙刻書本　四冊

220000－0841－0008877　子 2764K
世說新語三卷　(南朝宋)劉義慶撰　(南朝梁)劉孝標注　清道光二十六年(1846)宏道書院刻惜陰軒叢書本　六冊

220000－0841－0008878　子 2768K
世說新語三卷　(南朝宋)劉義慶撰　(南朝梁)劉孝標注　清光緒十七年(1891)思賢講舍刻本　六冊

220000－0841－0008879　善 0607
世說新語補二十卷釋名一卷　(南朝宋)劉義慶撰　(南朝梁)劉孝標注　(明)何良俊增補　明萬曆十三年(1585)張文柱刻本　八冊

220000－0841－0008880　善 0604
李卓吾批點世說新語補二十卷釋名一卷
(南朝宋)劉義慶撰　(南朝梁)劉孝標注

(明)何良俊增補　明萬曆刻本　十册

220000－0841－0008881　善2991
世說新語補四卷　(南朝宋)劉義慶撰　(南朝梁)劉孝標注　(明)何良俊增補　清康熙刻本　一册

220000－0841－0008882　子2761
世說新語補二十卷釋名一卷　(南朝宋)劉義慶撰　(南朝梁)劉孝標注　(明)何良俊增補　清乾隆二十七年(1762)江夏黄汝琳補訂茂清書屋刻本　八册

220000－0841－0008883　善0606
唐世說新語十三卷　(唐)劉肅撰　明刻本　二册

220000－0841－0008884　善0601
唐世說新語十三卷　(唐)劉肅撰　明萬曆三十一年(1603)潘玄度刻本　六册

220000－0841－0008885　子2954F
三水小牘二卷逸文一卷附錄一卷　(唐)皇甫枚撰　繆荃孫校補　清光緒十七年(1891)江陰繆氏刻雲自在龕叢書本　一册

220000－0841－0008886　善0547
愧郯錄十五卷　(宋)岳珂撰　明萬曆岳元聲刻本　六册

220000－0841－0008887　善0702
桯史十五卷　(宋)岳珂撰　明嘉靖四年(1525)錢如京刻本　四册

220000－0841－0008888　子2927F
桯史十五卷附錄一卷　(宋)岳珂撰　清光緒四年(1878)申報鉛印申報館叢書本　四册

220000－0841－0008889　子4656K
懸笥瑣探一卷　(明)劉昌撰　清道光十一年(1831)長白榮氏刻得月簃叢書本　一册

220000－0841－0008890　善0761:2
古言二卷　(明)鄭曉撰　明嘉靖四十四年(1565)項篤壽刻本　四册

220000－0841－0008891　善0761:1
今言四卷　(明)鄭曉撰　明嘉靖四十五年(1566)項篤壽刻本　八册

220000－0841－0008892　善3334
鄭端簡公徵吾錄二卷　(明)鄭曉撰　明嘉靖四十五年(1566)鄭履淳刻本　二册

220000－0841－0008893　善2804
玉劍尊聞十卷　(清)梁維樞撰　清順治刻本　十册

220000－0841－0008894　善0613
蘇米志林三卷　(明)毛晉輯　明天啓毛氏綠君亭刻本　二册

220000－0841－0008895　子5736F
三岡識略十卷　(清)董含撰　清光緒三年(1877)鉛印申報館叢書本　六册

220000－0841－0008896　善2858
在園雜志四卷　(清)劉廷璣撰　清康熙五十四年(1715)刻本　四册

220000－0841－0008897　子2650F
在園雜志四卷　(清)劉廷璣撰　清光緒七年(1881)申報館鉛印申報館叢書本　四册

220000－0841－0008898　善3546
耳提錄一卷　(清)顧景星論　(清)顧昌述　(清)顧仕經錄　清乾隆七年(1742)郭浩刻公文紙印本　一册

220000－0841－0008899　子4189F
簷曝雜記六卷　(清)趙翼撰　清嘉慶刻甌北全集本　二册

220000－0841－0008900　子4634K
簷曝雜記六卷　(清)趙翼撰　清光緒壽考堂刻本　二册

220000－0841－0008901　善0719
昭代舊聞四卷　(清)屠元淳撰　清乾隆十一年(1746)刻屠氏三種本　二册

220000－0841－0008902　子1199F
梅叟閒評四卷　(清)郝培元撰　清光緒十年(1884)東路廳署刻郝氏遺書本　一册

220000－0841－0008903　善3030

愛聞齋筆記二卷　(清)史承謙撰　清乾隆刻本　一冊

220000－0841－0008904　善 3140
存古齋續晨鐘集二十卷　(清)劉光泗　(清)劉光洙輯　清康熙刻本　五冊　存十八卷(一至十八)

220000－0841－0008905　子 2802
增訂解人頤新集二十四卷　(清)趙恬養撰輯　(清)浙水諸名家增訂　清雍正刻本　四冊

220000－0841－0008906　善 3293
新訂解人頤全集八卷　(清)胡澹庵　(清)錢德蒼重訂　清乾隆三十八年(1773)古吳致和堂刻本　六冊

220000－0841－0008907　善 2954
權衡一書四十一卷　(清)王植輯　清乾隆崇雅堂刻本　二十四冊

220000－0841－0008908　善 3444
巾經纂二十卷　(清)宋宗元撰　清乾隆十六年(1751)網師園刻本　五冊

220000－0841－0008909　善 2968
身世金丹四卷　(清)楊奎輯　清乾隆四十二年(1777)刻本　四冊

220000－0841－0008910　善 3978
琅環集四卷　(清)陳太初撰　清嘉慶八年(1803)抱蘭軒木活字印本　四冊

220000－0841－0008911　子 4319K
兩晉清談十二卷　(清)沈杲之撰　清嘉慶五年(1800)王如金刻本　四冊

220000－0841－0008912　子 5579K
榆巢雜識二卷　(清)趙慎畛撰　清光緒浙江官紙總局鉛活字印本　一冊

220000－0841－0008913　子 3657K
芝菴讀書記四卷芝菴雜記四卷　(清)陸雲錦撰　清嘉慶八年(1803)刻本　十冊

220000－0841－0008914　史 7219K
思補齋筆記八卷　(清)潘世恩撰　清咸豐刻本　二冊

220000－0841－0008915　子 2794K
恩福堂筆記二卷　(清)英和撰　清道光十七年(1837)刻本　一冊

220000－0841－0008916　子 1436K
竹葉亭雜記八卷　(清)姚元之撰　清光緒十九年(1893)刻本　二冊

220000－0841－0008917　子 1279K
歸田瑣記八卷浪跡叢談十一卷續談八卷　(清)梁章鉅撰　清道光二十五年(1845)北東園刻本　十二冊

220000－0841－0008918　子 3735K
歸田瑣記八卷　(清)梁章鉅撰　清道光二十五年(1845)北東園刻本　四冊

220000－0841－0008919　子 1282K
梁氏筆記三種　(清)梁章鉅撰　清宣統三年(1911)上海掃葉山房石印本　八冊

220000－0841－0008920　子 4316F
浪跡叢談十一卷續談八卷　(清)梁章鉅撰　清道光二十五年(1845)北東園刻本　八冊

220000－0841－0008921　子 1464K
浪跡叢談十一卷　(清)梁章鉅撰　清道光二十七年(1847)亦東園刻本　四冊

220000－0841－0008922　子 1239K
浪跡三談六卷　(清)梁章鉅撰　清咸豐七年(1857)福州梁氏刻本　四冊

220000－0841－0008923　史 7181F
嘯亭雜錄十卷續錄三卷　(清)昭槤撰　清光緒四年(1878)申報館鉛印申報館叢書本　十冊

220000－0841－0008924　史 6960K
嘯亭雜錄十卷續錄三卷　(清)昭槤撰　清宣統元年(1909)鉛活字印本　四冊

220000－0841－0008925　史 7046
嘯亭雜錄十卷續錄三卷　(清)汲修主人輯　清光緒六年(1880)上海文明書店石印本　四冊

220000－0841－0008926　子 2721K

熙朝新語十六卷 (清)余金撰 清道光四年(1824)鳴盛堂刻本 六册

220000－0841－0008927 史7415K
熙朝新語十六卷 (清)余金撰 清道光二年(1822)文光堂刻本 六册

220000－0841－0008928 史6408K
熙朝新語十六卷 (清)余金撰 清道光六年(1826)夾金堂刻本 六册

220000－0841－0008929 史6409K
熙朝新語十六卷 (清)余金撰 清光緒十三年(1887)上海大文書局鉛活字印本 二册

220000－0841－0008930 子4706F
趨庭瑣語八卷 (清)史澄撰 清光緒十一年(1885)繼園刻味根山房全集本 二册

220000－0841－0008931 集10938F
蔗餘偶筆一卷 (清)方士淦撰 清同治十一年(1872)兩淮運署刻啖蔗軒全集本 一册

220000－0841－0008932 子5140K
棣懷堂隨筆十一卷 (清)李象鵾撰 清道光二十五年(1845)刻本 七册

220000－0841－0008933 史11456K
棣懷堂隨筆十一卷首一卷末一卷 (清)李象鵾撰 清同治十三年(1874)刻本 七册

220000－0841－0008934 子2717K
兩般秋雨盦隨筆八卷 (清)梁紹壬撰 清咸豐同文堂刻本 八册

220000－0841－0008935 子2716K
兩般秋雨盦隨筆八卷 (清)梁紹壬撰 清咸豐文光堂刻本 八册

220000－0841－0008936 子2741K
兩般秋雨盦隨筆八卷 (清)梁紹壬撰 清光緒十年(1884)許之璡刻本 八册

220000－0841－0008937 史9993K
養吉齋叢録二十六卷餘録十卷 (清)吳振棫撰 清光緒二十二年(1896)刻本 八册

220000－0841－0008938 史6981K
養吉齋叢録二十六卷餘録十卷 (清)吳振棫撰 清光緒二十二年(1896)刻本 八册

220000－0841－0008939 子1176K
悔翁筆記六卷 (清)汪士鐸撰 清光緒合肥張氏味古齋刻本 四册

220000－0841－0008940 子3598K
尚志居讀書記四卷 (清)楊德亨撰 清光緒八年(1882)桐城方宗誠刻本 一册

220000－0841－0008941 子6963K
漁舟記談二卷續談一卷 (清)彭崧毓撰 清同治二年(1863)刻求是齋雜存本 三册

220000－0841－0008942 子5498K
日知堂筆記三卷 (清)郭沛霖撰 清光緒十四年(1888)刻本 一册

220000－0841－0008943 子5268K
止園筆談八卷 (清)史夢蘭撰 清光緒四年(1878)刻止園叢書本 一册 存二卷(一至二)

220000－0841－0008944 子5022F
學廬自鏡語一卷補勤幼學録一卷 (清)陳錦撰 清光緒五年(1879)山陰陳氏刻橘蔭軒全集本 一册

220000－0841－0008945 子2787K
夢園叢說内篇八卷 (清)方濬頤撰 清同治十三年(1874)揚州刻本(内有二册靜電補配) 四册

220000－0841－0008946 子2932F
夢園叢說内篇八卷 (清)方濬頤撰 清光緒申報館鉛印申報叢書本 二册

220000－0841－0008947 子5515K
麓澞薈録十四卷爽鳩要録二卷 (清)蔣超伯撰 清同治五年(1866)刻本 六册

220000－0841－0008948 子1485F
榕堂續録四卷 (清)蔣超伯撰 清同治六年(1867)刻通齋全集本 二册

220000－0841－0008949 子1278K
庸閒齋筆記十二卷 (清)陳其元撰 清同治

十三年(1874)吳下刻本　六册

220000－0841－0008950　子 1295K
庸間齋筆記十二卷自敘一卷　(清)陳其元撰　清光緒十五年(1889)上海檢古齋石印本　五册

220000－0841－0008951　史 7316K
隨園瑣記二卷　(清)袁祖志撰　清光緒五年(1879)仁和葛元煦嘯園刻本　二册

220000－0841－0008952　子 5657K
桐陰清話八卷　(清)倪鴻撰　清同治十三年(1874)申江刻本　四册

220000－0841－0008953　子 3871K
萍海墨雨四卷　(清)李匡濟撰　清光緒二年(1876)刻本　二册

220000－0841－0008954　子 2733K
庸盦筆記六卷　(清)薛福成撰　清光緒二十三年(1897)蕭山陳氏刻本　六册

220000－0841－0008955　史 11575K
燕下鄉脞錄十六卷　(清)陳康祺撰　清光緒七年(1881)陳氏暨陽刻舊雨草堂叢書本　二册

220000－0841－0008956　子 2929F
壺天錄三卷　(清)百一居士撰　清光緒十一年(1885)上海申報館鉛印申報館叢書本　四册

220000－0841－0008957　子 1461K
椒生隨筆八卷　(清)王之春撰　清光緒七年(1881)上海文藝齋刻本　六册

220000－0841－0008958　子 1462K
椒生隨筆八卷　(清)王之春撰　清光緒刻本　四册

220000－0841－0008959　子 4292K
左庵瑣語一卷　(清)繼昌撰　清光緒二十七年(1901)刻朱印本　一册

220000－0841－0008960　子 5552K
薑露盦雜記六卷　(清)施山撰　清宣統三年(1911)金陵刻本　二册

220000－0841－0008961　子 2800K
記聞類編十四卷　蔡爾康撰　清光緒三年(1877)上海錯開書局鉛活字印本　二册

220000－0841－0008962　子 4271K
城南草堂筆記三卷　(清)許幻園撰　清光緒二十七年(1901)著易堂鉛活字印本　二册

220000－0841－0008963　史 7353K
國朝右文掌錄一卷　(清)自有餘齋編　清光緒十四年(1888)刻本　一册

220000－0841－0008964　子 3665K
蠹存二卷　方旭撰　清光緒二十四年(1898)刻本　二册

220000－0841－0008965　子 1177K
燕窗閒話二卷　(清)鄭經撰　清光緒十七年(1891)刻本　二册

220000－0841－0008966　子 4570K
雨堂偶筆四卷吟草一卷　(清)蔣慶籯撰　清光緒二十三年(1897)刻本　二册

220000－0841－0008967　史 6173K
指測瑣言五卷團防芻議一卷擬陳政本疏一卷　(清)瞿方梅撰　清光緒二十三年(1897)京師刻本　一册　存三卷(一至三)

220000－0841－0008968　子 1195K
雨堂偶筆五卷　(清)蔣慶籯撰　清光緒二十三年(1897)刻本　二册

220000－0841－0008969　史 5274K
天咫偶聞十卷　(清)震鈞撰　清光緒三十三年(1907)甘棠轉舍刻本　八册

220000－0841－0008970　子 5135K
涉獵摘記不分卷　(清)余□□節錄　清光緒二十三年(1897)抄本　一册

220000－0841－0008971　史 4306K
張文襄幕府紀聞二卷　漢濱讀易者撰　清宣統二年(1910)鉛活字印本　二册

220000－0841－0008972　子 5225K
最樂編六卷最樂亭記一卷　(明)高道淳輯　清同治二年(1863)張景賢刻本　一册

220000－0841－0008973　史 6299K
公門果報録一卷續録一卷附録一卷　(清)陳宏謀原輯　(清)宋楚望撮要　清光緒十八年(1892)江蘇書局刻本　一册

220000－0841－0008974　史 6288K
公門果報録一卷續録一卷附録一卷　(清)陳宏謀原輯　(清)宋楚望撮要　清光緒十九年(1893)江西書局刻本　一册

220000－0841－0008975　善 3006
四本堂座右編二十四卷二集二十四卷　(清)朱潮遠輯　清康熙三年(1664)、五年(1666)刻本　四册

220000－0841－0008976　善 3356
四本堂座右編二十四卷二集二十四卷　(清)朱潮遠輯　清康熙五年(1666)刻本　八册

220000－0841－0008977　集 8797K
金殿撰家戒詩注釋一卷　(清)金甡撰　(清)昇寅注釋　清光緒二年(1876)刻本　一册

220000－0841－0008978　集 10307K
平旦鐘聲二卷　(清)好德書齋撰　清乾隆刻本　一册

220000－0841－0008979　子 4307K
道情十六首一卷　(清)邵春榮撰　清嘉慶二十年(1815)聽香書屋刻本　一册

220000－0841－0008980　子 2790K
池上草堂筆記四録六卷　(清)梁恭辰撰　清道光二十八年(1848)刻本　二册

220000－0841－0008981　子 2635K
池上草堂筆記六卷續録六卷三録六卷四録六卷　(清)梁恭辰撰　清咸豐羊城聚文堂刻本　八册

220000－0841－0008982　子 2586K
北東園筆録初編六卷續編六卷三編六卷四編六卷　(清)梁恭辰撰　清同治五年(1866)開封刻本　八册

220000－0841－0008983　子 2579K
勸戒近録六卷續録六卷三録六卷四録六卷　(清)梁恭辰撰　清光緒六年(1880)星沙賴昌期刻本　五册　缺三卷(近録一至三)

220000－0841－0008984　善 3822K
暗室燈二卷　題(清)深山居士輯　清道光二年(1822)金陵救生局刻本　一册

220000－0841－0008985　子 1815K
暗室燈不分卷　(清)深山居士輯　清同治三年(1864)刻本　一册

220000－0841－0008986　善 3536
敬信録不分卷　(清)周心耕輯　清乾隆刻本　一册

220000－0841－0008987　子 5386K
安晦草堂醒語二卷　(清)晦堂老人撰　清咸豐刻本　二册

220000－0841－0008988　子 4633K
敬信録不分卷　(清)趙光祖輯　清道光二十七年(1847)北平趙氏刻本　一册

220000－0841－0008989　子 5639K
增補廣注日記故事四卷　(清)□□輯　清同治六年(1867)玉池山房刻本　一册

220000－0841－0008990　子 4428K
徐氏瑣言三種　(清)徐瑃撰　清光緒九年(1883)京都寶豐齋刻本　三册

220000－0841－0008991　子 2679K
醒世日記二卷　(清)席世能撰　(清)席步天輯　清光緒二十二年(1896)洞庭席氏刻本　二册

220000－0841－0008992　善 0779
唐國史補三卷　(唐)李肇撰　明毛氏汲古閣刻津逮秘書本　三册

220000－0841－0008993　善 2083
雲溪友議十二卷　(唐)范攄撰　明萬曆刻本　一册　存四卷(一至四)

220000－0841－0008994　子 2762
北夢瑣言二十卷　(宋)孫光憲撰　明萬曆商濬刻稗海本　六册

220000－0841－0008995　子 2763

北夢瑣言二十卷　（宋）孫光憲撰　清乾隆二十一年（1756）德州盧氏刻雅雨堂藏書本　六冊

220000－0841－0008996　子 3955K

太平廣記五百卷目錄十卷　（宋）李昉等撰　清嘉慶十一年（1806）姑蘇聚文堂刻本　六十四冊

220000－0841－0008997　子 4550K

唐語林八卷　（宋）王讜撰　清乾隆閩刻本　四冊

220000－0841－0008998　子 2771K

唐語林八卷　（宋）王讜撰　**校勘記一卷**　（清）錢熙祚撰　清光緒十九年（1893）湖北官書處刻本　四冊

220000－0841－0008999　善 3166

剪桐載筆一卷清寤齋心賞編一卷　（明）王象晉撰　明刻王漁洋遺書本　一冊

220000－0841－0009000　子 3670

剪桐載筆一卷　（明）王象晉撰　明毛鳳苞刻清康熙彙印王漁洋遺書本　一冊

220000－0841－0009001　子 3337

清寤齋心賞編一卷　（明）王象晉撰　明刻清修補本　一冊

220000－0841－0009002　善 0597

何氏語林三十卷　（明）何良俊撰並注　明嘉靖二十九年（1550）何氏清森閣刻本　二十四冊

220000－0841－0009003　子 2830K

青泥蓮花記十三卷　（明）梅鼎祚撰　清宣統二年（1910）北平古槐書屋石印本　四冊

220000－0841－0009004　子 2630K

近事叢殘四卷　（明）沈瓚撰　清嘉慶刻本　四冊

220000－0841－0009005　善 0765

湧幢小品三十二卷　（明）朱國楨輯　明天啓二年（1622）刻本　二十冊

220000－0841－0009006　子 5734K

墨娥小錄不分卷　（明）□□撰　清光緒九年（1883）學圃山農刻本　六冊

220000－0841－0009007　子 5729K

衛濟餘編五卷　（清）王纕堂撰　清咸豐六年（1856）刻本　五冊

220000－0841－0009008　子 3648K

女世説四卷補遺一卷　（清）李清撰　清道光五年（1825）經義齋刻本　四冊

220000－0841－0009009　善 3265

説部精華二十卷漁洋書籍跋尾二卷　（清）王士禛撰　（清）劉堅輯　**附説鈴一卷**　（清）汪琬撰　清乾隆十三年（1748）刻本　四冊

220000－0841－0009010　善 3475

説部精華十二卷　（清）王士禛撰　（清）劉堅輯　清乾隆十三年（1748）刻本　四冊

220000－0841－0009011　子 1263

寄園寄所寄十二卷　（清）趙吉士輯　清乾隆刻本　十六冊

220000－0841－0009012　善 3479

遂生集十二卷　（清）王晫輯　清雍正十二年（1734）汪元貞刻本　二冊

220000－0841－0009013　子 3809

觚賸八卷續編四卷　（清）鈕琇撰　清康熙臨野堂刻本　六冊

220000－0841－0009014　子 2702K

觚賸八卷附編四卷　（清）鈕琇撰　清光緒時中書局石印本　六冊

220000－0841－0009015　子 2748

質直談耳八卷　（清）錢肇鼇撰　清乾隆五十九年（1794）刻本　四冊

220000－0841－0009016　善 0680

遊戲三昧十二卷　（清）曾廷枚撰　清嘉慶刻薌嶼裘書本　二冊

220000－0841－0009017　子 2029K

寄蝸殘贅十六卷　（清）汪堃撰　清同治十一年（1872）不懼無悶齋刻本　八冊

220000－0841－0009018　集 9682
西青散記四卷　(清)史震林撰　清乾隆二年(1737)刻本　四册

220000－0841－0009019　子 2782K
西青散記摘錄　(清)史震林撰　(清)□□摘錄　清抄本　一册

220000－0841－0009020　子 2603
柳崖外編八卷　(清)徐昆撰　清乾隆五十八年(1793)刻本　八册

220000－0841－0009021　善 2341
奩史一百卷拾遺一卷　(清)王初桐輯　清嘉慶二年(1797)古香堂刻本　十六册

220000－0841－0009022　子 5722K
秋燈叢話十八卷　(清)王槭撰　清嘉慶十七年(1812)刻本　六册

220000－0841－0009023　子 2602K
秋燈叢話十八卷　(清)王槭撰　清咸豐元年(1851)刻本　八册

220000－0841－0009024　子 2600K
秋燈叢話十八卷　(清)王槭撰　清同治十年(1871)文盛堂刻本　六册

220000－0841－0009025　子 2913
增訂一夕話新集六卷　(清)咄咄夫撰　(清)嗤嗤子增訂　清乾隆四十六年(1781)金閶書業堂刻本　六册

220000－0841－0009026　子 1272K
增訂一夕話新集六卷　(清)咄咄夫撰　(清)嗤嗤子增訂　清嘉慶選桂堂刻本　二册

220000－0841－0009027　叢 1013K
夢廠雜著十卷　(清)俞蛟撰　清道光八年(1828)敬藝堂刻本　十册

220000－0841－0009028　子 5643K
夢廠雜著十卷　(清)俞蛟撰　清道光八年(1828)敬藝堂刻本　八册

220000－0841－0009029　子 2408
廣新聞八卷　(清)無悶居士撰　清乾隆五十七年(1792)刻本　四册

220000－0841－0009030　子 2804K
客窓偶筆四卷二筆一卷　(清)金捧閶撰　清同治十二年(1873)刻本　四册

220000－0841－0009031　子 2639K
塗說四卷　(清)繆艮撰　清道光八年(1828)如此草堂刻本　四册

220000－0841－0009032　子 3928K
青溪風雨錄二卷牡蠣園傳奇　(清)雪樵居士撰　清嘉慶二十四年(1819)一枝山房刻本　二册

220000－0841－0009033　子 2727K
更豈有此理四卷　(清)□□撰　清嘉慶五年(1800)絳雪草廬刻本　四册

220000－0841－0009034　子 2729K
更豈有此理四卷　(清)□□撰　清嘉慶十九年(1814)醒目齋刻本　四册

220000－0841－0009035　子 2793K
竇存四卷　(清)胡式鈺撰　清道光二十一年(1841)刻本　二册

220000－0841－0009036　子 1498K
吾廬筆談八卷　(清)李佐賢撰　清光緒元年(1875)刻本　二册

220000－0841－0009037　叢 1719K
京塵雜錄　(清)楊懋建撰　清光緒十二年(1886)上海同文書局石印本　二册

220000－0841－0009038　子 1299K
餘墨偶談初集八卷續集八卷　(清)孫樗撰　清同治十二年至光緒二年(1873－1876)雙峯書屋刻本　十六册

220000－0841－0009039　子 2407K
無稽讕語五卷　(清)蘭皐居士撰　清咸豐四年(1854)刻本　一册

220000－0841－0009040　子 2638K
翼駉稗編八卷　(清)湯用中撰　(清)徐廷華評　清道光二十九年(1849)刻本　八册

220000－0841－0009041　子 2409K
翼駉稗編八卷　(清)湯用中撰　(清)徐廷華

評　清同治八年(1869)刻本　八册

220000－0841－0009042　子3421K
對山書屋墨餘録十六卷　(清)毛祥麟撰　清同治九年(1870)湖州醉六堂吴氏刻本　八册

220000－0841－0009043　子3461K
對山書屋墨餘録十六卷　(清)毛祥麟撰　清同治十年(1871)杭州文元堂楊氏刻本　八册

220000－0841－0009044　子2336K
快心醒睡録十六卷首一卷　(清)毛祥麟撰　清光緒二十一年(1895)上海書局石印本　六册

220000－0841－0009045　子5529K
賡縵堂雜俎一卷　(清)何彤雲撰　清咸豐九年(1859)刻本　一册

220000－0841－0009046　子2736K
天涯聞見録四卷　(清)魏祝亭撰　清道光十四年(1834)刻本　四册

220000－0841－0009047　子2904K
想當然耳八卷　(清)鄒鍾撰　清光緒四年(1878)京都聚珍堂木活字印本　四册

220000－0841－0009048　子2569K
鬵樓逸志六卷　(清)歐蘇撰　清咸豐八年(1858)紫貴堂刻本　三册

220000－0841－0009049　子3959K
文章遊戲初編八卷二編八卷三編八卷四編八卷　(清)繆艮選　清道光五年(1825)宏道堂刻本　二十四册

220000－0841－0009050　子3958K
文章遊戲初編八卷二編八卷三編八卷四編八卷　(清)繆艮選　清道光五年(1825)藕花館刻本　十八册

220000－0841－0009051　史7142K
薈蕞編二十卷　(清)俞樾撰　清光緒上海申報館鉛活字印本　八册

220000－0841－0009052　子2661K
右臺仙館筆記十六卷　(清)俞樾撰　清光緒刻本　八册

220000－0841－0009053　子2866K
韻鶴軒雜著二卷筆談二卷　(清)□□撰　清光緒三年(1877)上海機器印書局鉛活字印本　四册

220000－0841－0009054　子1273K
息影偶錄八卷　(清)張埏撰　清光緒八年(1882)翠筠山房刻本　八册

220000－0841－0009055　子2623K
昔柳摭談八卷　(清)馮□□撰　清嘉慶二十年(1815)馮氏刻本　四册

220000－0841－0009056　子2981F
昔柳摭談八卷　(清)馮□□撰　(清)汪人驥重輯　清光緒四年(1878)申報館鉛印申報館叢書本　二册

220000－0841－0009057　子5750K
白門新柳記一卷補記一卷白門衰柳記一卷　(清)許豫撰　(清)楊亨補記　清同治十一年(1872)金陵吴耀年刻本　一册

220000－0841－0009058　子5384K
白門新柳記一卷補記一卷白門衰柳記一卷　(清)許豫撰　(清)楊亨補記　**秦淮豔品一卷**　(清)張曦照撰　清光緒元年(1875)上海刻本　二册

220000－0841－0009059　子2570K
吹影編四卷　(清)垣赤道人撰　清嘉慶刻本　四册

220000－0841－0009060　子2629K
花間笑語五卷　(清)釀花使者撰　清嘉慶十一年(1806)刻本　四册

220000－0841－0009061　子2628K
花間笑語五卷　(清)釀花使者撰　清道光元年(1821)粤東余氏刻本　四册

220000－0841－0009062　子2731K
埋憂集十卷續集二卷　(清)朱翊清撰　清同治十三年(1874)杭州文元堂刻本　六册

220000－0841－0009063　子2612F
醒睡録初集十卷　(清)鄧文濱撰　清光緒二

年(1876)申報館鉛印申報館叢書本　六册

220000－0841－0009064　子5721K
鄺齋雜記八卷　(清)陳曇撰　清道光九年(1829)度帆樓刻本　四册

220000－0841－0009065　子2734K
鄺齋雜記八卷　(清)陳曇撰　清光緒十年(1884)廣雅堂刻本　二册

220000－0841－0009066　子5437K
里乘四卷　(清)許奉恩撰　清光緒四年(1878)蕉華館刻本　二册

220000－0841－0009067　子2644K
里乘十卷　(清)許奉恩撰　清光緒五年(1879)常熟抱芳閣刻本　十册

220000－0841－0009068　子2577K
金壺七墨十八卷　(清)黄鈞宰撰　清同治十二年(1873)刻本　八册

220000－0841－0009069　子2582K
音釋坐花志果八卷　(清)汪道鼎撰　(清)鶩峰樵者音釋　清光緒四年(1878)刻本　四册

220000－0841－0009070　子2620K
續坐花志果四卷附一卷　(清)石屋寺侍者撰　清光緒二十四年(1898)上海書局石印本　二册

220000－0841－0009071　子2842K
淞濱瑣話十二卷　(清)王韜撰　清光緒十九年(1893)淞隱廬鉛活字印本　四册

220000－0841－0009072　子2799K
宋豔十二卷　(清)徐士鑾撰　清光緒十七年(1891)蝶園刻本　六册

220000－0841－0009073　子2765K
宋豔十二卷　(清)徐士鑾撰　清光緒十七年(1891)蝶園刻本　六册

220000－0841－0009074　子2672K
蕉軒隨録十二卷　(清)方濬師撰　清同治十一年(1872)退一步齋刻本　六册

220000－0841－0009075　子2738K
水窗春囈二卷　(清)歐陽兆熊　(清)金安清撰　清光緒三年(1877)上海機器印書局鉛活字印本　二册

220000－0841－0009076　子2572F
蕉軒摭録十二卷　(清)俞夢蕉撰　清光緒上海申報館鉛印申報館叢書本　四册

220000－0841－0009077　子1470K
逸農筆記八卷　(清)黄鴻藻撰　清光緒十三年(1887)桂林退思書屋刻本　七册　缺二卷(七至八)

220000－0841－0009078　子3463K
遺珠貫索八卷　(清)張純照撰　清同治三年(1864)滬城琳瑯閣刻本　四册

220000－0841－0009079　子2642K
申江名勝圖説二卷　(清)香國頭陀撰　清光緒十年(1884)上海揉雲館刻本　二册

220000－0841－0009080　子5660K
斯陶説林十二卷　(清)王用臣撰　清光緒十八年(1892)深澤王氏刻本　十二册

220000－0841－0009081　子2617K
繪圖癡人説夢四卷　(清)夢莊生撰　清光緒二十年(1894)藪海書屋石印本　四册

220000－0841－0009082　子2791K
行素齋雜記二卷　(清)繼昌撰　清光緒二十七年(1901)湖南臬署刻本　二册

220000－0841－0009083　子2897K
天花亂墜八卷二集八卷　(清)寅半生撰　清光緒二十九年(1903)崇實齋刻本　八册

220000－0841－0009084　子2700K
我佛山人劄記小説四卷　(清)吴沃堯撰　清宣統二年(1910)上海輿論時事報鉛印剪集本　二册

220000－0841－0009085　子2894K
最新初版遊戲奇觀二卷　(清)嚴棣華撰　清宣統二年(1910)聞聲社石印本　二册

220000－0841－0009086　子2852K
荷花大少十二章　(清)他佛山人撰　清光緒

三十年(1904)上海新民譯印書局鉛活字印本　一册

220000－0841－0009087　子 5434K
紙糊燈龍一卷　(清)不能道人撰　清光緒三十一年(1905)刻本　一册

220000－0841－0009088　子 2712K
垂綏錄十卷　(清)張雲璈撰　清光緒二十七年(1901)安雅書局鉛活字印本　四册

220000－0841－0009089　子 2825K
七日談初編　上海家政改良研究會撰　清光緒三十三年(1907)上海競化師範女學校石印本　一册

220000－0841－0009090　子 2616K
滬濱怪怪奇奇四卷　(清)南樵廬撰　清光緒上海文宜書局石印本　四册

220000－0841－0009091　子 2726K
警睡編初集四卷二集二卷　(清)華椿撰　清光緒上海洋珍藝書局鉛活字印本　五册

220000－0841－0009092　子 2660K
碧聲吟館談麈四卷硯辨　(清)許善長撰　清光緒四年(1878)仁和許氏刻碧聲吟館叢書本　四册

220000－0841－0009093　子 5972K
見聞近錄四卷　(清)俞超撰　清道光木活字印本　二册　存二卷(一至二)

220000－0841－0009094　子 2862K
周婆制禮三卷　(清)芙蓉外史撰　清光緒二十二年(1896)上海書局石印本　三册

220000－0841－0009095　子 3640K
吳門畫舫錄二卷續錄三卷　(清)西溪山人撰　清嘉慶十九年(1814)紅樹山房刻本　三册

220000－0841－0009096　子 2646F
秦淮畫舫錄二卷畫舫餘談一卷三十六春小譜一卷　(清)捧花生撰　清同治十年(1871)上海申報館鉛印申報館叢書本　三册

220000－0841－0009097　子 4558K
明齋小識十二卷　(清)諸聯撰　清同治四年(1865)吳趍亦西齋刻本　六册

220000－0841－0009098　子 2755F
海上群芳譜四卷　(清)懺情侍者撰　清光緒十年(1884)申報館鉛印申報館叢書本　一册

220000－0841－0009099　子 2863K
海上冶遊備覽二卷　(清)惜花主人撰　清光緒二十年(1894)石印本　二册

220000－0841－0009100　善 0188
山海經十八卷　(晉)郭璞傳　明萬曆十三年(1585)刻山海經水經合刻本　二册

220000－0841－0009101　善 2869
山海經十八卷　(晉)郭璞傳　清乾隆黄晟槐蔭草堂刻山水二經合刻本　二册

220000－0841－0009102　善 0183
山海經十八卷　(晉)郭璞注　清康熙項絪群玉書堂刻本　二册

220000－0841－0009103　史 2022
山海經廣注十八卷圖五卷雜述一卷　(晉)郭璞注　(清)吳任臣廣注　清康熙刻本　八册

220000－0841－0009104　史 7083F
山海經十八卷　(晉)郭璞傳　(清)畢沅校　清光緒三年(1877)浙江書局刻二十二子本　三册

220000－0841－0009105　史 10655K
山海經四卷　(晉)郭璞傳　(清)吳志伊注　清咸豐五年(1855)海清樓刻本　四册

220000－0841－0009106　史 3843K
穆天子傳六卷　(晉)郭璞注　(清)郝懿行補注　清光緒三十四年(1908)潛廬刻本　一册

220000－0841－0009107　善 3005
西京雜記二卷　題(漢)劉歆撰　(晉)葛洪錄　(清)盧文弨校　清乾隆五十二年(1787)盧氏抱經堂叢書本　一册

220000－0841－0009108　子 2411K
新鐫三教聖帝佛師搜神記二卷圖一卷　(清)□□撰　清道光聚盛堂刻本　三册

220000－0841－0009109　善 0643

拾遺記十卷　題(後秦)王嘉撰　(南朝梁)蕭綺錄　清康熙七年(1668)汪士漢刻秘書二十一種本　二册

220000－0841－0009110　子 3671K

述異記二卷　(南朝梁)任昉撰　清光緒三十年(1904)南陵徐乃昌刻隨庵徐氏叢書本　一册

220000－0841－0009111　子 2690

酉陽雜俎二十卷　(唐)段成式撰　明崇禎毛氏汲古閣刻津逮秘書本　三册

220000－0841－0009112　子 5338K

酉陽雜俎二十卷　(唐)段成式撰　清道光二十九年(1849)小娜嬛山館刻本　四册

220000－0841－0009113　子 2786F

博異記一卷　(唐)谷神子(鄭還古)撰　**高士傳三卷**　(晉)皇甫謐撰　清康熙七年(1668)新安汪氏刻秘書二十一種本　一册

220000－0841－0009114　子 2678

劇談錄二卷　(唐)康駢撰　明崇禎毛氏汲古閣刻津逮秘書本　二册

220000－0841－0009115　子 2590

夷堅志二十卷　(宋)洪邁撰　清乾隆四十三年(1778)錢塘周氏刻本　十九册

220000－0841－0009116　子 2499K

夷堅志八十卷　(宋)洪邁撰　清光緒五年(1879)吳興陸氏十萬卷樓刻本　十六册

220000－0841－0009117　善 0852

新鐫玉茗堂批選王弇州先生豔異編四十卷　題(明)王世貞撰　(明)湯顯祖評　明刻本　八册　存二十五卷(一至二十五)

220000－0841－0009118　善 0843

新鐫玉茗堂批選王弇州先生豔異編四十卷　題(明)王世貞撰　(明)湯顯祖評　明刻本　一册　存四卷(十九至二十二)

220000－0841－0009119　善 0844

玉茗堂摘評王弇州先生豔異編十二卷　題(明)王世貞撰　(明)湯顯祖評　明凌刻朱墨套印本　四册

220000－0841－0009120　善 0859

繡穀春容十二卷　題(明)起北赤心子輯　明建業世德堂主人刻本　八册　存七卷(一至七)

220000－0841－0009121　子 2534

聊齋志異十六卷　(清)蒲松齡撰　(清)王士禛評　清乾隆三十一年(1766)趙起杲青柯亭刻本　十六册

220000－0841－0009122　子 2526K

聊齋志異注十六卷　(清)呂湛恩輯注　清道光五年(1825)刻本　六册

220000－0841－0009123　子 2535K

聊齋志異新評十六卷　(清)蒲松齡撰　清道光二十二年(1842)廣順但氏刻朱墨套印本　十六册

220000－0841－0009124　子 6056K

聊齋志異新評十六卷　(清)蒲松齡撰　清道光二十二年(1842)廣順但氏刻本　十六册

220000－0841－0009125　子 2539K

聊齋志異新評十六卷　(清)蒲松齡撰　清刻本　十六册

220000－0841－0009126　子 3950K

聊齋志異新評十六卷　(清)蒲松齡撰　清光緒十五年(1889)京都老二酉堂刻道光廣順但氏朱墨套印本　十六册

220000－0841－0009127　子 2528K

聊齋志異新評十六卷　(清)蒲松齡撰　清光緒十年(1884)上海著易堂刻本　八册

220000－0841－0009128　子 2971

聊齋志異新評全注十六卷　(清)蒲松齡撰　清光緒七年(1881)邵州經畬書屋刻本　十六册

220000－0841－0009129　子 2533

詳註加批聊齋志異圖詠十六卷首一卷　(清)蒲松齡撰　清光緒十二年(1886)上海同文書

局石印本　七冊　存十四卷(一至四、七至十六)

220000－0841－0009130　子3576
批注聊齋志異圖詠十六卷　(清)蒲松齡撰　清光緒十三年(1887)石印本　八冊

220000－0841－0009131　子2531
詳注聊齋志異圖詠十六卷　(清)蒲松齡撰　(清)呂湛恩輯注　清光緒十五年(1889)蜚英書局石印本　八冊

220000－0841－0009132　子2530
改良繪圖新聊齋初集二卷　(清)省非子撰　清宣統元年(1909)振亞書局石印本　二冊

220000－0841－0009133　子2615
真正後聊齋志異八卷　(清)徐昆撰　清光緒二十二年(1896)上海文宜書局石印本　四冊

220000－0841－0009134　善3168
虞初新志二十卷　(清)張潮撰　清康熙刻本　八冊

220000－0841－0009135　子2666K
虞初新志二十卷　(清)張潮輯　**虞初續志十二卷**　(清)鄭澍若輯　清咸豐元年(1851)小嫏嬛山館刻本　十二冊

220000－0841－0009136　子2857K
虞初續志十卷　(清)鄭澍若輯　清嘉慶七年(1802)養花草堂刻本　四冊

220000－0841－0009137　子1987K
客窗閒話八卷　(清)吳熾昌撰　清光緒元年(1875)寶書堂刻本　八冊

220000－0841－0009138　子2915K
客窗閒話八卷續八卷　(清)吳熾昌撰　清光緒元年(1875)刻本　八冊

220000－0841－0009139　子2920F
客窗閒話八卷續八卷　(清)吳熾昌撰　清光緒二年(1876)上海申報館鉛印申報館叢書本　四冊　缺八卷(續八卷)

220000－0841－0009140　子5430K
異聞錄十二卷　(清)孫洙輯　清道光十八年(1838)述古堂刻本　六冊

220000－0841－0009141　子2566K
新齊諧二十四卷　(清)袁枚撰　清道光禪山三元堂刻本　十冊

220000－0841－0009142　善0762
隨園隨筆二十八卷　(清)袁枚撰　清嘉慶十三年(1808)小倉山房刻本　四冊

220000－0841－0009143　子2656
如是我聞六卷　(清)紀昀撰　清乾隆五十六年(1791)醒園刻本　六冊

220000－0841－0009144　子2640
姑妄聽之四卷　(清)紀昀撰　清乾隆五十八年(1793)北平盛氏刻本　四冊

220000－0841－0009145　善0647
閱微草堂筆記二十四卷　(清)紀昀撰　清嘉慶五年(1800)北平盛氏刻本　十四冊

220000－0841－0009146　善0739
閱微草堂筆記二十四卷　(清)紀昀撰　清嘉慶五年(1800)北平盛氏望益書屋刻本　十冊

220000－0841－0009147　子2783K
閱微草堂筆記二十四卷　(清)紀昀撰　清嘉慶二十一年(1816)北平盛氏刻本　十冊

220000－0841－0009148　子2964K
閱微草堂筆記二十四卷　(清)紀昀撰　清嘉慶書坊刻本　十冊

220000－0841－0009149　子2693K
閱微草堂筆記二十四卷　(清)紀昀撰　清道光十三年(1833)羊城刻本　十冊

220000－0841－0009150　子3503K
閱微草堂筆記二十四卷　(清)紀昀撰　清道光刻本　十二冊

220000－0841－0009151　子5376K
紀氏嘉言四卷　(清)紀昀撰　(清)徐瑃摘錄　清道光二十六年(1846)徐氏刻本　四冊

220000－0841－0009152　子2415K
夜譚隨錄十二卷　(清)閑齋氏撰　清光緒十

三年(1887)鴻寶齋石印本　二冊

220000－0841－0009153　子 2547
夜譚隨錄十二卷　(清)齊園主人撰　清乾隆二十年(1755)聖經堂刻本　十二冊

220000－0841－0009154　子 2583K
螢窗異草初編四卷二編四卷三編四卷四編四卷　(清)慶蘭撰　清光緒二十一年(1895)石印本　八冊

220000－0841－0009155　子 2598F
螢窗異草初編四卷　(清)慶蘭撰　清光緒上海申報館鉛印申報館叢書本　四冊

220000－0841－0009156　子 2597F
螢窗異草二編四卷　(清)慶蘭撰　清光緒上海申報館鉛印申報館叢書本　四冊

220000－0841－0009157　子 2728K
諧鐸十二卷　(清)沈起鳳撰　清嘉慶二年(1797)刻本　四冊

220000－0841－0009158　子 2694K
諧鐸十二卷　(清)沈起鳳撰　清光緒二十一年(1895)上海書局石印上海廣百宋齋圖像鉛活字印本　四冊

220000－0841－0009159　子 5439K
諧鐸十二卷　(清)沈起鳳撰　清光緒二十三年(1897)刻本　四冊

220000－0841－0009160　子 2604
桂山錄異八卷　(清)顧淦撰　清乾隆五十八年(1793)碧梧堂刻本　四冊

220000－0841－0009161　子 5961K
桂山錄異八卷　(清)顧淦撰　清道光四年(1824)學餘堂刻本　六冊　存六卷(一至六)

220000－0841－0009162　子 2061K
諧史四卷　(清)程森泳輯　清嘉慶五年(1800)西西山房刻本　四冊

220000－0841－0009163　子 2568K
作如是觀四卷　(清)喻師顔撰　清嘉慶十年(1805)桂林堂刻本　四冊

220000－0841－0009164　子 2625K
三異錄八卷　(清)感春子編　清嘉慶五年(1800)刻本　四冊

220000－0841－0009165　子 2593
耳食錄十二卷　(清)樂鈞撰　清乾隆五十七年(1792)夢花樓刻本　十二冊

220000－0841－0009166　子 2595K
耳食錄十二卷二編八卷　(清)樂鈞撰　清道光元年(1821)味經堂刻本　六冊　缺八卷(二編八卷)

220000－0841－0009167　子 2596K
耳食錄十二卷二編八卷　(清)樂鈞撰　清道光元年(1821)味經堂刻本　八冊

220000－0841－0009168　子 3936K
廣虞初新志四十卷　(清)黃承增輯　清嘉慶八年(1803)寄鷗閒舫刻本　十六冊

220000－0841－0009169　子 1200K
聽雨軒續紀一卷贅紀一卷　(清)清涼道人撰　清嘉慶十一年(1806)研雲樓刻本　二冊

220000－0841－0009170　子 5738K
妄妄錄十二卷　(清)朱海撰　清道光十年(1830)刻本　八冊

220000－0841－0009171　子 2636K
挑燈新錄六卷　(清)吴荆園撰　清嘉慶十五年(1810)刻本　四冊

220000－0841－0009172　子 2609K
挑燈新錄六卷　(清)吴荆園撰　清同治二年(1863)刻本　六冊

220000－0841－0009173　子 2719K
閒談消夏錄十二卷　(清)朱翊清撰　清同治十三年(1874)翠筠山房刻本　六冊

220000－0841－0009174　子 5221K
科名顯報一卷續編一卷　(清)淡友居士輯　(清)滌凡居士增訂　清道光十年(1830)刻本　一冊

220000－0841－0009175　子 2492K
消閒述異三卷　(清)常謙尊輯　清道光二十

年(1840)帶經堂刻本　三冊

220000－0841－0009176　子 2803K
薰蕕並載四卷雜譚一卷　(清)王曇撰　清道光二十二年(1842)畊雲艸堂刻本　四冊

220000－0841－0009177　子 3698K
回瀾集二卷　(清)柳守原撰　清道光二十年(1840)京江柳書諫堂刻本　一冊

220000－0841－0009178　子 5433K
三蕉餘話二卷　(清)陶丙壽撰　清嘉慶二十二年(1817)檻旌堂刻本　二冊

220000－0841－0009179　子 2567K
墨餘書異八卷　(清)蔣知白撰　清嘉慶二十五年(1820)三益堂刻本　四冊

220000－0841－0009180　子 2587F
聞見異辭四卷　(清)許秋垞撰　清光緒四年(1878)上海申報館鉛印申報館叢書本　二冊

220000－0841－0009181　子 2990K
見聞隨筆二十六卷　(清)齊學裘撰　清同治十年(1871)天空海闊之居刻本　八冊

220000－0841－0009182　子 1276K
見聞續筆二十四卷　(清)齊學裘撰　清光緒二年(1876)天空海闊之居刻本　六冊

220000－0841－0009183　子 2614K
陰陽鏡十六卷　(清)湯承萸撰　清道光刻本　十六冊

220000－0841－0009184　子 6039K
豔異新編五卷　(清)俞宗駿輯　清光緒九年(1883)上海王氏刻本　四冊

220000－0841－0009185　子 5219K
淞隱漫錄十二卷續錄十二卷　(清)王韜撰　清光緒十年至十三年(1884－1887)石印本　十冊　缺八卷(續錄五至十二)

220000－0841－0009186　子 2490K
淞隱漫錄十二卷　(清)王韜撰　(清)尊聞閣主人薈萃圖詠　清光緒十年(1884)點石齋石印本　一冊

220000－0841－0009187　集 10211K
聞見錄二卷　(清)心懺子撰　清同治八年(1869)洪市刻本　二冊

220000－0841－0009188　子 2855F
四夢彙談四卷　(清)吳紹箕撰　清光緒五年(1879)上海申報館鉛印申報館叢書本　四冊

220000－0841－0009189　子 2591F
夜雨秋燈錄八卷　(清)宣鼎撰　清光緒三年(1877)申報館鉛印申報館叢書本　八冊

220000－0841－0009190　子 2817K
譚史志奇八卷　(清)姚彥臣撰　清光緒十四年(1888)五知堂刻本　四冊

220000－0841－0009191　子 2820K
譚史志奇八卷　(清)姚彥臣撰　清光緒十四年(1888)五知堂刻本　四冊

220000－0841－0009192　子 2544K
醉茶志怪四卷　(清)李慶辰撰　清光緒十八年(1892)津門刻本　四冊

220000－0841－0009193　子 2443K
燕山外史二卷　(清)陳球撰　清嘉慶十六年(1811)刻本　二冊

220000－0841－0009194　子 5917
燕山外史注釋八卷　(清)陳球撰　(清)若駭子輯注　清光緒三十二年(1906)上海海左書局石印本　四冊

220000－0841－0009195　子 2880F
澆愁集八卷　(清)鄒弢撰　清光緒四年(1878)上海申報館鉛印申報館叢書本　四冊

220000－0841－0009196　子 2553K
繪圖最新今古奇情小說不分卷　(清)程麟撰　清光緒三十四年(1908)萃英書莊石印本　一冊

220000－0841－0009197　子 2580K
聊攝叢談六卷　(清)須方岳撰　清光緒十二年(1886)文英堂刻本　六冊

220000－0841－0009198　子 2619K
繪圖希奇古怪四卷　(清)李慶辰撰　清光緒

二十二年(1896)上海理文軒石印本　四册

220000－0841－0009199　子4330K

譚瀛八種四卷　(清)吳文藻撰　清光緒二十二年(1896)上海鴻寶齋石印本　四册

220000－0841－0009200　子2622K

古官異述記四卷　(清)蘭興樵撰　清光緒三十三年(1907)北京龍文閣書坊石印本　四册

220000－0841－0009201　子2627K

新子不語四卷　(清)蘭興樵撰　清宣統二年(1910)改良小說社石印本　二册

220000－0841－0009202　子2543K

繪圖騙術奇談四卷　(清)雷君曜撰　清光緒上海掃葉山房石印本　四册

220000－0841－0009203　子2555K

壺中志初集二卷　(清)壺廬主人撰　清光緒三十二年(1906)青雲學社石印本　二册

220000－0841－0009204　子4270K

技擊餘聞一卷　林紓撰　清光緒三十四年(1908)上海商務館石印本　一册

220000－0841－0009205　子2610K

在野邇言八卷　(清)王嘉楨撰　清光緒二十年(1894)刻本　六册

220000－0841－0009206　子2618K

蒙情快史四卷　(清)夢花主人撰　清光緒二十二年(1896)石印本　四册

220000－0841－0009207　子2571

秋坪新語十二卷　(清)天漢浮槎散人撰　清乾隆六十年(1795)刻本　六册

220000－0841－0009208　叢0883K

豔史叢抄十二種　(清)王韜撰　清光緒四年(1878)弢園鉛活字印本　十二册

220000－0841－0009209　子3367K

笑得好二卷　(清)指迷道人撰　清光緒八年(1882)評花館主刻本　一册

220000－0841－0009210　子3283K

笑得好二卷　(清)指迷道人撰　清光緒鉛活字印本　四册

220000－0841－0009211　子2840K

新鐫笑林廣記十二卷　題(清)遊戲主人纂輯　粲然居士參訂　清坊刻本　六册

220000－0841－0009212　子2896K

新鐫笑林廣記十二卷　題(清)遊戲主人撰　清道光十八年(1838)菊蘭草堂刻本　四册

220000－0841－0009213　子2864K

一見引人笑四卷　(清)俞樾撰　清光緒石印本　四册

220000－0841－0009214　子2919F

笑笑録六卷　(清)獨逸窩退士撰　清光緒上海申報館鉛印申報館叢書本　四册

220000－0841－0009215　子5954K

繪圖孩兒説笑話□□卷　(清)悟癡生輯　清光緒二十一年(1895)上海利記石印本　一册　存一卷(一)

220000－0841－0009216　善3566

御製律曆淵源一百卷　(清)允禄　(清)允祉纂修　清雍正二年(1724)内府刻本　六十九册

220000－0841－0009217　子3946

御製曆象考成後編十卷　(清)允禄等纂修　清乾隆七年(1742)武英殿刻本　八册

220000－0841－0009218　子0798K

御製曆象考成上編十六卷下編十卷　(清)允禄　(清)允祉纂修　清光緒二十一年(1895)湖北官書處刻本　十五册

220000－0841－0009219　子3945K

欽定儀象考成續編三十二卷　(清)敬徵等纂　清道光二十五年(1845)内府刻本　十二册

220000－0841－0009220　子5259K

高厚蒙求初集一卷二集一卷三集三卷四集三卷　(清)徐朝俊纂　清嘉慶十二年(1807)雲間徐氏刻本　四册

220000－0841－0009221　子4359

高厚蒙求初集一卷二集一卷三集三卷四集三

卷 (清)徐朝俊撰　清光緒鉛活字印本　四册

220000－0841－0009222　子4922
欽定修造吉方立成一卷 (清)欽天監編　清道光二十七年(1847)内府刻本　一册

220000－0841－0009223　子0714K
日星測時新表不分卷 (清)余煌撰　清道光九年(1829)刻本　一册

220000－0841－0009224　子4638F
交食捷算四卷 (清)黄炳垕撰　清光緒十年(1884)黄氏刻留書種閣集本　二册

220000－0841－0009225　子0647K
交食引蒙不分卷 (清)賈步緯撰　清光緒二十年(1894)江南製造局鉛活字印本　一册

220000－0841－0009226　子0720F
躔離引蒙不分卷 (清)賈步緯撰　清光緒十八年(1892)江南製造局鉛活字印本　二册

220000－0841－0009227　子0683K
恒星表不分卷 (清)賈步緯撰　清光緒二十八年(1902)鉛活字印本　一册

220000－0841－0009228　子5174K
心香閣考定二十四氣中星圖一卷 (清)江蕙圖注　清光緒六年(1880)東宋氏刻本　一册

220000－0841－0009229　子0677K
偏緯較表一卷 (清)兩湖書院編　清光緒二十五年(1899)刻本　一册

220000－0841－0009230　子0710K
蒙學天文實在易一卷 (清)彪蒙書室編　清光緒三十一年(1905)上海彪蒙書室石印本　一册

220000－0841－0009231　善2933
御定萬年書不分卷御纂歷代三元甲子編年不分卷　清嘉慶刻本　五册

220000－0841－0009232　善1936
曆志二十一卷 (明)周乃祺輯　明崇禎七年(1634)刻本　七册　存十七卷(一至十一、十六至二十一)

220000－0841－0009233　善2044
大明萬曆二十一年歲次癸巳大統曆一卷　明萬曆刻本　一册

220000－0841－0009234　善2144
大清順治十五年歲次戊戌時憲曆一卷　清順治刻本　一册

220000－0841－0009235　善3094
大清乾隆五十六年歲次辛亥時憲書一卷　清乾隆刻本　一册

220000－0841－0009236　子4398
清代時憲書 (清)欽天監編　清刻本　一百十四册

220000－0841－0009237　子0666
大清咸豐五年歲次乙卯時憲書一卷　清咸豐刻本　一册

220000－0841－0009238　史11672
大清同治元年歲次壬戌時憲書一卷　清同治刻套印本　一册

220000－0841－0009239　史7828
大清光緒十三年歲次丁亥時憲書一卷　清光緒刻套印本　一册

220000－0841－0009240　史9891
大清光緒三十二年歲次丙午時憲書一卷　清光緒刻套印本　一册

220000－0841－0009241　子0664
大清宣統四年歲次壬子七政經緯躔度時憲書一卷　清宣統刻本　一册

220000－0841－0009242　子5921K
欽定七政四餘萬年書不分卷　清刻本　四册

220000－0841－0009243　子0705K
欽定七政四餘萬年書　清刻本　四册

220000－0841－0009244　子0704
欽定七政四餘萬年書　清刻本　四册

220000－0841－0009245　子4294K
欽定萬年書二卷 (清)□□撰　清光緒八年(1882)江左書林刻本　三册

220000－0841－0009246　子0899K
算學五種　(宋)葉祖洽等編輯　清光緒二十二年(1896)上海鴻寶齋石印本　五冊

220000－0841－0009247　善3326
周髀算經二卷　(宋)李籍撰　(漢)趙爽注　(北周)甄鸞述　(唐)李淳風等注釋音義　**數術記遺一卷**　(漢)徐嶽撰　(北周)甄鸞注　明崇禎毛氏刻津逮秘書本　二冊

220000－0841－0009248　善1657
算法全能集二卷　(明)賈亨撰　明刻本　一冊

220000－0841－0009249　叢0057K
兼濟堂纂刻梅勿菴先生曆算全書　(清)梅文鼎撰　(清)魏荔彤輯　清咸豐九年(1859)南城梅體萱刻本　二十三冊　存二十七種

220000－0841－0009250　叢1342K
兼濟堂纂刻梅勿菴先生曆算全書　(清)梅文鼎撰　(清)魏荔彤輯　清咸豐九年(1859)刻本　二十四冊

220000－0841－0009251　叢0880K
梅氏叢書輯要六十二卷首一卷　(清)梅文鼎撰　清光緒十四年(1888)上海龍文書局石印本　六冊

220000－0841－0009252　子0916F
里堂學算記十六卷　(清)焦循撰　清嘉慶四年(1799)江都焦氏雕菰樓刻焦氏叢書本　七冊

220000－0841－0009253　子4825K
衡齋算學遺書合刻　(清)汪萊撰　清光緒十八年(1892)汪廷棟聞梅舊塾刻本　二冊

220000－0841－0009254　子0656K
謝穀堂算學三種　(清)謝家禾撰　(清)戴煦輯　清道光十七年(1837)刻本　一冊

220000－0841－0009255　叢0566K
數學五書　(清)安清翹撰　清嘉慶十六年(1811)樹人堂刻本　八冊

220000－0841－0009256　子5150K
董方立遺書　(清)董祐誠撰　清同治八年(1869)董貽清成都刻本　六冊

220000－0841－0009257　子0874K
董方立算書五種　(清)董祐誠撰　清光緒江南製造局刻本　一冊

220000－0841－0009258　子0863K
翠微山房數學　(清)張作楠撰　清嘉慶、道光金華張氏翠微山房刻本　十六冊

220000－0841－0009259　子0811K
翠微山房數學　(清)張作楠撰　清光緒二十三年(1897)上海鴻寶齋石印本　八冊

220000－0841－0009260　子0868K
則古昔齋算學　(清)李善蘭撰　清同治六年(1867)金陵刻本　六冊

220000－0841－0009261　子0859K
則古昔齋算學　(清)李善蘭撰　清同治六年(1867)金陵刻本　八冊

220000－0841－0009262　子0860F
白芙堂算學叢書　(清)丁取忠輯　清同治、光緒長沙古荷花池精舍刻本　三十五冊

220000－0841－0009263　子0713K
華氏中西算學全書四集　(清)華蘅芳撰　清光緒二十三年(1897)慎記書莊石印本　十二冊

220000－0841－0009264　叢1621K
遊藝錄　(清)李洇撰　清光緒二十年(1894)醉月山房刻本　七冊

220000－0841－0009265　叢1329K
榘齋籌算叢抄六種　勞乃宣撰　清光緒自刻朱墨印本　二十二冊

220000－0841－0009266　子0801K
算學啟蒙述義三卷總括一卷　(元)朱世傑編撰　(清)王鑒學　清光緒十年(1884)刻本　三冊

220000－0841－0009267　子0893K
測圓海鏡十二卷　(元)李冶撰　清光緒二年(1876)同文館鉛活字印本　四冊

220000－0841－0009268　子 5525K

測圓海鏡通釋四卷算學叢話一卷喻利算法一卷　(清)劉嶽雲撰　清光緒二十二年(1896)尊經書局刻本　一册

220000－0841－0009269　子 0796F

算法統宗十一卷首一卷校算記一卷　(明)程大位原編　(清)梅瑴成增删　(清)賈步緯校算　清光緒三年(1877)江南製造總局刻本　四册

220000－0841－0009270　子 0789K

御製數理精藴上編五卷下編四十卷表八卷　(清)聖祖玄燁撰　清光緒八年(1882)江寧藩署刻本　四十册

220000－0841－0009271　子 0672K

秋水堂算法八卷　(清)莊亨陽撰　清光緒十五年(1889)刻本　三册

220000－0841－0009272　子 0676K

算迪八卷　(清)何夢瑤撰　清光緒二十四年(1898)瀋陽劉氏刻本　八册

220000－0841－0009273　子 0900K

新鐫算法全書四卷　(清)□□編　清光緒文裕成刻本　一册

220000－0841－0009274　子 1443K

毖緯瑣言一卷　(清)厲之鍔撰　清嘉慶五年(1800)刻本　一册

220000－0841－0009275　子 0791K

九數存古九卷　(清)顧觀光撰　清光緒十八年(1892)江蘇書局刻本　四册

220000－0841－0009276　子 0634K

勾股六術一卷　(清)項名達撰　清光緒刻本　一册

220000－0841－0009277　子 0790K

算法大成上編十卷首一卷下編十卷　(清)陳傑静撰　清光緒二十四年(1898)浙江官書局刻本　十册

220000－0841－0009278　子 0660K

術元筆算今式二卷　(清)汪香祖撰　清光緒二十三年(1897)江蘇書局刻本　二册

220000－0841－0009279　子 0658K

開方表説一卷　(清)賈步緯撰　清光緒江南製造局鉛活字印本　一册

220000－0841－0009280　子 0682F

繙譯弦切對數表八卷　(清)賈步緯譯述　清光緒二十六年(1900)江南製造局鉛活字印本　八册

220000－0841－0009281　子 0896K

對數表四卷校算記　(清)賈步緯校述　清光緒江南製造局鉛活字印本　四册

220000－0841－0009282　子 0630K

八線對數簡表一卷　(清)賈步緯校述　清光緒江南製造總局鉛活字印本　一册

220000－0841－0009283　子 0673K

學算筆談十二卷　(清)華蘅芳撰　清光緒二十四年(1898)曉月山房刻本　六册

220000－0841－0009284　子 0885F

微積集證四卷　(清)林傳甲撰　清光緒二十六年(1900)長沙督學使署刻本　一册

220000－0841－0009285　子 0865K

代數啟蒙四卷　(清)馮澂撰　清光緒二十三年(1897)江蘇書局刻本　四册

220000－0841－0009286　子 0715K

開方提要一卷　(清)黄慶澄撰　清光緒二十三年(1897)刻本　一册

220000－0841－0009287　子 0671K

算表合璧不分卷　(清)崔朝慶　(清)楊冰同編　清光緒二十八年(1902)江楚書局刻本　一册

220000－0841－0009288　子 0652K

方子壯數學不分卷　(清)方克猷撰　清光緒三十二年(1906)刻本　二册

220000－0841－0009289　子 0888K

簡易庵算稿四卷　(清)劉彝程撰　清光緒二十六年(1900)江南製造總局刻本　四册

220000－0841－0009290　子 0685K
平面卓記一卷　(清)湯金鑄撰　清光緒二十六年(1900)正學堂刻朱印本　一册

220000－0841－0009291　子 0699K
算學一卷度數表一卷　(清)湯金鑄撰　清光緒二十六年(1900)兩湖書院刻本　一册

220000－0841－0009292　子 5598K
算學書目提要三卷　(清)丁福保撰　清光緒二十五年(1899)無錫竢實學堂刻本　一册

220000－0841－0009293　子 0641K
平立方根表一卷　(清)兩湖書院編　清光緒二十五年(1899)正學堂刻本　一册

220000－0841－0009294　子 0686K
測算公式讀法一卷附録一卷　(清)兩湖書院編　清光緒二十五年(1899)正學堂鉛活字印本　一册

220000－0841－0009295　子 0712K
蒙學習算實在易不分卷　(清)彪蒙主人繪編　清光緒三十二年(1906)彪蒙書室石印本　四册

220000－0841－0009296　子 1254K
太玄經十卷　(漢)揚雄撰　(宋)司馬光集注　清光緒元年(1875)湖北崇文書局刻本　二册

220000－0841－0009297　子 5476K
太玄集注四卷　(漢)揚雄撰　(宋)司馬光輯注　(清)孫樹補正　清道光鶩溪孫氏刻本　二册

220000－0841－0009298　善 3500
皇極經世考三卷　(清)徐文靖撰　清嘉慶知白齋刻本　二册

220000－0841－0009299　善 2332
天原發微五卷　(宋)鮑雲龍撰　(明)鮑寧辨正　**圖一卷篇目名義一卷問答節要一卷**　(明)鮑寧輯　明嘉靖二十九年(1550)秦藩刻本　四册

220000－0841－0009300　善 3456
河洛精藴九卷　(清)江永撰　清乾隆三十九年(1774)藴真書屋刻本　四册

220000－0841－0009301　善 3836
河洛精藴九卷　(清)江永撰　清兩儀堂刻本　四册

220000－0841－0009302　子 0629
管窺輯要八十卷　(清)黄鼎撰　清順治九年(1652)六安黄氏刻本　三十二册

220000－0841－0009303　子 0935F
紀慎齋先生祈雨全書二卷　(清)紀大奎撰　清光緒二十四年(1898)建德胡氏刻鵠齋叢書本　一册

220000－0841－0009304　子 5675K
新刻萬法歸宗五卷　(□)□□撰　清光緒上海千頃堂書局石印本　一册

220000－0841－0009305　子 5943K
新刊合併官板音義評注淵海子平五卷　(宋)徐升撰　(明)楊淙增校　清光緒上海江東茂記書局石印本　三册

220000－0841－0009306　子 5161K
三命通會十二卷　(明)萬民英撰　清宣統元年(1909)上海江左書林石印本　十二册

220000－0841－0009307　子 4551K
子平管見集解二卷　(明)雷鳴夏撰　清道光二十六年(1846)書業德記刻本　二册

220000－0841－0009308　子 4830K
冰鑑一卷　(□)□□撰　清道光九年(1829)東省正文堂刻本　一册

220000－0841－0009309　子 0928K
太古演禽不分卷　(清)武林嘯道人訂　清光緒二年(1876)葛氏嘯園滬上刻本　一册

220000－0841－0009310　子 4796K
春樹齋叢説不分卷　(清)溫葆深撰　清光緒五年(1879)刻本　二册

220000－0841－0009311　子 4754K
格物中法十二卷　(清)劉嶽雲撰　清光緒二十六年(1900)刻本　八册　存六卷(一至六)

220000－0841－0009312　子 4816K
倚霞宮筆錄三卷　（清）易順鼎錄並案　清光緒十九年（1893）易園刻本　二册

220000－0841－0009313　子 5136K
龍經校注一卷　（南唐）楊筠松口诀　（清）汪宗沂校注　**葬書校注一卷**　（晉）郭璞撰　（宋）蔡發編　（元）吳澄敘錄　（清）汪宗沂校注　清光緒十四年（1888）弢廬刻本　二册

220000－0841－0009314　子 4608K
撼龍經一卷　（南唐）楊筠松撰　（清）李文田注　清光緒十八年（1892）蕭允文刻本　一册

220000－0841－0009315　善 0913
玉髓真經後卷二十一卷　（宋）房正等撰　明嘉靖二十九年（1550）福州府刻本　四册

220000－0841－0009316　善 3341
金精廖公秘授地學心法正傳畫莢扒砂經四卷補遺一卷　（宋）廖禹撰　（宋）彭大雄輯　明萬曆四十二年（1614）刻本　六册

220000－0841－0009317　子 0937K
新刻石函平砂玉尺經全書真機六卷後集四卷　（元）劉秉忠撰　（明）劉基解　（明）賴從謙發揮　明萬曆刻清修補印本　一册　存三卷（玉尺經全書真機一至三）

220000－0841－0009318　子 5944K
校正陽宅大全圖說十卷　（明）吳勉學輯校　（清）黃廷烈校　清光緒石印本　一册　存五卷（六至十）

220000－0841－0009319　子 4835K
相宅新編二卷　（□）□□撰　（清）焦循編　清嘉慶四年（1799）刻本　一册

220000－0841－0009320　善 3401
山法全書十九卷首二卷　（清）葉泰輯　清康熙刻地理大成本　十二册

220000－0841－0009321　子 0938
地理大全一集三十卷二集二十五卷　（明）李國木輯　明崇禎刻清修補本　十七册　缺二卷（二集二十四至二十五）

220000－0841－0009322　子 0940
地理大成五種　（清）葉泰輯　清康熙二十六年（1687）文光堂刻本　十六册　缺十三卷（山法全書一至十三）

220000－0841－0009323　子 0943K
地學二卷　（清）沈鎬撰　清同治七年（1868）元興堂刻本　二册

220000－0841－0009324　善 3547
堪輿洩秘六卷　（清）熊起磻輯　清嘉慶思補堂刻本　四册

220000－0841－0009325　子 5422K
秘傳李得楨先生金鏗纂陰陽法葬穴形一卷　（清）李得楨撰　清光緒三十二年（1906）如不及齋刻本　一册

220000－0841－0009326　子 5868K
易悟二卷　（清）林鶚撰　清道光二十三年（1843）刻本　一册

220000－0841－0009327　子 5134K
葬說集存一卷人倫要務一卷　（清）趙夢齡撰　清咸豐二年（1852）木活字印本　一册

220000－0841－0009328　善 3322
青囊經三卷　題（漢）赤松子述　（漢）黃石公傳　（宋）陳博釋　明萬曆三十一年（1603）吳勉學師古齋刻堪輿宗旨本　一册

220000－0841－0009329　子 4082K
青囊玉尺度金鍼集六卷四大金龍圖說崇正闢謬羅經輯要　（清）舒鳳儀纂圖　（清）段喆撰說　清光緒十六年（1890）徐州道署刻本　六册

220000－0841－0009330　子 0934K
堪輿法戒錄六卷　（清）古彝芬輯　清光緒二十四年（1898）古澤貽堂刻本　三册

220000－0841－0009331　子 4693
平原水法不分卷　（明）□□輯　明刻本　一册

220000－0841－0009332　子 5361K
靈棋經二卷　（晉）顏幼明撰　（宋）何承天注

(元)陳師凱　(明)劉基解　清光緒十九年(1893)思賢書局刻本　二冊

220000－0841－0009333　善 4204
焦氏易林四卷　題(漢)焦延壽撰　(明)鍾惺評　明刻本　四冊

220000－0841－0009334　善 2320
焦氏易林十六卷　題(漢)焦延壽撰　清嘉慶十三年(1808)黄氏士禮居刻黄氏叢書本　二冊

220000－0841－0009335　善 0573
五行大義五卷　(隋)蕭吉撰　清嘉慶九年(1804)許宗彥刻本　二冊

220000－0841－0009336　善 3346
易林補遺十二卷　(明)張世寳撰　明萬曆三十二年(1604)刻本　四冊

220000－0841－0009337　子 5228F
焦氏易林校略十六卷　(清)翟雲升撰　清道光二十八年(1848)東萊翟氏刻五經歲徧齋校書本　二冊

220000－0841－0009338　經 1981
易占經緯四卷首一卷　(明)韓邦奇撰　清康熙刻本　四冊

220000－0841－0009339　子 0932
天機貫旨紅囊經四卷　(明)李三素撰　清兩儀堂刻本　二冊

220000－0841－0009340　子 4606K
管蠡匯占十二卷　(清)周人甲編輯　清道光十九年(1839)海粟壇刻本　七冊

220000－0841－0009341　善 2775
欽定協紀辨方書三十六卷　(清)允祿等纂修　清乾隆六年(1741)武英殿刻套印本　十六冊

220000－0841－0009342　子 1567
澹園讀古拈十五卷　(清)周延輯　清康熙二十八年(1689)二南堂刻本　五冊

220000－0841－0009343　善 3411
三才發秘九卷　(清)陳雯撰　清康熙三十六年(1697)刻本　十六冊

220000－0841－0009344　子 6072K
稽瑞一卷　(唐)劉賡撰　清道光十四年(1834)顧湘影宋刻本　一冊

220000－0841－0009345　善 3514
枕山囈語不分卷　題(清)空空草堂主人撰　清乾隆二十六年(1761)刻本　一冊

220000－0841－0009346　子 5716K
崇正闢謬通書十四卷　(清)李奉來編輯　清嘉慶十六年(1811)書業堂刻本　六冊

220000－0841－0009347　子 5690K
諏吉便覽不分卷寳鏡圖一卷　(清)俞榮寬撰　清光緒三十二年(1906)刻朱墨套印本　四冊

220000－0841－0009348　子 4520K
諏吉述正二十五卷首一卷　(清)張祖同輯　清光緒二十三年(1897)湖南思賢書局刻本　十二冊

220000－0841－0009349　善 1724
妮古錄四卷　(明)陳繼儒撰　明萬曆刻寳顔堂秘笈本　二冊

220000－0841－0009350　子 3633F
前塵夢影錄二卷　(清)徐康撰　清光緒二十三年(1897)元和江氏湖南使院刻靈鶼閣叢書本　一冊

220000－0841－0009351　善 2838
鐵網珊瑚書品十卷畫品六卷　(明)朱存理輯　清雍正六年(1728)年希堯刻本　六冊

220000－0841－0009352　善 3784
鐵網珊瑚二十卷　(明)都穆撰　清乾隆二十三年(1758)刻本　二冊

220000－0841－0009353　善 2967
書畫跋跋三卷續三卷　(明)孫鑛撰　清乾隆孫宗溥等刻本　二冊

220000－0841－0009354　子 5132
書畫傳習録四卷　(明)王紱撰　(清)嵇承咸注　**續録一卷梁谿書畫徵一卷**　(清)嵇承咸

撰　清嘉慶十九年(1814)嵇承咸刻本　四册　缺一卷(四)

220000－0841－0009355　善3164
江邨消夏錄三卷　(清)高士奇輯　清康熙三十二年(1693)刻本　六册

220000－0841－0009356　善3058
銷夏錄六卷　(清)高士奇輯　(清)劉堅校訂　清乾隆四年(1739)刻本　二册　存二卷(三、六)

220000－0841－0009357　善1731
佩文齋書畫譜一百卷　(清)孫嶽頒　(清)宋駿業輯　清康熙内府刻本　六十四册

220000－0841－0009358　善3349
佩文齋書畫譜一百卷　(清)孫嶽頒　(清)宋駿業輯　清康熙靜永堂刻本　五十六册　存九十二卷(一至五十八、六十七至一百)

220000－0841－0009359　善3184
庚子銷夏記八卷　(清)孫承澤撰　清乾隆二十五年至二十六年(1760－1761)鮑廷博鄭竺刻本　二册

220000－0841－0009360　善2806
庚子銷夏記八卷　(清)孫承澤撰　清乾隆二十五年至二十六年(1760－1761)鮑廷博鄭竺刻本　五册

220000－0841－0009361　子3442
越畫見聞三卷　(清)陶元藻撰　清乾隆六十年(1795)怡雲閣刻本　一册

220000－0841－0009362　子5733K
書畫所見錄三卷金玉瑣碎二卷　(清)謝堃撰　清光緒六年(1880)刻本　四册

220000－0841－0009363　子1111K
清河書畫舫十二卷　(明)張丑撰　清光緒元年(1875)有竹人刻本　十二册

220000－0841－0009364　子5299K
清河書畫舫十二卷　(明)張丑撰　清光緒十四年(1888)孫溪朱氏家塾刻本　十二册

220000－0841－0009365　子1016K
庚子銷夏記八卷　(清)孫承澤撰　清刻本　四册

220000－0841－0009366　子4147
墨緣彙觀四卷　(清)安岐撰　清宣統元年(1909)湮陽端方刻本　四册

220000－0841－0009367　子1009F
石渠隨筆八卷　(清)阮元撰　清嘉慶揚州阮亨珠湖草堂刻文選樓叢書本　四册

220000－0841－0009368　子3923K
湘管齋寓賞續編六卷　(清)陳焯撰　清嘉慶六年(1801)刻本　六册

220000－0841－0009369　子1003K
王奉常書畫題跋二卷　(清)王時敏撰　清宣統二年(1910)通州李氏甌鉢羅室刻本　二册

220000－0841－0009370　子6000K
平津館鑒藏書畫記一卷　(清)孫星衍撰　清道光二十一年(1841)金陵陳宗彝刻獨抱廬叢刻本　一册

220000－0841－0009371　子4892K
須靜齋雲煙過眼錄一卷　(清)潘世璜撰　(清)潘遵祁錄　清宣統三年(1911)吳縣潘氏刻本　一册

220000－0841－0009372　子1105K
嶽雪樓書畫錄五卷　(清)孔廣陶編　清光緒十五年(1889)三十有三萬卷堂刻本　五册

220000－0841－0009373　子3674K
辛丑消夏記五卷　(清)吳榮光撰　清光緒三十一年(1905)長沙葉德輝郎園刻本　五册

220000－0841－0009374　子5843K
夢園書畫錄二十五卷　(清)方濬頤撰　清光緒三年(1877)定遠方氏刻本　十一册　缺二卷(十八至十九)

220000－0841－0009375　子1145K
紅豆樹館書畫記八卷　(清)陶樑編　清光緒八年(1882)吳趨潘氏韡園刻本　六册

220000－0841－0009376　子5478F
清湘老人題記一卷苦瓜和尚畫語錄一卷附錄

一卷 （清）釋道濟撰 （清）汪鋆輯 清光緒九年（1883）儀徵汪氏刻十二硯齋三種本 一冊

220000－0841－0009377 子 1144F
穰梨館過眼錄四十卷續錄十六卷 （清）陸心源撰 清光緒十七年（1891）吳興陸氏家塾刻本 十六冊

220000－0841－0009378 叢 0619K
薜蘿吟社所刊書三種 （清）金漢輯 清光緒十九年（1893）木活字印本 三冊

220000－0841－0009379 子 1135F
左庵一得初錄一卷續錄一卷 （清）李佳繼昌撰 清光緒三十四年（1908）鉛活字印本 二冊

220000－0841－0009380 子 1133K
愛日吟廬書畫錄四卷 （清）葛金烺編 **補錄一卷續錄八卷別錄四卷** 葛嗣浵編 清宣統二年至民國二年（1910－1913）當湖葛氏上海刻本 六冊

220000－0841－0009381 子 0967K
澄蘭室古緣萃錄十八卷 （清）邵松年輯 清光緒三十年（1904）上海鴻文書局石印邵松年手錄本 十六冊

220000－0841－0009382 子 1141K
瞶瞶齋書畫記四卷 （清）謝誠鈞撰 清光緒刻本 一冊

220000－0841－0009383 子 4647K
國朝書畫名家考略八卷 （清）晏棣撰 清道光十七年（1837）高純一刻本 二冊

220000－0841－0009384 子 4327K
國朝書畫家筆錄四卷 （清）竇鎮輯 清宣統三年（1911）上海自強書局石印本 四冊

220000－0841－0009385 史 16468K
墨林今話十八卷 （清）蔣寶齡撰 **續編一卷** （清）蔣臣生撰 清咸豐二年（1852）刻本 六冊

220000－0841－0009386 子 4252K
墨林今話十八卷 （清）蔣寶齡撰 **續編一卷** （清）蔣茝生撰 清咸豐二年（1852）刻本 六冊

220000－0841－0009387 子 5937K
墨林今話十八卷 （清）蔣寶齡撰 **續編一卷** （清）蔣臣生撰 清同治十一年（1872）映雪草廬刻本 六冊

220000－0841－0009388 叢 0759K
美術叢書 鄧實輯 清宣統三年（1911）上海神州國光社鉛活字印本 十三冊 存十三冊（第一集一至四、第二集一至四、第三集一至四、第四集一）

220000－0841－0009389 叢 1224K
塵海妙品十二種十四卷 （清）陳琰編 清宣統三年（1911）上海六藝書局石印本 四冊

220000－0841－0009390 子 5496
衍極五卷 （元）鄭杓撰 （元）劉有定釋 清光緒七年（1881）陸心源刻十萬卷樓叢書本 三冊

220000－0841－0009391 善 0530
古今法書苑七十六卷 （明）王世貞輯 明王乾昌刻本 二十冊

220000－0841－0009392 子 0974
草聖彙辯不分卷 （明）白芬彙編 （清）張能鱗選考 （清）朱宗文摹辯 清順治九年（1652）刻本 四冊

220000－0841－0009393 子 1076
草韻彙編二十六卷 （清）陶南望輯 清乾隆刻本 十冊

220000－0841－0009394 善 3537
竹雲題跋四卷 （清）王澍撰 清乾隆三十二年（1767）錢人龍刻本 二冊

220000－0841－0009395 善 2801
竹雲題跋四卷虛舟題跋十卷原三卷 （清）王澍撰 清乾隆五十三年（1788）溫純墨妙樓刻本 十六冊

220000－0841－0009396 子 0985K

顔書編年録四卷　(清)黄本驥編　清道光九年(1829)刻本　四册

220000－0841－0009397　子3801K
書法正傳四卷　(清)蔣和輯　清光緒三十年(1904)刻本　一册

220000－0841－0009398　子5179
漢谿書法通解八卷　(清)戈守智撰　清乾隆刻本　二册

220000－0841－0009399　子0988K
珊網一隅二卷　(清)陳日霽撰　清道光二十一年(1841)姑蘇書葉堂刻本　一册

220000－0841－0009400　子4045F
墨緣小録一卷　(清)潘曾瑩撰　清咸豐七年(1857)刻本　一册

220000－0841－0009401　集3662K
息柯雜著六卷　(清)楊翰撰　清同治十二年(1873)羊城九曜山房刻息柯居士全集本　三册

220000－0841－0009402　子0992K
歐陽書考十二卷首一卷末一卷　(清)袁繼翰撰　清光緒二十年(1894)述歐之室刻本　四册

220000－0841－0009403　子4874K
韜廬隸譜二卷　(清)汪宗沂撰　清光緒二十二年(1896)刻本　二册

220000－0841－0009404　經2357K
楷法溯源十四卷碑目一卷帖目一卷　(清)潘存原輯　楊守敬編　清光緒三年(1877)刻本　十四册

220000－0841－0009405　集10928K
金臚策楷一卷　(清)上海蜚英館輯　清光緒十四年(1888)上海蜚英館石印本　一册

220000－0841－0009406　史11156K
鑑湖女俠秋君墓表　徐自華撰　吴芝瑛書　清光緒三十四年(1908)上海悲秋閣影印本　一册

220000－0841－0009407　子3714K
廣藝舟雙楫六卷首一卷　康有為撰　清光緒十九年(1893)南海康有為萬木草堂刻本　一册

220000－0841－0009408　子3705K
廣藝舟雙楫六卷首一卷　康有為撰　清光緒二十八年(1902)粤東書坊重刷印十九年(1893)南海康氏萬木草堂刻本　二册

220000－0841－0009409　子0948K
寶真齋法書贊二十八卷　(宋)岳珂撰　清乾隆四十二年(1777)福建刻本　十二册

220000－0841－0009410　子5840K
歷代名人墨寶　(清)有正書局輯　清光緒上海有正書局影印本　八册　存八集(明代名人手跡二、四至六、八至九,國朝名人手跡三至四)

220000－0841－0009411　子4564K
有明名賢遺翰二卷　(清)謝若農藏　(清)張廷濟　(清)查奕照考定　清光緒十七年(1891)漢皋文淵書局刻本　四册

220000－0841－0009412　子3998K
明季忠烈尺牘二編　(清)潘承厚輯　清光緒十年(1884)影印蘧盦所藏尺牘本　一册

220000－0841－0009413　子3996K
楊忠烈公左忠毅公遺札合璧不分卷　(清)潘承厚輯　清光緒十年(1884)蘧盦所藏尺牘本　一册

220000－0841－0009414　子5505K
明十五完人手帖不分卷　鄧實輯　清光緒三十四年(1908)上海國學保存會影印明代名人尺牘本　一册

220000－0841－0009415　子5122K
昭代名人尺牘不分卷　(清)顧炎武等人撰書　(清)吳修審定　清光緒三十四年(1908)西泠印社石印本　二十四册

220000－0841－0009416　子3939K
名賢手札不分卷　(清)郭慶藩輯　清光緒十年(1884)湘陰郭氏岵瞻堂摹刻本　四册

220000－0841－0009417　子5887K

名賢手札墨蹟不分卷　(清)郭慶藩輯　清光緒十一年(1885)上海點石齋影印岵瞻堂摹刻本　四册

220000－0841－0009418　子5886K

名賢手札八卷　(清)郭慶藩輯　清光緒二十四年(1898)滬城周月記書局影印湘陰郭氏岵瞻堂摹刻本　二册

220000－0841－0009419　子5781

名人楹聯第二輯　(清)包世臣　(清)沈用熙等書　清宣統元年(1909)影印本　一册

220000－0841－0009420　史3408K

廟堂碑唐本存字一卷　(清)翁方綱撰　清道光十六年(1836)漢陽葉志詵刻本　一册

220000－0841－0009421　史7766K

孟法師碑　(唐)岑文本撰　(唐)褚遂良書　清刻本　一册

220000－0841－0009422　史7767K

孟法師碑　(唐)岑文本選　(唐)褚遂良書　清光緒七年(1881)宜都楊守敬日本東京刻本　一册

220000－0841－0009423　子5784K

趙孟頫臨樂毅論一卷　(元)趙孟頫書　清拓本　一册

220000－0841－0009424　史11122K

七姬權厝志　(元)張羽撰　(明)宋克書　清上海有正書局影印本　一册

220000－0841－0009425　集9624K

呂晚村家訓真蹟五卷附編一卷　(清)呂留良書　清光緒三十三年(1907)石門呂氏石印本　一册

220000－0841－0009426　子6034K

翁潭溪蘇齋筆記手稿八卷　(清)翁方綱撰並書　清宣統二年(1910)影印原稿本　二册

220000－0841－0009427　子4519K

清愛堂法帖墨刻一卷石刻四卷　(清)劉墉書　(清)劉鐶之摩勒　清宣統元年(1909)北京官書局石印本　四册

220000－0841－0009428　子5020K

錢南園楷書墨蹟一卷　(清)錢灃書　清光緒三十二年(1906)上海有正書局石印本　一册

220000－0841－0009429　子5865K

曾文正公日記手蹟不分卷　(清)曾國藩書　清宣統元年(1909)中國圖書公司影印本　一册

220000－0841－0009430　子4648K

曲園墨戲一卷　(清)俞樾書　清光緒十六年(1890)刻本　一册

220000－0841－0009431　子5076K

書譜上卷　(唐)孫過庭撰　清宣統二年(1910)石印本　二册

220000－0841－0009432　史3470F

泰山石經峪刻字六卷　楊守敬摹　清光緒三十三年(1907)雙鉤刻本　六册

220000－0841－0009433　善2942

式古六册匯訂不分卷　(清)張汝棟書　清乾隆張汝棟手寫篆楷對照本　六册

220000－0841－0009434　史8007

淳化閣帖十卷　(宋)王著模　(清)王君雪補刻　清順治十七年(1660)拓本　十册

220000－0841－0009435　子1163

淳化閣帖釋文十卷　(清)羅森　(清)孫際昌訂　清康熙八年(1669)戴時選刻本　一册

220000－0841－0009436　子1160

淳化閣帖釋文十卷　(清)朱家標校　清康熙二十二年(1683)絅錦堂刻本　二册

220000－0841－0009437　子1162

淳化閣帖釋文十卷　(清)朱家標校　清康熙刻本　一册

220000－0841－0009438　善2803

淳化秘閣法帖考正十卷附錄二卷　(清)王澍撰　(清)汪玉球參正　清雍正詩鼎齋刻本　二册

220000－0841－0009439　子 1167
欽定重刻淳化閣帖十卷　(清)于敏中等校訂　清乾隆三十八年(1773)吳省蘭刻本　四册

220000－0841－0009440　善 1824
抱經樓淳化祖帖考一卷　(清)盧登焯撰　清乾隆五十二年(1787)盧氏抱經樓刻本　一册

220000－0841－0009441　子 1168K
淳化閣帖十卷　(清)于敏中等撰　清光緒二十年(1894)福州刻本　二册

220000－0841－0009442　子 4589K
欽定重刻淳化閣帖十卷　(清)于敏中等校訂　清道光十五年(1835)刻本　四册

220000－0841－0009443　子 4482K
淳化帖集釋七卷　(清)徐朝弼撰　清嘉慶八年(1803)問心堂刻本　二册

220000－0841－0009444　子 0995F
鳳墅殘帖釋文八卷　(宋)曾宏父集帖　(清)姚衡　(清)姚晏釋文　清光緒歸安姚觀元刻本　二册　缺二卷(錢大昕釋文二卷)

220000－0841－0009445　善 2807
閒者軒帖考一卷　(清)孫承澤撰　清乾隆二十五年至二十六年(1760－1761)鮑廷博鄭竺刻本　一册

220000－0841－0009446　善 1721
新刻古今碑帖考一卷　(宋)朱長文輯　明萬曆胡氏刻格致叢書本　二册

220000－0841－0009447　子 3876
御覽書苑菁華二十卷　(宋)陳思撰　清乾隆三十九年(1774)汪氏振綺堂刻本　六册

220000－0841－0009448　史 2609F
蘇米齋蘭亭考八卷　(清)翁方綱撰　清嘉慶八年(1803)刻蘇齋叢書本　二册

220000－0841－0009449　子 3859F
南邨帖考四卷　(清)程文榮撰　清光緒劉世珩刻聚學軒叢書本　一册

220000－0841－0009450　子 5411K
金少芝臨爭坐位帖一卷　(清)金爾珍書　清光緒朱記榮石印本　一册

220000－0841－0009451　善 2078
十竹齋箋譜初集四卷　(明)胡正言輯　明崇禎胡氏十竹齋刻彩色套印本　一册　存三卷(二至四)

220000－0841－0009452　善 3097
十竹齋畫譜八卷　(明)胡正言輯　清康熙刻彩色套印本　十四册

220000－0841－0009453　善 2421
御製耕織圖四十六幅　(清)焦秉貞繪　(清)朱圭鐫　清康熙三十五年(1696)內府刻本　一册

220000－0841－0009454　善 3442
無聲詩史七卷　(清)姜紹書撰　清康熙五十九年(1720)李光映觀妙齋刻本　二册

220000－0841－0009455　子 0954
無聲詩史七卷　(清)姜紹書撰　**附墨池瑣錄四卷**　(明)楊慎撰　清盛氏拜石山房刻本　四册

220000－0841－0009456　善 2926
芥子園畫傳五卷　(清)王槩輯　清康熙十八年(1679)李漁刻彩色套印本　五册

220000－0841－0009457　善 2156
芥子園畫傳二集八卷　(清)王槩輯　清康熙四十年(1701)芥子園甥館刻彩色套印本　四册

220000－0841－0009458　子 1072
芥子園畫傳五卷二集八卷三集四卷四集四卷　(清)王槩輯　**芥子園圖章會纂一卷**　(清)李漁撰　清嘉慶芥子園刻彩色套印本　十六册

220000－0841－0009459　子 4838K
芥子園畫傳初集五卷　(清)王概摹繪　清康熙刻彩色套印本　一册　存一卷(五)

220000－0841－0009460　子 4125K
芥子園畫傳初集五卷　(清)王概摹繪　清嘉慶芥子園刻彩色套印本　四册　缺一卷(四)

220000－0841－0009461　子1069K

芥子園畫傳二集九卷　（清）王槩　（清）王蓍　（清）王臬合編　清光緒十四年（1888）鴻文書局石印本　四冊

220000－0841－0009462　子5302K

歷代畫史彙傳七十二卷附錄二卷　（清）彭藴璨編　清道光五年（1825）吳門尚志堂彭氏刻本　二十四冊

220000－0841－0009463　子1084K

歷代畫史彙傳七十二卷附錄二卷　（清）彭藴璨編　清光緒五年（1879）京都善成堂書鋪刻本　二十四冊

220000－0841－0009464　子1100F

習苦齋畫絮十卷　（清）戴熙撰　清光緒十九年（1893）滿洲惠年刻本　四冊

220000－0841－0009465　善0505

任渭長四種十卷　（清）任熊繪　（清）王齡輯　清咸豐蕭山王氏養龢堂刻本　七冊　存三種九卷

220000－0841－0009466　子1024K

國朝畫徵錄三卷續錄二卷明人附錄一卷　（清）張庚撰　清京都墨林齋刻本　五冊

220000－0841－0009467　子1149K

國朝畫徵錄三卷續錄二卷　（清）張庚撰　清同治八年（1869）三元堂刻本　四冊

220000－0841－0009468　子3963K

國朝畫徵錄三卷續錄二卷　（清）張庚撰　清光緒十三年（1887）掃葉山房刻本　四冊

220000－0841－0009469　子5551F

指頭畫說一卷　（清）高秉撰　清光緒十二年（1886）來鶴堂刻本　一冊

220000－0841－0009470　子5378K

國朝畫識十七卷墨香居畫識十卷　（清）馮金伯纂輯　清乾隆五十六年（1791）墨香居刻本　十冊　存二十四卷（國朝畫識十七卷、墨香居畫識一至七）

220000－0841－0009471　子5718F

國朝畫識十七卷墨香居畫識十卷　（清）馮金伯纂輯　清道光十一年（1831）江左書林刻本　十二冊

220000－0841－0009472　子3862K

石畫記五卷　（清）阮元撰　清道光二十年（1840）學海堂刻本　二冊

220000－0841－0009473　子4590F

石畫記五卷　（清）阮元撰　清光緒三年（1877）刻學海堂叢書本　二冊

220000－0841－0009474　叢0559F

四銅鼓齋論畫集刻　（清）張祥河輯　清宣統元年（1909）北京會文齋刻本　四冊

220000－0841－0009475　子1030K

青霞館論畫絕句一百首　（清）吳修撰　清光緒二年（1876）錢江葛元煦嘯園刻本　一冊

220000－0841－0009476　集2423K

月壺題畫詩一卷　（清）瞿應紹撰　清道光三十年（1850）刻本　一冊

220000－0841－0009477　子1011K

萍因蕉夢十二圖題辭二卷松陰詩逸圖題辭一卷　（清）金鰲廷徵題　（清）金昌燕　（清）金順鴻編　清光緒五年（1879）刻本　一冊

220000－0841－0009478　子5166K

小鷗波館畫識三卷畫寄一卷　（清）潘曾瑩撰　清光緒十四年（1888）悅止齋木活字印本　一冊

220000－0841－0009479　子1115K

桐陰論畫三卷首二卷畫訣一卷續論畫一卷　（清）秦祖永撰　清同治三年（1864）刻朱墨印本　二冊

220000－0841－0009480　子5653K

桐陰論畫初編二卷二編二卷三編二卷　（清）秦祖永撰　清同治三年至光緒八年（1864－1882）刻朱墨套印本　四冊

220000－0841－0009481　子4342K

畫學心印八卷　（清）秦祖永評輯　清光緒四年（1878）刻朱墨套印本　八冊

220000－0841－0009482　子 5668K

醉蘇齋畫訣一卷　（清）戴以恒撰　清光緒十七年（1891）葉銘刻本　一册

220000－0841－0009483　子 5226K

無益有益齋論畫詩二卷　（清）李葆恂撰　清宣統元年（1909）漢口維新印書館鉛活字印本　一册

220000－0841－0009484　子 5725K

詩畫舫六卷　（清）點石齋輯　清光緒三十年（1904）上海點石齋石印本　六册

220000－0841－0009485　善 0771

賞奇軒四種合編四卷　清刻本　四册

220000－0841－0009486　叢 1125K

賞奇軒合編　（清）□□輯　清光緒十二年（1886）上海同文書局石印本　四册

220000－0841－0009487　子 5612K

時事報圖畫雜俎　（清）時事報社編　清光緒三十四年至宣統元年（1908－1909）時事報館石印本　一册

220000－0841－0009488　子 5611K

時事報圖畫雜俎　（清）時事報館編繪　清光緒三十四年（1908）石印本　一册

220000－0841－0009489　子 4531K

時事畫報　（清）時事報館編　清光緒三十四年至宣統二年（1908－1910）時事報館石印本　十一册

220000－0841－0009490　子 4867K

啟蒙畫報　（清）通俗報館編　清光緒二十八年（1902）鉛印影印本　一册　存第七册一百五十六至一百八十一号

220000－0841－0009491　子 6038K

蘭石畫譜不分卷　（清）吳煥采繪　清光緒二十年（1894）古蓮池華南硯北草堂刻本　四册

220000－0841－0009492　子 1151K

戊申全年畫報　（清）時事報館編　清宣統元年（1909）時事報館石印本　三十六册

220000－0841－0009493　子 4864K

醒華　（清）醒華日報社編　清光緒二十三年至宣統二年（1897－1910）石印本　十五册

220000－0841－0009494　子 1066K

輿論日報圖畫　（清）輿論日報社編　清光緒三十四年至宣統元年（1908－1909）石印本　二册

220000－0841－0009495　子 5501K

圖畫新聞　（清）輿論時事報館編　清宣統元年（1909）石印本　四册

220000－0841－0009496　子 5504K

圖畫新聞　（清）輿論時事報館編　清宣統二年（1910）石印本　一册

220000－0841－0009497　子 5503K

繪圖海外奇談　（清）輿論時事報館編　清宣統二年（1910）石印本　一册

220000－0841－0009498　子 4865K

民呼日報圖畫　（清）民呼日報館編　清宣統元年（1909）石印本　一册

220000－0841－0009499　子 4036K

新聞畫報不分卷　（清）神州日報社等編輯　清宣統元年（1909）石印本　二册

220000－0841－0009500　子 4044K

民立畫報　（清）民立畫報社編　清宣統三年（1911）石印本　一册

220000－0841－0009501　叢 1542K

益聞錄　（清）益聞錄報館編　清光緒十九年至二十年（1893－1894）鉛活字印本　四册　存二百八十二號（一千一百三十九至一千四百二十）

220000－0841－0009502　子 1094K

虛齋名畫錄十六卷　龐元濟撰　清宣統元年（1909）烏程龐氏申江刻本　十六册

220000－0841－0009503　善 2717

圖繪寶鑑八卷補遺一卷　（元）夏文彥撰　（明）毛大倫增補　（清）藍瑛　（清）謝彬重訂　清康熙借綠草堂刻本　二册

220000－0841－0009504　善 3271

貯清軒畫梅世系一卷 （清）張綬輯　清康熙四十一年（1702）刻本　一册

220000－0841－0009505　善 2502
劉雪湖梅譜二卷 （明）劉世儒撰　**像贊評林贈言二卷** （明）王思任輯　明萬曆刻本　二册

220000－0841－0009506　善 2987
墨蘭譜不分卷 （清）陳逵繪　清嘉慶三年（1798）讀畫齋刻本　四册

220000－0841－0009507　善 3635
後梅花喜神譜一卷 （清）鄭淳繪　清道光刻本　二册

220000－0841－0009508　子 4131K
海上名人畫稿一卷 （清）夢槐書屋藏本　清光緒十一年（1885）上海同文書局石印本　一册

220000－0841－0009509　子 4275K
水滸圖贊一卷 （明）杜堇繪　清光緒八年（1882）石印本　一册

220000－0841－0009510　子 3992K
御製圓明園圖詠二卷 （清）高宗弘曆撰　（清）鄂爾泰等注　清光緒十三年（1887）天津石印書屋石印本　二册

220000－0841－0009511　子 5450K
雲間邦彥畫像不分卷 （清）徐璋繪　清光緒十七年（1891）拓本　一册

220000－0841－0009512　子 4130F
墨蘭竹譜一卷 （清）陳逵繪　清光緒十年（1884）芸盛山房刻本　一册

220000－0841－0009513　子 4234K
冶梅先生石譜一卷 （清）王寅繪　清光緒六年（1880）合肥李氏刻本　一册

220000－0841－0009514　子 4722K
聾道人百種詩箋一卷 （清）劉錫玲輯　清光緒榮寶齋刻朱印本　一册

220000－0841－0009515　子 4223K
申江勝景圖二卷 （清）吳嘉猷繪　清光緒十年（1884）上海點石齋石印本　二册

220000－0841－0009516　子 3990K
淩煙圖畫二卷 （清）吳嘉猷繪　（清）艾颶春輯　清光緒二十年（1894）石印本　一册

220000－0841－0009517　子 4164K
桂林山水一卷芙蓉池館詩草一卷 （清）羅辰繪　清道光十一年（1831）刻本　一册

220000－0841－0009518　子 5836K
珍同畫冊一卷 （清）李珍繪　清光緒二十八年（1902）石印本　一册

220000－0841－0009519　子 3994K
竹坡軒梅冊一卷 （清）鄭淳繪　清道光十八年（1838）刻本　二册

220000－0841－0009520　子 5830K
紉齋畫勝二卷 （清）陳允升繪　清光緒四年（1878）刻本　二册

220000－0841－0009521　子 4240K
應瑞孚誠圖一卷 （清）□□繪　清光緒二十五年（1899）刻本　一册

220000－0841－0009522　子 3989K
水流雲在圖記二卷 （清）陳夔龍撰繪　清宣統三年（1911）石印本　二册

220000－0841－0009523　子 4016K
蚓蒁齋蘭譜二十頁竹譜二十五頁 （清）謝鑒禮繪　清光緒二十八年（1902）刻本　一册

220000－0841－0009524　善 2585
琴譜合璧大全十卷 （明）楊表正撰　明萬曆刻本　六册　存六卷（一至六）

220000－0841－0009525　子 3494
徽言秘旨訂不分卷 （明）尹曄輯　清康熙刻本　四册

220000－0841－0009526　善 3383
大還閣琴譜六卷谿山琴況一卷萬峯閣指法閟箋一卷 （清）徐谼撰　清康熙十二年（1673）蔡毓榮刻本　四册

220000－0841－0009527　善 3382

松風閣琴譜二卷抒懷操一卷　（清）程雄輯　清康熙刻本　二册

220000－0841－0009528　善 3432

誠一堂琴譜六卷琴談二卷　（清）程允基輯　清康熙刻本　六册

220000－0841－0009529　善 3199

五知齋琴譜八卷　（清）周魯封輯　清乾隆十一年（1746）懷德堂刻本　六册

220000－0841－0009530　子 3487K

五知齋琴譜八卷　（清）周魯封彙輯　清乾隆二年（1737）紅杏山房刻本　六册

220000－0841－0009531　善 3124

琴譜新聲六卷　（清）曹尚絅等撰　清乾隆九年（1744）刻本　二册

220000－0841－0009532　子 6099

梅華菴二香琴譜十卷首一卷　（清）蔣文勳撰　清道光十三年（1833）梅華菴刻本　四册

220000－0841－0009533　子 5477K

蕉庵琴譜四卷　（清）秦維瀚輯　清光緒三年（1877）刻本　四册

220000－0841－0009534　子 5079K

與古齋琴譜四卷　（清）祝秋齋輯　（清）祝鳳喈撰　清咸豐五年（1855）浦城祝氏刻本　四册

220000－0841－0009535　子 4610K

枯木禪琴譜八卷　（清）釋空塵雲間撰　清光緒十九年（1893）刻本　四册

220000－0841－0009536　子 3715K

二簧西皮胡琴譜一卷　（□）□□撰　清抄本　一册

220000－0841－0009537　子 3429K

雙忽雷本事一卷　（清）劉世珩輯　清宣統三年（1911）天津石印本　一册

220000－0841－0009538　叢 1197K

琴學叢書六種二十四卷　楊宗稷撰　清宣統三年至民國八年（1911－1919）北京楊氏舞胎仙館刻本　八册

220000－0841－0009539　子 3485K

琴學入門二卷　（清）張鶴輯　清宣統元年（1909）蘇州刻本　四册

220000－0841－0009540　子 4557K

琴學入門二卷　（清）張鶴輯　清同治六年（1867）心嚮往齋刻本　三册

220000－0841－0009541　子 4853K

琴義問答一卷　（清）韓紱答　（清）崔芸琳問　清光緒三十年（1904）冰溪鹾局刻本　一册

220000－0841－0009542　史 11158K

歷史歌不分卷　（明）楊慎原撰　（清）張別麗注釋　清木活字印本　一册

220000－0841－0009543　子 3786K

琵琶譜三卷　（清）王君錫　（清）陳牧夫傳譜　（清）華文桂編　清光緒二年（1876）文琳書屋刻本　三册

220000－0841－0009544　經 1370K

八矢注字圖說一卷鍾律陳數一卷　（清）顧陳垿撰　清光緒味菜廬木活字印本　一册

220000－0841－0009545　子 4786K

律音彙考八卷　（清）邱之稑撰　**琴音申邱一卷**　（清）劉人熙撰　清宣統三年（1911）瀏陽禮樂局刻本　四册

220000－0841－0009546　子 3723K

篆刻鍼度八卷　（清）陳克恕撰　清光緒三年（1877）仁和葛氏嘯園刻本　二册

220000－0841－0009547　子 1088K

遊戲三昧三種　（清）釋竹禪篆刻　清光緒元年（1875）西蜀衲衣人竹禪刻本　三册

220000－0841－0009548　叢 0508F

篆學瑣著　（清）顧湘輯　清道光二十年（1840）海虞顧氏刻本　八册

220000－0841－0009549　叢 1111F

篆學瑣著　（清）顧湘輯　清道光二十年（1840）海虞顧氏刻本　八册　存七種十六卷

220000－0841－0009550　叢 0509K

篆學瑣書　（清）顧湘輯　清光緒十四年

(1888)虞山飛鴻延年室刻本　八册

220000－0841－0009551　善 2810
玄玄棋經一卷　(宋)張擬撰　明刻本　四册

220000－0841－0009552　子 1150K
適情雅趣八卷　(宋)陳搏撰　清嘉慶六年(1801)羊城古經閣刻本　四册

220000－0841－0009553　善 2811
坐隱先生訂碁譜二卷　(明)汪廷訥撰　明萬曆刻本　一册

220000－0841－0009554　子 1064K
百變象棋譜不分卷　(明)祖龍氏編　清刻本　一册

220000－0841－0009555　善 2385
受三子譜不分卷　(明)過百齡撰　(清)程正揆評　清雍正三年(1725)揚州梅影樓刻本　二册

220000－0841－0009556　子 1067
橘中秘四卷　(明)朱晉楨輯　明崇禎五年(1632)刻本　四册

220000－0841－0009557　子 1063K
桃花泉奕譜二卷　(清)范世勳撰　清同治十二年(1873)敦仁堂刻本　二册

220000－0841－0009558　子 1061K
奕理指歸圖三卷　(清)施紹闇撰　(清)錢長澤繪圖　清光緒七年(1881)刻本　六册

220000－0841－0009559　子 1044K
周懶予先生圍碁譜一卷　(清)周嘉錫撰　清嘉慶十一年(1806)刻本　一册

220000－0841－0009560　子 5449K
奕萃一卷官子一卷　(清)卞文恒撰　清光緒二十五年(1899)西蜀鄧氏刻本　四册

220000－0841－0009561　子 1048
官子譜三卷　(清)陶式玉編　清康熙三十三年(1694)惠直堂刻本　三册

220000－0841－0009562　善 3282
官子二卷　(清)卞文恒評選　清嘉慶二十一年(1816)味書齋刻本　二册

220000－0841－0009563　子 1046K
受子譜選二卷　(清)李汝珍輯　清嘉慶二十二年(1817)刻本　二册

220000－0841－0009564　子 4242K
梁程奕譜一卷　(清)鄧元鏸輯　清光緒七年(1881)奕潛齋刻本　一册

220000－0841－0009565　子 5453K
國奕初刊一卷二刊一卷三刊一卷　(清)鮑鼎輯　清光緒十二年至十五年(1886－1889)蝸簃刻本　三册

220000－0841－0009566　子 1045K
子仙百局一卷　(清)陳子仙譜　(清)趙晉卿選　清光緒十六年(1890)刻本　一册

220000－0841－0009567　子 1053K
寄青霞館奕選八卷續二卷　(清)王存善編　清光緒二十三年(1897)廣州刻本　十册

220000－0841－0009568　子 4974K
寄青霞館奕選八卷續八卷　(清)王存善編　清光緒二十三年(1897)廣州刻本　十六册

220000－0841－0009569　子 1039K
四子譜二卷　(清)過文年輯　清同治十二年(1873)金閶同文堂刻本　二册

220000－0841－0009570　子 3869K
圍爐集一卷　(清)陳宗濂輯　清光緒十四年(1888)刻本　一册

220000－0841－0009571　善 3417
新選韜略元機象棋譜六卷　(清)張自文輯　清康熙刻本　六册

220000－0841－0009572　子 1062
桃花泉奕譜二卷　(清)范世勳撰　清乾隆三十年(1765)高氏刻本　一册

220000－0841－0009573　子 1060
殘局類選二卷　(清)錢長澤選　清乾隆三十五年(1770)暗香書屋刻本　四册

220000－0841－0009574　子 3779

玉荷隱語二卷群珠集二卷 （清）費源撰　清乾隆聽月樓刻本　四冊

220000－0841－0009575　善 2489
聽雨亭聯句一卷 （明）吳希賢等撰　明萬曆刻本　一冊

220000－0841－0009576　子 2909K
藝苑滑稽叢話十卷聯話六卷楹聯佳話二卷 （清）陳琰編輯　清宣統三年（1911）古今圖書館石印本　四冊

220000－0841－0009577　集 8867K
蝶史楹聯一卷鐵樓楹帖一卷 （清）延清輯　清光緒三十三年（1907）刻朱印本　一冊

220000－0841－0009578　集 10392K
湘潭聯語集存 （□）□□輯　清宣統刻本　五冊

220000－0841－0009579　子 1620
楹聯集錦八卷 （清）胡鳳丹輯　清光緒刻本　一冊　存五卷（四至八）

220000－0841－0009580　子 1581K
楹聯叢話十二卷續話四卷巧對錄八卷 （清）梁章鉅撰　清道光二十年（1840）環碧軒刻本　八冊

220000－0841－0009581　集 10166K
自怡軒楹聯賸話四卷 （清）李承行撰　清光緒十一年（1885）刻本　二冊

220000－0841－0009582　集 10793K
楹聯新話十卷 （清）朱應鎬撰　清光緒十八年（1892）刻本　四冊

220000－0841－0009583　子 5358K
謎拾二卷謎學一卷 （清）唐景崧撰　**謎學一卷** （清）唐運溥撰　清光緒十九年（1893）刻得一山房四種本　一冊

220000－0841－0009584　子 5623K
作嫁衣裳齋隱語一卷 （清）楊小湄撰　清光緒十九年（1893）聽雪書屋刻本　一冊

220000－0841－0009585　子 3927K
悔不讀書齋謎稿不分卷 （清）吳鈺撰　清光緒三十四年（1908）刻本　二冊

220000－0841－0009586　子 3788K
蓮廊雅集二卷 （清）江峰青撰　清光緒二十年（1894）刻本　二冊

220000－0841－0009587　史 10930K
燕蘭小譜五卷 （清）安樂山樵撰　**海鶴小譜一卷** （清）秋穀老人撰　清宣統三年（1911）葉氏刻雙楳景闇叢書本　一冊

220000－0841－0009588　子 4442
新刻時尚華筵趣樂談笑酒令四卷 （明）□□撰　明文德堂刻本　二冊

220000－0841－0009589　史 6833K
酒令叢抄四卷 （清）俞敦培輯　清光緒四年（1878）藝雲軒刻本　二冊

220000－0841－0009590　善 2902
水品全秩二卷 （明）徐獻忠撰　**茶品要錄一卷** （宋）黃儒撰　**茶寮記一卷附一卷** （明）陸樹聲撰　**湯品一卷** （唐）蘇廣撰　明萬曆荆山書林刻夷門廣牘本　一冊

220000－0841－0009591　子 5544K
打馬圖經一卷 （宋）李清照撰　**除紅譜一卷** （宋）朱河撰　清光緒三十二年（1906）長沙葉氏刻郎園先生全書本　一冊

220000－0841－0009592　子 4314F
漢官儀三卷 （宋）劉攽撰　清道光四年（1824）刻本　一冊

220000－0841－0009593　子 5004K
重訂宣和譜牙牌彙集二卷 （清）琅槐河上漁人輯　清光緒十四年（1888）宏文齋刻本　二冊

220000－0841－0009594　子 5678K
小慧集十二卷續集六卷 （清）貯香主人輯　清道光十七年（1837）刻本　十冊

220000－0841－0009595　子 5680F
新增集對七巧圖三卷 （清）裘良白撰　清道光五年（1825）聽餘樓刻本　四冊

220000－0841－0009596　子 5486K

七巧書譜二卷　（清）嚴恒繪　清光緒十八年（1892）刻本　一册

220000－0841－0009597　子 5331K

益智圖三卷　（清）童葉庚撰　清光緒二十三年（1897）老二酉堂刻本　六册

220000－0841－0009598　子 4522K

益智圖一卷　（清）□□撰　清光緒刻本　一册

220000－0841－0009599　子 6018K

睫巢鏡影十二種　（清）童葉庚撰　清光緒十六年（1890）武林任有容齋刻本　一册

220000－0841－0009600　子 5381K

文房遊戲圖不分卷　（清）□□撰　清光緒十三年（1887）補闕齋刻本　二册

220000－0841－0009601　子 3501K

隨園食單不分卷　（清）袁枚撰　清道光四年（1824）小倉山房刻本　二册

220000－0841－0009602　子 0958K

勇廬閒詰一卷　（清）趙之謙撰　清抄本　二册

220000－0841－0009603　善 3551

牙牌彙輯二卷　題（清）琅槐河上漁人輯　清乾隆二十三年（1758）金杏園刻本　二册

220000－0841－0009604　善 0697

蔣氏遊藝秘錄二卷　（清）蔣衡等撰　清乾隆五十九年（1794）潘浚刻本　一册

220000－0841－0009605　善 1722

新刻古器具名二卷古器總說一卷　（明）胡文煥輯　明萬曆胡氏刻格致叢書本　四册

220000－0841－0009606　善 2076：1

蠙衣生劍記一卷　（明）郭子章輯　明萬曆繡水沈氏刻寶顔堂秘笈本　一册

220000－0841－0009607　善 2733

湖船錄一卷　（清）厲鶚輯　清雍正八年（1730）刻本　一册

220000－0841－0009608　子 4649K

香譜二卷　（宋）洪芻撰　清光緒元年（1875）涇縣朱氏惜分陰齋刻本　一册

220000－0841－0009609　子 3417K

香乘二十八卷　（明）周嘉胄纂輯　清同治、光緒刻本　八册

220000－0841－0009610　子 5593K

吉祥雲香說一卷　（清）省真叟輯　清光緒十三年（1887）刻本　一册

220000－0841－0009611　子 1018F

景德鎮陶錄十卷　（清）藍浦原撰　（清）鄭廷桂補輯　清光緒十七年（1891）京都書業堂刻本　四册

220000－0841－0009612　善 0723

遠西奇器圖說錄最三卷　（瑞士）鄧玉函口授　（明）王徵譯繪　**新製諸器圖說一卷**　（明）王徵撰　明崇禎元年（1628）武位中刻本　四册

220000－0841－0009613　善 3471

文房肆考圖說八卷　（清）唐秉鈞輯　（清）康愷繪圖　清乾隆四十三年（1778）刻本　六册

220000－0841－0009614　善 0561

程氏墨苑十四卷人文爵里九卷　（明）程大約撰　明萬曆程氏滋蘭堂刻本　二十四册

220000－0841－0009615　善 0699

方氏墨譜六卷　（明）方于魯撰　明萬曆方氏美蔭堂刻本　八册

220000－0841－0009616　善 0684

墨法集要一卷　（明）沈繼孫撰　清乾隆武英殿聚珍版本　一册

220000－0841－0009617　子 4167K

墨法集要一卷　（明）沈繼孫撰　清光緒二十年（1894）湘鄉謝氏雙經樹刻本　一册

220000－0841－0009618　子 1078

墨池編二十卷　（宋）朱長文撰　**墨池編印典八卷**　（清）朱象賢撰　清康熙五十三年（1714）就閒堂刻雍正十一年（1733）重修印本　十二册

220000－0841－0009619　善2959
墨池編二十卷　(宋)朱長文撰　清康熙五十三年(1714)朱之勤刻本　六册

220000－0841－0009620　子3709F
論墨絶句詩一卷　(清)謝崧岱撰　清光緒十九年(1893)湘鄉謝氏學經樹刻本　一册

220000－0841－0009621　子4578K
寶現堂硯辨一卷　(清)何傳瑤撰　清光緒十三年(1887)刻本　一册

220000－0841－0009622　子5205K
硯辨一卷　(清)孫森撰　清光緒四年(1878)刻本　一册

220000－0841－0009623　子4095F
端石擬三卷藜閣十硯銘一卷　(清)陳齡撰　清同治十二年(1873)刻本　一册

220000－0841－0009624　子4646K
硯小史四卷　(清)朱棟編　清嘉慶二年(1797)樓外樓刻刻本　二册

220000－0841－0009625　子0978
端溪研志三卷　(清)吴繩年輯　清乾隆王永熙刻本　三册

220000－0841－0009626　子0980F
端溪硯史三卷　(清)吴蘭修撰　清道光三十年(1850)南海伍氏粤雅堂刻嶺南遺書本　一册

220000－0841－0009627　子1008K
端溪硯史三卷　(清)吴蘭修撰　清咸豐九年(1859)葉硯農刻本　二册

220000－0841－0009628　子5274K
寶硯堂硯辨一卷　(清)何傳瑤撰　清道光十七年(1837)刻本　一册

220000－0841－0009629　善3987
湘管齋寓賞編六卷　(清)陳焯撰　清乾隆四十七年(1782)刻本　六册

220000－0841－0009630　子1114K
雲林石譜三卷　(宋)杜綰撰　清嘉慶十九年(1814)長塘鮑氏刻知不足齋叢書本　一册

220000－0841－0009631　善2727
編珠二卷　題(隋)杜公瞻撰　**編珠補遺二卷續編珠二卷**　(清)高士奇輯　清康熙三十七年(1698)高氏清吟堂刻本　六册

220000－0841－0009632　善3399
編珠二卷　題(隋)杜公瞻撰　**補遺二卷續編珠二卷**　(清)高士奇輯　清乾隆刻本　六册

220000－0841－0009633　子3713K
編珠二卷　(隋)杜公瞻撰　**補遺二卷續編珠二卷**　(清)高士奇輯　清刻本　四册

220000－0841－0009634　善2141
藝文類聚一百卷　(唐)歐陽詢輯　明正德華堅蘭雪堂銅活字印本　一册

220000－0841－0009635　善0609
藝文類聚一百卷　(唐)歐陽詢輯　明萬曆十五年(1587)王元貞刻本　二十册

220000－0841－0009636　子4897K
藝文類聚一百卷　(唐)歐陽詢撰　清四川宏達堂刻本　三十二册

220000－0841－0009637　子1613K
北堂書抄一百六十卷　(唐)虞世南撰　(清)孔廣陶校注　清光緒十四年(1888)南海孔廣陶刻本　二十册

220000－0841－0009638　善0615
初學記三十卷　(唐)徐堅等輯　明嘉靖十年(1531)安國桂坡館刻本　十二册

220000－0841－0009639　善0753
初學記三十卷　(唐)徐堅等輯　明楊龍九洲書屋刻本　十二册

220000－0841－0009640　善3972
古香齋鑒賞袖珍初學記三十卷　(唐)徐堅等輯　清雍正怡府刻本　十六册

220000－0841－0009641　子1602K
初學記三十卷　(唐)徐堅等撰　清光緒九年(1883)南海孔氏三十有三萬卷堂刻本　十二册

220000－0841－0009642　子1529K

初學記三十卷附校勘 (唐)徐堅等撰 (清)曾培 (清)鄒增祐撰 清光緒十四年(1888)安康黃加焜刻藴石齋叢書本 十六冊

220000－0841－0009643 子1649K
李氏蒙求補注六卷 (五代)李瀚撰 (清)金三俊補注 清道光二十八年(1848)粵東文雅齋刻本 二冊

220000－0841－0009644 子1621K
李氏蒙求補注六卷 (五代)李瀚撰 (清)金三俊補注 清道光刻本 二冊

220000－0841－0009645 子4521K
李氏蒙求集注八卷 (清)楊迦懌撰 清道光十四年(1834)宜壽堂刻本 八冊

220000－0841－0009646 子1558K
唐氏蒙求三卷 (清)唐仲冕撰 (清)許桂林注 清嘉慶九年(1804)刻本 三冊

220000－0841－0009647 善0603
唐宋白孔六帖一百卷目錄二卷 (唐)白居易 (宋)孔傳輯 明嘉靖刻本 五十冊

220000－0841－0009648 善0614
事類賦三十卷 (宋)吳淑撰注 明萬曆徐守銘寧壽堂刻本 十二冊

220000－0841－0009649 子1631K
廣事類賦四十卷 (清)華希閔撰 清道光錦雲閣刻本 十冊

220000－0841－0009650 善2168
太平御覽一千卷 (宋)李昉等輯 明萬曆刻本(配銅活字印本一卷) 二冊

220000－0841－0009651 子1075K
太平御覽一千卷引書目一卷目錄十五卷 (宋)李昉等撰 清嘉慶十七年(1812)歙縣鮑氏刻本 一百二十冊

220000－0841－0009652 子1322K
太平御覧一千卷引書目一卷目錄十五卷 (宋)李昉等撰 清嘉慶十二年至十七年(1807－1812)歙縣鮑氏刻本 一百二十冊

220000－0841－0009653 子6057K
太平御覽一千卷引書目一卷目錄十五卷 (宋)李昉等編 清光緒二十年(1894)上海積山書局石印本 三十二冊

220000－0841－0009654 善0592
冊府元龜一千卷目錄十卷 (宋)王欽若等輯 明崇禎十五年(1642)黃國琦刻本 一百六十冊

220000－0841－0009655 善2736
冊府元龜獨制三十卷 (明)曹胤昌輯 明刻本 十二冊

220000－0841－0009656 善0575
文選類林十八卷 (宋)劉攽輯 明嘉靖三十七年(1558)吳思賢刻本 五冊

220000－0841－0009657 善3433
王先生十七史蒙求十六卷 (宋)王令撰 清康熙五十二年(1713)程宗琠刻本 四冊

220000－0841－0009658 子1650K
王先生十七史蒙求十六卷 (宋)王令撰 清道光二十八年(1848)粵東文雅齋刻本 四冊

220000－0841－0009659 善0812
錦繡萬花谷前集四十卷 明嘉靖十五年(1536)秦汴繡石書堂刻本 十冊

220000－0841－0009660 善0808
錦繡萬花谷後集四十卷續集四十卷 明刻本 十八冊

220000－0841－0009661 善0815
錦繡萬花谷續集四十卷 明刻本 四冊

220000－0841－0009662 善0829
古今合璧事類備要前集六十九卷後集八十一卷續集五十六卷 (宋)謝維新輯 **古今合璧事類備要別集六十四卷外集六十六卷** (宋)虞載輯 明嘉靖三十一年至三十五年(1552－1556)夏相刻本 一百冊

220000－0841－0009663 善1946
玉海二百卷 (宋)王應麟撰 元至元六年(1340)慶元路儒學刻元明遞修本 八冊

220000－0841－0009664 子4403K

玉海二百四卷附刻十二種五十九卷 (宋)王應麟輯 清嘉慶十一年(1806)江寧藩署刻本 一百二十冊

220000－0841－0009665 子1985K

玉海二百卷附刻三十種 (宋)王應麟撰 清光緒成都王氏刻本 一百二十二冊

220000－0841－0009666 子1663K

玉海二百卷辭學指南四卷附刻十三種六十一卷 (宋)王應麟撰 清光緒九年(1883)浙江書局刻本 一百二十冊

220000－0841－0009667 叢1571F

玉海附刻十三種 (宋)王應麟撰 清嘉慶十一年(1806)江寧藩署刻本 九冊 存七種

220000－0841－0009668 子5677K

玉海纂二十二卷 (宋)王應麟原輯 (明)劉鴻訓重輯 清光緒五年(1879)八杉齋刻本 八冊

220000－0841－0009669 子1587

小學紺珠十卷 (宋)王應麟撰 (明)毛晉訂 明毛氏汲古閣刻津逮秘書本 十冊

220000－0841－0009670 善0737

小字錄一卷 (宋)陳思輯 **小字錄補六卷** (明)沈弘正輯 明萬曆四十七年(1619)沈弘正暢閣刻本 六冊

220000－0841－0009671 善0658

新鍥簪纓必用增補秘笈新書十三卷別集三卷 (宋)謝枋得輯 (明)李九我增補 明刻本 二十冊

220000－0841－0009672 善2073

新增說文韻府群玉二十卷 (元)陰時夫輯 (元)陰中夫注 元刻本 一冊

220000－0841－0009673 善2053

碎金一卷 明刻本 二冊

220000－0841－0009674 子5315K

碎金集四卷 (清)張道超輯 清嘉慶十五年(1810)晴雪山房刻本 二冊

220000－0841－0009675 子1534F

靈檀碎金六十八卷附錄 (清)郎玉銘撰 清光緒八年(1882)申報館鉛印申報館叢書本 十冊

220000－0841－0009676 善0784

秇林伐山二十卷 (明)楊慎撰 明萬曆三十四年(1606)楊芳刻本 六冊

220000－0841－0009677 子2979F

秇林伐山二十卷 (明)楊慎撰 清光緒申報館鉛印申報館叢書本 四冊

220000－0841－0009678 子1073K

天中記六十卷 (明)陳耀文撰 清光緒四年(1878)聽雨山房刻本 六十冊

220000－0841－0009679 善0763

修辭指南二十卷 (明)浦南金輯 明嘉靖三十六年(1557)浦氏五樂堂刻本 十二冊

220000－0841－0009680 善0271

左粹類纂十二卷 (明)施仁輯 明嘉靖安國弘仁堂刻本 八冊

220000－0841－0009681 善0657

國朝名世類苑四十六卷 (明)凌迪知輯 明萬曆刻本 二冊 存十卷(一至十)

220000－0841－0009682 善0493

皇明要考六卷一二考一卷 (明)焦竑輯 (明)張復撰附 明萬曆舒承溪刻本 三冊

220000－0841－0009683 善2423

新刊春窓聯偶巧對類編二卷 (明)曾梅軒輯 明嘉靖十六年(1537)黄氏集義書堂刻本 一冊

220000－0841－0009684 善1692

新刊唐荆川先生稗編一百二十卷目錄三卷 (明)唐順之輯 明萬曆九年(1581)茅一相文霞閣刻本 六十冊

220000－0841－0009685 子1575

正音攟言四卷 (明)王荔撰 (明)王允嘉注 明崇禎元年(1628)刻本 六冊

220000－0841－0009686 叢1717K

文林綺繡 (清)鴻寶齋書局撰 清光緒二十

二年(1896)鴻寶齋石印本　十一册

220000－0841－0009687　善 0811
喻林一百二十卷　(明)徐元太輯　明萬曆四十三年(1615)刻本　二十四册

220000－0841－0009688　善 3234
對類二十卷　(明)吴勉學考注　明聚錦堂刻本　十册

220000－0841－0009689　善 2087
新鐫古今事物原始全書三十卷　(明)徐炬撰　明萬曆刻本　一册　存一卷(二十四)

220000－0841－0009690　子 1622K
龍文鞭影四卷　(明)蕭良有撰輯　(明)楊臣諍增訂　(清)李恩綬校補□□批注　清光緒十一年(1885)南京李光明書莊刻本　四册

220000－0841－0009691　善 2048
學海君道部二百四十卷目錄八卷　(明)饒伸輯　明萬曆刻本　一册

220000－0841－0009692　善 0668
增訂二三場羣書備考四卷　(明)袁黄撰　(明)袁儼注　明崇禎五年(1632)刻本　四册

220000－0841－0009693　善 0634
增訂二三場羣書備考四卷　(明)袁黄撰　(明)袁儼注　明崇禎十五年(1642)大觀堂刻本　六册

220000－0841－0009694　子 1625
山堂肆考二百四十卷　(明)彭大翼撰　明萬曆四十七年(1619)刻本　八十册

220000－0841－0009695　善 0641
山堂肆考二百四十卷　(明)彭大翼撰　明萬曆四十七年(1619)刻本　六十册

220000－0841－0009696　集 6945
刻劉太史彙選古今舉業文弢注釋評林四卷　(明)劉曰寧輯　(明)朱之蕃注　明萬曆二十五年(1597)書林熊雲濱刻本　八册

220000－0841－0009697　善 0787
新鍥翰林高太史家藏注釋考古詩典珊瑚類集十六卷　(明)高克正輯　明萬曆二十七年(1599)余良史怡慶堂刻本　二册

220000－0841－0009698　子 1576
唐類函二百卷目錄二卷　(明)俞安期輯　明萬曆四十六年(1618)刻本　四十册

220000－0841－0009699　善 1566
詩雋類函一百五十卷　(明)俞安期輯　(明)梅鼎祚增輯　明萬曆三十七年(1609)刻本　三十册

220000－0841－0009700　善 0830
經濟類編一百卷　(明)馮琦輯　明萬曆三十二年(1604)周家棟等刻本　一百册

220000－0841－0009701　善 0669
文苑彙雋二十四卷　(明)孫丕顯輯　明萬曆三十六年(1608)刻本　十册

220000－0841－0009702　善 2575
如面談十六卷　(明)鍾惺輯　(明)馮夢龍訂釋　明崇禎刻本　十册

220000－0841－0009703　子 3933
如面談十六卷　(明)鍾惺輯　(明)馮夢龍訂釋　明崇禎刻閶門葉碧山印本　十二册

220000－0841－0009704　善 0715
名句文身表異錄二十卷　(明)王志堅輯　清康熙陳氏漱六閣刻本　六册

220000－0841－0009705　善 3426
表異錄二十卷　(明)王志堅輯　清康熙陳氏漱六閣刻清重修本　二册

220000－0841－0009706　子 5227K
表異錄二十卷　(明)王志堅輯　清光緒二年(1876)陳氏庸閒齋刻陳刻二種本　二册

220000－0841－0009707　善 0631
劉氏鴻書一百八卷　(明)劉仲達輯　明萬曆三十九年(1611)刻本　四十八册

220000－0841－0009708　善 2737
新刻註釋故事白眉十卷　(明)許以忠輯　明嘉瑞堂刻本　四册

220000－0841－0009709　子 1606K

故事白眉十卷　(明)許以忠集並注釋　清光緒二年(1876)刻本　六冊

220000－0841－0009710　善 3431
刻註釋蓺林聚錦故事白眉十卷　(明)許以忠輯　明萬曆二十七年(1599)刻本　八冊

220000－0841－0009711　子 4218
蘭雪堂古事苑定本十二卷　(明)鄧志謨輯　清康熙蘭雪堂刻本　四冊

220000－0841－0009712　子 1588
行年録不分卷　(清)魏方泰輯　清乾隆十七年(1752)刻本　八冊

220000－0841－0009713　子 4175
精選黃眉故事十卷　(明)鄧志謨輯　清康熙經濟堂刻本　四冊

220000－0841－0009714　子 1565
八編類纂二百八十五卷圖二卷六經圖六卷　(明)陳仁錫輯　明天啓刻本　八十冊

220000－0841－0009715　善 2764
博物典彙二十卷　(明)黃道周撰　明崇禎刻本　六冊

220000－0841－0009716　善 0656
博物典彙二十卷　(明)黃道周撰　明刻本　十四冊

220000－0841－0009717　善 3134
廣博物志五十卷　(明)董斯張輯　明萬曆高暉堂刻本　二十四冊

220000－0841－0009718　子 1589
廣博物志五十卷　(明)董斯張輯　明萬曆高暉堂刻清乾隆二十六年(1761)重修本　三十二冊

220000－0841－0009719　善 1293
傭吹録二十卷　(明)文德翼輯　清康熙四年(1665)刻本　十冊

220000－0841－0009720　善 0154
三才考畧十三卷　(明)莊元臣輯　明萬曆刻清修本　二冊

220000－0841－0009721　善 2831
古學彙纂十卷　(明)周時雍輯　明崇禎十五年(1642)周氏愛日齋刻本　十六冊

220000－0841－0009722　善 2778
文竽彙氏二十四卷　(明)傅作興輯　明崇禎刻本　十六冊

220000－0841－0009723　子 3822
新刊重校增補圖機活法詩學全書二十四卷新刊校正增補圖機詩韻活法全書十四卷　題(明)王世貞校　明萬曆刻本　十六冊

220000－0841－0009724　子 5966K
幼學故事瓊林四卷首一卷　(清)程允升原本　(清)鄒聖脈增補　清乾隆二十五年(1760)致盛堂刻本　一冊　存三卷(一至二、首一卷)

220000－0841－0009725　善 2845
振綺類纂四卷　(清)翁天遊　(清)宗觀輯　清康熙三年(1664)刻本　四冊

220000－0841－0009726　史 6318
經濟類考約編二卷　(清)顧九錫輯　清康熙七年(1668)文雪堂刻本　四冊

220000－0841－0009727　子 1594K
宋稗類抄八卷　(清)潘永因編輯　清光緒上海有正書局鉛活字印本　八冊

220000－0841－0009728　善 3565
古香齋新刻袖珍淵鑑類函四百五十卷　(清)張英等撰　清乾隆刻本　一百六十冊

220000－0841－0009729　善 2147
淵鑑類函四百五十卷目録四卷　(清)張英　(清)王士禎等輯　清康熙四十九年(1710)内府刻本　一冊

220000－0841－0009730　子 1653K
淵鑑類函四百五十卷　(清)聖祖玄燁撰　清光緒九年(1883)上海點石齋石印本　十冊

220000－0841－0009731　子 3957K
淵鑑類函四百五十卷目録四卷　(清)聖祖玄燁撰　清光緒十三年(1887)上海同文書局石

印本　四十八册

220000－0841－0009732　子 3426K
詩學圓機活法大成十八卷　(清)余象斗編　清道光二十六年(1846)刻本　二十四册

220000－0841－0009733　善 0617
讀書紀數略五十四卷　(清)宫夢仁輯　清康熙刻本　十六册

220000－0841－0009734　善 0807
佩文韻府一百六卷　(清)張玉書等輯　清康熙五十年(1711)内府刻本　九十五册

220000－0841－0009735　子 4284K
佩文韻府一百六卷　(清)聖祖玄燁撰　清光緒十二年(1886)上海同文書局石印本　六十册

220000－0841－0009736　子 1595K
佩文韻府一百六卷韻府拾遺一百六卷　(清)聖祖玄燁撰　清光緒十八年(1892)上海同文書局石印本　六十册

220000－0841－0009737　子 5896K
佩文韻府一百六卷　(清)聖祖玄燁撰　清光緒二十一年(1895)上海鴻寶齋石印本　二十一册　缺十三卷(十六至二十二、二十五至三十)

220000－0841－0009738　子 5958K
佩文韻府一百六卷　(清)聖祖玄燁撰　清影印本　一册　存一卷(九十二)

220000－0841－0009739　子 1654K
廣治平略三十六卷　(清)蔡方炳撰　清道光小琅嬛館書坊刻本　八册

220000－0841－0009740　子 1585
類書纂要三十六卷　(清)周魯輯　清康熙刻本　二十册

220000－0841－0009741　善 2066
欽定古今圖書集成一萬卷目錄四十卷　(清)蔣廷錫等輯　清雍正四年(1726)内府銅活字印本　一册

220000－0841－0009742　子 6011K
欽定古今圖書集成一萬卷目錄四十卷　(清)陳夢雷輯　(清)蔣廷錫訂　清光緒内府飭同文書局石印本　二十五册

220000－0841－0009743　子 4424K
古今圖書集成一萬卷目錄四十卷　(清)蔣廷錫等撰　清光緒十年(1884)上海同文書局石印本　一千五百八十三册

220000－0841－0009744　史 10618K
古今圖書集成考證二十四卷　(清)龍繼棟撰　清光緒二十二年(1896)内府石印本　二十四册

220000－0841－0009745　子 0915
格致鏡原一百卷　(清)陳元龍輯　清康熙五十六年(1717)刻本　十二册

220000－0841－0009746　子 1656K
格致鏡原一百卷　(清)陳元龍撰　清光緒二十二年(1896)上海積山書局石印本　十六册

220000－0841－0009747　叢 1713K
小嫏嬛山館彙刊類書十二種　(清)□□撰　清咸豐元年(1851)刻本　十二册

220000－0841－0009748　子 3599K
子史精華三十卷　(清)吴士玉撰　清光緒九年(1883)上海點石齋石印本　二册

220000－0841－0009749　善 0555
分類字錦六十四卷　(清)何焯等輯　清康熙六十一年(1722)武英殿刻本　六十四册

220000－0841－0009750　子 4400K
分類字錦六十四卷　(清)何焯等撰　清刻本　三十二册

220000－0841－0009751　子 1638K
古事比五十二卷　(清)方中德撰　清光緒十八年(1892)上海點石齋石印本　六册

220000－0841－0009752　善 2739
憑山閣纂輯詩林切玉八卷　(清)陳枚輯　清康熙五十年(1711)芥子園刻本　十二册

220000－0841－0009753　子 1559
公餘鈔八卷　(清)羅文思編　清乾隆二十三

年(1758)刻本　六冊

220000－0841－0009754　子1635
峋嶁韻語　(清)曠敏本撰　清乾隆澄滓山房刻峋嶁叢書本　二冊

220000－0841－0009755　善3274
類聯集古四卷　(清)劉慶觀輯　清乾隆三十七年(1772)青藜閣刻本　二冊

220000－0841－0009756　子3811
類林新詠三十六卷　(清)姚之駰撰　清康熙刻本　十六冊

220000－0841－0009757　善3419
類林新詠三十六卷　(清)姚之駰撰　清文映書屋刻本　十二冊

220000－0841－0009758　子1574
類林新詠三十六卷　(清)姚之駰撰　清刻本　八冊

220000－0841－0009759　子1590K
駢字類編二百四十卷　(清)聖祖玄燁撰　清光緒十三年(1887)上海同文書局石印本　四十八冊

220000－0841－0009760　子4681K
陳刻二種　(清)陳世修輯　清光緒元年(1875)陳氏庸閒齋刻本　四冊

220000－0841－0009761　集1275
嶺雲集六卷　(清)顧天朗輯　清康熙五十六年(1717)清暉堂刻本　二冊

220000－0841－0009762　子4526K
數府典林四卷　(清)徐德泓輯　(清)金家理增　清道光刻本　二冊

220000－0841－0009763　子1531K
角山樓增補類腋六十七卷　(清)姚培謙原撰　(清)趙克宜增輯　清光緒十二年(1886)上海同文書局石印本　六冊

220000－0841－0009764　子4636K
如面談新集十卷首一卷　(清)李光祚撰　清嘉慶綠蔭堂刻本　六冊

220000－0841－0009765　子4329K
增韻詩學含英十四卷　(清)劉文蔚輯　清道光十八年(1838)佩文齋刻本　四冊

220000－0841－0009766　善3541
通俗編三十八卷　(清)翟灝輯　清乾隆無不宜齋刻本　十二冊

220000－0841－0009767　子1624
通俗編三十八卷　(清)翟灝輯　清乾隆無不宜齋刻武林竹簡齋刻本　三冊

220000－0841－0009768　子3844K
通俗篇選一卷　(清)翟灝原輯　(清)季綸全選訂　清光緒二十六年(1900)江陰季綸全栩園刻本　一冊

220000－0841－0009769　子5307
萬斛珠類編八卷　(明)王鳳洲原本　(清)秦錫淳重輯　清乾隆二十五年(1760)元盛堂刻本　八冊

220000－0841－0009770　子1532K
玉堂芽四卷　(清)孫顏撰　清道光二十四年(1844)刻本　四冊

220000－0841－0009771　子1612K
記事珠十卷　(清)張以謙原稿　(清)王剛校注　清嘉慶二十一年(1816)雲間王氏刻本　十冊

220000－0841－0009772　子1586
事物異名録四十卷　(清)厲荃輯　(清)關槐增　清乾隆五十三年(1788)粵東刻本　八冊

220000－0841－0009773　子1609K
事物原會四十卷　(清)汪汲撰　清嘉慶元年(1796)古愚山房刻本　十冊

220000－0841－0009774　子4265K
座右銘類抄一卷　(清)汪汲録　(清)顧景濂選　清光緒五年(1879)刻本　一冊

220000－0841－0009775　子3925
子史輯要四卷續編四卷　(清)胡本淵編　清乾隆三十九年(1774)刻本　二冊

220000－0841－0009776　集6033

采真彙稿四卷 (清)檀萃撰 (清)曾力行箋注 清乾隆五十年(1785)修文堂刻本 四册

220000－0841－0009777 子5742K
事類統編九十三卷 (清)黄葆真增輯 清光緒十四年(1888)上海積山書局石印本 十二册

220000－0841－0009778 子5737K
干支偶錄二卷 (清)秦閎撰 清嘉慶十七年(1812)九面樓刻本 二册

220000－0841－0009779 子4353K
稱謂錄三十二卷 (清)梁章鉅撰 清光緒元年至十年(1875－1884)刻本 八册

220000－0841－0009780 子1568K
小知錄十二卷 (清)陸鳳藻輯 清同治十二年(1873)淮南書局刻本 四册

220000－0841－0009781 善0751
蛾述集十六卷 (清)陳庭學輯 清嘉慶二十年(1815)六君子齋刻本 八册

220000－0841－0009782 子4083K
蛾述集十六卷 (清)陳庭學纂輯 清嘉慶二十二年(1817)刻本 二册 存四卷(一至四)

220000－0841－0009783 子4435K
千金裘二十七卷 (清)蔣義彬纂 清嘉慶二十一年(1816)刻本 六册

220000－0841－0009784 子5646K
千金裘二集二十六卷 (清)蔣義彬 (清)徐元麟纂 清嘉慶二十三年(1818)三徑山房刻本 八册

220000－0841－0009785 子1657K
鏡源遺照集二十卷 (清)張均輯 清道光五年(1825)上郫草堂刻本 四册

220000－0841－0009786 子1548K
壹是紀始二十二卷補遺一卷 (清)魏崧撰 清光緒十七年(1891)京都隆福寺聚珍刻本 十二册

220000－0841－0009787 子4999K
詩句題解韻編六卷 (清)陳維屏纂輯 清道光十七年(1837)刻本 六册

220000－0841－0009788 子3868K
開心錄一卷 (清)林肯堂輯 清道光刻本 一册

220000－0841－0009789 子5444K
人鏡集五十四卷 (清)孟雲峰輯 清咸豐元年(1851)鶴山堂刻本 二十册

220000－0841－0009790 子5253K
人鏡類纂四十六卷 (清)程之楨輯 清同治十二年(1873)江夏程氏刻本 十六册

220000－0841－0009791 子2757F
學史四十八卷 (清)王希廉輯 清光緒二年(1876)申報館鉛印申報館叢書本 五册

220000－0841－0009792 子5720K
記聞類編十四卷 (清)□□輯 清光緒三年(1877)上海印書局鉛活字印本 六册

220000－0841－0009793 子4545K
家言隨記四卷 (清)王賢儀撰 清同治九年(1870)王宗霖等刻本 四册

220000－0841－0009794 子6076K
兩漢韻珠十卷 (清)吳章澧編輯 清光緒十八年(1892)刻本 十册

220000－0841－0009795 子0925K
中西政學問對三十六卷首一卷 (清)王仁俊撰 清光緒二十三年(1897)實學報館石印本 六册

220000－0841－0009796 子0923K
新學備纂二十五卷首一卷 (清)漸齋主人輯 清光緒二十八年(1902)天津開文書局石印本 十六册

220000－0841－0009797 子1658K
策學備纂三十二卷 (清)吳潁炎輯 清光緒二十年(1894)上海點石齋石印本 四十八册

220000－0841－0009798 子1637K
藝苑零珠六卷經史總論二卷 (清)李象梓輯 清光緒十五年(1889)廣州刻本 四册

220000－0841－0009799　子 3867K
□韻錦繡二卷　(清)黃翼祺編　清光緒十七年(1891)謙益堂刻本　二冊

220000－0841－0009800　子 1639K
時務通考三十一卷　(清)杞廬主人輯　清光緒二十三年(1897)上海點石齋石印本　二十四冊

220000－0841－0009801　子 1643K
時務通考續編三十一卷　(清)點石齋主人編　清光緒二十七年(1901)上海點石齋石印本　十六冊

220000－0841－0009802　子 5699K
強學彙編十八卷　(清)馬冠羣輯　清光緒二十三年(1897)上海文瑞樓石印本　八冊

220000－0841－0009803　子 1564K
新義錄一百卷　(清)孫璧文撰　清光緒十二年(1886)刻本　四十冊

220000－0841－0009804　子 5880K
新義錄一百卷首一卷目錄一卷　(清)孫璧文撰　清光緒二十七年(1901)兩湖書院刻本　四十八冊

220000－0841－0009805　子 1600K
通鑑題解十卷彙纂通鑑策題要解　(清)金之光　(清)汪桓同撰　(清)袁俊德重訂　清光緒二十八年(1902)上海富強齋石印本　六冊

220000－0841－0009806　子 4406K
萬國政治藝學全書三百八十卷　(清)朱大文　(清)凌賡颺編輯　(清)魯建奎　(清)陳輔相參校　清光緒二十八年(1902)上海鴻文書局石印本　五十四冊

220000－0841－0009807　子 4415K
二十四史九通政典類要合編三百二十卷　(清)約雅堂主人輯　清光緒二十八年(1902)石印本　六十冊

220000－0841－0009808　史 6610K
二十四史九通政典類要合編三百二十卷　(清)黃書霖輯　清光緒二十八年(1902)約雅堂石印本　六十冊

220000－0841－0009809　子 5927K
西藝通考二百二十二卷　(清)袁宗濂　(清)晏志清編輯　清光緒二十八年(1902)萃新書館石印本　三十九冊　存一百七十四卷(一至一百五十六、二百五至二百二十二)

220000－0841－0009810　叢 1686K
西政叢抄不分卷　(清)養春堂主人輯　清光緒二十八年(1902)石印本　九冊

220000－0841－0009811　史 10713K
原始一卷　(清)秦粵生撰　清光緒三十一年(1905)刻本　一冊

220000－0841－0009812　子 4305K
普通百科新大詞典　黄人編輯　清宣統三年(1911)上海國學扶輪社鉛活字印本　十五冊

220000－0841－0009813　子 4287K
古今紀始通考四卷　(清)魏崧撰　清光緒二十八年(1902)佑廉樞記石印本　四冊

220000－0841－0009814　子 1533F
讀史探驪錄五卷　(清)姚芝生輯　清光緒申報館鉛印申報館叢書本　五冊

220000－0841－0009815　子 1614K
讀書選類抄不分卷　(□)□□撰　清抄本　一冊

220000－0841－0009816　叢 1712K
小嫏環山館彙刊類書十二種　(清)□□輯　清咸豐元年(1851)刻本　八冊

220000－0841－0009817　子 1799K
般若波羅蜜多心經一卷　(唐)釋玄奘譯　(明)釋宗泐　(明)釋如玘同注　**金剛般若波羅蜜經一卷**　(後秦)釋鳩摩羅什譯　(明)釋宗泐　(明)釋如玘同注　**金剛經果報錄一卷**　(清)□□輯　(清)周西翰編　清道光十四年(1834)負崇本刻本　二冊

220000－0841－0009818　子 4479
妙法蓮華經七卷　(後秦)釋鳩摩羅什譯　清雍正十三年(1735)刻本　三冊

220000－0841－0009819　子 1684K

妙法蓮華經七卷　(後秦)釋鳩摩羅什譯　清乾隆二十九年(1764)刻道光二十二年(1842)補印本　三冊

220000－0841－0009820　子 1826K

維摩詰所說經三卷　(後秦)釋鳩摩羅什譯　清同治九年(1870)金陵刻經處刻本　一冊

220000－0841－0009821　子 1891

摩訶般若波羅蜜經卷第七　(後秦)釋鳩摩羅什譯　宋刻本　一冊

220000－0841－0009822　善 0905

大方等陀羅尼經四卷　(北涼)釋法衆譯　清順治十二年(1655)刻本　四冊

220000－0841－0009823　善 2095

大聖文殊師利菩薩讚佛法身體經一卷　(唐)釋不空譯　清乾隆内府刻四體文朱印本　一冊

220000－0841－0009824　善 2036

一切如來心秘密全身舍利寶篋印陀羅尼經一卷　(唐)釋不空譯　宋開寶八年(975)吳越國王錢俶刻本　一卷軸

220000－0841－0009825　子 1892

金剛頂瑜伽中略出念誦經卷第一　(唐)釋金剛智譯　宋刻本　一冊

220000－0841－0009826　子 1730

摩訶般若波羅蜜多心經一卷　(唐)釋玄奘譯　清乾隆四十九年(1784)刻三體文字本　一冊

220000－0841－0009827　子 5400

佛說大阿彌陀經二卷　(宋)王日休校　明嘉靖二十一年(1542)刻本　二冊

220000－0841－0009828　子 1812K

坐禪三昧法門經二卷　(後秦)釋鳩摩羅什譯　清刻本　一冊

220000－0841－0009829　善 2864

重鐫集古篆文金剛經二卷　(明)陳鑾篆字　明崇禎竹素園刻本　二冊

220000－0841－0009830　子 1698K

釋摩訶衍論十卷　波羅末陀譯　清金陵刻經處刻本　四冊

220000－0841－0009831　善 2731

楞伽阿跋多羅寶經會譯四卷　(明)釋員珂會譯　明萬曆八年(1580)馮夢禎摹刻本　四冊

220000－0841－0009832　善 2765

觀楞伽阿跋多羅寶經記四卷略科一卷　(明)釋德清撰　明萬曆三十三年(1605)刻本　四冊

220000－0841－0009833　子 3804

觀楞伽阿跋多羅寶經記四卷略科一卷　(明)釋德清撰　清刻本　七冊

220000－0841－0009834　善 2791

佛說觀無量壽佛經圖頌一卷　(宋)釋畺良耶舍釋　(明)釋傳燈述　清順治十二年(1655)刻本　一冊

220000－0841－0009835　子 4710K

善住意天子所問經三卷　(北魏)釋毗目智仙共流支等譯　清刻本　一冊

220000－0841－0009836　子 1732K

地藏菩薩本願經三卷　(唐)釋實叉難陀譯　清光緒十四年(1888)刻本　三冊

220000－0841－0009837　子 5403F

地藏菩薩本願經三卷　(唐)釋實叉難陀譯　清刻本　三冊

220000－0841－0009838　善 2964

地藏菩薩本願經開蒙三卷品題科判一卷　(清)釋品珆撰　清乾隆九年(1744)刻本　四冊

220000－0841－0009839　子 1779K

千手千眼大悲懺法不分卷　(□)□□撰　清光緒金陵刻經處刻本　一冊

220000－0841－0009840　善 0804

大佛頂如來密因修證了義諸菩薩萬行首楞嚴經十卷　題(唐)釋般剌密帝譯　明凌毓枏刻套印本　五冊

220000－0841－0009841　子 5212K
大佛頂如來密因修證了義諸菩薩萬行首楞嚴經十卷　(唐)釋般剌密帝譯　清刻本　二册

220000－0841－0009842　子 1778K
大方廣圓覺修多羅了義經二卷　(唐)釋佛陀多羅譯　清同治八年(1869)金陵刻經處刻本　一册

220000－0841－0009843　子 4362K
大佛頂首楞嚴咒會譯一卷　(唐)釋不空　(唐)釋般剌密帝會譯　清北京刻經處刻本　一册

220000－0841－0009844　子 3480K
觀音濟度本願真經二卷　(□)□□撰　清道光刻本　二册

220000－0841－0009845　子 4063K
金剛經注講一卷　(後秦)釋鳩摩羅什譯　(清)釋行敏撰　清光緒十八年(1892)刻本　一册

220000－0841－0009846　子 1760K
金剛經注解四卷　(宋)楊圭等編輯　清同治九年(1870)刻本　四册

220000－0841－0009847　子 4490K
金剛經集注四卷心經注一卷　(後秦)釋鳩摩羅什譯　(明)成祖朱棣纂　清光緒二十年(1894)刻本　四册

220000－0841－0009848　子 4616K
金剛經隨說一卷心經證義一卷龍樹山珍全心經注一卷　(清)高驤雲注　清光緒七年(1881)浙紹山陰縣寄生氏刻本　一册

220000－0841－0009849　子 1687K
金剛般若波羅蜜經宗通二卷　(後秦)釋鳩摩羅什譯　(明)曾鳳儀宗通　清嘉慶十五年(1810)江右文水羅時可刻本　二册

220000－0841－0009850　子 1770K
大佛頂經文句十卷玄義二卷　(唐)釋般剌密帝譯經　(明)釋智旭文句　清光緒元年(1875)刻本　十册

220000－0841－0009851　子 6044K
大佛頂如來密因修證了義諸菩薩萬行首楞嚴經集注十卷　題(唐)釋般剌密帝　(唐)釋彌伽釋伽譯　(清)釋傳晟集注　清道光二十年(1840)海幢寺刻本　三册　存六卷(一至二、七至十)

220000－0841－0009852　子 4485K
楞嚴集箋十卷　(清)□□箋　清嘉慶十四年(1809)刻本　四册

220000－0841－0009853　子 1755
維摩詰所說經注十卷　(後秦)釋鳩摩羅什譯　(後秦)釋僧肇注　清乾隆三十七年(1772)廣州海幢寺刻本　二册

220000－0841－0009854　善 2953
維摩詰所說經隨疏三卷　題沙門嵩嶽自塏述　**維摩詰所說經三卷**　(後秦)釋鳩摩羅什譯　清乾隆四十四年(1779)釋性貴刻本　四册

220000－0841－0009855　善 0849
妙法蓮華經大窾七卷　(後秦)釋鳩摩羅什譯　(明)釋通潤注　清刻本　五册

220000－0841－0009856　善 2857
佛說四十二章經一卷　(五代)釋迦葉摩騰　(五代)釋竺法蘭譯　(宋)釋守遂注　**摩訶般若波羅密多心經一卷**　題(清)無垢子注　明刻本　一册

220000－0841－0009857　善 2970
佛說梵網經菩薩心地品下略疏八卷　(後秦)釋鳩摩羅什譯　(清)釋弘贊撰　清康熙十八年(1679)刻本　二册

220000－0841－0009858　子 3158
重刻觀世音菩薩本行經簡集二卷　(宋)釋普明撰　清刻本　一册

220000－0841－0009859　子 1707K
佛說梵網經七卷菩薩心地品玄義不分卷　(明)智旭述　清同治十三年(1874)金陵刻經處刻本　五册

220000－0841－0009860　子 5821K

華嚴經音義二卷　(唐)釋慧苑撰　(清)陳潮訂正　(清)徐寶喜校刊　清道光十四年(1834)刻本　二冊

220000－0841－0009861　善 2151
重刊北京五大部直音會韻二卷　(明)釋久隱撰　明萬曆三十三年(1605)楞嚴寺般若堂刻本　一冊

220000－0841－0009862　子 5028K
五大部直音三卷　(□)□□撰　清光緒元年(1875)瑪瑙經房刻本　二冊

220000－0841－0009863　子 4548K
妙法蓮華經文句記三十卷　(後秦)釋鳩摩羅什譯　**隋釋智者大師說灌頂記**　清光緒七年(1881)姑蘇刻經處刻本　三十冊

220000－0841－0009864　善 3067
金剛般若波羅密經鎞二卷　(明)釋廣伸撰
金剛般若波羅密經偈一卷　(北魏)釋菩提留支譯　清雲棲寺刻本　二十冊

220000－0841－0009865　善 2762
楞伽阿跋多羅寶經玄義一卷義疏四卷　(明)釋智旭撰　明萬曆二十二年(1594)釋靈晟等募刻本　五冊

220000－0841－0009866　子 5452
金剛般若波羅密經直解二卷　(清)釋純陽子注　清乾隆四十六年(1781)守固李奉翰刻本　二冊

220000－0841－0009867　子 4605K
妙法蓮華經指掌疏事義一卷　(清)釋通理撰　清乾隆刻本　一冊

220000－0841－0009868　善 2989
楞嚴正脈十卷懸示一卷科文一卷　(明)釋真鑑撰　清乾隆五十七年(1792)海幢寺刻本　二冊　存五卷(一至三、懸示一卷、科文一卷)

220000－0841－0009869　善 3412
金剛經合參四卷　(清)鄭天香撰　清康熙二十七年(1688)半古堂刻本　四冊

220000－0841－0009870　子 4829
佛頂首楞嚴大□喇呢咒　清康熙賢良寺住持實寧刻本　一冊

220000－0841－0009871　善 3135
大方廣佛華嚴經海印道場十重行願常徧禮懺儀四十二卷　(唐)釋一行　(唐)釋慧覺輯　(宋)釋普瑞補注　(明)釋木增訂正　明崇禎十四年(1641)刻本　二十四冊

220000－0841－0009872　子 1776K
寶藏論三卷　(後秦)釋僧肇撰　清同治九年(1870)杭省刻經處刻本　一冊

220000－0841－0009873　子 1769K
修習止觀坐禪法要一卷　(宋)釋智顗述　清嘉慶二年(1797)刻本　一冊

220000－0841－0009874　子 1708K
集神州塔寺三寶感通錄四卷　(唐)釋道宣撰　清宣統元年(1909)刻本　一冊

220000－0841－0009875　子 1716K
六祖大師法寶壇經一卷　(唐)釋慧能說　(唐)釋法海録　清同治十一年(1872)刻本　一冊

220000－0841－0009876　子 1669K
法苑珠林一百卷　(唐)釋道世撰　清道光七年(1827)刻本　三十二冊

220000－0841－0009877　子 1751K
禪宗永嘉集不分卷　(唐)釋玄覺撰　清嘉慶刻本　一冊

220000－0841－0009878　善 1877
禪林寶訓二卷　(宋)釋淨善輯　明萬曆二十八年(1600)澄照寺刻本　二冊

220000－0841－0009879　善 2581
李卓吾先生批點大慧集鈔十卷　(宋)釋宗杲撰　(明)李贄批點　明萬曆四十二年(1614)刻本　五冊

220000－0841－0009880　善 2892
林泉老人評唱丹霞淳禪師頌古虛堂習德錄三卷林泉老人評唱丹霞淳禪師頌古虛堂集三卷　(元)釋慧泉輯　明刻本　三冊

220000－0841－0009881　善0554
御錄宗鏡大綱二十卷　(宋)釋延壽撰　(清)世宗胤禛摘錄　清雍正十二年(1734)内府刻本　四冊

220000－0841－0009882　子1752
護法論一卷　(宋)張商英撰　清海幢寺刻本　一冊

220000－0841－0009883　子1666K
永明心賦註四卷　(宋)釋智覺永明壽禪師述　清光緒二十二年(1896)刻本　二冊

220000－0841－0009884　善3264
禪宗雜毒海十卷　(明)釋祖闡重編　清康熙刻本　一冊

220000－0841－0009885　子1824K
禪關策進一卷　(明)釋袾宏輯　清刻本　一冊

220000－0841－0009886　善0752
宋文憲公護法錄十卷　(明)宋濂撰　(明)釋袾宏輯　明天啓元年至三年(1621－1623)化城寺刻本　四冊

220000－0841－0009887　善2042
諸佛世尊如來菩薩尊者神僧名經不分卷　明永樂十五年(1417)内府刻本　一冊

220000－0841－0009888　集0901
憨山老人夢遊集五十五卷　(明)釋德清撰　(明)福善日錄　(明)通烱輯　清光緒二十六年(1900)金陵刻經處刻本　十二冊

220000－0841－0009889　子4486K
華法會義十六卷妙法蓮華經綸貫一卷教觀綱宗一卷教觀綱宗釋義一卷　(明)釋智旭撰　清宣統三年(1911)刻本　十七冊

220000－0841－0009890　善2985
指月錄三十二卷　(明)瞿汝稷撰　清乾隆明善堂刻本　七冊　存十卷(一至七、二十七至二十八、三十一)

220000－0841－0009891　子4165
天目中峰禪師垂示法語一卷　(元)釋明本撰　清乾隆十六年(1751)刻本　一冊

220000－0841－0009892　善2166
幻有道人韻語一卷駁語一卷物不遷題旨一卷性住釋一卷贅語一卷　(明)釋正傳撰　**禹門晚話二卷**　(明)釋通達　(明)釋行誠輯　明萬曆刻本　一冊

220000－0841－0009893　子4611K
法因集疏四卷續一卷　(明)王稺登撰　(清)釋少逸續　清同治八年(1869)刻本　一冊

220000－0841－0009894　子1787
雲棲大師遺稿不分卷　(明)釋袾宏撰　清乾隆三十三年(1768)海幢寺經刻本　一冊

220000－0841－0009895　子4709F
禪林寶訓筆說三卷　(清)釋智祥注　清康熙四十五年(1706)刻本　二冊

220000－0841－0009896　善3502
禪林重刻寶訓筆說三卷　(清)釋智祥撰　清康熙四十五年(1706)刻本　一冊

220000－0841－0009897　善2960
禪林寶訓筆說三卷　(清)釋智祥撰　清乾隆十五年(1750)京都潭柘寺刻本　三冊

220000－0841－0009898　子5850K
六道集五卷　(清)釋弘贊輯　清嘉慶元年(1796)廣州刻本　二冊

220000－0841－0009899　善3123
桂昌錄一卷可燔艸一卷　(清)釋本果撰　清康熙二十九年(1690)刻本　一冊

220000－0841－0009900　子4686
聖箭堂述古一卷　(清)釋道霈撰　清順治十六年(1659)刻本　一冊

220000－0841－0009901　子3861
御選語錄十九卷　(清)世宗胤禛輯　清雍正十一年(1733)内府刻本　十四冊

220000－0841－0009902　子1749
海幢阿字無禪師語錄二卷　(清)釋阿字撰　清乾隆廣州海幢寺刻本　二冊

220000－0841－0009903　集 2049K
夢東禪師遺集二卷　(清)釋際醒撰　清嘉慶十六年(1811)刻本　二冊

220000－0841－0009904　子 4893K
夢東禪師遺集二卷　(清)釋際醒撰　清嘉慶二十二年(1817)刻本　一冊

220000－0841－0009905　子 1668K
弘明集十四卷　(南朝梁)釋僧祐集　清光緒三十二年(1906)金陵刻經處刻本　四冊

220000－0841－0009906　善 0754
象教皮編六卷　(明)陳士元輯　明萬曆刻本　六冊

220000－0841－0009907　善 2923
御錄經海一滴六卷　(清)世宗胤禛錄　清雍正十三年(1735)内府刻本　六冊

220000－0841－0009908　善 3158
律宗燈譜八卷　(清)釋源諒輯　清乾隆三十年(1765)京都潭柘寺刻本　四冊

220000－0841－0009909　子 1750K
解惑篇一卷　(清)釋弘贊編　清嘉慶十三年(1808)刻本　二冊

220000－0841－0009910　子 4727K
釋氏書啟四卷　(清)釋植菴編　清同治十年(1871)刻本　一冊

220000－0841－0009911　善 3045
宗鑑法林七十二卷　題(清)集雲堂編　清康熙刻民國十八年(1929)胡朝宗補刻本　十六冊

220000－0841－0009912　子 5390K
大悲咒註像不分卷　(□)□□撰　清道光二十六年(1846)刻本　一冊

220000－0841－0009913　子 1747F
禪門佛事二卷禪門日誦一卷　(□)□□編　清道光十四年(1834)刻本　一冊

220000－0841－0009914　子 5448K
禪門日誦不分卷　(清)天甯寺輯　清光緒二十八年(1902)江蘇常州天甯寺刻本　一冊

220000－0841－0009915　子 1768K
法界安立圖三卷　(清)釋仁潮集　清道光四年(1824)刻本　二冊

220000－0841－0009916　子 5866K
山菴雜錄二卷　(明)釋無慍撰　清嘉慶二十四年(1819)刻本　一冊

220000－0841－0009917　善 0241
佛爾雅八卷　(清)周春撰　清嘉慶二十一年(1816)陳鴻壽刻本　一冊

220000－0841－0009918　子 4471K
佛爾雅八卷　(清)周春撰　清宣統二年(1910)國學扶輪社鉛活字印本　二冊

220000－0841－0009919　子 4895K
圓明百問答一卷　(清)吳光耀撰　清光緒二十四年(1898)刻本　一冊

220000－0841－0009920　善 2041
諸佛世尊如來菩薩尊者名稱歌曲不分卷　明永樂十五年(1417)内府刻本　一冊

220000－0841－0009921　子 5054K
明善最樂不分卷　(□)□□撰　清道光二十年(1840)刻本　一冊

220000－0841－0009922　子 4725K
法門疏抄二卷　題梵清音義　(明)釋德清校閱　清同治十三年(1874)濟慈寺逸峰募刻本　二冊

220000－0841－0009923　子 1839K
渡坤舟傳二卷　(□)□□撰　清光緒三十三年(1907)刻本　一冊

220000－0841－0009924　子 1823K
西藏宗教源流考一卷　張其勤編輯　清宣統二年(1910)官印刷局鉛活字印本　一冊

220000－0841－0009925　子 5822K
笑巖寶祖語錄四卷　(明)釋德寶撰　清光緒十八年(1892)京都長椿寺刻本　四冊

220000－0841－0009926　子 4544K
重繪釋迦如來應化事蹟四卷　(清)永珊輯　清光緒二十三年(1897)石印本　四冊

220000－0841－0009927　子 5847K
寶通賢首傳燈錄二卷　（清）釋祖旺　（清）心露同輯　清嘉慶九年（1804）刻本　二冊

220000－0841－0009928　子 1810K
釋迦如來成道記一卷　（唐）王勃撰　（宋）釋道誠注　清羅浮華首常住刻本　一冊

220000－0841－0009929　子 1704K
釋迦譜十卷　（南朝梁）釋僧祐撰　清光緒三十四年（1908）刻本　四冊

220000－0841－0009930　善 0734
佛祖統紀五十四卷　（宋）釋志磐撰　明萬曆四十二年（1614）刻本　九冊　存四十九卷（一至三十七、四十三至五十四）

220000－0841－0009931　子 4593K
明州定應大師布袋和尚傳一卷　題釋曇噩撰　清同治十三年（1874）杭省西湖昭慶寺刻本　一冊

220000－0841－0009932　史 10481K
高僧傳初集十五卷首一卷　（南朝梁）釋慧皎撰　**高僧傳二集四十卷**　（唐）釋道宣撰　**高僧傳三集三十卷**　（宋）釋贊寧撰　**高僧傳四集六卷**　（明）釋如惺撰　清光緒金陵刻經處刻本　二十四冊

220000－0841－0009933　善 0735
續高僧傳四十卷　（唐）釋道宣撰　明萬曆三十八年（1610）、三十九年（1611）徑山寂照庵刻清康熙五十二年（1713）印本　八冊

220000－0841－0009934　善 2043
古清涼傳二卷　（唐）釋慧祥撰　**廣清涼傳三卷**　（宋）釋延一撰　**續清涼傳二卷**　（宋）張商英撰　**成道記一卷**　（唐）王勃撰　**補陀洛迦山傳一卷**　（元）盛熙明撰　明天順六年（1462）京都大興隆寺刻本　二冊

220000－0841－0009935　史 8881
古清涼傳二卷　（唐）釋慧祥撰　**廣清涼傳三卷**　（宋）釋延一撰　**續清涼傳二卷**　（宋）張商英等撰　清光緒十年（1884）蔣氏雙唐碑館刻本　一冊

220000－0841－0009936　子 1673K
五燈會元二十卷　（宋）釋普濟撰　清光緒二十八年（1902）影宋刻本　十六冊

220000－0841－0009937　子 3831K
釋氏稽古略四卷　（元）釋覺岸撰　**釋鑑稽古略續集三卷**　（明）釋大聞編　清光緒十二年（1886）刻本　五冊

220000－0841－0009938　善 0726
佛祖歷代通載三十六卷　（元）釋念常撰　清順治十八年（1661）浙江嘉興府楞嚴寺刻本　十六冊

220000－0841－0009939　善 2843
□□大藏經　宋刻本　十三冊

220000－0841－0009940　善 2984
佛經合刻一百四十五卷　清雍正十三年（1735）内府刻本　九冊

220000－0841－0009941　善 3126
月旦堂仙佛奇蹤合刻八卷　（明）洪自誠輯　明刻本　四冊

220000－0841－0009942　善 3498
四經薈刊十六卷　（清）永瑢輯　清乾隆四十三年（1778）刻本　四冊

220000－0841－0009943　子 5263K
樓閣叢書　（清）鄭學川撰　清同治三年（1864）刻本　二十冊

220000－0841－0009944　子 1320
淨土津梁十三種　（清）釋了慰輯　清乾隆四十九年（1784）京都衍法寺了慰刻本　十六冊

220000－0841－0009945　善 0689
三子合刊十三卷　明閔齊伋刻套印本　七冊

220000－0841－0009946　善 1679
三子口義十五卷　（宋）林希逸撰　（明）張四維補　明萬曆五年（1577）何汝成刻本　十冊

220000－0841－0009947　善 0851
新鍥二太史彙選註釋老莊評林六卷　（明）焦竑注　（明）翁正春評　明萬曆二十二年（1594）書林詹聖澤刻本　二冊

220000－0841－0009948　叢 1129
道書全集　（明）閻鶴洲輯　明萬曆十九年(1591)閻氏刻本(一至二册配清康熙刻本)　二十四册

220000－0841－0009949　善 3132
道言内外六卷　（明）彭好古輯　明萬曆吳勉學刻黄之寀重修本　十二册

220000－0841－0009950　子 4460K
配命錄　（清）黄正元原本　清道光十七年(1837)雙格等刻本　七册

220000－0841－0009951　子 4385K
仁化編四卷　（清）慎修堂輯　清同治十年(1871)皆春堂刻本　四册

220000－0841－0009952　子 4562K
道統大成　（清）汪啟濩輯　清光緒二十六年(1900)申江刻本　十册

220000－0841－0009953　叢 0842K
悟園老人所著書　（清）劉一明撰　清光緒上海翼化堂刻本　十二册

220000－0841－0009954　叢 1331K
道藏輯要　（清）彭定求輯　清光緒三十二年(1906)成都二仙庵刻本　二百四十四册

220000－0841－0009955　子 4546
修真六書九卷　（清）董德寧輯　清乾隆五十三年(1788)古越集陽樓刻道貫真源本　四册

220000－0841－0009956　史 7662K
敦煌石室遺書　羅振玉輯　清宣統元年(1909)誦芬室鉛活字印本　四册　存六種

220000－0841－0009957　子 2394K
七真祖師列仙傳不分卷　（□）□□撰　清光緒十九年(1893)刻本　三册

220000－0841－0009958　子 2326K
新刻黄掌綸先生評訂神仙鑑首集至三集二十二卷圖一卷　（清）徐道撰　清光緒上海江東書局石印本　二十四册

220000－0841－0009959　子 1727K
太上寶筏圖說不分卷　（清）黄正元撰　清光緒十八年(1892)石印本　八册

220000－0841－0009960　子 4101K
周易參同契發揮三卷釋疑一卷　（宋）俞琰撰　清同治十年(1871)錢江王詒燕堂刻本　六册

220000－0841－0009961　善 2969
古本周易參同契集注二卷附錄一卷悟真篇集注三卷首一卷末一卷　（清）仇兆鼇撰　清康熙四十九年(1710)刻本　四册

220000－0841－0009962　善 3404
參同契闡幽七卷悟真篇闡幽三卷　（清）朱元育撰　清康熙六十年(1721)天德堂刻本　六册

220000－0841－0009963　子 4635K
參同契經文直指三卷參同契直指箋注三卷參同契直指三相類二卷　（清）劉一明撰　清光緒二十九年(1903)上海翼化堂刻本　三册

220000－0841－0009964　子 4569K
陰符經釋義一卷　（清）劉光才撰　清光緒二十五年(1899)刻本　一册

220000－0841－0009965　子 4291K
覺世真經一卷　（清）劉好松抄輯　清光緒元年(1875)抄本　一册

220000－0841－0009966　子 5838K
太上感應篇一卷　（清）惠棟箋注　清嘉慶三年(1798)刻本　一册

220000－0841－0009967　子 5823K
太上感應篇一卷　（清）惠棟箋注　清同治六年(1867)長沙會元堂刻本　二册

220000－0841－0009968　子 1909K
太上感應篇不分卷　（清）惠棟箋注　清同治六年(1867)京師龍文齋刻本　一册

220000－0841－0009969　子 4913K
太上感應篇二卷　（清）惠棟箋注　清光緒十三年(1887)刻本　一册

220000－0841－0009970　子 1842K
呂祖慨世詞不分卷　（□）□□撰　清長春德

源印刷所鉛活字印本　一冊

220000－0841－0009971　善3366
靈寶真靈位業圖一卷　(南朝梁)陶弘景撰　(唐)閭丘方遠校定　明崇禎毛氏汲古閣刻津逮秘書本　一冊

220000－0841－0009972　善3801
柳子藏書九卷　(宋)柳棨撰　清刻本　三冊

220000－0841－0009973　子4524K
盤山語録不分卷　(元)王志謹述　(元)論志焕輯　清光緒二十九年(1903)刻本　二冊

220000－0841－0009974　善2027
太上玄靈北斗本命延生真經一卷太上靈寶天尊説禳災度厄真經一卷元始天尊説北方真武妙經一卷太上説平安竈經一卷太上正一天尊説鎮宅消災龍虎妙經一卷　明宣德元年(1426)刻本　一冊

220000－0841－0009975　善3630
性命雙脩萬神圭旨四卷　清康熙棣鄂堂刻本　四冊

220000－0841－0009976　子4253K
性命雙脩萬神圭旨四卷　題尹真人秘授　清掃葉山房刻本(卷三影印配補)　四冊

220000－0841－0009977　善0736
一化元宗十二卷　(明)高時明輯　明天啓四年(1624)刻本　二十冊

220000－0841－0009978　子4308K
承志録三卷　(明)彭純撰　(清)陶素耜校補　清四川郫筒紫雲堂刻本　一冊

220000－0841－0009979　子1756
正教録四卷　(明)陳俶等輯　明崇禎刻本　二冊

220000－0841－0009980　子4448K
天仙正理直論增注二卷　(明)伍守陽撰並注　(明)伍守虛增注　清嘉慶九年(1804)善成堂刻本　二冊

220000－0841－0009981　子1829
丹桂籍二卷　(明)顔正注釋　(清)顔文瑞補案　(清)毛以約刪補　清康熙五十七年(1718)毛氏刻本　二冊

220000－0841－0009982　子3866
葫頭集三卷　(清)鄭止源輯　清順治十八年(1661)止源刻本　四冊

220000－0841－0009983　善0856
御製揀魔辨異録八卷　(清)世宗胤禛録　清雍正内府刻本　四冊

220000－0841－0009984　子5458K
象言破疑二卷　(清)劉一明撰　清光緒六年(1880)刻本　一冊

220000－0841－0009985　子1834K
文武帝訓詩注釋合刻　(清)陸燮鼐　(清)沈錫庚校　清道光五年(1825)刻本　二冊

220000－0841－0009986　子5480K
文昌帝君勸友文注釋一卷二十二史孝感録一卷　(清)徐桐撰並輯　清光緒二十四年(1898)經正書院刻本　一冊

220000－0841－0009987　子1748K
天后聖母聖蹟圖志全集四卷　(清)壽恩堂輯　清道光十二年(1832)刻本　六冊

220000－0841－0009988　子1743K
聖教理證不分卷　(清)任巾斯德範訂　清咸豐二年(1852)慈母堂刻本　二冊

220000－0841－0009989　子4138K
玉樞經籥二十四卷首一卷　(清)姚燮撰　清道光二十五年(1845)洞梵閣木活字印本　六冊

220000－0841－0009990　子5469K
養真集二卷　(清)養真子撰　(清)王士端注　清光緒刻本　一冊

220000－0841－0009991　子1819K
鑑誡略抄不分卷　(清)彭希涑等撰　清光緒十九年(1893)刻本　一冊

220000－0841－0009992　子4896K
無上坤元至寶真經五卷　(清)□□撰　清光緒二十四年(1898)鉛活字印本　二冊　存二

卷(東一卷、西一卷)

220000－0841－0009993　子 1807K

大雲輪請雨經二卷太上祈雨龍王真經三卷　(清)□□撰　清同治九年(1870)湖北崇文書局刻本　一冊

220000－0841－0009994　子 1722K

醒世俚言不分卷　(清)輔陽山人撰　清同治十二年(1873)刻本　一冊

220000－0841－0009995　子 1677K

仙佛合宗語錄不分卷　汪東亭輯　清宣統三年(1911)中國圖書公司石印本　四冊

220000－0841－0009996　子 5125K

軒轅黃帝祝由科二卷增補　(□)□□撰　清光緒三十二年(1906)刻朱墨套印本　二冊

220000－0841－0009997　子 4655K

正教奉傳一卷　(清)黃伯祿輯　清光緒三年(1877)刻十六年(1890)續增上海慈母堂刻本　一冊

220000－0841－0009998　子 1816K

正教奉褒不分卷　(清)黃伯祿編　清光緒三十三年(1907)上海慈母堂鉛活字印本　二冊

220000－0841－0009999　子 5494K

聖教史紀三卷　(清)謝衞樓撰　清光緒十六年(1890)刻本　四冊

220000－0841－0010000　子 1764K

燕京開教略三篇　樊國樑撰　清光緒三十一年(1905)鉛活字印本　三冊

220000－0841－0010001　子 1766K

景教碑文紀事考正三卷　(清)楊榮鋕撰　清光緒二十七年(1901)刻本　一冊

220000－0841－0010002　子 1762K

景教碑文紀事考正三卷　(清)楊榮鋕撰　清光緒二十一年(1895)楊大本堂刻本　三冊

220000－0841－0010003　子 3798K

頌主詩歌四百首　(清)都春圃編　清光緒二十四年(1898)刻本　一冊

220000－0841－0010004　子 5491K

合刻辟邪指迷錄一卷　(清)□□輯　清同治十二年(1873)刻本　一冊

220000－0841－0010005　子 1820K

俗言警教不分卷　(清)□□輯　清咸豐七年(1857)刻本　三冊

220000－0841－0010006　子 3761K

答客芻言一卷　倪准撰　清光緒七年(1881)上海慈母堂刻本　一冊

220000－0841－0010007　子 4985K

教欵捷要不分卷　(清)馬伯良撰　清光緒五年(1879)陝西省城清真大寺刻本　一冊

220000－0841－0010008　子 5951K

四典要會不分卷　(清)馬復初撰　清光緒三十年(1904)鎮江清真寺刻本　二冊

220000－0841－0010009　子 1681K

清真釋疑不分卷　(清)金天柱撰　清光緒二年(1876)刻本　一冊

220000－0841－0010010　子 1676K

清真釋疑補輯不分卷　(清)金天柱撰　清光緒七年(1881)京都清真寺刻本　四冊

220000－0841－0010011　子 1201K

天方性理五卷首一卷　(清)劉智撰　清同治二年(1863)滇南刻本　六冊

220000－0841－0010012　善 3458

天主降生言行紀略八卷　(意大利)艾儒略述　清乾隆三年(1738)刻本　二冊